U0547523

國家古籍整理出版專項經費資助項目

商周金文地名綜覽彙釋

武剛◎編著　王暉◎審定

陝西新華出版
陝西人民出版社

圖書在版編目（CIP）數據

商周金文地名綜覽彙釋 / 武剛編著. — 西安：陝西人民出版社，2023.6

ISBN 978-7-224-14235-8

Ⅰ. ①商… Ⅱ. ①武… Ⅲ. ①金文－地名－研究－中國－商周時代 Ⅳ. ①K877.34②K928.623

中國版本圖書館CIP數據核字（2021）第125440號

封面題字 王 暉
責任編輯 賈西周
整體設計 周國寧

商周金文地名綜覽彙釋
SHANGZHOU JINWEN DIMING ZONGLAN HUISHI

作　　者 武 剛
審　　定 王 暉
出版發行 陝西人民出版社
（西安北大街147號　郵編：710003）
印　　刷 陝西隆昌印刷有限公司
開　　本 787毫米×1092毫米 1/16
印　　張 55.75
插　　頁 4
字　　數 1450千字
版　　次 2023年6月第1版
印　　次 2023年6月第1次印刷
書　　號 ISBN 978-7-224-14235-8
定　　價 420.00圓

小臣艅尊（商代晚期）

小子䍙鼎（商代晚期）

四祀𠨘其卣（商代晚期）

尹光方鼎（商代晚期）

何尊（西周早期）

小臣單觶（西周早期）

大盂鼎（西周早期）

麦尊（西周早期）

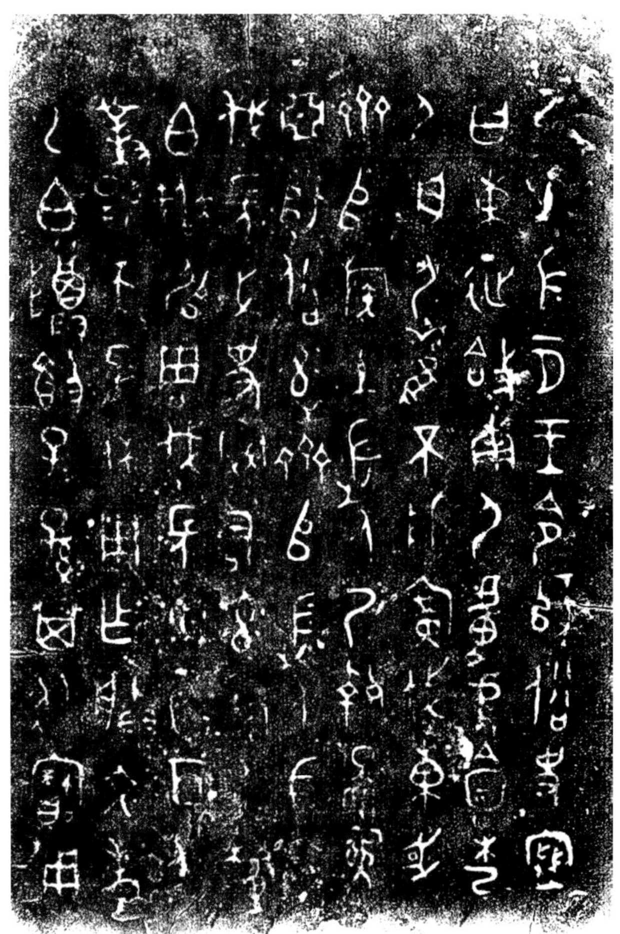

史密簋（西周中期）

班簋（西周中期）

散氏盘（西周晚期）

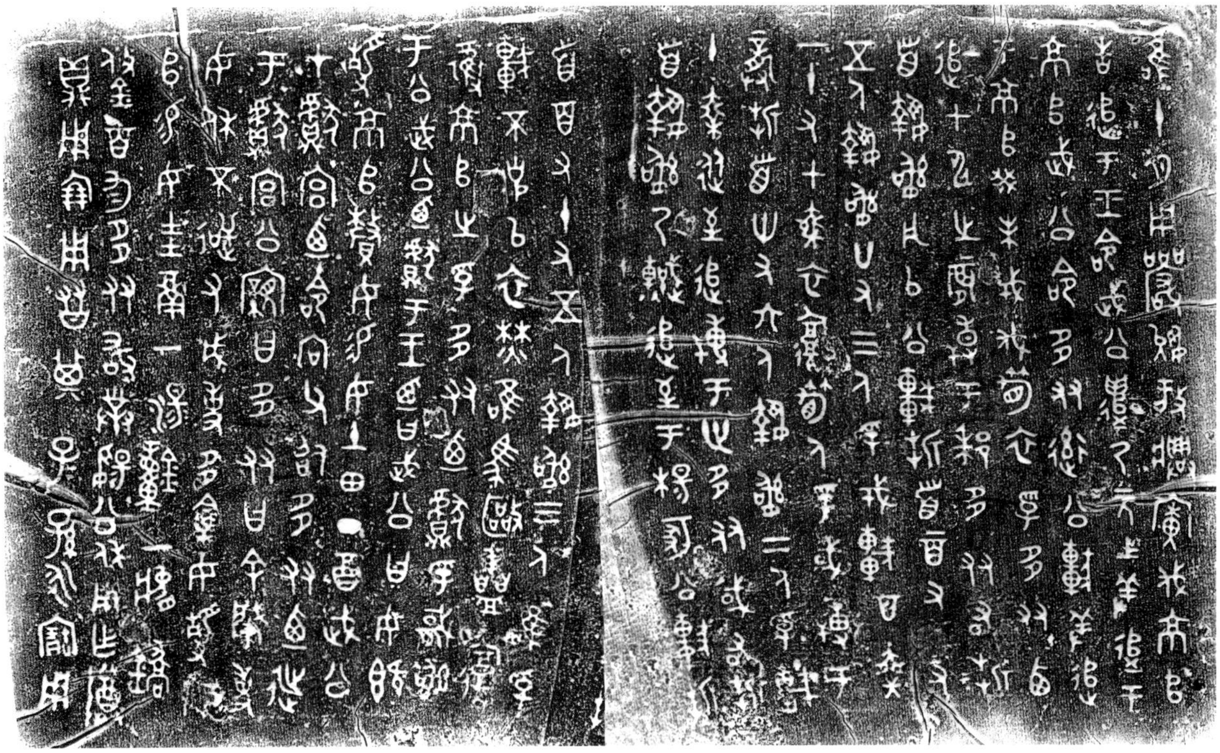

多友鼎（西周晚期）

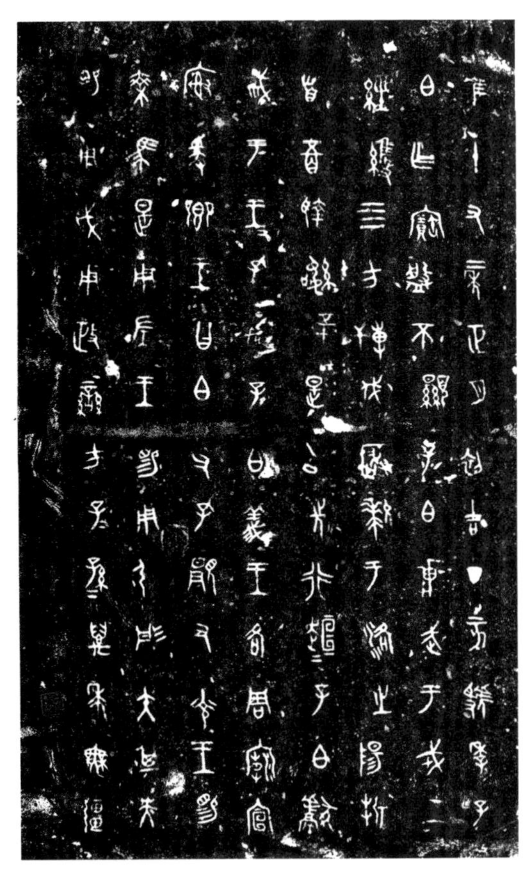

虢季子白盤（西周晚期）

上鄀公敄人簋蓋（春秋早期）

魯大司徒匜（春秋中期）

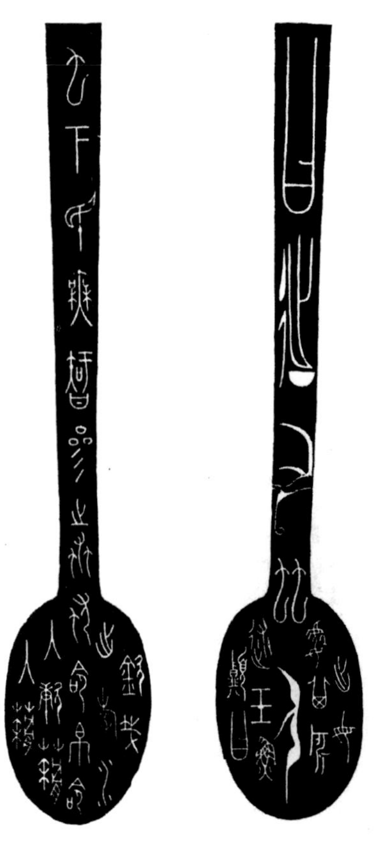

魚鼎匕（春秋晚期）

陳純釜（戰國早期·齊）

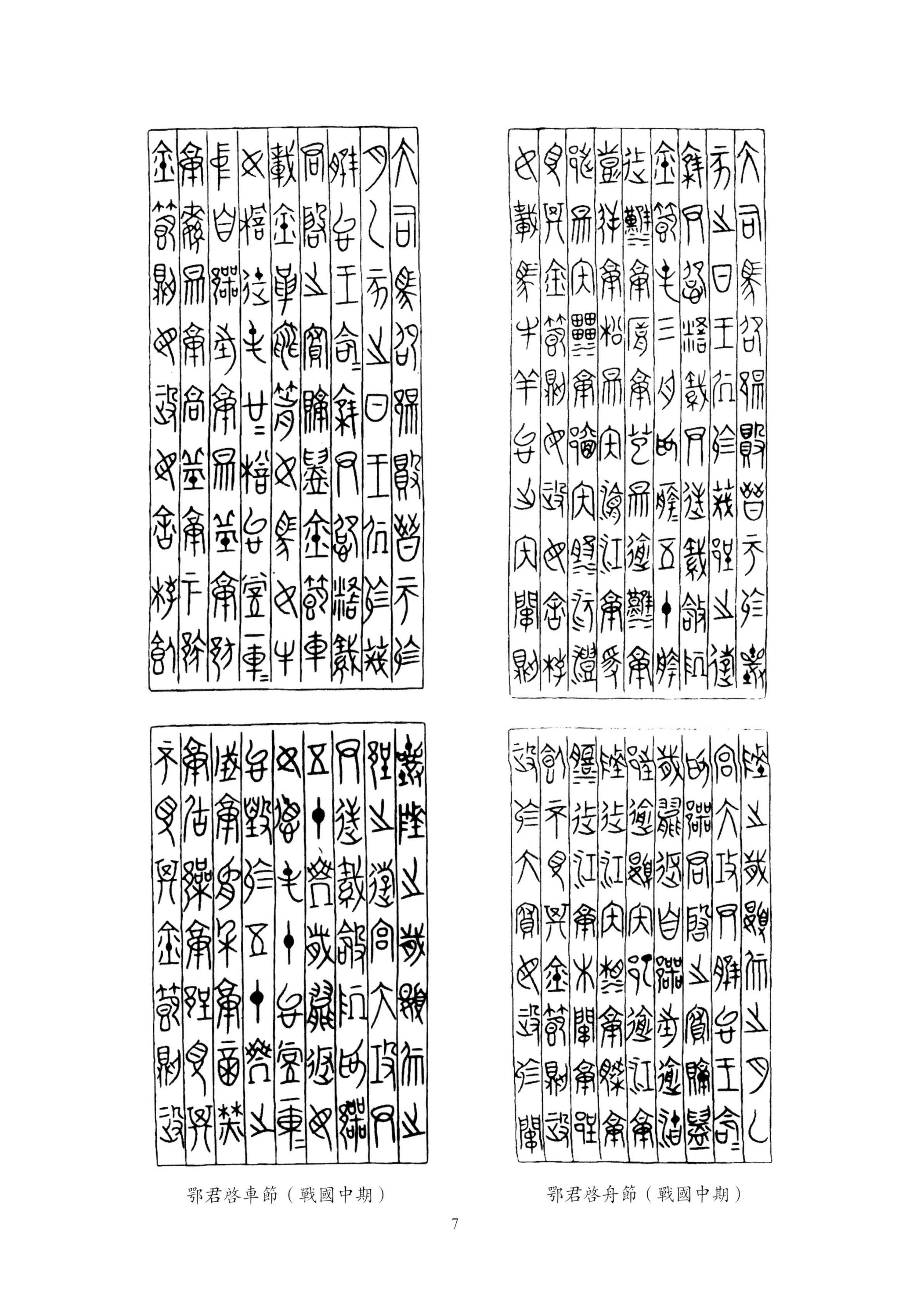

鄂君啓車節（戰國中期）

鄂君啓舟節（戰國中期）

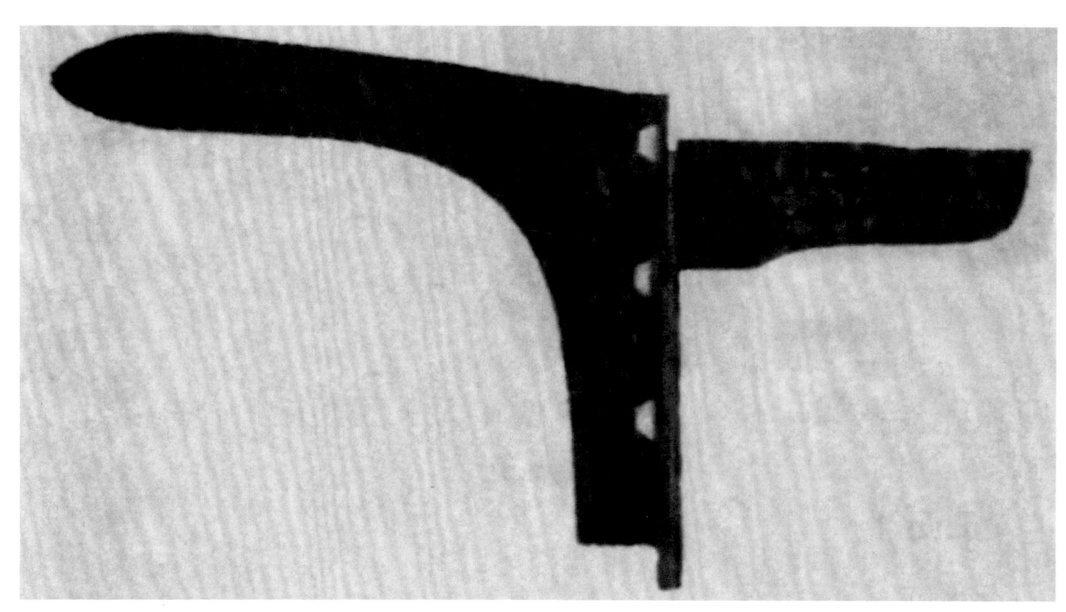

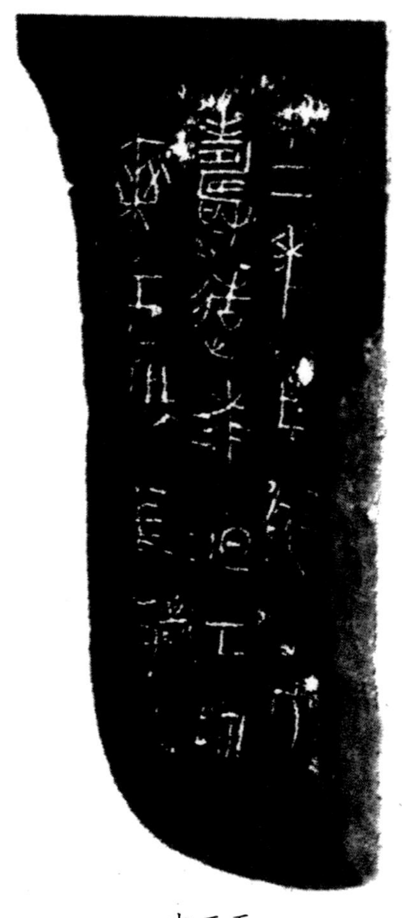

内正面

内背面

上郡守壽戈（戰國晚期·秦）

前　言

一、金文地名的整理工作

銘文研究是青銅器研究最重要的工作之一。金文地名的專題研究是在青銅器學、古文字學發展的基礎上産生的，是青銅器銘文研究的重要組成部分。

《漢書·郊祀志》記載漢宣帝時“張敞好古文字”，或許可以認爲是金文考釋研究之始。到了宋代，一批著録研究青銅器的金石學著作相繼問世，如《集古録》《考古圖》《宣和博古圖》《金石録》《歷代鐘鼎彝器款識法帖》等；至于清，又有《西清古鑑》《寧壽鑑古》《西清續鑑甲編》《西清續鑑乙編》《積古齋鐘鼎彝器款識》《攈古録》《愙齋集古録》等書問世，這種著録與研究官方與私人行爲並有之。這時的著述仍然没有擺脱傳統金石學的影子，但隨着清中晚期對彝器收藏的重視、彝器出土與流通漸多漸廣，一些著作已經開始轉向對彝器文字及内容進行考釋，劉心源《奇觚室吉金文述》、方濬益《綴遺齋彝器款識考釋》、孫詒讓《古籀拾遺》等都是其中頗具代表性的作品。但是從整體來看，青銅器的主要功用仍然是爲收藏家鑒賞把玩，而作爲附屬物的銘文自然也無法得到足够重視，文字的識别尚缺乏系統性，遑論銘文的分類研究工作了。清末民初以降，青銅器的研究開始長足進步，這固然有眼界開闊、學術交流增多的影響，當然也有突出學者與現代學術思維的創建之功。其中的集大成者爲羅振玉的《三代吉金文存》，是書收羅宏富、印刷精良，既是學術發展與進步的成果，也是金文研究繼續深入展開的重要基礎。

20 世紀以來，對金文本身的研究開始得到學術界的重視。其一，是對文字本身的識讀、隸定、釋義等研究工作取得重大進展，這與甲骨卜辭、古文字學的奠基發展相輔相成。其二，是對金文背後所承載的歷史進行探究工作，這項工作包括人名、地名的識别與研究，曆法與年代的辨析與解讀，史事與國家社會的認識與追溯等内容。涉及金文中方國、族群等地理問題就是其中頗爲重要的一項内容，其基礎就是地名的判斷與研究。

金文地名的研究肇始于金文地名的整理工作，這一工作在 20 世紀初就有學者着手進行。1928 年，余永梁先生發表《金文地名考》[1]一文，就當時所見的青銅器考證出西周時期地名 142 個；同時在文後繪有《金文地名圖》，將考證落實在地圖上。次年，謝彦華根據 245 件青銅器銘文製成《金文地名表》[2]，並對金文中涉及的地名作了整理和初步的分類工作，統計金文中國名 93 個、都名 2 個、地名 46 個、水名 2 個，該表的特色在于將青銅器銘文與 22 種傳世文獻相互參照以確定金文地名。

金文地名的整理工作更多反映在青銅器著録和研究中的索引統計工作中。日本學者白川

1　余永梁：《金文地名考》，《國立中山大學語言歷史學研究所週刊》第 5 集第 53、54 期合刊，1928 年。

2　謝彦華：《金文地名表》，《國立中山大學語言歷史學研究所週刊》第 7 集第 81 期，1929 年。

静的《金文通釋》[3]一書在第七卷附有《地名索引》，統計地名 429 個。20 世紀青銅器著録的集大成之作《殷周金文集成》限于篇幅未作索引，針對《殷周金文集成》出版後新出的銅器，劉雨等學者編纂《近出殷周金文集録》[4]，並作《銘文地名索引》，記録金文地名 248 個，附有對地名時代的判斷，統計西周時期地名 120 個。《近出殷周金文集録二編》[5]所附《銘文地名索引》記録地名 203 個，但並未作時代判斷。臺灣學者鍾柏生、陳昭容等編纂的《新收殷周青銅器銘文暨器影彙編》[6]也附有《地名索引》，收録地名 281 個。近年來，吴鎮烽先生先後編著出版《商周青銅器銘文暨圖像集成》[7]及《續編》[8]《三編》[9]，共收録青銅器 19983 件。2019 年出版的《商周青銅器銘文暨圖像集成索引》（以下簡稱《索引》）[10]統計地名 5730 個，去除重複後有 1250 餘個，其中西周地名近 550 個。從體例上看，《索引》同時收録有地名、器號、卷數頁碼、時代和現今所在地説明，是目前所見最爲完整的金文地名整理資料。

我們可以看出，金文的整理與記録呈現兩個特點：第一，新材料日漸豐富，特别是近數十年來，隨着考古科學發掘工作的進展和文物回流等工作的展開，很多擁有獨特價值的青銅器進入學術視界；第二，在青銅器的研究工作中，學術界逐漸開始重視金文索引的整理工作，將地名、人名、官名等銘文專題内容進行整理，這是金文研究深化的表現。但同時也需要認識到，由于金文地名（特别是西周地名）的複雜性（國、族、宫室乃至人名有時混而不分），目前各《地名表》均有分歧；隨着新材料的增加，新出地名和新的考訂釋義在解决了舊有問題的同時也帶來了很多新問題。因此，針對學術界的不同理解和各種歧説，對金文中的地名做專項整理與研究是很有必要的工作。

二、金文地名研究的四個階段

金文地名研究是隨着青銅器學、考古學、歷史地理學等多學科的進步而深入的，從 20 世紀的學術成果來看，金文地名研究經歷了四個階段：

1. 在青銅器綜合研究著作中解釋地名

金文中地名的研究，首先體現在幾部青銅器及銘文研究的綜合著作中。郭沫若《兩周金文辭大系圖録考釋》、白川静《金文通釋》、陳夢家《西周銅器斷代》、楊樹達《積微居金文説》、唐蘭《西周青銅器銘文分代史徵》、馬承源主編《商周青銅器銘文選》以及湯餘惠《戰國銘文選》等多部著作都是金文研究的集大成之作。這些著作的特點在于按照時代對商周時期的青銅器作具體的考釋，地名的考釋都散布于各青銅器的研究中。這種著作形式限于體裁，對很多地名並未加以詳細説明，使得研究者的檢索和整理十分不便。因此將這些考釋内容彙總整理，既有檢索上的便利，同時也可以觀察學術界對單個地名認識、判斷的演變過程，具有一

3 ［日］白川静：《金文通釋》，平凡社，2004 年。
4 劉雨編：《近出殷周金文集録》，中華書局，2002 年。
5 劉雨、嚴志斌編：《近出殷周金文集録二編》，中華書局，2010 年。
6 鍾柏生、陳昭容等編：《新收殷周青銅器銘文暨器影彙編》，藝文印書館，2006 年。
7 吴鎮烽編：《商周青銅器銘文暨圖像集成》，上海古籍出版社，2012 年。
8 吴鎮烽編：《商周青銅器銘文暨圖像集成續編》，上海古籍出版社，2016 年。
9 吴鎮烽編：《商周青銅器銘文暨圖像集成三編》，上海古籍出版社，2020 年。
10 吴鎮烽編：《商周青銅器銘文暨圖像集成索引》，上海古籍出版社，2019 年。

定的學術史意義。此外，在周法高主編的《金文詁林》[11]中，張日昇的按語部分多結合《清一統志》《春秋大事表》等材料，對古諸侯國進行釋義説明，這一類的金文研究大型工具書也有一定參考意義。

2. 針對金文中地名、地理問題作專題考證

專題研究是地名研究的主要形式。隨着出土材料的增加，學術界由早期的單一地名探究逐漸發展爲對地名進行分組、分區域研究。以唐蘭先生爲代表的很多學者很早就重視金文中的地名、地理問題，在發表于 1935 年的《同簋地理考》一文中，唐蘭結合文獻考察銘文中“玄水”的地理與西周虞國地望，同時附有地圖加以説明。這種專題研究逐漸成爲金文地名考察的基本範式。隨着考古發現的進展，新的有銘青銅器的出土往往引發學術界的激烈討論，以下特舉兩例以作説明。學術界對傳世青銅器敔簋銘文中的地名“陰陽洛”一直頗有争議，楊樹達先生曾將“陰”字與上文連讀作“敏陰、陽洛”[12]；1969 年，永盂出土後，郭沫若、唐蘭、陳夢家等學者發表永盂專題考證文章，確定並考證了“陰陽洛”的地望[13]。1980 年，多友鼎出土于陝西省長安縣斗門鎮下泉村，學術界圍繞銘文中京師、楊等 6 處地名持有“陝西説”[14]與“山西説”[15]兩種觀點，發表多篇考證文章。儘管四十餘年來晋、陝兩省都陸續出土大量有銘青銅器，對兩種觀點都有不同程度的補充和修正，但這一問題至今仍然存在争議，成爲著名的學術公案。這些學術成果與争議都表明，在新材料不斷出土的今天，對過去地名進行整理、回顧和再考察工作都是十分必要的。

3. 對地名進行分類、探討命名規律的綜合研究

在對金文中地名認識和整理的過程中，對地名進行分類到探究其規律的研究逐漸産生。早在 1915 年，王國維先生作《周天子行幸征伐》一文，爲其《三代地理小記》之一，後收入《觀堂别集》時改名《周時天子行幸征伐考》[16]。這篇文章以盂爵、季娟鼎、召伯虎敦等銅器銘文爲基礎，摘録周天子行幸征伐之事二十五，記録地名十九，雖然未作詳細考訂，但已見初創之功。1937 年，孫海波先生受到余永梁文章啓發，作有《周金地名小記》[17]，將西周金文地名分爲建都、征伐兩個主題，在體裁上頗爲新穎。1985 年，王輝先生《西周畿内地名小記》[18]一文將西周王畿内外地名分列，考察畿内地名 18 處，綜合考量，採用地名位置互證的方式，輔以示意圖對畿内地理進行探討。裘錫圭先生《説𢦏簋的兩個地名——“棫林”和“胡”》[19]一文對伯雍父組銅器涉及的地名進行了綜合考察，釐清學術界的歧説，亦是區域地名研究的典範。陳夢家先生《西周銅器斷代》下編的未完成稿《地理部分》擬對西周地理

---

11 周法高主編：《金文詁林》，香港中文大學出版社，1975 年。

12 楊樹達：《積微居金文説・敔簋跋》，上海古籍出版社，2007 年。

13 參見唐蘭《永盂銘文解釋》，《文物》1972 年第 1 期。

14 參見李學勤《論多友鼎的時代及意義》，《人文雜志》1981 年第 6 期；劉翔《多友鼎銘兩議》，《人文雜志》1983 年第 1 期。

15 參見田醒農、雒忠如《多友鼎的發現及其銘文試釋》，《人文雜志》1981 年第 4 期；黄盛璋《玁狁新考》，《社會科學戰綫》1983 年第 2 期。

16 王國維：《周時天子行幸征伐考》，謝維揚、房鑫亮主編：《王國維全集》第十四卷，浙江教育出版社，2010 年，第 140 頁。

17 孫海波：《周金地名小記》，《禹貢》第 7 卷第 6、7 合期，1937 年。

18 王輝：《西周畿内地名小記》，《考古與文物》1985 年第 3 期。

19 裘錫圭：《説𢦏簋的兩個地名——“棫林”和“胡”》，《考古與文物叢刊》第 2 號《古文字論集》(一)，1983 年。

問題做系統考察，從目前所見的章節中可看出都邑、宫廟以及諸侯國等分類項目[20]，可惜未能完成。

近年來，王自興《殷周金文所見地名輯釋》[21]一文統計了金文中地名 751 個，並按照行政區劃進行輯釋，雖然將地名分爲國族名、城鄉邑名、山水名稱等，但缺乏對地名來源及命名規律的系統性考察，有所缺憾。學術界目前對早期地名的史學價值探究工作較少。王偉《商周地名的來源與衍化及其史學價值》[22]一文對甲、金文所見商周地名的來源規律進行初步整理與歸納，並就地名衍化的史學價值進行探究，是這一領域的最新成果。可以看出，針對地名研究的個案研究雖然豐富，但目前來看，進行整合與分類方面的學術成果較少，同時也缺乏對分類標準等多個問題的討論。

4. 地名研究與史學問題相結合的價值研究

地名研究是對歷史時期地理、社會研究的基礎。20 世紀曾國銅器出土後，李學勤先生提出著名學術公案“曾隨之謎”，2011 年，隨州葉家山墓葬出土的曾國銅器使得西周的曾國與文獻中的隨國問題重新得到關注和討論。這是由于金文中的地名都是作器時的時稱，具有時間屬性，可以反映當時的地理、人文以及制度問題；而相反，傳世文獻中所記地名多爲時代變遷後的稱呼，並且很可能經過文獻的歷代編纂、注釋而存在失真現象。金文地名研究的史學價值之一就是可以對傳世文獻的記載進行補充和糾謬。趙慶淼的博士學位論文《商周時期的族群遷徙與地名變遷》[23]，通過地名變遷問題探究商周時期族群遷徙的形式及背後動因，體現出金文地名研究對西周社會、族群變遷等問題都有極大的促進作用。

5. 地名專題的綜合研究

金文地名的系統研究作品在 20 世紀後半期出現。台灣學者陳美蘭《西周金文地名研究》[24]是在其 1998 年完成的碩士學位論文基礎上，經過訂正錯漏、計算機造字後于 2015 年由花木蘭出版社出版。這部書以方位進行地名分類、以西周時代作爲斷限，整理研究西周時期的金文地名 150 餘個。曹建敦先生的碩士學位論文《甲、金文中所見族、地名合證》[25]把 136 個卜辭中的族名、地名同金文族徽做了相互印證，把國族資料有機結合在一起，對國族的活動、史迹也做了初步考察。2021 年，吉林大學李萌的碩士學位論文《商代金文地名集釋》[26]整理了 53 個商代金文地名，對族、地、國三類地理名稱分別進行整理。2022 年，張晨陽的碩士學位論文《西周金文地名集釋》[27]收録西周金文地名 200 餘個，這部作品以時代早晚爲斷限、以“集釋”方式進行綜研。這些學術成果都代表着地名學與金文學的全面結合，表明金文地名的辨識與研究作爲金文研究的一個重要分支，得到學術界的重視。

20 陳夢家：《西周銅器斷代》，中華書局，2004 年。

21 王自興：《殷周金文所見地名輯釋》，鄭州大學 2014 年碩士學位論文。

22 王偉：《商周地名的來源與衍化及其史學價值》，《史學史研究》2019 年第 4 期。

23 趙慶淼：《商周時期的族群遷徙與地名變遷》，南開大學 2016 年博士學位論文。

24 陳美蘭：《西周金文地名研究》，花木蘭出版社，2015 年。

25 曹建敦：《甲、金文中所見族、地名合證》，鄭州大學 2000 年碩士學位論文。

26 李萌：《商代金文地名集釋》，吉林大學 2021 年碩士學位論文。

27 張晨陽：《西周金文地名集釋》，吉林大學 2022 年碩士學位論文。

三、區域地名綜合研究的嘗試

1. 單件銅器銘文中的重要地名綜研

這種形式主要出現在單件（套）的器物當中，這類器物的一個特點就是涉及地名很多，且相互聯繫，符合地名考證中的“一大片”原則。我們以鄂君啓節爲例稍加説明。

對鄂君啓節的研究，是金文區域地名綜合研究的一大進步。這一方向不僅是對先秦時期重要地名的認識，同時借助相鄰地名的互證，實現了對楚國重要地理區位的探識，更爲學術界進一步探討我國的内河航運史、以關税繳納爲核心的經濟史提供了寶貴的資料和探索空間，成爲金文地名區域綜合研究與史學問題相結合的價值研究的典範。鄂君啓節分車節與舟節兩套，分别于 1957、1960 年發現于安徽壽縣、蒙城縣，涉及戰國地名近 40 個，自發現以來頗受學術界重視，半個多世紀以來，圍繞其地理、交通、商貿、文化、制度等問題的探討十分熱烈。1958 年，郭沫若的《關于“鄂君啓節”的研究》和殷滌非、羅長銘的《壽縣出土的鄂君啓金節》[28]兩篇文章揭開了這場討論的序幕。單就地名考釋這一角度來説，如“王凥於蔵郢之遊宫”一句涉及地名“蔵郢”“遊宫”兩處，“蔵郢”或認爲即楚都，或認爲是楚之别都，涉及的討論與考釋達十數條，觀點有四五種，目前雖多認爲即楚紀南城，但仍有較大討論空間。舟節之[illegible]字，初釋爲“沽”，或作“湖”，不同觀點有東湖、梁子湖、武湖、洞庭湖諸説[29]；1986 年，陳偉隸作“油”，讀爲淯水，三十多年間得到學界認同[30]。又如車節“[illegible]”，究竟釋作“象禾”還是“兔禾”，幾十年來參與討論的學者有十數位，兩種觀點争執不下。關于這處地名的討論，既涉及古文字的構字與形體問題，也涉及當時的商路和貿易制度。凡此種討論，幾乎字字如此，學術發展推動了對出土文物的認識和瞭解，反過來説，出土文物也在推動着學術的前進。

2. 以重要史事爲中心的重要地名綜研

青銅器的出土帶有鮮明的地域特色，同時代、同地區的重要青銅器銘文可以互相印證；從地名考證的角度來説，形成互證更有利于史事和地理的探究。我們試舉兩例略作説明。

昭王南征是西周前期的重大事件，“南征而不復”可以説直接改變了周王朝的政治走向，那麼圍繞着昭王青銅器與南征地理問題就成爲西周史、青銅器學研究的重大問題。唐蘭先生的著名文章《論周昭王時代的青銅器銘刻》[31]雖非這一問題的研究專文，但其以超前的學術視野和眼光對該問題有發軔之效。後來討論昭王南征相關問題的學術文章無不以青銅器組（群）的研究作爲最主要的史料依據。北宋時期孝感出土的“安州六器”中的中鼎、中甗、

28　郭沫若：《關于“鄂君啓節”的研究》，《文物參考資料》1958 年第 4 期，第 3—7 頁。殷滌非、羅長銘：《壽縣出土的鄂君啓金節》，《文物參考資料》1958 年第 4 期，第 8—11 頁。

29　參見郭沫若《關于鄂君啓節的研究》，《文物參考資料》1958 年第 4 期，第 4 頁。譚其驤：《鄂君啓節銘文釋地》，原載《中華文史論叢》（第 2 輯），1962 年；後收入《譚其驤全集》（第一卷），人民出版社，2015 年，第 535—536 頁。熊傳新、何光岳：《〈鄂君啓節舟節〉中江湘地名新考》，《湖南師院學報（哲學社會科學版）》1982 年第 3 期，第 86—87 頁。張中一：《〈鄂君啓金節〉路綫新探》，《求索》1989 年第 3 期，第 126 頁。

30　參見陳偉《〈鄂君啓節〉之“鄂”地探討》，《江漢考古》1986 年第 2 期，第 89—90 頁；湯餘惠：《戰國銘文選》，吉林大學出版社，1993 年，第 46 頁；晏昌貴、郭濤：《〈鄂君啓節〉銘文地理研究二題》，《華北水利水電學院學報》2012 年第 5 期，第 1 頁；吴鎮烽：《商周青銅器銘文暨圖像集成索引》，上海古籍出版社，2019 年，第 934、971 頁。

31　唐蘭：《論周昭王時代的青銅器銘刻》，《唐蘭全集（四）》，上海古籍出版社，2015 年。

中觶與 1969 年山東黄縣蘭高鎮歸城小劉家出土的啓卣（尊），1976 年 12 月陝西扶風縣法門鎮莊白村 1 號窖藏中出土的作册折尊，1981 年冬陝西省長安縣斗門鎮花園村西周墓葬出土的誎簋，以及其他傳世彝器如静方鼎、遣尊、作册睘卣（尊）、誎鼎、京師畯尊等十餘件銅器相組合；這些銅器組（群）涉及西周諸侯國曾、鄂、荆楚，相關地名會、寒、相、望土、繁，自然地理名稱夒㢓真山、漢、湡等相關地理名稱 20 餘個，成爲這一問題研究的直接材料。不少學者根據這組資料對昭王南征的地理、路綫、政治影響等問題進行探究[32]，帶有鮮明的“金文學”研究特色。

周伐玁狁是西周中後期的重要史事，戰争的起因與結果影響着王朝的制度設計與興衰。前文提到 1980 年出土的多友鼎涉及地名“京師”“筍”“龔”“世”等六處，除此之外，其最重要的價值則是與其他涉及周伐玁狁問題的青銅器銘文、傳世文獻相對應，爲我們勾勒出西周西陲的邊疆危機及王朝應對機制。將多友鼎與記述内容、史地相近的青銅器虢季子白盤、不嬰簋、兮甲盤組合，形成一組金文地名群；再與傳世文獻的相關記載相印證，又有《詩·小雅·六月》中的“焦穫”“涇陽”“鎬”“方”“太原”，《詩·小雅·出車》中的“方”“朔方”，《左傳》中“瓜州”“渭汭”“桑田”“伊川”等地名加入這一組合[33]，形成可以對照研究的地名集團。圍繞着這一集團的地名考釋工作，可以對相關地理問題、軍事及制度問題、玁狁族群問題的研究提供佐助。這與卜辭研究中的重要討論内容“征人方”相類似，都是利用相近史料的組合解决重要歷史問題，這也是古文字領域的重要研究方向和重要意義。

3. 以特定區域爲中心的青銅器綜研

這一類涉及周代諸侯國地理、政治等問題的專題研究作品很多，如徐少華先生的多篇專題論文[34]，張昌平先生的曾國、噩國研究[35]，以及近年來孔令遠《徐國青銅器群綜合研究》[36]、龐小霞《商周時期邢都邢國邢地綜合研究》[37]、馬軍霞《虢國綜合研究》[38]、馬立志《西周金文所見西土北土邦國地理整理與研究》[39]等，都表明了以青銅器組（群）作爲核心材料的研究方式已經成爲金文研究的主流方法之一。除去以諸侯國爲中心的研究，近年也有關于重要行政區域的探究作品。王暉先生主編的《周王畿—關中出土西周金文整理與研究》[40]收集整

32　參見李學勤《論斁甗銘及周昭王南征》，朱鳳瀚、趙伯雄編：《仰止集——王玉哲先生紀念文集》，天津人民出版社，2007 年；孫慶偉：《從新出斁甗看昭王南征與晋侯燮父》，《文物》2007 年第 1 期；尹弘兵《地理學與考古學視野下的昭王南征》，《歷史研究》2015 年第 1 期；趙慶淼《“昭王南征而不復”之蠡測——基于文本形成與歷史地理學的研究》，《學術月刊》2015 年第 5 期；趙燕姣、吴偉華《金文所見昭王南征路綫考》，《中國歷史地理論叢》2018 年第 2 期等文章，不一一列舉。

33　相關討論參見彭裕商《周伐玁狁及相關問題》，《歷史研究》2004 年第 3 期。

34　如徐少華《樊國銅器及其歷史地理新探》，《考古》1995 年第 4 期；《鄀國歷史地理探疑——兼論包山、望山楚墓的年代和史實》，《華夏考古》1991 年第 3 期；《古復國復縣考》，《中國歷史地理論叢》1996 年第 1 期；《古厲國歷史地理考異》，《歷史地理》（第十九輯），上海人民出版社，2003 年；《河南南陽李八廟一號墓的年代與番子鼎之屬性》，《考古》2019 年第 9 期；《論隨州文峰塔一號墓的年代及其學術價值》，《江漢考古》2014 年第 4 期；《都國銅器及其歷史地理研究》，《江漢考古》1987 年第 3 期；《息國銅器及其歷史地理分析》，《江漢考古》1992 年第 2 期；《羕國銅器及其歷史地理探析》，《考古學報》2008 年第 4 期等。

35　如張昌平《噩國與噩國銅器》，《華夏考古》1995 年第 1 期；《曾國青銅器研究》，文物出版社，2009 年。

36　孔令遠：《徐國青銅器群綜合研究》，《考古學報》2011 年第 4 期。

37　龐小霞：《商周時期邢都邢國邢地綜合研究》，鄭州大學 2007 年博士學位論文；後作者修改出版著作《商周之邢綜合研究》，社會科學文獻出版社，2014 年。

38　馬軍霞：《虢國綜合研究》，陝西師範大學 2017 年博士學位論文。

39　馬立志：《西周金文所見西土北土邦國地理整理與研究》，吉林大學 2021 年博士學位論文。

40　王暉主編：《周王畿—關中出土西周金文整理與研究》，三秦出版社，2022 年。

理關中地區自漢代至今出土的 1358 件青銅器銘文資料，按地區（兼顧西周王畿地區政治地理格局）分卷編排，全書不僅涉及青銅器整理與著録，同時包括對周王畿的政治、地理相關問題的討論研究專卷，也屬于以特定區域爲中心的青銅器綜研著作。

綜上來看，隨着考古成果的發掘工作、出土青銅器銘文釋讀工作的推進，學術界對金文中地名的研究呈現出專門化、細緻化的特點，這些研究也在不同程度上反哺着商周史的研究。

四、金文地名及其學術成果集釋工作的必要性和史學價值

百年以來金文地名的研究成果豐富，但有些問題仍需要重視：第一，目前學術界尚没有一部針對金文地名進行系統整理研究的著作；第二，金文中一名多地和一地多名的現象常見，隨着學術研究的進展、相關考釋成果不斷增加，後來的研究者們在涉及相關問題時往往需要花費很多精力翻檢前人著述，學術界需要一部能够反映當前金文地名研究的索引集釋類著作；第三，金文地名的命名規律探究和史學價值闡發工作仍較爲初步，需要深化研究。在甲骨文的研究中，已經有地名整理和綜合研究的成果問世，如《中國最早的歷史空間舞臺：甲骨文地名體系概述》[41]；在簡帛學的研究方面，有《戰國楚簡地名輯證》[42]等著作。在金文的專題研究方面也有很多成果問世，針對職官的研究有《西周金文官制研究》[43]，針對人名的研究有《金文人名彙編》[44]，針對族徽的研究有《商周青銅器族氏銘文研究》[45]《殷周金文族徽研究》[46]。其他許多專題領域如語法、銅器斷代等方面也都有豐富的成果。這些古文字的研究著作從思路、角度或理論上都具有啓發意義，可以爲後來的著作提供方法和實例。但目前還没有針對金文地名的系統研究作品，這是很遺憾的。

隨着出土材料增加，目前已見著録青銅器近 20000 件，其中記載商周時期的地名 1100 個左右，這些地名包含國族名稱、城邑名稱、山川河澤，以及特定時期的專屬地名，對商周史研究來説是極爲豐富的資料。而涉及這些地名考釋研究的學術成果十分豐碩，是商周史研究的重要史料來源，可以爲方國分封、族群遷徙、交通路綫、地理環境等問題的研究提供新的材料和視角。金文中地名的專題研究是青銅器與銘文研究的重要組成部分，同時也是對中國地名學研究的有益補充，有助于拓寬對中國早期地名的認識。因此，金文地名及研究成果的整理工作必要且迫切。

金文地名綜合研究是先秦政區地理和其他重要課題研究的基礎，對商、周王朝政治地理和民族地理的研究具有重要作用。這是因爲地名是國家行政管理的工具，是組織國家重大活動的有效手段[47]。從先秦政治區劃的角度來説，這項工作可以對某一地名的考釋源流進行系統的展現，以便于瞭解歷代學者對該問題的思路方向。

金文地名的整理和研究是我國古代學術的必要延續。重視地理文獻的整理和寫作是我國史學研究的優良傳統，歷代地書著作中地望考證、地理沿革都以地名學梳理作爲基礎。自秦

41　馬保春：《中國最早的歷史空間舞臺：甲骨文地名體系概述》，學苑出版社，2013 年。
42　吴良寶：《戰國楚簡地名輯證》，武漢大學出版社，2010 年。
43　劉雨：《西周金文官制研究》，中華書局，2004 年。
44　吴鎮烽：《金文人名彙編》，中華書局，2006 年。
45　何景成：《商周青銅器族氏銘文研究》，齊魯書社，2009 年。
46　王長豐：《殷周金文族徽研究》，上海古籍出版社，2015 年。
47　尹鈞科：《論地名的功能及地名資源的開發》，《歷史地理》（第十三輯），上海人民出版社，1996 年。

漢以來，我國傳統文獻的注釋和研究工作中，地名研究都是其中的重點内容。20 世紀以來，歷史地理學從傳統的輿地之學中脱胎而出，使得地名學的研究進入科學階段。

本書採用的基本整理方法是以金文中地名的字形爲綫索，彙總不同的隸定成果，同時對該地名的不同考證進行分條輯録。這項工作是有意義的，着眼點就在于將歷代金文地名研究的學術史彙總整理成工具著作，力求實現對金文地名既有研究成果的檢索，清晰展現出針對某地名的不同考釋成果，同時展現金文地名研究的學術史脉絡。這可以對某一地名的考釋源流進行系統的展現，有助于快速瞭解金文地名的研究成果，是對當前金文研究的重要補充；同時也有助于瞭解歷代學者對該問題考察的思路方向，具有學術史研究的意義。

從 20 世紀以來的青銅器學、古文字學、歷史地理學等相關學科的發展來看，對金文中的地名進行系統整理和研究，已經有了充分的條件。從青銅器的研究史來説，有一些青銅器铭文内容重要且字數多，受到學術界的廣泛研究。例如，乾隆年間出土于陝西鳳翔的散氏盤，銘文不僅記述了散、夨的國名，還提及踏勘地界時的不少小地名，這對西周社會及其制度研究方面很重要，因此也受到廣泛關注；小盂鼎銘文記載的征伐鬼方的戰争，可以彌補史籍的不足；師寰簋銘文記録了西周東方國（族）名稱齊、曩、僰、釐（萊）等，與《左傳》等文獻參照，對西周時期的東國地理情况是極大的補充。這些工作既包含了整理，也兼有分類、考證等綜合研究，應該説，從不同程度上推進了相關領域的研究。而今，青銅器研究、金文研究方興未艾，金文的經典化工作、“金文學”作爲獨立學科的觀點的提出均代表着在金文研究的下一個階段，學術界對銘文内容的分類整理與深入研究必將更全面展開。

金文的學術史涉及的問題很多，需參考學習的前賢著述也有很多，囿于才學，本書難免有錯漏之處，敬請方家批評諒解。

整理説明

一、本書編選範圍爲現當代學術界對商周時期金文中有關地名的認識、考釋情況的相關研究成果。由于學者間對銘文的理解或有不同,本書儘量將不同意見、考釋結果全部收録;部分目前尚無考釋但可初步判斷爲地名的詞彙,本書也一併收録,作爲參考。

二、本書所採用的資料,係 2021 年 12 月底以前出版的有關青銅器、金文的研究著作,以及重要的歷史學、考古學期刊所發表的學術成果。爲方便檢索原文,在引文後均附有成果出處和相關青銅器信息。

三、本書所收集金文地名,貼近字形隸定,依照筆劃編序、排序;個别字形隸定差别較大的,以小序號補充説明,如散氏盤銘"厂湶"編號 0001,又有作"厂源"則以編號 0001.02 説明。

四、表格設有【時代】【出處】【類别】【釋地】等欄,對相關地名的基本信息和考釋情況做初步整理。【時代】部分以地名所見銅器年代爲依據。【出處】爲所收地名的主要出處及所涉及的銘文摘録,限于篇幅,部分長銘銅器僅在首次出現時收録。爲行文方便,文中所引銘文皆用寬式隸定。銘文後爲青銅器名稱及著録號,以便于核對,部分銘文有所改動。【類别】内爲地名的性質,初步分爲國族名稱(方國、部族、諸侯國等)、城邑名稱(都、城、村、邑等)、地理方位名稱、自然地理名稱(河湖山林等)、人文地理名稱(道路、田地等)等類,對相關地名的基本性質做初步判斷。【釋地】爲今地名的參照及詳細考釋成果的摘録。個别詞條設有【他釋】,收録有不同的研究者對該地名的性質或解釋的歧説。

五、本書所引用的學術成果,凡無標點或採用舊式標點的,一律改爲新式標點;原作者的手寫體、簡體字、異體字,一般改爲規範繁體字。原作中因字迹漫漶或紙頁殘缺而致無法辨認,又無其他版本可據以核查者,根據所缺字數用"□"表示。

六、表格中針對所收地名條目附有相關的銘文拓片,以方便與所收成果研究參照。

目　録

二畫

三畫

四畫

五畫

六畫

七畫

八畫

九畫

十畫

十一畫

十二畫

十三畫

十四畫

十五畫

十六畫

十七畫

十八畫

十九畫

二十畫

二　畫

0001

厂滾

散氏盤

0001.02

厂源

【時代】西周晚期

【出處】散氏盤

用夨薄散邑，廼即散用田履（眉）。自濡涉，以南至于大沽，一封。以陟，二封。至于邊柳，復涉濡，陟雩，𠭯𩏑（遼）𨸏以西，封于㪔城，楮木，封于芻逨，封于芻道。内陟芻，登于厂滾，封𨟻栫，𨸏陵、剛栫、封于𠳋道，封于原道，封于周道。以東封于棹東疆右。還封于履道，以南封于𦅸逨道，以西至于琟莫，履井邑田，自桹木道，左至于井邑封，道以東一封，還，以西一封，陟剛（崗）三封，降，以南封于凡道，陟州剛（崗），登栫，降棫，二封。夨人有𤔲履田：鮮、且、微、武父、西宮襄、豆人虞丂、录、貞、師氏右眚、小門人繇、原人虞𦭛、淮𤔲工虎、孛䦘、豐父、琟人有𤔲刑丂，凡十又五夫，正履夨舍散田：𤔲土屰寅、𤔲馬𠳋𤻞、邦人𤔲工騵君、宰德父，散人小子履田：戎、微父、效果父、襄之有𤔲橐、州𩫏、焂從鬲，凡散有𤔲十夫。唯王九月，辰才（在）乙卯，夨卑鮮、且、𢍰、旅誓，曰：我既付散氏田器，有爽，實余有散氏心賊，則爰千罰千，傳棄之。鮮、且、𢍰、旅則誓，廼卑西宮襄、武父誓，曰：我既付散氏溼田畛田，余有爽變，爰千罰千，西宮襄、武父則誓，氒受圖，夨王于豆新宮東廷，氒左執纓，史正仲農。[散氏盤，《集成》[1]10176]

【類別】自然地理名稱

《説文》“厂，山石之厓岩人可居”。籀文作厈。厂源，王釋滾，應是原，《説文》“水泉本也，從灥出厂下”。今作源，與高平田原之邍異文通用。

陳夢家《西周銅器斷代》[2][散氏盤]

1 編者按：本書中《集成》指代中國社會科學院考古研究所編《殷周金文集成》，中華書局，2007年；《銘圖》指代吴鎮烽編《商周青銅器銘文暨圖像集成》，上海古籍出版社，2012年；《銘續》指代《商周青銅器銘文暨圖像集成續編》，上海古籍出版社，2016年；《銘三》指代《商周青銅器銘文暨圖像集成三編》，上海古籍出版社，2020年。

2 陳夢家：《西周銅器斷代》，中華書局，2004年，第346頁。

【釋地】陝西省寶鷄市

在今陝西寶鷄市陳倉區境内。

吴鎮烽《銘圖索引》[3][散氏盤]

0002

卜淦

卜淦戈

【時代】春秋時期·秦

【出處】卜淦戈

卜淦□高乍鑄，永寶用，逸，宜。[卜淦戈，《銘圖》17128]

【類别】城邑名稱

【釋地】淦水以南城邑

我們推測卜在此不作國族名，“卜淦”可能是地名，器主的居住地。“□高”是人名。“卜”字當釋爲“外”，“外淦”是地名，“外淦”即淦水以南。淦字構成不清，作[illegible]，暫釋作“淦”，外淦地名不詳，待考。

張懋鎔《卜淦□高戈考論》[4][卜淦□高戈]

張、劉（張懋鎔、劉棟）文謂：“卜在此不作國族名，‘卜淦’可能是地名……□高是人名。”“卜字當釋爲外，‘外淦’即淦水以南。”亦推測之辭。

王輝《秦銅器銘文編年集釋》[5][卜淦□高戈]

卜讀爲外；淦，水名。淦水源出今江西樟樹市東南離山，西北流經紫淦山入贛江。外淦即在淦水以南的地方。參見清顧祖禹《讀史方輿紀要·江西五·臨江府》：“淦水。”

崔恒昇《古文字地名考釋》[6][卜淦□高戈]

0003

人方

【時代】商代晚期

【出處】小子䍙簋　小臣艅尊　小子畬卣

癸子（巳），𡛷賞小子网貝十朋，才上𩰬，唯𡛷令伐人方䍙、勞，网用作文父丁尊彝，在十月四，䖒。[小子䍙簋，《集成》4138]

3 吴鎮烽：《商周青銅器銘文暨圖像集成索引》，上海古籍出版社，2019年，第887頁。以下正文中略作《銘圖索引》。

4 張懋鎔：《卜淦□高戈考論》，《古文字與青銅器論集（第二輯）》，科學出版社，2006年，第37頁。

5 王輝：《秦銅器銘文編年集釋》，三秦出版社，1990年，第156頁。

6 崔恒昇：《古文字地名考釋》，中國古文字研究會、安徽大學古文字研究室編：《古文字研究》（第二十三輯），中華書局，2002年，第219頁。

小臣艅尊

小子𪻐卣

丁子（巳），王省夔京，王易（賜）小臣艅夔貝，唯王來征人（夷）方，唯王十祀又五，肜日。[小臣艅尊，《集成》5990]

乙子（巳），子令小子𪻐先以人于堇，子光賞𪻐貝二朋，子曰：貝唯丁，蔑汝曆，用作母辛彝，在十月，月唯，子曰：令望人方𡨦。[小子𪻐卣，《集成》5417]

【類別】國族名稱

【釋地】山東省東部地區

夷方，近山東東部及江蘇東北部。

吴鎮烽《銘圖索引》[7][小臣艅尊等]

0004

九陂

微䜌鼎

【時代】西周晚期

【出處】微䜌鼎

唯王廿又三年九月，王在宗周，王令微䜌䝨嗣九陂，䜌作朕皇考𩰫彝尊鼎，䜌用享孝于朕皇考，用易（賜）康勴、魯休、純右（佑）、眉壽、永令、霝冬，其萬年無疆，子子孫孫永寶用享。[微䜌鼎，《集成》2790]

【類別】自然地理名稱·河湖

九陂之“九”，猶金文“参有司”“百姓”等，乃是泛稱多數，並非實指。叔尸鎛“咸有九州”（《大系》240—243），《周語》下“封崇九山，決汩九川，障陂九澤”，凡此九州、九山、九川、九澤等亦非實有九數。《周禮·職方氏》始以九澤分配九州，《吕氏春秋·有始覽》亦列舉九澤之名。由是知九陂、九州之名始見稱于金文，而其含義于後世實指者不同。

陳夢家《西周銅器斷代》[8][微䜌鼎]

0005

九盬

申簋蓋

【時代】西周中期

【出處】申簋蓋

唯正月初吉丁卯，王在周康宫，格大室，即立，益公内右申[立]中廷，王命尹册命申，更乃祖考疋（胥）大祝官嗣豐人眔九盬祝，易（賜）汝赤市、縈衡、䜌（鑾）旂，用事。申敢對揚天子休令，用作朕皇考孝孟尊簋，申其萬年用，子子孫孫其永寶。[申簋蓋，《集成》4267]

7 吴鎮烽：《商周青銅器銘文暨圖像集成索引》，上海古籍出版社，2019年，第887頁。
8 陳夢家：《西周銅器斷代》，中華書局，2004年，第281頁。

【類別】城邑名稱

【釋地】

采邑名。

馬承源《商周青銅器銘文選》[9][申簋蓋]

0006

力

力伯卣

【時代】西周早期

【出處】力伯卣

力伯作寶尊彝。[力伯卣，《集成》5235]

【類別】國族名稱

0007

又丰

㯻伯卣

【時代】西周早期

【出處】㯻伯卣

庚寅，𦊨（㯻）伯𧦝作又丰寶彝，在二月，□。亞。[㯻伯卣，《銘圖》13280]

【類別】國族名稱

卣銘的“又丰”像是指地方的。

在一種時代下接黄組卜辭的殷墟卜辭——無名組卜辭中，有如下一條殘辭：

⊠以多田伐又丰，迺⊠（合27893）

“多田”可讀爲“多甸”。黄組卜辭有説王“比多田”“比侯、田”或“比多田于（訓爲‘與’）多白（伯）”去征伐方國的。上引卜辭中的“又丰”，也應是被征伐的一個方國。如果卣銘和卜辭的“又丰”所指相同，似可作如下推測：又丰本是與㯻伯封地相鄰的一個方國，商王征服它以後，就交給了㯻伯，讓他治理。接受又丰的㯻伯可能是作卣的㯻伯的先人；但如商王最後征服又丰的時間較晚，也有可能就是作卣的㯻伯。此卣當是爲㯻伯在又丰的統治據點鑄造的。

裘錫圭《㯻伯卣的形制和銘文》[10][㯻伯卣]

9 馬承源主編：《商周青銅器銘文選（三）》，文物出版社，1988年，第161頁。

10 裘錫圭：《㯻伯卣的形制和銘文》，《裘錫圭學術文集》（第三卷），復旦大學出版社，2012年，第129頁。

三　畫

0008

土勻

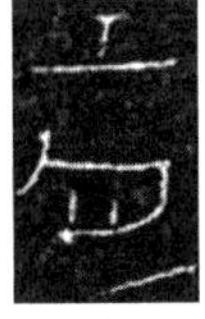

土勻瓶

【時代】戰國晚期·趙

【出處】土勻瓶

土勻，容四斗鉀。[土勻瓶，《集成》9977]

【類别】城邑名稱

【釋地】山西省吕梁市石樓縣

土勻，即土軍。軍字古本從勻聲，故二字相通。土軍戰國時爲趙國轄地，在今山西省石樓縣。

湯餘惠《戰國銘文選》[11][土軍鉀]

即土軍，近山西石樓縣。

吴鎮烽《銘圖索引》[12][土勻瓶]

0009

工吴

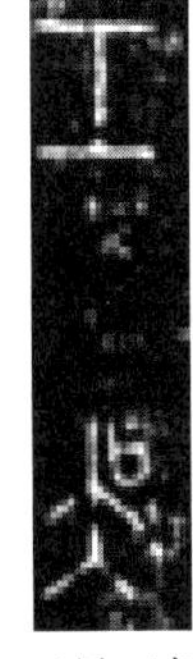

工吴王叡𥎦工吴劍

【時代】春秋時期

【出處】多器[13]

【類别】國族名稱

吴國國名，見于吴國青銅器者，作"工䱷""攻敔""攻敌""攻吴""吴"；見于史籍，則稱"吴"或"勾吴"。……根據吴國有銘青銅器的先後時代關係來看，各種寫法還是有一定的特定階段。大體上説來，吴國國名在諸樊既位以前作"工䱷"，諸樊時開始。作"攻敔"（敔字或寫作敔、敔），闔閭時始出現作"攻吴""吴"，最後省稱爲"吴"。

曹錦炎《吴越青銅器銘文述編》[14][者減鐘]

工䖒，吴國國名。《史記·吴太伯世家》："太伯之奔荆蠻，自號句

11　湯餘惠：《戰國銘文選》，吉林大學出版社，1993年，第9頁。
12　吴鎮烽：《商周青銅器銘文暨圖像集成索引》，上海古籍出版社，2019年，第888頁。
13　編者按：類似吴、楚、秦、魯等常見諸侯國名稱青銅器中較爲多見，本書不一一列舉。
14　曹錦炎：《吴越青銅器銘文述編》，中國古文字研究會、中華書局編輯部編：《古文字研究》（第十七輯），中華書局，1989年，第68—69頁。

工盧大叔
姤女戈

者減鐘

0009.02
工歔
0009.03
攻吾
0009.04
攻吴
0009.05
攻敔
0009.06
攻盧
0009.77
攻歔
0009.08
句吴
0009.09
工盧

吴。”司馬貞《索隱》：“顔師古注《漢書》，以吴言‘句’者，夷語之發聲，猶言‘於越’耳。”孔穎達《左傳正義》（宣公八年）引杜預《世族譜》云：“吴，姬姓。周大王之子太伯、仲雍之後。太伯、仲雍讓其弟季歷而去之荆蠻，自號句吴，‘句’或爲‘工’，夷言發聲也。”吴國國名于文獻作“句吴”或“吴”，于金文則作“工歔”“工盧”“攻盧”“攻敔”“攻吾”“攻吴”“句敔”，或省稱“敔”“吴”或“攻”，也有學者認爲可稱“句”。古音工、攻、句聲在見紐，工、攻屬東部，句屬侯部，聲爲雙聲，韻爲對轉；歔、盧、敔、吴古音同在疑紐魚部，故同音可通。

金文“工歔”一名的用字隨時代的早晚略有變化，大致諸樊以前的較早時期寫作“工歔”，如者減鐘及工歔太子姑發腎反劍。諸樊至季札諸兄弟時期通常寫作“攻盧”，“歔”字省去“攴”旁而作“盧”，如工盧季子劍。至諸樊兄弟的子輩，則作“攻盧”，“工”字開始增加“攴”符而寫作“攻”，同時也出現由“攻吴”而省稱的“吴”，如攻盧王姑發郲之子曹鮘衆飛劍和吴季子之子逞劍。闔閭時已寫作“攻敔”“攻吾”“攻吴”“句敔”和“吴”，如數柄吴王光劍和吴王夫差劍，以及吴王光鑑、吴王夫差鑑及宋工絲簠。最後省稱“敔”或“吴”，如吴王夫差盉、矛。此器銘作“工盧”，具有較早的特點，時代應限于諸樊至季札數世。

馮時《工盧大叡鍦銘文考釋》[15][工盧大叡鍦]

“攻敔”，即吴。吴國之名，在傳世文獻及出土銅器銘文中常見，但名稱、用字卻頗不一致，極不規範。……既爲夷語之發聲，那麼吴語在使用中原地區文字來標識其國名發音時，就會着重于文字的發音，而忽略其意義，尤其是其形構，因而作爲吴國的國名出現上述文字使用上的不規範現象是很容易理解的。有學者指出，吴國的國名，稱“工盧”者較早，“攻敔”較晚，“吴”最晚。這一研究結果可信。“攻敔”即吴，無疑。

任相宏、張慶法《吴王諸樊之子通劍及相關問題探討》[16][吴王諸樊之子通劍]

“工歔”或“工盧”即《淮南子·繆稱》所言“句吴”，《左傳》宣公八年《正義》引杜譜云，吴“自號句吴，‘句’或爲‘工’，夷言發聲也”。此詞的寫法，在東周金文中早晚有變化，較早的作“工歔”，如《西清續鑑甲編》所録者減鐘；較晚的作“攻敔”，如幾柄夫差劍，還有作“攻吴”的，如夫差鑑（《三代》18，24，5）。江蘇六合程橋1964年出土的吴國編鐘銘文也作“攻敔”，其時代也在夫差的時期。沂水北坪子劍銘有“工盧”，屬于年代較早的一類。

李學勤《試論山東新出青銅器的意義》[17][句吴王劍]

15　馮時：《工盧大叡鍦銘文考釋》，安徽大學古文字研究室編：《古文字研究》（第二十二輯），中華書局，2000年，第112頁。

16　任相宏、張慶法：《吴王諸樊之子通劍及相關問題探討》，《中國歷史文物》2004年第5期，第15—16頁。

17　李學勤：《試論山東新出青銅器的意義》，原載《文物》1983年第12期；後收入《新出青銅器研究（增訂版）》，人民美術出版社，2016年，第214頁。

0010

下丘

下丘嗇夫戈

【時代】戰國時期

【出處】下丘嗇夫戈

廿三年，平丘嗇夫口，工帀（師）𢦏、冶系。[下丘嗇夫戈，《集成》11301]

【類別】城邑名稱

【釋地】安徽省宿州市

今安徽宿州市埇橋區北。

吴鎮烽《銘圖索引》[18][下丘嗇夫戈]

0011

下邑

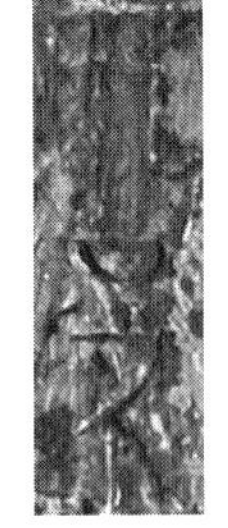

下邑令瘍鈹

【時代】戰國晚期

【出處】下邑令瘍鈹

十四年五月，下邑令瘍，左庫工帀（師）洮所善（繕）者。[下邑令瘍鈹，《銘圖》18002]

【類別】城邑名稱

【釋地】河南省商丘市夏邑縣

該銅鈹的製作地爲下邑的左庫，這屬于地方製造的兵器。關于下邑的地望，《水經注·獲水》："（獲水）又東，經虞縣故城北，古虞國也……獲水又東南經空桐澤北，澤在虞城東南……獲水又東南經下邑縣故城北。楚考烈王滅魯，頃公亡遷下邑……獲水又東經碭縣故城北。"《水經注》所反映的下邑縣故城位置應該在虞縣故城東南，碭縣故城西面。虞縣故城在今河南虞城縣一帶，碭縣故城在今河南永城縣東北，而今虞城縣東南，永城縣西面，是河南夏邑縣。關于夏邑縣的歷史變遷，《讀史方輿紀要》説："夏邑縣府東百二十里，東至江南蕭縣百五十里，北至山東單縣七十里，戰國時下邑地。秦屬碭郡，漢置下邑縣，屬梁國，晋因之，劉宋兼置梁郡于此，後魏初屬梁郡，孝昌二年于此置碭郡。隋屬亳州，開皇十六年改屬宋州，唐、宋因之，金始改夏邑縣，仍屬宋州。元初并入睢陽縣，尋復置，屬歸德府。"又説："下邑故城在縣西南。"由《水經注》和《讀史方輿紀要》的記載來看，戰國時下邑即今河南夏邑縣，金代方改下邑爲夏邑，下邑故城大概在夏邑縣境偏西南的位置。

樊俊利《十四年下邑令瘍鈹銘文補釋及其他相關問題探討》[19][下邑令瘍鈹]

18　吴鎮烽：《商周青銅器銘文暨圖像集成索引》，上海古籍出版社，2019年，第888頁。

19　樊俊利：《十四年下邑令瘍鈹銘文補釋及其他相關問題探討》，華東師範大學中國文字研究與應用中心編：《中國文字研究》（第二十一輯），上海書店出版社，2015年，第48—49頁。

【釋地】安徽省宿州市碭山縣

今安徽碭山縣東。

吴鎮烽《銘圖索引》[20][下邑令瘍鈹]

0012

下鄐

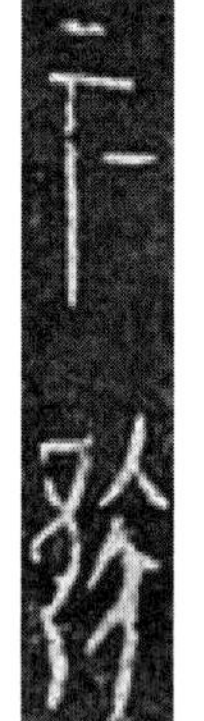

鄂君啓車節

0012.02

下鄵

0012.03

下蔡

【時代】戰國中期

【出處】鄂君啓車節

大司馬卲剔敗晋帀於襄陵之歲，顕房之月，乙亥之日，王凥於蔵郢之遊宫，大攻尹脽台王命，命集尹怾糬，裁尹逆，裁殺阢，爲鄦君啓之膚贎鋻金節，車五十乘，歲罷返，母載金、革、黽、箭，女馬、女牛、女浧，屯十台堂一車，女檜徒，屯廿檜台堂一車，台毁於五十乘之中，自鄦坊，豪昜丘，豪邡城，豪角禾，豪酉焚，豪繇昜，豪高丘，豪下鄐，豪居鄵，豪郢，見其金節劓母政，母舍桴飤，不見其金節劓政。[鄂君啓車節，《集成》12110、12111]

【類别】國族名稱

譚則以爲下蔡在今阜陽西南，居巢在今阜陽東南，雖然譚的“説法頗新”，但恐不足信。

孫劍鳴《“鄂君啓節”續探》[21][鄂君啓車節]

【釋地】安徽省淮南市鳳臺縣

下鄵疑即《左傳》吴人圍巢伐駕的駕。滌非疑“下”下一字是蔡字繁文，其右旁與蔡姞簋的蔡字形相似。左旁即邑字，也如陳字作陳同。下蔡即州來，與居巢相鄰。

殷滌非、羅長銘《壽縣出土的“鄂君啓金節”》[22][鄂君啓車節]

下鄐即下蔡，春秋時本名州來，《左傳·哀公二年》“蔡昭侯自新蔡遷于州來，謂之下蔡”。今之安徽鳳臺縣。

郭沫若《關于鄂君啓節的研究》[23][鄂君啓車節]

下蔡確在淮北，即今鳳臺，下蔡故城尚有遺址。清人蕭景雲有詳細調查，此古城演變，作者另有《壽春與下蔡》一文詳之。譚文不同意陳夢家下蔡在淮南説，並承認蔡所遷之下蔡以及漢之下蔡縣都在鳳臺，這些都是正確的，但他卻又認爲在鑄鄂君啓節時，下蔡不在這裏，而是搬家于蔡崗，

20 吴鎮烽：《商周青銅器銘文暨圖像集成索引》，上海古籍出版社，2019 年，第 888 頁。

21 孫劍鳴：《“鄂君啓節”續探》，原載《安徽省考古學會會刊》1982 年第 6 輯；後收入劉慶柱、段志洪、馮時主編：《金文文獻集成》（第二十九册），綫裝書局，2005 年，第 333 頁。

22 殷滌非、羅長銘：《壽縣出土的“鄂君啓金節”》，《文物參考資料》1958 年第 4 期，第 10 頁。

23 郭沫若：《關于鄂君啓節的研究》，《文物參考資料》1958 年第 4 期，第 5 頁。

後來又搬回來。這顯然是牽就郢爲壽春説而作如此搬動者。

黄盛璋《關于鄂君啓節交通路綫的復原問題》[24][鄂君啓車節][25]

地名。爲蔡昭王二十六年所遷之地，即今安徽省鳳臺縣。

馬承源《商周青銅器銘文選》[26][鄂君啓車節]

【釋地】安徽省阜陽市一帶

據《水經・潁水注》："别汝又東逕蔡岡北，岡上有平陽侯相蔡昭冢。昭字叔明，周后稷之胄，……東歷女陰縣故城西北，東入潁水。"女陰即今安徽阜陽縣治，别汝相當今縣西沙河，此蔡岡正位于高塘陂之東，疑即銘文"下蔡"故址所在。蓋岡曾爲下蔡所在，蔡人曾遷居于此，故岡上有后稷之胄實即蔡侯後裔蔡昭的冢墓。

譚其驤《鄂君啓節銘文釋地》[27][鄂君啓車節][28]

下蔡，即《水經・潁水注》中的蔡岡，在今安徽省阜陽縣西。一説今安徽鳳臺。

湯餘惠《戰國銘文選》[29][鄂君啓車節]

【釋地】安徽省阜陽市潁上縣

譚其驤、黄盛璋兩同志對下蔡、居巢兩地争論得最熱烈。……如果我們擺脱秦漢以後注疏家的框框，從傳文語氣來看，州來不在淮北，但也不能肯定它就在淮南。昭十二年傳："楚子狩于州來，次于潁尾，……"説明潁尾當屬于州來，而州來邑很可能在潁尾附近潁水上。漢志：潁川郡陽城"陽乾山，潁水所出，東至下蔡入淮"。按潁水至今潁上縣入淮，古今水道没有改變；潁上爲漢慎縣地，故《水經》云，潁水"至慎縣東南入于淮"。漢代慎屬汝南，不屬沛郡，則漢志的下蔡非沛郡下蔡甚明。班固蓋本舊文，没有校正。杜預《左傳》注亦云："潁尾在下蔡。"這是下蔡在今潁上縣的一個有力證據。又梁代于甘城置下蔡郡，相承甘城在今潁上縣西北，潁水所經；《括地志》以爲甘羅舊居。甘羅，下蔡人。是潁上爲古下蔡地無疑。《水經注》："潁水又東逕蜩蟟郭東，俗謂之鄭城矣。"蜩蟟郭于古無徵，蓋即州來之音轉。州來、下蔡、蜩蟟郭、鄭城並同地異名。《寰宇記》："隋大業二年，置潁上于故鄭城。"今縣城即鄭城遺址（此

---

24 黄盛璋：《關于鄂君啓節交通路綫的復原問題》，原載《中華文史論叢》（第5輯），1964年；後收入《歷史地理論集》，人民出版社，1982年，第278頁。

25 編者按：鄂君啓節銘中下蔡的討論，又見黄盛璋《再論鄂君啓節交通路綫復原與地理問題》，《安徽史學》1988年第2期，第22—23頁。

26 馬承源主編：《商周青銅器銘文選（四）》，文物出版社，1990年，第435頁。

27 譚其驤：《鄂君啓節銘文釋地》，原載《中華文史論叢》（第2輯），1962年；後收入《譚其驤全集》（第一卷），人民出版社，2015年，第541—542頁。

28 編者按：譚其驤《再論鄂君啓節地理答黄盛璋同志》一文重申前説並補充討論，見《中華文史論叢》（第5輯），1964年；後收入《譚其驤全集》（第一卷），人民出版社，2015年，第555頁。

29 湯餘惠：《戰國銘文選》，吉林大學出版社，1993年，第50頁。

	據《潁上縣志》，顧祖禹以爲在今縣南），亦即下蔡遺址。 羅長銘《鄂君啓節新探》[30][鄂君啓車節] **【釋地】安徽省淮南市壽縣** 下蔡即州來，州來之地望何在，頗有異説……據現在考古資料似可尋出州來故城綫索的，殆即今之壽縣：在今壽縣城南及城東外，東到東津渡，南過邱家花園（舟、車節及大賡銅牛出土地）以南，這一廣闊地區（直徑約三—四華里），常斷斷續續的露出古城址及遺址的痕迹，發現的陶片很多，特别是陶甃井的分布，有其一定的密度。一九六三年于壽城東外與邱家花園間的一段地區内，曾因建電灌站破土發現的即有十餘口陶甃井，井内多繩紋圜底陶罐，井圈直徑約七十公分左右，高約三六—四十公分，圈圈相疊達十三層。此外于一九五五年在壽縣城西門内發現蔡昭侯墓，一九五九年在東津渡以東之蔡家崗發現蔡聲侯墓，而在這東邊的一帶山崗上，過去曾盜掘出不少戰國墓。近數年來，于此也鑽探出一些小型戰國墓，蔡聲侯墓即其中之一。墓葬區分列于故城址的外圍，應該引爲注意的。 殷滌非《〈鄂君啓節〉兩個地名簡説》[31][鄂君啓舟節] **【類别】自然地理名稱 · 山林** **【釋地】湘西北一帶地區的山林草地** “庚下蔡”是針對“庚高丘”而言的。“下”表北面，即“蔡”在“高丘”之北。“蔡”本義是野草，引申爲草地，即“高丘”北面的草地。 張中一《〈鄂君啓金節〉路綫新探》[32][鄂君啓車節]
0013 **下都**  鄭莊公之孫盧鼎	**【時代】春秋晚期** **【出處】鄭莊公之孫盧鼎 鄭莊公之孫缶** 唯正六月吉日唯己，余奠（鄭）臧（莊）公之孫，余剌之疚子，吾作鑄䵼彝，以爲父母。其徙于下都，曰：嗚虖哀哉，剌叔剌夫人，萬世用之。[鄭莊公之孫盧鼎，《銘圖》2408、2409] **【類别】地理方位名稱** **【釋地】河南省洛陽市** “下都”也有兩種可能：一是下對上而言，表示方位，如同上蔡、下蔡、上都、下都、上鄀、下鄀等，那麽，“下都”就是對“上都”而言。

30 羅長銘：《鄂君啓節新探》，原載《羅長銘集》，黄山書社，1994 年；後收入安徽省博物館編：《安徽省博物館四十年論文選集》，黄山書社，1996 年，第 152—153 頁。

31 殷滌非：《〈鄂君啓節〉兩個地名簡説》，原載《中華文史論叢》（第 6 輯），1965 年；後收入劉慶柱、段志洪、馮時主編：《金文文獻集成》（第二十九册），綫裝書局，2005 年，第 326 頁。

32 張中一：《〈鄂君啓金節〉路綫新探》，《求索》1989 年第 3 期，第 128 頁。

<table>
<tr>
<td>
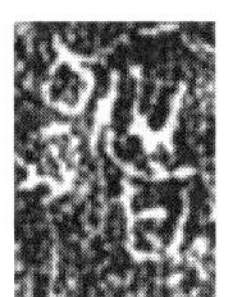
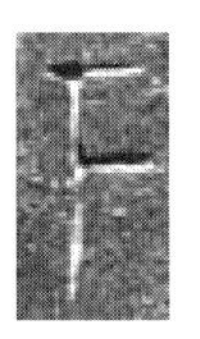
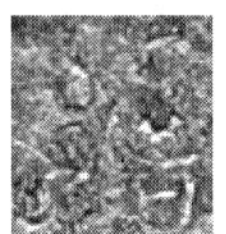
鄭莊公之孫鬳鼎</td>
<td>《史記·鄭世家》：鄭桓公友“初封于鄭”。《索隱》：“鄭，縣名，屬京兆。秦武公十一年，‘初縣杜、鄭’是也。又《系本》云，‘桓公居棫林，徙拾’。宋忠云‘棫林與拾皆舊地名’，是封桓公乃名爲鄭耳。至秦之縣鄭，蓋是鄭武公東徙新鄭之後，其舊鄭乃是故都，故秦始縣之。”《史記會注考證》：“鄭，西周畿内邑，今陝西華州鄭縣故城是，後徙虢鄶之間，今河南鄭縣是。”“下都”可能就是今之河南新鄭之“鄭韓故城”相對于今之陝西華縣“鄭縣故城”（暫依舊説）而言的。二是將“下都”理解爲洛陽的“下都”。周初都鎬京時，營建洛邑爲東都，又建成周爲下都，把殷王朝的遺民移置于此。至周敬王時遷都于此，即今河南洛陽舊城。鄭始封之君桓公友本周厲王少子，鄭與周有這種特殊關係，鄭君死後葬于“下都”洛陽也是有可能的。“其沙于下都”，就是將禮器獻祭于“下都”的“剌叔、剌夫人”。

黄錫全、李祖才《鄭臧公之孫鼎銘文考釋》[33][鄭莊公之孫鼎]</td>
</tr>
<tr>
<td>0014

下都

商雒鼎
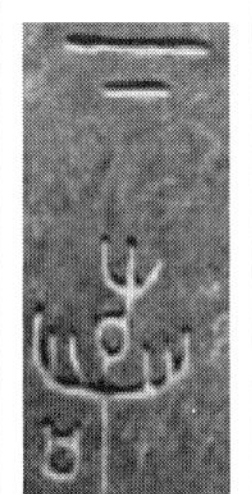
下都唐公疾盤</td>
<td>【時代】西周晚期　戰國早期

【出處】商雒鼎　下都唐公疾盤

唯十又四月既死霸壬午，下都雍公諴作尊鼎，用追享孝于皇祖考，用乞眉壽萬年無疆，子子孫孫永寶用。[商雒鼎，《集成》2753]
下若（都）唐公疾之盥盤。[下都唐公疾盤，《銘續》984]

【類別】國族名稱

【釋地】河南省南陽市淅川縣

蠚即都，爲國名。《左傳·僖公二十五年》“秋，晋、秦伐都”，杜預注：“都本在商密，秦、楚界上小國，其後遷于南郡都縣。”商密在河南淅川縣西南，南郡都縣則在今湖北省宜城縣東南九十里。按都公所作之器，都分上下，上都之都從邑，而下都從虫作蠚，則此器當爲下都。蠚公諴鼎出土于上雒，即陝西商縣，地與商密接壤，此簋亦疑同地出土。

陳佩芬《李蔭軒所藏中國青銅器》[34][商雒鼎]

都商密，今河南淅川縣西南。

吴鎮烽《銘圖索引》[35][商雒鼎]</td>
</tr>
</table>

33　黄錫全、李祖才：《鄭臧公之孫鼎銘文考釋》，《考古》1991年第9期，第857頁。

34　陳佩芬：《李蔭軒所藏中國青銅器》，《陳佩芬青銅器論集》，中西書局，2016年，第331頁。

35　吴鎮烽：《商周青銅器銘文暨圖像集成索引》，上海古籍出版社，2019年，第888頁。

0015

下淢

長由盉

【時代】西周中期

【出處】長由盉

唯三月初吉丁亥，穆王在下淢应，穆王饗豊（醴），即井伯、大祝射，穆王蔑長由以逨即井伯，井伯氏彌不姦，長由蔑曆，敢對揚天子丕伓休，用肈作尊彝。[長由盉，《集成》9455]

【類别】城邑名稱

銘文云“穆王在下淢居”“穆王饗豊”，案《穆天子傳》卷四，“丁酉天子入于南鄭”，郭注：今京兆鄭縣（華縣）。引《竹書紀年》，穆王元年築祇宫于南鄭，下淢是地名，當在豐宫左近，不得在南鄭的祇宫，《史記·秦本紀》，景公十八年晋兵至棫林而返，杜預注棫林爲秦地，《三輔黄圖》秦昭王起棫陽宫在雍縣，下淢疑即棫林之棫。

陳直《考古論叢》[36][長由盉]

《毛詩·皇矣》篇説：“柞棫斯拔。”則説明現在的岐山、寶鷄、鳳翔一帶多棫。因爲地多棫，所以取棫以爲名；因爲地隔汧、渭，所以寫棫或作淢；因爲地在原的下層，所以又説爲“下淢”。然則器文的下淢，在周的井邑，在現在寶鷄東北的周原南麓，似無可疑了。

棫在周岡之南，汧、渭之北，山南水北曰陽，所以秦昭王在這個地方起宫名爲棫陽，漢文帝後二年曾遊此宫，可知棫爲歷代勝地。所以穆王西伐犬戎，過井邑時，也居在下淢。

張筱衡《“井伯盉”考釋》[37][散氏盤]

淢就是棫，二字俱從或得聲，可以相通。古文獻每見棫陽，《漢書·地理志》雍縣注有：“棫陽宫，昭王起。”《漢書·郊祀志》：“是歲，雍縣無雲，如雷者三，或如虹氣，蒼黄如飛鳥，集棫陽宫西。”《小校經閣金文》11.50收有雍棫陽宫共厨鼎，可見棫陽在雍。其實，雍同淢無論讀音還是意義都是很接近的。古音雍屬影母，淢屬匣母，影、匣俱喉音。淢爲城溝，乃水積聚之處，《詩·大雅·文王有聲》：“築城伊淢。”毛傳：“淢，城溝也。”長由盉稱“下淢应”，下，低下也，可見該地低下，潮濕。雍又作邕，《説文》：“邕，四方有水自邕成池者。㽗，籒文邕。”徐灝曰：“邕雝古字通。雝，隸作雍。戴氏侗曰：‘凡水之蓄聚爲㽗。’”《説文》：“雝，天子饗飲辟雍。”凡此都説明淢、棫、雍相通。鳳翔南部古稱雍，可能取義于低下潮濕。今鳳翔城南七八里地之河北里、八旗屯一帶，南北均爲土塬，雍河自中流過，是一谷地，兩岸多爲沼澤，蘆葦叢生，水草豐茂，同周圍的黄土塬形成鮮明對照。《詩經·秦風·蒹葭》：“蒹葭蒼蒼，白露爲霜。所謂伊人，在水一方。”顯然描寫的是這一帶的

36 陳直：《考古論叢》，《西北大學學報（哲學社會科學版）》1957年第1期，第66頁。

37 張筱衡：《“井伯盉”考釋》，《人文雜志》（創刊號），1957年；後收入劉慶柱、段志洪、馮時主編：《金文文獻集成》（第二十八册），綫裝書局，2005年，第351頁。

景色。

王輝《西周畿内地名小記》[38]［長甶盉］

下減，地名，《説文》：“減，疾流也。”《詩·文王有聲》：“築城伊減，作豐伊匹。”傳：“減，城溝也。”疑減亦地名，築城于減而名爲豐邑。

唐蘭《西周青銅器銘文分代史徵》[39]［長甶盉］

“減”字意爲急流，見于《説文》。金文的地名減，應與水流有關。器銘每稱王在減㡴（居），可知減並非一處大的都邑，而是需要設置臨時居所的地方。至于下減，其名與減區别，又是另一地點。“棫”字乃樹木名，即白桵，不好與“減”相混。即使講是通假，很難想象所有的“棫林”都省去“林”字，又均假用“減”字。尚志儒文引張筱衡説，云因地臨汧渭，故“棫”作“減”，是有悖文字學通例的。

李學勤《論西周鄭的地望》[40]［長甶盉］

0016

大廷

晉公盆

【時代】春秋中期

【出處】晉公盆［《集成》10342］

【類别】國族名稱

大廷即大庭，《續漢·郡國志》“魯國有大庭氏庫”，《注》引杜預云“大庭氏古國名，在城内，魯于其處作庫”。《文選·東京賦》“大庭氏何以尚兹”，薛《注》亦云“大庭古國名”。本銘所言，亦正是國名。《莊子·胠篋篇》言“昔者容成氏、大庭氏、伯皇氏、中央氏、栗陸氏、驪畜氏、軒轅氏、赫胥氏、尊盧氏、祝融氏、伏羲氏、神農氏”云云，舉一反三，則所謂神農氏、軒轅氏等等，亦必爲古國族名矣。

郭沫若《兩周金文辭大系圖録考釋》[41]［晉公盆］

國名。《左傳·昭公十八年》：“宋、衛、陳、鄭皆火。梓慎登大庭氏之庫以望之。”杜預《注》：“大庭氏，古國名，在魯城内，魯于其處作庫。高顯，故登以望氣。”廷，或作庭。

馬承源《商周青銅器銘文選》[42]［晉公盆］

廷，經籍作“庭”。《左傳·昭公十八年》：“梓慎登大庭氏之庫以望之。”晉杜預注：“大庭氏，古國名，在魯城内。”傳説大庭爲神農氏

38　王輝：《西周畿内地名小記》，《一粟集：王輝學術文存》，藝文印書館，2002年，第147—148頁。
39　唐蘭：《西周青銅器銘文分代史徵》，《唐蘭全集（七）》，上海古籍出版社，2015年，第395頁。
40　李學勤：《論西周鄭的地望》，《夏商周年代學劄記》，遼寧大學出版社，1999年，第46頁。
41　郭沫若：《兩周金文辭大系圖録考釋（二）》，《郭沫若全集·考古編》（第八卷），科學出版社，2002年，第488頁。
42　馬承源主編：《商周青銅器銘文選（四）》，文物出版社，1990年，第588頁。

的别稱，後或以爲國名。

崔恒昇《甲金文地名考釋》[43][晋公盆]

【釋地】山東省曲阜市

即大庭，今山東曲阜市。

吴鎮烽《銘圖索引》[44][晋公盆]

0017

大池

遹簋

【時代】西周中期

【出處】遹簋

唯六月既生霸，穆王在葊京，呼漁于大池。王饗酒，遹御亡遣（譴），穆王親易（賜）遹爵。遹拜首（手）稽首，敢對揚穆王休，用作文考父乙尊彝，其孫孫子子永寶。[遹簋，《集成》4207]

【類别】自然地理名稱 · 河湖

指辟雍的環水，即靈沼。

馬承源《商周青銅器銘文選》[45][遹簋]

0018

大邑商

何尊

【時代】西周早期

【出處】何尊

唯王初遷宅于成周，復再武王禮，祼自天，在四月丙戌，王誥宗小子于京室，曰：昔在爾考公氏，克逨文王，肆文王受兹大命，唯武王既克大邑商，則廷告于天，曰：余其宅兹中或（國），自兹辥民，烏呼，爾有唯小子亡識，視于公氏，有功于天，徹令，敬享哉，叀王恭德裕天，順我不每，王咸誥，何易（賜）貝卅朋，用作庾公寶尊彝，唯王五祀。[何尊，《集成》6014]

【類别】城邑名稱

【釋地】河南省安陽市

指商的都城。“大邑商”亦見于甲骨文，《卜辭通纂》五九二“告于大邑商”，又周東都成周亦稱“大邑成周”，見《逸周書 • 作雒解》。故知“大邑”乃首都之謂。

馬承源《商周青銅器銘文選》[46][何尊]

---

43 崔恒昇：《甲金文地名考釋》，安徽大學古文字研究室編：《古文字研究》（第二十二輯），中華書局，2000年，第153頁。

44 吴鎮烽：《商周青銅器銘文暨圖像集成索引》，上海古籍出版社，2019年，第888頁。

45 馬承源主編：《商周青銅器銘文選（三）》，文物出版社，1988年，第105頁。

46 馬承源主編：《商周青銅器銘文選（三）》，文物出版社，1988年，第21頁。

	今河南安陽市殷都區。 吴鎮烽《銘圖索引》[47][何尊]
0019 大沽  散氏盤	**【時代】西周晚期** **【出處】散氏盤**[《集成》10176] **【類别】自然地理名稱·河湖** 沽吴大澂讀爲湖。王先生疑爲《水經·沔水注》之故道水。後世之故道水，由縣得名，漢之故道縣由沽水得名；既有故道縣，因稱此水爲故道水矣。 余永梁《金文地名考》[48][散氏盤] 大沽依西京音，即太湖也。鎬京向南（以昆明湖爲準），過高陽原，爲一盆地：南以終南爲界；北以高陽原神禾原爲界；東以神禾原南藥王洞爲界；西以今豐水爲界。東西約四十里弱，南北約十里强，地面平穩。古時豐水由此東流，現在交水由此西流。此區域中水味亦不苦鹹，古代淡水湖之遺迹甚明。西漢在上林苑之御宿苑中。是爲何池，今不可知。酈道元《水經注》不詳交水所逕，亦無法考證。但六朝以後，碻亦無水。《僞水經注》言交水，亦不提及此湖，蓋涸久矣。西周稱咸陽原曰大原。由西鄭出兵，至此與焦獲對壘；故曰薄伐玁狁至于大原也。依爾時慣例，故此湖曰大湖焉。 陳子怡《散氏盤石鼓文地理考證》[49][散氏盤] 大沽即大湖，《説文》“湖，大陂也”。 陳夢家《西周銅器斷代》[50][散氏盤] 沽吴大澂、容庚讀爲湖，後人多疑之，然鄂君啓節“逾沽”之沽指洞庭湖，則盤銘沽讀爲湖，可以無疑。汧水周圍古多湖澤，“大沽”當指其大者。《水經注·渭水》：“（汧）水出汧縣之蒲谷鄉，决爲弦蒲藪。《爾雅》曰：‘水决之澤爲汧。’汧之爲名，實兼斯舉。水有二源。一水出縣西山，世謂之小隴山。其水東北流歷澗，注以成淵，潭漲不測，出五色魚，俗以爲靈而莫敢採捕。因謂是水爲龍魚水，自下亦通謂之龍魚川。川水東徑汧縣故城北，又東歷澤，亂流爲一……”《説文》：“藪，大澤也。”

47 吴鎮烽：《商周青銅器銘文暨圖像集成索引》，上海古籍出版社，2019年，第888頁。
48 余永梁：《金文地名考》，《國立中山大學語言歷史學研究所週刊》第5集第53、54期合刊，1928年，第6頁。
49 陳子怡：《散氏盤石鼓文地理考證》，《禹貢》第七卷第6、7合期，1937年，第143頁。
50 陳夢家：《西周銅器斷代》，中華書局，2004年，第346頁。

《周禮·夏官·職方氏》："雍州……其澤藪曰弦蒲。"鄭玄注引鄭司農云："弦或爲汧，蒲或爲浦。"可能弦蒲即汧浦。《爾雅·釋水》："汧，出不流。"郭璞注："水泉潛出，便自停成汙池。"邢昺疏："《地理志》云汧縣'雍州弦蒲藪，汧水出西北，入渭'，以其初出不流，停成弦蒲澤藪，故曰'汧出不流也'。"《爾雅》又云："水决之澤爲汧。"郭璞注："水决入澤中者，亦名爲汧。"《石鼓文·汧沔》："汧殹沔沔（瀰瀰），丞（承）皮（彼）淖淵。"羅君惕云："淖淵者，汧水之原（源）也；汧水者，淖淵之流也。原居上，流居下，故曰承……淖當爲水名。《山海經》云：'西北大荒之中有龍山，日月所入，有三澤名曰三淖。'而汧水實出隴縣西北汧山南麓，即古龍魚川；意者《山海經》所云'西北大荒'即隴縣也，'龍山'即汧山也，'三淖'即'淖澤'也。汧山名龍山，故汧水亦名龍魚川耳。"

大湖爲汧水流域淖澤之大者，但其具體位置，今已無法確知。

王輝《散氏盤新解》[51][散氏盤]

即大湖，在今陝西寶鷄陳倉區千河谷。

吴鎮烽《銘圖索引》[52][散氏盤]

0020

大陰

大陰令賈弩戈

大陰令焦譸戈

大陰殳冒

【時代】戰國時期·趙

【出處】大陰令賈弩戈　大陰令焦譸戈[《銘續》1263]

大陰殳冒[《銘續》1361]　**大陰殳鐓**[《銘續》1362]

六年大陰令賈弩，上庫工帀（師）中均疪，冶人逢。[大陰令賈弩戈，《銘圖》17318]

【類別】城邑名稱

【釋地】山西省霍州市

地名"大陰〔陰〕"亦見于戰國布幣。地在今山西霍縣東南，戰國時先後屬魏、趙。戈銘中工師姓氏"中均"，當與古璽所見之"中匀"氏，同讀作"中軍"。

張光裕、吴振武《武陵新見古兵三十六器集録》[53][大陰令戈]

戰國趙邑，今山西霍州市。

吴鎮烽《銘圖索引》[54][大陰殳冒等]

51　王輝：《散氏盤新解》，《高山鼓乘集：王輝學術文存二》，中華書局，2009年，第12頁。
52　吴鎮烽：《商周青銅器銘文暨圖像集成索引》，上海古籍出版社，2019年，第888頁。
53　張光裕、吴振武：《武陵新見古兵三十六器集録》，《雪齋學術論文二集》，藝文印書館，2004年，第89頁。
54　吴鎮烽：《商周青銅器銘文暨圖像集成索引》，上海古籍出版社，2019年，第888頁。

0021

大虘

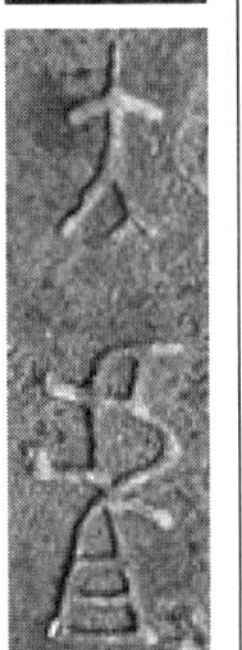

士山盤

【時代】西周中期

【出處】士山盤

唯王十又六年九月即（既）生霸甲申，王在周新宫，王格大室，即立（位），士山入門，立中廷，北嚮。王呼作册尹册令山，曰：于入芇侯，出徵鄀、荆、方服，眔大虘服、履服、六孳服。芇侯、鄀、方賓貝、金。山拜稽首，敢對揚天子子丕顯休，用作文考釐仲寶尊般（盤）盉，山其萬年永用。[士山盤，《銘圖》14536]

【類別】國族名稱

【釋地】荆山一帶的國族名稱

大虘，有可能是荆山附近雎山一帶靠近荆楚的部族。虘、雎均從且聲。

黄錫全《士山盤銘文别議》[55][士山盤]

“太服”之“太”，下部右側筆劃有一點，金文中“大”（與太爲一字）從不加點，釋“大”可疑。李學勤先生釋“蔡”而不釋“大”，就是注意到了這一點。但與“蔡”字寫法也不同（可參看《金文編》36頁“蔡”字），字待考。但它跟“虘”連讀可能問題不大。“太虘服”可能跟甲骨文中的叡方有關。甲骨文之叡方，楊樹達先生認爲即《詩經·大雅·皇矣》“侵阮徂共”之“徂”，此“徂”歷來解爲“往，到”，其實，“阮、徂、共”乃並列的三個方國名。據《皇矣》，當時跟這三個方國發生戰争的是文王，阮、共都在甘肅省涇川縣一帶，徂可能也在附近。此“徂”與彼“徂”可能有聯繫，但地望不一定相同。黄錫全先生認爲“大虘”“可能是荆山附近雎山一帶靠近荆楚的部族”，所説地望可能近是。

陳英傑《士山盤銘文再考》[56][士山盤]

0022

大梁

大梁司寇綬戈

【時代】戰國中期·魏

【出處】趙亡智鼎　大梁左庫戈　大梁司寇綬戈

梁廿又七年，大梁司寇肖（趙）亡智鑄，爲量容四分。[趙亡智鼎，《集成》2609]

卅三年，大梁左庫工帀（師）丑，冶刃。[大梁左庫戈，《集成》11330]

七年，大梁司寇綬、右庫工帀（師）繯、冶疾。[大梁司寇綬戈，《銘圖》17195]

55　黄錫全：《士山盤銘文别議》，《中國歷史文物》2003年第2期，第64頁。

56　陳英傑：《士山盤銘文再考》，《中國歷史文物》2004年第6期，第14頁。

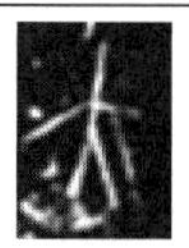

大梁左庫戈

【類別】城邑名稱

【釋地】河南省開封市

今河南開封市。

吴鎮烽《銘圖索引》[57][二十三年大梁戈]

0023

大滮

老簋

【時代】西周中期

【出處】老簋

唯五月初吉，王在葊京，魚（漁）于大滮，王蔑老曆，易（賜）魚百。老拜稽首，皇揚王休，用作祖日乙尊彝，其萬年用夙夜于宗。[老簋，《銘圖》5178]

【類別】自然地理名稱 · 河湖

“滹”實可隸作“滮”，而讀爲“號”。“大滮”倘非“大池”别稱，亦與“大池”性質相若，爲當日王室舉行射魚禮之場所。

張光裕《新見老簋銘文及其年代》[58][老簋]

0024

大騩

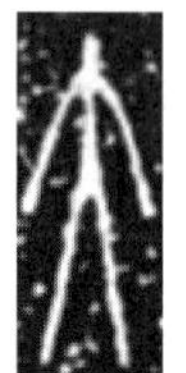

大騩權

【時代】秦

【出處】大騩權[《銘圖》18929]

【類別】自然地理名稱 · 山林

【釋地】河南省新密市

大騩，山名，在河南禹縣與密縣之間，亦名具茨山，《國語·鄭語》：“史伯謂鄭桓公曰：主芣騩而食溱洧。”注：“芣騩，山名，即大騩也。”《莊子·徐無鬼》：“黄帝將見大騩乎具茨之山。”今密縣東南有大隗鎮，隗即騩。

王輝《秦銅器銘文編年集釋》[59][大騩權]

今河南密縣東南。

吴鎮烽《銘圖索引》[60][大騩權]

57 吴鎮烽：《商周青銅器銘文暨圖像集成索引》，上海古籍出版社，2019年，第888頁。
58 張光裕：《新見老簋銘文及其年代》，中山大學古文字研究所編：《康樂集：曾憲通教授七十壽慶論文集》，中山大學出版社，2006年，第14頁。
59 王輝：《秦銅器銘文編年集釋》，三秦出版社，1990年，第123頁。
60 吴鎮烽：《商周青銅器銘文暨圖像集成索引》，上海古籍出版社，2019年，第888頁。

0025

夨

夨伯鬲

夨王觶

夨王鼎蓋

夨叔簋

同卣

夨賸盨

【時代】西周時期

【出處】多器

【類别】國族名稱

夨國不是虞國或吴國。

汧水上游隴縣曹家灣南坡一帶爲夨人早期地域，後沿汧水下移，晚期在汧水下游，會渭河處不遠。寶鷄賈村塬有大面積建築遺址，出土西周晚期之夨王簋，當爲後來自汧水上游遷到下游之主要根據地。厲王時代夨人盤記散與夨劃分田界，證明當時夨國與散接界應在這一帶。從夨國時間，空間的發展過程與吴國無關，夨人盤還記有虞、虞芀二人參加，“夨”明非“虞”。

黄盛璋《銅器銘文宜、虞、夨的地望及其與吴國的關係》[61]

“夨人”“夨王”早見于清代發現的名器散氏盤。王國維先生論散在大散關，久已膾炙人口。近年夨的器物越出越多，都分布在“汧水流域的隴縣、千陽、寶鷄縣一帶”。曾有論作提出散氏盤的夨當在隴縣，因爲《漢書·地理志》右扶風汧縣有吴山，夨即吴，吴山“在今隴縣西，綿亘縣南，則古代吴國必在山之附近，即今隴縣是矣”。實際吴山不限隴縣，向南綿延，直到寶鷄，正與夨器發現的區域相當。吴山也就是《尚書·禹貢》的岍山，《國語》作虞山，可見其得名頗早。據此，夨人有可能即《國語·齊語》的“西吴”，韋昭注云爲“雍州之地”，《管子·小匡》則作“西虞”，尹知章注云係“國名”。這一系列推論相當順適，而其關鍵仍在“夨”能不能讀作“吴”。……那麽金文的“夨”實際是什麽字呢？我猜想是“虞”的本字。“虞”有望義（見《方言》）、備義，故象一人正立，側首伺望警備之形，司山澤的虞官，即由此得名。“吴”字從此字得聲，因訓大言即讙譁，故從“口”而加于頭側。“虞”又司獸，故從“虍”“夨”聲或“吴”聲。這一系列字同音，互相通假，同見時則彼此區别。

李學勤《叔虞方鼎試證》[62][叔虞方鼎]

【釋地】陝西省寶鷄市

西周國名，地望在散國附近，今屬寶鷄地區。

馬承源《商周青銅器銘文選》[63][令簋]

周人舊畿内小國，在今寶鷄地區。夨君稱王，傳世有夨王鼎蓋夨王觶等。

馬承源《商周青銅器銘文選》[64][散盤]

61　黄盛璋：《銅器銘文宜、虞、夨的地望及其與吴國的關係》，《考古學報》1983年第3期，第304頁。

62　李學勤：《叔虞方鼎試證》，原載上海博物館編：《晋侯墓地出土青銅器國際學術研討會論文集》，上海書畫出版社，2002年；後收入《中國古代文明研究》，華東師範大學出版社，2009年，第151、152頁。

63　馬承源主編：《商周青銅器銘文選（三）》，文物出版社，1988年，第66頁。

64　馬承源主編：《商周青銅器銘文選（三）》，文物出版社，1988年，第298頁。

散伯簋蓋

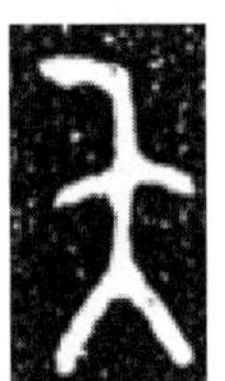
散伯匜

散氏盤

夨國的所在位置大體在今天隴縣、寶鷄一帶，應是無誤的。

劉啓益《西周夨國銅器的新發現與有關的歷史地理問題》[65][散氏盤]

渭水以北，汧水流域（主要是汧水以西），包括今隴縣、千陽、寶鷄縣賈村一帶屬古夨國範圍。其南與強國界鄰，東接散國，東北連奠井。境内有汧水及其支流，北倚虞山，古文以爲的汧山，域内多河谷臺地。

盧連成《西周夨國史迹考略及相關問題》[66][散氏盤]

夨國比較確切的地望應在今隴縣、千陽、寶鷄縣賈村一帶。汧水是流經古夨國境内最主要的一條河流。

盧連成、尹盛平《古夨國遺址、墓地調查記》[67]

從千河上游的隴縣南坡、經千陽縣、以及千河下游的寶鷄縣上官、賈村、扶托，直至渭河北岸寶鷄市之紙坊頭、鬥鷄臺，應是古夨國的活動範圍。這一帶屬千河河谷。今千河，古稱汧水，是渭河上游的一個重要支流，發源于今甘肅省華亭縣關山，東南流經陝西的隴縣、千陽、寶鷄，在寶鷄市卧龍寺以東與渭水會合。汧水西邊則是金陵河，古稱楚水。兩河之間，形成一條南北長五十里，東西寬二十里的谷地。這個河谷在殷周之際，是周族與西北少數民族交往的重要通道。現今河谷的臺地上，仍可看到商周時期的遺址和墓葬。

曹定雲《西周夨國考》[68]

夨爲西周畿内方國，在今陝西千陽、隴縣、寶鷄界上。

王輝《散氏盤新解》[69][散氏盤]

今陝西寶鷄陳倉區北部到隴縣一帶。

吴鎮烽《銘圖索引》[70][夨王簋蓋]

【釋地】陝西省西安市周至縣

考散氏盤所紀夨之地望，夨在散東，是當即自漢以來之盩厔矣。

余永梁《金文地名考》[71][夨王尊]

65 劉啓益：《西周夨國銅器的新發現與有關的歷史地理問題》，《考古與文物》1982年第2期，第42頁。
66 盧連成：《西周夨國史迹考略及相關問題》，《人文雜志叢刊・第二輯：西周史研究》，1984年，第246頁。
67 盧連成、尹盛平：《古夨國遺址、墓地調查記》，《文物》1982年第2期，第56頁。
68 曹定雲：《西周夨國考》，中國文物研究所編：《出土文獻研究》（第5集），科學出版社，1999年，第117頁。
69 王輝：《散氏盤新解》，《高山鼓乘集：王輝學術文存二》，中華書局，2009年，第11頁。
70 吴鎮烽：《商周青銅器銘文暨圖像集成索引》，上海古籍出版社，2019年，第890頁。
71 余永梁：《金文地名考》，《國立中山大學語言歷史學研究所週刊》第5集第53、54期合刊，1928年，第3—4頁。

	故地約在今陝西盩厔縣，西至今郿縣與散邑相接，東則至今鄠縣一帶地方。 楊紹萱《宗周鐘、散氏盤與毛公鼎所記載的西周歷史》[72][散氏盤]
0026 上  上郡守錯戈	**【時代】戰國晚期·秦** **【出處】上郡守錯戈**[《銘圖》17275] **【類別】城邑名稱** **【釋地】陝西省榆林市** 上郡的簡稱。 吴鎮烽《銘圖索引》[73][上郡守錯戈]
0027 上岂 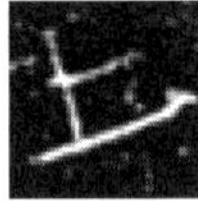  上范厨鼎 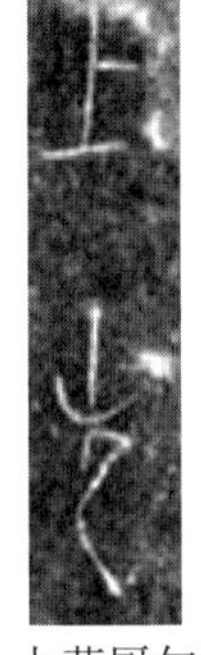 上范厨勺 0027.02 上范	**【時代】戰國晚期** **【出處】上范厨鼎** 上岂（范）厨容四分。[上范厨鼎，《集成》2104] **【類別】城邑名稱** **【釋地】河南省新鄉市原陽縣** “上范” 如是地名，當與“范”地有關。春秋時范邑，即今山東省梁山縣西北范城。西漢置爲范縣。古地名中相同地名往往分上下表示地理方位。如上邽、下邽，上尋、下尋，上虒、下虒，上曾與曾，上蔡、下蔡，上若、下若，上陽、下陽等。上范當在范地之上（西、北方位）。 如上岂讀上扈，則與扈有關。扈地有二。一在陝西鄠縣北。一在今河南原陽縣西，春秋鄭邑。《左傳·莊公二十三年經》“公會齊侯盟于扈”。又文公七年趙盾與諸侯“盟于扈”。杜注：“扈，鄭地，滎陽卷縣西北有扈亭。”鄠縣屬秦境，此器屬三晋，顯然此器與秦無關。鄭地扈後屬韓，韓于公元前230年滅于秦。 黄錫全《介紹新見“上范厨”勺》[74][上范厨勺] **【釋地】山東省濟寧市或山東省聊城市** 在今山東梁山縣或聊城縣境内。 吴鎮烽《銘圖索引》[75][上范厨鼎]

72 楊紹萱：《宗周鐘、散氏盤與毛公鼎所記載的西周歷史》，《北京師範大學學報》1961年第4期，第29頁。
73 吴鎮烽：《商周青銅器銘文暨圖像集成索引》，上海古籍出版社，2019年，第888頁。
74 黄錫全：《介紹新見“上范厨”勺》，中國古文字研究會、華南師範大學文學院編：《古文字研究》（第二十六輯），中華書局，2006年，第221頁。
75 吴鎮烽：《商周青銅器銘文暨圖像集成索引》，上海古籍出版社，2019年，第888頁。

0028

上白

上白羽壺

【時代】戰國晚期

【出處】上白羽壺

上白羽。[上白羽壺，《集成》9517]

【類別】城邑名稱

【釋地】陝西省榆林市

出于北室的卮，上有“羽”字。南室的鍾，有“羽”“上白”銘文。這些銘文字體屬于秦人。所謂“上白”，可能是地名“上郡白土”的省略。

李學勤《秦國文物的新認識》[76][上白羽壺]

0029

上武

廣衍矛

上郡守綰戈

【時代】戰國晚期・秦

【出處】廣衍矛[《集成》11509] **上郡守綰戈**[《銘三》1529]

少府工慧鐓[《銘三》1639]

【類別】城邑名稱

【釋地】陝西省榆林市

“上武”當是“上郡武庫”之省文。

王輝《秦銅器銘文編年集釋》[77][廣衍矛]

“上武”“衍”“徒”皆爲地名，“上武”爲“上郡武庫”之省稱，這種省稱亦見于廣衍矛（《銘圖》17617）。

劉浩《新見秦兵四十四年上郡守綰戈考》[78][上郡守綰戈]

0030

上佫茖

【時代】戰國中期・韓

【出處】上皋落戈

□□[年]上佫（皋）茖（落）大命少曲夜，工帀（師）高愉，治午。[上皋落戈，《銘圖》17304]

---

76 李學勤：《秦國文物的新認識》，原載《文物》1980年第9期；後收入《新出青銅器研究（增訂版）》，人民美術出版社，2016年，第236頁。

77 王輝：《秦銅器銘文編年集釋》，三秦出版社，1990年，第54頁。

78 劉浩：《新見秦兵四十四年上郡守綰戈考》，華東師範大學中國文字研究與應用中心主辦：《中國文字研究》（第二十五輯），上海書店出版社，2017年，第28頁。

上皋落戈

0030.02

上皋落

【類别】城邑名稱

【釋地】山西省晋中市昔陽縣

“皋落”既見于《左傳·閔公二年》“晋侯使太子申生伐東山皋落氏”的“皋落”。《水經注·河水》：“清水出清廉山之西嶺……東流逕皋落城北。”楊守敬疏：“《通典》，垣縣有古皋落城，《元和志》，城在垣縣西北六十里。唐垣縣即今垣曲縣治。”楊伯峻的《春秋左傳注》認爲其地在今山西垣曲縣東南的皋落鎮。“皋落”戰國時屬韓。“上皋落”之名則不見于典籍。在古代，常有同樣的地名或國名又分爲上下者，如“上蔡”和“下蔡”，“上陽”和“下陽”，“上鄀”和“下鄀”等，又有同樣的地名或國名另加“上”字或另加“下”字者，如“洛”和“上洛”，“曲陽”和“下曲陽”，“邳”和“下邳”等。其中有的是據某地在某一水系的上下游或某地方位南北的不同而命名的。考慮到“皋落”這一地名很可能是從赤狄别種“東山皋落氏”而來，“上皋落”與“皋落”相距不會很遠。楊伯峻在《春秋左傳注》中指出山西昔陽縣東南七十里也有一個皋落鎮，《寰宇記》認爲就是東山皋落氏之地。可見古代叫“皋落”的確實不止一地。譚其驤先生主編的《中國歷史地圖集》第一册之“春秋時期晋秦地區圖”中，在山西昔陽南部和垣曲南部都標有“東山皋落氏”，很可能就是認爲有兩個“皋落”，或者是因爲不能確定而兩説並存。上皋落戈銘文中“上皋落”的地望就有可能是位于山西昔陽東南七十里的皋落鎮。當然，也不能排除“上皋落”就是“皋落”，兩者本指一地的可能。名稱的改變，也許是居住在該地的氏族後來有過分化或遷移的緣故。

劉釗《上皋落戈考釋》[79][上皋落戈]

今山西昔陽縣東南。

吴鎮烽《銘圖索引》[80][上皋落戈]

0031

上侯

師餘鼎

【時代】西周早期

【出處】師餘鼎（尊）　啓卣[《集成》5410]　**不栺鼎**[《集成》2735、2736]

王汝上侯，師餘从。王夜（掖）功，易（賜）師餘金。餘則對揚厥德，用作厥文考寶彝，孫孫子子寶。[師餘尊，《集成》5995]

【類别】城邑名稱

地名。見于師俞尊及啓卣，亦孝王田狩所經之地。

馬承源《商周青銅器銘文選》[81][師餘尊]

79　劉釗：《上皋落戈考釋》，《考古》2005年第6期，第95—96頁。

80　吴鎮烽：《商周青銅器銘文暨圖像集成索引》，上海古籍出版社，2019年，第890頁。

81　馬承源主編：《商周青銅器銘文選（三）》，文物出版社，1988年，第206頁。

師𩛥尊

不指鼎

不指鼎

啓卣

【釋地】河南省洛陽市偃師區

上侯，啓卣的“上侯”亦見出土的不指鼎“隹八月既望戊辰，王在上侯应”和穆王以後器師𩛥尊（傳世品）“王女（如）上侯”。可見上侯是周王的經常駐蹕之處。按古地名中“上某”之“上”多表地理方位，如“上洛”“上䧢”等。考嵩山西北古有緱氏城，緱亦寫作侯（《左傳・昭公廿二年》）。這與曾（曾侯乙鎛）亦寫作繒（《國語・鄭語》），盧（《書・牧誓》）亦寫作纑（《書古文訓》）是同類現象。因此，金文中的“上侯”應即後世文獻中的“緱氏”或“侯氏”。至于古地名後加“氏”字，如“盧氏”“綸氏”“高氏”“雍氏”等，乃是氏族社會的遺風。

緱氏，在今河南省偃師縣東南伊洛平原東嵩山口，歷代爲軍事要地，周時屬滑國。顧棟高謂：“滑，伯爵，姬姓，國于費，今河南府偃師縣南二十里緱氏故城是。”又謂：“偃師縣南二十里有緱氏城爲滑國……僖公卅三年爲秦所滅，後屬晋。成十七年鄭子駟侵晋虛滑。後又屬周，定六年鄭伐周之馮、滑、胥靡，皆此滑國也。周人又謂之侯氏。昭公二十二年子朝之亂，晋軍于侯氏即此。”

何琳儀、黄錫全《啓卣啓尊銘文考釋》[82][啓卣]

今河南偃師市東南緱氏鎮。

吴鎮烽《銘圖索引》[83]［師𩛥鼎］

上侯當即侯氏，見《左傳・昭公二十二年》，即《漢書・地理志》河南郡緱氏縣，今河南省偃師縣之南的緱氏鎮。在緱氏一帶有緱氏山和轘轅山，所以《戰國策・秦策》説：“塞轘轅緱氏之口。”

唐蘭《西周青銅器銘文分代史徵》[84][啓卣]

【釋地】陝西省西安市藍田縣

在今陝西藍田縣與渭南縣交界處冢嶺山以北，有地名“厚鎮”，古稱“堠子鎮”。……從堠子鎮既可以出潼關至成周洛陽，也可以經藍武道，出武關南行入楚。此地在漢代已經著名，並不能排除西周時已在此設斥候稱“上侯”的可能。

董珊《啓尊、啓卣新考》[85][啓卣]

0032

上洛

【時代】西周晚期 春秋時期 戰國時期

【出處】敔簋 上洛左庫戈 上洛戈［《銘圖》16485、16486］

唯王十月，王在成周，南淮夷遷及内，伐洭、昴、参、泉，裕敏，陰

82 何琳儀、黄錫全：《啓卣啓尊銘文考釋》，山西省文物局、中國古文字研究會等編：《古文字研究》（第九輯），中華書局，1984年，第379—380頁。

83 吴鎮烽：《商周青銅器銘文暨圖像集成索引》，上海古籍出版社，2019年，第888頁。

84 唐蘭：《西周青銅器銘文分代史徵》，《唐蘭全集（七）》，上海古籍出版社，2015年，第284頁。

85 董珊：《啓尊、啓卣新考》，《文博》2012年第5期，第52頁。

敔簋

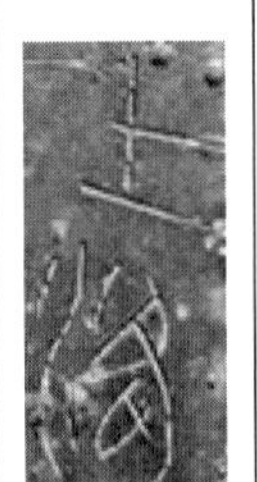

上洛左庫戈

上洛戈

上洛戈

陽洛，王令敔追襲于上洛烬谷，至于伊班，長榜載首百，執訊卌，奪俘人四百，獻于焚（榮）伯之所，于烬衣諱，復付厥君。唯王十又一月，王格于成周大廟，武公入右敔，告禽馘百，訊卌，王蔑敔曆，事尹氏受（授）賚敔：圭、瓚、𢀛貝五十朋，易（賜）田于敜五十田，于早五十田，敔敢對揚天子休，用作尊簋，敔其萬年子子孫孫永寶用。[敔簋，《集成》4323]

廿八年，上洛左庫工帀（師）拳𢘾，冶口。[上洛左庫戈，《銘圖》17175]

【類別】城邑名稱

【釋地】陝西省商洛市

上洛即《漢志》弘農郡之上雒（今陝西商縣地）。

郭沫若《兩周金文辭大系圖録考釋》[86][敔簋]

按《左傳》哀公四年記楚左司馬販起豐、析與狄戎以臨上雒，左師軍于菟和，右師軍于倉野，使謂晉陰地之命大夫士蔑云云，《水經·丹水篇》引《竹書紀年》云：“晉烈公三年，楚人伐晉南鄙，至于上雒”，上雒即上洛也。春秋時上洛爲晉地，三家分晉，地屬于魏。《國策》載魏與楚戰，以上雒許秦，是也。漢于其地置上雒縣，屬弘農郡，今地爲陝西商縣治。此器在春秋以前，上洛地猶屬周，故敔追禦淮夷于其地也。顧棟高《春秋大事表》譜列國疆域，云陝西商州爲晉上雒及菟和倉野之地，而不明此地初時何屬。今觀此器銘，則初爲周地灼然明矣。至于伊者，伊水在上雒之東，淮夷自東方來，故敔逐淮夷由西而東也。

楊樹達《敔簋跋》[87][敔簋]

即上雒，《水經注·丹水》引《竹書紀年》：“晉烈公三年，楚人伐我南鄙，至于上雒。”雒與洛通。漢置上雒縣，屬弘農郡，故地在今陝西商縣境内。

馬承源《商周青銅器銘文選》[88][敔簋]

上洛，地名，今陝西商縣。《漢書·地理志》云：“洛水出宏農上洛。”這裏是洛水的發源地。

陳連慶《〈敔簋〉銘文淺釋》[89][敔簋]

戈銘中用作地名的兩個字不應釋爲“上河”，而應釋爲“上洛”。戈銘中的“洛”字與永盂、虢季子白盤中的“洛”字（《金文編》729頁）

86 郭沫若：《兩周金文辭大系圖録考釋（二）》，《郭沫若全集·考古編》（第八卷），科學出版社，2002年，第237頁。
87 楊樹達：《敔簋跋》，《積微居金文説》，上海古籍出版社，2007年，第116—117頁。
88 馬承源主編：《商周青銅器銘文選（三）》，文物出版社，1988年，第287頁。
89 陳連慶：《〈敔簋〉銘文淺釋》，《中國古代史研究：陳連慶教授學術論文集》，吉林文史出版社，1991年，第1163頁。

	形體相同，當釋爲“洛”。上洛是地名，古璽作“上各”。吴振武先生説：“‘上各’是地名，即敌簋中的上洛，典籍或作上雒（《左傳•哀公四年》），春秋晋邑。戰國時先屬魏，後屬秦。《戰國策・秦策》：‘楚、魏戰于陘山，魏許秦以上洛，以絶秦于楚。’其地在今陝西省商縣。此璽從形制和文字風格上看，可以確定爲魏璽。”其説甚確。此戈從銘文格式和文字風格看，應爲魏戈。此外，戈銘中的“冶”字原文釋爲“治”，可能是印刷錯誤。 徐在國《兵器銘文考釋》[90][上洛左庫戈] “上洛”，在今陝西洛南東南，因在洛水上，故名。 李學勤《晋侯銅人考證》[91][敌簋] 上洛，即《漢書・地理志》弘農郡之上雒。 陳秉新、李立芳《出土夷族史料輯考》[92][敌簋] 今陝西商洛市商州區。 吴鎮烽《銘圖索引》[93][敌簋等]
0033 **上郡** 上郡守疾戈 上郡守閒戈	**【時代】戰國時期・秦** **【出處】上郡守疾戈 上郡守閒戈等** **【類别】城邑名稱** **【釋地】陝西省榆林市** 上郡地在今陝西北部及綏遠鄂爾多斯左翼之地。 郭沫若《金文叢考》[94][上郡戈] 上郡，原屬魏，轄境相當于今陝西省洛河以東，黄梁河以北，東北到子長、延安一帶。公元前 312 年魏割上郡地予秦，秦昭王三年（前 304 年）建上郡，轄境比魏上郡大，有今陝西省黄河以西、黄陵、宜川以北、内蒙古伊金霍洛旗、烏審旗以東地區。郡治在膚施。 陶正剛《山西屯留出土一件“平周”戈》[95][上郡守閒戈]

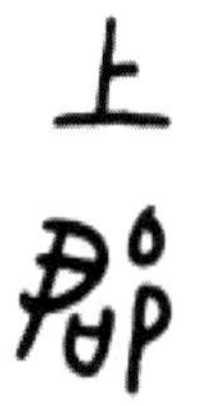

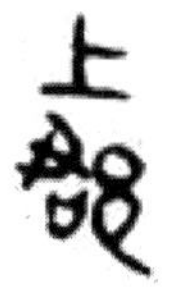

90 徐在國：《兵器銘文考釋》，安徽大學古文字研究室編：《古文字研究》（第二十二輯），中華書局，2000 年，第 118 頁。

91 李學勤：《晋侯銅人考證》，原載中國文物學會主編：《商承祚教授百年誕辰紀念文集》，文物出版社，2003 年；後收入《新出青銅器研究（增訂版）》，人民美術出版社，2016 年，第 307 頁。

92 陳秉新、李立芳：《出土夷族史料輯考》，安徽大學出版社，2005 年，第 212 頁。

93 吴鎮烽：《商周青銅器銘文暨圖像集成索引》，上海古籍出版社，2019 年，第 888 頁。

94 郭沫若：《金文叢考》，《郭沫若全集・考古編》（第五卷），科學出版社，2002 年，第 867 頁。

95 陶正剛：《山西屯留出土一件“平周”戈》，《文物》1987 年第 8 期，第 62 頁。

上郡守壽戈 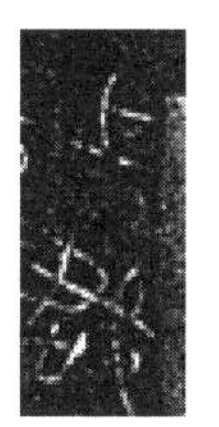 上郡守壽戈	上郡治所在膚施（今陜西榆林）。 鄒寶庫《釋遼陽出土的一件秦戈銘文》[96][上郡守起戈] “上郡”是戰國時期的行政建制，初屬魏，秦惠文王前元八年（前 330）秦魏雕陰之戰，魏國失敗，便把黄河以西部分縣邑獻納于秦。第三年，秦國占領了魏國黄河東岸的汾陰、皮氏等地，魏國被迫“盡入上郡于秦”。此時爲秦惠文王前元十年（前 328），其後秦國便以原地設立上郡，直屬中央。 吴鎮烽《十四年上郡守匽氏鋼刀考》[97][十四年上郡守匽氏鋼刀] 王五年上郡疾戈：“上郡疾造。”戰國魏地，後屬秦。在今陜西榆林市東南。《史記·秦本紀》：“魏築長城，自鄭濱洛以北，有上郡。”又《秦始皇本紀》：“北收上郡以東，有河東、太原、上黨郡。” 崔恒昇《古文字地名考釋》[98][王五年上郡疾戈] 治膚施，今陜西靖邊縣東楊橋畔。 吴鎮烽《銘圖索引》[99][上郡守疾戈]
0034 **上都**  上都公敄人簋蓋 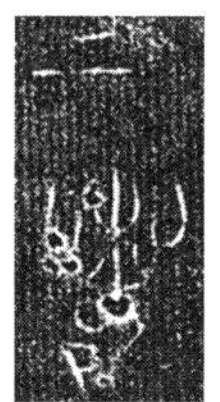 上都太子平侯匜	**【時代】春秋早中期** **【出處】上都公敄人簋蓋 上都府簠等** 唯都正二月初吉乙丑，上都公敄人作尊簋，用享孝于厥皇祖于厥皇考，用易（賜）眉壽萬年無疆，子子孫孫永寶用享。[上都公敄人簋蓋，《集成》4183] 唯正六月初吉丁亥，上都府擇其吉金，鑄其淄簠，其眉壽無記（期），子子孫孫，永寶用之。[上都府簠，《集成》4613] **【類别】城邑名稱** **【釋地】河南省南陽市淅川縣** 上都之都，金文作都，下都之都，金文作都或蠚。而古文獻均寫作都。《左傳》僖公二十五年杜預注曰：“都，秦楚界上小國，其後南徙爲楚附庸”。此後歷代多從此説，相沿至今。如楊伯峻先生在《春秋左傳注》云：“文五年（前 622 年）秦人入都”，“都未亡，遷都今湖北省宜城縣東南，爲楚附庸”；“定六年（前 504 年）遷郢于都，則楚已滅之爲邑矣”。此説被輾轉引用，並把都亡年代定在前 622—前504 年之間。 杜注和楊先生之再注，均認爲湖北之都是由河南之都遷徙而來，其遷徙時間是在前 622 年以後，已是春秋中期。但是，兩都銅器的年代都可早到兩周之際。因此，據考古實物資料，其説已不攻自破。其實郭沫若同志

96 鄒寶庫：《釋遼陽出土的一件秦戈銘文》，《考古》1992 年第 8 期，第 757 頁。
97 吴鎮烽：《十四年上郡守匽氏鋼刀考》，《文博》2020 年第 6 期，第 73 頁。
98 崔恒昇：《古文字地名考釋》，中國古文字研究會、安徽大學古文字研究室編：《古文字研究》（第二十三輯），中華書局，2002 年，第 220 頁。
99 吴鎮烽：《商周青銅器銘文暨圖像集成索引》，上海古籍出版社，2019 年，第 889 頁。

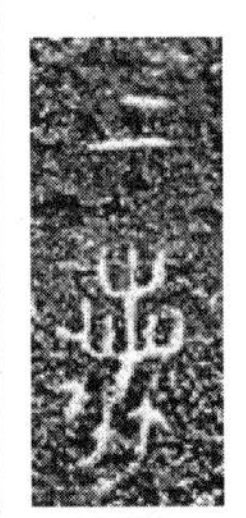

上鄀公盤

上鄀府簠

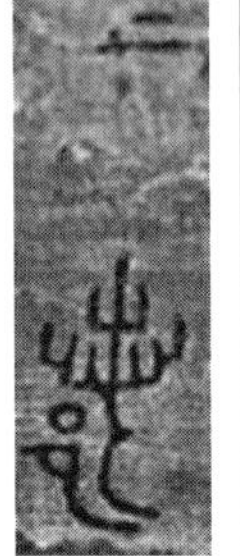

上鄀獨妻鼎

早已提出：鄀“上下相對，必同時並存”。近年在山東發現有銘文的上曾銅器。山東之上曾與湖北之曾也是並存的兩個諸侯國。足證郭老之説可信。

但是，郭老認爲：“南郡之鄀爲本國，故稱上，上雒之鄀爲分枝，故稱下。”此説卻值得討論。就現有材料，並不能證明南郡之鄀爲鄀的本國。相反，倒可以認爲杜注“鄀本在商密”之説可信。上鄀與下鄀既是同時並存的兩國，不好以本國與分枝來區分其上、下。上曾與下曾的情況便是如此。上、下之分可能與古人方位觀念有關，即中原地區爲上，其南爲下。則河南之鄀應爲上鄀、湖北之鄀應爲下鄀。如此説可信，上鄀府簠銘文中之上鄀就應指河南之鄀，地望在今河南淅川縣西南。

劉彬徽《上鄀府簠及楚滅鄀問題簡論》[100][上鄀府簠]

【釋地】河南省南陽市西峽縣

我們認爲，商密之鄀即郭老所説的下鄀，而上鄀更當在下鄀以北。在今西峽縣城以西十五公里的丁河公社邪地大隊，有一座古城遺址，當地人們稱其爲“鄀國城”。……可能即上鄀故城，其一，群衆傳稱“鄀國城”“金鑾殿”當有一定來歷，且城址的時代也相當；其二，丁河古城與寺灣一帶的下鄀南北相望，兩者相隔一道分水嶺，直距有四十餘公里，合乎上、下相對的方位；其三，丁河古城位于淅水支流丁河邊，爲關中平原出武關至南陽的大道必經之地，當南北陸路交通之要衝，正處于春秋時秦、楚界上，寺灣一帶的下鄀位于丹江北岸，其北爲荆子關，當南北水路之咽喉，也在春秋秦、楚界上，兩者地理位置非同一般，可能與西周晚期上、下鄀一度强大，雄踞此地有關。

徐少華《鄀國銅器及其歷史地理研究》[101]

【釋地】湖北省鍾祥市

今湖北鍾祥縣西北。

吴鎮烽《銘圖索引》[102][上鄀公簠等]

0035

上容

晉上容大夫戈

【時代】戰國中期·魏

【出處】晉上容大夫戈

廿七年，晉上容大夫。[晉上容大夫戈，《集成》11215]

【類别】城邑名稱

【釋地】河北省張家口市懷來縣

上容，何琳儀疑讀上谷。郡名，戰國燕置。秦時治所在沮陽縣（今河北懷來縣東南）。《戰國策·秦策五》六信侯欲攻趙以廣河間章：“趙攻

100 劉彬徽：《上鄀府簠及楚滅鄀問題簡論》，《中原文物》1988年第3期，第56頁。

101 徐少華：《鄀國銅器及其歷史地理研究》，《江漢考古》1987年第3期，第60—61頁。

102 吴鎮烽：《商周青銅器銘文暨圖像集成索引》，上海古籍出版社，2019年，第889頁。

燕，得上谷三十六縣，與秦什一。”

崔恒昇《古文字地名考釋》[103]［晋上容大夫戈］

讀爲上谷，今河北懷來縣東南。

吴鎮烽《銘圖索引》[104]［晋上容大夫戈］

0036

上曾

般殷鼎

【時代】春秋早期

【出處】般殷鼎

上曾大子般殷，乃擇吉金，自作𩰫彝，心聖若慮，哀哀利錐，用考用享，既龢無測，父母嘉寺（持），多用旨食。［般殷鼎，《集成》2750］

【類別】國族名稱

據文獻記載，曾國有三個（曾亦作鄫或繒）。一是山東嶧縣之曾（《春秋》僖公十四年杜注）；二是河南東部柘城縣北之曾（《春秋》襄公元年杜注、《水經·渙水注》）；三是河南南陽之曾（《國語·晋語》《鄭語》）。有的學者認爲南陽之曾與山東之曾、河南東部之曾是族姓不同的方國。

這次曾姓銅器出在遠離湖北、河南的山東臨朐，曾字寫作。據李先登同志的研究，山東姒姓之曾的銅器銘文中的曾字下作扁圓狀，湖北之曾下作尖狀或三角形。看來“上曾太子般殷”鼎屬于典籍中記載的山東姒姓之曾。曾國銅器在山東有明確出土地點者，此鼎尚屬首見，這就爲山東確實有過一個曾國找到了物證。“上某”“下某”往往指地理方位而言。如上鄀、下鄀，上蔡、下蔡，上邽、下邽，上陽、下陽，上鄀、下鄀等。本銘“上曾”之“上”也應表示方位。典籍和出土文獻中没有發現“下曾”的稱謂，這還有賴于今後出土資料的證明。也可能衹有“上曾”和“曾”兩種稱謂，如金文中有“上洛”“上侯”，但迄今爲止，無論在金文或典籍中均未見到“下洛”和“下侯”。我們推測，一種可能是臨朐一帶有一個“曾”，沂水、泗水之間也有一個“曾”，前者爲上曾，後者爲曾或下曾。另一種可能是“上曾”即山東之曾，衹是相對于河南東部之曾或南陽盆地之曾而言。我們傾向于後者。

孫敬明、何琳儀等《山東臨朐新出銅器銘文考釋及有關問題》[105]［般殷鼎］

上曾太子鼎的形制，銘文書體、詞語等均與鄂北、豫南姬姓之曾相同。仍應是姬姓曾國的銅器，稱“上曾”是爲了與都城在湖北隨縣的曾國相區別，古人以西、北爲上。“上曾”應在隨縣以西，或以北的方向中探求。

王恩田《上曾太子鼎的國別及其相關問題》[106]［般殷鼎］

---

103 崔恒昇：《古文字地名考釋》，中國古文字研究會、安徽大學古文字研究室編：《古文字研究》（第二十三輯），中華書局，2002 年，第 223 頁。

104 吴鎮烽：《商周青銅器銘文暨圖像集成索引》，上海古籍出版社，2019 年，第 890 頁。

105 孫敬明、何琳儀、黄錫全：《山東臨朐新出銅器銘文考釋及有關問題》，《文物》1983 年第 12 期，第 16 頁。

106 王恩田：《上曾太子鼎的國别及其相關問題》，《江漢考古》1995 年第 2 期，第 71 頁。

<table>
<tr><td></td><td>【釋地】河南省信陽市光山縣

今河南光山縣南。

吴鎮烽《銘圖索引》[107][般殷鼎]</td></tr>
<tr><td>0037
上樂
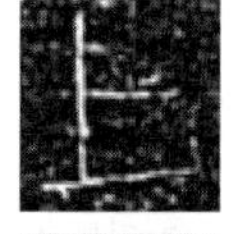
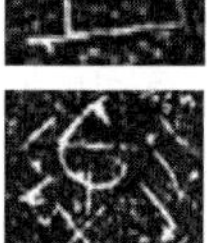
上樂厨鼎</td><td>【時代】戰國晚期・魏

【出處】上樂厨鼎

上樂厨容叁分。[上樂厨鼎，《集成》2105]

【類别】城邑名稱

【釋地】山西省永濟市

“上樂”也當爲地名。三晋地名未見名“樂”者。樂可能即櫟。三晋櫟地有二：一爲春秋鄭地。《春秋》桓公十五年：“鄭伯突入于櫟。”杜注：“鄭别都也。今河南陽翟縣。”戰國當屬韓。一爲春秋晋地。《左傳・襄公十一年》：“秦、晋戰于櫟。”杜注：“晋地。”《春秋地理考實》：“櫟乃河上之邑，有謂臨潼縣有櫟鄉城即此，不知櫟鄉去河甚遠，非此櫟也。”顧楝高云，當在山西境。譚其驤主編《中國歷史地圖集》第一册22—23頁將其放在山西永濟縣西南。“上樂”也可能是“秦伐晋，戰于櫟”之櫟，戰國當屬魏。

黄錫全《介紹新見“上范厨”勺》[108][上樂厨鼎]</td></tr>
<tr><td>0038
上黨

上黨武庫矛
0038.02
上爣</td><td>【時代】戰國晚期・趙

【出處】上黨武庫矛[《集成》11500]

【類别】城邑名稱

【釋地】山西省長治市一帶

上爣即上黨。地區名。在今山西晋城、長治市一帶。《史記・趙世家》：趙成侯十三年，“成侯與韓昭侯退上黨。”又“昔者簡主不塞晋陽以及上黨”。亦爲郡名。戰國韓置，其後入趙，入秦後仍置郡。《史記・秦本紀》：“昭襄王四十七年，秦攻韓上黨，上黨降趙。”《史記・白起王翦列傳》：“（昭王）四十八年十月，秦復定上黨郡。”

崔恒昇《古文字地名考釋》[109][上黨武庫矛]</td></tr>
</table>

107 吴鎮烽：《商周青銅器銘文暨圖像集成索引》，上海古籍出版社，2019年，第890頁。

108 黄錫全：《介紹新見“上范厨”勺》，中國古文字研究會、華南師範大學文學院編：《古文字研究》（第二十六輯），中華書局，2006年，第221頁。

109 崔恒昇：《古文字地名考釋》，中國古文字研究會、安徽大學古文字研究室編：《古文字研究》（第二十三輯），中華書局，2002年，第220頁。

	戰國趙邑，今山西長子縣西南。 吴鎮烽《銘圖索引》[110][上黨武庫矛]
0039 **上𠭰** 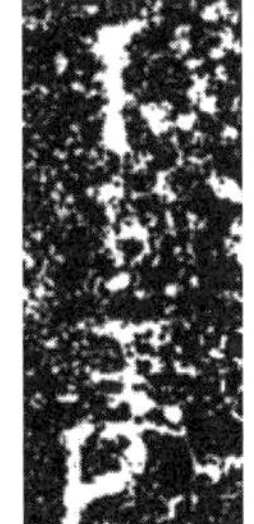 小子𦋻簋 0039.02 上𠭰	**【時代】商代晚期** **【出處】小子𦋻簋** 癸子（巳），𠭯賞小子网貝十朋，才（在）上𠭰，唯𠭯令伐人方𦋻、㽙，网用作文父丁尊彝，在十月四，𢍰。[小子𦋻簋，《集成》4138] **【類别】城邑名稱** **【釋地】山東地區** 小子□簋銘文所記内容又與討伐東土人方𦋻、㽙等族有關。可以猜想，器主之所以受到大族長𠭯的賞賜，殆因他參與戰事或戰争立功。由此而論，作爲賞賜地點的"上𠭰"，想必屬東方地名的可能性爲最大。 再如晚商黄組卜旬卜辭有云： 癸丑卜，在定貞：王旬亡咎。 癸亥卜，在向貞：王旬亡咎。 癸酉卜，在上𠭰貞：王旬亡咎。 癸未卜，在爵貞：王旬亡咎。 上引文字乃《合集》36917與《合集》36851合校互補而成，其中定、向與爵均屬泰山周邊的東土地名，故介于向、爵之間的上𠭰，亦當坐落于東土範圍内。李學勤先生以爲上𠭰近莒，而鍾柏生先生則以爲在今泗水縣附近。從大的方位上講，都是有道理的。 陳絜《〈四祀𠨘其卣〉與晚商東土交通》[111][小子𦋻簋]
0040 **小南**  士百父盨	**【時代】西周晚期** **【出處】士百父盨** 唯王廿又三年八月，王命士百父殷南邦君諸侯，乃易（賜）馬。王命文曰：率道于小南。唯五月初吉，還至于成周，作旅盨，用對王休。[士百父盨，《銘圖》5664、5665] **【類别】自然地理名稱·山林** "小南"，張文"疑當爲地名或某區域之屬"，大體不誤。 宗周秦嶺有"南山"，即終南山。與"小南"或許有關。當時南山可

110 吴鎮烽：《商周青銅器銘文暨圖像集成索引》，上海古籍出版社，2019年，第890頁。

111 陳絜：《〈四祀𠨘其卣〉與晚商東土交通》，北京大學出土文獻研究所編：《青銅器與金文》（第一輯），上海古籍出版社，2017年，第83頁。

	能有小南、大南之分。此次南行可能是從宗周出發，翻越秦嶺，經南山往漢水。南行回來後到洛陽成周。啓尊銘文：“王出狩南山，寇册山谷，至于上侯竟川上。”這一南山，我們認爲指“嵩山”，主要是考慮到上侯、竟川等幾處相關的地名。若此“南山”與啓尊“南山”同指一區域，其確切方位還有待深入研究。 黃錫全《西周“文盨”補釋》[112][士百父盨]
0041 **山**  山仲簋 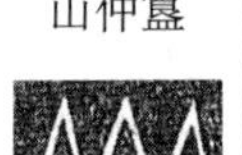 山仲簋	**【時代】西周早期** **【出處】山仲簋**［《銘續》339］ 山仲作寶簋。［山仲簋，《銘圖》4186］ **【類別】城邑名稱** 西周封邑。 吴鎮烽《銘圖索引》[113]［山仲簋］
0042 **山陽**   洍令樂痯戈	**【時代】戰國晚期·魏** **【出處】洍令樂痯戈**［《集成》11338］ **【類別】城邑名稱** **【釋地】河南省焦作市** 戰國魏邑，今河南焦作市東南。 吴鎮烽《銘圖索引》[114]［洍令樂痯戈］
0043 **久陵** 平都矛	**【時代】戰國晚期·秦** **【出處】平都矛**［《集成》11542］ **【類別】城邑名稱** 戰國晚期秦城邑。 吴鎮烽《銘圖索引》[115]［平都矛］

112 黃錫全：《西周“文盨”補釋》，張光裕、黃德寬主編：《古文字學論稿》，安徽大學出版社，2008年，第25頁。

113 吴鎮烽：《商周青銅器銘文暨圖像集成索引》，上海古籍出版社，2019年，第890頁。

114 吴鎮烽：《商周青銅器銘文暨圖像集成索引》，上海古籍出版社，2019年，第890頁。

115 吴鎮烽：《商周青銅器銘文暨圖像集成索引》，上海古籍出版社，2019年，第890頁。

0044

凡

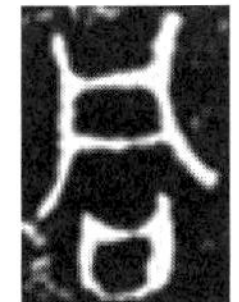
同姜鬲

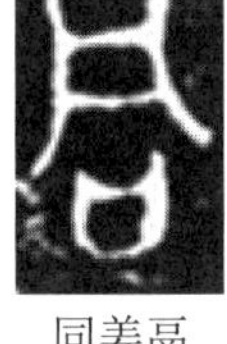
沈子它簋

【時代】西周晚期

【出處】沈子它簋［《集成》4330］ **同姜鬲**［《集成》522］

【類別】國族名稱

凡國史料很少。在傳世文獻中，《詩序》：“《板》，凡伯刺厲王也。”《瞻印》《召旻》之《詩序》皆云：“凡伯刺幽王大壞也。”從它簋及小臣宅簋銘文來看，凡君在西周早期之爵號稱“公”。《詩序》孔穎達《疏》認爲凡伯是王官，世在王朝，蓋畿内之國。並引杜預云“汲郡共縣東南有凡城”、孔穎達《疏》又云：“共縣于漢屬河内郡，蓋在周東都之畿内也。”《春秋》隱公七年：“初，戎朝于周，發幣于公卿，凡伯弗賓。冬，王使凡伯來聘，還，戎伐之于楚丘以歸。”凡國至此絶祀。在絶祀之前，凡伯是周王之公卿。根據散氏盤銘提到“凡道”來看，西周時代的凡國在宗周地區有采邑。而周東都畿内之凡城，或可能不是最初封地，而是平王東遷以來的凡伯采邑所在。

董珊《它簋蓋銘文新釋——西周凡國銅器的重新發現》[116]［沈子它簋］

【釋地】河南省鶴壁市濬縣

同，亦作“同山”“童山”，在今河南濬縣西南。周代小國。相傳周武王會同諸侯于此。

崔恒昇《甲金文地名考釋》[117]［小臣宅簋］

【釋地】河南省輝縣市

即凡，河南輝縣市西南。

吴鎮烽《銘圖索引》[118]［同姜鬲］

0045

凡道

散氏盤

【時代】西周晚期

【出處】散氏盤［《集成》10176］

【類別】人文地理名稱·道路

【釋地】陝西省寶鷄市

道路名，在今陝西寶鷄市境内。

吴鎮烽《銘圖索引》[119]［散氏盤］

---

116 董珊：《它簋蓋銘文新釋——西周凡國銅器的重新發現》，復旦大學出土文獻與古文字研究中心編：《出土文獻與古文字研究》（第六輯），上海古籍出版社，2015年，第175頁。

117 崔恒昇：《甲金文地名考釋》，安徽大學古文字研究室編：《古文字研究》（第二十二輯），中華書局，2000年，第153頁。

118 吴鎮烽：《商周青銅器銘文暨圖像集成索引》，上海古籍出版社，2019年，第911頁。

119 吴鎮烽：《商周青銅器銘文暨圖像集成索引》，上海古籍出版社，2019年，第911頁。

0046

亡鹽

無鹽右戈

無鹽右戈

無鹽右戈

0046.02
無鹽

【時代】戰國早期·齊

【出處】亡鹽右戈［《集成》10975］

【類别】城邑名稱

【釋地】山東省泰安市東平縣

亡鹽即無鹽，齊國邑名。戰國時齊宣王正后鍾離春即無鹽人，見劉向《列女傳》，今爲山東省東平縣。

于中航《先秦戈戟十七器》[120]［無鹽右戈］

據《史記·項羽本紀》《漢書·地理志》及清《一統志》等，證知此地在今東平縣東二十里。

孫敬明《考古發現與戰國齊兵器研究》[121]［亡鹽右戈］

亡鹽，戰國齊邑。亡與無、毋音同字通。《世本》："毋鹽氏，齊毋鹽邑大夫之後。"《史記·項羽本紀》："宋義遣其子宋襄相齊，身送之，至無鹽。"《水經注》："其右一汶，西流經無鹽縣之故城南，舊宿國也。齊宣后之故邑，所謂無鹽醜女也。"地在今東平縣城東35里無鹽村。

王恩田《郜氏戈的年代與國别》[122]［無鹽右戈］

即無鹽，今山東東平縣東的無鹽村。

吴鎮烽《銘圖索引》[123]［無鹽右戈］

0047

卂

卂伯簋

【時代】西周早期

【出處】卂伯簋

卂伯作旅簋。［卂伯簋，《集成》3482］

【類别】國族名稱

0048

己

【時代】西周時期 春秋時期

【出處】多器

120 于中航:《先秦戈戟十七器》,《考古》1994年第9期，第858頁。
121 孫敬明:《考古發現與戰國齊兵器研究》,《考古發現與齊史類徵》，齊魯書社，2006年，第159頁。
122 王恩田:《郜氏戈的年代與國别》,《商周銅器與金文輯考》，文物出版社，2017年，第344頁。
123 吴鎮烽:《商周青銅器銘文暨圖像集成索引》，上海古籍出版社，2019年，第890、981頁。

己華父鼎

己侯簋

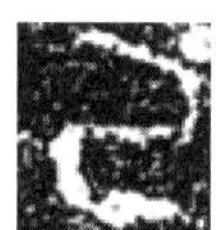

己侯壺

0048.02

紀

【類別】國族名稱

【釋地】山東省壽光市

己侯即紀侯，己侯鐘出于壽光縣紀王臺，可以爲證。《左傳》隱公元年“八月紀人伐夷”，杜注云“夷國在城陽莊武縣，紀國在東莞劇縣”，《正義》引杜預“《世族譜》：紀，姜姓，侯爵”，與此銘合。《續漢書·郡國志》北海國“劇有紀亭，古紀國”。

陳夢家《西周銅器斷代》[124][己姜簋蓋]

己即紀，姜姓國，地望在今山東省壽光縣東南，此簋是紀侯媵女姜縈之器。

陳佩芬《上海博物館新收集的西周青銅器》[125][紀侯簋]

己當即紀國，《續漢書·郡國志》北海國劇縣“有紀亭，古紀國”，在今山東省壽光縣東南。《青州府志》：“紀臺城在壽光縣東南三十里。”清代《積古齋鐘鼎款識》說己侯虓鐘“出土壽光紀侯臺下”。

唐蘭《西周青銅器銘文分代史徵》[126][己侯貉子簋]

己是紀的初文。《說文》：“紀，絲別也。”己族人以養蠶製絲見長，故以己爲姓。兩周姜姓之紀，金文作己或曩，地在今山東壽光縣東南，古己姓之己或即在此。

陳秉新、李立芳《出土夷族史料輯考》[127][㠱己爵]

據《通志·都邑略》，紀國本都于今江蘇贛榆東北，後遷到壽光。遷都後贛榆一帶仍屬于紀，故公元前664年齊人降鄣，鄣在贛榆北七十五里，即紀故都所在，又稱紀鄣。這樣看來，紀國的疆域是很大的。現在紀國青銅器出于烟臺、萊陽，烟臺出紀侯之弟的器物，萊陽出紀侯命小臣掌管的用器，證明這些地方均在紀國境内。通行歷史地圖把山東半島大部標爲萊夷，是不對的。

李學勤《試論山東新出青銅器的意義》[128][己侯壺]

己是周的侯國，姜姓，文獻作紀。《左傳·隱公元年》：“紀人伐夷。”杜預注：“紀國在東莞劇縣。”紀國之器傳世尚有紀侯鐘。據阮元《積古齋鐘鼎彝器款識》云：“出山東壽光縣。”己亦作曩。山東黄縣出土的曩器也是紀器，銘曩之器也出土于山東烟臺上夼村。

陳佩芬《李蔭軒所藏中國青銅器》[129][紀侯簋]

---

124 陳夢家：《西周銅器斷代》，中華書局，2004年，第130頁。
125 陳佩芬：《上海博物館新收集的西周青銅器》，《文物》1981年第9期，第36頁。
126 唐蘭：《西周青銅器銘文分代史徵》，《唐蘭全集（七）》，上海古籍出版社，2015年，第 356頁。
127 陳秉新、李立芳：《出土夷族史料輯考》，安徽大學出版社，2005年，第100頁。
128 李學勤：《試論山東新出青銅器的意義》，原載《文物》1983年第12期；後收入《新出青銅器研究（增訂版）》，人民美術出版社，2016年，第209—210頁。
129 陳佩芬：《李蔭軒所藏中國青銅器》，《陳佩芬青銅器論集》，中西書局，2016年，第310頁。

0049

弓谷

四十二年
逨鼎・甲

四十二年
逨鼎・乙

【時代】西周

【出處】四十二年逨鼎

……余肇建長父，侯于楊，余令汝奠長父休，汝克奠于厥𠂤（師），汝唯克井乃先祖考，戎玁狁出捷于井阿，于歷巖，汝不[illegible]戎，汝光長父以追博戎，乃即宕伐于弓谷，汝執訊獲馘，俘器車馬。汝敏于戎工，弗逆朕新令，贅汝秬鬯一卣，田于鄧（䡅）卅田，于㸒廿田。逨拜稽首，受册贅以出。逨敢對天子丕顯魯休揚，用作䵼彝，用享孝于前文人，其嚴在上，趩（翼）在下，穆秉明德，豐豐㲋㲋，降余康虞純右通禄永令，眉壽𦝀（綽）綰，畯臣天子，逨其萬年無疆，子子孫孫永寶用享。[四十二年逨鼎，《銘圖》2501、2502]

【類别】自然地理名稱・山林

"弓谷"，疑爲見于《新唐書・僖宗紀》乾符五年"崔季康、李鈞及李克用戰于洪谷"的"洪谷"，是山西西北部的重要關隘，位于今岢嵐縣南37里。先周季歷曾伐此地附近管涔山（即燕京山）的燕京之戎。

董珊《略論西周單氏家族窖藏青銅器銘文》[130][四十二年逨鼎]

弓與窮通用。《左傳・定公七年》："夏四月，單武公、劉桓公敗尹氏于窮谷。"楊伯峻以爲："窮谷，周地。今洛陽市東。"窮谷又指幽邃之山谷。《左傳・昭公四年》："其藏冰也，深山窮谷，固陰冱寒，于是乎取之。"銘"弓谷"不知是否即窮谷？

王輝《四十二年逨鼎銘文箋釋》[131][四十二年逨鼎]

弓可假爲共。共疑即《大雅・皇矣》中密須所侵犯的共國，周代的共國在今甘肅涇川縣北，所以弓谷疑即古共國境内的山谷。這句話的意思是説逨輔佐楊長父追擊獫狁，在弓谷與獫狁進行了一次大規模的戰争，取得了决定性的勝利，俘虜了大量的敵人和車馬輜重。

田率《四十二年逨鼎與周伐獫狁問題》[132][四十二年逨鼎]

"歷岩""弓谷"與描寫山區地勢、地貌有關係。應該在今洪洞（楊國）周圍的山區來尋找，于楊國也不會太遠。

李建生、王金平《周伐獫狁與"長父侯于楊"相關問題》[133][四十二年逨鼎]

130 董珊：《略論西周單氏家族窖藏青銅器銘文》，《中國歷史文物》2003年第4期，第49頁。
131 王輝：《四十二年逨鼎銘文箋釋》，《高山鼓乘集：王輝學術文存二》，中華書局，2009年，第63頁。
132 田率：《四十二年逨鼎與周伐獫狁問題》，《中原文物》2010年第1期，第42頁。
133 李建生、王金平：《周伐獫狁與"長父侯于楊"相關問題》，《中原文物》2012年第1期，第28頁。

0050

子邦

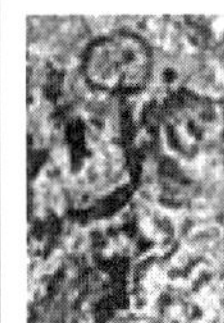

子邦令戈

【時代】戰國晚期·魏

【出處】子邦令戈

十年，子邦令應□，□□□□，冶因。[子邦令戈，《銘續》1237]

【類別】城邑名稱

魏國縣邑。

吴鎮烽《銘圖索引》[134][子邦令戈]

134 吴鎮烽：《商周青銅器銘文暨圖像集成索引》，上海古籍出版社，2019 年，第 1051 頁。

四　畫

0051

王

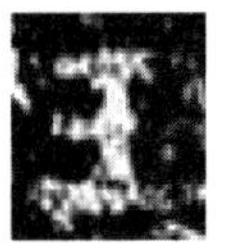

矢令方尊

矢令方彝

御正衛簋

【時代】西周早期

【出處】矢令方彝　御正衛簋

……甲申，明公用牲于京宫，乙酉，用牲于康宫，咸既，用牲于王。明公歸自王……［矢令方彝，《集成》9901］

五月初吉甲申，懋父賞御正衛馬匹，自王，用作父戊寶尊彝。［御正衛簋，《集成》4044］

【類别】城邑名稱

【釋地】河南省洛陽市

王，王城也。《漢書·地理志》云："河南郡，河南，故郟鄏地。周武王遷九鼎，周公致太平，營以爲都，是爲王城。至平王居之。"又云："雒陽，周公遷殷民，是爲成周。《春秋》昭公二十二年（當爲三十二年），晋合諸侯于狄泉，以其地大成周之城，居敬王。"然則王城，成周，實二邑也。

王城、成周，相距蓋不過世里。

唐蘭《作册令尊及作册令彝銘考釋》[135]［矢令方彝］

銘文裏的"王"，唐蘭先生釋爲王城。推求文義，公到成周而發令，既令之後用牲于京宫、康宫，二宫自在成周（何尊等器記成周有京室、京宗，即此銘京宫）。下文説"用牲于王"，正表明王城是成周宗廟所在之地。西周時期的"王城"和"成周"，並不是相排斥的兩個地名。

平王東遷，居于王城，後來的歷代周王也都如此。到公元前520年，周景王卒，發生了王子朝争位之亂。敬王繼位後，因王城王子朝之黨勢盛，徙居到過去殷民居處之地。公元前510年，晋人率諸侯"修成周之城"，所指的就是敬王新徙之城。此城本來是東都成周的一部分，這時周王徙居，即稱之爲"成周"，是很自然的。從此以後，"王城"和"成周"便分指兩城了。

李學勤《考古發現與東周王都》[136]［矢令方彝］

135　唐蘭：《作册令尊及作册令彝銘考釋》，《唐蘭全集（一）》，上海古籍出版社，2015年，第392頁。

136　李學勤：《考古發現與東周王都》，原載《歐華學報》1983年第1期；後收入《新出青銅器研究（增訂版）》，人民美術出版社，2016年，第198—199頁。

<table>
<tr>
<td></td>
<td>
洛邑之又稱爲王，除此方彝之外，尚見于《御正衛簋》……。此“王”亦指王城。惟《斷代》（二）云：“始稱于康王之世，與《令方彝》同。”《史徵》云：“稱此爲王城，應在康王以後昭王之時。”從該簋的形制特别是作顧龍之形的花紋上看，應訂在康王時期較爲合適。
根據銅器銘文，在西周的康昭時期，洛邑確有王城之稱，王城之名，並不始于東周。衹是在平王東遷以後，王城之稱及其有關記載由于當時已成爲國都，因而更加頻繁而已。
依據西周金文，洛邑最早稱爲新邑，其後稱爲成周，康、昭時期的銅器銘文中有稱爲王城的。據周公所卜，在瀍水東惟洛食；在瀍水西、澗水東亦惟洛食的記載，兩城是東西分立，而且不是從春秋纔開始的。這些，都需要今後根據考古資料逐步深入認識。
陳公柔《西周金文中的新邑、成周與王城》[137][御正衛簋]
此及下句的“王”都指成周王城。《尚書·洛誥》：“我乃卜澗水東，瀍水西，惟洛食。”澗東瀍西之地，在漢爲河南縣，《漢書·地理志》河南縣下注：“故郟鄏地。周武王遷九鼎，周公致太平，營以爲都，是爲王城，至平王居之。”
王輝《商周金文》[138][夨令方彝]
今河南洛陽市王城公園一帶。
吴鎮烽《銘圖索引》[139][夨令方彝]
</td>
</tr>
<tr>
<td>0052
王垣
王垣令豕戟</td>
<td>
【時代】戰國晚期·魏
【出處】王垣令豕戟
王二年，王亘（垣）令豕，大庫工帀（師）□，冶齏。[王垣令豕戟，《銘圖》17234]
【類别】城邑名稱
【釋地】山西省運城市垣曲縣
戰國魏縣名，今山西垣曲縣東南。
吴鎮烽《銘圖索引》[140][王垣令豕戟]
</td>
</tr>
</table>

137 陳公柔：《西周金文中的新邑、成周與王城》，編輯組編：《慶祝蘇秉琦考古五十五年論文集》，文物出版社，1989 年，第 394、396 頁。

138 王輝：《商周金文》，文物出版社，2006 年，第 82 頁。

139 吴鎮烽：《商周青銅器銘文暨圖像集成索引》，上海古籍出版社，2019 年，第 891 頁。

140 吴鎮烽：《商周青銅器銘文暨圖像集成索引》，上海古籍出版社，2019 年，第 891 頁。

0053

井

事盟鼎

七年趞曹鼎

邢侯簋

麥鼎

0053.02

邢

【時代】西周時期

【出處】多器

【類別】國族名稱

此井乃殷之古國名，非周公之後之邢。《大克鼎》言“易女井家𩔰田于㽙山，目氒臣妾”，又“易女井遈𩔰人耤，易女井人奔于臬”，即此被征服之井國，其土地人民後裔爲周人所宰割奴使也。知井爲殷代古國者，卜辭有其徵。《殷契後編》有一片云：“癸卯卜，穷貞，井方于唐宗堯。”卜辭稱國爲方，井方即井國。此辭記卜井方宗祀成湯用堯，則井爲殷之同盟國可知。又《乙亥父丁鼎》“隹王正井方”，即周人滅殷後，征伐井方時器也。舊以有“父丁”字説爲殷彝，實則以日爲名之習，自東遷而後始見絶迹。

井之地望可由《克鼎》之出土地以卜知之。羅振玉云“厰估趙信臣言《克鼎》實出岐山縣法門寺之任村任姓家。當時出土凡百二十餘器，《克鐘》《克鼎》及《中義父鼎》均出一窖中，于時則光緒十六年也。”克器既出岐山，則其所受之井家田亦必在其鄰近矣。散氏盤中亦言“井邑田”，言“井邑封道”，散氏邑里據王國維所推測，當在大散關附近，地離岐山不遠，則井國蓋在散關之東，岐山之南，渭水南岸地矣（散盤中之眉田當在郿縣附近）。州人、彙人、𩫏人自即井國所有之人民。

郭沫若《金文叢考》[141][邢侯簋]

井侯之井即《左傳》僖二十四周公之胤之邢，《説文》“邢，周公子所封，地近河内懷”；《衛世家》“而迎桓公弟于邢而立之”。邢地有二：一、《漢書·地理志》趙國下“襄國，故邢國”，今邢臺縣；二、《漢書·地理志》河内郡平皋下注應劭曰“邢侯自襄國徙此”，《左傳》宣六“赤狄伐晋國懷及邢丘”，今温縣附近。

陳夢家《西周銅器斷代》[142][邢侯簋]

周初所封井（邢）國在今何處，文獻記載歧異，後世衆説紛呈，情況很複雜，依據學者研究約有以下四説：

1. 今河北邢臺市。班固在《漢書·地理志下》趙國……襄國縣下，自注曰：“故邢國。”按“趙國”爲東漢時期的郡國之名，所轄四縣，“襄國”爲其中之一。杜預在《左傳》三十二年經文“狄伐邢”下注云“邢國在廣平襄國縣”。“廣平”即西晋之“廣平郡”，下轄十六縣，此時，“襄國縣”已由東漢的“趙國郡”劃歸“廣平郡”。《括地志》也曰：“邢國故城在邢州外城内西南角。《十三州志》云：‘殷時邢國。周封周公旦子爲邢侯，都此。’”《通典》卷178鉅鹿邢州條下説：“古祖乙遷于邢，即此地，亦邢國也。”《讀史方輿紀要》卷15順德府邢臺縣下則進一步説：

141 郭沫若：《金文叢考》，《郭沫若全集·考古編》（第五卷），科學出版社，2002年，第634—636頁。
142 陳夢家：《西周銅器斷代》，中華書局，2004年，第82頁。

"襄國城，在今城西南，殷祖乙遷都于邢，即此城也……秦末趙王歇都此，項羽使張耳都之，改爲襄國，自是歷漢及晋，皆爲襄國縣治。"漢、晋時期的襄國縣地，唐時邢州，俱今河北邢臺市。

2. 今山西河津縣。《史記·殷本紀》《索隱》："邢音耿，近代本亦作'耿'，今河東皮氏縣有耿鄉。"

3. 今河南武陟、温縣之間。《説文解字》："邢，周公子所封，地近河内懷。"段玉裁注云："今河南懷慶府武陟縣。縣西南十一里有故懷城。"按"河内"爲東漢時的"河内郡"，下轄十八縣，"懷"爲其中之一。所謂"地近河内懷"，意即邢國的受封之地在河内郡的懷縣附近。此地在今河南武陟縣西南。《續漢書·郡國志》云："平皋有邢丘，故邢國，周公子所封。"按"平皋"爲西晋河内郡的轄縣，其地與懷縣毗鄰，今在河南温縣境内。舊説温縣城東二十里的"平皋故城"即古"邢丘故地"。王國維《觀堂集林》卷12《説耿》有曰："《説文》邢字下云：'邢，周公子所封，地近河内懷。'其云'周公子所封'則指邢、茅、胙、祭之邢（杜注：在廣平襄國縣）。然又云：'地近河内懷'，則又指《左傳》（宣六年）、《戰國策·魏策》'秦國有懷地邢邱'，《史記·魏世家》'懷地邢邱'之邢邱（杜注：今河内平皋縣）也。邢邱即邢虚，猶言'商邱'，'殷虚'。祖乙所遷，當即此地。"杜預所説的"平皋縣"，在今河南温縣東。

4. 今河南鞏縣。這一説法是近人劉節最先提出的，其後陳槃等人從其説。劉節依據麥方尊銘文"井侯出矿侯于井"，結合《水經注》中關于"大伾山"和"成皋故城在伾上"的記載，認爲"此大伾即彝銘之矿，春秋以前邢國實建邑于此"。按"成皋"東漢時屬"河南尹"，其地在今河南省鞏縣境内。

以上諸説究竟以何者爲是，僅從文獻記載和後世論説來看，確實使人莫衷一是。但若結合考古材料分析，諸説之中，以西周邢國在今邢臺市之説最具説服力。

尚志儒《西周金文中的井國》[143][麥方尊]

【釋地】河北省邢臺市

當即《左傳》僖廿四年"凡、蔣、邢、茅、胙、祭，周公之胤也"之邢，今河北邢臺縣西南襄國故城，即其地。

郭沫若《兩周金文辭大系圖録考釋》[144][邢侯簋]

關于邢國的初封位置，古書有不同説法，歷來争議不决。《漢書·地理志》趙國襄國下云"故邢國"，杜預注《左傳》也説邢在"今廣平襄國縣"，即今河北邢臺，但他們都没有明説邢國的始封就在當地。到了《元和郡縣志》纔詳細説"今邢州郭下龍岡縣，古邢國也。周成王封周公子爲邢侯，後爲狄所滅，齊桓公遷邢于夷儀。今邢州城内西南隅小城，即古邢

143 尚志儒：《西周金文中的井國》，《文博》1993年第3期，第62頁。

144 郭沫若：《兩周金文辭大系圖録考釋（二）》，《郭沫若全集·考古编》（第八卷），科學出版社，2002年，第95—96頁。

國。”這是邢國始封地的第一種説法。

《説文》：“邢，周公子所封，地近河内懷。”《續漢書·郡國志》河内郡下云：“平皋有邢丘，故邢國，周公子所封。”平皋邢丘在今河南温縣東，這是邢國始封地的第二種説法。

兩種分歧的説法，從表面看，第二説似乎較古、較有根據。歷史上有不少人曾反駁此説，如《後漢書》注引臣瓚云平皋的邢是“丘名也，非，國在襄國西”。清代邵瑛的《説文解字群經正字》、徐灝《説文解字注箋》等書也都指出許慎的錯誤，但仍有很多人沿用《説文》《續志》的説法。劉節作《古邢國考》，又認爲邢原在鞏洛之南。

早在北齊武平初年，今河北邢臺地區即曾出土過五件邢侯夫人姜氏鼎，不過這五件鼎久已亡佚，不能判定年代，無法作爲周初邢國位置的證據。這次元氏銅器的出土，銘文明確記載戎人大出于今元氏縣境的泜水流域，邢侯出兵搏戰，有力地證明邢的初封就在今河北邢臺。

李學勤《元氏青銅器與西周的邢國》[145]［臣諫簋］

井即邢，周公旦之子封于此，爲姬姓，封地在今河北邢臺縣境。1978年河北元氏西張村出土臣諫簋，銘文記載戎人大肆出没軝國，邢侯迎戰，派臣諫率亞旅駐守軝國，其將長侄托交邢侯學習政事。《左傳·隱公五年》“莊伯以鄭人、邢人伐翼”，又《左傳·僖公二十四年》“凡蔣、邢、茅胙祭，周公之胤也”。邢在春秋時爲衛所滅。

陳佩芬《新獲兩周青銅器》[146]［曩侯簋］

即邢，邢國，在河北邢臺市。

吴鎮烽《銘圖索引》[147]［麥鼎等］

【釋地】河南省焦作市温縣

井侯是邢國之侯。《説文》：“郱，鄭地郱亭，從邑井聲。”而另出邢字説“周公子所封，地近河内懷，從邑幵聲”，是錯的。凡刑、形、鈃、荆等字，《説文》都説是幵聲，都是把井字寫成幵而誤。《左傳·僖公二十四年》説：“凡、蔣、邢、茅、胙、祭，周公之胤也。”此簋後文説“作周公彝”，可證郱侯確是周公子。其國在今河南省温縣東，而漢代的河内郡懷縣在今武（涉）〔陟〕縣西南，所以許慎説：“地近河内懷。”此井侯當是第一代，應爲成王所封。

唐蘭《西周青銅器銘文分代史徵》[148]［邢侯簋］

麥之辟原在坯，後就封于邢。史載邢侯初封于邢丘，邢丘即漢之平臯。《史記·秦本紀》張守節《正義》引《括地志》云：“平臯故城本邢丘邑，

145 李學勤：《元氏青銅器與西周的邢國》，原載《考古》1979年第1期；後收入《新出青銅器研究（增訂版）》，人民美術出版社，2016年，第56—57頁。
146 陳佩芬：《新獲兩周青銅器》，《陳佩芬青銅器論集》，中西書局，2016年，第450頁。
147 吴鎮烽：《商周青銅器銘文暨圖像集成索引》，上海古籍出版社，2019年，第891頁。
148 唐蘭：《西周青銅器銘文分代史徵》，《唐蘭全集（七）》，上海古籍出版社，2015年，第182頁。

	漢置平臯縣。”《後漢書·郡國志·河内郡》：“平臯，有邢丘，故刑國。”漢之平臯，在今河南温縣東南，大伾與邢丘，兩地僅隔黄河，相距不遠。 馬承源《商周青銅器銘文選》[149][麥方尊] 井典籍作邢。《説文》：“邢，周公子所封，地近河内懷。”《左傳·僖公二十四年》：“凡、蔣、邢、茅、胙、祭，周公之胤也。”文末稱“作周公彝”，證明邢侯確係周公子。西周初期邢國在今河南省温縣東。後遷于河北邢臺。 王輝《商周金文》[150][邢侯簋] 根據文獻記載，邢國始封于周成王四年，始封君爲周公旦的第五子姬苴，又名靖淵。邢國初都于今河南温縣東之邢丘，後遷封至河北邢臺，這與當時其他封國一樣，都是從内向外發展的。考古工作者在邢丘發現了不少“邢”“邢公”陶文，在河北元氏縣西張村也出土了包括臣諫簋在内的一組青銅器，另外在南小汪還發現有西周遺址，在邢臺葛莊發現有邢國墓地，説明邢丘、邢臺均曾是邢國的都居之地。邢侯簋是康王前期青銅器，銘言“䔲井侯服”（《集成》04241），既已稱邢侯，故當非初封。據唐蘭先生考證，銘中的州、重、鄘和麥方尊銘中的坯等地名也都在温縣一帶。 袁俊傑《再論麥方尊與賓射禮》[151][麥方尊] **【釋地】陝西省寶鷄市鳳翔區** 麥鼎麥盉有井侯，然則井本侯國也。散氏盤：“眉井邑田。”是井在宗周時已屬矢散二國，克鼎：“錫女井人。”克亦得井地然則井之地望，固當在渭水附近。……又《説文》鄭地有郱亭，彝器有鄭井叔鐘或即鄭之井也。而周公敦之井侯，則又周公之胤矣。 余永梁《金文地名考》[152][麥鼎] 即邢，邢國，在今陝西鳳翔縣南。 吴鎮烽《銘圖索引》[153][七年趞曹鼎等]
0054 **井方**	**【時代】商代晚期** **【出處】尹光方鼎** 乙亥，王餗，在㬎師（次），王饗酒，尹光邐，唯格，尚（賞）貝，用作父丁彝，唯王征井方，丙。[尹光方鼎，《集成》2709]

149 馬承源主編：《商周青銅器銘文選（三）》，文物出版社，1988年，第47頁。
150 王輝：《商周金文》，文物出版社，2006年，第61頁。
151 袁俊傑：《再論麥方尊與賓射禮》，《中原文物》2013年第4期，第60頁。
152 余永梁：《金文地名考》，《國立中山大學語言歷史學研究所週刊》第5集第53、54期合刊，1928年，第5頁。
153 吴鎮烽：《商周青銅器銘文暨圖像集成索引》，上海古籍出版社，2019年，第891頁。

尹光方鼎	**【類别】國族名稱** **【釋地】河北省邢臺市** 即邢，商代部落，今河北邢臺市。 吴鎮烽《銘圖索引》[154][尹光方鼎]
0055 **井阿** 四十二年逨鼎甲 四十二年逨鼎乙	**【時代】西周** **【出處】四十二年逨鼎**[《銘圖》2501、2502] **【類别】自然地理名稱・山林** **【釋地】山西地區** 今山西洪洞一帶，西臨汾水，霍泰山在東北，烏嶺山在南，控據險要。烏嶺山古稱“東陘山”，《水經・汾水注》“天井水出東陘山西南，北有長嶺，嶺上東西有通道，即鈃隥也；《穆天子傳》曰：乙酉，天子西絶鈃險，南至于鹽是也”，此山在今沁水、翼城之間。附近又有陘庭故城，見于《左傳》桓公二年以及《史記・范雎蔡澤列傳》，《史記正義》“按陘庭故城在絳州曲沃縣西北二十里汾水之陽”。“陘”“鈃”跟“井”聲音相近，可以通假，應視作不同時代文獻用字的不同（參看《古字通假會典》第 51 頁）。因此，井阿應該就是東陘山即烏嶺山，附近的鈃隥、陘庭均被其名。 董珊《略論西周單氏家族窖藏青銅器銘文》[155][四十二年逨鼎] **【釋地】河南地區** 井阿、歷曆皆地名，不詳所在，但其大體方位可以推定。《説文》：“阿，大陵也。一曰曲𨸏也。”即大土山或山𨸏彎曲處，一般用作地名後綴。《文選・張衡〈思玄賦〉》：“流目眺夫衡阿兮。”西周井有數地。一爲畿内井邑，散氏盤：“以西至于𩁹、莫。履井邑田，自桹木道左至于井邑。”西周金文又多見“奠（鄭）井叔”。此井與鄭（西鄭，今鳳翔南部）相距不遠。又井侯簋、麥盉有井侯，此井初封于邢丘，今河南温縣。井阿不知在今河南還是陝西，但丘與阿義近，井阿可能在河南。邢丘在豫北，洪洞（楊）在晉南，距離也不是很遠。 王輝《四十二年逨鼎銘文箋釋》[156][四十二年逨鼎] **【類别】城邑名稱** “井”，與“陘”古音相近，可以通假，可以理解不同時期文獻用字

154 吴鎮烽：《商周青銅器銘文暨圖像集成索引》，上海古籍出版社，2019 年，第 892 頁。
155 董珊：《略論西周單氏家族窖藏青銅器銘文》，《中國歷史文物》2003 年第 4 期，第 48—49 頁。
156 王輝：《四十二年逨鼎銘文箋釋》，《高山鼓乘集：王輝學術文存二》，中華書局，2009 年，第 63 頁。

	不同。《左傳·桓公二年》："（晉）哀侯侵陘庭之田。陘庭，南鄙，啓曲沃伐翼。"《史記·晉世家》："（晉）哀侯八年，晋侵陘庭，與曲沃武公謀。九年，伐晋于汾旁，虜哀侯。"《史記正義》："按陘庭故城絳州曲沃縣西北二十里汾水之陽。" 李建生、王金平《周伐獫狁與"長父侯于楊"相關問題》[157][四十二年逑鼎] **【他説】** 井，地名。在今陜西寶鷄市鳳翔縣附近，古代是井族的活動區域。劉節先生指出，汧或岍字皆從井，井人所居可能在今陜西汧水流域。……強國也在寶鷄附近，距井邑不遠。綜上可知，西周時期的井地基本上是在關中地區岐山縣、鳳翔縣之北的區域。"出，捷于井"，是説獫狁開啓邊患，主動出擊進攻周邦，入侵到達了畿内井地。 "阿于歷巖（巗），汝丕斁戎。"諸家斷此句時皆把"阿"字讀爲上句，認爲"井阿"是一地名，如果把"井阿"當作地名的話，就衍一"于"字。故"阿"字在此用作動詞爲佳。 田率《四十二年逑鼎與周伐獫狁問題》[158][四十二年逑鼎]
0056 **木闈**   鄂君啓舟節	**【時代】戰國中期** **【類别】城邑名稱** **【出處】鄂君啓舟節**[《集成》12112、12113] 大司馬卲剔敗晋帀於襄陵之歲，顕层之月，乙亥之日，王凥於菽郢之遊宫，大攻尹脽台王命，命集尹㥯𦁡，裁尹逆，裁敀阢，爲鄂君啓之賡賸盥金節，屯三舟爲一舿，五十舿，歲罷返，自鄂坉，逾沽，让灘，就厝，就芸昜，逾灘，就邽，逾夏，内邔，逾江，就彭弢，就松昜，内澮江，就爰陵，让江，内湘，就牒，就郷昜，内澧，就𨛭，内資、沅、澧、㵭，让江，就木闈，就郢，见其金節鼎毋政，毋舍桴飤，不见其金節鼎政，女載馬、牛、羊，台出内闈鼎政于大賡，毋政于闈。[鄂君啓舟節，《集成》12112、12113] **【釋地】湖北省荆州市沙市區** 闈是關字，從門串聲。木闈，以地望推之，或即今之沙市。郢即今之江陵，在懷王時乃楚之首都。 郭沫若《關于鄂君啓節的研究》[159][鄂君啓舟節] 地名。闈，《説文》所無。船隊泝江西上，經木闈再至郢，知木闈在郢之東而通江，疑爲今之沙市或江陵。 馬承源《商周青銅器銘文選》[160][鄂君啓節]

157 李建生、王金平：《周伐獫狁與"長父侯于楊"相關問題》，《中原文物》2012年第1期，第27—28頁。
158 田率：《四十二年逑鼎與周伐獫狁問題》，《中原文物》2010年第1期，第41頁。
159 郭沫若：《關于鄂君啓節的研究》，《文物参考資料》1958年第4期，第4—5頁。
160 馬承源主編：《商周青銅器銘文選（四）》，文物出版社，1990年，第434頁。

0056.02 木關	今湖北荆州市沙市區。 吴鎮烽《銘圖索引》[161][鄂君啓舟節] **【釋地】湖北省荆州市江陵縣** 木關，郭云"以地望推之，或即今之沙市"，近情；也有可能就是今之江陵。沙市殆相當于《水經・江水注》的江津口。據《沔水注》，江陵城東有路白、中、昏官三湖，南通大江，北注楊水；其南通大江處當即在江津口，出路白湖溯楊水而西北，即抵紀南城。江陵據《江水注》係"楚船官地，春秋之渚宫矣"。"船官"可能就是"木關"。《左傳》文公十年楚子西"沿漢泝江將入郢，王在渚宫下見之"，可見其地逼臨江滸，是郢都的門户。今江陵城距江岸約有五六里，那是由于後世江勢南遷之故。據《江水注》，江陵城隍"吐納江流"；又據《沔水注》，瀆水出紀南城西南赤坂崗，東北流入城，又東北出城，西南注于龍陂，陂在江陵城西靈溪東江堤内。可見古代江陵城下的大江，也有水道可上通紀南城。 譚其驤《鄂君啓節銘文釋地》[162][鄂君啓舟節][163] 我以爲木關是有文獻可稽的，即歷史上有名之穆陵關，《左傳》記管仲對楚使問伐楚之由有云："賜我先君履，東至于海，西至于河，南至于穆陵，北至于無棣"，穆陵在楚境，故齊有征伐之權。……《元和郡縣志》麻城縣下説"龜頭山在縣東南（北）八十里，舉水之所出也，春秋吴楚戰于柏舉，即此地也"。按柏舉爲吴楚會戰關鍵之地，楚師敗，吴即自此長驅入郢，可見此一帶爲楚國防要塞，木陵關創設正古，然木關古今當有變遷，古木關沿舉水，並爲航運終點，當較後代木陵關爲南。 黄盛璋《關于鄂君啓節交通路綫的復原問題》[164][鄂君啓舟節] 木關大約是郢都出入貨物的一個口岸，可能就在今之江陵以南江岸邊。 劉和惠《鄂君啓節新探》[165][鄂君啓舟節] 這一地點，非沙市即江陵，江陵距郢都紀南城更近，可能性似更大。 孫劍鳴《"鄂君啓節"續探》[166][鄂君啓舟節]

161 吴鎮烽：《商周青銅器銘文暨圖像集成索引》，上海古籍出版社，2019年，第892頁。

162 譚其驤：《鄂君啓節銘文釋地》，原載《中華文史論叢》（第2輯），1962年；後收入《譚其驤全集》（第一卷），人民出版社，2015年，第540頁。

163 編者按：譚其驤《再論鄂君啓節地理答黄盛璋同志》一文重申前説並補充討論，見《中華文史論叢》（第5輯），1964年；後收入《譚其驤全集》（第一卷），人民出版社，2015年，第553—554頁。

164 黄盛璋：《關于鄂君啓節交通路綫的復原問題》，原載《中華文史論叢》（第5輯），1964年；後收入《歷史地理論集》，人民出版社，1982年，第275—276頁。

165 劉和惠：《鄂君啓節新探》，原載《考古與文物》1982年第5期；後收入劉慶柱、段志洪、馮時主編：《金文文獻集成》（第二十九册），綫裝書局，2005年，第331頁。

166 孫劍鳴：《"鄂君啓節"續探》，原載《安徽省考古學會會刊》1982年第6輯；後收入劉慶柱、段志洪、馮時主編：《金文文獻集成》（第二十九册），綫裝書局，2005年，第332頁。

木關，地望不詳。一説有可能即今江陵縣。古時長江在江陵城下流過（今距江岸五六里），江陵有水道通郢，爲楚都門户。

湯餘惠《戰國銘文選》[167][鄂君啓舟節]

【釋地】湖北省荆州市監利縣

關于木關，譚、黄先生在文中，均認爲是在渚宫，我們認爲此看法則難置信。渚宫位于郢都近郊，已瀕長江，是楚王的離宫。怎麽能一地兩設呢?不可能設關卡。如説在沙市，則沙市在當時係沙州頭，當長江洪水暴漲時，則盡没于水中，也不可能設立關卡。我們認爲木關的地址，應是今湖北省監利縣的車木灣一帶。古代長江與洞庭湖相連，自澮水出口，向東。可從採桑湖出洪水港入長江，再溯流木關到郢都。戰國時的木關，正位于長江南通洞庭的要道，設關收税或防守，是適宜的。

熊傳新、何光岳《〈鄂君啓節〉舟節中江湘地名新考》[168][鄂君啓舟節]

【釋地】湖南省岳陽市

各家釋木關，而不得其地所在。私以爲即《史記·越世家》之無假之關。……木關所在無考。以節銘文言當在湘江口之西，江陵以東，沿江某處。或竟在城陵磯附近當江湘會合處之上游，爲楚要塞故設關卡于此。

前謂南楚語舒，木雖入聲而讀如無假，記者遂以書之。如假讀今遐音則合音近麻，古無輕唇，讀重唇則爲巴音（木關急讀成瞞，歌元對轉亦可通麻音，重唇亦爲巴音）。則此關可能即後之巴丘、巴陵今之岳陽也。

……又一可能，爲江湘會所稍下處。《江水注》“江水右會湘水，所謂江水會者也。江水又東左得二夏浦。夏浦俗謂之西江口。又東逕忌置山南。山東即隱口浦矣。江之右岸有城陵山。山有故城，東接微落山亦曰暉落屼”。城陵山當即今城陵磯，在西江口下游。山上故城或即古城。微落急讀合音與無假（假讀如擠）合音無别。其音（水）與暮同，人或取其義，名微落爲暉落。暉微二音固易通。暉落即暮矣，古城或即以微落名，即木關。

姚漢源《戰國時長江中游的水運》[169][鄂君啓舟節]

【釋地】四川省瀘州市合江縣

我認爲“木關”的地理位置應該在“郢”之西的長江上游地區。也就是説，鄂君啓的商船“上江”到達長江上游的“木關”之後，再由原航路返回到達“郢”。過去，由于人們對黄盛璋所説的“利用原航路而返，例不交代”的銘文體例認識不够，按照常理認爲銘文“入資、沅，澧、油，上江，就木關，就郢”的順序，就是“木關”與“郢”之間的地理位置順序。

先秦秦漢時期，長江上游地區有好幾個關，見于文獻記載的就有扞（扜）

167 湯餘惠：《戰國銘文選》，吉林大學出版社，1993年，第48頁。

168 熊傳新、何光岳：《〈鄂君啓節〉舟節中江湘地名新考》，《湖南師院學報（哲學社會科學版）》1982年第3期，第90頁。

169 姚漢源：《戰國時長江中游的水運——鄂君啓節試釋》，周魁一主編：《水的歷史審視：姚漢源先生水利史論文集》，中國書籍出版社，2016年，第564頁。

關、江關、陽關、符關等。在這些關名中，衹有“符關”與“木關”的字音十分相近。……據此，頗疑節銘的“木關”就是“符關”。……符關當是承襲先秦巴國之舊名。

李家浩《關于鄂君啓節銘文的幾個問題》[170]［鄂君啓舟節］

【他釋】郢都木構水門

舟節銘文“庚木閘”或可解爲通過南城木構水門，“庚郢”則爲進入都城之內。顧炎武曰：“關者，所以拒門之木，說文：關，以木橫持門户也。”又《周禮·司關》注：“關，界上之門。”郢都水門“木閘”（關），此之謂也。

陳蔚松《鄂君啓舟節與屈原〈哀郢〉研究》[171]［鄂君啓舟節］

0057

五邑

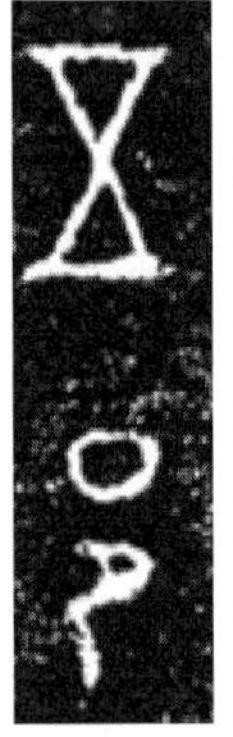

救簋蓋

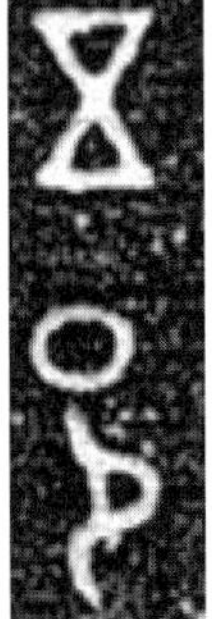

殷簋

【時代】西周中晚期

【出處】救簋蓋 殷簋 虎簋蓋 元年師兑簋 郡簋 柞鐘[172]

唯二月初吉，王在師嗣馬宫大室，即立，井白入右救，立中廷，北嚮，内史尹册易（賜）救，玄衣、黹純、旂四日，用大備，于五邑守堰，拜稽首，敢對揚天子休，用作寶簋，其萬年子子孫孫永寶用。［救簋蓋，《集成》4243］

唯王二月既生霸丁丑，王在周新宫，王格大室，即立。士戍右殷立中廷，北嚮，王呼内史音令殷：“易（賜）市、朱衡”，王若曰：“殷，令汝更乃祖考友嗣東啚（鄙）五邑。”殷拜稽首，敢對揚天子休，用作寶簋，其萬年寶用，孫孫子子其永寶。［殷簋，《銘圖》5305、5306］

【類别】城邑名稱

五邑當指西土五個城邑。

陳夢家《西周銅器斷代》[173]［元年師兑簋］

西周晚期的柞鐘銘文提到，周王任命器主“柞”“嗣五邑佃人事”……“柞”的具體職司，便是管理“五邑”中的農人。此中提及的作爲“佃人”限定語的“五邑”，理解爲5個農村基層聚落或許更爲妥當。再如，西周中期的敔簋蓋銘文有“五邑守埧（堰）”之辭，“埧”字研究者通常釋作水堰之“堰”，可信。所謂“守堰”，竊以爲殆與農業灌溉的基本水利設施水堰的保護事宜有關，故其中作爲限定語的“五邑”，估計還是指5個農村基層聚落。……殷簋銘文中的“東鄙五邑”一辭，似可理解爲位于岐周城東的5個邑。考慮到岐周附近尚無其他城邑發現，故這裏的“五邑”極有可能是指鄉野之地上的5個農村聚落。所以，器主殷的職事，主要就

170 李家浩：《關于鄂君啓節銘文的幾個問題》，《文史》2018年第4輯，第12—14頁。

171 陳蔚松：《鄂君啓舟節與屈原〈哀郢〉研究》，《華中師院學報（哲學社會科學版）》1982年S1期，第28頁。

172 編者按：虎簋蓋，《銘圖》5399—5400；元年師兑簋，《集成》4274—4275；郡簋，《集成》4296—4297；柞鐘，《集成》133—136、138。

173 陳夢家：《西周銅器斷代》，中華書局，2004年，第241頁。

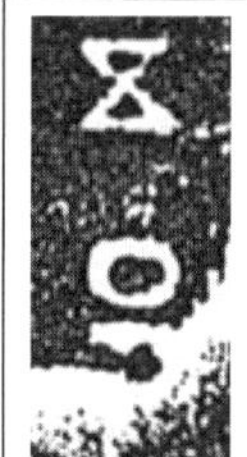
虎簋蓋

是具體管理這5個農村聚落。

……還須注意的一個現象是，目前資料中，但凡涉及“五邑”之詞的銅器，基本上均與“周”發生某種聯繫，或册命地點在“周”，或出土于西土，甚至在周原附近。……有理由相信，在西周中期以後，西土尤其是岐周附近，已經出現了以五邑爲單位而組成的特殊行政組織，這樣的組織或即是後世“鄉”之淵藪。

陳絜《周代農村基層聚落初探——以西周金文資料爲中心的考察》[174]

元年師兑簋

西周中晚期册命金文中的“五邑”並非“五個邑”，而是一座位于岐周東面漆水流域的城邑。“五邑”建制有三：一是軍事統帥太師、師及輔助管理軍事人員走馬、馭人的官員；二是行政官員邑人及管理甸人、水利設施的官員；三是以祝爲代表的神事官員。三類官員以太師、師爲核心領導者，其下屬或行政官員一般由太師、師舉薦。西周中晚期“五邑”既可加强岐周、豐鎬軍事防禦，又是西周重要農業區。

鄒芙都、查飛能《西周中晚期册命金文所見“五邑”新探》[175]

【他釋】

鄀簋

五邑，應該不是指《周禮·小司徒》“四井爲邑，四邑爲丘”的邑，當是指特定的範圍或單位。

陳公柔《記幾父壺、柞鐘及其同出的銅器》[176][柞鐘]

五邑可能是官位尊貴等次的名稱。《左傳·哀公二十七年》：“齊師當興，陳成子屬孤子，三日朝。設乘車兩馬，繫五邑焉。”杜預《注》：“乘車兩馬，大夫服。又加之五邑。”金文中又有五邑走馬之稱。

馬承源《商周青銅器銘文選》[177][𨚕簋]

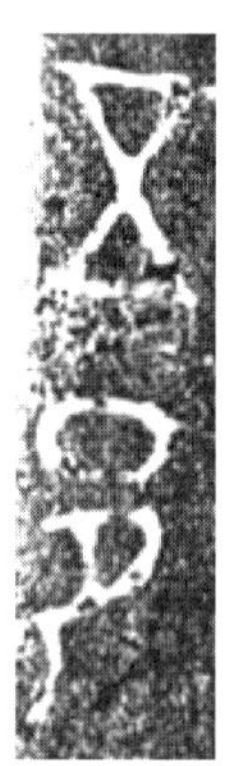
柞鐘

此銘中周王命殷所司“東鄙五邑”。金文中曾多次出現以“五邑”爲名的職官。“五邑”是一個特殊行政單位，金文中有走馬、佃人、祝等職官，但卻同時設有以“五邑”爲單位的同名官職。從殷簋銘的“東鄙五邑”看，此五邑應在東土某地，其餘内容則不可得知。

劉雨《近出殷周金文綜述》[178][殷簋]

五邑是一種等級，金文中還有五邑走馬、五邑祝等，五邑究竟是泛指還是特指五個具體的邑，已不能確知。

王輝《商周金文》[179][柞鐘]

174 陳絜：《周代農村基層聚落初探——以西周金文資料爲中心的考察》，朱鳳瀚主編：《新出金文與西周歷史》，上海古籍出版社，2011年，第108、166頁。

175 鄒芙都、查飛能：《西周中晚期册命金文所見“五邑”新探》，《雲南民族大學學報（哲學社會科學版）》2019年第1期，第66頁。

176 陳公柔：《記幾父壺、柞鐘及其同出的銅器》，《考古》1962年第2期，第89頁。

177 馬承源主編：《商周青銅器銘文選（三）》，文物出版社，1988年，第277頁。

178 劉雨：《近出殷周金文綜述》，《故宫博物院院刊》2002年第3期，第10頁。

179 王輝：《商周金文》，文物出版社，2006年，第272頁。

0058

五侯

保卣

【時代】西周早期

【類别】國族名稱

【出處】保卣

乙卯，王令保及殷東或（國）五侯，徃貺六品，蔑曆于保，易（賜）賓，用作文父癸宗寶尊彝，遘于四方，迨王大祀，宥于周，在二月既望。[保卣，《集成》5415]

【釋地】山東地區古國族名稱

五侯也不能解爲五個諸侯，五爲國名。《小臣謎簋》云："白懋父承王令，易師率征自五齵貝"，是説懋父奉王命，以征自五齵指貝賞賜將帥。殷器《般甗銘》云："王徂（迮）尸（夷）方無敄，咸。"是説殷王征伐東夷無敄成功，無與五、敄與齵各爲同部通假字。毫無疑問，五侯即五齵或無敄之侯，猶卜辭中周侯即周國之侯，金文中豐伯即豐國之伯。"王令保及殷東國五侯"與《明公簋》"王令明公遣三族伐東國"實爲一事。明公即《令彝》之明保，也就是《保卣》之保。

平心《〈保卣〉銘略釋》[180][保卣]

"五侯"自是五齵之侯，亦即無敄之侯，也可能就是逑魚、罾魚、甫魚、甫魯之侯。卜辭中各族君長稱侯繫以國名之例甚多，與卣銘之五侯正相仿佛。

平心《〈保卣銘〉新釋》[181]

五當讀爲郚，《説文》："郚，東海縣，故紀侯之邑也。"本銘及小臣謎簋之五即此，蓋本爲小國，後淪爲紀邑者。故址在今山東安丘縣西南。

陳秉新、李立芳《出土夷族史料輯考》[182][保卣]

【他釋】

四國或是四國多方，並非一定四個國。五侯應指蒲姑、商奄、豐白、東尸等五國。

陳夢家《西周銅器斷代》[183][保卣]

五侯九伯皆當有所確指，今謂"五侯"即本銘之"殷東國五侯"，《漢書·地理志》僅舉薄姑，餘四國或可據《逸周書》補，《作雒》："周公

180 平心：《〈保卣〉銘略釋》，原載《中華文史論叢》（第4輯），1963年；後收入劉慶柱、段志洪、馮時主編：《金文文獻集成》（第二十八册），綫裝書局，2005年，第184頁。

181 平心：《〈保卣銘〉新釋》，原載《中華文史論叢》1979年第1輯，上海古籍出版社；後收入劉慶柱、段志洪、馮時主編：《金文文獻集成》（第二十八册），綫裝書局，2005年，第200頁。

182 陳秉新、李立芳：《出土夷族史料輯考》，安徽大學出版社，2005年，第136頁。

183 陳夢家：《西周銅器斷代》，中華書局，2004年，第7頁。

	立，相天子，三叔及殷東徐、奄及熊、盈以叛"，此"殷東"正與本銘之"殷東國"合，是記上述之殷東地望無誤，薄姑加徐、奄、熊、盈，數適爲五，而皆在殷東者，地望亦同，薄姑、徐、奄實叛周助殷变亂之主國，文獻記載頗多，此三國在五侯之内肯定無問題；惟熊、盈則頗有疑問，一則《逸周書》下文又有"凡所征熊、盈族十有七國"，是熊、盈非一國，再則"殷東徐、奄"下又用"及"字聯繫，殷東指徐、奄，但不一定包括熊、盈。 黄盛璋《保卣銘的時代與史實》[184][保卣] 殷東國五侯指原來是屬殷的東國，現在周王朝新封的五個侯。商王朝因爲遷都在殷的地虚，所以又稱爲殷，周人稱它時，兩者是隨意用的。由于方言的影響，殷有時作衣，前面朕簋即如此。此説殷東國以別于周之東國。在未建成周時，洛邑也曾稱爲東國，見于《康誥》，是周之東國，這雖是舊稱，但相去不過幾年，稱呼習慣未變，所以必須冠一個殷字。殷東國五侯當指衛、宋、齊、魯、豐五國的諸侯。 唐蘭《西周青銅器銘文分代史徵》[185][保尊] 這"五侯"既不再是助殷叛周時的蒲姑氏等五國之侯，而是既被周室征服後的蒲姑氏等東國五侯了。所謂"成王滅之，以封師尚父"，實則是周室征服此五國後，即命齊掌握此五國，監視其君長，而逐漸消滅之。周人滅殷，仍立武庚，而以三監監之；《仲幾父簋銘》有"諸侯、諸監"語，皆是其例。……這五侯，據《漢書·地理志》文衹有"蒲姑氏"一名可知，而《漢書》之文實在又是根據《左傳》昭公二十年晏平仲所説齊國的故實；至于其餘四侯則就現在所有的資料言尚無可考。黄盛璋先生據《逸周書·作雒解》補餘四國爲徐、奄、熊、盈；但《作雒解》明説"凡征熊盈族十有七國"，故熊、盈的是否即五國之二，連黄先生自己也尚未敢必，而據《史記·漢興以來諸侯年表》"太公封于齊，兼五侯地"的話看來，則蒲姑和其他四國都是齊地，又可證明徐、奄、熊、盈實在都不能列入"五侯"之中的。 蔣大沂《保卣銘考釋》[186][保卣] 我們認爲《保卣》銘所説的五侯並没有具體確指五個諸侯國，而是泛指天下諸侯。所以陳克炯在《左傳詳解詞典》一書中明確指出："'五侯''泛指天下諸侯'。"因此，《保卣》銘"王命保及殷東國五侯"是指成王命保到東國洛邑去完成遷徙殷遺民的任務。 王琳《〈保卣〉銘諸釋評議》[187][保卣]

184 黄盛璋：《保卣銘的時代與史實》，《考古學報》1957年第3期，第57頁；又載于《歷史地理與考古論叢》，齊魯書社，1982年，第225頁。

185 唐蘭：《西周青銅器銘文分代史徵》，《唐蘭全集（七）》，上海古籍出版社，2015年，第64—65頁。

186 蔣大沂：《保卣銘考釋》，原載《中華文史論叢》（第5輯），1964年；後收入劉慶柱、段志洪、馮時主編：《金文文獻集成》（第二十八册），綫裝書局，2005年，第186頁。

187 王琳：《〈保卣〉銘諸釋評議》，《中原文物》2012年第5期，第46頁。

0059

五⿰鹵禺

【時代】西周早期

【出處】小臣謎簋

戲東夷大反，伯懋父以殷八自（師）征東夷，唯十又二月，遣自䜌自（師），述東陕，伐海眉，雩厥復歸在牧自（師），伯懋父承王令易自（師）率征自五⿰鹵禺貝，小臣謎蔑曆，眔易（賜）貝，用作寶尊彝。[小臣謎簋，《集成》4238、4239]

小臣謎簋

0059.02

五⿰鹵禺貝

【類別】自然地理名稱

【釋地】山東省東部地區

此五⿰鹵禺即五隅或五嵎，乃指海眉之諸嵎（大約掖縣以東海岸上）。

陳夢家《西周銅器斷代》[188][小臣謎簋]

蓋征字訓行，征貝即征行之貝，征自五⿰鹵禺貝，疑謂由五⿰鹵禺地方征行之貝也。

楊樹達《小臣謎簋跋》[189][小臣謎簋]

五⿰鹵禺地未詳。《爾雅·釋地》："齊有海隅。"郭璞注："海濱廣斥。"《尚書·禹貢》釋文引鄭玄注說："斥謂地鹹鹵。"可見海隅是海濱産鹽的區域。"五⿰鹵禺"的⿰鹵禺從鹵，可見是海邊的。

唐蘭《論周昭王時代的青銅器銘刻》[190][小臣謎簋]

【類別】國族名稱

五⿰鹵禺貝當是所征伐之國名。

郭沫若《兩周金文辭大系圖録考釋》[191][小臣謎簋]

0060

不

邳伯罍

【時代】西周時期　春秋時期

【出處】麥尊　競卣　噩侯馭方鼎　邳伯罍

王令辟井（邢）侯出矺，侯于井（邢），雩若二月侯見于宗周，亡沘，迨王饔莾京，酌祀，雩若翌日，在璧（辟）雝（雍），王乘于舟，爲大豊（禮），王射大龏（鴻）禽……[麥尊，《集成》6015]

唯伯屖父以成自（師）即東，命伐南夷，正月既生霸辛丑，在䢅（坏），伯屖父皇競格于宮，競蔑曆，賞競璋，對揚伯休，用作父乙寶尊彝，子孫永寶。[競卣，《集成》5425]

188 陳夢家：《西周銅器斷代》，中華書局，2004 年，第 21 頁。
189 楊樹達：《小臣謎簋跋》，《積微居金文説》，上海古籍出版社，2007 年，第 190 頁。
190 唐蘭：《論周昭王時代的青銅器銘刻》，《唐蘭全集（四）》，上海古籍出版社，2015 年，第 1453 頁。
191 郭沫若：《兩周金文辭大系圖録考釋（二）》，《郭沫若全集·考古編》（第八卷），科學出版社，2002 年，第 65 頁。

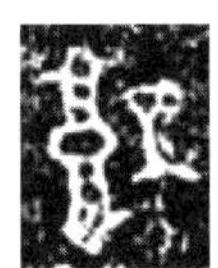

競卣

鄂侯馭方鼎

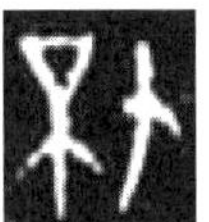

麥尊

邳伯罍

史密簋

0060.02
邳

0060.03
伾

王南征，伐角、遹，唯還自征，在坏（坯），鄂侯馭方内壺于王，乃祼之，馭方侑王，王休宴，乃射，馭方佮王射，馭方休闌，王宴，咸酓（飲）。[鄂侯馭方鼎，《集成》2810]

唯正月初吉丁亥，不（邳）伯夏子自作尊罍，用祈眉壽無疆，子子孫孫永寶用之。[邳伯罍，《集成》10006、10007]

【釋地】

□，壞。壞即《禹貢》之大伾。王謂在今河南成皋。噩侯鼎：唯還自征，在壞。是壞係重鎮，疑爲邢都，邢由西逐漸東遷。

于省吾《雙劍誃吉金文選》[192][麥尊]

王静安跋《噩侯馭方鼎》，引此銘謂生命鄹即大伾，大伾今在河南省境，地在周鎬京之東也。

楊樹達《競卣再跋》[193][競卣]

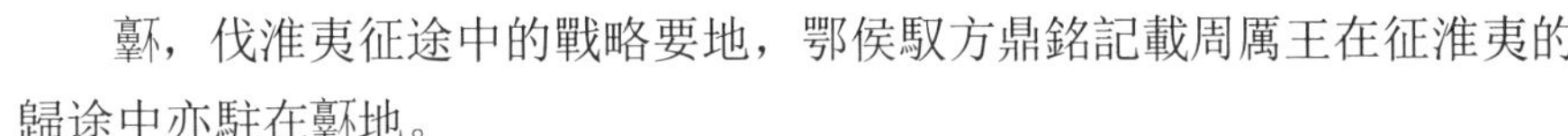

鄹，伐淮夷征途中的戰略要地，鄂侯馭方鼎銘記載周厲王在征淮夷的歸途中亦駐在鄹地。

馬承源《商周青銅器銘文選》[194][競卣]

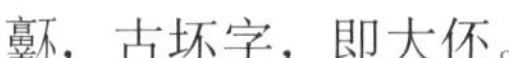

鄹，古坏字，即大伾。

陳秉新、李立芳《出土夷族史料輯考》[195][競卣]

【類別】自然地理名稱·山林

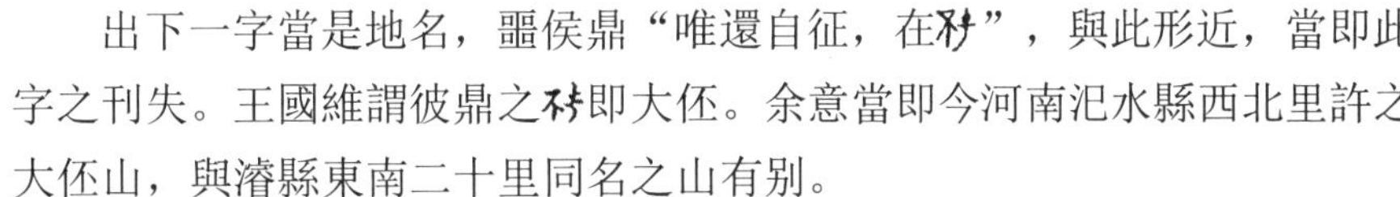

出下一字當是地名，噩侯鼎“唯還自征，在□”，與此形近，當即此字之刊失。王國維謂彼鼎之□即大伾。余意當即今河南汜水縣西北里許之大伾山，與濬縣東南二十里同名之山有別。

郭沫若《兩周金文辭大系圖録考釋》[196][麥尊]

□，王國維謂與競卣之鄹爲一字，且爲一地，疑即大伾。案大伾乃山名，有二，一在河南汜水縣，一在河南濬縣。二器均言南征事，一言往，一言還，而均經過此坯，則當説以汜水之大伾爲是。

郭沫若《兩周金文辭大系圖録考釋》[197][鄂侯馭方鼎]

192 于省吾：《雙劍誃吉金文選》，中華書局，1998 年，第 152 頁。
193 楊樹達：《競卣再跋》，《積微居金文説》，上海古籍出版社，2007 年，第 362 頁。
194 馬承源主編：《商周青銅器銘文選（三）》，文物出版社，1988 年，第 123 頁。
195 陳秉新、李立芳：《出土夷族史料輯考》，安徽大學出版社，2005 年，第 191 頁。
196 郭沫若：《兩周金文辭大系圖録考釋（二）》，《郭沫若全集·考古編》（第八卷），科學出版社，2002 年，第 98 頁。
197 郭沫若：《兩周金文辭大系圖録考釋（二）》，《郭沫若全集·考古編》（第八卷），科學出版社，2002 年，第 232 頁。

0060.04 秠

0060.05 ⿰亶阝

0060.06 坏

0060.07 ⿰石产

0060.08 ⿰石卜

0060.09 ⿰石力

0060.10 坯

即坯。競卣作⿰亶阝，地望不詳。一説爲大伾山，在成皋，《水經注·河水》：“河水又東逕成皋大伾山下。”又曰：“成皋縣治故城在伾上。”若此，鄂與大伾相去極遠，則鄂侯當爲特往覲見。

馬承源《商周青銅器銘文選》[198][鄂侯馭方鼎]

秦公簋銘文：“十又二公，在帝之坏。”

坏字原作⿰礻产，容庚釋坏，郭氏釋⿰石产。競卣“在坏”字作⿰𩫏犬，從𩫏之字與從土之字通用。坏字從不聲，柯昌濟讀爲側字，説“在帝之坏”即“在帝之側”，楊樹達讀爲覆，説“在帝之⿰石产猶言在天之覆。”柯、楊二氏之説僅據音推測，無根據。我們以爲此字從不從产、不亦聲。产下爲厂，厂即山崖，不與丕通，義爲大，故⿰石产實際就是大山。吴其昌指出競卣之⿰𩫏犬，鄂侯鼎之⿰礻卜即河南成皋之大伾山，甚是。《爾雅·釋山》：“山……一成坯。”坯即伾，《國語·周語》作“丕”，韋昭注作“邳”，《書·禹貢》：“至于大坯。”《釋文》作“岯”。郝懿行《爾雅義疏》云：“惟作坏爲正，餘皆假借。”“在帝之坏”大約就是“在帝之山”“在帝之丘”的意思。古人每以爲神居于高山大丘，《山海經·海内西經》：“昆侖之虚，百神之所在。”《山海經·中次三經》：“青要之山，實維帝之密都。”《搜神記》：“昆侖之墟，地首也，是惟帝之下都。”

王輝《秦器銘文叢考》[199][秦公簋]

即伾，大伾山，在今河南滎陽市境内。

吴鎮烽《銘圖索引》[200][麥尊]

【類别】國族名稱 城邑名稱

【釋地】山東省棗莊市

“不”爲國名，古文不、丕一字。丕旁加邑爲識，即後之邳字。

邳名初無上下，後由遷薛，原地區在南，新地區在北，因號前者爲下邳，後者爲上邳。彼時邳國仍自稱邳，遷後兩地同名，他人以上下别之，後時因以立縣，其名殆出秦前。

古之下邳，當不限今邳縣地區，上邳亦不限薛城縣區。考嶧縣東周時沿革，城南五十里有偪陽國都，遺址猶存，出土周代文物甚富，國境必占該縣一大部分。東有鄫國，跨據今蒼山縣一大部分。西南與薛城縣接壤，未知所屬，東南角地則毗鄰邳縣。當時邳之疆域，正可拓至嶧縣。

二罍爲戰國初期作品，自非後遷上邳之邳，當爲下邳故國。

罍之發現，既在嶧縣，就縣境及附近各縣沿革徵之，從無銘文之“不”國，衹有邳國，益知“不”即爲“邳”。

王獻唐《邳伯罍考》[201][邳伯罍]

198 馬承源主編：《商周青銅器銘文選（三）》，文物出版社，1988年，第281頁。

199 王輝：《秦器銘文叢考》，《一粟集：王輝學術文存》，藝文印書館，2002年，第227—228頁。

200 吴鎮烽：《商周青銅器銘文暨圖像集成索引》，上海古籍出版社，2019年，第914頁。

201 王獻唐：《邳伯罍考》，《考古學報》1963年第2期，第59—64頁；又收録于《山東古國考》，青島出版社，2007年。

近年山東滕縣出土，或以爲秦器，不確。證之舊出之邳伯夏子罍和其出土地點，衹能爲邳國之器。古之上邳在今滕縣，下邳在今邳縣境。

孫敬明《保鼏簋銘約釋》[202][不嬰簋]

不[203]，讀爲邳，《左傳·昭公元年》："商有姺、邳。"杜預注："二國，商諸侯，邳，今下邳縣。"在今江蘇省邳縣。孫敬明云："山東繹山出土的邳伯夏子罍、滕縣出土的邳嬰簋之'丕'均同此作。文獻所記邳分上下，上邳在今山東滕縣，下邳在今江蘇邳縣。簋銘之邳，約在滕縣。"其説可從。

陳秉新、李立芳《出土夷族史料輯考》[204][史密簋]

【釋地】江蘇省徐州市

不其之"不"，應當釋之爲"邳"，即古邳國之"邳"。……應劭在《風俗通義》中云："邳氏，奚仲爲夏車正，自薛封邳，其後爲氏。"《晋太康地記》："奚仲遷于邳，仲虺居之，以湯爲左相，……姙姓也。"《水經注·泗水》："泗水又東南逕下邳縣故城西，東南流，沂水注焉。"注："故東海屬縣也，應劭曰，奚仲自薛徙居之，故曰下邳也。"據王獻唐考實，邳分上下當始自戰國。《竹書紀年》："梁惠成王三十一年，邳遷于薛。"當時，楚國極盛，多次北上侵伐，邳爲小邦弱國，爲避楚之兵鋒而北遷于薛地。古代國家或部族的遷徙，不但民人財産，往往連地名也一同"搬遷"，邳國之遷亦屬此例。就其地理方位而言，在北爲上，處南則曰下邳。《左傳》昭公元年，"夏有觀、扈，商有姺、邳，周有徐、奄"，注："邳，今下邳縣。"據此可知，商代乃至西周時期，或至戰國以前，邳之境域當在今江蘇北部邳縣一帶。

孫敬明《邳其簋再現及相關問題》[205][不嬰簋]

即邳，江蘇睢寧縣西北古邳鎮東。

吴鎮烽《銘圖索引》[206][邳伯罍]

【釋地】河南省滎陽市

坯當在成皋東北，河之南岸，與噩亦相近也。

余永梁《金文地名考》[207][競卣]

坯，王國維謂即大坯，又見于麥尊："王令辟井侯出坯，侯于井。"而噩侯馭方鼎："王南征伐角、遹，唯還自征，在坯。"則坯當成周往東南之要衝，伐南淮夷經此，則此銘之伐南夷，亦必南淮夷，"伯犀父以成周師氏戍于叶師"，同爲一事，"成師"可能即"成周師氏"之略，也可

202 孫敬明：《保鼏簋銘約釋》，《考古發現與齊史類徵》，齊魯書社，2006年，第109頁。
203 編者按：此處指史密簋銘文"雚不折"之"不"。
204 陳秉新、李立芳：《出土夷族史料輯考》，安徽大學出版社，2005年，第196頁。
205 孫敬明：《邳其簋再現及相關問題》，《考古發現與齊史類徵》，齊魯書社，2006年，第573頁。
206 吴鎮烽：《商周青銅器銘文暨圖像集成索引》，上海古籍出版社，2019年，第892頁。
207 余永梁：《金文地名考》，《國立中山大學語言歷史學研究所週刊》第5集第53、54期合刊，1928年，第15頁。

能爲成皋，即小臣觶之“王后廼克商，在成師”之成師，而大坯正在成皋，由坯亦可互證伯屖父所伐南夷亦即南淮夷，從上引翏生盨、噩侯馭方鼎可以落實。

黄盛璋《淮夷新考》[208][競卣]

地名，一作秠，見于鄂侯馭方鼎：“唯還自征，在秠。”競卣作邳，銘云：“白屖父目成自即東，命伐南夷。正月既生霸辛丑，在邳。”是秠、邳、秠同爲一地。南夷即南淮夷，征伐路綫與禹鼎所記相同。此秠可能就是大伾。《水經·河水》“東過成皋縣北”，酈道元《注》“河水，又東逕城皋大伾山下”，又云“成皋之故城在伾上”。成皋又名虎牢，周遠征淮夷，此處爲中途的駐軍地。

馬承源《商周青銅器銘文選》[209][麥方尊]

“麥尊”銘文“出矹”之“矹”所釋之“伾”，是邢侯正式受封之前的駐地，作爲地名，它不是山名“大伾山”，也不是“大伾”，而應是酈道元《水經注·河水注》所記位于河南成皋的“伾阜”。按周公初封于周原，其庶子六人最初的居地本在周原，由于武庚叛亂，周公擁兵“居東”，其庶子六人亦隨之“居東”。武庚叛亂平定後，周公爲加强成周洛邑的“藩屏”，庶子六人繼續留在了東方。又按“伾”位于洛邑近東，居高臨下地勢險要，邢侯正式受封之前駐紮于此，無疑是當時形勢的需要。爾後周公庶子六人正式接受“始封”，邢侯“出矹，侯于井”之“井”，理應是就封于北距“伾”地不遠的“邢丘”。

楊文山《青銅器“麥尊”與邢國始封》[210][麥尊]

【釋地】河南省平頂山市葉縣

競卣銘文所記當係“師雍父成于珇師之年”的下一年正月之事，其時師雍父或尚在由師，然則坯之地望，當與由相近。“坯”又見于鄂侯馭方鼎，銘曰“王南征，伐角、僪，唯還自征，在坯，鄂侯馭方納壺于王，乃祼之”，西周晚期鄂侯馭方被王師剿滅之前鄂很可能還在今湖北隨州一帶或其鄰近地區，上述“坯”在葉縣附近，距隨州約 240 公里，來往也不過數日的時間，因此鄂侯馭方朝見王的地點“坯”，與上述競卣“坯”應係同一地點。或從王國維説，認爲其地即成皋（今河南滎陽）的大伾山，恐未必。

黄錦前《釋師雍父諸器的一組地名》[211][競卣]

208 黄盛璋：《淮夷新考》，《文物研究》（第 5 輯），1989 年，第 38 頁。
209 馬承源主編：《商周青銅器銘文選（三）》，文物出版社，1988 年，第 47 頁。
210 楊文山：《青銅器“麥尊”與邢國始封——兩周邢國歷史綜合研究之一》，《文物春秋》2001 年第 3 期，第 5 頁。
211 黄錦前：《釋師雍父諸器的一組地名》，中國文化遺産研究院編：《出土文獻研究》（第十七輯），中西書局，2018 年，第 63 頁。

<table>
<tr>
<td></td>
<td>

【釋地】河南省洛陽市偃師區

自王國維以來，學者多將金文中的“[illegible]”字隸釋爲“坏”，事實上，該字應該正確隸定爲“㐲”，分析爲從不、乇聲之字，與大伾山之“伾”無涉。通過對甲骨金文材料的分析可知，“㐲”的地望當大致位于今河南省西部，綜合典籍記載和古文字通假現象來看，其地很可能正是傳世文獻中的偃師“西亳”。

趙慶淼《西周金文“㐲”地識小》[212][鄂侯馭方鼎]

</td>
</tr>
<tr>
<td>

0061

不降

不降戈

不降矛

不降矛

0061.02

丕降

</td>
<td>

【時代】戰國時期

【出處】不降戈 不降矛 不降鏃

不降棘，余子之貲金，右軍。[不降戈，《集成》11286]
不降。[不降矛，《集成》11470]
不降棘，余子之貲金。[不降矛，《集成》11541]
不降。[不降鏃，《集成》11987]

【類別】城邑名稱

【釋地】河北省張家口市一帶

“不降”，地名，讀“無窮”。“不”與“無”音義均通，典籍往往互作。《書・洪範》“無偏無黨”，《史記・張釋之馮唐傳贊》作“不偏不黨”。《書・吕刑》“鰥寡無蓋”，《墨子・尚賢》作“鰥寡不蓋”。《戰國策・秦策》“一戰不勝而無齊”，《韓非子・初見》引“無”作“不”。均其佐證。“降”古音讀若“洪”，與“窮”音近可通。“窮”本從“吕”（雍）得聲，“隆”從“降”得聲。而“雍”可與“隆”通假。《戰國策・魏策》“得垣雍”，帛書《戰國縱横家書》“雍”作“𨻰”。是其佐證。檢《戰國策・趙策》二：“昔者，先君襄主與代交地，城境封之，名之曰無窮之門。”《史記・趙世家》：“遂至代，北至無窮。”關于“無窮”的地望，向有二説：其一，胡三省云：“自代北出塞外，大漠數千里，故曰無窮。”《中國歷史地圖集》第一册37—38②10據胡氏之説定其地在今河北張北南，長城以北。其二，梁玉繩讀“無窮”爲“無終”。程恩澤引顧炎武説以爲“無終”之境“當在雲中代郡之間”，即今河北廣昌附近。按，梁氏讀“無窮”爲“無終”，似無切證，故仍以胡氏舊説爲是。“無窮”在趙、燕交界之處，有可能一度屬燕。

何琳儀《莒縣出土東周銅器銘文彙釋》[213][不降戈]

</td>
</tr>
</table>

212 趙慶淼：《西周金文“㐲”地識小》，《中原文物》2014年第5期，第43頁。

213 何琳儀：《莒縣出土東周銅器銘文彙釋》，黃德寬主編：《安徽大學漢語言文字研究叢書・何琳儀卷》，安徽大學出版社，2013年，第57頁。

0062

屯留

屯留戈

屯留令邢丘㿝戟

【時代】戰國時期·韓

【出處】屯留戈 屯留令邢丘㿝戟 屯留令邢丘㿝戈[214]

廿二年，屯留令郪（邢）丘僕、司寇奠含、右庫工帀（師）隰痵、冶寶造。［屯留令邢丘㿝戟，《銘圖》17358］

【類別】城邑名稱

【釋地】山西省長治市

今山西屯留縣南古城。

吴鎮烽《銘圖索引》[215]［屯留戈］

0063

戈昜

戈昜犬劍

0063.02

戈陽

【時代】戰國時期·楚

【出處】戈昜犬劍

戈昜犬。［戈昜犬劍，《銘圖》17814］

【類別】城邑名稱

【釋地】河南省信陽市潢川縣

戰國楚邑，今河南潢川縣。

吴鎮烽《銘圖索引》[216]［戈昜犬劍］

0064

比

申鼎

【時代】西周中期

【類別】城邑名稱

【出處】䰞鼎

唯八月初吉庚寅，王在宗周，旂（遊）于比，密叔右䰞，䰞易（賜）禾于王五十朿（秭），䰞拜手稽首，敢對揚皇丕顯天子丕杯休，用作朕文考氏孟寶尊齋鼎，子子孫孫其萬年永寶用。［䰞鼎，《銘圖》2441］

【釋地】陝西省西安市長安區

在宗周附近，今西安市長安區西部。

吴鎮烽《銘圖索引》[217]［䰞鼎］

214 編者按：屯留戈，《集成》10927；屯留令邢丘㿝戈，《銘三》1530。

215 吴鎮烽：《商周青銅器銘文暨圖像集成索引》，上海古籍出版社，2019年，第892頁。

216 吴鎮烽：《商周青銅器銘文暨圖像集成索引》，上海古籍出版社，2019年，第893頁。

217 吴鎮烽：《商周青銅器銘文暨圖像集成索引》，上海古籍出版社，2019年，第896頁。

0065 比城  比城戟	【時代】春秋晚期・晋 【出處】比城戟 比城之棗戟。[比城戟，《銘圖》16729] 【類別】城邑名稱 戈銘首字作𣏟，釋“𨾴”，誤。此字多次見于《侯馬盟書》，均用作姓氏（《侯馬盟書》338頁）。又見于古璽，亦用作姓氏（《古璽文編》460頁）。舊多不釋或誤釋。劉釗先生改釋爲“比”，他説：“古璽及盟書之‘比’，皆應讀爲姓氏之‘比’。比爲地名，在今山東淄博一帶，姓比乃以封地爲氏。《史記》載殷有比干，可證古有比氏。”其説可從。比城，地名，待考。 徐在國《兵器銘文考釋（七則）》[218][比城戟]
0066 切斤 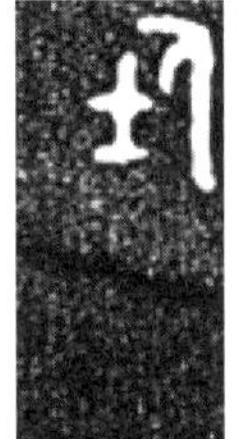 仕斤徒戈	【時代】戰國早期 【出處】仕斤徒戈 切斤徒戈。[仕斤徒戈，《集成》11049、11050] 【類別】部族方國名稱 【釋地】山東省膠州市 舊不識“切”字，黄盛璋先生釋之，以爲切、計通假，“故切斤即計斤，可以無疑”（《燕齊兵器研究》，中國古文字研究會第六届年會論文）。《左傳》襄公廿四年：“齊崔杼伐莒，侵介根。”杜注：“介根，莒邑，今城陽黔陬縣東北，計基城是也。”此本莒都，春秋中晚已歸齊所有。在今山東膠縣西之三里河村附近，城址尚存，遺迹甚多。 孫敬明《考古發現與戰國齊兵器研究》[219][計斤戈]
0067 丬尚城	【時代】戰國時期 【出處】丬尚城睘小器 丬尚城睘（縣）。[丬尚城睘小器，《集成》10434] 【類別】城邑名稱

218 徐在國：《兵器銘文考釋（七則）》，黄德寬主編：《安徽大學漢語言文字研究叢書・徐在國卷》，安徽大學出版社，2013年，第17頁。
219 孫敬明：《考古發現與戰國齊兵器研究》，《考古發現與齊史類徵》，齊魯書社，2006年，第157頁。

卝尚城睘小器

0068

少曲

皋落戈

上皋落戈

少曲令慎录戈

少曲令旊文戈

少曲令戈

【時代】戰國時期·韓

【類别】城邑名稱

【出處】少曲令慎录戈 少曲令旊文戈 皋落戈 上皋落戈 少曲令戈

十一年，命少曲昚（慎）录，工帀（師）戓惑，冶鵑。[少曲令慎录戈，《銘圖》17201]

小（少）曲命旊文，右庫工帀（師）啓乘、冶目牛造。[少曲令旊文戈，《銘圖》17202]

十一年佫（皋）茖（落）大命少曲啘，工帀（師）舒憙、冶午。[皋落戈，《銘圖》17303]

□□[年]上佫（皋）茖（落）大命少曲夜，工帀（師）高惁，冶午。[上皋落戈，《銘圖》17304]

十二年，少曲命邯丹（鄲）[illegible]，右庫工帀（師）蝌紹、冶倉造。[少曲令戈，《集成》11355]

【釋地】河南省濟源市

十一年佫茖戈："少曲。"《貨繫》39空首布："少曲。"據睡虎地秦墓竹簡編年紀注㉙，釋爲韓國韓地。在今河南濟源市東北沁河彎曲處。《戰國策·燕策二》秦召燕王章："秦王告韓曰：'我起乎少曲，一日而斷太行。"少曲亦稱小曲。參見"小曲"。按韓地或釋爲燕地；濟源或釋爲宜陽，均不確。

崔恒昇《古文字地名考釋》[220][皋落戈]

"少曲"屬韓地，除見于上引兵器銘文外，猶見于空首布、睡虎地秦簡《編年記》及《史記·范雎傳》。其地在今河南濟源東北少水彎曲處。

張光裕、吴振武《武陵新見古兵三十六器集録》[221][令少曲慎录戈]

少曲，其地在今河南濟源東北少水彎曲之處。少曲在春秋時期屬周，鑄有少曲市南、少曲市中等平肩弧足空首布。黄錫全先生依據"少曲市半"平肩弧足實首布以及温縣盟書中出現的地名"少曲"，認爲少曲在春秋晚

220 崔恒昇：《古文字地名考釋》，中國古文字研究會、安徽大學古文字研究室編：《古文字研究》（第二十三輯），中華書局，2002年，第219—220頁。

221 張光裕、吴振武：《武陵新見古兵三十六器集録》，《雪齋學術論文二集》，藝文印書館，2004年，第87—88頁。

	期爲晋國之地，並由韓氏控制。戰國時期，少曲曾屬韓國。《集成》第 11355 號所載十二年少曲令戈即是戰國時期韓地少曲所造兵器。少曲在戰國末期爲秦國所攻取。據《史記·范雎蔡澤列傳》記載："秦昭王之四十二年，東伐韓少曲、高平，拔之。" 張程昊《東周青銅兵器四考》[222][右庫工師戈] 今河南濟源市東北。 吴鎮烽《銘圖索引》[223][少曲令慎录戈]
0069 少梁 郭佗壺	**【時代】戰國中期·魏** **【出處】郭佗壺** 少梁。[郭佗壺，《銘圖》12308] **【類別】城邑名稱** **【釋地】陝西省韓城市** 今陝西韓城市芝川鎮少梁村。 吴鎮烽《銘圖索引》[224][郭佗壺]
0070 中 中伯簋	**【時代】西周晚期** **【出處】中友父簋** 中友父作寶簋，子子孫永寶用。[中友父簋，《集成》3755、3756] 中伯作亲（辛）姬䜌人寶簋，其萬年子孫寶用。[中伯簋，《集成》3946、3947] **【類別】城邑名稱** 封邑名。 吴鎮烽《銘圖索引》[225][中友父簋]
0071 中□	**【時代】戰國中期·中山** **【類別】城邑名稱**

222 張程昊：《東周青銅兵器四考》，《文物春秋》2015 年第 4 期，第 14 頁。
223 吴鎮烽：《商周青銅器銘文暨圖像集成索引》，上海古籍出版社，2019 年，第 893 頁。
224 吴鎮烽：《商周青銅器銘文暨圖像集成索引》，上海古籍出版社，2019 年，第 893 頁。
225 吴鎮烽：《商周青銅器銘文暨圖像集成索引》，上海古籍出版社，2019 年，第 893 頁。

【出處】中□令封坿戈

二茉（業），中□令封坿，右庫守工帀（師）泩旱，工隊（地）。[中□令封坿戈，《銘圖》17309]

【釋地】河北省保定市唐縣

“中”字下邊的一個字，右側因有鏽泐之處，僅能看見左半靠下的“區”形，筆畫簡單，由位置判斷恐不能是完整的字，衹好闕疑，這裏衹講一點臆測。看原件，“區”形上似乎還有一小横，如果確有，似乎是“辰”的省簡，也便是説是一個以“辰”爲聲的字。中山國地有中人，“人”字古音日母真部，從“辰”的字或在禪母真部，有可能通假。中人的位置在今河北唐縣西南。這自然不過是姑妄言之。

李學勤《論一件中山國有銘銅戈》[226][中□令封坿戈]

0072

中山

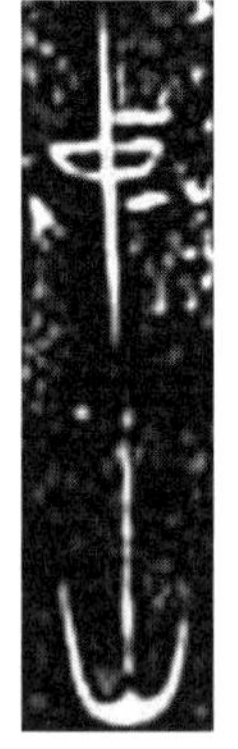
中山王嚳壺

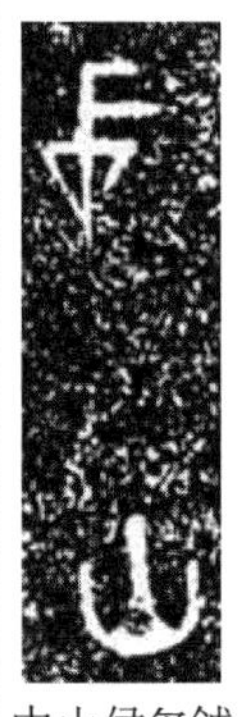
中山侯忿鉞

【時代】戰國中期

【出處】中山王嚳鼎[《集成》2840] 中山侯忿鉞[《集成》11758]

【類别】國族名稱

【釋地】河北省石家莊市平山縣

關于中山的地域範圍，前人已有考訂，清末王先謙《鮮虞中山國事表》附有《疆域圖説》，所論較詳。大體説來，中山的北界達到唐縣一帶，南界迄于高邑一帶，包有今保定地區南部和石家莊地區大部。這一帶商周遺址星羅棋布，有助于對中山文化淵源發展的探索。

《漢書·地理志》注引應劭云：“新市，本鮮虞子國，今鮮虞亭是。”這個地點《讀史方輿紀要》説在正定西北四十里，《清一統志》 從新樂縣算，説“縣志云在縣西南四十五里新城鋪”。這是春秋晚期鮮虞的中心所在。考古工作證明，正定新城鋪有面積相當大的商代遺址，出有帶銘文的青銅器。距新城鋪遺址衹有 7.5 公里的藁城前西關，也是重要的商代遺址，出有成組銅器和玉器。石家莊地區商遺址多到二十七處，其中著名的藁城臺西遺址久爲人所熟知。這一地區商文化的繁榮發達不難理解，因爲這裏緊靠着商朝王畿的北部，那時戎狄還没有進入這裏。最近在元氏縣發現的西周初銅器，銘文記載了戎人侵襲的事迹。本地區内西周遺址反少于商代遺址，很可能是戎狄不斷活動阻礙了西周文化影響的結果。

李學勤《平山墓葬群與中山國的文化》[227][中山王嚳鼎]

國名，古鮮虞，白狄之别種。《左傳·昭公十二年》：“晋荀吴僞會

226 李學勤：《論一件中山國有銘銅戈》，《通向文明之路》，商務印書館，2010 年，第 224 頁。
227 李學勤：《平山墓葬群與中山國的文化》，原載《文物》1979 年第 1 期；後收入《新出青銅器研究（增訂版）》，人民美術出版社，2016 年，第 170 頁。

齊師者，假道于鮮虞，遂入昔陽。”杜預《注》：“鮮虞，白狄别種，在中山新市縣。”《讀史方輿紀要》直隸真定府：“定州，春秋時鮮虞國，尋爲魏所併，又屬趙。魏文侯時，使樂羊伐中山，取之。既而中山復有其地，趙武靈王伐取之。”戰國初，都于顧，今河北定縣。復國後遷都于靈壽，即今河北平山縣三汲公社地。公元前三二三年，中山侯稱王。

馬承源《商周青銅器銘文選》[228][中山王譽鼎]

中山，國名，即春秋鮮虞國，本爲白狄之别種。公元前 414 年，中山武公即位，建都于顧（今河北省定縣），前 408 年，魏文侯派遣樂羊伐中山，攻取中山國都，中山一度亡國。前 380 年，中山桓公復國，遷都靈壽（今河北省平山縣三汲公社）。

湯餘惠《戰國銘文選》[229][中山王譽鼎]

都靈壽，即今河北平山縣靈壽城。

吴鎮烽《銘圖索引》[230][中山王譽壺]

0073

中或

何尊

0073.02

中國

【時代】西周早期

【出處】何尊[《集成》6014]

【類别】地理方位名稱

中國指周王朝疆域的中心，即指洛邑，後來就建立成周。

唐蘭《西周青銅器銘文分代史徵》[231][何尊]

即中國，指周的中心區域而言。成周爲當時的中心，《史記·周本紀》稱曰：“此天下之中，四方入貢道里均。”武王營成周之事見于《周本紀》：武王克商歸于周，自夜不寐，以未定天保，天下未集，將因有夏之居，遂“營周居于雒邑而後去”，可知“中國”一辭蓋濫觴于此。

馬承源《商周青銅器銘文選》[232][何尊]

具體而言，何尊中的中國指的是，殷商控制的東方地區，在地理上就是《史記·孫子吴起列傳》中所描述的：“殷紂之國，左孟門，右太行，常山在其北，大河經其南。”的位置。所以，何尊中的中國衹是一個地理概念而已，没有涉及文化上或者政治上的意義。

何振鵬《何尊銘文中的“中國”》[233][何尊]

---

228 馬承源主編：《商周青銅器銘文選（四）》，文物出版社，1990 年，第 570 頁。
229 湯餘惠：《戰國銘文選》，吉林大學出版社，1993 年，第 33 頁。
230 吴鎮烽：《商周青銅器銘文暨圖像集成索引》，上海古籍出版社，2019 年，第 894 頁。
231 唐蘭：《西周青銅器銘文分代史徵》，《唐蘭全集（七）》，上海古籍出版社，2015 年，第 77 頁。
232 馬承源主編：《商周青銅器銘文選（三）》，文物出版社，1988 年，第 21 頁。
233 何振鵬：《何尊銘文中的“中國”》，《文博》2011 年第 6 期，第 34 頁。

	國之中之意，指洛陽。 吴鎮烽《銘圖索引》[234]［何尊］
0074 **中昜** 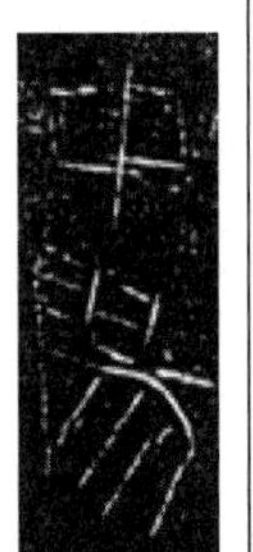 中陽戈 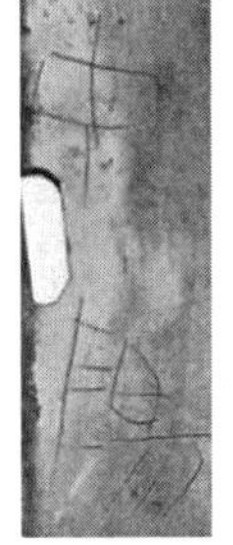 詔事戈 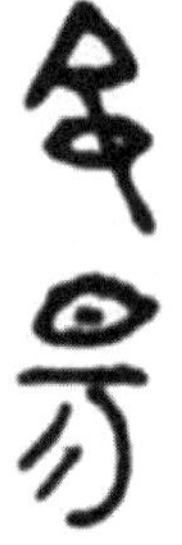 中陽王鼎  上郡守壽戈	**【時代】戰國** **【出處】中陽戈**［《集成》10986］**等** **【類別】城邑名稱** 中陽原爲趙地，《史記・趙世家》：武靈五十年“秦取我西部及中陽”，又《秦本紀》：昭襄王二十二年“與趙王會中陽”，《漢書・地理志》中陽屬西河郡，《續後漢志》因，《説文》：“焉水出西河中陽北沙南入河。”《水經》：河水“又南過中陽縣西”，而注記爲中陽縣與中陽故城，漢城已廢。《括地志》中陽在隰城縣南，《方輿紀要》則記在汾州孝義縣西北。四十年上郡戈既由上郡交中陽，中陽非造地，凡僅刻中陽之兵器，皆爲用地。此内刻“中陽”，胡刻“廣衍”之戈，當由上郡轉交，鐃亦屬西河郡，沿革失考，最近朔縣西漢墓出土高奴廟鈁，腹亦刻“鐃”，蓋由高奴轉用于鐃。 黄盛璋《新出秦兵器銘刻新探》[235]［廣衍戈］ 頭兩個字可讀爲“中陽”，當爲地名，亦或爲宫苑名。 李學勤《桃源三元村鼎》[236]［中陽王鼎］ **【釋地】山西省吕梁市中陽縣** 中陽、西都二地都見之于《漢書・地理志》，且皆屬漢之西河郡。中陽，王先謙補注云：“戰國趙地，秦取之。秦昭襄、趙惠文王會此。”《秦本紀》云：“昭王二十二年，與趙王會中陽。”《趙世家》云：“惠文王十四年，與秦會中陽。”關于中陽的地望，《正義》引《括地志》云：“中陽故城在汾州隰城縣南十里，漢中陽縣也。”王先謙補注《漢書》中陽曰：“一統志云，故城在今寧鄉縣西。”《中國歷史地圖集》第一册所標戰國趙之中陽即在今山西省中陽縣境。 陳平、楊震《内蒙[古]伊盟新出十五年上郡守壽戈銘考》[237]［上郡守壽戈］ “中陽”所在有三説：一爲戰國趙邑，《史記・趙世家》：“武靈王十年（前三一六年），秦取我中陽。”故城在今山西中陽縣西，秦屬太原郡；二爲《方輿紀要》記南陽淅陽城秦亦名中陽縣；三爲睡虎地秦墓竹簡《大事記》秦昭王三十三年，“攻蔡、中陽”，此中陽與蔡相鄰，當爲魏

234 吴鎮烽：《商周青銅器銘文暨圖像集成索引》，上海古籍出版社，2019 年，第 894 頁。
235 黄盛璋：《新出秦兵器銘刻新探》，《文博》1988 年第 6 期，第 42 頁。
236 李學勤：《桃源三元村鼎》，《綴古集》，上海古籍出版社，1998 年，第 134 頁。
237 陳平、楊震：《内蒙[古]伊盟新出十五年上郡守壽戈銘考》，《考古》1990 年第 6 期，第 552 頁。

中陽鐓

0074.02

中陽

地，在今河南中牟縣西。戈銘中陽所指何地無法肯定，但最大的可能是指山西中陽縣。

王輝《秦銅器銘文編年集釋》[238][廣衍戈]

中陽爲漢西河郡縣。《史記·秦本紀》：“（昭王）二十二年……與趙王會中陽。”同樣的記載見《趙世家》趙惠文王十四年，《正義》引《括地志》云：“中陽故城在汾州隰城縣南，漢中陽縣也。”清爲寧鄉縣，今仍爲中陽。《秦本紀》：“（惠文王）後九年，伐取趙中都、西陽。”《正義》：“西陽即中陽也……《地理志》云西都、中陽屬西河郡，此云‘伐取趙中都、西陽’，《趙世家》云‘秦即取我兩都及中陽’……”日本瀧川資言《史記考證》引梁玉繩云：“中都、西陽當依《趙世家》作西都、中陽。”中陽在秦惠文王後九年（前316年）已歸秦，昭王三十年作爲置地出現在戈銘中是可以的。“中陽”2字刻于胡上，字亦稍大，應是後刻，是戈之第二次置用地。

王輝《珍秦齋藏秦銅器銘文選釋》[239][詔事戈]

今山西中陽縣。

吴鎮烽《銘圖索引》[240][中陽王鼎]

0075

中都

中都戈

【時代】春秋時期·魯

【出處】中都戈[《集成》10906]

【類别】城邑名稱

【釋地】山東省濟寧市梁山縣

春秋魯邑，今山東梁山縣東南。

吴鎮烽《銘圖索引》[241][中都戈]

0077

内

芮叔鼎

【時代】西周時期 春秋早期

【出處】芮叔鼎 芮伯壺 榮仲鼎等

【類别】國族名稱

朝邑之南三十里的芮國爲“南芮城”，晋南之芮爲“東芮城”，這二者是相距不遠的芮國故地。後來在春秋早期“芮伯乘京”後遂有“大荔之

238 王輝：《秦銅器銘文編年集釋》，三秦出版社，1990年，第160頁。
239 王輝：《珍秦齋藏秦銅器銘文選釋》，《高山鼓乘集：王輝學術文存二》，中華書局，2009年，第106頁。
240 吴鎮烽：《商周青銅器銘文暨圖像集成索引》，上海古籍出版社，2019年，第894頁。
241 吴鎮烽：《商周青銅器銘文暨圖像集成索引》，上海古籍出版社，2019年，第894頁。

芮伯壺

榮仲鼎

霸簋

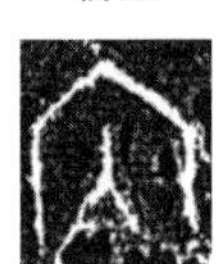
芮公鼎

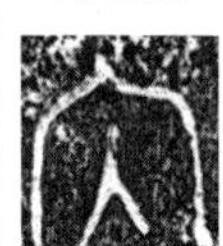
芮子仲鼎

芮太子鼎

芮太子白鬲

芮”或“王城之芮”，這是史書上所説的“北芮城”。但是，上面古文獻所説的三個芮國之地與最近在韓城考古發現的芮國之地皆無關係。我們認爲韓城梁帶村芮國墓地，是芮伯萬被周王驅趕而戎人迎接到韓城一帶纔出現的芮國新居地。

王暉、謝偉峰《韓城芮國考》[242]

【釋地】陝西省渭南市大荔縣

即芮，姬姓古國。《尚書·旅獒》：“巢伯來朝，芮伯作旅巢命。”孔安國《傳》：“芮伯，周同姓圻内之國，爲卿大夫。”《史記·秦本紀》：穆公“二十年，秦滅梁、芮”。張守節《正義》：“梁、芮國皆在同州。”同州即今陝西省大荔縣，陝西朝邑鎮南之芮城，離大荔縣治東南五十里，當即古芮國。秦穆公二十年即公元前六四〇年。另有一先周時之芮，與虞國爲鄰，即《詩·大雅·緜》“虞芮質厥成”之芮，與此爲二國。

馬承源《商周青銅器銘文選》[243]［芮伯壺］

成康時有芮伯爲大臣，見《尚書·顧命》。芮是姬姓國，在今陝西大荔朝邑城南。胡是歸姓國，在今安徽阜陽。《集成》948遹甗有胡侯，當爲鼎銘胡侯的後世。陝西藍田、武功曾出土西周晚期胡叔器，則爲胡氏入事王朝的後裔。

李學勤《試論新出現的𩨨方鼎和榮仲方鼎》[244]［榮仲方鼎］

内即芮，是姬姓古國。《尚書·旅獒》：“巢伯來朝，芮伯作旅巢命。”孔安國傳：“芮伯，周同姓圻内之國，爲卿大夫。”《史記·秦本紀》：“穆公二十年秦滅梁、芮。”張守節正義：“梁、芮國皆在同州。”同州即今陝西省大荔縣。陝西朝邑鎮南之芮城，在大荔東南五十里，當即古芮國。

陳佩芬《李蔭軒所藏中國青銅器》[245]［芮公鬲］

今陝西大荔縣東南。

吴鎮烽《銘圖索引》[246]［榮仲鼎］

0077.02
芮

【釋地】陝西省韓城市

今陝西韓城市昝村鎮梁帶村。

吴鎮烽《銘圖索引》[247]［芮公鼎］

242 王暉、謝偉峰：《韓城芮國考——從梁帶村發現談起》，《文博》2007年第3期，第7頁。
243 馬承源主編：《商周青銅器銘文選（三）》，文物出版社，1988年，第348頁。
244 李學勤：《試論新出現的𩨨方鼎和榮仲方鼎》，原載《文物》2005年第9期；後收入《新出青銅器研究（增訂版）》，人民美術出版社，2016年，第338頁。
245 陳佩芬：《李蔭軒所藏中國青銅器》，《陳佩芬青銅器論集》，中西書局，2016年，第319—320頁。
246 吴鎮烽：《商周青銅器銘文暨圖像集成索引》，上海古籍出版社，2019年，第916—917頁。
247 吴鎮烽：《商周青銅器銘文暨圖像集成索引》，上海古籍出版社，2019年，第916—917頁。

敔簋

【釋地】山西省運城市芮城縣

《地理志》："芮在馮翊臨晉縣。"《括地志》："故芮城縣西二十里，古芮國也。"在朝邑縣南三十里。今河北縣，則春秋時芮伯萬出居地也。

余永梁《金文地名考》[248][芮公鼎]

【時代】西周晚期

【出處】敔簋[《集成》4323]

【類別】地理方位名稱

按遷字孫仲容釋爲遷，遷及內，內謂內國。《录卣》云："淮夷敢伐內國。"內猶今言內地也。《逸周書・酆謀篇》云："邊不侵內。"此古人稱內國爲內之證。

楊樹達《敔簋跋》[249][敔簋]

楊樹達先生對銘文"遷及內"考釋極精確，他指出，遷當讀如竄，如《書・舜典》云："竄三苗于三危。"竄字《史記・五帝紀》便作遷，可見古二字相通。內謂內國，如同录卣云"淮夷敢伐內國"，猶今言內地也。

夏麥陵《公作敔簋及其二、三史事》[250][敔簋]

0077

內黃

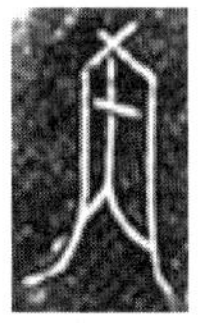

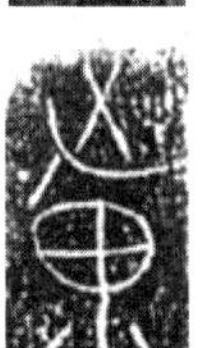

內黃鼎

【時代】戰國時期・魏國

【出處】內黃鼎　內黃右庫戈

內黃，容半齋，黃口。[內黃鼎，《集成》2308]
內黃右庫。[內黃右庫戈，《銘圖》16699]

【類別】城邑名稱

【釋地】河南省安陽市內黃縣

戰國魏邑，在今河南內黃縣西北。《史記・趙世家》："（趙肅侯十七年），圍魏黃，不克。"清乾隆《彰德府志》卷一云："黃以黃澤名。魏以河南爲外，河北爲內，故陳留有外黃，此名內黃。"東魏并入臨漳。西漢置內黃縣。

崔恒昇《古文字地名考釋》[251][內黃鼎]

---

248 余永梁：《金文地名考》，《國立中山大學語言歷史學研究所週刊》第5集第53、54期合刊，1928年，第4頁。

249 楊樹達：《敔簋再跋》，《積微居金文説》，上海古籍出版社，2007年，第117頁。

250 夏麥陵：《公作敔簋及其二、三史事》，四川聯合大學歷史系主編：《徐中舒先生百年誕辰紀念文集》，巴蜀書社，1998年，第139頁。

251 崔恒昇：《古文字地名考釋》，中國古文字研究會、安徽大學古文字研究室編：《古文字研究》（第二十三輯），中華書局，2002年，第220頁。

內黄右庫戈

今河南内黄縣西北。

吴鎮烽《銘圖索引》[252][内黄右庫戈]

0078

毛

毛公旅鼎

盂簋

毛公鼎

此鼎

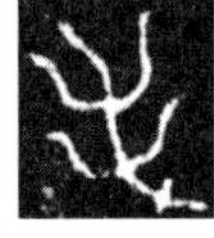

毛叔盤

【時代】西周時期

【出處】多器

【類别】國族名稱

毛的地望，舊有上邽、宜陽與旄丘諸説（見《路史・國名記》）。上邽在甘肅天水，顯然太遠，舊以其地有毛泉，因加比附（亦見《路史・國名記》），這是不足爲憑的。宜陽與毛的關係記載也毫無可考。旄丘見于《詩經・衛風》，其地近衛，而“旄”與“毛”音同，毛國在此，較上二説稍爲合理，並有地名可據，但記載亦無確證。旄丘究在何處，也不能詳，今濬縣西至淇縣（舊爲朝歌，爲衛國都）中間須翻越一塊高崗，地方上即稱此高崗爲旄丘崗，可能也出于比附。但毛公封地在東方，與衛相互抵角，共同監視殷故國，並鎮壓東方，以當時鬥争需要看，這様分封，布置是合乎事理的。毛也可能在城附近，但早期關于毛之地理位置，文獻已全無可考，一時還難于確定。

黄盛璋《班簋的年代、地理與歷史問題》[253][班簋]

【釋地】陝西省寶鷄市岐山縣

毛公鼎出土在寶鷄縣南，則春秋時之毛，或云在今河南宜陽縣境者，當爲陝西之毛之東徙者歟？《周禮・太宰》注：“毛，畿内國。”知在宗周附近也。

余永梁《金文地名考》[254][毛公鼎]

西周封置，今陝西岐山縣東南。

吴鎮烽《銘圖索引》[255][此鼎等]

【釋地】河南省洛陽市宜陽縣

東遷後的毛邑，今河南宜陽縣東北。

吴鎮烽《銘圖索引》[256][毛叔盤]

---

252 吴鎮烽：《商周青銅器銘文暨圖像集成索引》，上海古籍出版社，2019年，第894頁。
253 黄盛璋：《班簋的年代、地理與歷史問題》，《考古與文物》1981年第1期，第79—80頁。
254 余永梁：《金文地名考》，《國立中山大學語言歷史學研究所週刊》第5集第53、54期合刊，1928年，第2頁。
255 吴鎮烽：《商周青銅器銘文暨圖像集成索引》，上海古籍出版社，2019年，第894頁。
256 吴鎮烽：《商周青銅器銘文暨圖像集成索引》，上海古籍出版社，2019年，第895頁。

0079

斤

征人鼎

征簋

京師畯尊

【時代】西周早期

【出處】京師畯尊 征人鼎 征簋[《集成》4020]

王涉漢伐楚，王有奔功，京𠂤（師）畯克斤，王釐（釐）貝，用作日庚寶尊彝，䢅。[京師畯尊，《銘圖》11784]

丙午，天君饗禝酒，在斤，天君賞厥征人斤貝，用作父丁尊彝，天黿。[征人鼎，《集成》2674]

【類別】城邑名稱

【釋地】湖北省黄岡市蘄春縣

西周金文中有一個字形作“斤”的字，用作地名，見于《殷周金文集成》2674征人鼎，以及新近發布的京師畯尊，涉及周昭王伐楚、南巡路綫。李學勤先生曾將“斤”釋作“麇”，以爲在今湖北鄖縣。西周早期金文中有“麇”字，見于亳鼎（集成2654），也屬地名。筆者以爲，“斤”或可以釋作“蘄”，地望在今湖北蘄春附近。……蘄、斤同從“斤”聲，可以通假。

王澤文《試説西周金文中用作地名的“斤”》[257][京師畯尊]

從地理及歷史背景角度言釋“蘄”最佳。衆所周知，西周時期王朝中心通往江漢地區的路綫主要有東、西兩路：西綫從豐鎬出發，沿漢水南下經藍田、商洛、襄陽、棗陽到隨州；東綫從成周出發，經南陽盆地入隨棗走廊至隨州。檢典昭王同期器銘常見王在成周，可見此次昭王南征極有可能走的是東綫。較之河南西峽説，蘄春的地望更符合東綫説，且附近有着豐富的古銅礦遺址，這又與昭王南征的目的相符。故在現有資料下，從“蘄春”説。

趙燕姣、吴偉華《金文所見昭王南征路綫考》[258][京師畯尊]

“斤”是楚國的一個城邑，也見于征人鼎（集成02674）。 征人鼎記天君在斤地饗酒，並以斤地的貝賞賜征人。李先生説得對，天君就是作册夨令簋中的王姜，是王后，昭王征伐荆楚時也隨行。天君在斤邑饗酒，説明斤邑已在周師的掌控之下，其時應在京師畯克斤之後。所以，征人鼎也是昭王十六年之物，但應晚于京師畯尊。

吴鎮烽《京師畯尊釋文補正》[259][京師畯尊]

今湖北蘄春縣境内。

吴鎮烽《銘圖索引》[260][京師畯尊]

【釋地】河南省南陽市西峽縣

257 王澤文：《試説西周金文中用作地名的“斤”》，《南方文物》2012年第2期，第143頁。
258 趙燕姣、吴偉華：《金文所見昭王南征路綫考》，《中國歷史地理論叢》2018年第2期，第56頁。
259 吴鎮烽：《京師畯尊釋文補正》（2012-7-26）， http://www.gwz.fudan.edu.cn/Web/Show/1908。
260 吴鎮烽：《商周青銅器銘文暨圖像集成索引》，上海古籍出版社，2019年，第895頁。

昭王十六年進行了第一次南征，“斤”地是其南征伐楚的必經之路。……京師畯尊和征人鼎中的“斤”可理解爲“析”，兩字同“斤”聲，可通假。……析縣在今河南省西峽縣，……“斤”地爲今河南西峽縣一帶是可信的。

李春艷《周昭王南征所經“斤”地地望考》[261][京師畯尊]

【他釋】

“京師畯克匹王”，“匹”字原篆作“”，李學勤釋作“斤”，解釋爲地名，將其下之“王”字（李文據不甚清晰的拓本釋作“工”）屬下讀，非是。“匹”訓爲配、比。《詩・大雅・文王有聲》：“築城伊淢，作豐伊匹。”毛傳：“匹，配也。”在本銘中當“輔佐”一類意思講。陳劍也指出：按“斤”字讀不通，形亦不合。其字顯應釋爲“匹”，即金文多見的“逑匹”“召（詔）匹”（先王、諸侯國君）之“匹”。此云“（器主）克匹（王）”，與逑盤云“（器主之祖）克逑匹成王”尤近。匹，配也，合也，與“輔佐”義近。

黄錦前《京師畯尊讀釋》[262][京師畯尊]

0080

兮

盂卣

兮仲簋蓋

【時代】西周晚期

【出處】盂卣　兮仲簋等

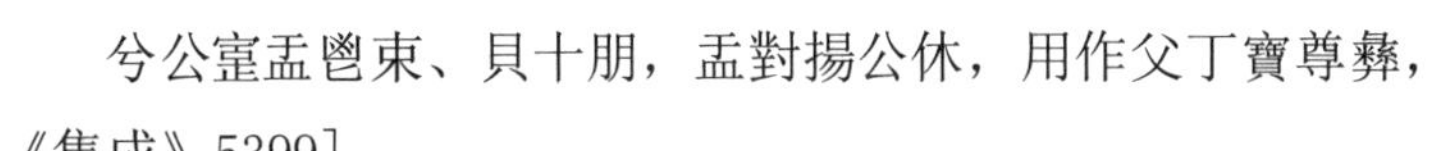

兮公寍盂啚束、貝十朋，盂對揚公休，用作父丁寶尊彝，羊。[盂卣，《集成》5399]

兮仲作寶簋，其萬年子子孫孫永寶用。[兮仲簋，《集成》3808—3814]

【類別】國族名稱

封邑名。

吴鎮烽《銘圖索引》[263][兮仲簋]

0081

介

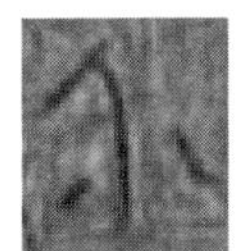

介令觪諆戈

【時代】戰國晚期・韓

【出處】介令觪諆戈

十二年，介命觪諆，司寇□，左庫工帀（師）章、冶□□。[介令觪諆戈，《銘續》1257]

【類別】城邑名稱

261 李春艷：《周昭王南征所經“斤”地地望考》，《社會科學論壇》2016年第11期，第216—217頁。
262 黄錦前：《京師畯尊讀釋》，《文物春秋》2017年第1期，第21頁。
263 吴鎮烽：《商周青銅器銘文暨圖像集成索引》，上海古籍出版社，2019年，第895頁。

	【釋地】山西省介休市 韓國“介”縣應是因介山而得名，這與戰國時期魏國的涑縣（《集成》11213“涑縣發弩戈”等）因其境内有涑水而得名類似。介山在今山西介休縣西南，本名緜山，據《史記·晋世家》載，介子推從公子重耳流亡回國後歸隱，晋文公“于是環緜上山中而封之，以爲介推田，號曰介山”。西漢時期稱“界休”，《漢志》隸屬太原郡，晋代改爲“介休”。 也有學者對山西介休縣的“緜（介）山”就是介子推歸隱之所提出疑義。顧炎武認爲，緜上應是近國都之地，非在西河介休縣：“今翼城縣西亦有緜山，俗謂之小緜山，近曲沃，當必是簡子逆欒祁之地。今萬泉縣南二里有介山……可見漢時已有二説矣。”不過，從該戈爲韓兵來看，戈銘“介”衹能是今介休縣，而與一直屬魏地的今翼城縣介山無關。 吴良寶、張麗娜《韓趙兵器刻銘釋讀三則》[264][介令𦨈諆戈] 韓國縣邑，今山西介休縣。 吴鎮烽《銘圖索引》[265][介令𦨈諆戈]
0082 今永里 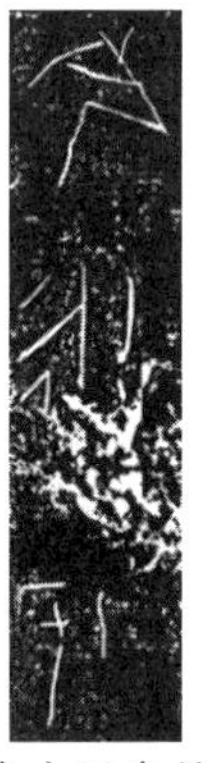 今永里倉鼎	**【時代】戰國晚期** **【出處】今永里倉鼎** 今永里倉。[今永里倉鼎，《集成》1993] **【類别】城邑名稱**
0083 疛 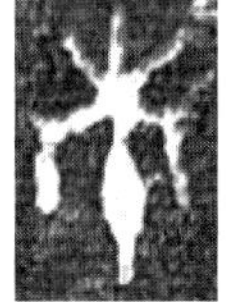 季姬方尊	**【時代】西周中期** **【出處】季姬方尊** 唯八月初吉庚辰，君命宰茀易疛季姬畋臣于空桑，厥師夫曰丁，以厥友廿又五家折（誓）；易（賜）厥田，以生（牲）馬十又五匹，牛六十又九㲋，羊三百又八十又五㲋，禾二廩，其對揚王母休，用作寶尊彝，其萬[年子孫]永寶用。[季姬方尊，《銘圖》11811]

264 吴良寶、張麗娜：《韓趙兵器刻銘釋讀三則》，華東師範大學中國文字研究與應用中心編：《中國文字研究》（第十八輯），上海書店出版社，2013年，第34—35頁。

265 吴鎮烽：《商周青銅器銘文暨圖像集成索引》，上海古籍出版社，2019年，第1052頁。

【類別】城邑名稱

受賜者季姬前一字，《價值》釋爲市，通作姺，認爲有美女之義。對此字的釋讀是有問題的。首先這件方尊年代屬西周中期，將其銘文與戰國時代的文字形體對比，其可比性就受影響。再則，西周時期的市字，與此器中的所謂“市”字區別豈止天壤。兮甲盤銘中“市”作𣎵形，字形上部從止。其實此字應是秭字所以得聲的“朿”字。……“朿”也可能是國氏名。商代晚期的朿爵單銘“朿”，按照商代青銅器銘文的通例，這樣的銘文往往是族氏名。甲骨卜辭中，朿也是地名或族氏名，如：王田于朿（金577）。而西周晚期的伯朿匜銘中所見“伯朿”表明“朿”這一國氏到西周晚期甚至擁有了“伯”一級的爵位。王作朿姬鼎又表明“朿”族非姬姓，並與周王族有婚姻關係。如此推測不誤，則“朿”這一族至少在商代晚期便已出現在社會舞臺上，周克商後繼續存在于政治舞臺上，並在西周晚期獲得進一步發展和壯大。而“朿”族由早期其名不揚到後來的壯大，與周王室在西周晚期政治和經濟地位的漸次下滑有密切關係。伯朿匜出土于河南桐柏縣月河鄉左莊，也許這一帶就是西周“朿”族的居地。

嚴志斌《季姬方尊補釋》[266][季姬方尊]

季姬前一字，蔡、張文釋爲“市”，且輾轉互訓曲解作“美女”，未免不辭。季姬自作器，何至于輕薄如此。此實爲“朿”字，習見于卜辭，而西周金文似爲首見。卜辭的“朿”字，于省吾先生《甲骨文字釋林》417頁有專篇考釋，且引五期卜辭金577，指出該條卜辭的“朿”爲地名。本銘中該字釋作“朿”字還有金文材料的證明，《曶鼎》（《集成5·2838》）有表示農作物——禾的計量單位的文字——“秭”，其右旁所從與本銘的“朿”字毫無二致，因此，把這個字釋作“朿”應該是没有問題的。本銘的“朿”，亦當爲地名，它應當是季姬丈夫的封邑。遺憾的是，由于資料的不足，無法指明其地望所在。

附記：文章定稿後，又于《中國史研究》2003年4期讀到李學勤先生《季姬方尊研究》文，李先生讀朿爲泲，甚是。“泲”地見于《詩·邶風·泉水》。詩之義，毛序：“衛女思歸也。”詩云：“出宿于泲，飲餞于禰。”清人馬瑞辰《毛詩傳箋通釋》以爲“蓋衛近郊地”，或是。

涂白奎《〈季姬方尊〉銘文釋讀補正》[267][季姬方尊]

0084

六易

【時代】春秋晚期

【出處】六陽戈

六易。[六陽戈，《銘續》1081]

266 嚴志斌：《季姬方尊補釋》，《中國歷史文物》2005年第6期，第16頁。
267 涂白奎：《〈季姬方尊〉銘文釋讀補正》，《考古與文物》2006年第4期，第111—112頁。

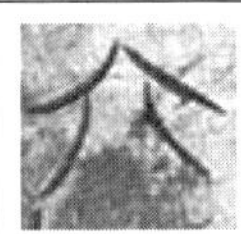
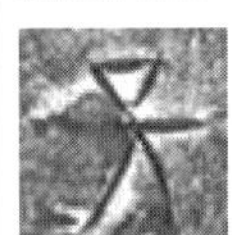

六陽戈

0084.02

六陽

【類別】城邑名稱

【釋地】安徽省六安市

今安徽六安縣東北。

吴鎮烽《銘圖索引》[268][六陽戈]

0085

六孳

士山盤

【時代】西周中期

【出處】士山盤［《銘圖》14536］

【類别】國族名稱

“六孳（子）服”之“六孳”，朱氏讀爲“六粢”，義即“六穀”，黄氏解爲部族近是，但于“六”字專指還是表數量猶疑不定。“孳”應讀爲“子”，與此文例相同者是㝬鐘（《集成》1.260），其銘文有“南國𠬝孳”，孳之寫法與此相同。《禮記·曲禮下》：“其在東夷、北狄、西戎、南蠻，雖大曰子。”六即六國，《春秋·文公五年》：“秋，楚人滅六。”杜預注：“六國，今盧江六縣。”故城在今安徽省六安縣北。楊樹達曰：“彝器有录䧹卣、录簋、录伯䧹簋。據录䧹銘，知因淮夷伐内國，周王曾命录伯䧹成周師氏戍于固自，可知录國在淮水流域。郭沫若《兩周金文辭大系考釋》云：录國，殆即‘楚人滅六’之六。”盤銘出現了“六子”之稱，郭氏之説就很值得懷疑了，“录”跟“六”可能没什麼關係。李學勤先生讀爲“六蠻”，但金文中“蠻”字均假“䜌”字爲之（見《金文編》144、874頁），故李先生之讀不可從。

陳英傑《士山盤銘文再考》[269][士山盤]

【他釋】

關于“六孳服”，《周禮·春官·小宗伯》載“辨六齍之名物與其用”，鄭玄注：“齍，讀爲粢。六粢，謂六穀：黍、稷、稻、粱、麥、苽。”這是供奉神靈所用的六種穀物名稱。這六種穀物應當是産自藉田者，所以《禮記·樂記》有“耕藉，然後諸侯知所以敬”的説法。向周王朝進獻藉田所産“六孳（粢）”，不僅是助祭，而且是諸侯國與方國在周王朝地位的一種表示，例如春秋後期吴國被稱爲“子”，納入了周的五等爵制，《穀梁傳》哀公十三年評論此事即謂吴爲此做了不少努力，其中之一就是“其藉于成周，以尊天王”。所以説耕種藉田，獻納“六孳（粢）”，就不僅是

268 吴鎮烽：《商周青銅器銘文暨圖像集成索引》，上海古籍出版社，2019年，第1052頁。

269 陳英傑：《士山盤銘文再考》，《中國歷史文物》2004年第6期，第14頁。

一種宗教行爲，而且也包含了豐富的政治內容。“六孶（粢）服”就是諸國向周王朝進獻六種穀物以助祭的任務。

晁福林《從士山盤看周代“服”制》[270][士山盤]

0086

方

伯戈

師旂鼎

辛鬸相簋

士山盤

中甗

【時代】西周早中期

【出處】師旂鼎 士山盤[《銘圖》14536] **中甗 辛鬸相簋 方伯戈等**

唯三月丁卯，師旂衆僕不從王征于方雷。吏（使）厥友引以告于伯懋父。在莽，伯懋父廼罰得㬎由三百寽。今弗克厥罰，懋父令曰：義（宜）播，叡厥不從厥右征。今毋播，其有內（納）于師旂。引以告中史書，旂對厥劾于尊彝。[師旂鼎，《集成》2809]

王令中先省南或（國）貫行，執（藝）应在曾，史兒至，以王令曰：余令汝史（使）小大邦，厥有舍汝芻量（量），至于女庸，小多□，中省自方、鄧，彤□邦，在鄂自（師）𠂤（次），伯買父廼以厥人戍漢中州，曰叚、曰旐，厥人鬲廿夫，厥賈䜌言，曰賈□貝，日傳□王[皇]休，肆夷有羞，余□捍，用作父乙寶彝。[中甗，《集成》949]

唯王十又一月，王在限，王子至于方，辛鬸相□賓叔□攼戒（？）辛□作用□，辛鬸相日□叔□射金，辛□□□□于船宮，□子子孫其□寶。[辛鬸相簋，《銘圖》5224]

【類別】國族名稱

“刑”後一字，朱文未釋，推測其地“與鄀相鄰”。此字應當釋爲“方”字。左下少一丿，甲骨文中數見，尤其見于早期的𠂤組卜辭，于師思泊先生曾主張是方字的早期形體。甲骨文著録一般將其與“方”字列在一起。如甲骨文的“𢀛方”“方帝”之方，既作[illegible]，又作[illegible]、[illegible]。可見，[illegible]、方實爲一字。

此“方”國在何處，也是個難題。“安州六器”的中甗有“中省自方、登（鄧）”，方在鄧之北。按理，兩處“方”應在同一地方。如將此器的“方”也定在方城一帶，感到有些不順。昭王南征伐楚荆“喪六師于漢”，有傳世文獻記載和青銅器銘文證明，是毋庸置疑的。中甗所記伐虎方，王令“中先省南國，貫行”，到達曾、方、鄧、汎口，白懋父派人“戍漢中洲”，没有提到荆楚，説明昭王時的荆楚已在漢水之南。方城與方城山有關係，當時是否有一個方國存在，也還需深入研究。經過反復考慮，我以爲，當時的荆楚衹能在漢南。士山盤的“方”與中甗的“方”寫法有所區别，可能是有别于方城的另一地方。

彭、方二字音近。《説文》從示的鬃字或作祊，跻讀若彭同。《左傳·成公十八年經》：“晋侯使士魴來乞師。”《公羊傳》士魴作士彭。根據本文理解，士山盤的這個“方”，可能就是從武王伐紂的彭國。其地一般主

270 晁福林：《從士山盤看周代“服”制》，《中國歷史文物》2004年第6期，第8頁。

	張在今房縣一帶。這樣，士山的行程路綫就比較好解釋了。 黄錫全《士山盤銘文别議》[271][士山盤] "𢀛"，字不識，亦當爲方國名，當與都、荆臨近，朱鳳瀚先生亦如是看。黄錫全先生依據甲骨文釋爲"方"，李學勤先生亦釋爲"方"。但金文中關于"方"字的此種寫法毫無綫索可尋，即使甲骨文中用爲"方"字，也得考察其是否爲常見寫法，因此此字暫存疑待考。 陳英傑《士山盤銘文再考》[272][士山盤] 方疑即彭，也即今漢水支流南河。《左傳》桓公十二年："楚師分涉于彭"即是。古音彭方可通，《説文》一上示部鬃字别體作祊，是其證。又《易》："大有匪其彭"，子夏《傳》作旁（旁字從方聲），《詩·北山》："四牡彭彭"，叚彭爲騯，《荀子·富國》："汸汸如河海"，朱駿聲《説文通訓定聲》壯部旁字下注云："字又作滂。"案《括地志》，房州竹山縣爲古庸國所在。春秋時庸國曾一度都于今竹山東南上庸故城，因此方（彭）應是庸之屬地。 宗德生《楚熊繹所居丹陽應在枝江説》[273][中甗] 方國的地望在哪裏？陳夢家先生據卜辭推測，商代晚期方族居住在今山西中南部。西周伯懋父鼎"師旅衆僕不從王征于方"（《三代》4·31·2），《詩·小雅·出車》："王命南仲，往城于方"，《六月》："玁狁匪茹，整居焦穫，侵鎬及方，至于涇陽"。《路史·國名紀戊》説："方，方叔采"。是説方叔的采邑當在"焦穫"與"涇陽"之間。《史記·匈奴列傳》：犬戎弑幽王，"取周之焦穫"。焦穫在今陜西涇陽縣西北部，西周之世方族當居住在這裏。蓋因商王朝的不斷侵襲，商代末年方族纔由今山西中南部西遷至今陜西涇陽縣西北。 蔡運章《論洛陽北窑西周墓青銅器銘刻》[274][伯戈] **【類别】城邑名稱** 方是北方地名，《詩·小雅·出車》"往城于方"，《六月》"侵鎬及方"，鄭箋云"鎬也方也皆北方地名"。武丁卜辭所伐之方，即此方。《小校》9.93.1有銅兵器銘曰"㪣司土北征蒿、□"，《秦本紀》繆公三十六年"大敗晋人，取王官及鄗"，皆《六月》之鎬，在晋。 陳夢家《西周銅器斷代》[275][師旂鼎]

271 黄錫全：《士山盤銘文别議》，《中國歷史文物》2003年第2期，第62—63頁。
272 陳英傑：《士山盤銘文再考》，《中國歷史文物》2004年第6期，第13頁。
273 宗德生：《楚熊繹所居丹陽應在枝江説》，《江漢考古》1980年第2期，第28—29頁。
274 蔡運章：《論洛陽北窑西周墓青銅器銘刻》，《甲骨金文與古史新探》，中國社會科學出版社，1996年，第23頁。
275 陳夢家：《西周銅器斷代》，中華書局，2004年，第35頁。

	𠀠，亦應是地名，字不識，由銘文意思看，其地望與蓋相鄰。"荆（刑）𠀠"之刑，在此亦爲懲治之意。 朱鳳瀚《士山盤銘文初釋》[276][士山盤] **【釋地】河南省平頂山市葉縣** 地名。此方或即方城，在今河南省葉縣南，後爲楚北至阨塞。《左傳·僖公四年》："對曰：君若以德綏諸侯，誰敢不服？君若以力，楚國方城以爲城，漢水以爲池，雖衆，無所用之。" 馬承源《商周青銅器銘文選》[277][中甗] 方或説即方域，鄂君啓車節："自鄂往，就易（陽）丘，就邡域。"在今河南葉縣南方城縣北。《左傳·僖公四年》："楚國方城以爲城，漢水以爲池。" 王輝《商周金文》[278][中甗] 中南省"方"或爲楚之方城，這一點與京師畯尊銘（《銘圖》11784）"王涉漢伐楚"之語相吻。此地在今河南省葉縣南，南陽盆地東北隅，伏牛山東麓，唐白河上游，戰略位置極爲顯要。 趙燕姣、吴偉華《金文所見昭王南征路綫考》[279][中甗] **【釋地】湖北省十堰市** 湖北竹山東南，《左傳》文十六年："楚廬戢黎侵庸，及庸方城。" 李學勤《静方鼎與周昭王曆日》[280][中甗] "方"字下作單筆，同樣寫法見于殷墟甲骨文。方國曾見于周昭王時的中甗，其銘云："王命中先省南國，貫行設应，在曾，史兒至，以王命曰：'余命汝使小大邦……'中省自方、鄧，𪓐（周）□邦，在鄂師次，伯買父□□厥人□漢中州，……"這些地名都在今湖北，曾在隨州，方在竹山東南，鄧在襄樊北，漢即漢水。《左傳》文公十六年云："楚廬戢黎侵庸，及庸方城"，是春秋時方地屬庸。 李學勤《論士山盤——西周王朝干預諸侯政事之一例》[281][士山盤] "方"在今鄂西房縣一帶。 晁福林《從士山盤看周代"服"制》[282][士山盤]

276 朱鳳瀚：《士山盤銘文初釋》，《中國歷史文物》2002年第1期，第6頁。
277 馬承源主編：《商周青銅器銘文選（三）》，文物出版社，1988年，第77頁。
278 王輝：《商周金文》，文物出版社，2006年，第93頁。
279 趙燕姣、吴偉華：《金文所見昭王南征路綫考》，《中國歷史地理論叢》2018年第2期，第53頁。
280 李學勤：《静方鼎與周昭王曆日》，原載《光明日報》1997年12月23日；後收入《夏商周年代學劄記》，遼寧大學出版社，1999年，第24頁。
281 李學勤：《論士山盤——西周王朝干預諸侯政事之一例》，原載武玉環、楊軍編：《遯亨集——吕紹綱教授古稀紀念文集》，吉林大學出版社，2003年；後收入《當代名家學術思想文庫·李學勤卷》，萬卷出版公司，2010年，第212頁。
282 晁福林：《從士山盤看周代"服"制》，《中國歷史文物》2004年第6期，第4頁。

	【釋地】河南省南陽市方城縣 方當即方城，在今河南省方城縣一帶。 唐蘭《西周青銅器銘文分代史徵》[283]［中甗］ 即方城，今河南方城縣東北。 吴鎮烽《銘圖索引》[284]［辛蹯相簋］
0087 **方城** 方城睘小器	**【時代】戰國時期** **【出處】方城睘小器** 方城睘（縣）。［方城睘小器，《集成》10422、10423］ **【類別】城邑名稱** **【釋地】河北省廊坊市固安縣** 戰國燕邑，在今河北固安縣西南。《史記・燕召公世家》："孝王六年，趙使李牧攻燕，拔武遂、方城。" 崔恒昇《古文字地名考釋》[285]［方城睘小器］
0088 **方雷**    師旂鼎	**【時代】西周早期** **【出處】師旂鼎**［《集成》2809］ **【類別】國族名稱** **【釋地】河北省邢臺市、石家莊市一帶** 方雷氏之地，過去没有記載。當即《穆天子傳》卷五"東至于房"的房，郭璞注："房，房子，屬趙國地，有巑山。"據青陽居泜水，《説文》："泜，水在常（恒）山。"《漢書・地理志》："常（恒）山郡元氏縣，泜（原誤沮）水首受中丘西山窮泉谷，東至堂陽，入黄河。"（應作漳水。《山海經・北山經》注可證。）而《説文》又説："濟，水出常（恒）山房子贊皇山東入泜。"……房子就是房，和泜水很接近，房方音近，應當就是方雷氏的地方，現在是河北省高邑縣一帶。 唐蘭《論周昭王時代的青銅器銘刻》[286]［師旂鼎］

283 唐蘭：《西周青銅器銘文分代史徵》，《唐蘭全集（七）》，上海古籍出版社，2015年，第308頁。
284 吴鎮烽：《商周青銅器銘文暨圖像集成索引》，上海古籍出版社，2019年，第895頁。
285 崔恒昇：《古文字地名考釋》，中國古文字研究會、安徽大學古文字研究室編：《古文字研究》（第二十三輯），中華書局，2002年，第221頁。
286 唐蘭：《論周昭王時代的青銅器銘刻》，《唐蘭全集（四）》，上海古籍出版社，2015年，第1457—1458頁；相關考證又見《西周青銅器銘文分代史徵》，《唐蘭全集（七）》，上海古籍出版社，2015年，第332—333頁。

方雷，地名（方國名），乃征之對象。……唐氏之説近是。今再作些補充。①方雷在文獻中衹見于黄帝次妃爲方雷氏之女的故事，黄帝"與蚩尤戰于涿鹿之野，遂禽殺蚩尤。而諸侯咸尊軒轅爲天子……而邑于涿鹿之阿。"儘管他"遷徙往來無常處"，其大本營在冀州。②黄帝娶方雷氏之女爲妃，所生之子青陽降居于泜水。泜水在漳河與滹沱河之間，上古注入大陸澤後再進古（黄）河出海。漳河與滹沱河之間（今邯鄲與石家莊之間）爲古冀州的南部。《史記·趙世家》："敬侯十年，與中山戰于房子。"《後漢書·光武帝紀》："（更始二年）南擊新市、真定、元氏、防子，皆下之，因入趙界。"防、房古字通用。據《地名大辭典》，房子"故城在今直隸臨城縣西南"。其地正是泜河流經之地方，亦即方雷氏之甥青陽降居之所，可見西周時的方雷國所在，戰國時已易名爲房子。③《穆天子傳》卷一，曰："戊寅，天子北征，乃絶漳水。……癸未，雨雪，天子獵于鈃山之西阿，于是得絶鈃山之隊，北循滹沱之陽。"周穆王當政初期，政事怠荒，喜遊獵，濫刑罰。其所謂北征即此性質。從漳水到滹沱河，即通過方雷之境，邊遊邊獵，花了六天時間。《師旂鼎銘》曰："唯三月丁卯，師旂衆僕不從王征于方雷。吏毕友引告于伯懋父，在艿。"《吕行壺銘》曰："唯四月，伯懋父北征，唯還。"三個文件正可互相印證。三月丁卯，是周穆王北征絶漳水的前十一天，師旂衆僕不從王征于方雷事件，發生在穆王到達方雷之前十一天。丁卯之後第十六天癸未，穆王在方雷北部的鈃山（今之井陘）西坡行獵，老天還下了雨雪。丁卯後二十三天庚寅，"北風雨雪。天子以寒之故，命王屬休"。甲午，穆王北征至代，轉爲西征。而跟從北征的伯懋父，大概就是在庚寅後離開穆王遠征軍的，與《吕行壺銘》所説的四月伯懋父北征歸還正好相接。

張振林《師旂鼎銘文講疏》[287][師旂鼎]

【釋地】河南省禹州市

西周時期部族，在今河南禹州一帶。

吴鎮烽《銘圖索引》[288][師旂鼎]

【他説】

編者按："征于方雷"或斷句爲"征于方、雷"，本書不對"雷"詞條作專門收録。郭沫若、馬承源等以爲"于方"爲族名：

于方當即卜辭屢見之盂方，其地當在今河南睢縣附近。

郭沫若《兩周金文辭大系圖録考釋》[289][師旂鼎]

當是甲骨文中的盂方，其地望約在今河南睢縣附近。

馬承源《商周青銅器銘文選》[290][師旂鼎]

287 張振林：《師旂鼎銘文講疏》，陝西師範大學、寶鷄青銅器博物館編：《黄盛璋先生八秩華誕紀念文集》，中國教育文化出版社，2005 年，第 150—151 頁。

288 吴鎮烽：《商周青銅器銘文暨圖像集成索引》，上海古籍出版社，2019 年，第 896 頁。

289 郭沫若：《兩周金文辭大系圖録考釋（二）》，《郭沫若全集·考古編》（第八卷），科學出版社，2002 年，第 69—70 頁。

290 馬承源主編：《商周青銅器銘文選（三）》，文物出版社，1988 年，第 60 頁。

0089

㝵

伯𢦏父簋

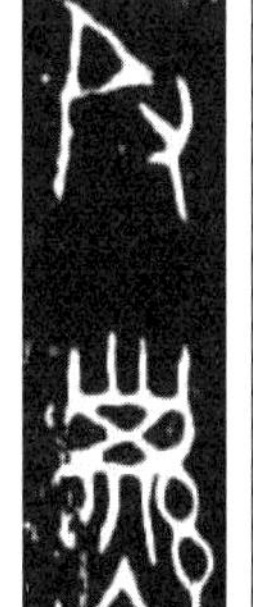

𠭰鐘

0090.02

㝵孳

【時代】西周晚期

【出處】伯𢦏父簋 𠭰鐘

唯王九月初吉庚午，王出自成周，南征伐㝵孳，𦳝（遣）桐潏。伯𢦏父從王伐，親執訊十夫、馘廿。[伯𢦏父簋，《銘圖》5276、5277]

王肇遹省文武，堇疆土，南或（國）㝵孳敢臽（陷）處我土，王敦伐其至，撲伐厥都，㝵孳廼遣間來逆昭王，南夷東夷俱見廿又六邦。[𠭰鐘，《集成》260]

【類别】國族名稱

【釋地】江漢流域

以音求之，㝵蓋經傳之濮也。《書·牧誓》曰："庸蜀羌髳微盧彭濮人。"《僞孔傳》云："庸濮在江漢之南。"《左傳》昭公九年記周詹桓伯之言曰："及武王克商，……巴濮楚鄧，吾南土也。"又昭公十九年曰："楚子爲舟師以伐濮。"濮或稱百濮，《左傳》文公十六年曰："楚大饑，戎伐其西南，……又伐其東南，……庸人帥群蠻以叛楚，麇人率百濮聚于選，將伐楚。……楚人謀徙于阪高，蔿賈曰：不可，我能往，寇亦能往，不如伐庸。夫麇與百濮，謂我饑不能師，故伐我也，若我出師，必懼而歸。百濮離居，將各走其邑，誰暇謀人！乃出師，旬有五日，百濮乃罷。"據傳文百濮爲麇人所率，顧棟高謂麇在湖北安陸府京山縣境。傳文記楚興師旬有五日而百濮罷，地近于楚，不言可知。然則僞傳謂濮在江漢之南，是可信也。杜預《春秋釋例》云："建寧郡南有濮夷，濮夷無君長，各以邑落自聚，故稱百濮。"按杜氏邑落自聚之釋，蓋本《左傳》百濮離居各走其邑爲説，其云：濮夷在建寧郡，按晋之建寧郡在今雲南界，與楚地遠隔，勘合傳文，不相符契，其説非也。㝵子稱子，此乃蠻夷君長之稱。知者，《春秋經》及《左氏傳》于戎狄之君皆稱子。宣公十五年《春秋經》書"潞子嬰兒"，襄公四年傳記"無終子嘉父"，十四年傳記"戎子駒父"，昭公十二年傳記"肥子緜皐"，十五年傳記"鼓子鳶鞮"，十六年傳記"戎蠻子嘉"，而昭公十六年經書"戎蠻子"，十七年傳記"陸渾子"，與此銘稱㝵子者正同。《禮記·曲禮下篇》云："其在東夷，北狄，西戎，南蠻，雖大曰子"，是其説也。子爲濮君之稱，則杜征南謂百濮無君長者又非實矣。

楊樹達《宗周鐘跋》[291][𠭰鐘]

𢀈，子之古文。㝵子，㝵國的君長。蠻夷的君長多稱子，《禮記·曲禮下》："其在東夷、北狄、西戎、南蠻，雖大曰子。" 㝵音近濮，㝵子可能就是濮君。《左傳·昭公九年》周王使詹桓伯辭于晋云："……及武

291 楊樹達：《宗周鐘跋》，《積微居金文説》，上海古籍出版社，2007年，第213—214頁。

	王克商……巴、濮、楚、鄧，吾南土也。”濮人族類繁多，史稱百濮。江漢爲周之南土，則𠬝子犯邊，已入江漢之北。 馬承源《商周青銅器銘文選》[292]［㝬鐘］ “𠬝”是區别于國内一般奴役形式的特殊的奴隸。“𠬝”既不是奴隸的總稱，也不是特定的具體的國族，而是一種身份地位的稱呼，泛指被征服的非華夏族的種族奴隸（包括直接奴役和間接奴役兩種形式），“𠬝子”則是對非華夏族的種族奴隸的一種賤稱。 張亞初《周厲王所作祭器㝬簋考》[293]［㝬簋］ 阮元、孫星衍釋繼爲要，誤。孫詒讓據《説文》以爲孳字籀文甚是。惟謂“服孳者，服子也。孳即子之耤字，其君之爵也”，則亦未碻。爵稱之“子”習見于古書及甲骨金文，從未有假孳爲之者。余謂“𠬝”爲國名，“繼”乃人名，以國名與人名相繫，固經傳所習見也。 唐蘭《周王㝬鐘考》[294]［㝬鐘］ 周的南面，有“南國𠬝孳”，“東夷南夷具見廿又六邦”（宗周鐘）。還有“叨孳”（叨孳簋）等名目。或認爲“𠬝孳”即“卜子”，就是“巴、濮、楚、鄧，吾南土也”之濮。濮，也稱“百濮”，説明有很多名濮的部族。我們懷疑“六孳”，可能屬于“叨孳”“𠬝孽”之類的散居部族1個或6個，如依本文所述，很可能就在今之竹山與房縣北面至漢水南岸一帶。 黄錫全《士山盤銘文别議》[295]［士山盤］ 𠬝，《説文》：“𠬝，治也。”乃制服、壓服之服的本字。本銘服爲國名。陳直云：“服子蓋古國名也。《鹽鐵論·備胡篇》云：‘南越内侵，滑（當讀爲蠻夷猾夏之猾）服令、氐僰、冉駹、嶲唐、昆明之屬。’《漢書·南粤傳》作服領。蘇林注：‘山領名也。’本銘文之服子，爲服國子爵，疑居于服令，因爲國名。《鹽鐵論》篇中所舉地望皆在中國西南境内，與本銘所稱南國服子尤爲吻合。”徐中舒云：“服濮古同在幫並母，疑服子即《牧誓》‘微、盧、彭、濮人’之濮。”（《殷周之際史迹之探討》）饒宗頤認爲：“南國𠬝子，百濮之君長。”（《殷代貞卜人物通考》四七一頁）黄盛璋認爲：“服子國都當去鄂不遠，而鄧即在鄂之西南，亦相去不遠。如此服即濮，正與鄧爲鄰，而巴最初亦在鄧南……巴、濮、楚、鄧四國相鄰，而濮由服子國都及西周同時期伐鄂京例證，應在鄂、鄧之間。” 陳秉新、李立芳《出土夷族史料輯考》[296]［㝬鐘］ 𠬝，《集韻》“𠬝”通“服”。《説文通訓定聲》“服”假借爲“𠬝”。服，與“𠬝”通。服事天子之邦國曰服，服還有征服、屈服、賓服之意。

292 馬承源主編：《商周青銅器銘文選（三）》，文物出版社，1988年，第280頁。

293 張亞初：《周厲王所作祭器㝬簋考》，中山大學古文字研究室編：《古文字研究》（第五輯），中華書局，1981年，第163頁。

294 唐蘭：《周王㝬鐘考》，《唐蘭全集（二）》，上海古籍出版社，2015年，第472頁。

295 黄錫全：《士山盤銘文别議》，《中國歷史文物》2003年第2期，第64頁。

296 陳秉新、李立芳：《出土夷族史料輯考》，安徽大學出版社，2005年，第220頁。

	《管子·小匡》："東夷、西戎、南蠻、北狄中諸侯國，莫不賓服。"《莊子·説劍》："無不賓服而聽從君命者矣。"因此凡歸順、臣服都可稱"服"。 𢀈，《説文·子部》："籀文子。"子原是有德之稱，古者有稱師爲子的，是一種尊稱。《説文》又云："十一月陽氣動，萬物滋，人以爲偁，象形。"段玉裁注："子本陽氣動、萬物滋之偁，萬物莫靈于人，故因叚藉以爲人之稱，象物滋生之形，亦象人首與手足之形也。"《説文校録》："李陽冰曰：'子在繈褓中足並也。'"古文"子"作"𢀈"是人生而帶髮，故從子而上象髮形。 "服子"是周厲王對南方曾被征服的淮夷的一種卑稱。 陳佩芬《伯𢦚父簋與厲王伐淮夷》[297][伯𢦚父簋] 㝬鐘𢀈字，學者或以爲應讀作蠻，現由此簋銘文可知，讀蠻似不妥。"𠬝"通服。"𠬝𢀈"雖可讀作"服子"，但舊認爲"服"是國族名，"子"是該國族首領，似乎還是有些問題的。金文中多可見國族首領自稱"子"，周原甲骨有"楚子來告"（H11：83），是周人確也可稱邊遠地區國族首領爲"子"，但本銘與㝬鐘皆稱"𠬝𢀈"，並不寫成"𠬝子"。而且從本銘來看，下文言伐"𠬝𢀈"，繼言其所屬的幾個分支族屬（或幾塊屬地），"𠬝𢀈"更像是一個族群的名字。㝬鐘言伐"𠬝𢀈"而"[illegible]伐厥都"，知此族群盤踞于一塊地域，雖有若干分支族屬，但有一"都"即中心都邑爲其政治、軍事中心。從下文要討論的翏生盨銘文講"王征南淮尸，伐角津、伐桐遹"，其中桐、遹也是本銘王南征"𠬝𢀈"所伐地點，可知此銘與㝬鐘之"𠬝𢀈"應即是稱淮夷。淮夷是西周時盤踞于淮水中下游的夷人族群，爲南夷諸邦中一支最强大者。過去或有學者讀"𠬝𢀈"之"𠬝"爲主要活動于江漢流域之濮，由本銘亦可知釋濮不妥了。 朱鳳瀚《由伯𢦚父簋銘再論周厲王征淮夷》[298][伯𢦚父簋] 𠬝𢀈即𠬝子，南淮夷的一支。 吴鎮烽《銘圖索引》[299][㝬鐘]

297 陳佩芬：《伯𢦚父簋與厲王伐淮夷》，《陳佩芬青銅器論集》，中西書局，2016年，第498頁。
298 朱鳳瀚：《由伯𢦚父簋銘再論周厲王征淮夷》，中國古文字研究會、吉林大學古文字研究室編：《古文字研究》（第二十七輯），中華書局，2008年，第193頁。
299 吴鎮烽：《商周青銅器銘文暨圖像集成索引》，上海古籍出版社，2019年，第896頁。

五　畫

0090 **邗**  邗王是埜戈  趙孟庎壺	**【時代】春秋時期　戰國時期** **【出處】邗王是埜戈**［《銘圖》17076、17077］ **越王州句劍**［《銘圖》17912—17914，《銘續》1323］**等** **【類別】國族名稱** 《説文》："邗，國也，今屬臨淮。一曰邗本屬吴。"據此，可知邗國地址在今蘇北。邗字或省作干。這個國本來是一個獨立國，和吴國接壤。曾經和吴國打過仗，終竟被吴國滅掉了。 郭沫若《金文叢考補録》[300]［吴王壽夢之戈］ **【釋地】江蘇省蘇州市** "邗"，國名，《説文》："邗，國也，今屬臨淮，從邑干聲，一曰邗本屬吴。"邗本古國，傳世銅器有"邗王是埜"戈可證。邗國後被吴滅，故中原國家或稱吴國爲邗。 曹錦炎《鳥蟲書通考》[301]［越王州句劍］ 即吴，今江蘇蘇州市。 吴鎮烽《銘圖索引》[302]［邗王是埜戈］
0091 **邦** 邗令戈	**【時代】戰國晚期** **【出處】邗令戈** 四年，邗命軺庶，上庫工帀（師）張認、冶氏髥。［邗令戈，《集成》11335］ **【類別】城邑名稱**

300 郭沫若：《金文叢考補録》，《郭沫若全集・考古編》（第六卷），科學出版社，2002年，第60—61頁。
301 曹錦炎：《鳥蟲書通考》，上海書畫出版社，1999年，第88頁。
302 吴鎮烽：《商周青銅器銘文暨圖像集成索引》，上海古籍出版社，2019年，第896頁。

	【釋地】河南省沁陽市 邘在今河南沁陽西北，戰國時屬于韓國，在由野王通上黨的走廊地帶上。 李學勤《戰國時代的秦國銅器》[303][邘令戈] 一作盂，今河南沁陽市西北。 吴鎮烽《銘圖索引》[304][邘令戈]
0092 **井** 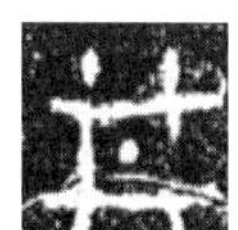 利鼎  永盂  禹鼎  井南伯簋  五祀衛鼎 0092.02 井	**【時代】西周時期** **【出處】多器** **【類别】國族名稱** **【釋地】陝西省寶鷄市鳳翔區** 邢人的遠祖是周公之第四子。邢之封地有三説：陝西華縣、河南邢丘與河北邢臺。近年因在河北石家莊邢臺附近出土一批邢侯器，論者乃謂邢侯始封于邢臺。然而吾人須知該址所出銅器並非同屬一期，墓葬形制則爲西周末期。考邢國凡三遷，是批早期邢侯器當是隨遷而來。部分邢人後來東遷于河南邢丘，最後徙河北邢臺。留陝西原地者稱鄭邢。宣王封鄭桓公于南鄭，故《史記》謂鄭桓公居棫林（按：西周有二個棫林，一在河南汝水上游，即前述之畝林；一在陝西華縣西之涇陽附近）。魯隱公五年（西元前七一四）曲沃與翼人交惡，用鄭人及邢人驅翼人于隨。曲沃在今山西聞喜縣，隨在山西介休縣。是知魯隱公五年仍有鄭人及邢人居于河南與山西交界處，故能爲曲沃之後援。邢人在懿、孝、夷三代多居顯位。 高木森《西周青銅彝器彙考》[305][長甶盉] 西周邢國以井邑皆稱井。此當爲周原之井邑。 馬承源《商周青銅器銘文選》[306][井南伯簋] **【釋地】畿内國族·荆楚** 邢讀爲荆，即見于周原甲骨文 H11：4“其微、楚□氒寮”之楚，乃西周畿内地名，而非江漢之楚。 王輝《商周金文》[307][五祀衛鼎]

303 李學勤：《戰國時代的秦國銅器》，《文物參考資料》1957 年第 8 期，第 40 頁。
304 吴鎮烽：《商周青銅器銘文暨圖像集成索引》，上海古籍出版社，2019 年，第 896 頁。
305 高木森：《西周青銅彝器彙考》，中國文化大學出版部印行，1986 年；後收入劉慶柱、段志洪、馮時主編：《金文文獻集成》（第二十七册），綫裝書局，2005 年，第 122 頁。
306 馬承源主編：《商周青銅器銘文選（三）》，文物出版社，1988 年，第 252 頁。
307 王輝：《商周金文》，文物出版社，2006 年，第 143 頁。

0093

井邑

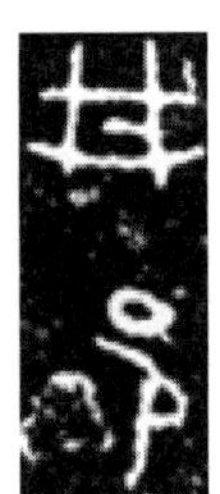

散氏盤

0093.02

井邑

【時代】西周晚期

【出處】散氏盤［《集成》10176］

【類别】國族名稱

【釋地】陝西省寶鷄市鳳翔區

井即奠井，姜姓。夨王簋銘文“夨王作奠姜尊簋”，夨王娶姜姓奠井國女子爲婦，故簋銘爲“奠姜”。《説文》邑部有“郱，鄭地有郱亭，從邑井聲”。《廣韻》四十：“静（編者按：應爲‘井’。）、姜子牙後。”吴其昌《金文世族譜》也將奠井列爲姜姓。西周晚期，奠井衰弱，其土田有被夨、散侵吞者。奠井方位也應在渭水北岸。

奠井國則跨騎北山山脉，主要活動在今千陽北部、東北部、鳳翔北部、麟遊縣東北部，其勢力可能還侵及甘肅隴東、靈臺南部地區，域内多丘陵、山地，南接散國，西南接夨國。以上所確定各方國位置，僅指大體方位、相對範圍而言。古代方國，隨着勢力消長，轄境大小也在隨時發生變化。

盧連成《西周夨國史迹考略及相關問題》[308]［散氏盤］

井邑與散邑接壤，約在今鳳翔縣南部。第二塊田雖稱“井邑田”，其實仍是夨田，衹是鄰近井邑而已。

王輝《商周金文》[309]［散氏盤］

0094

邛

伯戔盤

曾侯簠

【時代】春秋早期

【出處】伯戔盤 邛君婦龢壺等[310]

唯正月初吉丁亥，邛仲之孫伯戔自作顋盤，用祈眉壽，萬年無疆，子子孫孫，永寶用之。［伯戔盤，《集成》10160］

【類别】國族名稱

【釋地】河南省信陽市息縣

邛當即江黄之江，《春秋》僖二年“齊侯、宋公、江人、黄人盟于貫”，杜預云“江國在汝南安陽縣”。其故地在今河南息縣西南。《漢書·外戚侯表》邛成屬濟陰縣，《説文》邑部邛字注亦同，彼乃别一地。又此盤據《考古圖》云“得于河内”，下伯戔盦云“得于河内太行石室中”，蓋同時出土者。宋之河内當今河南沁陽縣，春秋時爲晋地。此與江之地望雖不

308 盧連成：《西周夨國史迹考略及相關問題》，《人文雜志叢刊·第二輯：西周史研究》，1984年，第246頁。
309 王輝：《商周金文》，文物出版社，2006年，第233頁。
310 編者按：曾侯簠，《集成》4598；邛仲之孫伯戔盆，《集成》10341；邛君婦龢壺，《集成》9639；楚王鐘，《集成》72；邛季之孫戈，《集成》11252。

邛季之孫戈

邛君婦龢壺

楚王鐘

合，蓋由賄賂遷徙使然。

郭沫若《兩周金文辭大系圖録考釋》[311][伯戔盤]

邛，古國名。郭沫若云："邛當即江黄之江，《春秋·僖二年》'齊侯、宋公、江人、黄人盟于貫'杜注云：'江國在汝南安陽縣。'其故地在今河南息縣西南。《漢書·外戚侯表》'邛成屬濟陰縣'，《說文·邑部》邛字注亦同。彼乃别一地。"郭説是。

陳秉新、李立芳《出土夷族史料輯考》[312][伯戔盤]

【釋地】河南省沁陽市

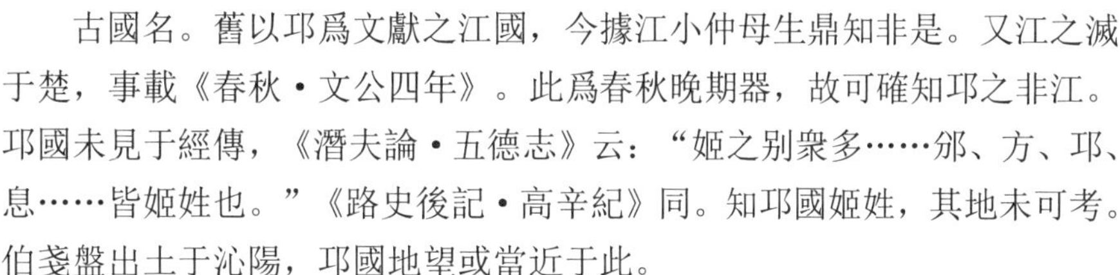

古國名。舊以邛爲文獻之江國，今據江小仲母生鼎知非是。又江之滅于楚，事載《春秋·文公四年》。此爲春秋晚期器，故可確知邛之非江。邛國未見于經傳，《潛夫論·五德志》云："姬之别衆多……郊、方、邛、息……皆姬姓也。"《路史後記·高辛紀》同。知邛國姬姓，其地未可考。伯戔盤出土于沁陽，邛國地望或當近于此。

馬承源《商周青銅器銘文選》[313][邛君婦龢]

【釋地】河南省駐馬店市正陽縣

即江，今河南正陽縣西南。

吴鎮烽《銘圖索引》[314][伯戔盤等]

封國名，今河南正陽縣西南。

吴鎮烽《銘圖索引》[315][邛仲之孫伯戔盆]

0095

甘城

昌城右戈

【時代】戰國晚期

【出處】昌城右戈

甘城右。[甘城右戈，《集成》10998]

【類别】城邑名稱

【釋地】河南省洛陽市

在今河南洛陽市南。《左傳·僖公二十四年》："甘昭公有寵于惠后。"晋杜預注："甘昭公，王子帶也，食邑于甘。河南縣西南有甘水。"甘因

311 郭沫若：《兩周金文辭大系圖録考釋（二）》，《郭沫若全集·考古編》（第八卷），科學出版社，2002年，第366—367頁。
312 陳秉新、李立芳：《出土夷族史料輯考》，安徽大學出版社，2005年，第291頁。
313 馬承源主編：《商周青銅器銘文選（四）》，文物出版社，1990年，第417頁。
314 吴鎮烽：《商周青銅器銘文暨圖像集成索引》，上海古籍出版社，2019年，第896頁。
315 吴鎮烽：《商周青銅器銘文暨圖像集成索引》，上海古籍出版社，2019年，第913頁。

甘水而得名。甘，亦稱“甘城”。清顧祖禹《讀史方輿紀要·河南三·河南府》：“甘城，在（洛陽）城西南二十五里。周襄王弟子帶之故邑，亦謂之石城。”

崔恒昇《甲金文地名考釋》[316][甘城右戈]

0096

世

多友鼎

【時代】西周晚期

【出處】多友鼎

唯十月，用玁狁方興，廣伐京𠂤（師），告追于王，命武公：遣乃元士，羞追于京𠂤（師）。武公命多友率公車，羞追于京𠂤（師）。癸未，戎伐筍，衣俘，多友西追。甲申之辰，搏于䣙，多友弘折首執訊：凡以公車折首二百又口又五人，執訊廿又三人，俘戎車百乘一十又七乘，衣（卒）復筍人俘。或搏于龔，折首卅又六人，執訊二人，俘車十乘，從至追，搏于世，多友或弘折首執訊，乃轍追，至于楊冢，公車折首百又十又五人，執訊三人…… [多友鼎，《集成》2835]

【類別】城邑名稱

“龔”“世”。都是荀至楊冢之間的小地名，在這幾處，多友和玁狁接觸，並取得了一定的勝利。按這兩處地方，都應在今山西新絳縣與洪洞縣之間。

田醒農、雒忠如《多友鼎的發現及其銘文試釋》[317][多友鼎]

0097

左樂

左樂兩詔鈞權

【時代】秦

【出處】左樂兩詔鈞權[《銘圖》18931]

【類別】城邑名稱

【釋地】

秦縣。

吳鎮烽《銘圖索引》[318][左樂兩詔鈞權]

0098

左關

【時代】戰國早期·齊

【出處】左關之鉚 陳純釜

左關之鉚。[左關之鉚，《集成》10368]

316 崔恒昇：《甲金文地名考釋》，安徽大學古文字研究室編：《古文字研究》（第二十二輯），中華書局，2000年，第153頁。

317 田醒農、雒忠如：《多友鼎的發現及其銘文試釋》，《人文雜志》1981年第4期，第117頁。

318 吳鎮烽：《商周青銅器銘文暨圖像集成索引》，上海古籍出版社，2019年，第897頁。

 左關之鉚 陳純釜	墜（陳）猷立事歲，𩰫月戊寅，于兹安陵，公命左關帀（師）發敕成左關之釜，節于廩釜，敦（屯）者曰墜（陳）純。[陳純釜，《集成》10371] **【類別】城邑名稱** **【釋地】山東省地區** 在今山東省境內。 吴鎮烽《銘圖索引》[319][左關之鉚]
0099 **丕陽**  邳陽劍 0099.02 邳陽	**【時代】戰國晚期·齊** **【出處】邳陽劍** 邳陽。[邳陽劍，《銘續》1292] **【類別】城邑名稱** 齊國縣邑。 吴鎮烽《銘圖索引》[320][邳陽劍]
0100 **右濯**  右濯戈	**【時代】戰國早期** **【出處】右濯戈** 右濯戈。[右濯戈，《銘圖》16527、16528] **【類別】城邑名稱**
0101 **石邑**	**【時代】戰國晚期·秦** **【出處】石邑戈**[《銘續》1138] **丞相斯戈**[《銘圖》17236]

319 吴鎮烽：《商周青銅器銘文暨圖像集成索引》，上海古籍出版社，2019 年，第 897 頁。
320 吴鎮烽：《商周青銅器銘文暨圖像集成索引》，上海古籍出版社，2019 年，第 1056 頁。

石邑戈

丞相斯戈

【類別】城邑名稱

【釋地】河北省石家莊市鹿泉區

戈銘中的“石邑”和“頻陽”都是地名。

《史記·趙世家》載：“（趙武靈王）二十一年，攻中山。趙袑爲右軍，許鈞爲左軍，公子章爲中軍，王並將之。牛翦將車騎，趙希並將胡、代。趙與之陘，合軍曲陽，攻取丹丘、華陽、鴟之塞。王軍取鄗、石邑、封龍、東垣。”《正義》引《括地志》云：“石邑故城在恒州鹿泉縣南三十五里，六國時舊邑。”可見“石邑”本爲中山地，後被趙奪取。“石邑”又名“石城”，《史記·藺相如列傳》趙惠文王十八年時，“其後秦伐趙，拔石城。”《索隱》曰：“劉氏云蓋謂石邑也。”《正義》：“故石城在相州林慮縣南九十里也。”可知在趙惠文王時“石邑”就已被秦占領。《漢書·地理志》“石邑”隸屬于常山郡，據譚其驤先生主編的《中國歷史地圖集》，戰國時的“石邑”在今天的石家莊西南約近二十公里處。

劉釗《兵器銘文考釋（四則）》[321][石邑戈]

今河北獲鹿縣東南。

吴鎮烽《銘圖索引》[322][石邑戈]

0102

平阿

平阿左戈

平阿左戈

【時代】戰國時期·齊

【出處】平阿戈[《銘圖》16458]　平阿左戈[《集成》11001]等

【類別】城邑名稱

平阿爲地名。傳世有“平阿右戈”“平阿左”戈（見《小校經閣金文拓本》卷10），古璽有“平阿”璽、“平阿左廩”（見《古璽彙編》）。濟南博物館所藏尚有一“平阿右同戟”。《史記·田敬仲完世家》：“（齊宣王）七年與魏王會平阿南，明年復會甄。”索隱、集解俱以平阿爲《漢書·地理志》沛郡之平阿，其地在上蔡東北，今安徽懷遠縣境内，戰國時爲楚地，非是。《吕氏春秋·離俗》：“齊晋相與戰，平阿之餘子亡戟得矛。”高注：“平阿，齊邑。”齊晋交兵，無疑不會跑到南邊的上蔡附近，平阿地，自當在齊國的西境。

于中航《先秦戈戟十七器》[323][平阿戈]

【釋地】安徽省蚌埠市懷遠縣

平阿，地名，有屬齊屬楚之别。《史記·田齊世家》：宣王七年“與

321 劉釗：《兵器銘文考釋（四則）》，復旦大學出土文獻與古文字研究中心編：《出土文獻與古文字研究》（第二輯），復旦大學出版社，2008年，第107頁。
322 吴鎮烽：《商周青銅器銘文暨圖像集成索引》，上海古籍出版社，2019年，第898頁。
323 于中航：《先秦戈戟十七器》，《考古》1994年第9期，第858—859頁。

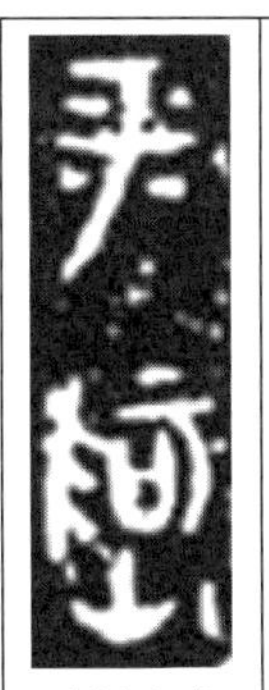

平阿右戈

平阿右戟

魏王會平阿南”。又見《魏世家》：惠王三十五年“與齊宣王會平阿南”。正義：“沛郡平阿縣也。”《水經・淮水注》：“淮水又東逕當塗縣，淮之西有平阿縣故城。”《讀史方輿紀要》：“平阿城在鳳陽府懷遠縣北三十里，戰國時齊邑。”此地已深入楚境，故多有懷疑屬齊者。如黄盛璋先生認爲“齊地何以能至此處？頗未易解，然傳統皆以爲在此處。”錢穆案：“《孟嘗君傳》作‘東阿’。沛平阿故城，今安徽懷遠縣西南六十里平阿集，非齊、魏會地。”《史記・項羽本紀》正義引《括地志》：“東阿故城在濟州東阿縣西南二十五里，漢東阿縣城，秦時齊之阿也。”錢穆案：“今山東陽谷縣東北五十里，即春秋之阿。”也就是説，齊之平阿可能在今山東陽谷縣東北，即齊之“阿”地别稱。楚平阿當在安徽懷遠。

黄錫全《介紹一件新見平阿造戈》[324][平阿造戈]

平阿，戰國齊邑。《古本竹書紀年》：梁惠成王後元十一年，“會韓威侯、齊威王于平阿”。《水經注》：“淮水又北，沙水注之。……淮之西有平阿縣故城。《讀史方輿紀要》懷遠縣條：“平阿城，縣北三十里。戰國時齊邑。”

王恩田《郗氏戈的年代與國别》[325][平阿左造徒戈]

戰國齊邑，今安徽懷遠縣。

吴鎮烽《銘圖索引》[326][平阿戈]

【釋地】山東省聊城市東阿縣

平阿，齊邑，或在齊西南境。《史記・田敬仲完世家》載宣王“七年，與魏王會平阿南”。《正義》：“沛郡，平阿縣也。”《讀史方輿紀要》：平阿城在鳳陽府懷遠縣北三十里，戰國時齊邑。清《一統志》引縣志：“懷遠縣西南六十里有平阿集，在平阿山下。”黄盛璋先生謂此“已深入楚地，齊地何以能至此處，頗未易解，然傳統皆以爲在此處”（《試論三晋兵器的國别和年代及其相關問題》，《考古學報》，1974年第1期）。我們根據兵器銘刻所見到鑄造兵器之都邑的分布特點，並結合文獻分析，東南境内爲齊楚戰争頻發的地區，不會設立鑄造點。何況依舊志所載之平阿已深入楚境，故其與兵器銘刻當非一地。並且齊國陶文亦常見“平阿”邑名，由此知其必爲齊國重要都邑。其地亦必在齊國勢力穩固之區。戰國時期，齊王考察都邑大夫之政績，東境有即墨，西境爲阿邑，此兩邑地位相當重要。或此平阿，即文獻之阿邑也。

平阿右戈

孫敬明《考古發現與戰國齊兵器研究》[327][平阿戈]

【出處】平阿右戈

平□右造（？）戈。[平阿右戈，《集成》11101]

324 黄錫全：《介紹一件新見平阿造戈》，《古文字與古貨幣文集》，文物出版社，2009年，第227—228頁。
325 王恩田：《郗氏戈的年代與國别》，《商周銅器與金文輯考》，文物出版社，2017年，第344頁。
326 吴鎮烽：《商周青銅器銘文暨圖像集成索引》，上海古籍出版社，2019年，第898頁。
327 孫敬明：《考古發現與戰國齊兵器研究》，《考古發現與齊史類徵》，齊魯書社，2006年，第156頁。

【類别】城邑名稱

【釋地】山東省濰坊市

平壽古國名，《古本竹書紀年》："柏杼子，征于東海及王壽，得一狐九尾。"雷學淇《竹書紀年義證》卷九云："三壽，東海之國名也。郭璞《山海經》注引作王壽，《路史》注云：'即平壽也。'"按：東周"平"字形體，稍泐即易與"三"或"王"相混。各家注釋知之三壽、王壽、平壽爲一地，然未見東周文字也。平壽爲正名，其他皆屬泐奪致訛。《齊乘》：平壽城，濰州西南三十里古城。

孫敬明《考古發現與戰國齊兵器研究》[328]［平壽戈］

0103

平周

上郡守閒戈

上郡守起戈

上郡守錯戈

【時代】戰國前期·秦

【出處】上郡守閒戈［《銘圖》17277］上郡守起戈［《銘圖》17288］

上郡守錯戈［《銘圖》17287］平周矛［《集成》11465—11467］

【類别】城邑名稱

【釋地】山西省介休市

平周，據《十三州志》記載，地在今介休縣西五十里。在此均以地名爲武庫名稱。

陶正剛《山西屯留出土一件"平周"戈》[329]［上郡守閒戈］

平周原屬魏，《史記·魏世家》："襄王十三年秦取我平周"，自此入秦，《漢書·地理志》西河郡屬縣有平周。按平周在魏，原作平州，布幣皆作平州，另有"平陶"即"平遥"，"陶"字苟簡有時作匋，很像"周"字，舊譜皆誤作平周。其實兩字外從相同，"周"字從用，上皆不封閉，而"陶"字則明顯從"缶"，並見于"平陶宗正"，"汪陶右司工"三晋印，並非平周入秦以後，改寫爲平周，但西漢有時仍寫爲平州，如《漢書·衛霍傳》："路博德西河平州人"。又《王莽傳》："民棄城郭，流亡爲寇賊，并州平州尤甚"，胡三省《通鑑注》以爲時無平州，疑字誤，錢大昕已據上引《漢書》指出："州、周古字通用也"，但尚未引"平州"布幣以證屬魏國時原作平州，猶高奴在魏，布幣與兵器銘皆作咎奴。《十三州志》：平周縣在汾州介休縣南五十里，清《一統志》則以在爲今介休縣西。

黄盛璋《新出秦兵器銘刻新探》[330]［上郡守閒戈］

328 孫敬明：《考古發現與戰國齊兵器研究》，《考古發現與齊史類徵》，齊魯書社，2006年，第157頁。
329 陶正剛：《山西屯留出土一件"平周"戈》，《文物》1987年第8期，第62頁。
330 黄盛璋：《新出秦兵器銘刻新探》，《文博》1988年第6期，第41頁。

平周矛

平周古縣名，在今山西省介休縣。

鄒寶庫《釋遼陽出土的一件秦戈銘文》[331][上郡守起戈]

【釋地】山西省晋中市靈石縣

平周戈："平周。"戰國魏地，後屬秦，在今山西介休市汾河西，或在孝義市西南。《史記·魏世家》："秦取我曲沃、平周。"又《張儀列傳》引文同。一説在今山西靈石縣境。

崔恒昇《古文字地名考釋》[332][平周戈]

【釋地】陝西省榆林市米脂縣

原魏邑，後歸秦，今陝西米脂縣南。

吴鎮烽《銘圖索引》[333][上郡守錯戈]

0104

平窑

平陶令范昃戈

0105.02
平陶

【時代】戰國晚期·趙

【出處】平陶令范昃戈

二年平窑（陶）命范昃，工帀（師）夶蔡冶尤狱。[平陶令范昃戈，《銘圖》17204]

【類別】城邑名稱

【釋地】山西省吕梁市文水縣

這次新鄭出土兵器銘刻，除肖（趙）外尚有平匋，即平陶，漢亦屬太原郡。《史記·秦本紀》："秦莊襄王三年攻趙榆次、新城、狼孟，取三十七城，四年初置太原郡"，《正義》："上黨以北，即太原地，即上三十七城也"，平匋故城在文水縣西南，應是趙地。"平匋"亦見于方、尖足布，匋字作□、□等形，舊釋"平周"，非也。

黄盛璋《試論三晋兵器的國别和年代及其相關問題》[334][平陶令范昃戈]

"平窑"多見于戰國趙幣平首尖足布，"窑"字作"□""□"；《古璽彙編》0092"平窑宗正""窑"字作"□"；《古陶文彙編》6.49"平窑""窑"字作"□"，字或繁或簡，但從宀，缶聲，與戈銘同。《六書故》："窑，又作㝥。"《説文》："㝥，藏也。從宀，杀聲。杀，古文保。"窑從宀，缶聲，讀爲陶。《説文》："匋，按《史篇》讀與缶同。"

331 鄒寶庫：《釋遼陽出土的一件秦戈銘文》，《考古》1992年第8期，第757頁。

332 崔恒昇：《古文字地名考釋》，中國古文字研究會、安徽大學古文字研究室編：《古文字研究》（第二十三輯），中華書局，2002年，第221頁。

333 吴鎮烽：《商周青銅器銘文暨圖像集成索引》，上海古籍出版社，2019年，第898頁。

334 黄盛璋：《試論三晋兵器的國别和年代及其相關問題》，《歷史地理與考古論叢》，齊魯書社，1982年，第119頁。

<table>
<tr><td></td><td>《玉篇》："匋，作瓦器也，今作陶。"平陶戰國趙縣，《漢書·地理志》屬太原郡。王先謙《漢書補注》引清《一統志》："（平陶）故城今文水縣西南。"由此而論，此戈國別爲趙。
王輝、王沛《二年平陶令戈跋》[335][平陶令范戾戈]

即平陶，今山西文水縣平陶村。
吴鎮烽《銘圖索引》[336][平陶令范戾戈]</td></tr>
<tr><td>0105
平都
平都矛</td><td>【時代】戰國晚期·秦
【出處】平都矛[《集成》11542]
【類別】城邑名稱
【釋地】陝西省子長市
先趙、魏，後歸秦，今陝西子長縣西南。
吴鎮烽《銘圖索引》[337][平都矛]</td></tr>
<tr><td>0106
平陸
平陸戈

平陸戈</td><td>【時代】戰國中晚期·秦
【出處】平陸戈[《集成》10925、10926]　平陸左戟[《集成》11056]
匽氏戟[《銘圖》17129]　上郡假守暨戈[《銘圖》17291]
【類別】城邑名稱
【釋地】山東省濟寧市汶上縣
《史記·田敬仲完世家》康公十五年，"魯敗齊平陸"。《集解》：徐廣曰：東平平陸。《正義》兖州縣也，漢爲東平陸，屬東平國，見《漢書·地理志》河西有平陸，故此加東。清《一統志》平陸故城在汶上縣北。黄盛璋先生通過對齊兵器進行的研究認爲，此地具有重要戰略地位。
孫敬明《考古發現與戰國齊兵器研究》[338][平陸戈]

平陸，戰國齊邑。《齊策四》："蘇秦謂齊王曰：'有陰、平陸，則梁門不啓。'"《齊策六》："魏攻平陸，齊無南面之心。"《戰國策地</td></tr>
</table>

335 王輝、王沛：《二年平陶令戈跋》，《考古與文物》2007年第6期，第55頁。
336 吴鎮烽：《商周青銅器銘文暨圖像集成索引》，上海古籍出版社，2019年，第898頁。
337 吴鎮烽：《商周青銅器銘文暨圖像集成索引》，上海古籍出版社，2019年，第898頁。
338 孫敬明：《考古發現與戰國齊兵器研究》，《考古發現與齊史類徵》，齊魯書社，2006年，第159頁。

 匽氏戟  平陸左戈 上郡假守 暨戈	名考》："今兖州府汶上縣有平陸故城。" 王恩田《郤氏戈的年代與國別》[339][平陸左戈] 戰國齊邑，今山東汶上縣西北。 吴鎮烽《銘圖索引》[340][平陸戈] **【釋地】山西地區** "平陸"爲置用地名。戰國平陸有二地： 1.《漢書·地理志》西河郡有"平陸"縣，相當今何縣不明，但西河郡屬縣"中陽""平周""廣衍"屢見于秦兵器刻銘，估計此"平陸"應在晋西北。出土三晋璽有"平坴"，何琳儀先生説即晋地平陸。 2.《漢書·地理志》東平國有"東平陸"縣。王先謙《補注》："西河有平陸，故此加東。景帝封楚元王子禮爲侯國，見《表》。《後漢》因，《續志》：六國時曰平陸，有闞亭。先謙按：戰國屬齊，《齊策》云'魏攻平陸'也。魯敗于此，見《田齊世家》。《汶水注》：'《禹貢》汶水自無鹽來，西南逕東平陸縣故城北，下仍入無鹽。'《一統志》：'故城今汶上縣北。'" 此戟最先應置用于上郡，平陸爲第二次置用地，"平陸"二字與正面銘文殆非一次所刻。"平陸"後刻，故具體所指不明。山東平陸屬齊，入秦甚晚，從字體看，"平陸"二字不大可能到秦末，故其指晋地平陸的可能性較大。 王輝《珍秦齋藏秦銅器銘文選釋》[341][十四年□平匽氏戟] **【釋地】陝西省榆林市地區** 戰國時期秦上郡屬縣，今地不詳。 吴鎮烽《銘圖索引》[342][匽氏戟]
0107 **平陵**  陵右戟	**【時代】戰國晚期** **【出處】陵右戟** 〔平〕陵右造戟。[陵右戟，《集成》11062] **【類别】城邑名稱** **【釋地】山東省濟南市章丘區** 此戈銘首"平"字，位于内近穿處，泐損。依意補之。齊陶文中恒見"平陵"之名。戰國齊邑。《齊乘》："東平陵城，濟南東七十五里，春

339 王恩田：《郤氏戈的年代與國別》，《商周銅器與金文輯考》，文物出版社，2017年，第344頁。
340 吴鎮烽：《商周青銅器銘文暨圖像集成索引》，上海古籍出版社，2019年，第898頁。
341 王輝：《珍秦齋藏秦銅器銘文選釋》，《高山鼓乘集：王輝學術文存二》，中華書局，2009年，第103頁。
342 吴鎮烽：《商周青銅器銘文暨圖像集成索引》，上海古籍出版社，2019年，第899頁。

秋譚國，齊桓滅之，古城在西南與龍山鎮相對。漢爲東平陵縣，右扶風有平陵，故此加東。”地在今章丘境，故址尚存，遺存豐富。

孫敬明《考古發現與戰國齊兵器研究》[343][陵右戟]

0108

平陰

平陰鼎

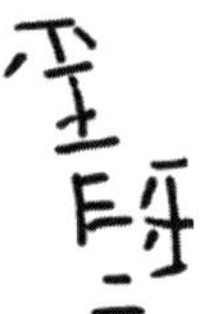

平陰睘小器

厵羌鐘

【時代】戰國時期

【出處】厵羌鐘［《集成》157—161］ **平陰鼎蓋**

平陰睘小器［《集成》10425］ **平陰劍**［《銘續》1291］

十七年叚（假）工帀（師）王馬重（童），眂（視）事鐙、冶敬，在坪（平）陰庖之所。［平陰鼎蓋，《集成》2577］

【類別】城邑名稱

【釋地】河南省洛陽市孟津區

周地“平陰”在今河南省孟津縣北。周的疆域在春秋戰國時期有一個變化的過程。按照清代學者顧棟高的説法，春秋晚期“王所有者，河内、武陟二縣及河南府之洛陽、偃師、鞏縣、嵩、登封、新安、宜陽、孟津八縣，汝州之伊陽、魯山，許州府之臨潁，與鄭接壤而已”，而戰國初期，“周有今河南孟津、洛陽、偃師、鞏、汝陽等縣間地、過黄河有温縣的一小部分”；據《史記•周本紀》《集解》引徐廣曰：“周比亡之時，凡七縣：河南、洛陽、穀城、平陰、偃師、鞏、緱氏。”其範圍局限在今河南洛陽、新安一帶。但是，戰國時期處于國界附近的城邑歸屬時有變化。

吴良寶《十七年坪陰鼎蓋新考》[344][十七年坪陰鼎]

平陰，春秋時有兩地：一在齊，地在今山東平陰東北，《左傳•襄公十八年》晋平公會諸侯伐齊，“齊御諸平陰”，即此；洛陽金村戰國墓出土的厵羌鐘，銘文有“入䟘（長）城，先會于平陉（陰）”，也指此地。一在周，秦漢時仍其名，地在今河南孟津東北，《左傳•昭公二十三年》記王子朝作亂，晋人討之，“晋師在平陰”，即其地。此銘之平陰，當屬後者。這件鼎既爲魏國瑕邑所鑄而置于平陰者，則平陰地在戰國後期已入魏，而不再屬周所有。傳世和出土的三晋貨幣中，都有一種小型的方足布，面文爲“坪（平）陉（陰）”，當是同地所鑄，亦可佐證。

曹錦炎《平陰鼎蓋考釋》[345][平陰鼎]

【釋地】山西省大同市陽高縣

戰國趙地，今山西陽高縣東南。

吴鎮烽《銘圖索引》[346][厵羌鐘]

343 孫敬明：《考古發現與戰國齊兵器研究》，《考古發現與齊史類徵》，齊魯書社，2006年，第158頁。

344 吴良寶：《十七年坪陰鼎蓋新考》，《中國歷史文物》2007年第5期，第5—6頁。

345 曹錦炎：《平陰鼎蓋考釋》，《考古》1985年第7期，第634頁。

346 吴鎮烽：《商周青銅器銘文暨圖像集成索引》，上海古籍出版社，2019年，第899頁。

【釋地】山東省濟南市平陰縣

平陰者，《大清一統志》云："平陰城在泰安府平陰縣東北。"《山東通志》云："在肥城縣西北六十里。"

吴其昌《厵羌鐘補考》[347][厵羌鐘]

平险即平陰，劉節云"《左氏傳》有二平陰。昭公二十三年晋師在平陰，即今河南孟津縣之地。又襄十八年《傳》'晋伐齊，齊侯禦諸平陰，塹防門而守之，廣里'，即鐘之平陰。此平陰實今山東泰安府平陰縣。"

郭沫若《兩周金文辭大系圖録考釋》[348][厵羌鐘]

险，陰。平陰即今山東平陰縣。言分攻並進，故曰先會于平陰也。

于省吾《雙劍誃吉金文選》[349][厵羌鐘]

平陰之字與古泉幣所書同。王錫棨泉貨彙考謂，平陰在今之河南孟津縣城東。此乃據江永春秋地理考實之説，實非鐘之平陰也。《左氏傳》有二平陰。昭公二十三年，晋師在平陰，即今河南孟津縣之地。又《傳》襄公十八年："晋伐齊，齊侯禦諸平陰，塹防門而守之，廣里。"此役適當周靈王之十七年，晋平公之三年，是否即鐘中所記之事，吾人雖不敢定，其所謂平陰，即鐘之平陰，則無疑也。此平陰實今之山東泰安府平陰縣，唐屬河南道渾州，漢屬河南郡，春秋時齊地。《後漢·郡國志》："濟北國盧下有平陰城，有防門，有長城，東至海。"《水經·濟水注》曰："濟水自臨邑縣東，又北逕平陰城西。京相璠曰：平陰齊地，在濟北盧縣故城西南十里，南有長城，東至海，西至濟；河道所由，名防門，去平陰三里。"《括地志》云："齊長城西起渾州平陰縣，沿河歷泰山北岡，至密州瑯琊臺入海。"《史記·趙世家》正義云："齊長城西頭在齊州平陰縣。"然則平陰之在今泰安無疑矣。

劉節《厵氏編鐘考》[350][厵羌鐘]

平陰齊地，劉考引《後漢書·郡國志》濟北國盧縣下"有平陰城，有防門"，"有長城東至海"，而云實今山東之平陰縣，亦是也。

唐蘭《厵羌鐘考釋》[351][厵羌鐘]

平陰齊地，《清一統志》云："在今山東平陰縣東北。"

徐中舒《厵氏編鐘考釋》[352][厵羌鐘]

---

347 吴其昌：《厵羌鐘補考》，《國立北平圖書館館刊》1931年第5卷第6號；後收入劉慶柱、段志洪、馮時主編：《金文文獻集成》（第二十九册），綫裝書局，2005年，第402—403頁。

348 郭沫若：《兩周金文辭大系圖録考釋（二）》，《郭沫若全集·考古編》（第八卷），科學出版社，2002年，第500—501頁。

349 于省吾：《雙劍誃吉金文選》，中華書局，1998年，第103頁。

350 劉節：《厵氏編鐘考》，《古史考存》，人民出版社，1958年，第90頁。

351 唐蘭：《厵羌鐘考釋》，《唐蘭全集（一）》，上海古籍出版社，2015年，第268頁。

352 徐中舒：《厵氏編鐘考釋》，《徐中舒歷史論文選輯》，中華書局，1998年，第215頁。

即平陰。陰從今聲，今金古音相同。《左傳·襄公十八年》：“晋侯伐齊……齊侯禦諸平陰”，杜預《注》“平陰城在濟北盧縣東北”，故址在今山東平陰縣東北三十五里。

馬承源《商周青銅器銘文選》[353][𪒠羌鐘]

险，陰字的異體。平陰，地名。古時平陰有二，一在今河南孟津東，一在今山東平陰東北，銘文指後者。此平陰是深入齊國腹地必經之地，軍事要衝，《左傳·襄公十八年》：“晋侯伐齊，齊侯御諸平陰。”

湯餘惠《戰國銘文選》[354][𪒠羌鐘]

平陰在這問題裏是山東泰安府有一個平陰縣，那在春秋的時候是屬于齊的。《後漢書·郡國志》泰山郡又連記到平陰、防門、長城。

高本漢著、劉叔揚譯《𪒠羌鐘之年代》[355][𪒠羌鐘]

平陰本齊國要邑，位于泰山腳下，濟、河邊上，是所謂依山傍水軍事之地。《左傳》襄公十八年“晋平公會諸侯伐齊”，“齊侯禦諸平陰”。地在今山東平陰縣東北。横亘齊國南境的長城，其西即起自平陰，這裏是齊國邊境重要門户之一。

孫敬明《齊境武庫戰略格局與孫子攻守之法》[356][平陰劍]

“平陰”即山東平陰縣。時韓、趙、翟員幾路攻齊，“分攻並進，故曰先會于平陰也。”

趙平安《〈𪒠羌鐘〉銘及其長城考》[357][𪒠羌鐘]

0109

平陽

平陽左庫戈

【時代】春秋 戰國

【出處】平陽左庫戈[《集成》11017] **平陽高馬里戈**[《集成》11156]**等**

【類别】城邑名稱

【釋地】山東省新泰市

據文獻記載，先秦時期在山東境内有兩個平陽：

一、《左傳》宣公八年曾“城平陽”，杜預注：“今泰山有平陽縣。”此平陽即《漢書·地理志》泰山郡的東平陽。《水經注·洙水注》：“洙水……又逕泰山東平陽縣。……河東有平陽，故此加東矣。晋武帝元康九年改爲新泰縣也。”其地在今山東新泰縣西北。

353 馬承源主編：《商周青銅器銘文選（四）》，文物出版社，1990年，第590頁。

354 湯餘惠：《戰國銘文選》，吉林大學出版社，1993年，第11頁。

355 高本漢著、劉叔揚譯：《𪒠羌鐘之年代》，收入劉慶柱、段志洪、馮時主編：《金文文獻集成》（第二十九册），綫裝書局，2005年，第407頁。

356 孫敬明：《齊境武庫戰略格局與孫子攻守之法——從考古所見戰國兵器銘文和銀雀山漢簡談起》，《考古發現與齊史類徵》，齊魯書社，2006年，第193頁。

357 趙平安：《〈𪒠羌鐘〉銘及其長城考》，《金文釋讀與文明探索》，上海古籍出版社，2011年，第61—62頁。

平陽高馬里戈

平陽矛

平陽權

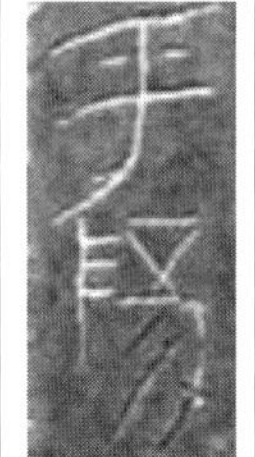

公乘斯戈鐓

平陽封宮器

二、《左傳》哀公二十七年“春，越子使舌庸來聘，且言邾田，封于駘上。二月，盟于平陽”，杜預注：“西平陽。”孔穎達疏引杜預《土地名》云：“宣八年平陽，東平陽也，泰山有平陽縣。此年平陽，西平陽也，高平南有平陽縣。”《水經注·泗水經》：“又南過平陽縣西。”王獻唐説此平陽在今山東鄒縣西三十里，“地爲平陽社”。

春秋時期，新泰的平陽屬魯，鄒縣的平陽原屬邾，大概後來也屬魯。前者遠在魯東北境，後者位于魯南。戰國時期，齊占領了魯國東北部大片土地，新泰的平陽應歸齊所有。據前面所説的情況，上揭二平陽印和平陽戈的“平陽”，似應指新泰的平陽。

平陽刀的“平陽”與印文的“平陽”寫法相近，很可能也指新泰的平陽。不過從刀文“冶”字的寫法來看，似乎也不能完全排斥是指鄒縣的平陽的可能。

裘錫圭、李家浩《戰國平陽刀幣考》[358]

【釋地】山西省臨汾市

秦地“平陽”有二處：一爲河東郡縣，見《漢書·地理志》，項羽徙封魏王豹爲西魏王，都于此，見《史記·項羽本紀》，在今山西臨汾縣西南；一爲内史縣，《水經·渭水注》：“秦寧公二年，徙平陽。”徐廣曰：“故郿址平陽亭也。”故城在今陝西眉縣西。“平陽斤”之平陽不明所在，但《考古圖》既云“河東王氏藏”，則很可能爲河東郡平陽縣。

王輝《秦銅器銘文編年集釋》[359][平陽銅權]

春秋晋邑，今山西臨汾市西南。

吴鎮烽《銘圖索引》[360][平陽左庫戈]

秦縣名，今山西臨汾市西南。

吴鎮烽《銘圖索引》[361][平陽權]

【釋地】山東省鄒城市

黄盛璋先生指出，地名平陽者甚多，齊原無平陽，惟魯有之。王獻唐先生以爲鄒縣西三十里平陽社，平陽寺即其舊名之遺。如此戰國平陽或在鄒縣境。《左傳》宣公八年：“城平陽。”杜注：“今泰山縣有平陽縣。”考此平陽，在今新泰縣境。平陽一地在春秋時期亦具重要戰略地位，至戰國時期則更爲突出。考古所見者，如平陽武庫所造的帶銘兵器，以及平陽所造的刀幣和帶印文的陶器等，其資料尤爲豐富。凡帶有文字且出土地點明確者，則皆見于所謂泰山縣之平陽。再從平陽刀幣銘文的形體考究，其卻又頗具邾魯區域文字的特點。由各種資料表明，此平陽地處交通要道，有較爲發達的商業經濟，應是戰國時期攻城掠邑戰爭的重點對象，故齊于

358 裘錫圭、李家浩：《戰國平陽刀幣考》，《中國錢幣》1988年第2期，第36頁；後收入《裘錫圭學術文集》（第三卷），復旦大學出版社，2015年，第236—237頁。

359 王輝：《秦銅器銘文編年集釋》，三秦出版社，1990年，第149頁。

360 吴鎮烽：《商周青銅器銘文暨圖像集成索引》，上海古籍出版社，2019年，第899頁。

361 吴鎮烽：《商周青銅器銘文暨圖像集成索引》，上海古籍出版社，2019年，第899頁。

此的軍事設施當相應加强。

孫敬明《齊境武庫戰略格局與孫子攻守之法》[362][平陽高馬里戈]

春秋齊邑，今山東鄒縣。

吴鎮烽《銘圖索引》[363][平陽高馬里戈]

戰國齊邑，今山東鄒縣。

吴鎮烽《銘圖索引》[364][平陽矛]

0110

北

北伯鼎

北伯鬲

北伯𢦚卣

北伯𢦚尊

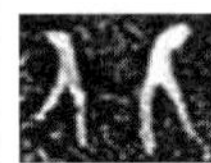
羿簋

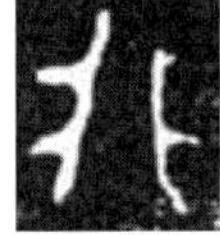
北子鼎

【時代】西周早中期

【出處】北伯鼎［《集成》1911］　**北子鼎**［《集成》1719、2329］**等**

【類别】國族名稱

北，蓋古之邶國也。自來説邶國者，雖以爲在殷之北，然皆于朝歌左右求之。今則殷之故虚得于洹水，大且、大父、大兄三戈出于（清苑）〔易州〕，則邶之故地，自不得不更于其北求之。余謂“邶”即“燕”，“鄘”即“魯”也。“邶”之爲“燕”，可以北伯諸器出土之地證之。

王國維《北伯鼎跋》[365][北伯鼎]

【釋地】河南省鶴壁市淇縣

國名，即經籍中之邶，故地在今河南省淇縣以北、湯陰縣東南。《漢書·地理志》載武王克商，封紂子武庚禄父于邶以爲後。《説文·邑部》：“邶，故商邑，自河内朝歌以北是也。”《詩·邶風·邶鄘衛譜》鄭玄《注》：“自紂城而北謂之邶，南謂之鄘，東謂之衛。”一説，武王克殷，使其弟管叔、蔡叔、霍叔爲三監，霍叔居邶。金文中邶器，都是滅武庚後再封的。

馬承源《商周青銅器銘文選》[366][北伯𢦚卣]

北即邶。《漢書·地理志》引《書序》云：“武王崩，三監畔，周公誅之，盡以其地封弟康叔，號曰孟侯，以夾輔周室。遷邶、鄘之民于雒邑。”遷于洛邑之民是殷之貴族，然邶、庸、衛三地仍有封邑，故《詩·國風》有邶、庸、衛三國之詩。北伯𢦚卣之北，可能爲其故地。其稱北子之器，與稱北伯者不同，傳世器有北子䓞觶、北子宋盤等。羿簋出于湖北萬城，同出之器有北子[illegible]鼎和[illegible]北子[illegible]甗。北子之族徽作[illegible]，是爲商器上所習見，故此北子乃商代舊族，當是武庚被滅後遷徙于别處的支裔。此銘一器失鑄

---

362 孫敬明：《齊境武庫戰略格局與孫子攻守之法——從考古所見戰國兵器銘文和銀雀山漢簡談起》，《考古發現與齊史類徵》，齊魯書社，2006年，第194頁。

363 吴鎮烽：《商周青銅器銘文暨圖像集成索引》，上海古籍出版社，2019年，第899頁。

364 吴鎮烽：《商周青銅器銘文暨圖像集成索引》，上海古籍出版社，2019年，第899頁。

365 王國維：《北伯鼎跋》，王國維著、黄愛梅點校：《王國維手定觀堂集林》卷第十五《史林七》，浙江教育出版社，2014年，第366頁。

366 馬承源主編：《商周青銅器銘文選（三）》，文物出版社，1988年，第99頁。

	子字和永字，一器柞字未鑄清。合二器乃成此銘之釋文。 馬承源《商周青銅器銘文選》[367][㝨簋] **【釋地】河南省安陽市湯陰縣** 今河南湯陰縣東南北城鎮。 吴鎮烽《銘圖索引》[368][北子鼎] **【釋地】北京市南部地區** 北就是《說文》邶字，“故商邑，在（復年按：自）河内朝歌以北是也”。漢代人所說的邶國的位置是錯的。邶國應在今北京市南與河北省交界處。 唐蘭《西周青銅器銘文分代史徵》[369][北伯炈尊]
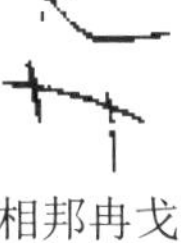 相邦冉戈	**【時代】戰國晚期·秦** **【出處】相邦冉戈**[《銘圖》17247] **【類别】宫室建築名稱** “北”疑指北宫。咸陽博物館藏二年寺工壺、雍工敃壺腹部刻“北寢”，即北宫之寢；陝西禮泉縣南晏村出土秦兩詔銅橢量柄面上刻“北私府”3字，私府是皇后之府，“北私府”是北宫私府。傳世秦封泥有“北宫宦□”，新出秦封泥有“北宫弋丞”“北宫工丞”“北宫私丞”。《史記·高祖本紀》：“置酒洛陽南宫。”《正義》引《輿地志》云：“秦時已有南、北宫。”秦時南宫在渭水之南，北宫在咸陽，渭水之北。此戈製成後先上交武庫，又由武庫劃歸北宫使用。 王輝《珍秦齋藏秦銅器銘文選釋》[370][相邦冉戈]
0111 **北麥** 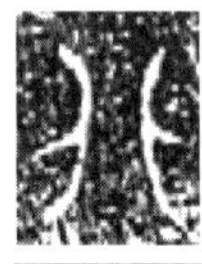 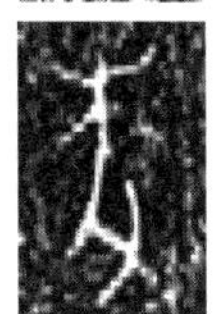 師衛尊	**【時代】西周早期** **【出處】師衛尊**[《銘圖》11786] **師衛壺**[《銘圖》12402、12403] 唯九月既生霸，宫公省僕器于北麥，宫公賞師衛貝五朋，用作祖寶彝。[師衛尊，《銘圖》11786] **【類别】城邑名稱** **【釋地】山西省臨汾市吉縣** “北麥”在今山西吉縣一帶，所謂“宫公省僕器于北麥”，即宫公至北

367 馬承源主編：《商周青銅器銘文選（三）》，文物出版社，1988年，第255—256頁。
368 吴鎮烽：《商周青銅器銘文暨圖像集成索引》，上海古籍出版社，2019年，第902頁。
369 唐蘭：《西周青銅器銘文分代史徵》，《唐蘭全集（七）》，上海古籍出版社，2015年，第94頁。
370 王輝：《珍秦齋藏秦銅器銘文選釋》，《高山鼓乘集：王輝學術文存二》，中華書局，2009年，第109—110頁。

	麥巡視軍旅裝備。 黄錦前《保尊、保卣及周初的形勢與對策》[371]［師衛尊］
0112 **甲**  融比盨	**【時代】西周晚期** **【出處】融比盨** 唯王二十又五年七月既望□□，〔王在〕永師田宮。令小臣成友逆［里尹］□、内史無忌、大史旟。曰：章厥䙴夫吒融比田，其邑旃、𢇍（鄰）、𨛫，復友（賄）融比其田，其邑復𢿱、言二邑。俾融比復小宫吒融比田，其邑彶眔句、商、兒，眔讎、弋。復限余融比田，其邑競、楙、甲三邑，州、瀘二邑。［融比盨，《集成》4466］ **【類别】城邑名稱** 甲爲“甲父”之省稱。甲父，商周國名。《左傳·昭公十六年》：“徐子及郯人、莒人會齊侯，盟于蒲隧，賂以甲父之鼎。”晋杜預注：“甲父，古國名。高平昌邑縣東南有甲父亭。”《清一統志》謂在今山東金鄉縣南。 崔恒昇《甲金文地名考釋》[372]［融比盨］
0113 **由**  稽卣  遹甗  录㦰卣	**【時代】西周中期** **【出處】录㦰卣（尊）**［《集成》5419、5420］**遹甗 臤尊 稽卣** 唯六月既死霸丙寅，師雍父戍在由自（師），遹從師雍父夷史（事）遹事于𡧍侯，侯蔑遹曆，易（賜）遹金，用作旅甗。［遹甗，《集成》948］ 唯十又三月既生霸丁卯，臤從師雍父戍于由自（師）之年，臤蔑曆，仲競父易（賜）赤金，臤拜稽首，對揚競父休，用作父乙寶旅彝，其子子孫孫永用。［臤尊，《銘圖》11807、11808］ 稽從師雍父戍于由自（師），蔑曆，易（賜）貝卅寽，稽拜稽首，對揚師雍父休，用作文考日乙寶尊彝，其子子孫永福，戉。［稽卣，《集成》5411］ **【類别】城邑名稱** 庚銘淮夷入侵而王命录以成周師氏戍于由，則由當在成周之南淮水之北。其字于甲、丁作由，戊、庚從由從丰（疑是玉）。由即金文胄字所以。本書第7器《旅鼎》傳與甲、乙兩器俱出黄縣之萊陰，《旅鼎》的盩自疑即由自，《集韻》盩音胄。又疑此字象杵形，乃是“許”字，應隸作𠰥。與此器前後相近的《麥盉》（《三代》14.11.4）和剌鼎（本書105）的御字和曶鼎（本書143）的許字都從𠰥，可以爲證。然則此所謂“戍于𠰥自”

371 黄錦前：《保尊、保卣及周初的形勢與對策》，《中原文化研究》2021年第2期，第63頁。

372 崔恒昇：《甲金文地名考釋》，安徽大學古文字研究室編：《古文字研究》（第二十二輯），中華書局，2000年，第153頁。

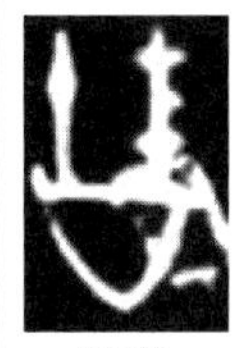

㕡尊

0113.02 由自

0113.03 由師

0113.04 古

0113.05 叶

0113.06 苦

猶《揚之水》的“戍許”了。

陳夢家《西周銅器斷代》[373][遇甗]

原釋爲古，西周戍地，今地不詳。

吴鎮烽《銘圖索引》[374][遇甗]

成周師氏戍守以禦淮夷之地，一作古自。

馬承源《商周青銅器銘文選》[375][录戜卣]

遇甗、穞卣均作古，而此器（即㕡觶）作，下录戜卣作，余初疑古“苦”字從丯，丯即草芥字，故從丯與從艸同意。今案字固是苦味之苦，然就字形而言不得説爲形聲字。蓋“古”字實即苦之初文，字本作，象吐舌之形，味苦則吐舌也。作若乃其繁文，象苦丯與舌同時吐出。從艸之苦字乃“大苦”草名，用爲苦味字，實出叚借也。

郭沫若《兩周金文辭大系圖録考釋》[376][㕡觶]

【釋地】河南省周口市太康縣

玷，銘文作，㕡尊作、遇甗作。陳夢家分别隸作�和由，不確。今按以上各字均當釋古。古是固的本字，又加玉者，取玉之堅固義，是古之繁文。《古璽彙編》〇五八二“王𤥇”，𤥇即固字繁文，可證。自，讀爲師次之次。古自當時設在固陵的師次。固陵在今河南太康縣南，秦置固陵縣，西漢改名固始縣。

陳秉新、李立芳《出土夷族史料輯考》[377][录戜卣]

【釋地】河南省周口市鹿邑縣

“古自”“古”通作苦，地在今河南省鹿邑縣東。

蔡運章《胡國史迹初探》[378]

【釋地】河南省平頂山市

“由”或“珘”當即見于文獻的商周時期的“疇”、春秋時期的“犨”（又名“畤”或“鯈”）。《左傳》昭公元年：“楚公子圍使公子黑肱、伯州犁城犨、櫟、郟。”杜預注：“犨縣，屬南陽……本鄭地。”又昭公十三年：“使枝如子躬聘于鄭，且致犨、櫟之田。”杜預注：“犨、櫟，本鄭邑，楚中取之。平王新立，故還以賂鄭。”《史記·高祖本紀》：“與南陽守齮戰犨東。”《漢書·地理志》：“南陽郡犨。”《廣韻》：“本作犨。”春秋時期的犨在今河南葉縣之西，又名“畤”或“鯈”。《國語·鄭語》：“若克二邑，鄔、弊、補、舟、依、鯈、歷、華，君之土也。”“鯈”，

373 陳夢家：《西周銅器斷代》，中華書局，2004年，第118頁。

374 吴鎮烽：《商周青銅器銘文暨圖像集成索引》，上海古籍出版社，2019年，第902頁。

375 馬承源主編：《商周青銅器銘文選（三）》，文物出版社，1988年，第114頁。

376 郭沫若：《兩周金文辭大系圖録考釋（二）》，《郭沫若全集·考古編》（第八卷），科學出版社，2002年，第139—140頁。

377 陳秉新、李立芳：《出土夷族史料輯考》，安徽大學出版社，2005年，第166頁。

378 蔡運章：《胡國史迹初探——兼論胡與楚國的關係》，《甲骨金文與古史研究》，中州古籍出版社，1993年，第83頁。

《詩譜》作“疇”。《舊音》作“睬”，云“或爲鞣”。《説文》小徐本作“鄭有睬，地名也”。《史記·鄭世家》引虞翻説亦作“睬”。《國語》整理本注：“案：‘鄔’‘弊’‘舟’‘鞣’，公序本作‘鄢’‘蔽’‘丹’‘睬’。‘鞣’，董增齡《正義》以爲即‘疇’，古國名，任姓，在今何地不詳。”“疇”爲商周時期古國名。《國語·周語中》：“昔摯疇之國也由大任。”韋昭注：“摯疇二國任姓，奚仲、仲虺之後，大任之家也。”商周時期其地在今河南省平頂山市西南、葉縣之西，春秋時期名“鞣”（又名“睬”“犨”）。鄢亦古國名，妘姓，在今河南省鄢陵縣西北，爲鄭武公所滅，後改稱鄢陵。蔽爲春秋鄭邑名，在今河南省鄭州市東。此二地與“鞣”或“睬”即今葉縣一帶皆相近。“由”古音爲喻母幽部，“柔（‘睬’和“鞣”皆從柔聲）”古音爲日母幽部，“犨”爲穿母幽部字，“疇”爲定母幽部字，它們聲紐同屬舌音，韻部相同，古音極近，故可互通。

由在葉縣之西，與上文我們將堂、覻及棫林分别確定在葉縣及其附近一帶皆近，再返回到有關銘文中看，銘文所涉及的各地點之間的關聯也均較舊説更爲合理。

黄錦前《釋師雍父諸器的一組地名》[379]

【釋地】河南省平頂山市葉縣

考昭十八年《左傳》：“葉在楚國，爲方城外之蔽也，土不可易。”《國語》韋注：“方城，楚之北阨塞。”是春秋時方城爲楚之要塞，而葉更阨方城與中原之咽喉，……今葉縣南三十里有古葉城。自葉縣之方城山至唐縣，連接數百里，一曰長城山，即古方城舊迹也。

余永梁《金文地名考》[380]

“叶”原作古、[illegible]，其字亦見甲骨文，“凵王事”，徐中舒先生據《説文》協古文“旪”釋爲“叶”字，讀與今“叶”同，所考甚是，其地即春秋之葉，故城在今葉縣南三十里舊縣店，見乾隆《一統志》：“元至元中移葉縣于昆陽，而此城遂廢，故今曰舊縣店”，而今之葉縣即舊昆陽城，《元和郡縣志》：“昆陽故城在葉縣北二十五里”，唐時葉縣仍在今舊縣店，而今葉縣正爲昆陽故城，白雍父等戍守于葉，以防淮夷内侵而與㝬侯周旋，當與共同對付淮夷有關。

黄盛璋《淮夷新考》[381]

0114

只

【時代】西周中期

【出處】眉能王鼎

只厥師眉，廌（薦）王爲周客，易（賜）貝五朋，用爲寶器鼎二、簋二，其用享于厥帝考。[眉能王鼎，《集成》2705]

379 黄錦前：《釋師雍父諸器的一組地名》，中國文化遺産研究院編：《出土文獻研究》（第十七輯），中西書局，2018年，第62—63頁。

380 余永梁：《金文地名考》，《國立中山大學語言歷史學研究所週刊》第5集第53、54期合刊，1928年，第16頁。

381 黄盛璋：《淮夷新考》，《文物研究》（第5輯），1989年，第28頁。

眉能王鼎

【類別】國族名稱

【釋地】重慶市涪陵區

□當即只字，《説文》作□，“語巳詞也，從口，像口下引之形”。疑當是兄之異形，金文兄或作□，右下□易爲□，即爲□。祝從兄，祝只聲之轉。此處只當即枳，是西北的氏族國家名。《周書·王會解》後附的《伊尹朝獻》篇中正西方的諸侯中有“枳已”。《戰國策·燕策》説：“楚得枳而亡。”《漢書·地理志》巴郡枳縣，在今四川省東部的涪陵縣。

唐蘭《西周青銅器銘文分代史徵》[382][眉能王鼎]

0115

矢

矢伯隻卣

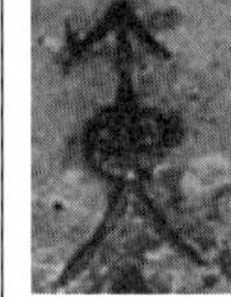

矢伯隻鼎

【時代】西周早期

【出處】矢伯隻卣 矢伯隻鼎

矢伯隻作父癸彝。[矢伯隻卣，《集成》5291]
矢伯隻作父癸彝。[矢伯隻鼎，《銘續》113]

【類別】城邑名稱

封邑名。

吴鎮烽《銘圖索引》[383][矢伯隻卣]

0116

乍金

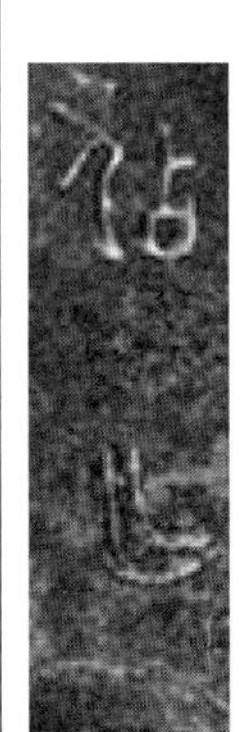

【時代】戰國中期

【出處】越王差徐戈

戉（越）邦之先王未得居乍金，就差郐（徐）之爲王，司（始）得居乍金。差郐（徐）以鑄其元用戈，以攸（修）强邊土。[越王差徐戈，《銘圖》17362]

【類別】城邑名稱

【釋地】江蘇省蘇州市

我認爲差徐戈所見的越都地名“乍金”當讀爲“蘇陰”，指姑蘇山之北的都邑。從古音關係來看，“乍”是崇紐鐸部字，“蘇”“胥”是心紐魚部字，聲爲齒頭音與正齒音旁紐，韻爲魚、鐸二部陰、入對轉，三字古音皆相近。我們知道，諧“乍”聲之字與“昔”聲之字常常音近可通（參

382 唐蘭：《西周青銅器銘文分代史徵》，《唐蘭全集（七）》，上海古籍出版社，2015年，第359頁。
383 吴鎮烽：《商周青銅器銘文暨圖像集成索引》，上海古籍出版社，2019年，第903頁。

 越王差徐戈 0116.02 居乍	看《古字通假會典》頁 903—905“乍字聲系”下），《史記·晋世家》記載晋獻侯名“籍”，《索隱》引《世本》及譙周《史記》皆作“蘇”，近年發現的晋侯穌鐘即晋獻侯籍所作，可以作爲“乍”“蘇”與“胥”相通的旁證。“金”與“陰”都是侵部字，戰國文字“陰”字常常寫作“陰”，從阜、“金”聲，《上海博物館藏戰國楚竹書（六）》的《用曰》篇有一句話是“淦則或淦，昜則或昜”，張光裕先生已經指出此句應該讀作“陰則或陰，陽則或陽”。雖然大家對這句話的解釋仍有分歧，但“淦”讀爲“陰”是可以肯定的。由此可見，“乍金”之讀爲“蘇（胥）陰”，在語音層面上可以成立。 　　從地理位置上看，姑蘇山南臨太湖，山北即山陰，正對今蘇州西的闔閭城即故姑蘇城。所以，差徐戈銘的越都名“乍金”指的是吴故都姑蘇。闔閭城又稱“吴越城”，應該緣于此地曾先後作爲吴、越都城。 董珊《越王差徐戈考》[384][越王差徐戈] 　　將“乍金”釋爲地名姑蘇，謂銘文記載了越王初無餘遷都姑蘇之事，也有難于理解之處。古人崇尚謙恭，特别是子孫對于父祖，更是不敢矜伐其功以自顯，如真是初無餘始得姑蘇而遷都，則銘文開首當徑云“差徐之爲王，始得居作金”，完全没有必要多出開首的一句“越邦之先王未得居作金”，因爲“適得居”則已表明前此未得居，這樣多出開首一句，不僅行文冗贅，而實際上也是在指責父祖無能而彰顯己之功伐，則不合古人的道德習慣。……下文“得居作金”一句，是“差徐以鑄其元用戈”的原因所在，意爲差徐作戈是因爲先王作戚在先，差徐仿效之，故作此戈，以捍衛國土。古時舉事，子孫不敢專美，必歸美于前人，故差徐作戈，而歸美于先王作戚。 彭裕商《越王差徐戈銘文釋讀》[385][越王差徐戈] 　　筆者受董文啓發，疑“居乍”當爲一詞，即傳世典籍中之“姑胥（蘇）”。“居”和“姑”同從“古”聲，例得相通。另據董文所引，知史籍曾多處記載越國遷都“姑胥（蘇）”之事實，可見讀“居乍”爲“姑胥（蘇）”與史籍所記相符。 　　如果“居乍”爲“姑胥（蘇）”，則“金”字可讀如字，而不煩改讀。“居乍金”即“姑胥（蘇）金”，義爲“産自姑蘇的銅”。戰國兵器銘文中有標明原料産地的習慣，如著名的繁陽之金劍。 孟蓬生《越王差徐戈銘文補釋》[386][越王差徐戈]

384 董珊：《越王差徐戈考》，《故宫博物院院刊》2008 年第 4 期，第 31 頁。

385 彭裕商：《越王差徐戈銘文釋讀》，《考古》2012 年第 12 期；後收入《述古集》，巴蜀書社，2016 年，第 169—170 頁。

386 孟蓬生：《越王差徐戈銘文補釋》，華東師範大學中國文字研究與應用中心主辦：《中國文字研究》（第十二輯），大象出版社，2009 年，第 48 頁。

0117 **禾**  禾伯尊	**【時代】西周早期** **【出處】禾伯尊** 禾伯作父乙寶尊。[禾伯尊，《集成》5871] **【類別】國族名稱** **【釋地】陝西省地區** 禾，方國名，爲史書失載之小國。傳世有禾伯尊，西周初年器，銘文作“禾伯作父乙寶障”。吴其昌《金文氏族譜》將禾國列于不知姓氏諸國類中。禾國銅器在竹園溝墓地其他墓葬中亦有發現，估計其與弓魚國相距不會太遠，弓魚、禾兩國應該有着比較頻繁的往來。 盧連成、胡智生《寶鷄茹家莊、竹園溝墓地有關問題的探討》[387] 封邑名。 吴鎮烽《銘圖索引》[388][禾伯尊]
0118 **丘關**  子禾子釜	**【時代】戰國早期・齊** **【出處】子禾子釜** □□立事歲，禝月丙午，子禾（和）子□□内者御梠（莒）市，□命誃墜（陳）得：左關釜節于廩釜，關鍘節于廩半，關人築桿戚釜，閉料于□外，櫡釜而車人制之，而以發退汝關人，不用命則寅之，御關人□□其事，中刑斤殺，贖以[金]半鈞，□□其盟，厥辟□殺，贖以□犀，□命者，于其事區夫，丘關之釜。[子禾子釜，《集成》10374] **【類別】城邑名稱** **【釋地】山東省地區** 在今山東省境内。 吴鎮烽《銘圖索引》[389][子禾子釜]
0119 **白**	**【時代】西周早期** **【類別】國族名稱** **【出處】堲方鼎**

387 盧連成、胡智生：《寶鷄茹家莊、竹園溝墓地有關問題的探討》，《文物》1983年第2期，第16頁。
388 吴鎮烽：《商周青銅器銘文暨圖像集成索引》，上海古籍出版社，2019年，第903頁。
389 吴鎮烽：《商周青銅器銘文暨圖像集成索引》，上海古籍出版社，2019年，第904頁。

 塱方鼎	唯周公征于伐東夷，豐、白、專古咸𢦏，公歸𩁹于周廟，戊辰，畬（飲）秦畬（飲），公賞塱貝百朋，用作尊鼎。[塱方鼎，《集成》2739] **【釋地】山東省地區** 白，或讀伯，與上豐字連讀，或讀如字，謂豐與白均爲東夷國名。 白，夷族方國之一。古本《竹書紀年》："后芬即位，三年，九夷來御，曰畎夷、于夷、方夷、黄夷、白夷、赤夷、玄夷、風夷、陽夷。"又"后泄二十一年，命畎夷、白夷、赤夷、玄夷、風夷、陽夷。"《逸周書·王會》："白民乘黄。"孔晁注："白民亦東南夷。"《路史·國名紀乙》少昊後李姓國有白，注云："蔡之褒信西南白亭是，楚平（王）滅以封子建之子勝，曰'白公'。"白當即《左傳》之柏，《僖公五年》："于是江、黄、道、柏方睦于齊。"杜預注："柏，國名。汝南西平縣有柏亭。"故地在今河南西平縣西。按：此乃春秋時白的地望，據成王時期的塱方鼎銘"豐、白、專姑咸𢦏"，殷時之白當在山東境内。 陳秉新、李立芳《出土夷族史料輯考》[390][塱方鼎]
0120 **白水**  白水戈	**【時代】戰國晚期·秦** **【出處】白水戈**[《銘圖》16517] **【類别】城邑名稱** **【釋地】四川省廣元市青川縣** 今四川青川縣東北白水鎮。 吴鎮烽《銘圖索引》[391][白水戈]
0121 **白馬**  王太后鼎	**【時代】戰國後期·燕** **【出處】王太后鼎** 蓋銘：王大（太）后，白馬廣平[侯]昌夫；口沿銘:白馬廣平侯昌夫，大（太）子左私室，一斁。[王太后鼎，《銘圖》2043] **【類别】國族名稱** **【釋地】西南地區** "白馬"爲部族名，應是白馬氏的省稱。《逸周書·王會篇》記載少數民族向西周王朝貢獻方物時説："氐羌鸞鳥。"孔晁注："氐地之羌，

390 陳秉新、李立芳：《出土夷族史料輯考》，安徽大學出版社，2005年，第17頁。
391 吴鎮烽：《商周青銅器銘文暨圖像集成索引》，上海古籍出版社，2019年，第904頁。

不同，故謂之氐羌，今謂之氐矣。”這説明“氐”是羌族的一支。《史記·西南夷列傳》載：“自冉駹以東北，君長以什數，白馬最大，皆氐類也。”《索隱》：“白馬，夷邑名，即白馬氐。”《正義》引《括地志》云：“隴右成州、武州皆白馬氐。”《魏書·氐傳》：“氐者。西夷之别種，號曰白馬。三代之際，蓋自有君長，……秦漢以來，世居岐隴以南，漢川以西，自立豪帥。漢武帝遣中郎將郭昌、衛廣滅之，以其地爲武都郡。”可見“白馬氐”是以白馬爲圖騰的羌族，秦漢以來大致活動在今甘肅東南、陝西西南和四川一帶。漢武帝時收復白馬氐，在其地設武都郡（今甘肅西和）。

劉餘力、蔡運章《王太后左私室鼎銘考略》[392][王太后鼎]

0122

氏

匍盉

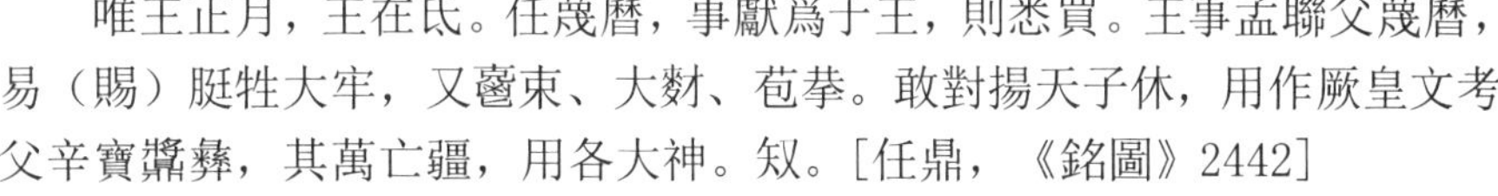

任鼎

霸伯簋

霸伯盉

【時代】西周中期

【出處】任鼎 匍盉 霸伯簋（盉）

唯王正月，王在氏。任蔑曆，事獻爲于王，則悉買。王事孟聯父蔑曆，易（賜）脡牲大牢，又𩠄束、大𢏊、苞𦍒。敢對揚天子休，用作厥皇文考父辛寶䵼彝，其萬亡疆，用各大神。㕚。[任鼎，《銘圖》2442]

唯四月既生霸戊申，匍即于氏，青公事嗣史盾（允），曾（贈）匍于柬，麀𠦝韋兩，赤金一鈞，匍敢對揚公休，用作寶尊彝，其永用。[匍盉，《銘圖》14791]

唯正月王祭剢于氏，大奏，王易（賜）霸伯貝十朋，霸伯用作寶鈢，其萬年孫子子其永寶。[霸伯簋，《銘三》497]

唯正月王在氏，霸伯作寶盉，其萬年孫子子永寶。[霸伯盉，《銘三》1240]

【類别】國族名稱

【釋地】河北省石家莊市元氏縣

氏，此處作地名。1978年出于河北省元氏縣西張村的臣諫簋，銘文記載了康王時期邢侯派臣諫率領軍隊入駐于軝，輔佐軝侯抗擊北戎侵略的史實。其中軝爲國名。李學勤、唐雲明先生依從《文源》與白川静先生的觀點，認爲氏、氐同字，軝從氏聲，並進一步考證軝因古泜水（今稱槐河）而得名。其地在今河北省元氏縣境。鴨盉銘文的氏與臣諫簋的軝字相通，應是同一個地名。

王龍正、姜濤、婁金山《匍鴨銅盉與頫聘禮》[393][匍盉]

“氏”，此處作爲地名是否就是河北省元氏縣西張村出土的《臣諫簋》銘文所記的“軝”國呢？李學勤、唐雲明先生認爲軝國因古泜水（今稱魏河）而得名，其地在今河北元氏縣境。今“匍鴨銅盉”銘文的氏與《臣諫

392 劉餘力、蔡運章：《王太后左私室鼎銘考略》，《文物》2006年第11期，第66頁。

393 王龍正、姜濤、婁金山：《匍鴨銅盉與頫聘禮》，《文物》1998年第4期，第89頁。

| | 簋》的軝字相通，應是一個地名，值得研究。因氏、砥、泜，古音均在脂部可以相通。但與軝，古音在支部群紐，就不能相通。因此《臣諫簋》邢侯對戎作戰，命臣諫率領亞旅居駐于軝國，與泜不應是一個地名，而是指的古北泜水。
陳昌遠、王琳《“匍鴨銅盉”應爲“匍雁銅盉”新釋》[394]［匍盉］

氐與古青州一樣，同在東方。《説文》：“泜水在常山。”段注：“今泜水在元氏縣。”《世本》：“昭明居砥石。”宋鎮豪先生認爲砥石在今河北元氏南槐河一帶。是砥石之得名亦與泜水有關。平頂山一帶雖有滍水（泜水）之名，卻在古豫州的南部，與青州相距甚遠。至于滍水在《左傳》中被記爲泜，當出于同音假借，或是地名的遷移所致，而原本的泜水仍在河北。
王龍正《匍盉銘文補釋並再論覜聘禮》[395]［匍盉］

學者均將銘文中的“氐”解釋爲地名，但其地望則有黄河以南的沙河説與黄河以北的河北省元氏縣説。基于“柬”在鶴壁的前提，“氐”不可能位在黄河以南。銘文的叙事順序説明，匍在氐地完成任務之後，在艮的護送之下，于管地接受贈賄。由于匍的出發地是應國，則匍絶不可能在黄河以南的氐地完成朝聘之後，渡過黄河到鶴壁去接受贈賄。空間關係使氐必須位在鶴壁以北的地方。
雷晉豪《探索西周時代的外交活動與遠距交通》[396]［匍盉］

【類别】自然地理名稱·河湖

【釋地】河南省平頂山市滍陽鎮

“氐”，應讀爲“泜”。古有兩泜水，一在今河北，一在今河南。此處是後者，或稱滍水，就是現在的沙河，源出魯山西北堯山，東流經縣南，又東經平頂山市南、葉縣北，又東入汝水。應國即都于該水之北，故其地後稱滍陽。
《左傳》僖三十三年：“晋陽處父侵蔡，楚子上救之，與晋師夾泜而軍。”是中原諸侯國與南方荆楚的一次對抗。盉銘匍當爲應國人，他領兵南駐泜水，也可能是防衛楚人的北上。
李學勤《論應國墓地出土的匍盉》[397]［匍盉］

古代今河南平頂山附近也有泜水，又名滍水，源出今河南魯山縣西， |

394 陳昌遠、王琳：《“匍鴨銅盉”應爲“匍雁銅盉”新釋》，《河南大學學報（社會科學版）》1999年第4期，第31頁。

395 王龍正：《匍盉銘文補釋並再論覜聘禮》，《考古學報》2007年第4期，第408頁。

396 雷晉豪：《探索西周時代的外交活動與遠距交通：以“匍盉”爲例》，清華大學出土文獻與中國古代文明研究中心、清華大學出土文獻研究與保護中心編：《出土文獻與中國古代文明：李學勤先生八十壽誕紀念論文集》，中西書局，2016年，第113頁。

397 李學勤：《論應國墓地出土的匍盉》，《平頂山師專學報》1999年第1期，第66頁。

東流經葉縣北入汝水，今名沙河。《左傳·僖公三十三年》“晋陽處父侵蔡，楚子上救之，與晋師夾泜而軍”的“泜”即指此水。鴨形匍盉出平頂山應國墓地，“匍即于氏”的“氏”應在今平頂山附近的魯山、葉縣一帶求之，不能到邢國以北的地區去找。即使是諸侯交聘，軝屬軝侯之地，匍到軝邢侯派使官接見也説不通。本鼎“王在氏”的“氏”，可能也指古應國附近的泜水流域。

王冠英《任鼎銘文考釋》[398][任鼎]

學者已經指出“氏”當讀爲“泜”，爲地名，與之相關的地名有兩處，其一在河北。《説文·水部》：“泜，水。在常山。”段玉裁《注》：“今泜水在元氏縣。”元氏縣西張村西周早期墓地出土的臣諫簋、叔𧾬父卣等具銘銅器證明元氏縣在西周時期爲軝國所在地，軝國得名當與泜水有關。其一在河南。《左傳·僖公三十三年》：“晋陽處父侵蔡，楚子上救之，與晋師夾泜而軍。”杜預《注》：“泜，水。出魯陽縣東，經襄城定陵而入汝。”桂馥《札樸·温經·泜水》：“僖三十三年《傳》：‘晋陽處父侵蔡，楚子上救之，與晋師夾泜而軍。’……馥案：‘泜’借字，當爲‘滍’。《説文》：滍水出南陽魯陽堯山，東北入汝。”應國墓地適在滍水北岸滍陽嶺上。青公遣使納徵當至匍處，故“泜”當即應國境内之滍水。

黄益飛《匍盉銘文研究》[399][匍盉]

“氏”，讀爲“泜”，即《左傳》僖公三十三年：“晋陽處父侵蔡，楚子上救之，與晋師夾泜而軍”之“泜”。楊伯峻《注》曰：“泜音雉，抵水即滍水，今名沙河。源出河南省魯山縣西吴大嶺，東流經縣南，又東經寶豐、葉縣、舞陽合于北沙河。”此爲南泜水。應國都城就在南泜水北。

張亮《匍盉銘文再考》[400][匍盉]

【類别】宫室建築名稱

霸國位于晋南澮水流域，宗周位于關中，周王舉行“祭𧟨（𢍰）”和賞賜霸伯的地點或場所“氏”當在關中一帶或河東地區。霸伯方簋、霸伯盉銘文之“氏”雖然與河南之“泜”、河北之“軝”音同，但三者相距較遠，當非一地。結合文獻記載分析，霸伯方簋、霸伯盉銘文之“氏”可能與宫室之名“祇宫”有關。……芮公叔盤銘文“王至于𢊁（祈）”之“祈”爲“祈宫”之省。由此例論之，霸伯方簋、霸伯盉銘文中的“氏（祇）顯然也可以看作是“祇宫”的省稱。學者或説“祇宫”爲畿内的周王遊宫，霸伯方簋、霸伯盉銘文中的祇宫是否爲屬于畿内遊宫，目前尚無法確定。

張程昊《霸國墓地出土銅器零釋》[401][霸伯簋]

---

398 王冠英：《任鼎銘文考釋》，《中國歷史文物》2004年第2期，第21—22頁。
399 黄益飛：《匍盉銘文研究》，《考古》2013年第2期，第72頁。
400 張亮：《匍盉銘文再考》，《中原文物》2013年第4期，第71頁。
401 張程昊：《霸國墓地出土銅器零釋》，《中原文物》2019年第2期，第117頁。

0123

氐蚰

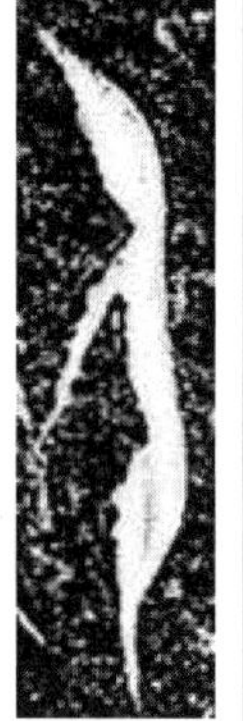

魚鼎匕

【時代】春秋晚期

【出處】魚鼎匕

曰：征寸（鑄）氐蚰匕，述王魚顛。曰：欽弋（哉），出斿（游）水虫，下民無智，参目取之蚩尤命，帛（薄）命入羹，柔入柔出，毋處其所。[魚鼎匕，《銘圖》6319、6320]

【類别】國族名稱

“氐”與“氏”係一字之分化，在此讀爲“是”，指示代詞，相當于此、這。“氏”與“是”雙聲迭韻，故相通用……

“尸”，李零、詹鄞鑫先生釋爲“人”，臧克和先生釋爲“匕”。人、尸、匕三字在金文中構形相近易混，但還是有區别的。“尸”字作人之側身形而屈膝，“人”字作人之側身形而不屈膝。“匕”似“人”字亦無屈膝之形（匕與人更易混，這就要根據上下文來正確判斷）。此字頭、腹、臀部皆用肥筆，膝部彎曲，與本銘“三目之人”的人字區别明顯，自當是“尸”字。“尸”讀爲“夷”。“蚰”讀爲“昆”。“蚰尸”就是“昆夷”，史書又作混夷、緄夷、緄戎、串夷、畎夷、犬夷、犬戎。殷周時居住在我國西北的部族。《詩·小雅·采薇序》：“文王之時，西有昆夷之患，北有獫狁之難。”鄭玄箋：“昆夷，西戎也。”春秋初期，犬戎（昆夷）又成爲秦國的强敵。後來有一支北遷到蒙古草原，與代國臨近。“征又氐蚰尸”，即“誕有是昆夷”，意思是説：有此昆夷人，或有這麼個昆夷人。如以“氐”作國族名，“氐昆”連讀與“氐羌”連稱一樣，泛指西部非華夏部族亦通。

吴鎮烽《“魚鼎匕”新釋》[402][魚鼎匕]

“蚰尸”讀作“昆夷”是不成問題的。……“鬼方”乃至“匈奴”族的名稱異常複雜，諸如“昆夷”“混夷”“犬夷”“畎夷”“串夷”“玁狁”“獫狁”“獯鬻”“獯粥”“葷粥”“淳維”“犬戎”“畎戎”“混戎”等，多達二十幾種，而其間多數有音變的蹤迹可尋。本文新釋的“蚰尸”，與“昆夷”讀音最近，無疑又增加了史料的新知。

遊牧民族原本居無定所，地上和地下文獻記載或斷或續，撲朔迷離，然其活動範圍大體可知。根據《詩·小雅·出車》、《詩·小雅·六月》、不期簋、多友鼎、虢季子白盤、兮甲盤等記載，西周時代“玁狁”出入在涇水、洛水流域，即關中北部之外圍——這是先秦早期的大致情况。根據《史記·秦本紀》、《史記·李牧傳》、《史記·匈奴傳》、《説苑·君遊》、“匈奴相邦”璽（《上海博物館藏印選》11.2）等記載，戰國晚期“匈奴”出入在趙、燕、秦三國之北——這是先秦晚期的大致情况。先秦

402 吴鎮烽：《“魚鼎匕”新釋》，《考古與文物》2015年第2期，第55頁。

0124.02 氏昆 0124.03 氏昆夷	早期和晚期之間的情況如何？這正是本文關注的焦點。 戰國晚期，與匈奴接壤的趙、燕、秦三國，應以趙國的邊境爲最長。如果再向上推溯至春秋戰國之際，與匈奴邊境接壤最長者，也應是三家分晋前後的趙氏領土。上文已指出，魚顛匕的時代大致可定爲春秋戰國之際。這時趙氏所轄領土北部與匈奴接壤者，《史記·匈奴傳》有較爲明確的記載：“趙襄子逾句注而破并代以臨胡貉。其後既與韓魏共滅智伯，分晋地而有之，則趙有代、句注之北，魏有河西、上郡，以與戎界邊。”魚顛匕的出土地——渾源，恰好在代郡範圍。凡此種種，説明上文對魚顛匕的斷代是大致可信的。 何琳儀《魚顛匕補釋——兼説昆夷》[403][魚鼎匕] **【出處】** 從文字間距來看，應是三個字，因此應釋爲“氏蚰匕”，在此讀爲“是蟲匕”。先説“是”字。“是”爲指事代詞，複指下文“蟲匕”。杕氏壺銘文（《集成》9715）“可（荷）是金契”之“是”用法相同。再説“匕”字。古文字“人”“尸”“匕”三字經常互訛，匕銘第三字雖然作“尸”字形，但也可能是“匕”字或“人”字之訛，應該結合辭例來考慮。由匕銘文例“肈鑄是蚰”可知是用作器物之名，應以釋爲“匕”爲是。最後説“蚰”字。後世文字“虫”“蚰”“蟲”三字雖然音義各不相同，但在古文字中它們絶大多數都是當作“蟲”字來用的。古文字“蚰”字比較少見，以“蚰”爲“蟲”的例子有睡虎地秦簡《秦律十八種》2 號“早及暴風雨、水潦、螽蚰、群它物傷稼者”，嶽麓書院藏秦簡《占夢書》1494 號“夢見蚰者，魄君爲祟”等。以“虫”爲“蟲”的例子較多，如上博竹簡《蘭賦》3 號“螻蟻虫蛇”，睡虎地秦簡《日書》甲種 62 背壹“虫豸”、乙種 116 號“百虫”等。郭店竹簡《老子》甲種 23 號“螝（虺）蠆=（蠆蟲）它（蛇）弗螫”，由于使用重文符號，既可以理解爲以“虫”爲“蟲”，也可以理解爲以“蚰”爲“蟲”。説詳另文。匕銘“蚰”也應該用作“蟲”。王國維曾經指出，“以匕形似虫，即以虫爲喻”。按王氏認爲“虫”是“虺”字初文，所以他實際上是認爲“以匕形似虫（虺），即以蟲（虺）爲喻”。根據古文字“虫”“蚰”基本都作“蟲”字來用的實際情況，其説應該修正爲“匕形似虫（蟲），即以虫（蟲）爲喻”，因稱之爲“蚰（蟲）匕”。銘文此處説“蚰（蟲）匕”，下文説“水蟲（蟲）”，正前後呼應。 綜上，匕銘第一部分所記爲鑄作蚰匕之目的。大意是講：鑄造一個蟲形之匕，用來追循珍美之魚頭。這是對用匕探入器皿中掐取羹中珍美之食物的文學描述。 劉洪濤《蚰匕銘文新釋》[404][魚鼎匕]

403 何琳儀：《魚顛匕補釋——兼説昆夷》，黄德寬主編：《安徽大學漢語言文字研究叢書·何琳儀卷》，安徽大學出版社，2013 年，第 119—121 頁。

404 劉洪濤：《蚰匕銘文新釋》，《考古與文物》2020 年第 2 期，第 100—101 頁。

0124

句

融比盨

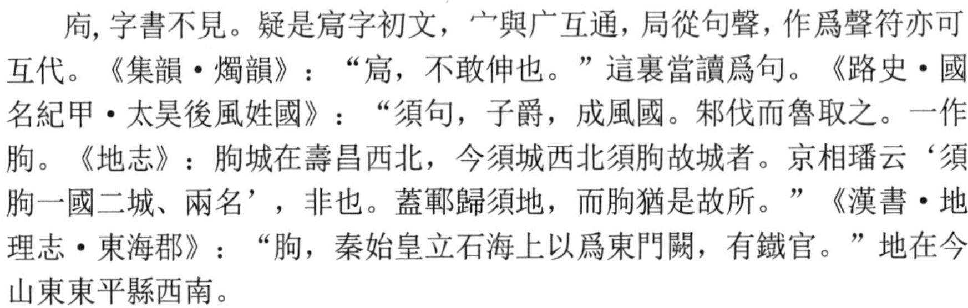

句監鼎

0124.02

㽕

【時代】西周早期

【出處】融比盨［《集成》4466］**句監鼎**

㽕（句）監作寶尊彝。[句監鼎，《銘圖》1617]

【類別】城邑名稱

邑名，今地不詳。

吴鎮烽《銘圖索引》[405][融比盨]

【釋地】山東省泰安市東平縣

㽕，字書不見。疑是㝒字初文，宀與广互通，局從句聲，作爲聲符亦可互代。《集韻·燭韻》："㝒，不敢伸也。"這裏當讀爲句。《路史·國名紀甲·太昊後風姓國》："須句，子爵，成風國。邾伐而魯取之。一作朐。《地志》：朐城在壽昌西北，今須城西北須朐故城者。京相璠云'須朐一國二城、兩名'，非也。蓋鄆歸須地，而朐猶是故所。"《漢書·地理志·東海郡》："朐，秦始皇立石海上以爲東門闕，有鐵官。"地在今山東東平縣西南。

陳秉新、李立芳《出土夷族史料輯考》[406][句監鼎]

㽕以字音求之，蓋即朐，二字俱以句爲諧聲偏旁，音當相近。《漢書·地理志》齊郡和東萊郡均有臨朐縣。東萊郡臨朐縣下班固曰："有海水祠，莽曰監朐。"顔師古曰："齊郡已有臨朐，而東萊又有此縣，蓋各以所近爲名也，斯類非一。故城今掖縣北。"所謂"掖縣北"正是今黄縣龍口一帶。可見此地原有地名朐，而朐最早可能寫作㽕，是周初齊東的一個小諸侯國。

王輝《周秦器銘考釋》[407][句監鼎]

今山東東平縣西南。

吴鎮烽《銘圖索引》[408][句監鼎]

0125

句陵

三年瘨壺

【時代】西周

【出處】三年瘨壺

唯三年九月丁子（巳），王在奠饗醴，呼虢叔召瘨，易（賜）羔俎；己丑，王在句陵饗逆酒，呼師壽召瘨，易（賜）彘俎，拜稽首，敢對揚天子休，用作皇祖文考尊壺，瘨其萬年永寶。[三年瘨壺，《集成》9726、9727]

【類別】城邑名稱

405 吴鎮烽：《商周青銅器銘文暨圖像集成索引》，上海古籍出版社，2019年，第904頁。
406 陳秉新、李立芳：《出土夷族史料輯考》，安徽大學出版社，2005年，第104頁。
407 王輝：《周秦器銘考釋》，《一粟集：王輝學術文存》，藝文印書館，2002年，第194頁。
408 吴鎮烽：《商周青銅器銘文暨圖像集成索引》，上海古籍出版社，2019年，第904、933頁。

0126

句須

句須簋

句須簋

0126.02

須句

【時代】西周早期

【出處】句須簋［《銘圖》3712、3713］

【類別】城邑名稱

【釋地】山東省泰安市東平縣

須句，古國名。《左傳・僖公二十一年》：“任、宿、須句、顓臾，風姓也，實司大皞與有濟之祀。”杜預注：“須句在東平須昌縣西北。”《路史・國名紀甲・太昊後風姓國》：“須句，子爵，成風國，邾伐而魯取之。一作朐。《地志》朐城在壽昌西北，今須城西北須朐故城者。京相璠云‘須朐一國二城兩名’，非也。蓋鄆歸須城，而朐猶是故所。”須句故地在今山東東平縣。

陳秉新、李立芳《出土夷族史料輯考》[409]［句須簋］

都句，今山東東平縣西南。

吴鎮烽《銘圖索引》[410]［句須簋］

0127

外

外叔鼎

【時代】西周早期

【出處】外叔鼎

外叔作寶尊彝。［外叔鼎，《集成》2186］

【類別】城邑名稱

【釋地】陝西省寶鷄市岐山縣

封邑名，今陝西岐山縣境内。

吴鎮烽《銘圖索引》[411]［外叔鼎］

0128

邙

邙令戈

【時代】戰國晚期

【出處】邙令戈

十年，邙命䰩（魏）□、右庫工帀（師）觫（蘇）□、冶□。［邙令戈，《集成》11291］

【類別】城邑名稱

409 陳秉新、李立芳：《出土夷族史料輯考》，安徽大學出版社，2005 年，第 248 頁。
410 吴鎮烽：《商周青銅器銘文暨圖像集成索引》，上海古籍出版社，2019 年，第 904 頁。
411 吴鎮烽：《商周青銅器銘文暨圖像集成索引》，上海古籍出版社，2019 年，第 904 頁。

【釋地】河南省永城市

即芒，今河南永城縣東北。

吴鎮烽《銘圖索引》[412][邙令戈]

0129

玄水

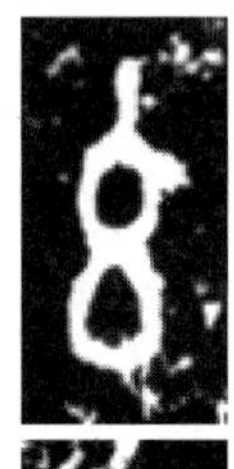

同簋

【時代】西周中期

【出處】同簋

唯十又二月初吉丁丑，王在宗周，格于大廟，焚（榮）伯右同，立中廷，北鄉，王命同：左右吴大父嗣埸、林、吴（虞）、牧，自虒（淲）東至于渊（河），厥逆至于玄水，世孫孫子子左右吴大父，毋汝有閑，敢揚天子厥休，用作朕文考叀（惠）仲尊寶簋，其萬年子子孫孫永寶用。[同簋，《集成》4270、4271]

【類别】自然地理名稱·河湖

“玄水”當即“泫水”，《地理志》上黨高都下注“莞谷，丹水所出，東南入泫水”。又泫氏下，應劭注云“《山海經》泫水所出者也”（今《山海經》無此文）。《水經·沁水注》“泫水出泫氏縣西北泫谷，東南流逕泫氏縣故城南而東會絶水，亂流下入高都”。是玄水之地當在今山西高平也。

唐蘭《同簋地理考》[413][同簋]

玄水當即今之延水，《水經》之奢延水也。《經》云“河水又南，離石縣西，奢延水注之”，注云“《山海經》所謂生水出孟山者也”。孟山乃盂山之誤，《山海經·西山經》“盂山，生水出焉，而東流注于河”。今案生即玄字之誤，奢延即玄之緩音也。此言“自洛東至于河，氒逆至于玄水”，正由玄、洛、河、渭天然形成一區域，疑古吴（即虞虢之虞）之封域本在河西，後乃改食河東也。

郭沫若《兩周金文辭大系圖録考釋》[414][同簋]

玄水，郭説爲延水，看來證據不足，玄水也應是一小水之名。玄是黑色，所謂玄水應指水呈黑色，今千陽縣多黑油土、黄墡土，易于冲刷，故河水多呈黑黄色，玄水之玄或指此。

王輝《弭弔鼎通讀及其相關問題》[415][同簋]

玄水，傳説爲北方水名。《莊子·知北遊》云：“知北遊于玄水之上，

412 吴鎮烽：《商周青銅器銘文暨圖像集成索引》，上海古籍出版社，2019年，第904頁。
413 唐蘭：《同簋地理考（西周地理考之一）》，《唐蘭全集（二）》，上海古籍出版社，2015年，第441頁。
414 郭沫若：《兩周金文辭大系圖録考釋（二）》，《郭沫若全集·考古編》（第八卷），科學出版社，2002年，第191頁。
415 王輝：《弭弔鼎通讀及其相關問題》，《一粟集：王輝學術文存》，藝文印書館，2002年，第97頁。

<table>
<tr><td></td><td>登隱弅之丘。”陸德明釋文引李頤云：“玄水，水名。”
崔恒昇《甲金文地名考釋》[416][同篇]

當指今陝北的無定河。
吴鎮烽《銘圖索引》[417][同篇]</td></tr>
<tr><td>0130
永

䰙比盨</td><td>【時代】西周

【出處】䰙比盨[《集成》4466]

【類别】城邑名稱</td></tr>
<tr><td>0131
弗

弗奴父鼎</td><td>【時代】春秋早期

【出處】弗奴父鼎

弗（費）奴父作孟姒府媵鼎，其眉壽萬年永寶用。[弗奴父鼎，《集成》2589]

【類别】城邑名稱

【釋地】山東省臨沂市費縣

費始見于《左傳》僖元年“公賜季友汶陽田及費”。時已爲魯邑，其後即爲魯季孫氏邑。《論語》記“公山弗拔以費畔”，按《尚書·費誓》記魯伯禽與徐戎淮夷戰于魯郊作《費誓》，《世本》作弗，此魯郊周初已入魯。《左傳》隱元年記“弗伯帥師城郎”，二年有費庈父即費伯，時爲魯大夫。然山東費地名非止一處，此費有可能屬魯之費，但未冠魯名。報導以費爲小國後入魯。友人李學勤同志亦以鼎爲費國器，姑從衆，留待後考。魯邑西漢爲費縣屬東海郡。清《一統志》：故城在今費縣西北二十里。
黄盛璋《山東諸小國銅器研究》[418][弗奴父鼎]

今山東費縣西北。
吴鎮烽《銘圖索引》[419][弗奴父鼎]</td></tr>
</table>

416 崔恒昇：《甲金文地名考釋》，安徽大學古文字研究室編：《古文字研究》（第二十二輯），中華書局，2000年，第153頁。

417 吴鎮烽：《商周青銅器銘文暨圖像集成索引》，上海古籍出版社，2019年，第904頁。

418 黄盛璋：《山東諸小國銅器研究——〈兩周金文辭大系續編〉分國考釋之一章》，《華夏考古》1989年第1期，第82頁。

419 吴鎮烽：《商周青銅器銘文暨圖像集成索引》，上海古籍出版社，2019年，第990頁。

	【釋地】山東省濟寧市魚臺縣 即費，原爲小國，其君後入魯爲大夫。《左傳·隱公元年》：“夏四月，費伯帥師城郎。”杜預《注》：“費伯，魯大夫，即魯邑。”今據銘文其女爲孟姒㝑，知爲姒姓，故址在今山東省魚臺縣舊治西南。 馬承源《商周青銅器銘文選》[420]［弗奴父鼎］
0132 召 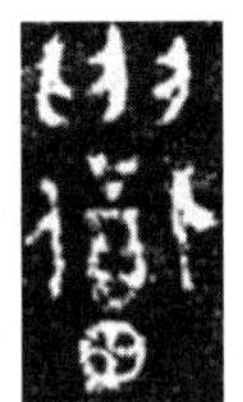 琱生簋 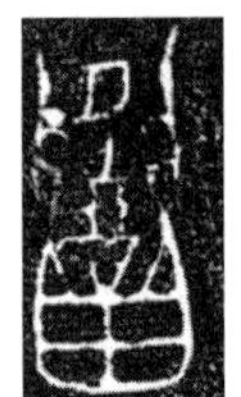 伯龢鼎  𠨘其壺	【時代】西周時期 【出處】多器 【類別】城邑名稱 【釋地】陝西省寶鷄市 今鳳翔縣是也。……詩所謂召南，蓋以河南召南縣而得名，亦即岐山之召之東徙者，春秋時值召伯也。召公之封匽，于金文有證，亦猶衛康叔之封衛，周公之封魯耳。 余永梁《金文地名考》[421]［召伯父辛鼎］ 召公之邑，鄭玄魏收謂在美陽，杜預劉昭謂在雍縣。考今岐山縣，始置于清。漢魏時，其東境屬美陽，西境屬雍縣；則雍與美陽，地實相接，故兩説之是非，地志家迄于今竟無敢决定者。今據此鼎出土于岐山任家村，則任家村一帶，真召公之采邑矣。任家村在岐山東境、去扶風法門寺僅五里，扶風、漢魏美陽縣也，則鄭魏之説，更覺信而有徵。又故周城、在岐山縣東北五十里，任家村正在其南，與京相璠之説，亦相符合。周城、周公之邑可涣然冰釋矣。 張筱衡《召禹鼎考釋》[422] 近年琱生鬲則出土扶風縣北，岐山附近，乃召公初封之召的故地。鄭玄《詩譜》曰“周召者《禹貢》雍州岐山之陽地名，今屬右扶風美陽縣”。“文王受命作邑于豐，乃分岐邦周召之地爲周公旦，召公奭之采地”。“周公封魯死謚曰文公，召公封燕，死謚曰康公，元子世之；其次子亦世守采地，在王官。春秋時周公，召公是也”。《燕世家·索隱》云“召者畿内采地，奭始食于召，故曰召公。或説者以爲文王受命，取岐周故墟周、召地分爵二公，故《詩》有周、召二南，言皆在岐山之陽也”。《左傳》僖公

商周金文地名綜覽彙釋

420 馬承源主編：《商周青銅器銘文選（四）》，文物出版社，1990年，第521—522頁。
421 余永梁：《金文地名考》，《國立中山大學語言歷史學研究所週刊》第5集第53、54期合刊，1928年，第2頁。
422 張筱衡：《召禹鼎考釋》，《人文雜志》1958年第1期，第68頁。

二十四年杜注“召、采地，扶風雍縣東南有召亭”。《水經》“渭水又東逕武功縣北”注曰“雍水又東逕召亭，南……亭，故召公之采邑也。京相璠曰亭在周城南五十里，《續漢書·郡國志》郿縣有召亭，謂此也”。《郡國志》雍縣下注云“《左傳》邵穆公采邑”。《括地志》曰“邵亭故城在岐州岐山縣西南十里”。

陳夢家《西周銅器斷代》[423][琱生簋]

召公奭封邑，今陝西岐山縣劉家村。

吴鎮烽《銘圖索引》[424][伯龢鼎]

【釋地】河南省濟源市

今河南濟源市西邵原鎮。

吴鎮烽《銘圖索引》[425][弋卩其壺]

【釋地】山東地區

召地在甲骨、金文中習見，過去有學者以《左傳》僖公四年“盟于召陵”之“召陵”比附之，當然是有疑問的。就目前資料看，召當屬東土地名。相關證據比較多，例如宋代出土的晚商戍鈴方彝有銘文……説明，召地應坐落于殷墟以東區域，過去所主張的殷西、殷西南或殷南諸説恐怕不能成立。

又2004年安陽殷墟大墓出土一紀事骨片……其辭可以進一步確定召地大致所在。……召也應該在淄、汶二水的共同發源地原山左近尋找。

陳絜《〈四祀𠨘其卣〉與晚商東土交通》[426][四祀𠨘其卣]

0133

皮氏

皮氏戟

【時代】戰國·魏

【出處】皮氏戟[《銘圖》16817]　**皮氏錢權**[《集成》11901]

【類別】城邑名稱

【釋地】山西省河津市

戰國魏邑，今山西河津縣西。

吴鎮烽《銘圖索引》[427][皮氏戟]

---

423 陳夢家：《西周銅器斷代》，中華書局，2004年，第232頁。

424 吴鎮烽：《商周青銅器銘文暨圖像集成索引》，上海古籍出版社，2019年，第904頁。

425 吴鎮烽：《商周青銅器銘文暨圖像集成索引》，上海古籍出版社，2019年，第905頁。

426 陳絜：《〈四祀𠨘其卣〉與晚商東土交通》，北京大學出土文獻研究所編：《青銅器與金文》（第一輯），上海古籍出版社，2017年，第79—80頁。

427 吴鎮烽：《商周青銅器銘文暨圖像集成索引》，上海古籍出版社，2019年，第904頁。

0134

弁瓜

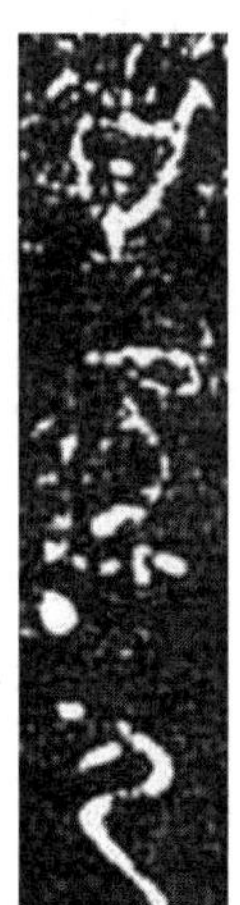

詢簋

師酉簋

0134.02

弁狐夷

【時代】西周中期

【出處】師酉簋（盤） 詢簋

唯王元年正月，王在吴，格吴大廟。公族𤔲釐入右師酉立中廷。王呼史牆册命：師酉，嗣乃祖啻官邑人、虎臣：西門夷、𩵦夷、秦夷、京夷、弁瓜（狐）夷…… ［師酉簋，《集成》4288—4291］

王若曰：訇（詢），丕顯文、武受令，則乃祖奠周邦，今余令汝啻官嗣邑人，先虎臣後庸：西門夷、秦夷、京夷、𩵦夷、師笭側薪、□華夷、弁瓜（狐）夷、𨟭人、成周走亞、戍秦人、降人、服夷，易（賜）汝…… ［詢簋，《集成》4321］

【類别】國族名稱

【釋地】山西省運城市平陸縣

師酉簋作畁月尸，故知𢁒與月義應相通。師酉簋六銘，三作身，三作月。《説文》曰“月，歸也”，月尸猶服夷，應爲某一性質之夷。……畁是夷族名。……畁音如其。晋地名箕者有三：《漢書・地理志》河東郡有“骐，侯國”，《一統志》謂故城今鄉寧縣東南；《左傳》僖公卅三年“狄伐晋及箕”，成公十三年“入我河縣，焚我箕、郜”，則箕乃晋河上之邑；又《方輿紀要》謂“箕山在解州平陸縣東北九十里”。畁尸或在此區域内。

陳夢家《西周銅器斷代》[428]［詢簋］

【釋地】河北省邯鄲市磁縣

“弁狐”似應是個地名，“弁狐夷”當理解成“弁狐”一地的夷族，“弁狐”則是以地名族。

“弁狐”應爲何地？以聲類求之，筆者懷疑“弁狐”當讀爲“番吾”。《説文》記載“緐”的或體即從“弁”作。郭店簡《緇衣》簡 18 的“民以此煩”的“煩”寫作《説文》“緐”的或體，從系從弁。上引《史記・伍子胥列傳》中記載的地名“番”，《左傳・定公六年》作“繁揚”，説明“繁”與“番”通。狐屬匣母魚部，吾屬疑母魚部。韻部相同，聲母均屬喉牙音，例可通假。因此，“弁狐”可以讀爲“番吾”。《戰國策・趙策二》：“秦甲涉河逾漳，據番吾，則兵必戰于邯鄲之下。”《齊策一》：“秦、趙戰于河漳之上，再戰而再勝秦，戰于番吾之下，再戰而再勝秦。”《史記・廉頗藺相如列傳》載趙悼襄王時“封李牧爲武昌君，居三年，秦攻番吾，李牧擊破秦軍，南距韓、魏”。這些記載中的“番吾”，一般認爲地在今河北平山縣東南。王震中先生提出戰國時的番吾一地，在今河北磁縣境。

何景成《論師酉盤銘文中的“弁狐”族》[429]［師酉盤］

428 陳夢家：《西周銅器斷代》，中華書局，2004 年，第 285—286 頁。

429 何景成：《論師酉盤銘文中的“弁狐”族》，《中國歷史文物》2010 年第 5 期，第 65、66—67 頁。

六　畫

0135

匡

禹鼎

匡上官鼎

【時代】西周晚期

【出處】禹鼎

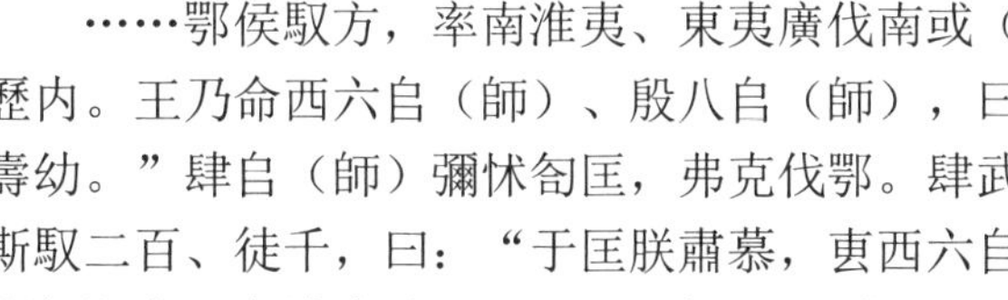

……鄂侯馭方，率南淮夷、東夷廣伐南或（國）、東或（國），至于歷内。王乃命西六𠂤（師）、殷八𠂤（師），曰：“撲伐鄂侯馭方，勿遺壽幼。”肆𠂤（師）彌怵匌匡，弗克伐鄂。肆武公乃遣禹率公戎車百乘、斯馭二百、徒千，曰：“于匡朕肅慕，叀西六𠂤（師）、殷八𠂤（師）伐鄂侯馭方，勿遺壽幼。”……［禹鼎，《集成》2833、2834］

【類別】自然地理名稱 · 山林

據《水經注》，歷水在歷城之東，又歷城之西有匡山，此銘之匡疑是匡山。

陳夢家《西周銅器斷代》[430]［禹鼎］

【時代】戰國晚期 · 魏

【出處】匡上官鼎［《銘圖》1889］

【類別】城邑名稱

匡有二地，一在洧川縣東南，一在扶溝縣西之匡城。

余永梁《金文地名考》[431]

【釋地】河南省商丘市睢縣

今河南睢縣西南。

吴鎮烽《銘圖索引》[432]［匡上官鼎］

0136

邦

【時代】西周晚期

【出處】邦伯鬲

邦伯作尊鬲，其萬年永寶用。［邦伯鬲，《銘續》249］

430 陳夢家：《西周銅器斷代》，中華書局，2004年，第271頁。
431 余永梁：《金文地名考》，《國立中山大學語言歷史學研究所週刊》第5集第53、54期合刊，1928年，第17頁。
432 吴鎮烽：《商周青銅器銘文暨圖像集成索引》，上海古籍出版社，2019年，第911頁。

邦伯鬲

【類别】城邑名稱

西周封邑。

吴鎮烽《銘圖索引》[433][邦伯鬲]

0137

刑

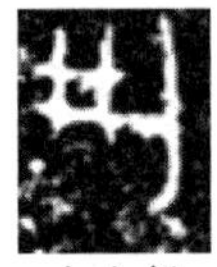

士山盤

【時代】西周中期

【出處】士山盤[《銘圖》14536]

【類别】國族名稱

刑，朱文可能因爲下面“服”的物件中没有此字，將其讀爲本字，認爲“亦爲懲治之義”。這是一解。我考慮，也不排除另外的可能，就是“刑”也和鄀、方一樣，爲一方國名，同在“懲罰”之列。這個“刑”就是荆楚之“荆”。牆盤“廣㪤（懲）楚荆”的荆就作刑。歷史上的楚，或稱荆，或稱荆楚、楚荆。包山楚簡的“荆王”無疑就是楚王。根據文獻記載和學術界的研究，一般認爲，楚先在豫西南的丹水一帶，後來（西周早期）南遷至湖北南漳的荆山一帶。

黄錫全《士山盤銘文别議》[434][士山盤]

“鄀刑方”，諸家均以“方”爲地名，朱鳳瀚説：“刑，亦應是地名，字不識，由銘文意思看，其地望與蠚相鄰。”黄錫全謂“方”與“彭”二字音近，可能就是從武王伐紂的彭國，地點在今天湖北房縣一帶。按：本文以爲尚有另一可能，即“方”不爲單獨存在的地名或國名。甲骨文中常見某些國名+“方”的記録形式，往往表明這些諸侯國與商王朝較爲疏遠甚至敵對的關係，如“土方”“鬼方”“𢀛方”等。此處“鄀、刑（荆）方”之“某方”正與“中侯”之“某侯”相對，或可借此表明前者與後者在西周封建秩序中不同的地位。盤銘後文中衹有刑（荆）未對士山贈送禮物（賓貝金），諸家都指出這反映了荆楚與周“若即若離”的微妙關係，正可爲稱其爲“方”做一注腳。故而“鄀、刑（荆）、方”本文讀爲“鄀、刑（荆）方”，下文“鄀、方”本文亦讀作“鄀方”。根據朱文考證，“中侯”在今陝西東南丹江上游的商洛地區，“鄀”在商密，即今陝西商洛地區之商州東南，河南淅川西南一帶，“刑方”即“荆方”，指楚地。

黄愛梅《士山盤銘補義》[435][士山盤]

0138

邾

【時代】戰國中期

【出處】邾戈

433 吴鎮烽：《商周青銅器銘文暨圖像集成索引》，上海古籍出版社，2019年，第1055頁。

434 黄錫全：《士山盤銘文别議》，《中國歷史文物》2003年第2期，第62頁。

435 黄愛梅：《士山盤銘補義》，《中國歷史文物》2006年第6期，第53—54頁。

 郏戈	廿二年郏嗇夫蒠，工帀（師）隃，冶敤，戟刃。[郏戈，《銘圖》16134] **【類别】城邑名稱** "郏"地屬齊的觀點值得商榷。我們認爲，從戈的銘文格式、字形特點、銘文辭例來看，此戈當爲戰國晚期的韓國兵器：即"郏"的地望不在齊，而在韓。 董越《廿二年郏戈考》[436][郏戈] 戈銘"郏"讀爲"湖"應無大礙。 戰國時期有"湖"地，即春秋晋地"瑕"（顧炎武《日知録》三十一），《史記·范雎蔡澤列傳》："王稽辭魏去，過載范雎入秦。至湖，望見車騎從西來。"在今河南省靈寶市西。《漢書·地理志》京兆尹有湖縣，班固自注："故曰胡，武帝建元年更名湖。"王先謙《補注》："秦時因其地有鼎湖以名關耳，初縣名胡。"秦封泥中有"胡丞之印"（《新出封泥彙編》1559號）、"胡印"（《秦俑研究動態》2006年第2期）等，張家山二四七號墓漢簡《奏讞書》中有"胡狀、丞喜敢讞之"（第17號簡），表明秦、西漢初該地確實名"胡"，後改名"湖"。 湖所在的區域，戰國早中期一直屬魏國。秦國在秦孝公四年（前358年）左右占據崤山、函谷關，即《淮南子·説林》"秦通崤塞而魏築城也"，高誘注："魏徙都于大梁，聞秦通治崤關，知欲來東兼之，故築城設守備也。"湖地入秦不得早于此時；而據《秦本紀》《魏世家》等的相關記載，湖地入秦的時間下限不得晚于公元前324年。再從形制上看，二十二年郏嗇夫戈的三穿均在加寬的闌上，類似的魏國兵器還可以舉出《銘像》32·17229二十四年㠯令戈、《集成》17·11321三十四年頓丘令戈等，以及《集成》17·11356韓兵"二十四年申陰令戈"、11279秦兵大良造鞅戟等，都是戰國中期時器物。因此，從形制特徵、湖地入秦的時間等因素推斷，二十二年郏嗇夫戈是魏國兵器，鑄造時間衹能是魏惠王前元二十二年（前348年）。 吴良寶《二十二年郏嗇夫戈考》[437][郏戈]
0139 **邛**	**【時代】戰國早期** **【類别】城邑名稱** **【出處】邮戈**[《集成》10912] **【釋地】湖北省安陸市** "邛"，或作"鄖"，《左傳·宣公四年》"若敖娶于邛"，《釋文》"邛本又作鄖"。《左傳·桓公十一年》"鄖人軍于蒲騷"，注"在江夏

436 董越：《廿二年郏戈考》，《中原文物》2014年第5期，第72頁。
437 吴良寶：《二十二年郏嗇夫戈考》，清華大學出土文獻研究與保護中心編、李學勤主編：《出土文獻》（第六輯），中西書局，2015年，第78—79頁。

雲杜縣東南”。在今湖北沔陽縣。又據《括地志》《元和郡縣志》則在今湖北安陸縣。今安陸、沔陽一帶大概都屬古鄖國的範圍。

鄖（䢵）戰國屬楚，故䢵戈係楚器。

何琳儀《古兵地名雜識》[438][邶戈]

邶戈

【時代】戰國中期

【出處】鄂君啓舟節[《集成》12112、12113]

【類别】自然地理名稱 · 河湖

【釋地】夏水流域水名

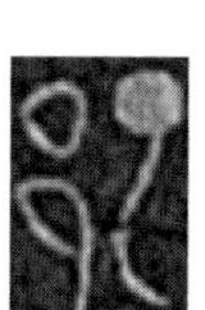

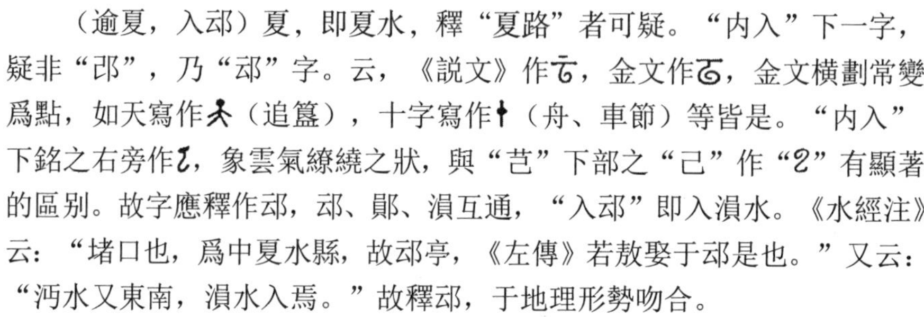

鄂君啓舟節

0139.02 郘

0139.03 阣

0139.04 邙

0139.05 涓

0139.06 䢵

（逾夏，入䢵）夏，即夏水，釋“夏路”者可疑。“内入”下一字，疑非“邙”，乃“䢵”字。云，《説文》作，金文作，金文横劃常變爲點，如天寫作（追簋），十字寫作（舟、車節）等皆是。“内入”下銘之右旁作，象雲氣繚繞之狀，與“芑”下部之“己”作“”有顯著的區别。故字應釋作䢵，䢵、鄖、涓互通，“入䢵”即入涓水。《水經注》云：“堵口也，爲中夏水縣，故䢵亭，《左傳》若敖娶于䢵是也。”又云：“沔水又東南，涓水入焉。”故釋䢵，于地理形勢吻合。

殷滌非《〈鄂君啓節〉兩個地名簡説》[439][鄂君啓舟節]

《節銘》凡用“入”字，均指水路，所以“入郘” 衹能是入郘水，而不可能是入郘縣，而且漢之郘縣在今湖北宜城，亦即上文之“屑”，何能一地而二名？“入郘”的上下文是“逾顨，内郘，逾江”，則此郘水應是連接夏水與江的一條河流。殷滌非先生認爲“内（入）下銘之右旁作‘’，象雲氣繚繞之狀，與‘芑’下部之‘己’作‘’有顯著之區别，故字應釋作‘䢵’。䢵、鄖、涓互通，‘入䢵’即入‘涓水’”。今以下圖證之，航路與《節銘》全合，殷説是可信的。

孫劍鳴《“鄂君啓節”續探》[440][鄂君啓舟節]

水名，據銘文，當爲夏水支流。

馬承源《商周青銅器銘文選》[441][鄂君啓舟節]

䢵，字左從云，寫法又見于隨縣及包山楚簡，舊釋爲“邙”，誤。䢵，即鄖，指鄖水，在漢水東，流經今隨縣、安陸注入夏水。由西鄂出發，沿

438 何琳儀：《古兵地名雜識》，黄德寬主編：《安徽大學漢語言文字研究叢書 • 何琳儀卷》，安徽大學出版社，2013 年，第 232 頁。

439 殷滌非：《〈鄂君啓節〉兩個地名簡説》，原載《中華文史論叢》（第 6 輯），1965 年；後收入劉慶柱、段志洪、馮時主編：《金文文獻集成》（第二十九册），綫裝書局，2005 年，第 326 頁。

440 孫劍鳴：《“鄂君啓節”續探》，原載《安徽省考古學會會刊》1982 年第 6 輯；後收入劉慶柱、段志洪、馮時主編：《金文文獻集成》（第二十九册），綫裝書局，2005 年，第 332 頁。

441 馬承源主編：《商周青銅器銘文選（四）》，文物出版社，1990 年，第 434 頁。

淯水下行，入長江溯江而上經穀至郢陽，再沿江下行，經邾，入涓水，這一段水程是船隊西北行的路綫。

湯餘惠《戰國銘文選》[442][鄂君啓舟節]

[illegible]爲水名。當即江之汜。音似又音以。《説文》“水别復入水也。一曰汜，窮瀆也”。《爾雅·釋水》“水决復入爲汜”。指江水汜濫而出，江水落則復入之水。蓋古穴口所在。此當即夏水受江之首。據《漢書·地理志》當在漢華容縣境。今江陵南境下及監利境。

《水經注》“夏水出江流于江陵縣東南。江津豫章口東，有中夏口是夏水之首，江之汜也”。唯汜似非專名而爲通名。據《水經注》夏水通江汜之口非一，除中夏口外，“豫章口，夏水所通也”“（涌）水自夏水南通于江”“子夏口，江水左迤北出，通于夏水”。“夏水所通”似可解爲夏季水乃出入，餘二爲通夏水無疑。後世稱爲穴口。

夏水據《水經注》又可通夏揚水，揚水及江陵諸湖，亦夏日可通江，並可直至紀郢。

姚漢源《戰國時長江中游的水運——鄂君啓節試釋》[443][鄂君啓舟節]

即涓水，連接夏水江水的一條河流。

吴鎮烽《銘圖索引》[444][鄂君啓舟節]

【釋地】沱江

“邔”在舟節銘文中爲小于江漢的水名，殆無疑義。因此，邔可通汜。……沱汜作爲江别之名，義同。……在古代文獻上，明確記載荆州沱水在枝江縣境。

陳蔚松《鄂君啓舟節與屈原〈哀郢〉研究》[445][鄂君啓舟節]

【釋地】鴉水

邔（音忌），以地言疑即漢代的雉縣，以水言當即雉縣境内的主要河流，即今之鴉河。雉縣故治在今南召縣東南。鴉河源出雉縣故治北伏牛山中，南流至故治南注入白河。古航道自南來，“逾夏”後仍循白河北上折入鴉河，故曰“入邔”。

譚其驤《鄂君啓節銘文釋地》[446][鄂君啓舟節]

邔殆爲汜，與涘通，水涯也。

郭沫若《關于鄂君啓節的研究》[447][鄂君啓舟節]

442 湯餘惠：《戰國銘文選》，吉林大學出版社，1993 年，第 47 頁。
443 姚漢源：《戰國時長江中游的水運——鄂君啓節試釋》，周魁一主編：《水的歷史審視：姚漢源先生水利史論文集》，中國書籍出版社，2016 年，第 555—556 頁。
444 吴鎮烽：《商周青銅器銘文暨圖像集成索引》，上海古籍出版社，2018 年，第 905、998 頁。
445 陳蔚松：《鄂君啓舟節與屈原〈哀郢〉研究》，《華中師院學報（哲學社會科學版）》1982 年 S1 期，第 18、19 頁。
446 譚其驤：《鄂君啓節銘文釋地》，原載《中華文史論叢》（第 2 輯），1962 年；後收入《譚其驤全集》（第一卷），人民出版社，2015 年，第 536—537 頁。
447 郭沫若：《關于鄂君啓節的研究》，《文物參考資料》1958 年第 4 期，第 4 頁。

【類别】城邑名稱

【釋地】湖北省仙桃市

"䢼"上言入，應是江汜之汜，而字從邑，又應是城邑名，可能二義兼有，汜旁有邑名䢼。以地望準之，當在今沔陽縣東南沙湖附近。有人問：據《水經注》"（江陵）江津豫章口，東有中夏口，是夏水之首，江之汜也"，這個汜是不是那個江汜？我可以肯定地回答：不是。這裏的汜，應該是夏水分流入江，江水盛時又復决于夏的一條水道。《詩·召南》"江有汜"傳云："决復入爲汜。"又"江有沱"傳云："江别爲沱。"汜與沱不同，夏水上游自江分出，應該是江沱，不是江汜。

羅長銘《鄂君啓節新探》[448][鄂君啓舟節]

【釋地】湖北省監利市

這個"䢼"當在夏水正道之域，靠近夏水入江的位置。如果不在入江的位置舟隊又怎麼能"逾江"呢？據此推之"䢼"當在今監利附近。《後漢書·泗水王歙傳》："封長子柱爲䢼侯。"注云："䢼，縣，屬南郡。"在今湖北江陵縣北，漢移治江陵。監利與漢南郡"䢼"屬同一區域，古"䢼"在監利是可能的。

張中一《〈鄂君啓金節〉路綫新探》[449][鄂君啓舟節]

【釋地】湖北省天門市、孝感市一帶

"䢼"讀爲"鄖"，《左傳》昭公十四年："使鬭辛居鄖。"鬭辛又稱"鄖公辛"，見《左傳》定公四年。《漢書·地理志》江夏郡竟陵："鄖鄉，楚鄖公邑。"師古《注》："音云。"《水經注·沔水》："巾水又西逕竟陵縣北，西注揚水，謂之巾口，水西有古竟陵大城，古鄖國也，鄖公辛所治，謂鄖鄉矣。"《通典》一百八十三："安陸郡安州，今理安陸縣，春秋䢼子之國。䢼或作鄖，䢼、鄖、溳皆音云。雲夢之澤在焉。後楚滅䢼，封鬭辛爲鄖公，即其地也。"是古䢼地有竟陵、安陸二説，據鄂君啓節，䢼在古夏水北岸，應在竟陵以東，安陸以西。

劉信芳《包山楚簡解詁》[450][鄂君啓舟節]

0140

圭

仲阪父盆

【時代】春秋早期

【出處】仲阪父盆

仲阪父作圭伯寶盆，萬年子子孫孫永享用。[仲阪父盆，《銘三》619]

【類别】國族名稱

448 羅長銘：《鄂君啓節新探》，原載《羅長銘集》，黄山書社，1994年；後收入安徽省博物館編：《安徽省博物館四十年論文選集》，黄山書社，1996年，第148頁。

449 張中一：《〈鄂君啓金節〉路綫新探》，《求索》1989年第3期，第127頁。

450 劉信芳：《包山楚簡解詁》，藝文印書館，2003年，第35—36頁。

春秋時期存有一個鄭穆公夫人圭嬀所出的圭國，乃是帝舜之後嬀姓，至于其地望則暫時未詳。同時尚有一個秦武公所滅的邽國，地在今甘肅天水，或言其爲姜姓。曾有觀點將此二國混而爲一，認爲圭嬀即出自邽戎國。陳槃先生已説明邽戎在秦武公十年被滅，秦武公十年當魯莊公六年，而鄭穆公夫人圭嬀則見于魯襄公十九年，圭嬀不應出自邽戎，陳説甚是。甘肅天水一帶西周時期已是周王朝統治的西部邊緣，從典籍習稱邽爲“邽戎”來看，其國應是戎人所立，似尚未融入華夏之中。與之相對，圭國雖然地望不詳，但是其與鄭國通婚，已屬于姬周統治集團的姻親。兩相比較，“圭（玳）伯”顯然更有可能出自圭國而不是地處蠻荒的邽戎。仲阪父盆的發現爲圭國研究提供了新的出土文獻史料，根據銅盤的年代還可推知西周晚期圭已立國。

馬超、鄒芙都《仲阪父盆自名與古圭國研究》[451]［仲阪父盆］

0141

寺

寺季故公簋

公典盤

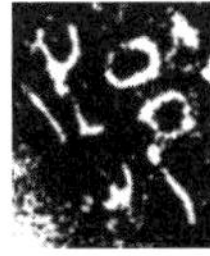

郜伯鼎

【時代】西周時期 春秋時期

【出處】多器

【類别】國族名稱

【釋地】山東省濟寧市

襄十三年《左傳》：“取邿。”杜曰：“任城亢父縣有亭邿。”元父城在濟寧州南五十里，邿城在州東南。濟寧州，今之濟寧縣。

余永梁《金文地名考》[452]［邿伯鼎］

《春秋》襄十三年“夏，取邿”，杜注“邿，小國也，任城亢父縣有邿亭。”《公羊》作詩，以爲“邾婁之邑”。蓋邿初爲邾所滅，而魯复取之也。《説文》“邿，附庸國，在東平亢父邿亭”，即杜注所本。故城在今山東濟寧縣東南。

郭沫若《兩周金文辭大系圖録考釋》[453]

邿乃春秋時候的小國。《春秋》襄公十三年：“夏，取邿。”杜注：“邿，小國也，任城亢父縣有邿亭。”《公羊傳》以爲“邾婁之邑”。因邿國最初滅于邾國，其後由魯所取，有如鄫國初滅于莒，而魯復取之。《説文》：“邿，附屬國，在東平、亢父、邿亭。”故城在今山東濟寧縣東南。

王讚源《周金文釋例》[454]［邿伯祀鼎］

---

451 馬超、鄒芙都：《仲阪父盆自名與古圭國研究》，華東師範大學中國文字研究與應用中心主辦：《中國文字研究》（第三十輯），社會科學文獻出版社，2019 年，第 23、24 頁。

452 余永梁：《金文地名考》，《國立中山大學語言歷史學研究所週刊》第 5 集第 53、54 期合刊，1928 年，第 21 頁。

453 郭沫若：《兩周金文辭大系圖録考釋（二）》，《郭沫若全集・考古編》（第八卷），科學出版社，2002 年，第 414 頁。

454 王讚源：《周金文釋例》，文史哲出版社，1980 年；後收入劉慶柱、段志洪、馮時主編：《金文文獻集成》（第二十七册），綫裝書局，2005 年，第 52 頁。

 郜伯祀鼎 0141.02 郜	**【釋地】山東省濟南市** 長清仙人臺郜國墓地的發掘，使我們對郜國的地望有了新的認識。很顯然，如果郜國在魯南，以其國力不可能將其墓地選在距其 150 公里之外，更何况其間還隔着魯國和成、鑄、遂等國。我們認爲，周代的郜國當在魯之北境，即今長清、平陰一帶。這不僅僅是因爲有西周晚期至春秋中晚期之際的仙人臺郜國墓地的發現，而且還有《左傳》襄公十八年的記載："晋人欲逐歸者，魯、衛請攻險。己卯，荀偃、士匄以中軍克京兹。乙酉，魏絳、欒盈以下軍克郜。"杜注及歷代志書均謂此郜在今平陰境。筆者認爲，這個"郜"應以郜國所在而得名。 魯南之郜，因是漢代人的説法，也不便輕易否定。我們注意到，《左傳》襄公十三年比之《春秋》記載要詳細些："夏，郜亂，分爲三。師救郜，遂取之。"是知在魯國滅郜之前，郜國已經因内亂而分裂爲三，魯國滅郜之後，很可能將其一支遷至魯之南境，因此便有濟寧以南以郜得名的稱呼。 山東大學歷史文化學院考古系《長清仙人臺五號墓發掘簡報》[455] 仙人臺既然是一處周代郜國貴族墓地，其中 M6 又是郜國國君之墓，那麼仙人臺一帶當爲周代郜國的封地。然而文獻卻從未記載郜國在今長清境内。《公羊傳·襄公十三年》："夏，取詩。詩者何？邾婁之邑也。"《公羊傳》習稱邾爲邾婁，小邾爲小邾婁。邾之疆域在今山東滕州北部及鄒城一帶，與長清仙人臺相距甚遠。且其間尚有魯、宿等國相隔，郜不可能爲邾邑。1933 年春滕州安上村雖然發現過 4 件郜器，但其餘銅器多爲邾器，且安上村位于滕州東南部，處在邾的中心地帶，郜也不可能在此，因此，《公羊傳》不但將郜作詩爲誤，而且認爲郜爲邾邑也誤。 任相宏《山東長清縣仙人臺周代墓地及相關問題初探》[456] 今濟南市長清區五峰山鎮。 吴鎮烽《銘圖索引》[457][寺季故公簋、郜伯鼎等]
0142 考征 考征君季鼎	**【時代】春秋早期** **【出處】考征君季鼎** 考征君季自作其盂鼎，子孫永寶用之。[考征君季鼎，《集成》2519] **【類別】城邑名稱**

455 山東大學歷史文化學院考古系：《長清仙人臺五號墓發掘簡報》，《文物》1998 年第 9 期，第 29 頁。
456 任相宏：《山東長清縣仙人臺周代墓地及相關問題初探》，《考古》1998 年第 9 期，第 31 頁。
457 吴鎮烽：《商周青銅器銘文暨圖像集成索引》，上海古籍出版社，2019 年，第 907、923 頁。

0143

𢦏

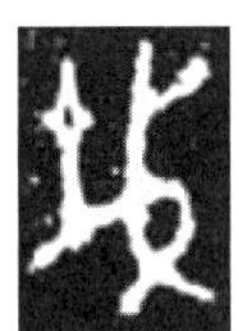

戴叔慶父鬲

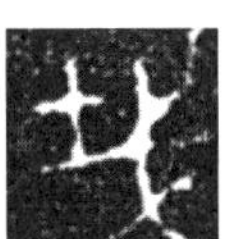

鼾比盨

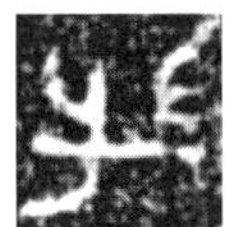

戴伯匜

吕壺

0143.02

戴

【時代】西周時期 春秋早期

【出處】戴叔朕鼎 吕壺 鼾比盨［《集成》4466］

唯八月初吉庚申，𢦏（戴）叔朕自作籐鼎，其萬年無疆，子子孫孫寶用之。［戴叔朕鼎，《集成》2690、2692］

唯四月伯懋父北征。唯還，吕行戴，孚豹，用作寶尊彝。［吕壺，《集成》9689］

【類别】國族名稱

【釋地】河南省商丘市民權縣

𢦏即是戴。余初疑𢦏叔字，朕名，然别有叔朕簠字迹相同，知是同人之器，而𢦏實係國族名。戴國地望在今河南考城縣東南。

郭沫若《兩周金文辭大系圖録考釋》[458]

即戴，今河南民權縣東。

吴鎮烽《銘圖索引》[459]［戴叔朕鼎］

【釋地】河南省開封市蘭考縣

戴字從𦭝𢦏聲，𦭝與𦭝同，或即𢧵字，《説文》："故國，在陳留。"《春秋·隱公十年》："宋人、蔡人、衛人伐戴。"《漢書·地理志》梁國甾縣下説"故戴國"，在今河南省蘭考縣境。

唐蘭《西周青銅器銘文分代史徵》[460]［吕壺］

【類别】城邑名稱

邑名，今地不詳。

吴鎮烽《銘圖索引》[461]［鼾比盨］

0144

𢦏丘

甾丘令癰戈

【時代】戰國中期·魏

【出處】甾丘令癰戈

九年，𢦏（甾）丘命癰，工帀（師）鵑、冶得。高望。［甾丘令癰戈，《集成》11313］

【類别】城邑名稱

【釋地】河南省商丘市民權縣

---

458 郭沫若：《兩周金文辭大系圖録考釋（二）》，《郭沫若全集·考古編》（第八卷），科學出版社，2002年，第473頁。

459 吴鎮烽：《商周青銅器銘文暨圖像集成索引》，上海古籍出版社，2019年，第907、1031頁。

460 唐蘭：《西周青銅器銘文分代史徵》，《唐蘭全集（七）》，上海古籍出版社，2015年，第260頁。

461 吴鎮烽：《商周青銅器銘文暨圖像集成索引》，上海古籍出版社，2019年，第907頁。

0144.02 戴丘 0144.03 甾丘	𢦏即戴國之戴，有戴叔朕鼎及戴叔慶父鬲，均如此作。《説文》加邑，作䢿，漢代又寫作甾，段注有詳細考證。戴後爲宋滅，而宋後來又爲齊、魏、楚所瓜分，《史記·宋世家》："宋王偃立四十七年齊湣王與魏、楚伐宋，殺王偃，遂滅宋，而三分其地。"《漢書·地理志》梁國下有"甾縣故戴國"，後漢章帝時改曰考城，城在考城縣東南二十五里，此地戰國顯然屬魏。同書山陽郡有甾鄉縣，楚國有甾丘縣，都與戴國故地有關。以地理考之，山陽郡有單父縣，戰國時爲魏地，而山陽郡又與梁國接境，甾鄉可以屬魏。至于甾丘當是楚、魏接境之地，《韓詩外傳》卷10："東海有勇士曰菑丘祈……要離聞之往見之。"則戰國已有甾丘爲姓。戈銘𢦏丘即甾丘，至少鑄此戈時屬魏。 黄盛璋《試論三晋兵器的國别和年代及其相關問題》[462][甾丘令癰戈] 即甾丘，魏邑，今河南民權縣東北。 吴鎮烽《銘圖索引》[463][甾丘令癰戈]
0145 芊  芊伯碩父鬲	**【時代】西周晚期** **【出處】芊伯碩父鬲** 芊伯碩［父］作叔妘寶鬲，其萬年子……[芊伯碩父鬲，《集成》642] **【類别】城邑名稱** 封邑名。 吴鎮烽《銘圖索引》[464][芊伯碩父鬲]
0146 芒陽  芒陽守令虔戈	**【時代】戰國晚期** **【出處】芒陽守令虔戈** □年，芒昜（陽）守命虔，□□工帀（師）錯、冶皋。[芒陽守令虔戈，《銘圖》17126] **【類别】城邑名稱** **【釋地】河南省永城市** 今河南永城縣東北。 吴鎮烽《銘圖索引》[465][芒陽守令虔戈]

462 黄盛璋:《試論三晋兵器的國别和年代及其相關問題》,《歷史地理與考古論叢》，齊魯書社，1982年，第126—127頁。
463 吴鎮烽:《商周青銅器銘文暨圖像集成索引》，上海古籍出版社，2019年，第907頁。
464 吴鎮烽:《商周青銅器銘文暨圖像集成索引》，上海古籍出版社，2019年，第907頁。
465 吴鎮烽:《商周青銅器銘文暨圖像集成索引》，上海古籍出版社，2019年，第907頁。

0147

束

束叔甗

【時代】西周早期

【出處】束叔甗（卣）

束叔作寶尊彝。[束叔甗，《集成》896]

【類別】城邑名稱

封邑名。

吴鎮烽《銘圖索引》[466][束叔甗]

0148

西

小臣逋鼎

不嬰簋

【時代】西周中晚期

【出處】小臣逋鼎　不嬰簋

小臣逋即事于西，休仲易（賜）逋鼎，揚仲皇，作寶。[小臣逋鼎，《集成》2581]

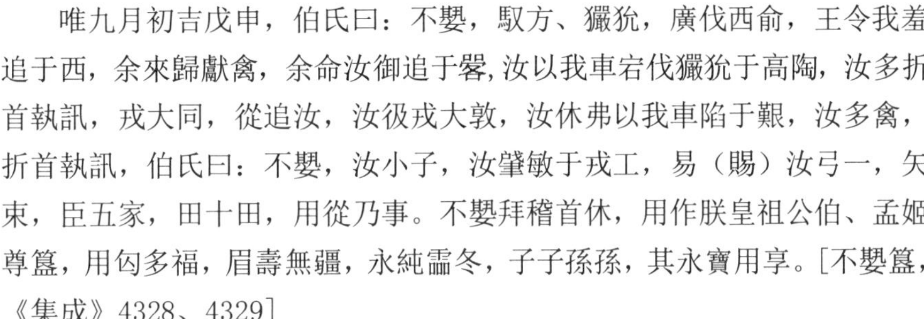

唯九月初吉戊申，伯氏曰：不嬰，馭方、玁狁，廣伐西俞，王令我羞追于西，余來歸獻禽，余命汝御追于䂂，汝以我車宕伐玁狁于高陶，汝多折首執訊，戎大同，從追汝，汝彶戎大敦，汝休弗以我車陷于艱，汝多禽，折首執訊，伯氏曰：不嬰，汝小子，汝肇敏于戎工，易（賜）汝弓一，矢束，臣五家，田十田，用從乃事。不嬰拜稽首休，用作朕皇祖公伯、孟姬尊簋，用匄多福，眉壽無疆，永純霝冬，子子孫孫，其永寶用享。[不嬰簋，《集成》4328、4329]

【類別】地理方位名稱

此器的“即事于西”與前器相校，可知西指宗周本土，猶本書36臣卿鼎之“自東”指魯地。

陳夢家《西周銅器斷代》[467][小臣逋鼎]

西土，岐周之地，在今陝西省岐山、扶風一帶。《尚書·泰誓中》：“西土有衆，咸聽朕言。”孔安國《傳》：“武王在西，故稱西土。”

馬承源《商周青銅器銘文選》[468][小臣逋鼎]

西垂即犬丘。《史記·秦本紀》：“周宣王乃召莊公昆弟五人，與兵七千人，使伐西戎，破之。于是復予秦仲後，及其先大駱地犬丘并有之，爲西垂大夫。”

馬承源《商周青銅器銘文選》[469]

466 吴鎮烽：《商周青銅器銘文暨圖像集成索引》，上海古籍出版社，2019年，第907頁。
467 陳夢家：《西周銅器斷代》，中華書局，2004年，第56頁。
468 馬承源主編：《商周青銅器銘文選（三）》，文物出版社，1988年，第128頁。
469 馬承源主編：《商周青銅器銘文選（四）》，文物出版社，1990年，第611頁。

今甘肅禮縣東北。

吴鎮烽《銘圖索引》[470][不嬰簋]

【釋地】甘肅省天水市一帶

玁狁侵擾周朝的西部，周王命簋銘中的伯氏和不其抗擊，進追于西。西是具體地名，即秦公簋刻銘之“西”，也就是秦漢隴西郡的西縣，古時又叫作西垂，在今甘肅天水西南。

李學勤《秦國文物的新認識》[471][不嬰簋]

西，地名，原先可能爲西戎所居，莊公破西戎，宣王“于是復予秦仲後及其先人大駱地犬丘并有之，爲西垂大夫。”秦并天下曾于此置縣，漢因之不改。《史記·樊噲列傳》説樊擊破“西丞”，馬非百云西丞即西縣丞。西縣治在今甘肅天水縣西南，一九一五年此地出土秦公簋，蓋外刻銘“西一斗七升大半升”，西即西縣，因爲這件簋漢時仍爲西縣官物，故刻此銘。另外，一九七八年寶鷄鳳閣嶺出二十六年戈，刻銘有“西工室”，此爲秦中央督造兵器，可見秦時在故都西設立工室。三國蜀漢建興六年，諸葛亮還曾屯兵西縣，晋廢。李學勤最先指出西爲西縣，頗具卓識。

王輝《秦銅器銘文編年集釋》[472][不嬰簋]

不其簋中“王命我羞追于西”，這個“西”除了本身所具有的方位意義外，在此處是實實在在的具體地名，即秦漢以來隴西郡西縣之“西”。著名的秦公簋就出土于這一地區。該簋……的“西”，正是不其簋中“追于西”的那個“西”，爲秦漢間西縣之簡稱。王國維考證説：此“西”者，就是漢隴西西縣之名，並且認爲秦公簋上的刻款亦爲“秦季所鑿，非漢款也”。王國維考證不其簋之“西”，即漢之西縣十分精當，我們可從新近出土的文物及相關文獻記載中得到證實。

徐日輝《秦器不其簋銘文中有關地域的考辨》[473][不嬰簋]

西，地名，原先可能爲西戎所居。秦莊公破西戎，“（宣王）于是復予秦仲後及其先大駱地犬丘并有之，爲西垂大夫”。西即西垂（陲）。秦後于此置西縣，即今甘肅禮縣。西作爲地名還見于天水出土秦公簋及西安北郊相家巷村新出秦封泥、寶鷄出土二十六年戈。

王輝《商周金文》[474][不嬰簋]

470 吴鎮烽：《商周青銅器銘文暨圖像集成索引》，上海古籍出版社，2019年，第907頁。

471 李學勤：《秦國文物的新認識》，原載《文物》1980年第9期；後收入《新出青銅器研究（增訂版）》，人民美術出版社，2016年，第230頁。

472 王輝：《秦銅器銘文編年集釋》，三秦出版社，1990年，第4頁。

473 徐日輝：《秦器不其簋銘文中有關地域的考辨》，《歷史地理》（第十八輯），上海人民出版社，2002年，第152頁。

474 王輝：《商周金文》，文物出版社，2006年，第247頁。

相邦冉戈

【時代】戰國晚期·秦

【出處】相邦冉戈［《集成》11359］

【類别】城邑名稱

【釋地】甘肅省天水市一帶

“西”係地名，當即隴西郡的西縣。天水出土的秦公簋，也加刻有此地名。

李學勤《湖南戰國兵器銘文選釋》[475]［廿年相邦冉戈］

西當指隴西郡西縣。西爲秦之早期都城，此後二百餘年，文公雖都汧渭之會，仍“居西垂宫”，死仍“葬西垂”。故戰國末仍在其地設立工官。昭王時代距西之建都，已五百餘年，而西仍未衰落。

王輝《秦銅器銘文編年集釋》[476]［廿年相邦冉戈］

0149

西成

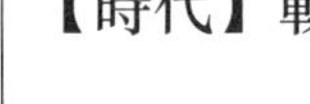

少府矛

【時代】戰國晚期·秦

【出處】少府矛［《集成》11454、11532、11550］

【類别】城邑名稱

【釋地】陝西省安康市

即西城，今陝西安康市漢濱區漢江北。

吴鎮烽《銘圖索引》[477]［少府矛］

0150

西余

西余令戈

【時代】戰國晚期·趙

【出處】西余令戈

五年，西余命□□，工帀（師）陽□、冶□□。［西余令戈，《銘三》1417］

【類别】城邑名稱

【釋地】山西省忻州市代縣

475 李學勤：《湖南戰國兵器銘文選釋》，中國古文字研究會、中華書局編輯部編：《古文字研究》（第十二輯），中華書局，1985年，第333頁。

476 王輝：《秦銅器銘文編年集釋》，三秦出版社，1990年，第60頁。

477 吴鎮烽：《商周青銅器銘文暨圖像集成索引》，上海古籍出版社，2019年，第907頁。

<table>
<tr><td></td><td>地名“西余”在戰國文字資料中首次出現。“西余”疑即“先俞”。……先俞之地，或標位于今山西代縣西北，此説爲多種工具書所採信，《趙世家》蘇厲遺趙王書的時間，學者多定在趙惠文王時，具體時間則有十一年、十四年、十六年等分歧。如果先俞確在代縣西北，趙惠文王時秦國能否深入趙地至于今代縣一帶，現有的史書記載裏是找不到相關綫索的。先俞的具體地望待定。
吴良寶、張麗娜《韓趙兵器刻銘釋讀三則》[478][西余令戈]</td></tr>
<tr><td>0151
西門夷

訇簋</td><td>【時代】西周中期
【出處】訇簋［《集成》4321］
【類別】國族名稱
鄭樵《通志・氏族略》以地爲氏中有西門氏，云：“鄭大夫居西門，因氏焉。”童書業認爲“西門夷等當在西周王畿附近，因爲師西是西周的官吏”（見《中國古代地理考證論文集》）。這個説法似覺不的。西周是相當强大的奴隸制國家，其勢力南及長江以南，西界甘肅，東北至今遼寧，東到現在的山東。在這龐大的國家里，“溥天之下，莫非王土；率土之濱，莫非王臣”（《詩・北山》）。周王朝的宿衛或出征部隊的徵集可能不會拘泥于王畿附近，而且，既以“夷”相稱，説明與周族文化區别甚大，地理位置自應相距王畿較遠爲宜。
查《姓氏尋源》上平聲八齊有西門氏，説“湯七佐有西門疵，則西門氏遠矣。河東、大陽、京兆、雲陽皆有西門姓”。本銘中的西門夷可能是位于河東、大陽等地的部族，其具體地望難以確定。
李福泉《訇簋銘文的綜合研究》[479][訇簋]</td></tr>
<tr><td>0152
西俞</td><td>【時代】西周
【出處】不嬰簋［《集成》4328、4329］
【類別】地理方位名稱
西俞之地實在周西，與《爾雅》之北陵西隃，《趙策》《趙世家》之巠分、先俞，皆不相涉。周西之地以俞、隃、榆名者頗多，皆一字一音之偶合，訖不能指爲何地。
王國維《鬼方昆夷玁狁考》[480][不嬰簋]</td></tr>
</table>

478 吴良寶、張麗娜：《韓趙兵器刻銘釋讀三則》，華東師範大學中國文字研究與應用中心編：《中國文字研究》（第十八輯），上海書店出版社，2013 年，第 35—36 頁。

479 李福泉：《訇簋銘文的綜合研究》，《湖南師院學報（哲學社會科學版）》1979 年第 2 期，第 63 頁。

480 王國維：《鬼方昆夷玁狁考》，王國維著、黄愛梅點校：《王國維手定觀堂集林》卷第十三《史林五》，浙江教育出版社，2014 年，第 316 頁。

不嬰簋

此與虢盤乃同時器，銘中“伯氏”即虢季子白，西俞即《紀年》之俞泉，《爾雅》所謂“北陵西隃，雁門是也”。曰“王命我羞追于西”者乃王在成周所命，王國維解爲在宗周所命，遂疑西俞非雁門，而于宗周之西杜陽俞山乃至隴坻以求之，並“疑《爾雅》‘雁門是也’四字乃漢人旁注之字誤入正文者”，非也。

郭沫若《兩周金文辭大系圖録考釋》[481][不嬰簋]

西俞地名，翁祖庚以爲即《紀年》夷王命虢公“伐太原之戎至于俞泉”，孫詒讓以爲即《爾雅・釋地》“北陵西隃，雁門是也”，王國維以爲“遠則隴坻，近則《水經》扶風杜陽縣之俞山，皆足當之”。西俞與西應爲戎自東向西入侵于秦之地。秦人居西，地名之前往往冠以西字，如《秦本紀》“莊公爲西陲大夫，……居其故西犬丘，祀上帝西畤”，“文公卒葬西山”，《秦始皇本紀》附録“文公葬西陲”，“憲公居西新邑”，“出子享國六年居西陵”（《索隱》曰“一云西陂”）。

陳夢家《西周銅器斷代》[482][不嬰簋]

此西俞者，在豐鎬之西，故云王命我羞追于西。與《爾雅》之西隃、《趙世家》之先俞皆不相涉。

于省吾《雙劍誃吉金文選》[483][不嬰簋]

“廣伐南國東國”同例，“西俞”是泛指的地區名，應讀爲“西隅”，意即西方。

李學勤《秦國文物的新認識》[484][不嬰簋]

當讀作西隃，指西周的西部邊界。《漢書・英布傳》：“上惡之，與布相望見，隃謂布：‘何苦而反？’”顔師古《注》：“隃，讀曰遥。”又《漢書・趙充國傳》“兵難隃度”，顔師古《注》引鄭氏云：“隃，遥也。”西隃爲西部遠遥之地，蓋指周室西面的邊陲，而廣伐西隃是玁狁大舉侵犯西部邊陲。一説西隃即《爾雅・釋地》“北陵，西隃、雁門是也”之西隃。然《爾雅・釋地》之五陵均無可考。一説西隃在代北雁門山。若如此，則離西周腹地極遠，周師于此抗擊玁狁之可能性甚微。簋銘云：“王命我羞追于西。”明玁狁廣伐在西而不在北，故所伐非北陵。

馬承源《商周青銅器銘文選》[485][不嬰簋]

不其簋中“廣伐西俞”之“西俞”與“羞追于西”之“西”，在内涵

481 郭沫若：《兩周金文辭大系圖録考釋（二）》，《郭沫若全集・考古編》（第八卷），科學出版社，2002 年，第 229—230 頁。

482 陳夢家：《西周銅器斷代》，中華書局，2004 年，第 321—322 頁。

483 于省吾：《雙劍誃吉金文選》，中華書局，1998 年，第 198 頁。

484 李學勤：《秦國文物的新認識》，原載《文物》1980 年第 9 期；後收入《新出青銅器研究（增訂版）》，人民美術出版社，2016 年，第 230 頁。

485 馬承源主編：《商周青銅器銘文選（三）》，文物出版社，1988 年，第 310 頁。

<table>
<tr>
<td></td>
<td>上是有區别的。不其簋中的“西”，是具體的方位與地名，並有着特定的地域範圍。而“西俞”則是方位與地域的結合，泛指中央王朝以西的相關地區，屬于包括“西”在内的較大的地域概念。
徐日輝《秦器不其簋銘文中有關地域的考辨》[486][不嬰簋]

王國維以爲俞即隃，爲山阜之通名，“此西俞者在豐鎬之西，……與《爾雅》之‘西俞’、《趙世家》之‘先俞’均不相涉，以地望及字義求之，遠則隴坻，近則《水經》扶風杜陽縣之‘俞山’皆足當之”。李學勤説西俞應讀爲“西隅”，爲泛指地區名。二説假借不同，但均以爲指豐鎬以西。郭沫若在王氏之後，仍堅持“西俞”及《爾雅·釋地》之“雁門”，不足信。
王輝《秦銅器銘文編年集釋》[487][不嬰簋]

俞讀爲隅。西隅泛指周之西部邊遠地區。
王輝《商周金文》[488][不嬰簋]

即西隅，泛指周王朝西北邊境。
吴鎮烽《銘圖索引》[489][不嬰簋]</td>
</tr>
<tr>
<td>0153
西都

上郡守壽戈

郛令夜眉戈</td>
<td>【時代】戰國晚期·秦

【出處】上郡守壽戈［《集成》11405］　郛令夜眉戈［《集成》11360］

【類别】城邑名稱

【釋地】山西省孝義市

西都，王先謙補注《漢書》西都云：“戰國趙地，武靈王時秦取之。”《史記·趙世家》中華書局標點本作“武靈王十年，秦取我中都及西陽”，兩地名與王補注皆不符；中華聚珍版四部備要本作“武靈王十年，秦取我西都及中陽”，兩地名及史實與王補注皆吻合。《集解》于該條下注曰：“太原有中都縣，西河有中陽縣”，與王補注前一地名不符，後一地名則相合。將以上材料綜合考校，我們以爲，《史記》原本該二地名當如中華聚珍版作西都與中陽。
《集解》注前作中都，後作中陽，説明在劉宋時即有《史記》的某種傳本將西都訛成了中都。標點本則進一步將中陽又訛成了西陽，據聚珍版《史記》，西都與中陽二地同時歸秦在趙武靈王十年，時值秦昭王九年。斯年較伊盟新出土秦戈鑄造之年早六年。故秦人于昭王十五年鑄成該戈後，</td>
</tr>
</table>

486 徐日輝：《秦器不其簋銘文中有關地域的考辨》，《歷史地理》（第十八輯），上海人民出版社，2002年，第149—151頁。
487 王輝：《秦銅器銘文編年集釋》，三秦出版社，1990年，第4頁。
488 王輝：《商周金文》，文物出版社，2006年，第247頁。
489 吴鎮烽：《商周青銅器銘文暨圖像集成索引》，上海古籍出版社，2019年，第907頁。

	將其首先置用于中陽、繼而置用于西都，于時、空觀念上看，都是可能的。關于秦漢時西都的地望，王先謙補注《漢書》引錢坫語云："今孝義縣地。"按，該地即今山西省孝義縣，在中陽縣東南約百餘里。 陳平、楊震《内蒙[古]伊盟新出十五年上郡守壽戈銘考》[490][十五年上郡守壽戈] 今山西孝義縣。 吴鎮烽《銘圖索引》[491][郛令夜僁戈]
0154 **西陽**   酓章鐘  盦章鎛	**【時代】戰國早期・楚** **【出處】酓章鐘（鎛）** 唯王五十又六祀，訃自西陽，酓章作曾侯乙宗彝，奠之于西陽，其永持用享，穆商，商。[酓章鐘，《集成》83—85] **【類别】城邑名稱** 西𨻰即西陽，薛尚功云器出安陸，安陸與西陽在漢正同屬江夏郡。 郭沫若《兩周金文辭大系圖録考釋》[492][酓章鐘] 當即前漢時的"西陽國"，見《漢書・地理志》。西陽屬江夏郡，據《薛氏款識》云出自湖北安陸，安陸亦屬江夏，西陽地與之相近。 馬承源《商周青銅器銘文選》[493][酓章鎛] **【釋地】河南省信陽市光山縣** 西𨻰即西陽，《漢書・地理志》西陽國屬江夏郡，地在今河南省光山縣西，戰國初爲曾（隨）國之地。此鎛是楚王熊章自西陽返楚後所作。從下面的銘文看，曾侯乙宗廟當在西陽。 湯餘惠《戰國銘文選》[494][酓章鎛] 曾建都于此，今河南光山縣西南。 吴鎮烽《銘圖索引》[495][酓章鐘] **【釋地】湖北省宜昌市** 《曾侯鐘》："隹王五十又六祀，徙自西𨻰，楚王韻章作曾侯乙宗彝，寘之于西𨻰，其永時用享"的銘文，劉節認爲西𨻰是曾國的都城，在楚國都城郡（今湖北宜城）附近。又據《漢書・地理志》有西陽國，屬江夏郡，

490 陳平、楊震：《内蒙[古]伊盟新出十五年上郡守壽戈銘考》，《考古》1990年第6期，第552頁。
491 吴鎮烽：《商周青銅器銘文暨圖像集成索引》，上海古籍出版社，2019年，第907頁。
492 郭沫若：《兩周金文辭大系圖録考釋（二）》，《郭沫若全集・考古編》（第八卷），科學出版社，2002年，第357頁。
493 馬承源主編：《商周青銅器銘文選（四）》，文物出版社，1990年，第430頁。
494 湯餘惠：《戰國銘文選》，吉林大學出版社，1993年，第17頁。
495 吴鎮烽：《商周青銅器銘文暨圖像集成索引》，上海古籍出版社，2019年，第907頁。

0154.02 西旟	東漢屬荆州，認爲曾國的都城西旟就是漢代的西陽國所在地。但是，他在《壽縣所出楚器考釋》一文的最後又説："曾之國邑處于汝陽南郡之間。"關于西陽的比較確切的位置，也尚未完全搞清楚。 宋代，在安陸縣發現了二個《楚曾侯鐘》。這次，又在與安陸縣緊鄰的京山縣宋河區坪壩公社發現了有曾國銘文的銅器六件，這决不是偶然的，它證明了這裏是曾國的一個很重要的地方。安陸、京山均在楚都郡（湖北宜昌）的附近，漢亦屬江夏郡，因此，曾國的西陽很有可能就是在今京山與安陸之間。 湖北省博物館《湖北京山發現曾國銅器》[496][酓章鐘]
0155 **西鹽** 秦子戈乙	**【時代】春秋早期** **【出處】秦子戈**［《銘續》1243］  **【類別】城邑名稱** 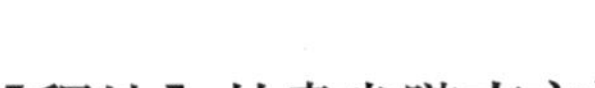 **【釋地】甘肅省隴南市禮縣** 見秦封泥，或爲秦縣，今地不詳。或爲西縣鹽官。西縣即今甘肅禮縣。 吴鎮烽《銘圖索引》[497][秦子戈乙]
0156 **戍**  戍嗣子鼎	**【時代】商代晚期** **【出處】戍嗣子鼎** 丙午，王賞戍嗣子貝廿朋，在𨶹（管）宗，用作父癸寶餗，唯王㱃𨶹（管）大室，在九月，犬魚。［戍嗣子鼎，《集成》2708］ **【類別】國族名稱** 戍當是國族名，殷代有戍國，如戍𠂤鼎。 郭沫若《安陽圓坑墓中鼎銘考釋》[498][戍嗣子鼎]
0157 **有**	**【時代】西周晚期** **【出處】有伯君匜** 唯有伯君堇生自作匜，其萬年，子子孫孫永寶用之。［有伯君匜，《集成》10262］

496 湖北省博物館：《湖北京山發現曾國銅器》，《文物》1972 年第 2 期，第 50 頁。
497 吴鎮烽：《商周青銅器銘文暨圖像集成索引》，上海古籍出版社，2019 年，第 1055 頁。
498 郭沫若：《金文叢考補録・安陽圓坑墓中鼎銘考釋》，《郭沫若全集・考古編》（第六卷），科學出版社，2002 年，第 264 頁。

有伯君匜

0157.02

郁

【類別】國族名稱

即郁，古國名，金文中國族之名常見省去邑旁的寫法。《姓考》：“古有郁國，後爲吴大夫采邑，因氏。”《通志・氏族略》：“郁氏望出魯國，《國語》云：魯相郁責，今吴中有此姓。又望出黎陽。”

馬承源《商周青銅器銘文選》[499][有伯君匜]

有即郁，古國名，金文中國族之名常有省去邑部的寫法。據《姓考》：“古有郁國，後爲吴大夫采邑，因氏。”又《通志・氏族略》：“郁氏望出魯國，《國語》云：魯相郁貢。今吴中有此姓。又望出黎陽。”

陳佩芬《李蔭軒所藏中國青銅器》[500][有伯君匜]

0158

成

成伯孫父鬲

蜀守戈

【時代】西周晚期

【出處】成伯孫父鬲

成伯孫父作糉嬴尊鬲，子子孫孫永寶用。[成伯孫父鬲，《集成》680]

【類別】城邑名稱

【釋地】山東省濟寧市汶上縣

成，古國名，姬姓，典籍作郕。《左傳・僖公二十四年》：“管、蔡、郕、霍、魯、衛、毛、聃……文之昭也。”又《隱公五年》：“衛之亂也，郕人侵衛，故衛師入郕。”杜預注：“郕，國也。東平剛父縣西南有郕鄉。”顧棟高《春秋大事表》謂郕爲文王子叔始封。西周郕國在今山東汶上縣西北。

陳秉新、李立芳《出土夷族史料輯考》[501][成伯孫父鬲]

【釋地】陝西省寶鷄市

叔武的采邑，在今陝西周原境内。

吴鎮烽《銘圖索引》[502][成伯孫父鬲]

【時代】戰國

【出處】蜀守戈[《銘圖》17268、17269]

【類別】城邑名稱

499 馬承源主編：《商周青銅器銘文選（三）》，文物出版社，1988 年，第 345 頁。

500 陳佩芬：《李蔭軒所藏中國青銅器》，《陳佩芬青銅器論集》，中西書局，2016 年，第 326 頁。

501 陳秉新、李立芳：《出土夷族史料輯考》，安徽大學出版社，2005 年，第 384 頁。

502 吴鎮烽：《商周青銅器銘文暨圖像集成索引》，上海古籍出版社，2019 年，第 907 頁。

【釋地】四川省成都市

成都的簡稱，今四川成都市。

吴鎮烽《銘圖索引》[503][蜀守戈]

0159

成𠂤

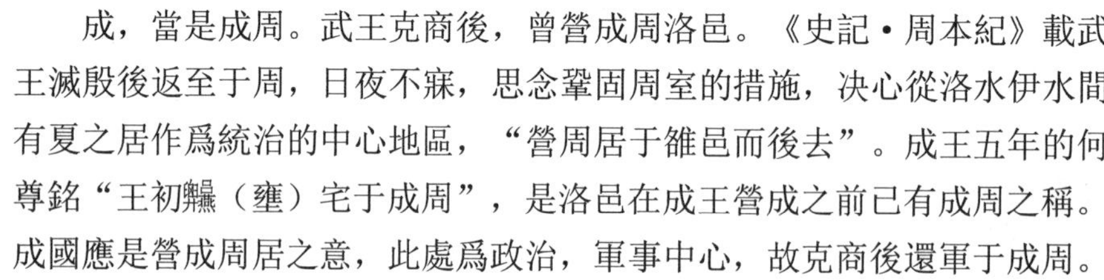

小臣單觶

0159.02

成師

【時代】西周早期

【出處】小臣單觶

王後坂克商，才（在）成𠂤（師），周公易（賜）小臣單貝十朋，用作寶尊彝。[小臣單觶，《集成》6512]

【類別】城邑名稱

成，當是成周。武王克商後，曾營成周洛邑。《史記·周本紀》載武王滅殷後返至于周，日夜不寐，思念鞏固周室的措施，决心從洛水伊水間有夏之居作爲統治的中心地區，“營周居于雒邑而後去”。成王五年的何尊銘“王初鱻（壅）宅于成周”，是洛邑在成王營成之前已有成周之稱。成國應是營成周居之意，此處爲政治，軍事中心，故克商後還軍于成周。

馬承源《商周青銅器銘文選》[504][小臣單觶]

【釋地】河南省洛陽市孟津縣

成乃成皋（一名虎牢），在古乃軍事重地，與孟津相近。

郭沫若《兩周金文辭大系圖録考釋》[505][小臣單觶]

【釋地】山東省菏澤市鄄城縣

成𠂤即成師，疑即郕叔武所封之郕，與殷都相近，在漢時爲濟陰郡成陽縣，是現在的山東省鄄城縣地。競卣説：“隹白屖父目成𠂤即東，命伐南尸。”那麼，成𠂤可能是殷八𠂤之一。

唐蘭《西周青銅器銘文分代史徵》[506][小臣單觶]

今山東鄄城縣。

吴鎮烽《銘圖索引》[507][小臣單觶]

【釋地】河南省濮陽市

此銘“才成𠂤”而競卣曰“隹伯屖父以成𠂤即東命戍南尸”，是以成地的師旅東伐南夷。據《管蔡世家》“封叔武于成”，而注家對于武王弟

503 吴鎮烽：《商周青銅器銘文暨圖像集成索引》，上海古籍出版社，2019年，第908頁。

504 馬承源主編：《商周青銅器銘文選（三）》，文物出版社，1988年，第17頁。

505 郭沫若：《兩周金文辭大系圖録考釋（二）》，《郭沫若全集·考古編》（第八卷），科學出版社，2002年，第22頁。

506 唐蘭：《西周青銅器銘文分代史徵》，《唐蘭全集（七）》，上海古籍出版社，2015年，第44頁。

507 吴鎮烽：《商周青銅器銘文暨圖像集成索引》，上海古籍出版社，2019年，第907頁。

成叔的封地不一其説：一以爲在今濮縣東南，《管蔡世家正義》引“《括地志》云在蒲州雷澤縣東南九十一里，漢郕陽縣，古郕伯姬姓之國，其後遷于成之陽”，又《漢書·地理志》廩丘縣南有成故城。二以爲在今安丘北，《春秋》隱五“齊師入郕”，杜注云“郕，國也，東平剛父縣有郕鄉”，《續漢書·郡國志》以爲成本國。三則爲《左傳》桓三“公會杞侯于郕”，在今寧陽東北九十里，地在曲阜之北。此三地都名郕，都在魯境。競卣“以成𠂤即東”則成地應不甚東，似以濮縣之成較爲合適。此成介于東西朝歌與曲阜之間，乃是克商以後、踐奄途中的中點。

陳夢家《西周銅器斷代》[508]［小臣單觶］

【釋地】河南省洛陽市一帶

我以爲，北窑遺址應是見于金文而不見于文獻的成𠂤（師）。

小臣單觶與競卣均提到成𠂤，前者所記爲周初之事，器當作于成王時，後者當屬穆王世。關于成𠂤的地望，郭沫若《兩周金文辭大系》以爲在成皋，黄盛璋先生從之。陳夢家、唐蘭則以成叔武所封之郕當之，地在近山東鄄城。今案：《吕氏春秋·簡選》所記成湯滅夏時曾“大戰于郕”。這一郕無論如何不當在山東（楊寬《西周史》認爲此郕即山東之郕），因爲湯滅夏時，成湯在東，夏桀在西。業師鄒衡先生以爲當今之二里頭遺址或附近的稍柴遺址。成湯之所在，按鄒師的觀點，當在今之鄭州商城，另一派意見則認爲在豫東商丘一帶。無論按哪一種觀點，伐夏之戰必不經山東鄄城，由此看來，郭沫若的看法較長，因爲成皋正當從鄭州到洛陽的道路上。

然而，成皋稱作成皋不稱作成，且在春秋時代稱作制或虎牢，並不稱成皋。其稱作成皋始見于《戰國策》。《韓策一》記蘇秦曰：“韓北有鞏洛、成皋之固。”而成周冠以成字在成王時代已經有了（何尊）。再則，《洛誥》中有洛師，洛師僅此一見。成周是東都重地，不可能没有軍隊駐守，洛師一名當是被成𠂤（成周八𠂤駐地）之名取代了。

這裏要特别提到于省吾與楊寬的觀點。于省吾曾指出成𠂤在成周（《利簋銘文考釋》，載《文物》1997年8期），但他認爲成周又稱成𠂤，與我的看法略異。我認爲北窑一帶是成𠂤，與成周城是兩地，泛言成周時可能包括成𠂤，但言成𠂤則不當包含成周城。楊寬亦主張成𠂤在成周，雖未指明北窑遺址即成𠂤，但他指出：成周大郭（外牆）的建設，就是爲了大量會集居民和適合“成周八𠂤”的駐屯守衛的需要（《西周史》538頁）（按：楊寬主張王城在成周城的西南角，衹是成周大城城牆内的一個組成部分，而成周城的東北角已及北窑遺址，我不同意，詳後）。

王占奎《成周、成𠂤、王城雜談》[509]

508 陳夢家：《西周銅器斷代》，中華書局，2004年，第10—11頁。

509 王占奎：《成周、成𠂤、王城雜談——兼論宗周之得名》，北京大學考古文博學院編：《考古學研究（五）》，科學出版社，2003年，第575頁。

0160 **成固**  成固戈	**【時代】戰國晚期·秦** **【出處】城固戈（矛）** 成固。[城固戈，《銘圖》16470—16473] 成固。[城固矛，《銘三》1549] **【類別】城邑名稱** **【釋地】陝西省漢中市城固縣** 即城固，今陝西城固縣湑水河西岸。 吴鎮烽《銘圖索引》[510][成固戈]
0161 **成周**  成周鼎 晉侯蘇鐘	**【時代】西周** **【出處】多器** **【類別】城邑名稱** **【釋地】河南省洛陽市** 在今河南洛陽東。 何琳儀《晉侯蘇鐘釋地》[511][晉侯蘇鐘] 今河南洛陽市東北白馬寺之東。 吴鎮烽《銘圖索引》[512][司鼎等]
0162 **成都**  相邦吕不韋戟	**【時代】戰國晚期·秦** **【出處】相邦吕不韋戟 成都矛** 九年，相邦吕不韋造，蜀守宣，東工守文，丞武，工極，成都。[相邦吕不韋戟，《銘圖》17260] 成都。[成都矛，《銘圖》17590、《銘三》1548] **【類別】城邑名稱**

510 吴鎮烽：《商周青銅器銘文暨圖像集成索引》，上海古籍出版社，2019年，第908頁。
511 何琳儀：《晉侯蘇鐘釋地》，黄德寬主編：《安徽大學漢語言文字研究叢書·何琳儀卷》，安徽大學出版社，2013年，第26頁。
512 吴鎮烽：《商周青銅器銘文暨圖像集成索引》，上海古籍出版社，2019年，第908頁。

 成都矛	【釋地】**四川省成都市** 今四川成都市。 吴鎮烽《銘圖索引》[513][相邦吕不韋戟]
0164 **成陰** 成陰嗇夫戟	【時代】**戰國晚期 · 魏** 【出處】**成陰嗇夫戟** 五年，成陰嗇夫☐司寇綎，工帀（師）☐☐。[成陰嗇夫戟，《銘圖》17227] 【類別】**城邑名稱** 戰國魏邑。 吴鎮烽《銘圖索引》[514][成陰嗇夫戟]
0165 **成陽**  成陽辛城里戈 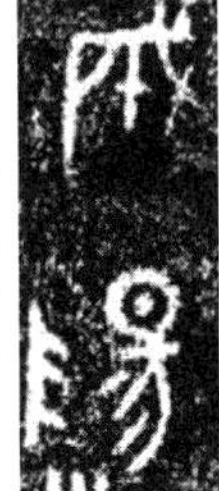 成陽左戈	【時代】**春秋時期 戰國時期** 【出處】**成陽左戈**[《銘三》1372] **成陽辛城里戈**[《集成》11154、11155] **成陽劍**[《銘三》1577] 【類別】**城邑名稱** 【釋地】**山東省菏澤市** 䁑，同陽；成陽，《漢書 · 地理志》屬濟陰郡，在今山東鄄城西北，戰國齊邑。 湯餘惠《戰國銘文選》[515][成陽戈] 今山東菏澤市東北。 吴鎮烽《銘圖索引》[516][成陽辛城里戈]

513 吴鎮烽：《商周青銅器銘文暨圖像集成索引》，上海古籍出版社，2019 年，第 910 頁。
514 吴鎮烽：《商周青銅器銘文暨圖像集成索引》，上海古籍出版社，2019 年，第 911 頁。
515 湯餘惠：《戰國銘文選》，吉林大學出版社，1993 年，第 73 頁。
516 吴鎮烽：《商周青銅器銘文暨圖像集成索引》，上海古籍出版社，2019 年，第 911 頁。

0165

弋阝

代相邙皮戈

代相樂寘鈹

代相吏微鈹

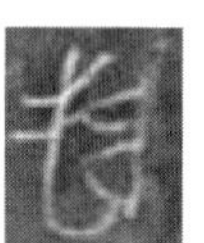

代相趙敢鈹

代相樂寘鈹

0165.02

代

0165.03

戈阝

【時代】戰國晚期·趙

【出處】代相邙皮戈 代相吏微鈹 代相趙敢鈹 代相樂寘鈹

廿三年，弋阝（代）相邙皮（阪），右庫工帀（師）吏，冶澤執劑。[代相邙皮戈，《銘圖》17266]

四年，弋阝（代）相樂寘，右軍（庫）工帀（師）長（張）五鹿，冶事息綬事。[代相樂寘鈹，《銘圖》17992]

六年弋阝（代）相事微，左庫工帀（師）公孫涅，冶事息執劑。[代相吏微鈹，《銘圖》17993]

三年，代相肖（趙）敢，左冢工帀（師）海樊，工閒執劑。[代相趙敢鈹，《銘三》1603]

【類別】城邑名稱

【釋地】河北省張家口市蔚縣

弋阝作爲地名字又見于戰國晚期方足布，因字又可釋作弋阝，舊以爲即《左傳》襄公四年寒浞處其子"于戈"的戈邑，地在"鄭宋之間"。李家浩《戰國弋阝布考》指出字當釋弋阝，讀爲代，甚是。代本古國，趙襄子初立，擊殺代王，封其兄伯魯子周爲代成君，此後即爲趙邑。代在趙武靈王時立爲郡（《史記·匈奴列傳》）。因代爲趙之大邑，故其封君皆趙王之親近者。……

代之故地在今河北蔚縣東北。《史記·匈奴列傳》正義："代郡城……在蔚州羌胡縣北百五十里。"《元和郡縣志》："蔚州，趙襄子殺代王有其地，秦爲代郡。"戰國趙代郡的轄地不很清楚，《漢書·地理志》代郡轄十八縣，其中不少都在今山西北部大同地區。如高柳即今陽高縣，班氏在今渾源縣與大同市之間，又武靈王長子章封代安陽君，《史記正義》引《括地志》云："東安陽故城在朔州定襄縣界，《地志》云東安陽縣屬代郡。"1923年，渾源縣李峪村曾發現一批青銅器，現有幾件仍藏于上海博物館，李學勤推測這些青銅器可能發現于代國滅後的趙人之墓，又弋阝布有確切出土地的記載爲陽高縣。可見弋阝確爲代郡，而代郡在趙國的政治、經濟、文化方面均占重要地位。代又北接林胡、樓煩等遊牧民族，是軍事重鎮，其地位略與秦之上郡相當。朔縣戰國時稱馬邑，《漢書·地理志》屬雁門郡。雁門郡楚漢之際或屬代國，或屬趙國，所以朔縣戰國時也可能包括在趙代郡之内，在這裏出土弋阝相鈹，是可以理解的。

王輝《跋朔縣揀選的四年弋阝相樂寘鈹》[517][代相樂寘鈹]

即代，今河北蔚縣東北代王城。

吴鎮烽《銘圖索引》[518][代相邙皮戈]

517 王輝：《跋朔縣揀選的四年弋阝相樂寘鈹》，《一粟集：王輝學術文存》，藝文印書館，2002年，第215—217頁。

518 吴鎮烽：《商周青銅器銘文暨圖像集成索引》，上海古籍出版社，2019年，第904、911頁。

【釋地】河南中部偏東地區

郕，地名，夏時期小國。《左傳·襄公四年》“處澆于過，處豷于戈”，杜注：“過，戈皆國名，……戈在宋鄭之間。”“后杼滅于戈”，注：“后杼少康子。”（《十三經注疏》，第一九三三頁）。《左傳·哀公十二年》“宋鄭之間有隙地焉，曰嵒、戈、錫，……鄭人爲之城嵒、戈、錫。”注：“城以處平元之族。”《通志·氏族略·以國爲氏》戈“夏氏諸侯國也，其地在宋鄭之間，子孫以國爲氏。”（《賢氏族言行類稿》）戈“夏時諸侯國，爲人少康所滅，因氏焉。”《姓譜》“禹之後，分封于戈，以國爲姓。”郕是夏氏諸侯國，小國，爲少康子滅，禹之後又分封于此，子孫以國爲氏，位于宋鄭之間，今河南中部偏東地區。

陶正剛《山西省近年出土銘文兵器的國別和編年》[519][代相樂寃鈹]

0166

夷

【時代】西周時期

【出處】作册睘卣 夷伯夷簋

唯十又九年，王在庠（斥），王姜令作册睘安夷伯，夷伯賓睘貝、布，揚王姜休，用作文考癸寶尊器。[作册睘卣，《集成》5407]

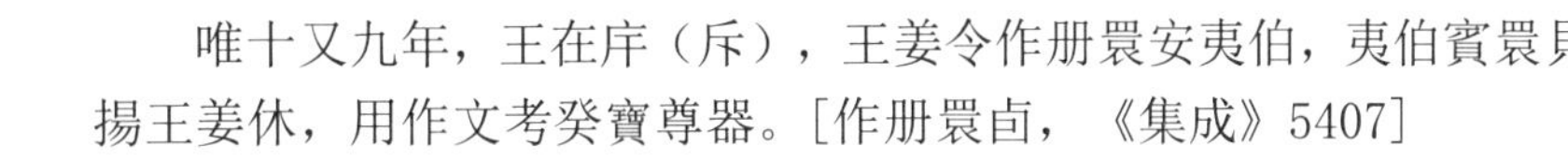

唯王征（正）月初吉，辰在壬寅，夷伯夷于西宫，易（賜）貝十朋，敢對揚王休，用作尹姞寶簋，子子孫孫永寶用。[夷伯夷簋，《銘圖》5158、5159]

夷伯夷簋

【類別】國族名稱

作册睘尊

夷，《水經注》：“夷水即蠻水。”在宜城之西，南漳之北者也。由夷水上溯在隴蜀交界之地。蓋夷微盧皆西南夷，地亦相近者也。

余永梁《金文地名考》[520][睘卣]

尸即夷。《左傳》桓公十六年記“衛宣公烝于夷姜”，可見夷爲姜姓，王姜因同姓而命作册睘去安夷伯。《詩·葛覃》“歸寧父母”，毛傳：“寧安也。”《左傳》有四個夷。隱公元年的夷國，在山東即墨附近，爲妘姓。莊公十六年晉國所伐的夷，在成周附近。僖公二十二年楚伐陳取焦夷，是陳國的地。祇有閔公二年齊人殺哀姜于夷是屬于齊國的。看來姜姓的夷國，春秋時已經併于齊國，或是齊的附庸了。

唐蘭《論周昭王時代的青銅器銘刻》[521][作册睘卣]

在古文字材料中，從尸之字每可作夷。馬王堆帛書《六十四卦》師卦六三：“師或與𡰥”，今本《周易》𡰥作尸，鄂君啓節“夏𡰥之月”，秦

519 陶正剛：《山西省近年出土銘文兵器的國別和編年》，吉林大學古文字研究室編：《古文字研究》（第二十一輯），中華書局，2001年，第192頁。

520 余永梁：《金文地名考》，《國立中山大學語言歷史學研究所週刊》第5集第53、54期合刊，1928年，第5頁。

521 唐蘭：《論周昭王時代的青銅器銘刻》，《唐蘭全集（四）》，上海古籍出版社，2015年，第1500頁。

簡《日書·秦楚月名對照表》作夏杘、夏尸、夏夷，江陵郘固墓竹簡楚月名罶层，《對照表》作刑夷。《日書》是秦簡，今經典亦多出秦漢人隸定，所以今日作夷的字或地名，在古文字中很可能作各種異體，眉在後世隸作夷，與层、杘在後世隸作夷，其情況應是完全相同的。

從《左傳》看，夷國在春秋初年尚存，其爲西周古國可知。夷與齊關係密切，則其參加以齊爲主之同盟軍，共同對付南夷、東夷之入侵，合乎情理。

王輝《史密簋釋文考地》[522][史密簋]

夷伯，夷國君長。《左傳·桓公十六年》："衛宣公烝于夷姜。"此夷爲姜姓。又《左傳·隱公元年》："紀人伐夷。"杜預注："夷國在城陽莊武縣。"即今濮陽。疏引《世本》云："夷，妘姓。"《左傳·莊公十六年》："晋武公伐夷，執夷詭諸。"杜預注："夷詭諸，周大夫。夷，采地名。"古稱夷者甚多，如師酉簋提到西門夷、秦夷、京夷等。拙文《西周畿内地名小記》説本銘之夷也可能不在山東，而在畿内。

王輝《商周金文》[523][作册睘卣]

此指東夷，在今山東半島及蘇北。

吴鎮烽《銘圖索引》[524][夷伯夷簋]

【釋地】山東省青島市即墨區

即夷，今山東即墨市西。

吴鎮烽《銘圖索引》[525][夷伯夷簋]

【釋地】河南省濮陽市

夷伯——周初方伯名。乃姜姓之夷國，地在今濮陽（陳夢家氏説），位于河北省南境，河南省北部滑縣之東，距周王都鎬京（在今陝西省西安的西郊）約六百多公里。

張光遠《故宫新藏周成王時睘尊》[526][作册睘卣]

0167

夷童

【時代】西周中期

【出處】史牆盤

……訊圉武王，遹征四方，達殷畯民，永不巩，狄虘髟（微），伐夷童。[史牆盤，《集成》10175]

---

522 王輝：《史密簋釋文考地》，《一粟集：王輝學術文存》，藝文印書館，2002年，第82頁。
523 王輝：《商周金文》，文物出版社，2006年，第90頁。
524 吴鎮烽：《商周青銅器銘文暨圖像集成索引》，上海古籍出版社，2019年，第911頁。
525 吴鎮烽：《商周青銅器銘文暨圖像集成索引》，上海古籍出版社，2019年，第890頁。
526 張光遠：《故宫新藏周成王時睘尊》，原載《故宫文物月刊》1988年第1期；後收入劉慶柱、段志洪、馮時主編：《金文文獻集成》（第二十八册），綫裝書局，2005年，第224頁。

史牆盤

【類别】國族名稱

尸讀爲夷，甲骨文和金文都把夷字寫作尸，甲骨文中之尸方即夷方，小臣謎簋：“叡東尸大反，白懋父以殷八自征東尸。”東尸即東夷。在古籍中，尸字亦與夷字相通，《左傳·成公十七年》“一朝而尸三卿”，《韓非子·内儲説下》作“吾一朝而尸三卿”，亦尸字讀爲夷字之例。童，奴隸。《説文·辛部》：“童，男有罪曰奴，奴曰童；女曰妾。”“尸（夷）童”是周人對于臣屬于殷王朝的東方各國的輕蔑的稱呼。

于豪亮《牆盤銘文考釋》[527][史牆盤]

我認爲，夷童當係東方夷族之一種，也就是西周金文和古文獻記載的重國。

周初銅器邢侯簋銘云：“錫臣三品：州人、重人、郭人。”……關于重國，據《左傳》僖公三十一年載“臧文仲往宿于重館”，杜預注：“高平方與縣西北有重鄉城。”又《逸周書·史記》云：“昔有鄶君嗇儉，减爵損禄，群臣卑讓，上下不臨。後鄶小弱，禁罰不行，重氏伐之，鄶君以亡。”朱右曾説：“重氏，少昊時木正之後，《左傳》注云高平方與縣西北有重亭，今在山東濟寧州魚臺縣北。”由此，知今魚臺縣一帶爲古代重國所在，故有重鄉城、重館、重亭等地名遺存。邢侯簋銘所列州、重、郭三國都在今山東省境内，古代均屬東夷集團。尤其重國，乃少昊時木正的後裔，國勢强大，是殷族在東方的重要盟國。周武王伐滅殷建立周朝之後，在繼續對東方夷族之未降服者以武力征服的同時，又將那些已被打敗的部族的人民分别遣散，封給周朝的各個諸侯國。邢侯簋銘記載周王將州、重、郭三地之人封給邢侯，這與《左傳》定公四年稱周王分魯公伯禽殷民六族之事是同樣的。我認爲，邢侯簋銘“重人”和《逸周書·史記》“重氏”，就是史牆盤銘的“夷童”。重、童古音同屬東部，西周金文中重、童兩字互用的例子很多。所以史牆盤銘的“夷童”，應該讀作“夷重”。由于重國是東夷部族之勢大者，故盤銘要特别予以説明。

劉翔《“夷童”考》[528][史牆盤]

讀爲夷東。《説文·大部》：“夷，東方之人也，從大從弓。”夷人在東方，故稱夷東。成周之東部都稱東國。

馬承源《商周青銅器銘文選》[529][史牆盤]

本銘尸童當讀爲夷、東，都是周朝東部的地區名。

陳秉新、李立芳《出土夷族史料輯考》[530][史牆盤]

527 于豪亮：《牆盤銘文考釋》，四川大學歷史系古文字研究室編：《古文字研究》（第七輯），中華書局，1982年，第90頁。
528 劉翔：《“夷童”考》，《歷史地理》（第二輯），上海人民出版社，1982年，第180頁。
529 馬承源主編：《商周青銅器銘文選（三）》，文物出版社，1988年，第155頁。
530 陳秉新、李立芳：《出土夷族史料輯考》，安徽大學出版社，2005年，第155頁。

0168

邱䓓

鉅鹿令張密戈

0168.02 鉅鹿

【時代】戰國晚期·趙

【出處】鉅鹿令張密戈

三十年邱䓓令長（張）密，工帀（師）王宜、冶雩執劑。[鉅鹿令張密戈，《銘續》1251]

【類別】城邑名稱

【釋地】河北省邢臺市平鄉縣

即鉅鹿，戰國趙邑，今河北平鄉縣平鄉。

吴鎮烽《銘圖索引》[531][鉅鹿令張密戈]

0169

邨丘

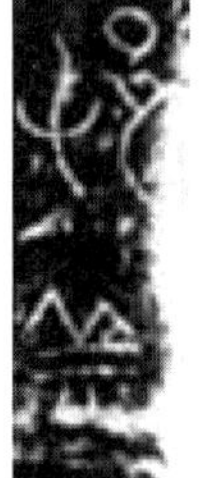

頓丘令龏酉戟

頓丘令燮戈

0169.02 頓丘

【時代】戰國中期·魏

【出處】頓丘令燮戈 頓丘令龏酉戟

卅四年，邨（頓）丘命燮，左工帀（師）哲、冶夢。[頓丘令燮戈，《集成》11321]

廿七年，邨（頓）丘命龏酉，右庫工帀（師）桃繯，冶壬。[頓丘令龏酉戟，《銘圖》17308]

【類別】城邑名稱

【釋地】河南省鶴壁市濬縣

此戈出5號墓，戈銘《簡報》釋爲“我丘”，並定爲魏地，當是據《戰國題銘概述》（中）將上九年𢦔丘戈釋爲“我”字，兩戈銘中“丘”字確是同作，但丘上一字並不相同，九年戈明確爲“𢦔”非“我”字，此戈既不從“𢦔”，更非從“我”，乃是從“邑”從“屯”。左旁所從，照片與拓本頗漶漫不清，因此特請湖北省博物館劉彬徽同志反復就原器驗對，最後確定爲邨。案師望鼎、不嬰簋，以及祁縣所出方足布屯留幣（《文物》1972年4期60頁，圖31）的“屯”字，與此字左旁完全一致，故隸定爲邨字無疑。《説文》：“邨，地名，從邑，屯聲。”地名之邨堆可能就是《春秋》僖二十五年“楚人圍陳，納頓子于頓”之頓，“邨”即頓，所以邨丘就是頓丘，《毛傳》“邱一成爲頓邱”，《爾維·釋丘》作“邱一成爲敦邱”，作爲地名，最初並無定字。

……據《水經注·淇水》：“淇水又東北流謂之白溝，逕雍榆城南，……淇水又北逕其城東，東北逕同山東，……又北逕白祀山東，……淇水又北屈而西轉逕頓邱北，……又屈逕頓邱故城西，……淇水東北逕枉人山東、牽城西，淇水又東北逕石柱崗東北注矣。”白溝即今衛河，雍榆城今名甕

531 吴鎮烽：《商周青銅器銘文暨圖像集成索引》，上海古籍出版社，2019年，第1055、1064頁。

城，同山與白祀山至今未改，枉人山即屯子集西之善化山，石柱崗即龍脊崗，名稱雖改，但位置全符。“淇水又北屈而西轉，逕頓邱北”，恰恰和今衛河流逕濬縣北十里鋪附近形勢宛合。衛河衹有在此處稍屈而西轉，略成南北岸，十里鋪恰在河南岸，古之頓邱應在此附近。至于頓邱故城則在十里鋪之北，隔河相對。

黄盛璋《試論三晋兵器的國别和年代及其相關問題》[532][頓丘令燮戈]

即頓丘，戰國魏邑，今河南濬縣北。

吴鎮烽《銘圖索引》[533][頓丘令燮戈]

0170

早

敔簋

【時代】西周晚期

【出處】敔簋[《集成》4323]

【類别】城邑名稱

早，吴東發以爲同鄡。《玉篇》云：“鄡，邑名在築陽。”按築陽乃南陽郡屬縣，即今湖北穀城縣。吴説或可信也。

陳連慶《〈敔簋〉銘文淺釋》[534][敔簋]

0172

同是

銅鞮右庫戈

0171.02

銅鞮

【時代】戰國時期

【出處】銅鞮右庫戈[《銘圖》16702]

【類别】城邑名稱

【釋地】山西省長治市沁縣

地名“同是”亦見于戰國布幣。即《左傳》中之“銅醍”，其地在今山西沁縣南，春秋時晋平公築宫于此，戰國時屬韓。《左傳·襄公三十一年》：“今銅鞮之宫數里，而諸侯舍于隸人，門不容車，而不可踰越，盜賊公行，而天厲不戒。”又《左傳·成公九年》載，晋人嘗執鄭伯于銅鞮：“秋，鄭伯如晋，管人討其貳于楚也，執諸銅鞮。”宋鄧名世《古今姓氏書辨證·一東》下云：“晋羊舌赤食采銅醍，謂之銅鞮伯華。”自此銅鞮遂爲複姓。

張光裕、吴振武《武陵新見古兵三十六器集録》[535][銅鞮右庫戈]

---

532 黄盛璋：《試論三晋兵器的國别和年代及其相關問題》，《歷史地理與考古論叢》，齊魯書社，1982年，第127—129頁。

533 吴鎮烽：《商周青銅器銘文暨圖像集成索引》，上海古籍出版社，2019年，第911、996頁。

534 陳連慶：《〈敔簋〉銘文淺釋》，《中國古代史研究：陳連慶教授學術論文集》，吉林文史出版社，1991年，第1167頁。

535 張光裕、吴振武：《武陵新見古兵三十六器集録》，《雪齋學術論文二集》，藝文印書館，2004年，第88頁。

	即銅鞮，今山西沁縣南古城。 吴鎮烽《銘圖索引》[536][銅鞮右庫戈]
0172 **吕**  班簋  吕伯簋  𪥴鐘  吕王之孫戈	**【時代】西周時期** **【出處】多器** **【類别】國族名稱** 吕伯的吕應爲吕國。《史記·齊世家》："太公望吕尚者，……其先祖嘗爲四岳，……虞夏之際，封于吕，或封于申。"這裏根據是《國語·周語》太子晋所説的一段話："祚四岳國，錫以侯伯，賜姓曰姜，氏曰有吕，……申吕雖衰，齊許猶在。"齊雖然也是吕氏，但周之吕國則在今南陽之西，與申相鄰。《國語·鄭語》所謂"當成周者，南有荆蠻申吕應鄧陳蔡"。王符《潛夫論》："申城在南陽宛北序山下，宛西三十里有吕。"《水經注·淯水》："梅溪又逕宛西吕城東"，可見北魏時其城猶在。國在此是可信的。後爲楚滅，所以《左傳》成七年"楚子重請取于申吕以爲賞田"。王直命吴伯與吕伯稱之爲"乃"，此兩人應供職王庭，或如東周初年鄭伯與虢公爲王卿士。穆王時代的静彝記"王以吴𠦪、吕剛合𢿢𦬈師、邦君射于大池"，是證昭王以後還有吴吕兩姓的奴隸主供職周室爲王卿士的。 黄盛璋《班簋的年代、地理與歷史問題》[537][班簋] 吕爲姜姓，傳爲四岳之後，虞夏之際，初封于吕，故地在今河南南陽西。《史記·齊太公世家》集解引徐廣："吕在南陽城西。"索隱引《地理志》："申在南陽宛縣，申伯國也，吕亦在宛縣之西也。"《左傳·成公七年》："楚圍宋之役，師還，子重請取申、吕以爲賞田，王許之。"當時申、吕似已楚所滅，而申、吕二邑並提，兩地必相距不遠，故吕"在宛縣之西"説似可從。 張光裕、吴振武《武陵新見古兵三十六器集録》[538][吕王之孫戈] 西周時期有兩個姜姓吕國，一在南土（今河南南陽市），可稱爲南吕；一在西土，可稱爲西吕。西吕即《詩》《書》所載周文王、武王時期之西戎"旅（莒）國"，曾爲周人盟友，與周王室、密須國互通婚姻，西周末年則與西申、繒、西戎聯合滅周。西吕地望當在今甘肅涇川縣東、蒲河入涇的河口地帶。 程鍾書《西吕地望小議》[539]

536 吴鎮烽：《商周青銅器銘文暨圖像集成索引》，上海古籍出版社，2019 年，第 911、1004 頁。
537 黄盛璋：《班簋的年代、地理與歷史問題》，《考古與文物》1981 年第 1 期，第 81 頁。
538 張光裕、吴振武：《武陵新見古兵三十六器集録》，《雪齋學術論文二集》，藝文印書館，2004 年，第 85 頁。
539 程鍾書：《西吕地望小議》，《中國歷史地理論叢》2017 年第 3 期，第 132 頁。

【釋地】河南省南陽市

吕即甫，《史記·周本紀》之吕侯，《漢書·古今人表》作甫侯。姜姓，周穆王所封。《國語·鄭語》："史伯對曰……當成周者，南有荆、蠻、申、吕。"故址在今河南南陽縣西。春秋時爲楚所滅，其地有董吕村。

馬承源《商周青銅器銘文選》[540]

封國名，今河南南陽市西。

吴鎮烽《銘圖索引》[541]［吕伯簋］

部黛鐘

【時代】春秋晚期

【出處】郘黛鐘［《集成》225—237］

0172.02
郘

【類别】城邑名稱

【釋地】河南省南陽市

春秋楚邑，今河南南陽市西。

吴鎮烽《銘圖索引》[542]［黛鐘］

【釋地】山西省霍州市

前人多釋郘爲莒，然郘鐘十二枚，均出山西榮河縣漢后土祠旁河岸中，非莒器明甚。余謂郘即《春秋左氏傳》晋"吕甥"之吕也。吕甥，一云"瑕吕飴甥"，一云"陰飴甥瑕"。吕、陰皆晋邑。吕甥既亡，地爲魏氏所有，此郘伯、郘𪒠，皆魏氏也。《史記·魏世家》："晋文公命魏武子治于魏，生悼子。悼子徙治霍，生魏絳。"司馬貞《索隱》引《世本·居篇》，亦云"魏武子治魏，悼子徙霍"。魏于漢爲河東郡河北縣，霍于後漢爲河東永安縣。劉昭《續漢書·郡國志》"永安縣"下注引《博物記》曰："有吕鄉，吕甥邑也。"《元和郡縣志》"河東道晋州霍邑縣"下云："吕阪在縣東南十里，有吕鄉，晋大夫吕甥之邑也。唐武德中置吕州，取名于此。"是霍與吕相距至近。悼子徙霍，或治于吕，故遂以吕爲氏。魏錡稱吕錡，錡子魏相亦稱吕相，亦稱吕宣子，皆其證也。《世本·王侯大夫篇》奪悼子一代，《史記》亦不載悼子之名。余謂吕錡即悼子。服、杜注《左氏》，以錡爲魏犨子，杜氏又以絳爲錡子。《史記》則云"武子生悼子，悼子生絳"，二説正同。雖武子之子尚有魏顆，然錡于鄢陵之役射楚王中目，退而戰死，尤與"悼"之謚合也。魏氏出于畢公。此器云"畢公之孫，郘伯之子"，其爲吕錡後人所作，彰彰明矣。顧吕在永安，此器出榮河者，蓋春秋時魏氏采地實奄有河東之半，自河北以北，永安以南，安邑以西，西

540 馬承源主編：《商周青銅器銘文選（三）》，文物出版社，1988年，第344頁。
541 吴鎮烽：《商周青銅器銘文暨圖像集成索引》，上海古籍出版社，2019年，第919頁。
542 吴鎮烽：《商周青銅器銘文暨圖像集成索引》，上海古籍出版社，2019年，第919頁。

訖于河，皆魏地也。故魏壽餘僞以魏入秦，而魏顆亦敗秦師于輔氏。今榮河爲漢之汾陰縣地，介永安與河北之間，魏氏之器出于此，固其所也。銘中“畢公”，舊釋“戴公”，或釋“翼公”。然其字作[illegible]，與畢仲敦之[illegible]、櫨伯敦之[illegible]正同。其從廾者，殷虛卜辭畢字或從又作[illegible]。從廾與從又同意。《説文》𢍏𢍮二字皆從廾，知華可作𦾓矣。以人、地二名互證，則郘爲呂錡之呂無疑。

今榮河縣，古蓋有呂名。《呂氏春秋》《淮南》均言：“古者龍門未開，呂梁未發，河出孟門，大溢逆流。”高誘二書注均謂“呂梁在彭城呂縣”，酈氏《水經注》又以離石之呂梁當之。胡氏《禹貢錐指》則曰：“呂梁即《禹貢》之梁山，龍門之南山也。”《尸子》《呂氏春秋》《淮南》皆先言龍門，次言呂梁，其爲夏陽之梁山無疑。案：夏陽梁山，正與今榮河縣隔河相望，蓋魏氏初治霍州之呂，故稱呂氏。後徙汾陰。仍號汾陰爲呂，如晋遷新田仍號爲絳也。汾陰、夏陽間，本古河津，因謂之呂梁。其地適有梁山，于是梁山亦蒙呂梁之名矣。

王國維《郘鐘跋》[543][郘鐘]

器出山西榮河縣。王静安先生謂即《春秋左氏傳》呂甥之呂也。呂甥既亡，地爲魏氏所有。此郘伯郘黛，皆魏氏也。魏錡亦稱呂錡，亦即悼子。服杜注左氏以錡爲魏犨子，魏氏出于畢公，故此器云畢公之孫，郘伯之子也。以魏爲稱呂者，蓋悼子徙霍或治于呂，故遂以呂爲氏矣。至此器出于榮河者，則以春秋時魏氏采地，實奄有河東之半，自河北以北，永安以南，安邑以西，西訖于河，皆魏地也。今榮河爲漢之汾陰縣地，介于永安河北之間，則器出榮河，固其宜矣。悼子徙治霍，後漢河東永安縣，今之霍縣是也。

余永梁《金文地名考》[544][郘黛鐘]

呂，春秋晋邑，今山西霍州市西南。

吴鎮烽《銘圖索引》[545][郘黛鐘]

0173

呂𨤲

【時代】西周早期

【出處】貉子卣

唯正月丁丑，王格于呂𨤲，王牢于阹，咸宜，王令士衜（道）饋貉子鹿三，貉子對揚王休，用作寶尊彝。[貉子卣，《集成》5409]

543 王國維：《郘鐘跋》，王國維著、黄愛梅點校：《王國維手定觀堂集林》卷第十五《史林七》，浙江教育出版社，2014年，第370—371頁。

544 余永梁：《金文地名考》，《國立中山大學語言歷史學研究所週刊》第5集第53、54期合刊，1928年，第10頁。

545 吴鎮烽：《商周青銅器銘文暨圖像集成索引》，上海古籍出版社，2019年，第920、926頁。

貉子卣

【類別】人文地理名稱 · 園囿

卣銘“王格于吕𨟻”之“𨟻”似應讀爲“苑”。“𨟻”字從“田”爲意符，“𢿞”爲聲。古音“𢿞”在來紐元部，“苑”在影紐元部，疊韻可通。《説文・艸部》：“苑，所以養禽獸也。”故作爲餼牽之鹿當取于此。……苑有大小之别。卣銘設饗于闕而取苑中之獸充爲餼牽，似爲小苑之屬，應即《周禮》所謂之囿。……西周之囿遊或在葊京，則吕苑之吕似即文獻之“旅”或“莒”。……“莒”從“吕”聲，故知此“吕”地近宗周，屬王畿之域，則吕苑或許即爲文王靈囿之一部分。

馮時《貉子卣銘文與西周聘禮》[546]［貉子卣］

0174

延行

相邦冉戈

【時代】戰國晚期 · 秦

【出處】相邦冉戈［《銘圖》17247］

【類別】城邑名稱

秦地名，今地不詳。

吴鎮烽《銘圖索引》[547]［相邦冉戈］

0175

延阿

相邦冉戈

【時代】戰國晚期 · 秦

【出處】相邦冉戈［《銘圖》17247］

【類別】城邑名稱

秦地名，今地不詳。

吴鎮烽《銘圖索引》[548]［相邦冉戈］

0176

伊

敔簋

【時代】西周晚期

【出處】敔簋［《集成》4323］

【類別】自然地理名稱 · 河湖

【釋地】伊水

伊水。上洛、伊水，皆在西周腹地。

馬承源《商周青銅器銘文選》[549]［敔簋］

---

546 馮時：《貉子卣銘文與西周聘禮》，《南方文物》2018 年第 3 期，第 103—104 頁。

547 吴鎮烽：《商周青銅器銘文暨圖像集成索引》，上海古籍出版社，2019 年，第 912 頁。

548 吴鎮烽：《商周青銅器銘文暨圖像集成索引》，上海古籍出版社，2019 年，第 912 頁。

549 馬承源主編：《商周青銅器銘文選（三）》，文物出版社，1988 年，第 287 頁。

	伊謂伊水，班即班師，郭氏所釋，大體可信。吴東發以爲伊即施谷，班即萑谷（按施谷、班谷均見《左・昭二十六年傳》）；徐中舒以伊班爲地名，均不確。《水經・伊水注》云："伊水出南陽魯陽縣西蔓渠山，東北過郭落山，又東北過陸渾縣南，又東北至洛陽縣南，北入于洛。"可見班師之地當在伊水上游與洛水中游毗鄰的地方。 陳連慶《〈敔簋〉銘文淺釋》[550]［敔簋］ 在今河南伊川、嵩縣一帶。 吴鎮烽《銘圖索引》[551]［敔簋］
0177 **向** 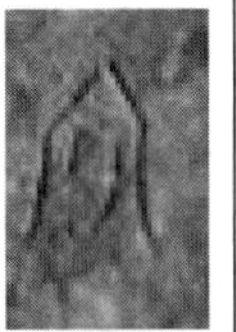 向令戠戈	**【時代】戰國中期・韓** **【出處】向令戠戈** 王之一年，向命戠，工帀（師）覘，冶銮。［向令戠戈，《銘續》1231］ **【類別】城邑名稱** **【釋地】河南省濟源市** 戰國韓邑，今河南濟源市南。 吴鎮烽《銘圖索引》[552]［向令戠戈］
0178 **彶** 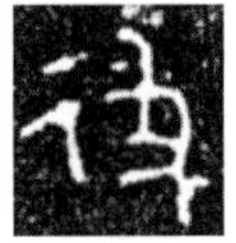 鬲比盨	**【時代】西周晚期** **【出處】鬲比盨**［《集成》4466］ **【類別】城邑名稱**
0179 **舟**	**【時代】西周中期** **【出處】史密簋** 唯十又一月，王令師俗、史密曰："東征。"敆南夷膚虎會杞夷、舟夷雚不折，廣伐東或（國）齊自（師）、族土、述（遂）人，乃執啚（鄙）寬亞。師俗率齊自（師）、述（遂）人左，□伐長必，史密右，率族人、釐伯、僰眉，周伐長必，獲百人，敢對揚天子休，用作朕文考乙伯尊簋，子子孫孫其永寶。［史密簋，《銘圖》5327］

550 陳連慶：《〈敔簋〉銘文淺釋》，《中國古代史研究：陳連慶教授學術論文集》，吉林文史出版社，1991年，第1164頁。
551 吴鎮烽：《商周青銅器銘文暨圖像集成索引》，上海古籍出版社，2019年，第912頁。
552 吴鎮烽：《商周青銅器銘文暨圖像集成索引》，上海古籍出版社，2019年，第1055頁。

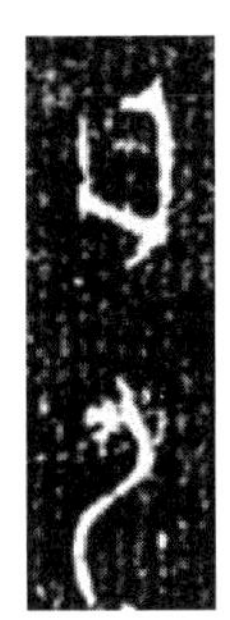

史密簋

0179.02

舟夷

【類別】國族名稱

舟，當讀爲州。《路史•國名紀乙•少昊後偃姓國》："州，今荆南監利故華容古州也，昔隨、絞、州、蓼伐楚敗鄖者。"春秋時之州在今湖北洪湖市東北。《逸周書•王會解》："白州比閭。"朱右曾校釋引孔晁注："白、州，東南蠻。"西周之州與白爲鄰，當在山東境内。

陳秉新、李立芳《出土夷族史料輯考》[553]［史密簋］

【釋地】山東省安丘市

舟是姜姓國，亦作州。《荀子•君道》"州人"，《韓詩外傳》作"舟人"。州都于淳于，在今山東安丘東北。

李學勤《史密簋銘所記西周重要史實》[554]［史密簋］

舟拙文《史密簋釋文考地》讀爲州。《春秋經•桓公五年》："冬，州公入曹。"孔穎達疏："《世本》：州，國，姜姓。"《左傳》則作："冬，淳于公入曹。"杜預注："淳于，州國所都。"淳于在今山東安丘縣北。西周中晚期之交，杞、州相鄰。杞、州稱夷者，是由于他們久與夷人雜居，染其習俗，故爲周人所鄙視。《春秋經•僖公二十七年》："春，杞子來朝。"《左傳》："春，杞桓公來朝，用夷禮，故曰子。"杜預注："杞先代之後，迫于東夷，風俗雜壞，言語、衣服有時而夷，故杞子卒，《傳》言其夷也。"

王輝《商周金文》[555]［史密簋］

【釋地】河南省沁陽市

州，古國名。《左傳•桓公十一年》："鄖人軍于蒲騷。將與隨、絞、州、蓼伐楚師。"杜預注："州國在南郡華容縣東南。"即今湖北洪湖市東北。《路史•國名紀乙•少昊後偃姓國》："州，今荆南監利，故華容古州也。"又《左傳•昭公三年》："子豐有勞于晋國，余聞而弗忘，賜汝州田，以胙乃舊勛。"杜預注："州縣，今屬河内郡。"地在今河南省沁陽縣。商時之州國或在此地。

陳秉新、李立芳《出土夷族史料輯考》[556]

【釋地】河南省滎陽市

舟夷。本爲祝融後禿姓國，居祝融之墟（今河南滎陽到密縣之間），爲周所滅（《國語•鄭語》）。銘文所見舟夷當是周王朝在禿姓舟國廢墟上新建的封國，疑即周中期器洹秦彝銘文後即錖耳内所見之"舟"（《小校》7•40）。其國又以洹爲氏，當在今滎陽以東，戰國韓之洹雍城一帶。……此舟國很可能就是《潛夫論•志氏姓》注引《路史後紀》及明陳士元《姓

553 陳秉新、李立芳：《出土夷族史料輯考》，安徽大學出版社，2005年，第196頁。

554 李學勤：《史密簋銘所記西周重要史實》，原載《中國社會科學院研究生院學報》1991年第2期；後收入《走出疑古時代》，長春出版社，2007年，第105頁。

555 王輝：《商周金文》，文物出版社，2006年，第200—201頁。

556 陳秉新、李立芳：《出土夷族史料輯考》，安徽大學出版社，2005年，第20頁。

	黼四》所載的姜姓舟國。 王雷生《由史密簋銘看姜姓萊、曩族東遷》[557]［史密簋］ **【釋地】山東地區** 舟，亦爲商周時期封國，始見于殷墟第一期卜辭，又見于商周銅器舟鼎、舟盤、舟爵和孜觶等，但其地望不能指實。舟夷既稱舟，當與舟船有關，結合到他們曾和杞夷一起參與膚虎的叛亂，廣伐東國的齊自、族土和遂等情况，推測舟夷當是居住在今山東省南部湖澤地區的以漁舟營生的方國部族。 吴鎮烽《史密簋銘文考釋》[558]［史密簋］ 舟夷，或以爲當居住在今山東省南部湖澤地區，或以爲舟即“州”，在今山東安丘東北。證之山東黄縣新出啓卣、啓尊銘文“啓從王南征。逰山谷，在洀水上”。甲骨文中有“洀”，于思泊先生釋之，並謂當讀汎，甚確。何琳儀、黄錫全先生《啓卣、啓尊銘文考釋》以爲汎亦作范，並尋繹出四條范水，以河南襄城南之范水當之“洀水”，今證之史密簋，此洀與舟當即今山東曹縣之古范水。故以爲舟夷在今山東省南境湖澤地之説，尤可徵信。 孫敬明《史密簋銘箋釋》[559]［史密簋］ 約在今山東微山湖一帶。 吴鎮烽《銘圖索引》[560]［史密簋］
0180 **合陽** 合陽鼎	**【時代】戰國中晚期・魏** **【出處】合陽鼎　合陽矛**［《銘圖》17612］ 廿四年，稾朝爲合陽鑄，容半齋，二。［合陽鼎，《集成》2693］ **【類别】城邑名稱** **【釋地】陝西省渭南市合陽縣** 合陽，戰國時的魏邑，在今陝西省合陽縣東南，《史記・魏世家》：文侯十七年（前429年）“西攻秦至鄭而還，築雒陰、合陽”。黄盛璋先生認爲，這個位置的兩個字是“表鼎之用地，但非表地名”，“表鼎之用地”是對的，“但非表地名”則不確。最近公布的一些資料，鼎之用地確切應該是指置用場所。比如“三年垣上官載四半齋”，“垣”是地名，“上官”是食官名。同樣的像滎陽上官、安邑下官等都是器的置用場所。如以

557 王雷生：《由史密簋銘看姜姓萊、曩族東遷》，《考古與文物》1997年第6期，第78頁。
558 吴鎮烽：《史密簋銘文考釋》，《考古與文物》1989年第3期，第57頁。
559 孫敬明：《史密簋銘箋釋》，《考古發現與齊史類徵》，齊魯書社，2006年，第105頁。
560 吴鎮烽：《商周青銅器銘文暨圖像集成索引》，上海古籍出版社，2019年，第912頁。

合陽矛	上述器比照，“合陽容半𪔁”完整的表達應是“合陽+食官名+容半𪔁”，而這裏的食官名省略了。省略了食官名的“合陽”應該既是地名，也代表了器的置用場所，類似于河南宜陽出土的“合陽上庫冶臣”矛。合陽後被秦國所并，置合陽縣。有秦戈：“十七年，丞相啓狀造，郃陽嘉，丞兼，庫脽，工邪。”郃陽即合陽。 李朝遠《合陽鼎拾遺》[561][合陽鼎] “合陽”不僅見于秦昭王時兵器“十七年丞相啓狀戈”（《集成》十七·11379），還見于魏國“陆（陰）陽府”官印、“合陽上庫矛”等，地在今陝西合陽縣東。據《史記·魏世家》等史籍的記載，公元前 330 年，魏敗于雕陰，獻河西之地于秦；公元前 328 年，魏獻上郡于秦。至魏惠王後元七年（公元前 328 年），魏國疆土已從今陝西省境內退出。據此，屬于“河西之地”的合陽由魏入秦的時間不應晚于公元前 330 年，“合陽鼎”銘文中的“二十四年”自然就應該是魏惠王前元二十四年（公元前 346 年）。因此，“合陽鼎”的鑄造年代應屬于戰國中期的中段，將其定在戰國晚期的意見不可信。 吴良寶《戰國魏“合陽鼎”新考》[562][合陽鼎] 今陝西合陽縣東。 吴鎮烽《銘圖索引》[563][合陽矛]
0181 夙  晉侯蘇鐘 0181.02 夙夷 0181.03 宿夷	**【時代】西周晚期** **【出處】晉侯蘇鐘** 唯王卅又三年，王親遹省東或（國）南或（國），正月既生霸戊午，王步自宗周，二月既望，癸卯，王入各成周，二月既死霸壬寅，王僨往東。三月方死霸，王至于𦵏，分行，王親令晉侯穌（蘇）：率乃𠂤（師）左洀濩，北洀汶□，伐夙夷，晉侯穌（蘇）折首百又廿，執訊廿又三夫，王至于匔城，王親遠省𠂤（師），王至晉侯穌（蘇）𠂤（師），王降自車，立南嚮，親令晉侯穌（蘇）：自西北隅敦伐匔城，晉侯率厥亞旅、小子、或人，先陷人，折首百，執訊十又一夫。王至淖列。淖列夷出奔，王令晉侯穌（蘇）率大室小臣、車僕從，逋逐之，晉侯穌（蘇）折首百又一十，執訊廿夫，大室小臣、車僕折首百又五十，執訊六十夫，王唯返，歸在成周。[晉侯蘇鐘，《銘圖》15298、15313] **【類別】國族名稱** 夙夷就是《左傳》僖二十一年所記太皞之後，風姓四國之一：“任、

561 李朝遠：《合陽鼎拾遺》，中國古文字研究會、華南師範大學文學院編：《古文字研究》（第二十六輯），中華書局，2006 年，第 232 頁。

562 吴良寶：《戰國魏“合陽鼎”新考》，《考古》2009 年第 7 期，第 62 頁。

563 吴鎮烽：《商周青銅器銘文暨圖像集成索引》，上海古籍出版社，2019 年，第 912 頁。

宿、須句、顓臾”的宿國……夙夷國都就是熏城，並不是魯之鄆城，相去在百里以上，與戰争不沾邊。春秋之宿，戰國爲齊無鹽，城址廣大，已發現西周早期遺物，自漢以來傳統記載全皆以爲即古宿國，也就是蘇鐘伐夙夷之地，殷代宿國亦當在此，但上追能到何時，尚待逐步考察研究一一落實。

黄盛璋《晋侯蘇鐘重大價值與難拔丁子指迷與解難》[564][晋侯蘇鐘]

周代曾存在南、北兩宿並立的事實，其中《左傳》僖公二十一年所載爲北宿，故地在今山東東平東二十里之宿城鎮；晋侯蘇鐘銘所見“宿夷”及春秋初年參與宋國會盟、後爲宋人逼遷至宋境的爲南宿，故地在今安徽宿州市附近。

朱繼平《宿國地望及相關問題探析》[565]

即宿夷，約在今山東半島及蘇北。

吴鎮烽《銘圖索引》[566][晋侯蘇鐘]

【釋地】山東省泰安市東平縣

古夙、宿二字通假，故宿應該就是銘文之夙，此夙夷即宿夷。文獻中載宿爲古國，《左傳》僖公二十一年：“任、宿、須句、顓臾，風姓也，實司大皞與有濟之祀。”銘文之夙即《左傳》之宿，此四國相近，即東夷的風姓之國。宿的地望在山東東平縣境。

馬承源《晋侯穌編鐘》[567][晋侯穌鐘]

鐘銘中地名，除宗周、成周外，共有六個，其中一個字迹不清，尚不能辨識。馬文已説明夙夷之夙即風姓宿國，過去著録的宿風鬲“宿”字兼有“宿”“夙”兩部分。宿係太昊之後，在今山東東平東二十里。

李學勤《晋侯蘇鐘的時、地、人》[568][晋侯蘇鐘]

夙，讀爲宿，《左傳·僖公二十一年》：“任、宿、須句、顓臾，風姓也，實司大皞與有濟之祀。”《路史·國名紀甲》亦謂宿爲太昊（同大皞）後風姓國。《春秋·隱公元年》：“九月，及宋人盟于宿。”杜預注：“宿，小國，東平無鹽縣也。”故地在今山東東平縣東宿城鎮。宿爲東夷方國，故銘文稱蘇（宿）尸（夷）。

陳秉新、李立芳《出土夷族史料輯考》[569][晋侯蘇鐘]

馬文讀“夙尸”爲“宿夷”，甚確。《左傳·僖公二十一年》：“任、宿、須句、顓臾，風姓也，實司大皞與有濟之祀。”又《水經·汶水注》：“其右一汶西流逕無鹽縣之故城南，舊宿國也。”其地在今山東東平東二

564 黄盛璋：《晋侯蘇鐘重大價值與難拔丁子指迷與解難》，《文博》1998年第4期，第39頁。
565 朱繼平：《宿國地望及相關問題探析》，《中國歷史地理論叢》2012年第3期，第47頁。
566 吴鎮烽：《商周青銅器銘文暨圖像集成索引》，上海古籍出版社，2019年，第912、971頁。
567 馬承源：《晋侯穌編鐘》，上海博物館編：《上海博物館集刊》（第七期），上海書畫出版社，1996年，第14頁。
568 李學勤：《晋侯蘇編鐘的時、地、人》，《綴古集》，上海古籍出版社，1998年，第103頁。
569 陳秉新、李立芳：《出土夷族史料輯考》，安徽大學出版社，2005年，第227頁。

十里古無鹽城南，南臨汶水。

銘文“北[illegible]汎口”之缺文，疑爲“汶”或“汶上”。北渡汶水恰好是古宿國，故銘文“北[illegible]口”下緊接“伐宿夷”。河道與地名的方位絲毫不爽。

何琳儀《晉侯蘇鐘釋地》[570]［晉侯蘇鐘］

“夙”應讀爲“宿”。“夙”“宿”二字古通，《儀禮·士昏禮》：“宿夜毋違命。”《白虎通·嫁娶》引夙作宿。《吕氏春秋·用民》：“夙沙之民，自攻其君。”《淮南子·道應》夙沙作宿沙。《左傳·襄公六年》：“季孫宿如晉。”《禮記·檀弓下》鄭注引宿作夙。晉侯蘇鐘“伐夙夷”之“夙”作[illegible]，夙亦讀爲“宿”。宿爲古國名，《春秋·隱公元年》：“九月，及宋人盟于宿。”杜預注：“宿，小國，東平無鹽縣也。”《左傳·僖公二十一年》：“任、宿、須句、顓臾、風姓也，實司大皞與有濟之祀，以服事諸夏。”宿先屬宋國，後又屬齊國，其地在今山東東平縣稍東二十里。

徐在國《兵器銘文考釋》[571]［夙戈］

【釋地】山東省濟寧市

渡過蒙北諸水，再“涉（津）□伐夙夷”，所空一字應爲水名。渡過蒙山北面諸水，再渡過□水而伐夙夷，則夙夷所居之地應在今山東省南部濟寧與膠東交界之處。按此則“夙夷”應即夙沙之夷。夙沙的方位，舊説在膠東道境，具體地點未詳。此鐘銘記載自兖分行後，晉侯蘇所領人員已與夙夷交戰，並有“折首”“執訊”等情，則夙夷的所在地當不限于膠東道，包括濟寧道也屬夙夷聚居之地。

李仲操《談晉侯蘇鐘所記地望及其年代》[572]［晉侯蘇鐘］

0182

旨壓

朱絉劍

【時代】春秋晚期

【出處】朱絉劍

旨壓君疋卝吴之孫朱絉擇厥吉金自作元用之劍。［朱絉劍，《銘圖》18204］

【類别】城邑名稱

即旨地，春秋楚地。

吴鎮烽《銘圖索引》[573]［朱絉劍］

570 何琳儀：《晉侯蘇鐘釋地》，黄德寬主編：《安徽大學漢語言文字研究叢書·何琳儀卷》，安徽大學出版社，2013年，第25頁。

571 徐在國：《兵器銘文考釋》，安徽大學古文字研究室編：《古文字研究》（第二十二輯），中華書局，2000年，第116頁。

572 李仲操：《談晉侯蘇鐘所記地望及其年代》，《考古與文物》2000年第3期，第28—29頁。

573 吴鎮烽：《商周青銅器銘文暨圖像集成索引》，上海古籍出版社，2019年，第914頁。

0183

甸邑

甸邑權

【時代】 秦

【出處】 **甸邑權**［《銘圖》18930］

【類别】 **城邑名稱**

【釋地】 **陝西省咸陽市旬邑縣**

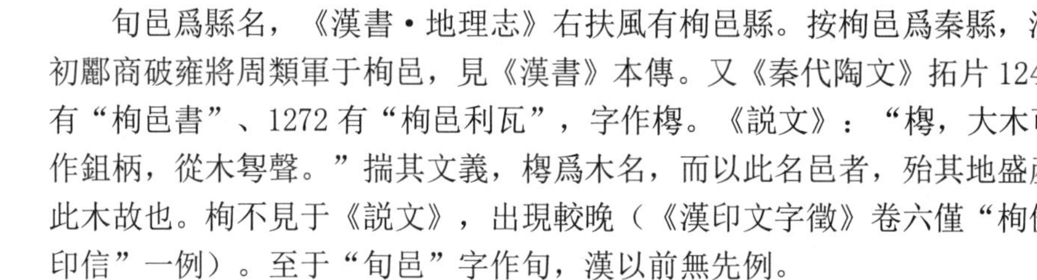

甸邑爲縣名，《漢書・地理志》右扶風有栒邑縣。按栒邑爲秦縣，漢初酈商破雍將周類軍于栒邑，見《漢書》本傳。又《秦代陶文》拓片1241有“栒邑書”、1272有“栒邑利瓦”，字作榪。《説文》：“榪，大木可作鉏柄，從木㝁聲。”揣其文義，榪爲木名，而以此名邑者，殆其地盛産此木故也。栒不見于《説文》，出現較晚（《漢印文字徵》卷六僅“栒僕印信”一例）。至于“甸邑”字作甸，漢以前無先例。

王輝《秦銅器銘文編年集釋》[574]［甸邑權］

今陝西旬邑縣東北。

吴鎮烽《銘圖索引》[575]［甸邑權］

0184

甸陽

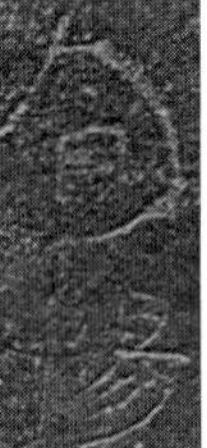

甸陽壺

【時代】 **戰國晚期・秦**

【出處】 **甸陽壺**［《銘圖》12210］

【類别】 **城邑名稱**

【釋地】 **陝西省旬陽市**

今陝西旬陽縣洵河北岸。

吴鎮烽《銘圖索引》[576]［甸陽壺］

0185

庈

作册睘尊

【時代】 **西周早中期**

【出處】 **趞卣　作册睘卣　麥尊等**

唯十又三月辛卯，王在庈（斥），易（賜）趞（遣）采曰趞，易（賜）貝五朋，趞（遣）對王休，用作姞寶彝。［趞卣，《集成》5402］

唯十又九年，王在庈（斥），王姜令作册睘安夷伯，夷伯賓睘貝、布，揚王姜休，用作文考癸寶尊器。［作册睘卣，《集成》5407］

574 王輝：《秦銅器銘文編年集釋》，三秦出版社，1990年，第124頁。
575 吴鎮烽：《商周青銅器銘文暨圖像集成索引》，上海古籍出版社，2019年，第912頁。
576 吴鎮烽：《商周青銅器銘文暨圖像集成索引》，上海古籍出版社，2019年，第912頁。

作册睘卣

遣卣

麥方尊

0185.02
厈
0185.03
斥
0185.04
榦
0185.05
㡯
0185.06
㢈

【類别】城邑名稱 宫室建築名稱

金文“才”下一字，常是地名，但也可能是宫室建築之名如“王才寢”“王才大室”“王才大宫”之類。《麥尊》曰“會王居鎬京……王以侯内于寢……粤王才㡯……”（《西清》8.33）。是㡯（㡯）爲鎬京宫寢的一部分，庈（斥）當同此。《小臣静卣》“隹十又三月王居鎬京”，字體與此器極相近，可能是同時所作，此又庈在鎬京的一旁證。庈可能是地名。《流沙墜簡•廪給》第三簡，斥候之斥作庈。

陳夢家《西周銅器斷代》[577][趞卣]

林義光《文源》把趞卣的“庈”字和庚嬴卣的“榦”字所從之“庈”，均當作《説文》的“㡿”（斥）字。唐蘭也釋“王才庈”之“庈”爲斥，以爲周昭王南伐荊楚所住在的地名（見《考古學報》1962年1期34頁）。郭沫若謂“厈與下南宫中鼎之一之寒𨸏爲一地，當即寒浞故地，地在今山東濰縣境”（見《兩周金文辭大系考釋》14頁）。又謂“寒厈古同元部，而喉牙亦相近轉，故知二者必爲一地”（同上，16頁）。吴其昌謂“厈”即漢潁陰縣之“岸門”（見《金文曆朔疏證》卷二30頁）。按《説文》斥作㡿，“從广屰聲”。㡿與屰古韻並屬魚部。庈字從干聲，與從屰無涉。㡿和從㡿之字漢隸多訛作厈或庈。自唐代張參《五經文字》、唐玄度《九經字様》以及後代文字學家，均一致認爲厈或庈爲㡿字的隸變。所謂“隸變”，是説隸書改易或簡化了原來篆文的結構而變成通俗的寫法。至于由隸書的厈或庈變作斥，則又隋唐以後的俗書。我們如果把古文字中之與隸變偶合者當作同一文字，那就錯了。因此可知，郭沫若釋爲庈，吴其昌釋爲岸，均不以爲斥字是對的，但都認爲係遠方的地名則不無可商。

《説文》把從厂干聲的“厈”字列爲“厂”字的籀文，故容庚《金文編》列“庈”于“厂”字下。其實庈即岸字的初文，徐灝《説文段注箋》謂“厈即岸字之省”，甚是。至于從厂與從广，在金文中每無别，如廣從广也從厂，应從广也從厂，是其證。《説文》訓广（魚儉切）爲“因广爲屋”，訓厂（呼旱切）爲“山石之厓岩，人可居”，乃後世分化之文。《説文》謂岸爲“從屵（五葛切）干聲”，未確。以金文庈爲岸之初文驗之，則岸應從山庈聲，庈從干聲，岸係庈的後起字。又散盤榦字凡三見，均係劃封田界之事。其一爲“陟州剛，登榦”。剛即岡，俗作崗。榦即岸，指崖岸言之，以其封界多樹木，故從木作榦。這是説，上升州崗，又登于崗上懸崖之岸。

金文庈字也作㡯，麥尊：“……”吴闓生《吉金文録》謂㡯 “即岸字”，甚是。但吴先生還未知㡯之同庈，故于同書睘尊（應作卣）的“厈”字不釋作“岸”。實則庈即㡯字。師訇簋和毛公鼎均言“干吾王身”，“干吾”即“攼敔”，今作“扞御”。大鼎的“大以乃友入攼”，“攼”乃“干”的孳乳字。這不僅可知從干之庈與從攼之㡯必係同字，而且由于庈之孳乳爲㡯，又可以判定其器時代的先後。麥尊的璧雝，典籍多作辟廱，係古代

577 陳夢家：《西周銅器斷代》，中華書局，2004年，第60頁。

最高統治者講學習射饗飲之所。《詩·靈臺》："于樂辟廱"，毛傳："水旋丘如璧曰辟廱"；《詩·泮水》："思樂泮水"，鄭箋："辟廱者築土雝水之外，圓如璧"。按金文作璧雝，漢史晨後碑、倉頡廟碑均作璧雝，則璧取水旋之義，傳箋說得之。麥尊先言"雩若翌日，（王）在璧雝，王乘于舟爲大禮"，下言"雩王在㡿（岸）"，中間並無其他記日，是王在璧雝與王之乘舟、王之在岸，均爲同日之事。所謂"乘舟"，係在璧雝的環水中；所謂"在岸"，係在璧雝的環水岸上，均已明確無疑。因此可知，"王在岸"與金父中的王在某宫或某廟，都係指舉行某種典禮所在之地言之，其非遠方之地名甚明。

于省吾《讀金文札記五則》[578][睘卣、麥尊等]

㡿，地名，盠駒尊"王初執駒于㡿"與此同地。㡿字從攴厈聲，趞尊，趞卣和作册睘卣都說"王在厈"，當亦同地。厈即斥字，㡿即拆之本字，《易·解》"百果艸木皆甲拆"，《說文》只有坼字，"裂也"。此見《集韻》。㡿地當與宗周相近。《漢書·地理志》右扶風雍縣下說："橐泉宫孝公起。"在今陝西鳳翔縣。宫名當依地名而起，疑即此銘的㡿地。《說文》："欜，夜行所擊者，從木橐聲。《易》曰：'重門擊欜'。"欜，今本《易》作柝，可證。周穆王常居鄭宫，就在春秋時的雍邑，與㡿地應鄰近。

唐蘭《西周青銅器銘文分代史徵》[579][作册麥方尊]

地名。宗周辟雍大池之岸。作册睘尊銘："不厈，君令余乍册睘安夷白"。趞尊銘："隹十又三月辛卯，王才厈，易趞采曰䟗。" 盠方彝銘載王行執駒之禮亦"在㡿"。 厈、㡿當是一地。厈，讀爲岸，亦辟雍大池的岸上。

馬承源《商周青銅器銘文選》[580][麥方尊]

【釋地】山東省濰坊市

厈與下南宫中齋之一之"寒𩵦"爲一地，當即寒浞故地，地在今山東濰縣境。

郭沫若《兩周金文辭大系圖録考釋》[581][睘卣]

【釋地】陝西省寶鷄市

考古調查資料、金文資料和古籍文獻相互印證，可以知道"豆""㡿"二地的確切地點是在古汧渭之間，汧水和渭水相會的地方，即今寶鷄、鳳翔、眉縣交界地。這裏北依周原，瀕臨渭水，有較爲開闊的河谷臺地，水草豐美，是一處理想的天然馬場。

578 于省吾：《讀金文札記五則》，《考古》1966年第2期，第101—102頁。
579 唐蘭：《西周青銅器銘文分代史徵》，《唐蘭全集（七）》，上海古籍出版社，2015年，第266頁。
580 馬承源主編：《商周青銅器銘文選（三）》，文物出版社，1988年，第47頁。
581 郭沫若：《兩周金文辭大系圖録考釋（二）》，《郭沫若全集·考古編》（第八卷），科學出版社，2002年，第45頁。

庍地考定在汧渭之會，西距豐、鎬約二百餘里，其與麥尊銘文所示㡿與宗周、𦢈京相對位置也無悖謬之處。

盧連成《庍地與昭王十九年南征》[582][矢人盤、駒尊]

㡿，地名，盠駒尊：“王初執駒于㡿”，與此爲一地。唐蘭説其地在今陜西鳳翔縣，殆是。

王輝《商周金文》[583][作册麥方尊]

庍，地名，又見同銘尊及傳世趞卣，唐蘭初説在湖北孝感，後説在鎬京附近。盧連成《庍地與昭王十九年南征》則説在汧渭之會，即郿縣出土駒尊“王初執駒于㡿”之㡿，殆是。

王輝《商周金文》[584][作册睘卣]

我以爲盧先生的説法很有道理。盤銘提到井邑，井邑又名奠（鄭）井，長由盉説穆王在“下淢居”“即井伯大祝射”，即，就也，可見淢距井甚近。盧先生説鄭即秦德公所居之大鄭宮。《史記·秦本紀》正義引《括地志》云：“岐州雍縣南七里故雍城，秦德公大鄭宮城也。”棫陽宮也在雍縣。《漢書·地理志》雍縣條下云：“棫陽宮，昭王起。”《小校》11.50有雍棫陽共厨鼎。淢地低下，乃水積聚之處。《詩·大雅·文王》：“築城伊淢。”毛傳：“淢，城溝也。”雍又作邕，《説文》：“邕，四方有水自邕成池者。”可見淢、雍義近。拙文《西周畿内地名小記》説：“鳳翔南部古稱雍，可能取義于低下潮濕。今鳳翔城南七八里之河北里、八旗屯一帶，南北均爲土塬，雍河自中流過，兩岸多爲沼澤，蘆葦叢生，水草豐茂……”棫應在這一帶。

王輝《散氏盤新解》[585][散氏盤]

即斥，今陝西寶鷄陳倉區汧渭交匯處。

吴鎮烽《銘圖索引》[586][作册睘尊等]

【釋地】河北省邯鄲市成安縣

斥與寒相距一天程，當即漢之斥丘，在今成安境，春秋之乾侯，亦在斥丘境，“乾”“邯”“寒”古音同部，與古寒國或亦有關，斥丘之北尚有斥章，皆得名于斥，斥鹵即今鹽碱化，斥必沿河。

黄盛璋《西周微家族窖藏銅器群初步研究》[587][趞尊]

582 盧連成：《庍地與昭王十九年南征》，《考古與文物》1984年第6期，第77頁。
583 王輝：《商周金文》，文物出版社，2006年，第77頁。
584 王輝：《商周金文》，文物出版社，2006年，第90頁。
585 王輝：《散氏盤新解》，《高山鼓乘集：王輝學術文存二》，中華書局，2009年，第12—13頁。
586 吴鎮烽：《商周青銅器銘文暨圖像集成索引》，上海古籍出版社，2019年，第904、912、958頁。
587 黄盛璋：《西周微家族窖藏銅器群初步研究》，《歷史地理與考古論叢》，齊魯書社，1982年，第285—286頁。

	【釋地】湖北省孝感市 昭王多在此地行賞賜之事，有關其地望，諸家考證甚多。考慮到遣器銘“隹（惟）十又三月辛卯，王在斥”僅比中方鼎銘“隹（惟）十又三月庚寅，王在寒師”晚一天，可見寒與斥地相離很近，且寒距褔地也很近，故而推測斥亦地近湖北孝感。值得一提的是，目前在金文中斥地屢見，或作㡿、庴，同名異地現象常見，考釋時應具體分析，切不可一概而論。 趙燕姣、吴偉華《金文所見昭王南征路綫考》[588][作册折尊]
0186 邟 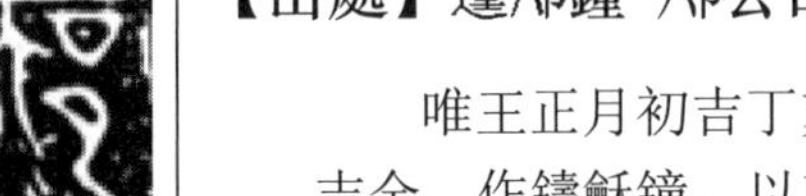 遷邟鐘 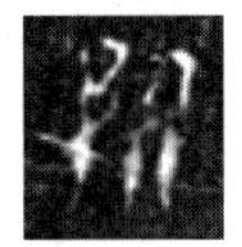 邟公卲倮戈	【時代】春秋晚期 【出處】遷邟鐘 邟公卲倮戈 唯王正月初吉丁亥，舍王之孫、尋楚猒之子遷（甚）邟（六），擇厥吉金，作鑄龢鐘，以享于我先祖。余鑪鏐是擇，允唯吉金，作鑄龢鐘，我以顕以南，中鳴娖好，我以樂我心，佗佗施施，子子孫孫，羕保用之。[遷邟鐘，《銘圖》15520—15521] 邟公昭倮爲邟造王□。[邟公卲倮戈，《銘續》1210] 【類别】國族名稱 【釋地】安徽省阜陽市 邟即六國，偃姓，文公五年（公元前622年）被楚所滅，故地在今安徽省六合縣。尋，姒姓國，夏之後，其地理方位據研究可能先在河南，後遷山東。楚爲羋姓，南方大國。猒即文獻中歸姓的胡國，地在今安徽阜陽，定公十五年（公元前435年）滅于楚。遷很可能也是國名，或許即是“斟”之異構（據《史記·夏本記》集解，斟尋氏一作斟氏、尋氏）。 曹錦炎《遷邟編鐘銘文釋議》[589][遷邟鐘] 【釋地】安徽省六安市 即六，春秋楚封邑，今安徽六安縣東北。 吴鎮烽《銘圖索引》[590][邟公卲倮戈]
0187 次竝	【時代】春秋晚期 【出處】次竝果戈 次竝果之造戈。[次竝果戈，《銘圖》16855]

588 趙燕姣、吴偉華：《金文所見昭王南征路綫考》，《中國歷史地理論叢》2018年第2期，第55頁。
589 曹錦炎：《遷邟編鐘銘文釋議》，《文物》1989年第4期，第58頁。
590 吴鎮烽：《商周青銅器銘文暨圖像集成索引》，上海古籍出版社，2019年，第1052、1055頁。

次竝果戈	**【類別】城邑名稱** 郊從邑、次聲，肯定是一個地名。春秋戰國時期，在楚國境内，稱“郊”的地方，可能與鄂君啓舟節中提到的“澬”有關，如果郊邑是因澬水而得名的話，那麼郊的地望就應該在現在湖南省境内資水流域一帶了。 孫稚雛《郊竝果戈考釋》[591]［次竝果戈］ 新蔡簡“此竝”即典籍之“茲方”。《史記·楚世家》：“肅王四年，蜀伐楚，取茲方。于是楚爲扞關以距之。”索隱：“地名，今闕。”正義：“《古今地名》云，荆州松滋縣古鳩茲地，即楚茲方是也。”集解：“李熊説公孫述曰，東守巴郡，距扞關之口。”索隱：“按，《郡國志》巴郡魚復縣有扞關。”正義所言非是。錢大昕曰：“《左傳》楚子重伐吴，克鳩茲。杜預云，鳩茲，在丹陽蕪湖縣東。今皋夷也，與茲方異。”已知正義之誤。今按，扞關的地望是明確的。《史記·張儀傳》：“秦西有巴、蜀，大船積粟，起于汶山，浮江以下，不至十日而距扞關。”集解：“徐廣曰，巴郡魚復有扞水、扞關。”索隱：“扞關在楚之西界。”正義：“在硤州巴山縣界。”錢穆曰：“魚復故縣，今四川奉節縣東北，則扞關即瞿唐關也。《漢志》魚復縣有江關是已。”既然扞關在今四川奉節，那麼據《楚世家》“蜀伐楚，取茲方，于是楚爲扞關以距之”的記載，茲方應在奉節之西，而不應在奉節之東。其確切地望則不得而知。 新蔡簡地名“此竝”很容易使人聯想到上海博物館所藏次竝戈：……。這件兵器銘文過去已有學者對其進行過研究。或以爲“次”是地名，與湖南資水有關；並以爲“竝”應屬下讀“竝果（應釋‘杲’）”，人名。現在看來，戈銘“次”應屬上讀“次竝”，即新蔡簡之“此竝”，乃“城”之賓語。這是因爲“此”與“次”聲韻均近（齒音脂部），可以通假。《荀子·非十二子》：“離縱而跂訾者也”，注：“訾讀爲恣”。《管子·立政》：“雖有富家多資”，《春秋繁露》引“資”作“貲”。《漢書·董仲舒傳》：“選郎吏又以富訾”，注：“訾讀與資同”。均其佐證。楚兵“次竝”與楚簡“此竝”文字略有不同，這在楚簡文字中也有類似的歧異現象。……地名“此竝”屬于先秦時代的巴國，……新蔡簡“此竝”及次竝戈之“次竝”，均爲《左傳》之“茲方”。 附記： 與“此竝”音近者尚有二地： 1.“訾梁”。“梁”“竝”均屬陽部，或可假借。《左傳·昭公十三年》：“師及訾梁而潰”，注：“靈王還至訾梁而衆散”。顧棟高云：“訾，亦在信陽州境。昭十三年，楚靈王師及訾梁而潰。即此訾水之梁也。”在今河南信陽。 2.“訾母”。“母”，明紐魚部；“竝”，亦紐陽部。亦、明均屬唇音，魚、陽陰陽對轉。也具備假借條件。《左傳·襄公十年》：“六月，楚子襄、鄭子耳伐宋，師于訾母。”注：“宋地。”戰國屬楚，在今河南鹿邑。

591 孫稚雛：《郊竝果戈考釋》，四川大學歷史系古文字研究室編：《古文字研究》（第七輯），中華書局，1982年，第104頁。

	考慮到“此竝”讀“訾梁”“訾母”，在文獻中均無通假例證，故暫不取此説。 何琳儀《新蔡竹簡地名偶識——兼釋次竝戈》[592][次竝果戈]
0188 **衣** 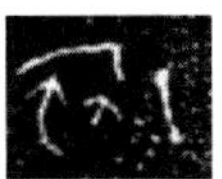 剌鼎	**【時代】西周中期** **【出處】剌鼎** 唯五月，王才（在）衣（殷），辰在丁卯，王啻（禘），用牡于大室，啻（禘）昭王，剌御，王易（賜）剌貝卅朋，天子萬年，剌對揚王休，用作黄公尊䵼彝，其孫孫子子永寶用。[剌鼎，《集成》2776] **【類别】城邑名稱** “王才”下一字是地名，余初釋爲衣，或釋爲旅，均不確。 郭沫若《兩周金文辭大系圖録考釋》[593][剌鼎] 即殷，今河南安陽市殷都區。 吴鎮烽《銘圖索引》[594][剌鼎]
0189 **吂**  芒令司馬伐戈  芒令州㛸戈  芒令戈	**【時代】戰國中晚期·魏** **【出處】芒令司馬伐戈　芒令州㛸戈　芒令□輅戈　芒令戈** 二年吂（芒）命司馬伐，右庫工帀（師）高屖、冶□。[芒令司馬伐戈，《集成》11343] 廿四年吂（芒）命州㛸，右庫工帀（師）甘（邯）丹（鄲）臾，冶瞥。[芒令州㛸戈，《銘圖》17229] 八年，吂（芒）命□輅，左庫工帀（師）叔梁掃、冶小。[芒令□輅戈，《銘圖》17230] 十五年吂（芒）命耴所，右庫工帀（師）周□、冶圯。[芒令戈，《銘續》1245] **【類别】城邑名稱** **【釋地】河南省永城市** 即芒，今河南永城縣東北。 吴鎮烽《銘圖索引》[595][芒令司馬伐戈]

592 何琳儀：《新蔡竹簡地名偶識——兼釋次竝戈》，《中國歷史文物》2003年第6期，第68—69頁。
593 郭沫若：《兩周金文辭大系圖録考釋（二）》，《郭沫若全集·考古編》（第八卷），科學出版社，2002年，第135頁。
594 吴鎮烽：《商周青銅器銘文暨圖像集成索引》，上海古籍出版社，2019年，第912頁。
595 吴鎮烽：《商周青銅器銘文暨圖像集成索引》，上海古籍出版社，2019年，第907、913頁。

0190 巟  巟伯簋	**【時代】西周早期** **【出處】巟伯簋** 巟伯作姬寶簋。[巟伯簋，《集成》3530、3531] **【類別】城邑名稱** 封邑名。 吴鎮烽《銘圖索引》[596][巟伯簋]
0191 亥𠥍  陸尊	**【時代】西周早期** **【出處】陸尊** 唯公逯于宗周，陸從公亥𠥍，洛（格）于官，賞陸貝，用作父乙寶尊彝。[陸尊，《集成》5986] **【類別】城邑名稱** 𠥍字從兄從医，未詳。疑當是医聲。亥𠥍似是地名。 唐蘭《西周青銅器銘文分代史徵》[597][陸尊]
0192 邡城  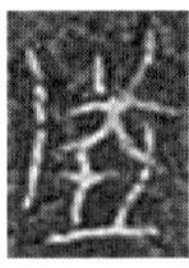 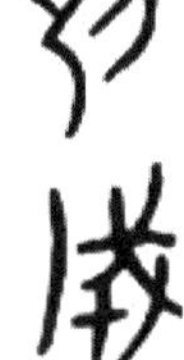 鄂君啓車節	**【時代】戰國中期** **【出處】鄂君啓車節**[《集成》12110、12111] **【類別】城邑名稱** **【釋地】湖北省十堰市竹山縣** 邡城即方城，在湖北竹山縣東南三十里，《左傳・文公十六年》“楚廬戢黎侵庸，及庸方城”，即其地。 郭沫若《關于鄂君啓節的研究》[598][鄂君啓車節] **【釋地】河南省南陽市方城縣** 楚之方城有三：一即《左傳》僖公四年“楚國方城以爲城，漢水以爲池”，《漢書・地理志》《續漢書・郡國志》繫于南陽郡葉縣（故治在今縣南）下的方城。據《水經・潕水注》引盛弘之，此城起自犨縣（故治今魯山縣東南），經葉縣境，東至瀙水達比陽（故治即今泌陽治，瀙水即縣

596 吴鎮烽：《商周青銅器銘文暨圖像集成索引》，上海古籍出版社，2019 年，第 913 頁。
597 唐蘭：《西周青銅器銘文分代史徵》，《唐蘭全集（七）》，上海古籍出版社，2015 年，第 189 頁。
598 郭沫若：《關于鄂君啓節的研究》，《文物參考資料》1958 年第 4 期，第 5 頁。

0192.02

方城

北沙河）界，“聯聯數百里”。這是楚在其北境沿着伏牛山東北麓所築的一條長城。一是築在這條長城所經伏牛山隘口的一個小城。《溎水注》引郭仲産曰：“苦菜、于東（二山名，並在今葉縣南）之間有小城，名方城”，即此。一即《左傳》文公十六年的庸方城，在今湖北竹山縣東南。銘文中的“方城”應在“陽丘”之東，顯然不可能指庸方城；方城上用“庚”不用“逾”，又可見不是指楚之長城而是指的那個在長城旁邊正當伏牛山隘口的小城。以地望推之，此城故址約相當于今方城縣東北方城、葉縣界上的保安鎮。

譚其驤《鄂君啓節銘文釋地》[599][鄂君啓車節][600]

方城譚文考爲方城中苦菜、于東之間的小城，我們認爲楚實有方城一地，《史記・秦本紀》“（秦昭王八年）共攻楚方城取唐昧”，此所指自非長達數百里之方城，《史記・楚世家》記此次戰役還多“取我重丘而去”，重丘在方城附近，或者就是本銘之方城之前的陽丘，此方城，後代名方城關，盛宏之《荆州記》：襄陽舊楚之北津，從襄陽渡江，經南陽出方關，是周鄭晋衛之道。

習鑿齒《襄陽記》：楚有二津，謂從襄陽渡沔，自南陽界出方城關是也。通周鄭晋衛之道。

方城有關，除綰轂交通之外，關吏自負有收税之責，故節銘之方城非此莫屬。至于譚文所考訂之苦菜、于東之間的方城，乃屬小城，兩者未必爲一地。

黄盛璋《關于鄂君啓節交通路綫的復原問題》[601][鄂君啓車節]

方城，譚氏考證在苦菜、于東二山之間，楚長城所經伏牛山隘口的一個小城，得之。這是楚國一個邊陲關隘，爲通往西、北諸國的要道。鄂君出入此關，無疑與韓、秦等國進行貿易。

劉和惠《鄂君啓節新探》[602][鄂君啓車節]

方城，《左傳》中數次提到，爲楚北方之要塞，其關城地望在今河南省方城縣東北的保安鎮附近，諸家認識比較一致。

劉和惠《楚文化的東漸》[603][鄂君啓車節]

599 譚其驤：《鄂君啓節銘文釋地》，原載《中華文史論叢》（第2輯），1962年；後收入《譚其驤全集》（第一卷），人民出版社，2015年，第540—541頁。

600 編者按：譚其驤《再論鄂君啓節地理答黄盛璋同志》一文重申前説並補充討論，見《中華文史論叢》（第5輯），1964年；後收入《譚其驤全集》（第一卷），人民出版社，2015年，第555頁。

601 黄盛璋：《關于鄂君啓節交通路綫的復原問題》，原載《中華文史論叢》（第5輯），1964年；後收入《歷史地理論集》，人民出版社，1982年，第277頁。

602 劉和惠：《鄂君啓節新探》，原載《考古與文物》1982年第5期；後收入劉慶柱、段志洪、馮時主編：《金文文獻集成》（第二十九册），綫裝書局，2005年，第331頁。

603 劉和惠：《楚文化的東漸》，湖北教育出版社，1995年，第144頁。

據車節路綫，此方城是在陽丘之前，在今方城縣東北。《水經注·潕水》："郭仲産曰：苦菜、于東之間有小城，名方城。"《左傳·僖公四年》："楚國方城以爲城、漢水以爲池。"此方城指楚長城，不是邑名的方城。

馬承源《商周青銅器銘文選》[604][鄂君啓車節]

《春秋左傳》僖公四年載，屈完對桓公云："君若以德綏諸侯，誰敢不服？君若以力，楚國方城以爲城，漢水以爲池，雖衆，無所用之。"杜預注：方城山在南陽葉縣南。酈道元《水經注》引郭仲産曰："于東、苦菜之間有小城名方城，東臨溪水。"《國語·齊語》韋昭注："方城，楚北之阨塞也。"唐李吉甫《元和郡縣圖志》，葉縣方城山："在縣西南十八里。楚屈完曰'楚國方城以爲城'是也。"以上典籍可證，方城的本義應該是指修建于楚國北境山上的一座關隘城防。經實地考察，其城址在今葉縣保安鎮西北十里的楊令莊村南鄂花山頭（即苦菜山）上。

李元芝《鄂君車節之方城、兔禾、汝墳考》[605][鄂君啓車節]

即方城，今河南方城縣東北保安鎮。

吴鎮烽《銘圖索引》[606][鄂君啓車節]

【釋地】河南省平頂山市葉縣

邡，同方；方城，城邑名，在今河南省葉縣南。節銘通例，凡所"庚"之地必爲城邑。楚北方長城亦名"方城"，非節銘所指。

湯餘惠《戰國銘文選》[607][鄂君啓車節]

【釋地】河南省沁陽市

舊稿云："《左傳》僖四年，'楚國方城以爲城，漢水以爲池'，杜注：'方城山在南陽葉縣南。'盛弘之《荆州記》：'葉東界有故城，始犨縣，東至瀙水，達比陽（即沘陽，明改泌陽）界，南北連綿數百里，號爲方城，一謂之長城。'這裏的邡城'邡'字從邑，應該是邑名。蓋緣城爲邑，其地當在今泌陽縣境。"……今按《水經·比水注》云："余（酈道元）以延昌四年，蒙除東荆州刺史，州治比陽縣故城。……《吕氏春秋》（處分篇）曰：'齊令章子與韓魏攻荆，荆使唐蔑（昧）應之，夾比而軍，……章子夜襲之，斬蔑于是水之上。"比陽故城在今泌陽縣西。《清一統志》："沘水一名泌水，源出泌陽縣東銅山，西南流經縣南。"是方城邑在今泌陽縣境無疑。黄同志又云："《史記·楚世家》記此次戰役還多'取我重丘而去'。重丘在方城縣附近，或者就是本銘之方城之前的陽丘。"按酈注云："比水又西，澳水注之。水北出茈丘山，東流屈而南轉，又南入于比

604 馬承源主編：《商周青銅器銘文選（四）》，文物出版社，1990年，第435頁。

605 李元芝：《鄂君車節之方城、兔禾、汝墳考》，楚文化研究會編：《楚文化研究論集》（第十集），湖北美術出版社，2011年10月，第208—214頁。

606 吴鎮烽：《商周青銅器銘文暨圖像集成索引》，上海古籍出版社，2019年，第896、912頁。

607 湯餘惠：《戰國銘文選》，吉林大學出版社，1993年，第49頁。

	水。"《通鑑》胡注以爲重丘即茈丘。澳水今俗名凉河，茈丘山一作慈邱山，在今泌陽縣西北三十里，方向不合，且相去甚近，當非本銘的陽丘。 羅長銘《鄂君啓節新探》[608][鄂君啓車節] **【釋地】湖南省岳陽市** "方城"即古驛道兩邊的城鎮，其位置在"陽丘"之南。考城陵磯之南有春秋麇子國城，由東、西兩城組成。戰國時期，這裏比較繁榮，屈原南征《涉江》時，"步余馬兮山皋，邸余車兮方林"，就是走的這條路綫。 張中一《〈鄂君啓金節〉路綫新探》[609][鄂君啓車節]
0193 **并** 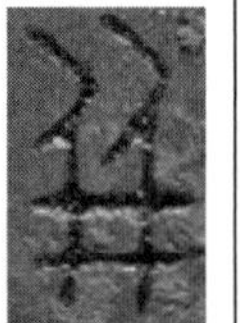 并伯鼎	**【時代】西周中期** **【出處】并伯鼎** 并伯作旅鼎。[并伯鼎，《銘續》89] **【類別】城邑名稱** **【釋地】山西省太原市** 約在山西太原一帶。 吴鎮烽《銘圖索引》[610][并伯鼎]
0194 **并陽** 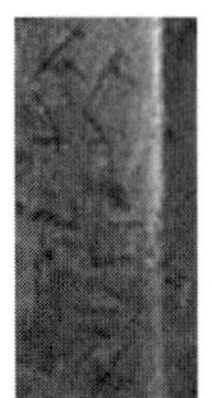 并陽令其戈	**【時代】戰國晚期·韓** **【出處】并陽令其戈** 十七年并陽令其，左庫工帀（師）㬋，治閖。[并陽令其戈，《銘圖》17203] **【類別】城邑名稱** 戰國韓邑。 吴鎮烽《銘圖索引》[611][并陽令其戈]
0195 **州**	**【時代】西周晚期** **【出處】散氏盤**[《集成》10176]　**𪒠比盨**[《集成》4466]

608 羅長銘：《鄂君啓節新探》，原載《羅長銘集》，黄山書社，1994年；後收入安徽省博物館編：《安徽省博物館四十年論文選集》，黄山書社，1996年，第151—152頁。
609 張中一：《〈鄂君啓金節〉路綫新探》，《求索》1989年第3期，第128頁。
610 吴鎮烽：《商周青銅器銘文暨圖像集成索引》，上海古籍出版社，2019年，第1056頁。
611 吴鎮烽：《商周青銅器銘文暨圖像集成索引》，上海古籍出版社，2019年，第913頁。

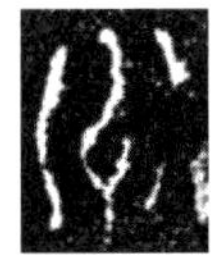

䰜比盨

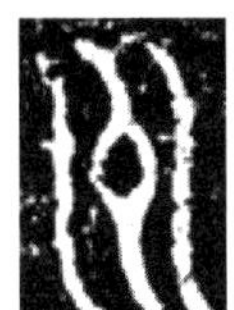
井侯簋

【類别】城邑名稱

州見散氏盤，其井邑田之四望中言“陟州剛”，又有人名州𩫖爲散之有司，當即州人之舊地與其族屬。

郭沫若《金文叢考》[612][周公簋]

考廣韻：“周、州、舟同音，職流切。”是散盤的州邑，就是鄭語的禿姓舟人，也就是西周金文所説的州人；散盤的州剛，就是寶鷄縣志所説縣東北三十五里的周原。州、周音同，假周爲州，未嘗不可。但縣志既誤以爲這是岐周之地，而史地家、金文家也無由考知舟——州邑的所在。

張筱衡《“井伯盉”考釋》[613][散氏盤]

州本州國，亦稱淳于國，西周封置。在今山東安丘市東北杞城。春秋時期爲杞國所居，故名杞城。按杞原爲夏殷周方國，姒姓，在今河南杞縣。春秋初遷都今山東新泰、諸城、泗水、昌樂、安丘等縣市界。戰國滅于楚。

崔恒昇《古文字地名考釋》[614][邢侯簋]

邑名，今地不詳。

吴鎮烽《銘圖索引》[615][䰜比盨]

【釋地】河南省沁陽市

州爲漢之州縣，在今沁陽東南武德鎮，兩漢均屬河内郡。

黄盛璋《扶風强家村新出西周銅器群與相關史實之研究》[616][周公簋]

州或即《左傳》隱十一年與鄭人之州，杜注云“今州縣”。

陳夢家《西周銅器斷代》[617][井侯簋]

《漢書·地理志》河内郡有州縣，今河南省沁陽縣東南。

唐蘭《西周青銅器銘文分代史徵》[618][井侯簋]

甲骨文地名未見有州。周代的州，有姜姓州國，在今山東安丘東北，

612 郭沫若：《金文叢考》，《郭沫若全集·考古編》（第五卷），科學出版社，2002年，第636頁。

613 張筱衡：《“井伯盉”考釋》，《人文雜志》（創刊號），1957年；後收入劉慶柱、段志洪、馮時主編：《金文獻集成》（第二十八册），綫裝書局，2005年，第351頁。

614 崔恒昇：《古文字地名考釋》，中國古文字研究會、安徽大學古文字研究室編：《古文字研究》（第二十三輯），中華書局，2002年，第218頁。

615 吴鎮烽：《商周青銅器銘文暨圖像集成索引》，上海古籍出版社，2019年，第913頁。

616 黄盛璋：《扶風强家村新出西周銅器群與相關史實之研究》，《人文雜志叢刊·第二輯：西周史研究》，1984年；後收入劉慶柱、段志洪、馮時主編：《金文文獻集成》（第二十八册），綫裝書局，2005年，第373—374頁。

617 陳夢家：《西周銅器斷代》，中華書局，2004年，第82頁。

618 唐蘭：《西周青銅器銘文分代史徵》，《唐蘭全集（七）》，上海古籍出版社，2015年，第182頁。

偃姓州國，在今湖北監利東，兩地距商王都均較遠。《左傳》隱公十一年載周桓王與鄭人蘇忿生之田十二邑，其中有州，在今河南沁陽東南，距商都爲近，州子的封邑可能即此。

李學勤《僕麻卣論説》[619][僕麻卣]

州人，唐蘭説即州氏，“金文常見某人即某氏。”《漢書·地理志》河内郡有州縣，今河南沁陽縣東南。

王輝《商周金文》[620][井侯簋]

戰國魏邑，今河南沁陽市東南。

吴鎮烽《銘圖索引》[621][州工師明戈]

【釋地】山東省安丘市

西周封國，今山東安丘市東北杞城。

吴鎮烽《銘圖索引》[622][榮簋]

【時代】戰國晚期

【出處】州工師明戈[《集成》11269]　**二十四年州令戈**[《銘續》1232]
二年州令戈[《集成》11298]

州工師明戈

【類别】城邑名稱

【釋地】河南省沁陽市

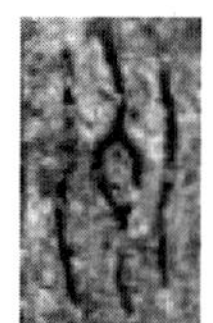

二十四年州令戈

二年州令戈

“州”地見于《戰國策》《史記》等傳世文獻。《韓世家》載，春秋晚期“宣子徙居州”，《正義》引《括地志》云：“懷州伍德縣，本周司寇蘇忿生之州邑也”，地在今河南沁陽市東南，戰國時期曾位于韓、魏交界處。此外還有一處“州”地，《戰國策·齊策五》“蘇秦説齊閔王”章：“楚人救趙而伐魏，戰于州西”，以往多以爲沁陽之“州”地，徐少華先生最早指出楚、魏交戰之“州”地“當在大梁（今開封市）以南，林鄉附近地區”。楚、魏交戰之“州”應該就是《國語·鄭語》“十邑皆有寄地”之“舟”，韋昭注以爲在今河南新鄭一帶，其位置正與策文“戰于州西，出梁門，軍舍林中，馬飲于大河”的戰争形勢相合。新鄭附近的“州”地在春秋晚期至戰國早中期屬于鄭國，這也反證韓宣子徙居的“州”衹能是沁陽之“州”地，《括地志》《正義》的注釋是準確可信的。

出土文獻也有“州”地名資料，比如上引州地鑄造的兵器、“州户”官印等，地名用字與傳世史書一致。此外，出土于河南温縣北平皋村古城

619 李學勤：《僕麻卣論説》，原載西安市文物保護考古所編《西安文物考古研究》，陝西人民出版社，2004年；後收入《文物中的古文明》，商務印書館，2008年，第223頁。
620 王輝：《商周金文》，文物出版社，2006年，第62頁。
621 吴鎮烽：《商周青銅器銘文暨圖像集成索引》，上海古籍出版社，2019年，第913頁。
622 吴鎮烽：《商周青銅器銘文暨圖像集成索引》，上海古籍出版社，2019年，第913頁。

址的“郝公”陶文（《古陶文彙編》6·30、6·36）之“郝”即“州”，陶文地名與出土地點大致相合；而鑄造時間在戰國早中期的韓國“舟百涅”鋭角布幣（《貨系》1220）的“舟”最有可能是沁陽之“州”（因爲此時楚、魏交戰的“州”地屬于魏國）。可見沁陽之“州”地有“州、郝、舟”等不同寫法，其中“舟、郝”是韓國的寫法，而魏國則有“州”等寫法。至于“洀”方足小布（《貨系》2283）的鑄造地是沁陽之“州”還是新鄭附近的“舟”地，仍有待確認（聯繫鋭角布幣“舟”地名來看，“洀”方足小布也許是韓幣）。

吴良寶《兵器銘文劄記兩則》[623]［二十四年州令戈］

《戰國策·齊策五》：“楚人救趙而伐魏，戰于州，西出梁門，軍舍林中，馬飲于大河。”案州本周地，後以與晋，“初州縣爲欒豹之邑”，昭三年晋以與鄭公孫段，七年段死，鄭子産又歸州田于韓宣子（均見《左傳》），“宣子徙居州”（見《史記·韓世家》），漢爲河内郡州縣。《括地志》：“懷州武德縣即周司寇蘇忿生之州邑也”。乾隆十七年河内縣（今沁陽）東五十里的武格寨掘井得北魏武定七年義橋石象碑，記北魏時“遂方割四縣，在古州城置武德郡焉”，武格寨適當沁水北岸，渡河西南約十里就是武德鎮，即北魏之武德郡，唐置北義州于此，後改武德縣，宋熙寧中纔廢縣爲鎮，武格寨之石橋應是北魏武德郡爲北渡沁水而建立的。古州城即今沁陽東南五十里武德鎮無疑。林中也屬魏地，見《史記·蘇秦傳》，故州在戰國後期亦必屬魏。

黄盛璋《試論三晋兵器的國别和年代及其相關問題》[624]［州工師明戈］

0196

江

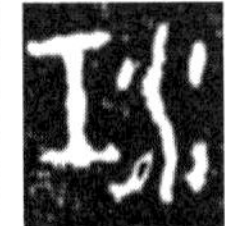

江小仲母生鼎

江叔螽鬲

【時代】春秋早中期

【出處】江小仲母生鼎　江叔螽鬲

江小仲母生自作用鬲。［江小仲母生鼎，《集成》2391］
江叔螽作其尊鬲，子子孫孫永寶用之。［江叔螽鬲，《集成》677］

【類别】國族名稱

【釋地】河南省信陽市息縣

《春秋·僖公二年》：“秋九月，齊侯、宋公、江人、黄人盟于貫。”杜預《注》：“江國，在汝南安陽縣。”《左傳》云：“秋，盟于貫，服江、黄也。”杜《注》又云：“江、黄、楚與國也。”《通志·氏族略》：“江氏，舊云汝南安陽縣江亭，按：此在信陽縣之東南，新息縣之西，安陽故城是也，嬴姓之國，顓帝玄孫伯益之後也。文四年，楚滅之，子孫以

623 吴良寶：《兵器銘文劄記兩則》，中國文字學會《中國文字學報》編輯部編：《中國文字學報》（第八輯），商務印書館，2017年，第58—59頁。

624 黄盛璋：《試論三晋兵器的國别和年代及其相關問題》，《歷史地理與考古論叢》，齊魯書社，1982年，第130頁。

國爲氏。”在今河南省息縣西南，顧棟高《春秋大事表》云在正陽縣東南；滅于魯文公四年，即公元前六二三年。

馬承源《商周青銅器銘文選》[625][江小中母生鼎]

江，古國名。《史記·陳杞世家》：“江、黄、胡、沈之屬，不可勝數，故弗采著于傳云。”索隱：“按《系本》，江、黄二國並嬴姓。又《地理志》江國在汝南安陽縣。”《春秋·僖公二年》：“齊侯、宋公、江人、黄人盟于貫。”杜預注：“江國在汝南安陽縣。”江永《春秋地理考實》：“《括地志》云：‘安陽故城在新息縣西南八十里。’新息，今河南汝寧府息縣是也。”《水經注》：“淮水又經安陽縣故城南，江國也，嬴姓矣。今其地有江亭。”江國故址在今河南息縣西南。

陳秉新、李立芳《出土夷族史料輯考》[626][江小仲母生鼎]

江、黄在古書中並稱，但江國青銅器發現的還很少。上述曾侯簠銘云：“曾侯作叔姬、邛芈媵器𩰫彝”，作爲叔姬之媵的邛芈，或認爲江國之女，但江是嬴姓，不是芈姓。《左傳》文元年有江芊，是楚文王之女，嫁給江國的，並非江國的女兒。有人主張簠銘的邛芊是再嫁，再嫁何以用原夫之氏，也很難解釋。實際上邛未必是江，1953 年在郏縣太僕鄉出土一件鬲，銘爲“江小仲母生自作用鬲”，係江國女子所作，可證江國國名不寫作“邛”。我們相信，將來在江國所在的正陽縣一帶，會發現成批的江國青銅器。

李學勤《論漢淮間的春秋青銅器》[627][江小仲母生鼎]

【釋地】河南省駐馬店市正陽縣

（邛）即江，今河南正陽縣西南。

吴鎮烽《銘圖索引》[628][江叔𧧍鬲]

【時代】戰國中期

【出處】鄂君啓舟節［《集成》12112、12113］

【類別】自然地理名稱·河湖

鄂君啓舟節

【釋地】長江

江，江水，今長江。

湯餘惠《戰國銘文選》[629][鄂君啓舟節]

【時代】戰國晚期·秦

625 馬承源主編：《商周青銅器銘文選（四）》，文物出版社，1990 年，第 413 頁。
626 陳秉新、李立芳：《出土夷族史料輯考》，安徽大學出版社，2005 年，第 287 頁。
627 李學勤：《論漢淮間的春秋青銅器》，原載《文物》1980 年第 1 期；後收入《新出青銅器研究（增訂版）》，人民美術出版社，2016 年，第 129 頁。
628 吴鎮烽：《商周青銅器銘文暨圖像集成索引》，上海古籍出版社，2019 年，第 934 頁。
629 湯餘惠：《戰國銘文選》，吉林大學出版社，1993 年，第 47 頁。

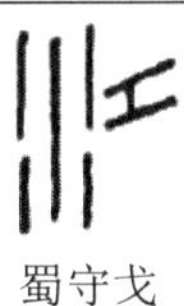

蜀守戈

【出處】蜀守戈

戈内背面：江武庫。[蜀守戈，《銘圖》17268]

【類别】城邑名稱

【釋地】四川省雅安市滎經縣

在今四川滎經縣境内。

吴鎮烽《銘圖索引》[630][蜀守戈]

0197

江夏

曾侯與編鐘

0198.02

江瀕

【時代】春秋晚期

【出處】曾侯與編鐘

唯王五月，吉日甲午，曾侯與曰：伯括上嚳，左右文武，達殷之命，撫定天下，王逝命南公，營宅汭土，君庇淮夷，臨有江夏。周室之既卑，𣪘（吾）用燮戚楚。吴恃有衆庶行亂，西征南伐，乃加于楚，㓝（荆）邦既爵，而天命將誤（虞）。有嚴曾侯，業業厥聖，親薄武功，楚命是爭（靖），復定楚王，曾侯之靈。穆[穆]曾侯，壯武愄認，恭寅齋盟，代武之堵，懷燮四旁（方）。余申固楚成，整復曾疆。擇辝吉金，自作宗彝，龢鐘鳴皇，用考[以]享于昭皇祖，以祈眉壽，大命之長，其純德降余，萬𠍗（世）是尚。[曾侯與編鐘，《銘續》1029—1039]

【類别】自然地理名稱

“江”指長江。《書·禹貢》：“江漢朝宗于海。”《孟子·滕文公上》：“決汝漢，排淮泗而注之江。”“瀕”即“夏”，指漢水。《楚辭·九章·哀郢》：“去故鄉而就遠兮，遵江夏以流亡……惟郢路之遼遠兮，江與夏之不可涉。”此夏水故道從湖北省沙市東南分長江水東出，流經今監利縣北，折東北至沔陽縣治附近入漢水。《左傳》昭公十三年：“王沿夏，將欲入鄢。”杜預注：“夏，漢别名。順流爲沿，順漢水南至鄢。”“江瀕”，結合上文“縈宅汭土”句來看，大概是指江水與夏水匯合地帶。“臨有江夏”，意即江水、夏水匯合一帶皆爲其領地。

黄錦前《曾侯與編鐘銘文讀釋》[631][曾侯與編鐘]

0198

江魚

【時代】戰國晚期

【出處】江魚戈

江魚。[江魚戈，《集成》10934]

630 吴鎮烽：《商周青銅器銘文暨圖像集成索引》，上海古籍出版社，2019 年，第 896 頁。

631 黄錦前：《曾侯與編鐘銘文讀釋》，《中國國家博物館館刊》2017 年第 3 期，第 80 頁。

江魚戈

【類別】城邑名稱

0199

汝陰

汝陰令戈

【時代】戰國晚期

【出處】汝陰令戈

三十三年汝陰命□右工帀（師）恙，冶离。[汝陰令戈，《銘三》1510]

【類別】城邑名稱

汝爲古時水名，淮河支流，源出今河南省魯山縣大盂山，流經寶豐、襄成、郾城、上蔡、汝南而流入淮河。《左傳》成公十七年："楚公子申救鄭，師于汝上"；《孟子·滕文公上》：禹"決汝、漢，排淮、泗而注之江"。汝，即汝水。《左傳》中亦見"汝陰"，成公十六年："春，楚子自武城使公子成，以汝陰之田求成于鄭。"杜注："汝水之南近鄭地。"顧棟高《春秋大事表》釋"汝陰之田"曰："楚境止于汝之南，田蓋在汝州郟縣及裕州葉縣間。"郟在今河南郟縣，治所在汝水北，春秋初屬鄭，後爲楚取；葉則在汝水之南，"葉在楚國，方城外之蔽也"，可見"汝陰之田"正是楚鄭交界處。《左傳》所記及以後的注釋均以汝陰之田爲汝水以南之地，均不以汝陰爲一政區之名，故春秋戰國的史料中不見汝陰"縣"，更無談汝陰令。譚其驤先生主編的《中國歷史地圖集》中亦未標注"汝陰"，恐亦以汝陰爲方位名詞而非地名認之，故不列。汝陰，就目前所見三晋兵器和錢幣中尚無此地名出現者，故該戈的價值尤顯珍貴。春秋後縣（邑）的長官稱令。汝陰令戈的出土，可確證汝陰至少在戰國時期就已成爲一行政政區。

李朝遠《汝陰令戈小考》[632][汝陰令戈]

0200

守陽

守陽戈

【時代】戰國晚期

【出處】守陽戈

守昜（陽）。[守陽戈，《集成》10943]

【類別】城邑名稱

632 李朝遠：《汝陰令戈小考》，李圃主編：《中國文字研究》（第一輯），廣西教育出版社，1999 年，第 169 頁。

0201

宅陽

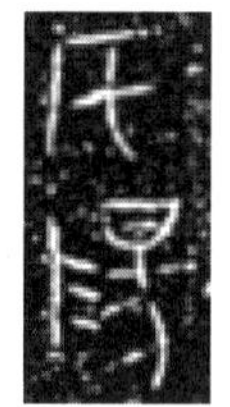

宅陽令㓻鐙矛

宅陽令□惥戟刺

【時代】戰國晚期・魏

【出處】宅陽令㓻登戟 宅陽令㓻鐙矛 宅陽令□惥戟刺 宅陽錢權[633]

內部銘：十年宅陽令㓻登，右庫工币（師）夜痓，□韓□戟。胡部銘：廿六年宅陽右庫。[宅陽令㓻登戟，《銘圖》17325]

七年，宅陽命㓻鐙，右庫工币（師）夜痓，冶趄造。[宅陽令㓻鐙矛，《集成》11546]

□年，宅陽命□惥、左庫工币（師）□馬兑、冶璺。降（絳）。[宅陽令□惥戟刺，《銘圖》17699]

【類別】城邑名稱

【釋地】河南省鄭州市

宅陽，戰國屬韓，故城一名北宅，在今鄭州滎陽東南 17 里。《史記・韓世家》："韓懿侯五年與魏惠王會宅陽。"即此地。

韓自强《過眼雲烟——記新見五件晋系銘文兵器》[634][宅陽令㓻登戟]

戰國魏邑，今河南鄭州市北。

吴鎮烽《銘圖索引》[635][宅陽令㓻登戟]

0202

安

安令盉

【時代】戰國中期・魏

【出處】安令盉

卅五年，安命周叚，眂（視）事作盉，豻、冶期鑄，容半齋，駽柬。[安令盉，《集成》9449]

【類別】城邑名稱

"安"字，或以爲從"庀"，暫釋爲"安"，地名。魏國圓肩圓跨布"安邑一釿""安邑二釿"，背面常有"安"字，係"安邑"的省略，見《古錢大辭典》103、105、107、108 等號。由此可知，本銘"安"也是"安邑"省文。《彙編》這件盉和前面提到的鼎，都是魏器。

李學勤《〈中日歐美澳紐所見所拓所摹金文彙編〉選釋》[636][安令盉]

633 編者按：宅陽錢權，《銘圖》18854；宅陽令㓻登矛，《銘續》1286。

634 韓自强：《過眼雲烟——記新見五件晋系銘文兵器》，中國古文字研究會、吉林大學古文字研究室編：《古文字研究》（第二十七輯），中華書局，2008 年，第 325 頁。

635 吴鎮烽：《商周青銅器銘文暨圖像集成索引》，上海古籍出版社，2019 年，第 913 頁。

636 李學勤：《〈中日歐美澳紐所見所拓所摹金文彙編〉選釋》，原載《四川大學學報叢刊・第十輯：古文字研究論文集》；後收入《新出青銅器研究（增訂版）》，人民美術出版社，2016 年，第 256 頁。

0203

安平

安平守變疾鈹

安平右矛

安平右矛

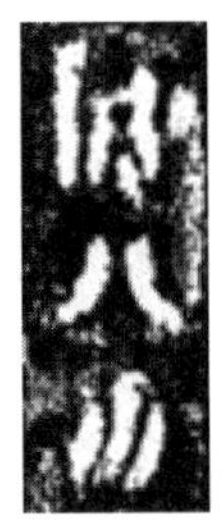
安平右矛

【時代】戰國時期

【出處】安平相邦戈 安平右矛［《集成》11488—11490］

元年安平相邦司徒田子、左庫段（鍛）工帀（師）肖（趙）愜、冶余執劑。［安平相邦戈，《銘圖》17349］

六年，安平守變疾，左庫工帀（師）賦質，冶余執劑。［安平守變疾鈹，《集成》11671］

【類别】城邑名稱

【釋地】山東省淄博市臨淄區

安平，齊邑，地近齊都臨淄。《史記·田敬仲完世家》載田襄子“割自安平以東至琅邪，自爲封邑”。《正義》引《括地志》云：“安平城在青州臨淄縣東十九里，古紀國之酅邑。”戰國晚期，“襄王封田單，號曰安平君”。在臨淄東淄河東岸，與臨淄城隔河相望，故城址尚存，俗呼爲“皇城”。該處已發現有手工業作坊遺址和帶有印文的陶器。

孫敬明《考古發現與戰國齊兵器研究》[637]［安平右矛］

矛銘“安釆”可讀“安平”。“安”字結構呈典型齊系文字風格，這與“安平”地望正相吻合。“安平”爲齊國名將田單的封地。《戰國策·齊策》：“安平君，小人也。”吴師道注：“徐廣云，北海東安平。《正義》云，在青州臨淄縣東，古紀國之酅邑。《索隱》云，單初起安平，故以爲號。”包括《括地志》“安平城在青州臨淄縣東十九里”，在今山東臨淄東北。

何琳儀《古兵地名雜識》[638]［安平右矛］

傳世之“安右矛”當釋讀爲“安平右矛”爲妥。

“安平”在戰國時有齊、趙兩地。趙之安平，《史記·趙世家》：“吾國東有河，薄洛之水，與齊、中山同之。”《集解》引徐廣曰：“安平經縣西有漳水，津名薄洛津。”《正義》云：“按，安平縣屬定州也。”又“公子成爲相，號安平君，李兑爲司寇。”《集成》11670録有趙器“六年安平守鈹”。

此矛應屬戰國早期齊國器物。其一，“安”字[illegible]之寫法，正是戰國時期齊國文字的俗體流變；其二，戰國齊系兵器銘文多爲鑄造，三晋兵器銘文多爲刻劃。因此，前者結體寬博，運筆粗獷；後者結體散漫，運筆細勁。

齊之安平，春秋早期之前是紀國之“酅”。西周時，紀國曾與齊國爲敵，《史記·齊太公世家》載：（周夷王三年）“哀公時，紀侯潛之周，周烹哀公。”春秋時齊國勢漸强，始蠶食紀域。《左傳·莊公三年》載：

637 孫敬明：《考古發現與戰國齊兵器研究》，《考古發現與齊史類徵》，齊魯書社，2006年，第156頁。
638 何琳儀：《古兵地名雜識》，黄德寬主編：《安徽大學漢語言文字研究叢書·何琳儀卷》，安徽大學出版社，2013年，第227頁。

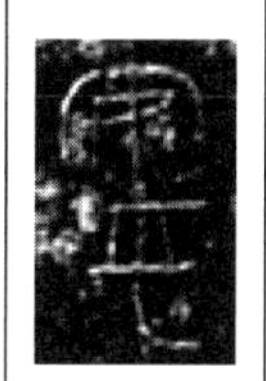

安平相邦戈

0203.02

安釆

0203.03

安朮

“秋，紀季以酅入于齊，紀于是乎始判。”判，分也。紀季是紀侯幼弟，酅是其封邑，以酅入于齊而爲附庸。《左傳·莊公四年》又云：“夏，紀侯大去其國，違齊難也。”至此紀大部入于齊，齊改酅爲安平。戰國時齊襄王封田單爲安平君。《戰國策·齊策》云：“安平君，小人也。”吴師道云：“（安平）徐廣云：此海東安平。《正義》云：在青州臨淄縣東，古紀國之酅邑。《索隱》云：單初起安平，故以爲號。張琦云：故城在今（山東）臨淄縣東十九里。”秦滅齊後，改爲東安平縣，屬齊郡。漢爲甾川國東安平縣。《漢書·地理志下》：“孟康曰：‘紀季以酅入于齊，今酅亭是也。’師古曰：‘闞駰云博陵有安平，故此加東。’”其地今當在山東省淄博市臨淄區皇城鄉皇城營村東南部，西距齊國故城3公里。1984年被公布爲淄博市重點文物保護單位。

楊博《“安右矛”訂補》[639][安平右矛]

安平，原爲紀國的酅邑，戰國時爲田單封邑。《春秋·莊公三年》：“紀季以酅入于齊。”杜預注：“酅，紀邑。在齊國東安平縣。”《戰國策·齊策》：“貂勃常惡田單，曰：‘安平君，小人也。’”注：“徐廣曰：‘北海東安平。’”（上海古籍出版社標點本，誤作“此海東安平”）安平之前加東。《漢書·地理志》師古注引闞駰説是爲了與博陵（今河北安平縣）之安平相區别。錢坫則以爲千乘（今山東高青高苑鎮北）有安平，故此加東。《史記·趙世家》正義引《括地志》：“安平城在青州臨淄縣東十九里。古紀之酅邑也。”安平城俗名石槽城。也稱皇城，地在今臨淄城東10里皇城鄉石槽村。

王恩田《郘氏戈的年代與國别》[640][安平右矛]

【釋地】河北省保定市徐水區

遂城此地曾先屬燕後屬趙。矛骹部鑄銘文三字“安朮右”。據《中國古今地名大辭典》，遂城在今河北省徐水縣中部偏西北，爲遂城鄉駐地。戰國燕在此地建武遂城，後稱遂城。隋、唐、五代爲遂城縣治所。徐水縣舊名安肅縣，五代始設，今徐水縣政府仍在安肅鎮，五代始設，今徐水縣政府仍在安肅鎮。如此，“安朮”當與“安遂”有關。“朮”同“術”，術，上古船母物韻；遂，上古邪母物韻。《禮記·學記》有云：“家有塾，黨有庠，術有序，國有學。”此處“術”即通“遂”，屬音近通假。且先秦文字中“朮”“術”“遂”均寫作一字，則“安術”即是“安遂”。“右”當爲“右庫”之省。

我們推測，悼襄王二年（前243年）趙占領武遂、方城後，可能將此地易名爲“安遂”或取“安定遂城之意”。因此地靠近燕境，當亦曾在此地設左、右庫以製兵，所製兵器有銘文“安朮右”，當類于“甘丹上”（邯鄲上）。降至五代時期，可能即分爲二地，一名安肅，一名遂城。此矛或

639 楊博：《“安右矛”訂補》，《文物春秋》2014年第1期，第53頁。

640 王恩田：《郘氏戈的年代與國别》，《商周銅器與金文輯考》，文物出版社，2017年，第343—344頁。

	當屬趙器。 楊博《東周有銘兵器考述三則》[641][安平右矛] **【釋地】河北省衡水市安平縣** 戰國趙邑，今河北安平縣。 吴鎮烽《銘圖索引》[642][安平守變疾鈹] **【釋地】山東省地區** 戰國齊邑，在今山東省境内。 吴鎮烽《銘圖索引》[643][安平右矛]
0204 **安邑** 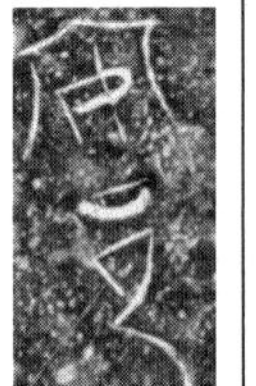 安邑下官鍾  安邑司寇狄戈	**【時代】戰國中晚期·魏** **【出處】安邑下官鍾** 腹部：安邑下官重（鍾）。[安邑下官鍾，《集成》9707] 廿一年，安邑司寇狄，冶匀嗇夫虘，冶半。[安邑司寇狄戈，《銘圖》17266] **【類別】城邑名稱** 魏地。 李學勤《〈中日歐美澳紐所見所拓所摹金文彙編〉選釋》[644][安邑下官鍾] 戰國魏邑，今山西夏縣西北禹王城。 吴鎮烽《銘圖索引》[645][安邑下官鍾]
0205 **安陵**	**【時代】戰國早期·齊** **【出處】陳純釜** 塦（陳）猷立事歲，𩰫月戊寅，于兹安陵，公命左關帀（師）發敕成左關之釜，節于廩釜，敦（屯）者曰塦（陳）純。[陳純釜，《集成》10371] **【類別】城邑名稱** **【釋地】山東省青島市**

641 楊博：《東周有銘兵器考述三則》，《文物春秋》2011年第2期，第41—42頁。
642 吴鎮烽：《商周青銅器銘文暨圖像集成索引》，上海古籍出版社，2019年，第913頁。
643 吴鎮烽：《商周青銅器銘文暨圖像集成索引》，上海古籍出版社，2019年，第913頁。
644 李學勤：《〈中日歐美澳紐所見所拓所摹金文彙編〉選釋》，原載《四川大學學報叢刊·第十輯：古文字研究論文集》；後收入《新出青銅器研究（增訂版）》，人民美術出版社，2016年，第255頁。
645 吴鎮烽：《商周青銅器銘文暨圖像集成索引》，上海古籍出版社，2019年，第913頁。

<table>
<tr>
<td>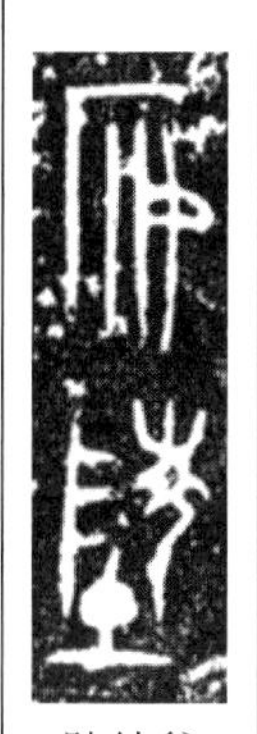
陳純釜</td>
<td>
安陸舊以爲即《史記・田敬仲完世家》“齊宣公四十四年伐魯、葛及安陸”之安陸，今案非是。彼安陸在今河南鄢陵縣西北，而此器出于靈山衛，地望不合。余意安陸即靈山衛之古名，其地近海而有丘陵，蓋本岸陵之意也。所出三器均是量器，則出土地當即所謂左關若丘關，左者東也，丘者以其所在地爲丘陵也。置關靈山衛，地近膠州灣口，在古蓋齊國海上交通之門户也。
郭沫若《兩周金文辭大系圖録考釋》[646][陳純釜]

地名。或以爲即《史記・田敬仲完世家》載齊宣公四十四年“伐魯、葛及安陵”之安陵。彼安陵在河南鄢陵縣西北，而齊量三器均出山東膠縣靈山衛古城，當非一地。
馬承源《商周青銅器銘文選》[647][陳純釜]

安陵，地名，舊説以爲《史記・田敬仲完世家》“明年伐魯葛及安陵”之“安陵”，郭沫若以爲和出土地點不合，主張爲古靈山衛之名，其地近海而有丘陵，蓋本岸陵之意。
湯餘惠《戰國銘文選》[648][陳純釜]

【他釋】
戰國魏邑，今山西夏縣西北禹王城。
吴鎮烽《銘圖索引》[649][陳純釜]
</td>
</tr>
<tr>
<td>0206
安陽
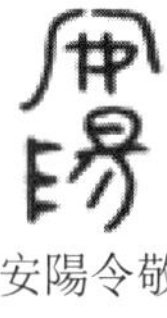
安陽令敬章戈
</td>
<td>
【時代】戰國晚期

【出處】安陽令敬章戈　安陽令韓壬戟刺
廿七年，安陽令敬章，司寇梈衣□，右庫工師梁丘，冶[illegible]□右輕萃戟。[安陽令敬章戈，《銘圖》17361]
六年，安陽令韓壬，司刑欣鮽，右庫工帀（師）芠固，冶瘂造戟刺。[安陽令韓壬戟刺，《集成》11562]

【類別】城邑名稱
以安陽名地者不一，趙、魏皆有安陽，獨韓安陽不見確切記載。《漢書・地理志》汝南郡有安陽，應劭曰：“故江國今江亭是。”案江爲楚滅，戰國後期這一帶應屬韓、魏，究屬韓，屬魏，目前尚難確定。《水經注・河水四》：安陽溪“水出石崤南，西逕安陽城南，……潘岳所謂我徂安陽也”。其城在陜縣東，戰國應屬韓地。刀幣與布幣中均有安陽，布幣中的
</td>
</tr>
</table>

646 郭沫若：《兩周金文辭大系圖録考釋（二）》，《郭沫若全集・考古編》（第八卷），科學出版社，2002 年，第 472 頁。
647 馬承源主編：《商周青銅器銘文選（四）》，文物出版社，1990 年，第 555 頁。
648 湯餘惠：《戰國銘文選》，吉林大學出版社，1993 年，第 16 頁。
649 吴鎮烽：《商周青銅器銘文暨圖像集成索引》，上海古籍出版社，2019 年，第 914 頁。

安陽令韓壬戟刺

安陽也不止一種，既然戰國時安陽不止一處，那末錢幣中的安陽也不必爲一個地方所鑄，刀幣與布幣顯然就不是同一安陽所鑄。有一種圓足三孔安陽布，一般認爲是秦鑄，我以爲韓安陽近秦，此幣或爲韓安陽所鑄，與戈銘“安陽”地。

黄盛璋《試論三晋兵器的國别和年代及其相關問題》[650]［安陽令韓壬戟刺］

【釋地】河南省三門峽市陝州區

戰國韓邑，今河南陝縣東南硤西鎮。

吴鎮烽《銘圖索引》[651]［安陽令敬章戈］

0207

冗

小子䍙鼎

【時代】商代晚期

【出處】小子䍙鼎

乙亥，子易（賜）小子䍙王賞貝在冗餗（次），䍙用作父己寶尊，𠨘。［小子䍙鼎，《集成》2648］

【類别】城邑名稱

冗，銘文作𠤎，㲋的初文，此辭讀爲襄，地名。于省吾師云：“《春秋地名考略》引顔師古説：‘襄邑宋地，本承匡襄陵鄉也，宋襄公所葬，故曰襄陵。’按宋地原爲商之領域，在宋之前，甲骨文已以𠤎爲地名，祇是秦代纔開始稱縣而已。”（《釋林·釋冗》）襄次，襄地的師次。

陳秉新、李立芳《出土夷族史料輯考》[652]［小子䍙鼎］

0208

郉

郾客銅量

【時代】戰國晚期·楚

【出處】郾客銅量

郉客臧嘉問王於蕆郢之歲，享月己酉之日，羅莫囂臧帀（師）、連囂屈上，以命工尹穆丙、工差競之、集尹陲（陳）夏、少集尹龏賜、少工差李癸鑄廿金半，以賹耆筲。［郾客銅量，《集成》10373］

【類别】城邑名稱

諸國中雖不見“郉”，但有“尹”。注：“尹，畿内國，或曰在今河南府新安縣南。東遷初，自岐西遷此。”因而“郉”很可能就是“尹”國或其城邑。

周世榮《楚郉客銅量銘文試釋》[653]［郾客銅量］

650 黄盛璋：《試論三晋兵器的國别和年代及其相關問題》，《歷史地理與考古論叢》，齊魯書社，1982年，第98頁。

651 吴鎮烽：《商周青銅器銘文暨圖像集成索引》，上海古籍出版社，2019年，第914頁。

652 陳秉新、李立芳：《出土夷族史料輯考》，安徽大學出版社，2005年，第96頁。

653 周世榮：《楚郉客銅量銘文試釋》，《江漢考古》1987年第2期，第87頁。

七　畫

0209

坓

坓

十七年邢令戈

邢令孟柬慶戈

陞

邢令殷思戟

0209.02 郱

0209.03 邢

【時代】戰國晚期

【出處】邢令戈　邢令孟柬慶戈　邢令殷思戟

十七年，坓（邢）令吴次，上庫工帀（師）宋𠬝，冶厜執劑。[十七年邢令戈，《集成》11366]

二年郱（邢）令孟柬慶、□庫工帀（師）樂参、冶明執劑。[邢令孟柬慶戈，《銘圖》17315]

五年，陞（邢）令殷思，工帀（師）閭枳沱，冶寰。[邢令殷思戟，《銘圖》17314]

【類别】城邑名稱

【釋地】河北省邢臺市

“坓”字常見于古璽、陶文，羅福頤同志《古璽文編》附于土部。按西周金文“邢侯”的“邢”照例作“井”，此字從“土”“井”聲，是“邢”的另一寫法。古璽和陶文此字有的是地名，有的是姓氏，都應讀作“邢”。

戰國地名有兩個邢，均在三晋。

一個是西周至春秋前期的邢國，即今河北邢臺。公元前662年，狄人伐邢；公元前659年，齊、宋、曹三國救邢，把邢國遷到夷儀。戰國時，此地在趙國境内。

另一個是邢丘，在今河南温縣東。清代學者顧觀光考訂過邢丘的所屬，云：“邢丘本韓地。《水經・濟水注》引《竹書紀年》曰：‘惠成王三年，鄭城邢丘。’此鄭即謂韓也。其後入于東周，而韓復取之。《韓世家》：‘（昭侯）六年，伐東周，取陵觀、邢丘。’……其入魏在何年則不可考。”邢丘一地，曾先後屬于韓、東周和魏，公元前266年，又被秦國攻取。邢丘遺址尚存，據近出陶文也省稱爲“邢”，與戈銘的寫法微有不同。

李學勤《北京揀選青銅器的幾件珍品》[654][十七年邢令戈]

郱，古邢字；邢令，邢縣令。邢縣戰國屬趙，《元和郡縣志》：“周成王封周公旦子爲邢侯，亦古邢侯之國。後爲狄人所滅，齊桓公遷邢于夷

654 李學勤：《北京揀選青銅器的幾件珍品》，原載《文物》1982年第9期；後收入《新出青銅器研究（增訂版）》，人民美術出版社，2016年，第245—246頁。

儀。春秋時屬晋，後三家分晋屬趙。”邢地在今河北省邢臺。

湯餘惠《戰國銘文選》[655][邢令孟柬慶戈]

鑄造邢令戈的邢邑，原爲西周邢國的都城，其地理位置，在漢晋文獻中有明確記載，如東漢班固《漢書·地理志》中記：“襄國……故邢國”，西晋杜預在《春秋·莊公三十二年》中也注：“邢國在……襄國。”在唐宋文獻中記載更爲具體，如唐李吉甫在《元和郡縣圖志》中記：“故邢國，今州城内西南隅。”而宋·樂史在《太平寰宇記》中也記：“故邢國，今州城内西南隅。”

按“襄國”即今河北省南部的邢臺市，“州城”指唐宋時的“邢州城”，也即今邢臺市橋東的明清老城。所謂“西南隅”即老城城内的西南角，此地舊時稱王家坑，解放後修建爲人民體育場。1961年在平整體育場中發現兩周時期的文化層，除出土大量的陶鬲、陶豆、陶鼎外，還出土了若干小件青銅器。由此可證人民體育場一帶確有周人生活，李吉甫在《元和郡縣圖志》中所記此處爲邢國都城邢邑所在，絶非無稽之談。

朱愛茹《邢令戈與兩周邢邑》[656][邢令戈]

即邢，戰國趙邑，今河北邢臺市。

吴鎮烽《銘圖索引》[657][邢令吴斧戈]

【類别】城邑名稱

【釋地】戰國時期魏國地名

今按，温縣出土陶文“陛”“郱”確爲“邢丘”之省稱，而地名“邢丘”已出現于魏國銅器十六年坓丘令鼎（2005年雅昌網）、韓國兵器二十二年屯留令戟戈（《銘像》17358，複姓“郱坵”）銘文中。結合温縣陶文“陛”“郱”以及趙國“邢”邑寫作“郱”（《銘像》17315二年郱令戈，銘文末尾綴“執劑”二字）、“坓”（《銘像》17316戈）、“荆”（聳肩尖足空首布）等情况來看，“邢丘”“邢臺”之“邢”寫法上的區别並不是絶對的。

戈銘“陛”如是邢丘，有屬韓、屬魏兩種情况。從“冶”字形體來看，這種寫法在趙、韓、魏三國文字中均有（但韓國不多見，目前可舉出《銘像》17358屯留令戟戈、17180負黍令戈等）。從《史記》記載以及三晋金文資料來看，邢丘在前353年由周國轉屬韓，前280年之前直至前266年之間屬魏國，此後短期内則在秦、韓之間展開争奪。綜合考慮，珍秦齋所藏的這件五年陛令戈，以屬魏的可能性爲大。

吴良寶《戰國地名“膚施”“慮虒”及相關問題》[658][五年陛令戟戈][659]

655 湯餘惠：《戰國銘文選》，吉林大學出版社，1993年，第58頁。
656 朱愛茹：《邢令戈與兩周邢邑》，《中國歷史文物》2008年第5期，第74—75頁。
657 吴鎮烽：《商周青銅器銘文暨圖像集成索引》，上海古籍出版社，2019年，第914頁。
658 吴良寶：《戰國地名“膚施”“慮虒”及相關問題》，《文史》2017年第2輯，第288頁。
659 編者按：即《銘圖》17314邢令殷思戟。

0210 坓丘 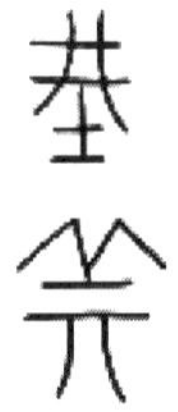 [illegible] 邢丘令秦鼎 0210.02 邢丘	【時代】戰國中期·魏 【出處】邢丘令秦鼎 十六年，坓（邢）丘命秦，工帀（師）櫻、冶頡鑄，客（格）容四分齋。[邢丘令秦鼎，《銘三》250] 【類別】城邑名稱
0211 坓肖 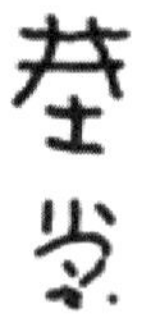 [illegible] 邢趙下庫劍 0211.02 邢趙	【時代】戰國晚期·趙 【出處】邢趙下庫劍 七年，坓（邢）肖（趙）下庫工帀（師）孫烛，□冶深[執]。[邢趙下庫劍，《銘圖》17974] 【類別】城邑名稱 即邢趙，戰國趙邑。 吴鎮烽《銘圖索引》[660][邢趙下庫劍]
0212 坓疫  [illegible] 邢疫令邦乙劍 0212.02 邢疫	【時代】戰國晚期·趙 【出處】邢疫令邦乙劍 七年，坓（邢）疫命邦乙，下庫工帀（師）孫屎、長（張）缶，冶浊劑。[邢疫令邦乙劍，《集成》11672] 【類別】城邑名稱 戰國趙邑。 吴鎮烽《銘圖索引》[661][邢疫令邦乙劍]
0213 戒	【時代】西周中期 【出處】戒叔尊 戒叔作寶尊彝。[戒叔尊，《集成》5856]

660 吴鎮烽：《商周青銅器銘文暨圖像集成索引》，上海古籍出版社，2019年，第906、914頁。
661 吴鎮烽：《商周青銅器銘文暨圖像集成索引》，上海古籍出版社，2019年，第906頁。

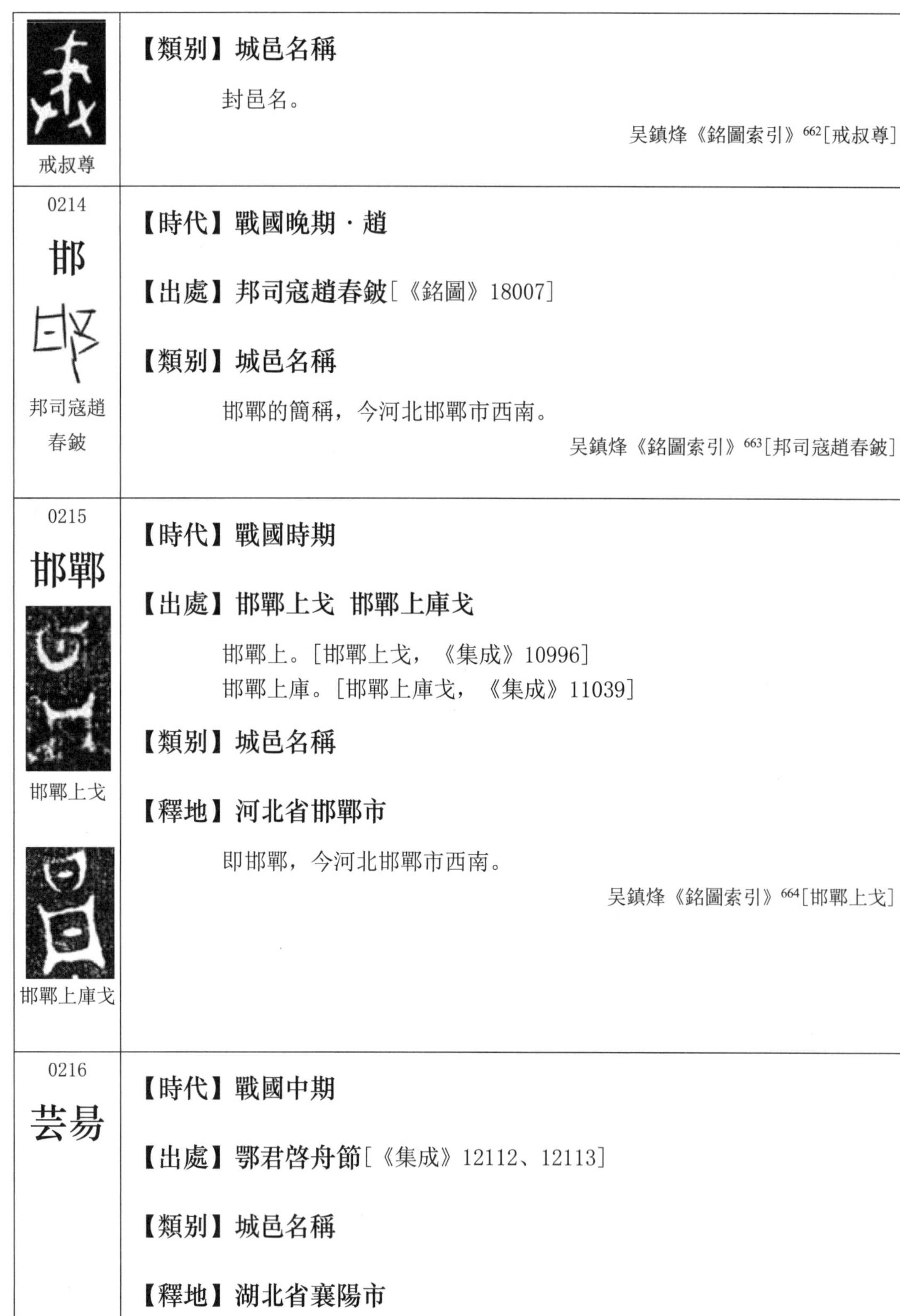

戒叔尊	**【類別】城邑名稱** 封邑名。 吴鎮烽《銘圖索引》[662]［戒叔尊］
0214 **邯** 邦司寇趙春鈹	**【時代】戰國晚期·趙** **【出處】邦司寇趙春鈹**［《銘圖》18007］ **【類別】城邑名稱** 邯鄲的簡稱，今河北邯鄲市西南。 吴鎮烽《銘圖索引》[663]［邦司寇趙春鈹］
0215 **邯鄲** 邯鄲上戈 邯鄲上庫戈	**【時代】戰國時期** **【出處】邯鄲上戈　邯鄲上庫戈** 邯鄲上。［邯鄲上戈，《集成》10996］ 邯鄲上庫。［邯鄲上庫戈，《集成》11039］ **【類別】城邑名稱** **【釋地】河北省邯鄲市** 即邯鄲，今河北邯鄲市西南。 吴鎮烽《銘圖索引》[664]［邯鄲上戈］
0216 **芸昜**	**【時代】戰國中期** **【出處】鄂君啓舟節**［《集成》12112、12113］ **【類別】城邑名稱** **【釋地】湖北省襄陽市** 膚、芑昜，均地名，以下文推之，殆在漢水南岸。膚以聲求之，疑指

662 吴鎮烽：《商周青銅器銘文暨圖像集成索引》，上海古籍出版社，2019年，第914頁。
663 吴鎮烽：《商周青銅器銘文暨圖像集成索引》，上海古籍出版社，2019年，第918頁。
664 吴鎮烽：《商周青銅器銘文暨圖像集成索引》，上海古籍出版社，2019年，第897、918頁。

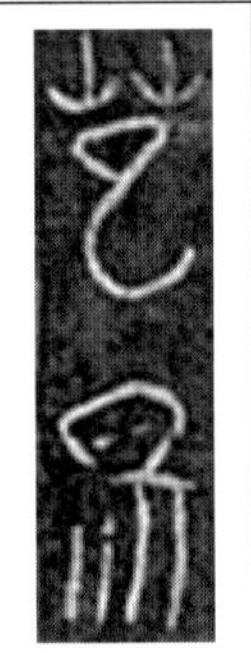

鄂君啓舟節

0216.02

芑陽

0216.03

芭陽

0216.04

郥陽

0216.05

芸陽

潛江，芑易或即襄陽。

郭沫若《關于鄂君啓節的研究》[665]［鄂君啓舟節］

郭以爲“或即襄陽”，其説可從。

孫劍鳴《“鄂君啓節”續探》[666]［鄂君啓舟節］

【釋地】湖北省宜城市

疑指秦漢時的邔縣。據《水經•沔水注》，邔本楚邑，秦以爲縣。故城在今湖北宜城縣東北。漢水本流經城之東北，後世漢水西移，故址遂隔在東岸。

譚其驤《鄂君啓節銘文釋地》[667]［鄂君啓舟節］

芑陽，盛璋三稿解作漢之築陽，不僅芑、築聲韻不類，且無法解釋下文“逾漢”；今改作棘陽，則字音既可通，“逾漢”亦因而得解，洵屬快事。

譚其驤《再論鄂君啓節地理答黄盛璋同志》[668]

【釋地】河南省南陽市新野縣

倘以聲韻及地理求之，我以爲芑陽應即棘陽，棘陽之名漢高祖七年已出現，自來自秦、楚；其城因在淯水支流棘水之陽而得名，淯水爲漢水一大支流，而襄陽往北又爲楚之北津，航路不能無見。按“芑”“棘”上古音不僅同屬之部，又並屬牙音，依上古音搆擬，“芑”爲“ki̯əg”，棘爲“ki̯ək”，差異極微，方音稍變，書寫自可異形。棘水會淯水之口，《水經注》時代已變稱力口，酈道元説：“棘力聲近，當爲力口也，又是方俗之音，故字從讀變。”今棘水又變稱溧河，足見此水之名初無定字，隨方音而有不同，“芑”之變“棘”，較棘之變“力”“溧”，于音韻尤有徵信。今依古音搆擬方法，則其古今音韻演變軌迹，就可一目瞭然：

ki̯əg（芑）-ki̯ək（棘）-li̯ək（力）-li̯ək（溧）。

棘陽北去即爲方城，又與南陽相緊鄰，與下文所述交通恰相銜接，以地理形勢言亦正適合。銘文雖未交代棘水，但“庚脜”之後又示以“庚芑陽”，地名兩庚，蓋即所以示航路沿淯水北上，屬于上述用沿流城邑以表示航路歧出之例。

黄盛璋《關于鄂君啓節交通路綫的復原問題》[669]［鄂君啓舟節］

665 郭沫若：《關于鄂君啓節的研究》，《文物參考資料》1958年第4期，第4頁。

666 孫劍鳴：《“鄂君啓節”續探》，原載《安徽省考古學會會刊》1982年第6輯；後收入劉慶柱、段志洪、馮時主編：《金文文獻集成》（第二十九册），綫裝書局，2005年，第332頁。

667 譚其驤：《鄂君啓節銘文釋地》，原載《中華文史論叢》（第2輯），1962年；後收入《譚其驤全集》（第一卷），人民出版社，2015年，第536頁。

668 譚其驤：《再論鄂君啓節地理答黄盛璋同志》，原載《中華文史論叢》（第5輯），1964年；後收入《譚其驤全集》（第一卷），人民出版社，2015年，第551頁。

669 黄盛璋：《關于鄂君啓節交通路綫的復原問題》，原載《中華文史論叢》（第5輯），1964年；後收入《歷史地理論集》，人民出版社，1982年，第271—272頁。

“屑”“芑陽”，黃文認爲即鄢和棘陽，得之。鄢是楚之别都，爲當時漢水上最大之邑聚，係市。棘陽北去即爲方城，爲交通要道，由陸路北來入漢，棘陽適得其衝，故在此設關。

劉和惠《鄂君啓節新探》[670][鄂君啓舟節]

芑，《説文》所無，于地名亦無考。一云以聲韻求之，似爲棘陽。芑、棘同屬之部，牙音，故可通。《讀史方輿紀要》：“棘楊城，縣東北七十里，古謝國也。或謂之黄棘。”

馬承源《商周青銅器銘文選》[671][鄂君啓舟節]

芑陽之芑當讀以或似（或其平、去、入聲）爲苡之别體（讀起音爲從已得聲，此字不從已）。芑陽爲漢地理志之育陽或淯陽，在今南陽市南六十里，白河西岸。《水經注》謂“淯水又西南逕其縣故城南”，晋改雲陽。育字讀余六切而《詩經》與𠃌、稷同押韻則讀如弋，又有讀如乙者、則正可通芑音也。

淯或育水之名，《漢志》有之而説頗歧出。弘農郡、盧氏縣下“又有育水南至順陽入沔，又有洱水東南至魯陽亦入沔”。此處之育水爲《水經》之均水今之淅水，洱水則水經之淯水，今之白河。洱音耳，爲日紐字。日紐常與心紐通轉，轉心紐則爲似音，即芑音也。

《漢志》南陽郡酈縣下“育水出西北南入漢”，此應即洱水。《水經注》含糊其詞，以此爲正源，以洱水爲支流，實洱育恐爲一，必欲强分，洱亦較長。惟謂洱水“世謂之肄水，肄洱聲相近，非也”。肄可讀喻紐，亦可讀肆，皆可通芑音。讀余至切則正爲芑音。如《漢志》説，淯水原自爲洱水，肄水或芑水，後轉爲育音。

淯水又有泚（或貲訾）濟等名，亦皆音轉（詳拙作《〈周禮·職方氏〉地名釋》）。

姚漢源《戰國時長江中游的水運——鄂君啓節試釋》[672][鄂君啓舟節]

【釋地】陝西省旬陽市

𫇛舊釋“芑”。關于“芑陽”的地望，有襄陽、邔縣、棘陽三説。姑且撇開字形不論，僅就地理的角度考慮、也可以看出這三種説法都難以成立。1972年日本學者船越昭生指出節文之“鄂”即西鄂（今河南省南陽市北），“郥”即《水經注·漢水注》的郥關（今湖北省郥縣）。1986年陳偉《鄂君啓節之“鄂”地探討》又釋出“油”字，並認爲應讀爲“淯”（今白河）。這些意見都十分正確。上録節銘是説鄂君的府商自西鄂開始市買，經淯水，溯漢水而上，到郥關。“適𫇛陽”之語緊接在“上漢，適郥”之後，説明“𫇛陽”應在郥縣之西的漢水上游。可見襄陽、邔縣、棘陽諸説都不可從。

670 劉和惠：《鄂君啓節新探》，原載《考古與文物》1982年第5期；後收入劉慶柱、段志洪、馮時主編：《金文文獻集成》（第二十九册），綫裝書局，2005年，第331頁。

671 馬承源主編：《商周青銅器銘文選（四）》，文物出版社，1990年，第434頁。

672 姚漢源：《戰國時長江中游的水運——鄂君啓節試釋》，周魁一主編：《水的歷史審視：姚漢源先生水利史論文集》，中國書籍出版社，2016年，第554—555頁。

	從字音上考察，由于“云”聲與“旬”聲古音相近，舟節銘“芸陽”可能就是位于漢水上游的郇陽。《戰國策・楚策一》： 楚地西有黔中、巫郡，東有夏州、海陽，南有洞庭、蒼梧，北有汾涇之塞、郇陽。 《漢書・地理志》漢中郡下“郇陽”作“旬陽”。《華陽國志・漢中志》作“洵陽”。故城在今陝西旬陽縣西北，位于漢水北岸旬河入口處。地理位置與舟節銘所記正合。 朱德熙、李家浩《鄂君啓節考釋（八篇）》[673][鄂君啓舟節] “芑昜”讀“芸陽”，即《戰國策・楚策》“郇陽”。在今陝西旬陽。 何琳儀《鄂君啓舟節釋地三則》[674][鄂君啓舟節] **【釋地】湖北省十堰市鄖陽區** 芸陽，即涓陽，今湖北鄖縣，地處漢水北岸，溯漢水而行，經穀可到涓陽。 湯餘惠《戰國銘文選》[675][鄂君啓舟節] 即鄖陽，今湖北鄖縣境内。 吴鎮烽《銘圖索引》[676][鄂君啓舟節] **【釋地】湖北省安陸市** 今湖北安陸市。 吴鎮烽《銘圖索引》[677][鄂君啓舟節] **【釋地】漢水沿岸** 芑陽，以往多于南陽尋找，視爲水路轉運的樞紐。但該地爲“让漢”後所庚，並未旁出支流。按照體例（二）（“让”爲溯水形進。“让”後所庚之地都在所由“让”之處的上游），衹能在漢水岸邊，不會遠在南陽。 陳偉《〈鄂君啓節〉之“鄂”地探討》[678][鄂君啓舟節] **【類別】自然地理名稱・山林** **【釋地】太陽山** “芑昜”之名，用先秦楚地名特點來檢驗當爲泛稱，衹有地域概念，没有確切地點。“芑”不是地名，是野生植物名，表示爲荒野的山丘。“昜（陽）”不是“芑昜”詞組的賓語，是主語，即太陽山。1956年5月，湖

673 朱德熙、李家浩：《鄂君啓節考釋（八篇）》，北京大學中國中古史研究中心編：《紀念陳寅恪先生誕辰百年學術論文集》，北京大學出版社，1989年，第65頁。

674 何琳儀：《鄂君啓舟節釋地三則》，安徽大學古文字研究室編：《古文字研究》（第二十二輯），中華書局，2000年，第145頁。

675 湯餘惠：《戰國銘文選》，吉林大學出版社，1993年，第47頁。

676 吴鎮烽：《商周青銅器銘文暨圖像集成索引》，上海古籍出版社，2019年，第916頁。

677 吴鎮烽：《商周青銅器銘文暨圖像集成索引》，上海古籍出版社，2019年，第980頁。

678 陳偉：《〈鄂君啓節〉之“鄂”地探討》，《江漢考古》1986年第2期，第89頁。

南省博物館在常德的德山清理了戰國楚墓 44 座，1958 年清理了 67 座，M26 出土了“正昜”銘文銅鼎。這個“正昜”銘文當是銅鼎的標志，即銅鼎是在“陽”地鑄造的正品。從常德市西 10 公里的桃源三元村一號楚墓出土的銅鼎銘文“□十年（?）土命昜王鼎容廿五升”來看，戰國時期，常德之域有個“陽王”埋葬在這裏。這個“陽王”當是楚封君，是諸侯王，説明這裏在戰國時期有“陽”地之稱。楚人是崇拜太陽的，太陽山在南楚是一座神聖的山，山上長滿野生植物“芑”，因此，又名“芑陽”山。

張中一《〈鄂君啓金節〉路綫新探》[679][鄂君啓舟節]

0217

郻

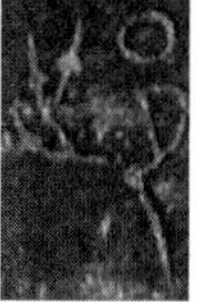

賈伯簋

【時代】西周中期

【出處】賈伯簋 賈伯壺[《銘圖》12417、12418]

唯王二月既死霸丁亥，賈伯作郻孟姬尊簋，用享用孝，用祈萬壽，其子子孫孫永寶用。[賈伯簋，《銘圖》5130—5132]

【類别】城邑名稱

在今山西省南部。

吴鎮烽《銘圖索引》[680][賈伯簋]

0218

杜

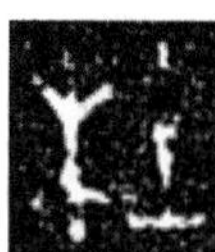

師虎簋

杜伯盨

杜伯盨

【時代】西周中晚期 戰國時期

【出處】師虎簋 杜伯盨 杜虎符等

唯元年六月既望甲戌，王在杜应，格于大室，井伯内右師虎，即立中廷，北嚮，王呼内史吴曰：册令虎，王若曰：虎，載先王既令乃祖考事，啻官嗣左右戲緐刱（荆），今余唯帥井先王令，令汝更乃祖考，啻官嗣左右戲緐刱（荆），敬夙夜勿灋（廢）朕令，易（賜）汝赤舄，用事。虎敢拜稽首，對揚天子丕秠魯休，用作朕剌（烈）考日庚尊簋，子子孫孫其永寶用。[師虎簋，《集成》4316]

□叔頌父作杜孟祁尊甫（鋪），子子孫孫永寶用享。[叔頌父鋪，《銘圖》6147]

甲兵之符，右在君，左在杜。凡興士被（披）甲，用兵五十人以上，必會君符，乃敢行之。燔燧之事，雖毋會符，行殹（也）。[杜虎符，《集成》12109]

【類别】城邑名稱

【釋地】陝西省西安市

679 張中一：《〈鄂君啓金節〉路綫新探》，《求索》1989 年第 3 期，第 127 頁。

680 吴鎮烽：《商周青銅器銘文暨圖像集成索引》，上海古籍出版社，2019 年，第 918 頁。

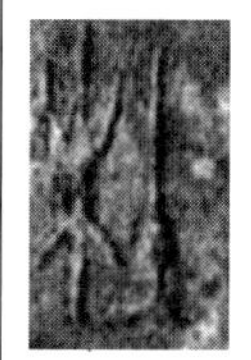 叔頌父鋪  杜虎符	《漢書・地理志》京兆有杜縣，《秦本紀・正義》引"《括地志》云下杜故城在雍州長安縣東南九里，古杜伯國，華州鄭縣也"。 陳夢家《西周銅器斷代》[681][師虎簋] 國名，在今陝西西安東南，春秋初年爲秦寧公所滅。杜國器傳世有杜伯盨。 馬承源《商周青銅器銘文選》[682][師虎簋] 杜，西周時爲杜伯國，秦武公十一年置縣，治所在今陝西西安市東南。 湯餘惠《戰國銘文選》[683][杜虎符] 杜，周畿内國，堯之後，祁姓，在今陝西西安東南。《左傳・襄公二十四年》："昔匄之祖，自虞以上，爲陶唐氏，在夏爲御龍氏，在商爲豕韋氏，在周爲唐杜氏"，韋昭《注》："周成王滅唐，遷之于杜，爲杜伯……杜，今京兆杜縣。"《墨子・明鬼》："周宣王殺其臣杜伯而不辜。" 馬承源《商周青銅器銘文選》[684][杜伯盨] 有關西周杜國的地望，《水經注・渭水》云："沉水又西北逕下杜城，即杜伯國也。"張守節《史記正義》亦曾引《括地志》云："下杜故城在雍州長安縣東南九里，古杜伯國。"楊寬先生由是認爲古杜國當約在今陝西西安市東南，據《陝西金石志》之記載，杜伯盨乃"光緒廿年出土于陝西韓城澄城交界處"，而今韓城及澄城位于西安市東北面，其出土地雖與楊寬所言者尚未盡合，不過，綜合上述資料所述，古杜國應大概位于今陝西一帶。 鄧佩玲《新見頌父鋪與西周杜國古史探論》[685][叔頌父鋪] 封邑名，今西安市雁塔區山門口村。 吴鎮烽《銘圖索引》[686][杜伯盨]
0219 **杜木**	**【時代】西周中期** **【出處】倗生簋** 唯正月初吉癸子（巳），王在成周，格伯取良馬乘于倗生，厥賈卅田，則析，格伯履，殹妊彶佤厥從格伯按彶佃（甸）：殷厥割雩谷杜木、邍（原）谷旅桑，涉東門，厥書史戠武，立盉成壆，鑄保（寶）簋，用典格伯田，

681 陳夢家：《西周銅器斷代》，中華書局，2004 年，第 149 頁。
682 馬承源主編：《商周青銅器銘文選（三）》，文物出版社，1988 年，第 168 頁。
683 湯餘惠：《戰國銘文選》，吉林大學出版社，1993 年，第 54 頁。
684 馬承源主編：《商周青銅器銘文選（三）》，文物出版社，1988 年，第 356 頁。
685 鄧佩玲：《新見頌父鋪與西周杜國古史探論》，中國古文字研究會、中華書局編輯部編：《古文字研究》（第二十八輯），中華書局，2010 年，第 220 頁。
686 吴鎮烽：《商周青銅器銘文暨圖像集成索引》，上海古籍出版社，2019 年，第 918 頁。

其萬年子子孫孫永寶用，□。［倗生簋，《集成》4262—4265］

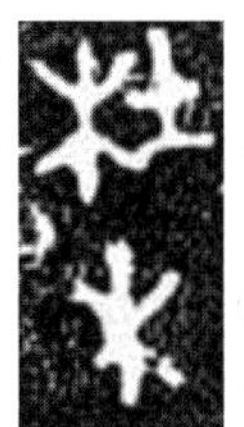

倗生簋

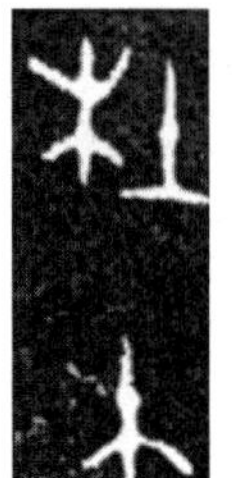

倗生簋

【類別】人文地理名稱·田地

社木。杜，讀爲社。中山王嚳鼎社作袿，從示從木，從土與杜同。社杜皆從土得聲。殷谷杜木，謂殷地之谷立社所樹之木。

馬承源《商周青銅器銘文選》[687]［倗生簋］

格伯田地的小地名。

吴鎮烽《銘圖索引》[688]［倗生簋］

0220

杏陵

少府戈

【時代】戰國晚期·秦

【出處】少府戈［《銘圖》16660、16662］

【類別】城邑名稱

戰國晚期秦邑。

吴鎮烽《銘圖索引》[689]［少府戈］

0221

杞

杞伯每刃鼎

杞婦卣

【時代】春秋時期

【出處】多器

【類別】國族名稱

杞本是商舊國，湯所封，姒姓，卜辭有杞侯。武王克商，求夏禹之後得東樓公而封之于杞，初都雍丘，在今河南杞縣；後東遷緣陵，今山東昌樂東南；杞文公時遷淳于，即今山東安丘縣東北的杞城。杞簡公元年，公元前445年，爲楚惠王所滅。光緒初年曾在山東新泰縣出土一組杞伯敏亾所作之器，有鼎、簋、壺，此爲其中之一。新泰和昌樂、淳于均相距一百多公里。這是杞東遷後的遺物。

陳佩芬《李蔭軒所藏中國青銅器》[690]［杞伯壺］

---

687 馬承源主編：《商周青銅器銘文選（三）》，文物出版社，1988年，第144頁。

688 吴鎮烽：《商周青銅器銘文暨圖像集成索引》，上海古籍出版社，2019年，第918頁。

689 吴鎮烽：《商周青銅器銘文暨圖像集成索引》，上海古籍出版社，2019年，第918頁。

690 陳佩芬：《李蔭軒所藏中國青銅器》，《陳佩芬青銅器論集》，中西書局，2016年，第328—329頁。

杞伯壺

杞伯雙聯鬲

【釋地】河南省開封市杞縣

杞本是商舊國，湯所封，姒姓，卜辭有杞侯。武王克商求夏禹之後得東樓公而封之于杞，初都雍丘，今河南杞縣。後東遷緣陵，今山東昌樂東南。杞文公時遷淳于，即今山東安丘縣東北之杞城。公元前四四五年，杞簡公元年，爲楚惠王所滅。

馬承源《商周青銅器銘文選》[691][杞伯每刃鼎]

今河南杞縣。

吴鎮烽《銘圖索引》[692][杞婦卣]

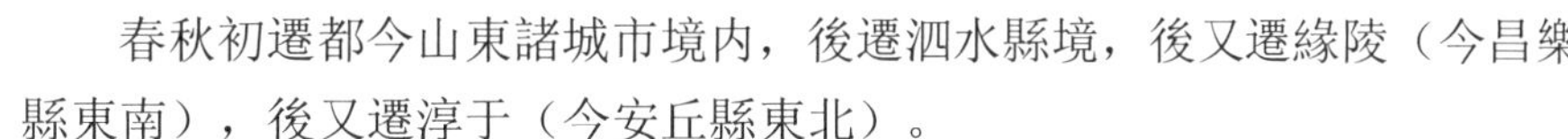

春秋初遷都今山東諸城市境内，後遷泗水縣境，後又遷緣陵（今昌樂縣東南），後又遷淳于（今安丘縣東北）。

吴鎮烽《銘圖索引》[693][杞子每刃鼎]

【釋地】山東省濰坊市

杞姒姓，殷墟卜辭有杞地，當是雍丘之杞也。今開封杞縣是其地。淳于今濟南安邱，緣陵故城在青州昌樂東南。今膠東濰縣南。

余永梁《金文地名考》[694][杞伯鼎]

0222

杞土

亳鼎

【時代】西周早期

【出處】亳鼎

公侯賜易（亳）杞土、麇土、㮚禾、䅵禾，亳敢對公仲休，用作尊鼎。[亳鼎，《集成》2654]

【類別】城邑名稱

今山東諸城、泗水、昌樂、安丘等地。

吴鎮烽《銘圖索引》[695][亳鼎]

0223

杞夷

【時代】西周中期

【出處】史密簋[《銘圖》5327]

691 馬承源主編：《商周青銅器銘文選（四）》，文物出版社，1990 年，第 513 頁。

692 吴鎮烽：《商周青銅器銘文暨圖像集成索引》，上海古籍出版社，2019 年，第 919 頁。

693 吴鎮烽：《商周青銅器銘文暨圖像集成索引》，上海古籍出版社，2019 年，第 918 頁。

694 余永梁：《金文地名考》，《國立中山大學語言歷史學研究所週刊》第 5 集第 53、54 期合刊，1928 年，第 19—20 頁。

695 吴鎮烽：《商周青銅器銘文暨圖像集成索引》，上海古籍出版社，2019 年，第 919 頁。

史密簋

【類别】國族名稱

【釋地】河南省開封市杞縣

杞夷即杞國，見于殷墟卜辭，本爲夏禹的苗裔，殷商時封爲方國，《大戴禮記·少閒》載："成湯卒受天命，……乃放夏桀，散亡其佐，乃遷姒姓于杞。"《殷虛書契後編》下卷37.5有武丁時期卜辭"丁酉卜，㱿貞，杞侯炽弗其骨凡有疾"，同書上卷13.1有祖甲時期的卜辭"己卯卜，行貞，王其田，亡巛，才杞"，又有"王其步自杞于□"等。陳夢家先生在其《卜辭通纂》中考證，杞即今河南省杞縣。周武王克商後，又封東樓公于杞。《史記·陳杞世家》載："東樓公者，夏后禹之後苗裔也。殷時或封或絶，周武王克殷紂，求禹之後，得東樓公，封之于杞，以奉夏后氏祀。"又載："東樓公生西樓公，西樓公生題公，題公生謀娶公，謀娶公當周厲王時。"《索隱》引宋忠説："杞，今陳留雍丘縣。"唐代雍丘縣亦即今河南杞縣，就是説殷周時期杞國的封地一直在今河南杞縣。

吴鎮烽《史密簋銘文考釋》[696]［史密簋］

杞夷，各家釋爲商周所封夏後之杞，在今河南杞縣。……湯封夏後之前即有杞，本爲夷族，稱杞爲夷，商、周封夏後于杞，杞夷並未完全滅絶，懿孝之世，又與南淮夷等夷族方國聯合廣伐東國，本銘之杞既綴以夷，原非姒姓之杞，它可能就是《路史·國名紀丙》所説的"故南郡邔縣，己姓之祖"的邔，地在今湖北宜城縣北。古氏族不常厥邑，西周之己（即商封夏後前之杞，亦即本銘的杞夷）是否也在此地，存以待考。己姓，爲東夷始祖少昊之後（見《世本》），故銘文稱爲杞夷。

陳秉新、李立芳《出土夷族史料輯考》[697]［史密簋］

杞夷即杞，夏禹之後，姒姓，見《史記·陳杞世家》，原在今河南省杞縣，後遷山東。《春秋經·隱公四年》："莒人伐杞，取牟婁。"杜預注："杞國本都陳留雍丘縣（引者按即杞縣）。推尋事迹，桓六年淳于公亡國，杞似并之，遷都淳于；僖十四年又遷都緣陵；襄二十九年，晋人城杞，杞又遷都淳于。"杞國遷都淳于之前先遷至魯國東北，《大系》收杞伯每刋鼎、壺，云："出土于山東新泰。"

王輝《商周金文》[698]［史密簋］

杞夷，釋者無異辭，皆以爲在今河南杞縣。

孫敬明《史密簋銘箋釋》[699]［史密簋］

696 吴鎮烽：《史密簋銘文考釋》，《考古與文物》1989年第3期，第56頁。
697 陳秉新、李立芳：《出土夷族史料輯考》，安徽大學出版社，2005年，第196頁。
698 王輝：《商周金文》，文物出版社，2006年，第200—201頁。
699 孫敬明：《史密簋銘箋釋》，《考古發現與齊史類徵》，齊魯書社，2006年，第105頁。

	【釋地】山東省新泰市 杞是姒姓國。《史記·陳杞世家》："杞東樓公者，夏后禹之後苗裔也。殷時或封或絶。周武王克殷紂，求禹之後，得東樓公，封之于杞，以奉夏后氏祀。"杞的初封地，據《漢書·地理志》及《史記集解》引宋忠説，當在今河南杞縣。 ……本器中的杞夷、舟夷肯定是杞、州兩國，因爲杞和州有特殊的關聯，《陳杞世家》索隱對此已有論述。關于杞的遷徙，閻若璩《四書釋地續》所論較詳："初封杞，即今開封杞縣。《索隱》曰：'至春秋時，杞已遷東國，雖未知的都何所，要隱四年莒人伐杞，取牟婁，桓二年七月杞侯來朝，九月伐杞入之，與今之莒州及曲阜縣相鄰也可知。逮桓六（五）年淳于公——即經所稱州公者——其國亡，杞似并之。'杜元凱曰：'遷都于淳于。'僖十四年杞辟淮夷，諸侯爲城焉，杜元凱曰：'又遷于緣陵。'襄二十九年晋合諸侯以城杞，即昭元年祁午數趙文子之功云城淳于者，杜元凱曰：'又遷都淳于。'""續考得陳留雍邱縣注云：'故杞國也。先春秋時，徙魯東北。'按今安邱縣正在魯東北。惟先春秋而徙，故入春秋，邑輒爲莒得。"據此可知，杞在春秋以前已遷到魯國東北，春秋初吞并了州，一再都于淳于。 關于杞國遷淳于以前的位置，《兩周金文辭大系》已據清中葉一組杞器出土地點推爲新泰，恰好在曲阜東北，距離安丘不遠。由此看本器，杞可能在當時已在新泰一帶，因而同州（舟）並稱。 李學勤《史密簋銘所記西周重要史實》[700]［史密簋］
0224 **求** 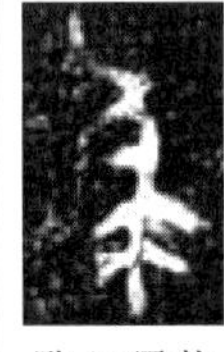 駒父盨蓋	**【時代】西周晚期** **【出處】駒父盨蓋** 唯王十有八年正月，南仲邦父命駒父即南諸侯，帥高父見南淮夷，厥取厥服，至，夷俗遂不敢不敬畏王命，逆見我，厥獻厥服。我乃至于淮，小大邦亡敢不敹俱逆王命。四月，還至于求，作旅盨，駒父其萬年永用多休。［駒父盨蓋，《集成》4464］ **【類别】城邑名稱** 求在這裏是地名，地望不詳。 陳秉新、李立芳《出土夷族史料輯考》[701]［駒父盨蓋］

700 李學勤：《史密簋銘所記西周重要史實》，原載《中國社會科學院研究生院學報》1991年第2期；後收入《走出疑古時代》，長春出版社，2007年，第105頁。

701 陳秉新、李立芳：《出土夷族史料輯考》，安徽大學出版社，2005年，第380頁。

0225

車

玏鼎

【時代】西周早期

【出處】玏鼎

己亥，揚視事于彭，車叔賞揚馬，用作父庚尊彝，天黽。[玏鼎，《集成》2612、2613]

【類別】城邑名稱

封邑名。

吴鎮烽《銘圖索引》[702][玏鼎]

0226

朿

朿仲豆父簋蓋

【時代】西周晚期

【出處】朿仲豆父簋蓋

朿仲豆父作𪔅簋，其萬年子子孫孫永寶用享。[朿仲豆父簋蓋，《集成》3924]

【類別】城邑名稱

封邑名。

吴鎮烽《銘圖索引》[703][朿仲豆父簋蓋]

0227

吾

相邦樛斿戈

吾宜戈

【時代】戰國中晚期·秦

【出處】相邦樛斿戈　吾宜戈[《集成》10936]

四年，相邦樛斿之造，櫟陽工上造間，吾（衙）。[相邦樛斿戈，《集成》11361]

【類別】城邑名稱

【釋地】陝西省渭南市白水縣

吾或説應讀爲衙，故地在今陝西白水縣東北。

王輝《秦銅器銘文編年集釋》[704][吾宜戈]

吾，此戈置用之地，即春秋秦之彭衙邑。《漢書·地理志》左馮翊之衙縣（今陝西白水縣東北四十里）。

湯餘惠《戰國銘文選》[705][相邦樛斿戈]

702 吴鎮烽：《商周青銅器銘文暨圖像集成索引》，上海古籍出版社，2019年，第919頁。
703 吴鎮烽：《商周青銅器銘文暨圖像集成索引》，上海古籍出版社，2019年，第919頁。
704 王輝：《秦銅器銘文編年集釋》，三秦出版社，1990年，第158頁。
705 湯餘惠：《戰國銘文選》，吉林大學出版社，1993年，第68頁。

	即衙，今陜西白水縣東北彭衙村。 吴鎮烽《銘圖索引》[706][相邦樛斿戈]
0228 𡯁 𡯁伯罰卣	【時代】西周早期 【出處】𡯁伯罰卣  𡯁伯罰作寶尊彝，魚。[𡯁伯罰卣，《集成》5317] 【類别】城邑名稱
0229 豆  散氏盤	【時代】西周晚期 【出處】散氏盤[《集成》10176] 【類别】自然地理名稱 · 山林 豆爲畿内地名，宰甫簋："王來獸（狩）自豆录（麓）。"豆既有麓，必爲山陵。 王輝《商周金文》[707][散氏盤]
0230 豆录 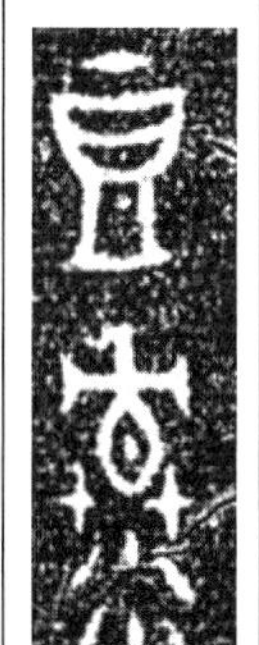 宰甫卣	【時代】商代晚期 【出處】宰甫卣 王來獸自豆录，在揗師（次），王饗酒，王光宰甫貝五朋，用作寶䵼。[宰甫卣，《集成》5395] 【類别】自然地理名稱 · 山林 豆录，豆作豆，蓋銘豆字《金文編》誤摹作豆，多出的小點爲鑄造缺陷，非字畫。豆爲地名。見于卜辭："甲子卜，叀豆田，于止禽。"（甲1613）叀讀作惠，語詞，與經籍"惟"字同。止爲地名。辭意是説，甲子這天殷王到豆地去田獵，卜問止地是否有所擒獲。由此可知豆地與止地相鄰近。止地又是殷王去桑地狩獵時所經之地（粹1013）。而桑、盂、宫、向在卜辭中同版（粹1016），相距均在一日里程之内。這幾個地點是殷王重要的田獵區。據考證"向"地當是《詩 • 小雅 • 十月》"作都于向"之向，其地在今河南濟源縣南。豆地應距此不遠。录即禁之省，小篆作麓，經籍或省作鹿。麓意爲"林屬于山"（《穀梁》僖公十四年），或指"山足"（《周禮 • 柞氏》注），或訓爲"林之大者"（《水經 • 濁漳水注》）。要之，麓爲山林茂密之地。卜辭中有時在地名前或地名後加一個字標明其

706 吴鎮烽：《商周青銅器銘文暨圖像集成索引》，上海古籍出版社，2019年，第919、997頁。
707 王輝：《商周金文》，文物出版社，2006年，第234頁。

地貌。如“丘剢”（乙 7119），表明剢地屬丘陵。豆录（麓）則表明豆地屬山麓，故而多林木鳥獸宜狩獵。甲骨文稱某录（麓）者尚有“麦录”（佚 518）、“演录”（京 5501）、“鸡录”等，都是殷王田獵之地。

菏澤市文化館等《殷代長銘銅器宰甫卣的再發現》[708]［宰甫卣］

0231

酉焚

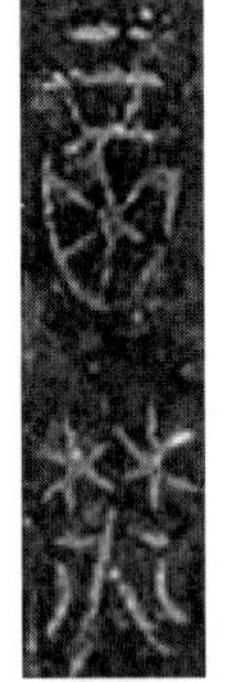

鄂君啓車節

0231.02 畐焚

0231.03 栖焚

0231.04 柳棼

【時代】戰國中期

【出處】鄂君啓車節［《集成》12110、12111］

【類別】城邑名稱

我初釋“㐭”爲酉。舊稿云：“《左傳》宣九年，‘鄭伯敗楚師于柳棼’，杜注‘鄭地’。《説文》：柳從木，丣聲，丣古文酉。這裏的‘㐭’字疑是奇字酉。焚下從夫，《毛公鼎》耿字，《曾伯霥簠》狄字偏旁的火都如此作。酉焚即柳棼。出方城後，經酳禾，復折而東，其地當在今汝南縣境。成十六年，‘楚子自武城使公子成以汝陰之田求成于鄭’，明鄭地得遠及汝水以南。柳棼可能屬鄭，故杜云‘鄭地’，後屬楚。”諸家釋“㐭”爲畐。今按“㐭”中所從係木字，當即柳字。舊釋酉讀柳，猶嫌迂曲。

羅長銘《鄂君啓節新探》[709]［鄂君啓車節］

戰國楚邑。

吴鎮烽《銘圖索引》[710]［鄂君啓車節］

【釋地】河南省駐馬店市遂平縣

商先生云：“畐可通富。”富焚疑即春秋時的房國，漢置吴房縣，即今河南遂平縣。

譚其驤《鄂君啓節銘文釋地》[711]［鄂君啓車節］

畐焚，從象禾東行抵此。漢在此設吴房縣，今爲遂平縣。該地在上蔡附近，爲楚北境邊陲之地，係北走魏、趙之通道。在此設關有其可能。

劉和惠《鄂君啓節新探》[712]［鄂君啓車節］

現就路綫走向推測，可能在今河南遂平、汝南、平輿一綫上。

孫劍鳴《“鄂君啓節”續探》[713]［鄂君啓車節］

708 菏澤市文化館、菏澤地區文展館、山東省博物館：《殷代長銘銅器宰甫卣的再發現》，《文物》1986 年第 4 期，第 8—9 頁。

709 羅長銘：《鄂君啓節新探》，原載《羅長銘集》，黄山書社，1994 年；後收入安徽省博物館編：《安徽省博物館四十年論文選集》，黄山書社，1996 年，第 152 頁。

710 吴鎮烽：《商周青銅器銘文暨圖像集成索引》，上海古籍出版社，2019 年，第 939 頁。

711 譚其驤：《鄂君啓節銘文釋地》，原載《中華文史論叢》（第 2 輯），1962 年；後收入《譚其驤全集》（第一卷），人民出版社，2015 年，第 541 頁。

712 劉和惠：《鄂君啓節新探》，原載《考古與文物》1982 年第 5 期；後收入劉慶柱、段志洪、馮時主編：《金文文獻集成》（第二十九册），綫裝書局，2005 年，第 331 頁。

713 孫劍鳴：《“鄂君啓節”續探》，原載《安徽省考古學會會刊》1982 年第 6 輯；後收入劉慶柱、段志洪、馮時主編：《金文文獻集成》（第二十九册），綫裝書局，2005 年，第 332 頁。

0231.05

函焚

【釋地】河南省漯河市郾城區

“富焚”爲“酉焚”之誤釋，“酉”字數見楚簡，望山楚墓簡中干支之“酉”字皆如此作，故可斷“酉”非“富”，古“丣、酉”爲一字，《説文》：“丣，古文酉，從丣”，而丣又爲“桺”即“柳”字初文，鄭玄解《尚書》違失云：古大篆丣字讀當爲桺，古桺、丣同字，故酉焚即《左傳》宣九年：“鄭伯敗楚師于柳棼”，杜注：“柳棼鄭地”，地望、字音與車節之“酉焚”皆合，必爲一地無疑，近見姚漢源先生亦考訂爲柳棼，是也。

黃盛璋《鄂君啓節地理問題若干補正》[714][鄂君啓車節][715]

釋酉焚是。即《左傳・宣九年》之柳棼。《宣九年傳》：“晋郤缺救鄭。鄭伯敗楚師于柳棼，國人皆喜，唯子良憂曰：是國之災也，吾死無日矣！”酉、柳之古文均丣形，故轉通爲柳。《周禮・春官・大宗伯》：“以槱燎祀司中、司命、飌師、雨師。”《釋文》：“槱别本亦作楢。”《風俗通義・祀典篇》三引此文，其一作柳。柳蓋楢之轉，酉古人作丣、故楢訛爲柳，與此處同。焚、棼音同形近而轉。柳棼在鄭之南境無疑。

酉焚窃疑即古籍中之汝墳或汝汾。汝酉韻通，紐則喻、日時可相通。焚、墳、汾音同而轉。漢汝南郡，王莽改名汝汾。《爾雅・釋水》：“江有沱、河有灉，汝有濆。”《水經注・汝水》：“又東南逕奇頟城西北……濆水出焉。世亦謂之大㶏水。《爾雅》曰：‘河有雍，汝有濆’，然則濆者别汝也。故其下夾水之邑猶流汝陽之名。是或濆㶏之聲相近矣。亦或下合㶏潁，兼統厥稱耳！……”

……汝濆，汝汾當即一，㶏又濆之音轉，爲汝之别枝，分于今郾城西北。酉焚之爲邑當緣汝濆得名，在郾城附近。㶏水亦曰溵水，趙宋諱殷改商水。東流過召陵城北，征羌城北（召陵在今郾城東四十五里，征羌又在其東稍南。）約在今商水縣境入潁。其另一分枝則偏南經召陵南，下至今阜陽入潁。今尚有其遺迹，即今商水縣南之汾河。尚有汾稱。棼、焚、濆、汾、㶏均係音轉。焚古與燔同。《周禮・春官・巾車》“素車棼蔽”注“棼讀爲薠，”讀燔（樊音），則酉焚急讀即爲郾。則酉焚或即文獻中之郾。以音言，《周禮・地官・草人》“墳壤用麋”，孫詒讓《正義》歷引諸説，云墳通坌，蚡。鼢鼠亦作蚡鼠亦即偃鼠，鼹鼠，隱鼠。是蚡、偃、隱等聲亦可轉也。

南楚音舒自名酉焚或柳棼而北則轉爲郾耳！《詩・汝墳》、毛《傳》：“墳大防也。”汝墳此處解爲汝水之堤防，而郾可通匽、堰亦堤防意，故意亦有可通處。

昭陽是歲取魏八城不知是否包括郾？更鑄鄂節，不知是否與擴充邊界

714 黃盛璋：《鄂君啓節地理問題若干補正》，《歷史地理論集》，人民出版社，1982年，第287—288頁。

715 編者按：鄂君啓節銘中酉焚的討論，又見黃盛璋《再論鄂君啓節交通路綫復原與地理問題》，《安徽史學》1988年第2期，第23—24頁。

	有關？郾當時爲楚魏邊境，楚北趨之要隘，設關固宜。郾古城在㶏水南約當今漯河市處。《清一統志》謂在今縣西南五里。 姚漢源《鄂君啓節釋文》[716]［鄂君啓車节］ **【釋地】河南省駐馬店市上蔡縣** 栖，通酉、柳；栖焚，即柳棼，在今河南上蔡東。 湯餘惠《戰國銘文選》[717]［鄂君啓車節］ **【釋地】河南省平頂山市衛東區** 經姚漢源先生考證，此酉焚亦即古籍中之汝墳或汝汾。……考《車節》中的汝墳，應在今葉縣遵化店鎮的汝墳橋村附近。 李元芝《鄂君車節之方城、兔禾、汝墳考》[718]［鄂君啓車節］ **【類別】自然地理名稱·河湖** **【釋地】酉水區域** "庚酉焚"的"酉"是地名，字體與江陵望山楚墓出土竹簡祈禱册文中以干支紀時數見"酉"的風格一致。"酉"，水名，源出四川省酉陽縣，東入湖南，折東南流，至沅陵入沅水。漢在酉水之陽設酉陽縣，屬武陵郡。《讀史方輿紀要》載：酉陽城在辰州"府西北百三十里，漢置酉陽縣"，"以酉水之陽因名"。漢地名大多數承先秦地名而來，可知戰國時期的"酉"當在酉水之域。"焚"不是地名，是火燒的意思。先秦時代，"酉"地盛行刀耕火種，並形成這一地域的特點，故用"酉焚"來稱呼這一區域。 張中一《〈鄂君啓金節〉路綫新探》[719]［鄂君啓車節］
0232 **生庫**  鄭生庫戈	**【時代】戰國晚期** **【出處】鄭生庫戈**［《集成》10992、10993］ **【類別】宮室建築名稱** 新鄭所出韓國兵銘"生庫"，疑即《左傳》之"襄庫"。據《左傳》文意考察，"襄庫"應是武庫之名。這與兵器銘有"生庫"頗爲吻合。春秋鄭國和戰國韓國先後以新鄭爲都城。鄭國"襄庫"設在新鄭，韓國銘有"生庫"的兵器出土于新鄭。文獻材料和考古材料如此密切，絶非偶然巧合。 本文1988年初稿謂"新鄭所出韓國兵銘生庫，即《左傳》之襄庫，相

716 姚漢源：《鄂君啓節釋文》，中國古文字研究會、山西省文物局、中華書局編輯部編：《古文字研究》（第十輯），中華書局，1983年，第201—203頁。
717 湯餘惠：《戰國銘文選》，吉林大學出版社，1993年，第49頁。
718 李元芝：《鄂君車節之方城、兔禾、汝墳考》，楚文化研究會編：《楚文化研究論集》（第十集），湖北美術出版社，2011年10月，第212頁。
719 張中一：《〈鄂君啓金節〉路綫新探》，《求索》1989年第3期，第128頁。

當趙、魏兩國兵銘上庫。”今按，韓國是否有“上庫”，過早下結論，未免鹵莽滅裂。但這不影響“生庫”即“襄庫”的結論。

何琳儀《戰國兵器銘文選釋》[720][鄭生庫戈]

0233

肖

藺相如戈

相邦趙豹戈

【時代】戰國時期

【出處】多器

【類別】國族名稱

【釋地】河北省邯鄲市

肖，通趙，戰國器物銘文中趙氏的“趙”，多寫作“肖”。

湯餘惠《戰國銘文選》[721][三十三年鄭令劍]

即趙，今河北邯鄲市西南。

吴鎮烽《銘圖索引》[722][藺相如戈]

0234

郮陰

郮陰令萬爲戈

【時代】戰國晚期·韓

【出處】郮陰令萬爲戈

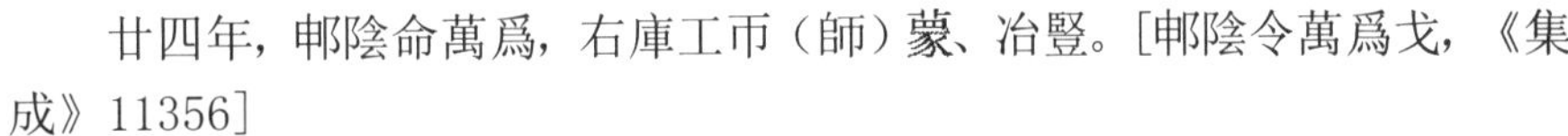

廿四年，郮陰命萬爲，右庫工帀（師）㝅、冶豎。[郮陰令萬爲戈，《集成》11356]

【類別】城邑名稱

【釋地】河南省南陽市

郮即申，加邑旁所以表示爲國邑之名。傳世有郮比父豆，文曰“郮比父作孟姜豆，子子孫孫永享用”（《善齋》禮器8·7），此即周申國之器，郮即申，並爲姜姓，此豆提供了確證。申後滅于楚，申故城在南陽縣北三十里（乾隆《一統志》），公元前301年，齊孟嘗君聯合韓、魏攻楚之方城，殺楚將唐昧，韓魏取得了南陽一帶以北之地。《戰國策·西周策》及《史記·孟嘗君傳》：“取宛葉以北，以强韓魏”，所指即此一帶（宛即南陽）。後來宛及南陽主要均爲韓有，見《戰國策·周策》及《韓策》。又《史記·秦本紀》：莊襄王三十三年“魏入南陽以和”，《集解》引“徐廣曰：河内修武，古曰南陽，秦始皇更名河内，屬魏地，荆州之南陽郡，本屬韓地”，徐廣的解釋是正確的。次年秦就把韓魏的南陽與楚上庸地合

720 何琳儀：《戰國兵器銘文選釋》，黄德寬主編：《安徽大學漢語言文字研究叢書·何琳儀卷》，安徽大學出版社，2013年，第218頁。
721 湯餘惠：《戰國銘文選》，吉林大學出版社，1993年，第57頁。
722 吴鎮烽：《商周青銅器銘文暨圖像集成索引》，上海古籍出版社，2019年，第919頁。

	建爲一郡，定名爲南陽郡。《史記·韓世家》：釐王“五年秦拔我宛”，宛即南陽，在其北三十里之申亦必爲韓地。同時韓之貴族多姓申，如韓相申不害、韓將申差等，又蘇秦所説韓劍戟所出那些地方，大多在南陽一帶，其中就有“宛馮”，南陽一帶必爲楚、韓接界之地。原爲楚地之申宛，晚期爲韓所得，而秦又取自韓。這次新鄭出土兵器銘刻中也有郙，自是韓器，郙陰應在申北，屬韓無疑。在宛葉以北歸韓魏後，韓有二十四年以上者衹有桓惠王，所以此戈自是桓惠王廿四年所造。 黄盛璋《試論三晋兵器的國别和年代及其相關問題》[723][郙陰令萬爲戈] 即申陰，戰國韓邑，今河南南陽市北。 吴鎮烽《銘圖索引》[724][郙陰令萬爲戈]
0235 吴  師酉簋  吴王姬鼎 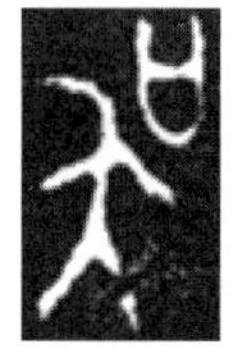 大簋	**【時代】西周時期 春秋時期** **【出處】多器** **【類别】國族名稱** “吴”，讀爲“虞”。大家知道，西周以來有兩吴，即在今江蘇無錫、蘇州等地之吴和在今山西平陸之吴（虞）。金文兩國均作“吴”，文獻則分爲吴、虞。較晚的金文，北方的纔有作“虞”的例子。同王的行事直接聯繫的，如師酉簋記“王在吴，格吴大廟”，所指自然是北方的虞國。叔繁簠的吴，也是虞國，其器與鄰近的虢器酷似，是很自然的。 李學勤《北京東北旺出土叔繁簠研究》[725][叔繁簠] 國名，此吴當是北吴，姬姓。傳世有吴姬匜。伯頵父鼎銘“白頵父乍朕皇考屖白吴姬寶鼎。”《漢書·地理志》：“太伯卒，仲雍立，至曾孫周章而武王克殷，因而封之。又封周章弟仲于河北，是爲北吴，後世謂之虞。”《史記·吴太伯世家》“乃封周章弟虞仲于周之北故夏虚”，裴駰《集解》引徐廣曰“在河東大陽縣”。吴以國爲氏，而未著其名。此元年正月爲王即位之時，不能遠在宗周以外，故此吴不是地名，而是吴所居之處所，則吴當是在宗周爲王官而受寵于王，故王可格其廟而册命于師酉。 馬承源《商周青銅器銘文選》[726][師酉簋] **【釋地】陝西省寶鷄市** 吴大父之吴也是地名，也就是夨。説夨即吴，最早者爲張筱衡先生，

723 黄盛璋：《試論三晋兵器的國别和年代及其相關問題》，《歷史地理與考古論叢》，齊魯書社，1982 年，第 95—96 頁。
724 吴鎮烽：《商周青銅器銘文暨圖像集成索引》，上海古籍出版社，2019 年，第 919 頁。
725 李學勤：《北京東北旺出土叔繁簠研究》，原載《北京文博》2005 年第 3 期；後收入《文物中的古文明》，商務印書館，2008 年，第 250 頁。
726 馬承源主編：《商周青銅器銘文選（三）》，文物出版社，1988 年，第 126 頁。

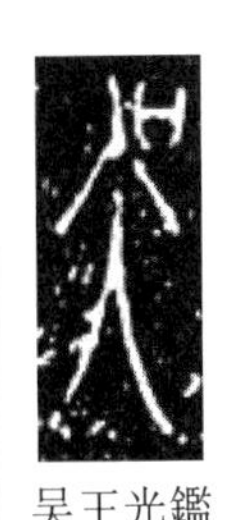 吴王光鑑	其後劉啓益又加引伸，當然近年也有些人反對這一説法，其中有代表性的是黄盛璋先生。我們不想重複各家的説法，我們衹是覺得，既然虢、南等地在關中西部，則吴與之相關，亦必相距甚近。吴王姬既爲南宫史叔作器，吴王姬乃南宫史叔之妻，吴與南宫氏通婚，南宫氏封地南在關中西部，此吴絶不會遠在江南。 王輝《西周畿内地名小記》[727]［同簋］ 在今陝西寶鷄隴縣一帶。 吴鎮烽《銘圖索引》[728]［吴王姬鼎］ **【釋地】山西省臨汾市曲沃縣** “吴”即“虞”國，殆以虞牧之事爲國名者。春秋時虞國猶在曲沃之南，地最相近。文王時有虞芮之争，其故地均相近。其在西周，國勢度必强盛，故能東至于菏，咸爲虞牧之所（參看所附地圖），周王乃因而令同也。 唐蘭《同簋地理考》[729]［同簋］ **【釋地】山西省運城市平陸縣** 吴師疑即虞師，虞封于夏虚，在今山西平陸、安邑一帶。 陳夢家《西周銅器斷代》[730]［大簋］ 吴伯應是虞伯，郭院長所説甚是。此吴應是《漢書·地理志》所説：“封周章弟于河北，是爲北吴，後世謂之虞。”傳十二世爲晋所滅者。吴國的具體位置，據《漢書·地理志》河東郡大陽縣下：“吴山在西，上有吴城，周武王封太伯後于此，是爲虞公。”《後漢書·地理志》稱爲“虞城”。顧炎武《日知録》云：“古吴、虞通用，虞城之書爲吴城，猶吴仲之書爲虞仲也。”這個虞城故城，據《乾隆一統志》是在平陸縣東北六十里。 黄盛璋《班簋的年代、地理與歷史問題》[731]［班簋］ 師酉簋云“王在吴，格吴大廟”，吴即在今山西平陸之虞。 李學勤《吴虎鼎考釋》[732]［師酉簋］ **【釋地】江蘇省蘇州市** 吴始封于梅里，今之無錫東南六十里。遷于姑蘇，今之長洲縣。 余永梁《金文地名考》[733]［攻吴王大差鑑］

727 王輝：《西周畿内地名小記》，《一粟集：王輝學術文存》，藝文印書館，2002 年，第 155 頁。
728 吴鎮烽：《商周青銅器銘文暨圖像集成索引》，上海古籍出版社，2019 年，第 920 頁。
729 唐蘭：《同簋地理考（西周地理考之一）》，《唐蘭全集（二）》，上海古籍出版社，2015 年，第 441 頁。
730 陳夢家：《西周銅器斷代》，中華書局，2004 年，第 258 頁。
731 黄盛璋：《班簋的年代、地理與歷史問題》，《考古與文物》1981 年第 1 期，第 81 頁。
732 李學勤：《吴虎鼎考釋》，原載《考古與文物》1998 年第 3 期；後收入《新出青銅器研究（增訂版）》，人民美術出版社，2016 年，第 273 頁。
733 余永梁：《金文地名考》，《國立中山大學語言歷史學研究所週刊》第 5 集第 53、54 期合刊，1928 年，第 23 頁。

	今江蘇蘇州市。 吴鎮烽《銘圖索引》[734][吴王光鑑]
0236 **吴邡**  三年吴邡令戈	**【時代】戰國晚期·韓** **【出處】三年吴邡令戈** 三年，吴邡令韓瘡，工帀（師）苛狄，冶慶武戟。[三年吴邡令戈，《銘三》1515] **【類别】城邑名稱** **【釋地】河南省駐馬店市遂平縣** “吴邡”可讀爲“吴房”，見于《漢書•地理志》“汝南郡”，顔注引孟康曰：“本房子國。楚靈王遷房于楚。吴王闔閭弟夫概奔楚，楚封于此，爲堂谿氏。以封吴，故曰吴房，今吴房城堂谿亭是。”治所在今河南省遂平縣西。 吴良寶《三年吴邡令戈考》[735][三年吴邡令戈]
0237 **告** 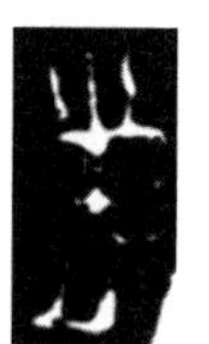 繁伯武君鬲  郜史碩父鼎  郜公戈	**【時代】西周晚期 春秋早期** **【出處】郜史碩父鼎 繁伯武君鬲 郜公戈** 郜史碩父作寶尊鼎，用享孝于宗室，子子孫孫永寶用。[郜史碩父鼎，《銘圖》2233] 繁伯武君媵告媿寶鬲，子子孫孫永寶用。[繁伯武君鬲，《銘圖 2944》] 郜公之新用戈。[郜公戈，《銘三》1423] **【類别】城邑名稱** **【釋地】山東省德州市武城縣** 杜預曰，濟陰武城縣東南有北郜城，其南有南郜。故郜城當時北郜。 余永梁《金文地名考》[736] **【釋地】山東省菏澤市成武縣** 即郜，今山東成武縣東南郜鼎集。 吴鎮烽《銘圖索引》[737][繁伯武君鬲、郜史碩父鼎]

734 吴鎮烽：《商周青銅器銘文暨圖像集成索引》，上海古籍出版社，2019 年，第 920 頁。

735 吴良寶：《三年吴邡令戈考》，北京大學出土文獻研究所編：《青銅器與金文》（第二輯），上海古籍出版社，2019 年，第 90 頁。

736 余永梁：《金文地名考》，《國立中山大學語言歷史學研究所週刊》第 5 集第 53、54 期合刊，1928 年，第 21 頁。

737 吴鎮烽：《商周青銅器銘文暨圖像集成索引》，上海古籍出版社，2019 年，第 921、942 頁。

0238 利 利戈	【時代】春秋晚期 【出處】利戈［《集成》10812］ 【類别】城邑名稱
0239 何卲 何卲君党鼎	【時代】春秋晚期 【出處】何卲君党鼎 何卲君党擇其吉金，自作旅鼎。［何卲君党鼎，《集成》2477］ 【類别】國族名稱
0240 㑒 㑒季簋 㑒季簋	【時代】西周中期 【出處】㑒季簋 㑒季學䮂守鑄旅簋。［㑒季簋，《銘圖》4463、4464］ 【類别】城邑名稱 【釋地】山東省臨沂市費縣 祊，今山東費縣東。 吴鎮烽《銘圖索引》[738]［㑒季簋］
0241 郋 柏令孫苟戈	【時代】春秋晚期 【出處】柏令孫苟戈 十一年，郋（柏）命孫苟，工帀（師）得皇酉，冶□。［柏令孫苟戈，《銘圖》17225］ 【類别】國族名稱 湖北江陵九店 M411 出土的魏國兵器十一年郋令戈（《銘圖》17225），郋地就是見于《左傳・僖公五年》的柏、《戰國策・韓策一》“蘇秦爲楚合

738 吴鎮烽：《商周青銅器銘文暨圖像集成索引》，上海古籍出版社，2019 年，第 919、921 頁。

縱説韓王”章的“合伯”，該戈的鑄造時間是魏昭王十一年（公元前 285 年）。

吴良寶《三年吴邡令戈考》[739]［柏令孫苟戈］

吴良寶先生曾認爲，郈地就是春秋時的柏。《左傳·僖公五年》：“于是江、黄道、柏方睦于齊，皆弦姻也。”杜注：“柏，國名，汝南西平縣有柏亭。”其地或定在今河南舞陽縣東南。戰國時也稱爲合膊、合伯，處于韓、魏與楚北疆邊界的位置，戰國早中期屬楚，戰國中期後屬韓、魏。傾向此戈屬于魏國，戈之年代在戰國中晚期之交，戈銘“十一年”爲魏昭王十一年（前 285）。

吴鎮烽《商周金文通鑑》續編 30476 號收録安徽蚌埠所出春秋中期“柏之簋”，此簋見于《考古學報》2013 年第 2 期第 249 頁圖 15:2，讀者可以參閲此戈的國別及銘文内容還可以進一步研究。若按吴良寶、徐俊剛《戰國三晋“冶”字新考察》，此戈也可能屬韓。

黄錫全《荆州九店東周墓所出兵器銘文校正》[740]［柏令孫苟戈］

【釋地】河南省駐馬店市西平縣

今河南西平縣西。

吴鎮烽《銘圖索引》[741]［柏令孫苟戈］

0242

囟

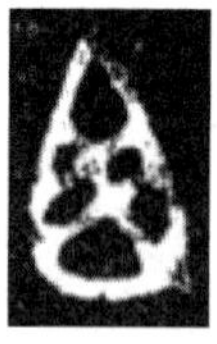
陳伯元匜

【時代】春秋早期

【出處】陳伯元匜

敶（陳）伯鵑之子伯元作囟孟嬀婤母媵匜，永壽用之。［陳伯元匜，《集成》10267］

【類別】國族名稱

囟亦當是國族名。

郭沫若《兩周金文辭大系圖録考釋》[742]［陳伯元匜］

0243

余

【時代】春秋時期

【出處】多器

【類別】國族名稱

739 吴良寶：《三年吴邡令戈考》，北京大學出土文獻研究所編：《青銅器與金文》（第二輯），上海古籍出版社，2019 年，第 93 頁。

740 黄錫全：《荆州九店東周墓所出兵器銘文校正》，華東師範大學中國文字研究與應用中心主辦：《中國文字研究》（第二十五輯），上海書店出版社，2017 年，第 4 頁。

741 吴鎮烽：《商周青銅器銘文暨圖像集成索引》，上海古籍出版社，2019 年，第 939 頁。

742 郭沫若：《兩周金文辭大系圖録考釋（二）》，《郭沫若全集·考古編》（第八卷），科學出版社，2002 年，第 393 頁。

余子汆鼎

徐王容巨戟

徐王義楚盤

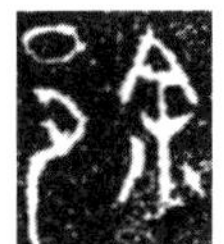

徐王𦣻鼎

0243.02

郐

【釋地】江蘇省宿遷市泗洪縣

僖十三年：“徐人取舒”，杜注下邳縣東南有大徐城。今徐州東南，邳縣南。

余永梁《金文地名考》[743]［郐王鼎］

“余”用作地名則爲“郐”，邾下邑，魯東有郐城；作爲國名爲“徐”。伯益之後。《路史》云：“伯益佐禹有功，封其子若木于徐，後以爲氏。”周初以今江蘇泗洪一帶爲中心建立徐國，春秋時爲楚所敗，周静王八年（公元前 512 年）爲吴國所并。

心健、家驥《山東費縣發現東周銅器》[744]［余子汆鼎］

徐，金文作郐，或省作余，周初徐戎所建，嬴姓國，在今徐州一帶，以今安徽泗縣爲其政治中心，周代爲東夷集團的大國。

高應勤、夏渌《郐大子伯辰鼎及其銘文》[745]［郐大子伯辰鼎］

余，這裏是古國名，金文多作郐，典籍作徐。《左傳•昭公元年》：“周有徐奄。”杜預注：“二國皆嬴姓。”正義曰：“《世本》文。”《説文》：“嬴，帝少皞之姓也。”《書序》：“魯伯禽宅曲阜，徐夷並興，東郊不開。”可知殷周之際，徐在魯東，周初遭到周的打擊，遂南徙淮泗。顧棟高《春秋大事表•列國爵姓及存滅》謂春秋時徐故國在江南泗州北古徐城，即今江蘇泗洪縣東南大徐臺子。曾昭燏、尹焕章考證，徐國範圍西至安徽東北，北至山東以南，南至洪澤湖周圍，徐國故城在今江蘇泗洪縣重崗或崔東鄉（見《江蘇出土文物選集•代序》）。魯昭公三十年徐爲吴所滅。

陳秉新、李立芳《出土夷族史料輯考》[746]［徐太子伯辰父鼎］

金文用爲國族名，典籍作“徐”。

陳秉新、李立芳《出土夷族史料輯考》[747]［徐王𦣻鼎］

郐，從余從邑，即徐國之“徐”的本字，文獻多作“徐”。《周禮•秋官•雍氏》注：“伯禽以出師征徐戎。”《釋文》：“徐，劉本作郐，音徐。”青銅器銘文凡徐國之名均寫作“郐”。徐國本江淮間蠻夷大國，西周時曾一度威脅到周王朝的安危，春秋時期國力漸弱，與吴國時友時敵，最後被吴國所滅。壽夢爲王時，徐國因受楚人壓迫，投靠吴國，後來徐王還娶了吴國王室之女爲妻。所以當徐國受到楚國侵伐時，吴國出兵協

743 余永梁：《金文地名考》，《國立中山大學語言歷史學研究所週刊》第 5 集第 53、54 期合刊，1928 年，第 22—23 頁。

744 心健、家驥：《山東費縣發現東周銅器》，《考古》1982 年第 2 期，第 188 頁。

745 高應勤、夏渌：《郐大子伯辰鼎及其銘文》，《江漢考古》1984 年第 1 期，第 101 頁。

746 陳秉新、李立芳：《出土夷族史料輯考》，安徽大學出版社，2005 年，第 296 頁。

747 陳秉新、李立芳：《出土夷族史料輯考》，安徽大學出版社，2005 年，第 297 頁。

	助抗擊。 曹錦炎《吴王壽夢之子劍銘文考釋》[748][吴王壽夢之子劍] 即徐，今江蘇泗洪縣東南大徐臺子。 吴鎮烽《銘圖索引》[749][徐王容巨戟] **【時代】戰國時期** **【類别】城邑名稱** 郐，《説文》："郐，邾下邑地。從邑，余聲。魯東有郐城。讀若塗。"段玉裁注："'邾'當作'鄒'，'地'當作'也'。"金文徐國字多作郐，本銘亦當讀爲徐。 陳秉新、李立芳《出土夷族史料輯考》[750][冉鉦鋮]
0244 **余土** 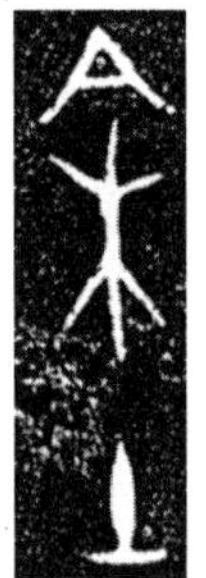 大保簋	**【時代】西周早期** **【出處】大保簋** 王伐录子聽，叡厥反，王降征令于大保，大保克敬亡譴，王衍大保，易（賜）休余土，用兹彝對令。[大保簋，《集成》4140] **【類别】城邑名稱** 余，地名。 馬承源《商周青銅器銘文選》[751][大保簋] 余當釋爲柃，《玉篇》："柃，木葉也。"柃爲地名，地望不詳。 陳秉新、李立芳《出土夷族史料輯考》[752][大保簋]
0245 **角**  角字父戊鼎	**【時代】西周晚期** **【出處】鄂侯馭方鼎**[《集成》2810] **翏生盨等** 王征南淮夷，伐角津，伐桐遹，翏生從，執訊折首，俘戎器，俘金，用作旅盨，用對剌（烈），翏生眔大妘，其百男、百女、千孫，其萬年眉壽，永寶用。[翏生盨，《集成》4459—4461] **【類别】國族名稱**

748 曹錦炎：《吴王壽夢之子劍銘文考釋》，《吴越歷史與考古論叢》，文物出版社，2007 年，第 23—24 頁。
749 吴鎮烽：《商周青銅器銘文暨圖像集成索引》，上海古籍出版社，2019 年，第 956、1057 頁。
750 陳秉新、李立芳：《出土夷族史料輯考》，安徽大學出版社，2005 年，第 244 頁。
751 馬承源主編：《商周青銅器銘文選（三）》，文物出版社，1988 年，第 25 頁。
752 陳秉新、李立芳：《出土夷族史料輯考》，安徽大學出版社，2005 年，第 134 頁。

角䚅不詳，疑即群舒之屬。

郭沫若《兩周金文辭大系圖録考釋》[753][鄂侯馭方鼎]

翏生盨

鄂侯馭方鼎

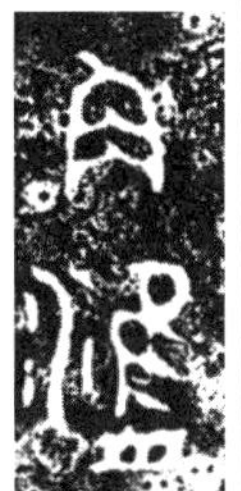
翏生盨

0245.02
角䚅
0245.03
角津

【釋地】江蘇省宿遷市

疑即角城。《水經注·淮水》："淮泗之會，即角城也。"《太平寰宇記·河南道·淮陽郡宿遷縣》云："角城在今縣東南一百一十一里。"

馬承源《商周青銅器銘文選》[754][翏生盨]

角與津是南淮夷的邦域，但現存先秦史籍中記録兩周時代南淮夷邦域者極少，没有這兩個地名，因此衹能尋求其它的文獻。按《水經注·淮水》"淮泗之會，即角城也"。《太平寰宇記》："角城在宿遷縣東南一百一十里，《縣道記》云，舊理在淮水之北泗水之西，亦謂之泗口城，即晋安帝義熙中于此置淮陽郡，仍置角城縣。"先有角城，然後置縣，故角城是更古老的地名，翏生盨銘文中之角，應即其地附近。

馬承源《關于翏生盨和者減鐘的幾點意見》[755][翏生盨]

馬承源據《水經·淮水注》："淮泗之會，即角城也。"《太平寰宇記》："角城在宿遷縣南一百一十里，《縣道記》云：舊治在淮水之北泗水之西，亦謂之泗口城，即晋安帝義熙中于此置淮陽郡，仍置角城縣。"此城當淮泗之會，而角津當得于津渡，由當水陸交通之要津而形成城國，並依津取名，甚合情理，角津即角城，可以取信。至于馬以津爲《水經·淮水注》六津湖，地在寶應縣南六十里，與角城相隔甚遠，不應附會，應以津表渡口，附于專名之後作爲地名，較爲合理。角津也可能爲南淮夷軍事要津，因而建國于此，故簡稱爲角。

黄盛璋《淮夷新考》[756][翏生盨]

上述三篇銘文[757]所言應是指同一次戰役。而翏生盨所言伐角津桐遹，在噩侯鼎銘中則言："伐角、僪。"對此，一種解釋是："角"有可能是"角津"之省，而僪則是"桐遹"之省。如是，則津衹是渡口之義，角津就是角地有津而得名，黄盛璋先生有此説。而桐遹如可簡稱遹，則桐遹僅是指桐地之遹。遹在這裏也許即是《爾雅·釋水》中所言"水中可居曰洲，人所爲爲潏"之潏。

當然，還可以有另一種解釋，即角津桐遹是四個獨立地名，而角與津、桐與遹地域兩兩相近，伐角與伐津，伐桐與伐遹之戰役各自有聯繫，故翏

753 郭沫若：《兩周金文辭大系圖録考釋（二）》，《郭沫若全集·考古編》（第八卷），科學出版社，2002年，第232頁。
754 馬承源主編：《商周青銅器銘文選（三）》，文物出版社，1988年，第290頁。
755 馬承源：《關于翏生盨和者減鐘的幾點意見》，《考古》1979年第1期，第60頁。
756 黄盛璋：《淮夷新考》，《文物研究》（第5輯），1989年，第29—30頁。
757 編者按：指翏生盨、噩侯鼎、伯𢦚父簋三器銘文。

生盨言："伐角、津，伐桐、遹。"由這種看法自然也可以將噩侯鼎"伐角、僪"，視爲以上"伐角、津，伐桐、遹"兩個戰役的省稱。馬承源先生有此説。

這兩種解釋在目前僅有幾條相關資料的情况下，尚難遽定何者爲是，此姑取後一種解釋，即四個獨立地名説。則伯㦰父簋是言王自成周南征，伐艮（服）孳的角、桐、遹三個地區（或三個族屬，即以地爲氏，或以氏名爲地名）。這樣，將此銘與翏生盨、噩侯鼎所言相聯繫，不僅如上所言，即可以明確"艮孳"乃是西周王朝對南淮夷的特定稱謂，而且由上文伯㦰父簋器形推知其年代在夷厲時段，並由此簋銘文與周厲王㝬鐘銘文皆言王親伐艮孳，則可知㝬鐘所記厲王南征艮孳與伯㦰父簋、翏生盨及噩侯鼎所記均屬同一次大戰役。如此，很重要的一個啓示是，可以由㝬鐘言厲王伐艮孳而"𦢊伐厥都"得知，南淮夷其都邑似應即在上述角、津、桐、遹所在範圍内，亦即是説這個區域即是西周晚期南淮夷居處于活動之中心地帶。

這幾個地名中，祇有角，推測其可能是《水經注·淮水》所云位于"淮泗之會"的角城，《太平寰宇記》曰："角城在宿遷縣東南一百一十里。"馬承源先生有此説（他並認爲津，即寶應南六十里之津湖，然此似需要再考）。這樣看來，西周晚期厲王時，不斷抗拒西周王朝的統治與壓迫並對之造成極大干擾的南淮夷，其居處與活動之中心區域即在今江蘇西北部，淮水與泗水交匯處，今洪澤湖周邊地區。

朱鳳瀚《由伯㦰父簋銘再論周厲王征淮夷》[758]［伯㦰父簋］

【釋地】江蘇省淮陰市

角，古國名。地在今江蘇淮陰市西南古淮河與泗水交匯處。

陳秉新、李立芳《出土夷族史料輯考》[759]［角戊父鼎］

【釋地】湖北省京山市

角津，南淮夷地名，今湖北京山縣。

吴鎮烽《銘圖索引》[760]［鄂侯馭方鼎］［翏生盨］

0246

角遹

【時代】西周晚期

【出處】鄂侯馭方鼎［《集成》2810］

【類別】國族名稱

758 朱鳳瀚：《由伯㦰父簋銘再論周厲王征淮夷》，中國古文字研究會、吉林大學古文字研究室編：《古文字研究》（第二十七輯），中華書局，2008年，第194—195頁。

759 陳秉新、李立芳：《出土夷族史料輯考》，安徽大學出版社，2005年，第23頁。

760 吴鎮烽：《商周青銅器銘文暨圖像集成索引》，上海古籍出版社，2019年，第921頁。

鄂侯馭方鼎

【釋地】南方地區

“角鄱”，是“角津”“桐通”的省稱，都是淮夷的邦國。按厲王時代的禹鼎銘文記載鄂侯馭方率南淮夷、東夷大舉進攻周室的一次戰爭，可知此銘南征的王就是厲王。史載厲王命虢仲南征淮夷不克，此器提供的史實是厲王曾親征淮夷。鄂侯之鄂，當指江漢之鄂，在今湖北武昌。

陳佩芬《上海博物館新收集的西周青銅器》[761]［鄂侯馭方鼎］

0247

夆

夆伯鬲

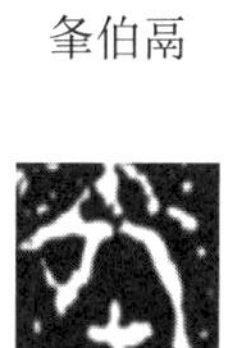

夆鼎

夆伯命甗

夆彝簋

【時代】西周時期 春秋時期

【出處】多器

夆伯命作旅彝。［夆伯命甗，《集成》894］

【類別】國族名稱

夆爲國族名，文獻作逄或逢。《國語·周語》：“我皇妣大姜之侄、伯陵之後，逄公之所憑神也。”韋昭《注》：“逄公，伯陵之後，大姜之侄，殷之諸侯，封于齊地。”逄爲商之諸侯，封于其土，後爲蒲姑氏所代，其地武王克商而又封于太公。此夆伯當即殷逄公的後裔。《左傳·成公二年》之逢丑父，則是以國爲氏。

馬承源《商周青銅器銘文選》[762]［夆伯鬲］

我們對商周時期逄國相關史實得出了幾點認識。其一，商代逄族曾長期活動于東方齊地，以逄陵故城爲政治、文化中心，故地在今淄博市淄川區西北商家鎮東商莊附近。其二，至遲在帝辛二年之前，逄族已由逄陵故城西遷至古濟水以北，在今濟陽劉臺子一帶立國，與新興的周人建立了姻親關係，周初周公所伐叛亂“豐伯”不應是姜姓“逄伯”，而是活動于今江蘇豐縣境內的任姓豐國之君。其三，西周之世，逄、周繼續保持十分密切的關係，特別是在穆恭時期，逄人曾娶周室之女，亦嫁女于周王，周穆王之后“王俎姜”有可能來自逄族。因此，穆恭時期逄、周關係達至鼎盛局面。

朱繼平《金文所見商周逄國相關史實研究》[763]

【釋地】山東省濟南市濟陽區

“夆”亦作“逄”。《左傳》昭公二十年有：“昔爽鳩氏居之，季荝因之，有逢伯陵因之，薄姑氏因之，而後大王因之。”《國語·周語》韋昭解：“逄公，伯陵之後、太姜之侄，殷之諸侯，封于齊地。”有學者考

761 陳佩芬：《上海博物館新收集的西周青銅器》，《文物》1981 年第 9 期，第 34 頁。
762 馬承源主編：《商周青銅器銘文選（三）》，文物出版社，1988 年，第 261 頁。
763 朱繼平：《金文所見商周逄國相關史實研究》，《考古》2012 年第 1 期，第 68—69 頁。

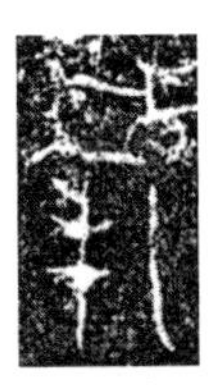 夆叔盤	證，商時逢在青州、臨朐一帶。從濟陽劉臺子西周墓出土“夆”字銘文銅器推測，商末齊地爲薄姑所據，逢國西遷至今濟陽一帶。 《山東濟陽劉臺子西周六號墓清理報告》764 即逢，今山東濟陽縣姜寨鄉。 吴鎮烽《銘圖索引》765[夆鼎] **【釋地】山東省青州市** 逢國地望，在今山東青州市西北。 陳秉新、李立芳《出土夷族史料輯考》766[夆叔盤]
0248 **言**  鼾比盨	**【時代】西周晚期** **【出處】鼾比盨**[《集成》4466] **【類别】城邑名稱** 《詩・邶風・泉水》：“出宿于干，飲餞于言。”一説在今河北隆堯縣西北干言山；一説即聶城，在今河南清豐縣北。 崔恒昇《甲金文地名考釋》767[鼾比盨] 邑名，今地不詳。 吴鎮烽《銘圖索引》768[鼾比盨]
0249 **辛**  辛中姬皇母鼎	**【時代】西周晚期** **【出處】辛中姬皇母鼎（盤）** 辛中姬皇母作尊鼎，其子子孫孫永享于宗老。[辛中姬皇母鼎，《集成》2582] **【類别】城邑名稱** **【釋地】陝西省渭南市合陽縣** 即莘，今陝西合陽縣東南。 吴鎮烽《銘圖索引》769[辛中姬皇母鼎]

764 山東省文物考古研究所：《山東濟陽劉臺子西周六號墓清理報告》，《文物》1996 年第 12 期，第 23 頁。
765 吴鎮烽：《商周青銅器銘文暨圖像集成索引》，上海古籍出版社，2019 年，第 921、957 頁。
766 陳秉新、李立芳：《出土夷族史料輯考》，安徽大學出版社，2005 年，第 293 頁。
767 崔恒昇：《甲金文地名考釋》，安徽大學古文字研究室編：《古文字研究》（第二十二輯），中華書局，2000 年，第 154 頁。
768 吴鎮烽：《商周青銅器銘文暨圖像集成索引》，上海古籍出版社，2019 年，第 921 頁。
769 吴鎮烽：《商周青銅器銘文暨圖像集成索引》，上海古籍出版社，2019 年，第 921 頁。

0250 辛市 辛市令邯鄲𡰥戈	【時代】戰國晚期・韓 【出處】辛市令邯鄲𡰥戈 三年辛市命甘（邯）丹（鄲）僕，工帀（師）夜㫈、冶譴。[辛市令邯鄲𡰥戈，《銘三》1512] 【類别】城邑名稱 【釋地】陝西省渭南市合陽縣 "辛市"地名不見于文獻記載，疑可讀爲"新市"。戰國時期名"新市"之地不止一處：楚國"新市"見于《史記・秦本紀》"昭襄王八年，使將軍芈戎攻楚，取新市"，在今湖北省京山縣東北；《史記・惠景間侯者年表》有"新市"，"以趙内史王慎，王遂反，慎不聽，死事，子侯，户一千四十"，在今河北省正定縣東北。這兩個"新市"與戈銘的"辛市"無關。 值得注意的是河南鄭州商城遺址出土的戰國陶文"亲市亩匋"（《陶彙》6・52，圖2），類似格式的陶文還可以舉出"滎陽亩""滎陽亩匋"（《陶彙》6・107、6・108）等。以往或將陶文"亲市亩匋"釋作"亩（廩）匋（陶）亲（新）市"，將"亲市"理解爲人名；或將"亲"讀爲地名"莘"，在今河南三門峽市南。兩相比較可知，"亩匋"之前的"亲市"是地名。上引戈銘中的"辛市"應該就是陶文地名"亲市"（"亲"的基本聲旁爲"辛"）。結合未著録的一件七年滎陽令戈來看，韓國陶文"亩匋"之前的地名都是當時的縣名，這可以作爲判斷韓國置縣的標準之一。 "亲市亩匋""滎陽亩匋"都是施用在官府作坊陶器上的印文。一般來説這種陶文的出土地點距離陶器的製作地不會太遠，像陽城、滎陽、邢丘等故城遺址上就出土了帶有"陽城""滎陽""阱公"字樣的陶文（《陶彙》6・26、6・108、6・31—41）。這可以爲地名地望研究（尤其是地望有争議以及不見于文獻記載的地名）提供一條可行的思路。……據此，韓國新市縣大概就在出土"亲市亩匋"陶文的今鄭州市一帶。 孟嬌、虞同《戰國兵器銘文札記五則》[770][辛市令邯鄲𡰥戈]
0251 辛城里	【時代】春秋晚期 【出處】成陽戈 成陽辛城里戈。[成陽戈，《集成》11154、11155] 【類别】城邑名稱 成陽戈："成陽辛成里鍨（戈）。"戰國齊地。在今山東菏澤市東北。

770 孟嬌、虞同：《戰國兵器銘文札記五則》，中國文化遺産研究院編：《出土文獻研究》（第十七輯），中西書局，2018年，第48頁。

辛城爲成陽里名。

崔恒昇《古文字地名考釋》[771][成陽戈]

辛城里，邑里名，此戈鑄造之地。以齊邑里陶文的情況推測，應屬民間私營冶鑄作坊産品。《三代吉金文存》19·44·1著録有平陽高馬里戈，戈字亦從金旁，與此戈同，爲齊文字習慣寫法，此平陽爲齊平陽邑（今山東鄒縣西南），也是齊國地方邑里作坊鑄造的兵器。

湯餘惠《戰國銘文選》[772][成陽戈]

成陽戈

0252

辛栝

辛栝睘小器

【時代】戰國時期

【出處】辛栝睘小器

辛栝睘（縣）。[辛栝睘小器，《集成》10416、10419]

【類别】城邑名稱

0253

冶

冶仲丂父壺

【時代】春秋早期

【出處】冶仲丂父壺

唯六月初吉丁亥冶仲丂父自作壺，用祀用饗，多福滂滂，用祈眉壽，萬年無疆，子子孫永寶是尚。[冶仲丂父壺，《集成》9708]

【類别】城邑名稱

封邑名。

吴鎮烽《銘圖索引》[773][冶仲丂父壺]

0254

羌

亞㣙爵

【時代】商代晚期 西周早期

【出處】亞㣙爵[《集成》7790—7792] 克罍

王曰："大保，唯乃明乃心，享于乃辟。"余大對乃享，令克侯于匽（燕），旃、羌、馬、虘、雩、馭、微。克宅（次）匽（燕），入土眔厥嗣。用作寶尊彝。[克罍，《銘圖》13831]

【類别】國族名稱

771 崔恒昇：《古文字地名考釋》，中國古文字研究會、安徽大學古文字研究室編：《古文字研究》（第二十三輯），中華書局，2002年，第220頁。

772 湯餘惠：《戰國銘文選》，吉林大學出版社，1993年，第74頁。

773 吴鎮烽：《商周青銅器銘文暨圖像集成索引》，上海古籍出版社，2019年，第922頁。

 克罍	**【釋地】山西省晉中市靈石縣** 爵上的羌應是族名，也是方國名。商對羌地的方國或部落都稱爲“羌方”，兩者關係十分密切。據顧頡剛先生研究：“羌的疆域廣大，……大致説來，據有今甘肅省大部和陝西省西部，向東則已達到今山西南部及河南西北一帶。”這兩件有羌銘的爵在靈石發現，或可説明靈石地區在羌的活動範圍之内或附近。 山西省考古研究所、靈石縣文化局《山西靈石旌介村商墓》[774] **【釋地】北京市地區** 羌、貍、馭、微是所封燕國南北邊界上的四個地名。 燕國邊境在南面有貍地，在北面有微地，這與太保二器銘文“事羌、貍于馭、微”所反映的情況完全吻合。這決不會是偶然的巧合，而是歷史的真實寫照。《齊太公世家》説：“乃使召康公命太公曰：‘冬至海，西至河，南至穆陵，北至無棣。’”《集解》引服虔曰：“是皆太公始受封土地疆境所至也。”這正是諸侯國“封其四疆”的實例。齊國是如此，燕國也當如此。 張亞初《太保罍、盉銘文的再探討》[775][克罍] 羌當是指羌方，爲西北遊牧民族，卜辭中習見，馬方，卜辭中亦有，如“甲辰卜，争貞，我伐馬方，帝受我又”（《乙》5408片）。卜辭中還有馬羌、多馬羌。陳夢家先生認爲：“馬羌可能是馬方之羌，可能是馬方與羌方。”由此器銘可知，馬羌應指馬方和羌方，當是兩個相鄰的方國。 任偉《西周燕國銅器與召公封燕問題》[776][克罍] **【釋地】甘肅東南地區** “羌”“微”隨同武王伐紂，見于《尚書·牧誓》和《史記·周本紀》。周秉鈞《尚書易解·牧誓》“及庸、蜀、羌、髳、微、盧、彭、濮人”注：“羌，羌國，《括地志》‘岷、洮以西爲古羌國’。今甘肅東南地域。” 方述鑫《太保罍、盉銘文考釋》[777][克罍]
0255 㝱	**【時代】西周晚期** **【出處】齊不趄鬲** 齊不趄作侯伯尊鬲，子子孫孫永寶用。[齊不趄鬲，《銘圖》2926]

774 山西省考古研究所、靈石縣文化局：《山西靈石旌介村商墓》，《文物》1986年第11期，第18頁。
775 張亞初：《太保罍、盉銘文的再探討》，《考古》1993年第1期，第66—67頁。
776 任偉：《西周燕國銅器與召公封燕問題》，《考古與文物》2008年第2期，第59—60頁。
777 方述鑫：《太保罍、盉銘文考釋》，陳光彙編：《燕文化研究論文集》，中國社會科學出版社，1995年，第289頁。

 齊不趄鬲	【類别】城邑名稱
0256 **弅**  弅令齊戈	【時代】戰國晚期 · 魏 【出處】弅令齊戈 四年，弅令齊、工帀（師）瘟、吏浧、冶□。[弅令齊戈，《銘續》1235] 【類别】城邑名稱 戰國時候魏邑，今地不詳。 吴鎮烽《銘圖索引》[778][弅令齊戈]
0257 **汪** 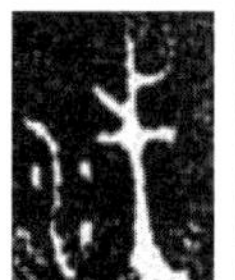 汪伯卣	【時代】西周早期 【出處】汪伯卣 汪伯作寶旅彝。[汪伯卣，《集成》5223] 【類别】國族名稱 【釋地】陝西省渭南市澄城縣、白水縣一帶 文二年傳："彭衙汪。"杜注："馮翊臨晋縣東有故汪城。" 余永梁《金文地名考》[779] 汪，古國名，春秋時爲秦邑，《路史 · 國名紀乙 · 少昊後嬴姓國》："汪，秦邑同之。白水有汪城，在臨晋東，後屬晋。"《左傳 · 文公二年》："晋先且居、宋公子成、陳轅遠、鄭公子歸生伐秦，取汪及彭衙而還。"顧棟高《春秋大事表 · 列國都邑》謂"（汪）當亦在白水縣界"。 陳秉新、李立芳《出土夷族史料輯考》[780][汪伯卣] 今陝西澄城縣西。 吴鎮烽《銘圖索引》[781][汪伯卣]

778 吴鎮烽：《商周青銅器銘文暨圖像集成索引》，上海古籍出版社，2019年，第919頁。
779 余永梁：《金文地名考》，《國立中山大學語言歷史學研究所週刊》第5集第53、54期合刊，1928年，第4頁。
780 陳秉新、李立芳：《出土夷族史料輯考》，安徽大學出版社，2005年，第256頁。
781 吴鎮烽：《商周青銅器銘文暨圖像集成索引》，上海古籍出版社，2019年，第922頁。

0258

沅

鄂君啓舟節

【時代】戰國中期

【出處】鄂君啓舟節［《集成》12112、12113］

【類別】自然地理名稱 · 河湖

【釋地】沅水

見于《漢書·地理志》。《説文·水部》："沅水出牂牁故且蘭，東北入江。"《水經注·沅水》："沅水出牂牁且蘭縣，爲旁溝水，又東至鐔成縣，爲沅水。"《楚辭·離騷》"濟沅湘以南征兮"。

馬承源《商周青銅器銘文選》[782]［鄂君啓節］

沅水，在今湖南境内。

吴鎮烽《銘圖索引》[783]［鄂君啓節］

0259

沐單

沐單睘小器

【時代】戰國時期

【出處】沐單睘小器

沐單睘（縣）。［沐單睘小器，《集成》10426、10437］

【類別】城邑名稱

0260

沙羡

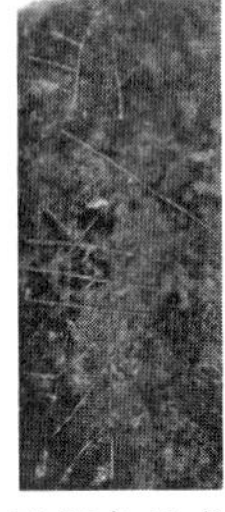

丞相奂殳戈

【時代】戰國晚期 · 秦

【出處】丞相奂殳戈［《銘圖》17237］

【類別】城邑名稱

【釋地】湖北省武漢市

將作爲置用地名的刻銘釋爲"沙羡"，應當是没有問題的。某私人藏家所收藏的一件秦矛，其骹部亦刻有"沙羡"，寫法與戈銘基本相同，可資比較。在已見的秦代文字資料中，"沙羡"一地還見于龍崗秦墓所出土的木牘：

鞫之：辟死，論不當爲城旦。吏論：失者，已坐以論。九月丙申，沙羡丞甲、史丙，免辟死爲庶人。令自尚也。

《荀子·强國篇》："今秦南乃有沙羡與俱，是乃江南也。"《水經·沔

782 馬承源主編：《商周青銅器銘文選（四）》，文物出版社，1990年，第434頁。

783 吴鎮烽：《商周青銅器銘文暨圖像集成索引》，上海古籍出版社，2019年，第922頁。

	水》："（沔水）又南至江夏沙羡縣北，南入于江。"又《江水》："（江水）又東北至江夏沙羡縣西北，沔水從北來注之。"《漢書·地理志》"南郡，秦置"，王先謙《補注》引習鑿齒《襄陽記》："秦并天下，自漢以南爲南郡。"與《水經》所述正合，可見沙羡一地在秦代應當是南郡屬縣。據《漢書·地理志》《續漢書·郡國志》的記載，其地在漢代屬江夏郡。所治在今湖北武漢武昌區西金口附近。 石繼承《加拿大蘇氏藏秦戈銘文補釋》[784][丞相奐殳戈] 今湖北武漢市武昌區西南金口。 吴鎮烽《銘圖索引》[785][丞相奐殳戈]
0261 **汭土** 	**【時代】春秋晚期** **【出處】曾侯與編鐘**［《銘續》1029—1039］ **【類别】城邑名稱** "營宅汭土"，意謂在"汭"這個地方建設封國的都邑。按西周晚期的禹鼎（《集成》2833）記載鄂侯馭方叛周，"率南淮夷、東夷，廣伐南國、東國，至于歷内"，鐘銘的"汭"可能便是鼎銘的"内"。我懷疑所謂"汭土"正是今隨州一帶。南公封于"汭土"，是周朝經營南方大策略的重要部分。現在知道，南公是曾國即隨國的始封者，這一分封的歷史意義也就明白了。 李學勤《曾侯腴（與）編鐘銘文前半釋讀》[786][曾侯與編鐘] "汭"，泥母祭部。隨，定母歌部。聲爲旁紐，歌與祭陰入對轉。"汭土"讀作"隨土"。"營宅汭土"即在隨地營都建國。 王恩田《曾侯與編鐘與曾國始封》[787][曾侯與編鐘] **【類别】自然地理名稱** "汭"一般指河流會合或彎曲處。《書·禹貢》："東過洛汭。"僞孔傳："洛汭，洛入河處。"或指水濱。《孫子·行軍》："客絶水而來，勿迎之水内，令半濟而擊之，利。""水内"梅堯臣注謂"水濱"。或指水流之北。《書·禹貢》："弱水既西，涇屬渭汭。"僞孔傳："水北曰汭。"銘文的"汭土"，當與之有關，而非具體地名。上引秦公簋銘 "冪宅禹迹"及九里墩鼓座銘"余以宅東土，至于淮之上"等皆可證。"縈宅汭土"，即在河流會合處建都營邑。該句與逨盤銘"竝宅厥勤疆土"相對應。

784 石繼承：《加拿大蘇氏藏秦戈銘文補釋》，《中國國家博物館館刊》2011 年第 5 期，第 14 頁。
785 吴鎮烽：《商周青銅器銘文暨圖像集成索引》，上海古籍出版社，2019 年，第 922 頁。
786 李學勤：《曾侯腴（與）編鐘銘文前半釋讀》，《江漢考古》2014 年第 4 期，第 69 頁。
787 王恩田：《曾侯與編鐘與曾國始封——兼論葉家山西周曾國墓地復原》，《江漢考古》2016 年第 2 期，第 80 頁。

曾侯與編鐘

李學勤認爲“縈宅汭土”意謂在“汭”這個地方建設封國的都邑。按西周晚期的禹鼎（《集成》2833）記載，鄂侯馭方叛周，“率南淮夷、東夷，廣伐南國、東國，至于歷内”，鐘銘的“汭”可能便是鼎銘的“内”。疑所謂“汭土”正是今隨州一帶。徐少華認爲“汭土”當指江漢之地或漢陽之域，與文獻所言的“漢陽之姬”相呼應例。

“汭”字黄傑、陳劍認爲當釋作“沃”。陳偉指出僅就字形而言，釋“汭”或“沃”皆有可能，禹鼎的“歷内”，當在周南國、東國的縱深之地，不大可能在今湖北隨州一帶。

“汭”應讀爲“裔”。《玉篇·衣部》：“裔，邊地也。”

黄錦前《曾侯與編鐘銘文讀釋》[788][曾侯與編鐘]

“汭”指水相入、相交匯合之處，同時亦有水北之意，“汭土”當指江漢之地或漢陽之域，與文獻所言的“漢陽諸姬”相呼應。

徐少華《論隨州文峰塔一號墓的年代及其學術價值》[789]

【類別】人文地理名稱

凡國棟博士認爲：“汭”指河流會合或彎曲的地方。《禹貢》：“東過洛汭。”孔傳：“洛汭，洛入河處。”董珊先生認爲：汭，水之限曲爲汭。《左傳》稱淮水之曲曰淮汭，漢水之曲曰夏汭，滑水之曲曰滑汭。據“臨有江夏”文，銘文“汭”字是指夏汭，即漢水入長江處。韓宇嬌先生根據石泉先生的論述認爲：銘文中的“汭土”可以理解成是兩條水系匯合之處。很可能是西周早期曾國都城所在的隨州廟臺子遺址位于漂水流入涓水的匯流位置，西周晚期到戰國時期的義地崗墓葬群和擂鼓墩墓地位于溠水與涓水的交匯處。曾國早期都城地墓葬的位置正符合上文中的“汭土”含義。

我們懷疑，“汭”應讀爲“裔”。《説文》：“裔，衣裾也。從衣，㕯聲。”“㕯，言之訥也。從口内。”段注：“内，入也。會意。内亦聲。”依此，從“内”得聲的“汭”與“裔”古音相近，存在通假的可能。“裔”通常指邊遠之地。《玉篇·衣部》：“裔，邊地也。”《左傳》文公十八年：“流四凶族渾敦、窮奇、檮杌、饕餮，投諸四裔，以禦螭魅。”杜預注“裔，遠也。”引申又可指周邊族群。《左傳》定公十年：“裔不謀夏，夷不亂華。”《方言》卷十二：“裔，夷狄之總名。”郭璞注：“邊地爲裔，亦四夷通以爲號也。”“汭土”讀作“裔土”，似可以在以下三個方面得到契合：

第一，《國語·周語上》記内史過説：“猶有散、遷、懈慢而著在刑辟，流在裔土。”又《周語中》記周襄王説：“余一人其流辟旅于裔土，何辭之有與。”又《晋語四》記胥臣説：“童昏、嚚暗、僬僥，官師之所不材也，以實裔土。”這些記載説明，“裔土”在春秋時是比較流行的詞彙。

第二，在《國語》中三次出現“裔土”，均是作爲與“中國”“京師”相對立的概念。在這個意義上，“營宅裔土”與上揭《秦公簋》《晋公盞》雖然講述的地域或相對立，但着眼點卻是相通的。

788 黄錦前：《曾侯與編鐘銘文讀釋》，《中國國家博物館館刊》2017 年第 3 期，第 79—80 頁。
789 徐少華：《論隨州文峰塔一號墓的年代及其學術價值》，《江漢考古》2014 年第 4 期，第 79 頁。

第三，由于“裔”可兼指邊遠族群，“營宅裔土”與下文“君庇淮夷”緊密關聯。

陳偉《曾侯腴編鐘“汭土”試説》[790]

0262

汶

晋侯蘇鐘

【時代】西周晚期

【出處】晋侯蘇鐘［《銘圖》15298—15313］

【類别】自然地理名稱

汶——汶水。

何琳儀《晋侯蘇鐘釋地》[791]［晋侯蘇鐘］

0263

汶陽

汶陽右庫戈

【時代】戰國時期

【出處】汶陽右庫戈

汶陽右庫。［汶陽右庫戈，《銘圖》16700］

【類别】城邑名稱

【釋地】山東省泰安市寧陽縣

今山東寧陽縣東北。

吴鎮烽《銘圖索引》[792]［汶陽右庫戈］

0264

沈

沈子它簋

【時代】西周早期

【出處】沈子它簋

它曰：拜稽首，敢掔昭告朕吾考，令乃鴅沈子作𠬝于周公宗，陟二公，不敢不𠬝，休凡公克成綏吾考，以于顯顯受令，烏呼，唯考敢又念自先王、先公，廼妹（昧）克衣（卒）告剌成功，戲吾考克淵克，乃沈子其顧懷多公能福，烏呼，乃沈子妹（昧）克蔑見厭于公休，沈子肈畢貇賈嗇，作茲簋，用載饗己公，用各多公，其丮哀（愛）乃沈子它唯福，用水霝令，用妥（綏）公唯壽，它用懷佐我多弟子，我孫克有井斆。懿，父廼是子（慈）。［沈子它簋，《集成》4330］

【類别】國族名稱

790 陳偉：《曾侯腴編鐘“汭土”試説》，《江漢考古》2015年第1期，第121—122頁。

791 何琳儀：《晋侯蘇鐘釋地》，黄德寬主編：《安徽大學漢語言文字研究叢書·何琳儀卷》，安徽大學出版社，2013年，第26頁。

792 吴鎮烽：《商周青銅器銘文暨圖像集成索引》，上海古籍出版社，2019年，第922頁。

【釋地】河南省駐馬店市汝南縣、平輿縣一帶

沈當即《春秋》文三年"伐沈"之沈，杜注云"汝南平輿縣北有沈亭"。《漢書・地理志》汝南郡平輿下，注引應劭説"故沈子國，今沈亭是也"。沈本姬姓之國，爲魯之附庸，今以本銘考之，實魯煬公之後也。

郭沫若《兩周金文辭大系圖録考釋》[793][沈子它簋]

沈國名，首見于《春秋・文公三年》，定公四年爲楚所滅。《漢書・地理志》汝南郡平輿縣下應劭注："故沈子國，今沈亭是也。"在今河南省汝南縣東南。《續漢書・郡國志》説："沈，姬姓。"《廣韻》《邵思姓解》《唐書・宰相世系表》等並説："周文王第十子聃季食采于沈。"實際是六朝譜系學家誤以爲聃、耽同字而加以附會的。聃季的聃，從冄，應讀如南，與沈非一字。詳見康王時盂鼎注。現在見到這件銅器，纔知道沈國是周公之後。但在《左傳》裏，周公之後，除了魯以後，受封爵的祇有凡、蔣、邢、茅、胙、祭六國，沈國可能是凡國分封出去的。

唐蘭《西周青銅器銘文分代史徵》[794][沈子也簋]

沈國見《左傳》的有兩個，一個是據説是金天氏的苗裔，在山西汾水流域。一個姬姓，在河南省東部平輿縣境，《漢書・地理志》汝南郡平輿縣下應劭注："故沈子國，今沈亭是也。"《續漢書・郡國志》説："沈姬姓。"《唐書・宰相世系表》、《廣韻》、邵思《姓解》等並説"周文王第十子聃季食采于沈，即汝南平輿沈亭"，這是六朝時譜系學家誤認爲聃耽同字而附會上去的，其實聃季載的聃從冄，就是玥字。《史記・管蔡世家》"封季載于冄"，索隱説："冄國也。……冄或作郱。《國語》曰：冄季鄭姬。賈逵曰：文王子聃季之國也。莊十八年楚武王克權，遷于玥處。杜預云：玥處楚地，南郡偏縣有玥口城。聃與玥皆音奴甘反。"如果聃國正是玥處的話，就在現在湖北省的荆門縣一帶。無論是何，郱總不是沈。現在看到這件銅器，纔知道沈是周公的後裔，這是過去人不知道的，可以補文獻史料之不足。但是《左傳》關于周公後的被封的，除了魯以外，祇講到凡蔣邢茅胙祭，而没有沈國。我認識這是從蔣國分出來的。因爲《漢書・地理志》汝南郡期思縣下顔師古注"故蔣國"，《續漢書・郡國志》説："有蔣鄉，故蔣國。"《水經・淮水注》："淮水自新息來東過期思縣北，縣故蔣國，周公之後也。"漢代期思縣在今河南固始縣的東北，離開平輿縣約一百多公里，那末，沈國很可能是蔣侯的子弟分封的，像晋國分封曲沃之類，所以兩國壤地相接。

唐蘭《論周昭王時代的青銅器銘刻》[795][沈子也簋]

793 郭沫若：《兩周金文辭大系圖録考釋（二）》，《郭沫若全集・考古編》（第八卷），科學出版社，2002年，第111頁。

794 唐蘭：《西周青銅器銘文分代史徵》，《唐蘭全集（七）》，上海古籍出版社，2015年，第340頁。

795 唐蘭：《論周昭王時代的青銅器銘刻》，《唐蘭全集（四）》，上海古籍出版社，2015年，第1463—1464頁。

西周封國。《春秋·文公三年》："會晋人、宋人、陳人、衛人、鄭人伐沈，沈潰。"杜預《注》："沈，國名也。汝南平輿縣北有沈亭。"《漢書·地理志·汝南郡·平輿》引應劭云："故沈子國，今沈亭是也。"據銘文"沈子作𦆫于周公宗"，知沈是周公之子的封國，吾考是始封之君。沈子也受吾考命祼于周公之廟，則吾考是生稱，説明此器的時代不能晚于康王。西周裂土分封都在武、成、康三世。《左傳·昭公廿六年》："昔武王克殷、成王靖四方，康王息民，並建母弟以蕃屏周。"故分封之事，大體上結束于康王之世。

馬承源《商周青銅器銘文選》[796][沈子也簋蓋]

首先，郭沫若先生釋沈子也爲煬公之後，没有史實材料可以作爲證據，不敢苟同。煬公立，六年卒，其間時間很短，是什麽原因把煬公之後沈子也分封出去？没有任何史實作爲佐證，故不能成立。其次，唐蘭先生認爲沈子是從凡國分封出去，也實屬不可能。凡的封地在今河南省輝縣市西南，爲什麽又要將凡國之後，分封出去到今駐馬店地區呢？這也是與情理不通的，且没有任何史實作爲根據。……沈國始封地應在何處？《河南通志》以及顧祖禹《讀史方輿紀要》均認爲古沈子國在今河南沈丘縣。同時《讀史方輿紀要》之《歷代州域形勢》一面説古沈國在"今陳州沈丘縣"，一面又説"在今汝寧府東北"。《河南通志》卷四謂陳州沈丘縣爲"周，春秋沈子國"，又説"汝寧府汝陽縣，周爲沈國也"。解放前温廷敬先生在《沈子簋訂釋》一文中，更明確指出沈國其地在安徽省阜陽縣西北一百二十里之沈丘集，西北距河南省沈丘舊縣治三十里，今沈丘縣則已移于舊治北之槐店。楊伯峻先生在《春秋左傳注》加以採納，認爲古沈國在今河南沈丘縣。"沈姬姓，故國在今河南沈丘縣東南沈丘城，即安徽阜陽市西北。"在這裏，我首先認爲今沈丘縣不是古沈子國。沈丘，古名虞丘，春秋時叫寢丘，有時還叫虞丘或吴。西漢在此設置寢縣。沈丘之名，舊志多謂沈丘是因有沈子逞之丘而得名，根本與古沈國始封地毫無關係。况且沈丘縣名，是從隋朝纔正式定名的，隋開皇三年（公元 583 年）置沈州轄沈丘、項城二縣，州治沈丘。其間雖有興廢，但沈丘之名仍存。由此可見，沈丘與古沈國毫無關係。第二，爲了區别《左傳》所記的沈國，還有與羋姓沈氏的區别，除姬姓與姒姓兩個沈國外，還有與羋姓的沈氏。……古沈國在今河南省平輿縣。……古平輿古沈國應位于洪河之北，在上蔡崗和新蔡之間，這裏自古是一條交通大道的咽喉所在。

王琳《〈沈子也簋〉與沈國地望問題》[797][沈子它簋]

今河南汝南縣東南。

吴鎮烽《銘圖索引》[798][沈子也簋蓋]

796 馬承源主編：《商周青銅器銘文選（三）》，文物出版社，1988 年，第 57 頁。
797 王琳：《〈沈子也簋〉與沈國地望問題》，《華夏考古》2012 年第 3 期，第 63—65 頁。
798 吴鎮烽：《商周青銅器銘文暨圖像集成索引》，上海古籍出版社，2019 年，第 922 頁。

	【他釋】 舊稿曾引錢坫《漢書斠補注》之説，以爲沈是姬姓，據《新唐書・宰相世系表》和《廣韻》“沈，文王第十子季聃食采于沈，即平輿沈亭”。如此則“沈子它”應是作器者之名。郭沫若考釋，即如此說。今以爲此讀法，有可商之處。 金文“乃”是領格第二人稱，義爲“你的”。器銘開始稱“它曰”，依金文通例，若“它”是“沈子”，應稱爲“沈子它曰”。銘首它告于“朕吾考”（我的父），而下稱“乃沈子”，義爲“你的沈子”，則“沈”字在文法上應爲“子”的形容詞而非國邑封地之名。 陳夢家《西周銅器斷代》[799]［沈子它簋］ “乃鴅沈子”，銘文中又作“乃沈子”，或連作器者名爲“乃沈子它”。前人多以“沈”爲國名，是不對的，陳夢家同志已加駁正。陳氏舉出幾個類似的例子……但未作出説明。按“乃”是代詞，意爲“你的”，金文常見以“乃孫”與“祖”對稱，或以“乃子”與“父”“母”對稱。……可以推知它簋的“鴅”也是“鸇”字。這個字應讀爲“亶”，“沈”則讀爲“諶”。我們曾説明，兩字在《爾雅》均訓爲誠、信，因此可以連用，也可以分用。瞭解這一文例，便不致以“沈”爲國名了。 李學勤《它簋新釋》[800]［沈子它簋］ 它簋銘的“乃鴅（？）沈子”在同一篇銘文裏三次省作“乃沈子”，一次作“沈子”，而“乃沈子”又出現于壴卣銘，這説明“沈子”在當時是一個很常用的詞語。我認爲，銘文中的“沈子”所表示的詞，很可能是傳世西周文獻中常常見到的“沖子”。……《盤庚下》僞孔《傳》：“沖，童。童人，謙也。”《正義》：“沖、童聲相近，皆是幼小之名。自稱童人，言己幼小無知，故爲‘謙也’。”遷殷時的盤庚和伐紂時的武王年齡都不幼小，其言“沖子”“沖人”，當是特定場合下的謙辭。上舉銅器銘文所見的“沈子”“乃沈子”“乃鴅沈子”，都是作器者相對已故父考的自稱，這與武王勝殷之後告廟祝辭中對于祖先文考自稱“沖子”相似，其猶諸侯祭祀天地神祇祖先時自稱“小子”。其餘諸例之“沖子”“沖人”當實指年齡幼小。 董珊《釋西周金文的“沈子”和〈逸周書・皇門〉的“沈人”》[801]［沈子它簋］ “銘文”中的“沈子”，以前有多種解釋。根據清華簡用爲“沖”的字從“沈”得聲，它簋的“沈”也可以讀爲“沖”，“沈子”及“沖子”。 蔣玉斌、周忠兵《據清華簡釋讀西周金文一例——説“沈子”“沈孫”》[802]［沈子它簋］

799 陳夢家：《西周銅器斷代》，中華書局，2004 年，第 114 頁。

800 李學勤：《它簋新釋——關于西周商業的又一例證》，文物出版社編輯部編：《文物與考古論集》，文物出版社，1986 年，第 272 頁。

801 董珊：《釋西周金文的“沈子”和〈逸周書・皇門〉的“沈人”》，清華大學出土文獻研究與保護中心編、李學勤主編：《出土文獻》（第二輯），中西書局，2011 年，第 31—32 頁。

802 蔣玉斌、周忠兵：《據清華簡釋讀西周金文一例——説“沈子”“沈孫”》，清華大學出土文獻研究與保護中心編、李學勤主編：《出土文獻》（第二輯），中西書局，2011 年，第 36 頁。

0265

宋

宋公欒鼎蓋

【時代】春秋時期 戰國時期

【出處】多器

宋公繺（欒）之餴鼎。[宋公欒鼎蓋，《集成》2233]

【類别】國族名稱

都商丘，今河南商丘市城南。

吴鎮烽《銘圖索引》[803][宋公欒鼎蓋]

0266

良

良季鼎

【時代】西周中期

【出處】良季鼎

良季作寶鼎。[良季鼎，《集成》2057]

【類别】城邑名稱

【釋地】江蘇省邳州市

良，古國名。《路史·國名紀乙·少昊後嬴姓國》："將良，本曰良。今淮陽軍有古良城（杜預云：下邳良城縣）。哀十五年良地屬吴，史作將良。"杜預注見《左傳·昭公十三年》"晋侯會吴于良"下。春秋吴地之良在今江蘇邳縣東南，古良國當即在此。

陳秉新、李立芳《出土夷族史料輯考》[804][良季鼎]

0267

即墨

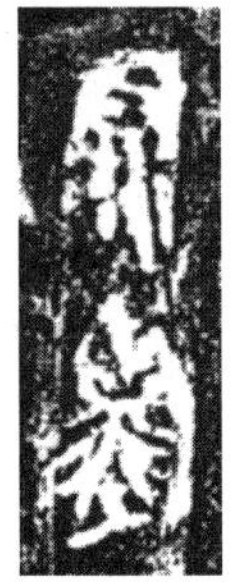

即墨華戈

【時代】戰國時期·齊

【出處】即墨華戈

即墨華之造用。[即墨華戈，《集成》11160]

【類别】城邑名稱

【釋地】山東省平度市

戰國齊邑，今山東平度縣東南。

吴鎮烽《銘圖索引》[805][即墨華戈]

803 吴鎮烽：《商周青銅器銘文暨圖像集成索引》，上海古籍出版社，2019年，第922頁。
804 陳秉新、李立芳：《出土夷族史料輯考》，安徽大學出版社，2005年，第255頁。
805 吴鎮烽：《商周青銅器銘文暨圖像集成索引》，上海古籍出版社，2019年，第922頁。

0268 **郘** 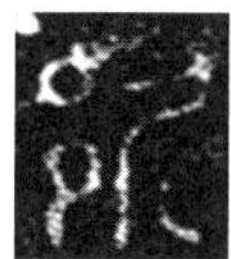 郘君鮮鼎	**【時代】春秋早期** **【出處】郘君鮮鼎** 郘君鮮作其鼎，其萬年無疆，子孫永用之，其或唯禱，則明亟（殛）之。[郘君鮮鼎，《銘續》198] **【類别】國族名稱**
0269 **弢**  弢伯鬲	**【時代】西周中期** **【出處】弢伯鬲** 弢伯作叔姬尊鬲，其萬年子子孫孫永寶用。[弢伯鬲，《集成》697] **【類别】城邑名稱** 封邑名。 吴鎮烽《銘圖索引》[806][弢伯鬲]
0270 **㢱** 貉子卣	**【時代】西周早期** **【出處】貉子卣** 唯正月丁丑，王格于吕䢅，王牢于㢱，咸宜，王令士衜（道）饋貉子鹿三，貉子對揚王休，用作寶尊彝。[貉子卣，《集成》5409] **【類别】人文地理名稱** 故"㢱"字當讀爲"闕"，于銘文中指設牢禮的地點。 馮時《貉子卣銘文與西周聘禮》[807][貉子卣]
0271 **阿**  少府戈	**【時代】戰國晚期·秦** **【出處】少府戈**[《銘圖》16662] **相邦冉戈**[《銘圖》17247] **【類别】城邑名稱** 疑阿爲第二次置用地名，爲東阿之省。馬王堆帛書《戰國縱横家書·蘇秦自齊獻書于燕王章》："齊、勺（趙）遇于阿。"《史記·司馬穰苴列傳》："齊景公時，晋伐阿、甄。"《索隱》："《晋太康地記》曰：'阿

806 吴鎮烽：《商周青銅器銘文暨圖像集成索引》，上海古籍出版社，2019年，第923頁。
807 馮時：《貉子卣銘文與西周聘禮》，《南方文物》2018年第3期，第102頁。

 相邦冉戈	即東阿也。’”《漢書·地理志》東郡有東阿縣，王先謙《補注》：“春秋齊柯邑。魯、齊盟此，見《左莊傳》。戰國爲阿，見《田齊世家》……《項羽傳》：‘大破秦軍東阿。’則秦時已加東……《一統志》：‘故城今陽谷縣東北五十里，世俗謂之阿城鎮。’”“延”，義不明。《漢書·地理志》上郡有奢延縣，代郡有延陵縣，不知是否其一之省稱？延又爲姓氏。《通志·氏族略五》：“延氏，見《姓苑》。後漢有延岑……”也可能“延行”爲人名。《漢印文字徵》2·18有“延王孫”“延丙”印；又有“吴行”印，秦漢之際器偶有刻製器者或使用人姓名的。西安某氏藏萯陽鼎上腹刻“李卿”2字，出于後刻；又咸陽博物館藏大官盉下腹刻“槮大”2字，皆其例。當然，這衹是一種推測，有待進一步研究。 王輝《珍秦齋藏秦銅器銘文選釋》[808]［相邦冉戈］
0272 **阿武** 阿武戈	**【時代】戰國時期** **【出處】阿武戈**［《集成》10923］ **【類别】城邑名稱** **【釋地】河北省滄州市獻縣** 今河北獻縣。 吴鎮烽《銘圖索引》[809]［阿武戈］
0273 **甬** 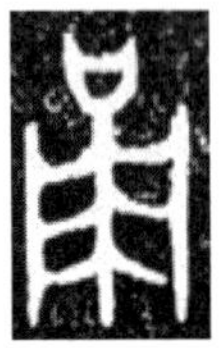 宜子鼎	**【時代】商代晚期** **【出處】宜子鼎** 亞卬（印），丁卯，王令宜子迨西方于省，唯返，王賞戍甬貝二朋，用作父乙齋。［宜子鼎，《集成》2694］ **【類别】城邑名稱** 甬地雖無法確定具體方位，但屬東土地名的可能性爲最大。 一言以蔽之，戍甬鼎銘所記人、地與事，均涉東土。該鼎的鑄造地與出土地，似在山東爲近是。 陳絜《戍甬鼎銘中的地理問題及其意義》[810]［宜子鼎］
0274 **郘**	**【時代】西周晚期**

808 王輝：《珍秦齋藏秦銅器銘文選釋》，《高山鼓乘集：王輝學術文存二》，中華書局，2009年，第110頁。
809 吴鎮烽：《商周青銅器銘文暨圖像集成索引》，上海古籍出版社，2019年，第923頁。
810 陳絜：《戍甬鼎銘中的地理問題及其意義》，《中國國家博物館館刊》2019年第9期，第158頁。

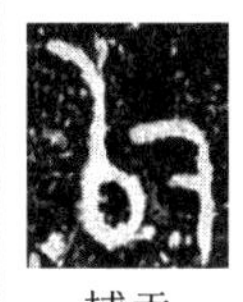

趙盂

【出處】趙盂

唯正月初吉，君在𨿅既宮，命逋事于述（遂）土，𨻰諆各邰司寮女寮：奚、微、華，天君事趙事沬，敢對揚，用作文祖己公尊盂，其寶用。[趙盂，《集成》10321]

【類別】城邑名稱

《史記・周本紀》："周后稷曰棄，其母有邰氏女曰姜嫄。"因係后稷外家，故後"封棄于邰"，《詩・生民》所謂"即有邰家室"是也。駘即邰，古字亦如斄，商鞅變法立四十一縣，即有斄，曹參"從還定三秦，初攻下辨、故道、雍、斄"，證明斄確爲秦縣，漢斄來自秦，屬扶風郡，《漢書・地理志》稱爲"周后稷所封"是也。後漢廢爲斄亭，屬郿縣，永平八年復設武功縣，自渭水南移武功縣于斄故城，因謂之武功城，杜預説"駘在始平武功縣所治斄城（《左傳》昭九年注）"可證。後魏太和十一年移美陽于古斄城，因改武功爲美陽，仍于此置武功郡。後周天和四年美陽還舊理，建德二年又置武功郡，移武功縣于中亭川，郡縣皆廢，斄城自此纔全廢爲故城，《括地志》："故斄城一名武功縣，在武功縣西南二十二里，故邰國也。"按明清武功縣城乃洪武九年就元城增築，雖與唐武功城未必同處，但同在中亭川上，位置一樣。解放後武功縣移于普集，此城已改稱舊武功，在舊武功西南二十多里處有圪塔廟漢代古城遺址，而在附近還有地名姜嫄，《元和郡縣志》武功縣下説："故斄城一名武功城，在縣西南二十二里，古邰國也，后稷祠在縣西南二十二里，姜嫄祠在縣西南二十二里。"此圪塔廟古城址和故斄城方位，里距均合，圪塔廟當是后稷祠或姜嫄祠，原來與斄城皆同在一處，至少爲漢斄縣所在，古邰亦必在此一帶。

黄盛璋《趙盂新考》[811][趙盂]

0275

彼

彼令趙世鈹

【時代】戰國晚期

【出處】彼令趙世鈹

王立事，彼令肖（趙）世，上庫工帀（師）樂鼍（星），冶影執劑。[彼令趙世鈹，《集成》11669]

【類別】城邑名稱

戰國趙邑。

吴鎮烽《銘圖索引》[812][彼令趙世鈹]

811 黄盛璋：《趙盂新考》，《人文雜志》1982年第5期，第100頁。
812 吴鎮烽：《商周青銅器銘文暨圖像集成索引》，上海古籍出版社，2019年，第921頁。

八　畫

0276

泌陽

泌陽戈

【時代】戰國晚期・魏

【出處】泌陽戈

廿七年，泌陽工帀（師）絘，冶象。[泌陽戈，《銘圖》17097]

【類别】城邑名稱

泌陽很有可能在泌水之北。《水經注》記載了三條泌水：

潕水……而東與泌水合，水出潕陰縣旱山，東北流入潕。（《水經注・潕水》）

汶水又西南，有泌水注之，水出肥成縣東白原，西南流逕肥成縣故城南。（《水經注・汶水》）

文水逕大陵縣故城西而南流，有泌水注之。縣西南山下，武氏穿井給養，井至幽深，後一朝水溢平地，東南注文水。（《水經注・文水》）

潕陰即舞陰，漢屬南陽郡。漢肥成縣即今山東省肥城縣，戰國時在齊長城南不遠處，屬齊無疑。所以這兩條泌水皆與本文所論無關。

從上引第三條材料可以看出該泌水源頭在漢大陵縣西南，東南流，入文水。《水經注圖》亦如此繪製。據《括地志》“大陵城在并州文水縣北十三里，漢大陵縣城”及《讀史方輿紀要》“文水縣，府西南百六十里。西至永寧州二百四十里，南至汾州府介休縣八十里。春秋時晋平陵邑，漢爲大陵縣地，屬太原郡”，可知漢時大陵縣在今山西省吕梁市文水縣附近。……位于今文水縣附近的泌陽縣在戰國中期曾爲魏地是完全有可能的。

張建宇《廿七年工師戈補考》[813][泌陽戈]

【釋地】河南省駐馬店市泌陽縣

今河南泌陽縣。

吴鎮烽《銘圖索引》[814][泌陽戈]

【釋地】河南省安陽市湯陰縣

湯陰應即蕩陰，漢代爲河内郡屬縣，故城在今河南湯陰附近。《史記・魯仲連傳》：“魏安釐王使將軍晋鄙救趙，畏秦，止于蕩陰不進。”可知蕩陰在戰國時爲魏邑。若此戈地名確爲“湯陰”，則隋代改蕩陰爲湯陰，直可視作復古矣。

裘錫圭《〈古越閣藏商周兵器〉序》[815][泌陽戈]

813 張建宇：《廿七年工師戈補考》，中國文字學會《中國文字學報》編輯部編：《中國文字學報》（第八輯），商務印書館，2017年，第67—68頁。

814 吴鎮烽：《商周青銅器銘文暨圖像集成索引》，上海古籍出版社，2019年，第934頁。

815 裘錫圭：《〈古越閣藏商周兵器〉序》，《古越閣藏商周青銅兵器》，古越閣，1993年，第24頁。

0277

武平

武平車府鈁

【時代】戰國晚期·趙

【出處】武平車府鈁[《銘續》821]

【類別】城邑名稱

【釋地】河北省廊坊市文安縣

武平爲地名，君子爲官名，數見雲夢秦律。《史記·趙世家》：“（惠文王）二十一年，趙徙漳水武平西。”“二十七年，徙漳水武平南。”《正義》引《括地志》：“武平亭今名渭城，在瀛州文安縣北七十二里。”漳水不得至文安北七十二里之武平，此武平據地望當屬燕，非趙武平幣、武平劍及徙漳水之武平。

黄盛璋《盱眙新出銅器、金器及相關問題考辨》[816][武平君鍾[817]]

戰國趙邑，今河北文安縣北。

吴鎮烽《銘圖索引》[818][武平車府鈁]

0278

武安

武安戈

【時代】戰國晚期·趙

【出處】武安戈[《集成》10928]

【類別】城邑名稱

【釋地】河北省武安市

戰國趙邑，今河北武安市西南。

吴鎮烽《銘圖索引》[819][武安戈]

0279

武始

【時代】戰國晚期·韓

【出處】新城令徒痯矛[《銘續》1288]

【類別】城邑名稱

816 黄盛璋：《盱眙新出銅器、金器及相關問題考辨》，《文物》1984年第10期，第62頁。

817 武平君鍾，見[清]吴式芬：《攈古録》卷二；後收入劉慶柱、段志洪、馮時主編：《金文文獻集成》（第十八册），綫裝書局，2005年，第230頁。

818 吴鎮烽：《商周青銅器銘文暨圖像集成索引》，上海古籍出版社，2019年，第1058頁。

819 吴鎮烽：《商周青銅器銘文暨圖像集成索引》，上海古籍出版社，2019年，第923頁。

	【釋地】河北省滄州市獻縣 今河北獻縣。 吴鎮烽《銘圖索引》[820][新城令徒痞矛]
0280 **武垣** 邦司寇馬慼劍 武垣睘小器	**【時代】戰國晚期・趙** **【出處】邦司寇馬慼劍　武垣睘小器** 五年，邦司寇馬慼，下庫工帀（師）得上，冶尹蔑半鈹執劑。武垣。[邦司寇馬慼劍，《集成》11686] 武垣睘。[武垣睘小器，《集成》10427] **【類別】城邑名稱** **【釋地】河北省滄州市肅寧縣** 今河北肅寧縣西南。 吴鎮烽《銘圖索引》[821][邦司寇馬慼劍]
0281 **武城**  武城戈 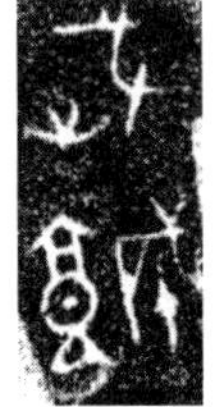 武城戈	**【時代】春秋晚期　戰國時期** **【出處】武城戈**[《集成》10900 等]　**武城令戈　武城橢量**[《銘圖》18834] 十四年，武城命□□，苢早、[庫]嗇夫事歟，冶章執劑。[武城令戈，《集成》11377] 七年武城相邦畋，工帀（師）□、嗇夫□□、冶章執劑。[武城相邦畋戈，《銘續》1256] 八年，武城令董紿，□□工帀（師）韓鄗，冶畫。[武城令弩機，《銘三》1649] **【類別】城邑名稱** 《漢書・地理志》左馮翊及定襄郡皆有武城縣。定襄郡之武城原爲趙邑，《戰國策・趙策》云封孟嘗君以武城。《秦始皇本紀》云秦王政十四年，桓齮定平陽、武城。故城在今山東武城縣西。左馮翊武城縣原爲晋地，戰國屬魏，又稱武，故城在今華縣東北。“武城”二字既爲後刻，也可能已到漢，故橢量之置用地究竟是哪個武城縣，無法確定。 王輝《秦銅器銘文編年集釋》[822][武城銅橢量]

820 吴鎮烽：《商周青銅器銘文暨圖像集成索引》，上海古籍出版社，2019 年，第 1058 頁。
821 吴鎮烽：《商周青銅器銘文暨圖像集成索引》，上海古籍出版社，2019 年，第 923 頁。
822 王輝：《秦銅器銘文編年集釋》，三秦出版社，1990 年，第 115 頁。

武城戈

武城令戈

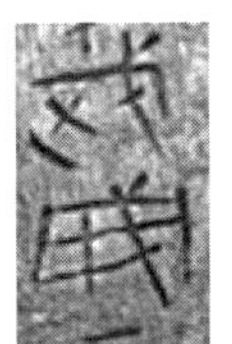
武城令弩機

此戈爲武城所造，戰國時趙邑正有武城。《漢書・地理志》定襄郡屬縣有武城，在今内蒙[古]清水河附近；清河郡屬縣有東武城，即今山東省武城縣。《水經注・卷九・淇水》"又東北過東武城縣西下"注文曰："清河又東北逕東武城縣故城西。史記趙公子勝號平原君，以解邯鄲之功受封于此。定襄有武城，故加東矣。"《戰國策・趙策三》記公孫龍諫平原君勿以存邯鄲而受封，其言曰："君無覆軍殺將之功，而封以東武城，趙國豪傑之士多在君之右，而君爲相國者，以親故。夫君封以東武城，不讓無功；佩趙國相印，不辭無能；一解國患，欲求益地；是親戚受封而國人計功也。"（《史記・平原君傳》略同）可知平原君封東武城在解邯鄲圍之前，《水經注》謂"以解邯鄲之功受封于此"，不確。但趙國有東西二武城，自是事實。

《趙策一》謂"趙王封孟嘗君以武城"，鮑彪注以爲即東武城。《史記・趙世家》記幽繆王遷二年"秦攻武城"。《秦始皇本紀》及《六國年表》皆記始皇十三年（即趙王遷二年）攻趙平陽，十四年定平陽、武城。《秦始皇本紀》正義謂武城"即貝州武城縣外城是也，七國時趙邑"，亦以東武城當之。據此東武城亦可逕稱武城。（程恩澤《國策地名考》以爲孟嘗君所封之武城非東武城，但根據不足。《史記會注考證》于《趙世家》"秦攻武城"下注曰："武城，山西朔西府平魯縣西北。"以爲是定襄之武城。揆之當時形勢，其説亦不可信。）傳世古璽有"武威（城）悳星"印（參看朱德熙、裘錫圭《戰國文字研究（六種）》，《考古學報》1972年1期86—87頁），亦當是趙物。所稱"武城"究竟屬東屬西，尚待研究。

戈銘之武城，其長官不稱令而稱相邦，疑是爲孟嘗君或平原君封邑時之東武城。

裘錫圭《〈古越閣藏商周兵器〉序》[823][七年武城戈]

【釋地】山東省臨沂市費縣

武城，春秋時係魯國地。春秋晚期，魯國有兩處武城，在北邊的是《漢書・地理志》清河郡的東武城，在南境的爲與上地分别，稱爲南武城，位于今費縣境内。南武城在那時的歷史上更爲重要，孔子弟子曾參、澹臺滅明均爲當地人，言偃、高柴則曾爲該地之宰。清代顧觀光對南武城的沿革作了這樣的論述：

"《孟子》言曾子居武城，有越寇，《史記》曾參南武城人，閻百詩（若璩）云：魯邊邑也，在今費縣西南八十里石門山下。吴未滅，與吴鄰；吴既滅，與越鄰。南武城，《漢志》作南成，屬東海，'成'即'城'字，……《史記》齊威王使檀子守南城，則楚人不敢爲寇是也。"

齊威王時南武城已歸于齊，戈銘的武城當即其地。

李學勤《試論山東新出青銅器的意義》[824][武城戈]

地在今山東滕縣與費縣之間。本魯邑，後爲齊所據，爲齊南境之重邑，

823 裘錫圭：《〈古越閣藏商周兵器〉序》，《古越閣藏商周青銅兵器》，古越閣，1993年，第23頁。

824 李學勤：《試論山東新出青銅器的意義》，原載《文物》1983年第12期；後收入《新出青銅器研究（增訂版）》，人民美術出版社，2016年，第213頁。

<table>
<tr>
<td></td>
<td>此地所鑄兵器數量亦多。齊威王時有都邑大夫名檀子“使守南城，則楚人不敢東寇取，泗上十二諸侯皆來朝”。南城或即武城也。
孫敬明《考古發現與戰國齊兵器研究》[825][武城戈]

春秋齊邑，今山東費縣西南。
吴鎮烽《銘圖索引》[826][武城戈]

【釋地】河北省邢臺市清河縣
戰國趙邑，今河北清河縣東北。
吴鎮烽《銘圖索引》[827][武城令戈]

【釋地】陝西省渭南市華州區
秦縣，今陝西華縣東。
吴鎮烽《銘圖索引》[828][武城橢量]</td>
</tr>
<tr>
<td>0282
武信
武信令馬師閣鈹</td>
<td>【時代】戰國時期·趙
【出處】武信令馬師閣鈹
三年，武信令馬帀（師）閣，右庫啓工帀（師）粤秦，冶瘀執劑。[武信令馬師閣鈹，《集成》11675]
【類別】城邑名稱
戰國趙邑。
吴鎮烽《銘圖索引》[829][武信令馬師閣鈹]</td>
</tr>
<tr>
<td>0283
武都
</td>
<td>【時代】戰國晚期·秦
【出處】武都矛[《集成》11506，《銘圖》17572]
【類別】城邑名稱
武都有二：西漢一屬武都郡治，一屬五原郡，《太平寰宇記》：武都縣在銀州界。今據此戈出土于烏蘭察布盟清水縣拐子上古城内，當爲五原郡之武都，此古城可能就是武都故城，漢五原郡來自秦九原郡，而秦九原郡又得自趙，《史記·趙世家》：“趙武靈王攘地西至雲中、九原。”故于省吾《雙劍》所藏之武都矛，原爲趙兵器，“这庫”屬趙而非秦體，秦地方衹稱</td>
</tr>
</table>

825 孫敬明：《考古發現與戰國齊兵器研究》，《考古發現與齊史類徵》，齊魯書社，2006年，第159頁。
826 吴鎮烽：《商周青銅器銘文暨圖像集成索引》，上海古籍出版社，2019年，第923頁。
827 吴鎮烽：《商周青銅器銘文暨圖像集成索引》，上海古籍出版社，2019年，第923頁。
828 吴鎮烽：《商周青銅器銘文暨圖像集成索引》，上海古籍出版社，2019年，第923頁。
829 吴鎮烽：《商周青銅器銘文暨圖像集成索引》，上海古籍出版社，2019年，第923頁。

武庫，亦無此庫名。很可能爲趙置此庫于此古城，後爲秦得，加刻“武都”。

黄盛璋《新出秦兵器銘刻新探》[830]［武都矛］

《漢書·地理志》九原郡有武都縣，王莽時稱桓都。王先謙《漢書補注》引《寰宇記》云：“在銀州界。”在今内蒙古河套地區，與上郡相鄰。九原郡乃始皇時所置。《水經·河水注》：“河水自河陰來，東逕五原縣故城南，始皇置九原郡治此。”根據九原郡始置時間，此矛約作始皇之後。

王輝《秦銅器銘文編年集釋》[831]［武都矛］

武都矛

武都矛

【釋地】甘肅省隴南市西和縣

戰國秦邑，今甘肅西和縣南。

吴鎮烽《銘圖索引》[832]［武都矛］

0284

武紊

武紊戈

【時代】戰國時期

【出處】武紊戈

武紊。［武紊戈，《銘圖》16442］

【類別】城邑名稱

0285

武陵

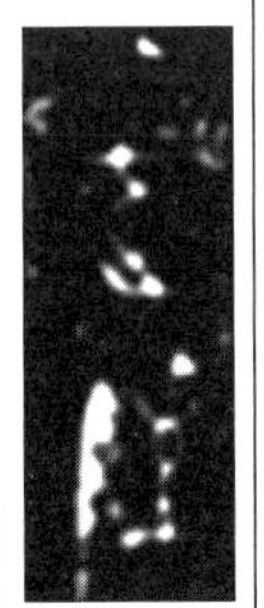

武陵之王戈

【時代】春秋早期

【出處】武陵之王戈［《銘圖》16789］

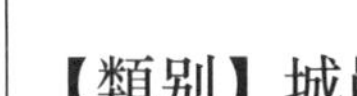

【類別】城邑名稱

【釋地】湖南省懷化市漵浦縣

戈銘“墜”（陵）字與古文字中已知之“陵”（或“墜”）寫法稍異，然讀爲“武陵”應可確信。是戈坑口黝黑，中泛原銅色，傳爲湖北荆州所出，湖北于戰國屬楚地。“武陵”一名，據《史記·秦本紀》記載，秦昭襄王三十年伐楚，取巫、黔及江南地，置黔中郡。及漢高祖割黔中故治爲武陵郡，治所在義陵縣，即今湖南省漵浦縣南。另西漢有武陵縣，治所在今湖北省竹山縣西北。本戈所指“武陵”宜與前者有關。今由戈銘可推知

830 黄盛璋：《新出秦兵器銘刻新探》，《文博》1988年第6期，第42—43頁。

831 王輝：《秦銅器銘文編年集釋》，三秦出版社，1990年，第171頁。

832 吴鎮烽：《商周青銅器銘文暨圖像集成索引》，上海古籍出版社，2019年，第923頁。

漢高祖以前已有“武陵”之稱，可補古方志所未備。

張光裕、吴振武《武陵新見古兵三十六器集録》[833][武陵之王戈]

【釋地】湖北省十堰市竹山縣

湖北竹山縣西北。

吴鎮烽《銘圖索引》[834][武陵之王戈]

0286

武陰

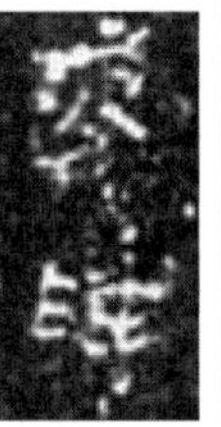

三年武陰令劍

【時代】戰國晚期 · 趙

【出處】三年武陰令劍　武陰令司馬闔鈹

三年，武陰令司馬闔，ㄓ（信）君左庫叚（假）工帀（師）喜夅、冶瘀執劑。[三年武陰令劍，《銘圖》18072]

三年，武陰令司馬闔，工帀（師）□□、冶執劑。[武陰令司馬闔鈹，《銘續》1348]

【類別】城邑名稱

戰國趙邑。

吴鎮烽《銘圖索引》[835][三年武陰令劍]

0287

武陽

武陽戈

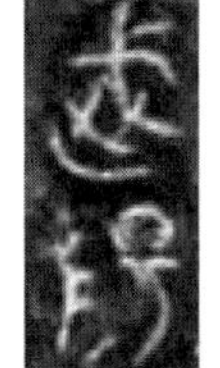

武陽右庫戈

【時代】戰國時期

【出處】武陽戈[《集成》10908]　**武陽左戈**[《銘圖》16559]
武陽右庫戈[《集成》11053，《銘續》1121]

【類別】城邑名稱

【釋地】河南省漯河市舞陽縣

戰國韓邑，今河南舞陽縣。

吴鎮烽《銘圖索引》[836][武陽戈]

【釋地】河北省保定市易縣

初爲燕下都，後歸趙，今河北易縣東南。

吴鎮烽《銘圖索引》[837][武陽右庫戈]

833 張光裕、吴振武:《武陵新見古兵三十六器集録》,《雪齋學術論文二集》，藝文印書館，2004年，第83頁。
834 吴鎮烽:《商周青銅器銘文暨圖像集成索引》，上海古籍出版社，2019年，第923頁。
835 吴鎮烽:《商周青銅器銘文暨圖像集成索引》，上海古籍出版社，2019年，第923頁。
836 吴鎮烽:《商周青銅器銘文暨圖像集成索引》，上海古籍出版社，2019年，第923頁。
837 吴鎮烽:《商周青銅器銘文暨圖像集成索引》，上海古籍出版社，2019年，第1058頁。

0288

青

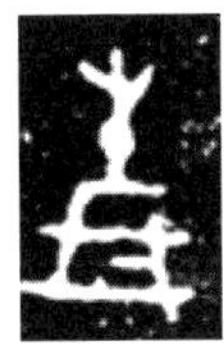

匍盉

【時代】西周中期

【出處】匍盉

唯四月既生霸戊申，匍即于氐，青公事嗣史𠤳，曾（贈）匍于柬麀𦍋韋兩，赤金一鈞，匍敢對揚公休，用作寶尊彝，其永用。［匍盉，《銘圖》14791］

【類別】國族名稱

【釋地】河北省邢臺市

“青”，從井生聲，假爲井，讀爲邢。因古音邢屬耕部匣紐與井屬耕部精紐可以相通。“青”古音也屬耕部，故可相通。“青公”應指邢國國君，其地在今河北邢臺市。

陳昌遠、王琳《“匍鴨銅盉”應爲“匍雁銅盉”新釋》[838]［匍盉］

青，從井生聲，假爲井，讀爲邢。青公即邢公，應爲邢國（今河北邢臺）國君邢侯。

王龍正、姜濤等《匍鴨銅盉與頫聘禮》[839]［匍盉］

關于青字，簡報指出青與井相通，假爲邢，青國即邢國，是因爲青字的偏旁井、生均可作爲聲符使用，如林義光先生指出：“從生，草木之生，其色青也，井聲。”高田忠周則說：“蓋生亦當兼聲。”可見青、井（邢）相通。對此，王冠英先生提出質疑，他說：“《匍盉》之‘青公’（應讀爲静公）能不能解釋爲‘邢侯’，卻值得懷疑。”這裏應當指出，青公爲生稱，不得讀爲静公，除非另有一個静國，再者，青公即便不能坐實于井（邢）公，但至少他是青國的國君。

鑒于河北、山東一帶兼有匍盉銘文中的兩個地名——“青”與“氐”，同時滿足兩個條件，所以“青國”所在地應在古代青州範圍内或其附近去尋找。這就是我們置平頂山一帶的泜（滍）水于不顧，捨近求遠到黄河以北去尋找的原因所在。

王龍正《匍盉銘文補釋並再論覜聘禮》[840]［匍盉］

“青公”，在金文裏始見。《三代古金文存》6.56.1吴方彝蓋。作器者爲作册吴，銘稱“用作青尹寶隣彝”，金文如令方尊、方彝和令簋，常以“公尹”“明公尹人”連稱，“青尹”當即這裏的“青公”。考慮到古代史官多係世職，青公是作册吴的先人，可能是以高爵貴族任太史，類似

838 陳昌遠、王琳：《“匍鴨銅盉”應爲“匍雁銅盉”新釋》，《河南大學學報（社會科學版）》1999年第4期，第31頁。

839 王龍正、姜濤、婁金山：《匍鴨銅盉與頫聘禮》，《文物》1998年第4期，第89頁。

840 王龍正：《匍盉銘文補釋並再論覜聘禮》，《考古學報》2007年第4期，第407—408頁。

	《尚書》的"作册畢公"。 李學勤《論應國墓地出土的匍盉》[841][匍盉] 復基于"氐"在河北元氏縣的位置，即可確定"青公"的身份。關于"青公"有二説，王龍正先生認爲是指邢國之君，位在河北省邢臺市；李學勤先生則將之對應于"作册吴方彝"中的"青尹"，以爲是周王朝的大臣。由于本文認定"氐"位在河北省元氏縣，則"青公"最適宜解讀爲對邢國國君的尊稱。 首先，青、邢均從"井"得聲，在音韻上可以通讀。若從地理考量，河北元氏縣與邢臺市相鄰，而"臣諫簋"又證實二地在西周早期已有密切關係。故將青公釋讀爲邢公，匍是應國出使邢國的大臣，應爲合理解釋。 雷晉豪《探索西周時代的外交活動與遠距交通：以"匍盉"爲例》[842][匍盉]
0289 **長**  長子鼎  長子口鼎  高卣蓋	**【時代】西周時期 春秋時期** **【出處】多器** 唯正月初吉丁亥，長子䮾（沫）臣，擇其吉金，作其子孟芈之母媵簠，其眉壽，萬年無期，子子孫孫，永保用之。[長子沫臣簠，《集成》4625] **【類別】國族名稱** 镸子，即晋國之長子，亦即布幣文中之郻子。《左傳》襄十八年云"晋執衛行人石買于長子、孫蒯于純留"。杜注："長子、純留二縣今屬上黨郡。"《春秋地名考》："長子周初爲史辛甲所封國，後歸晋，爲趙地。"此器是晋國器，銘文書體相當于春秋中期或稍晚。長子䮾臣是晋國的大夫，而以封邑爲氏的。 馬承源《記上海博物館新收集的青銅器》[843][長子沫臣簠] 宋代曾出土過一件銘文長達63字的高卣蓋（《博古圖》11、18），是西周昭王或穆王時期的器物。作器者高是亞㠱疑族的成員，這由銘文最後説"㠱長疑其子子孫孫寶用"，而整個銘文又是框在亞形之中爲證。亞㠱疑族氏名中又增加了一個"長"。這表明此族又得到了一塊名叫長的封地。㠱就是箕子之箕的本字，在山西榆社一帶。長地也應在這附近。唐蘭先生認爲，長即張。從《左傳》看，晋國確有張氏大族活躍在政治舞臺上，張老、張骼、張趯即其證。長、張即《侯馬盟書》中晋國的貴族郻徒之郻。長、郻、張爲古今字。西周長由之長氏是箕子的後人，是殷遺民。箕子是受到周王禮遇的人，所以他的後人能增賜封地。 張亞初《論魯臺山西周墓的年代和族屬》[844][高卣蓋]

841 李學勤：《論應國墓地出土的匍盉》，《平頂山師專學報》1999年第1期，第66頁。
842 雷晉豪：《探索西周時代的外交活動與遠距交通：以"匍盉"爲例》，清華大學出土文獻與中國古代文明研究中心、清華大學出土文獻研究與保護中心編：《出土文獻與中國古代文明：李學勤先生八十壽誕紀念論文集》，中西書局，2016年，第113頁。
843 馬承源：《記上海博物館新收集的青銅器》，《文物》1964年第7期，第11頁。
844 張亞初：《論魯臺山西周墓的年代和族屬》，《江漢考古》1984年第2期，第25頁。

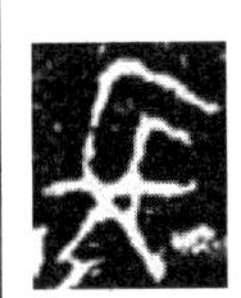

長子沬臣簠

0289.02

長子

我們根據魯臺山遺址的規模和幾座西周墓的材料，以及M30出土的長子、公太史所作器的銘文及其關係，結合殷墟三期甲骨文中“長子”向商王貢龜，而貢龜者多來自南方長江流域等情況，認爲M30中的“長子”可能就是殷墟甲骨文中的“長子”，爲長江之濱一方國，商時向商王納貢稱臣，周滅商後又臣服于周。周王室與之聯姻，爲的是加强對南方長江中游的控制。魯臺山遺址的内涵及其周圍商周遺址以及魯臺山西周墓銅器銘文多以日爲名的作風等，基本能够反映這一歷史的連續性。其統治中心，西周時在魯臺山一帶，商時的中心如不在魯臺山，也當在其附近，盤龍城商代遺址説不定就是其曾經使用過的都城。隨着時間的推移和政治局勢的變化，這個“長子”最終可能未能逃脱被楚滅掉的命運。

黄錫全《黄陂魯臺山遺址爲“長子”國都蠡測》[845]

我認爲河南鹿邑太清宫長子口墓地處河南東部，接近山東，極有可能就是商代東夷後裔的長國；長子[illegible]臣簠中的長子是氏稱也大致不誤；而長子狗鼎能否與傳世的高卣扯到一起，高卣中的“長”能否解釋爲箕族的又一封地還有待進一步研究。長子狗鼎、美國芝加哥博物館的長子鼎以及此次發現的長子方鼎中的長子，是長氏（也就是長國）的後裔，抑或是長子氏（辛甲）的後裔，尚不好斷定。

吴婉莉《記新發現的幾件西周銅器》[846]

楚系銅器有稱“子”的現象，若此，則“長子”即“長”國之國君而稱子者。這個“長”國應該與西周初年的“長”國有相承之關係。1997—1998年，曾經在河南鹿邑發掘出西周初年的貴族大墓，墓主名爲“長子口”，對于此墓的長國已經有多位學者進行過研究。此地東周時期屬楚，《史記·老子韓非列傳》：“老子者，楚苦縣厲鄉曲仁里人也。”苦即後來的鹿邑，然而在楚國占領此地之前，這裏卻是厲（或作賴）國所統治的範圍，《左傳·僖公十五年》：“秋，伐厲，以救徐也。”《春秋·僖公十六年》：“夏，齊伐厲，不克，救徐而還。”關于此厲國，杜預及清人顧棟高等均認爲其地望在今湖北隨縣，如杜預謂：“厲，楚與國，義陽隨縣北有厲鄉。”王夫之則謂“齊桓率八國之兵而伐楚，尚次陘而不深入，安能輕率一曹，越江漢之北而向隨乎？”楊伯峻亦同意王夫之的觀點。由地理位置觀之，王、楊二氏觀點很可能是正確的。此厲國于魯僖公之時已經爲楚國附庸，後來應該是如申、蔡等一樣爲楚國所滅。這樣，周初居于此地的長國便不知所蹤，然而湖北黄陂魯臺山所發現的“長子狗鼎”則可以爲長國之去向提供一些綫索，長子狗鼎的時代是西周早期，晚于鹿邑太清宫的長子口墓。因此，長國在西周早期可能是受厲人勢力的壓迫而南遷至今黄陂一帶，楚國勢力興起後漸爲楚國所滅，楚人封同姓貴族于此，稱長子，而這又與“上都公簠”的情況相同了。

白海燕、白軍鵬《論長子沬臣簠的國別》[847][長子沬臣簠]

845 黄錫全：《黄陂魯臺山遺址爲“長子”國都蠡測》，《江漢考古》1992年第4期，第42頁。
846 吴婉莉：《記新發現的幾件西周銅器》，《考古與文物》2010年第4期，第43頁。
847 白海燕、白軍鵬：《論長子沬臣簠的國別》，《中國國家博物館館刊》2014年第3期，第67—68頁。

0290

長必

史密簋

【時代】西周晚期

【出處】史密簋[《銘圖》5327]

【類别】城邑名稱

地名。主要戰場，所在不詳。

張懋鎔《安康出土的史密簋及其意義》[848][史密簋]

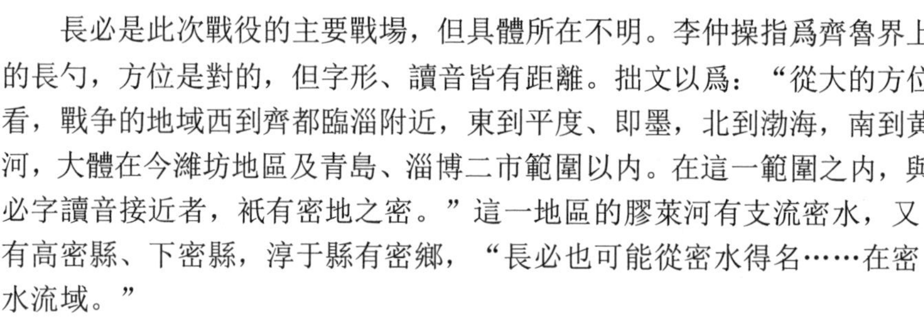

長必是此次戰役的主要戰場，但具體所在不明。李仲操指爲齊魯界上的長勺，方位是對的，但字形、讀音皆有距離。拙文以爲："從大的方位看，戰爭的地域西到齊都臨淄附近，東到平度、即墨，北到渤海，南到黄河，大體在今濰坊地區及青島、淄博二市範圍以内。在這一範圍之内，與必字讀音接近者，祇有密地之密。"這一地區的膠萊河有支流密水，又有高密縣、下密縣，淳于縣有密鄉，"長必也可能從密水得名……在密水流域。"

王輝《商周金文》[849][史密簋]

【釋地】山東省昌邑市

長必，地名，疑即密，《春秋·隱公二年》："紀子帛、莒子盟于密。"杜預注："密，莒邑。城陽淳于縣東北有密鄉。"今山東昌邑縣東南密城。

陳秉新、李立芳《出土夷族史料輯考》[850][史密簋]

【釋地】山東省泰安市

約在今山東泰安市一帶。

吴鎮烽《銘圖索引》[851][史密簋]

0291

長陵

長陵盉

【時代】戰國晚期

【出處】長陵盉[《集成》9452]

【類别】城邑名稱

【釋地】山西省長治市長子縣

戰國三晉城邑，今山西長子縣西南。

吴鎮烽《銘圖索引》[852][長陵盉]

848 張懋鎔：《安康出土的史密簋及其意義》，《文物》1989年第7期，第67頁。
849 王輝：《商周金文》，文物出版社，2006年，第202頁。
850 陳秉新、李立芳：《出土夷族史料輯考》，安徽大學出版社，2005年，第197頁。
851 吴鎮烽：《商周青銅器銘文暨圖像集成索引》，上海古籍出版社，2019年，第925頁。
852 吴鎮烽：《商周青銅器銘文暨圖像集成索引》，上海古籍出版社，2019年，第925頁。

0292

長鄝

長鄝戈

0292.02

長郵

【時代】戰國時期

【出處】長鄝戈

長鄝（沙）。[長鄝戈，《集成》10914、10915]

【類別】城邑名稱

【釋地】湖南省長沙市

郵，《説文》訓爲“境上行書舍”，即所謂郵驛。《孟子・公孫丑上》有“速于置郵而傳命”的話，可見戰國時已有郵的名稱和制度，戈銘“長郵”，可能是長沙之郵的簡稱。兩字地名簡稱前一字，在戰國兵器銘文中是習見的，如“高奴”省爲“高”，“漆垣”省爲“漆”之類，不勝枚舉。

“長沙”省爲“長”，曾見于現在美國舊金山亞洲藝術博物館的廿九年漆樽，也是長沙的出土品，但該器是秦人所製。樽上的“長”字，字的寫法和長郵戈截然不同，是漆樽並非楚人所作的明證。

長沙是楚國南部的重要都會。一九四六年長沙黄泥坑蝦蟆井出土有王命節，見周文[853]圖版拾肆，9。對照《孟子》所説“置郵而傳命”，長沙有郵是很自然的。這兩件戈大約就是當地郵驛人員使用的防禦武器。

戰國時期楚國文字的“陵”字，常被釋爲“陲”。長郵戈的“郵”字所從的“垂”，與“陵”字所從的“夌”顯然不同，可以作爲區分二字的依據。

李學勤《湖南戰國兵器銘文選釋》[854][長郵戈]

“塁”“㞾”實乃一字，其結構從“尾”“少”聲，均可讀“沙”。包山簡“長沙”寫作“長鄝”78，其“鄝”原篆作：[illegible]。將其與“鄝”比較，不過少一“土”而已。衆所周知，晚周文字“土”旁或疊加之形符，可有可無。故戈銘“長鄝”也即包山簡“長鄝”均應讀“長沙”。長沙戈出土湖南長沙識字嶺M1，這也是上文釋讀的有力佐證。

長沙在戰國已是楚國地方的重要都市。《史記・越王勾踐世家》：“復讎，龐、長沙，楚之粟也。”在今天湖南長沙。

何琳儀《古兵地名雜識》[855][長鄝戈]

0293

芇

【時代】西周中晚期 春秋時期

【出處】士山盤[《銘圖》14536] 芇侯簋

853 編者按：指周世榮：《湖南楚墓出土古文字叢考》，《湖南考古輯刊》（第一集），岳麓書社，1982年。

854 李學勤：《湖南戰國兵器銘文選釋》，中國古文字研究會、中華書局編輯部編：《古文字研究》（第十二輯），中華書局，1985年，第332頁。

855 何琳儀：《古兵地名雜識》，黄德寬主編：《安徽大學漢語言文字研究叢書・何琳儀卷》，安徽大學出版社，2013年，第234頁。

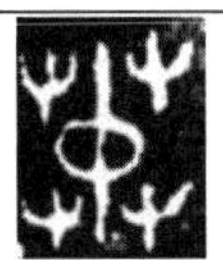
芇侯簋

士山盤

芇侯作登寶簋。[芇侯簋，《集成》3589]

【類別】國族名稱

“中侯”在今陝西東南丹江上游的商洛地區。

晁福林《從士山盤看周代“服”制》[856][士山盤]

今陝西商洛市境内。

吴鎮烽《銘圖索引》[857][芇侯簋]

0294

坪夜

坪夜君成鼎

【時代】戰國中期

【出處】坪夜君成鼎 坪夜君成戈（戟） 坪夜夫人妖戈

坪夜君成之載鼎。[坪夜君成鼎，《集成》2305]
坪夜君成之用。[坪夜君成戈，《銘圖》16891]
坪夜夫人妖之造。[坪夜夫人妖戈，《銘續》1199]

【類別】城邑名稱

【釋地】河南省駐馬店市平輿縣

楚國封邑，今河南平輿縣。

吴鎮烽《銘圖索引》[858][坪夜君成鼎]

0295

夌

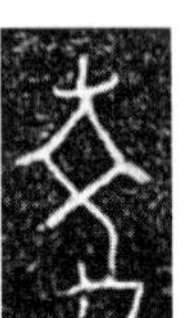
夌伯觶

【時代】西周早期

【出處】夌伯觶

夌伯作寶彝。[夌伯觶，《集成》6453]

【類別】國族名稱

【釋地】陝西省寶鷄市

夌，國族名，姬姓。夌國銅器在竹園溝𢐗季墓也有發現。BZM4:3 號夌伯觶，器、蓋同銘：“夌伯作寶彝。”夌伯觶時代早于夌姬鬲，夌伯似爲夌姬之父。夌國地望不能確指，其器多件出于𢐗國墓中，其地望與𢐗國相距不會太遠。

盧連成、胡智生《寶鷄茹家莊、竹園溝墓地有關問題的探討》[859]

856 晁福林：《從士山盤看周代“服”制》，《中國歷史文物》2004 年第 6 期，第 4 頁。
857 吴鎮烽：《商周青銅器銘文暨圖像集成索引》，上海古籍出版社，2019 年，第 916 頁。
858 吴鎮烽：《商周青銅器銘文暨圖像集成索引》，上海古籍出版社，2019 年，第 898、924 頁。
859 盧連成、胡智生：《寶鷄茹家莊、竹園溝墓地有關問題的探討》，《文物》1983 年第 2 期，第 16 頁。

0296 **取**  取子敄鼓鈛 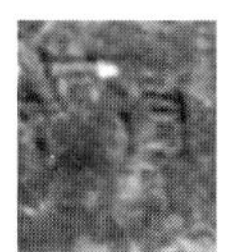 郰子書厷鼎  永世取庫 干劍	**【時代】西周早期 春秋晚期 戰國時期** **【出處】取子敄鼓鈛 郰子書厷鼎**［《銘圖》2349］**永世取庫干劍** 于取（郰）子敄鼓鑄鑵元鐈。［取子敄鼓鈛，《集成》11757］ 羕（永）世取庫干。［永世取庫干劍，《銘圖》17828］ **【類别】城邑名稱** **【釋地】山東省曲阜市** 此劍初出土，青州市文管所魏振聖先生頗費周折携之前來托我鑒定，知乃罕見，囑其從速徵集之。戰國齊銘武庫簡稱左、右，此乃惟一稱“庫”者，意義極大。郰本魯國下邑，在今山東曲阜東南。然此劍出土于青州附近，同出還有其他兵器。青州乃戰國齊之腹心地區，故此劍或係齊據魯郰邑後所鑄，因屬庫中永存之物，或是武器鑄造之式樣，故輾轉至齊都附近，爲今世獲得。 孫敬明《齊境武庫戰略格局與孫子攻守之法》[860]［永世取庫干劍］ 即郰，今山東曲阜縣西南。 吴鎮烽《銘圖索引》[861]［取子敄鼓鈛］ 初郰都後魯邑，今山東曲阜縣西南。 吴鎮烽《銘圖索引》[862]［郰子書厷鼎］ **【釋地】山東省鄒城市張莊鎮** 取子鈛之取應該就是《公羊經》之邾國叢邑，具體地望當在今山東鄒城境内找尋，作爲出土地的小彦村一帶或即周代叢邑故址之所在。 陳絜《商周取氏器與東土邾國叢地》[863]［取子鈛］
0297 **取慮**	**【時代】春秋早期** **【出處】郰盧上子商匜** 取（郰）盧（慮）上子商鑄匜，用媵之麗妀，子孫孫永寶用。［郰盧上子商匜，《集成》10253］ **【類别】城邑名稱**

860 孫敬明：《齊境武庫戰略格局與孫子攻守之法——從考古所見戰國兵器銘文和銀雀山漢簡談起》，《考古發現與齊史類徵》，齊魯書社，2006年，第194頁。
861 吴鎮烽：《商周青銅器銘文暨圖像集成索引》，上海古籍出版社，2019年，第923頁。
862 吴鎮烽：《商周青銅器銘文暨圖像集成索引》，上海古籍出版社，2019年，第960頁。
863 陳絜：《商周取氏器與東土邾國叢地》，中國古文字研究會、河南大學甲骨學與漢字文明研究所編：《古文字研究》（第三十三輯），中華書局，2020年，第336頁。

 郰盧上子商盤	【釋地】江蘇省徐州市 舊釋各家或以爲聊字；余考。取盧蓋即《漢書·地理志》臨淮郡之取慮。在徐州附近。 余永梁《金文地名考》[864][郰盧上子商匜]
0298 **昔**  昔鷄簋  昔鷄爵  昔鷄尊  昔鷄卣	【時代】西周早重期 【出處】昔鷄簋 昔鷄爵（觶、尊、卣）等 王姒呼昔鷄遣荓姞于韓，韓侯賓用貝、馬，敢揚王休，用作尊彝。[昔鷄簋，《銘三》484、485] 昔鷄作父丁尊彝。[昔鷄爵，《銘三》790、791] 【類別】國族名稱 昔爲周代氏族，係周大夫所封。《風俗通義·佚文·姓氏》："昔氏，周大夫封昔，因氏焉。漢有昔登爲烏傷令。"昔氏封地或在今河北邢臺巨鹿縣、南宫市境内，《路史·國名紀·周世侯伯》："鉅鹿故昔城，一云貝丘。今恩之清河有鄐亭，……清河乃秦厝縣貝州也。或云臨清有鄐鄉。"昔氏或出夕侯，《路史·國名紀·周世侯伯》："昔作夕，故有夕侯，後有昔氏、夕氏。"是也。夕與昔古音相同，可互用不别。《詩·小雅·頍弁》："樂酒今夕。"《楚辭·大招》王逸注引夕作昔。《吕氏春秋·制樂》："今昔熒惑其徙三舍。"《淮南子·道應》《論衡·變虚》昔作夕，故夕氏與昔氏原本應爲一族。夕地在蜀中，《通志·氏族略》云："後漢巴中渠帥有夕氏。巴郡七姓，一曰夕。" 鄐嬰諸器所見鄐氏，郭沫若以爲即蜀地之鄁。趞曹鼎之趞氏與昔鷄簋昔氏的關係尚待進一步探討。 黄益飛《略論昔鷄簋銘文》[865][昔鷄簋] 古文獻關于周大夫昔氏的地望，過去有四種説法。有兩種見于《路史·國名紀·周世侯伯》：……。《路史》關于昔氏受封之地有兩説：（1）主張周大夫昔氏所封在漢鉅鹿，更早稱之爲"昔陽城"，此地爲今河北邢臺市巨鹿縣。（2）謂昔氏所封在貝丘，秦代鉅鹿郡有厝縣，漢代清河郡有厝縣，在今之清河縣西北。上兩説表面看好似兩種不同地點的説法，但也可能是

864 余永梁：《金文地名考》，《國立中山大學語言歷史學研究所週刊》第5集第53、54期合刊，1928年，第23頁。

865 黄益飛：《略論昔鷄簋銘文》，《中國國家博物館館刊》2018年第3期，第56頁。

同一種説法，因爲秦代厝縣就在鉅鹿郡内。（3）這一種昔陽城的説法見之于《水經注·清漳水》，其文云：……。晋樂平縣正是漢代清漳河上游沾縣，今隸屬于山西省晋中市昔陽縣。（4）蜀地郜國。《廣韻·鐸韻》云："䣢，地名，在蜀。"郭沫若從此説，認爲"郜實當時蜀中之一小國"。

上述古文獻中與"昔"有關的地名有四條，除（1）（2）可合并外，實有三條，分别爲今之河北、山西、四川等地。但與西周早期偏晚的昔雞所封之地似乎相去較遠。昔雞諸器 2014 年冬出土于陝西省岐山縣京當鎮賀家村北墓地，雖然我們還不能完全斷定這一墓地就正好在昔雞族所封昔地，但可能也與所封之地相去不遠。

王暉、姜春萌《周原出土昔雞銅器與昔氏分封諸問題考證》[866][昔雞簋]

宗婦鼎

【時代】春秋早期

【出處】宗婦鼎（簋）等

王子剌公之宗婦郜嬰（媽），爲宗彝鬻彝，永寶用，以降大福，保辥郜國。[宗婦鼎，《集成》2683—2689]

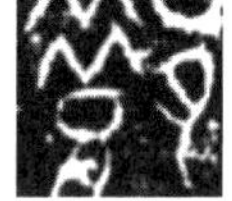
宗婦盤

【類别】國族名稱

0298.02

鄁

【釋地】四川省邛崍市

鄁字從邑㫺聲，㫺古文昔，見《説文》。此當即許書䣢字，䣢下注云"蜀地也，從邑耤聲"，耤則從耒昔聲也。徐鍇云"按字書，鄉名，在臨邛"。據本器則郜實當時蜀中之一小國，與周室通婚姻。嬰其國姓。

郭沫若《兩周金文辭大系圖録考釋》[867][宗婦鼎]

國名。鄁字從邑昔聲，㫺即昔籀文，《説文·日部》："[illegible]籀文從肉。"鄁即郜字。《集韻·昔部》："郜，鄉名。在臨邛。"亦即《説文》之䣢字，《説文·邑部》："䣢，蜀地也。從邑耤聲。"臨邛即今四川邛崍縣治，乃蜀中小國。

馬承源《商周青銅器銘文選》[868][宗婦鼎]

鄁字左部所從與《説文》昔字古文同，所以也就是郜。我們知道，宗婦鼎出土于陝西鄠縣，而且同時出土的器物有多件；所有器物銘文皆同，不似從外地轉移至此，而應是本地出土。宗婦器的組合形式與上村嶺虢國墓地 M1052 號太子墓相同，以此推求，這些器物應出土于王族的墓葬。如此説來，郜國至遲在春秋早期的時候還位于陝西鄠縣附近。吴大澂謂"疑春秋時秦、楚之屬國"，近似。

866 王暉、姜春萌：《周原出土昔雞銅器與昔氏分封諸問題考證》，《寧夏社會科學》2021 年第 1 期，第 194—195 頁。

867 郭沫若：《兩周金文辭大系圖録考釋（二）》，《郭沫若全集·考古編》（第八卷），科學出版社，2002 年，第 330 頁。

868 馬承源主編：《商周青銅器銘文選（四）》，文物出版社，1990 年，第 604 頁。

鄫，郭沫若又說：“……”亦是。《廣韻·鐸韻》云：“𨛹，地名，在蜀”；《類篇·邑部》謂𨛹：“鄉名，在臨邛”；《集韻》：“鄫，鄉名。在臨邛”；《玉篇·邑部》也謂“蜀郡有臨邛縣”。之所以時代較後的書籍皆謂鄫在蜀，可能是鄫在後來的歷史時期遷徙到了四川臨邛。

王進鋒《春秋宗婦鼎銘文別解》[869]［宗婦鼎］

【釋地】陝西省西安市鄠邑區

今西安市鄠邑區。

吴鎮烽《銘圖索引》[870]［宗婦鼎］

0299

邶

邶戈

【時代】春秋晚期

【出處】邶戈［《集成》10902］

【類別】城邑名稱

【釋地】河南省輝縣市

今河南輝縣市。

吴鎮烽《銘圖索引》[871]［邶戈］

0301

直啚

恒簋

【時代】西周中期

【出處】恒簋

王曰：“恒！令汝更𡩀克𤔲直啚（鄙），易（賜）汝䜌（鑾）旂，用事。夙夕勿灋（廢）朕令。”恒拜稽，敢對揚天子休。用作文考公叔寶簋，其萬年世子子孫孫虞寶用。［恒簋，《集成》4199、4200］

【類別】城邑名稱

“直啚”即直地之鄙，《左傳》昭二十三年：“夏四月乙酉，單子取訾，劉子取牆人、直人。”杜注：“三邑屬子朝者，訾在河南鞏縣西南。”下文又記：“六月壬午王子朝入于尹，……丙戌單子從阪道，劉子從尹道伐尹，……乙丑召伯奂、南宮極以成周人戍尹，……甲午王子朝入于王城。”這次周王室內部爭奪政權的戰爭都在成周、王城附近，訾在鞏縣西南，尹在宜陽（見江永《春秋地理考實》），直，杜預無注或已不詳，後亦未見記載，確址雖不可考，但可知必在成周洛陽附近伊洛水流域，應去訾不遠。

黄盛璋《扶風强家村新出西周銅器群與相關史實之研究》[872]［恒簋蓋］

869 王進鋒：《春秋宗婦鼎銘文別解》，《中原文物》2013年第5期，第34頁。

870 吴鎮烽：《商周青銅器銘文暨圖像集成索引》，上海古籍出版社，2019年，第948—949頁。

871 吴鎮烽：《商周青銅器銘文暨圖像集成索引》，上海古籍出版社，2019年，第923頁。

872 黄盛璋：《扶風强家村新出西周銅器群與相關史實之研究》，《人文雜志叢刊·第二輯：西周史研究》，1984年；後收入劉慶柱、段志洪、馮時主編：《金文文獻集成》（第二十八册），綫裝書局，2005年，第375頁。

0301

茀

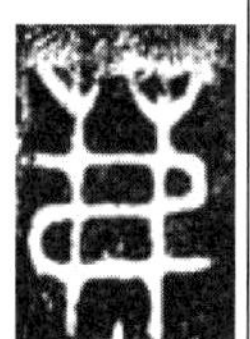

茀父丁爵

叔皮父簋

【時代】西周時期

【出處】茀父丁爵 叔皮父簋

茀父丁。[茀父丁爵,《集成》8478]

叔皮父作朕文考茀公眔朕文母季姬寶簋,其萬年子子孫永寶用,弓。[叔皮父簋,《集成》4090]

【類别】國族名稱

關于前文所舉的叔皮父簋,其銘中載:叔皮父之父曰“茀公”,其母曰“季姬”。與㚔季姬方尊相聯繫,我們還可以對“茀”族的情況略作考述。“茀”族始于商後期,西周中期時有成員在周王室爲宰,西周晚期纍任爲“公”。其發展情勢與“㚔”族近同。想來“茀”與“㚔”兩族地位相似,所處地望相近,所以季姬出嫁時由“宰茀”宣布賞賜之令。而茀公的配偶也名“季姬”(見叔皮父簋),可能與周王室也有婚姻關係。茀族也當非姬姓。

嚴志斌《季姬方尊補釋》[873][叔皮父簋]

0302

茅阪

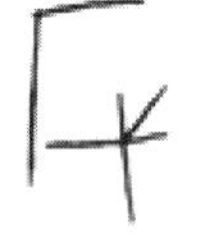

茅阪大令趙癥戈

【時代】戰國晚期·韓

【出處】茅阪大令趙癥戈

五年,茅反(阪)大命肖(趙)癥,工帀(師)韓郙,冶疢。[茅阪大令趙癥戈,《銘續》1240]

【類别】城邑名稱

【釋地】山西省運城市平陸縣

戰國韓邑,今山西平陸縣南。

吴鎮烽《銘圖索引》[874][茅阪大令趙癥戈]

0303

松昜

【時代】戰國中期

【出處】鄂君啓舟節[《集成》12112、12113]

【類别】城邑名稱

【釋地】江西省九江市永修縣吴城鎮

松昜疑是吴城鎮。

郭沫若《關于鄂君啓節的研究》[875][鄂君啓舟節]

---

873 嚴志斌:《季姬方尊補釋》,《中國歷史文物》2005年第6期,第18頁。

874 吴鎮烽:《商周青銅器銘文暨圖像集成索引》,上海古籍出版社,2019年,第1058頁。

875 郭沫若:《關于鄂君啓節的研究》,《文物參考資料》1958年第4期,第4頁。

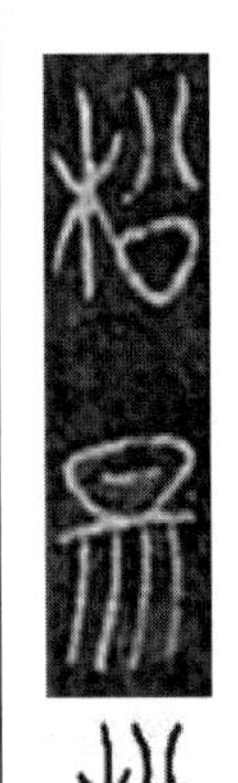

鄂君啓舟節

0303.02
松陽
0303.03
樅陽

【釋地】安徽省銅陵市從陽縣

當即今安徽樅陽縣。樅陽在古代是一個很有名的地方，漢武帝南巡曾過此，作樅陽之歌。

譚其驤《鄂君啓節銘文釋地》[876][鄂君啓舟節]

松陽，《史記·封禪書》記漢武帝南巡："自尋陽出枞陽，過彭蠡。"松陽即樅陽，松、樅古韻均在東部，其地在今安徽樅陽縣。

馬承源《商周青銅器銘文選》[877][鄂君啓舟節]

即樅陽，今安徽樅陽縣。

吴鎮烽《銘圖索引》[878][鄂君啓節]

【釋地】安徽省安慶市

松昜，即樅陽，故城在長江北，今安徽桐城東南。

湯餘惠《戰國銘文選》[879][鄂君啓舟節]

"松陽"，即樅陽，其地位于長江北岸今安徽安慶市附近。

劉和惠《楚文化的東漸》[880][鄂君啓舟節]

【釋地】湖南省臨湘市

舊稿云："今臨湘縣南二十五里有松陽湖，上通雲溪，下連象骨港，從前有松陽河泊所（見《讀史方輿紀要》），殆即其地。"今按古代江水由巴陵經松陽湖東流，象骨港當在江中。

羅長銘《鄂君啓節新探》[881][鄂君啓舟節]

【類別】自然地理名稱·河湖

【釋地】湖南省岳陽市一帶湖泊

"松昜"是個泛指地名，衹有地域概念，没有確切地點。今城陵磯（彭弶）北去20公里有"松楊湖"，再北去有白泥湖、楊溪湖、野湖、黄蓋湖等，綿延數十公里。先秦時代，這些湖連在一起，湖面開闊，並與大江相通。

張中一《〈鄂君啓金節〉路綫新探》[882][鄂君啓舟節]

876 譚其驤：《鄂君啓節銘文釋地》，原載《中華文史論叢》（第2輯），1962年；後收入《譚其驤全集》（第一卷），人民出版社，2015年，第537頁。
877 馬承源主編：《商周青銅器銘文選（四）》，文物出版社，1990年，第434頁。
878 吴鎮烽：《商周青銅器銘文暨圖像集成索引》，上海古籍出版社，2019年，第924、1015頁。
879 湯餘惠：《戰國銘文選》，吉林大學出版社，1993年，第48頁。
880 劉和惠：《楚文化的東漸》，湖北教育出版社，1995年，第143頁。
881 羅長銘：《鄂君啓節新探》，原載《羅長銘集》，黄山書社，1994年；後收入安徽省博物館編：《安徽省博物館四十年論文選集》，黄山書社，1996年，第148頁。
882 張中一：《〈鄂君啓金節〉路綫新探》，《求索》1989年第3期，第127頁。

0304

述土

趙盂

【時代】西周晚期

【出處】趞盂 史密簋［《銘圖》5327］

【類別】城邑名稱

“𨒅”字隸定是“述”字，但金文假爲“墜”或“遂”，小臣謎簋：“述（墜）東陕（滕）”，盂鼎：“我聞殷述（墜）命”，無叀鼎：“述（遂）于圖室”，皆和本銘寫法相同。“术”“述”與“豕”“遂”同在微部，故“述”“遂”古字通用。《史記・魯世家》有“東門遂”，《索隱》曰“《系本》作述”。本銘“述土”自是“遂土”。《書・費誓》：“魯人三郊三遂。”王肅曰：“邑外曰郊，郊外曰遂。”鄭玄在《禮記・王制》和《月令》注中都說“遠郊之外曰遂”，但在《周禮・地官・遂人》鄭司農僅說：“遂，謂王國百里外”，本銘之“遂土”確是指郊外。

黄盛璋《趞盂新考》[883]［趞盂］

述，假借爲遂，遂人即遂土之人。《通志・氏族略》載：遂氏，子爵，周同姓諸侯國。𧼮盂有“命𧼮使于述（遂）土𨹔、諆”，遂土即此遂國。《春秋》莊公十三年“夏六月，齊人滅遂”，杜預注：“遂國在濟北蛇丘縣東北。”晋蛇丘縣故址在今山東省肥城縣南。今山東省肥城縣南部與寧陽縣交界處有遂鄉，當爲遂國故地。齊𠂤、族土和遂國皆處周王朝的東部，是這次南夷侵伐的對象。

吴鎮烽《史密簋銘文考釋》[884]［史密簋］

0305

東

臣卿鼎

【時代】西周早期

【出處】臣卿鼎

公違省自東，在新邑，臣卿易（賜）金，用作父乙寶彝。［臣卿鼎，《集成》2595］

【類別】地理方位名稱

此銘的“東”即《魯頌》“乃命魯公俾侯于東”、《東山》“我來自東”之東，乃指山東魯地。此可與28器小臣逋鼎之“即事于西”相對照，西應指岐、豐。

陳夢家《西周銅器斷代》[885]［臣卿鼎］

883 黄盛璋：《趞盂新考》，《人文雜志》1982年第5期，第98頁。
884 吴鎮烽：《史密簋銘文考釋》，《考古與文物》1989年第3期，第57頁。
885 陳夢家：《西周銅器斷代》，中華書局，2004年，第66頁。

0306

東尚城

東尚睘小器

【時代】戰國時期

【出處】東尚睘小器

東尚城睘（縣）。[東尚睘小器，《集成》10435]

【類别】城邑名稱

0307

東周

東周壺

【時代】戰國時期

【出處】東周左庫矛 東周壺

廿九年十二月爲東周左官䊮壺。[東周左庫矛，《集成》11504、11505]
廿九年十二月爲東周左官䊮壺。[東周壺，《集成》9640]

【類别】城邑名稱

【釋地】河南省鞏義市

都鞏，今河南鞏義市西北康店鎮。

吴鎮烽《銘圖索引》[886][東周左庫矛]

0308

東陵

東陵鬲鼎蓋

【時代】戰國晚期

【出處】東陵鬲鼎蓋[《集成》2241]

【類别】城邑名稱

東陲，地名，即東陵。以陲字替代陵字用作地名，這是楚國文字的一個特點。例如鄂君啓節的“襄陲”即見于史籍的“襄陵”；鄵陲君三器的“鄵陲”即“鄵陵”；楚帛書的“山陲”即“山陵”等等，均是其例。有些同志將這些陲字直接讀爲陵，這是欠妥的，因爲陲字與陵字兩者構形畢竟還是有區别的，不能混爲一談。這和楚國表示年歲字用“哉”（載）字是同樣的道理，哉字義同歲，但哉、歲畢竟還是二字。

“東陵”見于《尚書·禹貢》：“過九江至于東陵。”《禹貢》雖爲戰國時期作品，但至少可以證明東陵地名甚古。關于東陵的地望歷來有兩説：一在盧江郡，《漢書·地理志》“盧江郡”條下顔師古注：“金蘭西北有東陵鄉”，淮水出。酈道元《水經注》“決水”條下曰：“決水又西北，灌水注之，其水導源盧江金蘭縣西北東陵鄉大蘇山，即淮水也”，其地當在今河南固始縣西南。其二即巴陵，蔡沈《書集傳》云：“東陵，巴

886 吴鎮烽：《商周青銅器銘文暨圖像集成索引》，上海古籍出版社，2019 年，第 925 頁。

	陵也，今岳州巴陵縣也”；羅泌指出：“巴陵與夷陵相對，互爲東西，夷陵曰西陵，則巴陵爲東陵”；蔣廷錫《尚書地理今釋》云：“東陵即巴陵山，一名天岳山，臨大江，今湖廣岳州府城是其遺迹。”其地即今湖南岳陽縣。兩説雖然不同，但兩地均屬楚國境内，則是可以斷定的。 曹錦炎《東陲鼎蓋考釋——兼釋“[illegible]”字》[887][東陲鼎] **【釋地】安徽省淮南市壽縣** 在今安徽壽縣境内。 吴鎮烽《銘圖索引》[888][東陵鬲鼎蓋]
0310 **東陽**  上郡守起戈	**【時代】戰國晚期·秦** **【出處】上郡守起戈**[《集成》11370] **【類别】城邑名稱** **【釋地】江蘇省淮安市盱眙縣** 今江蘇盱眙縣東南東陽集。 吴鎮烽《銘圖索引》[889][上郡守起戈]
0310 **東陕**  小臣謎簋	**【時代】西周早期** **【出處】小臣謎簋**[《集成》4328、4329] **【類别】地理方位名稱** **【釋地】山東省東部地區** 述東陕當指沿泰山山脉或勞山山脉的北麓。 東陕與海眉皆非專地名，乃指一帶區域，海眉即海隅、海濱。 陳夢家《西周銅器斷代》[890][小臣謎簋] 佚疑讀如滕，周滕國在今山東省滕縣一帶。 唐蘭《西周青銅器銘文分代史徵》[891][小臣謎簋] 陕當讀如隥，《倉頡篇》：“隥，小坂也。”《穆天子傳》一：“乃

887 曹錦炎：《東陲鼎蓋考釋——兼釋“[illegible]”字》，中國古文字研究會、中華書局編輯部等編：《古文字研究》（第十四輯），中華書局，1986 年，第 45—46 頁。
888 吴鎮烽：《商周青銅器銘文暨圖像集成索引》，上海古籍出版社，2019 年，第 925 頁。
889 吴鎮烽：《商周青銅器銘文暨圖像集成索引》，上海古籍出版社，2019 年，第 925 頁。
890 陳夢家：《西周銅器斷代》，中華書局，2004 年，第 20 頁。
891 唐蘭：《西周青銅器銘文分代史徵》，《唐蘭全集（七）》，上海古籍出版社，2015 年，第 254 頁。

	絶險之關隥。”那末，述東陕是經由東邊的一些山道去伐海湄。 唐蘭《論周昭王時代的青銅器銘刻》[892][小臣謎簋] 東伕，證之山東滕縣新出土的兩件𥁕鬲和舊所著録的𥁕鼎、尊、卣、觚等，此字應爲“滕”之異體。 孫敬明《保鼏簋銘約釋》[893][小臣謎簋] 陕讀如滕，今山東滕州市。 吴鎮烽《銘圖索引》[894][小臣謎簋]
0311 **郁郅**  郁郅戈	**【時代】戰國晚期・秦** **【出處】郁郅戈**[《銘圖》16483] **【類别】城邑名稱** **【釋地】甘肅省慶陽市慶城縣** 戰國秦邑，今甘肅慶城縣。 吴鎮烽《銘圖索引》[895][郁郅戈]
0312 **奄矣** 韓少夫戟	**【時代】戰國晚期** **【出處】韓少夫戟** 元年，奄矣令韓少夫，工帀（師）啓我，冶□。[韓少夫戟，《銘圖》17191] **【類别】城邑名稱**
0313 **奣**  奣令戈	**【時代】戰國中晚期・魏** **【出處】奣令戈　奣令均戈** 三年，奣命□工帀（師）晋冶非（？）。[奣令戈，《銘圖》17110] 四年，奣命均，工帀（師）敔，冶舊。[奣令均戈，《銘續》1219] **【類别】城邑名稱**

892 唐蘭：《論周昭王時代的青銅器銘刻》，《唐蘭全集（四）》，上海古籍出版社，2015年，第1453頁。
893 孫敬明：《保鼏簋銘約釋》，《考古發現與齊史類徵》，齊魯書社，2006年，第108頁。
894 吴鎮烽：《商周青銅器銘文暨圖像集成索引》，上海古籍出版社，2019年，第925頁。
895 吴鎮烽：《商周青銅器銘文暨圖像集成索引》，上海古籍出版社，2019年，第925頁。

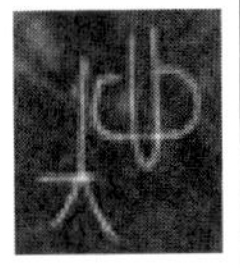 奅令均戈	戰國魏邑，今地不詳。 吴鎮烽《銘圖索引》[896][奅令均戈] **【釋地】河南省濟源市** 先秦典籍記載地名有二“茅”，與戈銘“奅”可以對應。 1.《左傳·哀公七年》“成子以茅叛”，杜注“高平西南有茅鄉亭”。 2.《左傳·成公元年》“遂伐茅戎……敗績于徐吾氏。”杜注“徐吾氏，茅戎之別也。” 以上《左傳·哀公七年》所載“茅”，在今山東金鄉。戰國時代屬齊國，與戈銘“奅”無涉，可以不論。大概衹有《左傳·成公元年》所載之“茅”，可以與戈銘“奅”對應。楊伯峻云：“茅戎”，杜注以爲“戎別種”。按，楊注引杜注不够準確。參上引杜注及正義“茅戎已是戎内之別，徐吾又是茅戎之内聚落之名。”《水經·河水注》云：“河北對茅城，故茅亭，茅戎邑也。”據《清一統志》，在今山西平陸縣西南。但王夫之《稗疏》則謂今之平陸爲晋地，在黄河之邊，是交通要道，不應爲華戎所雜處之地；且離成周遠，周不宜攻伐。此“茅戎”所在，當即《隱十一年傳》之“欑茅”，在今河南省修武縣。除此二説外，尚有據《水經·河水注》“歷軹關西，逕苗亭”，以“茅戎”在今濟源西者。平陸之“茅津”離洛陽二百五十里，修武離洛陽二百十里，惟“苗亭”離洛陽最近，近八九十里，且爲周邑，或是此處。至《路史·國名紀》羅苹注謂“茅戎”在陳留，不知陳留于春秋爲鄭之留邑，且距洛陽三百六十里，既難以得罪周王，東周亦難以越鄭伐之。其不可信顯然。 王峰《三年奅令戈考》[897][三年奅令戈] **【釋地】山西省運城市平陸縣** 通茅，戰國韓邑，今山西平陸縣南。 吴鎮烽《銘圖索引》[898][奅令戈]
0314 **郜**  郜君戈	**【時代】戰國早期** **【出處】郜君戈**［《集成》11048］ **【類別】城邑名稱**

896 吴鎮烽：《商周青銅器銘文暨圖像集成索引》，上海古籍出版社，2019年，第1058頁。
897 王峰：《三年奅令戈考》，《考古》2011年第11期，第74頁。
898 吴鎮烽：《商周青銅器銘文暨圖像集成索引》，上海古籍出版社，2019年，第925頁。

0315

虎

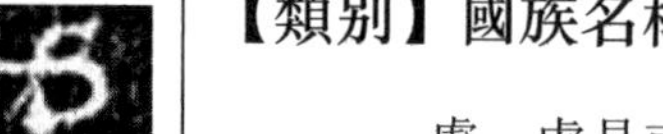

史密簋

【時代】西周晚期

【出處】史密簋[《銘圖》5327]

【類別】國族名稱

盧、虎是南夷的兩個成員。

張懋鎔《安康出土的史密簋及其意義》[899][史密簋]

虎也不能是殷至西周前期的虎方。據有關地理材料考察，虎方當在荆楚一帶，與本器所述難于吻合，虎應距盧不遠。《左傳》哀公四年記："夏，楚人既克，乃謀北方。"杜解："夷虎，蠻夷叛虎者。"由傳文可知，夷虎不在楚國以北。《中國歷史地圖集》推定其地在安徽長豐南，從當時局勢看，是有道理的。長豐正同廬江相去不遠。

李學勤《史密簋銘所記西周重要史實》[900][史密簋]

虎，孫敬明以爲此虎當即殷周時的虎方，郭沫若《兩周金文辭大系考釋》謂虎方"當即徐方，徐虎一音之轉"。李白鳳《東夷雜考》同郭沫若説。

陳秉新、李立芳《出土夷族史料輯考》[901][史密簋]

虎，或以爲在江漢地區，或以爲在荆楚一帶。我以爲此虎當即殷周時期的虎方。郭鼎堂先生在《兩周金文辭大系考釋》中云："虎方，亦見卜辭，此屬南國，當即徐方，徐、虎一音之轉。"李白鳳先生在《東夷雜考》中謂徐、虎一也，是人所共知的史實，並云徐夷所處"大約相當于今安徽省泗縣以北，到今江蘇徐州一帶，北鄰大彭、郯、莒"。據漢志徐州在今山東滕縣一帶，上推西周之虎，其地當距此未遠。

孫敬明《史密簋銘箋釋》[902][史密簋]

虎亦商代方國，《合》6667："……貞，令望乘眔輿途虎方，十一月。"這是一片武丁晚期卜辭。周初，虎方屢反，中方鼎："唯王令南宫伐反虎方之年，王命中先省南國。"此鼎多斷爲成王時器，亦有斷爲昭王時者。

虎方之地，《中國歷史地圖集》列在淮南，殆是。虎方屬南淮夷，亦可稱南夷。

王輝《史密簋釋文考地》[903][史密簋]

虎即夷虎，在今安徽長豐縣南。《左傳·哀公四年》："夏四月，楚人既克夷虎，乃謀北方。"杜預注："夷虎，蠻夷叛楚者。"

王輝《商周金文》[904][史密簋]

---

899 張懋鎔：《安康出土的史密簋及其意義》，《文物》1989年第7期，第66頁。

900 李學勤：《史密簋銘所記西周重要史實》，原載《中國社會科學院研究生院學報》1991年第2期；後收入《走出疑古時代》，長春出版社，2007年，第105頁。

901 陳秉新、李立芳：《出土夷族史料輯考》，安徽大學出版社，2005年，第196頁。

902 孫敬明：《史密簋銘箋釋》，《考古發現與齊史類徵》，齊魯書社，2006年，第105頁。

903 王輝：《史密簋釋文考地》，《一粟集：王輝學術文存》，藝文印書館，2002年，第81頁。

904 王輝：《商周金文》，文物出版社，2006年，第200—201頁。

盧、虎即當與其上“南夷”連讀，屬于南夷的兩支族團。

朱鳳瀚《由伯㦰父簋銘再論周厲王征淮夷》[905]［史密簋］

0316

虎方

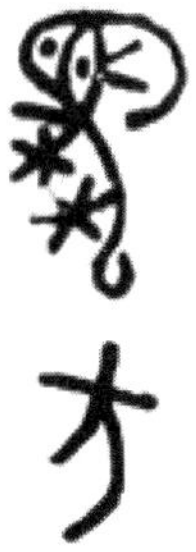

中鼎

【時代】西周早期

【出處】中鼎

唯王令南宫伐反虎方之年，王令中先省南或（國）貫行，埶王应，在夒陮真山，中乎歸生鳳于王，埶于寶彝。［中鼎，《集成》2751、2752］

【類别】國族名稱

虎方亦見卜辭，此屬南國，當在江淮流域，疑即徐方。

郭沫若《兩周金文辭大系圖録考釋》[906]［中鼎］

虎方可能在畿内。……從大的方位看，我們以爲南和虎都在鳳翔西部。説虎在關中西部還因爲周原甲骨及西周銅器銘文中有淲字，淲水可能在虎地，從虎得名。周甲 H11：30 云：“𡧍于淲。”同簋銘文：“自淲東至于㴕，厥逆至于玄水。”我在拙文《𢍉畀鼎通讀及其相關問題》中曾推測淲、㴕、玄水都在汧西，則亦在與鳳翔交界處。

王輝《西周畿内地名小記》[907]

周室南疆的一個方國。亦見于甲骨卜辭《殷書契前編》六·六三·一“虎方其涉□河東……”。

馬承源《商周青銅器銘文選》[908]［中方鼎］

關于虎方地望，吾師李學勤先生早在50年代就指出“虎方應近于漢水流域”。可謂卓識。包括中鼎、中甗在内的安州六器既然出土于湖北孝感縣，那麼戰事就很可能發生在這一帶，虎方就可能離孝感不遠；就像穆王時東征將領㝨（即遹）的銅器㝨鼎、遹甗出土于山東黄縣一樣。如今《史密簋》出土，將虎方與盧方並列，從而爲虎方地望近于漢水流域一説提供了强有力的證據。

張懋鎔《盧方、虎方考》[909]［史密簋］

虎方的位置大體是西起今壽縣安豐，北至淮河南舜耕山南側，東至今合肥市肥東縣境，南至今合肥市肥西縣境之防虎山北。

王長豐《“虎”族器整理與研究》[910]

---

905 朱鳳瀚：《由伯㦰父簋銘再論周厲王征淮夷》，中國古文字研究會、吉林大學古文字研究室編：《古文字研究》（第二十七輯），中華書局，2008年，第194頁。

906 郭沫若：《兩周金文辭大系圖録考釋（二）》，《郭沫若全集·考古編》（第八卷），科學出版社，2002年，第51頁。

907 王輝：《西周畿内地名小記》，《一粟集：王輝學術文存》，藝文印書館，2002年，第154—155頁。

908 馬承源主編：《商周青銅器銘文選（三）》，文物出版社，1988年，第75頁。

909 張懋鎔：《盧方、虎方考》，《古文字與青銅器論集》，科學出版社，2002年，第175頁。

910 王長豐：《“虎”族器整理與研究》，張光裕、黄德寬主編：《古文字學論稿》，安徽大學出版社，2008年，第299頁。

	中鼎以伐虎方作爲紀年，足見這是周初的一件大事。這個虎方的方位，應該就是商代的虎方，……距漢東舉水流城不遠。 黄錫全《“安州六器”及其有關問題》[911][中鼎] 今鄱陽湖以西，洞庭湖以東地區。 吴鎮烽《銘圖索引》[912][中鼎]
0317 **虎邰丘**  虎邰丘君豫戈	**【時代】戰國時期** **【出處】虎邰丘君豫戈** 虎（狐）邰（駘）丘君豫之元用。[虎邰丘君豫戈，《集成》11265] **【類别】城邑名稱** 魏國封君，今地不詳。 吴鎮烽《銘圖索引》[913][虎邰丘君豫戈]
0318 **尚城**  尚城戈	**【時代】戰國晚期** **【出處】高（尚）城戈**［《銘三》1393］ **【類别】城邑名稱** 高，可讀爲“鄗”，戰國人往往在用作表地名的文字上加注邑旁……戈銘“高”字即是“鄗”的省形。《古錢大辭典》210號著録一件方足小布有“鄗”字，研究者認爲即屬于趙國。鄗，春秋爲晋邑，《左傳·哀公四年》：“國夏伐晋，取邢、任、欒、鄗。”鄗，即高邑縣。楊伯峻《春秋左傳注》據江永考實，認爲今河北高邑縣、柏鄉縣皆鄗邑地。戰國爲趙邑，《戰國策·趙策二》“武靈王平晝閒居”篇：“先時中山負齊之强兵，侵掠吾地，係累吾民，引水圍鄗，非社稷之神靈，即鄗幾不守。”事亦見《史記·趙世家》，文字略有出入。繆文遠《戰國策新校注》：“鄗，趙邑，故城在今河北柏鄉縣北二十二里。”《史記·魏世家》：“（惠王）十四年，與趙會鄗。”《趙世家》：“（武靈王）三年，城鄗”；“二十一年，王軍取鄗、石邑”；“（孝成王）十五年……燕卒起二軍，車二千乘，栗腹將而攻鄗”。《燕世家》：“今王喜四年……燕軍至宋子，趙使廉頗將，擊破栗腹于鄗。”可見，趙至滅國前，一直占據“鄗”。 蔣魯敬《新見戰國戈銘與楚簡地名補釋》[914][高城戈]

911 黄錫全：《“安州六器”及其有關問題》，《古文字與古貨幣文集》，文物出版社，2009年，第96—98頁。
912 吴鎮烽：《商周青銅器銘文暨圖像集成索引》，上海古籍出版社，2019年，第926頁。
913 吴鎮烽：《商周青銅器銘文暨圖像集成索引》，上海古籍出版社，2019年，第926頁。
914 蔣魯敬：《新見戰國戈銘與楚簡地名補釋》，華東師範大學中國文字研究與應用中心主辦：《中國文字研究》（第二十四輯），上海書店出版社，2016年，第61—62頁。

	戈銘首字不是高而是尚，戈銘前兩字爲“尚城”，不是“高城”。 此戈楚地出土，尚城當是楚地名。……我們可以推斷，尚城作爲戰國時期楚國的地名，極有可能就是《包山楚簡》中的鄗。 至于“鄗”的地望目前有幾種不同意見，我們認爲劉彬徽、何浩兩位學者的説法比較可信：“鄗”通“党”，党子□可能即楚党邑（鄗邑）之地，位于今湖北均縣、光化間的故均水岸。均縣，史稱均州，春秋戰國時期曾是兵家必爭之地，且湖北省盛産銅錫，把礦石運到均水鑄造兵器是很有可能的。因此，鄗作爲楚故地，很可能就是尚城冶叔戈的鑄造地。 蘇影《高城冶叔戈銘釋讀商榷》[915]［高城戈］
0319 **昌城**  昌城右戈	**【時代】戰國晚期·齊** **【出處】昌城右戈**［《集成》10998］ **【類別】城邑名稱** **【釋地】山東省淄博市** 舊釋“昌”爲“甘”，地名不得知。今證之齊刀幣背文“大昌”，陶文“昌櫅”等，“昌”同此作。又，蔡侯盤銘文“子孫繁昌”之“昌”，亦與此形體相近。或以爲戈銘屬僞，黄盛璋先生以爲非是。此從黄説。《史記·樂毅列傳》載：燕昭王“封樂毅于昌國，號爲昌國君”。《集解》：徐廣曰：屬齊。《索隱》：《地理志》，縣名，屬齊郡。《正義》：故昌城在淄州淄川縣東北四十里也。燕昭王以昌城而封樂毅爲昌國君。此昌城在齊臨淄故城西南約四十里。 孫敬明《考古發現與戰國齊兵器研究》[916]［昌城右戈］ 戰國齊邑，今山東淄博市東南。 吴鎮烽《銘圖索引》[917]［昌城右戈］
0320 **昌國**  四年昌國鼎	**【時代】戰國·齊** **【出處】四年昌國鼎** 四年，昌國㽙工帀（師）狄伐、冶更所爲。［四年昌國鼎，《集成》2482］ **【類別】城邑名稱**

915 蘇影：《高城冶叔戈銘釋讀商榷》，華東師範大學中國文字研究與應用中心主辦：《中國文字研究》（第二十七輯），上海書店出版社，2018年，第27—28頁。
916 孫敬明：《考古發現與戰國齊兵器研究》，《考古發現與齊史類徵》，齊魯書社，2006年，第157—158頁。
917 吴鎮烽：《商周青銅器銘文暨圖像集成索引》，上海古籍出版社，2019年，第926頁。

	【釋地】山東省淄博市 四年昌國鼎："四年昌國導、工帀（合文）翟伐、冶更所爲。"昌城戈："昌城。"《史記·趙世家》惠文王二十五年："燕周將攻昌城、高唐，取之。"唐張守節正義："《括地志》：'故昌城，在淄州淄川東北四十里。'"在今山東淄博市西南淄川鎮。按"昌城"原爲方國名。 崔恒昇《甲金文地名考釋》[918]［四年昌國鼎］ 戰國齊邑，今山東淄博市東南。 吴鎮烽《銘圖索引》[919]［四年昌國鼎］
0321 **明**  夨令方尊  夨令方彝	**【時代】西周早期** **【出處】夨令方尊**［《集成》6016］ **夨令方彝**［《集成》9901］ **【類别】國族名稱** 此明公之明，應該就是茅，理由如下： 一、明、茅是一聲之轉。古地名明都、望諸和孟豬爲同地異字。又《左傳·定公四年》"越在草莽"，《釋文》"本作茅"，是茅、莽可通借。《莊子·應帝王》"乘夫莽眇之鳥"，崔本作"猛"。明與望、孟同音通假，茅、莽、猛亦同音通假，彼此皆一聲之轉，茅本屬明紐。 二、茅直接通假爲明聲字的例子，《國語·齊語》"首戴茅浦"，韋昭注："茅或作萌。"因爲兩者的表聲字可以通假，故金文中無茅而有明，明、茅實爲一國。 三、文義上也可相通。《爾雅·釋言》"茅，明也"，又《左傳·宣公十年》"前茅慮無"，杜預注："明也。" 在史籍中，茅國之茅無定寫。《左傳·僖公廿四年》之茅，《潛夫論·五德志》作"凡、蔣、邢、茆、祚、祭"。茅、茆也相通假。由上可以判定，史籍中之茅，就金文中的明。茅的地望，在今（河北）〔山東〕兖州金鄉縣西。明公尊之王令明公遣三族伐東國，此東國指東反夷，這次戰争參預者尚有魯侯。明公遣三族，與魯侯聯合，乃是就近徵調兵員的近便。我們可以肯定周公子明保，就是昭王時代的茅國君長之名保者，就成周爲王官冢卿。史籍闕如，可補不足。 馬承源《明保解》[920]［夨令尊］

918 崔恒昇：《甲金文地名考釋》，安徽大學古文字研究室編：《古文字研究》（第二十二輯），中華書局，2000年，第155頁。

919 吴鎮烽：《商周青銅器銘文暨圖像集成索引》，上海古籍出版社，2019年，第926頁。

920 馬承源：《明保解》，陳佩芬、陳識吾編：《馬承源文博論集》，上海古籍出版社，2007年，第146—147頁。

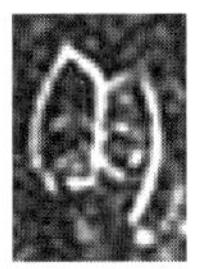 白水戈	【時代】戰國晚期·秦 【出處】白水戈［《銘圖》16517］ 【類别】城邑名稱 【釋地】四川省廣元市 葭明的簡稱，今四川廣元市西南。 吴鎮烽《銘圖索引》[921]［白水戈］
0322 **邾**  能原鎛  妊爵	【時代】春秋時期 【出處】多器 【類别】國族名稱 邾國是介于魯、滕之間的小國，爲魯之附庸。邾爲曹姓，《史記·楚世家》："吴回生陸終。陸終生子六人，……五曰曹姓。"《集解》引《世本》："曹姓者，邾是也。"邾公釛鐘記邾公釛自云"陸融之孫"，可證典籍記載不誤。"曹"字金文或作"嫊"，孫詒讓首先指出，嫊、曹相通。邾之先，自邾子俠受封，五世至夷父顏。顔子夏父立，居邾，先後傳29世，戰國末葉爲楚所滅。 邾國之國名，青銅器銘文作"鼄"或"邾"。近年有學者提出，從"黽"之"鼄"與從"邑"之"邾"有别，前者指邾國，後者指小邾。筆者以爲不然。首先，邾國國名在銅器銘文中寫作"鼄"或"邾"是由于作器時代所致。在西周晚期及春秋前期作"鼄"，春秋後期作"邾"。當然，在鼄、邾交替時期，不排除兩者有並行的例子。這和吴國的國名演變情况相類似，是由"工𫓧"到"攻敔"再到"吴"，而吴王光時，後兩種寫法已同時流行。其次，小邾國是因夷父顔有功于王室，當周宣王時封其子肥于郳（今滕縣東6里），由邾别封，故稱小邾，典籍或稱郳。《左傳》莊公五年："郳犁來來朝。"孔穎達《正義》引宋仲子注："朱顔别封小子肥于郳，爲小邾子。""郳"字《穀梁》同，《公羊》作"倪""兒"。傳世銅器有婗始鬲，爲陳介祺舊藏，國名也作"郳"。可見，小邾國的國名在銅器銘文中寫作"郳"，而並不是寫作"邾"，這和魏國銅器銘稱魏爲"梁"、隨國銅器銘稱隨爲"曾"是同樣的道理。 曹錦炎《再論"能原"鎛》[922]［能原鎛］

921 吴鎮烽：《商周青銅器銘文暨圖像集成索引》，上海古籍出版社，2019年，第926、979頁。
922 曹錦炎：《再論"能原"鎛》，《吴越歷史與考古論叢》，文物出版社，2007年，第116—117頁。

【釋地】山東省鄒城市

本銘殺，讀爲邾，古國名，曹姓。《春秋·隱公元年》："公及邾儀父盟于蔑。"杜預注："邾，今魯國鄒縣也。"

陳秉新、李立芳《出土夷族史料輯考》[923]［妊爵］

0323

牧

小臣謎簋

小臣謎簋

【時代】西周早期

【出處】小臣謎簋［《集成》4328、4329］

【類別】城邑名稱

【釋地】河南省鶴壁市淇縣

牧即殷郊牧野。

郭沫若《兩周金文辭大系圖録考釋》[924]［小臣謎簋］

牧，牧野，字一作坶，《説文》云"坶，朝歌南七十里，《周書》武王與紂戰于坶野，從土母聲。"《史記·周本紀》正義引《括地志》云："衛州城，故老云周武王伐紂至于商郊牧野，乃築此城。"又云："紂都朝歌，在衛州東北七十三里朝歌故城是也。"《書·牧誓》僞孔傳云"紂近郊三十里地名牧"，不識何所據。上言"𠭯殷八𠂤征東夷"，此言"復歸在牧𠂤，伯懋父承王命易𠂤"，前後正相呼應，故知必係殷郊牧野。

郭沫若《金文叢考》[925]［小臣謎簋］

牧在朝歌之南。《書·牧誓》曰"王朝至于商郊牧野"，《周語》上曰"以致戎于商牧"，《詩·大明》曰"矢于牧野"，《閟宫》曰"于牧之野"。《説文》作坶，云"朝歌南七十里地"，《清水注》云"自朝歌以南，南暨清水，土地平衍，據皋跨澤，悉坶野矣。《郡國志》曰朝歌縣南有牧野。《竹書紀年》曰周武王率西夷諸侯伐殷，敗之于坶野"。

陳夢家《西周銅器斷代》[926]［小臣謎簋］

牧師當即牧野地，在朝歌南，朝歌在今河南省淇縣東北。

唐蘭《西周青銅器銘文分代史徵》[927]［小臣謎簋］

---

923 陳秉新、李立芳：《出土夷族史料輯考》，安徽大學出版社，2005年，第386頁。

924 郭沫若：《兩周金文辭大系圖録考釋（二）》，《郭沫若全集·考古編》（第八卷），科學出版社，2002年，第64頁。

925 郭沫若：《金文叢考》，《郭沫若全集·考古編》（第五卷），科學出版社，2002年，第691頁。

926 陳夢家：《西周銅器斷代》，中華書局，2004年，第21頁。

927 唐蘭：《西周青銅器銘文分代史徵》，《唐蘭全集（七）》，上海古籍出版社，2015年，第255頁。

	牧，地名。《左傳·隱公五年》："鄭人侵衛牧。"杜預注："牧，衛邑。"在今河南衛輝市東北。其先爲殷地，周初平叛後，封康叔于衛。牧邑即屬衛。牧𠂤（次），也是殷八師的駐地。 陳秉新、李立芳《出土夷族史料輯考》[928][小臣謎簋] 即牧野，今河南濬、淇二縣交界之南。 吴鎮烽《銘圖索引》[929][小臣謎簋]
0324 秉 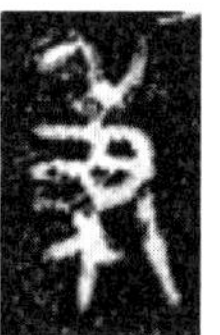 班簋	**【時代】西周中期** **【出處】班簋** 唯八月初吉，在宗周，甲戌，王令毛伯更虢城公服，屏王立，作四方極，秉緐蜀巢，令易（賜）鈴、勒，咸，王令毛公以邦冢君、土（徒）馭、或人伐東或（國）痛戎。……[班簋，《集成》4341] **【類别】國族名稱** 秉繁蜀巢文義難通。郭沫若謂繁蜀巢皆國名，是矣。余謂"作四方墜者"，四方謂四國，秉繁蜀巢即四國之名，不止繁蜀巢三名爲國名也。《井侯彝》云："易臣三品：州人，㯥人，𦎫人。"此文與彼文例同也。 楊樹達《毛伯班簋跋》[930][班簋] 秉殆假爲彭城的彭，在今江蘇北部；澶淵一名緐淵，因緐水得名，在今河北境内；蜀即西蜀，在今四川；巢即南巢，在今安徽南部。這樣的四國就代表東北西南四方。在這個範圍内，大抵上就是周初的天下。 郭沫若《班簋的再發現》[931][班簋]
0325 斨  斨君墨啟戟	**【時代】戰國早期** **【出處】斨君墨啟戟** 斨君墨啟之郜（造）戟。[斨君墨啟戟，《集成》11214] **【類别】城邑名稱** **【釋地】河南省南陽市西峽縣** 即析，楚國封君，今河南西峽縣。 吴鎮烽《銘圖索引》[932][斨君墨啟戟]

928 陳秉新、李立芳：《出土夷族史料輯考》，安徽大學出版社，2005 年，第 149 頁。
929 吴鎮烽：《商周青銅器銘文暨圖像集成索引》，上海古籍出版社，2019 年，第 928 頁。
930 楊樹達：《毛伯班簋跋》，《積微居金文説》，上海古籍出版社，2007 年，第 191 頁。
931 郭沫若《班簋的再發現》，《文物》1972 年第 9 期，第 5 頁。
932 吴鎮烽：《商周青銅器銘文暨圖像集成索引》，上海古籍出版社，2019 年，第 932 頁。

0326

㳡陰

㳡陰戈

【時代】戰國時期

【出處】㳡陰戈

廿三年，㳡陰□□右庫戈。［㳡陰戈，《銘圖》17112］

【類別】城邑名稱

0327

侃

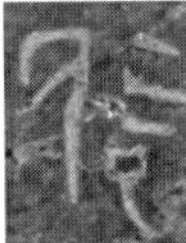

疑尊

【時代】西周早期

【出處】疑尊

唯仲義父于入（納）鄂侯于盩城，征兄臣于宋伯。公姒呼疑逆仲氏于侃。丁卯，疑至告。姒賞貝，揚皇君休，用作父乙寶尊彝。［疑尊，《銘續》792］

【類別】城邑名稱

0328

佫

【時代】春秋早期

【出處】佫侯慶鼎

……佫侯慶□□飲飤……［佫侯慶鼎，《銘圖》2324］

【類別】國族名稱

0329

佫茖

皋落戈

0329.02 佫落

0329.03 皋落

【時代】戰國中期・韓

【出處】皋落戈

十一年佫（皋）茖（落）大命少曲啖，工帀（師）舒憙、冶午。［皋落戈，《銘圖》17303］

【類別】城邑名稱

【釋地】山西省運城市垣曲縣

皋落，古地名，戰國屬韓。《國語・晋語》載：獻公“十七年冬，公使太子伐東山。里克諫曰：‘臣聞皋落氏將戰，君其釋申生也。’”韋昭注：“東山，皋落氏。”《左傳・閔公二年》：“晋侯使太子申生伐東山皋落氏。”楊伯峻注：“東山皋落氏，赤狄别種，今山西省垣曲縣東南有皋落鎮，當即故皋落氏地。山西省昔陽縣東南七十里亦有皋落鎮，《寰宇記》謂此即東山皋落氏之地，恐不確。”故“皋落”當在今山西垣曲縣東

	南皋落鎮。 蔡運章、楊海欽《十一年皋落戈及其相關問題》[933]［皋落戈］ 此二字是地名。“落”上一字亦見于《古璽彙編》0049號印，從“人”從“各”，舊有“佫”“佫”“佑”等不同釋法。蔡、楊二氏從第一種釋法，並認爲“佫落”即《左傳》閔公二年“晋侯使太子申生伐東山皋落氏”之“皋落”，其地在今山西垣曲縣東南皋落鎮，戰國時屬韓。 李家浩《十一年皋落戈釋文銘文商榷》[934]［皋落戈］ **【釋地】山西省晋中市昔陽縣** 即皋落，今山西昔陽縣東南皋落鎮。 吴鎮烽《銘圖索引》[935]［皋落戈］
0330 **卑梁**   卑梁君光鼎	**【時代】春秋中期** **【出處】卑梁君光鼎** 卑梁君光之飤鼎。［卑梁君光鼎，《集成》2283］ **【類别】國族名稱**
0331 **舍**  遷邟編鐘 0331.02 舒	**【時代】春秋晚期** **【出處】遷邟編鐘** 唯王正月初吉丁亥，舍王之孫、尋楚詄之子（甚）邟（六），擇厥吉金，作鑄龢鐘，以享于我先祖。余鑪鏐是擇，允唯吉金，作鑄龢鐘，我以題以南，中鳴媞好，我以樂我心，佗佗施施，子子孫孫，羕保用之。［遷邟編鐘，《銘圖》15520—15521］ **【類别】國族名稱** “舍”字金文習見，不能看作是“余”字或體。本銘自有“余”字，並不從“口”。“舍”與“徐”，從古音上講，確有通假的可能，但青銅器銘文中，徐國之“徐”寫作“郐”，從不例外，這種寫法甚至還保留在《説文》中。因此，不能將“舍”字逕改爲“徐”。……鐘銘稱“舍王”，“舍”顯然是國名，例可加注邑旁作“郐”。值得指出的是，《玉篇》還保留着“郐”字，卷二邑部“郐”字條下引僖公三年《春秋經》作“徐人

933 蔡運章、楊海欽：《十一年皋落戈及其相關問題》，《考古》1991年第5期，第414頁。
934 李家浩：《十一年皋落戈釋文銘文商榷》，《考古》1993年第8期，第758頁。
935 吴鎮烽：《商周青銅器銘文暨圖像集成索引》，上海古籍出版社，2019年，第928、981頁。

	取郐”，今本則作“徐人取舒”。毫無疑問，“郐” 就是“舒”，此可謂“一字千金”。可見，舒國之舒本作“舍”，後加注邑旁作“舒”，後世則以同音字“舒”通假，久借不歸，遂使“舒”行而“郐”廢。 曹錦炎《北山銅器新考》[936][甚六鐘] 舍與徐、舒皆可通。 陳秉新、李立芳《出土夷族史料輯考》[937][甚六鐘]
0332 **侖氏** 侖氏令韓化戈 侖氏銀皿	**【時代】戰國時期** **【出處】侖氏令韓化戈　侖氏銀皿**［《銘圖》19612］ 七年，侖（綸）氏命韓化，工帀（師）榮⿸厂貝、冶謀。［侖氏令韓化戈，《銘圖》17181］ **【類別】城邑名稱** **【釋地】河南省登封市** 《史記・白起傳》：秦昭襄王“四十六年秦攻韓緱氏、藺，拔之”，《集解》引“徐廣曰：屬潁川”，《正義》：“按檢諸地記，潁川無藺。《括地志》云：‘洛州嵩縣本夏之綸國也，在緱氏東南六十里’，《地理志》云：‘綸氏屬潁川郡’，按既攻緱氏、藺，二邑合相近，恐綸、藺聲相近似，字隨音而轉作藺。”漢綸氏縣，後魏又改爲潁陽，後廢爲鎮，故城即今登封西南七十里之潁陽鎮，正與緱氏相鄰接。楊寬《戰國史》年表中已據《集解》改藺爲綸，秦昭王四十六年爲韓桓惠王十二年，因此，戈銘“七年”不得遲于韓桓惠王七年。 黄盛璋《試論三晋兵器的國别和年代及其相關問題》[938][侖氏令韓化戈] 戰國韓邑，今河南登封縣西南七十里。 吴鎮烽《銘圖索引》[939][侖氏令韓化戈]
0333 **命瓜**	**【時代】戰國中期** **【出處】令狐君孺子壺** 唯十年四月吉日，命瓜（狐）君乳（孺）子作鑄尊壺，簡簡優優，康樂我家，遅遅康淑，承受純德，祈無疆，至于萬意年，子之子，孫之孫，

936 曹錦炎：《北山銅器新考》，《吴越歷史與考古論叢》，文物出版社，2007 年，第 156—157 頁。
937 陳秉新、李立芳：《出土夷族史料輯考》，安徽大學出版社，2005 年，第 309 頁。
938 黄盛璋：《試論三晋兵器的國别和年代及其相關問題》，《歷史地理與考古論叢》，齊魯書社，1982 年，第 97 頁。
939 吴鎮烽：《商周青銅器銘文暨圖像集成索引》，上海古籍出版社，2019 年，第 929 頁。

令狐君孺子壺

其永用之。[令狐君孺子壺，《集成》9719、9720]

【類别】城邑名稱

【釋地】山西省運城市臨猗縣

命瓜當即令狐，《左傳》文七年“晋敗秦師于令狐，至于刳首”，杜注“令狐在河東，與刳首相接”。《水經・涑水注》引闞駰曰“令狐即猗氏也，刳首在西三十里”。猗氏漢置，故城在今山西猗氏縣西南廿里許。戰國時其地屬韓。此器之作者蓋晋之大夫，封于令狐者也。[940]

郭沫若《兩周金文辭大系圖録考釋》[941][令狐君孺子壺]

命瓜，即令狐，地名。《左傳・文公七年》：“晋敗秦師于令狐。”令狐又名猗氏，因魯人猗頓養畜致富于此而得名。令狐在春秋時已經是魏支子的封邑，《左傳・宣公十五年》有令狐顆，即魏顆，其子魏頡爲令狐文子，見于《左傳・成公十八年》。其地在今山西猗氏縣西南，距魏都安邑不遠，唐蘭認爲令狐屬魏不屬韓，其説可信。

湯餘惠《戰國銘文選》[942][令狐君孺子壺]

今山西臨猗縣西南。

吴鎮烽《銘圖索引》[943][令狐君孺子壺]

0334

郃陽

丞相啓狀戈

【時代】戰國晚期・秦

【出處】丞相啓狀戈[《集成》11379]

【類别】城邑名稱

【釋地】陝西省渭南市合陽縣

背面的“郃陽”，爲戈置用地名。《漢書・地理志》載，郃陽爲左馮翊屬縣。漢代三輔在秦爲内史所掌。已發現的秦大良造、相邦、丞相監造諸器的置用地大都屬于内史。

田鳳嶺、陳雍《新發現的“十七年丞相啓狀”戈》[944][丞相啓狀戈]

郃陽原爲魏地，《史記・魏世家》“文侯十七年西攻秦，至鄭，還築雒陰、郃陽”，何時入秦，史雖無明記，但《史記・秦始皇本紀》：十六

940 編者案：末句 1935 版二三九頁作“此器之作者蓋韓之宗室，封于令狐而歸葬洛陽者也”。説又見《金文叢考》，《郭沫若全集・考古編》（第五卷），科學出版社，2002 年，第 813 頁。

941 郭沫若：《兩周金文辭大系圖録考釋（二）》，《郭沫若全集・考古編》（第八卷），科學出版社，2002 年，第 504 頁。

942 湯餘惠：《戰國銘文選》，吉林大學出版社，1993 年，第 1 頁。

943 吴鎮烽：《商周青銅器銘文暨圖像集成索引》，上海古籍出版社，2019 年，第 904 頁。

944 田鳳嶺、陳雍：《新發現的“十七年丞相啓狀”戈》，《文物》1986 年第 3 期，第 42—43 頁。

	年“魏獻地于秦、秦置麗邑”，可能就在這年。 黄盛璋《新出秦兵器銘刻新探》[945]［丞相啓狀戈］ 今陝西合陽縣東。 吴鎮烽《銘圖索引》[946]［丞相啓狀戈］
0335 **欲**  司寇書戈	**【時代】戰國中期** **【出處】司寇書戈** 六年，欲司寇書，右庫工帀（師）啓向、冶晨。［司寇書戈，《集成》11337］ **【類别】城邑名稱** **【釋地】河南省三門峽市盧氏縣** “欲”作爲地名可以通“陰”，欲、陰均從今得聲，例可通假。地名“陰”可能就是“陰地”之“陰”。《左傳·哀公四年》：“蠻子赤奔晋陰地。”杜預注：“陰地，晋河南山北，自上洛以東至陸渾，其地南阻終南，北臨大河，故曰陰地。”繆文遠先生説：“陰地境域遼闊，其屯戍之所爲陰地城，在今河南盧氏縣東北。”這一帶戰國時期屬魏管轄。 秦曉華《東周晋系兵器劄記三則》[947]［司寇書戈］
0336 **周**  高卣  曶鼎	**【時代】西周時期 戰國時期** **【出處】多器** **【類别】城邑名稱** 宗周、鎬京、豐、成周、周、王六名的互相排斥的關係。王可以是周，但成王以後的周既不是宗周，也不是成周。 陳夢家《西周銅器斷代》[948] 這個周，既非宗周，也非成周，應即王城。上面説“褰旁”下面説“唯還，在周”，可見旁和周不在一起。因王城與成周緊鄰，而旁在宗周，這是由宗周回來到周的。 唐蘭《西周青銅器銘文分代史徵》[949]［高卣］

945 黄盛璋：《新出秦兵器銘刻新探》，《文博》1988年第6期，第45頁。
946 吴鎮烽：《商周青銅器銘文暨圖像集成索引》，上海古籍出版社，2019年，第929頁。
947 秦曉華：《東周晋系兵器劄記三則》，《中國國家博物館館刊》2011年第5期，第7頁。
948 陳夢家：《西周銅器斷代》，中華書局，2004年，第367頁。
949 唐蘭：《西周青銅器銘文分代史徵》，《唐蘭全集（七）》，上海古籍出版社，2015年，第148頁。

保卣

周公鼎

雝鼎

周右庫戈

金文中的周基本上都指宗周，即西周的都城。其東都則稱成周或新邑。

馬承源《商周青銅器銘文選》[950]［曶鼎］

周，指宗周鎬京。

陳秉新、李立芳《出土夷族史料輯考》[951]［保卣］

周，地名。周王朝先都宗周（鎬京），後又建成周，二者都可簡稱周。此銘周有可能指宗周。

王輝《商周金文》[952]［曶鼎］

在西周金文中，涉及“周”的名詞有三個：一是“周”，二是“宗周”，三是“成周”。“成周”在洛邑是無疑問的，這不僅有古文獻《書序》的證明，而且也有出土金文的明證。至于“周”與“宗周”如何區別？學術界説法不一。不過筆者以爲，首先，這二者應是指過去古文獻所説的“岐周”及鎬京，岐周是指岐山縣扶風縣一段的“周”，在鎬京的“宗周”則在今天西安市的長安區一帶。陳夢家、尹盛平曾根據西周金文中同一器不同地名的相互排斥關係，指出“周”“宗周”“成周”之間的相互排斥關係，是對的。而“周”這一地名從古文獻以及出土金文則可以判斷其所在的地望。史牆盤銘云：“雩（越）武王既𢦏殷，微史刺祖迺來見武王，武王則令周公舍宇，于周卑（俾）處。”此文肯定了微史列祖從周武王開始就被分封在“周”居住，而史牆家族銅器群窖藏也正好出土在扶風縣莊白村，這也正好説明“周”就是今天的周原所在地。其後大多數學者讚同此説。另外，西周金文中“康宮”諸廟前多附有“周康宮某廟”字，筆者認爲這些“周”廟其實可以從金文資料中找到大致的地望。西周晚期克鐘、克鎛銘文云：“唯十又六年九月初吉庚寅，王在周康剌（厲）宮。王呼士曶召克，王親令克：遹（越）涇東至于京𠂤（師），易克佃（田）車馬乘。”這裏“涇”即今天的“涇河”，在“周康剌（厲）宮”周王命令克越過涇河到達京師——“京師”應即《詩經·大雅·公劉》中的“京師”，地望在今旬邑縣一帶，這樣就絶對排除了“周康剌（厲）宮”在豐鎬一帶的可能性，因爲豐鎬在渭河的南面，旬邑縣也在豐鎬的北部，根本不需要向東越過涇水到達旬邑一帶的“京師”。故“周”及宗廟“周康剌（厲）宮”祇能在周原的“周”了。

王暉《從西周金文看西周宗廟“圖室”與早期軍事地圖及方國疆域圖》[953]

【釋地】陝西省寶鷄市扶風縣

“王自商𠂤復還，至于周”即周王視察了商𠂤之後回到了周。這裏的周，有兩不同解釋。一説指宗周，即豐鎬京城；另一種意見認爲是指周原

950 馬承源主編：《商周青銅器銘文選（三）》，文物出版社，1988 年，第 170 頁。
951 陳秉新、李立芳：《出土夷族史料輯考》，安徽大學出版社，2005 年，第 136 頁。
952 王輝：《商周金文》，文物出版社，2006 年，第 171 頁。
953 王暉：《從西周金文看西周宗廟“圖室”與早期軍事地圖及方國疆域圖》，《陝西師範大學學報（哲學社會科學版）》2012 年第 1 期，第 33 頁。

的早周都城——岐邑。我們依據陳夢家先生的考證及最新的周原考古資料，認爲此銘中的周，當是岐邑的可能性大。因爲王即位不久即外出，想必是一次非常的巡視。返回之後，向早都岐邑太廟中先王先公諸神作“彙報”也是合理的。

彭曦、許俊成《穆公簋蓋銘文簡釋》[954]［穆公簋蓋］

周不是東都。

周不是豐。

周不是宗周（鎬京）。

西周金文中作爲王常居的“周”這個都邑，作爲王都是無疑的，問題在于確定周指的是哪個都邑。除非我們能够否定“周”有爲岐邑的可能，否則的話，一旦承認周確指岐周，那麼西周的王都一定得在岐邑。據本文的研究，周别無可指，非岐邑莫屬。因而我認爲：西周王朝的真正都城是岐邑而非豐鎬。

宗德生《試論西周金文中的“周”》[955]

“周”，一直未有更動。“周”即是今天位于扶風、岐山兩縣交界處的周原遺址，典籍文獻或稱作“岐周”“岐陽”。毫無疑問，西周銅器銘文和甲骨刻辭中所見的“周”與宗周鎬京、成周洛邑是三處不同的都邑，不能混爲一談。

盧連成《西周金文所見𦵹京及相關都邑討論》[956]

周即指岐周無疑。過去學者以周爲鎬京、宗周乃至成周的觀點都是錯誤的。整個西周時期，岐周作爲周王朝最爲穩定的祭祀、政治軍事中心，擁有規模最大、名目最多的祭祀、政治、軍事性設施，與鎬京、宗周、成周等地的設施有顯著不同。周的祭祀、政治性設施有“大廟”（或稱周廟、周宫、大室、京室、京大室等），遺址很可能是陝西岐山縣鳳雛發現的甲組宫殿建築基址；有“康宫”建築群，遺址很可能是陝西扶風縣召陳發現的西周建築群基址。周的軍事性建築設施有“周師”宫室群，包括录宫、量宫、司徒宫、汓父宫、爯父宫等。

周宏偉《西周都城諸問題試解》[957]

即岐邑，今陝西扶風縣法門鎮北。

吴鎮烽《銘圖索引》[958]［虘鼎］

【釋地】陝西省寶鷄市岐山縣

周公封邑，今陝西岐山縣周公廟村。

吴鎮烽《銘圖索引》[959]［周公鼎］

954 彭曦、許俊成：《穆公簋蓋銘文簡釋》，《考古與文物》1981年第4期，第28頁。
955 宗德生：《試論西周金文中的“周”》，《南開學報（哲學社會科學版）》1985年第2期。
956 盧連成：《西周金文所見𦵹京及相關都邑討論》，《中國歷史地理論叢》1995年第3期，第108頁。
957 周宏偉：《西周都城諸問題試解》，《中國歷史地理論叢》2014年第1期，第91頁。
958 吴鎮烽：《商周青銅器銘文暨圖像集成索引》，上海古籍出版社，2019年，第929—932頁。
959 吴鎮烽：《商周青銅器銘文暨圖像集成索引》，上海古籍出版社，2019年，第929—932頁。

	【釋地】河南省洛陽市 凡金文例：云“周”者，概指鎬京；云“宗周”者，所以别于“成周”，專指鎬京；云“成周”者，所以于别于“宗周”，專指洛邑。 吴其昌《夨簋攷釋》[960] 東周國，今河南洛陽市白馬寺東。 吴鎮烽《銘圖索引》[961][周右庫戈]
0337 **周師**  大師虘簋	**【時代】西周中期** **【出處】大師虘簋** 正月既望甲午，王在周師彙（量）宫。旦，王格大室，即立。王呼師晨召太師虘入門，立中廷。王呼宰曶易（賜）太師虘虎裘。虘拜稽首。敢對揚天子丕顯休，用作寶簋。虘其萬年永寶用。唯十又二年。[大師虘簋，《銘圖》5280—5283] **【類别】城邑名稱** 銘中的周師首見于懿王時代的銅器，孝、夷二王仍常在此地册賜朝臣。周師很可能是懿王在槐里所建的新都。 高木森《西周青銅彝器彙考》[962][大師虘簋]
0338 **周陽** 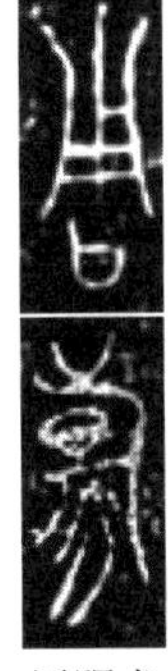 周陽戈	**【時代】戰國早期·魏** **【出處】周陽戈**[《集成》11043] **【類别】城邑名稱** **【釋地】山西省運城市絳縣** 戰國魏邑，今山西絳縣西。 吴鎮烽《銘圖索引》[963][周陽戈]

960 吴其昌：《夨簋攷釋》，《燕京學報》1931 年第 9 期；後收入劉慶柱、段志洪、馮時主編：《金文文獻集成》（第二十八册），綫裝書局，2005 年，第 269 頁。
961 吴鎮烽：《商周青銅器銘文暨圖像集成索引》，上海古籍出版社，2019 年，第 932 頁。
962 高木森：《西周青銅彝器彙考》，中國文化大學出版部印行，1986 年；後收入劉慶柱、段志洪、馮時主編：《金文文獻集成》（第二十七册），綫裝書局，2005 年，第 127 頁。
963 吴鎮烽：《商周青銅器銘文暨圖像集成索引》，上海古籍出版社，2019 年，第 932 頁。

0339

周道

散氏盤

【時代】西周晚期

【出處】散氏盤[《集成》10176]

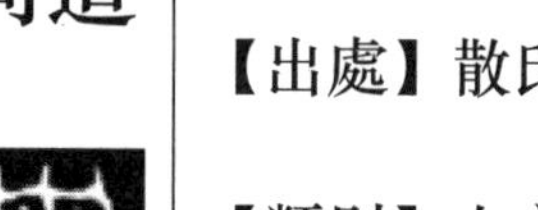

【類别】人文地理名稱·道路

【釋地】陝西省寶鷄市

盤銘在描述夨、散兩國踏察田界時言及的“周道”，即《詩》諸篇中的“周道”，亦名曰“周行”。顧頡剛先生已有精闢考證。周之大道，應從西鄭之地（今鳳翔一帶）始起，通往岐山、扶風一帶周都岐邑，再通往豐、鎬二京，又東行洛邑成周，東經衛，可直達齊魯之地。這條大道應是西周時期東西方的主要通道。盤銘中所見的“周道”，應該是這條大道的西端，地近汧水。

盧連成《西周夨國史迹考略及相關問題》[964][散氏盤]

周，周人舊邑，周棘生簋及周雒盨皆周氏族人之器。周道又見《詩·小雅·四牡》“四牡騑騑，周道倭遲。”毛傳：“周道，岐周之道也。”朱熹集傳則以爲是“大路”。

王輝《商周金文》[965][散氏盤]

路名，在今陝西周原到寶鷄市境内。

吴鎮烽《銘圖索引》[966][散氏盤]

0340

周輿

周輿戈

【時代】戰國時期

【出處】周輿戈

周輿。[周輿戈，《集成》10909]

【類别】城邑名稱

964 盧連成：《西周夨國史迹考略及相關問題》，《人文雜志叢刊·第二輯：西周史研究》，1984年，第241—242頁。
965 王輝：《商周金文》，文物出版社，2006年，第233頁。
966 吴鎮烽：《商周青銅器銘文暨圖像集成索引》，上海古籍出版社，2019年，第932頁。

0341

昏邑

柞伯鼎

【時代】西周晚期

【出處】柞伯鼎

唯四月既死霸，虢仲令胙伯曰："在乃聖祖周公繇有共于周邦，用昏無殳，廣伐南或（國）。今汝其率蔡侯左至于昏邑。"既圍城，令蔡侯告征虢仲，遣氏曰："既圍昏。"虢仲至。辛酉，搏戎。胙伯執訊二夫，隻馘十人。諆弗敢忝朕皇祖，用作朕剌祖幽叔寶尊鼎，諆用追享孝，用祈眉壽萬年，子子孫孫，其永寶用。[柞伯鼎，《銘圖》2488]

【類別】城邑名稱

昏邑具體在今何地點不詳，大致在今河南南部淮水流域。

朱鳳瀚《柞伯鼎與周公南征》[967][柞伯鼎]

"昏",據鼎銘是一個有城邑的南方蠻夷方國,我猜想是文獻中的"閩"。"昏"字古音曉母文部，"閩"字明母文部，音近相通，如《周易》屯卦六二"婚媾"的"婚"字，馬王堆帛書本作"閩"。《周禮·職方氏》有"七閩"，鄭注："玄謂閩，蠻之別也。《國語》曰：'閩芈蠻矣。'"今本《國語·鄭語》作"蠻芈"，前人已據鄭玄訂正。閩和楚一樣，是芈姓的，其城邑具體位置現尚無法考定。

李學勤《從柞伯鼎銘談〈世俘〉文例》[968][柞伯鼎]

晋侯蘇編鐘的"𩃬"即柞伯鼎"昏"，不在南國，而是像衆多學者所認爲的在山東鄆城東。與班簋中周王調撥"秉繁、蜀、巢"的毛伯率領其在河南中南部的部隊"伐東或（國）戎"且"三年静東或（國）"很類似，柞伯鼎討伐東國的昏邑之戎也使用的是柞、蔡兩個河南國家的力量，可以看出，西周的精鋭部隊是集中在河南一帶的，目的在于捍衛成周不被外族侵襲。這個"昏"（"𩃬"），筆者以爲是東方淮夷的一部分。

李凱《柞伯鼎與西周晚期周和東國淮夷的戰争》[969][柞伯鼎]

蔡正在淮河流域中游汝水之上，今上蔡前身，一直在此未變。蔡故城仍在上蔡城外，最爲明確。昏廣伐南國，其必在成周王畿南國之南，亦即在淮河流域中游蔡國以南。上蔡及其北基本爲周南國之地，故昏被徹底排除在蔡之北。

鼎銘中昏的地望：昏與柞、蔡相近，皆在淮河流域内外。

昏原爲東夷，後被周征伐，不斷南遷淮上，與淮夷共處，成爲淮夷。

昏就是東夷，南徙居淮水上，記載與金文互證。

黄盛璋《關于柞伯鼎關鍵問題質疑解難》[970][柞伯鼎]

---

967 朱鳳瀚：《柞伯鼎與周公南征》，《文物》2006年第5期，第70頁。

968 李學勤：《從柞伯鼎銘談〈世俘〉文例》，原載《江海學刊》2007年第5期；後收入《當代名家學術思想文庫·李學勤卷》，萬卷出版公司，2010年，第337頁。

969 李凱：《柞伯鼎與西周晚期周和東國淮夷的戰争》，《四川文物》2007年第2期，第84頁。

970 黄盛璋：《關于柞伯鼎關鍵問題質疑解難》，《中原文物》2011年第5期，第55、56頁。

<table>
<tr><td></td><td>約在今安徽西北部淮河流域。
吴鎮烽《銘圖索引》[971][作伯鼎]</td></tr>
<tr><td>0342
昏𢿌
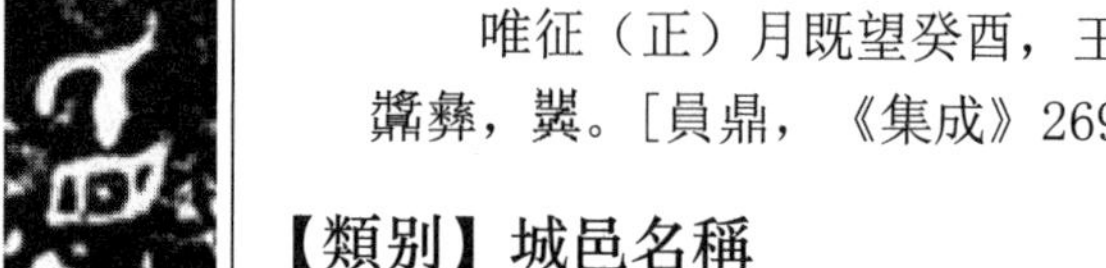
員鼎

0343.02
眂敵[972]</td><td>【時代】西周早期

【出處】員鼎

唯征（正）月既望癸酉，王獸于昏𢿌，王令員執犬，休善，用作父甲鼒彝，㠱。[員鼎，《集成》2695]

【類別】城邑名稱

此昏𢿌地名，𢿌字從攴啚聲，啚即今倉廩字，金文廩字多從米也。余疑此𢿌字殆假爲林，古林㐭二字音同，故可通作。林爲獸之所聚，古人狩獵往往于林。《國語》云：“唐叔射兕于徒林。”《太平御覽》捌百玖拾引《竹書紀年》云：“夷王獵于桂林，得一犀牛”；並其證也。《説文・艸部》云：“菻，蒿屬，從艸，林聲。”力稔切。按《爾雅・釋艸》云：“莪，蘿。”郭注云：“今莪蒿也，亦曰蘪蒿。”段注《説文》云：“蘪同菻，”是也。此林廩二文通用之證。律吕林鐘之林，今不知其本字，然金文多作𣡕字，𣡕爲加聲旁字，非林字加聲旁㐭，即㐭字加聲旁林也。昏𢿌何地，不知所在。《左傳》昭公十二年曰：“昔穆王欲肆其心，周行天下，將皆必有車轍馬迹焉，祭公謀父作《祈招》之詩以止王心，王是以獲没于祇宫。”《穆天子傳注》引《紀年》云：“穆王元年，築祇宫于南鄭。”豈南鄭有祇林，祇宫則因地而名歟。
楊樹達《員鼎跋》[973][員鼎]</td></tr>
<tr><td>0343
咎奴

高奴曹令壯罌戈</td><td>【時代】戰國晚期

【出處】高奴曹令壯罌戈

四年，咎奴曹命壯罌，工帀（師）賈疾、冶問。[高奴曹令壯罌戈，《集成》11341]

【類別】城邑名稱

【釋地】陝西省延安市寶塔區

即高奴，今陝西延安市寶塔區西北。
吴鎮烽《銘圖索引》[974][高奴曹令壯罌戈]</td></tr>
</table>

971 吴鎮烽：《商周青銅器銘文暨圖像集成索引》，上海古籍出版社，2019 年，第 932 頁。
972 馬承源主編：《商周青銅器銘文選（三）》，文物出版社，1988 年，第 78 頁。
973 楊樹達：《員鼎跋》，《積微居金文説》，上海古籍出版社，2007 年，第 124—125 頁。
974 吴鎮烽：《商周青銅器銘文暨圖像集成索引》，上海古籍出版社，2019 年，第 933 頁。

0344

京

京叔盤

芮公鬲

【時代】西周晚期 春秋時期

【出處】多器

京叔作寶盨，其永寶用。[京叔盨，《銘圖》5534]

內（芮）公作鑄京氏婦叔姬媵鬲，其子子孫孫永寶用享。[芮公鬲，《集成》712]

【類別】城邑名稱

邑名。《水經注・河水》引《紀年》云“芮人乘京”，乘即乘襲，芮京二國相距當不遠。

馬承源《商周青銅器銘文選》975[芮公鬲]

京有數地。一爲周地。《左傳・昭公二十二年》：“子朝奔京。丙寅，伐之，京人奔山，劉子入于王城。辛未，鞏簡公敗績于京……辛丑伐京，毁其西南。”楊伯峻説此京在今洛陽市西南。

一爲鄭邑。《左傳・隱公元年》：“初，鄭武公娶于申，曰武姜，生莊公及共叔段……（武姜爲共叔段）請京，使居之，謂之京城大叔……（武公）命子封帥車二百乘以伐京，京叛大叔段……”杜預注：“京，鄭邑，今滎陽京縣。”滎陽有京水，下游名賈魯河。鄭邑京漢置京縣，記載亦較多。後世有京氏、京城氏，皆出此邑。《通志・氏族略》：“鄭武公少子段，封于京，謂之京城大叔，因氏焉。”《古今姓氏書辨證》：“鄭京城太叔之後，亦曰京城氏。《列子》曰‘京城氏之孀妻’，即其家也。”

盨銘的“京叔”應即“京城大叔”，亦即共叔段。叔段初居京，應在西周末，其失敗出奔共，則已入春秋，這同盨的時代也是相合的。鄭爲周厲王之後，姬姓，京叔爲鄭武公弟，自然也是姬姓。

王輝《新見銅器銘文考跋二則》976[京叔盨]

【釋地】山東省肥城市

京，古國名。據銘文知京爲嬴姓。十四祀師詢簋、元年師酉簋有“京夷”。這些均可證明京是夷族嬴姓方國。《左傳・襄公十八年》：“荀偃、士丐以中軍克京兹。”杜預注：“在平陽城東南。”今山東肥城縣西。古京國或即在此，春秋時淪爲齊地。

陳秉新、李立芳《出土夷族史料輯考》977[京叔盤]

京令戈

【時代】戰國晚期・韓

【出處】京令戈

九年京命□……工帀（師）有、冶……[京令戈，《銘圖》17099]

975 馬承源主編：《商周青銅器銘文選（三）》，文物出版社，1988年，第348頁。
976 王輝：《新見銅器銘文考跋二則》，《高山鼓乘集：王輝學術文存二》，中華書局，2009年，第73—74頁。
977 陳秉新、李立芳：《出土夷族史料輯考》，安徽大學出版社，2005年，第257頁。

【類别】城邑名稱

【釋地】河南省滎陽市

戰國時期韓邑，今河南滎陽縣東南。

吴鎮烽《銘圖索引》[978][京令戈]

0345

京夷

詢簋

【時代】西周中期

【出處】詢簋[《集成》4321]

【類别】國族名稱

【釋地】山西省晉中市平遥縣

京𠂤見于卜辭（《林》2.1.16=前 4.31.6），及晉姜鼎、晉公盞、（《大系》267、268），乃是晉地。郭沫若以爲即《漢書·地理志》太原郡的京陵，師古注云“即九京”，亦即《禮記·檀弓》晉獻文子所説“是全要領以從先大夫于九京也”。《汾水注》曰侯甲水“又西逕京陵縣故城北”，“王莽更名曰致城矣，于春秋爲九原之地也……其故京尚存，漢興，增陵于其下，故曰京陵”。《一統志》謂京陵故城在今平遥縣東。

陳夢家《西周銅器斷代》[979][詢簋]

【釋地】湖北省随州市随縣

即崇夷。京是唐部字，崇在鐘部，同爲陽聲相近字，又《文選·西京賦》薛注：“京，高也。”《國語·齊語》注：“崇，高也。”京、崇二字聲近義同，故通。

崇是商在西方的一個强有力的與國，《史記·周本紀》説崇侯虎譖西伯于殷紂，而帝紂乃囚西伯于羑里。周文王向中原擴展時，伐崇一戰事關重大，《詩·皇矣》等都有記載。崔述説：“文王伐國多矣，而《皇矣》獨稱崇、密，則是崇、密大國也。……當文王在岐時，地偏國狹，介居戎狄，而崇以大國塞其衝，文王安能越崇而化行東南之諸侯乎？……自滅崇後，周始强盛，通于河、洛、淮、漢之間，然後關東諸侯得被其化而歸之耳。”（見日本瀧川資言《史記會注考證》卷四引）

李福泉《訇簋銘文的綜合研究》[980][詢簋]

0346

京𠂤

【時代】西周晚期 春秋早中期

【出處】多友鼎[《集成》2835] **克鐘**[《集成》204—208]

晉姜鼎[《集成》2826] **晉公盆**[《集成》10342]

---

978 吴鎮烽：《商周青銅器銘文暨圖像集成索引》，上海古籍出版社，2019 年，第 933 頁。

979 陳夢家：《西周銅器斷代》，中華書局，2004 年，第 285 頁。

980 李福泉：《訇簋銘文的綜合研究》，《湖南師院學報（哲學社會科學版）》1979 年第 2 期，第 63 頁。

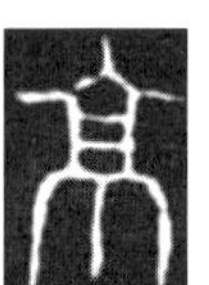
多友鼎

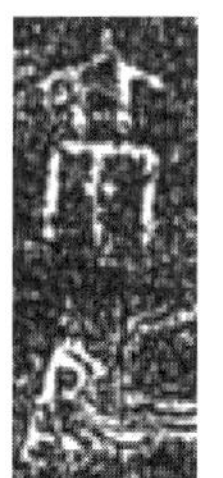
克鐘

晉公盆

晉姜鼎

0346.02
京師

【類别】城邑名稱

【釋地】陝西省地區

《漢書・地理志》右扶風旬邑有豳鄉，公劉所邑。《讀史方輿紀要》考定其地在今彬縣東北。克鎛鐘銘：

惟十又六年九月初吉庚寅，王在周康剌宫，王呼士曶召克，王親令克遹涇東，至于京師。……

周王命克循行涇水之東，直到京師，正和彬縣東北涇水東岸一帶地望相符。

李學勤《論多友鼎的時代及意義》[981][多友鼎]

京師，在西周時專指公劉所都之豳。……西周時京師爲豳城，還可以從銅器銘文中找到依據。《克鐘》謂："王親令克遹涇東，至于京師。"從涇河的地理形勢看，涇東地區包括今之高陵、三原、涇陽、淳化、旬邑等地，沿涇東朝西北偏西是關中通往甘肅、寧夏的主要途徑。克鐘所記周王克命視涇東而抵京師，與當地的地理環境完全相符。從多友鼎所記更證實了這一情況。

李仲操《也釋多友鼎銘文》[982][多友鼎]

《詩經・大雅・公劉》篇有京師（或省稱京）的地名，毛傳訓"京乃大衆所宜居之也"；稱師者，古訓師者衆也。可見京師指一較大範圍的地區而言。京師之稱又見于克鐘銘："王在周康剌宫，……王親命克遹涇東，至于京師。"周王命克從周出發，沿着涇水的東岸走，到達京師。根據涇水自西北而東南的流向，則克的行走路綫一定是出宗周向西北方向溯涇水源流而上。依《公劉》篇京師在豳地附近。《漢書・地理志》右扶風旬邑下自注："有豳鄉，詩豳國，公劉所都。"漢時旬邑縣舊治在今陝西彬縣北旬邑縣東二十五里，有古豳城之遺，即公劉始都之地。後世釋豳地者，大都從班氏説。唯錢穆《周初地理考》指豳地在今山西汾水流域的荀地附近。錢氏之説遭到齊思和先生的反駁，指出他"以汾釋豳，蓋求之音近"，並無確鑿證據，所論甚是。則多友鼎、克鐘所言之京師，就是《公劉》篇豳地附近的京師，在今陝西彬縣與旬邑縣之間。

劉翔《多友鼎銘兩議》[983][多友鼎]

我們認爲克鐘上的"京師"是指"鎬京"，多友鼎與克鐘時代相同，出土地相近，鼎銘之"京師"與鐘銘之"京師"乃一地，即鎬京。

劉雨《多友鼎銘的時代與地名考證》[984][多友鼎]

981 李學勤：《論多友鼎的時代及意義》，原載《人文雜志》1981年第6期；後收入《新出青銅器研究（增訂版）》，人民美術出版社，2016年，第111頁。

982 李仲操：《也釋多友鼎銘文》，《人文雜志》1982年第6期，第95頁。

983 劉翔：《多友鼎銘兩議》，《人文雜志》1983年第1期，第83頁。

984 劉雨：《多友鼎銘的時代與地名考證》，《考古》1983年第2期，第157頁。

以下三處京師的所指就明確無疑了：1.《詩·大雅·民勞》："民亦勞止，汔可小息，惠此京師，以綏四國。"詩序云："民勞，召穆公刺厲王也。"（參段玉裁《毛詩故訓傳》）故此京師即鎬京。2.克鐘的"王親令（命）克遹涇東至于京自"，"涇東"應連讀，是説涇水東邊。《左傳·桓公六年》"漢東之國隨爲大"、《楚辭》"有鳥自南兮，來集漢北"句中之"漢東""漢北"説法與此相似。"遹"，《爾雅·釋詁》訓爲"自也"，又"循也"，此當爲循義，《左傳·昭公二十年》："循山而南"，杜注："依山南行也。"故"遹涇東"是指沿涇水東岸而行（不是乘舟），這種説法類似于《詩·緜》的"率西水滸，至于岐下"。克鐘乃西周中期之器，京師的地望又在涇水東邊不遠，這個京師亦即鎬京。3.西周晚期多友鼎（我以爲是宣、幽時器）的京師，分明是王所居之地，周朝的政治中心，戎（玁狁）向東來犯，按此方位，亦必指鎬京。至于《春秋》《左傳》所説的"京師"，已在平王東遷洛邑之後，則其當然是指洛邑了。近來劉雨同志曾指出多友鼎的京師即鎬京（《多友鼎的時代與地名考訂》，《考古》1983年1期），所説甚是。

劉桓《多友鼎"京自"地望考辨》[985][多友鼎]

即京師，地區名，今陝西郃縣一帶高地，其主要城邑爲豳。此地名亦見于多友鼎銘："玁𤞷方興，廣伐京自……多友西追。"多友率武公之戎車西追玁狁，説明此京師在宗周之西，而不在别的方向。京師是公劉所遷之地，見《詩·大雅·公劉》："逝彼百泉。瞻彼溥原。乃徙南岡，乃覯于京。京師之野，于時處處，于時廬旅，于時言言，于時語語……于京斯依……豳居允荒。"京師是一較大的高地，宜于遷居，其主要城邑爲豳，公劉建爲都城，由此可知，京師在宗周的西北部，在涇水中游以下。或以爲此是山西的京師，則非是。晋公盦銘有"王命劆公，□宅京自。"又晋羌鼎銘："譖覃京自，辥（乂）我萬民。"此京師爲唐叔虞所封之地，在今山西平遥附近，與公劉之京師絶不相同。京師是泛指高地，不必特指爲晋早期之都。

馬承源《商周青銅器銘文選》[986][克鐘]

本銘京師的地望有在山西與陝西兩説，本書取陝西説。

馬承源《商周青銅器銘文選》[987][多友鼎]

京師見于《詩·大雅·公劉》："篤公劉，逝彼百泉，瞻彼溥原。乃陟南岡，乃覯于京。京師之野，于時處處，于時廬旅。""篤公劉，于京斯依。""篤公劉，于豳斯館。"又見克鎛鐘："王親令克遹涇東，至于京師。"李學勤説京師在豳縣、旬邑之間。田醒農、黄盛璋從錢穆説，以

985 劉桓：《多友鼎"京自"地望考辨》，《人文雜志》1984年第1期，第125—126頁。
986 馬承源主編：《商周青銅器銘文選（三）》，文物出版社，1988年，第213頁。
987 馬承源主編：《商周青銅器銘文選（三）》，文物出版社，1988年，第284頁。

爲京師在山西，見于晋姜鼎等，《禮記·檀弓》謂之九原，《太平寰宇記》謂之九京，在今新絳縣。兩種説法中，殆以李説爲是。

王輝《商周金文》[988][多友鼎]

綜合看來，多友鼎銘京師、楊冢等地之地望，既不是山西臨汾一帶，也不在宗周鎬京，衹有李學勤先生所説在今陝西旬邑地區的觀點較爲可信。李先生指出多友鼎、克鐘所言之京師，就是《公劉》篇豳地附近的京師，在今陝西彬縣與旬邑縣之間；此外，他對筍、郑、龔三地的考證也符合多友追擊玁狁的行軍路綫，世、楊冢不可考，也當在豳地京師附近。

曹漢剛《多友鼎相關問題考證》[989][多友鼎]

今陝西旬邑縣西南。

吴鎮烽《銘圖索引》[990][多友鼎]

【釋地】山西省地區

京自亦見晋姜鼎，曰"諡覃京自，辥我萬民"；又見晋公𥂴，曰"王命鄘公，□宅京自"。據此足知京自是晋地，且是晋之首都，蓋即《漢志》太原郡之京陵，《禮記·檀弓》之九京也。舊誤讀京自爲京師，近時唐蘭又以爲指邠地，舉《大雅·公劉》"于京斯依"與"于豳斯館"爲證，謂京爲豳之别名。按豳之有京名者，乃以公劉都之而然，公劉之詩乃後之詩人所作，于"京"之一字正露其馬脚。然《詩》亦僅以豳爲京，而未稱之爲"京自"也。此京自乃專名，卜辭亦有之，月"韋自簝，亡𡆥，王其示京自，有弗若"，其所指當亦是京陵，不得遠至豳地矣。至京自若京陵之所以稱爲"京"者，亦以其曾爲夏都之故，《左》定四年《傳》謂封唐叔于夏虚，其證也。京字古作[京]，即象宫觀厜㕒之形，在古表樸之世非王者所居莫屬。王者所居高大，故京有大義，有高義。更引申之，則丘之高者曰京，囷之大者曰京，麃之大者曰麖，水産物之大者曰鯨，力之大者曰勍，均京之一字之引申孳乳也。世有以高丘爲京之本義者，未免本末顛倒。

郭沫若《兩周金文辭大系圖録考釋》[991][克鐘]

"京自"。即京堆，《兩周金文大系·晋姜鼎》考釋："京自即京陵。《漢志》屬太原郡。師古云'即九京'。《禮記·檀弓》：晋獻文子成室……曰武也得歌于斯，哭于斯，聚族于斯，是全要領以從先大夫于九京也。在今山西新絳縣北二十里許，與汾城縣接壤，蓋其地實晋國之首都也。"又《大克鐘》中有"王親令克遹涇東至于京自。"其考釋曰："京自是晋地，

988 王輝：《商周金文》，文物出版社，2006年，第223—224頁。
989 曹漢剛：《多友鼎相關問題考證》，《中國國家博物館館刊》2014年第3期，第62—63頁。
990 吴鎮烽：《商周青銅器銘文暨圖像集成索引》，上海古籍出版社，2019年，第933頁。
991 郭沫若：《兩周金文辭大系圖録考釋（二）》，《郭沫若全集·考古編》（第八卷），科學出版社，2002年，第242—243頁。

	且是晉之首都，蓋即漢志太原郡之京陵，《禮記·檀弓》之九京也。”因之可知京𠂤應在今山西省太原以南之洪洞、襄汾一帶。 田醒農、雒忠如《多友鼎的發現及其銘文試釋》[992][多友鼎] 京師。此京師指晉之都城。一説即《漢書·地理志》“太原郡……京陵”，但此京陵非晉都。 馬承源《商周青銅器銘文選》[993][晉姜鼎] 京𠂤，郭沫若云：“京𠂤即京陵，《漢志》屬太原郡。師古云‘即九京’。《禮記·檀弓》‘晉獻文子成室……曰武也得歌于斯，哭于斯，聚族于斯，是全要領以從先大夫于九京也。’在今山西新絳縣北二十里許，與汾城縣接壤，蓋其地實晉國之首都也。晉公𥂴云‘王命唐公□宅京𠂤’即其證。其所以有京名者，余意在古實爲夏都。《左傳·定四年》言分封唐叔，曰‘命以唐誥而封于夏虛’，所謂夏虛猶言殷虛矣。” 陳秉新、李立芳《出土夷族史料輯考》[994][晉姜鼎] “京師”，有學者謂即鎬京。其實古人所謂“京師”不是特指一個固定的地方。 《詩·大雅·公劉》：“篤公劉，于胥斯原。又曰：“涉則在巘，復降在原。”又曰：“篤公劉逝彼百泉，瞻彼溥原，乃陟南岡，乃遘于京，京師之野，于時處處，于時廬旅……篤公劉于京斯依。”可見“京”與“原”相同。絳有故絳、新絳，這裏講的“復降”當指新絳（晉新田）。公劉居邠，邠距汾域之荀不遠。邠同豳，公劉亦稱豳公也。 《爾雅·釋丘》：“絶高爲之京”，孔穎達疏：“莫之與京，謂無與之比大。”《風俗通義·山澤第十》：“京，謂非人力所能成，乃天地性自然也。”《國語·晉語八》：“趙文子與叔向遊于九原”，韋注：“‘原’當作‘京’也。”《方輿紀要》：“鼓堆泉出九原山，其山有堆如覆釜形，水分二派，東曰清泉，西曰灰泉，以注于汾水，《水經注》謂之古水，其堆亦曰古堆。”《新絳縣志》：“鼓水（泉水）又名鼓堆泉，爲本縣最大的湧水泉，發源于九原山下。據舊志記載，因‘泉北突有二山，高圓如鼓，則泉以形似而名’。”然，九個鼓堆形的山即九原山，位于今新絳縣境内清風莊一帶。 李建生、王金平《周伐玁狁與“長父侯于楊”相關問題》[995][多友鼎] “京師”，金文中數見，未必是同一地。但晉姜鼎（《集成》2826）銘文中的“京師”，與本銘的“京師”則應該是同一地方，許多研究者認

992 田醒農、雒忠如：《多友鼎的發現及其銘文試釋》，《人文雜志》1981年第4期，第117頁。
993 馬承源主編：《商周青銅器銘文選（四）》，文物出版社，1990年，第586頁。
994 陳秉新、李立芳：《出土夷族史料輯考》，安徽大學出版社，2005年，第232頁。
995 李建生、王金平：《周伐玁狁與“長父侯于楊”相關問題》，《中原文物》2012年第1期，第26—27頁。

爲它是晉國的國都，似可信。“定宅”一語見《尚書·洛誥》“公既定宅”，它講的是周建都于洛陽之事，而“成（定）宅京師”講的是晉國最早建都于京師之事，兩者正可比較。《詩經·大雅·崧高》“王命召伯，定申伯之宅”講的是召伯帮助申伯定都之事，也可資參考。又“宅”義爲“居”，而“定居”一詞，古書多見。《戰國策·趙策一》“夫董閼安于，簡主之才臣也，世治晉陽，而尹澤循之，其餘政教猶存，君其定居晉陽”之“定居”亦可與“成（定）宅京師”之“成（定）宅”相比較。

謝明文《晉公盞銘文補釋》[996]［晉公盞］

指唐叔虞封地，今山西翼城縣西。

吴鎮烽《銘圖索引》[997]［晉公盆］

【釋地】河南省地區

《晉姜鼎》作于周室東遷之後，銘文中的京師專指洛邑，與《春秋》同。魯覃京師，即姜延及京師之意。銘中插此四字，並非泛泛之辭，蓋實有其具體内容。

陳連慶《〈晉姜鼎〉銘新釋》[998]［晉姜鼎］

【他釋】

李、王二位先生在引用文獻中有一處明顯的失誤，並因此引申出了一處錯誤的結論，謹在此指出。文章稱“京師”，有學者謂即鎬京。其實古人所謂“京師”不是特指一個地方。《詩·大雅·公劉》：“篤公劉，于胥斯原。”又曰：“涉則在巘，復降在原。”又曰：“篤公劉，逝彼百泉，瞻彼溥原。乃陟南岡，乃覯于京。京師之野，于時處處，于時廬旅……篤公劉，于京斯依。”可見，“京” 與“原”相同。絳有故絳、新絳，這裏講的“復降”當指新絳（晉新田）。

其中“涉則在巘，復降在原”。《公劉》 篇本作“陟則在巘，復降在原”。巘，毛傳謂“小山别于大山也”。意即指小山。“原”，鄭玄在“于胥斯原”下謂“廣平曰原”。在此處則即相當于後世之“平原”。“陟、 降”乃兩相反之動詞。鄭玄謂“陟，升；降，下也。公劉之相此原地也，由原而升巘，復下在原，言反覆之。”因此“復降”非爲地名，更不可能是“新絳”。因文中引《公劉》 後得出“‘京’與‘原’相同”的結論，又因有“復降在原”一語，而“復降”即“新絳”，則“新絳”與“原”自當爲一地。由此推論“京師” 即“新絳”，這當然是不可靠的。

白軍鵬《〈周伐獫狁與“長父侯于楊”相關問題〉一處引文失誤》[999]［多友鼎］

996 謝明文：《晉公盞銘文補釋》，復旦大學出土文獻與古文字研究中心編：《出土文獻與古文字研究》（第五輯），上海古籍出版社，2013 年，第 242 頁。

997 吴鎮烽：《商周青銅器銘文暨圖像集成索引》，上海古籍出版社，2019 年，第 933 頁。

998 陳連慶：《〈晉姜鼎〉銘新釋》，《中國古代史研究：陳連慶教授學術論文集》，吉林文史出版社，1991 年，第 1184 頁。

999 白軍鵬：《〈周伐獫狁與“長父侯于楊”相關問題〉一處引文失誤》，《中原文物》2012 年第 5 期，第 91 頁。

0347 **炏** 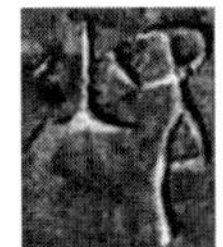 炏伯啗盤	**【時代】西周中期** **【出處】炏伯啗盤** 炏伯啗作寶般（盤）。[炏伯啗盤，《銘圖》14382] **【類别】城邑名稱** 封邑名。 吴鎮烽《銘圖索引》[1000][炏伯啗盤]
0348 **炎** 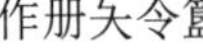 作册夨令簋  召卣 0348.02 郯	**【時代】西周早期** **【出處】作册夨令簋** 唯王于伐楚，伯才（在）炎，唯九月既死霸丁丑，作册夨令尊宜于王姜，姜商（賞）令貝十朋、臣十家、鬲百人，公尹伯丁父貺于戍，戍冀嗣乞，令敢揚皇王宦，丁公文報，用稽後人享，唯丁公報，令用深揚于皇王，令敢揚皇王宦，用作丁公寶簋，用尊事于皇宗，用饗王逆送，用匓僚人，婦子後人永寶，雋册。[作册夨令簋，《集成》4300、4301] **【類别】城邑名稱** 此器“才炎”即在郯，《秦本紀》《潛夫論》《漢書·地理志》都説郯爲盈姓之國；而《左傳》昭十七郯子以少皞爲其始祖，與秦人同。 西周初之郯與春秋之郯不在一地。《齊世家》“桓公二年滅郯，郯子奔莒”，《集解》云“徐廣曰一作譚”。齊桓公二年當魯莊公十年（公元前684年），所以《春秋》莊十曰“齊師滅譚”，杜注云“譚國在濟南平陰縣西南”。是譚即郯，在今歷城縣東75里龍山鎮。《春秋大事表》以譚爲子姓，當有所本。《世本》説時（亦作邿、詩）爲子姓，《左傳》襄十八齊禦晋師于平陰、晋“克邿”，杜注云“平陰西有邿山”，當爲子姓邿國最初之地。《齊乘》引《三齊記》以爲平陰是“殷帝乙之都”，表示此地當爲殷人的居邑。《濟水注》述原武“水出譚城南平澤中，世謂之原武淵，北徑譚城東，俗謂之布城也（布或本作有）”。布或奄之誤。 春秋時代的郯，見載于《春秋》宣四、成八、襄七和《左傳》昭十七；《竹書紀年》越“朱句三十五年滅郯”，是在公元前414年。此所滅者即《漢書·地理志》東海郡的“郯，故國，少昊後，盈姓”，今郯城縣西南。此郯可能是周初滅炎以後南遷之國，猶成王既伐奄與蒲姑，遷徙其國。 陳夢家《西周銅器斷代》[1001][作册夨令簋]

1000 吴鎮烽：《商周青銅器銘文暨圖像集成索引》，上海古籍出版社，2019年，第933頁。
1001 陳夢家：《西周銅器斷代》，中華書局，2004年，第30頁。

【釋地】山東省臨沂市郯城縣

炎當即春秋時郯國之故稱，漢屬東海郡，今爲山東（濟寧道）[1002]郯城縣，縣西南百里許有故郯城云。

郭沫若《兩周金文辭大系圖録考釋》[1003][作册夨令簋]

炎與召尊、召卣的炎𠂤當即郯。《漢書・地理志》東海郡郯縣，注："故國，少昊後，盈姓。"今山東省郯縣西。

唐蘭《西周青銅器銘文分代史徵》[1004][作册夨令簋]

炎就是郯，《漢書・地理志》："東海郡郯，故國，少昊後，盈姓。"在現在山東省南部接近江蘇省的地方。

唐蘭《論周昭王時代的青銅器銘刻》[1005][作册夨令簋]

昭王往伐楚伯的中途駐地。召尊銘"唯九月，在炎𠂤"，和本銘記載的地點相同。炎是伐荆楚途中周王屯兵之地，當近南國。

馬承源《商周青銅器銘文選》[1006][作册夨令簋]

郯之國都位于今郯城縣境，其地域範圍舊志失載。衹有從與其相鄰的諸國的地望間，來作大致的推測。

西周金文"郯"，均作"炎"，其不從邑作。通常古文字中用作地名的，加注"邑"旁，是表明文字自身發展中的進步與完善，但以加"邑"爲例，似是山東古國開始的較早，大致爲西周晚期，到春秋戰國有關地名則大都從"邑"；至于三晋則大不相同，如韓、趙時至戰國中晚期，其地名亦多不從"邑"，但仍可由文獻確證它們是地名。

孫敬明《讀西周金文隨筆》[1007]

炎又見于作册夨令簋，二器又同有"在九月"，但所記是否同時事則衆説不一。炎，春秋時郯國，今山東郯城縣西南故郯城。《漢書・地理志》東海郡郯縣下班氏自注："故國，少昊後，盈姓。"𠂤，通作師，軍旅駐紮之地。

王輝《商周金文》[1008][召尊]

即郯，今山東郯城縣西。

吴鎮烽《銘圖索引》[1009][作册夨令簋]

1002 編者按：（）與内容均爲作者所添加，本書録入時依舊。

1003 郭沫若：《兩周金文辭大系圖録考釋（二）》，《郭沫若全集・考古編》（第八卷），科學出版社，2002年，第24頁。

1004 唐蘭：《西周青銅器銘文分代史徵》，《唐蘭全集（七）》，上海古籍出版社，2015年，第296頁。

1005 唐蘭：《論周昭王時代的青銅器銘刻》，《唐蘭全集（四）》，上海古籍出版社，2015年，第1486頁。

1006 馬承源主編：《商周青銅器銘文選（三）》，文物出版社，1988年，第66頁。

1007 孫敬明：《讀西周金文隨筆——郯史舉隅》，《考古發現與齊史類徵》，齊魯書社，2006年，第443、445頁。

1008 王輝：《商周金文》，文物出版社，2006年，第86頁。

1009 吴鎮烽：《商周青銅器銘文暨圖像集成索引》，上海古籍出版社，2019年，第933頁。

	【釋地】山東省濟南市歷城區 關于"炎"的地望，人們從上世紀20年代討論至今，始終未能形成一致的意見。比較有影響的看法有兩家：一是郭沫若提出的炎在山東郯城説；一是陳夢家提出的炎在山東歷城説。……陳夢家主張令簋伐楚"在炎（郯）"之歷城説，比郭氏的郯城説更可信。……位于山東歷城的"炎"，北控濟水，南靠泰山，東距齊國不遠，南與魯國相近，歷來都是交通與戰略的要津。故成王伐楚伯在此駐師，白懋父征東夷在此屯兵，都是理想的選擇。 杜勇《令簋、禽簋中的"伐楚"問題》[1010][作册夨令簋] **【釋地】河南省鄭州市** 本銘的"在炎"，就是有熊的故地。所以周公攝政一年討伐叔鮮在厈（管），同時也討伐楚伯在炎（熊），亦即在現今河南省鄭州和新鄭二縣境内，相距是頗近的。郭君初讀炎爲郯，我和多人都同意；後來他又謂厈和炎都是奄國，我不贊成。但我終嫌郯地太遠，周公匆促出兵是來不及的。後知楚的開國史實，纔明白炎是有熊氏故虚，因得解决個癥結。 譚戒甫《周初夨器銘文綜合研究》[1011][作册夨令簋]
0349 炎土 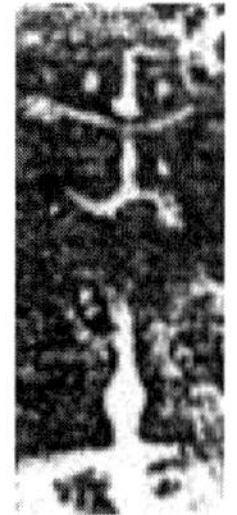 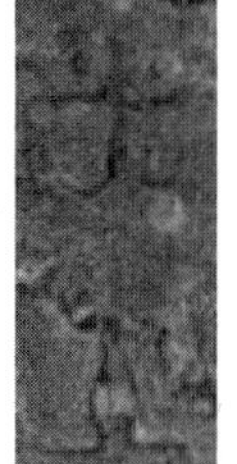 䵼方尊	**【時代】西周中期** **【出處】䵼方尊** 唯九月既生霸癸酉，公命䵼從厥友启炎土，䵼既告于公，休，亡尤，敢對揚厥休，用作辛公寶尊彝，用夙夕配宗，子子孫孫，其萬年永寶。[《集成》6005] **【類别】城邑名稱** "炎土"應該即是洛陽出土的著名青銅器令簋銘文裏的"炎"。大家熟悉，令簋記載的是周昭王南征楚國開始時的史事，依我的推斷，是在昭王十五年九月，其時"王伐楚伯，在炎"，到該年十月，有召尊、召卣銘記"伯懋父在炎"，也是在伐楚途中。這個炎地，過去有學者釋爲在山東的郯，方位不合。我曾遵陳夢家説，指係在湖北竹山的庸，又失之過遠。昭王南征，自成周即今洛陽起程，炎衹能靠近洛陽。䵼方尊的"炎土"，正符合這樣的條件，當爲距洛陽不遠的地名。 我現在猜想"炎土"就是"有閻之土"。《左傳・定公四年》追述周初封康叔于衛，提到"取于有閻之土以共王職"，杜預注云："有閻，衛所受朝宿邑，蓋近京畿。"江永《春秋地理考實》説"昭九年周甘人與晋閻嘉争閻田，乃閻地近甘，則有閻之土亦當近其地"，故楊伯峻《春秋左

1010 杜勇：《令簋、禽簋中的"伐楚"問題》，《中國歷史文物》2002年第2期，第10頁。
1011 譚戒甫：《周初夨器銘文綜合研究》，《武漢大學人文科學學報》1956年第1期，第169頁。

<table>
<tr><td></td><td>傳注》認爲“當在今河南洛陽市附近”。看來該地的占有權曾幾次轉移，尊銘所記衹是其間的一次。
李學勤《再釋䵼方尊》[1012]［䵼方尊］</td></tr>
<tr><td>0350
炎𠂤
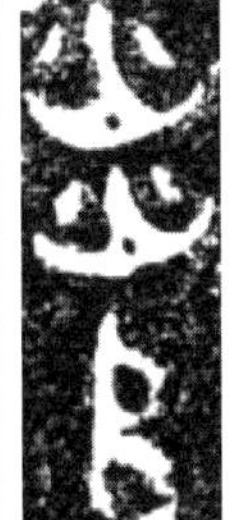
召卣
0350.02
炎師</td><td>

【時代】西周早期

【出處】召卣

唯九月，才（在）炎𠂤（師），甲午，伯懋父易（賜）召白馬、妦黄、髮微，用𣕋丕㔻召多，用追于炎，丕肆伯懋父友召，萬年永光，用作團宮旅彝。［召卣，《集成》5416］

【類別】城邑名稱

</td></tr>
<tr><td>0351
沽

鄂君啓舟節
0351.02
油
0351.03
湇
0351.04
湖</td><td>

【時代】戰國中期

【出處】鄂君啓舟節［《集成》12112、12113］

【類別】自然地理名稱·河湖

【釋地】東湖

過湖之湖殆指東湖。

郭沫若《關于鄂君啓節的研究》[1013]［鄂君啓舟節］

【釋地】梁子湖等

湖指現今鄂城、武昌之間吴塘、梁子、牛山、湯孫等湖，與東湖不相干。

古代自鄂穿梁子等湖可通大江，見《水經·江水注》。酈道元雖並未提到梁子等湖，但于經文“沔水從北來注之”下注云：“江之右岸當鸚鵡洲南有江水右迤，謂之驛渚，三月之末，水下通樊口水”；又于經文“鄂城北”下注云：“江水右有樊口，……江津南入，歷樊山，上下三百里……”古鸚鵡洲在今武昌西南，其南江水右迤處，當即今之鲇魚口，樊口在今鄂城西，自鲇魚口下通樊口，則今之梁子等湖實所必經，故知銘文中的“湖”，當即指這幾個湖。《江水注》又説這段水道“謂之驛渚”，可見係古代驛傳所經。今自樊口上溯僅得西通梁子湖、牛山湖，從鲇魚口進口衹能南通

</td></tr>
</table>

1012　李學勤：《再釋䵼方尊》，中國古文字研究會、清華大學出土文獻研究與保護中心等編：《古文字研究》（第三十一輯），中華書局，2016年，第92頁。

1013　郭沫若：《關于鄂君啓節的研究》，《文物參考資料》1958年第4期，第4頁。

湯孫湖，梁子、牛山與湯孫之間，已隔絶不通流。

東湖在黄鵠山、洪山之北，與山南樊口、鮎魚口間諸湖皆不通流，故知與銘文中的"湖"無涉。

譚其驤《鄂君啓節銘文釋地》[1014][鄂君啓舟節]

大約爲今鄂城、武昌之間吴塘、梁子、牛山、湯孫等湖域。《水經注·江水》提到自鄂穿梁子湖等湖可通大江。

馬承源《商周青銅器銘文選》[1015][鄂君啓舟節]

【釋地】武湖、茄湖等

我們認爲譚先生的意見，值得商榷，據地形來看，幕阜山脉由南向北連綿不斷地直伸到武昌的長江之濱，有冶塘山、櫟山、洪山、磨兒山、蕭山、梅亭山、鳳凰山等一脉相連，據白眉初《鄂湘贛三省志》中的武昌縣云："有幕阜山脉，自江西邊界北走，貫咸寧而入境，直至城東爲洪山，西走貫全城如長蛇奮欲，而西瞰江，其首隆然，是曰蛇山，地勢海拔144尺。"從而可見，其間不可能有水道横斷諸山，而東下梁子湖等十九湖。雖説其間如清平山，山勢低矮，即使在古代，當長江水漲時，或亦有水流從其山坳缺口溢于梁子湖，但無論如何，水流不很深，其流甚暫，决難通行三舟相連的艅艎這種大船。所以，鄂君從鄂出發，所經"逾湖"之地，應是長江北，即今湖北黄岡縣陽邏鎮以西的武湖、茄湖、鴨兒湖、白水湖、西湖、牛湖、官湖，這些湖，在古代是連成一片，並爲雲夢澤之一部分，它往西可通漢水，因此，鄂君的舟路，應是從黄岡進入江北的武湖，白水湖、西湖一帶的雲夢澤，而西入漢水。關于黄岡多湖，《湘鄂贛三省志》黄岡縣云："而西多平原，傍江一帶，多湖水。"直到民國時，上述地區，地勢仍尚如此低下，顯係古代湖泊遺迹。因此"逾沽"的位置，應是從這裏"逾湖"到漢水，它是一條古航道。

熊傳新、何光岳《〈鄂君啓節〉舟節中江湘地名新考》[1016][鄂君啓舟節]

【釋地】洞庭湖

江南鄂域的湖衹有洞庭湖，《舟節》銘文將其簡寫爲"沽"。

張中一《〈鄂君啓金節〉路綫新探》[1017][鄂君啓舟節]

【釋地】淯水

油，一開始就被讀作沽即湖字，定爲鄂城以西湖群，諸家並從，不以爲疑。其實，這類字形的釋讀，在古文字學界是有討論的。……

舟節此字讀古似不可從，應該改讀爲由。

1014 譚其驤：《鄂君啓節銘文釋地》，原載《中華文史論叢》（第2輯），1962年；後收入《譚其驤全集》（第一卷），人民出版社，2015年，第535—536頁。

1015 馬承源主編：《商周青銅器銘文選（四）》，文物出版社，1990年，第434頁。

1016 熊傳新、何光岳：《〈鄂君啓節〉舟節中江湘地名新考》，《湖南師院學報（哲學社會科學版）》1982年第3期，第86—87頁。

1017 張中一：《〈鄂君啓金節〉路綫新探》，《求索》1989年第3期，第126頁。

由、育二字，上古韻部爲幽覺對轉，又是喻紐雙聲，可以通假。……如果讀由爲育， 油水即是淯水。《文選·南都賦》注引《山海經》："攻離之山，清水出焉，南流注于漢。"《水經·淯水》："淯水出弘農盧氏攻離山。東南過南陽西鄂縣西北。又東過宛縣南。又屈南過淯陽縣東。又南過新野縣西。西過鄧縣東南。入于河。"《説文》淯字下段注："今河南南陽府府城東三里俗名白河者是。"淯水經過西鄂等地注入漢水，正相應于舟節"自鄂市逾油"而入漢這段航程。鄂自然應即西鄂。

陳偉《〈鄂君啓節〉之"鄂"地探討》[1018][鄂君啓舟節]

油，通淯，油水即淯水，今稱白河，水經西鄂注入漢水。

湯餘惠《戰國銘文選》[1019][鄂君啓舟節]

油水即淯水，見于《水經注》，亦即今白河，流經河南南陽市、新野縣，在今湖北襄陽入漢水。

晏昌貴、郭濤《〈鄂君啓節〉銘文地理研究二題》[1020][鄂君啓舟節]

即淯水，今名白河，流經河南南陽市。

吴鎮烽《銘圖索引》[1021][鄂君啓舟節]

【釋地】夏口

沽（湖），某先生謂指今鄂城、武昌之間吴塘，梁子、牛山、湯孫各湖，雖近是而尚可深求。

今漢口市以西及北原皆爲湖，迤邐而下連黄岡諸湖，《左傳》兩及夏汭，杜預以爲即夏口。似夏口之名最早，以後始有沔口、漢口等名。漢水源流甚長而入江處以夏汭名。《禹貢》叙漢水至大别既南入于江矣，而又"東匯澤爲彭蠡，東爲北江"，既入而又分，頗不易解。舊説江水夏盛時始分流爲夏水，夏之名即由此得。雖逕江漢間諸湖而水可不絶而究以夏時爲主，下臺于漢而竟奪入江之汭名，頗不似。

或竟夏汭，夏口非以夏水得名，而爲漢水夏季水盛時入江之口。以夏季得名。漢水夏流盛而南入于江，入江處即以夏季而名夏汭或夏口。平水時東入諸湖，漫衍似主流。《禹貢》入江爲北江之説或竟由此種現象而誤解。姑志之，俟再考。

姚漢源《戰國時長江中游的水運》[1022][鄂君啓舟節]

1018 陳偉：《〈鄂君啓節〉之"鄂"地探討》，《江漢考古》1986年第2期，第89—90頁。
1019 湯餘惠：《戰國銘文選》，吉林大學出版社，1993年，第46頁。
1020 晏昌貴、郭濤：《〈鄂君啓節〉銘文地理研究二題》，《華北水利水電學院學報》2012年第5期，第1頁。
1021 吴鎮烽：《商周青銅器銘文暨圖像集成索引》，上海古籍出版社，2019年，第934、971頁。
1022 姚漢源：《戰國時長江中游的水運——鄂君啓節試釋》，周魁一主編：《水的歷史審視：姚漢源先生水利史論文集》，中國書籍出版社，2016年，第553—554頁。

0352

河

同簋

庚壺

【時代】西周中期 春秋晚期

【出處】同簋［《集成》4270、4271］**庚壺**

公曰：甬甬庸庸，賞之以邑，𤔲衣、裘、車、馬，于靈公之所，庚率二百乘舟入鄘（莒）從洀（河），以亟伐𩡧廩丘，殺其□□□□𨶜者，俘□□□□，□其士女，□昀矢舟羿𨗨丘，□□于梁，歸獻于靈公之所，賞之以兵皋車馬，庚戍陸寅，其王駟皋方綾縢相乘駉釗不□，其王乘駉，與以□𩡧師，庚捷其兵皋車馬，獻之于莊公之所。［庚壺，《集成》9733］

【類別】自然地理名稱·河湖

【釋地】菏水

"菏"者，《禹貢》云"浮于淮泗，達于菏"（今本訛爲河），又云"導菏澤，被孟諸"，又云"又東至于菏"。《漢書·地理志》濟陰郡下云"《禹貢》菏澤在定陶東"，又山陽湖陵下云"《禹貢》菏水在南"。其地在今山東菏澤及魚臺一帶也。

唐蘭《同簋地理考》[1023]［同簋］

【釋地】泫水

洀，郭沫若釋爲大河之河，《金文編》隸于河下，恐非。"虒東至于河"應指濁漳水上游。"厥逆至于玄水"應指今高平縣南丹水北的泫水。所指區域是今襄垣南至高平河兩岸。

陳夢家《西周銅器斷代》[1024]［同簋］

【釋地】黄河

洀即河字，何簋之何作𢓜，與此所從者同。逆當讀爲朔。

郭沫若《兩周金文辭大系圖録考釋》[1025]［同簋］

即黄河。

馬承源《商周青銅器銘文選》[1026]［同簋］

河，黄河。

陳秉新、李立芳《出土夷族史料輯考》[1027]［庚壺］

【釋地】洀水

洀字，它與殷墟甲骨文河字諸形不類，應是一水名而非專指黄河之河。

1023 唐蘭：《同簋地理考（西周地理考之一）》，《唐蘭全集（二）》，上海古籍出版社，2015年，第439—441頁。
1024 陳夢家：《西周銅器斷代》，中華書局，2004年，第222頁。
1025 郭沫若：《兩周金文辭大系圖録考釋（二）》，《郭沫若全集·考古編》（第八卷），科學出版社，2002年，第191頁。
1026 馬承源主編：《商周青銅器銘文選（三）》，文物出版社，1988年，第163頁。
1027 陳秉新、李立芳：《出土夷族史料輯考》，安徽大學出版社，2005年，第240頁。

	此字偏旁㓝，見㓝簋及1965年寶鷄縣賈村鎮出土之㓝尊，賈村鎮在汧西，所以我們估計㓝亦應在汧西。 王輝《彝畀鼎通讀及其相關問題》[1028][同簋]
0353 **河南** 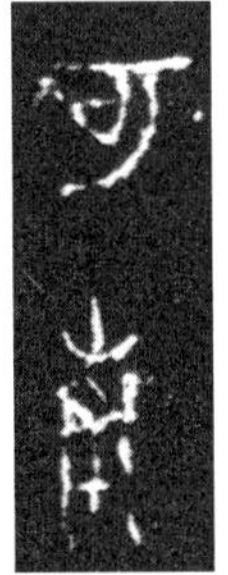 河南矛	**【時代】戰國晚期·秦** **【出處】河南矛**［《銘圖》17561］ **【類别】自然地理名稱·河湖** **【釋地】河南省洛陽市** 今洛陽市西郊澗水東岸。 吴鎮烽《銘圖索引》[1029][河南矛]
0354 **河陰**  河陰矛	**【時代】戰國晚期** **【出處】河陰戈**［《銘圖》16481］ **【類别】城邑名稱** **【釋地】内蒙古自治區鄂爾多斯市達拉特旗** 今内蒙［古］達拉特旗西北黄河南岸。 吴鎮烽《銘圖索引》[1030][河陰矛]
0355 **泃城都**  泃成都小器	**【時代】戰國時期** **【出處】泃城都小器**［《集成》10461］ **【類别】城邑名稱** **【釋地】河北省三河市** 泃，水名，源出今天津市薊縣北，西南流經北京市平谷縣南，折向東南經河北三河縣東，至天津市寶坻縣東北注入薊運河。泃城即唐武德二年建置臨泃縣，在今河北省三河縣東。 崔恒昇《甲金文地名考釋》[1031][泃城都小器]

1028 王輝：《彝畀鼎通讀及其相關問題》，《一粟集：王輝學術文存》，藝文印書館，2002年，第97頁。
1029 吴鎮烽：《商周青銅器銘文暨圖像集成索引》，上海古籍出版社，2019年，第933頁。
1030 吴鎮烽：《商周青銅器銘文暨圖像集成索引》，上海古籍出版社，2019年，第933頁。
1031 崔恒昇：《甲金文地名考釋》，安徽大學古文字研究室編：《古文字研究》（第二十二輯），中華書局，2000年，第153頁。

今河北三河縣東。

吴鎮烽《銘圖索引》[1032][泃成都小器]

0356

泥陽

泥陽矛

上郡守閒戈

【時代】戰國晚期 · 秦

【出處】泥陽矛[《集成》11460] **上郡守閒戈**[《銘圖》17276]

【類別】城邑名稱

【釋地】甘肅省慶陽市寧縣

《集成》編者隸定“泝”，按，“泝”，右下非“斤”旁，疑反向“人”旁（竪筆上短横可能是劃痕）。故“泝”可釋爲“泥”。……

“泥陽”，見《史記·樊酈滕灌列傳》“范駔軍于泥陽”，《正義》：“故城在寧州羅川縣北三十一里。泥谷水源出羅川縣東北泥陽。”《讀史方輿紀要》陝西慶陽府寧州：“泥陽城在州東南五十里，本秦邑。”在今甘肅寧縣東。戈銘呈秦國晚期風格。

何琳儀《古兵地名雜識》[1033][泥陽矛]

河南登封告成鎮八方村曾出土一件秦六年上郡守閒……最中心的空間衹能在靠近邊緣的地方刻畫，“泝陽”應是此戈的第二次置用地；而所謂的“泝陽”應該就是《漢書·地理志》北地郡之“泥陽”縣，地在今甘肅寧縣東南；與僅見于《漢書·夏侯嬰傳》的“沂陽”或是一地，即該戈銘“泝陽”與僅見于《夏侯嬰傳》之“沂陽”應是“泥陽”的訛寫。

王偉《秦兵器銘文地名考釋（二則）》[1034][上郡守閒戈]

0357

宗

宗仲匜

【時代】西周晚期

【出處】宗仲匜 宗仲盤[《集成》10071]

宗仲作尹姞匜。[宗仲匜，《集成》10182]

【類別】城邑名稱

封邑名。

吴鎮烽《銘圖索引》[1035][宗仲匜]

1032 吴鎮烽：《商周青銅器銘文暨圖像集成索引》，上海古籍出版社，2019年，第934頁。
1033 何琳儀：《古兵地名雜識》，黄德寬主編：《安徽大學漢語言文字研究叢書·何琳儀卷》，安徽大學出版社，2013年，第235頁。
1034 王偉：《秦兵器銘文地名考釋（二則）》，清華大學出土文獻研究與保護中心編、李學勤主編：《出土文獻》（第十二輯），中西書局，2018年，第190—191頁。
1035 吴鎮烽：《商周青銅器銘文暨圖像集成索引》，上海古籍出版社，2019年，第934頁。

0360

宗周

大盂鼎

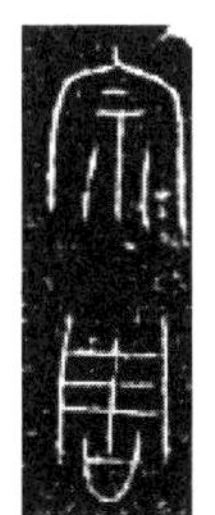

晉侯蘇鐘

燕侯旨鼎

【時代】西周時期

【出處】多器

【類別】城邑名稱

稱之曰宗周者，對成周而言，言周作鎬而爲天下之宗，作雒而王業成。啓尊鎬京爲宗周，雒邑爲成周。載籍亦名之曰“東西周”。

孫海波《周金地名小記》[1036]［臣辰盉］

宗周之稱，見于《詩》《書》。《多方》“王來自奄，至于宗周”，《雨無正》“宗周既滅”，《正月》“赫赫宗周”，傳箋皆以爲“宗周、鎬京”。據西周金文，宗周與豐、鎬不同地，而宗周乃宗廟所在之地。

宗周既非豐、鎬二邑，又爲宗廟所在，于此册命諸侯，疑即徙都豐、鎬以前的舊都岐周。

陳夢家《西周銅器斷代》[1037]

宗周即西周國都鎬京。故址在今陝西西安市以西，灃水東岸。

馬承源《商周青銅器銘文選》[1038]［大盂鼎］

宗周，指鎬京，在今陝西長安縣西北豐鎬村附近，武王遷都于此，平王東遷，其地遂爲西戎所占。

陳秉新、李立芳《出土夷族史料輯考》[1039]［晉侯蘇鐘］

在今陝西西安西。

何琳儀《晉侯蘇鐘釋地》[1040]［晉侯蘇鐘］

宗周爲豐（邑），不是傳統所稱的鎬京。金文、傳世文獻中有宗周與豐（邑）爲一地的記載，且二者所表現出的重要政治、祭祀功能具有類同性。宗周（豐）是貫穿西周王朝的重要政治、祭祀、軍事中心，設置有“三公”“三司”等重要的政治、軍事機構和大型祭祀、朝覲場所“鄷宮”。豐（邑）的位置不在今考古工作者所發現發掘的陝西長安區灃西馬王村、客省莊一帶，而在今陝西户縣東境的秦渡鎮左近。

周宏偉《西周都城諸問題試解》[1041]

1036　孫海波：《周金地名小記》，收入劉慶柱、段志洪、馮時主編：《金文文獻集成》（第四十册），綫裝書局，2005 年，第 398 頁。

1037　陳夢家：《西周銅器斷代》，中華書局，2004 年，第 371、372 頁。

1038　馬承源主編：《商周青銅器銘文選（三）》，文物出版社，1988 年，第 38 頁。

1039　陳秉新、李立芳：《出土夷族史料輯考》，安徽大學出版社，2005 年，第 226 頁。

1040　何琳儀：《晉侯蘇鐘釋地》，黄德寬主編：《安徽大學漢語言文字研究叢書・何琳儀卷》，安徽大學出版社，2013 年，第 26 頁。

1041　周宏偉：《西周都城諸問題試解》，《中國歷史地理論叢》2014 年第 1 期，第 91 頁。

“宗周”，即鎬京。過去我在《關于應侯鐘的解釋》一文中同意陳夢家的說法，認爲宗周是指岐周，也就是太王至文王之都，文王遷豐，武王營鎬之後，舊都岐周尚存，周之宗廟所在，故稱宗周。現在看來此說不確。

吴鎮烽、朱艷玲《𩰫簋考》[1042]［𩰫簋］

即鎬京，今西安市長安區斗門鎮。

吴鎮烽《銘圖索引》[1043]［燕侯旨鼎］

0359

定

競之定鬲

競之定簋

競之定豆

【時代】春秋晚期

【出處】競之定鬲、鐘、豆［《銘圖》4978、4979，6150、6151，《銘三》1721］

唯弍日，王命競之定救秦戎，大有功于洛之戎，用作尊彝。［競之定鬲，《銘圖》3015—3022］

【類別】城邑名稱

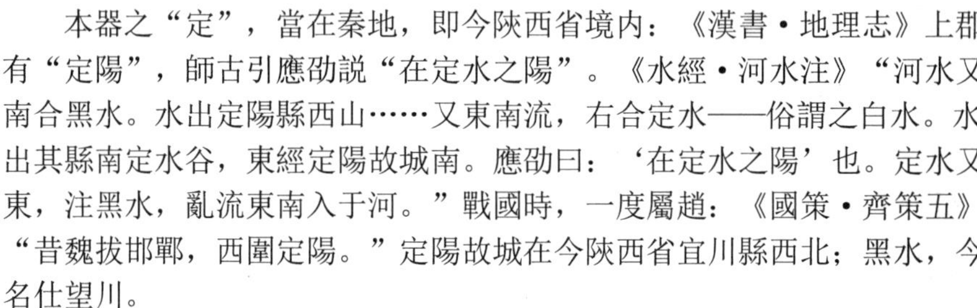

定，地名。古地名叫“定”者頗多：河北省有“定”縣；河南有“定陵”；安徽淮河附近的“定”則是晚征“人方”所經的一個地方。

本器之“定”，當在秦地，即今陝西省境內：《漢書·地理志》上郡有“定陽”，師古引應劭說“在定水之陽”。《水經·河水注》“河水又南合黑水。水出定陽縣西山……又東南流，右合定水——俗謂之白水。水出其縣南定水谷，東經定陽故城南。應劭曰：‘在定水之陽’也。定水又東，注黑水，亂流東南入于河。”戰國時，一度屬趙：《國策·齊策五》“昔魏拔邯鄲，西圍定陽。”定陽故城在今陝西省宜川縣西北；黑水，今名仕望川。

李瑾《關于〈競鐘〉年代的鑒定》[1044]［競之定鐘］

“定”爲地名，“之定”就是到“定”這個地方去。這個“定”究竟在什麽地方，目前難以考定。從鐘銘内容分析，秦國與他國發生戰争懇求楚國出兵營救，“定”地很可能在離楚不遠的秦境或他國境内。典籍中稱“定”的地名多見，此地的確切地點還有待進一步研究。

黄錫全、劉森淼《“救秦戎”鐘銘文新解》[1045]［競之定鐘］

0360

定陽

【時代】戰國晚期·秦

【出處】上郡守戈［《銘圖》17270］ **上郡守壽戈**［《集成》11363］

【類別】城邑名稱

1042　吴鎮烽、朱艷玲：《𩰫簋考》，《考古與文物》2012年第3期，第107頁。
1043　吴鎮烽：《商周青銅器銘文暨圖像集成索引》，上海古籍出版社，2019年，第934—935頁。
1044　李瑾：《關于〈競鐘〉年代的鑒定》，《江漢考古》1980年第2期，第57頁。
1045　黄錫全、劉森淼：《“救秦戎”鐘銘文新解》，《江漢考古》1992年第1期，第76頁。

上郡守戈

上郡守壽戈

【釋地】陝西省延安市宜川縣

傅大佑所拓“□□年上郡戈内背刻“定陽”，《戰國策·齊策》：“昔魏國邯鄲，西圍定陽。”是戰國原先爲趙地，自此蓋爲魏所得。隸入上郡，後于魏惠文三十年（前 328 年）魏盡納上郡十五縣，爲秦所有。應劭曰：“在定水之陽。”《水經·河水注》記黑水與白水（即定水）分出定陽西山與南山，而黑水東南逕其縣北，白水東逕定陽故城南，定陽後漢仍有，至北魏似即定陽故城，清《一統志》故城在宜川縣西北。戈内背刻“定陽”亦屬上郡轉交後加刻者。

黃盛璋《新出秦兵器銘刻新探》[1046][廣衍矛]

定陽爲上郡地名，原在秦魏界上。《戰國策·齊策》：“蘇子謂齊王曰，昔魏拔邯鄲，西圍定陽。”定陽初屬魏，秦惠文王時，魏獻于秦。西漢設定陽縣，故址在今宜川縣西北十五里，今猶有定陽村。

王輝《秦銅器銘文編年集釋》[1047][□□年上郡守戈]

戰國秦縣，今陝西宜川縣北。

吴鎮烽《銘圖索引》[1048][上郡守戈]

0361

宜

宜子鼎

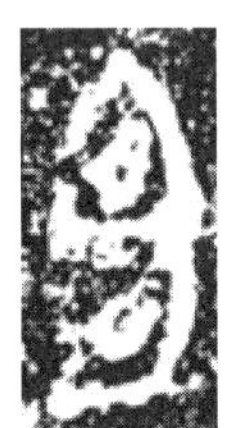

宜侯夨簋

【時代】商代晚期 西周早期

【出處】宜子鼎 宜侯夨簋[《集成》4320]**等**

亞卬（印），丁卯，王令宜子迨西方于省，唯返，王賞戍甬貝二朋，用作父乙齋。[宜子鼎，《集成》2694]

【類别】國族名稱

“虞侯夨”等同“魯侯伯禽”，是“虞侯夨”而不是“夨侯虞”。因之于吴地覓虞，因虞而定宜之地望，雖不中可以不遠。虞、宜古音亦相近，同爲疑紐字：

虞：ngiua　宜：ngiai

改封“虞侯夨”爲“宜侯夨”，蓋似鄰近地區改封，名實均相近。“宜”肯定在吴，否則不能在丹徒出此銅器，不能以“後人帶去”輕輕了之。北方河南之宜陽，誠屬春秋以來東西要道。但在宗周，東西通道取崤函北道，即文王避風雨之北陵，宜陽不當要衝。

楊向奎《“宜侯夨簋”釋文商榷》[1049][宜侯夨簋]

1046　黃盛璋：《新出秦兵器銘刻新探》，《文博》1988 年第 6 期，第 40 頁。
1047　王輝：《秦銅器銘文編年集釋》，三秦出版社，1990 年，第 53 頁。
1048　吴鎮烽：《商周青銅器銘文暨圖像集成索引》，上海古籍出版社，2019 年，第 935 頁。
1049　楊向奎：《“宜侯夨簋”釋文商榷》，《文史哲》1987 年第 6 期，第 6 頁。

宜令不啓戈

秦公簋

0362.02

俎

【釋地】江蘇省鎮江市丹徒區

國名。商末有宜子鼎，宜侯所封疑即此地。或以爲此簋出土的地點丹徒即宜侯的封地，實無證，古宜有數處，確切地望待考。

馬承源《商周青銅器銘文選》[1050]［宜侯夨簋］

宜，國名，殷代封置。在今江蘇丹徒縣東。

崔恒昇《甲金文地名考釋》[1051]［宜子鼎］

今江蘇鎮江市丹徒區。

吴鎮烽《銘圖索引》[1052]［宜侯夨簋］

【釋地】江蘇省邳州市

由這兩個簋銘[1053]，知道康王征東國鄙，有這兩個地方——眉敚和圂。……黃髮敚或在今日的微山湖邊境，這個眉敚也可能同是敚族的部落，“黃髮”和“眉”是它們的特殊標識吧。至于圂地，必和眉圂不遠。

《春秋經》載“襄公十年春，［魯］公會晋侯宋公衛侯曹伯莒子邾子滕子薛伯杞伯小邾子齊世子光會吴于柤。夏五月甲午，遂滅偪陽”。《左傳》說：“會于柤，會吴子壽夢也。夏四月戊午，會于柤。”杜注：“柤，楚地。偪陽，妘姓國，今彭城傅陽縣也。因柤會而滅之故曰遂。”京相璠說：“柤，宋地。今彭城偪陽縣西北有柤水溝，去偪陽八十里，東南流，逕偪陽縣故城東北，又南亂于沂而注于沭，謂之柤口城。此云楚地，乃轉寫之誤。”按《後漢書·郡國志》謂“彭城國：傅陽有柤水”。傅陽即偪陽，故城當在今微山湖東。邳縣西，而柤口城也在今邳縣和沭陽縣的中間。大約當時眉敚和柤毗連，占有彭城東北，淮夷西北一帶地方。

譚戒甫《周初夨器銘文綜合研究》[1054]［宜侯夨簋］

從俎侯夨簋銘文來看，西周俎國之都的確定要滿足以下兩個條件。一是其地應在成王時所伐商奄蒲姑徐淮東夷的“東國”範圍之中，因爲俎侯夨簋銘文明確地說在卜封俎于夨之前，“口〔王〕省武王、成王伐商圖，誕省東或（國）圖”，這就是説俎地一定是在康王所觀看的武王成王伐商圖與東國圖之中。二是俎地在賜給夨之前是殷商王族的居地，這也爲我們確定俎地提供了綫索。俎侯夨簋銘文説“易在俎王人口〔十〕又七生（姓）”，此句銘文中後一字釋“生”而讀爲“姓”以及所缺之字補爲“十”依郭沫若、唐蘭之説，“在俎王人”，學者或謂是新居于俎地的姬周王人，或謂是原居于俎地的殷商王人。筆者以爲後説是對的，俎地在成王所討伐的商人所聚集的東國地域之中，所以商王族多達“十又七姓”。這樣看來，説

1050　馬承源主編：《商周青銅器銘文選（三）》，文物出版社，1988年，第34頁。

1051　崔恒昇：《甲金文地名考釋》，安徽大學古文字研究室編：《古文字研究》（第二十二輯），中華書局，2000年，第154頁。

1052　吴鎮烽：《商周青銅器銘文暨圖像集成索引》，上海古籍出版社，2019年，第935頁。

1053　編者按：指宜侯夨簋、芈伯簋。

1054　譚戒甫：《周初夨器銘文綜合研究》，《武漢大學人文科學學報》1956年第1期，第199頁。

俎地在江蘇丹徒一帶就不對了，因爲不管是古文獻還是出土考古資料都説明成王周公所伐東國商奄蒲姑等東夷並未到達江南一帶，而殷商王族也不會遠居于江南丹徒一帶。

筆者以爲，依俎侯夨簋銘文，俎侯之俎應爲《春秋》中沭水與沂水之間的柤地，即今離山東地界不遠的江蘇邳縣北略西之“加口”，或作“泇口”。

王暉《西周春秋吴都遷徙考》[1055]［宜侯夨簋］

【釋地】河南省洛陽市宜陽縣

“王入于俎”的“俎”，在銘文中有五個。從文義上推測，可能是在洛邑邊鄙幾百里之間的一個地名。

陳邦福《夨簋考釋》[1056]［夨簋］

宜必在東國，與伐商路綫有關。同時又是畿内直轄領土。宜必近鄭，去虞亦不遠。宜陽當長安、洛陽南道之衝，在周東都畿内，近鄭，去虞也不遠，屬于東國，故定宜陽爲封夨于宜的宜。

黄盛璋《銅器銘文宜、虞、夨的地望及其與吴國的關係》[1057]

宜陽簡稱，今河南宜陽縣西福昌鎮。

吴鎮烽《銘圖索引》[1058]［宜令不起戈］

【釋地】河南省新鄉市延津縣

今图字像俎上盛肉，似係表示最尊之胙，所以我認爲就是金文的“胙”字。……图讀如“胙”，施之各銘和“卜辭”而皆通。

無論“宜國”或“俎國”，古書上都没見過，按《左傳》僖二十四年：“凡、蔣、邢、茅、胙、祭，周公之胤也。”《後漢書》三一《郡國志》稱，東郡燕縣“有胙城，古胙國”，《元和郡縣志》八，滑州“胙城縣，本古之胙國”，胙城，今延津縣北三十五里，武庚的商國當于今之安陽，胙城正處其南，與“東國鄙”方望恰符，再證以“胙”“俎”讀音相同，图國無疑是胙國了。

岑仲勉《〈图侯夨簋〉銘試釋》[1059]［宜侯夨簋］

【釋地】山東省濟南市萊蕪區

從宜侯吴簋銘文本身提供的綫索可知，周初宜國之封地，應該坐落在西周“東域”範圍内。周代成康以後的“東域”，其西界在河南安陽、洛陽一綫以東，南界不可能越過淮水，所以宜地似應在以汶、淄流域爲中心的“東土”區域範圍内尋找。結合卜辭“義”地地望可知，宜侯的封地應該在今山東萊蕪市境内，也即晚商戍甬鼎銘中的宜子之地。宜侯吴簋實乃

1055 王暉：《西周春秋吴都遷徙考》，《歷史研究》2000 年第 5 期，第 65 頁。
1056 陳邦福：《夨簋考釋》，《文物參考資料》1955 年第 5 期，第 68 頁。
1057 黄盛璋：《銅器銘文宜、虞、夨的地望及其與吴國的關係》，《考古學報》1983 年第 3 期，第 304 頁。
1058 吴鎮烽：《商周青銅器銘文暨圖像集成索引》，上海古籍出版社，2019 年，第 935 頁。
1059 岑仲勉：《〈图侯夨簋〉銘試釋》，原載《西周社會制度問題附録》，新知識出版社，1956 年；後收入劉慶柱、段志洪、馮時主編：《金文文獻集成》（第二十八册），綫裝書局，2005 年，第 231 頁。

東土禮器，與西周吴國開國史無涉。

陳絜、劉洋《宜侯吴簋與宜地地望》[1060][宜侯吴簋]

宜子爲東土宜地之首領，宜地應該在汶、淄源頭地帶。

陳絜《成甬鼎銘中的地理問題及其意義》[1061][宜子鼎]

【釋地】陝西省寶鷄市

據銘文，康王于丁未日省視了武王、成王伐商的地圖及東國的地圖後，不久于宜的宗社内册命夨。顯然宜地必近王畿，甚或即爲王畿的直接管轄地，絶不可能是遠在數千里之外的丹陽。再説，史籍中也無康王下江南的記載。……“宜”應是地名。宜爲秦地，證據是很多的。秦地之宜大致在今鳳翔、寶鷄、岐山三縣交界處之陽平鄉一帶。宜侯夨簋銘文中的“宜”地在東國，又與伐商之交通路綫有關，與秦地之宜均屬原周的王畿之地，方位相合，很可能即爲一地。

曹錦炎《關于“宜侯夨簋”銘文的幾點看法》[1062][宜侯夨簋]

【時代】春秋早中期·秦

【出處】秦子戈［《銘圖》17208—17212］**秦公簋**

秦子戈

秦公曰：丕顯朕皇祖，受天命，鼏宅禹迹，十又二公，在帝之坏（坯），嚴恭夤天命，保乂厥秦，虩事緣（蠻）夏，余雖小子，穆穆帥秉明德，剌剌（烈烈）桓桓，萬民是敕，器銘：咸畜胤士，藹藹文武，鎮静（靖）不廷，虔敬朕祀，作尋宗彝，以昭皇祖，其嚴徵格，以受純魯多釐，眉壽無疆，畯疐在天，高引有慶，竈（造）囿（有）四方。宜。［秦公簋，《集成》4315］

秦公簋

【類別】城邑名稱

宜字李學勤先生解爲置用地名，李零同志以爲“可能是作類似族名的特殊標識字”。陳平同志以爲二説皆不可取，他的解釋是宜爲祭名，所用的場合是“大師”“大會同”和“其他天子、諸侯將要遠離都國的重大活動臨行之前”，祭祀的地點是社。

我以爲李學勤先生的意見是對的，宜應解釋爲地名。解宜爲地名，符合秦兵器刻置用地或鑄造地的習慣，宜爲秦之地名，證據也是很多的。《三代》20·5·1有所謂的“吾宜戈”，内緣上鑄一吾字，其下又刻一宜字，宜字筆劃纖細，但仔細辨認，是宜字無疑。地名“吾”又見四年相邦樛斿戈，可能即衙。該戈當是先置用在吾地，後又置用于宜地，故加刻“宜”字。《三代》4·7·2有宜子鼎，可見宜西周時爲畿内方國。宜西周時與散之關係密切，相傳文王四友有散宜生，可能散、宜曾通婚。散之地望根據散氏盤可以推定在今鳳翔境内。又宜子鼎提到了成圅，圅地又見史牆盤。

1060 陳絜、劉洋：《宜侯吴簋與宜地地望》，《中原文物》2018年第3期，第97頁。
1061 陳絜：《成甬鼎銘中的地理問題及其意義》，《中國國家博物館館刊》2019年第9期，第157頁。
1062 曹錦炎：《關于“宜侯夨簋”銘文的幾點看法》，《吴越歷史與考古論叢》，文物出版社，2007年，第8—9頁。

	我估計宜在鳳翔、寶鷄、岐山三縣交界處之陽平鄉一帶。《史記•秦本紀》及《水經注•渭水》都説秦寧公二年徙平陽，寧公即憲公，見1978年太公廟出土之秦公及王姬鎛、鐘，太公廟亦在陽平附近。《秦始皇本紀》附《秦紀》提到秦武公葬宣陽聚，“宣”字是否會是“宜”字之誤，證據不足，但也不能説絲毫没有可能性。在憲公、出子、武公在位的三十六年里，陽平一帶都是秦的政治中心，至德公元年，始居雍城大鄭宫，將政治中心北移。所以秦公鐘、簋，秦子戈、矛最初在宜地置用，是完全可以的。 王輝《關于秦子戈、矛的幾個問題》[1063][秦子戈] **【他釋】** 筆者以爲秦子戈、矛與秦公鐘簋五器之“宜”，當從宜之第二義釋爲祭名、一種特定的祭祀之名，也許更加合適一點。戈、矛銘末的“用逸宜”，就是爲了説明它們的兩大用途，一是用來逸（即巡遊田獵）、二是用來宜（即一種祭祀）。傳世秦公鐘簋銘中的宜雖獨處銘末，但其指義仍應與戈、矛銘相同，亦是指同一種祭祀活動。……宜是兩周天子、諸侯都需經常在社里舉行的一種與征伐、會同、出巡等密切相關的重大祭祀活動。進行這種祭典，當然少不了干戈兵甲之威和鐘鳴鼎食之樂。故爾秦子戈、矛和秦公鐘、簋纔在銘末鑄“宜”字，以示它們爲用于“宜”祭而造。又因鐘、簋食樂之重器衹宜陳列于社廟而不宜荷行于道路，即衹合于宜祭而不合于遊逸，故其銘末僅鑄“宜”字而不及“逸”；而干戈既宜廟堂排列又宜出巡荷持，即既合于“宜”又合于逸，故其銘末逸、宜並舉作“用逸宜”。 陳平《秦子戈、矛考》[1064][秦子戈]
0362 **宜安**   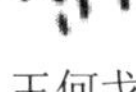 王何戈	**【時代】戰國晚期·趙** **【出處】王何戈**[《銘圖》17187] **【類別】城邑名稱** **【釋地】河北省石家莊市藁城區** 宜安爲戰國時趙國城邑。《括地志》：“宜安故城在常山藁城縣西南二十五里。”《史記•趙世家》：趙幽繆王遷“……三年，秦攻赤麗、宜安。”宜安在今河北藁城、石家莊附近。係趙國的武庫和武器製造地。 陶正剛《山西臨縣窑頭古城出土銅戈銘文考釋》[1065][王何戈] 戰國趙邑，今河北藁城縣西南。 吴鎮烽《銘圖索引》[1066][王何戈]

1063　王輝：《關于秦子戈、矛的幾個問題》，《考古與文物》1986年第6期，第82、91頁。
1064　陳平：《秦子戈、矛考》，《考古與文物》1986年第2期，第67—68頁。
1065　陶正剛：《山西臨縣窑頭古城出土銅戈銘文考釋》，《文物》1994年第4期，第85頁。
1066　吴鎮烽：《商周青銅器銘文暨圖像集成索引》，上海古籍出版社，2019年，第935頁。

0363 宜信  宜信孺子鼎	**【時代】戰國晚期·魏** **【出處】宜信孺子鼎** 宜信乳（孺）子，容叁分。[宜信孺子鼎，《銘續》120] **【類別】城邑名稱**
0364 宜陽  宜陽銅戈  宜陽右倉鼎    宜陽鼎	**【時代】戰國晚期·韓** **【出處】多器** **【類別】城邑名稱** **【釋地】河南省洛陽市宜陽縣** “宜陽”是戰國初期韓國都城。《戰國策·秦策二》高誘注：“宜陽，韓邑，韓武子所都也。”韓都宜陽故城遺址，在今宜陽縣韓城鎮的東側。1988～1990年，我們對這座城址進行勘探和試掘，得知該城的形制略呈長方形，面積約310萬平方米，説明戰國時期宜陽城規模較大，是韓國的重要城邑。 蔡運章《論新發現的一件宜陽銅戈》[1067][宜陽銅戈] 宜陽，地名。其地在今河南宜陽縣西，因地理位置十分重要，是秦國向東發展必須克服的障礙，所以經常在此與韓發生激烈争奪戰。戰國時期此地就曾被秦國幾次奪取。 黄錫全《新見宜陽銅戈考論》[1068][宜陽銅戈] 宜陽是韓國要地，因位于宜陽山而得名。《戰國策·秦策二》“秦武王謂甘茂”章記甘茂對秦武王曰：“宜陽，大縣也，上黨、南陽積之久矣，名爲縣，其實郡也。”又《東周策》秦攻宜陽章記趙累對周君曰：“宜陽城方八里，材士十萬，粟支數年。”宜陽故城在今河南洛陽市宜陽西北十四里洛河北岸的韓城。 李家浩《七年令韓隊雍氏戟銘文補釋》[1069][宜陽令鄭誇戈]

1067　蔡運章：《論新發現的一件宜陽銅戈》，《文物》2000年第10期，第77頁。
1068　黄錫全：《新見宜陽銅戈考論》，《考古與文物》2002年第2期，第69頁。
1069　李家浩：《七年令韓隊雍氏戟銘文補釋》，華東師範大學中國文字研究與應用中心主辦：《中國文字研究》（第二十八輯），上海書店出版社，2018年，第12頁。

戰國韓邑，今河南宜陽縣西福昌鎮。

吴鎮烽《銘圖索引》[1070][宜陽右倉鼎]

0365

空木

季姬方尊

0365.02

空桑

【時代】西周中期

【出處】季姬方尊[《銘圖》11811]

【類別】城邑名稱

【釋地】河南省洛陽市

周禮所賜㑂季姬之地是“空木”，從西周金文散氏盤銘（《殷周金文集成》10176）可知，西周時期以樹木之名命名的地名相當多，如“邊柳”“楮木”“柝”“棹”“棫”等，從“空木”之名顧名思義，大概是因一棵大樹而内中有空洞而命名。這種因特殊樹木命名的地名是不好和古書上具體地名相聯繫。

但是筆者認爲，據傳説，這件季姬尊是1946年冬季出土于洛陽老城東北的北窑西周貴族墓地，大概㑂季姬所嫁給家族也就在洛陽老城東北的北窑一帶，西周時期這裏是成周洛邑。季姬的夫家也應該就是洛邑城中的大貴族，不會嫁到太偏遠的地方。陳絜所説這一邑落“大概坐落在以當時的東都成周爲中心的伊洛地區”，與筆者看法是相近的。

王暉《季姬尊銘與西周兵民基層組織初探》[1071][季姬方尊]

【釋地】河南省開封市杞縣

“空桑”的“桑”字，上部右邊的尖端可見有叉形歧筆。甲骨文的“桑”，包括“喪”字所從，上部三個尖端均有叉形歧筆。到西周金文，“喪”字所從即多省簡。空桑，地名，《帝王世紀》云伊尹“生于空桑”，在今河南杞縣西，即舊陳留南，與上面講的㑂（濟陽）鄰近。

李學勤《季姬方尊研究》[1072][季姬方尊]

0366

郲郢

【時代】戰國時期

【出處】郲郢率鐸[《集成》409]

【類別】城邑名稱

【釋地】湖北省宜城市

1070　吴鎮烽：《商周青銅器銘文暨圖像集成索引》，上海古籍出版社，2019年，第935頁。

1071　王暉：《季姬尊銘與西周兵民基層組織初探》，《人文雜志》2014年第9期，第76頁。

1072　李學勤：《季姬方尊研究》，原載《中國史研究》2003年第4期；後收入《文物中的古文明》，商務印書館，2008年，第212頁。

郯郢率鐸	今湖北宜城市東南鄢城。 吴鎮烽《銘圖索引》[1073][郯郢率鐸]
0367 房子 房子戈	**【時代】戰國晚期·趙** **【出處】房子戈**[《銘圖》17307] **【類别】城邑名稱** **【釋地】河北省石家莊市高邑縣** 前人或以爲“房子”即西周時的“房”，《穆天子傳》云穆王“東至于房”，而晋郭璞以爲“房”即“房子”，“屬趙國·有巑山”。“房”能否與“房子”等同？證據似還不足。 《漢書·地理志》房子下的班注：“贊皇山，濟水所出。”這很重要，點明房子在贊皇山附近，爲漢的房子所在地提供了可靠的地理座標。作爲地名的房子，從戰國到唐相沿不變。漢、魏時的房子因生産優質的絲綿而著稱于世，左思《魏都賦》中有“綿纊房子”之語。 據清《一統志》，以爲房子“故城今高邑縣西南倉房村”。現據《高邑縣志》卷一，云“房子城，在縣治西南十五里，戰國趙邑”。又云“今古城村北尚有遺址，村蓋以所得名。又與倉房村相毗連”。可見今高邑縣西南十五里，有房子的遺址，旁邊的村子名爲古城村，另一村名爲倉房村，村名中帶一“房”字，也是原來房子在此而留下的一點痕迹和證據。 吴榮曾《房子戈考述》[1074][房子戈] 戰國趙邑，今河北高邑縣西南。 吴鎮烽《銘圖索引》[1075][房子戈]
0368 建信	**【時代】戰國晚期·趙** **【出處】相邦建信君鈹**[《銘圖》18028—18030]**等** **【類别】城邑名稱**

1073 吴鎮烽：《商周青銅器銘文暨圖像集成索引》，上海古籍出版社，2019年，第936頁。
1074 吴榮曾：《房子戈考述》，陝西師範大學、寶鷄青銅器博物館編：《黄盛璋先生八秩華誕紀念文集》，中國教育文化出版社，2005年，第77頁。
1075 吴鎮烽：《商周青銅器銘文暨圖像集成索引》，上海古籍出版社，2019年，第936頁。

 相邦建信君鈹   相邦建信君鈹 0368.02 建郫	**【釋地】山東省淄博市高青縣** 郫曾將右邊邑誤爲吕，黄盛璋予以糾正爲郫。建郫即建信。戰國趙地，在今山東高青縣西北，與平原君封邑近。《戰國策·趙策四》翟章從梁來章："建信君死，則卿必爲相矣；建信君不死，以爲交，終身不敝。" 崔恒昇《古文字地名考釋》[1076][八年相邦劍] 戰國趙邑，今山東高青縣西北。 吴鎮烽《銘圖索引》[1077][相邦建信君鈹]
0369 **建陰**  建陰氏孝子鼎	**【時代】戰國中期** **【出處】建陰氏孝子鼎** 蓋銘：建陰氏孝子，十二。 器銘：建陰氏孝子。[《銘圖》1763] **【類别】城邑名稱**
0370 **建陽** 建陽戈	**【時代】戰國時期** **【出處】建陽戈**[《集成》10918] **【類别】城邑名稱** **【釋地】安徽省滁州市來安縣** 今安徽來安縣南。 吴鎮烽《銘圖索引》[1078][建陽戈]

1076 崔恒昇：《古文字地名考釋》，中國古文字研究會、安徽大學古文字研究室編：《古文字研究》（第二十三輯），中華書局，2002年，第222頁。
1077 吴鎮烽：《商周青銅器銘文暨圖像集成索引》，上海古籍出版社，2019年，第936頁。
1078 吴鎮烽：《商周青銅器銘文暨圖像集成索引》，上海古籍出版社，2019年，第936頁。

0371

录

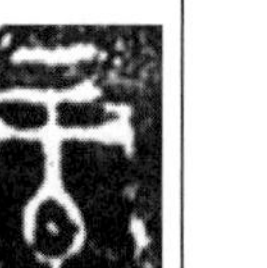

录伯𢦚簋

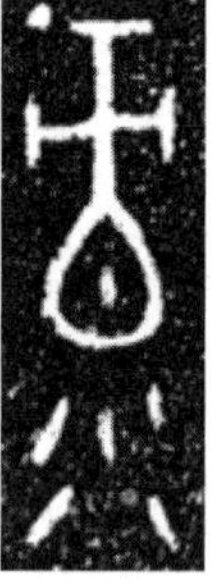

大保簋

【時代】西周早中期

【出處】大保簋 录伯𢦚簋等

王伐录子聽，𠭯厥反，王降征令于大保，大保克敬亡譴，王衍大保，易（賜）氽（集）土，用兹彝對令。[大保簋，《集成》4140]

唯王正月，辰在庚寅，王若曰：录伯𢦚，繇自乃祖考有功于周邦，右（佑）闢四方，叀（惠）𢎪天令，汝肇不㥯，余易（賜）汝秬鬯一卣、金車、賁幬較、賁𠂤朱虢、靳、虎冟（冪）朱裏、金甬、畫轉、金軛、畫轉、馬四匹、鋚勒，录伯𢦚敢拜手稽首，對揚天子丕顯休，用作朕皇考釐王寶尊簋，余其永萬年寶用，子子孫孫其帥井，受兹休。[录伯𢦚簋，《集成》4302]

【類別】國族名稱

西周時期的少數部族。

吴鎮烽《銘圖索引》[1079][大保簋]

【釋地】安徽省六安市

录國殆即《春秋》文五年“楚人滅六”之六，舊稱臯陶之後，地望在今安徽六安縣附近。

郭沫若《兩周金文辭大系圖録考釋》[1080][录伯𢦚簋]

录國即六國，在今安徽六安縣附近。

蔡運章《胡國史迹初探》[1081]

录與禄通，國族名。《廣韻·屋韻》：“禄，姓。紂子禄父之後。”《通志·氏族略三》：“禄氏，《風俗通》父：紂子武庚字禄父，其後以字爲氏。涇陽有此禄姓，亦出扶風。”禄氏世代在周爲官，故有封邑，地望或在扶風一帶。郭沫若則以爲录即《春秋·文公五年》“楚人滅六”之六，臯陶之後，在今安徽六安附近。录子耶曾被周成王征服，後臣服于周。

王輝《商周金文》[1082][录伯𢦚簋蓋]

录，古國名，即典籍之六，偃姓，臯陶後。

六，古國名，偃姓，地在今安徽六安市東北。

陳秉新、李立芳《出土夷族史料輯考》[1083][大保簋]

1079 吴鎮烽：《商周青銅器銘文暨圖像集成索引》，上海古籍出版社，2019年，第936頁。

1080 郭沫若：《兩周金文辭大系圖録考釋（二）》，《郭沫若全集·考古編》（第八卷），科學出版社，2002年，第142頁。

1081 蔡運章：《胡國史迹初探——兼論胡與楚國的關係》，《甲骨金文與古史研究》，中州古籍出版社，1993年，第83頁。

1082 王輝：《商周金文》，文物出版社，2006年，第115—116頁。

1083 陳秉新、李立芳：《出土夷族史料輯考》，安徽大學出版社，2005年，第14、133頁。

【釋地】河北省邢臺市平鄉縣

录與鹿古字常通用，录子之國當在今河北省平鄉縣一帶，漢代爲鉅鹿縣，《續漢書·郡國志》説："故大鹿。"《水經·濁漳水注》："衡漳故瀆自廣平曲周來，北逕巨橋邸閣西，又北逕鉅鹿縣故城東南。"《尚書》："堯將禪舜，納之大鹿之野，烈風雷雨不迷。"《堯典》："納于大麓。"王肅注："麓，録也。"《説文》"麓，從林鹿聲，古文作禁，從林录聲。"銅器有禁伯簋即作禁。今平鄉在殷虛之北，約一百餘公里，王子禄父北奔，當即至此。录子耳應是商王宗族。銅器有天子耳觚，天子即大子（太子），在商王族中地位極高。此時禄父當已死，祭以庚日，所以稱爲武庚，成王伐耳，當是鞏固其北疆。

唐蘭《西周青銅器銘文分代史徵》[1084][大保簋]

"录子"爲录國之君。录郭沫若説即《春秋·文公六年》"楚人滅六"之六，在今安徽六安市。唐蘭則説："录與鹿古字常通用，录子之國當在今河北省平鄉縣一帶，漢代爲鉅鹿縣……今平鄉在殷虛（墟）之北，約一百餘公里，王子禄父北奔，當即至此。录子耳（輝按即聑字）應是商王宗族。銅器有天子耳觚，天子即大子（太子），在商王族中地位極高。此時禄父當已死，祭以庚日，所以稱爲武庚，成王伐耳，當是鞏固其北疆。"郭、唐二説不同，當以唐説爲是。古文字录、鹿通用，例甚多。殷墟甲骨文录字多與地名相連，讀爲麓。《殷墟甲骨文合集》29412："翌日戊王其田斿录，亡戋（災）。"字或作菉，《合集》35501："王曰：則大乙᪥于白菉。銀雀山竹簡《孫臏兵法·見威王》："昔者神戎（農）戰斧遂，黄帝戰蜀禄。""蜀禄"即"濁鹿""涿鹿"。《戰國策·秦策一》："黄帝伐涿鹿而禽蚩尤。"《説文》："麓古文作禁。"

王輝《"作大子丁隮彝"卣跋》[1085][大保簋]

【釋地】湖北省襄陽市南漳縣

大保簋銘文字體甚古，其爲周初器是很明顯的。器銘記王伐录，征录既屬南伐，當可隸之"六器"所記的那次南征。录即廬戎，國在今湖北南障，從曾或方至于𢇛（鄢），南障爲必經之地。

宗德生《楚熊繹所居丹陽應在枝江説》[1086][大保簋]

少曲令慎录戈

【時代】戰國時期·韓

【出處】少曲令慎录戈

十一年，命少曲昚（慎）录，工帀（師）珷惑，冶鵑。[少曲令慎录戈，《銘圖》17201]

【類別】城邑名稱

1084 唐蘭：《西周青銅器銘文分代史徵》，《唐蘭全集（七）》，上海古籍出版社，2015年，第82頁。
1085 王輝：《"作大子丁隮彝"卣跋》，《高山鼓乘集：王輝學術文存二》，中華書局，2009年，第1頁。
1086 宗德生：《楚熊繹所居丹陽應在枝江説》，《江漢考古》1980年第2期，第29頁。

【釋地】河南省安陽市滑縣

“录”是地名，讀爲“鹿”。……鹿見于《水經注·河水注》引《竹書紀年》：“梁惠成王十三年，鄭釐侯使許息來致地：平丘、户牖、首垣諸邑，及鄭馳地，我取枳道，與鄭鹿。”傳統説法謂鹿即鹿鳴城，故址在今河南安陽市滑縣西。蘇輝先生考證，鹿大致在上黨地區，“漳水源頭的鹿谷山附近，緣于山名之故”。

李家浩《七年令韓隊雍氏戟銘文補釋》[1087][少曲令慎录戈]

0372

录旁

仲駒父簋

【時代】西周晚期

【出處】仲駒父簋

录旁仲駒父作仲姜簋，子子孫孫永寶，用享孝。[仲駒父簋，《銘圖》4883—4886]

【類別】國族名稱

【釋地】安徽省六安市

阮伯元謂录旁爲邑名，余謂：录者，國名，《太保簋》云：“王伐录子，聽，叡！氒反！”彝器又有《录伯𢦚簋》，皆其證也，旁字蓋假爲方。《易·既濟九三》云：“高宗伐鬼方，三年克之。”干寶注云：“方，國也。”《詩·大雅·常武》云：“徐方繹騷。”又云：“濯征徐國。”徐方即徐國也。甲文有盂方，即《尚書大傳》所記文王受命二年伐邘之邘也。《太平御覽》八十三引《竹書紀年》云：“河亶甲征藍夷，再征班方。”鬼方，徐方，盂方，班方，皆國名下加方也。銘云录旁，與彼諸名同，猶今言某國矣。

楊樹達《仲駒父簋跋》[1088][仲駒父簋]

0373

居鄵

【時代】戰國中期

【出處】鄂君啓車節[《集成》12110、12111]

【類別】城邑名稱

譚則以爲下蔡在今阜陽西南，居巢在今阜陽東南，雖然譚的“説法頗新”，但恐不足信。

孫劍鳴《“鄂君啓節”續探》[1089][鄂君啓車節]

1087 李家浩：《七年令韓隊雍氏戟銘文補釋》，華東師範大學中國文字研究與應用中心主辦：《中國文字研究》（第二十八輯），上海書店出版社，2018 年，第 12 頁。

1088 楊樹達：《仲駒父簋跋》，《積微居金文説》，上海古籍出版社，2007 年，第 143 頁。

1089 孫劍鳴：《“鄂君啓節”續探》，原載《安徽省考古學會會刊》1982 年第 6 輯；後收入劉慶柱、段志洪、馮時主編：《金文文獻集成》（第二十九册），綫裝書局，2005 年，第 333 頁。

𨺚巢

鄂君啓車節

0373.02
居巢

【釋地】安徽省巢湖市

居鄵即居巢，今安徽巢縣。

郭沫若《關于鄂君啓節的研究》[1090][鄂君啓車節]

居巢位于何地？我以爲不會距離今之巢縣太遠。《春秋·文公十二年》有巢，杜預注："廬江六縣東有居巢城。"《大清一統志》和顧棟高《春秋大事表》謂，居巢故城在巢縣東北五里。二者説法相近，其方位在合肥東南距江不遠。其時江南尚爲越境，該地是兩國交通往來要道，所以在此設關。"庚居巢"，説明鄂君啓可能也從事楚、越之間的貿易，不然，節文就毋需載明此關了。

劉和惠《鄂君啓節新探》[1091][鄂君啓車節]

即居巢，今安徽巢縣。

吴鎮烽《銘圖索引》[1092][鄂君啓車節]

【釋地】安徽省阜陽市阜南縣

今阜陽縣南三十五里舊有潤水所瀦陂澤（今湮），《水經·淮水注》作焦陵陂，一作焦湖，《魏書·地形志》作燋丘陂，《新唐書·地理志》作椒陂塘。陂南舊有邑聚，去縣六十里（當在今阜南縣境内），《元豐九域志》作椒陂鎮，《方輿紀要》作椒塘鎮。焦既可作椒，宜亦得作巢（今巢湖一作焦湖），是椒陂鎮殆即古之"居巢"。

譚其驤《鄂君啓節銘文釋地》[1093][鄂君啓車節][1094]

居巢，又名鄵，在今安徽阜陽縣南六十里。此居巢即《史記·楚世家》太子建母所居，春秋爲蔡邑，地處淮北，車隊經繁陽、下蔡東行抵此。淮南亦有居巢，與節銘居巢無涉。

湯餘惠《戰國銘文選》[1095][鄂君啓車節]

【釋地】安徽省六安市

楚之下蔡既在鳳臺，本銘之居巢衹能在淮南。故與秦漢之居巢應爲一地，以吴楚戰争之形勢推之，春秋末年之居巢與此亦爲一地。《太平寰宇記》説"古居巢城陷爲巢湖"，以其與漢六縣及巢湖關係推之，故址應在

1090 郭沫若：《關于鄂君啓節的研究》，《文物參考資料》1958年第4期，第5頁。

1091 劉和惠：《鄂君啓節新探》，原載《考古與文物》1982年第5期；後收入劉慶柱、段志洪、馮時主編：《金文文獻集成》（第二十九册），綫裝書局，2005年，第331頁。

1092 吴鎮烽：《商周青銅器銘文暨圖像集成索引》，上海古籍出版社，2019年，第936頁。

1093 譚其驤：《鄂君啓節銘文釋地》，原載《中華文史論叢》（第2輯），1962年；後收入《譚其驤全集》（第一卷），人民出版社，2015年，第542頁。

1094 編者按：譚其驤《再論鄂君啓節地理答黄盛璋同志》一文補充討論，見《中華文史論叢》（第5輯），1964年；後收入《譚其驤全集》（第一卷），人民出版社，2015年，第556—560頁。

1095 湯餘惠：《戰國銘文選》，吉林大學出版社，1993年，第50頁。

今六安東南巢湖北岸。

黄盛璋《關于鄂君啓節交通路綫的復原問題》[1096][鄂君啓車節][1097]

【釋地】安徽省桐城市

地名。鄛即巢。《史記・楚世家》:"太子建母在居巢",張守節《正義》:"廬州巢縣是也。"《漢書・地理志》盧江郡有居巢縣,在今安徽桐城縣南六十五里處。此地縱陽河東數十里出大江,可與舟路相銜接而溯江至紀郢。

馬承源《商周青銅器銘文選》[1098][鄂君啓節]

【釋地】安徽省淮南市壽縣

舊稿云:"居鄛即居巢,故巢、喿二字同音。從巢的字或從喿,如薻、藻,繅、躁等是其例。巢,古國,《春秋》文十二年始見于經。杜注:'巢,吴楚間小國,廬江六縣東有居巢城。'按傳云:'群舒叛楚,子孔執舒子平及宗子,遂圍巢。'是巢乃群舒之屬。巢曰居巢,和吴曰句吴,越曰於越一樣,居是語辭。漢志廬江郡有居鄛,《寰宇記》以爲古居巢城陷入巢湖。今以此器證之,古居巢當在今壽縣境内,不是漢代的居鄛縣,更與巢湖無關。"黄盛璋同志説:民國時"壽縣三義集出土有(漢)窆石及石羊題字,明確載有'居巢劉君冢'其地正當六安縣之東北,……可見秦漢時代之居巢確是在六縣之東,故轄境及于壽縣之三義集。"今按窆石及石羊出土後藏至德周氏。六三年秋,我曾舉以告商承祚同志作爲居巢遺址在今壽縣的一個力證。黄同志與我可謂不謀而合。《史記・楚世家》:"惠王二年,子西召故平王太子建之子勝于吴,以爲巢大夫,號曰白公。"《左傳》哀十六年:"吴人伐慎,白公敗之。"《通典》以爲慎亦白公封邑。舊説,慎在潁上縣西北,那是漢的慎縣。春秋時的慎,應該在潁上東南,與巢接壤,纔能兼爲白公封邑;或者慎就是巢的屬地,亦未可知。古文真字由貞訛變,真、正兩字音義皆相近,今河南正陽縣即漢代的慎陽,可能慎就是西正陽,而居巢當在今正陽關附近。漢志下蔡屬沛郡,居巢屬廬江,並皆移治,後人執漢代疆域以探論古史,宜乎多齟齬不合了。

羅長銘《鄂君啓節新探》[1099][鄂君啓車節]

【釋地】湖南省石門縣皂市鎮

"庚居鄛(皂)"的"居"不是地名,是"鄛"的定語。"鄛",通"皂",是一種豆類作物,引申作地名。"喿"會意小樹上挂着許多豆果,引申作城鎮名便寫作"鄛"。今石門皂市發現新石器時代至戰國時期的遺

1096 黄盛璋:《關于鄂君啓節交通路綫的復原問題》,原載《中華文史論叢》(第5輯),1964年;後收入《歷史地理論集》,人民出版社,1982年,第282—283頁。

1097 編者按:作者考訂"巢"與"居巢"甚爲詳盡,此處僅録結論。作者相關論述又見黄盛璋:《再論鄂君啓節交通路綫復原與地理問題》,《安徽史學》1988年第2期,第29頁。

1098 馬承源主編:《商周青銅器銘文選(四)》,文物出版社,1990年,第435頁。

1099 羅長銘:《鄂君啓節新探》,原載《羅長銘集》,黄山書社,1994年;後收入安徽省博物館編:《安徽省博物館四十年論文選集》,黄山書社,1996年,第153頁。

址多處，文化遺物極其豐富，證明皂市歷史悠久。

張中一《〈鄂君啓金節〉路綫新探》[1100][鄂君啓車節]

0374

弦

孟辪父簋

【時代】西周晚期

【出處】孟辪父簋

孟辪父作弦伯妊塍簋八，其萬年子子孫孫永寶用。[孟辪父簋，《集成》3960—3963]

【類别】國族名稱

【釋地】河南省信陽市光山縣

國名，今河南光山縣西北。

吴鎮烽《銘圖索引》[1101][孟辪父簋]

0375

承匡

九年承匡令鼎

【時代】戰國中期·魏

【出處】承匡令鼎

九年丞（承）匡命[illegible]，工帀（師）贛、大夫惪、冶期鑄，容四分。[九年承匡令鼎，《銘圖》2166]

【類别】城邑名稱

【釋地】河南省商丘市睢縣

承匡在今河南省睢縣西，戰國初期當屬宋國，以後即轉歸魏。

吴良寶《九年承匡令鼎考》[1102][承匡令鼎]

今河南睢縣西南匡城集。

吴鎮烽《銘圖索引》[1103][承匡令鼎]

0376

孟

【時代】春秋早期

【出處】孟皇父匜

孟皇父乍（作）旅也（匜）。[孟皇父匜，《集成》10185]

1100 張中一：《〈鄂君啓金節〉路綫新探》，《求索》1989年第3期，第128頁。

1101 吴鎮烽：《商周青銅器銘文暨圖像集成索引》，上海古籍出版社，2019年，第937頁。

1102 吴良寶：《九年承匡令鼎考》，中國古文字研究會、復旦大學出土文獻與古文字研究中心編：《古文字研究》（第二十九輯），中華書局，2012年，第430頁。

1103 吴鎮烽：《商周青銅器銘文暨圖像集成索引》，上海古籍出版社，2019年，第937頁。

孟皇父匜

【類別】城邑名稱

【釋地】河南省商丘市睢縣

孟邑見于《左傳》。魯公廿一年秋。宋公楚子、陳侯、蔡侯、鄭伯、許男、曹伯會于孟。杜注：孟，宋地。今河南歸德府睢州有孟亭。

周世榮《湖南楚墓出土古文字叢考》[1104][孟叔銅匜]

0377

牀

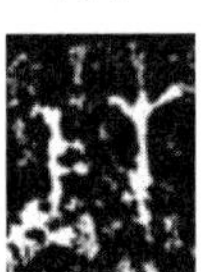

牀侯簋

【時代】西周中期

【出處】牀侯簋

牀侯曰：爲季姬簋，其萬年用。［牀侯簋，《集成》3752］

【類別】國族名稱

0378

孤竹

亞𩰫孤竹鼎

孤竹卣

孤竹亞𩰫罍

【時代】商代

【出處】亞𩰫孤竹鼎［《集成》2033］等

【類別】國族名稱

【釋地】河北省秦皇島市盧龍縣

孤竹的地望，古書有比較詳細的記載。《漢書・地理志》遼西郡令支縣下云“有孤竹城”；《水經・濡水注》引《魏土地記》云“肥如城西十里有濡水，南流逕孤竹城西，左合玄水，世謂之小濡水。”《濡水注》又云：“玄水又西南逕孤竹城北，西入濡水。”歷代研究輿地的學者有不少考訂，詳見吳卓信《漢書地理志補注》卷七十三。

《濡水注》記載孤竹城附近有孤竹君祠，“祠在山上，城在山側，肥如縣南十二里，水之會也”。《括地志》云：“孤竹故城在平州盧龍縣南十二里。”按肥如縣唐武德時改名盧龍，所以兩説實際是一樣的。盧龍縣相沿未改，康熙《盧龍縣志》論證甚詳。《清一統志》則説孤竹山在盧龍縣西，孤竹國城在其陰，其説略有不同。總之，孤竹城在今河北盧龍縣境是没有疑問的。孤竹城在盧龍，近于海濱，同《國語・齊語》所言“海濱諸侯莫敢不來服”也恰相呼應。

吕吳調陽的《漢書地理志詳釋》獨標異説，提出喀喇沁左翼旗“東北二十五里有元利州城，蓋志所云孤竹城”，與喀左出孤竹青銅器巧合。這一説法並無任何依據，雖然新奇可喜，我們也不應採用。

這樣説，當然並不意味孤竹的範圍僅限于孤竹城一地。唐蘭同志曾指

1104 周世榮：《湖南楚墓出土古文字叢考》，原載《湖南考古輯刊》（第1輯），1980年；後收入劉慶柱、段志洪、馮時主編：《金文文獻集成》（第二十七册），綫裝書局，2005年，第479頁。

出："今河北省遷安縣附近的古孤竹城，可能是孤竹國的一個都邑，而孤竹國的國境决不止此。"是很有見地的。

李學勤《試論孤竹》[1105]

今河北盧龍縣西南。

吴鎮烽《銘圖索引》[1106][亞𠬝孤竹鼎]

0379

降

降人繁簋

詢簋

宅陽令□㦛戟刺

【時代】西周中期

【出處】詢簋［《集成》4231］**降人繁簋**

降（絳）人繁作寶簋，其子子孫孫萬年用。［降人繁簋，《集成》3770］

【類別】城邑名稱

【釋地】山西省臨汾市翼城縣

今山西翼城縣東南。

吴鎮烽《銘圖索引》[1107][降人繁簋]

【時代】戰國晚期・魏

【出處】宅陽令□㦛戟刺［《銘圖》17699］

【類別】城邑名稱

【釋地】山西省運城市絳縣

絳，今山西絳縣。

吴鎮烽《銘圖索引》[1108][宅陽令□㦛戟刺]

0380

限

辛䣄相簋

【時代】西周早期

【出處】辛䣄相簋［《銘圖》5224］

【類別】城邑名稱

1105 李學勤：《試論孤竹》，原載《社會科學戰綫》1983年第2期；後收入《新出青銅器研究（增訂版）》，人民美術出版社，2016年，第50頁。

1106 吴鎮烽：《商周青銅器銘文暨圖像集成索引》，上海古籍出版社，2019年，第937頁。

1107 吴鎮烽：《商周青銅器銘文暨圖像集成索引》，上海古籍出版社，2019年，第990頁。

1108 吴鎮烽：《商周青銅器銘文暨圖像集成索引》，上海古籍出版社，2019年，第936頁。

0381

姑

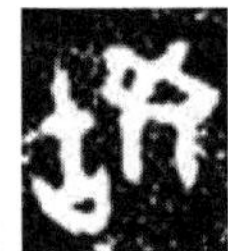

再簋

【時代】西周中期

【出處】再簋

唯王十又二月初吉丁亥，王在姑。王弗望（忘）雁（應）公室㳚宔再身，易（賜）貝卅朋，馬四匹。再對揚王丕顯休宔，用作文考釐公尊彝，其萬年用夙夜明享，其永寶。[再簋，《銘圖》5233]

【類別】城邑名稱

0382

絲

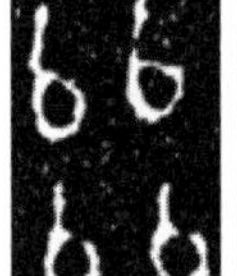

㪤比盨

【時代】西周晚期

【出處】㪤比盨[《集成》4466]

【類別】城邑名稱

即鄰，邑名，今地不詳。

吴鎮烽《銘圖索引》[1109][㪤比盨]

0383

敀

敀仲鬻履盤

【時代】春秋早期

【出處】敀仲鬻履盤

敀仲鬻履用其吉金，自作寶盤，子子孫孫其永用之。[敀仲鬻履盤，《集成》10134]

【類別】城邑名稱

封邑名。

吴鎮烽《銘圖索引》[1110][敀仲鬻履盤]

0384

泝

上郡守壽戈

【時代】戰國

【出處】上郡守壽戈[《集成》11404]

【類別】城邑名稱

秦上郡地名，今地不詳。

吴鎮烽《銘圖索引》[1111][上郡守壽戈]

1109 吴鎮烽：《商周青銅器銘文暨圖像集成索引》，上海古籍出版社，2019年，第937、1007頁。
1110 吴鎮烽：《商周青銅器銘文暨圖像集成索引》，上海古籍出版社，2019年，第929頁。
1111 吴鎮烽：《商周青銅器銘文暨圖像集成索引》，上海古籍出版社，2019年，第934頁。

0385 **洮**  在洮玉戈	**【時代】商代晚期** **【出處】在洮玉戈** ……在洮敎守𢍰在入。[在洮玉戈，《銘圖》19762] **【類別】城邑名稱** **【釋地】河南省安陽市湯陰縣** 今河南湯陰縣東南。 吴鎮烽《銘圖索引》[1112][在洮玉戈]
0386 **狁談**  狁談公之丕子戈	**【時代】戰國** **【出處】狁談公之丕子戈** 狁談公之丕子作其元用。[狁談公之丕子戈，《銘續》1220] **【類別】城邑名稱**
0387 **郷昜** 	**【時代】戰國中期** **【出處】鄂君啓舟節**[《集成》12112、12113] **【類別】城邑名稱** 地望未詳，當沿湘水至南。 馬承源《商周青銅器銘文選》[1113][鄂君啓舟節] **【釋地】湖南省岳陽市** 溯陽殆即岳陽。 郭沫若《關于鄂君啓節的研究》[1114][鄂君啓舟節] **【釋地】廣西壯族自治區桂林市全州縣** "陽"上一字殷、羅寫作涉，郭寫作溯，商作郷。郭釋"溯陽，殆即岳陽"，商釋郷陽即洮陽，當以商説爲是。漢置洮陽縣，故治位于湘水上游支流洮水北岸；洮水即今廣西全縣北黄沙河。 譚其驤《鄂君啓節銘文釋地》[1115][鄂君啓舟節]

1112 吴鎮烽：《商周青銅器銘文暨圖像集成索引》，上海古籍出版社，2019年，第934頁。
1113 馬承源主編：《商周青銅器銘文選（四）》，文物出版社，1990年，第434頁。
1114 郭沫若：《關于鄂君啓節的研究》，《文物參考資料》1958年第4期，第4頁。
1115 譚其驤：《鄂君啓節銘文釋地》，原載《中華文史論叢》（第2輯），1962年；後收入《譚其驤全集》（第一卷），人民出版社，2015年，第539頁。

鄂君啓舟節

0387.02
郱陽
0387.03
洮陽
0387.04
⿰涉阝陽

郱昜，即洮陽，即漢代所置洮陽縣治，在今廣西全州。

湯餘惠《戰國銘文選》[1116]［鄂君啓舟節］

戰國楚邑，今廣西全州縣北湘江北。

吴鎮烽《銘圖索引》[1117]［鄂君啓舟節］

【釋地】湖南省永州市零陵區

按《節銘》“入湘、庚𨻶、庚郱陽”，可見𨻶與郱陽皆在湘水沿岸。而城陵磯與岳陽則均在洞庭湖北，尚未“入湘”，便庚兩地，顯然不合。我疑𨻶是長沙（春秋時期名“青陽”）。至于郱陽，《漢書·地理志》云：“零陵郡有洮陽縣。”《水經注》“洮水出洮陽縣西南大山”，其地當在今零陵境内。

孫劍鳴《“鄂君啓節”續探》[1118]［鄂君啓舟節］

洮陽，位于湘水上游今湖南、廣西兩省（區）交界處，即漢代的洮陽縣。

劉和惠《楚文化的東漸》[1119]［鄂君啓舟節］

【釋地】湖南省岳陽市湘陰縣

“□”字我舊寫作“⿰涉阝”，商承祚同志隸定作郱。譚其驤同志以爲“漢置洮陽縣，故治位于湘水上游支流洮水北岸”。今按地望準之，當在今湘陰縣境。

羅長銘《鄂君啓節新探》[1120]［鄂君啓舟節］

【釋地】湖南省長沙市

考察《舟節》原文，“⿰涉阝”字從“邑”從“止”，從“沙”，與“郱”字從“邑”從“兆”有明顯的區别。“⿰涉阝”通“沙”，古音同。今長沙橘子洲古代由泥沙堆積而成，有“沙”地之稱。《逸周書·王會解》云周成王時各地獻方物，有長沙鼈。甘氏《星經》載：“長沙子一星……”，“長沙”的“長”不是地名，它是“沙”的定語。“沙”是楚國南方的一大都市，管轄的區域較寬，鄂君的舟隊來此經營貿易是有利可圖的。舟隊停靠“沙”的南面，並經過這裏南去，因此《舟節》稱其地爲“⿰涉阝陽”。

張中一《〈鄂君啓金節〉路綫新探》[1121]［鄂君啓舟節］

1116　湯餘惠：《戰國銘文選》，吉林大學出版社，1993年，第48頁。
1117　吴鎮烽：《商周青銅器銘文暨圖像集成索引》，上海古籍出版社，2019年，第944頁。
1118　孫劍鳴：《“鄂君啓節”續探》，原載《安徽省考古學會會刊》1982年第6輯；後收入劉慶柱、段志洪、馮時主編：《金文文獻集成》（第二十九册），綫裝書局，2005年，第332頁。
1119　劉和惠：《楚文化的東漸》，湖北教育出版社，1995年，第143頁。
1120　羅長銘：《鄂君啓節新探》，原載《羅長銘集》，黄山書社，1994年；後收入安徽省博物館編：《安徽省博物館四十年論文選集》，黄山書社，1996年，第149頁。
1121　張中一：《〈鄂君啓金節〉路綫新探》，《求索》1989年第3期，第127—128頁。

0388

於戉

越王太子不壽矛

【時代】戰國早期

【出處】越王太子不壽矛

於戉（越）台王旨医之大子不壽，自作元用矛。[越王太子不壽矛，《集成》11544]

【類别】國族名稱

“於戉”，即“於越”，爲越國國名之全稱。在先秦文獻中，越國國名作“於越者，見：《春秋》定公五年“於越入吴”，定公十四年“於越敗吴于檇李”，哀公十三年“於越入吴”。此外，《公羊傳》《墨子·魯問》《尸子·勸學》及《逸周書·王會解》均如是，古本《竹書紀年》作“於粤（越）”。

對于越國國名稱“於越”之原因，歷來説解紛紜，大體上主要可歸結爲兩種看法。一是以何休爲代表，他在給《公羊傳》作注時説：“越人自名於越，君子名之曰越。治國有狀，能與中國通者，以中國之辭言之曰越；治國無狀，不能與中國通者，以其俗辭言之，……謂之於越。”其説本發揮公羊家言，是戴着“夷、夏有别”的有色眼鏡看問題。二是以杜預爲代表，他在給《左傳》定公五年經作注時説：“於，發聲也”，是從語音的角度上去考慮的。其實，各家説法均求之過甚，越國國名本作“於越”，作“越”則是省稱而已。這猶如吴國國名本作“工𫾼”“攻敔”“攻吴”，後省稱“吴”，是同樣道理。近年有學者力辯越國國名稱“於越”爲非，則又走向了另一極端。至于賀循《會稽記》謂“少康封其少子，號曰於越，越國之稱始此”，此説本自《史記·越王句踐世家》和《吴越春秋》，説越國國名稱“於越”來自封號，尚有待證明，但謂其早到少康時，則不可信。

由于“於”“于”古音相同，後人或將典籍中的“於越”改爲“于越”。而“于”“干”形近，又誤將“干越”寫作“于越”，造成越國國名之紛歧多異，遂致糾纏不清。其實，清代學者王念孫在《讀書雜志》中早就指出其致誤原因，他説：“於、于古雖通用，而春秋之‘於越’未有作‘于越’者，學者多聞‘於越’寡聞‘干越”，故子、史諸書之‘干越’或改爲‘于越’，皆沿師古之誤。”現在，越王大子矛銘文明確寫作“於戉（越）”，徹底解决了越國國名問題。

曹錦炎《鳥蟲書通考》[1122][越王太子不壽矛]

1122　曹錦炎：《鳥蟲書通考》，上海書畫出版社，1999年，第74頁。

九　畫

0389 **封**  封氏戈	**【時代】西周早期** **【出處】封氏戈**［《銘圖》16394］ **【類别】城邑名稱** **【釋地】河南省新鄉市封丘縣** 《左傳》定公十五年載："昔武王克商，成王定之，先建明德，以藩屏周。……分魯公以大路、大旂，夏后氏之璜，封父之繁弱。"杜注："封父，古諸侯也。繁弱，大弓名。"孔疏："鄭玄云古者伐國遷其重器，以與同姓，此繁弱封父之國爲之，不知何時滅其國而得之也。"可見封國以盛産"繁弱"之弓而著名。"封氏"當是封父之後而仕于周室者，或與王室貴族有着密切的關係。西周中期封虎鼎銘之"封虎"也應是封國的貴族。 《漢書・地理志》有封丘縣，《元和郡縣圖志》卷七《河南道三》："封丘縣，古之封國，《左傳》'魯封父之繁弱'是也。"説明封國的地望在今河南封丘縣境。 蔡運章《洛陽北窑西周墓墨書文字略論》[1123]［封氏戈］
0390 **垣**  垣上官鼎  垣上官鼎	**【時代】戰國晚期** **【出處】垣上官鼎　垣左戟** 垣上官，庚（容）大半，杁。［垣上官鼎，《集成》2242］ 垣上官載四分鼐；三年巳（已）校，大十六㪷。［垣上官鼎，《銘圖》2068］ **【類别】城邑名稱** **【釋地】山西省運城市垣曲縣** "垣"，古地名，戰國時期屬魏。戰國晚期魏國鑄行有"垣"字圜錢，

1123　蔡運章：《洛陽北窑西周墓墨書文字略論》，《甲骨金文與古史新探》，中國社會科學出版社，1996年，第39頁。

垣左戟 0390.02 耶	足見當時這裏是一處重要城邑，在今山西垣曲縣東南。 蔡運章《三年垣上官鼎銘考略》[1124][垣上官鼎] 戰國趙邑，今山西垣曲縣東南。 吴鎮烽《銘圖索引》[1125][垣上官鼎] **【釋地】山東省淄博市臨淄區** 耶地未詳所在，依據戰國齊銘“冶”字長城南北有别之特徵，其地必在長城之北，應位于臨淄附近。 孫敬明《齊兵戈戟與車戰》[1126][垣左戟]
0391 **城**  班簋	**【時代】西周中期** **【出處】班簋**［《集成》4341］ **【類别】城邑名稱** **【釋地】河南省信陽市** 城指城口。即春秋楚大隧、直轅、冥阨三隘道之總稱。在今河南信陽縣南豫、鄂邊界上。 崔恒昇《甲金文地名考釋》[1127][班簋]
0392 **城固** 成固戈	**【時代】戰國晚期·秦** **【出處】成固戈**［《銘圖》16470—16473］ **【類别】城邑名稱** **【釋地】陝西省漢中市城固縣** 今陝西城固縣湑水河西岸。 吴鎮烽《銘圖索引》[1128][成固戈]

1124 蔡運章：《三年垣上官鼎銘考略》，《文物》2005年第8期，第90頁。
1125 吴鎮烽：《商周青銅器銘文暨圖像集成索引》，上海古籍出版社，2019年，第937頁。
1126 孫敬明：《齊兵戈戟與車戰——從考古新見戰國題銘和輪輿談起》，《考古發現與齊史類徵》，齊魯書社，2006年，第180頁。
1127 崔恒昇：《甲金文地名考釋》，安徽大學古文字研究室編：《古文字研究》（第二十二輯），中華書局，2000年，第154頁。
1128 吴鎮烽：《商周青銅器銘文暨圖像集成索引》，上海古籍出版社，2019年，第937頁。

0393 **城淮**  城淮戈	**【時代】戰國早期** **【出處】城淮戈** 廿九年，城淮冶沱。[城淮戈，《集成》11216] **【類别】城邑名稱**
0394 **城陽**  城陽左戈	**【時代】春秋早期** **【出處】城陽左戈**[《銘三》1352] **【類别】城邑名稱** 齊境内城陽有幾個。根據陶文資料推考，此戈名之城陽當在臨淄城東四十里，今益都縣的“臧臺城”（孫敬明：《齊陶新探》，中國古文字研究會、中華書局編輯部等編：《古文字研究》第十四輯，中華書局 1986 年 9 月），此城基址猶存，規模較大。近年山東大學與山東省文物考古研究所聯合對此城進行過勘探和重點發掘，有大批房基出現。 孫敬明《考古發現與戰國齊兵器研究》[1129][城陽左戈] 城陽，戰國齊邑。《戰國策・齊策》：“燕人興師而襲齊墟，王走而至城陽之山中。”注：“城陽，兖州國，莒，其縣也。”《漢書・地理志》城陽國，王先謙《補注》：“戰國齊地。” 王恩田《郘氏戈的年代與國别》[1130][城陽左戈]
0395 **城虢** 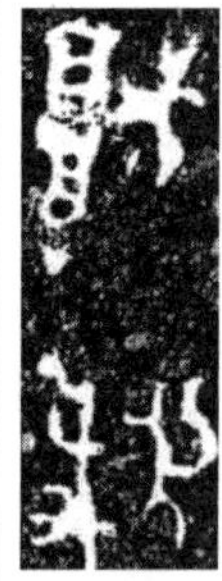 城虢仲簋	**【時代】西周晚期** **【出處】城虢仲簋 城虢遣生簋** 城虢仲作旅簋。[城虢仲簋，《集成》3551] 城虢遣生作旅簋，其萬年子孫永寶用。[城虢遣生簋，《集成》3866] **【類别】國族名稱** **【釋地】陝西省寶鷄市** 城虢就是西虢之虢仲，在今陝西寶鷄。器爲鳳翔出土，地亦近寶鷄。 馬承源《商周青銅器銘文選》[1131][城虢仲簋]

1129 孫敬明：《考古發現與戰國齊兵器研究》，《考古發現與齊史類徵》，齊魯書社，2006 年，第 158 頁。
1130 王恩田：《郘氏戈的年代與國别》，《商周銅器與金文輯考》，文物出版社，2017 年，第 344 頁。
1131 馬承源主編：《商周青銅器銘文選（三）》，文物出版社，1988 年，第 250 頁。

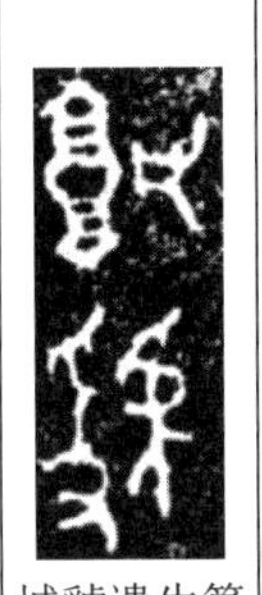

城虢遣生簋

西虢在西周晚期的金文中又可稱城虢，如出土于陕西鳳翔的《城虢仲簋》……。文獻典籍如《逸周書·王會》《戰國策·秦策》及《公羊傳》僖公二年均稱西虢爲郭。郭，《説文》曰："𩫏，度也，民所度居也，回象城𩫏之重，兩亭相對也。"阮元曰："朱虢即朱鞹，虢郭二字古通用。"《金文詁林》城字條引高田忠周曰："按《説文》，城，所以盛民也，從土從成，成亦聲，籀文從𩫏從成作䵣……經傳借郭爲𩫏，俗亦作廓，然則城𩫏兩字義同，故城、堵、垣、墉諸字皆或從𩫏耳，城字必出最初。"郭、虢二字既然通用，城、郭二字又義同，則城虢即指虢。而《城虢仲簋》出土于陕西鳳翔可證城虢即西虢。同時，鄭、城古音相近，亦可通用。且鄭虢、城虢之稱都始于西周晚期，相關器物也出土于同一地區，故可推測鄭虢即指城虢。

任偉《西周封國考疑》[1132]

【釋地】河南省滎陽市汜水鎮

西周至少有虢和城虢（即鄭虢）二個虢，當時既不用東、西等方位詞區别，所以就用所在地方的名稱來區别另一個虢國是很合乎情理的。在滎陽的東虢即《水經注·濟水》："索水又東逕虢亭南。應劭曰：滎陽故虢公之國，今虢亭是矣。司馬彪《郡國志》曰：縣有虢亭，俗謂之平桃城。"虢亭的西面就是成皋，虢亭的東南就是鄭，這一帶古來蓋是鄭地。《穆天子傳》記載這樣一個故事："天子射鳥獵獸于鄭圃中，……高奔戎生捕虎而獻之天子，命爲之押，畜之東虢，是曰虎牢。"這就是成皋又名虎牢的來由。因此處的虢，地近鄭，故稱爲鄭虢，又因它西面就是著名的關口成皋，又稱爲城虢，所以本銘的城就是城虢之城，亦即小臣單觶記王克商返回住地的"成自"，後者郭院長正是認爲即成皋。"皋"與"自"和"阜"（曲阜）、"丘"（商丘）、"原"（太原）等一樣，都是地名後綴，原先簡稱就是"成"或"城"。

本銘的"城"字和虢城公的"城"字寫法全同。虢城應是城虢。成虢（東虢）封地原在滎陽，不在成皋。《漢書·地理志》説"成皋故虎牢，亦制"；杜預于《左傳》隱元年注即以制爲"河南成皋縣也，一曰虎牢"，後來皆承其説，其實制與虎牢並非一地。《左傳》襄十年："諸侯之師城虎牢而戍之，晋師城梧及制"，可證。杜預《春秋釋例》以虎牢爲北制，但經傳"制"並不言"北"。嚴啓隆曰："梧與制皆虎牢之旁邑，城之所以翼虎牢也"，其説較是。虎牢原爲周東方之重關，必爲王室直接控制。周東遷後，鄭武公傅平王，平王賜之自虎牢以東（見《左傳》莊二十一年及杜注），西周時自爲王室直接領土，而由毛班及其族駐守此地，或者此地即爲毛班封邑，也未可知。至于《左傳》隱元年鄭莊公説："制，巖邑也，虢叔死焉"，應是鄭與虢争奪其地，而終爲鄭有。成皋既近虢，當西周衰亡之際，這一帶或漸爲虢所侵占，所以一般也就以成皋爲東虢，這與毛班及其族駐于城並不抵牾。

黄盛璋《班簋的年代、地理與歷史問題》[1133][班簋]

1132　任偉：《西周封國考疑》，社會科學文獻出版社，2004年，第232頁。

1133　黄盛璋：《班簋的年代、地理與歷史問題》，《考古與文物》1981年第1期，第79頁。

	虢仲、虢叔于周文王時始封于殷商舊地“虢”，西周的虢國由此得名。虢地在今河南省滎陽縣汜水鎮，原是商朝的一個氏族或方國所在地，也可能是商諸侯國崇國的某一地區，其名稱見于商代甲骨卜辭。東虢一名成皋，又名虎牢，三者字義相通，互相關聯，實爲一體。所以，虎牢即成皋，成皋即城郭，城郭又可讀爲城虢，城虢即虢仲所封的東虢，東虢也就是金文中的“城虢”。而虢叔後來則被另外賜封采邑于陝西寶鷄一帶，仍稱爲虢，因其位于周王朝的西部，史稱西虢。 東虢（城虢）在春秋早期爲東遷後的鄭國所滅。《漢書·地理志》京兆尹鄭縣下注引臣瓚曰：“初桓公爲周司徒，王室將亂，故謀與史伯而寄帑與賄于虢、鄶之間。幽王既敗，二年而滅鄶，四年而滅虢，居于鄭父之丘，是以爲鄭桓公。”今本《紀年》平王四年“鄭人滅虢”。由上所述，則鄭滅東虢在平王四年（公元前767年）。《哀成叔鼎》銘文中鄭國的鄭字從𦎧作𩔂，或許正暗示着鄭國與爲其滅亡的虢國的關係。 岳連建、王龍正《金文“城虢”爲東虢考》[1134]［城虢仲簋］
0396 **荆**  士山盤  䵼簋  過伯簋  誃簋	**【時代】西周早中期** **【出處】荆子鼎 士山盤**［《銘圖》14536］**等** 丁子（巳），王大祓。戊午，𠠱（荆）子蔑曆，敞（賞）白牡一。己未，王賞多邦伯，𠠱（荆）子列，賞夨鬯卣、貝二朋，用作文母乙尊彝。［荆子鼎，《銘圖2385》］ **【類別】國族名稱** 荆、楚、楚荆三名是一，都是王南征的敵國。 陳夢家《西周銅器斷代》[1135] “刑”（荆）在今鄂西荆山一帶。 晁福林《從士山盤看周代“服”制》[1136]［士山盤］ “荆”，朱鳳瀚先生讀爲“刑”，認爲是“懲治”之義。黄錫全先生認爲朱説可備一解，同時又認爲可以讀爲楚荆之“荆”。筆者認爲讀“荆”爲是。 陳英傑《士山盤銘文再考》[1137]［士山盤］ 即楚。 吴鎮烽《銘圖索引》[1138]［荆子鼎］

1134 岳連建、王龍正：《金文“城虢”爲東虢考》，《文博》2003年第6期，第36頁。
1135 陳夢家：《西周銅器斷代》，中華書局，2004年，第87頁。
1136 晁福林：《從士山盤看周代“服”制》，《中國歷史文物》2004年第6期，第4頁。
1137 陳英傑：《士山盤銘文再考》，《中國歷史文物》2004年第6期，第13頁。
1138 吴鎮烽：《商周青銅器銘文暨圖像集成索引》，上海古籍出版社，2019年，第937頁。

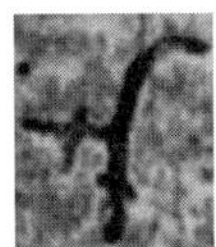 荆子鼎	【他釋】釋“斗” 【釋地】河南省開封市通許縣 “斗子”，器主名。“斗”字寫法見隨州擂鼓墩曾侯乙墓漆箱蓋文，清華簡《尹誥》“料”字所從也與之相似。《左傳》襄公三十年有地名“斗城”，楊伯峻《春秋左傳注》云在今河南通許東北，不知是否斗子封地。 李學勤《斗子鼎與成王岐陽之盟》[1139][斗子鼎]
 攻吴王姑讎雒劍	【時代】春秋晚期 【出處】壽夢之子劍[《銘圖》18077] 【類别】國族名稱 即荆，也就是楚。 吴鎮烽《銘圖索引》[1140][壽夢之子劍]
0397 **南**  南季鼎	【時代】西周中期 【出處】南季鼎 唯五月既生霸庚午，伯俗父右南季，王易（賜）赤⊘市、玄衣、黹純、絲（鑾）旅（旂），曰：用又（左）右俗父嗣寇，南季拜稽首，對揚王休，用作寶鼎，其萬年子子孫孫永用。[南季鼎，《集成》2781] 【類别】國族名稱 【釋地】陝西省寶鷄市 彝器有南宫鼎，銘文有“王命南宫伐反虎方之年”。當時周初器，或即南宫适也。盂鼎：“嗣乃且南公”，盂爲成王時造器，則所謂南公即南宫适也。盂鼎出寶鷄縣，則南之封地當即在南山，與散相近也。 余永梁《金文地名考》[1141][南宫鼎] 周甲 H31：2“在南爾卜”的南應是地名。……有關南宫的器物中值得注意的是南公這個人。南公一名又見于著名的大盂鼎，鼎銘稱“易乃祖南公旂用遷。”由周甲 H31：2 我們知道南是地名，而由南宫乎鐘我們知道南公是南宫氏族的先祖，則他也應姓南宫氏，南殆是南宫之省略，可能南即

1139　李學勤：《斗子鼎與成王岐陽之盟》，原載《國家博物館館刊》2012 年第 1 期；後收入《夏商周文明研究》，商務印書館，2015 年，第 136 頁。

1140　吴鎮烽：《商周青銅器銘文暨圖像集成索引》，上海古籍出版社，2019 年，第 961 頁。

1141　余永梁：《金文地名考》，《國立中山大學語言歷史學研究所週刊》第 5 集第 53、54 期合刊，1928 年，第 5—6 頁。

南宫氏之封地，南公是南地之公，是始封者，極可能就是南宫括。……從大的方位看，我們以爲南和虎都在鳳翔西部。

王輝《西周畿内地名小記》[1142]

在陝西鳳翔縣南或眉縣境内。

吴鎮烽《銘圖索引》[1143][南季鼎]

南君戈

【時代】春秋晚期·楚

【出處】南君戈

南君𣄰鄒之中戈。[南君戈，《銘圖》17051]
南君𣄰鄒之車戈。[南君戈，《銘圖》17052]

【類别】城邑名稱

“𣄰鄒”可能爲王子楊後代，封爲南君。

此戈出在楚故都紀南城附近，其方位之“南”可能與“南郢”“南郡”之“南”稱有關。秦之南郡在今之荆州古城東北之“郢城”。若“南君”爲封君屬實，其地可能就在“郢城”一帶，秦破郢後以之爲郡治，郡名沿稱“南”。

黄錫全《荆州九店東周墓所出兵器銘文校正》[1144][南君戈]

楚國封君，今地不詳。

吴鎮烽《銘圖索引》[1145][南君戈]

0398

南山

啓卣

【時代】西周早期

【出處】啓卣

王出獸南山，搜蹦山谷，至于上侯滰川上，啓從征，堇不擾，作祖丁寶旅尊彝，用匄魯福，用夙夜事，戉箙。[啓卣，《集成》5410]

【類别】自然地理名稱·山林

王出獸南山，實際就是南征。顧棟高《春秋大事表·列國地形險要》，在楚國的少習下引《左傳》哀公四年杜預注：“少習，商縣武關也。”並説：“武關在今陝西商州（現在的商縣）東百八十里，東去河南内鄉縣百七十里，繇河南之南陽，湖廣（湖北）之襄鄖入長安者必道武關，自武關至長安四百九十里，多從山中行，過藍田始出險就平，信乎爲天設之險。”

1142　王輝：《西周畿内地名小記》，《一粟集：王輝學術文存》，藝文印書館，2002年，第153—155頁。
1143　吴鎮烽：《商周青銅器銘文暨圖像集成索引》，上海古籍出版社，2019年，第939頁。
1144　黄錫全：《荆州九店東周墓所出兵器銘文校正》，華東師範大學中國文字研究與應用中心主辦：《中國文字研究》（第二十五輯），上海書店出版社，2017年，第1—2頁。
1145　吴鎮烽：《商周青銅器銘文暨圖像集成索引》，上海古籍出版社，2019年，第939頁。

那末，昭王的出獸南山，就是經由武關去伐楚的要道。

唐蘭《論周昭王時代的青銅器銘刻》[1146][啓卣]

南山當是成周南山，《左傳·昭公二十六年》“守闕塞”，服虔注：“南山伊闕是也。”

唐蘭《西周青銅器銘文分代史徵》[1147][啓卣]

山名稱南山者何止千百，但可能與卣銘“南山”相比附的主要有兩個：其一是陝西省南部著名的終南山。唐蘭就是主張周師由終南山“出武關，由陝西省東南部直接經過河南西南部而入湖北境内的”。其二是山東省曹縣的南山。《太平御覽》卷四十二地部七曹南山引《十道志》：“曹南山，《曹風》所謂‘薈兮蔚兮，南山朝隮’是也。有氾水出焉。即《漢書》云‘高祖即位于氾水之陽’，今壇存，氾音汎。”

我們覺得如依唐説，周王自武關入楚，一路上既找不到上侯，更找不到氾水（即啓尊的洀水，詳下文）。而曹南山雖是曹氾水的發源地，其方位確與“南征”（詳下文）似不詳涉。其次，自成王“作雒”以後，西周有了“宗周”和“成周”兩個政治和軍事（宗周六師和成周八師）的中心。因此，成王以下諸王的“南征”就不一定必以宗周爲軍事出發點。根據啓卣和啓尊的銘文中出現的山川城邑之名通盤考慮，我們則認爲啓卣的“南山”應是五嶽之一的嵩山。嵩山何以稱南山呢？所謂“南”，是就當時以成周伊洛一帶爲中心而言。在這一帶北方的邙山（亦寫作芒山）古亦稱“北山”，《左傳·昭公廿二年》“王田北山”注“北山，洛北芒也”。這與終南山亦稱“南山”，是以宗周渭水一帶爲中心而言的道理相同。在這一帶北方的群山古亦稱“北山”，《通鑑》注“關中有北山，自甘泉延至巀嶭九嵕爲北山”，可資參證。（《詩·小雅·南山有臺》“南山有臺，北山有萊”，也是以“南山”與“北山”相對而言。）至于《魏書·李平傳》“嵩京創構，洛邑俶營”，竟以“嵩京”作爲“洛邑”的代稱；《宋史·沈倫傳》“少習三禮于嵩洛間”，亦以“嵩洛”連言，凡此雖屬後世文獻的慣用法，然而也間接地透露出西周時代嵩山與成周相關的消息。

總之，嵩山和邙山基本是以成周爲對稱中心點的“南山”和“北山”。更重要的是下文將要涉及的地望均在嵩山四周，這也是我們將本銘的“南山”定爲嵩山的基點。

何琳儀、黄錫全《啓卣啓尊銘文考釋》[1148][啓卣]

西周晚期。即今陝西秦嶺山脉（終南山、周南山、中南山）。《詩·小雅·信南山》：“信彼南山。”

崔恒昇《古文字地名考釋》[1149][啓卣]

1146 唐蘭：《論周昭王時代的青銅器銘刻》，《唐蘭全集（四）》，上海古籍出版社，2015年，第1480頁。

1147 唐蘭：《西周青銅器銘文分代史徵》，《唐蘭全集（七）》，上海古籍出版社，2015年，第284頁。

1148 何琳儀、黄錫全：《啓卣啓尊銘文考釋》，山西省文物局、中國古文字研究會等編：《古文字研究》（第九輯），中華書局，1984年，第378—379頁。

1149 崔恒昇：《古文字地名考釋》，中國古文字研究會、安徽大學古文字研究室編：《古文字研究》（第二十三輯），中華書局，2002年，第219頁。

啓卣銘所見的南山，唐蘭先生主張是陝西的終南山，認爲南征的周師是由終南山“出武關，由陝西省東南部直接經過河南西南部而入湖北境内”。“昭王的出獸南山就是經由武關去伐楚的要道”。何琳儀、黄錫全二位先生提出南山可能有山東曹縣的南山與河南嵩山兩種説法，他們認爲，器物雖然出自山東，但地名不一定與山東有關，進而論證並主張河南嵩山説。我贊同唐蘭先生的看法。

在西周王都宗周、成周的王畿範圍内來説，“南山”一詞專指關中渭河谷地南側的秦嶺山脉，《詩經》之《召南》《小雅》中，許多篇章吟詠“南山”，都是指秦嶺而言，可以説于史有證。

啓卣銘的“王出獸（狩）南山寇”之“寇”字，從何琳儀、黄錫全先生釋。以“寇”屬上讀，是我的意見。“寇”是敵人，侵略者。“出獸（狩）”詞見殷墟卜辭。《左傳》文公七年：“兵作于内爲亂，于外爲寇。”“獸”讀“狩”，《易·明夷》九三爻辭：“明夷于南狩，得其大首，不可疾貞。”《正義》：“狩者，征伐之類。大首，謂闇君也。”可見“狩”是軍事行動，征伐的物件不限于野獸，也有敵人，即古書所謂的“巡狩”。《左傳》昭公十二年：“楚子狩于州來，次于潁尾，使蕩侯、潘子、司馬督、囂尹午、陵尹喜帥師圍徐以懼吴。”楚子出狩並記駐次的地點，與啓尊、卣銘記“蹕山谷”同例。

“南山寇”，可能是位于終南山附近的戎人爲寇。《吕氏春秋·慎行·疑似》：“周宅酆、鎬，近戎人。”周幽王爲褒姒烽火戲諸侯的故事，即因戎人爲寇事作背景。

董珊《啓尊、啓卣新考》[1150]［啓卣］

今河南洛陽南伊闕一帶的山。

吴鎮烽《銘圖索引》[1151]［啓卣］

【類别】地理方位名稱

“南土”應釋“南山”，南山不是終南山或嵩山等具體的山名，而指南部國土的邊界。

王恩田《概述山東出土的商周青銅器》[1152]［啓卣］

0399

南越

【時代】戰國早期

【出處】楚王酓璋戈

楚王酓（熊）璋嚴[犭兄]南戉（越），用作萃戈，以昭揚文武之[剌]。[楚王酓璋戈，《集成》11381]

【類别】國族名稱

1150　董珊：《啓尊、啓卣新考》，《文博》2012年第5期，第51頁。
1151　吴鎮烽：《商周青銅器銘文暨圖像集成索引》，上海古籍出版社，2019年，第939頁。
1152　王恩田：《概述山東出土的商周青銅器》，《商周銅器與金文輯考》，文物出版社，2017年，第17頁。

 楚王酓璋戈	“南戉”之“戉”也應當讀爲“越”。戈銘的“南越”可能是指“百越”，也可能是指吴越之“越”。“百越”位于楚國的南邊和吴越之“越”的西南，無論是從“百越”與楚的方位還是與越的方位來看，楚人都有可能把“百越”稱爲“南越”。秦末趙佗在那裏建立“南越國”後，把“百越”稱爲“南越”就是由于它位于南方的緣故。吴越之“越”位于楚國的東南，以西周時期的“淮夷”位于周的東南，而周人或稱之爲“南淮夷”例之，楚人也可以把越稱爲“南越”。《越絶書·記吴地傳》有“南越宫”，其名當跟把越稱爲“南越”有關。曹植《寶刀賦》：“踰南越之巨闕，超西楚之太阿。”這也是把越稱爲“南越”的例子。…… 通過以上對楚惠王到威王滅越這段時間内楚跟越和百越之間的關係的回顧[1153]，可以看出戈銘所記的“楚王酓璋奄荒南越”究竟何所指。這顯然不是指惠王十三年那次公子慶、公孫寬對越的追擊。楚悼王的名字，《史記·楚世家》作“熊疑”，《六國年表》作“類”。無論是“熊疑”還是“類”，都與戈銘的楚王名字不合，所以這也不可能是指悼王時吴起“南平百越”。現在剩下的唯一可能性是指楚威王興兵伐越，“大敗越，殺王無彊，盡取故吴地至浙江”這件事。 李家浩《楚王酓璋戈與楚滅越的年代》[1154][楚王酓璋戈]
0400 **南行唐** 南行唐令瞿卯劍	**【時代】戰國晚期·趙** **【出處】南行唐令瞿卯劍** 王立事，南行昜（唐）令瞿卯，左庫工帀（師）司馬郃，冶得執劑。[南行唐令瞿卯劍，《銘圖》18014—18017] **【類别】城邑名稱** **【釋地】河北省石家莊市行唐縣** 戰國趙邑，今河北行唐縣東北。 吴鎮烽《銘圖索引》[1155][南行唐令瞿卯劍]
0401 **南州**	**【時代】戰國晚期** **【出處】南州壺** 南州茋里鄗駒，茋陵鄗駒。[南州壺，《銘圖》12261] **【類别】城邑名稱**

1153　編者按：中間考證的部分略過。
1154　李家浩：《楚王酓璋戈與楚滅越的年代》，中華書局編輯部編：《文史》（第二十四輯），中華書局，1985年，第16、19頁。
1155　吴鎮烽：《商周青銅器銘文暨圖像集成索引》，上海古籍出版社，2019年，第940頁。

南州壺	“南州”爲地名，與包山楚簡、璽印、古陶文、古幣文均合。州之範圍，據《周禮·大司徒》所載：“令五家爲比，使之相保。五比爲閭，使之相受。四閭爲族，使之相葬。五族爲黨，使之相救，五黨爲州，使之相賙。五州爲鄉，使之相賓。”鄭玄注：“州，二千五百家。” 李立芳《安徽舒城秦家橋楚墓銅器銘文考》[1156][南州壺]
0402 **茲氏**  茲氏令吴庶戈  茲氏中官冢子戈	**【時代】戰國時期·趙** **【出處】茲氏令吴庶戈 茲氏中官冢子戈** 八年，茲氏命吴庶，下庫工帀（師）長（張）武。[茲氏令吴庶戈，《集成》11323] 茲氏中官冢子。[茲氏中官冢子戈，《銘續》1195、1196] **【類别】城邑名稱** **【釋地】山西省汾陽市** 今山西汾陽縣南十五里鞏村。 吴鎮烽《銘圖索引》[1157][茲氏令吴庶戈]
0403 **柯**  柯史簋 0403.02 阿	**【時代】西周晚期** **【出處】柯史簋** 唯十月初吉丁卯，柯史作㣿（唐）姒媵簋，用祈眉壽永命，子子孫孫其萬年，永寶用享。[柯史簋，《銘續》430、431] **【類别】城邑名稱** 簋銘之“柯”當爲國名或地名。柯地在今山東東阿縣西南，《春秋·莊公十三年》：“公會齊侯，盟于柯。”柯通阿，因二字皆從丂得聲，所以楊伯峻注云：“柯，齊邑。今山東省陽谷縣東北五十里有阿城鎮，當是故城所在。”可知齊桓公時期，柯地屬于齊國疆域；推測柯原本是爲齊所吞并之小國。《荀子·儒效》云：“（周公）兼制天下立七十一國，姬姓獨居五十三人焉。”這些諸侯國衹有少部分被記録在史書中，多數小國不見于記載。顯然，柯國正是典籍之失載者，簋銘彌補了這一缺失。柯史簋銘揭示兩個内容，即柯國貴族的女兒㣿（唐）姒適嫁唐國，柯國是一個姒姓

1156 李立芳：《安徽舒城秦家橋楚墓銅器銘文考》，安徽大學古文字研究室編：《古文字研究》（第二十二輯），中華書局，2000年，第108頁。

1157 吴鎮烽：《商周青銅器銘文暨圖像集成索引》，上海古籍出版社，2019年，第938頁。

國。春秋中期，鄭國有地名柯澤，《左傳·僖公二十二年》："丙子晨，鄭文夫人芈氏、姜氏勞楚子于柯澤。"此柯地究竟是因爲族群遷徙而導致的地名遷移，還是其他原因，有待進一步研究。

王正、雷劍鴿《柯史簋與柯國、唐國》[1158][柯史簋]

𠧟（丂），所從之卜，與毛公鼎（《集成》2841）折（折）字所從，及析尊（《集成》6002）、作册折觥（《集成》9303）、折方彝（《集成》9895）折（折）字所從形體基本相同，然兩者是否一字尚需討論。西周金文中折字多作"折"，《説文·艸部》："斱，斷也。從斤斷艸。"折爲會意字，從斤斷艸，"卜"象艸横斷，"卜"象艸直斷，"卜"即"卜"之省，"卜"與斤會意方爲折字，單獨出現，則無法與"卜"字分别。故而，依形而論"卜"仍爲"卜"字。

《説文·卜部》："卟，卜以問疑也。從口卜，讀與稽同。"稽字，古屬見紐脂部；口字，古屬溪紐侯部。見紐、溪紐同屬牙音，發音部位相同，古音相近。故而，叶字從口卜，口亦聲，乃會意兼聲字。口與丂古同音，可互作不别，《莊子·天地》："故金石有聲，不考不鳴。"《淮南子·詮言》"考"作"叩"，是其證。故𠧟即卟字，從卜、丂聲，讀與稽同。另外，從韻部來脱，稽屬脂部，而丂屬幽部，脂、真部與微、文部關係密切，而幽部與微、文二部古音也很近，這也可以作爲屬"𠧟""稽"通假的旁證。

《通志·氏族略·以地爲氏》："嵇氏，姒姓。夏少康封子季杼于稽，爲會稽氏。漢初徙譙嵇山，改爲嵇氏。"稽氏屬少康之後，故爲姒姓，與簋銘正合。稽氏因地得氏。稽氏與越國同姓，《史記·越世家》："其先，禹之苗裔，而夏后帝少康之庶子也。封于會稽。"是也。然西周以前會稽之地望學者間多有分歧，楊向奎以爲會稽在山東泰山附近，錢穆則以爲會稽在今山西平陸。稽氏與越國之間的關係尚待進一步研究。

黄益飛《𠧟史簋及相關問題》[1159][柯史簋]

0404

柯自

作册疐鼎

【時代】西周早期

【出處】作册疐鼎

康侯在朽（柯）自（師），易（賜）作册疐貝，用作寶彝。[作册疐鼎，《集成》2504]

【類别】城邑名稱

0404.02

柯師

【釋地】河南省安陽市内黄縣

朽自應讀爲柯師。可從丂聲，朽應與柯通。自古書多作師，爲屯兵的

1158 王正、雷劍鴿：《柯史簋與柯國、唐國》，《中原文物》2015年第5期，第26頁。

1159 黄益飛：《𠧟史簋及相關問題》，清華大學出土文獻研究與保護中心編、李學勤主編：《出土文獻》（第九輯），中西書局，2016年，第54—55頁。

都邑，是師旅之師，與師傅之師混。克鐘、晉姜鼎和晉公𨚕𥂴的京自，均即京師，可爲證。小臣謎簋有“殷八自”，禹鼎有西六自，西六自與殷八自，即指六師與八師。《洛誥》稱洛邑爲洛師，此云柯自，當是殷八自之一，爲柯邑之師。按《左傳》襄公十九年：“叔孫豹會晉士匄于柯。”杜預注：“魏郡内黄縣東北有柯城。”《續漢書・郡國志》在内黄縣下，劉昭注：“東北有柯城。”在今河南省内黄縣境，西距安陽殷墟甚近。

唐蘭《西周青銅器銘文分代史徵》[1160][作册䖒鼎]

今河南内黄縣東北。

吴鎮烽《銘圖索引》[1161][作册䖒鼎]

0405

相

作册旂觥

作册旂尊

殳簋

宜子鼎

【時代】商代晚期 西周早期

【出處】宜子鼎 殳簋 作册旂器 静方鼎[《銘圖》2461]**等**

亞卬（印），丁卯，王令宜子迨西方于相，唯返，王賞戍甬貝二朋，用作父乙𩰫。[宜子鼎，《集成》2694]

唯二月乙亥，相侯休于厥臣殳，易（賜）帛、金，殳揚侯休，告于文考，用作尊簋，其萬年□待□□侯。[殳簋，《集成》4136]

唯五月，王在庈（斥），戊子，令作册折貺望土于相侯，易（賜）金、易（賜）臣，揚王休，唯王十有九祀，用作父乙尊，其永寶。木羊册。[作册旂尊，《集成》6002]

【類别】國族名稱

相，地名。《且子鼎》云：“丁卯，王令且子會西方于相。”是其證也。吴大澂謂韋相指周公去相位，非也。《説文・二篇下・辵部》云：“違，離也。”《論語・公冶長篇》曰：“崔子弑齊君，陳文子有馬十乘，棄而違之，至于他邦。”此違字之義也。自東，自字義不明，疑當讀爲遂，自與遂音近也。《小臣謎簋》云：“伯懋父以殷八自征東夷，唯十又二月，遣自䍙自述東。”述遂古字通，述東即遂東也。公去相東行至洛邑，是相地在洛邑之西，此與《且子鼎》會西方于相之文地望相合矣。臣鄉爲制器之人，今改題曰《臣鄉鼎》云。商河亶甲都相，在今河南内黄縣，地遠在河北，非此相也。吴氏書拾貳册九葉有《相侯簋》，相爲國名，或即此相歟。

楊樹達《臣鄉鼎跋》[1162][宜子鼎]

【釋地】安徽省宿州市

先秦之相有數地：一，《史記・殷本紀》“河亶甲居相”，張守節《正義》引《括地志》云：“故殷城在相州内黄縣東南十三里，即河亶甲所築

1160 唐蘭：《西周青銅器銘文分代史徵》，《唐蘭全集（七）》，上海古籍出版社，2015年，第42頁。
1161 吴鎮烽：《商周青銅器銘文暨圖像集成索引》，上海古籍出版社，2019年，第907、938頁。
1162 楊樹達：《臣鄉鼎跋》，《積微居金文説》，上海古籍出版社，2007年，第124頁。

都之，故名殷城也。”二，春秋宋邑，《水經注·睢水》：“又東逕相縣故城南，宋共公之所都也。”故城在今安徽宿縣西北，因境内有相山而得名。此銘昭王十九年伐楚，此或是安徽之相。昭王賜相侯以望土，或是爲了攏絡與楚相近的侯伯。傳世殳簋，亦有相侯名。

馬承源《商周青銅器銘文選》[1163]［作册旂觥］

【釋地】河北省保定市望都縣

西周國名，地望史籍未載。商河亶甲居相，其地在今河南内黄縣附近。但未能證實此必爲西周之相。又《漢書·地理志》沛郡有相縣，其地西周爲淮夷地區，也非相侯之宜建國。作册旂觥銘：“王才庠，戊子，令乍册旂貺𦤎土于相侯。”𦤎即望省變，望土疑古望都之地。《漢書·地理志·中山國》有望都縣，在今河北省望都縣西，疑西周相國與之相距不遠。

馬承源《商周青銅器銘文選》[1164]［殳簋］

【釋地】安徽省淮北市

作册旂尊銘中的“相侯”不見于文獻典籍，但依“相侯”之名應是封于相地的諸侯，傳世有相侯簋。據筆者所見，相地有二：1.其地在春秋戰國時宋之相地，秦相縣屬泗水郡，漢改屬沛郡，在今淮北市西北 10 公里左右，“相”蓋因商先公相土而命名。《戰國策·秦策四》記楚黄歇説秦昭王所謂魏國出兵攻楚國的“故宋”七邑中便有“相”，高誘注云：“七邑，宋邑也。宋，戰國時屬楚，故言‘故宋必盡’也。”《漢書·地理志下》沛郡下云：“相，莽曰吾符亭。”《水經·睢水注》云：“（睢水）又東過相縣南……相縣，故宋地也。秦始皇二十三年，以爲泗水郡，漢高帝四年，改曰沛郡，治此。……王莽更名郡曰吾符，縣曰吾符亭也。……睢水又東逕相縣故城南，宋恭公之所都也。……睢水又東南流，逕下相縣故城南，……應劭曰：相水出沛國相縣，故此加水，然則相又是睢水之别名也。”《元和郡縣圖志》卷九《河南道五》宿州下云：“故相城，在縣西北九十里。蓋相土舊都也。”2.其地爲故鄴城，即殷先王河亶甲所居相都，北魏時所建立的相州。《史記·殷本紀》云：“河亶甲居相。”正義引《括地志》云：“故殷城在相州内黄縣東南十三里，即河亶甲所築都之，故名殷城也。”《元和郡縣圖志》卷十六《河北道一》云：“相州，《禹貢》冀州之域。又爲殷盤庚所都，曰殷墟，項羽與章邯盟于洹水南殷墟事也。……後魏孝文帝于鄴立相州。初，孝文帝幸鄴，訪立州名，尚書崔光對曰：‘昔河亶甲居相。聖皇天命所相，宜曰相州。’孝文帝從之，蓋取内黄東南故殷王河亶甲居相所築之城爲名也。”

據《括地志》與《元和郡縣圖志》所述，北魏以來的相州實即今河南安陽市一帶殷墟故城，但這一帶在周武王滅商後仍稱爲殷，初爲商紂之子王子禄父居之，後封衛康叔居之。故相侯所封相地不應在殷墟安陽一帶，而應在南方相地。相城春秋戰國早中期爲故宋之地，後爲楚國所有，而此地先商時代曾爲商先公相土之舊都，“相”地名、城名、縣名蓋均以此而命名。但西

1163　馬承源主編：《商周青銅器銘文選（三）》，文物出版社，1988 年，第 63—64 頁。
1164　馬承源主編：《商周青銅器銘文選（三）》，文物出版社，1988 年，第 92 頁。

周時可能爲後世文獻所闕遺的“相侯”所有，相侯受周康王分封于“相”而稱“相侯”，因此距宋國不遠，在春秋時爲宋國所吞并而成爲宋地。

王暉《作册旂器銘與西周分封賜土禮儀考》[1165]［作册旂尊］

今安徽濉溪縣西北。

吴鎮烽《銘圖索引》[1166]［作册折觥］

【釋地】河南省安陽市内黄縣

相侯爲封于相地之侯，傳世有相侯簋，當爲一人，《括地志》：“故殷城在相州内黄東南十三里，即河甲亶所築都之，故名殷城也。”《元和郡縣志》相州下：“後魏孝文帝于鄴立相州，初孝文幸鄴，訪立州名，尚書崔光對曰：‘昔河亶甲居相，聖皇天命所相，宜曰相州’，孝文從之，蓋取内黄東南故河亶甲居相之城爲名也。”可見故老相傳，認爲相即在此。

黄盛璋《西周微家族窖藏銅器群初步研究》[1167]［旂尊］

【釋地】河南省周口市鹿邑縣

《漢書·地理志》相屬沛郡，《後漢書·郡國志》，相屬沛國，杜預曰：“沛國相縣”，《郡國志》又云：“苦，春秋時曰相”，秦置苦縣，漢屬淮陽國今鹿邑縣，彝器有相侯鼎，則相爲侯國。以管有管城，虞有虞城例之，則殆苦邑東十五里相城，古相國也。

余永梁《金文地名考》[1168]

【釋地】山東地區

昭王欲將望地賜予相侯，據一般情形推測，望地當毗鄰于相。倘若聯繫晚商卜辭資料，私意以爲，相、望二地或坐落于以汶水流域爲中心的魯中地區。

陳絜《作册旂組器中的地理問題與昭王邊域經營策略》[1169]［作册旂器］

作爲會合點省地亦在東土，大致亦在汶、淄源頭，距離宜地頗近。

陳絜《成甬鼎銘中的地理問題及其意義》[1170]［宜子鼎］

【釋地】湘水流域

相可能即湘，相國是封于湘水流域的諸侯國，記此待證。

李學勤《静方鼎補釋》[1171]［静方鼎］

1165 王暉：《作册旂器銘與西周分封賜土禮儀考》，《中國歷史文物》2005年第1期，第17—18頁。
1166 吴鎮烽：《商周青銅器銘文暨圖像集成索引》，上海古籍出版社，2019年，第939頁。
1167 黄盛璋：《西周微家族窖藏銅器群初步研究》，《歷史地理與考古論叢》，齊魯書社，1982年，第286頁。
1168 余永梁：《金文地名考》，《國立中山大學語言歷史學研究所週刊》第5集第53、54期合刊，1928年，第14—15頁。
1169 陳絜：《作册旂組器中的地理問題與昭王邊域經營策略》，《南方文物》2019年第3期，第168—169頁。
1170 陳絜：《成甬鼎銘中的地理問題及其意義》，《中國國家博物館館刊》2019年第9期，第157頁。
1171 李學勤：《静方鼎補釋》，《夏商周年代學劄記》，遼寧大學出版社，1999年，第78頁。

昭王南巡的目的地“南國相”，最大可能是鄂國以南的湘，也就是今湖南的湘水流域。

李學勤《論西周的南國湘侯》[1172]

静先行南省之地，馬承源先生引《水經注·睢水》：“睢水又東逕相縣故城南，宋共公之所都也。”故城在今安徽宿縣西北，因境内有相山得名。此銘昭王十九年伐楚，或是安徽之相。李學勤先生通過推算静省南國的全程後認爲：静的工作比較簡單，但直到十九年八月，也就是十個月之後，纔返回成周，向已在那裏等候的昭王報告。由此可見，在南國的相距離成周頗爲遥遠，不是南巡的首站，而是行程的目的地。南國相，最大可能是鄂國以南的湘，在今湖南的湘水流域。今按：儘管此説當時立論的基礎是噩爲湖北鄂州説，然考慮到静爲昭王南征的先鋒，且隨棗走廊順河南下即至湘水，故從李先生説。

趙燕姣、吴偉華《金文所見昭王南征路綫考》[1173]［静方鼎］

0406

柞

柞伯簋

柞伯鼎

【時代】西周中期

【出處】柞伯鼎［《銘圖》2488］**柞伯簋**

唯八月辰在庚申，王大射在周。王令南宫率王多士，師魯父率小臣。王徲赤金十鈑。王曰：“小子、小臣，敬又（友），有獲則取。”柞伯十稱，弓無灋（廢）矢。王則畀柞伯赤金十鈑，造昜（賜）稅見。柞伯用作周公寶尊彝。［柞伯簋，《銘圖》5301］

【類别】國族名稱

【釋地】河南省新鄉市延津縣

“柞”肯定是胙，是由于本器末云爲周公作彝。《左傳》僖公二十四年周富辰云：“凡、蔣、邢、茅、胙、祭，周公之胤也。”《漢書·王莽傳》：“成王廣封周公庶子，六子皆有茅土。”即謂此六國。胙在今河南延津北胙城東。《通志·都邑略》云“南燕都胙”，原注稱胙“爲燕所并”，《氏族略》説同，但滅于何時没有記載。

李學勤《柞伯簋銘考釋》[1174]［柞伯簋］

此簋銘文記載其器主爲柞伯。柞應是文獻中的胙國。柞、胙皆從乍聲，可通。《左傳》僖公二十四年云：“凡、蔣、邢、茅、胙、祭，周公之胤也。”又襄公十二年杜預注曰：“六國皆周公之支子，别封爲國，共祖周

1172 李學勤：《論西周的南國湘侯》，原載《湖南省博物館館刊》（第5輯）；後收入《通向文明之路》，商務印書館，2010年，第178頁。

1173 趙燕姣、吴偉華：《金文所見昭王南征路綫考》，《中國歷史地理論叢》2018年第2期，第54頁。

1174 李學勤：《柞伯簋銘考釋》，原載《文物》1998年第11期；後收入《重寫學術史》，河北教育出版社，2002年，第181頁。

	公。”由此可知，胙是周公某一庶子的封地。而本銘文末尾“作周公寶尊彝”恰好印證了這一點。簋銘中的柞伯應是第一代胙國國君的嫡長子。此外，兩周之際的邾友父鬲銘文中記載有邾國女子嫁爲胙國夫人的事情。《左傳》成公十二年云：“有渝此盟，明神殛之。俾队其師，無克胙國。”胙國的地望，文獻記載在今河南省延津縣。 王龍正、姜濤、袁俊傑《新發現的柞伯簋及其銘文考釋》[1175][柞伯簋] 胙在今河南延津北。 朱鳳瀚《柞伯鼎與周公南征》[1176][柞伯鼎] 《左傳》僖公二十四年：“凡、蔣、邢、毛、柞、祭，周公之胤也”，柞杜注：“燕縣西南有柞亭。”《後漢書·郡國志》：“東郡有柞城，古柞國。”《水經·濟水注》：濮水“又東逕柞亭東注，故柞國也”，楊守敬《水經（濟水）注疏》引杜注：“在今延津縣龐固社。”乾隆《一統志》：“柞城故城在延津縣北三十五里，周爲柞國。”《中國歷史地圖集》州縣定位，基本就是依據清《一統志》所記古城方里，將柞標于延津北。最近看到《中國文物報》2007年12月7日刊登《河南延津沙門城址考古收穫》，在延津西北榆林鄉沙門村東北15公里，發現古代黄河南岸重要渡口，城牆爲戰國時代，前身或即是柞國，至少與柞相近。……柞國當黄河之南渡口，因黄河擺動有所變動。今胙城縣乃金元河道遷徙，州、縣治皆改遷，明依記載于其附近所建，非古柞國城。今後按清地志所提勘查柞國故址，可能找到。總之柞國方位基本明確，即在延津北，古黄河南，最早津渡口，南接淮河流域支流。 黄盛璋《關于柞伯鼎關鍵問題質疑解難》[1177][柞伯鼎] 柞應即文獻中的胙國。《左傳·僖公二十四年》云：“凡、蔣、邢、茅、胙、祭，周公之胤也。”又《左傳·襄公十二年》杜預注曰：“六國皆周公之支子，别封爲國，共祖周公。”鼎銘下文記虢仲用周公旦事迹勉勵柞伯即因爲胙是周公之後。胙國的地望在今河南省延津北。 黄天樹《柞伯鼎銘文補釋》[1178][柞伯鼎] 即胙，今河南延津縣東北。 吴鎮烽《銘圖索引》[1179][柞伯簋]

1175　王龍正、姜濤、袁俊傑：《新發現的柞伯簋及其銘文考釋》，《文物》1998年第9期，第54頁。
1176　朱鳳瀚：《柞伯鼎與周公南征》，《文物》2006年第5期，第69頁。
1177　黄盛璋：《關于柞伯鼎關鍵問題質疑解難》，《中原文物》2011年第5期，第55—56頁。
1178　黄天樹：《柞伯鼎銘文補釋》，《黄天樹甲骨金文論集》，學苑出版社，2014年，第403—404頁。
1179　吴鎮烽：《商周青銅器銘文暨圖像集成索引》，上海古籍出版社，2019年，第939頁。

0407

柏

柏侯壺

叔釗父甗

【時代】 **西周晚期 春秋早期**

【出處】 **柏侯壺 叔釗父甗**

棺（柏）侯作旅壺，永寶用。[柏侯壺，《集成》9586]

叔釗父作柏姞寶甗，子子孫孫永寶用。[叔釗父甗，《銘圖》3335]

【類別】 **國族名稱**

【釋地】 **安徽省淮南市鳳臺縣**

都州來，今安徽鳳臺縣。

吴鎮烽《銘圖索引》[1180][柏侯壺]

0408

柏人

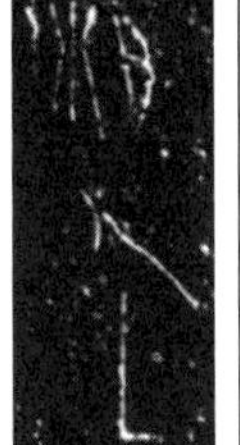

柏人戈

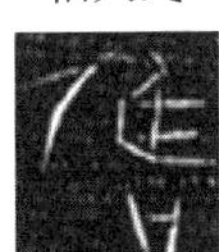

春平相邦葛得鼎

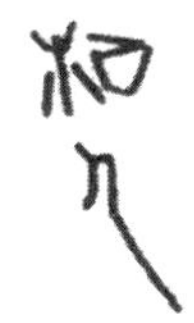

邢令孟柬慶戈

【時代】 **戰國晚期 · 趙**

【出處】 **柏人戈**[《銘圖》16474] **邢令孟柬慶戈**[《銘圖》17315]

春平相邦葛得鼎[《銘圖》2387]

【類別】 **城邑名稱**

【釋地】 **河北省邢臺市隆堯縣**

柏人，地名，故城在今河北隆堯縣西，春秋爲晋邑，戰國屬趙。趙有“白人”直刀幣，亦爲該地所鑄；刀幣字不從木旁，與戈銘有異。戈銘“柏人”二字爲秦刻，時間當在秦始皇十八年（公元前 229 年）“大興兵攻趙”（《秦始皇本紀》）後不久，是這件戈的置用之地。

湯餘惠《戰國銘文選》[1181][柏人戈]

柏人爲地名。《史記·趙世家》記：“晋定公二十一年，簡子拔邯鄲，中行文子奔柏人。簡子又圍柏人，中行文子、范昭子遂奔齊。趙境有邯鄲、柏人。”《元和郡縣志》載：“柏人故城在堯山縣西北十二里。春秋時晋邑，戰國時屬趙。”柏人故城在今河北省隆堯縣境内，春秋、戰國城垣尚存。

劉龍啓、李振奇《河北臨城柏暢城發現戰國兵器》[1182][邢令孟柬慶戈]

今河北隆堯縣西北堯城西北。

吴鎮烽《銘圖索引》[1183][春平相邦葛得鼎]

1180 吴鎮烽：《商周青銅器銘文暨圖像集成索引》，上海古籍出版社，2019 年，第 1002 頁。
1181 湯餘惠：《戰國銘文選》，吉林大學出版社，1993 年，第 58—59 頁。
1182 劉龍啓、李振奇：《河北臨城柏暢城發現戰國兵器》，《文物》1988 年第 3 期，第 54 頁。
1183 吴鎮烽：《商周青銅器銘文暨圖像集成索引》，上海古籍出版社，2019 年，第 939 頁。

0409

郙

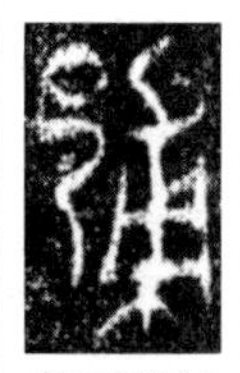
郙王蘬劍

郙王蘬劍

郙王蘬劍

【時代】春秋晚期

【出處】郙王蘬劍

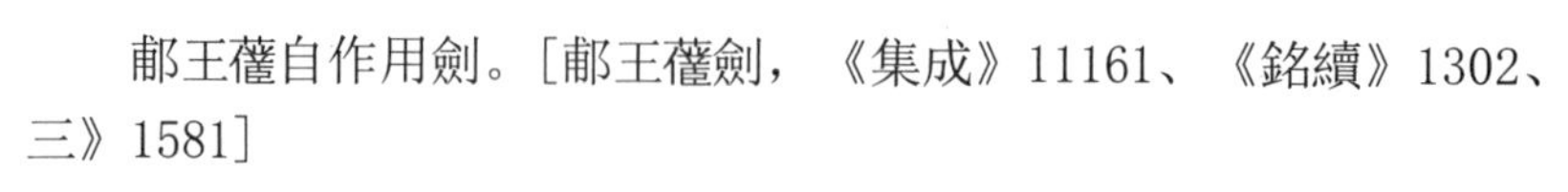

郙王蘬自作用劍。［郙王蘬劍，《集成》11161、《銘續》1302、《銘三》1581］

【類别】城邑名稱

【釋地】江蘇省徐州市沛縣

郙即輔，爲文獻中的古偪陽國。《左傳》之偪陽，《穀梁傳》作“傅陽”，漢晉時于其地設傅陽縣，王莽稱之爲“傅陽”，郙與傅、輔均從“甫”得聲，可通假互用。

偪陽，據《左傳》和《國語》等一系列文獻記載，爲妘姓國，與楚人同源，屬祝融八姓之後，則最初當在以新鄭爲中心的黄河中游兩岸活動。傳世《輔伯鼎》銘曰：“輔伯𤼈父作豐孟嫚媵鼎”，是輔伯爲其女嫁往豐國所作的陪器，其女字孟嫚，以銅媵器銘文中稱字的習慣，“嫚（即妘）”應爲輔國之姓，劉雨先生認爲此妘姓之輔當是文獻記載的偪陽國，輔女所適之豐國，當即西周早期《塱方鼎》所記周公征伐的“東夷、豐伯、尃古”之豐伯，其説可信。陳夢家先生認爲此豐在曲阜西南，並引濟寧曾出土西周晚期的《豐伯車父毁》爲證。曲阜西南之豐，當在漢代沛郡豐縣（今江蘇豐縣）一帶，古豐國即在此，則與豐通婚之輔（偪陽）國亦當去其不遠。《輔伯鼎》的年代，從其銘文字體和行文風格看，約作于春秋初年，據此可説明，至遲在春秋初年，妘姓之偪陽國已東遷到淮北一帶。

傳世有《甫父乙尊》（《三代》11.7.1）和《甫戠鼎》（《小校》2.39.6），前者約作于商代晚期，後者當作于商末周初。從文字發展規律看，“甫”即“輔”之初文，“郙”爲“輔”之異體，故此兩件“甫”器，應是妘姓偪陽族早期的遺物。就銘文風格、體例以及禮器類别看，均與中原商周王朝相一致，説明在商代晚期，偪陽族就于北方地區有着較頻繁的活動，並具有一定的文化、經濟水準。

徐少華《郙國歷史地理探疑》[1184]［郙王劍］

郙，《説文・邑部》載：“郙，汝南上蔡亭。”段玉裁注：“汝南郡上蔡二志同，今河南汝寧府上蔡縣西南十里故蔡城是也，有亭名郙。”但是，西周春秋時期，郙爲蔡國故地，史籍不見有郙國居住于此，故郙國與汝南上蔡之郙亭當無牽涉。

郙、輔或讀如甫，商周時期有甫國。《尚書・吕刑》載：“吕命，穆王訓夏贖刑，作吕刑。”孔安國傳：“吕侯見命爲天子司寇，後爲甫侯，故或稱甫刑。”孔穎達疏：“吕即甫也。”可見，吕國亦稱爲甫國。但是，吕爲四岳之後的姜姓國，故郙（輔）亦不可能是指姜姓的甫國而言。

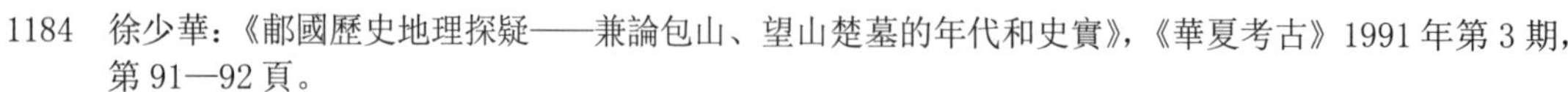

1184　徐少華：《郙國歷史地理探疑——兼論包山、望山楚墓的年代和史實》，《華夏考古》1991年第3期，第91—92頁。

<table>
<tr>
<td></td>
<td>我們認爲，郙王䕾劍和輔伯痒父鼎可能是偪陽國的遺物。《左傳·文公六年》載："杜祁以君故，讓福姞而上之。"孔穎達疏引《正義》曰："譜以偪爲國名，地闕不知所在。"《路史·國名紀》說："偪，晋襄公母姞偪國，即周之偪陽國。"《廣韻》："偪，偪陽，宋國。"《春秋·襄公十年》載："春，公會晋侯、宋公、衛侯……會吴于柤。夏，五月甲午，遂滅偪陽。"偪陽，《穀梁傳》作"傅陽"。《漢書·古今人表》云："福陽子，妘姓。"師古曰："即偪陽也。"《漢書人表考》說："故偪陽國，莽曰輔陽。"這些記載說明，偪陽國可稱爲福國，亦可稱爲輔國。這是因爲郙、輔、傅皆讀甫聲，與偪、福爲雙聲字（上古同讀重唇音，邦母字），可以通轉假借的緣故。故劉雨同志在解釋輔伯痒父鼎銘時說："此妘姓之偪陽，可能就是金文中的娟姓之輔國"，甚是。如果這些推測不錯話，那末郙王䕾劍、輔伯痒父鼎當是目前所知的偪陽國的珍貴文物了。它們對研究偪陽國的歷史，無疑將提供極有價值的實物資料。

蔡運章《郙王䕾劍及偪陽國史初探》[1185]［郙王䕾劍］

即偪陽，今江蘇沛縣和山東嶧縣一帶。

吴鎮烽《銘圖索引》[1186]［郙王䕾劍］</td>
</tr>
<tr>
<td>0410

匽

小臣𨟭鼎

燕侯旨鼎</td>
<td>【時代】西周時期

【出處】多器

【類别】國族名稱

【釋地】北京市房山區琉璃河鎮

匽或郾，即北燕。在今北京房山琉璃河一帶。房山琉璃河近年已發現西周燕國貴族墓地及燕故城遺址。

馬承源《商周青銅器銘文選》[1187]［小臣𨟭鼎］

匽，即燕，指北燕，是西周時代北方重要的諸侯國。《史記·燕召公世家》："召公奭與周同姓，姓姬氏。周武王之滅紂，封召公于北燕。"近年來，北京房山琉璃河發現了周初的燕國貴族墓地，證明武王所封的北燕，就在這一帶。

陳佩芬《李蔭軒所藏中國青銅器》[1188]［燕侯旨鼎］</td>
</tr>
</table>

1185 蔡運章：《郙王䕾劍及偪陽國史初探》，《甲骨金文與古史研究》，中州古籍出版社，1993年，第66—67頁。

1186 吴鎮烽：《商周青銅器銘文暨圖像集成索引》，上海古籍出版社，2019年，第1059頁。

1187 馬承源主編：《商周青銅器銘文選（三）》，文物出版社，1988年，第25頁。

1188 陳佩芬：《李蔭軒所藏中國青銅器》，《陳佩芬青銅器論集》，中西書局，2016年，第292頁。

郾戈 0410.02 郾	即燕國，今北京房山區琉璃河村。 吴鎮烽《銘圖索引》[1189][燕侯旨鼎等] **【時代】戰國時期** **【出處】郾戈**［《銘圖》16427］ **【類别】城邑名稱** **【釋地】河南省新鄉市延津縣** 從上引資料來看，戰國早期郾、陘山一帶是楚國北方的邊界地帶，以北不遠處就是魏國領土；進入戰國中期，“郾”地曾短時期歸屬魏。因此，戰國早期三晋系兵器“郾戈”的鑄造地是今漯河市“郾”地的可能性比較小，更有可能是南燕國所在的今河南延津縣。 吴良寶《珍秦齋藏郾戈、鍾戈考》[1190]［郾戈］ **【釋地】北京市** 匽，經典通作燕。《漢書·地理志》：“薊縣故燕國，召公所封。”匽侯鼎：“匽侯召初見史于宗周。”則召公封燕，于金文得證矣。燕自戰國易王十年始稱。薊縣，今北京是也。 余永梁《金文地名考》[1191]
0411 **匽亳邦** 陳璋壺	**【時代】戰國中期** **【出處】陳璋壺** 唯王五年，奠昜、墜（陳）得再立事歲，孟冬戊辰，大將銭孔、墜（陳）璋内伐匽（燕）亳邦之獲。[陳璋壺，《集成》9703] **【類别】國族名稱** 此器爲田章入伐燕都亳邦之所獲，壺爲燕人之器，《孟子》所謂“毁其家廟，遷其重器”。亳邦是燕，《左傳》昭公九年“武王克商……肅慎、燕亳，吾北土也”。 陳夢家《美帝國主義刼掠的我國殷周銅器集録》[1192][陳璋壺] “匽”即燕，北京琉璃河、遼寧喀左出土西周銅器作“匽”，河北易縣燕下都出土戰國兵器、河北平山中山王器作郾，齊庚壺作[illegible]。“燕亳”

1189　吴鎮烽：《商周青銅器銘文暨圖像集成索引》，上海古籍出版社，2019 年，第 940—941 頁。

1190　吴良寶：《珍秦齋藏郾戈、鍾戈考》，清華大學出土文獻研究與保護中心編；李學勤主編：《出土文獻》（第四輯），中西書局，2013 年，第 138 頁。

1191　余永梁：《金文地名考》，《國立中山大學語言歷史學研究所週刊》第 5 集第 53、54 期合刊，1928 年，第 18 頁。

1192　陳夢家：《美帝國主義刼掠的我國殷周銅器集録》，科學出版社，1962 年，第 139 頁。

0411.02 燕亳邦	一詞見《左傳·昭九年》“武王克商……肅慎、燕亳，吾北土也”。“亳”即亳社，宗廟之謂，《左傳·定六年》魯陽虎“盟國人于亳社”，《左傳·哀六年》魯國“以邾子益來，獻于亳社”。“燕亳”當指燕國建于首都之亳社。 周曉陸《盱眙所出重金絡𦉜·陳璋圓壺讀考》[1193][陳璋壺] “亳邦”，多以爲地名。按《左傳》昭九年：“肅慎、燕、亳，吾北土也。”前人引之，以“亳邦”爲燕地，但不能確指亳的所在，又不知亳何以稱爲“亳邦”。《左傳》的亳，《春秋大事表》以爲在陝西北境，與燕相去甚遠，同時“燕亳”也有人以爲是“燕京”之誤。“亳”疑爲動詞，讀爲“薄”，《廣雅·釋詁》：“至也。”王念孫在《廣雅疏證》中說“簿之言傅也。《小雅·菀柳》：‘有鳥高飛，亦傅于天’，鄭箋云：‘傅，至也。’”“邦”即國，指燕的都城。 李學勤、祝敏申《盱眙壺銘與齊破燕年代》[1194][陳璋壺] 燕國。《左傳·昭公九年》：“及武王克商，蒲姑、商奄，吾東土也；巴、濮、楚、鄧，吾南土也；肅慎、燕亳，吾北土也。”此皆國名。故此燕亳即燕國。 馬承源《商周青銅器銘文選》[1195][陳璋方壺] 匽即燕，亦稱郾、北燕國。西周初封置。亳爲古邑名，原指商湯的都城，後演變爲都城的通稱。匽亳即燕國都城薊邑。邦指邦國。匽亳邦實指燕國。《左傳·昭公九年》：“肅慎、燕亳，吾北土也。”此“燕亳”借指燕國，與上文“匽亳邦”之“匽亳”有所區別。 崔恒昇《古文字地名考釋》[1196][盱眙壺] 我認爲陳璋壺銘中的“燕亳邦”還是理解爲“燕貊之國”最爲合理，其理由如下。 先秦銘文和先秦文獻中國族名、地名、人名等專用名詞每每没有一定的用字，通假現象很常見。文獻中的“燕”，金文作“匽”或“郾”就是顯證。戰國時代，通假尤其盛行，亳和貊既然古音同屬鐸部唇音字，貊自然可以寫作亳。 戰國時代燕國向北方拓地而建立上谷、漁陽、右北平、遼西、遼東五郡。史家因爲《史記·匈奴列傳》在記燕將秦開“襲破走東胡，東胡卻千餘里”之後，便說“燕亦築長城，自造陽至襄平，置上谷、漁陽、右北平、遼西、遼東以拒胡”，或誤以爲這五郡之地原先均爲東胡占據。實際上，《山海經·海内西經》載：“貊國在漢水東北，地近于燕，滅之。”《三

1193　周曉陸：《盱眙所出重金絡𦉜·陳璋圓壺讀考》，《考古》1988年第3期，第260—261頁。
1194　李學勤、祝敏申：《盱眙壺銘與齊破燕年代》，《文物春秋》，1989年z1期，第14頁。
1195　馬承源主編：《商周青銅器銘文選（四）》，文物出版社，1990年，第560頁。
1196　崔恒昇：《古文字地名考釋》，中國古文字研究會、安徽大學古文字研究室編：《古文字研究》（第二十三輯），中華書局，2002年，第219頁。

國志·烏丸鮮卑東夷傳》裴松之注引《魏略》："朝鮮侯亦自稱爲王。……燕乃遣將秦開攻其西方，取地二千里，至滿番汗爲界。"可見燕國設置五郡至少包括破走東胡、滅貊、取朝鮮地這三件事。究竟這三件事的先後次序如何？史無明文。考古上對燕五郡境内的燕文化遺存出現孰早孰晚，目前尚不能明確判定。所以，破東胡並不一定發生在最先，燕國滅貊完全有可能發生在齊宣王五年陳璋伐燕之前。

燕國在占有貊之故地並統治了一部分貊人之後，齊國人把燕國稱爲"燕貊之國"是完全可以理解的。《尚書·武成》"華夏蠻貊"把蠻貊和華夏對舉，蠻貊在當時屬于較後進的異族。齊人把燕國稱爲"燕貊"，正如中原人把楚國稱爲"荆蠻"一樣，含有輕蔑鄙視之意。《漢書·高祖紀上》："四年，……八月，……北貉燕人來致梟騎助漢。"也是燕、貊並舉，可作旁證。

如果戰國時代的銘文中"燕亳邦"的亳可以讀爲貊，則戰國時代成書的《左傳》中"燕亳"的亳自然也可以讀作貊。

林沄《"燕亳"和"燕亳邦"小議》[1197][陳璋壺]

對《左傳》和陳璋壺銘中"燕亳"與"燕亳邦"唯一到位的、正確的解釋，衹有"燕國"。那麽，"燕亳"又是如何從燕都升格爲燕國的呢？道理其實很簡單，一國的都邑往往就是這個國家最具標志、典型和象徵意義的代表。因此，古人往往便會用一國的都邑指代一國，會用燕國的都邑燕亳來稱呼燕國本身。所以，他們説的雖是"燕亳"，其實要表達的後面潛藏的真義往往就是燕國，就是"燕亳國"。衹不過，這個"國"字起初往往是不直接綴加在"燕亳"後面説出來的。儘管它没有直接説出來，但"國"字的意思卻早已包含、尾隨、潛藏在其後了。《左傳·昭公九年》所言自周初武王時至春秋時期的"燕亳"，便是如此。久而久之，人們終于將潛藏在國名"燕亳"後面的那個"國"字説了出來，于是便出現了戰國齊將陳璋壺銘中"燕亳邦"這樣一種略帶疊牀架屋意味的特殊詞語。……陳璋壺銘之"燕亳邦"應二字連讀作"燕國"解，同時也可反過來證實《左傳》之"燕亳"應二字連讀，解釋作"燕國"。戰國時齊人將燕國稱作"燕亳邦"，和《左傳》中周人將燕國稱作"燕亳"，都顯示這是别國對燕國的一種稱謂，而非燕人的自稱。這種稱謂，其實溯源于商代的燕國，即燕亳國。這是姬周燕國從商代燕國（燕亳國）那裏繼承過來的一份遺産。因爲姬周燕國始祖召公奭的始封地，就在商代"燕亳國"的轄境之内，所以"燕亳"這頂帽子也就順勢接茬兒地戴在了姬周燕國的頭上，並爲燕以外的别國人所樂道。

陳平《燕國"燕"名之由來與"燕亳""匽亳邦"再議》[1198][陳璋壺]

"燕、亳"是兩個國家，不應連讀；"燕、亳邦"即燕邦、亳邦，也是兩個國家；在周代，它們是相同的兩個國家。燕是北燕，出于姬周；亳、

1197 林沄：《"燕亳"和"燕亳邦"小議》，《林沄文集·古史卷》，上海古籍出版社，2019年，第165—166頁。
1198 陳平：《燕國"燕"名之由來與"燕亳""匽亳邦"再議》，中國古文字研究會、吉林大學古文字研究室編：《古文字研究》（第二十七輯），中華書局，2008年，第308頁。

亳邦，就是《國語・鄭語》中的那個蒲，出于赤狄，隗姓——這是周代的事，與商族無關。

尚友萍《“燕亳”與“燕亳邦”考辨》[1199][陳璋壺]

即燕亳邦、燕國。

吴鎮烽《銘圖索引》[1200][陳璋壺]

【他釋】

我們認爲陳璋兩銘的這個字從大、從几、從力，實際就是古文字中常見的那種寫作從力從乘聲的“勝”字異體。這種寫法的“勝”見于齊系陶文（《古陶文彙編》3.1304）。這種“勝”字異體從“乘”，“乘”字在齊系文字中也有幾種異體，上面都寫作“大”，還没有看到畫出脚形的，是齊文字的特殊寫法。陳璋兩銘是齊國刻銘，這正可以從戰國文字分域的角度來支援我們對這個字形的看法。

有了這樣一個新的起點，再來看陳璋兩銘所謂燕亳邦的問題就完全不存在了。我們對“内伐燕勝邦之獲”這句話語意結構的理解跟李學勤、祝敏申二位先生是相似的。“内”應該讀作“納”，意爲進獻。“邦”在先秦文獻中通常指邦國，側重于國家政權的方面，“勝邦”即勝國、滅國。

董珊、陳劍《郾王職壺銘文研究》[1201][陳璋壺]

0412

郚

郚令垠戈

【時代】戰國晚期・魏

【出處】郚令垠戈

廿三年，郚（梧）命垠、右工帀（師）齒、冶良。[郚令垠戈，《集成》11299]

【類别】城邑名稱

《左傳》襄公十年，“晋師城梧（郚）及制”（虎牢）。程恩澤《國策地名考》引嚴啓隆説：“梧爲虎牢旁邑。”又《戰國策・韓策》：“觀鞅謂春申曰……魏且旦暮亡矣，不能受其許，鄢陵與梧，割以與秦，去百六十里，臣之所見者秦楚鬥之日也已。”可見，梧（郚）雖屬楚，而此時已爲魏地。

周世榮《湖南楚墓出土古文字叢考》[1202][郚令垠戈]

郚，周世榮同志指出即《戰國策・韓策一》“觀（一作魏）鞅謂春申”章的梧，是很對的。顧觀光《七國地理考》卷五列梧爲魏地，云與虎牢相

1199　尚友萍：《“燕亳”與“燕亳邦”考辨》，《文物春秋》2014年第5期，第9頁。

1200　吴鎮烽：《商周青銅器銘文暨圖像集成索引》，上海古籍出版社，2019年，第941頁。

1201　董珊、陳劍：《郾王職壺銘文研究》，北京大學中國古文獻研究中心編：《北京大學中國古文獻研究中心集刊》（第三輯），北京大學出版社，2002年，第49—50頁。

1202　周世榮：《湖南楚墓出土古文字叢考》，原載《湖南考古輯刊》（第1輯），1980年；後收入劉慶柱、段志洪、馮時主編：《金文文獻集成》（第二十七册），綫裝書局，2005年，第479頁。

近，和周文所引《國策地名考》論證相同。這件戈乃是魏器。

李學勤《湖南戰國兵器銘文選釋》[1203]［郚令垠戈］

【釋地】河南省鄭州市滎陽縣

郚，經籍作“梧”。《左傳・襄公十年》：“諸侯之師城牢而戍之，晋師城梧及制。”晋杜預注：“梧、制皆鄭舊地。”《戰國策・韓策一》：“魏旦暮亡矣，不能愛其許、鄢陵與梧，割以與秦，去百六十里，臣之所見者，秦楚鬥之日也已。”梧在今河南滎陽縣西。

崔恒昇《甲金文地名考釋》[1204]［郚令垠戈］

即梧，戰國魏邑，今河南滎陽縣西。

吴鎮烽《銘圖索引》[1205]［郚令垠戈］

【釋地】河南省許昌市

梧舊來有兩説，鮑彪以爲“梧屬楚國，此時爲魏”，所指係《漢書・地理志》楚國之梧縣，吴師道以爲“漢侯國梧，屬彭城，與許、鄢陵不相接。《左傳》襄十年‘晋師城梧及制’，杜注：“皆鄭舊地’，制即虎牢，梧必相近。”（均見四部叢刊本《戰國策》）程恩澤《國策地名考》從吴説，並引嚴啓隆曰：“梧爲虎牢旁邑”，高士奇曰：“隋書滎陽縣有梧桐澗，疑即梧也”，楊守敬《戰國疆域圖》置梧于滎陽西南，蓋即據此。查《史記・春申君傳》緊接此後，即説“楚于是去陳徙壽春”，當時楚都在陳，如梧在滎陽附近，與許、鄢仍不相接，去陳亦不止百六十里，梧桐澗更不足據。梧應在許、鄢陵附近，去陳不遠。

黄盛璋《試論三晋兵器的國別和年代及其相關問題》[1206]［郚令垠戈］

0413

亜

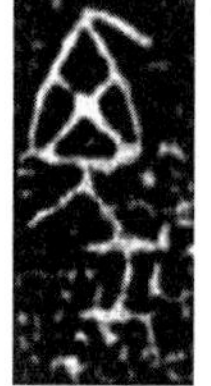

亜戈

【時代】戰國早期・齊

【出處】亜戈［《集成》10824］

【類別】城邑名稱

【釋地】山東省菏澤市鄄城縣

兵器有亜戈。莊十四年《傳》：“會于鄄。”杜注：衛地。《水經注》：“鄄城在河南岸十八里河上之邑，最爲險固。今濮州東二十里舊城集，故鄄城也。”

余永梁《金文地名考》[1207]［亜戈］

1203 李學勤：《湖南戰國兵器銘文選釋》，中國古文字研究會、中華書局編輯部編：《古文字研究》（第十二輯），中華書局，1985年，第330頁。

1204 崔恒昇：《甲金文地名考釋》，安徽大學古文字研究室編：《古文字研究》（第二十二輯），中華書局，2000年，第152頁。

1205 吴鎮烽：《商周青銅器銘文暨圖像集成索引》，上海古籍出版社，2019年，第940、963頁。

1206 黄盛璋：《試論三晋兵器的國別和年代及其相關問題》，《歷史地理與考古論叢》，齊魯書社，1982年，第129—130頁。

1207 余永梁：《金文地名考》，《國立中山大學語言歷史學研究所週刊》第5集第53、54期合刊，1928年，第22頁。

0413.02 郪

戰國齊邑，今山東鄄城縣北舊城集。

吴鎮烽《銘圖索引》[1208]［亜戈］

0414

柬

匍盉

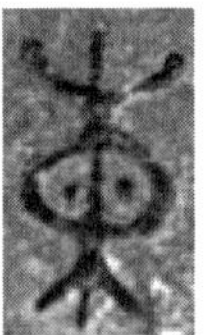

新邑鼎

【時代】西周早中期

【出處】新邑鼎 匍盉

癸卯，王來奠新邑，［二］旬又四日丁卯，□自新邑于柬，王□貝十朋，用作寶彝。［新邑鼎，《集成》2682］

唯四月既生霸戊申，匍即于氏，青公事嗣史[illegible]，曾（贈）匍于柬麀桒韋兩，赤金一鈞，匍敢對揚公休，用作寶尊彝，其永用。［匍盉，《銘圖》14791］

【類别】城邑名稱

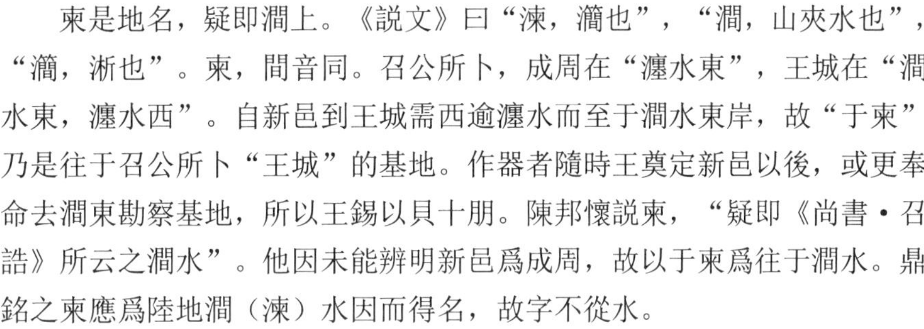

柬是地名，疑即澗上。《説文》曰“湅，𤅩也”，“澗，山夾水也”，“𤅩，淅也”。柬，間音同。召公所卜，成周在“瀍水東”，王城在“澗水東，瀍水西”。自新邑到王城需西逾瀍水而至于澗水東岸，故“于柬”乃是往于召公所卜“王城”的基地。作器者隨時王奠定新邑以後，或更奉命去澗東勘察基地，所以王錫以貝十朋。陳邦懷説柬，“疑即《尚書・召誥》所云之澗水”。他因未能辨明新邑爲成周，故以于柬爲往于澗水。鼎銘之柬應爲陸地澗（湅）水因而得名，故字不從水。

陳夢家《西周銅器斷代》[1209]［新邑鼎］

柬，以文義研究是地名，不詳所在，可能是新邑附近地方。（或云：“柬，人名，以銘文第四行十朋上磨滅字空位推斷，是錫貝二字。”亦是一説。）

段紹嘉《介紹陝西省博物館的幾件青銅器》[1210]［新邑鼎］

柬爲地名無疑，疑即《尚書・召誥》所云之澗水。柬、澗古韻同在寒部，故得通假。𩰫卣之[illegible]，從閒，柬聲，當是閒之繁文（《金文編》〔三版〕列此字于1498號“闌”字下，注云：“闌卣，從月。”此説可商），亦可旁證柬聲字可與閒聲字通用。《召誥》：“我卜河朔黎水，我乃卜澗水東，瀍水西，惟洛食。”僞孔傳：“我使人卜河北黎水，不吉；又卜澗、瀍之間，南近洛，吉。”澗水南近洛，而新邑在洛，鼎銘“某自新邑于柬”，言自新邑往澗，于地理事理均可通。

陳邦懷《金文叢考三則》[1211]［新邑鼎］

1208 吴鎮烽：《商周青銅器銘文暨圖像集成索引》，上海古籍出版社，2019年，第940頁。

1209 陳夢家：《西周銅器斷代》，中華書局，2004年，第65頁。

1210 段紹嘉：《介紹陝西省博物館的幾件青銅器》，《文物》1963年第3期，第44頁。

1211 陳邦懷：《金文叢考三則》，《文物》1964年第2期，第49頁。

【釋地】河南省洛陽市附近

“柬”，地名，見舊出于陝西扶風任家村的一件周初的鼎，其銘爲：……。“新邑”指在今洛陽的成周。鼎銘中周王在丁卯日自新邑至柬，可見柬距今洛陽不遠，這和泜水流域是符合的。

李學勤《論應國墓地出土的匍盉》[1212]［匍盉］

【釋地】河南省鄭州市

“于柬”，柬是地名。唐蘭在《王奠新邑鼎》釋爲東[1213]。不確切。劉啓益仍釋爲“柬”字，《柬鼎》曰“□自新邑于柬。”段紹嘉先生說：“柬，以文義研究是地名，不詳所在，是新邑附近的地方。”1970 年 3 月在陝西臨潼縣零口公社西段大隊發現西周青銅器利簋，底有銘文：“王在闌師，賜又（右）史利金。” 闌簡寫即柬，相通。徐中舒稱“闌師地，在管。闌、管古元部字，均能相通。管在今鄭州。”今“匍鴨銅盉”銘文中的“柬”字，也應是地名，離洛陽不遠，當在今鄭州。有的人認爲“柬”字可能是束字之訛。此說欠妥。因爲在語法上與“于柬”連用解釋不通。今“匍鴨銅盉”記邢公在送行匍到柬地，贈送匍禮物。

陳昌遠、王琳《“匍鴨銅盉”應爲“匍雁銅盉”新釋》[1214]［匍盉］

【他釋】

柬字疑與肩音近相通，是麀萃的數量詞，指牝鹿皮披肩1件（或可稱一肩）。此外也有可能是束字之訛，義指一卷。

王龍正、姜濤、婁金山《匍鴨銅盉與頫聘禮》[1215]［匍盉］

柬字，簡報認爲是量詞的單位，或讀爲肩，指一件鹿皮披肩，或疑爲束字之訛，義指一卷。此外，李學勤先生以柬爲地名，謂其地距洛陽較近；陳昌遠、王琳先生視柬爲地名，讀爲管，謂地在今鄭州；劉桓先生讀柬爲館，以爲是諸侯國内專門用來招待來賓的館舍，即居所。其說可商。

王龍正《匍盉銘文補釋並再論覜聘禮》[1216]［匍盉］

本銘的柬亦應釋爲管，不過此管顯然與管、蔡之管無涉；事關聘禮，自應是館人之館。《儀禮・聘禮》：“管人布幕于寢門外”，鄭注：“管猶館也，館人謂掌次舍帷幕者也”。疏：“正義曰：云‘管猶館也，館人謂掌次舍帷幕者也’者，案下記曰：‘管人爲客，三日具沐，五日具浴’，

1212　李學勤：《論應國墓地出土的匍盉》，《平頂山師專學報》1999 年第 1 期，第 66—67 頁。

1213　編者按：唐蘭先生《西周青銅器銘文分代史徵》一書，中華書局 1986 年版《王奠新邑鼎》條釋作“東”（第 45—46 頁）， 2015 年上海古籍出版社《唐蘭全集》中整理本《西周青銅器銘文分代史徵》該器改作“柬”（第 51 頁），2016 年單行本同（第 43 頁）。

1214　陳昌遠、王琳：《“匍鴨銅盉”應爲“匍雁銅盉”新釋》，《河南大學學報（社會科學版）》1999 年第 4 期，第 32 頁。

1215　王龍正、姜濤、婁金山：《匍鴨銅盉與頫聘禮》，《文物》1998 年第 4 期，第 90 頁。

1216　王龍正：《匍盉銘文補釋並再論覜聘禮》，《考古學報》2007 年第 4 期，第 410 頁。

	注云：‘管人，掌客館者也。’《士喪禮》：‘官人汲’。注云：‘管人，有司主館舍也’。《儀禮釋官》云：‘《左傳》楚公子圍聘于鄭，將入館，子羽辭曰：敝邑管人之屬也。杜注：館人，守舍人。’是管人即館人，其職掌館舍明矣。”（胡培翬《儀禮正義》卷十六）這段疏證足以證明管即館舍之館。從文字演變來看，可知館字後起，起初乃以柬字，其後又以管字表示館舍之義。 劉桓《關于甗盉“柬”字考釋》[1217][甗盉] 西周金文中“于”多用作介詞，其後綴以方位、地名，故本銘之“于”作介詞更合金文辭例，因而“柬”當爲地名。“柬”又見于王奠新邑鼎，用爲地名，在成周即今洛陽附近，陳夢家先生認爲即澗上；或寫作“𩰫”，于省吾讀爲“管”，地在今鄭州；李學勤先生以爲“闌”也可能是殷末商王在淇縣的離宮別館。然而由上文知“柬”位于“泜”附近，而“泜”又爲應國境内之滍水，故以諸説均與本銘内容不合。學者或讀“柬”爲“館”，可從。 黄益飛《甗盉銘文研究》[1218][甗盉]
0415 **咸** 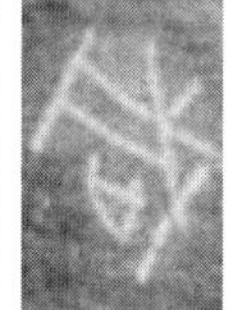 宜陽鼎	**【時代】戰國晚期·秦** **【出處】宜陽鼎**［《銘圖》2422］ **【類别】城邑名稱** **【釋地】陝西省咸陽市** 分析“宜陽”“咸”這幾個字，它向我們提供了造器的地點與大致時間。毫無疑問，二者代表的應是地名。先看“宜陽”，戰國中期以前，隸屬韓國，位置在今河南西部。戰國中晚期，秦韓發生多次戰争，宜陽是雙方争奪的一個焦點，時而屬韓，時而屬秦。我們把戰國時代宜陽的先後歸屬和在此發生的戰役梳理如下：…… “咸”即秦之首都咸陽。之所以又刻這一地名，表明這是在秦都咸陽統一領導下製作的或者隸屬咸陽管理。 蔣文孝、劉占成《秦宜陽鼎銘文釋録與考辨》[1219][宜陽鼎] 咸陽的簡稱。 吴鎮烽《銘圖索引》[1220][宜陽鼎]

1217 劉桓：《關于甗盉“柬”字考釋》，《考古》2001年第6期，第61頁。
1218 黄益飛：《甗盉銘文研究》，《考古》2013年第2期，第73頁。
1219 蔣文孝、劉占成：《秦宜陽鼎銘文釋録與考辨》，《中國歷史文物》2008年第3期，第79、80頁。
1220 吴鎮烽：《商周青銅器銘文暨圖像集成索引》，上海古籍出版社，2019年，第940頁。

0416

咸陽

咸陽鼎

【時代】戰國晚期·秦

【出處】咸陽鼎[《銘圖》1677]

【類別】城邑名稱

【釋地】陝西省咸陽市

今陝西咸陽市渭城區窑店鎮。

吴鎮烽《銘圖索引》[1221][咸陽鼎]

0417

虐

保員簋

0417.02

盧

【時代】西周早期

【出處】保員簋

唯王既燎，厥伐東夷。在十又一月，公返自周。己卯，公在虜，保員邇，僱公昜（賜）保員金車，曰：用事。施于寶簋，簋用饗公逆送事。[保員簋，《銘圖》5202]

【類別】城邑名稱

□，釋爲虐。《説文》“虐，殘也，從虍爪人。虎足反爪人也。□，古文虐如此。”虐古文一書作□，㝬鐘“臽虐我土”之虐作□，對照《説文》本字及古文，實有缺筆。本器銘文虐字筆畫清晰完整，像虍下倒子形，其下復有一爪，字義當爲殘子，即虎殘人狀。有了這個字形，《説文》所云“殘也，從虍爪人”就比較容易理解了。虐爲地名，史籍無可考。

馬承源《新獲西周青銅器研究二則》[1222][保員簋]

【釋地】山東省濟南市長清區

本銘爲地名，讀爲盧，春秋爲齊邑。《左傳·隱公三年》：“齊、鄭盟于石門，尋盧之盟也。”杜預注：“盧，齊地，今濟北盧縣故城。”顧棟高《春秋大事表·列國都邑》盧下云：“今盧城在濟南府長清縣西南二十五里。”

陳秉新、李立芳《出土夷族史料輯考》[1223][保員簋]

0418

郢

【時代】戰國中期

【出處】鄂君啓舟節[《集成》12112、12113]

【類別】城邑名稱

1221　吴鎮烽：《商周青銅器銘文暨圖像集成索引》，上海古籍出版社，2019年，第940頁。

1222　馬承源：《新獲西周青銅器研究二則》，上海博物館集刊編輯委員會編：《上海博物館集刊》（第六期），上海古籍出版社，1992年，第151頁。

1223　陳秉新、李立芳：《出土夷族史料輯考》，安徽大學出版社，2005年，第141頁。

鄂君啓舟節

【釋地】湖北省荊州市荊州區

故址今名紀南城，在江陵縣西北約三十里。

譚其驤《鄂君啓節銘文釋地》[1224]［鄂君啓舟節］

楚都。《史記・楚世家》："子文王熊貲立，始都郢。"《括地志》："紀南故城在荊州江陵縣北五十里。杜預云楚國都于郢，今南郡江陵縣北紀南城是也。又至平王，更城郢，在江陵縣東北六里，故郢城是也。"地在今湖北江陵西北紀南城故址。

馬承源《商周青銅器銘文選》[1225]［鄂君啓節］

舊稿云："此江陵之郢。"

羅長銘《鄂君啓節新探》[1226]［鄂君啓舟節］

郢，楚都，今名紀南城，在今江陵縣西北約三十里。由木關折入内河至郢，是鄂君啓船隊水路經商的西行路綫。

湯餘惠《戰國銘文選》[1227]［鄂君啓舟節］

【類别】城邑名稱

【出處】鄂君啓車節

大司馬卲剔敗晉帀於襄陵之歲，𩕅𡰥之月，乙亥之日，王凥於蒧郢之遊宫，大攻尹脽台王命，命集尹𢘿𦒎，裁尹逆，裁𣪘阢，爲鄦君啓之𢉩𧷸𨥧金節，車五十乘，歲𦒎返，毋載金、革、黽、箭，女馬、女牛、女𪏊，屯十台堂一車，女檐徒，屯廿檐台堂一車，台毀於五十乘之中，自鄦坊，𣦼昜丘，𣦼邡城，𣦼𦡱禾，𣦼酉焚，𣦼𦉢昜，𣦼高丘，𣦼下鄰，𣦼居鄵，𣦼郢，見其金節𠟭毋政，毋舍桴飤，不見其金節𠟭政。［鄂君啓車節，《集成》12110、12111］

鄂君啓車節

【釋地】安徽省淮南市壽縣

此"郢"無疑指壽春。楚壽春故址在今安徽壽縣西四十里，見《寰宇記》。

譚其驤《鄂君啓節銘文釋地》[1228]［鄂君啓車節］

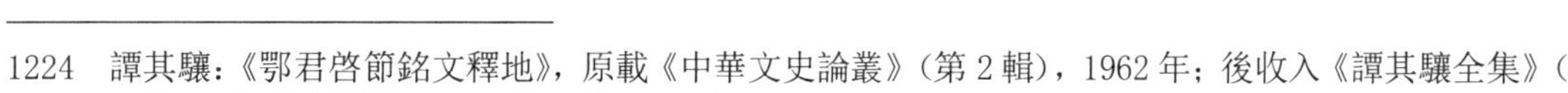

舊稿云："這裏的郢，正指壽春。可見壽春在楚懷王時已經稱郢，不待考烈王東徙後纔叫做郢。今壽縣出土的楚國遺物很多，並不是考烈王遷

1224 譚其驤:《鄂君啓節銘文釋地》，原載《中華文史論叢》（第2輯），1962年；後收入《譚其驤全集》（第一卷），人民出版社，2015年，第540頁。

1225 馬承源主編:《商周青銅器銘文選（四）》，文物出版社，1990年，第434頁。

1226 羅長銘:《鄂君啓節新探》，原載《羅長銘集》，黄山書社，1994年；後收入安徽省博物館編:《安徽省博物館四十年論文選集》，黄山書社，1996年，第150頁。

1227 湯餘惠:《戰國銘文選》，吉林大學出版社，1993年，第48頁。

1228 譚其驤:《鄂君啓節銘文釋地》，原載《中華文史論叢》（第2輯），1962年；後收入《譚其驤全集》（第一卷），人民出版社，2015年，第541頁。

都後短短的十八年中遺留下來的，這幾枚金節本身就證明這一點。”譚其驤同志云：“楚壽春故址在今安徽壽縣西四十里，見《寰宇記》。”今按壽春故城有二說：一、《水經注》：“淮水與潁口會，東南逕蒼陵城北，又東北逕壽春縣故城西，縣即楚考烈王自陳徙此。”《寰宇記》稱此爲廢西壽春縣，在縣西四十里，並引《壽春記》云：“秦始皇二十三年置，北臨水，城中有楚王祭淮壇，城東北隅有棘門。”李兆洛以爲即今縣治西南的豐莊鋪。二、《壽州志》云：“壽春縣故城，亦曰南城，即今州城。其外郭包今之東陡澗，並肥水而北，至東津渡，又並肥水而西，盡于大香河入肥處。城中有金城及相國城。其城門有芍陂瀆門、石橋門、長邏門、象門、沙門。其地綿延曲折三十餘里。……考壽春舊治者，不當近舍今城，别尋故迹也。”志又云：“羅城即壽春外郭，一曰南城，杜佑、馬端臨俱以爲考烈王築。”現在豐莊鋪無遺迹可考。我同意後説，認爲今壽縣即楚郢遺址。《壽州志》的考證基本上是可信的。

羅長銘《鄂君啓節新探》[1229]［鄂君啓車節］

郢，從陸路經商的走向看，此郢當指壽春（在今安徽壽縣西四十里）。殆此時壽春已是楚國的别都，故以郢稱。《楚世家》謂考烈王二十二年（前241年）“楚東徙都壽春，命曰郢”。恐不可據。此郢是陸路經商的終點站，水路的終點站是江陵的郢，地有東西之别。

湯餘惠《戰國銘文選》[1230]［鄂君啓車節］

【釋地】湖北省荆州市荆州區

至車節終點之郢，羅長銘、殷滌非以及商承祚諸先生都以爲是壽春之鄂，譚文也予以肯定，謂“此鄂無疑指壽春”，基于此點，他將下蔡置于阜陽西境，居巢亦徙于淮北，足見此一地點牽涉之大。我以爲車節之路仍是江陵城北之郢，絶不是壽春之郢。

黄盛璋《關于鄂君啓節交通路綫的復原問題》[1231]［鄂君啓車節］

終點之郢，與王居䧹郢之遊宫實爲一地，江陵望山墓與天星觀墓楚簡亦有“王在䧹郢”，䧹郢與紀郢，“䧹、紀”古音都在之部，故可通假，紀郢即紀南城，而非江陵城北之古郢城，後者乃漢之郢縣，爲秦南郡所治，起于白起拔郢，紀南城破壞之後，與楚之郢都名同而實無關。

黄盛璋《鄂君啓節地理問題若干補正》[1232]［鄂君啓車節］

【釋地】湖北省鍾祥市

楚都，指鄀，今湖北鍾祥縣西北。

吴鎮烽《銘圖索引》[1233]［鄂君啓節］

1229 羅長銘：《鄂君啓節新探》，原載《羅長銘集》，黄山書社，1994年；後收入安徽省博物館編：《安徽省博物館四十年論文選集》，黄山書社，1996年，第153—154頁。
1230 湯餘惠：《戰國銘文選》，吉林大學出版社，1993年，第50頁。
1231 黄盛璋：《關于鄂君啓節交通路綫的復原問題》，原載《中華文史論叢》（第5輯），1964年；後收入《歷史地理論集》，人民出版社，1982年，第267—268頁。
1232 黄盛璋：《鄂君啓節地理問題若干補正》，《歷史地理論集》，人民出版社，1982年，第287頁。
1233 吴鎮烽：《商周青銅器銘文暨圖像集成索引》，上海古籍出版社，2019年，第941頁。

鄟陵君豆

【時代】戰國晚期

【出處】鄟陵君豆

外底銘：郢□府所戠（造）。[鄟陵君豆，《集成》4694]

【類別】城邑名稱

【釋地】安徽省淮南市壽縣

楚都，此器形制甚晚，近似秦漢器，故此當爲安徽壽春，考烈王二十二年所遷之都。

馬承源《商周青銅器銘文選》[1234][鄟陵君豆]

0419

易

覭公簋

【時代】西周早期

【出處】覭公簋

覭公作郪姚簋，遣于王令易（唐）伯侯于晉，唯王廿又八祀。五。[覭公簋，《銘圖》4954]

【類別】城邑名稱

“易”，在此當讀爲唐。殷墟卜辭中，受祭之先王“唐”即“湯”。易伯，即唐伯。春秋時期的晉公盦，稱唐叔爲“我皇祖鄅公”，唐實際上仍寫作易。《史記・晉世家》：“周公誅滅唐”，成王“于是遂封叔虞于唐。唐在河、汾之東，方百里，故曰唐叔虞。……唐叔子燮，是爲晉侯。”《漢書・地理志》“太原郡晉陽縣”條下云：“故《詩》唐國。周成王滅唐，封弟叔虞。”鄭玄在《詩譜・唐譜》中稱“唐者，帝堯舊都也，今日太原晉陽是”。鄭玄説唐是在太原晉陽，是不對的，諸家早已指出此點，但其言唐在堯之舊地，則是值得注意的。《晉世家》正義引《括地志》則曰：“故唐城在絳州翼城縣西二十里。”從上述文獻來看，叔虞雖被封于唐，雖是晉國公室始封的先祖，但未稱晉侯，是時也當未有稱“晉”的國家，故而春秋時期的晉公盦仍稱唐叔虞爲“鄅（唐）公”。始稱晉侯的是其子燮父。本銘文中受命“侯于晉”的唐伯，應即是指燮父，由此亦可知燮父在侯于晉前稱“唐伯”。

朱鳳瀚《覭公簋與唐伯侯于晉》[1235][覭公簋]

文獻載，成王封弟叔虞于唐，稱唐叔、唐侯，不能稱唐伯。唐伯是其子燮父，《毛詩正義》引鄭玄《詩譜》：“成王封母弟叔虞于堯之故墟，曰唐侯。南有晉水，至子燮改爲晉侯。”孔穎達疏云：“蓋時王命使改之

1234　馬承源主編：《商周青銅器銘文選（四）》，文物出版社，1990年，第444頁。

1235　朱鳳瀚：《覭公簋與唐伯侯于晉》，《考古》2007年第3期，第65頁。

<table>
<tr><td></td><td>也。”又引徐才《宗國都城記》：“唐叔虞之子燮父徙居晉水傍，今并理故唐城，唐者即燮父所徙之處。”所述與簋銘正合。
李學勤《論覺公簋年代及有關問題》[1236][覨公簋]

【釋地】山西省臨汾市翼城縣
（昜）即唐，今山西翼城縣西唐城。
吴鎮烽《銘圖索引》[1237][覨公簋]</td></tr>
<tr><td>0420
昜人
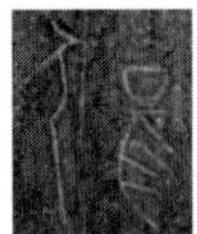
陽人劍
陽人令亥如戈
0420.02
陽人</td><td>【時代】戰國晚期·韓

【出處】陽人令亥如戈　陽人劍[《銘續》1295]
三年昜（陽）人命亥女（如），左庫工帀（師）桀邾，冶馬。[陽人令亥如戈，《銘續》1246]

【類別】城邑名稱

【釋地】河南省汝州市
陽人的地理位置在今河南汝州西，即汝水上游北岸。
韋心瀅《上海博物館藏三年昜人令戈考》[1238][陽人令亥如戈]

即陽人，戰國韓邑，今河南汝州市西北。
吴鎮烽《銘圖索引》[1239][陽人令亥如戈]</td></tr>
<tr><td>0421
昜曲

馬童蓋弓帽

0421.02
陽曲</td><td>【時代】戰國時期

【出處】馬童蓋弓帽
廿七年，昜曲筥教馬重（童）。[馬童蓋弓帽，《集成》12032]

【類別】城邑名稱

【釋地】山西省忻州市定襄縣
陽曲，戰國趙邑，今山西定襄縣東南侍陽。
吴鎮烽《銘圖索引》[1240][馬童蓋弓帽]</td></tr>
</table>

1236　李學勤：《論覺公簋年代及有關問題》，原載本書編委會編：《慶祝何炳棣先生九十華誕論文集》；後收入《新出青銅器研究（增訂版）》，人民美術出版社，2016 年，第 355 頁。

1237　吴鎮烽：《商周青銅器銘文暨圖像集成索引》，上海古籍出版社，2019 年，第 941、958 頁。

1238　韋心瀅：《上海博物館藏三年昜人令戈考》，中國古文字研究會、吉林大學中國古文字研究中心編：《古文字研究》（第三十二輯），中華書局，2018 年，第 293 頁。

1239　吴鎮烽：《商周青銅器銘文暨圖像集成索引》，上海古籍出版社，2019 年，第 1059、1062 頁。

1240　吴鎮烽：《商周青銅器銘文暨圖像集成索引》，上海古籍出版社，2019 年，第 941、973 頁。

0422

易丘

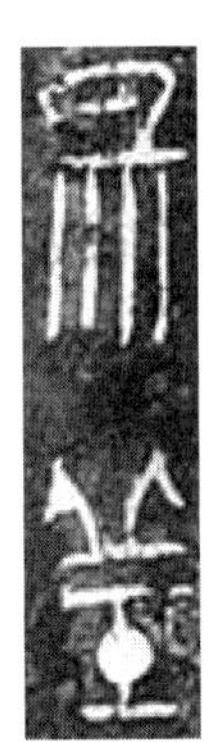

鄂君啓車節

0422.02

陽丘

【時代】戰國中期

【出處】鄂君啓車節[《集成》12110、12111]

【類別】城邑名稱

于文據《左傳》定四年注，置之“鄂北的大隧、直轅、冥阨三隘道之南，由三隘道再北抵方城。”最近我曾與譚氏函商此地，譚謂：“既不知于氏的具體依據，又未明指‘陽丘’今所在的確實地點，我衹能説，陽丘既在三隘道之南，則自此至方城至少有五百里而概乎言之。”既然如此，則這個地望不僅有問題，而且是渺茫的。由此可見，于氏所言種種，是未能透過現象觀察實際，所得出來的結論就必然會落空了。

商承祚《談鄂君啓節銘文中幾個文字和幾個地名等問題》[1241][鄂君啓車節]

這個“陽”是“丘”的方位詞定語，山南爲陽。如果車隊的第一站是江北，那麼它衹可能“庚陰丘”。“陽丘”地處江南，是指城陵磯山丘之陽。

張中一《〈鄂君啓金節〉路綫新探》[1242][鄂君啓車節]

【釋地】湖南省常德市鼎城區

易丘殆即陽山，湖南常德縣北三十里有陽山，有風雷雨三洞之勝。

郭沫若《關于鄂君啓節的研究》[1243][鄂君啓車節]

【釋地】河南省南陽市方城縣

陽丘，當即漢代的堵陽縣，故治在今河南方城縣東六里。堵陽本秦陽城，見《漢書·曹參傳》注引應劭曰：王莽又改曰陽城。

譚其驤《鄂君啓節銘文釋地》[1244][鄂君啓車節]

地名。史籍未見，可能是秦的陽城。也即漢代的堵陽縣、地在今河南方城縣東六里。《漢書·地理志》南陽郡堵陽縣，顔師古《注》曰：“莽曰陽城。”

馬承源《商周青銅器銘文選》[1245][鄂君啓節]

陽丘，地名，即漢代的堵陽縣，在今河南方城縣東六里。陽丘是鄂君車隊陸路經商的第一站。

湯餘惠《戰國銘文選》[1246][鄂君啓車節]

1241 商承祚：《談鄂君啓節銘文中幾個文字和幾個地名等問題》，原載《中華文史論叢》（第6輯），1965年；後收入劉慶柱、段志洪、馮時主編：《金文文獻集成》（第二十九册），綫裝書局，2005年，第328頁。

1242 張中一：《〈鄂君啓金節〉路綫新探》，《求索》1989年第3期，第128頁。

1243 郭沫若：《關于鄂君啓節的研究》，《文物參考資料》1958年第4期，第5頁。

1244 譚其驤：《鄂君啓節銘文釋地》，原載《中華文史論叢》（第2輯），1962年；後收入《譚其驤全集》（第一卷），人民出版社，2015年，第540頁。

1245 馬承源主編：《商周青銅器銘文選（四）》，文物出版社，1990年，第435頁。

1246 湯餘惠：《戰國銘文選》，吉林大學出版社，1993年，第49頁。

即陽丘，今河南方城縣東六里。

吴鎮烽《銘圖索引》[1247][鄂君啓車節]

【釋地】河南省信陽市一帶

郭謂“昜丘殆即陽山、湖南常德縣北三十里有陽山”。按車行北上，不言踰江，則昜丘無由在湖南的常德縣。《左傳》文十六年：“楚大饑，戎伐其西南，至于阜山，師于大林，又伐其東南，至于陽丘，以侵訾枝。”杜注但言“大林、陽丘、訾枝皆楚邑”，自來解春秋地理者以爲都在江北鄂西，大體不誤，孔疏也謂“楚西有戎”。陽丘失考已久，今以此節“自鄂往、庚昜丘、庚邡城”證之，則陽丘當在鄂北的大隧、直轅、冥阨三隘道（見《左傳》定四年注）之南，由三隘道再北抵方城，這都是春秋戰國時代楚人與上國往來的重鎮和要路。

于省吾《“鄂君啓節”考釋》[1248][鄂君啓車節]

在三隘道之南的説法，我以爲是可以考慮的。三隘道，戰國時名“黽阨”，或曰“鄳塞”。問題是該地在今何處，説法兩歧：《史記•楚世家》，楚人説頃襄王：“王出寶弓，碆（音波，石可爲弋鏃）新繳（音灼），涉鄳塞，而待秦之倦也。”《集解》：徐廣曰：“或以爲‘冥’，今江夏，一作‘黽’”。《史記正義》引《括地志》云：“故鄍城在陝州河北縣東十里，虞邑也。杜預云：河東大陽有鄍城是也。”按江夏在湖北雲夢縣東南。河北縣即大陽（漢置河北縣，北周改爲大陽），其地在今山西平陸縣東北。説黽阨在今雲夢固然錯誤（《史記》注：“徐言‘江夏’亦誤也。”），《括地志》“在陝州河北縣東十里的説法，證以《節銘》的路綫，更是合不上的。另一種説法是《辭源》引《史記正義》説的“申州有平靖關，蓋即古黽阨之地”。平靖關《辭源》注：“在河南信陽縣東南……即春秋時冥阨也。”如果此説不誤，則于説陽丘在三隘道之南是可以成立的。

孫劍鳴《“鄂君啓節”續探》[1249][鄂君啓車節]

隧、直轅、冥阨爲楚國通往東方的交通隘道。冥阨又作黽阨、黽塞。《楚策》莊辛對楚襄王説：“穰侯受命乎秦王，填黽塞之内，而投己乎黽塞之外。”後來楚國的結局，確係如此。大隧、直轅、冥阨爲歷史上著名的義陽（信陽）三關。冥阨又名平靖關，在信陽東南九十里。鄂的封境北方不知達到何處。以意度之，由鄂到東方，陸行必出黽阨北上，這是可以肯定的。又《楚策》“襄王流揜于城陽”，鮑彪改爲“成陽”，注曰：“成陽屬汝南，若城陽乃齊也。”按《魏書•地形志》作城陽。《清一統志》載：“成陽故城在信陽州東北，又州北六十里有楚王城，亦曰楚城。”疑

1247 吴鎮烽：《商周青銅器銘文暨圖像集成索引》，上海古籍出版社，2019年，第941、973頁。
1248 于省吾：《“鄂君啓節”考釋》，《考古》1963年第8期，第445頁。
1249 孫劍鳴：《“鄂君啓節”續探》，原載《安徽省考古學會會刊》1982年第6輯；後收入劉慶柱、段志洪、馮時主編：《金文文獻集成》（第二十九册），綫裝書局，2005年，第332頁。

<table>
<tr><td></td><td>楚城即成陽故城，也就是銘文中的陽丘。一九五七年，信陽長臺關附近曾發現大型楚墓。將來地下發掘，可能證明這點。
羅長銘《鄂君啓節新探》[1250][鄂君啓車節]

【釋地】湖北省隨州市隨縣唐縣鎮
我們懷疑陽丘可能就是唐國的故地。古代唐陽二字可以通用，如《春秋》昭公十二年所記燕地“陽”，《左傳》即作唐。唐國故地在今湖北隨縣西北唐城鎮，是由鄂去方城之陸行所必經。
李零《楚國銅器銘文編年匯釋》[1251][鄂君啓舟節]

【釋地】湖北省棗陽市
陽丘的位置可能在今鄂豫交界處棗陽一帶，具體地望難以確指。
劉和惠《楚文化的東漸》[1252][鄂君啓舟節]</td></tr>
<tr><td>0423
昴

敔簋

0423.02
昂</td><td>【時代】西周晚期

【出處】敔簋[《集成》4323]

【類別】城邑名稱

【釋地】河南省洛陽市宜陽縣
⿱晶卯即昴之繁體，從晶卯聲。楊云：“即⿱晶卯星之初字。晶爲星之初文，故曐曑曟諸字皆從晶，曐省爲星，曟省爲晨，故⿱晶卯亦省爲昴。”徐仲舒云：“昴參泉是洛水所出的源泉。昴六星，參三星，泉以星宿爲名，這和長江（按當作黄河）上源稱星宿海相同。”按楊析字形，徐釋地名，均極透辟，惟本銘所列地名自東而西，昴參泉自非洛水所出的源泉，徐説亦未能盡是。
庾信《崔説神道碑》文中所列地名有三泉，王仲犖《北周地理志》録于宜陽郡宜陽縣下，三泉蓋即昴參泉的簡稱。其地望與本銘所記恰相吻合。王氏以三泉爲石泉之誤，非也。
陳連慶《〈敔簋〉銘文淺釋》[1253][敔簋]

淮夷入侵的地名。
馬承源《商周青銅器銘文選》[1254][敔簋]</td></tr>
</table>

1250 羅長銘：《鄂君啓節新探》，原載《羅長銘集》，黄山書社，1994年；後收入安徽省博物館編：《安徽省博物館四十年論文選集》，黄山書社，1996年，第151頁。

1251 李零：《楚國銅器銘文編年匯釋》，中國古文字研究會、中華書局編輯部等編：《古文字研究》（第十三輯），中華書局，1986年，第371頁。

1252 劉和惠：《楚文化的東漸》，湖北教育出版社，1995年，第144頁。

1253 陳連慶：《〈敔簋〉銘文淺釋》，《中國古代史研究：陳連慶教授學術論文集》，吉林文史出版社，1991年，第1162—1663、1172頁。

1254 馬承源主編：《商周青銅器銘文選（三）》，文物出版社，1988年，第287頁。

	昴，地名。未詳。陳連慶以爲昴參泉即三泉，謂："庾信《崔説神道碑》文中所列地名有三泉，王仲舉《北周地理志》録于宜陽郡宜陽縣下。三泉蓋昴參泉的簡稱。其地望與本銘所記恰相吻合。王氏以三泉爲石泉之誤，非也。"北周之宜陽縣治所在今河南宜陽縣。 陳秉新、李立芳《出土夷族史料輯考》[1255][敔簋] 即在陝豫交界的洛南、盧氏、伊川一帶。 吴鎮烽《銘圖索引》[1256][敔簋]
0424 **矩**  矩叔壺  裘衛盉	**【時代】西周中期** **【出處】矩叔壺 裘衛盉**[《集成》9456]**等** 矩叔作仲姜寶尊壺，其萬年子子孫孫永用。[矩叔壺，《集成》9651、9652] **【類别】國族名稱** 西周國族名，史籍未載。 馬承源《商周青銅器銘文選》[1257][矩叔壺] 矩爲國族名，所在不詳。 王輝《商周金文》[1258][裘衛盉]
0425 **郜** 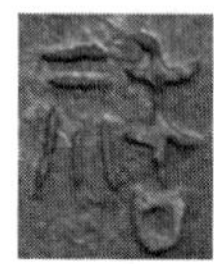 召生簋 0425.02 祰	**【時代】西周晚期** **【出處】召生簋** 召生作祰嫚媵鼎簋，其用左君，祰叔祰嫚其萬年子子孫孫永寶用。[召生簋，《銘圖》5064、5065] **【類别】城邑名稱** **【釋地】山東省菏澤市成武縣** 即郜，今山東成武縣西南郜鼎集。 吴鎮烽《銘圖索引》[1259][召生簋]

1255 陳秉新、李立芳：《出土夷族史料輯考》，安徽大學出版社，2005年，第212頁。
1256 吴鎮烽：《商周青銅器銘文暨圖像集成索引》，上海古籍出版社，2019年，第941頁。
1257 馬承源主編：《商周青銅器銘文選（三）》，文物出版社，1988年，第261頁。
1258 王輝：《商周金文》，文物出版社，2006年，第136頁。
1259 吴鎮烽：《商周青銅器銘文暨圖像集成索引》，上海古籍出版社，2019年，第971頁。

0426

重

邢侯簋

0426.02 𠀤

0426.03 𠂤

0426.04 𠀤

【時代】西周早期

【出處】邢侯簋

唯三月，王令燮（榮）眔内史曰：䔈井（邢）侯服，易（賜）臣三品：州人、重人、章（鄘）人，拜稽首，魯天子寏厥頻福，克奔走上下，帝無冬令于有周，追考，對不敢憜，昭朕福盟，朕臣天子，用典王令，作周公彝。[邢侯簋，《集成》4241]

【類別】城邑名稱

重，少皞子（楊伯峻《春秋左傳注》疑爲少昊之弟）重之後。《左傳·昭公二十九年》："少皞氏有四叔，曰重、曰該、曰修、曰熙，實能金、木及水。使重爲句芒。"《春秋·襄公二十五年》："諸侯同盟于重丘。"杜預注："重丘，齊地。"古重國故地當在此。

陳秉新、李立芳《出土夷族史料輯考》[1260][邢侯簋]

𠀤字舊多釋爲東，然于原文東上確從人作，《克鼎》之"井人奔于𠀤"，散氏盤之"封于𠀤道"，又散之有司有"𠭯馬𠀤𠀤"，與此疑是一字。

郭沫若《金文叢考》[1261][邢侯簋]

"𠀤"字從東，從人，可能即《逸周書·作雒》"俾中旄父宇于東"之東，距殷朝歌不遠，三處蓋皆殷故土之奴隸。

黄盛璋《扶風强家村新出西周銅器群與相關史實之研究》[1262][邢侯簋]

【釋地】河南省輝縣市

𠀤即重字。以州與𩫖推之，當在邢國附近。《水經·清水注》有重門城，在今河南省輝縣一帶，疑本重地。

唐蘭《西周青銅器銘文分代史徵》[1263][邢侯簋]

𠂤，唐蘭説即重字，"以州與𩫖推之，當在邢國附近。《水經·清水注》有重門城，在今河南省輝縣一帶，疑本重地。

王輝《商周金文》[1264][邢侯簋]

【釋地】山東省濟寧市魚臺縣

重本周地，春秋屬魯。在今山東魚臺鎮西。《左傳·僖公三十一年》：

1260 陳秉新、李立芳：《出土夷族史料輯考》，安徽大學出版社，2005年，第365頁。

1261 郭沫若：《金文叢考》，《郭沫若全集·考古編》（第五卷），科學出版社，2002年，第636頁。

1262 黄盛璋：《扶風强家村新出西周銅器群與相關史實之研究》，原載《人文雜志叢刊·第二輯：西周史研究》，1984年；後收入劉慶柱、段志洪、馮時主編：《金文文獻集成》（第二十八册），綫裝書局，2005年，第374頁。

1263 唐蘭：《西周青銅器銘文分代史徵》，《唐蘭全集（七）》，上海古籍出版社，2015年，第182頁。

1264 王輝：《商周金文》，文物出版社，2006年，第62頁。

僖公“使藏文仲往，宿于重館”。《國語·魯語上》韋注爲魯地。

崔恒昇《古文字地名考釋》[1265][邢侯簋]

在今山東魚臺縣西。

吴鎮烽《銘圖索引》[1266][邢侯簋]

【類别】國族名稱

重或即《鄭語》己姓之董。

陳夢家《西周銅器斷代》[1267][邢侯簋]

0427

重刃郳

二十九年弩機

0427.02

重則

【時代】戰國晚期·楚

【出處】二十九年弩機

二十九年，秦攻吾，王以子横質于齊，又使景鯉、蘇歷以求平。竝令尹作弩五千，矢卌萬與之。重丘左司工辰作四千又卅五。戊午，以重刃郳與秦，其與金與絲與帛與奴與城。[二十九年弩機，《銘圖》18586]

【類别】城邑名稱

“重刃郳”在句中似爲地名，是一地擬或二地，似以“重刃、郳”兩地較妥。全句是説將重刃、郳兩地給予秦國。

吴鎮烽、朱艷玲《二十九年弩機考》[1268][二十九年弩機]

戰國楚邑。

吴鎮烽《銘圖索引》[1269][二十九年弩機]

【他釋】

其中字，我們認爲釋讀爲“刃郳”二字不妥。此形體兩部分連接較緊湊，應爲一字。

首先，此弩機銘文左右結構之字多作上下書寫，……可能是由于弩機書寫面較窄的緣故，這點與璽印文字相似。其次，將此字分爲二形，銘文似難通讀。實際上此字由兩部分組成。上部從，爲刃字，吴、朱二位先生所釋正確。此字下部當從“貝”，而不是“郳”字。戰國楚文字“貝”作偏旁有作此形……字下部所從形當爲“貝”。，從刃從貝，應是“則”字。

……“則”字在弩機銘文中假爲“財”。則，精母職部；財，從母之部。財字所從才聲亦在精母之部。二字古音密切，可相通假。《説文·刀

1265 崔恒昇：《古文字地名考釋》，中國古文字研究會、安徽大學古文字研究室編：《古文字研究》（第二十三輯），中華書局，2002年，第218頁。
1266 吴鎮烽：《商周青銅器銘文暨圖像集成索引》，上海古籍出版社，2019年，第942頁。
1267 陳夢家：《西周銅器斷代》，中華書局，2004年，第82頁。
1268 吴鎮烽、朱艷玲：《二十九年弩機考》，《考古與文物》2013年第1期，第26頁。
1269 吴鎮烽：《商周青銅器銘文暨圖像集成索引》，上海古籍出版社，2019年，第942頁。

	部》："則，⿰等畫物也。從刀，從貝。貝，古之物貨也。"朱駿聲《說文通訓定聲》："則，借爲財，實爲才。"《荀子・勸學》："口耳之間則四寸耳。"楊倞注："則，當爲財，與才同。""以重則與秦"，讀爲"以重財與秦"。意思是說將大量的物資財物給予秦國。這也與下面的銘文相照應，即交付給秦國金、絲、帛、奴、城。 孫合肥《二十九年弩機銘文補釋》[1270][二十九年弩機]
0428 **重丘** 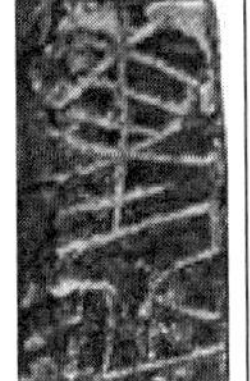 二十九年弩機	**【時代】戰國・楚** **【出處】二十九年弩機**[《銘圖》18586] **【類別】城邑名稱** **【釋地】河南省駐馬店市泌陽縣** "重丘"，地名，戰國時期屬楚，故址在今河南泌陽縣東北付莊街。 吴鎮烽、朱艷玲《二十九年弩機考》[1271][二十九年弩機考] 戰國楚邑，今河南泌陽縣西北。 吴鎮烽《銘圖索引》[1272][二十九年弩機]
0429 **重泉**  商鞅方升	**【時代】戰國中期・秦** **【出處】商鞅方升** 十八年，齊遣卿大夫衆來聘，冬十二月乙酉，大良造鞅爰積十六寸五分寸壹爲升。臨，重泉。廿六年，皇帝盡并兼天下諸侯，黔首大安，立號爲皇帝。乃詔丞相狀綰灋度量則不壹，歉疑者皆明壹之。[商鞅方升，《集成》10372] **【類別】城邑名稱** **【釋地】陝西省渭南市蒲城縣** 縣名，今陝西蒲城。此爲商鞅方升第一次所置之地。 馬承源《商周青銅器銘文選》[1273][商鞅方升] 重泉，秦地名，方升始用于此，在今陝西蒲城縣東南五十里。 湯餘惠《戰國銘文選》[1274][商鞅方升]

1270　孫合肥：《二十九年弩機銘文補釋》，《考古與文物》2017年第3期，第120—122頁。
1271　吴鎮烽、朱艷玲：《二十九年弩機考》，《考古與文物》2013年第1期，第26頁。
1272　吴鎮烽：《商周青銅器銘文暨圖像集成索引》，上海古籍出版社，2019年，第942頁。
1273　馬承源主編：《商周青銅器銘文選（四）》，文物出版社，1990年，第612頁。
1274　湯餘惠：《戰國銘文選》，吉林大學出版社，1993年，第26頁。

	戰國秦邑，今陝西蒲城縣東南。 吴鎮烽《銘圖索引》[1275][商鞅方升]
0430 信陰 信陰君漆 卮底	【時代】戰國晚期·魏 【出處】信陰君戈 信陰權 信陰君漆卮底 信陰君庫。[信陰君戈，《集成》11055] 信陰館□。[信陰權，《銘圖》18858] 信陰君少府。[信陰君漆卮底，《銘續》1381] 【類别】城邑名稱
0431 皇宫 皇宫右鶴 嘴斧 皇宫左戈	【時代】戰國 【出處】皇宫右鶴嘴斧 皇宫左戈 皇宫右。[皇宫右鶴嘴斧，《集成》11836] 皇宫左。[皇宫左戈，《銘圖》16561—16564] 【類别】城邑名稱
0432 皇陽 皇陽令强 𧙊戈	【時代】戰國時期 【出處】皇陽令强𧙊戈 二年，皇陽令强𧙊，工币（師）瘖𪄪、冶才。[皇陽令强𧙊戈，《集成》11314、11315] 【類别】城邑名稱 【釋地】河南省鞏義市

1275　吴鎮烽：《商周青銅器銘文暨圖像集成索引》，上海古籍出版社，2019年，第942頁。

今河南鞏義市西南。

吴鎮烽《銘圖索引》[1276][皇陽令强𤞷戈]

0433

泉

敔簋

【時代】西周晚期

【出處】敔簋［《集成》4323］

【類别】自然地理名稱 · 河湖

【釋地】潁水

敔簋銘文的“泉”在今洛陽東南，伊水之畔；而“洹”很有可能爲潁水。

周博《禹鼎、敔簋與淮夷入侵路綫問題》[1277][敔簋]

0434

追

追叔父盨

（2行）

（10行）

（11行）

多友鼎

【時代】西周晚期

【出處】追叔父盨　多友鼎［《集成》2835］

趞（追）盄父作旅盨，子子孫孫永寶用。［追叔父盨，《銘圖》5564］

【類别】城邑名稱

西周時期封邑名。

吴鎮烽《銘圖索引》[1278][追叔父盨]

【類别】國族名稱

多友鼎銘文的“告追于王”的追，應該就是敵方部族名，銘文中的告者，則可能是守衛京師者。……銘文“從至追”一語中的“追”，如果解釋爲追逐義，此語則難以理解，“從至追”之“至”應爲中間介詞，下面的“追”爲名詞應無疑義。銘文中“乃䡨追”的䡨，李學勤先生讀爲軼，在此疑用爲超軼字，《淮南子·冥覽》高誘注“自後過前曰軼”，《説文》軼下云：“車相出也”，段注云：“車之後進突于前也。”銘文用軼字，與多友的公車出征尤其吻合。由此看來“從至追”説的是趕上、接近“追”，因有一番搏鬥；那麽，“乃軼追”則説的是超過“追”，然後在楊冢這個地方發生了更激烈的戰事，銘文所記虜獲也更多。我們以爲多友鼎所記的這次周王朝面臨的入侵，其主角很可能就是追這一部族，銘文起首説“獫狁方興，廣伐京師”，衹是類似于《詩經》一般“興”的筆法而已。

追作爲部族名也見于先秦經籍。《詩·大雅·韓奕》：“以先祖受命，

1276　吴鎮烽：《商周青銅器銘文暨圖像集成索引》，上海古籍出版社，2019年，第942頁。
1277　周博：《禹鼎、敔簋與淮夷入侵路綫問題》，《歷史地理》（第三十四輯），上海人民出版社，2017年，第38頁。
1278　吴鎮烽：《商周青銅器銘文暨圖像集成索引》，上海古籍出版社，2019年，第942頁。

	因時百蠻。王錫韓侯，其追其貊。奄受北國，因以其伯。”毛傳云：“追、貊，戎狄國也。”貊也即經籍中常見之貉；追，他書不見記，馬瑞辰《毛詩傳箋通釋》卷27説追音轉爲雕，對雕與西戎的關係述之甚詳，其云：“《周官·追師》注：‘追之言雕也。’”又説：“《逸周書·王會篇》云：‘正西曰彫題。’孔晁注：‘西戎之别名也。’此詩追疑即雕之假借。雕題可單稱雕，猶交趾可單稱交也。《傳》云‘追、貊戎狄國’者，殆以追爲西戎，貊爲北狄歟？其實夷、蠻、戎、狄，對言則異，散言則同，北國可稱百蠻，亦可通稱雕耳。”雕題之題，《説文》：“頟也。”頟即今之額頭字，雕題疑指在額頭上有紋飾之風的周之西北面的部族。近人沈曾植説《韓奕》“其追其貊”之“追”，認爲翟從隹聲，隹、追古音同部，追即是翟或狄。 如文獻所述，追即雕亦即西北之戎狄，那麽，與多友鼎銘文中“追”部族的方位也是大致相吻合的。前引《大雅·韓奕》“其追其貊”一句鄭箋云：“其後追也、貊也爲玁狁所逼，稍稍東遷。”追與商、周王朝或屬或叛，其遷徙飛揚之迹，史缺有間，已難以確考。本文釋多友鼎銘文中“追”的上述用例爲部族名，此説若能成立，對通讀多友鼎銘文以及對理解學者之間關于銘文中涉及的古民族與古地理的研究分歧或許有一定裨益。 劉昭瑞《試説多友鼎銘文中的“追”》[1279][多友鼎]
0435 **待劃**  旟鼎 0435.02 待劉 0435.03 待劃[1280]	**【時代】西周早期** **【出處】旟鼎** 唯八月初吉，王姜易（賜）旟田三田于待劃，師楷酤貺，用對王休，子子孫其永寶。[旟鼎，《集成》2704] **【類别】城邑名稱** 王姜賜給旟田地于此地。 吴鎮烽《銘圖索引》[1281][旟鼎] 待劃當是地名，劃字從囟，即㐭字，爲簟的象形字。此似當讀鐔，是刀劍的鼻，所以從刀。此應讀譚。金文常見劃伯劃弔的人名，似即譚國的譚。 唐蘭《論周昭王時代的青銅器銘刻》[1282][旟鼎]

1279 劉昭瑞：《試説多友鼎銘文中的“追”》，中國古文字研究會、華南師範大學文學院編：《古文字研究》（第二十六輯），中華書局，2006年，第194頁。
1280 馬承源主編：《商周青銅器銘文選（三）》，文物出版社，1988年，第80頁。
1281 吴鎮烽：《商周青銅器銘文暨圖像集成索引》，上海古籍出版社，2019年，第942頁。
1282 唐蘭：《論周昭王時代的青銅器銘刻》，《唐蘭全集（四）》，上海古籍出版社，2015年，第1442頁。

0436 **衍** 上郡守綰戈	**【時代】戰國晚期·秦** **【出處】上郡守綰戈**［《銘三》1529］ **【類别】城邑名稱** **【釋地】河南省鄭州市** “衍”或稱“衍氏”，在今河南省鄭州市以北十餘公里處，原屬魏邑，昭王時曾爲秦所有，其後雖易主，但仍于秦王政九年被秦吞并。 劉浩《新見秦兵四十四年上郡守綰戈考》[1283]［上郡守綰戈］ **【釋地】廣衍** 秦“四十四年上郡守綰戈”銘文中的“衍”至少應有兩種可能：若“衍”地的加刻時間在秦王政九年以後，則其應爲劉文所論，是“衍氏”的省稱，里耶秦簡里程木牘文字中有“衍氏到啓封三百五里”一條，説明秦的確置有“衍氏”縣（今河南鄭州市北），可證劉文所論不誤。上郡兵器加刻地名置用于上郡之外的地方還見于秦“四十四年上郡假守鼂戈”（《銘像》17299）的“廣武”（今山西或河南境内）和“三年上郡守錡矛”的“安陽”“朝歌”（今河南安陽、淇縣）等。若加刻時間在秦王政九年之前，則“衍”地尚不爲秦所有，從其與“上武（上郡武庫）”同刻以及秦上郡戈銘中加刻的置用地名多屬上郡看，我們認爲此“衍”地應是“廣衍”的省稱。“廣衍”作爲置用地名還見于“十二年上郡守壽戈”（《銘像》17280）、“廣衍矛”（《銘像》17617）、“廣衍戈”（《銘像》16618）等。“廣衍”不省作“廣”應與上郡戈加刻置用地名中還有“廣武”有關，以避免誤解。遼陽博物館藏一件有銘秦矛的置用地“衍”，亦與此類似。 徐世權《秦“四十四年上郡守綰戈”置用地名補釋》[1284]［上郡守綰戈］
0437 **郤氏**	**【時代】戰國晚期** **【出處】郤氏左戈**［《銘圖》16566］ **【類别】城邑名稱** **【釋地】山東地區**

1283　劉浩：《新見秦兵四十四年上郡守綰戈考》，華東師範大學中國文字研究與應用中心主辦：《中國文字研究》（第二十五輯），上海書店出版社，2017年，第28頁。

1284　徐世權：《秦“四十四年上郡守綰戈”置用地名補釋——兼談秦兵器銘文中的地名省稱問題》，華東師範大學中國文字研究與應用中心主辦：《中國文字研究》（第二十八輯），上海書店出版社，2018年，第29頁。

郤氏左戈

根據銘文格式和書體，“郤氏左”戈應是屬于齊國的兵器。

郤氏戈既然是齊國兵器，郤氏又是地名，爲什麼在文獻記載中不見齊國有“郤氏”這一地名呢？這是因爲今天我們所能看到的文獻記載中所見的齊國地名，大都是在記載某一歷史事件時所提到的，並非齊國地名的全部。《齊策一》載：（鄒忌）“于是入朝見威王曰：‘……今齊地方千里，百二十城。……’”可見戰國時代的齊國至少有120座城，但是實際上我們從文獻記載中所能看到的齊國地名卻遠遠没有這麼多。張立志《山東古地名表》中齊國戰國時代的地名衹有30個，其中像章華、雪宫等顯然還不是城名。文獻記載中所見的戰國時期齊國的城尚不足實際數字的四分之一。因而比較客觀的態度應該是“衹能證其有，不能斷其無”。因此不能因爲文獻記載中不見齊國有郤氏地名，作爲討論問題的依據。郤氏戈被斷爲三晉魏國所有，主要論據是春秋晉國有郤氏。其實春秋魯國也有郤氏，《國語·魯語》：“公欲弛郤敬子之宅。”韋昭注：“公，文公也。郤敬子，魯大夫郤敬伯之後，玄孫敬伯同也。”魯國既然也有郤氏，其封邑當然也可以名之爲郤氏。戰國時代齊國疆域迅速開拓，魯國勢力相對衰落，魯邑郤氏屬齊所有，是完全可能的。

綜上所證，郤氏戈是戰國早中期時的齊國所造。

王恩田《郤氏戈的年代與國别》[1285][郤氏左]

【釋地】山西地區

戈上的“郤氏”，依照這類銘文的體例，乃是地名，即春秋時叔虎的封邑。實際上，如《通志·氏族略》所説：“晋大夫郤文子食邑于郤，以邑爲氏。”郤文子就是郤豹，所以郤地先于郤氏一家而存在，在郤氏滅後，仍會有這個地名。

郤在什麼地方呢？《一切經音義》卷二引《聲類》云：“郤鄉在河内。”河内是範圍較廣的地名。清代程恩澤云：“案‘河内’有數解：一云自蒲州以東至懷衛；一云河從龍門南至華陰，東至衛州，即東北入海，曲繞冀州，故言河内；一云古帝王之都多在河東、河北，故呼河北爲河内，河南爲河外，俱見《史記正義》。胡三省曰：‘漢河内郡即魏河内之地。’”《聲類》所説“郤鄉”當爲漢以來鄉名，其“河内”可推爲漢河内郡一帶，也就是戰國時魏國的河内，其名見《戰國策》，可參看《中國歷史地圖集》。

李學勤《郤氏左戈小考》[1286][郤氏左戈]

李學勤先生指出，此戈的年代不會早于戰國中期，郤原爲春秋晋大夫郤叔虎邑，至戰國仍會有這個地名。郤在漢河内郡一帶。此戈爲魏軍的兵器，年代也能與馬陵之戰相合。

拙文指出此戈年代，從其形制、銘文字體與内容看，是爲戰國前期之物，現在看來當以李先生所説爲是。我認爲郤地先在今山西西部，後則在

1285 王恩田：《郤氏戈的年代與國别》，《商周銅器與金文輯考》，文物出版社，2017年，第346—347頁。
1286 李學勤：《郤氏左戈小考》，《綴古集》，上海古籍出版社，1998年，第132頁。

今山西東南部的沁水下游。戰國時期此地屬魏，郃氏左戈爲魏國所鑄。

孫敬明《沂蒙先秦兵器銘文集釋繹論》[1287][郃左氏戈]

戰國趙邑，今山西沁水下游一帶。

吴鎮烽《銘圖索引》[1288][郃左氏戈]

0438

爰陵

鄂君啓舟節

【時代】戰國中期

【出處】鄂君啓舟節[《集成》12112—12113]

【類別】城邑名稱

郭云："疑是南昌。"蓋在以瀘江爲贛江的前提下所作的推測。譚以爲爰陵是《水經注》所載之"團亭"，在今桐城東南 50 里。黄以爲團亭乃小地名，不足以當爰陵，"疑在今淮安附近"。但淮安之地在楚懷王時期，屬于越國，並非楚地。所以黄自己也說："惟爰陵之名，于史無考，有待進一步研究解决。"

孫劍鳴《"鄂君啓節"續探》[1289][鄂君啓舟節]

"爰"不是地名，是"更换"之意。"陵"指山陵，即陸水兩岸的山地和丘陵，實指重陽山區一帶。

張中一《〈鄂君啓金節〉路綫新探》[1290][鄂君啓舟節]

【釋地】江西省南昌市

爰陵疑是南昌。

郭沫若《關于鄂君啓節的研究》[1291][鄂君啓舟節]

【釋地】安徽省宣城市宣州區

疑即《水經注》（《名勝志》引）中的團亭，在今桐城縣東南六十里。唐宋後有團亭湖，見《括地志》《太平寰宇記》；據《清一統志》引舊志，其水出白兔河，達樅陽，知爲古代"瀘江"所經。

譚其驤《鄂君啓節銘文釋地》[1292][鄂君啓舟節]

滄江既爲今之青弋江，則爰陵當即漢代丹陽郡治宛陵縣。爰、宛衹是

1287 孫敬明：《沂蒙先秦兵器銘文集釋繹論》，《考古發現與齊史類徵》，齊魯書社，2006 年，第 221 頁。

1288 吴鎮烽：《商周青銅器銘文暨圖像集成索引》，上海古籍出版社，2019 年，第 942 頁。

1289 孫劍鳴：《"鄂君啓節"續探》，原載《安徽省考古學會會刊》1982 年第 6 輯；後收入劉慶柱、段志洪、馮時主編：《金文文獻集成》（第二十九册），綫裝書局，2005 年，第 332 頁。

1290 張中一：《〈鄂君啓金節〉路綫新探》，《求索》1989 年第 3 期，第 127 頁。

1291 郭沫若：《關于鄂君啓節的研究》，《文物参考資料》1958 年第 4 期，第 4 頁。

1292 譚其驤：《鄂君啓節銘文釋地》，原載《中華文史論叢》（第 2 輯），1962 年；後收入《譚其驤全集》（第一卷），人民出版社，2015 年，第 538 頁。

	一聲之轉。宛陵故城舊説即今宣城縣治，但《元和志》宣城縣下有云，“隋自宛陵移于今理”，故《清一統志》已疑舊説不確，我以爲有可能在今縣西青弋江上。銘文此路航綫當由江入青弋，或徑達青弋江上的漢宛陵故城，或折入支流水陽江達于今宣城。 譚其驤《再論鄂君啓節地理答黃盛璋同志》[1293][鄂君啓舟節] 爰陵必爲大地方，譚文舉《水經注》之“團亭”，此乃小地不足以當爰陵，當于邗江沿岸大城求之。以後來政治地位推測，疑在今淮安附近，淮安晋爲山陽，唐宋爲楚州治，明清爲淮安府，地位歷來皆甚重要。惟爰陵之名于史無考，有待進一步研究解决。 黃盛璋《關于鄂君啓節交通路綫的復原問題》[1294][鄂君啓舟節] 譚文《再論》考訂爰陵爲漢代之宛陵，即今宣城前身，語音、方位皆合，此地名自此可定，拙文此處所論有誤，應改從譚文。 黃盛璋《鄂君啓節地理問題若干補正》[1295][鄂君啓舟節][1296] 《漢書・地理志》云丹陽郡有宛陵縣，當即此爰陵，在今安徽省宣城縣境。 馬承源《商周青銅器銘文選》[1297][鄂君啓舟節] 爰陵，即宛陵，在今安徽宣城縣治。船隊沿長江而下，經彭澤、樅陽，轉入青弋江至宛陵。這一段水路爲船隊東行路綫。 湯餘惠《戰國銘文選》[1298][鄂君啓舟節] 今安徽今宣城市宣州區。 吴鎮烽《銘圖索引》[1299][鄂君啓舟節] **【釋地】江西省上饒市鄱陽縣** 應即《漢志》豫章郡之歷陵。…… 歷陵所在，舊説在今江西德安縣之東。宋人晁以道則謂鄱陽縣境有古歷陵城。清人胡渭《禹貢錐指》引黃儀説及自爲説證晁説爲是。謂鄱陽故

1293 譚其驤：《再論鄂君啓節地理答黃盛璋同志》，原載《中華文史論叢》（第5輯），1964年；後收入《譚其驤全集》（第一卷），人民出版社，2015年，第553頁。編者按：首句“爰陵”《全集》誤作“爰陵”，根據原文改回。

1294 黃盛璋：《關于鄂君啓節交通路綫的復原問題》，原載《中華文史論叢》（第5輯），1964年；後收入《歷史地理論集》，人民出版社，1982年，第275頁。

1295 黃盛璋：《鄂君啓節地理問題若干補正》，《歷史地理論集》，人民出版社，1982年，第286頁。

1296 編者按：鄂君啓節銘中瀘江與爰陵兩地的討論，又見黃盛璋《再論鄂君啓節交通路綫復原與地理問題》，《安徽史學》1988年第2期，第20—22頁。

1297 馬承源主編：《商周青銅器銘文選（四）》，文物出版社，1990年，第434頁。

1298 湯餘惠：《戰國銘文選》，吉林大學出版社，1993年，第48頁。

1299 吴鎮烽：《商周青銅器銘文暨圖像集成索引》，上海古籍出版社，2019年，第943頁。

	城在今波陽東六十里，今波陽西當即古歷陵地。則其地西鄰彭蠡，故通水道，東通越境故設關卡。 姚漢源《鄂君啓節釋文》[1300][鄂君啓節] **【釋地】安徽省池州市青陽縣陵陽鎮** 爰陵的爰字，在古代經傳中，與粵、于等字一樣，大都用作語首助詞，即《說文》釋爲“引也”的引詞。因此，在陵字上冠以爰字，並無任何實際意義，衹是加重語氣，猶如現代語所説：這樣的陵阜地帶。這一陵阜地帶，要通過澮江，就應在陵陽内地。如果按目前一般通用的辦法，在陵字上配一實字，則可釋爲東陵。但就實際情况而言，仍應以釋爲陵陽爲宜。 由戰國時代的陵陽地方到秦漢時代的陵陽縣，大約從今貴池、銅陵之間的沿江一帶起，包括青陽縣、九華山區東部、黄山市西北部和石臺縣東部，直抵黟縣北境的黟山北麓。陵陽故城適在縣境中部，比較接近于南部山區和山間盆地，即今太平湖一帶。《漢志》的分江水，《水經注》稱爲南江，據酈氏所述的流經之地，大致是以今貴池縣西北沿江的港坳渡口處爲起點，東會貴池河口，上通秋浦沼澤地帶，東至青陽縣境的青通河，然後南經陵陽故城。由陵陽河轉入青弋江。酈注所謂注入南江的旋溪水，《石棣備志彙編》以爲即青弋江上游的舒溪。這一路綫，與《鄂君啓節》舟節所述在過了樅陽之後，入于澮江，到達爰陵的航路基本相符。爰陵即陵陽，應是肯定的。 陳懷荃《東陵考釋》[1301][鄂君啓舟節] **【釋地】湖南省岳陽市岳陽縣** 舊稿云：“《禹貢》導江‘又東至于澧，過九江，至于東陵。’曾彦和云：‘巴陵與夷陵相爲東西，夷陵亦曰西陵，則巴陵爲東陵可知。’水經》：湘水‘又北至巴丘山入于江’。注：‘山在湘水右岸，有巴陵故城。’巴、爰皆發語詞。爰陵即巴陵，亦即《禹貢》之東陵，在今岳陽縣城西南，又名天嶽山。” 羅長銘《鄂君啓節新探》[1302][鄂君啓舟節]
0439 **負陽**	**【時代】戰國晚期·韓** **【出處】負陽令戈**

1300 姚漢源：《鄂君啓節釋文》，山西省文物局、中國古文字研究會等編：《古文字研究》（第十輯），中華書局，1983年，第200、201頁。又見《戰國時長江中游的水運——鄂君啓節試釋》，收入周魁一主編：《水的歷史審視：姚漢源先生水利史論文集》，中國書籍出版社，2016年，第558頁。

1301 陳懷荃：《東陵考釋》，楚文化研究會編：《楚文化研究論集》（第一集），荆楚書社，1987年，第279—280頁。

1302 羅長銘：《鄂君啓節新探》，原載《羅長銘集》，黄山書社，1994年；後收入安徽省博物館編：《安徽省博物館四十年論文選集》，黄山書社，1996年，第148頁。

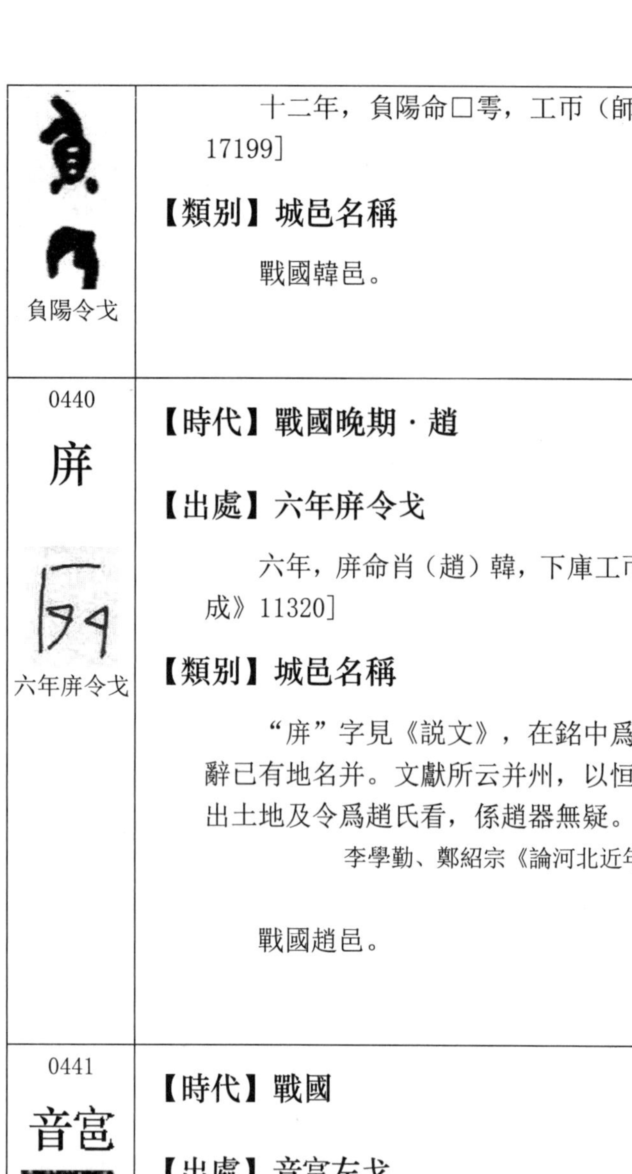

負陽令戈

十二年，負陽命□雩，工帀（師）樂休、冶□。[負陽令戈，《銘圖》17199]

【類別】城邑名稱

戰國韓邑。

吴鎮烽《銘圖索引》[1303][負陽令戈]

0440

庰

六年庰令戈

【時代】戰國晚期 · 趙

【出處】六年庰令戈

六年，庰命肖（趙）韓，下庫工帀（師）□、冶□。[六年庰令戈，《集成》11320]

【類別】城邑名稱

“庰”字見《説文》，在銘中爲地名，不能確指今當何地。按殷墟卜辭已有地名并。文獻所云并州，以恒山爲山鎮，戰國時大體屬趙。此戈從出土地及令爲趙氏看，係趙器無疑。

李學勤、鄭紹宗《論河北近年出土的戰國有銘青銅器》[1304][六年庰令戈]

戰國趙邑。

吴鎮烽《銘圖索引》[1305][六年庰令戈]

0441

音宫

音宫左戈

【時代】戰國

【出處】音宫左戈

音宫左。[音宫左戈，《集成》10985]

【類別】城邑名稱

0443

美陽

【時代】秦

【出處】美陽權[《銘圖》18927]

【類別】城邑名稱

1303　吴鎮烽：《商周青銅器銘文暨圖像集成索引》，上海古籍出版社，2019年，第943頁。

1304　李學勤、鄭紹宗：《論河北近年出土的戰國有銘青銅器》，四川大學歷史系古文字研究室編：《古文字研究》（第七輯），中華書局，1982年，第130頁。

1305　吴鎮烽：《商周青銅器銘文暨圖像集成索引》，上海古籍出版社，2019年，第943頁。

美陽權

【釋地】陝西省咸陽市武功縣

秦縣，今陝西武功縣西北武功鎮西。

吴鎮烽《銘圖索引》[1306][美陽權]

0443

羑

羑左庫戈

【時代】戰國時期

【出處】羑左庫戈［《集成》10988］

【類别】城邑名稱

【釋地】河南省安陽市湯陰縣

今河南湯陰縣西北。

吴鎮烽《銘圖索引》[1307][羑左庫戈]

0444

首垣

首垣鼎

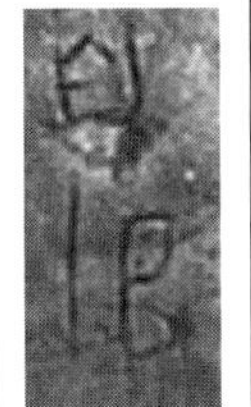

首垣令不忘戈

【時代】戰國晚期・魏

【出處】首垣鼎　首垣令不忘戈

首垣，載四分。［首垣鼎，《銘圖》1493］

八年，首垣令不忘，工帀（師）儕、冶㓞。［首垣令不忘戈，《銘圖》17159］

【類别】城邑名稱

【釋地】河南省長垣市

首垣，戰國時期魏國地名，見于史書記載。《史記・趙世家》：“七年，公子刻攻魏首垣。”《戰國策》記載秦國攻打魏國首垣等城邑。《戰國策・秦策四》：“王申息衆二年，然後復之，又取蒲、衍、首垣，以臨仁、平兵，小黄濟陽嬰城，而魏氏服矣。”《史記》對這件事有相同記載，《史記・春申君列傳》曰：“王伏甲息衆，二年而後復之，又取蒲、衍、首垣，以臨仁、平兵，黄、濟陽嬰城而魏氏服矣。”司馬貞《索隱》云：“首蓋牛首，垣即長垣。”將“首垣”斷開，並認爲其爲兩個地名，實誤。

首垣即長垣，在今河南省長垣縣東北。諸祖耿先生即認爲：“首垣，即長垣，故城在今縣東北三十里。”另外，《中國古今地名大辭典》載長垣縣“本魏之首垣邑。漢置縣。故城在今直隸長垣縣東北十里”。首垣，西周時屬衛國。春秋時期，衛國于長垣之地同時置蒲邑（今長垣縣城）、匡邑。戰國時期，衛之匡邑、蒲邑被魏國兼并，在今縣城東北5000米的陳

1306　吴鎮烽：《商周青銅器銘文暨圖像集成索引》，上海古籍出版社，2019年，第944頁。

1307　吴鎮烽：《商周青銅器銘文暨圖像集成索引》，上海古籍出版社，2019年，第944頁。

牆村一帶，置首垣邑。此地在當時有一道長牆，或曰防垣。此防垣或用于防水，或用于防兵。當時的防垣很長，故又稱“長垣”，長垣名由此而來，而首垣則爲防垣之首。公元前221年，秦并天下，設郡縣，改首垣邑爲長垣縣。西漢時亦名長垣縣，新莽改長垣縣爲長固縣。東漢置長垣侯國與平丘縣。三國時屬魏，之後境域因時而異，縣名亦屢更屢變。《水經注·濟水》：“濮渠東絶馳道，東經長垣縣故城北，衛地也，故首垣矣，秦更從今名，王莽改爲長固縣。《陳留風俗傳》曰：縣有防垣，故縣氏之。”

劉餘力《首垣鼎銘文考略》[1308]［首垣鼎］

戰國魏邑，今河南長垣縣東北。

吳鎮烽《銘圖索引》[1309]［首垣鼎］

0445

洱陽

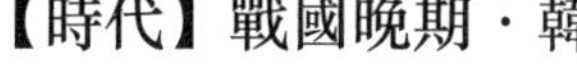

洱陽令張疋戟

【時代】戰國晚期·韓

【出處】洱陽令張疋戟

十年，洱陽令長（張）疋，司寇考相，左庫工帀（師）重（董）棠，冶明湪鑄戟。［洱陽令張疋戟，《銘圖》17353］

【類別】城邑名稱

戰國韓邑。

吳鎮烽《銘圖索引》[1310]［洱陽令張疋戟］

【釋地】河南省南陽市

《水經·清淯水注》謂：“淯水又南，洱水注之，水出弘農郡盧氏縣之熊耳山，東南逕酈縣北，東南逕房陽城北……又經鄂縣南……洱水又東南流，注于淯水……《地理志》曰：‘熊耳之山，出三水，洱水其一焉，東南至魯陽入沔是也。”酈縣、房陽城等地均在今河南省南陽市以北。故洱陽可能在洱水流域，地處南陽市以北。上引《戰國策·韓策》中的“墨陽”也許就是“洱陽”，古音墨、洱疊韻，可通。今山東半島地區仍讀墨如洱。

孫敬明《十年洱陽令戈考》[1311]［十年洱陽令戈］

洱陽，地名不見文獻，初考在今河南南陽一帶，以爲即古“墨陽”。後承何琳儀先生面示，戟銘洱陽之“洱”應是“汝”字，今經細察原器並拓本，其説可從，釋爲“汝陽”，地在今河南汝水流域，西漢置汝陽縣，由此戟銘證之“汝陽”之邑，戰國有之。

孫敬明《沂蒙先秦兵器銘文集釋繹論》[1312]［洱陽令張疋戟］

1308　劉餘力：《首垣鼎銘文考略》，《中國國家博物館館刊》2011年第10期，第63—64頁。
1309　吳鎮烽：《商周青銅器銘文暨圖像集成索引》，上海古籍出版社，2019年，第944頁。
1310　吳鎮烽：《商周青銅器銘文暨圖像集成索引》，上海古籍出版社，2019年，第944頁。
1311　孫敬明：《十年洱陽令戈考》，《文物》1990年第7期，第41—42頁。
1312　孫敬明：《沂蒙先秦兵器銘文集釋繹論》，《考古發現與齊史類徵》，齊魯書社，2006年，第221頁。

0446

洹

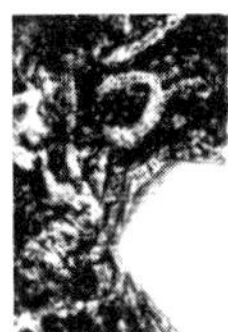
作册般黿

【時代】商代晚期

【出處】作册般黿

丙申，王这于洹，獲。王一射，奴射三，率亡瀍（廢）矢。王令寝（寝）馗貺于作册般，曰：“奏于庸，作汝寶。”［作册般黿，《銘圖》19344］

【類别】自然地理名稱 · 河湖

洹即洹水。從商晚期晚葉的黄組卜辭看，“王这于”某地的地方，多較洹水爲遠，洹水流域是王此種出行的目標最近的區域。從卜辭中可知，商晚期時洹水水量還是很大的，故商王不止一次地要占卜洹水泛濫會不會威脅附近的城邑。因此，商王在洹水流域能射獲此較大的鱉，與洹水當時是一條較大的河流有關。

朱鳳瀚《作册般黿探析》[1313]［作册般黿］

洹水，今河南安陽市境内。

吴鎮烽《銘圖索引》[1314]［作册般黿］

0447

洧

齊城左戈

【時代】戰國晚期 · 齊

【出處】齊城左戈

齊城左，冶所汉（洧）造。［齊城左戈，《銘圖》16970］

【類别】自然地理名稱 · 河湖

戈銘“洧”，金文首見，從水從又。甲骨文中有此字，可能爲地名或人名。孫海波《甲骨文編》卷十一 • 一下云：“《説文》：‘洧水出潁川陽城乾山東南入潁，從水有聲。’此從又即古文洧字。”朱芳圃《文字編》十卷第 5 頁上收作“漢”，以爲《説文》所無字。李孝定《甲骨文字集釋》按：“《説文》：‘洧水出潁川陽城乾山東南入潁，從水有聲。’古文又、有得通，孫説可從。”甲骨、金文中又、有得通之例證頗多；《汗簡》《古文四聲韻》中，亦收又、有相通諸種。此字應釋作“洧”。

孫敬明《齊城左戈及相關問題》[1315]［齊城左戈］

0448

浻水

【時代】西周早期

【出處】啓尊

啓從王南征，踊山谷，在浻水上，啓作祖丁旅寶彝，戉箙。［啓尊，《集成》5983］

1313 朱鳳瀚：《作册般黿探析》，《中國歷史文物》2005 年第 1 期，第 6—7 頁。
1314 吴鎮烽：《商周青銅器銘文暨圖像集成索引》，上海古籍出版社，2019 年，第 944 頁。
1315 孫敬明：《齊城左戈及相關問題》，《考古發現與齊史類徵》，齊魯書社，2006 年，第 161 頁。

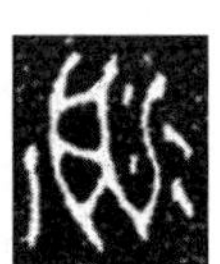

啓尊

中甗

0448.02
朝水
0448.03
汜水
0448.04
汎水
0448.05
復水

【類别】自然地理名稱·河湖

⿺辶洀當即洀字，《管子·小問》“君乘駁馬而洀桓”，此處當讀如朝，見下中甗。

唐蘭《西周青銅器銘文分代史徵》[1316][啓尊]

⿺辶洀當即朝，《漢書·地理志》南陽郡朝陽縣，應劭注“在朝水之陽”，在今河南省鄧縣東南。

唐蘭《西周青銅器銘文分代史徵》[1317][中甗]

洀似即前啓尊的洀水。

唐蘭《論周昭王時代的青銅器銘刻》[1318][中甗]

洀水。[glyph]，《概述》隸定爲洀，可從。《玉篇》：“洀，水文也。”啓尊之“洀水”應是水名。甲骨文有[glyph]、[glyph]、[glyph]等字，于省吾先生釋洀，並謂當讀汎，甚確。甲骨文舟、凡（盤之初文）本爲一字之分化，故可通用。……典籍中汜水主要有四條：

a.《山海經·中山經》：“浮戲之山，汜水出焉，北流注于河。”《水經注》卷二：“河水又東合汜水。”按汜水本應作氾水。《漢書·高帝紀》“大司馬曹無咎渡兵汜水”，注“如淳曰，‘汜音祀’。師古曰，‘此水舊讀凡，今彼鄉人呼之音祀’”。此水發源于河南鞏縣東南，北經榮陽汜水鎮西，北流入黄河。

b.山東曹縣之汜水，今已堙。詳見上文《太平御覽》引。

c.在河南中牟縣南。《左傳·僖公卅年》：“晋及秦圍鄭，晋軍函陵，秦軍氾南。”俗稱東汜水。

d.南汜水，在河南襄城縣南，南流入汝水。《左傳·僖公廿四年》：“王適鄭，處氾。”《成公七年》：“楚子重伐鄭，師于氾。”《襄公廿六年》：“楚伐鄭，涉于氾而歸。”注：“于氾城下涉汝水南歸也。”均此南汜。

以上四條古汜水，根據我們對啓器銘文中“南山”“上侯”“滰川”的綜合考證，最有可能與啓尊“洀水”發生關係的應是最後一條汜水，即南汜水。因爲其他三條汜水都不可能在“南征”路綫上，衹有南汜水處于成周與楚交通的要衝汝潁之間。春秋時期這裏仍然是楚北伐的必經之地（詳見上引《左傳》），這也間接地説明南汜應是歷代南北軍事衝突的必争之地。

何琳儀、黄錫全《啓卣啓尊銘文考釋》[1319][啓卣]

1316 唐蘭：《西周青銅器銘文分代史徵》，《唐蘭全集（七）》，上海古籍出版社，2015年，第288頁。
1317 唐蘭：《西周青銅器銘文分代史徵》，《唐蘭全集（七）》，上海古籍出版社，2015年，第308頁。
1318 唐蘭：《論周昭王時代的青銅器銘刻》，《唐蘭全集（四）》，上海古籍出版社，2015年，第1496頁。
1319 何琳儀、黄錫全：《啓卣啓尊銘文考釋》，山西省文物局、中國古文字研究會等編：《古文字研究》（第九輯），中華書局，1984年，第380—381頁。

“中省自方登洀”之洀，唐蘭先生以爲“當即朝”，其地據《漢書·地理志》南陽郡朝陽縣應劭注“在朝水之陽”，即今河南省鄧縣東南。此字原形作[illegible]，從水從舟，……决非朝字。甲骨文有字作[illegible]、[illegible]，思泊師釋爲洀，並謂當讀汎，至確。《古文四聲韻·梵韻》録《籀韻》汎即作洀。此字又見于啓尊，作[illegible]。過去，我們曾將“洀（汎）水”推定爲河南襄城縣南之南氾水。現在看來，此水爲漢水支流，其入漢水處應在今之襄樊市以西。《水經·沔水注》：“汎水又東流注于沔，謂之汎口也。”中省鄧後至洀（汎），其路綫也是吻合的。啓尊銘文記述啓從王南征“在洀（汎）水上”，可互相印證。

黄錫全《“安州六器”及其有關問題》[1320]［中甗］

西周金文常見“洀”字或從“洀”聲的字。這些字在“舟”旁邊常有一短筆作指示符號，應當是“覆舟”之“覆”的表意字。“覆”可訓爲“反”。“洀”或其諧聲字讀爲“覆”或“復”，都能得到比較好的解釋。

……“洀（復）水”可能是指褒水。《周禮·春官·太祝》九拜之禮“八曰褒拜”，褒拜就是再拜，《儀禮·士昏禮》“婦拜扱地”賈公彦《疏》引鄭大夫説：“褒讀爲報，報拜，再拜是也。”“褒”“報”“復”三字均屬唇音幽部，音近可通。褒水發源于終南山西側南麓，注入漢水上游，從今天陝西眉縣斜峪關走褒斜道，越過終南山，順褒水谷地即達漢中南鄭。

董珊《啓尊、啓卣新考》[1321]［啓尊］

昭王南征途經之地。唐蘭先生舊以爲“洀當即朝，《漢書·地理志》南陽郡朝陽縣，應劭注：‘在朝水之陽’，在今河南省鄧縣東南。”此説黄錫全先生已辨其非，他認爲此字應讀作汎，洀水即汎水，爲漢水支流，其入漢水處應在今湖北襄樊市以西。《水經注·沔水》曰：“洀水又東流注于沔，謂之汎口也。”今從此説。

趙燕姣、吴偉華《金文所見昭王南征路綫考》[1322]［啓尊］

即朝，今河南鄧州市東南。

吴鎮烽《銘圖索引》[1323]［啓尊］

0449

洀坐

【時代】春秋時期 戰國晚期

【出處】右洀州還矛 燕王職戈

右洀州睘（縣）。［右洀州還矛，《集成》11503］

郾（燕）王職作雩萃鋸，洀坐都尉。［燕王職戈，《集成》11304］

1320 黄錫全：《“安州六器”及其有關問題》，《古文字與古貨幣文集》，文物出版社，2009年，第98—99頁。

1321 董珊：《啓尊、啓卣新考》，《文博》2012年第5期，第51—52頁。

1322 趙燕姣、吴偉華：《金文所見昭王南征路綫考》，《中國歷史地理論叢》2018年第2期，第55—56頁。

1323 吴鎮烽：《商周青銅器銘文暨圖像集成索引》，上海古籍出版社，2019年，第944頁。

右洀州還矛

燕王職戈

【類別】城邑名稱

“洀”，殷周文字讀若“盤”，戰國文字讀若“舟”（《集韻》：“洀，水文也。之由切。”）燕兵“洀”現應讀若“舟”。

戈銘“洀坣，即“洀州”，見燕國矛銘“右洀州睘（縣）”（《河北》92），檢《水經·漯水注》，“漯水又東逕陽原縣故城南，《地理志》代郡之屬縣也。此俗謂之北鄃州城”，在今山西陽原西南。《水經注》之“鄃州”即燕國兵器銘文的“洀州”“洀坣”，也即《地理志》代郡屬縣“陽原”，三孔布作“陽湔”。戈銘、矛銘爲燕器，三孔布爲趙器，國别不同，故各有異名。所謂“北俗謂之”實乃燕國之舊稱。《水經》保存了“鄃州”這一陽原異名，彌足珍貴。

矛銘“洀州”前冠以“右”字，應表示地理方位。如《陶彙》有“右北平”3.752，見《史記·匈奴列傳》。還有“左北平”4.136與“右北平”對應。《水經注》“鄃州”前冠以“北”字，亦應表示地理方位，典籍習見。至于“右洀州”之“右”與“北鄃州”之“北”是否爲同一概念，因材料所限，暫不討論。

何琳儀《古兵地名雜識》[1324][燕王職戈]

0450

洛

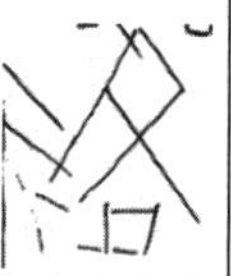

上郡守壽戈

【時代】戰國晚期·秦

【出處】上郡守壽戈[《集成》11404]

【類别】城邑名稱

【釋地】陝西省延安市

洛都的簡稱。

吴鎮烽《銘圖索引》[1325][上郡守壽戈]

0451

洛之陽

【時代】西周晚期

【出處】虢季子白盤

唯十又二年正月初吉丁亥，虢季子白作寶盤，丕顯子白，壯武于戎功，經維四方，搏伐獫狁，于洛之陽，折首五百，執訊五十，是以先行，桓桓子白，獻馘于王，王孔加子白義，王格周廟宣廚（榭），爰饗，王曰：白父，孔覭有光，王易（賜）乘馬，是用佐王，易（賜）用弓，彤矢其央，易（賜）用鉞，用征緣（蠻）方，子子孫孫，萬年無疆。[虢季子白盤，《集成》10173]

1324　何琳儀：《古兵地名雜識》，黄德寬主編：《安徽大學漢語言文字研究叢書·何琳儀卷》，安徽大學出版社，2013年，第227—228頁。

1325　吴鎮烽：《商周青銅器銘文暨圖像集成索引》，上海古籍出版社，2019年，第944頁。

虢季子白盤	**【類別】自然地理名稱** 玁玁地理，一無可考。唯玁狁出入之地，則見于書、器者較多。其見于《詩》者，曰焦穫，曰涇陽，曰鎬，曰方，曰朔方，曰太原。此六者，昔儒考證至多，未有定說。更求之于金文中，則見于不𡢁敦者，曰西俞，曰䍙，曰高陵；見于兮甲盤者，曰𠳋𥜿；見于虢季子白盤者，曰洛之陽。此十一地中，方與朔方、䍙與洛當爲一地，故得九地。九地之中，唯涇陽與洛陽（此雍州浸之洛，非豫州之伊雒。）以水得名，今尚可實指其地。而涇水自西北而東南，洛水自北而南，經流各千里，但曰涇陽、曰洛之陽，語意亦頗廣莫也。欲定其地，非綜此九地考之不可。案：玁狁之寇周也，及涇水之北；而周之伐玁狁也，在洛水之陽，則玁狁出入當在涇、洛之間。而涇、洛二水，其上游懸隔千里，至其下流入渭之處，乃始相近，則涇陽、洛陽皆當在二水下游。涇陽既在涇水下游，則焦穫亦當在涇水下游之北，郭璞《爾雅注》以爲在池陽瓠中者是也。 王國維《鬼方昆夷玁狁考》[1326]［虢季子白盤］ 洛即入渭水會于河之洛水也。 余永梁《金文地名考》[1327]［虢季子白盤］ 而本器則與下出不嬰簋同作于夷世者也。《後漢書・西羌傳》："夷王衰弱，荒服不朝，乃命虢公率六師伐太原之戎，至于俞泉，獲馬千匹。"注云"見《竹書紀年》"。虢公即此虢季子白，太原即《禹貢》所出之太原在今山西中部，俞泉即不嬰簋之西俞，《爾雅・釋地》"北陵西隃，雁門是也"。此言"博伐玁狁于洛之陽"謂于北洛水之東也，地望正合。北洛水南流，稱陽知必爲東矣。 郭沫若《兩周金文辭大系圖録考釋》[1328]［虢季子白盤］ 本盤銘之洛亦爲伊洛之洛。謂洛在雍州，近豐鎬。伊洛在陝州，近成周。盤銘言"薄伐玁狁于洛之陽"（水北曰陽）應爲虢季拒玁狁入寇成周之明證，而非謂洛西俞之地，與夷王時虢公率六師伐太原至戎爲二事矣。 高鴻縉《虢季子白盤考釋》[1329]［虢季子白盤］ "于洛之陽"應在洛水之北。但此洛水何在不易確定。既有豫州之洛，又有雍州之洛，更有冀州之潞。《國語・鄭語》史魚曰"當成周者……北有……潞、洛"，韋注云"皆赤狄，隗姓也"；《左傳》宣公十五年謂晋

1326 王國維：《鬼方昆夷玁狁考》，王國維著、黄愛梅點校：《王國維手定觀堂集林》卷第十三《史林五》，浙江教育出版社，2014 年，第 314 頁。

1327 余永梁：《金文地名考》，《國立中山大學語言歷史學研究所週刊》第 5 集第 53、54 期合刊，1928 年，第 8 頁。

1328 郭沫若：《兩周金文辭大系圖録考釋（二）》，《郭沫若全集・考古編》（第八卷），科學出版社，2002 年，第 226 頁。

1329 高鴻縉：《虢季子白盤考釋》，原載《大陸雜志》第 2 卷第 2 期，1951 年；後收入劉慶柱、段志洪、馮時主編：《金文文獻集成》（第二十八册），綫裝書局，2005 年，第 473 頁。

侯“立黎侯而還，及雒”，此洛應即是漢上黨郡之“潞，故潞子國”，《濁漳水》注引“闞駰曰有潞水爲冀州浸即漳水也”（此1942年記于昆明）。

陳夢家《西周銅器斷代》[1330]［虢季子白盤］

係指北洛水之北。《左傳·僖公二十八年》：“漢陽諸姬，楚實盡之。”杜預《注》“水北曰陽”。

馬承源《商周青銅器銘文選》[1331]［虢季子白盤］

洛，渭河支流北洛水。陽，水北爲陽。

王輝《商周金文》[1332]［虢季子白盤］

今陝西洛川、白水等縣洛河北岸。

吴鎮烽《銘圖索引》[1333]［虢季子白盤］

0452

洛都

上郡守壽戈

洛都劍

【時代】戰國晚期·秦

【出處】上郡守壽戈［《集成》11404］ **洛都劍**［《集成》11574］

【類别】城邑名稱

洛都自來失考。《中國歷史地圖集》亦列于無考地名中，自廣衍故城沿牸牛川南下約二十公里，在伊金霍洛旗新廟子，有一時代相當故城；逆流北上約三十五公里，有準格爾旗暖水公社榆樹圪，也有一座時代迄于東漢的古城，洛都與廣衍皆屬上郡，而上郡所造兵器至少已有兩件轉交洛都，其中一件又由洛都轉移廣衍。廣衍故城南北兩古城，當有一爲洛都故城，由于洛都東漢已有，所以其南古城時代更合。

黄盛璋《新出秦兵器銘刻新探》[1334]［上郡守壽戈］

洛都亦上郡屬縣，今地不詳。《漢書·地理志》上郡屬縣有洛都，“莽曰卑順”，後漢省。

王輝《秦銅器銘文編年集釋》[1335]［上郡守壽戈］

【釋地】陝西省延安市

在今陝北洛河流域甘泉、富縣一帶。

吴鎮烽《銘圖索引》[1336]［上郡守壽戈］

1330 陳夢家：《西周銅器斷代》，中華書局，2004年，第329頁。
1331 馬承源主編：《商周青銅器銘文選（三）》，文物出版社，1988年，第309頁。
1332 王輝：《商周金文》，文物出版社，2006年，第251頁。
1333 吴鎮烽：《商周青銅器銘文暨圖像集成索引》，上海古籍出版社，2019年，第944頁。
1334 黄盛璋：《新出秦兵器銘刻新探》，《文博》1988年第6期，第40頁。
1335 王輝：《秦銅器銘文編年集釋》，三秦出版社，1990年，第52頁。
1336 吴鎮烽：《商周青銅器銘文暨圖像集成索引》，上海古籍出版社，2019年，第944頁。

0453 **津**  翏生盨 0453.02 𦩎 0453.03 𣵻	**【時代】西周晚期** **【出處】翏生盨** 王征南淮夷，伐角津，伐桐遹，翏生從，執訊折首，俘戎器，俘金，用作旅盨，用對剌（烈），翏生眔大妘，其百男、百女、千孫，其萬年眉壽，永寶用。[翏生盨，《集成》4459—4461] **【類別】國族名稱** **【釋地】江蘇省揚州市寶應縣** 關于津，疑即津湖就近的淮夷小邦。《水經注 · 淮水》："穿樊梁湖北口，下注津湖逕渡。"又謝靈運《征賦》："發津潭而迴邁，逕白馬以憩舲。" 津潭疑即津湖（劉文淇說）。津湖或以其近傍有津地而得名，猶巢國之有巢湖。地理位置在寶應縣南六十里。淮水下游的角城與津湖兩地相去不甚遠，翏生盨銘文中伐南淮夷的角津，可能與此不是巧合。 馬承源《關于翏生盨和者減鐘的幾點意見》[1337][翏生盨] 𦩎，《説文》古文津，《銘選》云："津或即津湖旁的小國。《水經注·淮水》'穿樊梁湖北口，下注津湖逕渡'，故地在今寶應縣南六十里。" 陳秉新、李立芳《出土夷族史料輯考》[1338][翏生盨] 即津字，《説文 · 水部》："津，水渡也，從水𦘔聲。"又云："古文津從舟從淮。"此字與古文的津字完全相同。津或即津湖旁的小國。《水經注 · 淮水》"穿樊梁湖北口，下注津湖逕渡"，故地在今寶應縣南六十里。角津兩地在淮夷東側。 馬承源《商周青銅器銘文選》[1339][翏生盨]
0454 **室**  室叔簋	**【時代】西周晚期** **【出處】室叔簋** 唯王五月，辰在丙戌，室叔作豐姞憝旅簋，豐姞憝用宿（夙）夜享考于䜌公，于室叔、朋友，兹簋旨食，亦壽年，子孫其永寶用。[室叔簋，《銘圖》5207] **【類別】城邑名稱**

1337　馬承源：《關于翏生盨和者減鐘的幾點意見》，《考古》1979 年第 1 期，第 60 頁。
1338　陳秉新、李立芳：《出土夷族史料輯考》，安徽大學出版社，2005 年，第 203 頁。
1339　馬承源主編：《商周青銅器銘文選（三）》，文物出版社，1988 年，第 290 頁。

封邑名。

吴鎮烽《銘圖索引》[1340][室叔簋]

0455

袓

袓伯業鼎

袓仲無龍鬲

【時代】春秋

【出處】多器

唯袓伯業自作寶𥖁𥂴，其萬年無疆，子子孫孫永寶用享。[袓伯業鼎，《集成》2622]

【類別】國族名稱

【釋地】河南省南陽市桐柏縣

通業，今河南桐柏縣月河鎮古臺寺。

吴鎮烽《銘圖索引》[1341][袓伯業鼎等]

0456

叚

平陰鼎蓋

【時代】戰國中期

【出處】平陰鼎蓋

十七年叚（假）工帀（師）王馬重（童），眂（視）事鐙、冶敬，在坪（平）陰庖之所。[平陰鼎蓋，《集成》2577]

【類別】城邑名稱

【釋地】山西省運城市臨猗縣

叚，讀爲瑕。叚、瑕音同，故得相通。《左傳・成公元年》："晋侯使瑕嘉平戎于王。"《周禮》鄭玄注作"叚嘉"；《説文》訓叚爲借，晋士文伯名匄字伯瑕，楚陽匄、鄭駟乞皆字子瑕，古人名、字相應，則瑕當讀爲叚，此叚、瑕相通之證。春秋時期周地有瑕（《左傳・昭公二十四年》），楚、隨有瑕（《左傳・成公十六年》《桓公六年》），晋亦有瑕。鼎蓋銘文字體風格顯屬三晋體系，自當以晋地之瑕論之。晋地之瑕頗有異説，《左傳・僖公三十年》："許君焦、瑕。"杜預注："晋河外五城之二邑。"高士奇《春秋地名考略》以此爲河外之瑕，即曲沃，《左傳・文公十二年》"秦复侵晋、入瑕"、《文公十三年》"晋侯使詹嘉處瑕"也即此地。江永《春秋地理考實》據《水經注》河東解縣西南五里有故瑕城，謂瑕在解州，即《左傳・成公六年》之郇、瑕。顧棟高《春秋大事表》則謂郇瑕之瑕，在山西臨晋縣東北十五里，爲晋河東之瑕，與河外之瑕有別。諸説雖異，然河東、河外之瑕，在戰國時代均屬魏，則鼎銘之瑕必屬魏地無疑。又河外之瑕在戰國時已稱曲沃，《史記・魏世家》襄王五年"秦圍我焦、

1340　吴鎮烽：《商周青銅器銘文暨圖像集成索引》，上海古籍出版社，2019 年，第 944 頁。

1341　吴鎮烽：《商周青銅器銘文暨圖像集成索引》，上海古籍出版社，2019 年，第 944 頁。

	曲沃”、八年“秦歸我焦、曲沃”，可證。因此，本銘之瑕可以定爲河東之瑕，魏地有瑕陽，應在其附近。 曹錦炎《平陰鼎蓋考釋》[1342]［平陰鼎蓋］ 對于叚地的考證，曹錦炎先生的意見是可信的，晋、周雖都有“叚”地，但“十七年坪陰鼎蓋”既爲戰國魏器，且河外之“瑕”此時已稱曲沃，鼎銘自以河東之“瑕”爲是，地在今山西臨猗縣西南。 吴良寶《十七年坪陰鼎蓋新考》[1343]［平陰鼎蓋］ **【釋地】河南省靈寶市** 叚，通瑕，春秋爲晋邑。在今河南省靈寶縣西（一説山西臨猗西南），戰國時爲魏邑。 湯餘惠《戰國銘文選》[1344]［平陰鼎蓋］
0457 **叚陽** 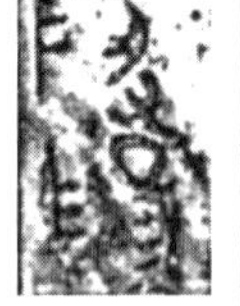 叚陽庫戈	**【時代】戰國中期·魏** **【出處】叚陽庫戈** 廿九年，叚（瑕）陽庫冶。［叚陽庫戈，《銘圖》16969］ **【類別】城邑名稱** **【釋地】山西省運城市臨猗縣** 今按，“叚陽”可讀爲“瑕陽”。春秋時晋國河外之“瑕”在戰國時期已稱“曲沃”，因此戈銘“瑕陽”應與河内之“瑕”有關，此地在今山西省臨猗縣西南一帶。這件瑕陽戈，衹能是魏惠王時之物。因爲戰國中晚期的魏國君主在位時間超過二十九年的衹有惠王、安釐王兩位，而安釐王時包括安邑、瑕陽等地在内的今山西西南部早已爲秦所有。因此“二十九年叚陽戈”的具體鑄造時間是在魏惠王前元二十九年，即公元前 341 年。 吴良寶《十七年坪陰鼎蓋新考》[1345]［叚陽庫戈］
0458 **眉**  史密簋	**【時代】西周晚期** **【出處】史密簋**［《銘圖》5327］**師寰簋** 王若曰：師寰，越淮夷，繇我貟畮臣，今敢博厥衆叚，返厥工事，弗迹我東或（國），今余肇令汝率齊帀（師）、㠱、𠩺（萊）、棘、眉左右虎臣，征淮夷，即賫厥邦嘼，曰冉、曰䙴、曰鈴、曰達，師寰虔不墮夙夜，

1342 曹錦炎：《平陰鼎蓋考釋》，《考古》1985 年第 7 期，第 633 頁。
1343 吴良寶：《十七年坪陰鼎蓋新考》，《中國歷史文物》2007 年第 5 期，第 4—5 頁。
1344 湯餘惠：《戰國銘文選》，吉林大學出版社，1993 年，第 7 頁。
1345 吴良寶：《十七年坪陰鼎蓋新考》，《中國歷史文物》2007 年第 5 期，第 7 頁。

師寰簋

卹厥將事，休既有功，折首執訊，無諆徒馭，毆俘士女、羊牛，俘吉金，今余弗叚組（徂），余用作朕後男巤尊簋，其萬年子子孫孫永寶用享。[師寰簋，《集成》4313]

【類別】城邑名稱

棼和眉亦是周王朝的封國，屢次參加征伐淮夷的戰争，師寰簋有“今余肇，今汝率齊帀、曩、釐、棼、眉、左右虎臣正淮夷”，銘中的“棼、眉”過去隸定爲“棼尿”是不對的，眉字原篆作“𡰥”，實是“𡰥”形之殘損。

吴鎮烽《史密簋銘文考釋》[1346][史密簋]

【釋地】今山東省境内

在今山東省境内。

吴鎮烽《銘圖索引》[1347][史密簋]

【他釋】

我們認爲“眉”字應該釋爲“展”，讀爲“殿”。句中的“周”字是指周朝軍隊，這與“棼”是指棼國軍隊是一樣的。此句銘文的意思是説師俗率領齊師和遂人從左邊攻伐長必，史密率領族人和萊、棼兩國軍隊跟在周朝軍隊之後從右邊攻伐長必。

劉釗《談史密簋銘文中的“眉”字》[1348][史密簋]

師寰簋銘的這個字應當隸定爲“𡱂”，從“夷”“氐”聲，氐羌字後世用“氐”，可能就肇源于此地。

棼、氐二族習俗相近，居處相鄰，史密、師寰二簋銘均“棼、氐”連文，《後漢書·杜篤傳》：“捶驅氐、棼”，正也是氐、棼並提。……西周中晚期，棼、氐部族的活動地域當在今陝、甘、川交界地區，臣服于周，史密簋出土于安康並非偶然，安康一帶當爲史密的家族領地，所以戰事發生後，周王派史密“率族人”“棼、氐”“東征”，地望正合。

張世超《史密簋“眉”字説》[1349][史密簋]

眉字又見師寰簋，字形作𡰥，與此小異。張世超《史密簋‘眉’字説》説字從尸，自聲，當即氐羌之氐。又引劉釗説此字與曾侯乙墓竹簡𡰥字形近，乃臀之本字，讀爲殿。又陝西洛南縣出土南史㞒壺蓋銘“㞒”亦展字。今按劉説是，殿爲殿後之兵車。《左傳·襄公二十三年》：“大殿，商子游御夏之御寇，崔如爲右。”杜預注：“大殿，後軍。”銘謂史密率領族人、萊伯、棘殿後。

王輝《商周金文》[1350][史密簋]

1346 吴鎮烽：《史密簋銘文考釋》，《考古與文物》1989年第3期，第58頁。
1347 吴鎮烽：《商周青銅器銘文暨圖像集成索引》，上海古籍出版社，2019年，第923、945頁。
1348 劉釗：《談史密簋銘文中的“眉”字》，《考古》1995年第5期，第434頁。
1349 張世超：《史密簋“眉”字説》，《考古與文物》1995年第4期，第75、76頁。
1350 王輝：《商周金文》，文物出版社，2006年，第202頁。

0459

弭

弭叔師察簋

弭叔盨蓋

【時代】西周中期

【出處】弭叔鬲（盨）等

弭叔作犀妊齋鬲。[弭叔鬲，《銘圖》2772—2775]

【類別】城邑名稱

莊二十一年：“鄭虢胥命于弭。”杜注鄭地近西鄙。今密縣境。

余永梁《金文地名考》[1351][弭叔簋]

今陝西藍田縣藍關鎮寺坡村。

吴鎮烽《銘圖索引》[1352][弭叔鬲]

0460

眉

眉▲子鬲

乖伯簋

九年衛鼎

【時代】西周中晚期

【出處】乖伯簋 散氏盤[《集成》10176]**等**

唯九年九月甲寅，王命益公征眉敖，益公至告，二月眉敖至視，獻貟，己未，王命仲致饋乖伯狐裘。王若曰：乖伯，朕丕顯祖文、武，膺受大命，乃祖克桒先王，異自它邦，有共于大命，我亦弗深享邦，易（賜）汝貔裘，乖伯拜手稽首，天子休弗望小裔邦，歸芻敢對揚天子丕衎魯休，用作朕皇考武乖幾王尊簋，用好宗廟，享夙夕，好朋友雩百諸婚媾，用祈純禄、永命，魯壽子孫，歸芻其萬年，日用享于宗室。[乖伯簋，《集成》4331]

【類別】城邑名稱

眉敖者，微國之君也。眉微二字古通。《儀禮·少牢·饋食禮》云：“眉壽萬年。”《鄭注》云：“古文……眉爲微。”《左氏》莊公二十八年經云：“冬……鑄郿。”《公》《穀》二家經作“築微”。是其證也。

楊樹達《乖伯簋再跋》[1353][乖伯簋]

【釋地】陝西省寶鷄市眉縣

眉，郿邑也，今郿縣約當其地。

陳子怡《散氏盤石鼓文地理考證》[1354][散氏盤]

眉在此是地名，即郿，在今岐山縣東，據銘文描述，地望位置，亦在東部。

馬承源《商周青銅器銘文選》[1355][散氏盤]

1351 余永梁：《金文地名考》，《國立中山大學語言歷史學研究所週刊》第5集第53、54期合刊，1928年，第17頁。

1352 吴鎮烽：《商周青銅器銘文暨圖像集成索引》，上海古籍出版社，2019年，第945頁。

1353 楊樹達：《乖伯簋再跋》，《積微居金文説》，上海古籍出版社，2007年，第321頁。

1354 陳子怡：《散氏盤石鼓文地理考證》，《禹貢》第七卷第6、7合期，1937年，第142頁。

1355 馬承源主編：《商周青銅器銘文選（三）》，文物出版社，1988年，第299頁。

郿在今陝西眉縣東渭河北岸。《説文·邑部》："郿，右扶風縣。"朱駿聲《通訓定聲》："郿，今陝西眉縣。"《詩·大雅·崧高》："申伯信邁，王餞于郿。"朱熹集注："郿，在今鳳翔府郿縣，在鎬京之西，岐周之東。"按秦置郿縣，因郿邑爲名。1964年爲避免生僻字，改爲眉縣。

崔恒昇《甲金文地名考釋》[1356][郿邑戈]

一作微，在今陝西眉縣東渭河北岸。

吴鎮烽《銘圖索引》[1357][散氏盤]

【釋地】甘肅省平凉市靈臺縣

眉敖就是乖伯，是周的屬邦，在今甘肅省靈臺一帶。

李學勤《試論董家村青銅器群》[1358][九年衛鼎]

【釋地】山東省濟寧市眉山縣

古都邑名可增邑旁，眉也作郿，郿通微。《春秋》莊公二十八年"冬築郿"。《公羊》《穀梁》均作"冬築微"可證。過去關于郿的方位衆説紛紜，高士奇説："《水經·濟水注》引京相璠説，'在壽張縣西北三十里有微鄉'，……今壽張縣東南五十里。"有的則認爲在東平西，更有的認爲在聊城。羅泌《路史·國名紀》（卷四）同意《太平寰宇記》的説法，認爲在潞東北（今山西長治市東北附近），而批駁微在魯之微山一帶的説法爲非。現在這件"眉"器恰好出在距微山不遠的地方，這對于尋找郿的位置提出了新的綫索。

王恩田《概述山東出土的商周青銅器》[1359][眉[illegible]子鬲]

【他釋】

墓眉，郭氏讀作墓堳。案屋邊謂之楣，墓堳猶言墓邊。

陳夢家《西周銅器斷代》[1360][散氏盤]

0461

陝

【時代】戰國晚期·秦

【出處】蜀守戈［《銘圖》17269］

1356 崔恒昇：《甲金文地名考釋》，安徽大學古文字研究室編：《古文字研究》（第二十二輯），中華書局，2000年，第152頁。

1357 吴鎮烽：《商周青銅器銘文暨圖像集成索引》，上海古籍出版社，2019年，第945頁。

1358 李學勤：《試論董家村青銅器群》，原載《文物》1976年第6期；後收入《新出青銅器研究（增訂版）》，人民美術出版社，2016年，第86頁。

1359 王恩田：《概述山東出土的商周青銅器》，原載《文物》1972年第5期；後收入《商周銅器與金文輯考》，文物出版社，2017年，第3頁。

1360 陳夢家：《西周銅器斷代》，中華書局，2004年，第346頁。

蜀守戈

【類別】城邑名稱

【釋地】河南省三門峽市陝州區

戰國秦邑，今河南陝縣。

吴鎮烽《銘圖索引》[1361]［蜀守戈］

0462

陟

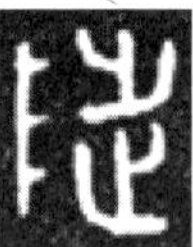

班簋

【時代】西周中期

【出處】班簋［《集成》4341］

【類別】城邑名稱

“陟”即“涉”，因涉河而得名，隋代分修武縣置武陟縣即取義于武王伐殷在此經過。《戰國策·趙策》：“韓欲有宜陽，必以路、涉賄趙。”楊守敬《戰國疆域圖》以爲就是漢代的路縣與涉縣，其中涉縣即今河北涉縣所從來，因涉漳水而得名，在殷都安陽之西，與本銘之“伐東國痡戎”路綫不符。本銘之“陟”，乃毛公伐東國得勝班師屯駐之地，應爲黄河沿岸之重要津口。陟當因涉黄河而得名。案：小臣謎簋記：“白懋父征夷東歸，在牧自”；小臣單觶記王克商返“在成自”。牧師即牧野（今淇縣南），成師即成皋，都是得勝後班師駐屯于黄河要津，進行賞錫，可見周初有此制度。毛公之族既駐守在城，所屯之陟應即在成皋一帶的黄河要津。

以“陟”爲地名，後代僅見武陟，但設置較晚。隋分修武縣于武德故城置武陟縣，“武”來源于修武。《韓詩外傳》：“武王伐紂，勒兵于寧，故曰修武”，但爲什麼要取名一個比較偏僻的“陟”字，唐宋以來志書都没有交代，疑銘文中的“陟”就在這一帶，後來地名雖改，或者還保存于鄉里之中，隋時仍能知之，故縣名用之。

黄盛璋《班簋的年代、地理與歷史問題》[1362]［班簋］

0463

勇

勇叔買簋

【時代】西周晚期

【出處】勇叔買簋

勇叔買自作尊簋，其用追孝于朕皇祖、啻考，用易（賜）黄耇、眉壽，買其子子孫孫永寶用享。［勇叔買簋，《集成》4129］

【類別】國族名稱

1361　吴鎮烽：《商周青銅器銘文暨圖像集成索引》，上海古籍出版社，2019年，第945頁。
1362　黄盛璋：《班簋的年代、地理與歷史問題》，《考古與文物》1981年第1期，第82頁。

0464 敓氏  敓氏睘小器	【時代】戰國時期 【出處】敓氏睘小器 敓氏睘（縣）。[敓氏睘小器，《集成》10420、10421] 【類別】城邑名稱
0466 挪 挪戈	【時代】戰國早期·韓 【出處】挪戈[《銘圖》16297] 【類別】城邑名稱 【釋地】河南省滎陽市 即制，戰國韓邑，今河南滎陽縣西北。 吴鎮烽《銘圖索引》[1363][挪戈]
0466 郛  郛令夜脋戈	【時代】戰國晚期·趙 【出處】郛令夜脋戈 元年，郛令夜脋，上庫工帀（師）□□、冶閵。[郛令夜脋戈，《集成》11360] 【類別】城邑名稱 【釋地】山西省忻州市寧武縣 即垺，戰國趙邑，今山西寧武縣境。 吴鎮烽《銘圖索引》[1364][郛令夜脋戈]
0467 𨚕	【時代】戰國中期 【出處】鄂君啓舟節[《集成》12112、12113] 【類別】城邑名稱 【釋地】漢水沿岸城邑

1363 吴鎮烽：《商周青銅器銘文暨圖像集成索引》，上海古籍出版社，2019年，第926、941頁。
1364 吴鎮烽：《商周青銅器銘文暨圖像集成索引》，上海古籍出版社，2019年，第943、948頁。

鄂君啓舟節

0467.02 𨛜
0467.03 𨛜
0467.04 襄
0467.05 黄
0467.06 鄭
0467.07 汪
0467.08 鄭

𨛜亦地名，當在漢水北岸。

郭沫若《關于鄂君啓節的研究》[1365][鄂君啓舟節]

𨛜爲漢水航路最遠之城邑，名亦見于𢔶簋："惟十又二月既生霸丁亥，王使榮蔑曆，令𢦏邦，呼錫䜌旂，用保乃邦"，"𨛜"與𢦏所從之聲正同，又同爲地名，故知必爲一地。榮之名又見于《大、小盂鼎》及《井侯簋》，乃周康王時人。據此𨛜邦乃周初一國，後蓋爲楚并，所謂"漢陽諸姬，楚實盡之"者，其地應在漢水以北。今河南或陝西境内求之，此時商於之地雖爲秦有，然漢中之地仍未喪失，航路自可溯至漢水上流。

黄盛璋《關于鄂君啓節交通路綫的復原問題》[1366][鄂君啓舟節]

𨛜，字左從㞷，即古往字。舊讀爲黄，以爲即《戰國策·秦策》《史記·楚世家》的黄棘，故城在河南省南陽市南。從銘文看，此地應在漢水沿岸，是沿漢水下行所過之地，二者地望不合，𨛜地待考。

湯餘惠《戰國銘文選》[1367][鄂君啓舟節]

舟節"𨛜"亦應讀"襄"。

檢《漢書·地理志》江夏郡"襄，莽曰襄非"。王先謙曰"《高紀》襄侯王陵。薛瓚以爲此是封地"。其具體地望不詳。但據舟節銘文以及《地理志》江夏郡的範疇，大致可以推求其地應在今湖北鍾祥至沔陽之間的漢水沿岸。

舟節"𨛜"讀"襄"，是南路漢水之濱的城邑。

何琳儀《鄂君啓舟節釋地三則》[1368][鄂君啓舟節]

【釋地】河南省南陽市新野縣

黄，當即《戰國策·秦策》《史記·秦本紀、楚世家》中的黄棘，秦昭王楚懷王曾會盟于此。漢置棘陽縣，故城在今河南南陽市南（新野縣東北七十里）。漢後棘陽城北仍有黄淳聚，迤南新野縣東北有黄郵聚，見《續漢書·郡國志》《水經·淯水注》。直到北朝西魏時，還曾將置在棘陽的漢廣郡改名黄岡，見《隋書·地理志》等。據《淯水注》，棘陽城瀕黄水東岸，黄淳、黄郵二聚也都是黄水所流經的聚落。黄水即今溧河，首受白河（淯水）于南陽市東北，南流至新野縣南還注白河。

譚其驤《鄂君啓節銘文釋地》[1369][鄂君啓舟節]

𨛜即汪字之另一寫法。余舊藏長沙出土的戰國汪大夫戈，汪字作𨛜，

1365 郭沫若：《關于君啓節的研究》，《文物參考資料》1958年第4期，第4頁。

1366 黄盛璋：《關于鄂君啓節交通路綫的復原問題》，原載《中華文史論叢》（第5輯），1964年；後收入《歷史地理論集》，人民出版社，1982年，第272—273頁。

1367 湯餘惠：《戰國銘文選》，吉林大學出版社，1993年，第47頁。

1368 何琳儀：《鄂君啓舟節釋地三則》，安徽大學古文字研究室編：《古文字研究》（第二十二輯），中華書局，2000年，第143頁。

1369 譚其驤：《鄂君啓節銘文釋地》，原載《中華文史論叢》（第2輯），1962年；後收入《譚其驤全集》（第一卷），人民出版社，2015年，第536頁。

又汪伯卣作𨛫。名地的從邑作𨛫，名水的則從水作汪，這是就字形和本義而言，在此假借爲“黄”，如羅氏釋。汪（𨛫）從水㞷（往）聲，古汪（𨛫）、黄、皇，聲通韻同，既可假汪（𨛫）爲黄，又可假㞷爲皇，陳逆簠皇祖作“㞷祖”可證。黄，當即黄棘，懷王二十五年與秦昭王盟約于此。漢置棘陽縣，故治在今河南南陽市南溧河東岸，溧河古名黄水。芑陽在漢水西南岸，自芑陽北來，必須先逾漢纔能折入今之白河、溧河達于黄。”

商承祚《鄂君啓節考》[1370][鄂君啓舟節]

其地諸家所釋不一，商承祚認爲“黄，當即黄棘，懷王二十五年與秦昭王盟約于此。漢置棘陽縣”，比較近是。該地位于漢水以東，在今河南新野縣附近白河沿岸，北距方城不遠。

劉和惠《楚文化的東漸》[1371][鄂君啓舟節]

【釋地】湖北省襄陽市

我們認爲，此兩説[1372]均值得商榷。如説是楚國邑名，未見史書記載。“庚□”中的“□”，應釋爲“鄾”爲妥，“□”字的右邊，其上首爲“攴”，其下爲“土”，兩者結合，像以櫌磨土播種。《説文解字》徐注：“櫌摩田器，布種後，以此器摩之，使土開發處復合，覆種也。”《論語》云：“櫌而不輟”，注：“覆種也。”又《莊子·則陽篇》云：“深其耕而熟櫌之，其禾繁以滋。”注：“櫌，鋤也。”《淮南子·記論訓》云：“民勞而利薄，後世爲之耒耜櫌鉏。”注：“櫌，椓塊椎也，三輔謂之儓，所以覆種也。”因此“□”字，實際上應是“鄾”，“鄾”原是鄧國的南鄙城邑。以善于製造“櫌”這種農具而著名，因而後來成爲城邑之名了。《左傳·桓公九年》：“鄧南鄙‘櫌’人攻而奪之幣。”注：在今鄧縣。又哀公十八年，“巴人伐楚國鄾，蓋楚已滅鄧，而鄾遂爲楚有”。鄾位于今襄樊市東北十二里的張家灣附近，當地人叫謬子，音與櫌相近，鄾地濱臨白河西岸，白河經鄾又二十里流入漢水。《讀史方輿紀要》卷七十九襄陽縣云：“鄾城在府東十二里，古鄾子國。”鄾邑因位于白河入漢水附近，便成爲楚逾漢，北上南陽盆地，以通中原的要衝。春秋時，已是繁榮之地，故鄂君行舟路綫中的“庚□”（鄾）應是經過這裏，而譚、黄先生之考證，顯然有誤。

熊傳新、何光岳《〈鄂君啓節〉舟節中江湘地名新考》[1373][鄂君啓舟節]

【釋地】湖北省襄陽市穀城縣

此字從邑從㞷。㞷，字書以爲㞷之古文。《説文》“艸木妄生也。……讀若皇”。枉，狂、往等字皆從㞷。《廣韻》又音狂，或音枉皆稍轉也，惟今字書無𨛫字……疑𨛫即古穀邑，穀臨漢水，郢在粉水之上須溯粉至郢。

1370　商承祚：《鄂君啓節考》，原載《文物精華》（第2集），1963年；後收入商志馥主編：《商承祚文集》，中山大學出版社，2004年，第319頁。

1371　劉和惠：《楚文化的東漸》，湖北教育出版社，1995年，第142頁。

1372　編者按：指譚其驤、黄盛璋説。

1373　熊傳新、何光岳：《〈鄂君啓節〉舟節中江湘地名新考》，《湖南師院學報（哲學社會科學版）》1982年第3期，第87頁。

如𨜒讀狂（又作𨜒）之去聲誑，古去入不分轉爲郭音，魚陰部韻之通轉，郭音可轉爲穀。故𨜒可讀穀音。古谷邑在今穀城縣北約三十里，今光化縣治西漢水西岸。

此地設關卡以其可通古庸地及當時漢中，爲要道。

又一可能爲㞷即古文封字“㞷”，則𨛜即邦字。邦或即漢武當縣，在舊均縣北。邦爲武當之合音。

《水經注》：“漢水……又東北流，又屈東南過武當縣東北，……漢水東南逕武當縣故城北。……內有一碑……俗相傳言是華君銘，亦不詳華君何代之士；漢水又東平陽川水注之。水出縣北伏親山，南歷平陽川逕平陽故城下，又有流注于沔。”華古讀敷音。魚陽韻對轉即可通邦音。平陽與武當爲音之通轉。平陽合音亦爲邦音。所謂平陽故城疑即《漢書功臣侯表》平陵侯蘇建、范明友，原注“武當之平陵”。

姚漢源《戰國時長江中游的水運》[1374][鄂君啓舟節]

【釋地】湖北省鍾祥市

殷、羅釋此字爲“黄”。郭以爲：“䣚亦地名，當在漢水北岸。”譚則曰：“䣚指黄棘。”查黄棘在芑陽（襄陽）以北，今河南新野東北。按照《節銘》，舟至芑陽後，即返航南下（“庚芑陽，逾漢”），何以又復北上至遠離漢水的黄棘？現在可以肯定的是，其地當在芑陽以南。而難得其解的是，泝漢水而上時，僅云“庚𨸏，庚芑陽”，返棹歸來，又云“庚䣚”，同一漢水，何以去來所庚之地不同?芑陽與𨸏均在漢水南岸，如郭所説：䣚在漢水北岸，則來去所經之地不同，可以得到解釋，但䣚究爲何地，仍有待于研究，姑置于鍾祥，以待考定。

孫劍鳴《“鄂君啓節”續探》[1375][鄂君啓舟節]

“䣚”，同于包山楚簡中的“䣚”。銘文、簡文都是懷王時的文字。顯而易見，兩文所記者爲同一個地名。般滌非、羅長銘釋此字爲黄。之後，郭沫若、譚其驤、黄盛璋等亦從此説。地望所在，則有不同説法。筆者之一據上引舟節銘文所記，認爲此黄在鄂君啓船隊回程“逾漢”之後、“逾夏”之前的中途，大致不出漢水中游，今宜城東南的鍾祥、天門一帶。相對于“自郢及我九百里”的淮、潢地區的黄國來説，可稱爲“西黄”。

劉彬徽、何浩《包山楚簡“封君”釋地》[1376][鄂君啓舟節]

即襄，今湖北鍾祥至沔陽間漢水沿岸。

吴鎮烽《銘圖索引》[1377][鄂君啓舟節]

【釋地】湖北省荆州市江陵縣

1374 姚漢源：《戰國時長江中游的水運——鄂君啓節試釋》，周魁一主編：《水的歷史審視：姚漢源先生水利史論文集》，中國書籍出版社，2016年，第555頁。

1375 孫劍鳴：《“鄂君啓節”續探》，原載《安徽省考古學會會刊》1982年第6輯；後收入劉慶柱、段志洪、馮時主編：《金文文獻集成》（第二十九册），綫裝書局，2005年，第332頁。

1376 劉彬徽、何浩：《包山楚簡“封君”釋地》，湖北省荆沙鐵路考古隊編：《包山楚墓》（上册），文物出版社，1991年，第576頁。

1377 吴鎮烽：《商周青銅器銘文暨圖像集成索引》，上海古籍出版社，2019年，第941、1033頁。

	1993 年 6 月，在湖北沙市周家臺發掘一批秦墓，其中 30 號秦墓出土《秦始皇三十四年質日》簡，逐日記録墓主人作爲南郡官署屬吏在始皇三十四年（公元前 213 年）的外出活動，涉及江漢平原的諸多歷史地名，其中的“黄郵”對理解《鄂君啓節》中的“黄”地較有助益。簡文云：“丁未（2 月 12 日），起江陵；戊申（13 日），宿黄郵；己酉（14 日），宿竟陵。”“郵”爲秦漢時期治安機構或交通驛站，“黄郵”即設在“黄”地之“郵”。從簡文看，黄郵處在江陵與竟陵之間，與江陵和竟陵都不超過一天的行程。按通行説法，江陵即今湖北江陵，竟陵在今湖北潛江。從節銘看，“逾漢”的起點在古淯水入漢處，即今湖北襄陽。“逾夏”的起點當在漢水入長江處，因爲節銘在“入涓”之後接講“逾江”，其地就在今武漢市。所以，介于二者之間的“黄”地，必在今襄陽與武漢之間漢水沿岸。與秦簡“黄郵”之“黄”很可能就是同一地方。《資治通鑑》梁“元帝承聖三年”條載：“魏遣柱國常山公于謹、中山公宇文護、大將軍楊忠將兵五萬入寇。……十一月，……丙戌……夜，魏軍至黄華，去江陵四十里。丁亥，至柵下。”魏大軍由漢水南下，自西向東攻梁江陵，則黄華顯然是在江陵以東四十里處。《讀史方輿紀要》湖廣四荆州府江陵縣“黄華戍”條：“在府東北。魏于謹等侵梁，前鋒至黄華，去江陵四十里是也。”文中稱“黄華戍”，可能是明清時期仍有此地名。《嘉慶重修大清一統志》湖北統部荆州府關隘“黄華戍”條亦云：“在江陵縣東四十里。”不列入古迹而列入關隘，可見其時仍有黄華戍之名。從地理位置看，這個黄華戍，很可能就是《鄂君啓節》之“黄”，亦即周家臺質日簡之“黄郵”。 晏昌貴、郭濤《〈鄂君啓節〉銘文地理研究二題》[1378][鄂君啓舟節] **【類别】自然地理名稱 · 河湖** **【釋地】夏水支流** “庚邽”援“庚郘陽”例，當在漢水中游轉入另一支流。我以爲這條支流即春秋間楚人伐羅渡漗的漗水。“邽”，可能在漗水、夏水之交，故“庚邽”後即轉入夏水。 夏水古今變遷甚大，誠如譚其驤先生所説，要在地圖上正確畫出古夏水是困難的。節文既稱“逾夏”，而不言“内（入）夏”，可知春秋戰國間的夏水不是以後的自江陵東南至雲杜縣車睹口入漢的短流，古夏水可能由“邽”南流，故鄂君啓的商隊“庚邽”後即沿夏水順流而下，再入邽，抵郢。“邽”，顯然是夏水的支流，聯接夏水通郢都的一條小水。 劉和惠《鄂君啓節新探》[1379][鄂君啓舟節]
0468 郪陵	**【時代】戰國晚期** **【出處】郪陵君豆**

1378 晏昌貴、郭濤:《〈鄂君啓節〉銘文地理研究二題》,《華北水利水電學院學報》2012 年第 5 期，第 3 頁。
1379 劉和惠:《鄂君啓節新探》，原載《考古與文物》1982 年第 5 期；後收入劉慶柱、段志洪、馮時主編:《金文文獻集成》(第二十九册)，綫裝書局，2005 年，第 331 頁。

郪陵君豆

郪陵君豆

郪陵君王子申，攸哉，造鈇蓋，攸立歲常，以祀皇祖，以會父兄，羕用之，官攸無疆。[郪陵君豆，《集成》4694、4695]

【類别】城邑名稱

【釋地】江蘇省宿遷市泗洪縣

“郪”，未見字書，但義從我得聲，從義與從我得聲之字多可通用。如《詩・蓼莪》，魯峻碑引《詩》“莪”作“義”。《禮記・檀弓》“蟻結于四隅”，釋文“蟻又作蛾”。《吕覽・勿躬》“常儀”即後世之“常娥”。然則郪應讀鄬。《説文》：“鄬，臨淮徐地，從邑義聲。《春秋傳》曰，‘徐鄬楚’。按，今本《左昭六年傳》作“徐儀楚”，傳世徐國義楚鍴與新出土義楚盤作“徐義楚”。郪、義、儀均《説文》“鄬”之異文。段注：“今安徽泗州州北五十里有故徐國城廢縣。鄬者，徐縣地名。”《讀史方輿紀要》卷二十一徐城廢縣：“州西北五十里，古徐子國。”淮北之鄬（郪）春秋時屬徐國，戰國後期早已歸入楚國版圖。至于地名後加“陵”字，典籍習見。僅檢《漢書・地理志》臨淮郡就是“睢陵”“淮陵”“富陵”“開陵”“蘭陵”“海陵”“樂陵”等七例。然則《地理志》臨淮郡之“徐”，戰國時或稱“鄬（郪）陵”應無疑義。

何琳儀《楚郪陵君三器考辨》[1380][郪陵君豆]

楚封邑，今安江蘇泗洪縣東南。

吴鎮烽《銘圖索引》[1381][郪陵君豆]

【釋地】江蘇省無錫市

李學勤同志曾説：“王子申既在無錫，其地必在附近，不好以遥遠的地名比附。”李零、劉雨同志也認爲：“按此出土地有可能距王子申封地不遠。”並且提出：“郪陵之郪，字從我音，乃義字所從，古讀與義同。其封地或與距此不遠的宜興縣（古名義興縣）東的義山有關。”今江蘇宜興東距無錫直距不過百里，宜興東之義山更緊鄰無錫，戰國時兩地或屬于同一行政地區。如果説因郪陵地名于文獻無徵，可以從郪、義可通上來追尋，那末，至少將此地名認定在無錫、宜興一帶，比之認定在淮北之徐，較爲合理。

何浩《郪陵君與春申君》[1382][郪陵君豆]

0469

姑

【時代】西周晚期

【出處】姑仲衍鐘

1380 何琳儀：《楚郪陵君三器考辨》，《江漢考古》1984 年第 1 期，第 104 頁。
1381 吴鎮烽：《商周青銅器銘文暨圖像集成索引》，上海古籍出版社，2019 年，第 942 頁。
1382 何浩：《郪陵君與春申君》，《江漢考古》1985 年第 2 期，第 77—78 頁。

姑仲衍鐘

姑仲衍作寶鍾（鐘），姑仲其萬年，子子孫孫永寶。[姑仲衍鐘，《銘圖》15177]

【類別】城邑名稱

姑字字書未見。金文有㝬字，姑、㝬是否一字，無法肯定，《金文編》也列爲兩個字頭，不過二者極可能是一字異構。……㝬爲國族名、地名。字潘祖蔭、郭沫若讀爲徐、舒之舒；徐中舒師、日本白川静讀甫，在今河南南陽；李學勤讀爲歸姓之胡，在今安徽阜陽；周法高以爲㝬屢遷徙，阜陽、河南偃城皆有地名胡。陝西藍田縣出土有㝬叔鼎，武功縣出土有㝬叔、㝬姬簋，簋銘："㝬叔、㝬姬乍（作）白（伯）媿媵簋。"此爲其女作媵器，可見㝬爲媿姓。盧連成、羅英傑以爲："㝬戎一支西周晚期已定居在陝西關中地區，很有可能在今藍田縣。

王輝《讀扶風縣五郡村窖藏銅器銘文小記》[1383][姑仲衍鐘]

1383 王輝：《讀扶風縣五郡村窖藏銅器銘文小記》，《高山鼓乘集：王輝學術文存二》，中華書局，2009年，第5—6頁。

十　畫

0470

秦

秦公鼎

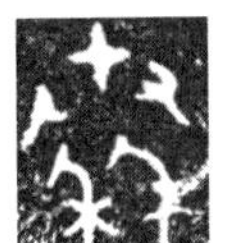
兒慶鼎

厲羌鐘

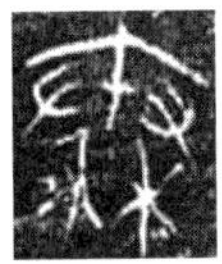
秦公鎛

二十九年弩機

【時代】西周時期　春秋時期　戰國時期

【出處】多器

【類别】國族名稱

"秦"爲地名，是大禹時秦人遠祖伯益的封地。《鹽鐵論·結合篇》："伯翳（益）之始封秦，地爲七十里。"秦地春秋時是魯國秦邑。《左傳》莊公十一年："秋築臺于秦。"杜預注："東平范縣西北有秦亭。"范縣今屬河南，在范縣東南古代有秦亭、秦城，見《水經注》卷五："河水又東北逕范縣之秦亭西。"《山東通志·古迹》："范縣有秦城。"秦地宜種禾，以在東方較早經營原始農業而得名。《説文解字》云："秦伯益之後所封國，地宜禾，從禾，舂省。"王鳴盛《蛾術編》云："秦地本因産善禾得名，故從禾從舂省。禾善則舂之精也。"禾即粟，舂去皮就成小米，當時的主要糧食，亦可釀酒。秦酒，就是用秦地的小米釀成的清酒。商周王室宗廟祭祀本來用鬯酒，《禮記·曲禮下》："凡摯，天子，鬯。"孔穎達疏："天子鬯者，釀黑黍爲酒，其氣芬芳調暢，故因謂爲鬯也。"鬯酒是用香草合黑黍釀成的香酒。周公這次在周廟祭祖不用鬯酒而用秦酒是有特殊意義的。因秦酒是周公東征到秦地所獲的戰利品，飲秦酒和獻戰俘一樣，亦有向祖先報告東征戰績之義。這説明周公東征的兵鋒確曾到過秦地。過去有學者對"秦"字不理解，作出種種錯誤的闡釋，如譚戒甫先生把秦字釋爲臻字，那不是畫蛇添足嗎？

何清谷《西周㙯方鼎銘箋釋》[1384][㙯方鼎]

【釋地】甘肅省隴南市禮縣

今甘肅禮縣永坪鄉趙坪村。

吴鎮烽《銘圖索引》[1385][秦公鼎]

【釋地】河南省濮陽市范縣

此秦非陝西之秦，乃山東齊魯之交之秦也。齊魯之交，亦有一"秦"地，故《左傳》記魯大夫莊公九年有"秦子"，襄公十年有"秦堇父"，

1384　何清谷：《西周㙯方鼎銘箋釋》，《文博》1998年第2期，第47頁。
1385　吴鎮烽：《商周青銅器銘文暨圖像集成索引》，上海古籍出版社，2019年，第946頁。

	“秦丕兹”，昭公二十五年有“秦遄”，又孔子弟子有“秦商”，此皆齊魯之交，秦地之人也。又《春秋經》莊公三十一年，“秋，築臺于秦”。杜注，“東平范縣西北有秦亭”。是其地也。 吴其昌《屬羌鐘補考》[1386][屬羌鐘] 郳即小邾，是讀《春秋》經傳的人都瞭解的，故這裏的邾一定是小邾。秦妊是慶的夫人，她姓妊（任），當然不是來自嬴姓秦國。按魯地有秦，見《春秋經》莊公三十一年，在今范縣舊治南，秦妊應係封在那裏的妊姓貴族的女兒。 李學勤《小邾墓地及其青銅器研究》[1387][兒慶鼎] “秦”是氏稱，但不一定是國名，也可能是邑名。《世本》説任姓（即妊姓）之國有十，曰謝、章、薛、舒、吕、祝、終、泉、畢。“秦妊”可能出自任姓十國的“畢”。“秦”也應是國族名。《春秋·莊公三十一年》：“秋，築臺于秦。”可知秦地春秋時屬魯。《清一統志》：今山東范縣舊城南三里有秦亭。銘文稱“秦任”，知秦爲任姓。 王琦、石敬東等《東江小邾國墓葬出土青銅器銘文綜述》[1388][兒慶鼎] “征秦”之“秦”，應從吴其昌説：“此秦非陝西之秦，乃山東齊魯之交之秦。齊魯之交亦有秦地，故《左傳》記魯大夫，莊公九年有‘秦子’，襄公十年有‘秦堇夫’‘秦丕兹’，昭公一十一年有‘秦遄’，又孔子弟子有‘秦商’，皆齊魯之交秦地人也。《春秋》經莊公三十一年‘秋，築臺于秦’，杜注‘東平范縣西北有秦亭’。是其地也。”2002年在山東棗莊發現小邾國銅器銘文有女名“秦妊”，趙平安先生也指出即范縣之秦，且已引吴其昌説與屬羌鐘之秦地相聯繫。 董珊《清華簡〈繫年〉與屬羌鐘對讀》[1389][屬羌鐘] 從地望等方面綜合考慮，我們認爲《郳慶鼎》的“秦”應該就是《屬羌鐘》銘中的“秦”，也就是魯莊公十一年“築臺于秦”的“秦”和戈銘中的“鄰”，地在山東范縣一帶。 棗莊東江古墓群的年代被定在春秋早期，這也是《郳慶鼎》製作年代的下限，那個時候山東的“秦”是一個獨立的國家。魯莊公三十一年（前662）在秦築臺，那時秦已爲魯所滅，成爲魯國的一個邑。周烈王二十二年（前404）屬羌輔佐韓景子伐齊時，先征“秦”地，迫使齊軍潰入長城，

1386　吴其昌：《屬羌鐘補考》，《國立北平圖書館館刊》1931年第5卷第6號；後收入劉慶柱、段志洪、馮時主編：《金文文獻集成》（二十九册），綫裝書局，2005年，第402頁。

1387　李學勤：《小邾墓地及其青銅器研究》，原載《東岳論叢》2007年第2期；後收入《新出青銅器研究（增訂版）》，人民美術出版社，2016年，第355頁。

1388　王琦、石敬東、李蘭昌：《東江小邾國墓葬出土青銅器銘文綜述》，山東省文物考古研究所編：《海岱考古》（第四輯），科學出版社，2011年，第445頁。

1389　董珊：《清華簡〈繫年〉與屬羌鐘對讀》，清華大學出土文獻與中國古代文明研究中心、清華大學出土文獻研究與保護中心編：《出土文獻與中國古代文明：李學勤先生八十壽誕紀念論文集》，中西書局，2016年，第108頁。

	説明秦已入齊。戈銘中的“鄰”是齊縣邑的名稱。 如上所述，基本可以明確山東范縣一帶曾經也有一個秦國，妊姓，是黄帝的後裔。這個小國春秋早期尚存，後爲魯所滅，繼而又爲齊所兼併。 趙平安《山東秦國考》[1390] 衛邑，妊姓，今河南范縣東南。 今河南范縣張莊鄉舊城村南三里。 吴鎮烽《銘圖索引》[1391]［兒慶鼎］［塱鼎］ **【釋地】陝西省寶鷄市鳳翔區** 都雍，今陝西鳳翔縣南。 吴鎮烽《銘圖索引》[1392]［屭羌鐘］ **【釋地】陝西省寶鷄市陳倉區** 都平陽，今陝西寶鷄市陳倉區東南。 吴鎮烽《銘圖索引》[1393]［秦公鎛］ **【釋地】陝西省咸陽市秦都區** 都咸陽，今咸陽市秦都區窑店鎮。 吴鎮烽《銘圖索引》[1394]［二十九年弩機］
0471 敖  敖叔微簋蓋	**【時代】西周晚期** **【出處】敖叔微簋蓋** 唯王三月初吉癸卯，敖叔微㮚于西宫，易（賜）貝十朋，用作寶簋，子子孫孫其萬年永寶用。［敖叔微簋蓋，《集成》4130］ **【類别】城邑名稱** 封邑名。 吴鎮烽《銘圖索引》[1395]［敖叔微簋蓋］
0473 馬	**【時代】西周早期** **【出處】克罍** 王曰：“大保，唯乃明乃心，享于乃辟。”余大對乃享，令克侯于匽

1390　趙平安:《山東秦國考》,《金文釋讀與文明探索》，上海古籍出版社，2011 年，第 177—178 頁。
1391　吴鎮烽:《商周青銅器銘文暨圖像集成索引》，上海古籍出版社，2019 年，第 946 頁。
1392　吴鎮烽:《商周青銅器銘文暨圖像集成索引》，上海古籍出版社，2019 年，第 947 頁。
1393　吴鎮烽:《商周青銅器銘文暨圖像集成索引》，上海古籍出版社，2019 年，第 947 頁。
1394　吴鎮烽:《商周青銅器銘文暨圖像集成索引》，上海古籍出版社，2019 年，第 948 頁。
1395　吴鎮烽:《商周青銅器銘文暨圖像集成索引》，上海古籍出版社，2019 年，第 946 頁。

克罍

（燕），旆、羌、馬、𠭰、雩、馭、髟。克宧（次）匽（燕），入土眔厥𤔲。用作寶尊彝。[克罍，《銘圖》13831]

【類別】國族名稱

羌下一字，罍銘作□，盉銘作□，是個頁字，爲寡字之省。應爲地名，其地望當在燕國附近。此字不是馬字。同銘有馭字從馬，其偏旁馬字與此頁字截然不同。羌、頁（寡）、𠭰，是三個小方國，本不屬燕，這次增封給燕侯，歸燕國管理。

李仲操《燕侯克罍盉銘文簡釋》[1396][克罍]

“兔”，字形和武丁賓組卜辭中兔方之兔相近，殷卜辭中兔爲伐羌的主要方國，地望當與羌方鄰近。

方述鑫《太保罍、盉銘文考釋》[1397][克罍]

0473

馬雍

馬雍令事吴戈

馬雍令事吴戈

【時代】戰國時期·韓

【出處】馬雍令事吴戈[《銘圖》17142]

王三年，馬雍令事吴，武庫工帀（師）奭信、冶祥造，廿二。[馬雍令事吴戈，《集成》11375]

【類別】城邑名稱

地名“馬雝”亦見于戰國布幣，地望待考。《陶齋吉金録》5.38著録王三年馬雝令史吴戈，十七字，可以參看。

張光裕、吴振武《武陵新見古兵三十六器集録》[1398][馬雍令事吴戈]

戰國韓邑。

吴鎮烽《銘圖索引》[1399][馬雍令事吴戈]

0475

華

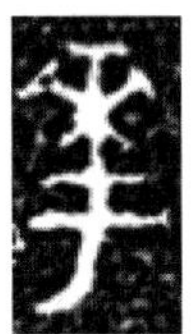

命簋

【時代】西周中期

【出處】命簋

唯十又一月初吉甲申，王在華，王易（賜）命鹿，用作寶彝，命其永以多友簋飤。[命簋，《集成》4112]

【類別】城邑名稱

1396 李仲操：《燕侯克罍盉銘文簡釋》，《考古與文物》1997年第1期，第71頁。

1397 方述鑫：《太保罍、盉銘文考釋》，陳光彙編：《燕文化研究論文集》，中國社會科學出版社，1995年，第289頁。

1398 張光裕、吴振武：《武陵新見古兵三十六器集録》，《雪齋學術論文二集》，藝文印書館，2004年，第88頁。

1399 吴鎮烽：《商周青銅器銘文暨圖像集成索引》，上海古籍出版社，2019年，第946頁。

	【釋地】河南省新密市 華，地名。《國語・鄭語》："鄔、弊、補、舟、依、𩣺、歷、華，君之土也。若前華後河，右洛左濟。"注："華，華國也。"據《水經・洧水注》華在今河南省密縣，西爲嵩山，是夏族舊居，所以華即是夏，中華民族起于此。 唐蘭《西周青銅器銘文分代史徵》[1400]［命簋］ **【釋地】河南省新鄭市** 華爲西周國名，在今河南新鄭縣北，春秋爲鄭邑，亦作"華陽邑"。戰國屬魏。《戰國策・魏策三》"秦敗魏于華"，即此。 崔恒昇《甲金文地名考釋》[1401]［命簋］ 西周國名，今河南新鄭市北。 吴鎮烽《銘圖索引》[1402]［命簋］
0475 **華大山** 秦駰玉牘	**【時代】戰國晚期・秦** **【出處】秦駰玉牘**［《銘圖》19830］ **【類別】自然地理名稱・山林** **【釋地】陝西省華陰市** 即華大山、華山，今陝西華陰縣南。 吴鎮烽《銘圖索引》[1403]［秦駰玉牘］
0476 **莆子** 莆子戈	**【時代】戰國時期** **【出處】蒲子戈** 三年，莆子□□、工帀（師）墀、冶□。［蒲子戈，《集成》11293］ **【類別】城邑名稱** **【釋地】山西省臨汾市隰縣** 戈銘中的"莆子"可讀爲"蒲子"。蒲子的地望目前還有争議。或認

1400 唐蘭：《西周青銅器銘文分代史徵》，《唐蘭全集（七）》，上海古籍出版社，2015 年，第 358 頁。
1401 崔恒昇：《甲金文地名考釋》，安徽大學古文字研究室編：《古文字研究》（第二十二輯），中華書局，2000 年，第 152 頁。
1402 吴鎮烽：《商周青銅器銘文暨圖像集成索引》，上海古籍出版社，2019 年，第 948 頁。
1403 吴鎮烽：《商周青銅器銘文暨圖像集成索引》，上海古籍出版社，2019 年，第 954 頁。

蒲子戈

0476.02

蒲子

爲蒲子就是蒲，《左傳》莊公二十八年："夏，使太子申生居曲沃，重耳居蒲城，夷吾居屈。"杜預注："蒲，今平陽蒲子縣。"在今山西隰縣或蒲縣境。或認爲蒲子就是蒲阪，《史記·晉世家》："蒲邊秦，使公子重耳居蒲。"《集解》引韋昭注："蒲，今蒲阪。"在今山西永濟縣境内。錢穆從晉獻公時晉國疆域不能至于今山西隰縣出發，認爲韋昭注較杜預注要可信得多。

吴良寶《莆子戈與郚戈考》[1404][莆子戈]

今山西隰縣東北蒲子村。

吴鎮烽《銘圖索引》[1405][蒲子戈]

0477

莆反

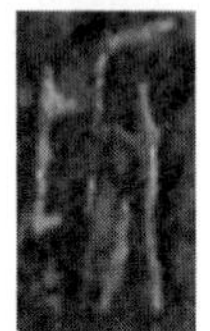

蒲阪令籥戈

蒲阪鼎

0477.02

蒲阪

【時代】戰國晚期·魏

【出處】蒲阪鼎　蒲阪令籥戈

廿三年，莆坂（阪）行□□□小半齋。[蒲阪鼎，《銘圖》1985]

十八年，莆反（阪）命籥，左工帀（師）即，冶⿵⌒干。[蒲阪令籥戈，《銘圖》17169]

【類别】城邑名稱

【釋地】山西省永濟市

莆反，爲地名。反又作坂，阪。故城在今山西省永濟縣蒲州鎮東南隅，相傳爲帝舜所都。《史記·五帝本紀》集解引《地記》曰："河東縣二里故蒲阪城，舜所都也。"《讀史方輿紀要》四十一平陽府蒲州條亦云："古蒲阪，舜都也。"本名蒲，又名長原，長阪。春秋屬晉，戰國屬魏。《漢書·地理志》（卷二十八）注云："故曰蒲。"又引應劭曰："秦始皇東巡見長坂，故加反云。"蓋因坂、反同音之故。此後，《水經注》《元和郡縣圖志》《太平寰宇記》《讀史方輿紀要》等有關歷史地理要籍均沿用此説。

楊明珠《山西芮城出土戰國銅戈》[1406][蒲阪令籥戈]

【釋地】山西省永濟市

今山西永濟縣蒲州鎮。

吴鎮烽《銘圖索引》[1407][蒲阪鼎]

1404　吴良寶:《莆子戈與郚戈考》，中國文字學會《中國文字學報》編輯部編:《中國文字學報》(第五輯)，商務印書館，2014年，第138—140頁。

1405　吴鎮烽:《商周青銅器銘文暨圖像集成索引》，上海古籍出版社，2019年，第991頁。

1406　楊明珠:《山西芮城出土戰國銅戈》，《考古》1989年第1期，第85頁。

1407　吴鎮烽:《商周青銅器銘文暨圖像集成索引》，上海古籍出版社，2019年，第991頁。

0479

鄀

鄀公敄人簋

鄀公簠蓋

士山盤

【時代】西周中晚期 春秋時期

【出處】士山盤［《銘圖》14536］ **鄀公簠**［《集成》4569］**等**

【類别】國族名稱

《左傳》僖二十五年“秦、晋伐鄀，楚鬭克、屈禦寇以申、息之師戍商密”。杜注“鄀本在商密，秦楚界上小國，其後遷于南郡鄀縣”。今案鄀有上鄀與下鄀，本簋稱上鄀，而夏鄀公諴鼎稱下蠚，可證。彼鼎出于上雒（今陝西商縣），地與商密接壤則此秦晋所伐者實是下鄀。上雒後爲晋邑，蓋下鄀爲晋所滅也。南郡之鄀，《漢志》作若，《注》云“楚昭王畏吴自郢徙此（今湖北宜城縣）”，當即本簋所謂上鄀。上下相對，必同時並存，蓋由分封而然。意南郡之鄀爲本國，故稱上，上雒之鄀爲分枝故稱下，此由小邾之出于邾婁而稱爲小矣。南郡之鄀後爲楚所滅，故于春秋末年其故都竟成爲楚都也。兩鄀傳世之器均古，大率在春秋初年，或更在其前，蓋其初實一强盛之國，其地當跨有今河南、湖北、陝西三省所接壤處也。

郭沫若《兩周金文辭大系圖録考釋》[1408]［鄀公敄人簋］

上、下鄀皆爲一鄀國。

春秋記載之鄀，北在商密，南在南郡今宜城南，杜預以爲南鄀爲北鄀遷徙，銅器上、下鄀皆屬春秋，同時存在。如此，上、下對稱，和上、下蔡出于遷徙不同，可能一爲本國，一出分枝。至南北鄀與上下鄀之關係尚待更多出土資料纔能確定。

黄盛璋《鄀國銅器——銅器分國大系考釋之一》[1409]

郭老關于上、下鄀國地望的推測實是一種誤解。鄀國——上鄀和下鄀本應在陝西、河南、湖北三省交界的丹水（商密至上雒）一帶，湖北宜城並非鄀本國——上鄀所在，而是春秋中期鄀被楚滅後徙置之處。誠然，上、下鄀各自的地望還有待于更多史料來證明，但就目前筆者管窺蠡測，以爲合乎史實。

陳萬千《蠚兒罍和鄀國地望問題》[1410]［蠚兒罍］

“蠚”就是鄀國，朱文已有詳細説明。郭沫若先生《兩周金文辭大系》曾指出當時有上鄀、下鄀，上鄀在今湖北宜城東南，下鄀在商密，今河南内鄉與陝西商縣之間。按《左傳》僖公二十五年：“秋，秦、晋伐鄀，楚鬭克、屈禦寇以申、息之師戍商密。”杜預解云：“鄀本在商密，秦、晋界上小國，其後遷于南郡鄀縣（即宜城）。”現已發現的鄀國青銅器，宋代著録的鄀公緘鼎器主稱“下蠚雍公緘”（《殷周金文集成》2753），同

1408 郭沫若：《兩周金文辭大系圖録考釋（二）》，《郭沫若全集·考古編》（第八卷），科學出版社，2002年，第374—375頁。

1409 黄盛璋：《鄀國銅器——銅器分國大系考釋之一》，《文博》1986年第2期，第25頁。

1410 陳萬千：《蠚兒罍和鄀國地望問題》，《考古與文物》1988年第3期，第75頁。

人所作簠則稱“蓋公緘”（《集成》4600）。其鼎的形制紋飾與最近陝西眉縣楊家村出土的佐鼎全同，無疑屬西周晚期後段。較晚屬春秋早期的鄀公務人簋器主稱“上鄀公務人”（《集成》4183），同人的鐘又稱“鄀公務人”（《集成》59）。看來鄀雖早有上鄀、下鄀兩邑，西周鄀于下鄀，後來纔遷于上鄀，不一定並存兩個鄀國。值得注意的是，西周鄀寫作“蓋”，或僅從一“蟲”作“蛘”，士山盤也是這樣。

李學勤《論士山盤——西周王朝干預諸侯政事之一例》[1411][士山盤]

“蓋”，《左傳·僖公二十五年》：“秋，秦晉伐鄀。”杜預注：“鄀本在商密，秦、楚界上小國，其後遷于南郡鄀縣。”商密在河南省淅川縣西南，南郡鄀縣在今湖北省宜城縣東南。根據銘文，鄀分上下，上鄀之鄀從邑，而下鄀從二蟲或一蟲。下鄀之鄀公緘鼎出土于上雒，即陝西商縣，地與商密接壤；上鄀府簠出土于襄陽縣，地近宜城，故知商密爲下鄀，宜城東南爲上鄀。上鄀、下鄀應是同一國族的並存分支，鄀國本在下鄀，後遷都至上鄀。上鄀爲楚所滅，春秋後期爲楚都，《左傳·定公六年》：“楚恐而去郢徙鄀。”上鄀和下鄀的器物見于春秋早期（蓋公緘簠或定爲西周晚期），此盤之鄀早到恭王之時，可能是未遷之鄀，對鄀國的歷史研究提供了新的材料。

陳英傑《士山盤銘文再考》[1412][士山盤]

“上鄀”與“下鄀”實爲一鄀國，代表鄀國的兩個都邑名。結合清華簡和《左傳》記載，我們認爲西周早中期的鄀國即楚昭王所徙之“鄀”，在漢水西岸“襄州樂鄉縣東北”；西周晚期，鄀國北遷至商密附近的“下鄀”；春秋早期，鄀國被遷于“上鄀”，因夾處于秦、楚之間，最終在春秋中期淪爲楚之縣邑。

胡剛《有“鄀”銅器與鄀國歷史新論》[1413]

就新見東周鄀國銅器銘文結合西周金文及楚簡，進一步證成上鄀應在今湖北宜城一帶；據新見銘文資料，可確定下鄀南遷後居于漢晋鄀縣今湖北鍾祥古麗陽驛附近的鄀邑，楚滅下鄀當在楚昭王或楚惠王時；由銅器銘文來看，至遲在春秋初年，鄀已分上下。

黃錦前《從近刊鄀器申論鄀國地望及楚滅鄀的年代》[1414]

“鄀”在豫、鄂、陝三省交界處。

晁福林《從士山盤看周代“服”制》[1415][士山盤]

【釋地】陝西省商洛市

鄀，國名，《左傳·僖公二十五年》：“秋，秦晋伐鄀。”杜預《注》：

1411 李學勤：《論士山盤——西周王朝干預諸侯政事之一例》，原載武玉環、楊軍編：《邇亨集——吕紹綱教授古稀紀念文集》，吉林大學出版社，2003年；後收入《當代名家學術思想文庫·李學勤卷》，萬卷出版公司，2010年，第212頁。

1412 陳英傑：《士山盤銘文再考》，《中國歷史文物》2004年第6期，第13頁。

1413 胡剛：《有“鄀”銅器與鄀國歷史新論》，《文物》2013年第4期，第85頁。

1414 黃錦前：《從近刊鄀器申論鄀國地望及楚滅鄀的年代》，《中國歷史地理論叢》2017年第3期，第115頁。

1415 晁福林：《從士山盤看周代“服”制》，《中國歷史文物》2004年第6期，第4頁。

"鄀本在商密，秦、楚界上小國，其後遷于南郡鄀縣。"商密在河南省淅川縣西南，南郡鄀縣則在今湖北省宜城縣東南九十里。根據彝銘，鄀分上下，上鄀之鄀從邑，而下鄀從蟲作"蠚"或"蛪"。下鄀之鄀公諴鼎出土于上雒，即陝西商縣，地與商密接壤；而本器出土于襄陽縣，地近宜城，故知商密爲下鄀，宜城東南爲上鄀。《左傳·定公六年》：楚"遷郢于鄀"，則楚已滅鄀爲邑。

馬承源《商周青銅器銘文選》[1416][上鄀府簠]

蠚，地名。春秋青銅器有蠚公諴所作鼎與簋（《殷周金文集成》275、4600）。從蚰，若聲，此地當即是鄀。春秋器還有鄀公平侯鼎（《殷周金文集成》2771、2772），鄀似有自己的紀年系統，言"惟鄀八月初吉癸未"。《左傳》僖公二十五年："秋，秦、晋伐鄀，楚鬬克、屈禦寇從申、息之師戍商密。"杜預注："鄀本在商密，秦楚界上小國，其後遷于南郡鄀縣。"鄀又分上鄀、下鄀，見于春秋器銘，郭沫若氏《兩周金文辭大系圖録考釋》有考證。上鄀即《漢書·地理志》南郡之若，在今湖北宜城。下鄀，當即上引《左傳》文所云秦晋所伐鄀，依杜注，當在商密，即今陝西商洛地區之商州東南，河南淅川西南一帶，本銘之蠚應在此。

朱鳳瀚《士山盤銘文初釋》[1417][士山盤]

下鄀、上鄀的方位以及早晚關係，學術界有不同看法。《左傳》僖公二十五年："秦、晋伐鄀，楚鬬克、屈禦寇以申、息之師戍商密。"杜預注："鄀本在商密，秦楚界上小國，其後遷于南郡鄀縣。"郭沫若認爲，下鄀在商密，上鄀在宜城。上鄀之鄀爲本國，故稱上。下鄀爲分枝，故稱下。有學者調查，今之河南西峽縣城以西15公里的丁河鄉邪地村有一座古城遺址，當地人稱鄀國城，很可能就是上鄀，因在下鄀之上。宜城附近的鄀，是楚滅鄀或遷鄀後鄀人的聚集地。從目前的材料看，西周時期鄀的準確地點還不能肯定，但在商密一帶大致是不誤的。至于郭沫若所説，"蓋其初實一强盛之國，其地當跨有今河南、湖北、陝西三省所接壤處也"，是根據包括所出春秋以後器的推測。西周的鄀地，根據士山盤，應是有局限範圍的。如此，則茖侯就在今之丹江上游的商南一帶。

黄錫全《士山盤銘文别議》[1418][士山盤]

今陝西商洛市商州區東南。

吴鎮烽《銘圖索引》[1419][士山盤]

【釋地】湖北省鍾祥市

今湖北鍾祥縣西北。

吴鎮烽《銘圖索引》[1420][鄀公敄人鐘]

1416 馬承源主編：《商周青銅器銘文選（四）》，文物出版社，1990年，第418頁。
1417 朱鳳瀚：《士山盤銘文初釋》，《中國歷史文物》2002年第1期，第6頁。
1418 黄錫全：《士山盤銘文别議》，《中國歷史文物》2003年第2期，第62頁。
1419 吴鎮烽：《商周青銅器銘文暨圖像集成索引》，上海古籍出版社，2019年，第949頁。
1420 吴鎮烽：《商周青銅器銘文暨圖像集成索引》，上海古籍出版社，2019年，第949頁。

0479 **莫** 莫戈	**【時代】戰國晚期** **【出處】莫戈**［《銘圖》16309］ **【類別】城邑名稱** **【釋地】河北省任丘市** “莫”即鄚，地名。《史記·扁鵲傳》集解：“鄚，縣名，今屬河間。”同書之《趙世家》載趙惠文王五年（公元前二九四年）“與燕鄚、易”，集解：“徐廣曰：皆屬涿郡。鄚，音莫。”據《讀史方輿紀要》卷十三，漢代鄚縣在任邱縣北三十里鄚州城。此戈出于任邱古州，與文獻相合。 李學勤、鄭紹宗《論河北近年出土的戰國有銘青銅器》[1421]［莫戈］ 今河北任丘市莫州。 吴鎮烽《銘圖索引》[1422]［秦駰玉牘］
0480 **莓**  莓伯簋	**【時代】西周晚期** **【出處】莓伯簋** 莓伯作井姬寶簋，子子孫孫用。［莓伯簋，《集成》3722］ **【類別】城邑名稱** 封邑名。 吴鎮烽《銘圖索引》[1423]［莓伯簋］
0481 **郴** 攻吴王姑 讎亓雖劍	**【時代】春秋晚期** **【出處】攻吴王姑讎亓雖劍**［《銘圖》18077］ **【類別】城邑名稱** 即麻，今湖北省東部或河南東南部。 吴鎮烽《銘圖索引》[1424]［攻吴王姑讎亓雖劍］

1421 李學勤、鄭紹宗：《論河北近年出土的戰國有銘青銅器》，四川大學歷史系古文字研究室編：《古文字研究》（第七輯），中華書局，1982年，第129頁。
1422 吴鎮烽：《商周青銅器銘文暨圖像集成索引》，上海古籍出版社，2019年，第948頁。
1423 吴鎮烽：《商周青銅器銘文暨圖像集成索引》，上海古籍出版社，2019年，第949頁。
1424 吴鎮烽：《商周青銅器銘文暨圖像集成索引》，上海古籍出版社，2019年，第1060、1062頁。

0482

棟

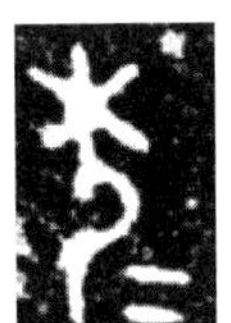

棟伯肆鼎

【時代】西周中期

【出處】棟伯肆鼎

棟伯肆作鳥寶鼎，其萬年用享。[棟伯肆鼎，《集成》2460]

【類别】城邑名稱

封邑名。

吴鎮烽《銘圖索引》[1425][棟伯肆鼎]

0483

桐

翏生盨

0483.02

桐潏

【時代】西周晚期

【出處】翏生盨[《集成》4459—4461] **伯𢦚父簋**[《銘圖》5276、5277]

【類别】國族名稱

【釋地】安徽省桐城市

關于桐、遹。桐，偃姓，《左傳》定二年"桐叛楚"，杜預注："桐小國，廬江舒縣西南有桐鄉。"《孔疏》謂"世屬于楚"。據銘文，桐是南淮夷，屬楚邑是在春秋之後，故地在今安徽省桐城縣北，即大别山東部的北麓。

馬承源《關于翏生盨和者減鐘的幾點意見》[1426][翏生盨]

地名。《左傳・定公二年》"桐叛楚"，杜預《注》："桐，小國，廬江舒縣西南有桐鄉。"故地在今安徽桐城縣北。

馬承源《商周青銅器銘文選》[1427][翏生盨]

桐，古國名，《左傳・定公二年》"桐叛楚"，杜預注："桐，小國。廬江舒縣西南有桐鄉。"故地在今安徽桐城市西北。

陳秉新、李立芳《出土夷族史料輯考》[1428][翏生盨]

"桐"也是偃姓國，在今安徽桐城北。

李學勤《論西周厲王時器伯𢦚父簋》[1429][伯𢦚父簋]

"桐""潏"兩地，學者認爲"桐"爲今安徽桐城縣北。

陳佩芬《伯𢦚父簋與厲王伐淮夷》[1430][伯𢦚父簋]

1425 吴鎮烽：《商周青銅器銘文暨圖像集成索引》，上海古籍出版社，2019年，第949頁。
1426 馬承源：《關于翏生盨和者減鐘的幾點意見》，《考古》1979年第1期，第60頁。
1427 馬承源主編：《商周青銅器銘文選（三）》，文物出版社，1988年，第290頁。
1428 陳秉新、李立芳：《出土夷族史料輯考》，安徽大學出版社，2005年，第203頁。
1429 李學勤：《論西周厲王時器伯𢦚父簋》，《文物中的古文明》，商務印書館，2008年，第300頁。
1430 陳佩芬：《伯𢦚父簋與厲王伐淮夷》，《陳佩芬青銅器論集》，中西書局，2016年，第498頁。

	【釋地】江蘇省洪澤湖地區 厲王所伐與角相近的桐地，學者或認爲即在今安微桐城以北之古桐城，但此地點與上文[1431]所云角所在之淮、泗交匯處相距達二百三十公里以上，似失之過遠，桐及遹（或桐遹）其位置亦當在今洪澤湖附近之淮水近域，確切地點待考。 黄盛璋先生認爲角得名于津渡“由當水陸交通之要津而形成城國，並依津取名”，“角津即角城”。他並認爲依次推斷，桐遹亦當爲一地。見所著《淮夷新考》（《文物研究》第 5 輯，1989 年）。 朱鳳瀚《由伯𢦚父簋銘再論周厲王征淮夷》[1432][伯𢦚父簋] **【他釋】** 桐遹是南淮尸之一族。 陳夢家《西周銅器斷代》[1433][仲偁父鼎] 桐遹亦當爲一地。《左傳》定二年：“桐叛”，杜注：“桐，小國，廬江舒縣西南有桐。”周王南征不可能遠至此地，馬氏以“遹”通“雩”，謂即雩婁，在霍丘西南八十里，輾轉相求，理無可信，史籍無稽，今姑缺疑。 黄盛璋《淮夷新考》[1434][翏生盨] 南淮夷地名，在今安徽淮河流域。 吴鎮烽《銘圖索引》[1435][翏生盨]
0484 **梠** 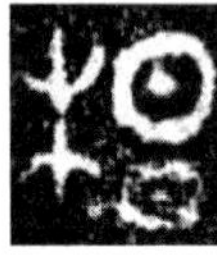 中子化盤	**【時代】春秋早期** **【出處】中子化盤** 中子化用保楚（胥）王，用征梠，用擇其吉金，自作浣盤。[中子化盤，《集成》10137] **【類別】城邑名稱** **【釋地】山東省日照市莒縣** 即莒，今山東莒縣。 吴鎮烽《銘圖索引》[1436][中子化盤]

1431　編者按：此條上接“角”條目下朱鳳瀚文，可互相參照。
1432　朱鳳瀚：《由伯𢦚父簋銘再論周厲王征淮夷》，中國古文字研究會、吉林大學古文字研究室編：《古文字研究》（第二十七輯），中華書局，2008 年，第 196 頁。
1433　陳夢家：《西周銅器斷代》，中華書局，2004 年，第 247 頁。
1434　黄盛璋：《淮夷新考》，《文物研究》（第 5 輯），1989 年，第 30 頁。
1435　吴鎮烽：《商周青銅器銘文暨圖像集成索引》，上海古籍出版社，2019 年，第 949 頁。
1436　吴鎮烽：《商周青銅器銘文暨圖像集成索引》，上海古籍出版社，2019 年，第 949 頁。

0485

格

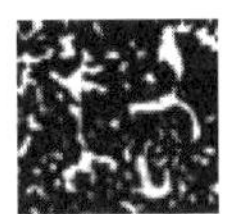

晋侯銅人

格伯簋

【時代】西周中晚期

【出處】晋侯銅人 格伯簋

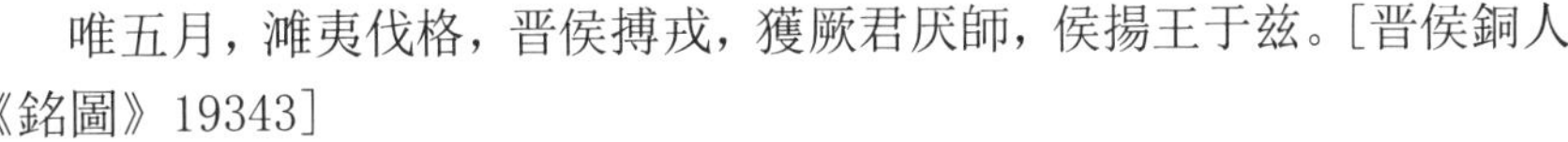

唯五月，淮夷伐格，晋侯搏戎，獲厥君厌師，侯揚王于兹。[晋侯銅人，《銘圖》19343]

唯三月初吉，格伯作晋姬寶簋，子子孫孫其永寶用。[格伯簋，《集成》3952]

【類别】城邑名稱

【釋地】河南省滎陽市

銅人銘文説“淮夷伐格，晋侯薄戎”，可見該戰役由淮夷入犯而起，而被伐的“格”當係晋地或與晋國鄰近。我想這個格，就是戰國時韓地格氏。河南滎陽北的張樓村曾出土多種“格氏”陶文，應即其所在。

李學勤《晋侯銅人考證》[1437][晋侯銅人]

【釋地】山西地區

在今山西南部。

吴鎮烽《銘圖索引》[1438][格伯簋]

0486

格氏

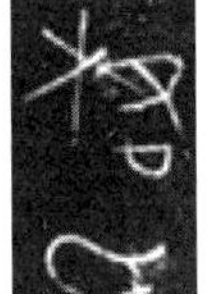

格氏令韓貴戈

格氏矛

【時代】戰國晚期·韓

【出處】格氏令韓貴戈 格氏矛

六年格氏命韓貴，工帀（師）恒予、冶隹。[格氏令韓貴戈，《集成》11327]

【類别】城邑名稱

【釋地】河南省滎陽市

格氏在西周時爲一諸侯國的所在地，鮮見于文獻，其地域也不可知。與格氏有關的，過去僅見傳世的西周銅器，有“格伯簋”及其近是者十六件（唐蘭稱其爲“倗生簋”，對銘文内容的解釋有新見，與郭沫若有别）。這些銅器的銘文，郭沫若《兩周金文辭大系圖録考釋》中存有精拓本。另外是解放後從鄭韓故城發現的一批戰國兵器，兵器的銘文中曾出現“格氏”地名。以上材料與戰國“格氏”印陶相印證，可知“格氏”一地在西周時曾有格伯封于此，東周時歸鄭韓所轄。其地域由于戰國時期一批印陶的發現，可以確定是今鄭州市滎陽縣縣北一帶地方。

1437 李學勤：《晋侯銅人考證》，原載中國文物學會主編：《商承祚教授百年誕辰紀念文集》，文物出版社，2003年；後收入《新出青銅器研究（增訂版）》，人民美術出版社，2016年，第306頁。

1438 吴鎮烽：《商周青銅器銘文暨圖像集成索引》，上海古籍出版社，2019年，第950頁。

	我認爲"格氏"即古文獻中所記的"葛鄉城"。 《路史·國名紀》第一卷"黄帝後姬姓國"下有葛："郡國志，高陽有葛城，今鄭西北有葛鄉城，一名依城。"其記載葛鄉城在鄭（鄭——指新鄭縣）西北，與格氏所在地理方位相吻合，格氏（古百切）與葛（古達切）古音相近，葛乃格的通假字。可以説文獻所記的葛、葛地、葛鄉城、葛伯均與"格氏"有關。 牛濟普《"格氏"即"葛鄉城"考》[1439] 戰國韓邑。 吴鎮烽《銘圖索引》[1440][格氏令韓貴戈]
0487 **索**  索諆角	**【時代】西周早期** **【出處】索諆角** 索諆作有羔日辛䵼彝。[索諆角，《集成》9091] **【類別】城邑名稱** **【釋地】河南省滎陽市** 彝器有索淇角。昭五年："鄭勞宣子于索氏。"杜注："河南成皋縣東有大索城。"今滎陽東北三十里有京城，大索城在京城西二十里，其東北四十里爲小索城。 余永梁《金文地名考》[1441][索諆角]
0488 **索魚**  索魚王戈	**【時代】春秋晚期** **【出處】索魚王戈** 索魚王□□戈。[索魚王戈，《銘圖》16824] **【類別】城邑名稱**
0489 **尃古**	**【時代】西周時期** **【出處】塱方鼎　鄧公簋蓋** 唯周公征于伐東夷，豐、白、尃古咸𢦏，公歸𩰫于周廟，戊辰，畬（飲）

1439　牛濟普：《"格氏"即"葛鄉城"考》，《中原文物》1984年第1期，第21頁。
1440　吴鎮烽：《商周青銅器銘文暨圖像集成索引》，上海古籍出版社，2019年，第950頁。
1441　余永梁：《金文地名考》，《國立中山大學語言歷史學研究所週刊》第5集第53、54期合刊，1928年，第17頁。

秦畲（飲），公賞塱貝百朋，用作尊鼎。[塱方鼎，《集成》2739]

唯郛九月初吉，不故女夫人以乍郛公，用爲女夫人尊諆敦。[郛公簋蓋，《集成》4055]

塱方鼎

郛公簋

0489.02
蒲姑
0489.03
不故

【類別】國族名稱

専古即蒲姑，《書序》："成王既踐奄，將遷其君于蒲姑，周公告召公，作《將蒲姑》。"又説："周公在豐，將没，欲葬成周。公薨，成王葬于畢，告周公，作《亳姑》。"蒲又作亳。此兩篇均已亡佚。《左傳》昭公二十年説："昔爽鳩氏始居此地（指齊都臨淄），季萴因之，有逢伯陵因之，蒲姑氏因之，而後太公因之。"《漢書·地理志》説："周成王時，薄姑氏與四國共作亂，成王滅之，以封師尚父，是爲太公。"與此銘合。

唐蘭《西周青銅器銘文分代史徵》[1442][塱方鼎]

不故，即薄姑。《史記·周本紀》：成王"東伐淮夷，殘奄，遷其君薄姑"。是薄姑之君被黜，其國衰，而其子孫尚存。至春秋初世，薄姑氏之裔仍與小國通婚。

馬承源《商周青銅器銘文選》[1443][郛公簋蓋]

【釋地】山東省濱州市博興縣

不故疑即薄姑，《漢書·地理志》"殷末有薄姑氏爲諸侯，周成王時薄姑氏與四國共作亂，成王滅之以封師尚父"。《左傳》作蒲姑。《漢志》琅琊郡下復作姑幕。今山東博興縣東北地域也。

郭沫若《兩周金文辭大系圖録考釋》[1444][郛公簋]

薄姑爲殷末諸侯，故城在臨淄西北五六十里今博興縣東南境内，周成王時與四國共叛周，成王滅之，以爲齊之封地。

陳夢家《西周銅器斷代》[1445][塱方鼎]

或作亳姑、薄姑，國名，其地在今山東省博興縣東北。豐國與薄姑屬于東夷諸國之强者。

馬承源《商周青銅器銘文選》[1446][塱方鼎]

不故，郭沫若云："不故，疑即薄姑。《漢書·地理志》：'殷末有薄姑氏爲諸侯，周成王時薄姑氏與四國共作亂，成王滅之以封師尚父。'《左傳》作蒲姑（昭九年）。《漢志》琅琊郡下復作姑幕，今山東博興縣東北地域也。蓋薄姑氏雖衰，後世子孫猶守其血食未墜，故此與郛爲婚姻也。"

馬承源《商周青銅器銘文選》[1447][郛公簋蓋]

1442 唐蘭：《西周青銅器銘文分代史徵》，《唐蘭全集（七）》，上海古籍出版社，2015年，第49頁。
1443 馬承源主編：《商周青銅器銘文選（四）》，文物出版社，1990年，第497頁。
1444 郭沫若：《兩周金文辭大系圖録考釋（二）》，《郭沫若全集·考古編》（第八卷），科學出版社，2002年，第379頁。
1445 陳夢家：《西周銅器斷代》，中華書局，2004年，第18頁。
1446 馬承源主編：《商周青銅器銘文選（三）》，文物出版社，1988年，第17頁。
1447 陳秉新、李立芳：《出土夷族史料輯考》，安徽大學出版社，2005年，第388頁。

	即蒲姑、薄姑，亦商朝封國，故城在今山東博興縣東南柳橋。于省吾《雙劍誃諸子新證・管子一》："薄應讀爲敷，金文敷作尃，薄從尃聲，故可通借。"《漢書・地理志》：薄姑，"殷末有薄姑氏，皆爲諸侯，國此地。至周成王時，薄姑氏與四國作亂，成王滅之，以封師尚父，是爲太公"。西周、春秋時地屬齊國。 何清谷《西周𡌴方鼎銘箋釋》[1448][𡌴方鼎] 尃古，東夷國名，典籍作薄姑或蒲姑。《左傳・昭公元年》："及武王克商，蒲姑商奄，吾東土也。"杜注："樂安博昌縣北有蒲姑城。"《史記・周本紀》："東伐淮夷，殘奄，遷其君薄姑。"正義引《括地志》云："薄姑故城在青州博昌縣東北六十里。薄姑氏，殷諸侯，封于此，周滅之也。"《續山東考古録》謂薄姑國在博興縣東南十五里。 陳秉新、李立芳《出土夷族史料輯考》[1449][𡌴方鼎] 今山東博興縣西南。 吴鎮烽《銘圖索引》[1450][𡌴方鼎]
0490 **尃邑**  者兒戈	**【時代】春秋晚期** **【出處】者兒戈** 滕師公之孫，㫤叔之子，者兒爲其酋戈。尃邑，□。[者兒戈，《銘續》1255] **【類别】城邑名稱** 春秋滕國邑。 吴鎮烽《銘圖索引》[1451][者兒戈]
0491 **鬲** 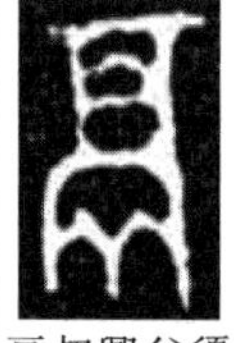 鬲叔興父盨	**【時代】西周晚期** **【出處】鬲叔興父盨等** 鬲叔興父作旅盨，其子子孫孫永寶用。[鬲叔興父盨，《集成》4405] **【類别】國族名稱** **【釋地】山東省德州市平原縣**

1448　何清谷：《西周𡌴方鼎銘箋釋》，《文博》1998年第2期，第46頁。
1449　陳秉新、李立芳：《出土夷族史料輯考》，安徽大學出版社，2005年，第132頁。
1450　吴鎮烽：《商周青銅器銘文暨圖像集成索引》，上海古籍出版社，2019年，第1024頁。
1451　吴鎮烽：《商周青銅器銘文暨圖像集成索引》，上海古籍出版社，2019年，第1060頁。

<table>
<tr>
<td></td>
<td>
鬲，古國名。《水經·河水注》引應劭曰：“鬲，偃姓國，咎繇後。”《路史·國名紀乙·少昊後偃姓國》：“鬲，《郡國縣道記》：古鬲國，郾姓，皋陶後。漢爲縣。齊天保七併入安德。今隸德州，西北有故鬲城。”地在今山東德州市東南。奞，《説文》：“鳥張毛羽自奮也。”又：“奮，翬也。從奞在田上。”《詩·柏舟》：“静言思之，不能奮飛。”毛傳：“不能如鳥奮翼而飛去。”奞，《廣韻》又音息閏、息晉兩切；奞，《廣韻》音方問切。奞與奮音近義通，奞當是奮的初文。
陳秉新、李立芳《出土夷族史料輯考》[1452][鬲奞爵]
今山東平原縣東北。
吴鎮烽《銘圖索引》[1453][鬲叔興父盨]
</td>
</tr>
<tr>
<td>
0492
栗城

栗城戈
0492.02
樂城
</td>
<td>
【時代】戰國晚期·齊
【出處】栗城戈
栗城左。[栗城戈，《銘續》1095]
【類别】城邑名稱
【釋地】河南省商丘市夏邑縣
此戈的銘文特點，符合井中偉先生總結的齊戈銘文中“地名+‘左’”的常見體例，可初步判定爲戰國中晚期的齊國銅戈。“樂成（城）”同類兵器銘文以前未曾見諸報導，其地望待考。
胡寶華、羅孝《記一件新見銘文銅戈》[1454][栗城戈]
“”可釋爲“栗”，其下部爲“木”之變體。“栗成（城）”是地名，似不見于之前的先秦秦漢文獻。清顧祖禹《讀史方輿紀要》卷五十《河南五·歸德府》夏邑縣之下有“栗城”……即秦漢時之栗。在今河南夏邑縣。《漢書·地理志》沛郡·栗：“栗，侯國。莽曰成富。”征和元年（前92年），漢武帝分封趙敬肅王子劉樂爲栗侯。當即此。
黄傑《疑尊、疑卣及“栗成左”戈銘文補釋》[1455][栗城戈]
戰國魏邑，今河南夏邑縣。
吴鎮烽《銘圖索引》[1456][栗城戈]
</td>
</tr>
</table>

1452 陳秉新、李立芳：《出土夷族史料輯考》，安徽大學出版社，2005年，第105頁。
1453 吴鎮烽：《商周青銅器銘文暨圖像集成索引》，上海古籍出版社，2019年，第950頁。
1454 胡寶華、羅孝：《記一件新見銘文銅戈》，《中國國家博物館館刊》2012年第9期，第83頁。
1455 黄傑：《疑尊、疑卣及“栗成左”戈銘文補釋》，《中國國家博物館館刊》2014年第5期，第80—81頁。
1456 吴鎮烽：《商周青銅器銘文暨圖像集成索引》，上海古籍出版社，2019年，第951頁。

0493

夏

曾侯與編鐘

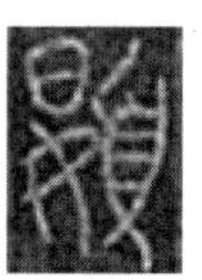

鄂君啓舟節

0493.02

湏

0493.03

頞

0493.04

夏

【時代】春秋晚期

【出處】曾侯與編鐘［《銘續》1029—1039］

【類別】自然地理名稱 · 河湖

【釋地】夏水

“湏”，指“夏水”，漢水在受夏水後通稱夏水，因此“江湏”實際即是江漢地區，統歸南公所“臨有”。

李學勤《曾侯腴（與）編鐘銘文前半釋讀》[1457]［曾侯與編鐘］

【時代】戰國中期

【出處】鄂君啓舟節［《集成》12112、12113］

【類別】自然地理名稱 · 河湖

【釋地】夏水

夏，即夏水，釋“夏路”者可疑。

殷滌非《〈鄂君啓節〉兩個地名簡説》[1458]［鄂君啓舟節］

（夏水）其故道是從湖北沙市東南分江水東出，流經今監利縣北，至沔陽縣附近入漢水。

李零《楚國銅器銘文編年匯釋》[1459]［鄂君啓舟節］

夏，夏水，即漢水。《左傳・昭公十三年》：“王沿夏，將欲入鄢。”杜預《注》：“夏，漢別名。順流爲沿，順漢水南至鄢。”

馬承源《商周青銅器銘文選》[1460]［鄂君啓節］

夏指夏水，屬鄂城，古夏水正道是從江陵縣東南至監利縣北的一段水域。

張中一《〈鄂君啓金節〉路綫新探》[1461]［鄂君啓舟節］

夏，夏水。漢水自今湖北沔陽至武漢一段又稱夏水，實即漢水下游。因爲二者是一條河，故未言“内（入）”。

湯餘惠《戰國銘文選》[1462]［鄂君啓舟節］

1457 李學勤：《曾侯腴（與）編鐘銘文前半釋讀》，《江漢考古》2014年第4期，第69頁。

1458 殷滌非：《〈鄂君啓節〉兩個地名簡説》，原載《中華文史論叢》（第6輯），1965年；後收入劉慶柱、段志洪、馮時主編：《金文文獻集成》（第二十九册），綫裝書局，2005年，第326頁。

1459 李零：《楚國銅器銘文編年匯釋》，中國古文字研究會、中華書局編輯部等編：《古文字研究》（第十三輯），中華書局，1986年，第370頁。

1460 馬承源主編：《商周青銅器銘文選（四）》，文物出版社，1990年，第434頁。

1461 張中一：《〈鄂君啓金節〉路綫新探》，《求索》1989年第3期，第127頁。

1462 湯餘惠：《戰國銘文選》，吉林大學出版社，1993年，第47頁。

	《左傳》昭公四年："楚沈尹射奔命于夏汭。"杜注："漢水曲入江，今夏口也。"按夏水是一條特別的水，它上游出于江而下游入漢。水相入曰汭。漢水入江處乃漢汭，夏水入漢處纔是夏汭，漢人誤混爲一，杜注亦沿訛以爲漢水入江處，其實《左傳》是有分別的。莊公四年，楚伐隨，"隨侯且請爲會于漢汭"，是其證。節銘先"逾漢"，後"逾夏"，分得也很清楚。漢水又叫做沔水。《水經》："夏水出江津，于江陵縣東南，又東過華容縣南，又東至江夏雲杜縣入沔。"酈注以入沔之處，"謂入堵口"。《讀史方輿紀要》云："堵口在陽明、太白諸湖間，蓋爲水所堙也，亦曰堵口，亦曰豬口。"今以銘文考之，上言"庚邽"，下言"逾夏"，則邽必在夏北而不在夏南，因爲若在夏南，逾夏而北，便與下文"入邔，逾江"不合。如果我考定邽爲黃陵磯不誤，那麼，古夏水經黃陵磯東，北流入漢，現在的官湖，可能就是夏水的故道。《左傳》宣公十一年，楚莊王伐陳，"鄉取一人焉以歸，謂之夏州"。今漢陽縣太白、官湖以東之地，正在江夏之間，合于"水中可居曰州"之義，當即楚之夏州。 羅長銘《鄂君啓節新探》[1463][鄂君啓舟節] 即夏水，漢江下游。 吴鎮烽《銘圖索引》[1464][鄂君啓舟節] **【類别】自然地理名稱·道路** 夏，疑指夏路。《史記·越世家》："夏路以左，不足以備秦"，索隱引劉氏以"楚適諸夏，路出方城"之路爲夏路。此路大致即相當于今自南陽盆地東北經方城縣東出伏牛山隘口的那條公路。古航道自黃溯溧河北上，至今南陽市東北又折入白河，又北即須穿越夏路，故曰"逾夏"。 譚其驤《鄂君啓節銘文釋地》[1465][鄂君啓舟節] （譚文）夏路爲陸路，與舟行無涉，亦不能言"逾"，以邔當漢之雉縣更屬牽强。依本銘用字體例，"逾夏"，"入邔"，皆必爲水路，"夏"自爲夏水，郭文指出此點自不可移。 黃盛璋《關于鄂君啓節交通路綫的復原問題》[1466][鄂君啓舟節]
0494 **夏内**	**【時代】戰國中期** **【出處】鄂君啓舟節**［《集成》12112、12113］

1463 羅長銘：《鄂君啓節新探》，原載《羅長銘集》，黃山書社，1994年；後收入安徽省博物館編：《安徽省博物館四十年論文選集》，黃山書社，1996年，第148頁。

1464 吴鎮烽：《商周青銅器銘文暨圖像集成索引》，上海古籍出版社，2019年，第950、1029頁。

1465 譚其驤：《鄂君啓節銘文釋地》，原載《中華文史論叢》（第2輯），1962年；後收入《譚其驤全集》（第一卷），人民出版社，2015年，第305頁。

1466 黃盛璋：《關于鄂君啓節交通路綫的復原問題》，原載《中華文史論叢》（第5輯），1964年；後收入《歷史地理論集》，人民出版社，1982年，第272頁。

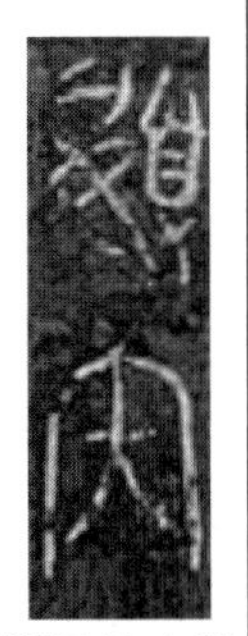

鄂君啓舟節

0494.02
夏汭
0494.03
顕内

【類别】自然地理名稱

【釋地】湖北省武漢市

“顕内”即夏汭，《左傳》昭公四年“吴伐楚，楚沈尹射奔命于夏汭”，杜預注“漢水曲入江處，今夏口也”。案即今之漢口。邔殆爲汜，與涘通，水涯也。《淮南子·道應訓》“航在一汜”。

郭沫若《關于鄂君啓節的研究》[1467]［鄂君啓舟節］

0495

戜方

小盂鼎

0495.02
鬼方

【時代】西周早期

【出處】小盂鼎［《集成》2839］

【類别】國族名稱

今徵之古器物，則宣城李氏所藏小盂鼎。與濰縣陳氏所藏梁伯戈，皆有“鬼方”字。案：大、小兩盂鼎皆出陝西鳳翔府郿縣禮村溝岸間，其地西北接岐山縣境，當爲盂之封地。大盂鼎紀王遣盂就國之事，在成王二十三祀。小盂鼎紀盂伐鬼方獻俘受錫之事，在成王二十五祀。則伐鬼方事在盂就國之後，鬼方之地自當與盂之封地相近。而岐山郿縣以東即是豐鎬，其南又限以終南、太一，唯其西汧、渭之間乃西戎出入之道。又西踰隴坻，則爲戎地，張衡所謂“隴坻之險，隔閡華戎”者也。由是觀之，鬼方地在汧、隴之間，或更在其西，蓋無疑義。雖遊牧之族非有定居，然殷周間之鬼方，其一部落必在此地無疑也。然其全境，猶當環周之西北二垂而控其東北。梁伯戈雖僅有“魃方緣”及“梁伯作”數字可辨，然自爲梁伯伐鬼方時所鑄。而梁伯之國，杜預謂在馮翊夏陽縣。《史記·秦本紀》：“惠文王十年，更名少梁爲夏陽。”《漢志》亦云：“夏陽，故少梁。”其地在今陝西西安府韓城縣，又在宗周之東，其北亦爲鬼方境，故有争戰之事。據此二器，則鬼方之地，實由宗周之西而包其東北，與下所考昆夷、玁狁正同。此鬼方疆域之略可考者也。

王國維《鬼方昆夷玁狁考》[1468]［小盂鼎］

鬼方之名見于武丁卜辭，乃是殷代一大方國。方濬益説“此與《梁伯戈》并曰鬼方，自是西方諸戎之通稱”，未爲確當。《五帝本紀》索隱曰

1467　郭沫若：《關于鄂君啓節的研究》，《文物参考資料》1958年第4期，第4頁。

1468　王國維：《鬼方昆夷玁狁考》，王國維著、黄愛梅點校：《王國維手定觀堂集林》卷第十三《史林五》，浙江教育出版社，2014年，第308頁。

"匈奴，别名也。唐虞已上曰山戎，亦曰熏粥，夏曰淳維，殷曰鬼方，周曰玁狁，漢曰匈奴"。王國維《鬼方昆夷玁狁考》（《觀堂》十三）推衍此説，并以昆夷亦爲鬼方。凡此混同數名，都是不對的，詳《殷虛卜辭綜述》第八章第五節（275 頁）。殷代鬼方或在太行山之西的晉南地區，到了西周或已在陝西境内，所以纔可以與北殷氏相勾結，如鼎銘以下所記。

陳夢家《西周銅器斷代》[1469]［小盂鼎］

戜後文作魆（九行），從戈從鬼，或省從由，即鬼頭。商代稱國爲方，鬼方即鬼國，《易·既濟九三》："高宗伐鬼方，三年克之。"《未濟九四》："震用伐鬼方，三年，有賞于大國。"《竹書記年》："武乙三十五年，周王季伐西落鬼戎，俘二十翟王。"這些都是殷代與鬼方交戰的事迹，小屯所出殷代卜辭中也幾次見到鬼方。在周代青銅器銘裏則有此器和梁伯戈均涉及鬼方。《竹書紀年》説"西落"，落當即洛，是鬼方原在今陝西省的洛河流域，又説"鬼戎"説"獲其翟王"，則鬼方是戎翟的一種。春秋時的赤狄（翟）是隗姓，當即鬼方的遺族。鬼方在商代是大國，所以高宗武丁伐它要三年纔克，王季伐它時，所俘翟王就有二十個之多。周初也還很强大，此鼎記盂的伐鬼方，一次就俘人一萬三千多，還有許多車馬牛羊，説明它不是小國。梁伯戈説"抑鬼方蠻"，《左傳·桓公九年》説"虢仲、芮伯、梁伯、荀侯、賈伯伐曲沃"，可見梁國和曲沃鄰近。《漢書·地理志》在左馮翊的夏陽縣下注"故少梁"，就是原來的梁國，後爲秦國所滅，現在是陝西省韓城縣的少梁城，正與洛水鄰近。《地理志》在左馮翊還有翟道縣，《百官表》説："縣有蠻夷曰道。"翟道在今陝西省黄陵縣，在洛水支流沮水北岸。那末，鬼方就應在這一帶。

唐蘭《西周青銅器銘文分代史徵》[1470]［小盂鼎］

"鬼方"中的"鬼"字，原字從"戈"，與殷墟甲骨"鬼方"寫法不同，而甲骨另有與此寫法相同的"鬼"字。所以周所伐"鬼方"是否商王武丁所伐鬼方，不是没有懷疑的餘地。這一問題，衹有等待更多材料發現纔能解决。

李學勤《小盂鼎與西周制度》[1471]［小盂鼎］

戜方，即鬼方。文獻中對鬼方的地望有各種説法，《竹書紀年》云"王季伐西洛鬼戎"。關于西周時鬼方的地域，據推知在周的西陲。

馬承源《商周青銅器銘文選》[1472]［小盂鼎］

在今晋北、陝北及内蒙古相鄰地區。

吴鎮烽《銘圖索引》[1473]［小盂鼎］

1469 陳夢家:《西周銅器斷代》，中華書局，2004 年，第 107 頁。
1470 唐蘭:《西周青銅器銘文分代史徵》，《唐蘭全集（七）》，上海古籍出版社，2015 年，第 201 頁。
1471 李學勤:《小盂鼎與西周制度》，原載《歷史研究》1987 年第 5 期; 後收入《李學勤集——追溯·考據·古文明》，黑龍江教育出版社，1989 年，第 168 頁。
1472 馬承源主編:《商周青銅器銘文選（三）》，文物出版社，1988 年，第 42 頁。
1473 吴鎮烽:《商周青銅器銘文暨圖像集成索引》，上海古籍出版社，2019 年，第 942 頁。

0496

原道

散氏盤

【時代】西周晚期

【出處】散氏盤[《集成》10176]

【類別】人文地理名稱·道路

道路名，在今陝西寶鷄市陳倉區境内。

吴鎮烽《銘圖索引》[1474][散氏盤]

0497

晋

晋侯鼎

【時代】西周時期 春秋時期

【出處】多器

【類別】國族名稱

【釋地】山西省臨汾市曲沃縣

今山西曲沃縣曲村鎮。

吴鎮烽《銘圖索引》[1475][晋侯鼎等]

0498

晋陽

晋陽戈

晋陽令趙去疾戈

【時代】戰國時期·趙

【出處】晋陽戈[《集成》10920、10921] **晋陽令趙去疾戈**

廿八年，晋陽令肖（趙）去疾，上庫工帀（師）新城得，冶憲執劑。[晋陽令趙去疾戈，《銘圖》17354]

【類別】城邑名稱

晋字從一“至”， 見于晋戈及三晋貨幣。地名晋陽有二。一在今山西太原市南，春秋屬晋，戰國屬趙。《春秋》定公十三年（前497年）：“趙鞅入于晋陽以叛。”楊伯峻《春秋左傳注》：“晋陽在今太原市西南二十餘里。”或直接指出故址在今山西太原市南晋源鎮。另一晋陽，又作陽晋，在今山西芮城縣西，戰國屬魏。《史記·六國年表》：魏哀王十六年“秦拔我蒲阪、晋陽、封陵。”《魏世家》哀王十六年：“秦拔我蒲反、陽晋、封陵。”《索隱》：“《紀年》作‘晋陽、封谷’。”《正義》：“陽晋當作晋陽也，史文誤。《括地志》云：‘晋陽故城今名晋城，在蒲州虞鄉縣西三十五里。’表云‘魏哀王十六年秦拔我杜陽。晋陽’，即此城也。封陵亦在蒲州。按陽晋故城在曹州。”《通鑑注》：“晋陽，《史記》作陽晋，其地當在蒲阪之東，風陵之西，大河之陽，且本晋地，故謂之陽晋。”

黄錫全《介紹一件晋陽令銅戈》[1476][晋陽令戈]

1474 吴鎮烽：《商周青銅器銘文暨圖像集成索引》，上海古籍出版社，2019年，第950頁。
1475 吴鎮烽：《商周青銅器銘文暨圖像集成索引》，上海古籍出版社，2019年，第951頁。
1476 黄錫全：《介紹一件晋陽令銅戈》，《古文字與古貨幣文集》，文物出版社，2009年，第213—214頁。

廣衍矛

廣衍矛血槽刻“□陽”，報導以爲在上郡與西河郡中有定陽、中陽、圜陽，從刻劃看，很可能是圜陽。從所附照片上看，與作者昔年所得一銅矛照片，右血槽亦刻“晉陽”二字全同，因而可以確定爲“晉陽”，但亦表用地，皆轉用于晉陽時加刻。

黄盛璋《新出秦兵器銘刻新探》[1477][廣衍矛]

【釋地】山西省太原市

今山西太原市西南古城營西古城。

吴鎮烽《銘圖索引》[1478][晉陽戈]

0499

柴内

柴内右戈

【時代】戰國晚期

【出處】柴内右戈［《銘圖》16572］

【類别】城邑名稱

【釋地】山東省新泰市樓德鎮

銘文中的“柴”字，當與柴縣有關。柴縣，漢置，爲侯國。《漢書•地理志》“泰山郡”轄縣中有“柴”。《泰安縣志》載：“柴縣故城，縣東南一百里，漢置屬泰山郡。”今新泰市樓德鎮有前、後柴城村，舊屬泰安縣，距泰安50公里。另據《水經•汶水注》載：“淄水又西南逕柴縣故城北……世謂之柴汶矣。”現柴汶河就在前、後柴城村西北約5公里處。文物普查時，前柴城村東發現有戰國時期的灰陶鬲、豆、瓦當殘片及漢代的灰陶罐、筒瓦殘片，也可證明柴縣故城當在今樓德前柴城村附近。

魏國《山東新泰出土一件戰國“柴内右”銅戈》[1479][柴内右戈]

0500

畢

段簋

【時代】西周中期

【出處】段簋 召卣等

唯王十又四祀十又一月丁卯，王鼒畢烝，戊辰曾（贈），王蔑段曆，念畢仲孫子，令龏𡚬饋大則于段，敢對揚王休，用作簋，孫孫子子萬年用享祀，孫子𢐗引。［段簋，《集成》4208］

唯十又二月初吉丁卯，召公啓（肇）進事，旋走事皇辟君，休王自穀事賞畢土方五十里，召弗敢忘王休異（翼），用作歆宫旅彝。［召卣，《集成》10360］

1477 黄盛璋：《新出秦兵器銘刻新探》，《文博》1988年第6期，第40頁。

1478 吴鎮烽：《商周青銅器銘文暨圖像集成索引》，上海古籍出版社，2019年，第953頁。

1479 魏國：《山東新泰出土一件戰國“柴内右”銅戈》，《文物》1994年第3期，第52頁。

召卣

畢伯克鼎

吳虎鼎

畢公左御玉戈

【類別】城邑名稱

【釋地】陝西省西安市

畢，文王墓所在地。《史記・周本紀》引《泰誓》文“太子發上祭于畢”，《集解》引馬注“畢，文王墓地名”。《孟子・離婁篇》“文王卒于畢郢”，趙注亦云“畢，文王墓，近豐鎬之地”。

郭沫若《兩周金文辭大系圖録考釋》[1480][段簋]

畢土乃王錫于召的采地。

畢近豐、鎬，乃文武周公的葬地。《周本紀》贊曰“所謂周公葬（我）[于]畢，畢在鎬東南杜中”。《周本紀》正義引“《括地志》云周文王墓在雍州萬年縣西南二十八里原上也”，“《括地志》云周武王墓在雍州萬年縣西南二十八里畢原上也”，《集解》引“《皇覽》曰文王武王周公冢皆在京兆長安鎬聚東杜中也”；《魯世家》“葬周公于畢從文王”，《正義》引“《括地志》云周公墓在雍州咸陽北十三里畢原上”。《孟子・離婁篇》“文王生于岐周，卒于畢郢”，趙注云“畢，文王墓，近豐、鎬之地。”凡此畢、畢原、畢郢當在今西安西南附近。

陳夢家《西周銅器斷代》[1481][召卣]

畢應在今長安縣城（韋曲）西北。《史記・周本紀》：“（武王）九年，武王祭于畢。”集解馬融曰：“畢，文王墓地名。”《周本紀》末“太史公曰：‘……所謂周公葬我畢，畢在鎬東南杜中。’”杜在今西安市南山門口鄉與長安縣交界處，附近有杜城村，其西北沈家橋村即著名的杜虎符的出土地。《孟子・離婁下》：“文王生于岐周，卒于畢郢……”趙岐注：“畢，文王墓，近于豐鎬之地。”《元和郡縣志》：萬年縣“畢原，在縣西南二十八里。”1989年韋曲北東韋村出韋豫、韋最兩通墓志都記葬地爲“畢原”，長安縣文管會藏韋愔墓志亦云愔葬于“洪固鄉之畢原”。值得注意的是，畢銘文中稱“南疆”，則吳虎授地必在其北，大約應在今西安市丈八溝、魚化寨二鄉之內，而與鼎之出土地申店（在韋曲南）無關。鼎出其地，當另有原因。

王輝《談吳虎鼎的時代的幾個地名》[1482][吳虎鼎]

《史記・周本紀》集解引馬融、《皇覽》，正義引《括地志》《孟子・離婁》注等文獻言及畢地爲西周文王、武王、周公墓所在，“近豐、鎬之地”，

1480 郭沫若：《兩周金文辭大系圖録考釋（二）》，《郭沫若全集・考古編》（第八卷），科學出版社，2002年，第117頁。
1481 陳夢家：《西周銅器斷代》，中華書局，2004年，第52頁。
1482 王輝：《談吳虎鼎的時代的幾個地名》，《一粟集：王輝學術文存》，藝文印書館，2002年，第87—88頁。

“京兆長安鎬聚東杜中”，“雍州萬年縣西南二十八里畢原”。西周一代，畢氏聞人見于金文不少。

周曉陸、穆曉軍《吴虎鼎銘座談紀要》[1483][吴虎鼎]

今西安市雁塔區南部畢原一帶。

吴鎮烽《銘圖索引》[1484][畢伯克鼎]

【釋地】陝西省咸陽市

僖二十四年《左傳》：“畢，文之昭也。”畢，文王子高，封于畢，以國爲氏，姬其姓。魏犨子錡爲吕氏。魏犨，畢萬之孫，蓋出于畢。故郘鐘云：“余，畢公之孫，郘伯之子也。”畢在咸陽縣北三十里。

余永梁《金文地名考》[1485][畢姬鬲]

地名。在陝西咸陽縣北。《左傳·僖公二十四年》：“畢、原、酆、郇，文之昭也。”杜預《注》：“畢國，在長安縣西北。”畢爲文王周公的葬地，《史記·魯世家》：“葬周公于畢，從文王”，張守節《正義》引《括地志》云：“周公墓，在雍州咸陽北十三里畢原上。”

馬承源《商周青銅器銘文選》[1486][召卣]

【釋地】山西省運城市芮城縣

東遷後在今山西芮城縣北。

吴鎮烽《銘圖索引》[1487][陳侯鬲]

【釋地】山東地區

總而言之，晚商卜辭所記之畢族，其活動區域主要集中在東土。實際上，卜辭所記載的與畢共事者……亦多屬東土或其周邊之故族首領。所以筆者認爲，畢爲東土族氏的可能性最大，將之與周代東土妊姓畢族相聯繫，似最爲穩妥。

陳絜《郳國墓地所出畢仲簠與殷墟卜辭中的畢族》[1488][畢仲弁簠]

編者按：“賞畢土方五十里”郭沫若解爲“賞畢以土方之邑里五十”：

“賚畢土方五十里”句如平易讀之極易解爲賞以名畢之地五十里見方，且可爲舊説“子男五十里”之證明。然而地之名畢者乃文王陵墓所在，不應以之分封，而分封方若干里之制，于事實上亦屬難能。疑此等舊説，實周末儒家誤讀與本銘類似之舊文獻而産生者也。余意畢即釁之名，如

1483 本刊（《考古與文物》）編輯部：《吴虎鼎銘座談紀要》，《考古與文物》1998年第3期，第75頁。
1484 吴鎮烽：《商周青銅器銘文暨圖像集成索引》，上海古籍出版社，2019年，第953頁。
1485 余永梁：《金文地名考》，《國立中山大學語言歷史學研究所週刊》第5集第53、54期合刊，1928年，第2頁。
1486 馬承源主編：《商周青銅器銘文選（三）》，文物出版社，1988年，第72頁。
1487 吴鎮烽：《商周青銅器銘文暨圖像集成索引》，上海古籍出版社，2019年，第954頁。
1488 陳絜：《郳國墓地所出畢仲簠與殷墟卜辭中的畢族》，《文史》2020年第2輯，第17、18頁。

	夨令彝之夨令，或稱夨或稱令也。土方乃卜辭中常見之國名，其地望當在今山西北部。疑即夏后氏之古稱，《商頌·長發》"洪水茫茫，禹敷下土方"，土方亦即此，舊失其解。故"賫畢土方五十里"乃謂賞畢以土方之邑里五十。 郭沫若《兩周金文辭大系圖録考釋》[1489][召卣]
0501 **眀**  康侯簋	**【時代】西周早期** **【出處】康侯簋** 王來伐商邑，征令康侯啚（鄙）于衛，渣𤔲土𠬪眔啚（鄙），作厥考尊彝，眀。[康侯簋，《集成》4059] **【類別】國族名稱** 眀，國族名，迖所作器尚有鼎、盤、盉、尊等皆有此族名，地在河南北部，爲殷商遺族。 王輝《商周金文》[1490][康侯簋]
0502 **圃**  趨方彝蓋	**【時代】商代晚期** **【出處】趨方彝蓋** 癸未，王在圃，雚（觀）京，王賞趨貝，用作父癸寶尊。[趨方彝蓋，《集成》9890] **【類別】城邑名稱** **【釋地】河南省鄭州市中牟縣** 御尊："王在圃，雚京。"《詩·車攻》："東有甫草。"韓詩甫作圃。定四年《左傳》："及甫田之北。"甫釋文本作圃，則甫古本作圃也。《竹書紀年》："梁惠成王十年入甫田"，朱氏曰："甫草，甫田也。"後屬鄭地。然在宗周時，當屬東都畿内，《穆天子傳》："天子里甫田之路，東至房。"《詩·車攻》："東有甫草，駕言行狩。"則此器當爲宗周器。《後漢書·郡國志》河南尹中牟有圃田澤。《左傳》："原圃。"《爾雅》："鄭有圃田"是也。今爲中牟縣。 余永梁《金文地名考》[1491][趨方彝蓋]

1489 郭沫若：《兩周金文辭大系圖録考釋（二）》，《郭沫若全集·考古編》（第八卷），科學出版社，2002年，第206頁。

1490 王輝：《商周金文》，文物出版社，2006年，第40頁。

1491 余永梁：《金文地名考》，《國立中山大學語言歷史學研究所週刊》第5集第53、54期合刊，1928年，第15頁。

0503

郳

郳左庭戈

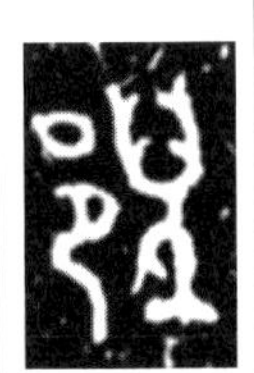

郳始逄母鬲

兒慶鼎

【時代】春秋早期

【出處】兒慶器 郳始逄母鬲等

兒（郳）慶作秦妊匜鼎，其永寶用。[兒慶鼎，《銘圖》1947、1948]
郳始逄母鑄其羞鬲。[郳始逄母鬲，《集成》596]

【類別】國族名稱

“郳”，史存先後有二。一，首現于殷墟甲骨文中，其姓氏不明，經籍不載，始建不詳。甚至至今未見其確切青銅器傳世（《寶鷄弴國墓地》茹家莊一號墓出土“兒”器九件，均單銘一“兒”字。整理者謂：“兒姓女子陪嫁器。”李白鳳先生謂此銘：“應即‘鯢’之本字，……“鯢”，大魚爲害者也。”因該墓未出土其他相關文字佐證，故不能明確爲東方‘兒’國之器。二，曹姓小邾國之別稱，春秋時始見文獻。《春秋·莊公五年》：“郳犁來來朝。”杜預注曰：“（郳）附庸國也。東海昌慮縣（今山東省滕州市東南25公里的羊莊鎮土城村——筆者注）東北有郳城。”又《左傳·莊公五年》孔穎達疏云：“郳之上世出于邾國，……《譜》云：小邾，邾俠之後也。‘夷父顔’有功于周，其子‘友’別封爲附庸，居郳。曾孫‘犁來’始見《春秋》。附從‘齊桓’以尊周室，命爲‘小邾子’。穆公之孫惠公以下，春秋後六世而楚滅之。”因此，説經者多以爲此郳即小郳。對此，丁山先生曾辯曰：“實則，《春秋》即見‘郳國’，又見‘小邾子’（襄公九年），小邾自爲邾肥之後。則郳自爲郳，不必爲邾顔之別封也。”丁山先生似乎察覺到歷史上的郳國與小邾國應該有所區別，這無疑是明鑒之舉。然而他以春秋之郳區別春秋之小邾，則不啻南轅北轍，差之千里。實則，早在小邾建國之前，郳國就已存之。否則，何來小邾稱郳之舉？據其地，襲其名，古今通例，小邾亦循其俗，毫不例外。即使遲至戰國中晚期，燕國占據已爲齊國的郳地後，在郳地所鑄戈，稱“郳右治”。亦爲循例之結果。

李魯滕《也談“郳始鬲”》[1492][郳始鬲]

“郳慶”，即上“邾君慶”，爲夫人秦妊作器。自邾友父封于郳後，“郳”與“小邾”已成爲一國兩名。郳是夏商之際的一個小國，邾滅因沿其舊俗，友封于此，仍自爲國，故穀梁云：“郳，國也。”郳之舊都，小邾因之，故解詁云：“郳者，小邾婁之都邑也。”

王琦、石敬東等《東江小邾國墓葬出土青銅器銘文綜述》[1493][兒慶鼎]

【釋地】山東省滕州市

“郳”字可見金文郳伯鬲，其文作□、兒字下有附筆；此戈則兒字上

1492 李魯滕：《也談“郳始鬲”》，山東省文物考古研究所編：《海岱考古》（第三輯），科學出版社，2010年，第390頁。

1493 王琦、石敬東、李蘭昌：《東江小邾國墓葬出土青銅器銘文綜述》，山東省文物考古研究所編：《海岱考古》（第四輯），科學出版社，2011年，第446頁。

	有附筆，當定爲郳字無疑。“郳”古國名，亦作“倪、兒”，也稱小邾、小邾鄭，曹姓。開國之主是邾文公之子“友”（亦説名肥）位置在今山東滕縣東（一説在今棗莊西北），戰國時滅于楚。 心健、家驥《山東費縣發現東周銅器》[1494][郳左定戈] 國名，即小邾。《左傳·莊公五年》：“郳犁來來朝，名，未王命也。”鄭玄《注》“未受爵名爲諸侯”，又云：“其後數從齊桓，以尊周室，王命以爲小邾子。”孔穎達《疏》“郳之上世出于邾國。《世本》云，邾顏居邾，肥遷郳，宋仲子《注》云，邾顏別封小子肥于郳爲小邾子。則顏是邾君，肥始封郳，《譜》云，小邾，邾俠之後也。夷父顏有功于周，其子友別封爲附庸，居郳。曾孫犁來始見春秋，附從齊桓，以尊周室，命爲小邾子穆公之孫，惠公以下，春秋後六世，而楚滅之。”地望在今山東滕縣境。 馬承源《商周青銅器銘文選》[1495][郳始逢母鬲] 郳，國名，又曰小邾。《春秋》莊公五年“‘秋，郳犁來來朝’，疏：郳之下世出于邾，邾俠之後也。夷父顏有功于周，其子友別封爲附庸，居郳。”《山東通志》謂郳國故城在滕縣東六里。《齊乘》郳城，鄫城南。此戈銘文字體爲典型戰國時期齊之特點，可知乃齊據郳地後所鑄也。 孫敬明《考古發現與戰國齊兵器研究》[1496][郳戈] **【釋地】山東省棗莊市** 小邾，今山東棗莊市山亭區。 吴鎮烽《銘圖索引》[1497][兒慶鼎]
0504 **倗**  倗伯鼎 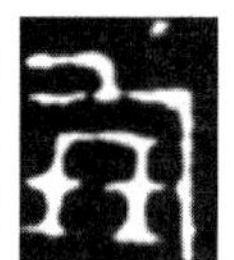 倗伯簋	**【時代】西周時期** **【出處】多器** **【類別】國族名稱** 倗是𠂤所追擊敵人的終點，是地名，初以爲是西周金文的倗國，倗氏之器有倗伯簋，倗生簋，此倗即是國氏之稱。但是看銘文中此次作戰的追擊行動不云王命而云晋侯命，知倗的地望應在晋侯兵力所及的範圍内，或者就在河東一帶，故不是金文中的倗國，倗伯的封邑不在晋，可能是在扶風之鄘邑，因鄘、倗古同音字，但銘中此倗是晋侯命𠂤追擊來犯之敵的地名，若非晋地亦必與晋相近。因思倗當是西周晋北疆的蒲，《説文》：“倗，輔也，從人朋聲，讀若陪位。以輔訓倗，是爲聲訓，輔倗是雙聲字，輔、

1494　心健、家驥：《山東費縣發現東周銅器》，《考古》1982 年第 2 期，第 188 頁。
1495　馬承源主編：《商周青銅器銘文選（四）》，文物出版社，1990 年，第 529 頁。
1496　孫敬明：《考古發現與戰國齊兵器研究》，《考古發現與齊史類徵》，齊魯書社，2006 年，第 159 頁。
1497　吴鎮烽：《商周青銅器銘文暨圖像集成索引》，上海古籍出版社，2019 年，第 928—929、956 頁。

倗伯鼎

倗伯爯簋

蒲亦雙聲，古同屬魚部並紐。《説文》云倗讀若陪，陪也是並紐字，爲之部，之從旁轉，所以，倗音和蒲音是極其相近的。從地望來看，蒲在晉的西北疆，若玁狁東侵，則首當要衝。此當是晉侯命擊伐來犯之敵，追之于蒲地，趕出晉疆。

馬承源《新獲西周青銅器研究二則》[1498][目鼎]

從倗伯及其夫人大墓的規模看，顯然具有國君身份。這個倗國，我以爲就是文獻中的鄘國。

《元和姓纂》云："鄘氏，出自伯絮，國在虞、芮間。"宋代鄧名世《古今姓氏書辨證》也說："鄘，國在虞、芮之間。"這些書時代較晚，但像《姓纂》《新唐書・宰相世系表》等書所述周宣王封楊的史迹得到2003年發現的佐鼎銘文印證一樣，其内容應遠有所本。虞國在山西平陸，芮國在陝西大荔，虞、芮之間的鄘，國境也可能有變遷，向北延伸到絳縣西部橫水一帶。

李學勤《絳縣橫北村大墓與鄘國》[1499]

從"倗"組青銅器的時代看，從西周早期一直延續到西周晚期，説明倗國在西周時期可能一直存在，或後來即使是從屬于他國，但政治地位仍是相當高的。今在絳縣橫水發現倗伯及其夫人的墓葬，則西周倗國的地望就在于此。

與"倗"相通的"崩"，在文獻中看，可以作地名、古國名，這個時候，它又與"鄘"相通。《集韻・尤部》："鄘，鄉名。在沛城父，或作崩。"又《集韻・等韻》："鄘，國名，或作崩。"又《萬姓統譜・拯韻》："鄘，鄘伯綮之後，國在虞、芮之間。"又《萬姓統譜・蒸韻》"崩，崩伯綮之後。"則"崩"與"鄘"相通。故李學勤先生指出"倗國"即"鄘國"。

馬保春《山西絳縣橫水西周倗國大墓的相關歷史地理問題》[1500]

【釋地】山西省運城市絳縣

山西絳縣的橫水一帶，在西周時期還存在一個不見于文獻的小封國。

倗國的發現使我們可以重新認識西周中期以前晉國的疆域，在絳山之南有倗國，倗國之西有董國。《水經注》卷四中"河水自河北城南，東逕芮城"條引《竹書紀年》曰："晉武公元年尚一軍，芮伯乘京，荀人、董伯皆叛。"《左傳・文公六年》則記："晉改蒐于董"，杜預注云"河東汾陰縣有董亭"。《水經注・涑水》"又西過周陽邑南"條下注曰："涑水西逕董澤，東西四里，南北三里，春秋文公六年，蒐于董澤，即斯澤也。"

1498 馬承源：《新獲西周青銅器研究二則》，上海博物館集刊編輯委員會編：《上海博物館集刊》(第六期)，上海古籍出版社，1992年，第154頁。

1499 李學勤：《絳縣橫北村大墓與鄘國》，原載《中國文物報》2005年12月30日；後收入《文物中的古文明》，商務印書館，2008年，第272頁。

1500 馬保春：《山西絳縣橫水西周倗國大墓的相關歷史地理問題》，《考古與文物》2007年第6期，第38頁。

《左傳·宣公十三年》記有："厨武子曰，董澤之蒲，可胜既乎"，杜預注云"河東聞喜縣東北有董池陂"。可見晋國疆域在西周中期以前，南過不了絳山，北有霍國、楊國；東南的中條山餘脉里有東山皋落氏和條戎，西有吕梁山，這兩山均是戎狄聚居地。《國語·晋語二》稱："景、霍以爲城，而汾、河、涑、澮以爲渠，戎狄之民實環之"。當時晋國的實際疆域也就相當于今天的翼城、曲沃以及襄汾的河西部分這一帶，其地理範圍恰在汾河之東，正好與《史記·晋世家》中有關晋的始封地在"河、汾之東，方百里"的記載相符合。

山西省考古研究所等《山西絳縣横水西周墓地》[1501]

今山西絳縣横水鎮。

吴鎮烽《銘圖索引》[1502]［倗伯鼎等］

【釋地】河南省滎陽市

既然西周中晚期倗國的倗生以良馬换格伯田，勢必兩國地域相鄰，也就是説在今滎陽市張樓"格氏"古城附近應該有"倗"地。我認爲文獻中提到的"馮"，即是金文中的"倗"國所在。……我們可以肯定今鄭州市滎陽市北張樓村的古城遺址就是西周時期的格氏族國所在地，其西南一帶的馮地即是倗國故地，直到東周時期這裏尚有"格氏"城與"馮"地的稱謂。

牛濟普《格國、倗國考》[1503]［倗生簋］

0505

息

息伯卣

息鼎

【時代】商代晚期 西周早期

【出處】息伯卣

唯王八月，息伯易（賜）貝于姜，用作父乙寶尊彝。［息伯卣，《集成》5386］

【類别】國族名稱

臮字舊不識，當即息字，實即洟的原始象形字，《説文》"洟鼻液也，從水夷聲"，是後起的形聲字。

唐蘭《論周昭王時代的青銅器銘刻》[1504]［息伯卣］

【釋地】河南省信陽市息縣

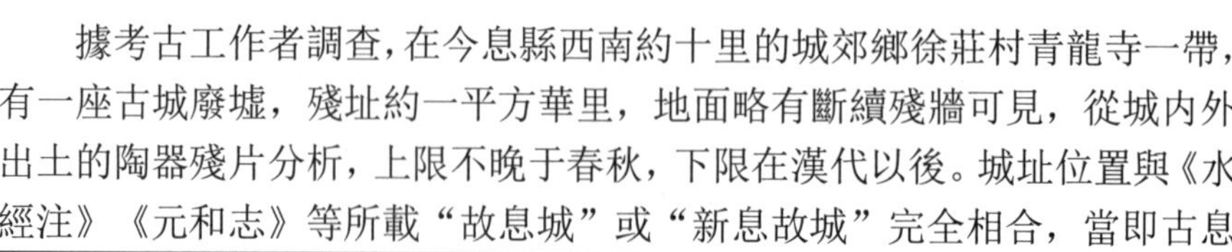

據考古工作者調查，在今息縣西南約十里的城郊鄉徐莊村青龍寺一帶，有一座古城廢墟，殘址約一平方華里，地面略有斷續殘牆可見，從城内外出土的陶器殘片分析，上限不晚于春秋，下限在漢代以後。城址位置與《水經注》《元和志》等所載"故息城"或"新息故城"完全相合，當即古息

1501 山西省考古研究所、運城市文物工作站、絳縣文化局：《山西絳縣横水西周墓地》，《考古》2006年第7期，第21頁。

1502 吴鎮烽：《商周青銅器銘文暨圖像集成索引》，上海古籍出版社，2019年，第955頁。

1503 牛濟普：《格國、倗國考》，《中原文物》2003年第4期，第64頁。

1504 唐蘭：《論周昭王時代的青銅器銘刻》，《唐蘭全集（四）》，上海古籍出版社，2015年，第1442頁。

 息鼎	國、漢晋新息縣所在。 古息國在今息縣西南、淮水北岸，其北爲同姓的沈、蔡，東即蔣、蓼，西與江國緊鄰，南渡淮水，是嬴姓之黄、樊，當東去淮河中下游之要衝，爲西周時期中原諸侯與淮夷集團交往的前沿，位置十分重要。 徐少華《息國銅器及其歷史地理分析》[1505] **【釋地】河南省信陽市羅山縣** 國族名，今河南羅山縣蟒張鄉。 吴鎮烽《銘圖索引》[1506]［息鼎］
0506 **徒** 上郡守綰戈	**【時代】戰國晚期・秦** **【出處】上郡守綰戈**［《銘三》1529］ **【類别】城邑名稱** “徒”或是“徒涅”，即《漢書・地理志》河西郡下的“徒經”，“徒涅”作爲置用地點還見于二十四年上郡守瘖戈（《銘圖》17275）、三年上郡戈（《銘圖》17278）和三年相邦吕不韋矛（《銘圖》17683）。 劉浩《新見秦兵四十四年上郡守綰戈考》[1507]［上郡守綰戈］ 關于第一置用地“徒”，劉文認爲其是“徒涅”的省稱，即是見于《漢書・地理志》的“徒經”，並指出作爲置用地還見于“二十四年上郡守瘖戈（《銘圖》17275）”“三年上郡戈（《銘圖》17278）”和“三年相邦吕不韋矛（《銘圖》17683）”。從劉文的注釋看，應是採信了蘇輝先生的意見。其實，蘇先生的這一考釋意見是有問題的，董珊先生在考釋“三年上郡戈”時正確地指出所謂的“涅”字應是“淫”字的誤釋，《漢書・地理志》西河郡屬縣“徒經”，“經”字爲“淫”之誤，王莽曾改此地名爲“廉耻”，亦從“淫”字取義。此意見得到了吴良寶老師和施謝捷先生的贊同，並且施先生還指出：“新見相家巷出秦封泥資料中就有‘徒淫□□’。蘇輝所説于形無據。”其後，吴良寶老師進一步指出“淫”誤爲“經”，是由于“巠”與“𡈼”兩個偏旁在戰國秦漢時期形體相近而易混同造成的。楊廣泰《新出封泥彙編》收有“徒淫丞印”兩枚秦封泥，正可與秦戈銘縣名互證。可見，上述三位先生的説法，至確。所以，秦“四十四年上郡守綰戈”的首個置用地名“徒”應是“徒淫”的省稱。 徐世權《秦“四十四年上郡守綰戈”置用地名補釋》[1508]［上郡守綰戈］

1505　徐少華：《息國銅器及其歷史地理分析》，《江漢考古》1992 年第 2 期 ，第 61 頁。

1506　吴鎮烽：《商周青銅器銘文暨圖像集成索引》，上海古籍出版社，2019 年，第 956 頁。

1507　劉浩：《新見秦兵四十四年上郡守綰戈考》，華東師範大學中國文字研究與應用中心主辦：《中國文字研究》（第二十五輯），上海書店出版社，2017 年，第 28 頁。

1508　徐世權：《秦“四十四年上郡守綰戈”置用地名補釋——兼談秦兵器銘文中的地名省稱問題》，華東師範大學中國文字研究與應用中心主辦：《中國文字研究》（第二十八輯），上海書店出版社，2018 年，第 27—28 頁。

0507

虒

同簋

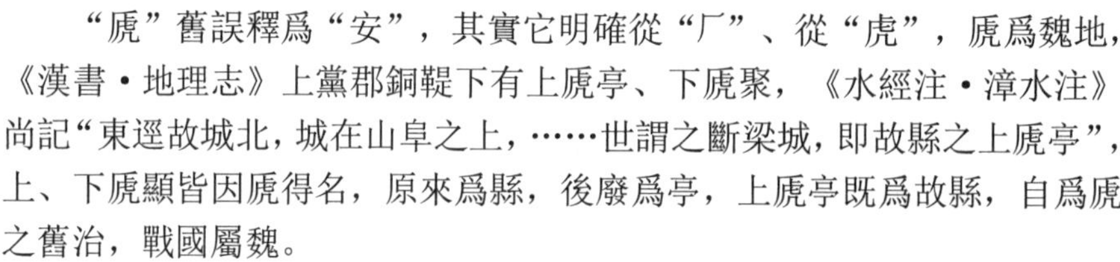
卅年虒令癰鼎

卅五年虒鼎

【時代】西周中期 戰國中期·魏

【出處】同簋 卅年虒令癰鼎 卅五年虒鼎

唯十又二月初吉丁丑，王在宗周，格于大廟，焚（榮）伯右同，立中廷，北嚮，王命同：左右吴大父嗣場、林、吴（虞）、牧，自虒（淲）東至于㴱（河），厥逆至于玄水，世孫孫子子左右吴大父，毋汝有閑，敢揚天子厥休，用作朕文考叀（惠）仲尊寶簋，其萬年子子孫孫永寶用。［同簋，《集成》4270］

卅年虒令癰、眂（視）事䳃（鳳）、冶巡鑄，容四分。［卅年虒令癰鼎，《集成》2527］

卅五年虒命周収，眂（視）事犽，冶期鑄，容半齋。下官。［卅五年虒鼎，《集成》2611］

【類别】城邑名稱

“虒”舊誤釋爲“安”，其實它明確從“厂”、從“虎”，虒爲魏地，《漢書·地理志》上黨郡銅鞮下有上虒亭、下虒聚，《水經注·漳水注》尚記“東逕故城北，城在山阜之上，……世謂之斷梁城，即故縣之上虒亭”，上、下虒顯皆因虒得名，原來爲縣，後廢爲亭，上虒亭既爲故縣，自爲虒之舊治，戰國屬魏。

黄盛璋《新出信安君鼎、平安君鼎的國别年代與有關制度問題》[1509]［卅五年虒鼎］

【釋地】山西省臨汾市曲沃縣

按“虒”地殆在今山西曲沃縣西，《左·昭八年傳》“晋侯方築虒祁之宫”，蓋平公也。劉歆《遂初賦》云“過下虒而嘆息兮，悲平公之作臺”，下虒即虒祁也，對上虒而言之耳。“虒祁”當是語聲之舒，急言之則但爲“虒”，如“邾婁”之爲邾矣。

唐蘭《同簋地理考》[1510]［同簋］

今山西曲沃縣西南。

吴鎮烽《銘圖索引》[1511]［卅年虒令癰鼎］

0508

殷

【時代】西周早中期

【出處】大盂鼎［《集成》2837］ **保卣剌鼎**

乙卯，王令保及殷東或（國）五侯，征貺六品，蔑曆于保，易（賜）賓，用作文父癸宗寶尊彝，遘于四方，迨王大祀，宥于周，在二月既望。［保卣，《集成》2837］

1509 黄盛璋：《新出信安君鼎、平安君鼎的國别年代與有關制度問題》，《考古與文物》1982年第2期，第55頁。

1510 唐蘭：《同簋地理考（西周地理考之一）》，《唐蘭全集（二）》，上海古籍出版社，2015年，第439頁。

1511 吴鎮烽：《商周青銅器銘文暨圖像集成索引》，上海古籍出版社，2019年，第956頁。

唯五月，王在衣（殷），辰在丁卯，王啻（禘），用牡于大室，啻（禘）昭王，剌御，王易（賜）剌貝卅朋，天子萬年，剌對揚王休，用作黄公尊䵼彝，其孫孫子子永寶用。[剌鼎，《集成》2776]

大盂鼎

保卣

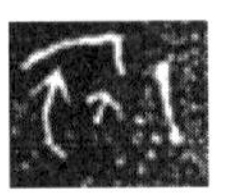

剌鼎

【類别】城邑名稱

【釋地】河南省安陽市

商都城之一。商湯建國傳至二十世，盤庚遷都于殷。故址在河南安陽殷墟。周人的文獻中商、殷並稱，有人以爲稱殷則含有貶義。

馬承源《商周青銅器銘文選》[1512][大盂鼎]

殷，商舊國。陳夢家云：“《逸周書·作雒解》述伐三監後，‘俾康叔宇于殷’，康侯簋曰：‘王來伐商邑，征令康侯圖于衛’，是殷即衛。”《左傳·定公四年》：“命以《康誥》，而封于殷虚。”杜預注：“殷虚，朝歌也。”故址在今河南淇縣東北。

陳秉新、李立芳《出土夷族史料輯考》[1513][保卣]

今河南安陽市殷都區。

吴鎮烽《銘圖索引》[1514][剌鼎]

0509

䇞

䇞左庫劍

【時代】戰國晚期

【出處】䇞左庫劍

䇞左庫。[䇞左庫劍，《銘圖》17813]

【類别】城邑名稱

【釋地】安徽省宿州市

魏器此字從邑，竹聲，可能是竹邑之“竹”的轉字。“竹”故城在今安徽省宿縣北符離集。

“竹”本爲宋地。《漢書·地理志》：“宋地，房、心之分野也。今之沛、梁、楚、山陽、濟陰、東平及東郡之須昌、壽張，皆宋分也。”齊愍王三十四年（前286）齊大破宋後，“竹”或曾一度屬齊或楚。《戰國策·秦策》“謂魏冉曰楚破秦”章：“謂魏冉曰：‘楚破秦，不能與齊縣衡矣。秦三世積節于韓、魏，而齊之德新加與。齊、秦交争，韓、魏東聽，則秦伐矣。齊有東國之地，方千里。楚苞九夷，又方千里，南有符離之塞，北有甘魚之口。權縣宋、衛，宋、衛乃當阿、甄耳……’”公元前284年，齊爲燕及三晋所破，魏國隨即奪取了故宋之大部領地，並設置了大宋與方

1512 馬承源主編：《商周青銅器銘文選（三）》，文物出版社，1988年，第39頁。

1513 陳秉新、李立芳：《出土夷族史料輯考》，安徽大學出版社，2005年，第136頁。

1514 吴鎮烽：《商周青銅器銘文暨圖像集成索引》，上海古籍出版社，2019年，第956頁。

與二郡。《史記·春申君列傳》春申君上書秦昭王曰："秦楚之兵構而不離，魏氏將出而攻留、方與、銍、湖陵、碭、蕭、相，故宋必盡。齊人南面攻楚，泗上必舉。"又《荀子·議兵》："齊能并宋而不能凝也，故魏奪之。"其中大宋郡的領域當以宋舊都睢陽（今河南省商丘市南）爲中心，有今河南省商丘市及安徽省碭山縣一帶。方與郡則以方與（今山東省魚臺縣東南）爲中心，有今山東省嘉祥縣以南金鄉縣等地，還包括今江蘇省豐縣一帶。"竹"據其地望，其時應屬大宋郡。戰國晚期魏兵器有□年芒陽守令虔戈（《銘圖》17126），"芒陽"在芒山以南，今河南省永城縣北。戰國晚期魏兵器又有下邑令瘍鈹（《銘圖》18002），"下邑"在今安徽省碭山縣。據此可知，宋國南境一帶在戰國晚期皆曾屬魏。

周波《戰國兵器銘文校讀》[1515][邹左庫劍]

0510

奚

葡亞躍角

【時代】商代晚期

【出處】葡亞躍角

丙申，王易（賜）葡亞躍奚貝，在龣，用作父癸彝。[葡亞躍角，《集成》9102]

【類别】城邑名稱

【釋地】山東省滕州市

奚在今山東滕州市東南。《春秋·桓公十七年》："夏五月丙午，及齊師戰于奚。"晉杜預注："奚，魯地。"《穀梁傳》作"郎"。郎即"郋"之誤，郋、奚同音。清顧棟高《春秋大事表》云："今兖州滕縣南奚公山下有奚邑。"

崔恒昇《金甲文地名考釋》[1516][葡亞躍角]

0511

芻速

散氏盤

【時代】西周晚期

【出處】散氏盤[《集成》10176]

【類别】城邑名稱

【釋地】陝西省寶鷄市陳倉區

今寶鷄市陳倉區境内。

吴鎮烽《銘圖索引》[1517][散氏盤]

1515 周波：《戰國兵器銘文校讀》，中國古文字研究會、吉林大學中國古文字研究中心編：《古文字研究》（第三十二輯），中華書局，2018年，第300—301頁。

1516 崔恒昇：《金甲文地名考釋》，安徽大學古文字研究室編：《古文字研究》（第二十二輯），中華書局，2000年，第154頁。

1517 吴鎮烽：《商周青銅器銘文暨圖像集成索引》，上海古籍出版社，2019年，第957頁。

0512

𢓊道

散氏盤

【時代】西周晚期

【出處】散氏盤［《集成》10176］

【類别】人文地理名稱·道路

道路名，在今寶鷄市陳倉區境内。

吴鎮烽《銘圖索引》[1518]［散氏盤］

0513

高

上郡守錯戈

【時代】戰國晚期·秦

【出處】上郡守錯戈［《銘圖》17285］

【類别】城邑名稱

高奴的簡稱。

吴鎮烽《銘圖索引》[1519]［上郡守錯戈］

0514

高平

高平戈

【時代】戰國時期·魏

【出處】高平戈［《集成》11020］

【類别】城邑名稱

【釋地】河南省孟州市

戰國魏邑，今河南孟縣西北。

吴鎮烽《銘圖索引》[1520]［高平戈］

0515

高丘

【時代】戰國中期

【出處】鄂君啓車節［《集成》12110、12111］

【類别】城邑名稱

車節于繁陽、下蔡之間有“庚高丘”。按屈原《離騷》：“忽反顧以流涕兮，哀高丘之無女”，漢王逸于高丘下引三説以釋之：（1）“楚有高丘之山”，（2）“或云：高丘閬風山上也”，（3）舊説：“高丘楚地名也”。

1518　吴鎮烽：《商周青銅器銘文暨圖像集成索引》，上海古籍出版社，2019 年，第 957 頁。
1519　吴鎮烽：《商周青銅器銘文暨圖像集成索引》，上海古籍出版社，2019 年，第 957 頁。
1520　吴鎮烽：《商周青銅器銘文暨圖像集成索引》，上海古籍出版社，2019 年，第 957 頁。

鄂君啓車節

（1）説當爲王逸本人意見，因宋玉《高唐賦》：“妾在巫山之陽，高山之阻”而臆猜；（2）説當因上文有“登閬鳳而緤馬”而望文生訓；可注意的是（3）説，既云“舊説”，必在王逸前，至少證明當時去戰國不遠，仍知楚有地名高丘，所以用來注《離騷》之高丘。

《漢書·王子侯表》有高丘侯破胡，中山靖王子，以元朔五年三月癸酉封，中山靖王諸子所封多在中山或其鄰近之地，但也有分封較遠的，如同表有“澎侯屈釐”，也是中山靖王子，以征和二年封，師古曰：“澎，東海縣也”，所以不能一概而論，分封淮北，並無不可。“高丘楚地名也”，鄂君啓節證明楚地確有高丘，所以至漢初可能還存在，中山靖王子高丘侯破胡所封高丘可能即此。《漢書·地理志》不載高丘之名，而僅見于表中，説明此地名較早，西漢後期省廢，所以東漢之王逸不知高丘所在，僅以“舊説”列在最後。

黄盛璋《再論鄂君啓節交通路綫復原與地理問題》[1521][鄂君啓車節]

【釋地】河南省禹州市

高丘，不詳。疑是高氏，在河南禹縣西南，《左傳》成公八年“衛北宫括救晋侵鄭，至于高氏”。

郭沫若《關于鄂君啓節的研究》[1522][鄂君啓車節]

【釋地】安徽省阜陽市臨泉縣

疑當在《水經·淮水注》中潤水所瀦的高塘陂附近。陂已湮，故址當在今安徽臨泉縣南。

譚其驤《鄂君啓節銘文釋地》[1523][鄂君啓車節]

按繁陽在方城東約400里，已至繁陽，又回到方城以北200里左右的禹縣，恐無此理。譚以爲高丘在今臨泉南，比較可信。陳懷荃先生則云繁陽在臨泉西北銅城集。

孫劍鳴《“鄂君啓節”續探》[1524][鄂君啓車節]

地名，史籍失載。一説在《水經注·淮水》中潤水所瀦的高塘陂附近。故址在安徽臨泉縣南。

馬承源《商周青銅器銘文選》[1525][鄂君啓節]

1521　黄盛璋：《再論鄂君啓節交通路綫復原與地理問題》，《安徽史學》1988年第2期，第29頁。
1522　郭沫若：《關于鄂君啓節的研究》，《文物參考資料》1958年第4期，第5頁。
1523　譚其驤：《鄂君啓節銘文釋地》，原載《中華文史論叢》（第2輯），1962年；後收入《譚其驤全集》（第一卷），人民出版社，2015年，第541頁。
1524　孫劍鳴：《“鄂君啓節”續探》，原載《安徽省考古學會會刊》1982年第6輯；後收入劉慶柱、段志洪、馮時主編：《金文文獻集成》第二十九册，綫裝書局，2005年，第333頁。
1525　馬承源主編：《商周青銅器銘文選（四）》，文物出版社，1990年，第435頁。

高丘，不詳。或疑當在《水經·淮水注》中的高塘陂附近，位于今安徽臨泉縣南。

湯餘惠《戰國銘文選》[1526][鄂君啓車節]

【釋地】安徽省阜陽市一帶

舊稿云："屈原《離騷》'哀高丘之無女'，王逸注引舊説，'高丘，楚地名'，但未能確指所在。宋玉《高唐賦》：楚懷王遊高唐，夢見一婦人自言'妾在巫山之陽，高丘之岨。'注家相承皆以爲巫山，巫峽之巫山，對于高丘則少有説明。按《楚策》'蔡聖（聲）侯之事，因是以南遊乎高陂，北陵乎巫山，……與之馳騁乎高蔡之中'。巫山既在蔡國境内，高丘亦當在蔡國境内，可能與高陂有關。《水經》'潕水出潕陰縣西北扶予山'。潕陰縣即舞陰縣，故城在今泌陽縣西北。酈注引《山海經》以爲扶予山即朝歌之山之異名。潕水一名舞水，疑扶予山即巫山，急言曰巫，緩言曰扶予。蔡人漸染巫風，酣歌恒舞，連山水都以歌舞命名，宜乎楚懷王遊高唐，會夢遇巫山、高丘的婦人了。早年讀古樂府'巫山高，高以大，淮水深，難以逝'（郭茂倩：《樂府詩集》），很奇怪爲什麼不言江水而言淮水。現在知道巫山不在巴東三峽内，而在淮水的支流潕水上，對于古詩人歌唱淮水的水深難逝，也就得到正確的理解。楚懷王夢遇神女的故事，當時必已傳播很廣，故屈原賦言憐高丘無女，用以譏刺懷王的荒唐。今得此器確證高丘是地名，是與王注舊説互相發明。以地望考之，當在今阜陽縣境。阜陽，漢女陰縣。《後漢書·郡國志》引《地道記》'汝陰有陶丘鄉，詩所謂汝墳'，陶丘鄉可能就是高丘。又《淮水注》有高塘陂，潤水所瀦，在今阜南縣境，可能就是高陂。"

羅長銘《鄂君啓節新探》[1527][鄂君啓車節]

【釋地】河南省商丘市一帶

高丘，諸家無考，衹譚文云："疑當在《水經·淮水注》中潤水所瀦的高塘陂附近。"

我疑高丘之得名，可能與古代傳説中高辛氏有關。《元和郡縣志》云："高辛氏故城，在穀熟縣西南四十五里，帝嚳初封于此"。《太平寰宇記》亦同此説。顧氏《讀史方輿紀要》（卷五十）謂："穀邱在城南四十里，《左傳》桓二十年，公會宋公，燕人盟于穀邱，是也"。《水經注·睢水》："睢水又東逕高鄉亭北。"熊會貞注："疑此高鄉爲高辛之誤，在今商邱縣西南。"穀熟城故址在商邱東南四十里；高辛氏故城在穀熟縣西南四十五里；穀丘在商邱古城南四十里，揆其方位，穀丘與高辛氏故城可能爲一地。高、穀二音，一聲之轉，有可能高丘即穀丘。其地望在商邱以南，亳縣以北，這一帶在戰國時爲魏、楚、宋三國交錯地區。穀丘在春秋時爲宋地，戰國間何時入楚，文獻上缺乏記載（楚、魏、齊三家分宋是楚懷王以後的事）。我們懷疑穀丘可能爲楚蠶食之地。

1526 湯餘惠：《戰國銘文選》，吉林大學出版社，1993 年，第 49 頁。

1527 羅長銘：《鄂君啓節新探》，原載《羅長銘集》，黃山書社，1994 年；後收入安徽省博物館編：《安徽省博物館四十年論文選集》，黃山書社，1996 年，第 152 頁。

高丘位于楚之東北境，爲通宋、魯、齊之要道，亦一邊關。商隊回程至郢，也應在棘陽换爲舟運。

高塘陂是漢以後出現的水名，前此于史無徵；且節文所“庚”之地非關即市，很難與高塘陂聯繫起來。

劉和惠《鄂君啓節新探》[1528]［鄂君啓車節］

【釋地】安徽省宿州市埇橋區

鄂君啓節銘文等的“高丘”，當在今安徽宿縣北的符離集附近。此地位于淮水北不遠，跟有人把《高唐賦》中“高丘”同時出現的“巫山”“高唐”定在淮水流域是一致的。

李家浩《鄂君啓節銘文中的高丘》[1529]［鄂君啓舟節］

即高丘，今安徽宿州埇橋區符離集。

吴鎮烽《銘圖索引》[1530]［鄂君啓車節］

【類别】自然地理名稱 · 山林

【釋地】湖南西北一帶地區的高大山丘

“高丘”是個泛稱地名，即高大的山丘，説明車隊已經進入湘西北的山區了。

張中一《〈鄂君啓金節〉路綫新探》[1531]［鄂君啓車節］

0516

高奴

上郡守錯戈

【時代】戰國晚期 · 秦

【出處】高奴敦［《銘圖》6061］　**上郡守間戈**［《銘圖》17216］**等**

【類别】城邑名稱

高奴，據《漢書 • 地理志》，縣名。屬上郡。

陶正剛《山西屯留出土一件“平周”戈》[1532]［上郡守間戈］

秦上郡兵器既多爲高奴所造，高奴很可能爲秦上郡治，《史記 • 項羽本紀》，都尉董翳者，本勸章邯降楚，故立爲翟王、王上郡，都高奴，至少有秦晚期上郡治高奴，《漢書 • 地理志》上郡首縣爲膚施，可能出西漢中、後期改治。《水經注》：“奢延水逕膚施縣南，秦昭王置上郡治此。”

1528　劉和惠：《鄂君啓節新探》，原載《考古與文物》1982 年第 5 期；後收入劉慶柱、段志洪、馮時主編：《金文文獻集成》（第二十九册），綫裝書局，2005 年，第 331 頁。

1529　李家浩：《鄂君啓節銘文中的高丘》，安徽大學古文字研究室編：《古文字研究》（第二十二輯），中華書局，2000 年，第 140 頁。

1530　吴鎮烽：《商周青銅器銘文暨圖像集成索引》，上海古籍出版社，2019 年，第 957 頁。

1531　張中一：《〈鄂君啓金節〉路綫新探》，《求索》1989 年第 3 期，第 128 頁。

1532　陶正剛：《山西屯留出土一件“平周”戈》，《文物》1987 年第 8 期，第 62 頁。

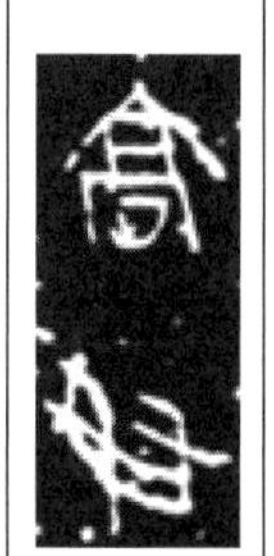 上郡守閒戈  上郡守閒戈  高奴敦	也可能依《漢書·地理志》、舊漢志云："高帝元年更爲翟國，七月復故。"文穎曰："翟本上郡，秦所置，項藉以董翳爲王，更名爲翟"，是漢初年上郡因董翳爲翟王之舊，王上郡，都高奴，由于秦上郡治高奴，故漆垣所鑄兵器、要上交郡治高奴，1964年西安高窑村出土秦高奴銅權：銘爲"□三年漆工熙、丞詘造，工隸臣牟，禾石、高奴"，最後也爲高奴，此權不用于漆垣，而要用于高奴，似也旁證高奴爲郡治。高奴西漢置有廟，見朔縣西漢墓新出高奴廟銅鈁，而膚施在秦漢銘刻文物中皆無所見。《括地志》云："延州州城本漢高奴縣舊城。"唐延州治膚施，《元和志》也説："今（延）州理即上郡高奴縣之舊城也。"清《一統志》高奴故城在膚施縣東。秦漢高奴、膚施兩縣可能相隔甚近，高奴爲秦上郡治所，故上郡武庫，也設于此。秦武庫主要爲保藏與分配武器之機構，故上郡武庫收藏兵器，首先交高奴使用。 黄盛璋《新出秦兵器銘刻新探》[1533][上郡守閒戈] **【釋地】陝西省延安市** 高奴見《漢書·地理志》，在今陝西延川縣境。上郡守督造之兵器其冶鑄地，或在漆垣、或在高奴，可見所謂郡守督造，也衹是一種名義。 王輝《秦銅器銘文編年集釋》[1534][二十五年上郡守厝戈] 今陝西延安市寶塔區北。 吴鎮烽《銘圖索引》[1535][高奴敦] 高奴故城在今陝西膚施縣東，俗訛爲高樓城云。 郭沫若《金文叢考》[1536][上郡戈]
0517 **高武**  高武戈	**【時代】戰國晚期·秦** **【出處】高武戈**［《銘圖》16620］ **【類別】城邑名稱** 戰國晚期秦縣。 吴鎮烽《銘圖索引》[1537][高武戈]

1533　黄盛璋：《新出秦兵器銘刻新探》，《文博》1988年第6期，第40—41頁。
1534　王輝：《秦銅器銘文編年集釋》，三秦出版社，1990年，第61頁。
1535　吴鎮烽：《商周青銅器銘文暨圖像集成索引》，上海古籍出版社，2019年，第957頁。
1536　郭沫若：《金文叢考》，《郭沫若全集·考古編》（第五卷），科學出版社，2002年，第867頁。
1537　吴鎮烽：《商周青銅器銘文暨圖像集成索引》，上海古籍出版社，2019年，第957頁。

0518

高都

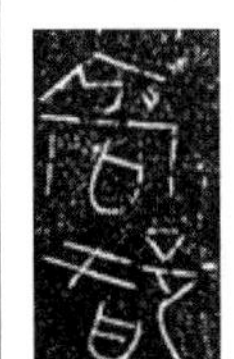

高都令陳𢥞戈

高都令陳鵨劍

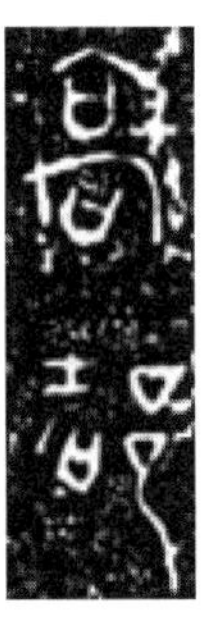

高都令陳𢥞劍

【時代】戰國晚期·魏

【出處】高都令陳𢥞戈 高都令陳𢥞劍[《集成》，11652]

廿九年，高都命陳𢥞、工帀（師）華，冶勝。[高都令陳𢥞戈，《集成》11302]

【類別】城邑名稱

【釋地】山西省晉城市

韓、魏都有高都，韓高都原爲周與韓者，《水經注·伊水》："伊水又北逕高都縣城東，徐廣《史記音義》曰：'今河南新城縣有高都城。'《竹書紀年》：'梁惠成王十七年東周與鄭高都、利者也。'"王赧時蘇代説韓相國與周高都，見《戰國策·西周策》及《史記·周本紀》，此時高都韓又歸周，顯然與原爲周地有關。其地即在洛陽南不遠伊水上，屬周時長，屬韓時短。魏高都見《史記·秦本紀》："莊襄王三年蒙驁攻魏高都、汲，拔之。"《集解》引《括地志》："高都故城，今澤州是。"漢爲高都縣，故城即今山西晉城北之高都鎮。劍及戈均端方官陝西時所得，故《陶齋》5.29定爲秦器。秦莊襄王三年當魏安釐王三十年，但《秦本紀》所記莊襄王三、四兩年攻魏的戰爭，《六國年表》都推前一年，而莊襄王並無四年，所以梁玉繩、張文虎等都認爲《年表》是對的，如此，則二十九年恰與秦攻高都時間符合，因戰爭需要而鑄戈、劍，城陷後又爲秦所獲。

黄盛璋《試論三晉兵器的國别和年代及其相關問題》[1538][高都令陳𢥞劍]

高都是地名，戰國時韓、魏均有高都。黄盛璋先生認爲此戈銘之"高都"乃屬魏國。《史記·秦本紀》："莊襄王三年蒙驁攻魏高都、汲，拔之。"《集解》引《括地志》："高都故城，今澤州是。"漢爲高都縣，故城即今山西晉城北之高都鎮。廿九年乃魏安釐王二十九年，與秦攻高都時間符合。

徐在國《兵器銘文考釋》[1539][高都令陳𢥞戈]

戰國魏邑，今山西晉城市。

吴鎮烽《銘圖索引》[1540][高都令陳鵨劍]

1538 黄盛璋：《試論三晉兵器的國别和年代及其相關問題》，《歷史地理與考古論叢》，齊魯書社，1982年，第131—132頁。

1539 徐在國：《兵器銘文考釋》，安徽大學古文字研究室編：《古文字研究》（第二十二輯），中華書局，2000年，第118頁。

1540 吴鎮烽：《商周青銅器銘文暨圖像集成索引》，上海古籍出版社，2019年，第957頁。

0519

高陵

不嬰簋

高陵君鼎

0519.02

高陁

0519.03

高陶

【時代】西周晚期

【出處】不嬰簋［《集成》4328、4329］

【類别】城邑名稱

不嬰敦之高陵，亦當即《漢志》左馮翊之高陵縣，其地西接池陽，亦在涇水之委。然先儒多以漢時涇陽縣屬安定郡，在涇水發源之處，疑《詩》之涇陽亦當在彼，不知秦時亦有涇陽，在涇水下游。案《史記·秦始皇本紀》云："肅靈公居涇陽。"考秦自德公以降都雍，靈公始居涇陽，靈公子獻公之世又徙櫟陽，則涇陽一地當在雍與櫟陽之間。而櫟陽（漢之萬年縣）西界高陵，距涇水入渭之處不遠，則靈公所居之涇陽自當在涇水下游，决非漢安定郡之涇陽也。又《穰侯列傳》云秦昭王同母弟曰高陵君、涇陽君，蓋一封高陵、一封涇陽。二君受封之年，史所不紀，然當在昭王即位、宣太后執政之初。時義渠未滅，漢安定郡之涇陽縣介在邊裔，太后决不封其愛子于此，且與高陵君同封，亦當同壤。後昭襄王十六年，封公子市宛、公子悝鄧，爲諸侯。宛、鄧二地相接，則前所食涇陽、高陵二地亦當相接。然則秦之涇陽，當爲今日之涇陽縣，而非漢之涇陽。以秦之涇陽之非漢之涇陽，益知周之涇陽之非漢之涇陽矣。此三地者，皆在涇北，自此而東北，則至洛水。

王國維《鬼方昆夷玁狁考》[1541]［不嬰簋］

高陵在在涇水入渭之陽，漢屬左馮翊。

余永梁《金文地名考》[1542]

【釋地】渭北或隴東地區

陶字從二人二土一阜（阝），象人在溝岸邊埴土作器，或説即陶之本字。《説文》："陶，再成丘也，在濟陰。"所説爲山東陶丘。其實陶本指象陶竈一樣的山包。高陶依方位説，當指渭北或隴東某處黄土山包，與山東陶丘無涉。但文獻有缺，今已不知其詳了。一説字應隸作陸，讀隨。

王輝《商周金文》[1543]［不嬰簋］

今渭北或隴東某地。

吴鎮烽《銘圖索引》[1544]［不嬰簋］

【釋地】陝西省西安市高陵區

高陁，王國維釋爲高陵，商務印書館版《金文編》從之，後又改爲陶

1541　王國維：《鬼方昆夷玁狁考》，王國維著、黄愛梅點校：《王國維手定觀堂集林》卷第十三《史林五》，浙江教育出版社，2014年，第314—315頁。

1542　余永梁：《金文地名考》，《國立中山大學語言歷史學研究所週刊》第5集第53、54期合刊，1928年，第7頁。

1543　王輝：《商周金文》，文物出版社，2006年，第248頁。

1544　吴鎮烽：《商周青銅器銘文暨圖像集成索引》，上海古籍出版社，2019年，第957頁。

<table>
<tr><td></td><td>字，都是不確的。1942 年 2 月在昆明作“釋阺”以爲它從阜從二氏，乃是阺字。《說文》曰“秦謂陵阪曰阺”，《廣韻》脂部引“《字統》云秦謂陵阪爲阺也”。《說文》形聲字聲符于金文加重之例，尚有以下各事：陸（二夫），敔（二五），吾（二五），語（二五），更（二丙），善（二言），帥（二巾），則（二鼎），趄（二亘），甹（二由），走（《白中父簋》二夭）。《詛楚文》宣作亶。也有相反之例，如《說文》歌（謌）金文作訶。金文《齊鞏氏鐘》（《大系》252）第二字從革從阺，即《玉篇》之“靴，鞋也”、《說文》之“鞮，革履也”。由于無以考定畧之所在，所以高阺的地望地無以推定。王國維以爲畧爲涇洛之洛，故以高陵爲漢左馮翊的高陵縣，也衹是揣測。
陳夢家《西周銅器斷代》[1545][不嬰簋]

今陝西高陵縣西南。
吴鎮烽《銘圖索引》[1546][高陵君鼎]</td></tr>
<tr><td>0520
高望

高望矛</td><td>【時代】戰國晚期 · 秦

【出處】高望戈［《銘圖》16475］ 高望矛［《集成》11492、11493］

【類别】城邑名稱

【釋地】内蒙古自治區鄂爾多斯市烏審旗
今内蒙古烏審旗北。
吴鎮烽《銘圖索引》[1547][高望戈]</td></tr>
<tr><td>0522
高密

高密戈</td><td>【時代】春秋早期

【出處】高密戈［《集成》10972、11023，《銘三》1371］

【類别】城邑名稱

【釋地】山東省高密市
高密，戰國齊邑，故城在今山東省高密縣西南。
湯餘惠《戰國銘文選》[1548][高密戈]

《史記·高祖本紀》載“漢三年齊王烹酈生，東走高密”。《韓信傳》《水經注》均涉及高密。其地在今高密縣城西南約 50 里。城址呈長方形，</td></tr>
</table>

1545 陳夢家：《西周銅器斷代》，中華書局，2004 年，第 322 頁。
1546 吴鎮烽：《商周青銅器銘文暨圖像集成索引》，上海古籍出版社，2019 年，第 957 頁。
1547 吴鎮烽：《商周青銅器銘文暨圖像集成索引》，上海古籍出版社，2019 年，第 958 頁。
1548 湯餘惠：《戰國銘文選》，吉林大學出版社，1993 年，第 73 頁。

 高密戈 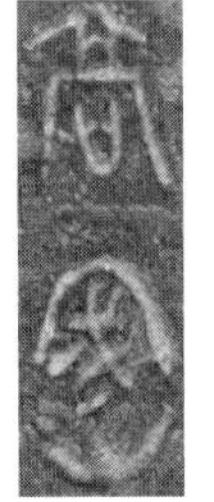 高密戈	總面積約 360 萬多平方米，考古調查試掘發現大批戰國至漢代的遺物，並在城址西南部與中部各發現一處冶鐵和鑄銅遺址，兩者相距僅百餘米，在鑄銅遺址除發現大批漢錢和部分錢範外，同時還出土了戰國銅戈、劍、鏃以及齊刀幣和銅塊原料等。此城西瀕濰水，東乃曠野，軍事地理位置尤爲重要。如漢初齊王敗走高密，求救于楚，遂使龍且率精兵 20 萬至此，故有韓信、龍且城下濰水之戰。由此可推及戰國時期，齊在此設立武庫冶鑄兵器，以備攻防之用。 孫敬明《齊境武庫戰略格局與孫子攻守之法》[1549][高密戈] 今山東高密縣西南。 吴鎮烽《銘圖索引》[1550][高密戈]
0522 **高陽**  高陽劍	**【時代】戰國時期** **【出處】高陽劍**[《集成》11581、11592] **高陽左戈**[《銘三》1347] **高陽左庫戈**[《銘三》1557] **【類別】城邑名稱** **【釋地】山東省高密市** 高陽，齊邑，位于齊東境。《漢書·地理志》琅邪郡下轄有“高陽，侯國”。漢元始元年封淮陽王憲孫並爲侯國，後漢省。《太平寰宇記》在高密西北三十四里。今屬昌邑，在縣城南四十里的高陽村，據稱在此發現過高陽侯漢印。由戈銘證之，此高陽地名，戰國已有，漢代封侯仍沿其舊稱。 孫敬明《考古發現與戰國齊兵器研究》[1551][高陽左戈] 《地理志》琅琊郡有高陽，《寰宇記》《讀史方輿紀要》並以爲高陽城在高密縣西北 34 里。今昌邑縣西南 90 里高陽村。另外臨淄城西北 30 里亦有高陽故城。 王恩田《郚氏戈的年代與國別》[1552]

1549 孫敬明：《齊境武庫戰略格局與孫子攻守之法——從考古所見戰國兵器銘文和銀雀山漢簡談起》，《考古發現與齊史類徵》，齊魯書社，2006 年，第 192 頁。

1550 吴鎮烽：《商周青銅器銘文暨圖像集成索引》，上海古籍出版社，2019 年，第 958 頁。

1551 孫敬明：《考古發現與戰國齊兵器研究》，《考古發現與齊史類徵》，齊魯書社，2006 年，第 156 頁。

1552 王恩田：《郚氏戈的年代與國別》，《商周銅器與金文輯考》，文物出版社，2017 年，第 344 頁。

	【釋地】河北省保定市高陽縣 戰國燕邑，今河北高陽縣東。 吴鎮烽《銘圖索引》[1553][高陽劍]
0523 亳 亳庫戈 亳鼎	【時代】西周早期春秋晚期 【出處】亳鼎［《集成》2654］ 亳庫戈 亳庫八族戈。［亳庫戈，《集成》11085］ 【類别】城邑名稱 【釋地】山東省菏澤市曹縣 今山東曹縣東南。 吴鎮烽《銘圖索引》[1554][亳庫戈] 【釋地】陝西省北部地區 彝器有亳鼎，隱十年爲秦所滅，昭九年見傳，今陝西北境。 余永梁《金文地名考》[1555][亳鼎]
0524 亳邑 亳邑玉戈	【時代】商代晚期 【出處】亳邑玉戈 亳邑，宁老。［亳邑玉戈，《銘圖》19758］ 【類别】城邑名稱 【釋地】河南省商丘市 今河南商丘市西南。 吴鎮烽《銘圖索引》[1556][亳邑玉戈]
0525 唐	【時代】西周早期 【出處】中觶 王大省公族于庚（唐），振旅，王易（賜）中馬，自厲侯四騁，南宫貺，王曰：用先，中執王休，用作父乙寶尊彝。［中觶，《集成》6514］

1553　吴鎮烽：《商周青銅器銘文暨圖像集成索引》，上海古籍出版社，2019 年，第 958 頁。
1554　吴鎮烽：《商周青銅器銘文暨圖像集成索引》，上海古籍出版社，2019 年，第 958 頁。
1555　余永梁：《金文地名考》，《國立中山大學語言歷史學研究所週刊》第 5 集第 53、54 期合刊，1928 年，第 6 頁。
1556　吴鎮烽：《商周青銅器銘文暨圖像集成索引》，上海古籍出版社，2019 年，第 958 頁。

 中觶	**【類別】城邑名稱** **【釋地】湖北省隨州市隨縣** 湖北隨州西北。 李學勤《静方鼎與周昭王曆日》[1557][中觶] 唐國屬"漢陽諸姬"之一，地在今湖北省隨州市西北。 鄖縣博物館《湖北鄖縣肖家河出土春秋唐國銅器》[1558] 即唐，今湖北隨縣西北唐縣鎮。 吴鎮烽《銘圖索引》[1559][中觶] **【釋地】河南省南陽市唐河縣** "唐"字從"庚"聲，"庚"即唐。《國語·鄭語》："當成周者，南有荆蠻、申、吕、應、鄧、陳、蔡、隨、唐。"韋注："應、蔡、隨、唐，皆姬姓也。"所以周王在唐檢閲公族。李學勤先生認爲唐國位于湖北省隨州西北。石泉先生則認爲，古唐國中心應在今河南省唐河縣一帶。較隨州説而言，唐河縣地近王朝中心，作爲昭王戰前閲兵之地似更符合情理。 趙燕姣、吴偉華《金文所見昭王南征路綫考》[1560][中觶]
0526 旃  旃伯簋  旃伯簋	**【時代】西周中期** **【出處】旃伯簋** 唯正月初吉辛未，王客（格）奠宫，王易（賜）旃伯貝十朋，旃伯對揚王休，用作尊寶簋，子子孫孫其萬年寶。[旃伯簋，《銘圖》5147、5148] **【類別】城邑名稱** 封邑名。 吴鎮烽《銘圖索引》[1561][旃伯簋]
0527 旅	**【時代】西周晚期** **【出處】旅仲簋** 旅仲作諆寶簋，其萬年子子孫孫永寶用享孝。[旅仲簋，《集成》3872]

1557 李學勤：《静方鼎與周昭王曆日》，原載《光明日報》1997 年 12 月 23 日；後收入《夏商周年代學劄記》，遼寧大學出版社，1999 年，第 24 頁。
1558 鄖縣博物館：《湖北鄖縣肖家河出土春秋唐國銅器》，《江漢考古》2003 年第 1 期，第 8 頁。
1559 吴鎮烽：《商周青銅器銘文暨圖像集成索引》，上海古籍出版社，2019 年，第 933、958 頁。
1560 趙燕姣、吴偉華：《金文所見昭王南征路綫考》，《中國歷史地理論叢》2018 年第 2 期，第 54 頁。
1561 吴鎮烽：《商周青銅器銘文暨圖像集成索引》，上海古籍出版社，2019 年，第 958 頁。

旅仲簋

【類別】城邑名稱

封邑名。

吴鎮烽《銘圖索引》[1562][旅仲簋]

0528

涑鄍

涑鄍戈

【時代】戰國時期·魏

【出處】涑鄍戈 涑鄍嗇夫春戈

涑鄍發弩戈，冶珍。[涑鄍戈，《集成》11213]

廿七年，涑鄍嗇夫春、冶匀、嗇夫雩、冶□。鋍。[涑鄍嗇夫春戈，《銘圖》17311]

【類別】城邑名稱

同地名的兵器，傳世有“涑鄍发弦戈冶□”。《説文》：涑，澣也，從水束聲。涑水源出今山西絳縣，西經聞喜縣南，又西南經夏縣、安邑、猗氏、臨晋、永濟，入五姓湖，又西南入黄河。這裏是黄河從北向南折向東流的拐彎處，戰國時屬魏。此戈是戰國晚期式樣，戰國晚期在位超過27年以上的魏王，衹有安釐王，他在位33年，此戈的27年是前249年。

戈銘鄍字，《説文》：“睘，自警視也，從目袁聲。”燕器讀縣與寰同。《穀梁·隱元》：“寰内諸侯。”《釋文》：“寰古縣字。”戈文“涑鄍”讀涑縣，故城應在涑水流域。

韓自强《過眼雲烟——記新見五件晋系銘文兵器》[1563][涑鄍戈]

0529

涇

克鐘

涇伯卣

【時代】西周時期晚期

【出處】涇伯卣[《集成》5226、5227，5848] 克鐘[《集成》204—208]

【類別】自然地理名稱·河湖

涇即涇水，南入于河。

余永梁《金文地名考》[1564][克鐘]

水名，在陝西中部，源出寧夏六盤山東麓，流經甘肅到陝西入渭河。

馬承源《商周青銅器銘文選》[1565][克鐘]

1562 吴鎮烽：《商周青銅器銘文暨圖像集成索引》，上海古籍出版社，2019年，第959頁。

1563 韓自强：《過眼雲烟——記新見五件晋系銘文兵器》，中國古文字研究會、吉林大學古文字研究室編：《古文字研究》（第二十七輯），中華書局，2008年，第323—324頁。

1564 余永梁：《金文地名考》，《國立中山大學語言歷史學研究所週刊》第5集第53、54期合刊，1928年，第8頁。

1565 馬承源主編：《商周青銅器銘文選（三）》，文物出版社，1988年，第213頁。

	今甘肅靈臺縣境内。 吴鎮烽《銘圖索引》[1566][涇伯尊]
0530 **涇東** 克鐘	**【時代】西周晚期** **【出處】克鐘** 唯十又六年九月初吉庚寅，王在周康剌（厲）宫，王呼士曶召克，王親令克，遹涇東至于京𠂤（師），易（賜）克佃（田）車、馬乘，克不敢惰，尃奠王令，克敢對揚天子休，用作朕皇祖考伯寶𬭚鐘，用匃純叚、永令，克其萬年，子子孫孫永寶。[克鐘，《集成》204—208] **【類别】自然地理名稱** **【釋地】陝西省咸陽市淳化縣、涇陽縣一帶** 陝西涇河以東的淳化、涇陽一帶。 吴鎮烽《銘圖索引》[1567][克鐘]
0531 **涉** 涉戈	**【時代】戰國晚期** **【出處】涉戈**[《集成》10827] **【類别】城邑名稱** **【釋地】河北省邯鄲市涉縣** 今河北涉縣西北。 吴鎮烽《銘圖索引》[1568][涉戈]
0532 **涅** 涅鼎	**【時代】戰國晚期·魏** **【出處】涅鼎**[《銘續》170] **【類别】城邑名稱** **【釋地】山西省長治市武鄉縣** 戰國魏邑，今山西武鄉縣西北故城。 吴鎮烽《銘圖索引》[1569][涅鼎]

1566　吴鎮烽：《商周青銅器銘文暨圖像集成索引》，上海古籍出版社，2019年，第960頁。
1567　吴鎮烽：《商周青銅器銘文暨圖像集成索引》，上海古籍出版社，2019年，第960頁。
1568　吴鎮烽：《商周青銅器銘文暨圖像集成索引》，上海古籍出版社，2019年，第960頁。
1569　吴鎮烽：《商周青銅器銘文暨圖像集成索引》，上海古籍出版社，2019年，第1061頁。

0533

海眉

小臣謎簋

0533.02

海堳[1570]

【時代】西周早期

【出處】小臣謎簋［《集成》4328、4329］

【類别】自然地理名稱

“海眉”殆讀爲海湄，又疑國名，《𢦏伯簋》“王令益公征眉敖，又眉敖至見獻貴”，眉字同此作。

郭沫若《金文叢考》[1571]［小臣謎簋］

海眉之眉與湄、溦皆指水邊的通谷或崖岸。海眉亦指海隅：《爾雅·釋丘》“隅，隈也”，《説文》“隈，水曲隩也”，而隩與湄皆訓崖。今山東半島沿掖、黄、福山、榮成等縣之地，在勞山以北，當是齊之“海隅”。

陳夢家《西周銅器斷代》[1572]［小臣謎簋］

眉即湄，《詩·蒹葭》“在水之湄”，海湄即海濱，《書·禹貢》在青州説“海濱廣斥”。由滕縣向東去海濱，正與淮夷徐戎等鄰近。

唐蘭《西周青銅器銘文分代史徵》[1573]［小臣謎簋］

東夷的濱海地區。《廣雅·釋邱》：澳、濱、湄，“厓也”。海眉即海厓。《吕氏春秋·有始覽》有“齊之海隅”，高誘《注》：“隅，猶崖也”，是海湄、海厓和海隅的意思相同。

馬承源《商周青銅器銘文選》[1574]［小臣謎簋］

海眉，唐蘭先生引《詩》證謂：“在水之湄，是説在水邊，這是説海邊，征東夷而到伐海湄，那一定在現山東半島南部和江蘇交界的地方，這即是淮夷徐戎等的邊境，並且也容易到達海邊的。”我以爲此海湄指今郯城以東之建陵山。

孫敬明《保鼏簋銘約釋》[1575]［小臣謎簋］

【釋地】山東莒南、江蘇贛榆二縣的海邊

眉即湄字，《詩·蒹葭》：“在水之湄。”是説水邊，這是説海邊，征東夷而到伐海湄，那一定在現在山東半島南部和江蘇交界的地方，這裏既是淮夷徐戎等的邊境，並且也容易到達海邊的。

唐蘭《論周昭王時代的青銅器銘刻》[1576]［小臣謎簋］

1570　吴鎮烽：《商周青銅器銘文暨圖像集成索引》，上海古籍出版社，2019年，第960頁。
1571　郭沫若：《金文叢考》，《郭沫若全集·考古編》（第五卷），科學出版社，2002年，第690頁。
1572　陳夢家：《西周銅器斷代》，中華書局，2004年，第20頁。
1573　唐蘭：《西周青銅器銘文分代史徵》，《唐蘭全集（七）》，上海古籍出版社，2015年，第254頁。
1574　馬承源主編：《商周青銅器銘文選（三）》，文物出版社，1988年，第50頁。
1575　孫敬明：《保鼏簋銘約釋》，《考古發現與齊史類徵》，齊魯書社，2006年，第108頁。
1576　唐蘭：《論周昭王時代的青銅器銘刻》，《唐蘭全集（四）》，上海古籍出版社，2015年，第1453頁。

0534

涂

徐釐尹晉鼎

【時代】戰國早期

【出處】徐釐尹晉鼎

唯正月吉日初庚，郐（徐）賚（釐）尹晉自作湯鼎，温良聖每，余敢敬明（盟）祀，丩洗沐浴，以去恤辱，壽躳榖子，眉壽無期，永保用之。[徐釐尹晉鼎，《集成》2766]

【類別】自然地理名稱・山林

涂通塗，塗地得名可能與塗山有關。

曹錦炎《紹興坡塘出土徐器銘文及其相關問題》[1577][徐釐尹晉鼎]

“涂”指塗山，大家看法一致。塗山地望，自古説法紛紜。其中影響較大的有三説，一説在嵩山、伊水附近的三塗山；二説在浙江紹興；三説指今天安徽懷遠縣東南淮河邊上的一座小山——塗山，現在學術界多以第三説爲正。……當然，塗山不一定就是懷遠縣的那一座山，但肯定在皖北淮河流域，作爲地名的“塗”肯定是指這一帶地方。這一帶是徐人的祖居地。“塗俗”是徐人的祖俗。

董楚平《徐器湯鼎銘文考釋中的一些問題》[1578][徐釐尹晉鼎]

0535

湻陽

湻陽戈

【時代】戰國晚期・魏

【出處】湻陽戈[《銘圖》16478]

【類別】城邑名稱

【釋地】陝西省榆林市

關于湻字，裘錫圭先生曾在《戰國貨币考（十二篇）》里做過詳細的考證，他認爲過去錢幣學者考試戰國貨幣中的“晋昜”布錢和刀錢是錯誤的，應該把這種貨幣釋爲“湻陽”，即史書中的圁陽。圁陽故址在今陝西省神木縣東，早期屬魏，此戈爲魏國兵器無疑。

韓自强《過眼雲烟——記新見五件晋系銘文兵器》[1579][湻陽戈]

今陝西綏德縣無定河北岸。

吴鎮烽《銘圖索引》[1580][湻陽戈]

1577　曹錦炎：《紹興坡塘出土徐器銘文及其相關問題》，《文物》1984 年第 1 期，第 27 頁。

1578　董楚平：《徐器湯鼎銘文考釋中的一些問題》，《杭州大學學報（哲學社會科學版）》1987 年第 1 期，第 124 頁。

1579　韓自强：《過眼雲烟——記新見五件晋系銘文兵器》，中國古文字研究會、吉林大學古文字研究室編：《古文字研究》（第二十七輯），中華書局，2008 年，第 323 頁。

1580　吴鎮烽：《商周青銅器銘文暨圖像集成索引》，上海古籍出版社，2019 年，第 953、960 頁。

0536

害

害叔簋

【時代】西周晚期

【出處】害叔簋

害叔作尊簋，其萬年子子孫孫永寶用。[害叔簋，《集成》3805、3806]

【類別】國族名稱

0537

陸寅

庚壺

【時代】春秋晚期

【出處】庚壺[《集成》9733]

【類別】城邑名稱

陸寅，地名，不知是今何地，或是冀東一帶。

張政烺《庚壺釋文》[1581][庚壺]

0538

陸𩍂

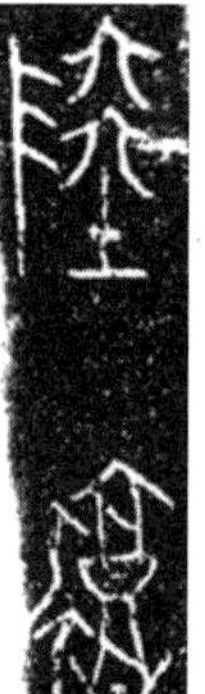

邾公釛鐘

【時代】春秋晚期

【出處】邾公釛鐘

陸𩍂之孫邾公作厥龢鐘，用敬卹盟祀，祈年眉壽，用樂我嘉賓，及我正卿，揚君霝，君以萬年。[邾公釛鐘，《集成》102]

【類別】國族名稱

即陸終。邾爲曹姓，陸終之後。邾友父鬲銘“滕其女㚸嫊寶鬲”。嫊即曹，曹姓是陸終之後。《史記·楚世家》：“吴回生陸終。陸終生子六人，坼剖而産焉……五曰曹姓”，裴駰《集解》引《世本》曰：“曹姓者，邾是也。”司馬貞《索隱》引《系本》云：“五曰安，是爲曹姓。曹姓，邾是。”

馬承源《商周青銅器銘文選》[1582][邾公釛鐘]

0539

陵

陵叔鼎

【時代】西周晚期

【出處】散氏盤[《集成》10176]

【類別】自然地理名稱

《爾雅·釋地》“大阜曰陵”，《廣雅·釋地》“陵……封，冢也”。

陳夢家《西周銅器斷代》[1583][散氏盤]

1581 張政烺：《庚壺釋文》，《甲骨金文與商周史研究》，中華書局，2012年，第302頁。
1582 馬承源主編：《商周青銅器銘文選（四）》，文物出版社，1990年，第526頁。
1583 陳夢家：《西周銅器斷代》，中華書局，2004年，第346頁。

【釋地】陝西省寶鷄市

陵又作夌。寶鷄竹園溝出有夌伯觶，傳世有陵叔作衣鼎（《韡華》215），陵在岐山、鳳翔交界處偏北。

王輝《商周金文》[1584][散氏盤]

地名陵見散氏盤："弄（封）割（諸）析、㒸、陵。"1980 年寶鷄竹園溝 M4 出有夌伯觶，銘文："夌伯作寶彝。"傳世器有陵叔乍衣鼎（《韡華》215），爲周晚期器物。扶風莊白窖藏青銅器三年瘐壺銘文："隹三年九月丁巳，王在奠，鄉醴，乎號叔召瘐，易羔俎。乙丑，王在句陵，乎（呼）鄉酉（酒），乎師壽召瘐。"瘐爲微氏家族成員，居周地。王在陵及奠地兩次召瘐，陵距微、奠甚近。又扶風齊鎮出土有一立耳鬲（M2：12），銘："夌姬作寶䵼"。陵居奠、微、夨之間，其地殆在岐山鳳翔交界處偏北。

王輝《西周畿内地名小記》[1585][散氏盤]

【時代】戰國中期·齊

【出處】陳侯因資戈

陳侯因資（齊）造陵左。[陳侯因資戈，《銘圖》16888]

【類别】城邑名稱

"陵左"，傳世有一件"陵右鋯（造）鈛（戟）"。何琳儀先生在《戰國古文字典》説："陵爲地名，疑與今山東陵縣有關。""左"或"右"應是左廩、右廩的簡稱。銘文可以理解爲：以齊威王因齊的名義在陵地左廩造的兵器。

韓自强《新見六件齊、楚銘文兵器》[1586][陳侯因資戈]

0540

陵里

陵里車飾

陵里車軎

【時代】戰國晚期·秦

【出處】陵里車軎[《銘圖》19009]

陵里車飾[《銘續》1374，《銘三》1685—1689]

【類别】城邑名稱

1584　王輝：《商周金文》，文物出版社，2006 年，第 233 頁。

1585　王輝：《西周畿内地名小記》，《一粟集：王輝學術文存》，藝文印書館，2002 年，第 149—150 頁。

1586　韓自强：《新見六件齊、楚銘文兵器》，《中國歷史文物》2007 年第 5 期，第 15 頁。

0541

陵陽

陵陽壺

【時代】戰國晚期

【出處】陵陽壺［《銘圖》12023］

【類别】城邑名稱

【釋地】安徽省池州市青陽縣

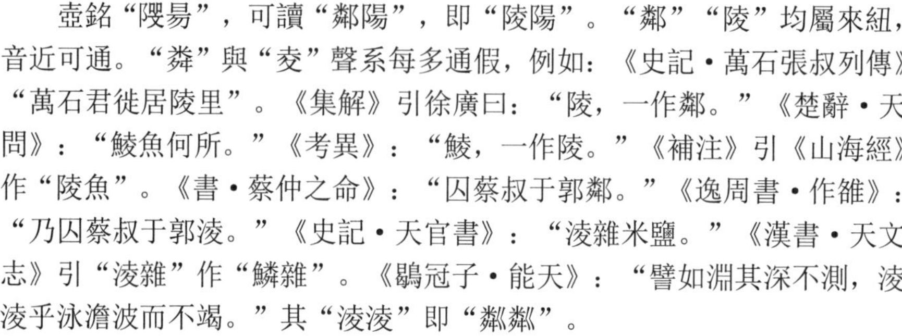

壺銘“陖昜”，可讀“鄰陽”，即“陵陽”。“鄰”“陵”均屬來紐，音近可通。“粦”與“夌”聲系每多通假，例如：《史記·萬石張叔列傳》“萬石君徙居陵里”。《集解》引徐廣曰：“陵，一作鄰。”《楚辭·天問》：“鯪魚何所。”《考異》：“鯪，一作陵。”《補注》引《山海經》作“陵魚”。《書·蔡仲之命》：“囚蔡叔于郭鄰。”《逸周書·作雒》：“乃囚蔡叔于郭淩。”《史記·天官書》：“淩雜米鹽。”《漢書·天文志》引“淩雜”作“鱗雜”。《鶡冠子·能天》：“譬如淵其深不測，淩淩乎泳澹波而不竭。”其“淩淩”即“粼粼”。

“陵陽”，地名。《淮南子·覽冥訓》：“武王伐紂，渡于孟津。陽侯之波，逆流而擊。”高誘注：“陽侯，陵陽國侯也。其國近水，溺水而死。其神能爲大波，有所傷害，因謂之陽侯之波。”此“陵陽”亦作“淩陽”。《楚辭·九章·哀郢》：“淩陽侯之氾濫兮。”王逸注：“淩，乘也。陽侯，大波之神。”洪興祖《補注》引《淮南子》注“陽侯，陵陽國侯也”。又《哀郢》：“當陵陽之焉至兮。”王逸注：“陵，一作淩。”洪興祖《補注》曰：“前漢丹陽郡，有陵陽仙人。陵陽，子明所居也。《大人賦》云：‘反大壹而從陵陽。’”戴震注：“上云陵陽侯之氾濫，此言當陵陽，省文也。”“陽侯”除上引《淮南子·覽冥訓》之外，又見《淮南子·泛論訓》：“陽侯殺蓼侯而怯其夫人。”注：“陽侯，陽陵國侯也。”其它有關“陽侯”資料尚多，兹不具載。凡此説明《哀郢》這兩句中的“淩陽侯”與“陵（淩）陽”肯定有關。雖然《楚辭》“淩陽侯”未必就是《淮南子》之“陽侯”，“陽侯”也不一定就是古陵陽國，但是“陵陽”無疑是地名。至于高誘注“陵陽，古陵陽國”，當有所本，不容忽視。此“陵陽”疑即《漢書·地理志》丹陽郡之“陵陽”，其地望王先謙有詳密地考證：……漢之陵陽，在今安徽省青陽縣九華山南麓陵陽鎮。或説在今安徽省石臺（埭）縣東北廣陽鎮。戰國之陵陽應即《哀郢》之“陵陽”，在楚國境内。

磷陽壺發現于北京市昌平縣，按常理推斷壺銘中的地名應在燕國境内，然而本文卻在楚國境内尋求其地望。這一思路的形成，還有兩個方面的佐證：

其一，銘文字體呈現典型楚系文字風格，其中“陖”旁又見望山簡、郭店簡等。其中“昜”字，與楚器正陽鼎之“昜”如出一轍。

其二，關于銅壺器型，可與江陵望山 M1、張家山 M201 所出銅壺類比，屬東周楚墓第六期。至于壺蓋頂部作蓮花瓣狀，也是楚器的傳統作風，與筆者所推斷壺銘爲楚系文字相吻合。

總之，從古文字學、考古學兩方面考察，可以證明磷陽壺應屬楚器。壺銘“磷昜”應讀“陵陽”，在今安徽省青陽縣境。至于鄰陽壺何時入京，

	則不得而知。 何琳儀《鄰陽壺考》[1587][陵陽壺] 楚邑，今安徽青陽縣東南陵陽鎮。 吴鎮烽《銘圖索引》[1588][陵陽壺]
0542 陼 夆伯鬲	**【時代】西周中期** **【出處】夆伯鬲** 夆（逄）伯作陼孟姬尊鬲。[夆伯鬲，《集成》696] **【類別】國族名稱** **【釋地】四川省凉山彝族自治州冕寧縣** 陼，不見于字書，當讀爲若。《路史·國名紀甲》：黄帝後姬姓國有若水，注云："昌意國，今越嶲之臺登。《盟會圖疏》以爲鄀。故《世本》云'允姓國'非也。" 臺登縣，西漢置，治所即今四川冕寧縣南瀘沽。 陳秉新、李立芳《出土夷族史料輯考》[1589][夆伯鬲]
0543 陳 陳侯鼎	**【時代】春秋早期** **【出處】陳侯鼎** 唯正月初吉丁亥，敶（陳）侯作鑄嬀四母媵鼎，其永壽用之。[陳侯鼎，《集成》2650] **【類別】國族名稱** **【釋地】河南省周口市淮陽區** 都宛丘，今河南淮陽縣。 吴鎮烽《銘圖索引》[1590][陳侯鼎]
0544 陳郢	**【時代】戰國晚期·楚** **【出處】陳郢量**[《集成》10364]

1587 何琳儀：《鄰陽壺考——兼釋上海簡"鄰"字》，黄德寬主編：《安徽大學漢語言文字研究叢書·何琳儀卷》，安徽大學出版社，2013年，第140—141頁。
1588 吴鎮烽：《商周青銅器銘文暨圖像集成索引》，上海古籍出版社，2019年，第960頁。
1589 陳秉新、李立芳：《出土夷族史料輯考》，安徽大學出版社，2005年，第254頁。
1590 吴鎮烽：《商周青銅器銘文暨圖像集成索引》，上海古籍出版社，2019年，第961頁。

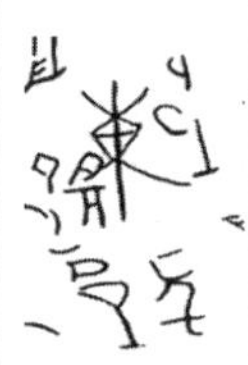 陳郢量	【類別】城邑名稱 【釋地】河南省周口市淮陽區 楚都，今河南淮陽縣。 吴鎮烽《銘圖索引》[1591][陳郢量]
0545 陭氏  猗氏戈	【時代】戰國晚期 【出處】猗氏戈 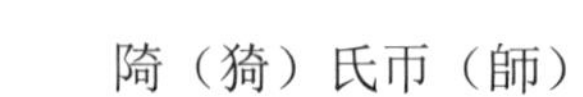陭（猗）氏帀（師）廿。[猗氏戈，《銘圖》16619] 【類別】城邑名稱 【釋地】山西省運城市臨猗縣 即猗氏，今山西臨猗縣南二十里。 吴鎮烽《銘圖索引》[1592][猗氏戈]
0546 陰平  陰平劍	【時代】戰國時期·齊 【出處】陰平劍[《集成》11609] 【類別】城邑名稱 【釋地】山東省棗莊市嶧城區 戰國齊邑，今山東棗莊市嶧城西南。 吴鎮烽《銘圖索引》[1593][陰平劍]
0547 陰晉  陰晉右庫戈	【時代】戰國晚期 【出處】陰晉左庫戈[《集成》11135]　陰晉右庫戈[《銘續》1136] 【類別】城邑名稱 【釋地】陝西省華陰市 今陝西華陰市岳廟鎮。 吴鎮烽《銘圖索引》[1594][陰晉左庫戈]

1591　吴鎮烽：《商周青銅器銘文暨圖像集成索引》，上海古籍出版社，2019年，第961頁。
1592　吴鎮烽：《商周青銅器銘文暨圖像集成索引》，上海古籍出版社，2019年，第961、968頁。
1593　吴鎮烽：《商周青銅器銘文暨圖像集成索引》，上海古籍出版社，2019年，第961頁。
1594　吴鎮烽：《商周青銅器銘文暨圖像集成索引》，上海古籍出版社，2019年，第961頁。

0548

陰陽洛

敔簋

永盂

【時代】西周中晚期

【出處】敔簋［《集成》4323］**永盂**

唯十又二年初吉丁卯，益公内即命于天子，公廼出厥命，易（賜）畀師永厥田：陰陽洛，疆眔師俗父田，厥眔公出厥命井伯、焚（榮）伯、尹氏、師俗父、遣仲，公廼命酉嗣徒䀠父，周人嗣工眉、𣪕史、師氏、邑人奎父、畢人師同，付永厥田，厥率履厥疆宋句，永拜稽首，對揚天子休命，永用作朕文考乙伯尊盂，永其萬年，孫孫子子，永其率寶用。［永盂，《集成》10322］

【類別】自然地理名稱

王令敔追于上洛某谷至于伊而班師，其所追御的區域即西自上洛（今陝西省商縣）東至于伊川（今河南省大河南）即春秋所謂"晋陰地"，詳不嬰簋（本書 212）。入侵之地"陽洛"應爲伊洛之洛。南淮尸内伐至豫境伊、洛之間，疑是從漢水而來。

陳夢家《西周銅器斷代》[1595]［敔簋］

我推測陰陽洛可能是靠近"上洛"的地名。

陳邦懷《永盂考略》[1596]［永盂］

陰陽洛當在洛水南向的下游。

馬承源《商周青銅器銘文選》[1597]［敔簋］

陰陽洛，泛指洛水的南北兩岸。

陳連慶《〈敔簋〉銘文淺釋》[1598]［敔簋］

隂，古陰字。《銘選》云："陰陽洛當在洛水南向的下游。下文有'追禦于上洛'。"

陳秉新、李立芳《出土夷族史料輯考》[1599]［敔簋］

滄郭沫若讀爲陰，陰陽洛爲地名，又見于敔簋，作"滄陽洛"。

王輝《商周金文》[1600]［永盂］

1595 陳夢家：《西周銅器斷代》，中華書局，2004 年，第 230 頁。
1596 陳邦懷：《永盂考略》，《文物》1972 年第 11 期，第 58 頁。
1597 馬承源主編：《商周青銅器銘文選（三）》，文物出版社，1988 年，第 287 頁。
1598 陳連慶：《〈敔簋〉銘文淺釋》，《中國古代史研究：陳連慶教授學術論文集》，吉林文史出版社，1991 年，第 1163 頁。
1599 陳秉新、李立芳：《出土夷族史料輯考》，安徽大學出版社，2005 年，第 212 頁。
1600 王輝：《商周金文》，文物出版社，2006 年，第 163 頁。

“陰陽洛”是洛水兩岸地區。

李學勤《晋侯銅人考證》[1601]［敔簋］

1969 年藍田縣洩湖鎮出土的永盂，銘文有“錫畀師永田陰陽洛疆眔師俗父田”語。郭沫若、唐蘭等同志以“錫畀師永田陰陽洛疆”爲一句，“眔師俗父田”爲一句。唐蘭同志説：陰陽洛疆“是陝西的洛河南北，屬于邊疆”。

我認爲上述句讀不成文理，應以疆字之前斷句，讀爲“錫畀師永厥田陰陽洛，疆眔師俗父田”。陰陽洛是賜給師永田地的所在地，是陝西的南洛河（陝西有兩條洛河，一條在渭河北，一條在秦嶺南）上游的一個地名，即今洛南縣和商縣北部一帶。南洛河發源于陝西洛南縣與藍田縣交界的秦嶺南麓，流經河南洛陽，在鞏縣境内入于黄河。“陰陽洛”亦見于敔簋……。楊樹達先生在《積微居金文説》中以“敏陰、陽洛”爲兩個地名，是不對的。

吴鎮烽《金文研究札記》[1602]［永盂］

今陝西洛南縣南洛河兩岸。

吴鎮烽《銘圖索引》[1603]［永盂］

0549

陶陰

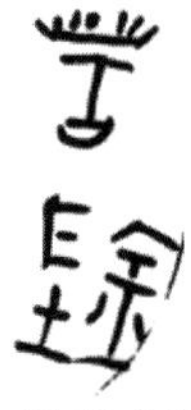

陶陰睘小器

【時代】戰國時期

【出處】陶陰睘小器

陶陰睘（縣）。［陶陰睘小器，《集成》10428］

【類別】城邑名稱

0550

或

叔夷鎛

【時代】西周中後期 春秋時期

【出處】班簋［《集成》4341］ 晋侯蘇鐘［《銘圖》15298—15313］

叔夷鎛［《集成》285］

【類別】國族名稱

族名，即班簋之或國。

馬承源《商周青銅器銘文選》[1604]［叔夷鎛］

1601 李學勤：《晋侯銅人考證》，原載中國文物學會主編：《商承祚教授百年誕辰紀念文集》，文物出版社，2003 年；後收入《新出青銅器研究（增訂版）》，人民美術出版社，2016 年，第 307 頁。

1602 吴鎮烽：《金文研究札記》，《人文雜志》1981 年第 2 期，第 93 頁。

1603 吴鎮烽：《商周青銅器銘文暨圖像集成索引》，上海古籍出版社，2019 年，第 961 頁。

1604 馬承源主編：《商周青銅器銘文選（四）》，文物出版社，1990 年，第 542 頁。

族名。傳世有戜伯鼎、戜者鼎、叔夷鐘銘有“戜徒”都是同一族名。

馬承源《商周青銅器銘文選》[1605][班簋]

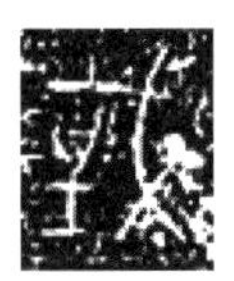

晉侯蘇鐘

晉侯率領的“戜人”除李學勤先生讀爲“秩人”外，諸家多未論及。此字鐘銘作戜，與叔夷鐘、鎛銘文“釐邍戜徒四千”字形完全相同，與《金文編》（頁829）所收（班簋）、（戜伯鼎）、（戜者尊）亦當爲同字。以往或釋造、或釋職、或釋國，然皆不可貫通。楊樹達在《戜伯鼎跋》中曾釋該字爲《説文》戈部之戜，並分析其所從之爲從口從土，證之蘇鐘，若合符契。然而他在後來的《國書鼎跋》中又否定前説，釋戜爲域，即古國字，並讀戜者鼎之“戜者”爲“國書”則非是。

班簋

以上諸形體之演變過程應是：→→→，至《説文》而作。其所從之“呈”的演變與單字由（侯馬盟書）→（古璽）→（小篆）的演變是一致的。《説文通訓定聲》：“戜，利也，一曰剔也，從戈呈聲，今讀如秩。”《山海經•海外南經》：“䥫國在其東。”郭璞云：“音秩，亦音替。”郝懿行云：“䥫疑當爲戜，見《説文》。《玉篇》作戜，云：‘戜，國名也，在三苗東。’本此。”可見，《山海經》䥫國乃戜國之訛。金文中的“戜”“戜人”所指當此相同。因此，叔夷鐘裏的“余命女嗣辝釐邍戜徒四千”，以前解“戜徒”爲庶人、或以“邍戜徒”爲造鐵徒皆不確，我們認爲釐（即古萊國）、邍、戜皆爲國名（或地名）。上句意爲齊靈公命叔夷管三地的四千徒衆。晉侯蘇鐘的“戜人”與班簋同解，即“戜地之人”。

陳雙新《晉侯蘇鐘銘文新釋》[1606][晉侯蘇鐘]

戜，族名，叔夷鐘銘有“戜徒”。

王輝《商周金文》[1607][班簋]

0551

能

能匋尊

【時代】西周早期

【出處】能匋尊

能匋易（賜）貝于厥盄公，矢㢸五朋，能匋用作文父日乙寶尊彝，𠔒。[能匋尊，《集成》5984]

【類别】國族名稱

本銘之“能”，讀爲“熊”，少昊後嬴姓國。其地望待考。

陳秉新、李立芳《出土夷族史料輯考》[1608][能匋尊]

1605 馬承源主編：《商周青銅器銘文選（三）》，文物出版社，1988年，第109頁。

1606 陳雙新：《晉侯蘇鐘銘文新釋》，華東師範大學中國文字研究與應用中心主辦：《中國文字研究》（第二輯）廣西教育出版社，2001年，第267—268頁。

1607 王輝：《商周金文》，文物出版社，2006年，第103—104頁。

1608 陳秉新、李立芳：《出土夷族史料輯考》，安徽大學出版社，2005年，第271頁。

0552 **函**  函皇父鼎  函皇父簋	**【時代】西周晚期** **【出處】函皇父鼎**[《集成》2745] **函皇父簋**[《集成》4141—4143] 圅(函)皇父作琱妘尊兔鼎,子子孫孫其永寶用。[函皇父鼎,《集成》2548] **【類別】國族名稱** 娟即妘姓,妘姓之琱(周),在西周金文爲一大族。《鄭語》曰“妘姓鄔、鄶、路、偪陽……皆爲采衛”,妘爲祝融之後,《楚世家》謂陸終六子“四曰會人”,《集解》引“《世本》曰會人者鄭是也”;《索隱》引“《系本》云四曰求言,是爲鄶人,鄶人者鄭是”(雷學淇以爲鄭是鄶之誤)。妘姓之族當聚居于今河南南部,與楚爲鄰。 劉心源以爲圅是《左傳》的圅氏(《奇觚》3.31)襄公十六年諸侯伐許“次于圅氏”,杜注以爲“許地”,顧棟高以爲在今葉縣北。皇父的采邑若是在此圅氏,則與妘姓之族相近,可以通婚姻。但諸器出土岐山、扶風之間,似屬于王朝的貴族。 陳夢家《西周銅器斷代》[1609][圅皇父組銅器] 函字清楚,上似有水傍,可隸定爲涵。涵即函,《水經注·渭水》記漢“長安西出”第三門本名西城門,亦曰“雍門”,“其水北入有函里,民名曰函里門”。西周晚期有函皇父器,所居地當以氏爲名。 周曉陸、穆曉軍《吴虎鼎銘座談紀要》[1610][吴虎鼎] **【釋地】陝西省西安市** 封邑名,今西安市西北。 吴鎮烽《銘圖索引》[1611][函皇父鼎]
0553 **桑匽**  宗邑瓦書	**【時代】戰國晚期·秦** **【出處】宗邑瓦書** 四年,周天子使卿大夫辰來致文武之酢(胙),冬十壹月辛酉,大良造庶長游出命曰:取杜在酆邱到潏水,以爲右庶長歜宗邑。乃爲瓦書。卑司御不更顝封之,曰:子子孫孫以爲宗邑。顝以四年冬十壹月癸酉封之。自桑郭之封以東,北到桑匽(堰)之[以上爲正面文]封,一里廿輯。大田佐敖童曰未,史曰初。卜蟄,史羈手,司御心,志是霾(埋)封。[以上爲背面文][宗邑瓦書,《銘圖》19920]

1609 陳夢家:《西周銅器斷代》,中華書局,2004年,第252頁。
1610 本刊(《考古與文物》)編輯部:《吴虎鼎銘座談紀要》,《考古與文物》1998年第3期,第74頁。
1611 吴鎮烽:《商周青銅器銘文暨圖像集成索引》,上海古籍出版社,2019年,第937頁。

【類別】城邑名稱

【釋地】陝西省西安市長安區

在今西安市長安區境内。

吴鎮烽《銘圖索引》[1612]［宗邑瓦書］

0554

餀

【時代】春秋晚期

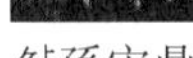

餀孫宋鼎

【出處】餀孫宋鼎

餀孫宋之飤緐。［餀孫宋鼎，《銘圖》1658］

【類别】城邑名稱

0555

⿱⺈⿵冂月禾

鄂君啓車節

【時代】戰國中期

【出處】鄂君啓車節［《集成》12110、12111］

【類别】城邑名稱

“□禾”見車節，殷謂即“象禾”，我表示同意。于氏引顧棟高《春秋大事表・山川表》：“今陝西商州東有菟和山，通襄漢往來之道。”遂定⿱⺈⿵冂月禾爲“菟和”，亦即《左傳》哀四年的菟和。于字形引甲骨文兔作□（□），及石鼓文兔作□爲證，否定□是“象”字。我認爲于説在字形上及地理上皆有商榷之餘地。

商承祚《談鄂君啓節銘文中幾個文字和幾個地名等問題》[1613]［鄂君啓車節］

“菟和”是泛稱地名，即衹有地域概念，没有確切地點。“菟”即“菟絲”的簡稱，藥草名，江南特産。“和”是“交易”。“菟和”即“菟和交易的市場”。這種市場在湖湘之域的數量是較多的，因而形成了《車節》上的泛指地名了。

張中一《〈鄂君啓金節〉路綫新探》[1614]［鄂君啓車節］

【釋地】河南省駐馬店市泌陽縣

象禾地名，今河南泌陽縣東北有象河關。

殷滌非、羅長銘《壽縣出土的“鄂君啓金節”》[1615]［鄂君啓車節］

1612　吴鎮烽：《商周青銅器銘文暨圖像集成索引》，上海古籍出版社，2019年，第961頁。

1613　商承祚：《談鄂君啓節銘文中幾個文字和幾個地名等問題》，原載《中華文史論叢》（第6輯），1965年；後收入劉慶柱、段志洪、馮時主編：《金文文獻集成》（第二十九册），綫裝書局，2005年，第328頁。

1614　張中一：《〈鄂君啓金節〉路綫新探》，《求索》1989年第3期，第128頁。

1615　殷滌非、羅長銘：《壽縣出土的“鄂君啓金節”》，《文物參考資料》1958年第4期，第10頁。

0555.02
象禾
0555.03
兔禾
0555.04
𦞠禾
0555.05
菟和

舊稿云："'𦞠'字上半與爲字同，爲從爪象，知是象字。今泌陽縣東北百二十里有象河關，瀙水所經，東出遂平、西平，北達舞陽葉縣，爲交通要道，舊有巡司，疑即其地。"

羅長銘《鄂君啓節新探》[1616][鄂君啓車節]

羅釋象禾即今河南泌陽縣北象河關，得之。

譚其驤《鄂君啓節銘文釋地》[1617][鄂君啓車節]

象禾，羅長銘先生指爲今河南泌陽縣東北的象河關。考其方位，當在楚方城（長城）東側，亦一關隘。

劉和惠《鄂君啓節新探》[1618][鄂君啓車節]

按方城東南百餘里處有"象河關"，疑即古之象禾。

孫劍鳴《"鄂君啓節"續探》[1619][鄂君啓車節]

地名，史籍未見。一説今河南泌陽縣北有象河關，疑即此。

馬承源《商周青銅器銘文選》[1620][鄂君啓車節]

象禾，即今河南省泌陽縣北象禾關。出方城東南行抵此。近年出土包山楚簡豫字寫作□（7 號簡），右旁可與節銘象字互證，舊或釋爲兔，殊誤。

湯餘惠《戰國銘文選》[1621][鄂君啓車節]

今河南泌陽縣東北象河關。

吴鎮烽《銘圖索引》[1622][鄂君啓車節]

【釋地】陝西省商洛市商州區

殷、羅二氏釋"𦞠"爲"象"，以爲河南泌陽的象河關。按象禾關無象禾之稱，且其字本非象字。𦞠作"□"，其所從的"□"，與卜辭兎字作□形的上部正相仿，"石鼓文"兎字上部作"□"，可以互證。以六書之義求之，則𦞠係形聲字，從肉兔省聲。禾與和古通用，金文和作龢，也作禾。𦞠禾即菟和。《左傳》哀四年稱楚人"左師軍于菟和"，杜注："菟

1616 羅長銘：《鄂君啓節新探》，原載《羅長銘集》，黄山書社，1994 年；後收入安徽省博物館編：《安徽省博物館四十年論文選集》，黄山書社，1996 年，第 152 頁。

1617 譚其驤：《鄂君啓節銘文釋地》，原載《中華文史論叢》（第 2 輯），1962 年；後收入《譚其驤全集》（第一卷），人民出版社，2015 年，第 541 頁。

1618 劉和惠：《鄂君啓節新探》，原載《考古與文物》1982 年第 5 期；後收入劉慶柱、段志洪、馮時主編：《金文文獻集成》（第二十九册），綫裝書局，2005 年，第 331 頁。

1619 孫劍鳴：《"鄂君啓節"續探》，原載《安徽省考古學會會刊》1982 年第 6 輯；後收入劉慶柱、段志洪、馮時主編：《金文文獻集成》（第二十九册），綫裝書局，2005 年，第 332 頁。

1620 馬承源主編：《商周青銅器銘文選（四）》，文物出版社，1990 年，第 435 頁。

1621 湯餘惠：《戰國銘文選》，吉林大學出版社，1993 年，第 49 頁。

1622 吴鎮烽：《商周青銅器銘文暨圖像集成索引》，上海古籍出版社，2019 年，第 968 頁。

和山在上雒東也。”顧棟高《春秋大事表·山川表》：“今陝西商州東有菟和山，通襄漢往來之道。”按《左傳》文十年稱楚成王使子西“爲商公”，杜注：“商，楚邑，今上雒商縣也。”上言“庚邡（方）城”，此言“庚菟和”，是經過方城西向，已到達今陝西省的東南部。

于省吾《“鄂君啓節”考釋》[1623]［鄂君啓車節］

[illegible]應以釋兔爲是。兔字省尾，大約因爲其尾短，不明顯，而象之尾長，易見，故不能省。兔禾即菟禾，在今陝西商縣。車節云“自鄂市，庚陽丘，庚邡城，庚兔禾，庚酉焚，庚緐陽，庚高丘，庚下鄵，庚居鄵、庚郢。”商承祚先生認爲這是當日規定的交通路綫。從這一角度考慮，如釋成菟禾，由方城西折菟禾，則形成一條突出的支綫，然後折而東旋，于情理上是説不通的，如釋象禾，由方城東經象禾到畐焚、緐陽是順路。商氏此説是否定于于氏説的重要論據。

我認爲車節所云不是當日規定的交通路綫，衹是表明鄂君啓車隊可以經過的地點，這九個地點没有順序關係。

李裕民《古字新考》[1624]［鄂君啓車節］

車節此字有頭有身（從肉）而無尾，所以可以决定是“兔”而不是“象”字。兹將“兔”與“象”字的結構與演變特點、規律，按時代排列對比如後，就完全可以决疑，確定孰是孰非。

菟和在陝西商縣，車節出方城後係往東行。經繁陽、下蔡、居巢，而菟和遠在方城之西，與車節東往之路綫相反而行，這是商文所以否定爲“兔”字的主要理由。作者早在拙文中論證指出：舟、車兩節所列經歷地點皆爲税關所在，爲鄂君啓鑄節一一載明，目的在爲免税與傳舍招待之憑信，着重在舟、車載貨免税經歷範圍、地點與停留住宿受官府接待，解决運夫與驛站傳舍，雖和路綫有關係，但着重並不在路綫（《歷史地理論集》265頁），故節文中地名先後次第，並不一定都在同一條路綫上，它可以分屬兩路，甚至可以在相反方向的路綫之上，菟禾一名的考訂落實，除了本身的價值外，最重要的一點就在于：過去皆認爲舟、車兩節中的地名全爲按交通同一路綫的順次排列，因而全部路綫皆按此原則考訂復原，現知其並非完全如此，因而路綫考訂與復原還不能衹限于一個原則，作者曾在拙文中論證“庚木關、庚郢”，分屬兩條路綫，木關應即水陵關，爲舉水上源所逕，而郢則在長江沿岸，不在同一路綫上，“庚鄢，庚芑陽”亦屬此例。由于一般皆認爲在同一路綫，因而木關衹能置于今沙市一帶。菟禾的確定，也爲拙文重在免税之範圍，與上述兩條路綫地名復原提供證據。

黄盛璋《再論鄂君啓節交通路綫復原與地理問題》[1625]［鄂君啓舟節］

1623 于省吾：《“鄂君啓節”考釋》，《考古》1963年第8期，第447頁。

1624 李裕民：《古字新考》，山西省文物局、中國古文字研究會等編：《古文字研究》（第十輯），中華書局，1983年，第116頁。

1625 黄盛璋：《再論鄂君啓節交通路綫復原與地理問題》，《安徽史學》1988年第2期，第28—29頁。

兔禾即“菟和”，在今陝西省商縣附近，爲楚西北境通秦之邊關。

劉和惠《楚文化的東漸》[1626][鄂君啓舟節]

對于兔字和象字的構形，于省吾等先生已有詳細的論述；而禾假借爲河似乎也有問題。雖然禾、河二字同爲歌韻，但按照許慎《説文解字叙》的定義，假借是本無其字，依聲托事。因禾和河一個象形，一個形聲，在甲骨文中都已經很常見。應該説，在經歷了千百年後，楚國是不會在很嚴肅的通關節文中，再讓司職很明確的兩個字假借的。二是象禾和象河均不見于先秦史籍文獻。從現有資料來看，最早記述象河關名稱的是明人的地理志書和清人官修的《明史》，而象禾卻一直不見于文獻。……所以，《鄂君啓節》中的地名應爲兔禾而非象禾。

李元芝《鄂君車節之方城、兔禾、汝墳考》[1627][鄂君啓車節]

節銘□應該釋爲“兔”，“兔禾”應該讀爲“兔和”或“菟和”。酈道元《水經注·丹水注》：“丹水自蒼野，又東歷兔和山，即《春秋》所謂‘左師軍于兔和，右師軍于蒼野’者也。”酈氏所引《春秋》語見《左傳》哀公四年，傳本“兔和”作“菟和”。“菟和山”亦見于司馬彪《續漢書·郡國志》京兆尹上雒縣自注。《左傳》杜預注：“菟和山在上雒東也。”楊伯峻説：“在今天陝西商縣東一百一十里。”于省吾引顧楝高《春秋大事表·山川表》説：“菟和，山名，今陝西商州東有菟和山，通襄、漢往來之道。”

李家浩《鄂君啓節銘文中的“兔禾”》[1628][鄂君啓節]

0556

旂桑

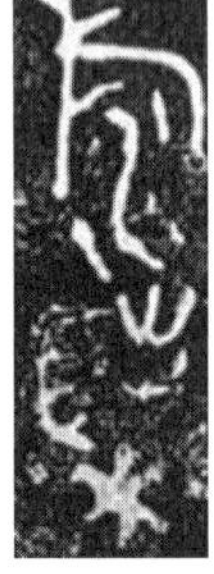

倗生簋

【時代】西周中期

【出處】倗生簋

唯正月初吉癸子（巳），王在成周，格伯取良馬乘于倗生，厥賈卅田，則析，格伯履，殹妊彶佤厥從格伯按彶佃（甸）：殷厥割雩谷杜木、邍（原）谷旂桑，涉東門，厥書史戠武，立臿成壂，鑄保（寶）簋，用典格伯田，其萬年子子孫孫永寶用，□。[倗生簋，《集成》4262—4265]

【類别】人文地理名稱·田地

格伯田地的小地名。

吴鎮烽《銘圖索引》[1629][倗生簋]

1626 劉和惠：《楚文化的東漸》，湖北教育出版社，1995年，第145頁。
1627 李元芝：《鄂君車節之方城、兔禾、汝墳考》，楚文化研究會編：《楚文化研究論集》（第十集），湖北美術出版社，2011年，第211—212頁。
1628 李家浩：《鄂君啓節銘文中的“兔禾”》，中國古文字研究會、吉林大學中國古文字研究中心編：《古文字研究》（第三十二輯），中華書局，2018年，第160頁。
1629 吴鎮烽：《商周青銅器銘文暨圖像集成索引》，上海古籍出版社，2019年，第959頁。

0557

旆

鬲比盨

【時代】西周晚期

【出處】鬲比盨［《集成》4466］

【類别】城邑名稱

邑名，今地不詳。

吴鎮烽《銘圖索引》[1630]［鬲比盨］

0558

𤇾

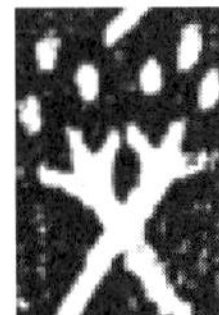
周公簋

榮子旅鼎

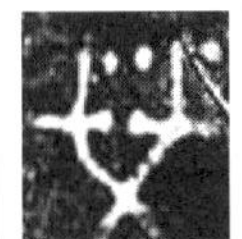
榮有司爯鬲

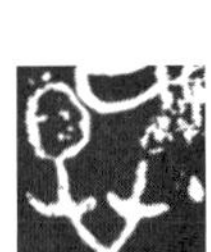
榮仲鼎

【時代】西周

【出處】多器

【類别】國族名稱

𤇾亦周公之後，本銘自明。𤇾亦有封邑，在豐京之近處，由卯簋文可證。此所錫之"州人、重人、𩫏人"殆渭水沿岸之部落民族。

郭沫若《兩周金文辭大系圖録考釋》[1631]［周公簋］

榮爲西周封國，榮夷公即爲榮國之君，榮氏多爲王官，西周金文中歷見的榮公、榮伯皆是。榮子旅稱子，亦爲其國的君。

馬承源《商周青銅器銘文選》[1632]［榮子旅鼎］

【釋地】陝西省西安市鄠邑區

井之地望既知，則𤇾之封邑自因以判定。《卯簋》有𤇾伯𤇾季當即𤇾之後裔。其銘云"𤇾季入右卯立中廷，𤇾伯乎令卯曰'𢽾乃先祖考死𤔲𤇾公室，昔乃祖亦既令乃父死𤔲䒨人，不盄，取我家，寀用喪。今余非敢夢先公有進退，余懋爯先公官。今余隹令女死𤔲䒨宫䒨人，女毋敢不善。"䒨字金文用爲豐鎬之豐，䒨宫即豐京之宫，䒨人即豐京之人，𤇾氏之臣卯及其先世，既"死𤔲𤇾公室"又"死𤔲䒨宫䒨人"，則𤇾之封邑與豐京接壤可知。豐在長安南鄠縣東，𤇾由上推定當在鄠縣西，諸器所言正相互發明者矣。

郭沫若《金文叢考》[1633]［周公簋］［卯簋］

𤇾，古熒字，讀爲榮，古國名。《史記·周本紀》："成王既伐東夷，息慎來賀，王錫榮伯，作《賄息慎之命》。"集解引馬融曰："榮伯，周

1630　吴鎮烽：《商周青銅器銘文暨圖像集成索引》，上海古籍出版社，2019 年，第 959 頁。

1631　郭沫若：《兩周金文辭大系圖録考釋》（二），《郭沫若全集·考古編》（第八卷），科學出版社，2002 年，第 96 頁。

1632　馬承源主編：《商周青銅器銘文選（三）》，文物出版社，1988 年，第 261 頁。

1633　郭沫若：《金文叢考》，《郭沫若全集·考古編》（第五卷），科學出版社，2002 年，第 637—638 頁。

同姓，畿内諸侯，爲卿大夫也。”榮國在今陜西户縣西。

陳秉新、李立芳《出土夷族史料輯考》[1634][榮有司爯鬲]

封邑名，今西安市鄠邑區。

吴鎮烽《銘圖索引》[1635][榮仲鼎]

【釋地】陜西省寶鷄市扶風縣、岐山縣一帶

燮伯是西周著名貴族，榮見大盂鼎、邢侯簋，其地拙文《西周畿内地名小記》以爲在今岐山、扶風二縣交界處。

王輝《商周金文》[1636][裘衛盉]

榮之地望，我們估計亦在扶風、岐山交界處。因爲榮有司爯鼎出岐山賀家村，叔趙父鐓出扶風溝原，二地相距很近。1975年岐山董家村又出榮有司爯鬲。榮器集中出在這樣一個小範圍内，使我們有理由懷疑這一帶是榮國家族采邑所在。

王輝《西周畿内地名小記》[1637]

【釋地】河南省洛陽市

在今河南洛陽市境内。

吴鎮烽《銘圖索引》[1638][榮子鼎]

0559

鄀郭

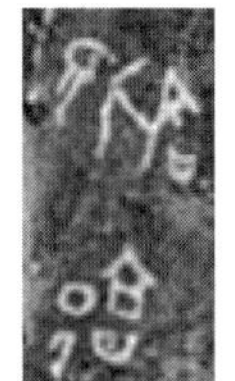

鄀郭公子戈

【時代】春秋中期

【出處】鄀郭公子戈

鄀郭公子畧夷戈。[《銘圖》17050]

【類别】城邑名稱

0560

郚

郚子㝅壺

【時代】戰國早中期

【出處】郚子㝅壺　郚子𡚸壺

郚子㝅尊壺。[郚子㝅壺，《集成》9558]
郚子𡚸自作鑄壺。[郚子𡚸壺，《銘續》816]

【類别】城邑名稱

1634　陳秉新、李立芳：《出土夷族史料輯考》，安徽大學出版社，2005年，第385頁。
1635　吴鎮烽：《商周青銅器銘文暨圖像集成索引》，上海古籍出版社，2019年，第1007頁。
1636　王輝：《商周金文》，文物出版社，2006年，第137頁。
1637　王輝：《西周畿内地名小記》，《一粟集：王輝學術文存》，藝文印書館，2002年，第150—151頁。
1638　吴鎮烽：《商周青銅器銘文暨圖像集成索引》，上海古籍出版社，2019年，第1008—1009頁。

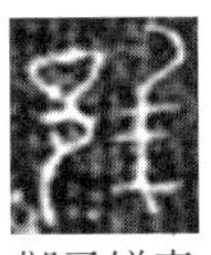 郙子𨭚壺	【釋地】河南省南陽市淅川縣 即蔿、薳，今河南淅川縣倉房鎮。 吴鎮烽《銘圖索引》[1639][郙子𨭚壺]
0561 割桁  散氏盤	【時代】西周晚期 【出處】散氏盤[《集成》10176] 【類别】城邑名稱 【釋地】陝西省寶鷄市陳倉區 在今陝西寶鷄市陳倉區境内。 吴鎮烽《銘圖索引》[1640][散氏盤]
0562 雩谷  倗生簋	【時代】西周 【出處】倗生簋[《集成》4262—4265] 【類别】人文地理名稱·田地 格伯田地的小地名。 吴鎮烽《銘圖索引》[1641][倗生簋]
0563 郲 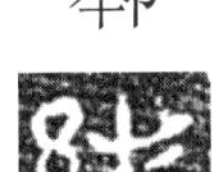 郲戈	【時代】戰國早期 【出處】郲戈[《集成》11042] 【類别】城邑名稱 【釋地】湖北省荆州市 舊釋"邦"，不確，應釋爲"郲"。"邦"與"奉"雖均從"丰"得聲，但"邦"從"邑"，"奉"從"収"，並非一字。戰國文字"奉"習見……小篆"奉"則在"収"中間加"手"，殊爲重複。 望山簡 2.55 有"奉陽公"，包山簡 177 有"奉陽司敗"，可證"奉"爲地名。《水經·江水注》："洲上有奉城，故江津長所治，舊主度州

1639　吴鎮烽:《商周青銅器銘文暨圖像集成索引》，上海古籍出版社，2019 年，第 1061 頁。
1640　吴鎮烽:《商周青銅器銘文暨圖像集成索引》，上海古籍出版社，2019 年，第 948 頁。
1641　吴鎮烽:《商周青銅器銘文暨圖像集成索引》，上海古籍出版社，2019 年，第 951 頁。

	郡貢于洛陽，因謂之奉城，亦曰江津戍也，戍南對馬頭岸。”在今湖北江陵南。 何琳儀《古兵地名雜識》[1642][郗戈]
0564 亩阝   鄂君啓舟節 0564.02 鄙 0564.03 酃 0564.04 鄰 0564.05 郴	**【時代】戰國中期** **【出處】鄂君啓舟節**[《集成》12112、12113] **【類别】城邑名稱** 舊稿云：“《説文》亩或體作廩。《水經注》：‘故側江有大城，相承云倉儲城，即邸閣也。’不知廩是否即倉儲城？但彼叙在油水下，澧水上。”郭院長隸定作鄙。譚其驤同志以爲漢代的便縣。今按此字右旁篆作“㐭”其上與《陳純釜》稟字偏旁同，釋亩較合。 羅長銘《鄂君啓節新探》[1643][鄂君啓舟節] **【釋地】湖南省郴州市永興縣** 當即漢代的便縣，在耒水中游北岸，即今湖南永興縣。 譚其驤《鄂君啓節銘文釋地》[1644][鄂君啓舟節] 郭云：“不知所指何地。”根據《節銘》的叙述，“鄙”在澮水（耒水）沿岸。其地或爲今之“耒陽”或“永興”。 孫劍鳴《“鄂君啓節”續探》[1645][鄂君啓舟節] **【釋地】湖南省衡陽市** 我們認爲“[illegible]”，不應釋爲鄙。……應爲“霝”，加“邑”部，便成爲“酃”。……“酃”的位置，在今衡陽市東的湘江沿岸，這是楚國的酃邑，它在水洣下游，河道寬闊，可通鵌艎連舟的，而且考古工作者在古酃邑一帶也發掘了一批楚墓，同時還發現了漢代的城，這也可佐證。……由于“酃”地盛産美酒，又位于湘江之濱，交通方便。故鄂君來此地貿易是完全可能的。 熊傳新、何光岳《〈鄂君啓節〉舟節中江湘地名新考》[1646][鄂君啓舟節]

1642 何琳儀：《古兵地名雜識》，黄德寬主編：《安徽大學漢語言文字研究叢書・何琳儀卷》，安徽大學出版社，2013年，第235頁。

1643 羅長銘：《鄂君啓節新探》，原載《羅長銘集》，黄山書社，1994年；後收入安徽省博物館編：《安徽省博物館四十年論文選集》，黄山書社，1996年，第149頁。

1644 譚其驤：《鄂君啓節銘文釋地》，原載《中華文史論叢》（第2輯），1962年；後收入《譚其驤全集》（第一卷），人民出版社，2015年，第539頁。

1645 孫劍鳴：《“鄂君啓節”續探》，原載《安徽省考古學會會刊》1982年第6輯；後收入劉慶柱、段志洪、馮時主編：《金文文獻集成》（第二十九册），綫裝書局，2005年，第332頁。

1646 熊傳新、何光岳：《〈鄂君啓節〉舟節中江湘地名新考》，《湖南師院學報（哲學社會科學版）》1982年第3期，第89—90頁。

	【釋地】湖南省郴州市 我以爲“郋”應是“郴”，古音同在侵部，又同屬舌音。《説文》：“郴，桂陽縣，從邑，林聲”，而“亩、廩”正與林同音，古音並有通假之證，《左傳》莊九年“雍廩”，《史記·齊世家》作“雍林”，正爲地名“廩”可以作林提供例證，如此“郋”與“郴”音讀至少基本相同，遠比“靁”要適合得多，首先從字音上獲得解決。 其次，郴縣至少秦已設置，《史記·項羽本紀》：“項王使人徙義帝曰：古之帝王地方千里必居上游，乃使使徙義帝長沙郴縣。”《水經·朱水注》以爲“項羽遷義帝所築”，不可信，義帝未到郴縣中途即爲所殺，徙義帝于此不過爲便于對他下毒手，不可能真意封他于此，如何能爲之築城？此時必已先有郴縣而非新築，所以項羽纔向義帝講了遷徙郴縣的理由。按《漢書·地理志》明確交代“長沙國秦郡”，而秦長沙郡又得自楚，所以長沙郴縣很可能也來自楚，而秦漢皆承之。 再次，郴縣是桂陽郡治，《漢書·地理志》：“桂陽郡高帝置。”《水經注》以爲高帝二年分長沙置，年代雖還有争議，但分置在漢初，而郡治設于郴縣，説明漢初已在南方占有重要地位，舟節在“入澮”中衹點出此城，是合地望的。 最後，郴縣確在耒水上游，《水經》：“耒水出桂陽郴縣南山，又北過其縣之西”，《水道提綱》：“耒水即郴江也，郴水與耒水合，總名耒水”，“郴江出郴州南境之黄岑山，北流經州城東南，又北經城東，又東北與耒水合，以下總曰郴江”。郴水是耒水上源之一，《水經·耒水注》稱爲黄水，漢代當以此水爲耒水正源，上引《水經》“耒水出桂陽彬縣南山”，應指此水，郴水當屬後來分出，因郴縣得名，而不是郴縣因郴水得名。《水經注》指責經文，以爲“耒水無出南山理”，乃是根據當時已經分出黄水即郴水立論，實際上《水經》在未分出郴水前，統名爲耒水，並無不合。《方輿勝覽》：“漢郴縣即今桂陽郡，平陽縣黄岑山在今郴州郴縣南三十六里，即五嶺之一，或云即騎田嶺，郴水過郡城一里，始勝舟。”如此《水經》所云郴縣南山無疑即指此山，耒水出此山自指郴水，後代把耒水也總名郴江，也是以郴水作爲耒水主源。此水統經郴縣東南、東與東北，至少小舟可達城下。于省吾考證澮就是耒水，並舉“誄”字《説文》引《論語》而從言從雷聲爲證，“雷、耒”古音皆在微部，聲韻全同，澮即耒水，無可置疑，郴縣是耒水流域最重要也是航程最遠之終點，如此“入澮”所庚之“郋”必爲郴縣，不論從那方面考察，都是符合的。 黄盛璋《再論鄂君啓節交通路綫復原與地理問題》[1647][鄂君啓舟節] 𢡊從“亩”得聲。過去有人釋“鄙”，是把“亩”和“啚”兩個字弄

1647　黄盛璋：《再論鄂君啓節交通路綫復原與地理問題》，《安徽史學》1988年第2期，第24、25、28頁。

混了。“亩”是倉廩之“廩”的初文，“啚”是都鄙之“鄙”的初文。這兩個字形、音、義都不相同，不能混爲一談。《説文·邑部》：

鄰，地名。從邑，㐭聲。讀若淫。

這個字的聲旁“㐭”也是從“亩”得聲的。《説文·炎部》：

㐭，侵火也。從炎亩聲，讀若桑葚之葚。

節銘的䣷和“鄰”可能是一個字的不同寫法。《説文》衹説“鄰”是地名，没有指明是什麽地方。根據舟節銘，䣷應該在溜水沿岸。于省吾先生指出溜即耒水。耒水邊上有郴縣。《漢書·地理志》郴縣下云“項羽所立義帝都也”。“郴”從“林”聲，“林”和䣷所從的“亩”都是侵部來母字，音近可通。《左傳·莊公八年》“公孫無知虐于雍廩”，《史記·齊世家》作“雍林”。《爾雅·釋草》“莪，蘿”，郭璞注“今莪蒿也，亦曰廩蒿”。《説文·艸部》“菻，蒿屬”，段玉裁注“按廩同菻”。西周鐘銘常見的“廩鐘”，或寫作“㐭鐘”，在“亩”字上加注聲符“林”（當然也可以説是在“林”字上加注聲符“亩”）。凡此都説明把舟銘的䣷讀爲“郴”是合理的。

朱德熙、李家浩《鄂君啓節考釋（八篇）》[1648][鄂君啓舟節]

鄰之省文，即郴縣。《説文》㐭“侵火也。從炎亩（古廩字）聲，讀若桑葚之葚”。徐注“力荏切”。 鄰“地名， 從邑㐭聲。讀若淫”。徐注“力荏切”。郴“桂陽縣從邑林聲”，徐注“丑林切”。葚讀禪紐音，淫讀喻紐音。則此字紐爲喻、禪，舌音系統。葚一般讀上聲，淫讀平聲，古亦不甚嚴格，若讀舌上音則可讀丑林切同郴。徐注一律讀力荏切爲音，林音之上聲。郴字則從林得聲而紐爲徹紐（舌上音）。林本爲來紐，來紐往往通舌上音。如离有摛音，黎明亦作遲明，即來紐通舌上音也。林廩音雖有平上聲之異，古可通用如《左傳》齊之雍廩，《史記·齊世家》作雍林可證。

郴楚之南鄙，開發較早，故項羽徙義帝于此。雖南遷，亦要地。設關于此以通南越。

姚漢源《戰國時長江中游的水運》[1649][鄂君啓舟節]

鄗，從亩聲，與林聲音近相通，鄗即郴，今湖南郴縣。

湯餘惠《戰國銘文選》[1650][鄂君啓舟節]

今湖南郴州市。

吴鎮烽《銘圖索引》[1651][鄂君啓舟節]

1648 朱德熙、李家浩：《鄂君啓節考釋（八篇）》，北京大學中國中古史研究中心編：《紀念陳寅恪先生誕辰百年學術論文集》，北京大學出版社，1989年，第67頁。

1649 姚漢源：《戰國時長江中游的水運——鄂君啓節試釋》，周魁一主編：《水的歷史審視：姚漢源先生水利史論文集》，中國書籍出版社，2016年，第563頁。

1650 湯餘惠：《戰國銘文選》，吉林大學出版社，1993年，第48頁。

1651 吴鎮烽：《商周青銅器銘文暨圖像集成索引》，上海古籍出版社，2019年，第950、958頁。

	【類别】自然地理名稱 · 河湖 【釋地】郴水 从邑㐭聲，按即郴水。《説文 • 邑部》："郴，从邑林聲。"林㐭聲韻俱同。《括地志》："黄岑山在郴州城南，郴水所出。"郴水即黄水之異名。《水經注 • 耒水》："耒水又西，黄水注之，水出縣西黄岑山。"是郴水注入，耒水，銘文云入灅（耒）庚鄗，正與之合。 馬承源《商周青銅器銘文選》[1652]［鄂君啓節］
0565 郘   冉鉦鋮	【時代】戰國時期 【出處】冉鉦鋮 唯正月初吉丁亥，余□□之孫子〔余冄〕，〔擇厥〕吉金，自作鉦鋮，以□□船其朕，□□□大川。□□其陰其陽，□□盂。余以行司師，余以征司徒，余以伐郘，余以伐郐（徐），嬖子孫，余冉鑄此鉦鋮，汝勿喪勿敗。余處此南疆，萬枼（世）之外，子子孫孫，友朋作以永鼓。［冉鉦鋮，《集成》428］ 【類别】國族名稱 郘字不見于字書，疑爲鄆之異文。《春秋 • 成公十二年》："楚人入鄆。"杜預注："鄆，莒别邑也。" 陳秉新、李立芳《出土夷族史料輯考》[1653]［冉鉦鋮］
0566 郠  郠季寬車盤	【時代】春秋早期 【出處】郠季寬車壺 蓋銘：郠季寬車自作行壺，子孫永用之；器銘：郠季寬車自作行壺，子孫永寶用之。［郠季寬車壺，《集成》9658］ 【類别】國族名稱
0567 郻	【時代】戰國 【出處】郻戈［《集成》10907］ 【類别】城邑名稱

1652　馬承源主編：《商周青銅器銘文選（四）》，文物出版社，1990 年，第 434 頁。
1653　陳秉新、李立芳：《出土夷族史料輯考》，安徽大學出版社，2005 年，第 244 頁。

⿰易阝戈

【釋地】河北省保定市雄縣

按：首字釋“⿰易阝”，誤。古文字中“易”“易”二字的區別比較明顯，“易”字“日”下没有一横，“易”字“日”下有一横。《集成》17.10908武陽戈、10918建陽戈、10920晋陽戈中的“陽”字可爲證明。此字應釋爲“⿰易阝”。

“⿰易阝”是地名，即燕國之“易”。《水經·易水注》：“易水又東逕易縣故城南，昔燕文公徙易，即此城也。”顧觀光《七國地理考》：“《史記·趙世家》：‘惠文王五年，與燕鄚、易。’蓋所屬不常矣。《漢志》屬涿郡，今保定府雄縣。”

徐在國《兵器銘文考釋（七則）》[1654][⿰易阝戈]

0568

⿱每山

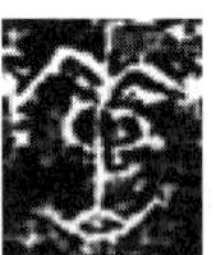

魏下官壺

魏舍鼎

巍鼎

【時代】戰國

【出處】魏舍鼎[《集成》1345] 郭佗壺[《銘圖》12308]

魏下官壺[《集成》9515]等

【類別】城邑名稱

【釋地】河南省安陽市内黄縣

⿱每山，從山、每聲，當讀爲繁。繁從敏聲，敏又從每聲，⿱每山、繁聲類相同。此器銘爲三晋字體，“⿱每山”作爲地名使用，疑即魏邑繁陽的省稱。戰國器物銘文中的地名，二字的往往省爲一字，如“咸陽”省作“咸”，安邑省作“安”之例。魏繁陽因繁水而得名，在今河南省内黄縣北（楚亦有繁陽，在今河南新蔡縣北，與此不是一地）。

湯餘惠《戰國銘文選》[1655][繁下官鼎]

【釋地】山西省運城市芮城縣

郭佗壺之“魏”字形在戰國晋系文字資料中常見。有關此字的釋讀，學界曾有不同看法。其中釋“⿱每山”，讀作“魏”的意見逐漸爲大部分學者所接受。但是“魏”的具體地望，則仍未有定論。

文獻表明，戰國時期三晋地區曾有兩個“魏”地：一爲晋獻公十六年（公元前611年）所滅之魏，後封給魏始祖畢萬，三家分晋時屬魏，地在今山西芮城東北；一爲《水經注·淇水注》引應劭曰“魏武侯之别都”之魏，地在今河北大名西南。

學者關于“魏”地望的争論大致不出這兩地，但認定往往過于絶對。

1654 徐在國：《兵器銘文考釋（七則）》，黄德寬主編：《安徽大學漢語言文字研究叢書：徐在國卷》，安徽大學出版社，2013年，第14頁。

1655 湯餘惠：《戰國銘文選》，吉林大學出版社，1993年，第8頁。

我們認爲，晉系文字中地名“魏”的資料可能各有所屬，不相混淆。

綜上可知：銅器銘文中“魏”和魏橋形布中“魏”地望一致，都是指山西芮城東北部之“魏”。小型鋭角布有可能是流行于戰國中後期的趙國貨幣，面文“[illegible]”指河北大名之“魏”。

楊坤《郭佗壺銘文及相關問題研究》[1656][郭佗壺]

有關“[illegible]”字的釋讀，學者曾有不同的看法，早在 1992 年，吴榮曾先生就將其隸定爲“[illegible]”，指出此字一般用作地名或姓氏名，結合字形與用法考慮，應該釋讀爲“魏”，並指出西漢文字“魏”字的構形就是由這種寫法調整、改變而來。2010 年，周波先生又撰文進一步肯定了吴先生的意見。戰國文字中用作地名的“[illegible]”讀爲“魏”，目前已爲多數學者所接受，但其所指確切地點，目前仍有不同看法。

“魏”本爲古地（國）名，《詩》“國風”即有“魏風”之名，《左傳·襄公三年》“爲之歌魏”，即指此而言。《詩》毛傳引《魏譜》：“魏者虞舜夏禹所都之地。”西周時“魏”爲周王分封的姬姓諸侯國，見《左傳》襄公二十九年晉司馬叔侯云：“虞、虢、焦、滑、霍、楊、韓、魏，皆姬姓也。”何時所封則未詳。又，《左傳·桓公三年》：“芮伯萬之母芮姜惡芮伯之多寵人也，故逐之，出居于魏。”杜預注：“爲明年秦侵芮張本。芮國在馮翊臨晋縣。魏國，河東河北縣。”杜注所指，乃西周之魏，春秋早期爲晋獻公所滅，後地入晋，賜于畢萬，晋國之魏氏由此而來，見《左傳·閔公元年》：“晋侯作二軍。公將上軍，大子申生將下軍，趙夙御戎，畢萬爲右。以滅耿，滅霍，滅魏。還，爲大子城曲沃，賜趙夙耿，賜畢萬魏，以爲大夫。”楊伯峻《春秋左傳注》指出：“魏亦古國名，閔公元年晋獻公滅魏者是也。據《方輿紀要》，山西省芮城縣東北七里有河北城，一名魏城，故魏國城也。”是魏國在今山西省芮城縣。按戰國時期“魏”地有二；一爲晋獻公十六年所滅之魏，後封給魏始祖畢萬，三家分晋時屬魏，地在今山西芮城東北；一爲《水經注·淇水注》引應劭曰：“魏武侯之别都”之魏，地在今河北大名西南。從文獻記載及參考錢穆先生的研究成果，大名西南之“魏”地得名，不可能早于魏武侯徙居魏縣之前，也就是説春秋之前的魏地衹能爲一處。所以，簋銘之“魏”地，當指今山西芮城之魏無疑。

曹錦炎《趞簋銘文考釋》[1657][趞簋]

即魏，今山西芮城縣北。

吴鎮烽《銘圖索引》[1658][魏下官壺]

1656　楊坤：《郭佗壺銘文及相關問題研究》，清華大學出土文獻研究與保護中心編、李學勤主編：《出土文獻》（第五輯），中西書局，2014 年，第 36—37、41 頁。

1657　曹錦炎：《趞簋銘文考釋》，清華大學出土文獻研究與保護中心編、李學勤主編：《出土文獻》（第八輯），中西書局，2016 年，第 44—45 頁。

1658　吴鎮烽：《商周青銅器銘文暨圖像集成索引》，上海古籍出版社，2019 年，第 954、1032 頁。

0569 **䋣陽** 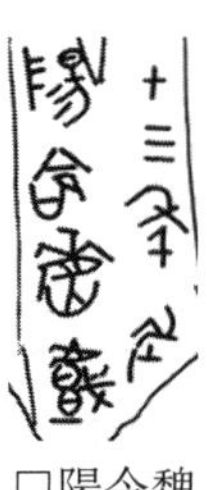 □陽令魏戲戈	**【時代】戰國早期** **【出處】□陽令魏戲戈** 十三年，□陽命䋣（魏）戲，工帀（師）北序壘、冶黄。［□陽令魏戲戈，《集成》11347］ **【類别】城邑名稱** **【釋地】河南省安陽市内黄縣** 䋣，從山每聲，與緐、繁聲類相同，當是異體；䋣陽，即繁陽，地名。晚周繁陽之見于器物銘文者有二：一在今河南省新蔡縣北，屬楚；一在今河南省内黄縣西北，屬魏。從文字風格結體看，此爲後者。魏繁陽或省稱爲“繁”，寫作“䋣”，又見于銅器和貨幣文字。 湯餘惠《戰國銘文選》[1659]［□陽令魏戲戈］
0570 **芛**  師旂鼎  昔鷄簋 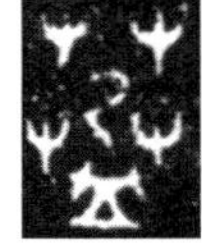 静簋 0570.02 苙	**【時代】西周早中期** **【出處】師旂鼎**［《集成》2809］ **昔鷄簋**［《銘三》483、484］ **芳姬鬲**［《銘圖》2733］ **【類别】城邑名稱** 芛就是芛自，静簋説“𨙵𢿋芛自”，是合𢿋自和芛自。《毛詩》序“《雲漢》仍叔美宣王也”。芛應是仍叔的封邑。其地謂在宗周附近，疑是《漢書·地理志》左馮翊的徵縣，顔師古注：“徵音懲，即今之澄城縣是也。《左傳》所云‘取北徵’，謂此地耳。而杜元凱未詳其處也。” 芛和徵，韻相近。 唐蘭《論周昭王時代的青銅器銘刻》[1660]［師旂鼎］ 地名，伯懋父北征之駐地。 馬承源《商周青銅器銘文選》[1661]［師旂鼎］ **【釋地】甘肅省平凉市靈臺縣** 唐蘭以𢿋、芛二師皆屬西六師，師旂之族則隸屬于芛師，其説至塙。芛之地望，唐蘭先以師旂鼎之芛爲仍叔采地，地在宗周附近；又讀静簋之芛爲徵，望在今陝西澄城縣附近。今案：唐説可商。仍當即風姓之任國，地在今山東濟寧，與西六師之芛並非一地。今由昔鷄簋更知芛乃姞姓國。

1659 湯餘惠：《戰國銘文選》，吉林大學出版社，1993 年，第 63 頁。
1660 唐蘭：《論周昭王時代的青銅器銘刻》，《唐蘭全集（四）》，上海古籍出版社，2015 年，第 1458 頁。
1661 馬承源主編：《商周青銅器銘文選（三）》，文物出版社，1988 年，第 60 頁。

	莽，似可讀爲偪。莽古屬日紐蒸部字，偪屬幫紐職部字，職部與蒸部對轉可通。晉襄公之母亦名偪姞，《左傳・文公六年》："八月乙亥，晉襄公卒，靈公少。晉人以難故，欲立長君。……趙孟曰：'杜祁以君之故，讓偪姞而上之。以狄故，讓季隗而己次之，故班在四。'"杜預《注》："杜祁，杜伯之後祁姓也。偪姞，姞姓之女生襄公爲世子，故杜祁讓，使在己上。"孔穎達《正義》："《譜》以偪爲國名。地闕，不知所在。"羅泌《路史・國名紀》以偪爲周之偪陽國，其説不可據。偪陽爲妘姓，《國語・鄭語》："妘姓鄔、鄶、路、偪陽，曹姓鄒、莒，皆爲采衛，或在王室，或在夷翟。"故偪陽與姞姓之偪不同。章炳麟謂偪即密須氏之密，密在今甘肅靈臺縣附近，地適在西。章氏之論可備一説。《國語・周語上》記甘肅之密被恭王所滅。 黄益飛《略論昔雞簋銘文》[1662][昔雞簋] **【釋地】陝西省渭南市澄城縣** 葢當從皿莽聲，前師旂鼎衹作莽。莽疑即徵，《漢書・地理志》左馮翊有徵縣，顔師古注"徵音懲"。徵、莽聲相近。在今陝西省澄城縣西南。此地與豳東西遥遥相對，然則宗周之與豳、莽二師，與漢代京兆尹之與左馮翊右扶風相類。此二師可能是"西六師"之二。 唐蘭《西周青銅器銘文分代史徵》[1663][静簋] 唐蘭以爲同徵，今陝西澄城縣西南。 吴鎮烽《銘圖索引》[1664][静簋][師旂鼎] **【他釋】** 葢𠂤，人名，趞鼎銘："令汝作豳𠂤冢司馬。"又吴虎鼎銘："王令善夫豐生、嗣（司）工雍毅，（申）剌（厲）王令，取吴（虞）葢舊疆付吴（虞）虎……"吴虎鼎爲宣王時器，静簋爲穆王時器，時代相差約百年，則豳葢𠂤家族必爲西周大族。豳又作𤎅，楊樹達釋㸚，疑即豳字（古山、火二字易訛）。邦君之君舊多隸作周，唐蘭説："君字上半因範損，中多一直筆，舊釋爲周誤。"邦君，小國君主。大池，亦見于遹簋，或説是鎬京辟雍的環水，或説即鎬池。 王輝《商周金文》[1665][静簋]
0571 **宫**	**【時代】西周中期** **【出處】仲㠱簋** 仲㠱作厥文考宫叔寶𩰫彝，用匄永福，子子孫孫其永寶。[仲㠱簋，《銘圖》4950]

1662　黄益飛：《略論昔雞簋銘文》，《中國國家博物館館刊》2018年第3期，第56頁。
1663　唐蘭：《西周青銅器銘文分代史徵》，《唐蘭全集（七）》，上海古籍出版社，2015年，第378頁。
1664　吴鎮烽：《商周青銅器銘文暨圖像集成索引》，上海古籍出版社，2019年，第896、924、1015頁。
1665　王輝：《商周金文》，文物出版社，2006年，第99頁。

仲奰簋

【類别】城邑名稱

【釋地】河南省濮陽市

宫地見于各期卜辭，是商王經常往來和田獵的重要城邑。它和榆、䨓見于同版卜辭，離榆、䨓兩地當不甚遠。榆，即《左傳》襄公二十三年的“雍榆”，在今河南濬縣西南。“䨓”，通作鐵，《春秋》哀公二年：“晋趙鞅帥師及鄭罕達帥師戰于鐵”，楊伯峻注：“鐵，在今濮陽縣西北五里。”《左傳》襄公十四年：“公使子蟜、子伯、子皮與孫子盟于丘宫。”杜預注：“丘宫近戚地。”丘宫蓋即宫丘之倒文，故西周時的宫國當在今河南濮陽市境。

蔡運章《論洛陽北窑西周墓青銅器銘刻》[1666][仲奰簋]

0572

脩武

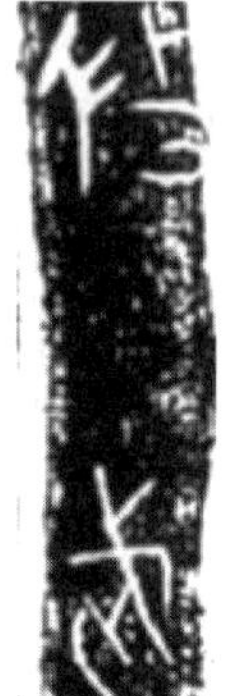
脩武使君甗

脩武府杯

【時代】戰國晚期·魏

【出處】脩武使君甗[《銘圖》3328]　脩武府杯[《集成》9939]

【類别】城邑名稱

脩武見《漢書·地理志》應劭曰：“晋始啓南陽，今南陽城是也，秦改曰脩武。”臣瓚曰：“《韓非》書：秦昭王越趙長平，西攻脩武。時秦未兼天下，脩武之名久矣。”師古以爲“瓚説是也”。按《韓非子·初見秦》：“大王以詔破之，拔武安。當是時也，趙氏上下不相親也，貴賤不相信也。然則邯鄲不守。拔邯鄲，筦山東河間，引軍而去，西攻脩武。”據郭沫若《青銅時代·韓非子初見秦篇發微》，《初見秦》是吕不韋的作品，作于秦昭王五十一年，文中提到的“武安”指趙王主將趙括，昭王四十七年，秦將白起坑殺括所將趙卒四十萬于長平。脩武之入秦，當在昭王晚年。杯作于昭王四十七年之後。

王輝《秦銅器銘文編年集釋》[1667][脩武府耳杯]

【釋地】河南省新鄉市獲嘉縣

戰國魏邑，河南獲嘉縣。

吴鎮烽《銘圖索引》[1668][脩武使君甗][脩武府杯]

1666　蔡運章：《論洛陽北窑西周墓青銅器銘刻》，《甲骨金文與古史新探》，中國社會科學出版社，1996年，第19頁。
1667　王輝：《秦銅器銘文編年集釋》，三秦出版社，1990年，第163—164頁。
1668　吴鎮烽：《商周青銅器銘文暨圖像集成索引》，上海古籍出版社，2019年，第942、955—956頁。

十一畫

0573

㕍

散氏盤

鴻叔簋

【時代】西周晚期

【類別】國族名稱

【出處】散氏盤［《集成》10176］

㕍乃國族名。

郭沫若《兩周金文辭大系圖録考釋》[1669]［散氏盤］

【釋地】河南省商丘市睢陽區

“㕍”字見于甲文，爲征人方所經，商承祚《殷虚文字類編》收之，已疑此字與鴻雁之鴻古爲一字，但因皆爲地名，未由驗證其説。

最早見于甲骨文之㕍，爲征人方路次之地，距亳僅一程，從地名亦可證其地爲鴻。據陳夢家《殷虚卜辭綜述》與李學勤《殷代地理簡論》所排征人方歷程可知：

十月又一癸丑正人方　在亳	前 2.2.5
甲寅在亳　步于㕍	後上 9.12
	續 3.13.7
甲寅在㕍	續 3.31.7
乙卯在㕍　　步于鼬	前 2.9.6

亳在商丘附近，由亳步㕍僅一日行程。董作賓、陳夢家均讀鳿（㕍）爲鴻，陳並引《左傳》昭二十一年“齊師、宋師敗吴于鴻口”，杜注“梁國睢陽縣東有鴻口亭”，《水經・梁水注》“梁國睢縣東有鴻口亭，……蓋春秋之所謂紅澤矣”。睢陽來自古商丘，而鴻口正在其東，與征人方自亳步于鳿方位、距離皆合。鴻口應得名于鴻溝之渡口，古代的鴻溝正是經睢陽流往東南，鴻溝、鴻口得名均和㕍即鴻有關。討論至此，“㕍”“鳿”爲“鴻”之本字，“鴻”爲後起字，完全可以論定。

黄盛璋《長安鎬京地區西周墓新出銅器群初探》[1670]［鴻叔簋］

1669　郭沫若：《兩周金文辭大系圖録考釋（二）》，《郭沫若全集・考古編》（第八卷），科學出版社，2002年，第278頁。

1670　黄盛璋：《長安鎬京地區西周墓新出銅器群初探》，《文物》1986年第1期，第39頁。

【釋地】陝西省寶鷄市陳倉區

即鴻，在今陝西寶鷄市陳倉區境内。

吴鎮烽《銘圖索引》[1671]［散氏盤］

0574

堇

堇伯鼎

堇伯鼎

小子𩰫卣

越□堇戈

【時代】商代晚期 西周早期 春秋晚期

【類别】國族名稱、城邑名稱

【出處】小子𩰫卣 堇伯鼎 越□堇戈［《銘圖》17148］

乙子（巳），子令小子𩰫先以人于堇，子光賞𩰫貝二朋，子曰：貝唯丁，蔑汝曆，用作母辛彝，在十月，月唯，子曰：令望人（夷）方䍙。［小子𩰫卣，《集成》5417］

堇伯作旅尊彝。［堇伯鼎，《集成》2155、2156］

【釋地】山西省運城市萬榮縣

蒕，古熯字，疑讀爲堇，古音熯與堇曉見旁紐，元文旁轉。本銘堇爲國族名，西周金文有堇伯鼎。《左傳·文公七年》："趙盾禦秦師于堇陰。"杜注："晋地。"顧棟高《春秋大事表》："疑亦當在蒲州府榮河縣。"古堇國當距堇陰不遠。

陳秉新、李立芳《出土夷族史料輯考》[1672]［小子𩰫卣］

今山西萬榮縣西南。

吴鎮烽《銘圖索引》[1673]［堇伯鼎］

【釋地】山東省棗莊市

此戈當爲戰國早期遺物。戈銘中"堇"，似爲越國地名。越有鄞邑，《國語·越語》載："勾踐之地，南至于句無，北至于御兒，東至于鄞，西至于姑蔑，廣運百里。"越又有赤堇山，在紹興東南15公里，是歐冶子爲越王鑄劍處。《越絶書》卷十三載："赤堇之山，破而出錫。"春秋之際，今山東南緣地帶先後受吴越楚的管轄。《史記·越世家》載："當是時，越兵横行于江、淮東，諸侯畢賀，號稱霸王。"此戈出土于棗莊，應非偶然。

李錦山《棗莊市揀選一件戰國銘文銅戈》[1674]［越□堇戈］

1671 吴鎮烽：《商周青銅器銘文暨圖像集成索引》，上海古籍出版社，2019年，第962頁。
1672 陳秉新、李立芳：《出土夷族史料輯考》，安徽大學出版社，2005年，第93頁。
1673 吴鎮烽：《商周青銅器銘文暨圖像集成索引》，上海古籍出版社，2019年，第961頁。
1674 李錦山：《棗莊市揀選一件戰國銘文銅戈》，《文物》1987年第11期。

0575

萑柬

平都矛

【時代】 戰國晚期·秦

【出處】 平都矛［《集成》11542］

【類別】 城邑名稱

0576

梌

四祀邲其卣

【時代】 商代晚期

【出處】 四祀邲其卣

乙巳，王曰：尊文武帝乙宜，在召大廳，遘乙翌日，丙午，魯。丁未，鬻。己酉，王在梌，邲其易（賜）貝。在四月，唯王四祀，翌日。［四祀邲其卣，《集成》5413］

【類別】 城邑名稱

梌讀爲榆，地名。

王輝《商周金文》[1675]［四祀邲其卣］

【釋地】 山東省肥城市

榆地，乃卜辭與商周金文最爲習見之地名，我們曾結合無名組與黄組田獵卜辭、“梁山七器”之一的太保簋、清華簡《繫年》第20章以及傳世文獻等材料，推測其地望大致是在今山東肥城一帶。

陳絜《〈四祀邲其卣〉與晚商東土交通》[1676]［四祀邲其卣］

0577

逨魚

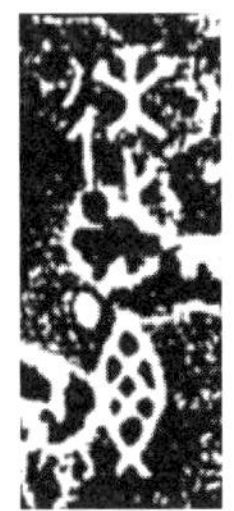

庸伯馭簋

【時代】 西周早期

【出處】 庸伯馭簋

唯王伐逨魚，祉伐淖黑，至燎于宗周，易（賜）章（庸）伯馭貝十朋，敢對揚王休，用作朕文考寶尊簋，其萬年子子孫孫其永寶用。［庸伯馭簋，《集成》4169］

【類別】 國族名稱

地名，或是氏族國家，待考。

唐蘭《西周青銅器銘文分代史徵》[1677]［庸伯馭簋］

1675　王輝：《商周金文》，文物出版社，2006年，第22頁。

1676　陳絜：《〈四祀邲其卣〉與晚商東土交通》，北京大學出土文獻研究所編：《青銅器與金文》（第一輯），上海古籍出版社，2017年，第81頁。

1677　唐蘭：《西周青銅器銘文分代史徵》，《唐蘭全集（七）》，上海古籍出版社，2015年，第363頁。

	西周時期少數部族，地不詳。 吴鎮烽《銘圖索引》[1678][庸伯馭簋]
0578 **根木道**  散氏盤	**【時代】西周晚期** **【類别】人文地理名稱 · 道路** **【出處】散氏盤**[《集成》10176] 此銘“根木道”是以封樹爲道名，“至于邊柳”亦當是地名；其他是指封樹，抑係由封樹而得名的地名，不易確分。 陳夢家《西周銅器斷代》[1679][散氏盤] **【釋地】陝西省寶鷄市陳倉區** 道路名，在今陝西寶鷄市陳倉境内。 吴鎮烽《銘圖索引》[1680][散氏盤]
0579 **曹**  曹伯狄簋 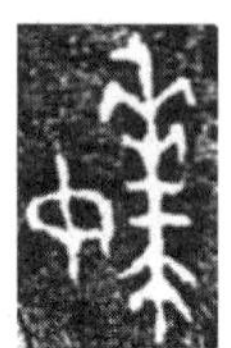 伯氏鼎  曹公子沱戈	**【時代】春秋時期** **【出處】多器** **【類别】國族名稱** **【釋地】山東省菏澤市定陶區** 西周古國。《詩 · 曹風》朱熹《集傳》：“曹，國名，其地在禹貢兖州陶丘之北、雷夏菏澤之野，周武王以封其弟振鐸，今之曹州即其地也。”在山東省定陶縣西南。 馬承源《商周青銅器銘文選》[1681][曹公子池戈] 《史記 · 曹世家》：“曹叔振鐸者，周武王弟也。武王已克殷紂，封叔振鐸于曹。”《逸周書 · 克殷解》：“叔振奏拜假。”陳槃據此以叔振是字，名鐸。但《逸周書》爲秦漢間人作，多未足據。《史記 · 管蔡世家》記文王諸子于蔡叔度後，僅曰“次曰曹叔振鐸”，可見皆是名，陳説非也。曹爲文之昭，則兩見《左傳》。《漢書 · 地理志》：濟陰郡“定陶，故曹國，周武王弟叔振鐸所封。禹貢陶邱在西南”。鄭玄《詩譜》：“曹昔禹貢兖州陶邱之北地名，今濟陰定陶是也，其封城在雷夏菏澤之野，夾于魯衛。”《爾雅》郭注：“今濟陰定陶城中。”宋宗：《國都城記》説同。

1678 吴鎮烽：《商周青銅器銘文暨圖像集成索引》，上海古籍出版社，2019 年，第 963 頁。
1679 陳夢家：《西周銅器斷代》，中華書局，2004 年，第 347 頁。
1680 吴鎮烽：《商周青銅器銘文暨圖像集成索引》，上海古籍出版社，2019 年，第 963 頁。
1681 馬承源主編：《商周青銅器銘文選（四）》，文物出版社，1990 年，第 502 頁。

《元和志》亦云“州理中城蓋古之陶邱，一名左城”，則後來定陶城擴建或改築，將西南陶丘包于城中。據清《一統志》：“定陶故城在今（定陶）縣西北四里。舊志：元至順二年河决漂没城廬，尋遭兵毁。明洪武四年徙于今治，即今定陶縣城。”以前皆在故定陶城，至于陶邱，應即在晉唐故城内，而《一統志》以陶丘在定陶縣西南七里，纔乃後代志書據《漢志》在西南而附會。曹國都定陶，以前衹名陶，故曹叔又名陶叔。秦始有定陶之名，因曹都故州治于此，因名曹州。陶邱亦出後加，同爲一地。但其城址則因河流與水運關係屢有遷徙改造，尚有待于考古勘探，始能定其確址。

黄盛璋《山東諸小國銅器研究》[1682]［曹伯狄簋］

曹，古國名。《史記·管蔡世家》：“曹叔振鐸者，周武王弟也。武王克殷紂，封叔振鐸于曹。”裴駰集解：“宋忠曰：濟陰定陶縣。”故地在今山東省菏澤、定陶、曹縣一帶。

陳秉新、李立芳《出土夷族史料輯考》[1683]［曹伯狄簋］

都陶丘，今山東定陶縣西北。

吴鎮烽《銘圖索引》[1684]［伯氏鼎］

0580

敔

敔仲簋

【時代】西周中期

【出處】敔仲簋

敔仲作其旅簋。［敔仲簋，《集成》3550］

【類别】國族名稱

0581

盛

【時代】戰國中期

【出處】盛君縈簠

盛君縈之御簠。［盛君縈簠，《集成》4494］

【類别】國族名稱

盛初文就是成，加皿爲盛，加邑就是郕，原衹作成。《説文》“郕”段注，“今春秋三傳皆作成，郕，成古今字也”。《公羊傳》還稱“成”就是“盛”或通作“盛”。如莊八年傳：“師及齊師圍成，成降于齊師，成者何，盛也，盛則曷謂之成，諱滅同姓也，”又文十二年傳，“盛伯來奔。盛伯者何？失國之君也”。《左傳》《穀梁傳》皆作“郕伯來奔”。

1682　黄盛璋：《山東諸小國銅器研究——〈兩周金文辭大系續編〉分國考釋之一章》，《華夏考古》1989年第1期，第86—87頁。

1683　陳秉新、李立芳：《出土夷族史料輯考》，安徽大學出版社，2005年，第394頁。

1684　吴鎮烽：《商周青銅器銘文暨圖像集成索引》，上海古籍出版社，2019年，第962頁。

盛君縈簠

"管蔡郕霍"，"文之昭也"見《左傳》僖二十四年，郕故地有二説，一爲西漢濟陰郡成陽縣爲古郕伯國，見《水經・瓠子水注》及引應劭説：《括地志》，二是郕鄉，東漢置成縣屬濟北國，杜預注《左傳》隱五年之郕國以爲即東平剛父縣西南郕鄉，亦即《水經・洸水注》所逕之郕鄉城。不管那一説郕都在山東齊魯之間，《説文》説："郕魯邑。"最早當爲魯所滅，而最後入齊地，楚所滅國不能至此，此盛君瑚字體屬楚，尤以"之"字特點最顯，器出土與曾侯乙相鄰之二號墓，盛國當滅于楚，但盛君瑚器，銘例皆屬春狄，瑚無晚至戰國，作此器時盛君縈尚爲盛國君，而墓葬爲戰國中期，稍晚于曾侯乙墓，有人認爲盛君縈非此墓主（見《文物》1985 年 1 期簡報與劉彬徽文），有人認爲盛君縈爲此墓主，顯不可能，饒宗頤先生在《試談盛君簠》一文中以爲盛爲姬姓郕爲楚所滅者（《江漢考古》1985 年 1 期），我以爲姬姓之成或遠在山東齊魯之間，又可能爲楚所滅國。楚滅之盛必姬姓，此可肯定者一。《穆天子傳》所記盛姬，爲穆王之妃，盛柏之女，盛柏即盛伯，爲盛國之君，必非姬姓，有可能即此盛君之國，據盛君瑚之字體，必在南方與楚相接，此可肯定者二。

黄盛璋《朴君述鼎國別、年代及其相關問題》[1685][盛君縈簠]

0582

雩

散氏盤

克罍

【時代】西周晚期

【出處】散氏盤［《集成》10176］

【類別】城邑名稱

【釋地】河南省駐馬店市泌陽縣

雩，王國維先生認爲即商代的盂方。盂當爲商之敵國，卜辭中多有征伐盂的內容。如"丁卯王卜貞……余其從多田于多白，正盂方。"（《甲》2416）"王卜才滰貞……惟王來正盂方白炎。"（《後》上 18.6）李學勤先生認爲盂方有可能即泌陽的盂。

任偉《西周燕國銅器與召公封燕問題》[1686][克罍]

"雩"，陳公柔先生認爲即邘，説："《左傳》僖公二十四年'邘、晋、應、韓，武之穆也。'杜注'河内野王縣西北有邘城。'王國維以爲應爲卜辭的盂"。"盂方"見于殷乙辛卜辭，李學勤先生認爲"可能即泌陽的盂"。

方述鑫《太保罍、盉銘文考釋》[1687][克罍]

1685 黄盛璋：《朴君述鼎國別、年代及其相關問題》，《江漢考古》1987 年第 1 期，第 93—94 頁。
1686 任偉：《西周燕國銅器與召公封燕問題》，《考古與文物》2008 年第 2 期，第 60 頁。
1687 方述鑫：《太保罍、盉銘文考釋》，陳光彙編：《燕文化研究論文集》，中國社會科學出版社，1995 年，第 289 頁。

<table>
<tr><td></td><td>

【釋地】陝西省西安市鄠邑區

雩今鄠縣也。

陳子怡《散氏盤石鼓文地理考證》[1688][散氏盤]

【釋地】陝西省寶鷄市陳倉區

在今陝西寶鷄市陳倉區境内。

吴鎮烽《銘圖索引》[1689][散氏盤]

</td></tr>
<tr><td>

0583

雩婁

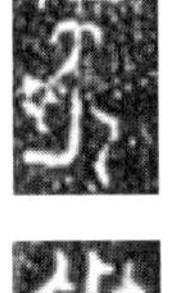

雩婁公佗戈

</td><td>

【時代】春秋晚期·楚

【出處】雩婁公佗戈［《銘續》1150］

【類別】城邑名稱

【釋地】河南省信陽市固始縣

今河南固始縣東南。

吴鎮烽《銘圖索引》[1690][雩婁公佗戈]

</td></tr>
<tr><td>

0584

虘

太保罍

0584.02

𠭰

</td><td>

【時代】西周時期

【出處】史牆盤［《集成》10175］**克罍**［《銘圖》13831］

【類別】國族名稱

“𠭰”，殷康丁和乙辛卜辭有𠭰方，陳夢家先生以爲其地望“與羌方當相鄰近”。

方述鑫《太保罍、盉銘文考釋》[1691][克罍]

“𧬊”作爲商代的方國，于卜辭中常見（如《甲骨文合集》27994—27996、36528反、《小屯南地》3655）其時它與羌方、羞方、繐方被合稱爲四邦方，所處位置與羌方較接近。

任偉《西周燕國銅器與召公封燕問題》[1692][克罍]

</td></tr>
</table>

1688 陳子怡：《散氏盤石鼓文地理考證》，《禹貢》第七卷第6、7合期，1937年，第143頁。
1689 吴鎮烽：《商周青銅器銘文暨圖像集成索引》，上海古籍出版社，2019年，第963頁。
1690 吴鎮烽：《商周青銅器銘文暨圖像集成索引》，上海古籍出版社，2019年，第1062頁。
1691 方述鑫：《太保罍、盉銘文考釋》，陳光彙編：《燕文化研究論文集》，中國社會科學出版社，1995年，第289頁。
1692 任偉：《西周燕國銅器與召公封燕問題》，《考古與文物》2008年第2期，第60頁。

【釋地】甘肅省平凉市靈臺縣

虘和岀當是兩個方國名。虘大概就是甲骨卜辭的叡方，也就是《詩經》的徂國。《大雅·皇矣》"密人不恭，敢距大邦，侵阮、徂、共"，鄭箋："阮也，徂也，共也，三國犯周而文王伐之，密須之人乃敢距其義兵，違正道，是不直也。""岀"是"微"字聲符，"微"古讀明母，與"密"字陰、入相轉。"虘岀"應該就是徂、密二國。舊説密國在今甘肅靈臺縣西，徂國當相距不遠。

裘錫圭《史牆盤銘解釋》[1693]［史牆盤］

【釋地】山東省日照市莒縣

在卜辭中虘是方國名，又作叡和蔵。史牆盤銘文"逖虘髟，伐夷童"的虘，劉士莪、尹盛平、錢伯泉都指出即卜辭中的虘、叡或蔵，錢伯泉還以爲即"上古的鄌國，在今河南省永城縣西的贊陽集。"按：鄌本秦縣，未聞爲古國名。又傳爲山東費縣出土的叡鼎以巽爲族氏名，人方首領舞孜鼎亦以巽爲族氏名，是知虘是東夷集團的一個方國。《路史·後紀七》謂小（少）昊青陽氏爲紀姓，其後有且于。相傳少昊是東夷集團的始祖之一，虘、叡和蔵都以且爲聲首，準同聲必同部之例，讀爲且是無疑的。且、于均魚部字，"且于"當是"且"的緩讀。《左傳·襄公二十三年》："齊侯還自晋，不入，遂襲莒，門于且于。"杜注："且于，莒地。" 在今山東莒縣北。古之虘國當在今山東莒縣一帶。

陳秉新、李立芳《出土夷族史料輯考》[1694]［叡鼎］

【釋地】北京市房山區

叡字作國名解，吴大澂和柯昌濟曾經提出過，但多不被採用。現在，新出的大保罍和盉的銘文中叡被作爲周王授予燕侯管轄的九個國、族之一，可知它是距燕國不遠的一個小國。這個國家在商代被稱爲叡方，于康丁、乙辛卜辭中多見。乙辛卜辭中它與羌方、羞方、繐方一起，被稱爲四邦方。周人滅商後，它雖然也歸順周王朝，但在录子叛周時，它也起來策應反叛，故周王命太保前去征討。由于它是太保的管轄之地，所以"太保克敬亡遣"（敬行順命未敢怠忽之意），很快平息了叛亂。從全銘看，作這樣解釋，于文于理皆諧合一致。

關于這九個國族的地望，因缺乏必要的資料，已很難詳考。其中的羌、馬、叡、雩、馭、微等國，在商殷時期都活動于離商王狩獵區沁陽不遠或不甚遠的地方。陳夢家、李學勤等根據卜辭材料進行研究後，得出了相當接近的結論。不過，新出土的罍、盉銘文中周王將它們授于燕侯並歸燕召公管轄和治理，説明這些國族在西周初年已經遷徙到距燕國不遠的地方。

1693　裘錫圭：《史牆盤銘解釋》，《裘錫圭學術文集》（第三卷），復旦大學出版社，2012年，第10頁。
1694　陳秉新、李立芳：《出土夷族史料輯考》，安徽大學出版社，2005年，第32、112頁。

	這種情況的出現，應與商殷後期周人對晉南的征伐有關。 殷瑋璋、曹淑琴《周初太保器綜合研究》[1695]［克罍］ **【釋地】河南省商丘市永城縣** 戲夷，殷曰戲方，其地當今河南永城縣境，地近淮水，故或稱爲淮夷。世爲殷周患，春秋以來，鮮道其國者，蓋以種族大名而失其國别，其君子爵，其亡殆在宗周末葉也。 丁山《戲夷考》[1696]
0585 **虘台丘**  狐駘丘堂匜  狐駘丘子俅戈 0585.02 狐駘丘	**【時代】戰國晚期·楚** **【出處】狐駘丘堂匜 狐駘丘子俅戈 狐駘丘君堂盤** 虘（狐）飤（駘）丘堂之會匜。［狐駘丘堂匜，《集成》10194］ 虘（狐）台丘子俅之䢔（造）。［狐駘丘子俅戈，《銘圖》17063］ 虘（狐）𠙵（駘）丘君䈞之浣盤。［狐駘丘君堂盤，《銘續》931］ **【類别】城邑名稱** **【釋地】山東省滕州市** 國名“虘𠙵丘”，應讀爲“狐駘丘”。狐駘丘本是周代山東地區的一個小國，傳世文獻僅有零星記載。近年李魯滕先生發表《“虘台（丘）”略考》一文，結合傳世文獻和金文資料，對狐駘丘的歷史和地望作了深入探討。…… 李文提出金文中的“虘𠙵（丘）”就是先秦文獻中的“狐駘”，這一意見已爲學界所認同。“狐駘”見于《左傳·襄公四年》：“冬十月，邾人、莒人伐鄫，臧紇救鄫，侵邾，敗于狐駘。國人逆喪者皆髽，魯于是乎始髽。國人誦之曰：‘臧之狐裘，敗我于狐駘。”杜預注：“狐駘，邾也。魯國蕃縣東南有目台亭。”魯國蕃縣在今山東滕州市。楊伯峻《春秋左傳注》：“狐駘，今山東滕縣東南二十里之狐駘山。”李文指出，邾在魯國南部，鄫更在其南，臧紇救鄫侵邾，狐駘爲其南下必經之地。虘𠙵丘君盤和虘台丘子俅戈皆出土于山東滕州市東南，正與狐駘的地望相符。“狐駘”在傳世文獻中又訛作“臺鮐”“狐駱”，《禮記·檀弓》記襄公四年魯敗于狐駘事云：“魯婦人之髽而吊也，自敗于臺鮐始也。”鄭玄注：“臺當爲壺字之誤也，春秋傳作狐鮐。”《路史·國名紀七》有“狐駱國”，謂“狐駱，魯地，今徐之滕縣，本隸邾”。孫剛先生指出其所記地域與杜預注相合，所謂“狐駱”無疑是“狐駘”之訛寫，“駱”與“駘”形體極近，易致訛誤。《路史》這條材料時代雖然較晚，卻非常重要，由

1695 殷瑋璋、曹淑琴：《周初太保器綜合研究》，《考古學報》1991年第1期，第6、19頁。
1696 丁山：《戲夷考》，《國立央研究院歷史語言研究所集刊》第2本第4分册，1932年。

	此可知，狐駘曾是邾的附庸小國。 傅修才《狐駘丘君盤新考》[1697]［狐駘丘君堂盤］ 即狐駘丘，楚邑，今山東滕州市東南。 吴鎮烽《銘圖索引》[1698]［狐駘丘君堂盤］
0586 **堂**  𢦚簋 	**【時代】西周中期** **【出處】𢦚鼎 𢦚簋** 唯九月既望乙丑，在堂𠂤（師），王𡚬姜吏（使）内史友員易（賜）𢦚玄衣、朱𧝓𧚍，𢦚拜稽首，對揚王𡚬姜休。用作寶䵼尊鼎，其用夙夜享孝于厥文祖乙公，于文妣日戊，其子子孫孫永寶。［𢦚鼎，《集成》2789］ 唯六月初吉乙酉，在堂𠂤（師），戎伐𢿧，𢦚率有𤔲、師氏奔追襲戎于𩵦林，搏戎𢦏。朕文母競敏𠶷行，休宕厥心，永襲厥身，卑克厥啻（敵），獲馘百，執訊二夫，俘戎兵：盾、矛、戈、弓、備（箙）、矢、裨、胄，凡百有卅有五㲺，俘戎俘人百有十有四人。衣（卒）搏，無尤于𢦚身，乃子𢦚拜稽首，對揚文母福剌，用作文母日庚寶尊簋，卑乃子𢦚萬年，用夙夜尊享孝于厥文母，其子子孫孫永寶。［𢦚簋，《集成》4322］ **【類別】城邑名稱** 臺與籀文堂相似而微異。𢦚伐淮夷的駐屯之地。 馬承源《商周青銅器銘文選》[1699]［𢦚簋］ **【釋地】河南省駐馬店市西平縣** “堂𠂤”疑即堂谿，地在今河南省西平縣西北。 蔡運章《胡國史迹初探》[1700]［𢦚簋］ 堂𠂤爲春秋堂谿（在西平西北百里），介于叶𠂤與上蔡之間。 黄盛璋《駒父盨蓋銘文研究》[1701]［𢦚簋］ 堂師即春秋定五年楚封吴夫概之堂谿城，據《史記·楚世家》正義引《括地志》：“堂谿故城在豫州郾城縣西北八十有五里也。” 黄盛璋《淮夷新考》[1702]［𢦚簋］

1697 傅修才：《狐駘丘君盤新考》，《中國國家博物館館刊》2017年第5期，第57—58頁。
1698 吴鎮烽：《商周青銅器銘文暨圖像集成索引》，上海古籍出版社，2019年，第1058、1062頁。
1699 馬承源主編：《商周青銅器銘文選（三）》，文物出版社，1988年，第115頁。
1700 蔡運章：《胡國史迹初探——兼論胡與楚國的關係》，《甲骨金文與古史研究》，中州古籍出版社，1993年，第83頁。
1701 黄盛璋：《駒父盨蓋銘文研究》，《考古與文物》1983年第4期，第55頁。
1702 黄盛璋：《淮夷新考》，《文物研究》（第5輯），1989年，第29頁。

戜鼎
0586.02
堂白
0586.03
堂師

【釋地】河南省安陽市滑縣

臺白即堂阜，春秋齊邑，在今山東蒙陰縣西北。《左傳·莊公九年》："管仲請囚，鮑叔受之，及堂阜而稅之。"又《文公十五年》："魯，爾親也，飾棺置諸堂阜。"一説在今河南滑縣附近。

崔恒昇《古文字地名考釋》[1703][方鼎][1704]

本銘堂，假爲堂。《詩·鄘風·定之方中》："升彼虛矣，以望楚矣。望楚與堂，景山與京。"毛傳："楚丘有堂邑者。"衛之楚丘在今河南滑縣東北，堂邑去楚丘不遠，亦當在滑縣境内。

陳秉新、李立芳《出土夷族史料輯考》[1705][戜簋]

【釋地】河南省漯河市郾城區

臺是戜伐淮戎的駐紮之地。《説文》："鄞，地名。從邑，堂聲。臺，古堂字。"古地名字從邑與不從邑無别，鄞應即堂。春秋楚地有堂谿，《史記·楚世家》："（楚昭王）十一年……夫概（吴王弟）敗奔楚，封之堂谿。"《正義》："《地理志》云：堂谿故城在豫州郾城縣西八十有五里也。"堂應即堂谿。

王輝《商周金文》[1706][戜簋]

今河南郾城縣汝水西。

吴鎮烽《銘圖索引》[1707][戜簋]

0587

埜

柬盉

大克鼎
0587.02
野

【時代】西周中晚期

【出處】柬盉 大克鼎

唯九月既生霸，辰在丁丑，王在埜（野），柬易（賜）市、緣（鑾）旗，柬拜稽首，對揚王休，用作朕祖日戊、文考日甲彝，孫孫子子其永寶。［柬盉，《銘圖》14790］

……王若曰：克……易（賜）汝田于埜，易（賜）汝田于淠，易（賜）汝井宇𩵦，田于駿（峻）與厥臣妾，易（賜）汝田于康，易（賜）汝田于匽，易（賜）汝田于陴原，易（賜）汝田于寒山，易（賜）汝史、小臣、霝龢鼓鐘，易（賜）汝井微𩵦人耤，易（賜）汝井人奔于量（量），敬夙夜用事，勿灋（廢）朕令…… ［大克鼎，《集成》2836］

【類别】城邑名稱

1703 崔恒昇：《古文字地名考釋》，中國古文字研究會、安徽大學古文字研究室編：《古文字研究》（第二十三輯），中華書局，2002年，第221頁。
1704 編者按：原文出處爲"方鼎一"，疑即戜方鼎（《集成》2789）。
1705 陳秉新、李立芳：《出土夷族史料輯考》，安徽大學出版社，2005年，第178頁。
1706 王輝：《商周金文》，文物出版社，2006年，第111頁。
1707 吴鎮烽：《商周青銅器銘文暨圖像集成索引》，上海古籍出版社，2019年，第967頁。

0588

婁

婁君盂

【時代】春秋晚期

【出處】婁君盂

唯正月初吉，婁君伯䣄自作餴盂。用祈眉壽無疆，子子孫孫，[永]寶是尚（常）。[婁君盂，《集成》10319]

【類別】城邑名稱

【釋地】江蘇省昆山市

今江蘇昆山市東北。

吴鎮烽《銘圖索引》[1708][婁君盂]

0589

過

過伯簋

過伯簋

【時代】西周早期

【出處】過伯簋

過伯從王伐反刱（荆），俘金，用作宗室寶尊彝。[過伯簋，《集成》3907]

【類別】國族名稱

【釋地】山東省萊州市

古有過國，《左傳》襄四年“寒浞處澆于過”，杜注“過，國名，東萊掖縣北有過鄉是”。此過伯或即其後。

郭沫若《兩周金文辭大系圖録考釋》[1709][過伯簋]

《左傳》襄公四年杜預注：“過國名，東萊掖縣北有過鄉是。”《續漢書·輿地志》東萊郡掖縣“有過鄉，古過國”。

唐蘭《論周昭王時代的青銅器銘刻》[1710][過伯簋]

過，國名，《左傳·襄公四年》杜預注：“東萊掖縣北有過鄉。”《續漢書·郡國志》説掖縣“有過鄉，古過國”，在今山東省掖縣。

唐蘭《西周青銅器銘文分代史徵》[1711][過伯簋]

今山東掖縣北。

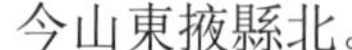

吴鎮烽《銘圖索引》[1712][過伯簋]

1708 吴鎮烽：《商周青銅器銘文暨圖像集成索引》，上海古籍出版社，2019年，第967頁。
1709 郭沫若：《兩周金文辭大系圖録考釋（二）》，《郭沫若全集·考古編》（第八卷），科學出版社，2002年，第126頁。
1710 唐蘭：《論周昭王時代的青銅器銘刻》，《唐蘭全集（四）》，上海古籍出版社，2015年，第1485頁。
1711 唐蘭：《西周青銅器銘文分代史徵》，《唐蘭全集（七）》，上海古籍出版社，2015年，第292頁。
1712 吴鎮烽：《商周青銅器銘文暨圖像集成索引》，上海古籍出版社，2019年，第968頁。

	【釋地】河南省周口市項城縣 舊説過國即《左傳・襄公四年》“處澆于過，處豷于戈”的過國，杜預《注》：“過、戈皆國名。東萊掖縣北有過鄉。”據此，則過是東夷之國，在山東半島的極北面，距楚至少在一六〇〇里以上，其國率師從昭王伐楚可能性甚少。此過當是渦。《説文・水部》：“渦，渦水受淮陽扶溝浪湯渠東入淮，從水過聲。”《漢書・地理志・淮陽國・扶溝》顔師古《注》：“渦水首受狼湯渠，東至向入淮，過郡三，行千里。”渦水得名，當是由于水道曲折由遠處過越而來。渦水所經後來有不少稱渦或稱過的地名。因爲渦水最曲迂的部分在淮陽郡，所以過國當在古淮陽郡内。此郡内東晋時有和城縣，在扶溝之南。過從咼聲，咼、和兩字可通假，《淮南子・説山訓》“咼氏之璧”，即和氏之璧，所以扶溝以南的和城縣或即古代的過國。這過國地望和伐楚的地理位置也很相宜。 馬承源《商周青銅器銘文選》[1713][過伯簋]
0590 鄇  叔鄇父戈	【時代】西周早期 【出處】叔鄇父戈［《銘圖》16714］ 【類别】城邑名稱 【釋地】河南省焦作市武陟縣 “叔”爲伯、仲、叔、季之叔。“鄇”人名。鄇從邑，有增强其作爲地名的含義。故可能兼有作器者封邑的意思。《左傳》成公十一年載：“晋郤至與周争鄇田，王命劉康公、單襄公訟諸晋。郤至曰：‘温，吾故也，故不敢失。’”楊伯峻《春秋左傳注》：“鄇，温别邑，在今河南武陟縣西南。”“父”，曾誤釋爲“作”。因此，“叔鄇父”的封邑可能在與成周（洛邑）隔河相望的鄇邑，今河南武陟縣西南。 蔡運章《洛陽北窑西周墓墨書文字略論》[1714][叔鄇父戈]
0591 敓 敓令張足戈	【時代】戰國時期 【出處】敓令張足戈［《集成》11159］ 【類别】城邑名稱

1713　馬承源主編：《商周青銅器銘文選（三）》，文物出版社，1988年，第73頁。
1714　蔡運章：《洛陽北窑西周墓墨書文字略論》，《甲骨金文與古史新探》，中國社會科學出版社，1996年，第38頁。

0592

欲

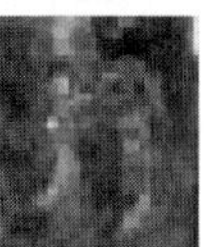

欲侯戈

【時代】西周早期

【出處】欲侯戈

欲侯用戈。[欲侯戈，《銘三》1365]

【類别】國族名稱

“欲侯”不見于文獻記載。西周初期封國數百。如《吕氏春秋·觀世》謂“周之所封四百餘，服國八百餘”。《史記·高祖功臣侯者年表》：“蓋周封八百。”《漢書·賈山傳》：“昔者，周蓋千八百國。”欲侯當是其中之一。

《説文》：“欲，貪慾也。從欠，谷聲。”“郤，晋大夫叔虎邑也。從邑，谷聲。”欲、郤二字均從谷聲，讀音相近，例可通假。欲侯很可能爲郤侯。朱駿聲《説文通訓定聲》：郤“與從卩之卻别。《聲類》‘郤鄉在河内’”。桂馥《説文解字義證》：“‘晋大夫叔虎邑也’者，即《國語》郤虎也。”《集韻·陌韻》：“郤，地名。晋大夫叔虎邑。亦姓。或作郄。”

晋獻公時（前676—前651年）郤叔虎伐翟有功，事見《國語·晋語一》。韋昭注：“郤叔虎，晋大夫，郤芮之父郤豹也。”

郤之地點不詳，或以爲在今山西省沁水下游。或以爲李登所謂“郤鄉在河内”顯然是指“郤”的地望在今河南境内沁陽一帶，而不在今山西境内。

三國時魏人李登所謂“郤鄉在河内”，可能泛指河南省黄河以北地區。其大致方位，或許從叔虎之子郤芮食邑于冀的方位能够得到啓示。

冀，本周封國，滅于晋，後爲郤芮食邑。《左傳》僖公二年，荀息曰：“冀爲不道。”楊伯峻注：“冀，國名。《路史·後記》十一以爲殷商傅説之後，未詳所本。今山西省河津縣東北有冀亭遺址，當是其國都。不久終爲晋所滅，以爲郤氏食邑。”《左傳》僖公六年“郤芮”下楊伯峻注：“郤芮，僖十六年（筆者按：應爲十年）亦謂冀芮，冀，其食邑也。故三十三年《傳》云：‘復與之冀。’成二年疏引《世本》云：‘郤豹生冀芮，芮生缺，缺生克。’郤亦其食邑，以邑爲氏。”顧棟高《春秋大事表·春秋列國都邑表》卷七之三云：“冀本國名，地并于虞。虞亡歸晋，惠公與郤芮爲食邑，謂之冀芮。”

可見，叔虎即郤豹，其子郤芮，亦稱冀芮，是以封地食邑爲氏。由此，郤與冀（山西河津）當相距不遠，確切地點待定。

黄錫全《介紹一件西周“欲侯用戈”》[1715][欲侯戈]

1715 黄錫全：《介紹一件西周“欲侯用戈”》，清華大學出土文獻研究與保護中心編、李學勤主編：《出土文獻》（第三輯），中西書局，2012年，第136—137頁。

0593

魚

魚伯彭尊

【時代】西周早期

【出處】魚伯彭卣（尊）

魚伯彭作寶尊彝。[魚伯彭卣，《銘圖》13159]

【類別】國族名稱

0594

象

齊象邑戈

0594.02

象邑

【時代】戰國晚期

【出處】齊象邑戈

齊象邑造。[齊象邑戈，《集成》10989]

【類別】城邑名稱

【釋地】河北省邢臺市隆堯縣

象，邑名。西漢時有象氏縣，爲侯國，後漢廢。地在舊隆平縣東北二十五里（今稱隆堯縣，屬河北省），戰國時其地正處于齊越交界處。戈銘之象邑，或即其地，西漢時乃沿舊稱。

曹錦炎《鳥蟲書通考》[1716][齊象邑戈]

【釋地】山東城邑

戰國齊邑，在今山東省境内。

吴鎮烽《銘圖索引》[1717][齊象邑戈]

0595

祭

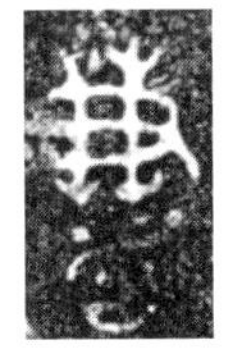

羚簋

【時代】西周中期

【出處】羚簋

唯正月初吉丁丑，昧爽，王在宗周，格大室，祭叔右羚即立中廷，作册尹册命羚，易（賜）絲（鑾），令邑于奠，訊訟，取賵五寽。羚對揚王休，用作朕文祖豐仲寶簋，世孫子其永寶用。[羚簋，《銘圖》5258]

【類別】國族名稱

【釋地】河南省鄭州市

西周封國，今河南鄭州市東北。

吴鎮烽《銘圖索引》[1718][羚簋]

1716　曹錦炎：《鳥蟲書通考》，上海書畫出版社，1999 年，第 196 頁。

1717　吴鎮烽：《商周青銅器銘文暨圖像集成索引》，上海古籍出版社，2019 年，第 968 頁。

1718　吴鎮烽：《商周青銅器銘文暨圖像集成索引》，上海古籍出版社，2019 年，第 1062 頁。

0596

康

康侯簋

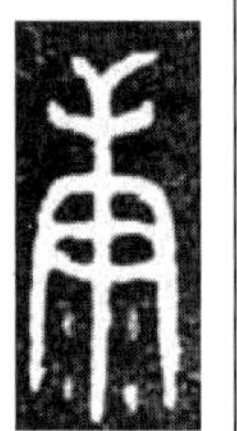
康侯丰方鼎

康伯壺

【時代】西周早期

【出處】康侯簋等

王來伐商邑，祉令康侯啚（鄙）于衛，渣𤔲土𥎦眔啚（鄙），作厥考尊彝，䀠。[康侯簋，《集成》4059]

【類別】城邑名稱

此康與《酒誥》的妹邦或在同一範圍之內，乃是《康誥》所説的“東土”。

陳夢家《西周銅器斷代》[1719][康侯簋]

馬融《尚書注》説：“康國名，在畿内。”王肅注略同（鄭玄注説：“康爲號謚”是錯的。）。康地前人都説不知所在。但武王之弟，除周公外，管叔封在管，在今河南鄭州附近；蔡叔之蔡在河南上蔡；曹叔之曹在今山東定陶；霍叔之霍在今山西霍縣；郕叔之郕在今山東鄄城；疑康叔之康也未必在畿内。朱駿聲《説文通訓定聲》説：“在今河南開封府禹州（今禹縣）。”不知何據？待考。

唐蘭《西周青銅器銘文分代史徵》[1720][康侯丰方鼎]

司馬貞《索隱》：“康，畿内國名。宋忠曰：‘康叔從康徙封衛，衛即殷墟定昌之地。’”

馬承源《商周青銅器銘文選》[1721][康侯簋]

【釋地】河南省禹州市

康叔的最初封地當在今河南禹州市境。康國的地望，馬融等雖指出在王畿之内，但東漢末年的宋忠已感嘆“畿内之康，不知所在”了。那麼，康國到底在哪裏?《三國志・魏書・衛臻傳》：“明帝即位，進封康鄉侯。”《水經注・潁水》云：“潁水又東出陽關，歷康城南。魏明帝封尚書右僕射衛臻爲康鄉侯，此即臻封邑也。”《太平寰宇記》卷七《陽翟縣》云：“康城，《洛陽記》云：夏少康故邑也。”《路史・國名紀》卷五：“康，《姓書》：‘康叔故都，在潁州。’孔安國、宋忠以爲畿内國。”顧祖禹《讀史方輿紀要》卷七《禹州》云：“康城在州西北三十里。今爲安康里。”江永《春秋地理考實》説：“今按康叔始食采于康，後徙封衛。《括地志》云：故康城在許州陽翟縣西北三十五里。”可見，康叔的始封地當在今河南禹州市西北，位于洛陽東南約 80 公里，正在西周東都洛邑的王畿之内。

蔡運章《康伯壺蓋跋》[1722][康伯壺]

1719　陳夢家：《西周銅器斷代》，中華書局，2004 年，第 13 頁。
1720　唐蘭：《西周青銅器銘文分代史徵》，《唐蘭全集（七）》，上海古籍出版社，2015 年，第 39 頁。
1721　馬承源主編：《商周青銅器銘文選（三）》，文物出版社，1988 年，第 20 頁。
1722　蔡運章：《康伯壺蓋跋》，《文物》1995 年第 11 期，第 73—74 頁。

	康叔封地，今河南禹州市西北。 吴鎮烽《銘圖索引》[1723]［康侯丰鼎］
0597 **庸**  邢侯簋  庸伯鼎蓋 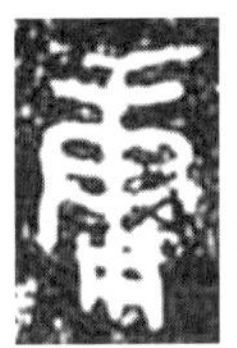 訽簋 0597.02 𩫖	**【時代】西周早期** **【出處】邢侯簋 庸伯鼎蓋 訽簋等** 庸伯作寶鼎。［庸伯鼎蓋，《銘圖》1445］ **【類别】國族名稱、城邑名稱** **【釋地】渭水沿岸部族** 𩫖古墉字，《毛公鼎》用爲昏庸字，《召伯簋》用爲附庸字。𩫖人當亦渭水沿岸之部落民族，非邶庸衛之鄘，亦非庸蜀羌髳之庸也。 郭沫若《金文叢考》[1724]［邢侯簋］ **【釋地】湖北省十堰市竹山縣** 庸或即《左傳》文十六"庸人帥群蠻以叛楚"，杜注云"今上庸縣"。 陳夢家《西周銅器斷代》[1725]［邢侯簋］ 湖北竹山西南。 李學勤《静方鼎與周昭王曆日》[1726]［中方鼎］ 庸在此是專指，即庸族，與後列的西門夷等並列，類似于師酉簋銘"啻官邑人、虎臣、西門夷……"的排列法。……本銘的"庸"即是武王伐紂時的"庸"。大概正因爲是武王伐紂時的老同盟者，周人另眼相看，没有以"夷"相稱，而單稱爲"庸"，並且照例置于他族之首了。 《牧誓》孔傳："八國皆蠻夷戎狄屬文王國名也。……庸、濮在江漢之南。"《左傳》文公十六年："庸人帥群蠻以叛楚。"杜注："今上庸縣屬楚之小國。"《讀史方輿紀要》説：湖北"竹山縣東四十里有上庸城"。 李福泉《訇簋銘文的綜合研究》[1727]［訽簋］ **【釋地】河南省新鄉市** 庸據《通典》："衛州新鄉縣西南三十二里有鄘城，古鄘國也。"《太平寰宇記》説"在汲縣東北十三里"。 黄盛璋《扶風强家村新出西周銅器群與相關史實之研究》[1728]［邢侯簋］

1723 吴鎮烽：《商周青銅器銘文暨圖像集成索引》，上海古籍出版社，2019年，第969頁。
1724 郭沫若：《金文叢考》，《郭沫若全集·考古編》（第五卷），科學出版社，2002年，第636—637頁。
1725 陳夢家：《西周銅器斷代》，中華書局，2004年，第82頁。
1726 李學勤：《静方鼎與周昭王曆日》，原載《光明日報》1997年12月23日；後收入《夏商周年代學劄記》，遼寧大學出版社，1999年，第24頁。
1727 李福泉：《訇簋銘文的綜合研究》，《湖南師院學報（哲學社會科學版）》1979年第2期，第62—63頁。
1728 黄盛璋：《扶風强家村新出西周銅器群與相關史實之研究》，《人文雜志叢刊·第二輯：西周史研究》，1984年；後收入劉慶柱、段志洪、馮時主編：《金文文獻集成》（第二十八册），綫裝書局，2005年，第373—374頁。

	《説文》："墉，城垣也。從土，庸聲。𩫖，古文墉。"𩫖即鄘。鄭玄《詩譜》："自紂城而北謂之邶，南謂之鄘，在今河南省新鄉市西南。 王輝《商周金文》[1729][邢侯簋] 今河南新鄉市西南。 吴鎮烽《銘圖索引》[1730][庸伯鼎蓋] **【釋地】山東省濟南市歷城區** 𩫖即郭。在今山東歷城縣東郭店鎮。《説文·邑部》："郭，本國名。郭國既亡，謂之郭氏虚。郭氏虚在齊境内。" 崔恒昇《古文字地名考釋》[1731][邢侯簋] **【釋地】山東省聊城市** 在今山東聊城縣東北。 吴鎮烽《銘圖索引》[1732][邢侯簋]
0598 **鹿** 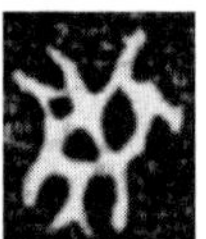 伯𢦚父簋 0598.02 麇	**【時代】西周晚期** **【出處】伯𢦚父簋**[《銘圖》5276、5277] **【類別】國族名稱** **【釋地】南方國族名稱** "服子"下有三個地名。第一個字疑讀爲"鹿"，爲鹿的肖形，辭書未見。在西周時期中心區域圖中，成周以南有一"鹿"地。可能是"王出自成周，南征"時，就將"鹿"滅了，西周以後就未見此地名。 陳佩芬《伯𢦚父簋與厲王伐淮夷》[1733][伯𢦚父簋] "麇"字從"央"聲，當即史籍里的"英"，或稱"英氏"，漢石經《公羊傳》作"央"，係偃姓古國，傳爲皋陶之後，在今安徽六安西。 李學勤《論西周厲王時器伯𢦚父簋》[1734][伯𢦚父簋]
0599 **章**	**【時代】春秋中期** **【出處】章子國戈**

1729　王輝：《商周金文》，文物出版社，2006年，第62頁。
1730　吴鎮烽：《商周青銅器銘文暨圖像集成索引》，上海古籍出版社，2019年，第969、997頁。
1731　崔恒昇：《古文字地名考釋》，中國古文字研究會、安徽大學古文字研究室編：《古文字研究》（第二十三輯），中華書局，2002年，第219頁。
1732　吴鎮烽：《商周青銅器銘文暨圖像集成索引》，上海古籍出版社，2019年，第958頁。
1733　陳佩芬：《伯𢦚父簋與厲王伐淮夷》，《陳佩芬青銅器論集》，中西書局，2016年，第498頁。
1734　李學勤：《論西周厲王時器伯𢦚父簋》，《文物中的古文明》，商務印書館，2008年，第300頁。

章叔將簋

章子國戈

章子國選其元金，爲其交戈。[章子國戈，《集成》11295]

【類别】國族名稱

即鄣或漳，是以地名或國名爲氏稱。古有章氏，即鄣國之後，姜姓，齊太公支孫封于章，爲紀附庸國，後爲齊滅，子孫去邑爲章氏。此戈也出在楚腹心地帶，漳水又從枝江流過，所以，這裏的章也可能是漳，是因漳水而得名。《左傳·哀公六年》"江、漢、睢、章，楚之望也"之章（今行本改爲漳），《韓詩外傳》三、《説苑·君道》等作漳。此漳水發源于鄂西北南漳，流經當陽與沮水匯合，經枝江、江陵，南入長江。

黄錫全《湖北出土兩件銅戈跋》[1735][章子國戈]

0600

商

宜侯夨簋

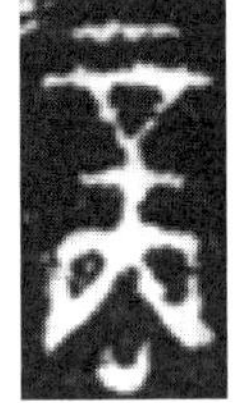

穆公簋蓋

鼒比盨

【時代】西周時期

【出處】宜侯夨簋　穆公簋蓋[《集成》4191]　**鼒比盨**[《集成》4466]**等**

唯四月，辰在丁未，王省武王、成王伐商圖，征省四或（國）圖，王立于宜，入社，南鄉，王令虞侯夨曰：遷侯于宜，易（賜）鬯一卣，商瓚一□、彤弓一、彤矢百、旅弓十、旅矢千；易（賜）土：厥川三百□，厥□百又廿，厥宅邑卅又五，厥□百又卌，易（賜）在宜王人十又七生（姓），易（賜）奠七伯，厥盧□又五十夫，易（賜）宜庶人六百又□六夫，宜侯夨揚王休，作虞公父丁尊彝。[宜侯夨簋，《集成》4320]

【類别】國族名稱

【釋地】河南省安陽市

"商"應指"大邑商"，即今安陽小屯一帶，夢家謂"指商丘之鄙"，似誤會爲現代的商丘，殊不知歸德的商丘，係既誅武庚將殷餘民遷往宋國後地理層化的名稱，商朝舊有的商丘，據《水經注》二四，實在濮陽東北。

岑仲勉《〈宜侯夨簋〉銘試釋》[1736][宜侯夨簋]

【釋地】河南省鶴壁市濬縣

今河南濬縣與淇縣交界處。

吴鎮烽《銘圖索引》[1737][穆公簋蓋]

【時代】戰國晚期

1735　黄錫全：《湖北出土兩件銅戈跋》，《江漢考古》1993年第4期，第67頁。

1736　岑仲勉：《〈宜侯夨簋〉銘試釋》，原載《西周社會制度問題附録》，新知識出版社，1956年；後收入劉慶柱、段志洪、馮時主編：《金文文獻集成》（第二十八册），綫裝書局，2005年，第231頁。

1737　吴鎮烽：《商周青銅器銘文暨圖像集成索引》，上海古籍出版社，2019年，第970頁。

忓距末甲

【出處】忓距末

忓作距末，用差商國。[忓距末，《銘圖》18588—18591]

【類别】國族名稱

商國，宋國。宋爲商後，見《史記·宋微子世家》："……乃命微子開（啓）代殷後，奉其先祀，作《微子之命》以申之，國于宋。"所以，銘文中的"商國"就是指宋國。據此，可知此距末爲宋器無疑。

曹錦炎《鳥蟲書通考》[1738][忓距末]

0601

商丘

商丘叔簠

商丘鏃

【時代】春秋早期 戰國時期

【出處】商丘叔簠 商丘鏃[《集成》11942]

商丘叔作其旅簠，其萬年子子孫孫永寶用。[商丘叔簠，《銘圖》5872—5875]

【類别】城邑名稱

【釋地】河南省商丘市

商丘叔爲器主名。《左傳·昭公元年》："遷閼伯于商丘。"商丘爲宋國都，相傳商祖契居此。商丘叔以地爲氏，是爲宋國大夫采邑于商丘者。

陳佩芬《李蔭軒所藏中國青銅器》[1739][商丘叔簠]

宋都，今商丘市城南。

吴鎮烽《銘圖索引》[1740][商丘叔簠]

0602

商自

【時代】西周中期

【出處】穆公簋蓋

唯王初女（如）䰜迺自商自（師）復還至于周，□夕，饗醴于大室，穆公侑御，王乎（呼）宰□易（賜）穆公貝廿朋，穆公對王休，用乍作寶皇簋。[穆公簋蓋，《集成》4191]

【類别】城邑名稱

【釋地】河南省商丘市

1738 曹錦炎：《鳥蟲書通考》，上海書畫出版社，1999年，第193頁。
1739 陳佩芬：《李蔭軒所藏中國青銅器》，《陳佩芬青銅器論集》，中西書局，2016年，第332頁。
1740 吴鎮烽：《商周青銅器銘文暨圖像集成索引》，上海古籍出版社，2019年，第970頁。

穆公簋蓋

商𠂤，地名，當即今河南商丘，甲骨、金文中常見“在某𠂤”。

彭曦、許俊成《穆公簋蓋銘文簡釋》[1741]［穆公簋蓋］

【釋地】陝西省商洛市商州區

“商𠂤”，地名，例同《尚書·洛誥》“洛師”。商近于周，當即戰國時商君的商。《史記·商君列傳》集解引徐廣云：“弘農商縣也。”《正義》云：“商洛縣在商州東八十九里，本商邑，周之商國。”簋銘所載周王前往之地在宗周東南方，歸途行經商𠂤，正是通向宗周的要道。

李學勤《穆公簋蓋在青銅器分期上的意義》[1742]［穆公簋蓋］

【釋地】河南省鶴壁市濬縣

今河南濬縣與淇縣交界處。

吴鎮烽《銘圖索引》[1743]［穆公簋蓋］

0602.02
商師

0603

商邑

康侯簋

【時代】西周早期

【出處】康侯簋

王來伐商邑，祉令康侯啚（鄙）于衛，涾𤔲土㚔眔啚（鄙），作厥考尊彝，𣅀。［康侯簋，《集成》4059］

【類别】城邑名稱

商邑，當指朝歌而言。較早的《書》《詩》皆有商邑之稱，而與四方或殷國爲對文。

陳夢家《西周銅器斷代》[1744]［康侯簋］

指武庚之封國。

馬承源《商周青銅器銘文選》[1745]［康侯簋］

“商邑”見《詩·殷武》“商邑翼翼，四方之極”，指商王朝直接統治的區域而言，殷墟卜辭稱之爲“大邑商”，因而也作爲商王朝的代詞。《繫年》第一章講周武王“克反商邑”，即顛覆商王朝的政權。第三章説“武王陟，商邑興反”，即武王卒後武庚在商的故地反周。

李學勤《由清華簡〈繫年〉釋讀沬司徒疑簋》[1746]［康侯簋］

1741　彭曦、許俊成：《穆公簋蓋銘文簡釋》，《考古與文物》1981年第4期，第27頁。

1742　李學勤：《穆公簋蓋在青銅器分期上的意義》，原載《文博》1984年第2期；後收入《新出青銅器研究（增訂版）》，人民美術出版社，2016年，第59頁。

1743　吴鎮烽：《商周青銅器銘文暨圖像集成索引》，上海古籍出版社，2019年，第970頁。

1744　陳夢家：《西周銅器斷代》，中華書局，2004年，第12頁。

1745　馬承源主編：《商周青銅器銘文選（三）》，文物出版社，1988年，第20頁。

1746　李學勤：《由清華簡〈繫年〉釋讀沬司徒疑簋》，原載《中國高校社會科學》2013年第3期；後收入《夏商周文明研究》，商務印書館，2015年，第178頁。

【釋地】河南省鶴壁市淇縣

商邑即指周初武庚封殷、後又“以殷叛”之殷，即殷之舊都朝歌，今河南淇縣。

陳秉新、李立芳《出土夷族史料輯考》[1747]［康侯簋］

朝歌，今河南濬縣與淇縣交界處。

吴鎮烽《銘圖索引》[1748]［康侯簋］

0604

族土

史密簋

【時代】西周晚期

【出處】史密簋［《銘圖》5327］

【類別】國族名稱

史密簋：“廣伐東國齊師、族土、遂人。”春秋時期。族，任姓國，黄帝之後——治所在“濟北蛇丘縣”，即今山東肥城縣東南大汶河北。族，亦作鑄、祝。參見郭沫若《兩周金文辭大系考釋》“鑄公簠”“鑄子簠”。

崔恒昇《古文字地名考釋》[1749]［史密簋］

族土，地名，今地不能指實。

吴鎮烽《史密簋銘文考釋》[1750]［史密簋］

0605

望土

作册旂尊

【時代】西周早期

【出處】作册旂器［《集成》9303、9895］

唯五月，王在庈（斥），戊子，令作册旂貺望土于相侯，易（賜）金、易（賜）臣，揚王休，唯王十有九祀，用作父乙尊，其永寶。木羊册。［作册旂尊，《集成》6002］

【類别】城邑名稱

王以望土爲相侯采地，必與相近，而“王在斥”使旂貺相侯，望與斥亦必相近。戰國三晋印中有“望丘”，確地亦無可考。漢斥丘故城在成安東南十三里，有斥丘在其西南，由邯鄲附近至此，車馬一日可達，相在東南，鬲在東北，分據黄河要津，而春秋在斥丘境之乾侯，亦臨黄河，所以

1747　陳秉新、李立芳：《出土夷族史料輯考》，安徽大學出版社，2005年，第126頁。
1748　吴鎮烽：《商周青銅器銘文暨圖像集成索引》，上海古籍出版社，2019年，第970頁。
1749　崔恒昇：《古文字地名考釋》，中國古文字研究會、安徽大學古文字研究室編：《古文字研究》（第二十三輯），中華書局，2002年，第223頁。
1750　吴鎮烽：《史密簋銘文考釋》，《考古與文物》1989年第3期，第57頁。

王由寒到斥，未再前進，王分派史官賜中和相侯以土地，皆當渡河，並且可能和他們封地控制黄河要津，從而鎮寧東土有關。

黄盛璋《西周微家族窖藏銅器群初步研究》[1751][作册旂器]

作册旂方彝

相位于湖南湘江流域，相侯可能在昭王南征過程中有功，故被周王賜予土地。此處可能是昭王南征新獲的土地，地望也應近湘江，否則也不可能獎給相侯。

趙燕姣、吴偉華《金文所見昭王南征路綫考》[1752][作册旂器]

【釋地】山東地區地名

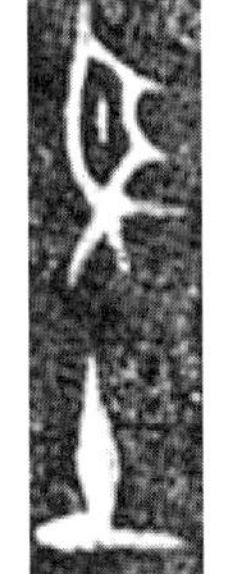

作册旂觥

晚商東土有望地和望族是無可置疑的事實，其地當坐落在泰山周邊，距離前面討論的卜辭相邑不遠。若將“既望土于相侯”與卜辭東土望、相二地作聯繫，竊以爲比較合適。也就是説，作册旂之所以鑄祭祀禮器，乃緣于受周王之命出使東土相國。

陳絜《作册旂組器中的地理問題與昭王邊域經營策略》[1753][作册旂器]

【釋地】安徽省淮北市濉溪縣

在今安徽濉溪縣境内。

吴鎮烽《銘圖索引》[1754][作册旂器]

0606

羕

【時代】西周時期 春秋時期

【出處】羕史尊 𨛭伯受簠等

羕史尊

羕史作旅彝。[羕史尊，《銘圖》11552]

𨛭伯受用其吉金，作其元妹叔嬴爲心媵餴簠，子子孫孫，其永用之。[𨛭伯受簠，《集成》4599]

【類别】國族名稱

𨛭同漾，在今陝西省西南境漢水南源。清顧祖禹《讀史方輿紀要・陝西五・寧羌州》：“漾水，即漢水也。出嶓冢山下，東流入褒城縣境。”金文用爲國邑名，故作𨛭，爲嬴姓。

崔恒昇《甲金文地名考釋》[1755][𨛭伯盞]

𨛭伯受簠

羕爲水名，又爲國、邑名，傳世與出土有羕史尊、𨛭伯受瑚、𨛭戈，皆此羕國之器。但羕國亦爲失傳已久之古國，不見記載，其國依羕水爲名，羕水即《水經注》汝水支流之養水。羕國地後入楚爲養邑，楚昭王使沈尹

1751 黄盛璋：《西周微家族窖藏銅器群初步研究》，《歷史地理與考古論叢》，齊魯書社，1982 年，第 286 頁。

1752 趙燕姣、吴偉華：《金文所見昭王南征路綫考》，《中國歷史地理論叢》2018 年第 2 期，第 55 頁。

1753 陳絜：《作册旂組器中的地理問題與昭王邊域經營策略》，《南方文物》2019 年第 3 期，第 168—169 頁。

1754 吴鎮烽：《商周青銅器銘文暨圖像集成索引》，上海古籍出版社，2019 年，第 970 頁。

1755 崔恒昇：《甲金文地名考釋》，安徽大學古文字研究室編：《古文字研究》（第二十二輯），中華書局，2000 年，第 152 頁。

 鄴子曰鼎	戍等城之，以封吴公子，後稱養城，戰國爲縣，後廢爲亭，又變爲里，即養水所徑之養陰里，其前身爲沙亭、沙城，因養水俗名沙水（今石河），故沙城應即養城。原爲羕國之都。 黄盛璋《新發現的“羕陵”金版及其相關的羕器、曾器銘文中諸問題的考索》[1756]［羕史尊］
0606.02 鄴	鄴伯受簠亦爲“文化大革命”期間出土于襄樊地區，鄴國不見記載，地址亦無可確考，銘文記爲其元妹叔嬴作媵器，則鄴爲嬴姓，與秦、黄等國皆爲同姓。“鄴”與“漾”同從“羕”，鄴水即今漢水，水名從“水”爲“漾”，國邑名則從“邑”爲“鄴”，得名必與漾水有關，地望必在漢江兩岸，器出于襄樊，應在今襄樊地區之内，甚至距襄樊不遠，從銘文字體與器形看，均可定爲西周晚期至春秋早期，其國後來不見記載，當較早即爲楚國所滅，器則爲未滅之前或屬西周晚期所作。 黄盛璋《郭院長關于新出銅器三器的考釋及其意義》[1757] ［鄴伯受簠］ 春秋時期的楚境中，有兩處以“養”爲名之地。……哪一處是養國的地區呢？ 古汝水之陰的今寶豐縣、魯山縣及平頂山市一帶，原爲周武王子所建的應國故地，應都就在北城父西南、今魯山東的滍陽鎮。就距離來説，養水，養陰里當是應國西部境域，甚至衹不過是應都的西郊。由此看來，西周以來，這一帶根本不可能有一個與姬姓應國同時同地並存的養國。還在春秋早期楚文王“封畛于汝”時。楚人就并滅了應國。楚國占有了包括養水地區及北城父在内的“汝陰”之地的事實表明，這一帶不可能存在一個什麼嬴姓養國。而從淮河以北潁、汝中下游一帶的政治版圖來看，東養的東南有歸姓胡國，南有賴國，西南有沈國，西北有頓、陳，唯獨在此五國之中有很大的一片空隙，其中又有一處以“養”爲名之地。看來，此“養”正是已往的國名。東養一帶顯然是養國的故地。 何浩《羕器、養國與楚國養縣》[1758] **【釋地】河南省周口市沈丘縣** 羕，《説文》：“羕，水長也。從永，羊聲。”銘文羕爲古國名，金文又作鄴。據鄴伯受匿銘文，鄴爲嬴姓。黄盛璋謂鄴國在春秋早期猶存，“後爲楚滅，地入于楚，因而成爲楚國貴族”（即養氏）。“《水經·汝水注》記養水所經有養陰里，早期必爲縣，後廢爲里。《左傳》昭三十年記吴‘三公子奔楚，楚子封而定其徙……使居養’，熊會貞在《水經注疏》汝水注説：‘今沈丘東有養城，當是吴公子所居。’滕（壬生）文以爲鄴就在這裏，這是正確的。”何浩謂養國故地在東養，即今河南沈丘縣今

1756　黄盛璋：《新發現的“羕陵”金版及其相關的羕器、曾器銘文中諸問題的考索》，國家文物局古文獻研究室編：《出土文獻研究續集》，文物出版社，1989年，第118頁。

1757　黄盛璋：《郭院長關于新出銅器三器的考釋及其意義——紀念郭沫若院長》，《社會科學戰綫》1980年第3期，第220頁。

1758　何浩：《羕器、養國與楚國養縣》，《江漢考古》1989年第2期，第65頁。

治沈丘城之東，鄰安徽界首縣界。其國大約在楚康王至楚靈王繼位之初的春秋中期後段滅于楚，淪爲楚邑。

陳秉新、李立芳《出土夷族史料輯考》[1759][羕史尊]

【釋地】河南省南陽市桐柏縣

從桐柏月河幾次發現和發掘的材料，特别是從有銘銅器來看，存在一個養國應該是不成問題的，其"養"字的金文，早期寫作"𢑱"（永〇），後期寫成"鄴"。養國于史無載，從月河墓地的材料我們證實春秋時期確有養國的存在，養國至遲在春秋早期即已立國（西周時期的"羕史尊"爲孤例，不足以證明西周時養已立國），直至春秋晚期仍然存在，以桐柏一帶爲其主要的活動中心。

雷英《小議養器與養國》[1760]

出土資料表明，羕國應在淮河上游地區的今桐柏、泌陽一帶，中心約在月河附近，左莊墓地羕伯庸、羕伯受諸墓的發現即爲明確的物證。此前部分學者説羕國在今安徽界首附近之古養邑，或認爲在河南寶豐西北的養陰里，與衆多考古材料明顯不合。我們認爲，界首附近之養邑和寶豐西北的養陰里當是楚滅羕後先後遷其遺民于兩地安置的結果，並非古羕國之所在，因時代遠久，相互關係頗有混淆，這是我們應該明辨的。

徐少華《羕國銅器及其歷史地理探析》[1761]

金文中還有"鄴"字作國名，羕、鄴爲養的古體，所以這些銅器都屬于養國。

養國是一個文獻失載的古國，完全是靠銅器銘文的出土，纔被人們知曉。1964年11月在河南省南陽市桐柏縣月河鎮左莊村發現一處春秋時期的墓葬，出土有一批養國的銅器，其中有養伯所作的銅器。90年代又在這裏發現養國的墓葬和銅器，所以學者們認爲養國的地望當在今河南省南陽市桐柏縣月河鎮左莊村一帶。從傳世和考古出土的銅器看，養國在西周晚期就已經存在，春秋時期非常活躍，春秋晚期被楚國吞併，成爲楚的附庸，楚國在此設立養縣。

付强《養姬匜銘文考釋》[1762][養姬匜]

今河南桐柏縣月河鎮古臺寺。

吴鎮烽《銘圖索引》[1763][鄴子曰鼎]

1759 陳秉新、李立芳：《出土夷族史料輯考》，安徽大學出版社，2005年，第273頁。
1760 雷英：《小議養器與養國》，《中原文物》2007年第1期，第63頁。
1761 徐少華：《羕國銅器及其歷史地理探析》，《考古學報》2008年第4期，第455頁。
1762 付强：《養姬匜銘文考釋》，清華大學出土文獻研究與保護中心編、李學勤主編：《出土文獻》（第十三輯），中西書局，2018年，第55—56頁。
1763 吴鎮烽：《商周青銅器銘文暨圖像集成索引》，上海古籍出版社，2019年，第1008頁。

0607 **𢿨城** 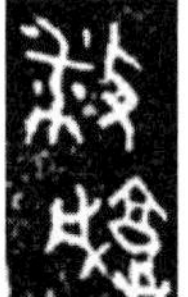 散氏盤 0607.02 𢿨城	**【時代】西周晚期** **【出處】散氏盤**[《集成》10176] **【類别】城邑名稱** **【釋地】陝西省寶鷄市陳倉區** 在今陝西寶鷄市陳倉區境内。 吴鎮烽《銘圖索引》[1764][散氏盤] **【類别】自然地理名稱** 《説文》播之古文，如此作。《廣雅・釋地 》“墦……封，冢也”。 陳夢家《西周銅器斷代》[1765][散氏盤] **【他釋】** 𢿨城，破舊之城。 王輝《商周金文》[1766][散氏盤]
0608 **敆**  敔簋	**【時代】西周晚期** **【出處】敔簋**[《集成》4323] **【類别】城邑名稱** 敆，早均爲地名。敆的今地不詳。 陳連慶《〈敔簋〉銘文淺釋》[1767] [敔簋]
0609 **減**  元年師旋簋	**【時代】西周中期** **【出處】元年師旋簋 蔡簋**[《集成》4340] **長甶盉**[《集成》9455] 唯王元年四月既生霸，王在減应，甲寅，王格廟，即立，遅公入右師旋，即立中廷，王呼作册尹克册命師旋曰：備于大左，官𤔲豐還，左又（右）師氏，易（賜）汝赤市、冋衡、麗鞶，敬夙夕用事，旋拜稽首，敢對揚天子丕顯魯休令，用作朕文祖益仲尊簋，其萬年子子孫孫永寶用。[元年師旋簋，《集成》4279—4282]

1764　吴鎮烽：《商周青銅器銘文暨圖像集成索引》，上海古籍出版社，2019年，第967頁。
1765　陳夢家：《西周銅器斷代》，中華書局，2004年，第346頁。
1766　王輝：《商周金文》，文物出版社，2006年，第233頁。
1767　陳連慶：《〈敔簋〉銘文淺釋》，《中國古代史研究：陳連慶教授學術論文集》，吉林文史出版社，1991年，第1167頁。

蔡簋

【類别】城邑名稱

地名，地望未詳，或與長由盉之“下減”爲一地。

馬承源《商周青銅器銘文選》[1768]［元年師旋簋］

【釋地】陝西省寶鷄市鳳翔區

長由盉

一作棫，今陝西鳳翔縣南。

吴鎮烽《銘圖索引》[1769]［蔡簋］

0610

淖列

晋侯蘇鐘

【時代】西周晚期

【出處】晋侯蘇鐘［《銘圖》15298—15313］

【類别】城邑名稱

按銘文“淖列”一詞應爲地名，或指地貌。因爲它是夷人所居、周王與晋侯所至之地。《左傳》成公十六年載：“有淖于前，乃皆左右相違于淖。”杜注：“淖，泥也。”鐘銘“淖列”當指低濕多泥之地。此地應在匔（鄆）城附近。“淖列夷”指居住在淖列之地的夙夷。

李仲操《談晋侯蘇鐘所記地望及其年代》[1770]［晋侯蘇鐘］

【釋地】安徽省亳州市；河南省周口市鹿邑縣

鐘銘“王至淖列，淖列夷出奔”。馬文讀“王至。淖淖列列夷出奔”。細審“淖列”二字右下各有重文符號，今據上下文意知李文斷句遠勝舊讀。

“淖”應讀“焦”。“淖”“肖”“焦”聲系可通。《荀子·賦》：“頭銛達而尾，趙繚者邪。”注：“趙讀爲掉。”《説文》“譙”古文作“誚”。可資旁證。檢《左傳·僖公二十三年》：“秋，楚成得臣帥師伐陳，討其貳于宋也。遂取焦、夷。”注：“焦，今譙縣也。夷，一名城父，今譙郡城父縣。二地皆陳邑。”《漢書·地理志》沛郡“譙”，在今安徽亳縣。

“列”應讀“厲”。《禮記·祭法》：“是故厲山氏之有天下也。”釋文：“厲山《左傳》作列山。”《詩·大雅·思齊》“烈假不瑕”，釋文：“烈，鄭作厲。”是其確證。檢《春秋·僖公十五年》：“秋七月，齊師、曹師伐厲。”注：“厲，楚與國。義陽隨縣北有厲鄉。”王夫之則認爲《春秋》之“厲”即老子出生地苦縣之厲鄉。（《史記·老子韓非列傳》：“老子者，楚苦縣厲鄉曲仁里人也。”）在今河南鹿邑東。

“焦”與“厲”雖分屬皖、豫，然相距僅四十餘里，故鐘銘合稱“淖（焦）列（厲）”。這與齊璽“繹蕃”（璽彙0098）亦指“繹”“蕃”二地如出一轍。“淖列夷”即鐘銘之“南國”，這與“夙夷”即鐘銘之“東國”恰好對應。“東國”和“南國”在這次軍事行動中先後被周王所征服，

1768 馬承源主編：《商周青銅器銘文選（三）》，文物出版社，1988年，第199頁。
1769 吴鎮烽：《商周青銅器銘文暨圖像集成索引》，上海古籍出版社，2019年，第970頁。
1770 李仲操：《談晋侯蘇鐘所記地望及其年代》，《考古與文物》2000年第3期，第29頁。

所謂“九夷之國，莫不賓從”（《墨子·非攻》）。凡此對研究西周群夷的分布乃至華夷關係無疑有重要意義。

何琳儀《晋侯蘇鐘釋地》[1771]［晋侯蘇鐘］

【釋地】山東省濟寧市泗水縣

淖列，夷國名，疑即蔑，《路史·國名紀乙·少昊後國》：“蔑，一曰姑蔑，今兖州之瑕丘有姑蔑故縣，邾魯盟處。或云：魯附庸，嬴姓。”蔑、列古音爲明來鄰紐，月部疊韻，淖與姑皆發聲辭。蔑故地在今山東泗水縣東南。

陳秉新、李立芳《出土夷族史料輯考》[1772]［晋侯蘇鐘］

【釋地】山東省菏澤市鄆城縣

第六鐘之“淖淖列列”，馬文以爲是形容夷人奔逃之狀，李文斷句爲“王至淖列，淖列夷出奔”云云。我們傾向于後者，並認爲是兩處地名。

先説列地。根據鄆城周圍的形勢，此“列”就應是“犁（黎）地。列，古屬來母月部。犁或黎屬來母脂部。二字雙聲，韻部月脂旁轉。……犁或黎，春秋時爲黎侯在衛所居之地，見《詩序》“黎侯寓于衛”。《左傳·哀公十一年》冬，衛太叔疾“使侍人誘其初妻之娣，置于犁”。杜注：“犁，衛邑。”《一統志》謂在今山東鄆城縣西四十五里。漢爲黎縣，隸《漢書·地理志》東郡。王先謙《補注》：“春秋衛邑，亦作犁。”

淖地應與列地相近，從先淖後列及晋師自東往西分析，淖地應在列地之東，更靠近鄆城。準此，則淖我們初步推定爲“高魚”。淖從卓聲。典籍卓或作淖多見。卓、高音義相近。卓，端母葉部。高，見母宵部。二字韻部陰入對轉。卓訓高，典籍習見。如《説文》“卓，高也”。《漢書·劉輔傳》“必有卓詭切至”。師古曰：“卓，高遠也。”《左傳·哀公二十一年》：“使我高蹈。”注：“高蹈，猶遠行也。”因此，鐘銘之淖（卓）可能就是高。高稱高魚，如同山東邑名郰，或作取慮（取慮匜）；國名邾，或稱邾婁。它如龍兑或稱龍、嶓冢或稱嶓、桐宫成稱桐、泰山或稱岱等（可參考嵇超等《史記地名索引》）。高魚在古范城西南，與鄆城縣接界，春秋爲魯地，見《左傳·襄公二十七年》：“齊烏餘襲我高魚。”杜注：“高魚城，在廩丘縣東北。”即今山東鄆城縣西北。犁在高魚西南，二地相距不遠，晋師攻陷鄆城後受王命揮師西向掃除二地夷敵，徹底消滅鄆城西部之敵，再隨王班師回朝，實際地理與銘文所記均相吻合。

黄錫全《晋侯蘇編鐘幾處地名試探》[1773]［晋侯蘇鐘］

【他釋】

淖淖列列夷出奔，無比恐懼的夷人逃奔而去。《廣雅·釋訓》：“淖淖，衆也。”列列讀爲烈烈，又同書：“烈烈，憂也。”此指恐懼憂傷之

1771 何琳儀：《晋侯蘇鐘釋地》，黄德寬主編：《安徽大學漢語言文字研究叢書·何琳儀卷》，安徽大學出版社，2013 年，第 25—26 頁。

1772 陳秉新、李立芳：《出土夷族史料輯考》，安徽大學出版社，2005 年，第 228 頁。

1773 黄錫全：《晋侯蘇編鐘幾處地名試探》，《古文字與古貨幣文集》，文物出版社，2009 年，第 147 頁。

甚。兩詞皆形容夷人奔逃。

馬承源《晋侯穌編鐘》[1774][晋侯蘇鐘]

0611

淲

同簋

【時代】西周中期

【出處】同簋

唯十又二月初吉丁丑，王在宗周，格于大廟，焚（榮）伯右同，立中廷，北嚮，王命同：左右吴大父嗣場、林、吴（虞）、牧，自虒（淲）東至于𣳾（河），厥逆至于玄水，世孫孫子子左右吴大父，毋汝有閑，敢揚天子厥休，用作朕文考叀（惠）仲尊寶簋，其萬年子子孫孫永寶用。[同簋，《集成》4270]

【類別】自然地理名稱 · 河湖

水名，其位置在黄河以西，但未能確指何水。

馬承源《商周青銅器銘文選》[1775][同簋]

【釋地】洛水

淲殆即陕西之洛水，其流域約與河道平行而在其西，東南流入渭以達于河。

郭沫若《兩周金文辭大系圖録考釋》[1776][同簋]

【釋地】滮池水

同簋："自淲東至于河。"西周早期。淲，水名。在今陕西西安市西北。《水經注 • 渭水》："鄗水又北流，西北注與滮池水合。"滮池即淲。《太平寰宇記 • 關西道一 • 雍州》："滮池水，亦謂聖水泉，又曰高都水。"亦稱冰池。平心《周易史事索隱》云："簋銘中之淲，從虎聲，當即虖池，也就是滹沱河。"此説不確。按滹沱河，源出山西五臺山，曲折東南流，穿太行山脉，流入河北平原。下游歷代屢有變遷。《周禮 • 職方》："正北曰并州，其川虖池。"即此。一説在渭水入黄河附近。

崔恒昇《古文字地名考釋》[1777][同簋]

即滮，今名滮池水，在西安市西北。

吴鎮烽《銘圖索引》[1778][同簋]

1774 馬承源：《晋侯穌編鐘》，上海博物館編：《上海博物館集刊》（第七期），上海書畫出版社，1996年，第14頁。

1775 馬承源主編：《商周青銅器銘文選（三）》，文物出版社，1988年，第163頁。

1776 郭沫若：《兩周金文辭大系圖録考釋（二）》，《郭沫若全集 • 考古編》（第八卷），科學出版社，2002年，第191頁。

1777 崔恒昇：《古文字地名考釋》，中國古文字研究會、安徽大學古文字研究室編：《古文字研究》（第二十三輯），中華書局，2002年，第218頁。

1778 吴鎮烽：《商周青銅器銘文暨圖像集成索引》，上海古籍出版社，2019年，第970、1012頁。

	【類別】城邑名稱 **【釋地】山西省長治市襄垣縣** 屍從虎尸聲，應釋作虒，虒、尸（夷）音同（《金文編》未釋）。《漢書・地理志》上黨郡銅鞮縣“有上虒亭、下虒聚”（今襄垣縣西有地名虒亭，《宋史・陳思讓傳》周廣順元年敗北漢兵于遞亭）。又上黨郡泫氏縣，注引“應劭曰《山海經》泫水所出”（泫氏今高平縣，泫水出高平縣四十二里原村，東南流至晋城縣，東北合丹水）。《沁水注》曰“《竹書記年》曰晋烈公元年趙獻子城泫氏。絶水東南與泫水會，水導源縣西北泫谷”。《濁漳水注》銅鞮水出“縣西北隥山……其水又東逕故城北……即故縣之上虒亭也。……逕頃城西，即縣之下虒聚也。……又東逕襄垣縣入于漳”。 陳夢家《西周銅器斷代》[1779][同簋]
0612 **淮**  散氏盤  駒父盨蓋  兮甲盤	**【時代】西周晚期** **【出處】散氏盤**[《集成》10176] **駒父盨蓋**[《集成》4464]等 **【類別】自然地理名稱・河湖** 散氏盤：“淮嗣工。”《漢書・地理志》右扶風武功下有淮水祠。武功正爲夨地，則捨此莫屬；是淮爲水名。然志無淮水，疑爲《水經・渭水注》之綏陽溪水也。 余永梁《金文地名考》[1780][散氏盤] 參與踏履田地的夨人有司有“淮司工虎”，乃淮地司工名虎者。此淮顯然不是南淮夷之淮，而衹能是西周畿内地名。《漢書・地理志》右扶風武功縣條云：“有垂山、斜水、淮水祠三所。”垂山、斜水皆在武功縣境，淮水與之並列，不應例外。趙一清疑淮爲雍之誤，汪士鐸疑淮爲褒之誤，但無有力證據。淮水今已不能確指。 王輝《散氏盤新解》[1781][散氏盤] 今淮河流域。 吴鎮烽《銘圖索引》[1782][駒父盨蓋等]

1779 陳夢家：《西周銅器斷代》，中華書局，2004年，第222頁。
1780 余永梁：《金文地名考》，《國立中山大學語言歷史學研究所週刊》第5集第53、54期合刊，1928年，第6頁。
1781 王輝：《散氏盤新解》，《高山鼓乘集：王輝學術文存二》，中華書局，2009年，第13頁。
1782 吴鎮烽：《商周青銅器銘文暨圖像集成索引》，上海古籍出版社，2019年，第970頁。

0613

渒

大克鼎

【時代】西周晚期

【出處】大克鼎［《集成》2836］

【類別】城邑名稱

0614

淳于

淳于左戈

淳于右戈

【時代】春秋晚期

【出處】淳于左戈［《銘圖》16683］　**淳于右戈**［《銘圖》16684］

【類別】城邑名稱

【釋地】山東省安丘市

按淳于春秋時爲州國都，州滅後又爲杞國都，戰國時屬齊國，西漢置縣，傳統上認爲在今山東安丘東北，但近幾年新泰、泰安一帶相繼出土帶有“淳于”銘的兵器。

王麗娟《泰安市博物館收藏的一件“淳于右造”銅戈》[1783]［淳于右戈］

今山東安丘縣東北杞城。

吴鎮烽《銘圖索引》[1784]［淳于左戈］

淳于城之地望，據《齊乘》載在安丘東北濰、汶兩水相交處，古有此城。《水經注》、楊伯峻《春秋左傳注》均同此説。該城遺址尚存，四垣合作弧角方形，左、右及背面鄰水而卧，正南方爲開闊平原，在此城址上發現過東周時期的青銅禮、兵器和陶器，由相關遺迹推測，此處亦因地理位置重要，而加强軍事防備。濰水爲齊東最大河流，其是天然的軍事屏障。如《左傳》襄公十八年載，魯、晋、宋、衛、鄭等十二諸侯聯合攻齊，齊軍大敗。齊景公退保都城臨淄，十二國之師東進直至濰河，南下侵及沂水。客師至濰水而揮戈南下，其當與濰水的阻隔有關。淳于城雄踞濰、汶之間，其軍事地理位置之重要顯而易見。故其同時設有左、右武庫。以加强防禦措施。

孫敬明《齊境武庫戰略格局與孫子攻守之法》[1785]［淳于公戈］

戈銘“𦎫于”爲地名，璽印“敦于”“淳于”則爲複姓（以地爲姓）。據文獻記載“淳于”先後是州國和杞國的京城。《左傳·桓公五年》“冬，淳于公如曹”，注：“淳于，州國所都，城陽淳于縣也。”又《左傳·昭

1783　王麗娟：《泰安市博物館收藏的一件“淳于右造”銅戈》，《文物》2005年第9期，第93頁。

1784　吴鎮烽：《商周青銅器銘文暨圖像集成索引》，上海古籍出版社，2019年，第971頁。

1785　孫敬明：《齊境武庫戰略格局與孫子攻守之法——從考古所見戰國兵器銘文和銀雀山漢簡談起》，《考古發現與齊史類徵》，齊魯書社，2006年，第191頁。

公元年》“城淳于”，注：“襄二十九年，城杞之淳于，杞遷都。”其地在今山東省安丘縣東北三十餘里古杞城。“淳于”稱“公”，亦見淳于公之禦戈（《中國文物報》1990 年 3 月 1 日）。地上和地下文獻若合符節，《水經•汶水》：“（汶水）又北過淳于縣西，又東北入于潍。”注：“故夏后氏之斟灌國也。周武王以封淳于公，號曰淳于國。”酈道元認爲“淳于公”始封于周初，而據《史記•陳杞世家》，杞君初封稱“東樓公”，索隱：“又州，國名，杞後改國曰州而稱淳于公。”知杞建國時在河南陳留雍丘，杞君不可能稱“淳于公”。當以索隱説爲是。又出土和傳世伯敏亡銅器群杞君稱“伯”，與地上文獻不合。杞伯何時又稱“公”，尚需今後更多的地下出土材料予以證明。總之，“淳于公”應是杞遷都于之後的杞君之稱。

何琳儀《淳于公戈跋》[1786][淳于公戈]

0615

梁

梁伯敔簋

【時代】西周中期

【出處】梁伯敔簋等

梁伯敔作簋，其萬年永寶用。[梁伯敔簋，《銘圖》4628]

【類别】國族名稱

【釋地】陝西省韓城市

《路史》載伯益爲唐澤虞，是爲百蟲將軍，佐禹治水，封之于梁。但較早的文獻缺載。1993 年陝西岐山縣京當鄉賀家村東岐山縣周原博物館東牆外西周窖藏出土一件梁伯敔簋，爲西周中期之物，説明嬴姓梁國的建立最遲也在西周中期之前。經研究，我們認爲伯益受封梁國當是事實。商亡後梁國首領歸附于周，遷封在周原，梁伯敔就是其後裔，西周中期之後可能爲周所并。平王時又將其後裔秦仲的少子康封到夏陽（今陝西韓城市芝川鎮西），仍稱梁，以續伯益之祀。因此，梁伯敔簋對于梁國史的研究有着重要的意義。

吴鎮烽《先秦梁國考》[1787][梁伯敔簋]

梁伯戈

西周梁國，今陝西關中境内。

吴鎮烽《銘圖索引》[1788][梁伯敔簋]

【時代】春秋早期

1786　何琳儀：《淳于公戈跋》，黄德寬主編：《安徽大學漢語言文字研究叢書•何琳儀卷》，安徽大學出版社，2013 年，第 197—198 頁。

1787　吴鎮烽：《先秦梁國考》，《文博》2008 年第 5 期，第 3 頁。

1788　吴鎮烽：《商周青銅器銘文暨圖像集成索引》，上海古籍出版社，2019 年，第 971 頁。

【出處】梁伯戈等器

梁伯作宫行元用，抑畏方緣（蠻），鑄征北帝（狄）。[梁伯戈，《集成》11346]

【類别】城邑名稱

《穀梁傳》莊三十二年：“夏，宋公、齊侯遇于梁丘，遇者志相得也。梁丘在曹邾之間，去齊八百里。”楊伯峻先生《春秋左傳注》云：“梁丘，宋邑，在今山東省成武縣東北三十里，其地今有梁丘山。”春秋末年，宋景公滅曹（前487），遂占有曹地；戰國初年梁丘仍當是宋國的重要邊邑。由此可知，梁戈雖在齊地出土，但原非齊國所有，當是宋國製作，爲齊國俘獲而輾轉入葬的。

孫敬明、王桂香等《山東濰坊新出銅戈銘文考釋及有關問題》[1789][梁戈]

梁國，嬴姓。……梁山在西北，在當時爲玁狁入寇所徑也。

余永梁《金文地名考》[1790][梁伯戈]

【釋地】陝西省韓城市

春秋梁國，今陝西韓城市芝川鎮。

吴鎮烽《銘圖索引》[1791][梁伯戈]

【釋地】河南省平頂山市葉縣

戈銘之字亦應釋爲“鄴”，衹不過所從的“世”形有所訛變。楚葉縣，即今河南省葉縣。

石小力《利用楚簡考釋東周金文地名二篇》[1792][梁戈]

【釋地】河南省汝州市

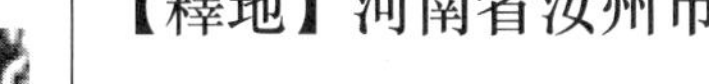

今河南汝州市西南。

吴鎮烽《銘圖索引》[1793][梁戈]

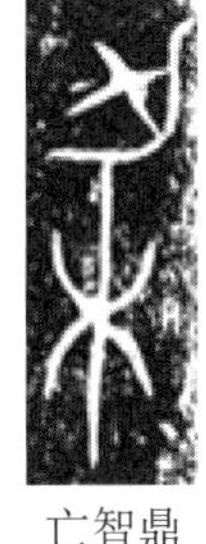

亡智鼎

【時代】戰國中期·魏

【出處】亡智鼎等

梁十九年亡智□兼嗇夫庶魔擇吉金鑄，載少半，穆穆魯辟，徂省朔旁

1789 孫敬明、王桂香、韓金城：《山東濰坊新出銅戈銘文考釋及有關問題》，《江漢考古》1986年第3期，第65頁。

1790 余永梁：《金文地名考》，《國立中山大學語言歷史學研究所週刊》第5集第53、54期合刊，1928年，第3頁。

1791 吴鎮烽：《商周青銅器銘文暨圖像集成索引》，上海古籍出版社，2019年，第971頁。

1792 石小力：《利用楚簡考釋東周金文地名二篇》，中國古文字研究會、清華大學出土文獻研究與保護中心等編：《古文字研究》（第三十一輯），中華書局，2016年，第219頁。

1793 吴鎮烽：《商周青銅器銘文暨圖像集成索引》，上海古籍出版社，2019年，第971頁。

（方），身于兹从，曆年萬丕承。[亡智鼎，《集成》2746]

梁戈

【類別】城邑名稱

乑，梁字省體；梁，又稱大梁，魏惠王九年（公元前 361 年）魏自安邑遷都大梁，魏始稱梁。

湯餘惠《戰國銘文選》[1794][亡智鼎]

【釋地】河南省開封市

地名，即魏都大梁，在今河南開封市。

韓自强《過眼雲烟——記新見五件晋系銘文兵器》[1795][梁令張猷戟刺]

戰國魏都，今河南開封市西北。

吴鎮烽《銘圖索引》[1796][亡智鼎]

【釋地】河南省汝州市

古代名“梁”的地方很多。本文開頭説過，二年梁令矛屬三晋兵器。僅就三晋地區來説，以梁爲地名的就有大梁、少梁、南梁。戰國時期，大梁是魏國的都城，在今河南開封。少梁也曾一度屬魏，在今陝西韓城。南梁屬韓，在今河南臨汝。要確定矛銘的“梁”屬于這三者中的哪一個，先得確定矛的國别。

關于二年梁令矛的國别，可以從三個方〔面〕來説。一、從銘文字形特點來説。此矛的“造”字作從“攴”從“貝”從“告”聲，這個字的寫法是韓國文字特點。“令”作從“人”從“命”，主要見于韓國兵器銘文，如二十七年安陽令戟，偶爾也見于趙國兵器銘文。二、從銘文格式特點來説。矛銘格式分爲令、司寇、工師、治四級，在令與工師之間有司寇這一級，是韓國兵器銘文格式特點。三、從銘文用語特點來説。例如前面已經提到的“翣萃”，衹見于韓國兵器二十七年安陽令戈銘文。此外，銘文把矛稱爲“束”，也似乎衹見于韓國兵器銘文。根據以上三點，二年梁令矛無疑是韓國兵器。

我們已知二年梁令矛是韓國兵器，那麼“梁令”之“梁”顯然是指南梁。從戰國銅器銘文地名稱謂特點來説，也可以證明這一點。魏惠成王九年（公元前 264 年，編者按：當爲公元前 361 年）自安邑遷都大梁，所以魏又稱爲梁。魏國銅器銘文稱魏國國都大梁亦爲“大梁”，單稱“梁”則指魏國，如梁上官鼎、梁十九年亡智卿、梁二十七年大梁司寇鼎、三十三年大梁左庫工師戈、七年大梁司寇戈等，皆是其例。這也説明二年梁令矛的“梁”不會是魏的大梁和少梁，衹能是韓國的南梁。《戰國策·齊策一》“南梁之難，韓氏請救于齊”，高誘注：“梁，韓邑也。今南河梁也。大

1794　湯餘惠：《戰國銘文選》，吉林大學出版社，1993 年，第 3—4 頁。

1795　韓自强：《過眼雲烟——記新見五件晋系銘文兵器》，中國古文字研究會、吉林大學古文字研究室編：《古文字研究》（第二十七輯），中華書局，2008 年，第 324 頁。

1796　吴鎮烽：《商周青銅器銘文暨圖像集成索引》，上海古籍出版社，2019 年，第 971 頁。

	梁，魏都，在北，故曰南梁也。”按南梁之“梁”本是周邑，春秋時曾屬楚，戰國時或屬楚或屬韓，漢爲河南郡屬縣。其地在今河南臨汝縣西。 李家浩《二年梁令矛小考》[1797][梁令張𩵦戟刺]
0616 **梁𩕄**  梁𩕄庫鐓	**【時代】戰國時期** **【出處】梁𩕄庫鐓**[《集成》11907] **【類別】城邑名稱**
0617 **淄涶**  叔夷鐘 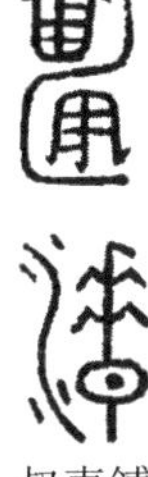 叔夷鎛	**【時代】春秋晚期·齊** **【出處】叔夷鐘**[《集成》272] **叔夷鎛** 唯五月，辰在戊寅，師于淄涶，公曰：汝夷，余經乃先祖，余既專乃心，汝小心愄忌，汝不惰夙夜，宦執爾政事，余引厭乃心，余命汝政于朕三軍，肅成朕師旟之政德，諫罰朕庶民，左右毋諱，夷不敢弗憼戒，虔卹乃死事，勠龢三軍徒䢅，雩厥行師，昚中厥罰。公曰：尸，汝敬共辝命，汝應歷公家，汝鞏勞朕行師，汝肇敏于戎功，余易（賜）汝釐都，䬭（糕）、劇其縣三百，余命汝嗣辝釐邑，造或徒四千，爲汝敵寮，乃敢用拜稽首，弗敢不對揚朕辟皇君之易（賜）休命…… [叔夷鎛，《集成》285] **【類別】自然地理名稱·河湖** 𣶒字舊釋爲淄，無説。今按此字從水省、從甾，甾古文以爲祇，則字實從水省，祇聲，釋淄是也。淄乃省文，右旁之甾即甾之隸變，後人以形聲俱近于甾，遂混淆爲一。王國維有《釋由》一文已辨之甚悉。故淄字可云從水甾省聲。 郭沫若《兩周金文辭大系圖録考釋》[1798][叔夷鐘] 淄下𣵀字，薛尚功、王俅並釋陲，孫星衍釋涶，孫詒讓曰：“《説文》水部：‘涶，河津，在西河。’此云淄涶，即淄水之津也。”按師于淄涶，當是《齊世家》靈公走入臨淄以後事。 孫海波《齊弓鎛考釋》[1799][叔夷鐘]

1797 李家浩：《二年梁令矛小考》，陳偉武主編：《古文字論壇（第一輯）：曾憲通教授八十慶壽專號》，中山大學出版社，2015年，第122—124頁。

1798 郭沫若：《兩周金文辭大系圖録考釋（二）》，《郭沫若全集·考古編》（第八卷），科學出版社，2002年，第24頁。

1799 孫海波：《齊弓鎛考釋》，原載《師大月刊》第1卷第22期，文學院專號，1935年；後收入劉慶柱、段志洪、馮時主編：《金文文獻集成》（第二十九册），綫裝書局，2005年，第463頁。

泜舊皆釋淄。按潛字不識，疑當讀爲垩。《説文·十三篇下·土部》云："垩，遠邊也，從土，𠂹聲。"引申之，凡邊曰垂，師于泜潛，言師在泜水之濱也。孫詒讓從孫星衍釋湹，云："《説文·水部》，湹，河津，在西河西，此云淄湹，即謂淄水之津也。"今按孫説殊誤。湹爲黄河津渡之一，故許實之云在西河西，非謂湹有津字之義也。湹爲河津之一，豈凡津皆可言湹乎！

楊樹達《叔夷鐘跋》[1800][叔夷鐘]

第一個古文自宋代以來釋爲"淄"，郭沫若先生從其説，認爲"字實從水省，祇聲，釋淄是也。"江淑惠女士則認爲"祇""淄"韻分屬脂、之二部，聲韻相差俱遠，恐難以□爲淄字。疑江説是；劉昭瑞《宋代著録商周青銅器銘文箋證》作"淄"，然于字下加"（？）"，亦以此釋爲可疑。楊樹達先生在《積微居金文説·叔夷鐘跋》中直書爲"泜"。

按：《漢書·張耳傳》："斬餘泜水上。"《集注》："蘇林曰：'泜音祇。'晋灼曰：'問其方人音柢。'師古曰：'蘇、晋二説皆是也。蘇音祇敬之'祇'，音執夷反，古音如是。晋音根柢之'柢'，音丁計反，今其土俗呼之則然。"説明"泜"字古確讀爲祇敬之"祇"，而鐘鎛銘文此字正從"祇"，故釋爲"泜"很可能比釋爲"淄"要可信。

……鐘鎛銘中的這個"泜"當即《山海經》中所言的"泜水"，爲南泜水，今名泜河，《中國古今地名大辭典》云："南泜水。《山海經》：'敦與之山，泜水出其陰'是也。源出直隸臨城縣西南敦與山，東流歷唐山、隆平入寧晋泊。"在河北省南部的邢臺市北部，發源于太行山東麓，流經河北邢臺臨城縣、隆堯縣經寧晋泊（古與大陸澤相連）注入滏陽河，滏陽河相當于《山海經》所言的"彭水"。溹水今爲哪條河流不可考，《山海經》言其與泜水同發源于敦與之山，所入的"泰陸之水"當亦即大陸澤，根據此記載可知溹水和泜水是兩條臨近的河流。鐘鎛銘言"師于泜溹（溹）"，即謂軍隊駐紮于泜水和溹水之間也。

王寧《叔夷鐘鎛銘釋文補釋》[1801][叔夷鐘][1802]

今山東淄水流域。

吴鎮烽《銘圖索引》[1803][叔夷鐘]

0618

宿

【時代】西周早期

【出處】宿伯鼎

宿作父庚彝。[宿伯鼎，《集成》2307]

1800　楊樹達：《叔夷鐘跋》，《積微居金文説》，上海古籍出版社，2007年，第73頁。

1801　王寧：《叔夷鐘鎛銘釋文補釋》，復旦大學古文字與出土文獻研究中心，2012年9月3日。

1802　編者按：條目中所引用書目簡稱分别爲：江淑惠《齊國彝銘彙考》，"國立"臺灣大學出版委員會，1991年。劉昭瑞《宋代著録商周青銅器銘文箋證》，中山大學出版社，2000年。孫詒讓《古籀拾遺》（上），《續修四庫全書·經部》第243册，上海古籍出版社，2002年。以上各書不作贅引，僅列書目，供讀者參考。

1803　吴鎮烽：《商周青銅器銘文暨圖像集成索引》，上海古籍出版社，2019年，第971、997頁。

宿伯鼎

【類別】國族名稱

【釋地】山東省泰安市東平縣

宿爲山東古國，《左傳》僖二十一年記于魚曰：“任、宿、須句、顓臾，風姓也，實司太皞與有濟之祀，以服事諸夏。”《左傳》隱元年：“九月及宋人盟于宿。”杜注：“宿小國，東平亡鹽縣也”，《續漢書·郡國志》：東平國無鹽下，本注：“宿國，任姓”，無鹽爲古宿國，蓋本杜注，任姓恐據上引《左傳》以任居首，《元和郡縣志》卷十：鄆州“東平縣郭下，古宿國，《左傳》曰：‘公及宋人盟于宿’是也。兩漢爲無鹽地。”“無鹽故城在縣東三十六里，古宿國也。”清《一統志》：“無鹽故城在泰安府東平州二十里。”

黃盛璋《山東諸小國銅器研究》[1804]

本銘宿，古國名，風姓，甲骨文、金文又作夙。

夙，古國名，典籍作宿，古音夙與宿，同屬心紐、覺韻。《左傳·僖公二十一年》：“任、宿、須句、顓臾，風姓也，實司大皞與有濟之祀。”又《隱公元年》：“及宋人盟于宿。”杜預注：“宿，小國，東平無鹽縣也。”地在今山東東平縣東。

陳秉新、李立芳《出土夷族史料輯考》[1805][宿詠鼎]

0619

密

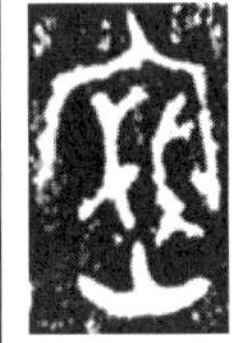

趞鼎

䰛鼎

【時代】西周中期

【出處】趞鼎 䰛鼎[《銘圖》2441] **虎簋蓋**[《銘圖》5399]

唯三月王在宗周，戊寅，王格于大廟，密叔右趞即立，內史即命，王若曰：趞，命汝作豳自（師）冢嗣馬，啻（適）官僕、射、士，訊小大有隣，取賗五寽，易（賜）汝赤巿幽亢、縊（鑾）旂，用事。趞拜稽首，對揚王休，用作季姜尊彝，其子子孫孫萬年寶用。[趞鼎，《集成》4266]

【類別】國族名稱

【釋地】甘肅省平涼市靈臺縣

《漢書·地理志》河南郡密縣下注“故國”，又安定郡陰密縣注：“《詩》密人國。”《國語·周語上》：“恭王遊于涇上，密康公從。”韋昭注：“密今安定陰密縣是也，近涇。”此密叔或是密康公之先？

唐蘭《西周青銅器銘文分代史徵》[1806][趞鼎]

1804 黃盛璋：《山東諸小國銅器研究——〈兩周金文辭大系續編〉分國考釋之一章》，《華夏考古》1989年第1期，第75頁。

1805 陳秉新、李立芳：《出土夷族史料輯考》，安徽大學出版社，2005年，第21、107頁。

1806 唐蘭：《西周青銅器銘文分代史徵》，《唐蘭全集（七）》，上海古籍出版社，2015年，第327頁。

今甘肅靈臺縣西南百里鎮。

吴鎮烽《銘圖索引》[1807][虪鼎]

虎簋蓋

【釋地】山東省菏澤市巨野縣

今山東昌邑縣東南密城。

吴鎮烽《銘圖索引》[1808][叔夷鐘]

0620

鄆

鄆戈

鄆左戈

鄆公戈

【時代】戰國晚期

【出處】鄆戈［《集成》10828］　**鄆左戈**［《集成》10932］

鄆公戈［《銘續》1127］

【類别】城邑名稱

【釋地】山東省臨沂市沂水縣

此戈之時代爲戰國晚期。《齊乘》："古諸城，密州西南三里，春秋時魯邑，季孫行父城諸及鄆。"鄆地在今沂水縣北境，春秋魯邑，後歸莒，戰國則屬齊。

孫敬明《考古發現與戰國齊兵器研究》[1809][鄆戈]

首字釋"渾"，誤。諦審銘文拓片，此字左邊是"邑"，右邊是"軍"，應釋爲"鄆"。與《集成》17.10828鄆戈之"鄆"字同。關于10828號鄆戈，黄盛璋先生考證説："鄆爲魯邑，但魯有東西二鄆，《十三州志》曰：'魯有兩鄆，昭公所居者爲西鄆，莒、魯所争者謂之東鄆。'……最早見于經傳者爲東鄆，即文十二年《經》'季孫行父帥師城諸及鄆'，杜注：'鄆，莒别也。'……西鄆最早見于成四年《經》：'冬，城鄆。'成十六年《傳》：'晋人執季文子于苕丘，公還，待于鄆。'杜注：'鄆，魯西邑，東郡廩丘縣東有鄆城。'……此戈字體仍當屬魯，應爲西鄆，去魯都較近；若東鄆因去齊近，當與莒早被齊占。"其説可從，此戈"鄆"字形體與10828號戈"鄆"字形體略異，從字體風格判斷似屬齊戈。則此鄆有可能是指魯之東鄆，戰國末已被齊占領。

徐在國《兵器銘文考釋（七則）》[1810][鄆左戈]

1807　吴鎮烽：《商周青銅器銘文暨圖像集成索引》，上海古籍出版社，2019年，第971頁。
1808　吴鎮烽：《商周青銅器銘文暨圖像集成索引》，上海古籍出版社，2019年，第971頁。
1809　孫敬明：《考古發現與戰國齊兵器研究》，《考古發現與齊史類徵》，齊魯書社，2006年，第158頁。
1810　徐在國：《兵器銘文考釋（七則）》，黄德寬主編：《安徽大學漢語言文字研究叢書：徐在國卷》，安徽大學出版社，2013年，第14—15頁。

	【釋地】山東省菏澤市鄆城縣 今山東鄆城縣東。 吴鎮烽《銘圖索引》[1811]［鄆戈］
0621 **啓封** 啓封戈	【時代】戰國晚期 【出處】啓封戈 廿一年，啓封令癕，工帀（師）釖、冶者，啓封。［啓封戈，《集成》11306］ 【類別】城邑名稱 【釋地】河南省開封市 雲夢秦簡《編年記》中有秦昭王“卅二年攻啓封”，按之《史記·韓世家》即開封，我們知道漢景帝名啓，西漢河南郡開封縣原來的名字應是“啓封”，爲避景帝諱纔改名開封的。不過這個改動不僅記載不見，並且在景帝之前《史記》的記載皆稱爲開封，例如《高祖本紀》：“酈商爲將，將陳留兵，與偕攻開封”，《曹相國世家》：“西至開封，圍趙賁開封城中”，《周勃世家》：“攻開封，先至開封城下爲多”，此外《高祖功臣侯者年表》有開封侯陶舍，“以高祖十一年十二月丙辰封”，都是在高祖時代，《史記》仍名開封，不名啓封，啓封之名僅見古器物銘中，宋人王復齋《鐘鼎款識》有“漢啓封鐙”；“啓封一斤十二兩十二朱容一升”，清代錢獻之、吴侃叔並云“啓封當即開封”，當時所見衹有一例，現在啓封戈與秦簡《編年記》出土，從而可以確定開封原名啓封這一歷史地理問題。 古開封與今開封並非一回事，今開封市戰國爲魏都大梁，漢爲浚儀縣屬陳留郡，後梁及宋皆東京開封府，宋衹是設浚儀爲祥符縣，明清皆爲開封府，這就是今開封市的名稱由來。至于漢開封則屬河南郡，唐貞觀初省開封入浚儀始合爲一，到延和初復置，移入郭下（但仍爲二縣）。後梁、宋的開封府取名就是因此。明初再入祥符，自此纔無此縣，故城據《舊唐書·地理志》及《北道刊誤志》都説在開封南五十里。 黄盛璋《旅大市所出啓封戈銘的國別、地理及其相關問題》[1812]［啓封戈］ 戰國魏地，今河南開封縣朱仙鎮東。 吴鎮烽《銘圖索引》[1813]［啓封戈］

1811　吴鎮烽：《商周青銅器銘文暨圖像集成索引》，上海古籍出版社，2019 年，第 971 頁。
1812　黄盛璋：《旅大市所出啓封戈銘的國別、地理及其相關問題》，《考古》1981 年第 4 期，第 332、345 頁。
1813　吴鎮烽：《商周青銅器銘文暨圖像集成索引》，上海古籍出版社，2019 年，第 971 頁。

0622

曩

曩公壺

師寰簋

亞盉

弟叟鼎

曩侯簋蓋

【時代】西周時期

【出處】多器

【類别】國族名稱

余謂曩亦是紀，同一紀國而作曩若己者，亦猶句吴之作工獻若攻吴。

郭沫若《兩周金文辭大系圖録考釋》[1814][曩公壺]

曩即紀，在齊東。贅是萊國，更在紀之東，都在山東半島的中北部。燓戴，不詳所在。

馬承源《商周青銅器銘文選》[1815][師寰簋]

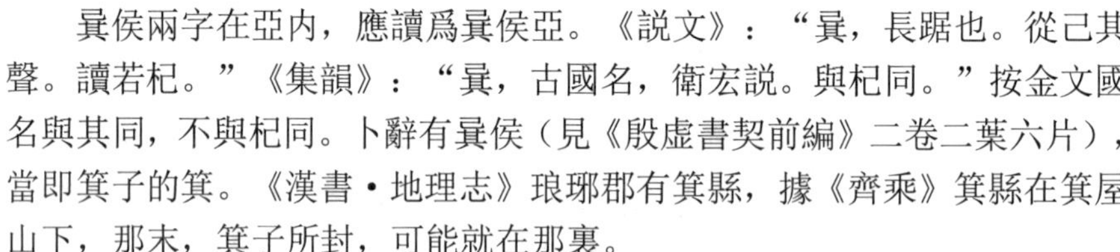

曩侯兩字在亞内，應讀爲曩侯亞。《説文》："曩，長踞也。從己其聲。讀若杞。"《集韻》："曩，古國名，衛宏説。與杞同。"按金文國名與其同，不與杞同。卜辭有曩侯（見《殷虚書契前編》二卷二葉六片），當即箕子的箕。《漢書·地理志》琅琊郡有箕縣，據《齊乘》箕縣在箕屋山下，那末，箕子所封，可能就在那裏。

唐蘭《西周青銅器銘文分代史徵》[1816][亞盉]

曩國商代國都在今河南的淇水流域，近于殷商王都；西周早年因受西周王朝的侵逼而遷徙到今遼寧的大凌河流域；西周後期有一支則渡海南遷到今即墨一帶。萊國都城遺址出土的銅器帶銘文者，以曩國所鑄造者數量最多並且大都屬于媵器。萊國子姓，曩國姜姓，兩國相處密邇，互爲婚媾，關係密切。

孫敬明《萊國出土異地商周金文通釋繹論》[1817]

曩國是商周時期一個頗有實力和影響的古老方國，但它和文獻中的杞、紀、萊諸國各爲獨立族邦，没有等同關係，不可混爲一談。商末周初曩族的封地距周初的燕國不遠，應該是符合實際的，祇是其確切地望還有待今後考古發現進一步證實。曩族與燕侯有主從關係，實爲燕國的附庸。兩周之際，曩國爲避戎禍將都邑遷徙到山東黄縣一帶，而非莒縣北部。雖然前後兩個曩國在時空上有所不同，但他們同爲侯爵，並與周王室保持婚姻關係，若非同一邦族，絶無如此巧合。

孔華、杜勇《曩國地望考辨》[1818]

1814 郭沫若：《兩周金文辭大系圖録考釋（二）》，《郭沫若全集·考古編》（第八卷），科學出版社，2002年，第424頁。

1815 馬承源主編：《商周青銅器銘文選（三）》，文物出版社，1988年，第307頁。

1816 唐蘭：《西周青銅器銘文分代史徵》，《唐蘭全集（七）》，上海古籍出版社，2015年，第119—120頁。

1817 孫敬明：《萊國出土異地商周金文通釋繹論》，山東大學文化遺産研究院編：《東方考古》（第13集），科學出版社，2016年，第46頁。

1818 孔華、杜勇：《曩國地望考辨》，王暉主編：《西周金文與西周史研究暨第十屆中國先秦史學會年會論文集》，三秦出版社，2017年，第10頁。

【釋地】山東省壽光市

這個問題過去各家曾有過不同的看法。歸納起來可以分爲三個觀點：一種認爲曩國始終在今山東東南部莒縣一帶；一種認爲在北方燕地一帶；一種認爲在山西西部蒲縣一帶。主張最後一説的還認爲三個地點代表着三個不同的時期。

曹定雲同志在《“亞其”考》一文中根據安陽殷墟發現的“婦好”墓中出土的“亞其”器及多方面的資料，進行了研究對比。總結出殷代早期的“亞其”封地在山西西部蒲縣東北古箕城一帶；殷代晚期的曩國地望在周代北方的燕地一帶；春秋曩國的地望在今山東東南部莒縣一帶。

但春秋曩國的地望，從目前已知的出土的己、曩國器看，應在今壽光縣南三十里的“紀侯臺”一帶。時間應包括西周至春秋初期。

山東省烟臺地區文物管理委員會《烟臺市上夼村出土曩國銅器》[1819]［曩侯鼎］

曩當爲曩國，即杞，曩器多出山東，故城在今濰坊市之南。

黄盛璋《淮夷新考》[1820]［師寰簋］

【釋地】山東省日照市莒縣

本銘曩是古國名。郭沫若云：“余謂曩亦是紀，同一紀國而作曩若己者，亦猶句吴之作工𢁒若攻吴。”王獻唐認爲曩是位于莒縣北部的姜姓古國，與紀非一，箕縣或是曩國舊壤。詳王著《山東古國考·黄縣曩器》。

陳秉新、李立芳《出土夷族史料輯考》[1821]［師寰簋］

西周諸侯國，今山東莒縣北。

吴鎮烽《銘圖索引》[1822]［亞曩矦鼎］

【釋地】山西省晋中市

小臣缶就是曩侯缶，曩又在什麼地方呢？我們過去曾以爲這個曩是在今山東的曩，也就是姜姓紀國，是不對的。姜姓的紀是周朝封的，早期器物國名都作“己”。這個地名還可追溯，寫法仍作“己”。寫作“曩”是在較晚的金文裏出現的。商代的曩既近于淍，便不能在山東。

從晚商到周初，不少青銅器有“曩侯，亞㠱”銘文，有時又省作“甘，亞㠱”。據《説文》：“箕，所以簸者也。從竹；甘，象形；丌，其下也。”又云：“甘，古文箕。”“甘”是“箕”的象形字，後來纔加上“竹”作爲形旁。由此可知，金文的“甘”應讀爲“箕”，“曩”則與之相通假，所以“曩侯”也就是箕侯。箕在山西榆社縣南箕城鎮，距沙河上游不過百

1819　山東省烟臺地區文物管理委員會：《烟臺市上夼村出土曩國銅器》，《考古》1983年第4期，第292頁。
1820　黄盛璋：《淮夷新考》，《文物研究》（第5輯），1989年，第32頁。
1821　陳秉新、李立芳：《出土夷族史料輯考》，安徽大學出版社，2005年，第215頁。
1822　吴鎮烽：《商周青銅器銘文暨圖像集成索引》，上海古籍出版社，2019年，第971頁。

<table>
<tr><td></td><td>餘里，這我們已經討論過了。

李學勤《小臣缶方鼎》[1823][小臣缶方鼎]

曩，地名，通作其，史籍亦作箕。春秋晋地，在山西太谷縣東南。《左傳・僖公三十三年》“晋人敗狄于箕”，杜預注：“太原陽邑縣内有箕城。”

陳佩芬《上海博物館藏寶録・青銅器概説》[1824][曩仲壺]</td></tr>
<tr><td>0623

陽

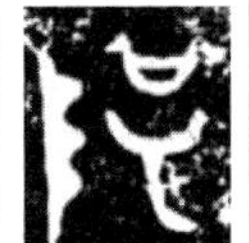
陽仲卣

揚鼎

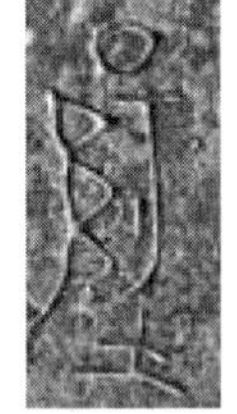
陽侯壺

攻吴王姑
讎亓䧘劍</td><td>【時代】西周早期 春秋晚期

【出處】陽仲卣 揚鼎 攻吴王姑讎亓䧘劍[《銘圖》18077]

陽仲作寶尊彝。[陽仲卣，《銘圖》13050]
唯王正月初吉丁亥，陽芈子揚擇其吉金，自作飤繁，其眉壽無疆，永保用。[揚鼎，《銘圖》2319]

【類別】城邑名稱

【釋地】湖北省隨州市隨縣

陽芈當爲楚女嫁于陽者，故其子自稱“陽芈子揚”。春秋時有陽國，姬姓，地在今山東沂水縣南，早滅于齊，與本器無關。近年在湖北襄陽地區發現有陽氏青銅器，與曾國（即隨國）器物的出土地點相鄰。我們推測陽可能是唐國，據文獻載，唐在隨縣西北八十五里，祁姓，一説姬姓，至魯定公五年（公元前 505 年）始被楚國吞滅。唐、楚疆土相接，互相婚嫁，是很自然的。

李學勤《〈中日歐美澳紐所見所拓所摹金文彙編〉選釋》[1825][揚鼎]

即唐，今隨縣西北唐縣鎮。

吴鎮烽《銘圖索引》[1826][陽仲卣]

【釋地】安徽省界首市

戰國楚邑，今安徽界首市界首鎮。

吴鎮烽《銘圖索引》[1827][攻吴王姑讎亓䧘劍]

【時代】戰國晚期</td></tr>
</table>

1823 李學勤：《小臣缶方鼎》，原載《殷都學刊》1985 年第 1 期；後收入《李學勤學術文化隨筆》，中國青年出版社，1999 年，第 262 頁。

1824 陳佩芬：《上海博物館藏寶録・青銅器概説》，《陳佩芬青銅器論集》，中西書局，2016 年，第 139 頁。

1825 李學勤：《〈中日歐美澳紐所見所拓所摹金文彙編〉選釋》，原載《四川大學學報叢刊・第十輯：古文字研究論文集》；後收入《新出青銅器研究（增訂版）》，人民美術出版社，2016 年，第 255 頁。

1826 吴鎮烽：《商周青銅器銘文暨圖像集成索引》，上海古籍出版社，2019 年，第 973 頁。

1827 吴鎮烽：《商周青銅器銘文暨圖像集成索引》，上海古籍出版社，2019 年，第 1062 頁。

陽右戈

【出處】陽右戈［《集成》10945］等

【釋地】山東省臨沂市沂水縣

今山東沂水縣。

吴鎮烽《銘圖索引》[1828]［陽右戈］

【釋地】山東省臨沂市沂南縣

關于此戈銘之“陽”字，據何琳儀先生考定，並推其地望在今山東沂水（按：沂南），然未詳加論列。據地方史乘記載，沂水縣南爲城陽國陽都縣，漢城陽國治在今莒縣。由漢而推及戰國莒邑與陽邑之關係密邇，其地亦設武庫以鑄造、存放兵器，並有軍事力量防守。沂水縣出土帶銘文的齊和莒國的青銅器，亦還出土吴、黄、陳等國青銅兵和禮器。説明此地自春秋經戰國以降至漢代都具有重要的軍事地理意義。

孫敬明《齊境武庫戰略格局與孫子攻守之法》[1829]［陽戈］

故址在今山東沂南縣南。

吴鎮烽《銘圖索引》[1830]［墬侯壺］

0624

陽陰

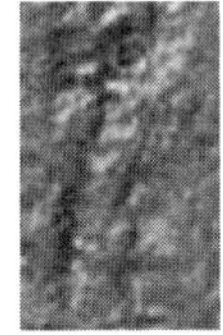
蕩陰令戈

【時代】戰國中期・韓

【出處】蕩陰令戈

廿七年，蕩陰令□，右庫工帀（師）紩，冶象。［蕩陰令戈，《銘三》1498］

【類别】城邑名稱

【釋地】河南省安陽市湯陰縣

“陽险”即蕩陰，首次見于兵器銘文。此外，該地名也見于《古璽彙編》0009號“陽险都壽君府”、《王氏集古印譜》“陽险宗正”等三晋官印。《史記・魯仲連鄒陽列傳》“魏安釐王使將軍晋鄙救趙，畏秦，止于蕩陰不進”，《漢志》屬河内郡，在今河南湯陰縣。

孟嬌、虞同《戰國兵器銘文札記五則》[1831]［蕩陰令戈］

1828 吴鎮烽：《商周青銅器銘文暨圖像集成索引》，上海古籍出版社，2019年，第973頁。
1829 孫敬明：《齊境武庫戰略格局與孫子攻守之法——從考古所見戰國兵器銘文和銀雀山漢簡談起》，《考古發現與齊史類徵》，齊魯書社，2006年，第192—193頁。
1830 吴鎮烽：《商周青銅器銘文暨圖像集成索引》，上海古籍出版社，2019年，第1062頁。
1831 孟嬌、虞同：《戰國兵器銘文札記五則》，中國文化遺産研究院編：《出土文獻研究》（第十七輯），中西書局，2018年，第49頁。

0625

陽安

相邦陽安君鈹

【時代】戰國晚期·趙

【出處】相邦陽安君鈹

七年，相邦陽安君、邦右庫工帀（師）事筊胡、冶事痾執劑，大工尹韓啻。[相邦陽安君鈹，《集成》11712]

【類別】城邑名稱

陽安君不見記載，三晉布幣中常見有“安陽”，但寫法、讀法皆不止一種，中有一種自右向左讀，應讀“陽安”（見《古錢大辭典》及《歷代古錢圖説》二，20頁），而與其他安陽幣字序不同，字作反書，寫法也不相同，舊皆讀爲“安陽”，今與陽安君劍銘參證，可定爲陽安而非安陽，地望尚待考查。

黃盛璋《跋集安新出陽安君劍》[1832][陽安君劍]

0626

陽邑

陽邑戈

【時代】戰國晚期·趙

【出處】陽邑令戈 陽邑戈

二年，陽邑命□□，左工帀（師）戉，冶畫。[陽邑令戈，《銘圖》17156]

廿八年，肖（趙）敘爲陽邑戈，冶氏繺鑄之。[陽邑戈，《銘圖》17188]

【類別】城邑名稱

【釋地】山西省晉中市太谷區

“陽邑”見于戰國尖足布幣、方足布幣，用作地名，在今山西省太谷縣東北。《水經·洞過水注》引《竹書紀年》曰：“梁惠成王九年（前361），與邯鄲榆次、陽邑。”據此可知，陽邑在戰國早中期屬于魏國，中後期屬于趙國。

劉剛《晉系兵器銘文考釋三則》[1833][陽邑令戈]

今山西太谷縣東北陽邑村。

吴鎮烽《銘圖索引》[1834][趙敘戈]

1832　黃盛璋：《跋集安新出陽安君劍》，《考古》1983年第5期，第473頁。

1833　劉剛：《晉系兵器銘文考釋三則》，華東師範大學中國文字研究與應用中主辦：《中國文字研究》（第二十五輯），上海書店出版社，2017年，第37頁。

1834　吴鎮烽：《商周青銅器銘文暨圖像集成索引》，上海古籍出版社，2019年，第973頁。

0627

陽周

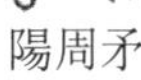

陽周矛

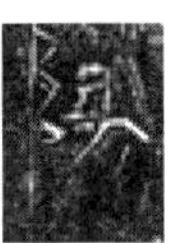

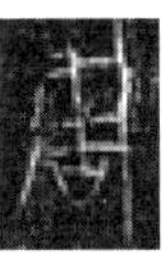

陽周矛

【時代】戰國

【出處】陽周矛［《集成》11463、11464］

【類別】城邑名稱

【釋地】陝西省子長市

今陝西子長縣西北。

吴鎮烽《銘圖索引》[1835]［陽周矛］

0628

陽狐

陽狐戈

【時代】戰國早期

【出處】陽狐戈［《集成》10916］

【類別】城邑名稱

戰國魏地，有二：一說在今河北大名縣東北。《史記・魏世家》：文侯二十四年，“秦伐我（按指魏），至陽狐”。一說在今山西垣曲縣東南。《史記・田敬仲完世家》：“（齊）宣公四十三年，伐晋，毁黄城，圍陽狐。”或說在今山東陽谷西北，按魏文侯二十四年爲公元前 422 年，齊宣公四十三年爲公元前 413 年，其間相隔九年，又《魏世家》與《田敬仲完世家》正義引《括地志》同爲“陽狐郭在魏州元城縣東北三十二里”，當爲一地。然因魏陽狐先爲秦所伐，後又爲齊所圍，故而誤爲兩地。

崔恒昇《古文字地名考釋》[1836]［陽狐戈］

【釋地】山東省聊城市陽谷縣

何琳儀先生通釋齊兵銘文，考索地望，謂此戈銘之“陽狐，即在今山東陽谷”。

孫敬明《齊境武庫戰略格局與孫子攻守之法》[1837]［陽狐戈］

【釋地】河北省邯鄲市大名縣

戰國齊邑，今河北大名縣北。

吴鎮烽《銘圖索引》[1838]［陽狐戈］

1835　吴鎮烽：《商周青銅器銘文暨圖像集成索引》，上海古籍出版社，2019 年，第 973 頁。

1836　崔恒昇：《古文字地名考釋》，中國古文字研究會、安徽大學古文字研究室編：《古文字研究》（第二十三輯），中華書局，2002 年，第 222 頁。

1837　孫敬明：《齊境武庫戰略格局與孫子攻守之法——從考古所見戰國兵器銘文和銀雀山漢簡談起》，《考古發現與齊史類徵》，齊魯書社，2006 年，第 193 頁。

1838　吴鎮烽：《商周青銅器銘文暨圖像集成索引》，上海古籍出版社，2019 年，第 973 頁。

0629

陽春

陽春嗇夫維戈

【時代】戰國晚期·魏

【出處】陽春嗇夫維戈

廿五年，陽春嗇夫維，工帀（師）操、冶㓹。[陽春嗇夫維戈，《集成》11324]

【類別】城邑名稱

0630

陽城

陽城令韓季戈

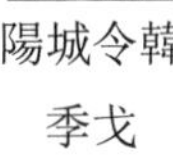

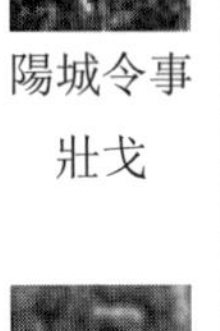

陽城令事壯戈

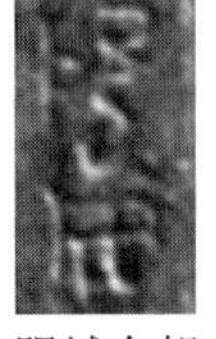

陽城令邦成戈

【時代】戰國晚期·韓

【出處】陽城令韓季戈 陽城令事壯戈 陽城令邦成戈 陽城矛[1839]

六年陽城命韓季、工帀（師）憲、冶□。[陽城令韓季戈，《銘圖》17144]

八年，陽城命邦成，工帀（師）□□，冶趣。[陽城令邦成戈，《銘圖》 17347]

【類別】城邑名稱

【釋地】河南省登封市告成鎮

“陽城”，地名。戰國時代，楚、燕、韓均有“陽城”，分別見《史記·楚世家》《史記·趙世家》《史記·韓世家》。銅戈銘文與楚、燕文字風格迥然不同，可以排除。唯韓之“陽城”與銅戈銘文風格吻合，足資探求。

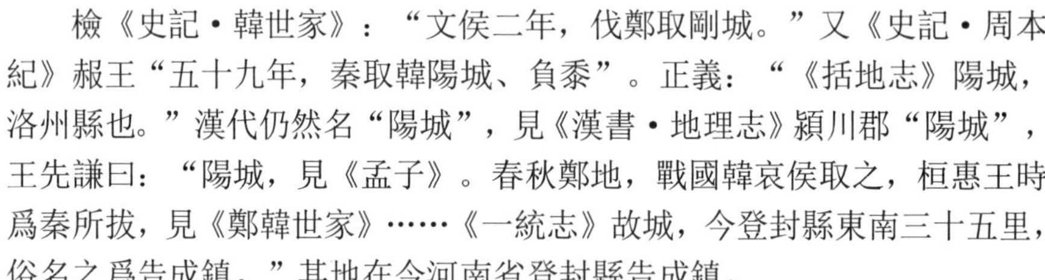

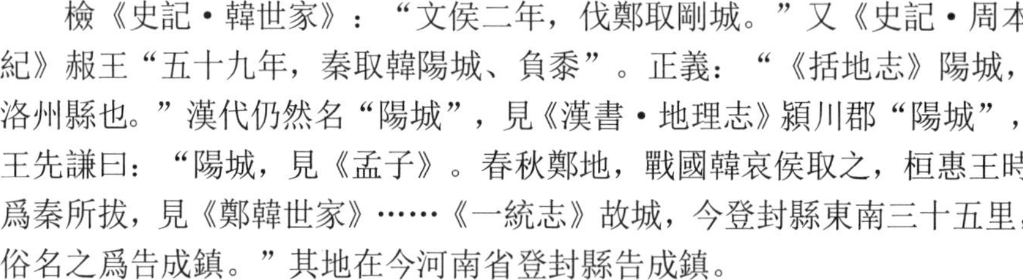

檢《史記·韓世家》：“文侯二年，伐鄭取剛城。”又《史記·周本紀》赧王“五十九年，秦取韓陽城、負黍”。正義：“《括地志》陽城，洛州縣也。”漢代仍然名“陽城”，見《漢書·地理志》潁川郡“陽城”，王先謙曰：“陽城，見《孟子》。春秋鄭地，戰國韓哀侯取之，桓惠王時爲秦所拔，見《鄭韓世家》……《一統志》故城，今登封縣東南三十五里，俗名之爲告成鎮。”其地在今河南省登封縣告成鎮。

何琳儀、焦智勤《八年陽城令戈考》[1840][八年陽城令戈]

戰國韓邑，今河南登封縣東南告成鎮。

吴鎮烽《銘圖索引》[1841][陽城令韓季戈]

1839 編者按：陽城令事壯戈，《銘圖》17346；陽城矛，《銘三》1558。

1840 何琳儀、焦智勤：《八年陽城令戈考》，中國古文字研究會、華南師範大學文學院編：《古文字研究》（第二十六輯），中華書局，2006年，第213頁。

1841 吴鎮烽：《商周青銅器銘文暨圖像集成索引》，上海古籍出版社，2019年，第973頁。

0631

陽都

陽都戈

【時代】戰國時期

【出處】陽都戈［《集成》10937］

【類別】城邑名稱

【釋地】陝西省漢中市洋縣

戰國秦地，在今陝西洋縣東北。

吴鎮烽《銘圖索引》[1842]［陽都戈］

0632

陽陵

陽陵虎符

【時代】秦

【出處】陽陵虎符

甲兵之符，右在皇帝，左在陽陵。［陽陵虎符，《銘圖》19174］

【類別】城邑名稱

【釋地】陝西省咸陽市渭城區

今陝西咸陽市渭城區東北。

吴鎮烽《銘圖索引》[1843]［陽陵虎符］

0633

陽翟

【時代】戰國晚期・韓

【出處】陽翟令悊戟剌

八年，陽翟令悊，司寇□□，右庫工工帀（師）樂臤、冶畧造端戟剌。［陽翟令悊戟剌，《銘圖》17704］

【類別】城邑名稱

【釋地】河南省禹州市

戰國韓邑，今河南禹州市。

吴鎮烽《銘圖索引》[1844]［陽翟令悊戟剌］

1842　吴鎮烽：《商周青銅器銘文暨圖像集成索引》，上海古籍出版社，2019 年，第 973 頁。
1843　吴鎮烽：《商周青銅器銘文暨圖像集成索引》，上海古籍出版社，2019 年，第 973 頁。
1844　吴鎮烽：《商周青銅器銘文暨圖像集成索引》，上海古籍出版社，2019 年，第 973 頁。

0634

𨸏美

散氏盤

【時代】西周晚期

【出處】散氏盤［《集成》10176］

【類別】自然地理名稱・山林

疑《水經注》"渼陂東南流注澇水"或以渼得名，渼字一作美，則本無定字，渼𨸏美一字，猶𣷾陘一字矣。《十道志》謂陂名甚美，因誤名之，或不然也。渼陂在鄠縣西，與此所記地望頗合。

余永梁《金文地名考》[1845]［散氏盤］

𨸏美地名，即今渼水多經也。爲字，言水從渼，言岡從𨸏美，西京文字多如是。

陳子怡《散氏盤石鼓文地理考證》[1846]［散氏盤］

𨸏美字書所無。《爾雅・釋丘》"如畝畝丘，如陵陵丘"，𨸏美陵𦊆相次，𨸏美或畝丘。

陳夢家《西周銅器斷代》[1847]［散氏盤］

𨸏美，地名，所在不詳。但下文又有𨸏美陵，當是一個大的地域範圍。《漢書・地理志》右扶風有美陽縣，班固自注："《禹貢》岐山在西北。"美陽在今武功鎮（舊武功縣）西北，與郿縣相鄰。盤銘提到郿，則𨸏美、𨸏美陵也可能在美陽縣地。

王輝《商周金文》[1848]［散氏盤］

0635

隊

卯簋蓋

【時代】西周中期

【出處】卯簋蓋

唯王十又一月，既生霸丁亥，焚（榮）季入右卯，立中廷，焚（榮）伯呼令卯曰：𢦏（載）乃先祖考死（尸）𤔲焚（榮）公室，昔乃祖亦既令乃父死（尸）𤔲莽人，不淑，俘我家窠，用喪，今余非敢夢先公有𩁹遂，余懋爯先公官，今余唯令汝死𤔲莽宮、莽人，汝毋敢不善，易（賜）汝瓚四、璋瑴、宗彝一肆、寶，易（賜）汝馬十匹、牛十，易（賜）于乍一田，易（賜）于宦一田、易（賜）于隊一田，易（賜）于𢦚一田，卯拜手稽首，敢對揚焚（榮）伯休，用作寶尊簋。卯其萬年，子子孫孫永寶用。［卯簋蓋，《集成》4327］

1845 余永梁：《金文地名考》，《國立中山大學語言歷史學研究所週刊》第5集第53、54期合刊，1928年，第6—7頁。

1846 陳子怡：《散氏盤石鼓文地理考證》，《禹貢》第七卷第6、7合期，1937年，第144頁。

1847 陳夢家：《西周銅器斷代》，中華書局，2004年，第346頁。

1848 王輝：《商周金文》，文物出版社，2006年，第232—233頁。

【類别】人文地理名稱·田地

卯的田地所在的地名。

吴鎮烽《銘圖索引》[1849][卯簋蓋]

0636

翏

翏生盨

【時代】西周晚期

【出處】翏生盨[《集成》4459—4461]

【類别】國族名稱

翏或即蓼。《左傳》桓十一“鄖人軍于蒲騷，將與隨、絞、州、蓼伐楚師”，杜注云“鄖國在江夏，雲杜縣東南有鄖城。……蓼國今義陽棘陽縣東南湖陽城”，《釋文》云“蓼音了，本或作鄝，同”（今河南唐縣南九十里）。《楚世家正義》引“《括地志》云安州安陸縣城（今湖北安陸），本春秋時鄖國城”。鄖爲妘姓之國，祝融氏第四子求言處祝融之虚，是爲鄶國，在新鄭，其族類及于新鄭以南，詳《世本》《鄭語》及《楚世家》。

陳夢家《西周銅器斷代》[1850][翏生盨]

0637

參目人

【時代】春秋晚期

【出處】魚鼎匕

曰：𢓊寸（鑄）氏蚰匕，述王魚顛。曰：欽𢦏（哉），出斿（游）水虫，下民無智，參目取之蚩尤命，帛（薄）命入羹，柔入柔出，毋處其所。[魚鼎匕，《銘圖》6319、6320]

【類别】國族名稱

“參”就是數字叁、三。

“三目人”見于《山海經·海外西經》：“奇肱之國，在其北，其人一臂三目，有陰有陽，乘文馬。”任臣注：“《河圖括地象》曰：奇肱氏能爲飛車，從風遠行。《博物志》云：‘奇肱國去玉門西四萬里，善爲拭扛飛車。”奇肱氏與蚩尤有無關係，不得而知。梁代任昉《述異記》説“有蚩尤神，俗云：人身牛蹄，四目六手。今冀州人掘地得髑髏如銅鐵者，即蚩尤之骨也。今有蚩尤齒，長二寸，堅不可碎。秦漢間説蚩尤氏耳鬢如劍戟，頭有角，與軒轅鬥，以角抵人，人不能向…… ”是否匕銘的蚩尤“三目”是較早期蚩尤形象的傳説版本，而後輾轉相傳又增爲“四目”，或是“四目”另有來源，就不得而知了。總之，言其三目或四目，均是狀其神奇勇敢。

另一解，“三目”讀爲“三苗”。“目”覺部明紐，“苗”宵部明紐，

1849 吴鎮烽：《商周青銅器銘文暨圖像集成索引》，上海古籍出版社，2019年，第974頁。

1850 陳夢家：《西周銅器斷代》，中華書局，2004年，第216頁。

魚鼎匕

目苗雙聲，覺宵旁轉，故可相通。古文獻中苗與從矛之字相通之例甚多，如《儀禮·士相見禮》："在野則曰草茅之臣。"鄭注："古文茅作苗。"《後漢書·張衡傳》："旌瞀以之。"李注："爰旌瞀，餓人也，一作爰精目。《列子》曰東方有人焉，曰爰精目。"《吕氏春秋·介立》："東方有士焉，曰爰旌目。"所以，"苗"假借"目"爲之是沒有問題的。"三目人之蚩尤"是説三苗國首領蚩尤。蚩尤與三苗國關係密切，傳説蚩尤本九黎族首領，以金作兵器，與黄帝戰于涿鹿，敗後被殺于魚首，其族南遷，世謂之三苗，所以銘稱蚩尤爲三苗之人。《山海經·海外南經》："三苗國在赤水東其爲人相隨，一曰三毛國。"注："昔堯以天下讓舜，三苗之君非之，帝殺之。有苗之民叛入南海，爲三苗國。"

吴鎮烽《"魚鼎匕"新釋》[1851][魚鼎匕]

0637.02 參目取

參目取之蟲蚘：吴鎮烽釋爲"三目人之蚩尤"，認爲在神話中蚩尤可能生有三目，故稱爲"三目人之蚩尤"。吴氏又讀爲"三苗人之蚩尤"，"傳説蚩尤本九黎族首領，以金作兵器，與黄帝戰于涿鹿，敗後被殺于魚首，其族南遷，世謂之三苗，所以銘稱蚩尤爲三苗之人"。按後説可從，唯"人"字當改釋爲"取"。網友"正月初吉"説："去年，本人有幸上手了第三把'魚鼎匕'。三把'魚鼎匕'銘文相同。由于前兩把都是斷修，一些關鍵字也已缺失……修理人由于不懂，將'取'字改爲'人'字。"其説可從。疑"取"應讀爲"族"。上古音"取"屬清母侯部，"族"屬從母屋部，聲母都屬齒音，韻部是嚴格的陰入對轉關係，音近可通。《左傳》宣公二年"公嗾夫獒焉"，陸德明《釋文》："嗾，素口反。《説文》云：'使犬也。'服本作'㖩'。"馬王堆漢墓竹簡《天下至道談》32號"十曰魚族"，同墓竹簡《合陰陽》16號"族"作"㖩"。皆其例。"三苗族之蚩尤"就是蚩尤，"三苗族"是對其族屬的説明。

劉洪濤《蚍匕銘文新釋》[1852][蚍匕]

0638

參泉

敔簋

【時代】西周晚期

【出處】敔簋［《集成》4323］

【類别】自然地理名稱

淮夷入侵的地名。

馬承源《商周青銅器銘文選》[1853][敔簋]

"留參泉"，"參泉"即三泉，也是地名，在今河南鞏義西南。《水經·洛水注》："洛水又東，明樂泉水注之。水出南原下，三泉竝導，故世謂之五[三]道泉，即古明溪泉也。《春秋》昭公二十二年師次于明溪者

1851 吴鎮烽：《"魚鼎匕"新釋》，《考古與文物》2015年第2期，第56—57頁。
1852 劉洪濤：《蚍匕銘文新釋》，《考古與文物》2020年第2期，第102頁。
1853 馬承源主編：《商周青銅器銘文選（三）》，文物出版社，1988年，第287頁。

也。”《左傳》作谿泉。

李學勤《晋侯銅人考證》[1854][敔簋]

在陝豫交界的洛南、盧氏、伊川一帶。

吴鎮烽《銘圖索引》[1855][敔簋]

0639

貫

中鼎

【時代】西周早期

【出處】中鼎

唯王令南宫伐反虎方之年，王令中先省南或（國）貫行，埶王应，在夒隣真山，中乎歸生鳳于王，埶于寶彝。[中鼎，《集成》2751、2752]

【類别】國族名稱

【釋地】河南省信陽市

𠁩當是國族名，行其酋長名。晋姜鼎亦言“俾貫倗弘，征緐湯原”彼均南國名，可爲互證。《春秋》僖二年，“齊侯、宋公、江人、黄人盟于貫”，《公羊》作貫澤，或即古𠁩國也。杜預云“貫，宋地，梁國蒙縣有貰城，貰與貫字相似”。案此説頗牽强，蓋字形相似必有一訛，貫于《春秋》三傳均同作，當非訛字。貰與貫音遠隔，地名傳訛當以音近之字爲合理，貰亦不當是訛字。杜蓋求之不得，故姑取于齊宋俱近之貰（今山東曹縣南十里）以當之耳。余意地當近于江、黄，《左傳》云“盟于貫，服江、黄也”，此解較《公》《穀》爲近是，蓋齊宋聯兵征伐江、黄，既克服之而爲此盟也。江、黄故地在今河南潢川息縣境。《漢書·地理志》廬江郡雩婁下注云“有灌水，北至蓼入決”。貫若貫澤或即灌水下游之地也。灌水名今尚存，在商城縣境，與潢川息縣鄰近。

郭沫若《兩周金文辭大系圖録考釋》[1856][中鼎]

0640

巢

肇貯簋

【時代】西周早中期

【出處】𩵦侯鼎 肇貯簋 班簋[《集成》4341]

𩵦侯獲巢，俘厥金胄，用作旅鼎。[𩵦侯鼎，《集成》2457]

□肇賈，眔子鼓𩰫鑄旅簋，唯巢來迮，王令東宫追以六𠂤（師）之年。[肇貯簋，《集成》4047]

1854 李學勤：《晋侯銅人考證》，原載中國文物學會主編：《商承祚教授百年誕辰紀念文集》，文物出版社，2003年；後收入《新出青銅器研究（增訂版）》，人民美術出版社，2016年，第307頁。

1855 吴鎮烽：《商周青銅器銘文暨圖像集成索引》，上海古籍出版社，2019年，第974頁。

1856 郭沫若：《兩周金文辭大系圖録考釋（二）》，《郭沫若全集·考古編》（第八卷），科學出版社，2002年，第51—52頁。

班簋

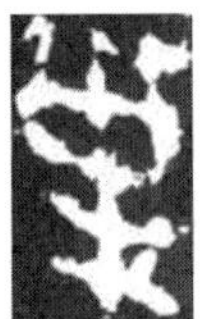

䣄侯鼎

【類别】國族名稱

周原新出甲骨文（110 號）有“征巢”。周初之巢見于銅器的有二器，一是 1964 年西安張家坡西周墓中出土之蔡侯鼎：“蔡侯獲巢，俘厥金胄，用作旅鼎”（《考古》1965 年 9 期），二是《西清古鑑》（27、30—31）著録之𨸏貯簋：“唯巢來𢦚，王命東宫追以六師之年。”都屬西周早期，特别是蔡侯鼎，時代相當早。如和班簋字體比較，它早于班簋是没有疑問的。史樹青同志釋爲蔡侯，看來是可信的。如是，周初的巢國應與蔡國相近，去成周亦不能過遠，故王能命東宫以六師追之。就春秋所見，巢地有二：一是吴楚間小國，至春秋中葉猶在，後爲楚滅，後又多次見于吴楚争奪戰中，《史記》有時稱爲居巢，秦漢時爲居巢縣，杜預説在六縣東居巢城，安徽巢湖、巢縣都因此巢而得名。另一是衛地，見《左傳》哀十一年：“城鉏人攻太叔疾，衛莊公復之，使居巢。”杜預衹説巢爲衛地，未指明在何處。《後漢書・宦者傳》説鄭衆封鄛鄉侯，注亦引《説文》，認爲南陽郡棘陽縣有鄛鄉，但去衛地較遠。《太平寰宇記》説：“陳留郡襄邑縣南二十里，有巢亭。”下引《左傳》哀十一年衛太叔疾死于巢云云，認爲衛巢在此，其説可信。襄邑屬衛地，去蔡國原封之上蔡亦不遠，巢之故土可能在此。棘陽之鄛或是巢爲周初征討，被迫南遷，一度居住之地。至于吴楚間小國之巢則應是最後南遷殘存之部，因去周較遠，所以得“苟延殘喘”，直至春秋文十二年後纔爲楚所滅。過去把吴楚間的巢亦即秦漢的居巢當作周初巢國，距離過遠，和當時形勢不合。巢的古地爲什麼分爲數處，其間關係從未分辨清楚，故不煩費辭，分析論證如上。

黄盛璋《班簋的年代、地理與歷史問題》[1857][班簋]

【釋地】安徽省巢湖市

巢即班簋“秉緐蜀巢”之巢，今安徽巢湖附近之古國也。當亦淮夷之屬。

郭沫若《兩周金文辭大系圖録考釋》[1858][肇貯簋]

郭沫若以此器的繁、蜀、巢三者爲南國的國名，並舉春秋時晋姜鼎曾伯簠爲證，是正確的。《説文》：“鄛，南陽棘陽”，此據段注本，大徐本作棗陽。棗陽故址在今河南新野縣東北。《尚書序》“巢伯來朝，芮伯作《旅巢命》”，《周禮・象胥》序官《正義》引鄭玄注云“巢伯殷之諸侯，聞武王克商，慕義而來朝”；《書・仲虺之誥》注引鄭玄注云“巢，南方之國”。《路史・國名紀》丁“巢，子姓”。《西清》27.30 有簋曰：隹巢來㩁、王令東宫追以六自之年。乃是西周初期器，由此知西周初與殷同姓之巢叛服無常。《春秋》文十二“楚人圍巢”。據《左傳》文由于“群舒叛楚……遂圍巢”，《左傳》昭廿四吴“遂滅巢及鍾離而還”。春秋之

1857　黄盛璋：《班簋的年代、地理與歷史問題》，《考古與文物》1981 年第 1 期，第 80—81 頁。
1858　郭沫若：《兩周金文辭大系圖録考釋（二）》，《郭沫若全集・考古編》（第八卷），科學出版社，2002 年，第 218—219 頁。

	巢，當在安徽巢縣。 陳夢家《西周銅器斷代》[1859]［班簋］ 巢本是殷的諸侯。《説文》："鄛，南陽棘陽。"（此據段注本，大徐本作棗陽），棘陽故址在今河南新野縣東北。《尚書序》："巢伯來朝，芮伯作《旅巢命》。"《周禮・象胥》序官《正義》引鄭玄注："巢伯殷之諸侯，聞武王克商，慕義而來朝。"《尚書・仲虺之誥》"成湯放桀于南巢"，疏引鄭玄云："巢，南方之國。"《路史・國名紀》丁："巢，子姓。"今蔡侯鼎銘記載蔡侯獲巢，俘金，受到周王的賞賜，説明他伐巢對周室曾立下過戰功。 史樹青《西周蔡侯鼎銘釋文》[1860]［蔡侯鼎］ 巢當在安徽省巢縣，在合肥市東南。 唐蘭《西周青銅器銘文分代史徵》[1861]［班簋］ 原爲殷諸侯。《書序・周書》"巢伯來朝"，孫星衍《注》引鄭玄曰："巢伯，殷之諸侯，伯爵也，南方之國，世一見者。"《國語・魯語》"桀奔南巢"，韋昭《注》："南巢，揚州地，巢伯之國，今廬江居巢縣是也。"在今安徽地區巢湖東，當爲淮夷的邦國之一。淮夷屬東國範疇，此或是康王後期伐東夷諸役之一。 馬承源《商周青銅器銘文選》[1862]［肇貯簋］ 巢，古國名。《尚書序》云："巢伯來朝，芮伯作《旅巢命》。"孔傳："（巢）殷之諸侯，伯爵也，南方遠國。"孔穎達疏："《仲虺之誥》云：成湯放桀于南巢，或此巢是也。"《史記・夏本紀》："桀走鳴條，遂放而死。"正義引《括地志》云："廬州巢縣有巢湖，即《尚書》'成湯伐桀，放于南巢'者也。"《水經注・沔水注》："巢，群舒國也。"顧棟高《春秋大事表》云："巢，今江南廬州府巢縣東北五里有居巢城。" 陳秉新、李立芳《出土夷族史料輯考》[1863]［班簋］ 巢，今安徽巢縣。 王輝《商周金文》[1864]［班簋］ 今安徽巢湖市東北。 吴鎮烽《銘圖索引》[1865]［班簋］

1859 陳夢家：《西周銅器斷代》，中華書局，2004 年，第 26 頁。
1860 史樹青：《西周蔡侯鼎銘釋文》，《考古》1966 年第 2 期，第 106 頁。
1861 唐蘭：《西周青銅器銘文分代史徵》，《唐蘭全集（七）》，上海古籍出版社，2015 年，第 369 頁。
1862 馬承源主編：《商周青銅器銘文選（三）》，文物出版社，1988 年，第 103 頁。
1863 陳秉新、李立芳：《出土夷族史料輯考》，安徽大學出版社，2005 年，第 184 頁。
1864 王輝：《商周金文》，文物出版社，2006 年，第 103 頁。
1865 吴鎮烽：《商周青銅器銘文暨圖像集成索引》，上海古籍出版社，2019 年，第 974 頁。

<table>
<tr><td></td><td>

【釋地】山東地區

巢地，竊以爲即《左傳》成公二年“齊侯伐我北鄙，圍龍。……三日取龍。遂南侵，及巢丘”之巢丘，在泰安縣界。至于繁地，應該就是繁伯、成繁之繁，大致當與蜀、巢比鄰，故不妨在汶、泗之間找其綫索。

陳絜《兩周金文中的繁地與西周早期的東土經略》[1866][班簋]

</td></tr>
<tr><td>0641
庰

陳子匜</td><td>

【時代】春秋早期

【出處】陳子匜

唯正月初吉丁亥，敶（陳）子子作庰孟嬀穀女媵匜。用祈眉壽萬年無疆，永壽用之。[陳子匜，《集成》10279]

【類别】國族名稱

庰當是國名。

郭沫若《兩周金文辭大系圖録考釋》[1867][陳子匜]

</td></tr>
<tr><td>0642
𨑩

𨑩令樂瘖戈</td><td>

【時代】戰國晚期

【出處】𨑩令樂瘖戈

三年，𨑩令樂瘖，工币（師）奠恙、冶微。[𨑩令樂瘖戈，《集成》11338]

【類别】城邑名稱

【釋地】山西省晋中市

處于戈銘第三個字位置的地名，《集成》未釋。後出的《殷周金文集成釋文》隸定爲“𥇨”，作爲不識字處理；張亞初先生《殷周金文集成引得》隸定爲“䀿”，疑爲“䀢”。另外，何琳儀先生曾將它隸定爲“貝它”合文，讀爲“貝地”，可能就是文獻中的“貝丘”，《漢書·地理志》隸于清河郡，在今山東臨清縣南。

筆者認爲，戈銘中的地名應是“俞即”二字的合文。要想説明這一問題，需要從戰國布幣中原被釋爲“貝丘”或“貝它”的方足小布説起。

“榆即”見于尖足布幣面文中，有多種省寫的字形，其中“榆”“即”二字多以省體的形式合寫在幣面右邊。“榆”省爲“俞”，如果再將“俞”所從“舟”旁的下部筆劃斷開，寫成左右結構，就成了上引圖四1-3那樣的寫法，衹不過“工”形的位置不同而已。事實上，尖足小布中

</td></tr>
</table>

1866 陳絜：《兩周金文中的繁地與西周早期的東土經略》，《中原文物》2020年第1期，第75頁。

1867 郭沫若：《兩周金文辭大系圖録考釋（二）》，《郭沫若全集·考古編》（第八卷），科學出版社，2002年，第393頁。

	已經出現了這樣的寫法，可以證明這個推斷。至于“即”字省爲“皀”，寫成“目”形，與上引“三年戈”銘中的地名用字更爲接近。因此，上引方足小布幣文當以釋“榆即”比較可信。相應地，“三年戈”也應稱爲“三年榆即令戈”。 “榆即”一地，見于史籍記載，就是《史記》等書中的“榆次”，在今山西榆次市北。榆次原爲魏地，據《水經・洞過水注》引《竹書紀年》：“梁惠成王九年，與邯鄲榆次、陽曲、陽邑”，時在公元前 361 年。而《史記・趙世家》載，孝成王十八年“秦拔我榆次三十七城”，時在公元前 248 年。榆次何時屬韓，史無明文記載。因此，我們衹好從戈銘本身推斷“三年榆即令戈”的年代。 吴良寶《戰國金文考釋兩篇》[1868][䢵令欒痡戈]
0643 隮  隮仲僕盤	**【時代】西周早期** **【出處】隮仲僕盤** 京，隮仲僕作父辛寶尊彝。[隮仲僕盤，《集成》10083] **【類别】國族名稱**
0644 㥒  㥒伯鼎  㥒伯簋	**【時代】西周早期** **【出處】㥒伯卣等** 㥒伯作寶尊彝。[㥒伯卣，《集成》5224、5225] **【類别】國族名稱** 金文𤔔字，𤔲方鼎的𤔲字，都象用繩索捕繫奴隸。所以𤔔有捕繫之義，可引申爲統治、治理。從阜、𤔔聲，當釋㥒，也是地名。 也可以假借爲蠻字。㥒的由來，或因其地鄰近蠻方，或者㥒伯是受命統治蠻方民族的首領。 甘肅省博物館文物隊《甘肅靈臺白草坡西周墓》[1869] 地名。字從阜從𤔔。《集韻・换部》：“亂，古作𤔔”，此其省筆，亦即𤔔字。《説文・𠬪部》：“𤔔，治也，幺子相亂，𠬪治之也。”像雙手理絲之形。增阜爲地名或國名。 馬承源《商周青銅器銘文選》[1870][㥒伯卣] “㥒”字從“阜”，“𤔔”聲，很可能就是西申之“申”的早期用字。此組器出土于甘肅省靈臺縣西北，爲西周早期墓葬，很可能就是西申的早

1868 吴良寶：《戰國金文考釋兩篇》，《中國歷史文物》2006 年第 2 期，第 23、24 頁。
1869 甘肅省博物館文物隊：《甘肅靈臺白草坡西周墓》，《考古學報》1977 年第 2 期，第 123 頁。
1870 馬承源主編：《商周青銅器銘文選（三）》，文物出版社，1988 年，第 101 頁。

 匽伯卣	期封地。這與孔穎達所説的申初封于西周早期，《山海經》記載甘肅境内有申山等相合。如果以鎬京爲觀察點，西申位置在西，南申在南。位近虎牢的申可能有“東申”。舊説多以爲西申是西方之戎，與姜姓之南申（今南陽）没有聯繫，現在看來陳槃認爲西申與南陽之申“本自一族，分居二地”的觀點可能是對的。 李守奎《清華簡〈繫年〉中的“繒”與西申》[1871] **【釋地】甘肅省平凉市靈臺縣** 今甘肅靈臺縣境内。 吴鎮烽《銘圖索引》[1872][匽伯鼎]
0645 **隓陵** 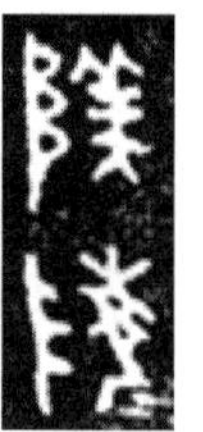 散氏盤	**【時代】西周晚期** **【出處】散氏盤**[《集成》10176] **【類别】城邑名稱** **【釋地】陝西省寶鷄市陳倉區** 在今陝西寶鷄市陳倉區境内。 吴鎮烽《銘圖索引》[1873][散氏盤]
0646 **郟** 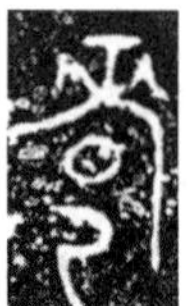 復公聞簋	**【時代】春秋早期** **【出處】復公聞簋** 復公聞自作餴簋，其萬年子子孫孫永壽用之。[復公聞簋，《集成》3919] **【類别】國族名稱**
0647 **圓**	**【時代】春秋早期** **【出處】圓君婦媿霝壺** 圓君婦媿霝作旅壺，其年萬子子孫孫永用。[圓君婦媿霝壺，《銘圖》12353]

1871　李守奎：《清華簡〈繫年〉中的“繒”與西申》，中國社會科學院語言研究所編：《歷史語言學研究》，商務印書館，2014 年，第 175 頁。

1872　吴鎮烽：《商周青銅器銘文暨圖像集成索引》，上海古籍出版社，2019 年，第 973—974 頁。

1873　吴鎮烽：《商周青銅器銘文暨圖像集成索引》，上海古籍出版社，2019 年，第 974 頁。

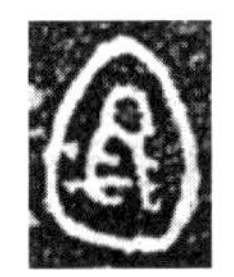
圓君婦媿盉

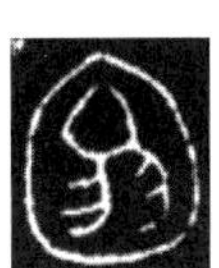
圓君婦媿霝壺

【類別】國族名稱

【釋地】山西南部地區

“昆”，國名，“君婦”，國君的女兒。“媿霝”，魏姓，名霝。“其年萬”是“其萬年”誤倒。“這對壺，從銘文語氣看，是媿霝初嫁小邾時所作，當時的小邾君還不是郳君友，而很可能是霝父。從墓葬分組情況看，此人當是郳君慶的夫人，即此墓的墓主。”昆國地望應即春秋晋邑昆都。位于今山西西南部汾水南。《左傳·僖公十六年》：“秋，狄人侵晋。取狐厨、受鐸。涉汾，及昆都。”注：“狐厨、受鐸、昆都，晋三邑。平陽臨汾縣西北有狐谷亭。汾水出太原，南入河。”疏：“汾水從平陽南流，折而西入于河。臨汾縣在汾水北。狐谷疑是狐厨。乃在縣之西北，則狐厨受鐸皆在汾北。狄自北而侵，南涉汾水至于昆都，昆都在汾水南也。”

王琦、石敬東等《東江小邾國墓葬出土青銅器銘文綜述》[1874][圓君婦媿霝壺]

0648

淖黑

庸伯馭簋

【時代】西周早期

【出處】庸伯馭簋

唯王伐逨魚，征伐淖黑，至燎于宗周，易（賜）章（庸）伯馭貝十朋，敢對揚王休，用作朕文考寶尊簋，其萬年子子孫孫其永寶用。[庸伯馭簋，《集成》4169]

【類別】國族名稱

𪐗疑即黑字，逨魚、淖黑均地名，或是氏族國家，待考。

唐蘭《西周青銅器銘文分代史徵》[1875][庸伯馭簋]

即朝黑，西周部族，今地不詳。

吴鎮烽《銘圖索引》[1876][庸伯馭簋]

0649

𡨦

柯史簋

【時代】西周晚期

【出處】柯史簋

唯十月初吉丁卯，柯史作𡨦（唐）姒媵簋，用祈眉壽永命，子子孫孫萬年，永寶用享。[柯史簋，《銘續》430、431]

【類別】國族名稱

1874 王琦、石敬東、李蘭昌：《東江小邾國墓葬出土青銅器銘文綜述》，山東省文物考古研究所編：《海岱考古》（第四輯），科學出版社，2011 年，第 448 頁。

1875 唐蘭：《西周青銅器銘文分代史徵》，《唐蘭全集（七）》，上海古籍出版社，2015 年，第 363 頁。

1876 吴鎮烽：《商周青銅器銘文暨圖像集成索引》，上海古籍出版社，2019 年，第 970 頁。

柯史簋

0649.02

唐

【釋地】山西地區

銅鼎銘文中西周晚期的唐國應爲姚姓，可能是虞舜後裔所建之國，其地當仍在山西境内。

王正、雷劍鴿《柯史簋與柯國、唐國》[1877][丂史簋]

【釋地】河北省保定市唐縣

“𣄨”讀作陽。文獻所記陽國有御姓陽國、姬姓陽國。《路史·國名記·商氏後》：“陽，御姓，侯爵。”此爲御姓之陽國。《楚辭·九章·哀郢》：“淩陽侯之氾濫兮，忽翱翔之焉薄。”洪興祖《補注》引應劭曰：“陽侯，古之諸侯，有罪自投江，其神爲大波。”此陽侯即《淮南子·覽冥訓》之陽侯，彼文云：“武王伐紂，渡于孟津，陽侯之波，逆流而擊，疾風晦冥，人馬不相見。”此陽侯爲古之諸侯。御姓陽侯及投江自盡之陽侯是否一人，以及其國周時是否存續尚需斟酌。應劭以陽侯屬古之諸侯，或非周諸侯。

《禮記·坊記》：“禮，非祭男女不交爵。以此防民，陽侯猶殺繆侯而竊其婦人。”鄭玄《注》：“（陽），同姓國也。其國未聞。”孫希旦《集解》：“陽、繆，疑二國名。《淮南子》繆作蓼。……繆侯饗陽侯，陽侯説其夫人，遂滅其國而竊之。”蓼國爲姬姓，則陽亦爲姬姓。

《路史·國名紀》燕召之屬有陽，其文曰：“燕之分，本曰唐，併之大谷。漢之陽邑，今之唐縣。《班志》云：‘燕之别邑，齊人遷之。’”此唐縣，即今河北唐縣，蓋即陽國初都之地。春秋時期齊人遷之山東，《春秋經·閔公二年》：“春，王正月，齊人遷陽。”

《漢書·地理志》（東海郡陽都）顏師古注引應劭云：“《春秋》：‘齊人遷陽。’是也。”其地在今山東沂水縣南，其後或又遷之。稽史簋屬西周中晚期，則簋銘之陽或在今河北唐縣。

黄益飛《丂史簋及相關問題》[1878][丂史簋]

【釋地】河南省洛陽市

文獻里關于唐的記載還是比較複雜的。一爲姬姓……一爲祁姓……我們認爲此處的𣄨非“姬唐”或“祁唐”，而是陳槃先生早就談過的“唐聚”。陳先生指出，《左傳》昭公二十三年：“尹辛敗劉師于唐。”杜注：“唐，周地。”《春秋》隱公二年：“公及戎盟于唐。”清高士奇《春秋地名考略》認爲周邑之唐“後漢志有唐聚，在今河南府洛陽縣”，而公及戎盟之唐則在“今魚臺縣東十二里”。可見，在洛陽附近有一個“唐”，而魯、蘇、皖三省交界的魚臺縣亦有“唐”。殷墟卜辭有“貞，其征唐”及“貞：弗其征唐”兩條（《丙編》圖版54），這個唐有可能也是洛邑附

1877　王正、雷劍鴿：《柯史簋與柯國、唐國》，《中原文物》2015年第5期，第26—27頁。

1878　黄益飛：《丂史簋及相關問題》，清華大學出土文獻研究與保護中心編、李學勤主編：《出土文獻》（第九輯），中西書局，2016年，第56頁。

	近的"唐聚"。 王帥《所史簋與唐聚新解》[1879][所史簋] **【釋地】南方地區** 從地理位置上講，考史簋銘所提到的"唐"，應即《國語》《左傳》等所載位于南土的姬姓唐國。因此，簋銘或可證明至遲在懿、孝之世，此唐國已在南土。 據有關金文文例來看，"考史"之"考"應爲國、族名或兼有國、族名性質的地名。《漢書・地理志下》："（梁國）縣八……甾，故戴國。莽曰嘉穀。"顔師古注引應劭曰："章帝改曰考城。"王先謙補注："漢于戴國立甾縣。"秦置甾縣，漢章帝二年（77）改置考城縣，即上揭《漢志》顔注引應劭曰"章帝改曰考城"。西晋初廢，尋復置。北魏孝昌中改置考陽縣。北齊天保中改名成安縣。隋開皇十八年復名考城縣。其地在今民權縣東北。"甾"爲莊（精）母之部字，"考"爲溪母幽部字，與之音義俱近的"老"爲來母幽部字，之部與幽部互爲對轉，來母與莊（精）母爲鄰紐。總之，"甾"與"考""老"古音較近。東漢改稱甾縣爲考城縣，或即與"甾"和"考"亦近有關。秦甾縣、漢考城縣、今民權縣東北與杞縣相鄰，因此，西周中期穆、恭時期，其地屬杞國，名曰考，考史簋之器主考史即此地人，係以地爲氏。懿王時期，杞人遷至今山東安丘一帶，其地入戴。這樣解釋，器銘從稱謂、族姓、地理及銅器出土地點等角度來看，均密合無間。 黄錦前《應國墓地 M257 出土考史簋讀釋》[1880][柯史簋]
0650 **昜都**  陽都戈	**【時代】戰國時期** **【出處】陽都戈**［《集成》10937］ **【類別】城邑名稱** **【釋地】陝西省漢中市洋縣** "昜"即易、陽。昜都，戰國秦地，在今陝西洋縣東北。《水經注・沔（漢）水》上：漢水"南逕陽都坂東，坂自上及下，盤折一十九曲，西連寒泉嶺"。會貞按："坂在今洋縣東北。" 崔恒昇《古文字地名考釋》[1881][昜都戈]

1879 王帥：《所史簋與唐聚新解》，清華大學出土文獻研究與保護中心編、李學勤主編：《出土文獻》（第十一輯），中西書局，2017 年，第 76—77 頁。

1880 黄錦前：《應國墓地 M257 出土考史簋讀釋》，清華大學出土文獻研究與保護中心編、李學勤主編：《出土文獻》（第十一輯），中西書局，2017 年，第 31、33 頁。

1881 崔恒昇：《古文字地名考釋》，中國古文字研究會、安徽大學古文字研究室編：《古文字研究》（第二十三輯），中華書局，2002 年，第 222 頁。

0651

⿱宀昜⿰木號

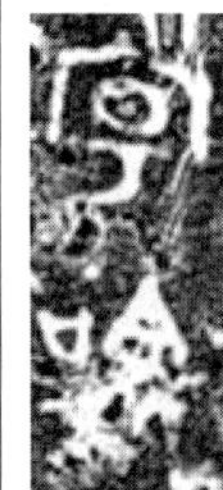

叔尊

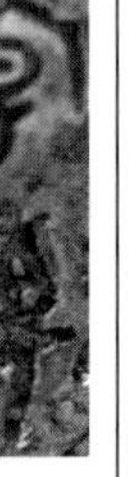

叔卣

【時代】西周早期

【出處】叔尊　叔卣［《銘圖》13347］

侯曰："叔！丕顯朕文考魯公，夂（垂）文遺功，不肆厥敏。余令汝自⿱宀昜⿰木號來敏魯人，爲余宮，有姝具成，亦唯小羞。余既省，余既處，亡不好。不忤于朕敏。"侯曰："叔，若！若！自今往弜其有達汝于乃巧，賞汝貝、馬，用。自今往至于億萬年，汝日其賞勿竝，乃功日引。"唯三月，叔易（賜）貝于原。叔對揚辟君休，用作朕剌考寶尊彝。［叔尊，《銘圖》11818］

【類別】城邑名稱

【釋地】山東城邑名稱

"⿱宀昜⿰木號"當讀爲"陽橋"。"⿱宀昜"讀爲"陽"没有問題。"⿰木號"字，《說文》認爲是"從木，號省聲"。又《說文》："⿰王號，從玉、號聲，讀若鎬。"則知"號"聲字與"高"聲字可通。"橋"從"喬"得聲，"喬"又從"高"得聲，故"從木，號省聲"的"⿰木號"字讀爲從"高"得聲的"橋"字也應該没有問題。

"陽橋"是魯國的一個邑名，見于《左傳・成公二年》："楚侵及陽橋。孟孫請往，賂之以執斲、執針、織紉，皆百人，公衡爲質，以請盟。楚人許平。"杜注云："陽橋，魯地。……執斲，匠人。執針，女工。織紉，織繒布者。"

侯乃峰《新見魯叔四器與魯國早期手工業》[1882]［叔尊］

0652

⿱付邑余

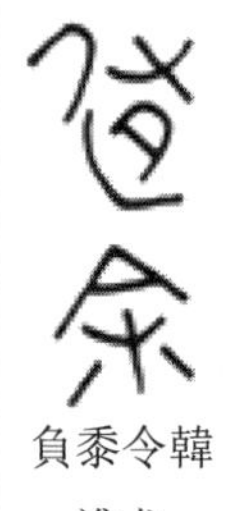

負黍令韓譙戈

【時代】戰國晚期

【出處】負黍令韓譙戈

三年，⿱付邑余命韓譙，工帀（師）罕瘳、冶埸。［負黍令韓譙戈，《集成》11317—11319］

【類別】城邑名稱

【釋地】河南省駐馬店市泌陽縣

戈銘"⿱付邑余"即包山簡之"付⿱與土"91或"郙⿱與土"34。"余""與"聲亦可通。如《禮記・曾子問》"遂輿機而往"，注"輿機或爲餘機"。而《爾雅・釋草》"蘛車芞輿"，《釋文》"輿衆家並作蒢"。《論語・鄉黨》"與與如也"，皇疏"與與，猶徐徐也"。《說文》"嬩讀若余"。帛書《戰國縱横家書》"秦余楚爲上交"。《戰國策・趙策》一有同類句式"秦與韓爲上交"，均其佐證。

1882　侯乃峰：《新見魯叔四器與魯國早期手工業》，《考古與文物》2016年第1期，第71頁。

0652.02 傐余
0652.03 負黍
0652.04 脩余

晋兵“傐余”與楚簡“付嬰”既爲同一地名，其地望則應于今河南南部求之，疑即“扶予”。

首先，“付”與“夫”聲系可通。《淮南子·人間》“俞跗”，《群書治要》引作“俞夫”。《爾雅·釋草》“莞，符離”，《説文》作“夫離”，均其佐證。

其次，“余”與“予”、“與”與“予”相通，典籍可見。

“扶予”，見《水經·潕水注》：“潕水出潕陰縣西北扶予山東過其縣南。《山海經》曰，朝歌之山潕水出焉，東地流，注于滎。經書扶予者，其山之異名乎？”蓋“扶予”本爲山名，但由包山簡 91“傐（扶）嬰（予）之閈（關）人”可知“扶予關”亦爲地名。在今天河南泌陽西北潕水發源處。

今天河南泌陽一帶，正是戰國楚、魏交界之處。魏之“傐余”與楚之“付嬰”似乎反映這一地區“朝秦暮楚”領土更疊的現象。

何琳儀《古兵地名雜識》[1883][負黍令韓譙戈]

【釋地】河南省登封市

《集成》11317—11319 號三年傐余令戈銘中的“傐余”，或讀爲“扶予”，即《包山楚簡》91 號簡的“傐與”，《水經注·潕水注》有扶予山，在今河南泌陽市西北，戈銘、包山簡“似乎反映了這一地區‘朝秦暮楚’領土更疊的現象”，該地處“在韓、魏、楚之間”。從上面的討論可知，今泌陽一帶在垂沙之戰後仍屬于楚，魏國不可能在此鑄造兵器，該地名仍以釋讀爲“負黍”（在今河南登封市西南），定爲韓國兵器比較妥當。

吴良寶《三年吴加令戈考》[1884][負黍令韓譙戈]

戰國韓邑，今河南登封縣西南。

吴鎮烽《銘圖索引》[1885][負黍令韓譙戈]

【釋地】河南省新鄉市原陽縣

“脩”字《説文》右上部從攴，此從又，應是脩字簡寫。脩余殆是脩魚，《史記·韓世家》宣惠王十六年“秦敗我脩魚”，又《秦本紀》：惠文君後元七年“韓、趙、魏、燕、齊帥匈奴共攻秦，秦使庶長疾與戰脩魚，虜其將申差”，《正義》：“脩魚，韓邑也。”《左傳》成十年“晋人及鄭人然盟于脩澤”，杜注：“滎陽卷縣東有脩武亭”。此地爲濟水所逕，見《水經注》，並説是鄭地，韓滅鄭後，其地自屬韓。

黄盛璋《試論三晋兵器的國別和年代及其相關問題》[1886][負黍令韓譙戈]

戰國韓邑，在今河南原陽縣西南。亦稱修魚。《史記·秦本紀》：“秦

1883 何琳儀：《古兵地名雜識》，黄德寬主編：《安徽大學漢語言文字研究叢書·何琳儀卷》，安徽大學出版社，2013 年，第 231 頁。

1884 吴良寶：《三年吴加令戈考》，北京大學出土文獻研究所編：《青銅器與金文》（第二輯），上海古籍出版社，2019 年，第 93 頁。

1885 吴鎮烽：《商周青銅器銘文暨圖像集成索引》，上海古籍出版社，2019 年，第 943、968 頁。

1886 黄盛璋：《試論三晋兵器的國別和年代及其相關問題》，《歷史地理與考古論叢》，齊魯書社，1982 年，第 93 頁。

使庶長疾與戰修魚，虜其將申差。”亦作脩魚。《史記·韓世家》：宣惠王十六年，“秦敗我脩魚”。

崔恒昇《古文字地名考釋》[1887]［負黍令韓譙戈］

0653

舥湩

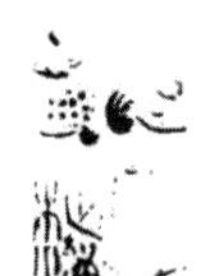

舥湩都鐓

【時代】戰國時期

【出處】舥湩都鐓

舥湩都大劘馬。［舥湩都鐓，《集成》11910］

【類別】城邑名稱

0654

⿰氵⿹戈比

⿰氵⿹戈比公宜脂鼎

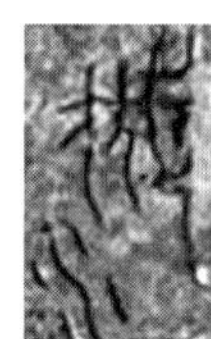

宋公□鋪

0654.02

⿱⿹戈比水

0654.03

⿱比木

【時代】春秋晚期

【出處】⿰氵⿹戈比公宜脂鼎　宋公□鋪

唯正月初吉日丁亥，⿰氵⿹戈比公宜脂，擇其臧金，用鑄其爨宜鼎。［⿰氵⿹戈比公宜脂鼎，《銘續》191］

有殷天乙唐（湯）孫宋公固，作⿰氵⿹戈比叔子饙鋪，其眉壽萬年子子孫孫永保用之。［宋公□鋪，《銘圖》6157］

【類別】城邑名稱

【釋地】山東省滕州市

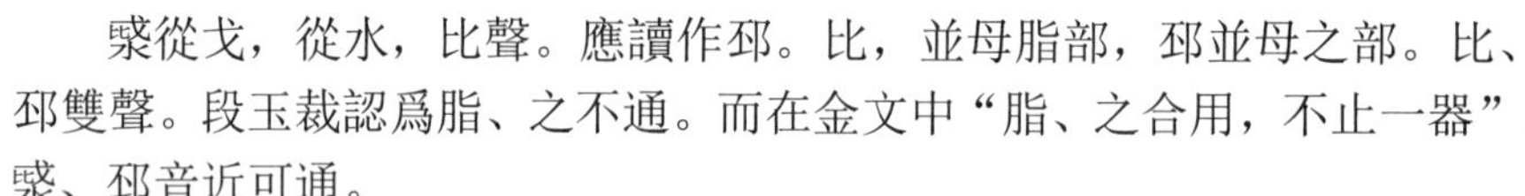

⿱⿹戈比水從戈，從水，比聲。應讀作邳。比，並母脂部，邳並母之部。比、邳雙聲。段玉裁認爲脂、之不通。而在金文中“脂、之合用，不止一器”。⿱⿹戈比水、邳音近可通。

邳分上邳、下邳。《左傳·昭公元年》：“商有姺邳。”杜預注：“二國，商諸侯。邳，今下邳縣。”《左傳·定公元年》：“薛之皇祖奚仲，居薛以爲夏車正。奚仲遷于邳，仲虺居薛，以爲湯左相。”杜預注：“邳，下邳縣。”與杜預的看法不同。漢儒認爲邳不是下邳，而是位于魯國薛縣的上邳。《説文》：“邳，奚仲之後。湯左相仲虺所封國，在魯薛縣。”《漢書·地理志》東海郡下邳，顔師古注：“應劭曰：‘邳在薛，其後徙此，故曰下邳。’瓚曰：‘有上邳，故曰下邳。’師古曰‘瓚説是’。”下邳在今江蘇邳縣。而魯國薛縣上邳的具體位置是以往没有解决的問題。嶧城徐樓宋公鼎和⿱⿹戈比水公鼎的發現證明⿱⿹戈比水即邳，也就是上邳。嶧城西北距滕州薛國故城直綫距離約35公里。證明許慎和應劭所説邳在魯國薛縣的看法是正確的。

王恩田《棗莊嶧城宋公鼎與⿱⿹戈比水公鼎》[1888]［宋公□鼎］

1887　崔恒昇：《古文字地名考釋》，中國古文字研究會、安徽大學古文字研究室編：《古文字研究》（第二十三輯），中華書局，2002年，第223頁。

1888　王恩田：《棗莊嶧城宋公鼎與⿱⿹戈比水公鼎》，《商周銅器與金文輯考》，文物出版社，2017年，第480、481—482頁。

	由于𢦏是鐵的聲符，𢦏籤音近可通，𣳚可以看作瀸的異體字。 瀸是精母談部字，濫是來母談部字，聲近可通。如《管子・地圖》："濫車之水。"《漢書・晁錯傳》濫作漸。而《漢書・晁錯傳》"漸車之水"顔師古注："漸讀曰瀸。"《隸釋二・樊毅修華嶽碑》："瀸潤品物。"《樊毅復華下民租田口算碑》："瀸潤宿麥。"洪適釋以瀸、瀐爲漸。《篇海類編・地理類・水部》："瀸，一作瀐。"以上例證説明瀸和濫間接通用。因此𣳚讀爲濫無論是從音理上還是從實際用例上看都是可以成立的。 濫是由邾分化出來的小國。周滅商後，周武王封曹俠于邾。此後邾國的世系比較清楚。據《世本》記載："俠生非，非生成，成生車輔，車輔生將新，將新生訾父，訾父生夷父。"夷父即周宣王時的夷父顔。顔生夏父及友，夏父繼夷父顔爲邾君，友封于郳，即小邾。夷父顔死後由其弟叔術爲邾君，不久又讓位給顔之子夏父。叔術出居于濫，爲濫國。因此濫國大約是西周末建立起來的國家。 濫的名稱，最早見于《春秋・昭公三十一年》："冬，黑肱以濫來奔。"杜預注："黑肱，邾大夫。濫，東海昌慮縣。不書邾，史闕文。"杜預是把黑肱看作邾大夫，濫看作邾所屬的邑的。不過《公羊傳》的看法不同，認爲濫是國名。對此問題，王獻唐先生有專門討論。其中説道：……。王先生的考證很有説服力，已爲多數學者所接受。 魯昭公三十一年即公元前511年，這一年是否就是濫亡國之年，我們不得而知。要之，從西周末到春秋晚期，表明濫的存續歷史很長。李學勤先生把宋公鼎年代斷在春秋中晚期之間，這是濫國歷史可以相容的。據杜注，濫在晉之東海昌慮縣，即在今山東滕縣（滕州）東南60里處。《後漢書・郡國三》東海郡，"昌慮有藍鄉"。而棗莊市嶧城區徐樓村，在滕縣（今滕州區）東南，正是古書中説的古濫國的地界。 趙平安《宋公䜌作𣳚叔子鼎與濫國》[1889][宋公䜌鼎] 春秋邾邑，今山東滕州市東南。 吴鎮烽《銘圖索引》[1890][𣳚公宜脂鼎] **【釋地】山東省濟寧市魚臺縣** "𣐈"字以"卯"爲聲，"卯"字見于《説文》，是從"比"聲的字，所以"𣐈"也屬"比"聲。這個"𣐈"國就是文獻裏的費國，位于山東魚臺，與棗莊徐樓村相距不遠。《書・費誓》的"費"，據《史記集解》本作"粊"，正是從"比"聲的字。……陳槃先生引據清程恩澤《國策地名考》、俞樾《群經平議》之説，提出"春秋時，魯有二費"，《春秋》費伯國在今山東魚臺西南費亭，季孫氏之邑費在今山東費縣西北二十里。這兩個地點都在棗莊徐樓村不遠之處。春秋費國的位置如確在魚臺，其公室墓在徐樓村是合理的，這自然有待今後進一步考察。 李學勤《棗莊徐樓村宋公鼎與費國》[1891][宋公䜌鼎]

1889　趙平安：《宋公䜌作𣳚叔子鼎與濫國》，《新出簡帛與古文字古文獻研究續集》，商務印書館，2018年，第336—338頁。

1890　吴鎮烽：《商周青銅器銘文暨圖像集成索引》，上海古籍出版社，2019年，第1074頁。

1891　李學勤：《棗莊徐樓村宋公鼎與費國》，《史學月刊》2012年第1期，第128—129頁。

0655

⿰胃阝

⿰胃阝公湯鼎

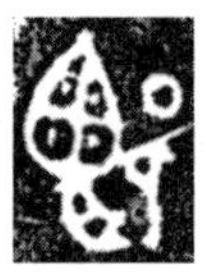

⿰胃阝公伯⿱𦥑皿簋

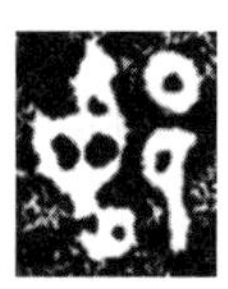

⿰胃阝公伯⿱𦥑皿簋

【時代】春秋早期

【出處】⿰胃阝公湯鼎　⿰胃阝公伯⿱𦥑皿簋

唯王八月既望，⿰胃阝公湯用其吉金，自作薦鼎，其萬年無疆，子子孫孫永寶用享。[⿰胃阝公湯鼎，《集成》2714]

⿰胃阝公伯⿱𦥑皿用吉金，用作寶簋，子子孫孫永用享，萬年無疆。[⿰胃阝公伯⿱𦥑皿簋，《集成》4016、4017]

【類别】城邑名稱

【釋地】陝西省咸陽市

⿰胃阝公湯鼎、⿰胃阝公伯益簋銘文中的“⿰胃阝”，當是封邑名，“公”是其爵號，“湯”“伯益”則是其名、字。但是，“⿰胃阝”爲何字？地在哪裏？我們認爲，從“⿰胃阝”字的構形看，當是從邑胃聲的形聲字，疑即渭的異體。因渭爲水名，在用作地名時，可將其水旁改寫爲邑旁。例灃水之“灃”、沛水之“沛”、溳水之“溳”、澮水之“澮”。

渭水發源于甘肅省渭源縣，流經陝西會涇水入于黄河。《漢書・地理志》右扶風有渭城縣，原注：“故咸陽，高帝元年更名新城，七年罷，屬長安。武帝元鼎三年更名渭城。”渭城因南臨渭水而得名，治所在今陝西省咸陽市東北二十里。可見“⿰胃阝”地當在渭水流域，很可能在今咸陽一帶。

蔡運章《湖北隨縣劉家崖、尚店東周青銅器銘文補釋》[1892][⿰胃阝公湯鼎]

【釋地】河南省駐馬店市正陽縣

至于尚店出土的銅器銘文，我們曾請教過裘錫圭同志，他認爲鼎上“⿰胃阝公湯”之“⿰胃阝”字，又通“鄅”字，鄅地名，即漢之汝南郡正陽縣安陽鄉。

隨州市博物館《湖北隨縣新發現古代青銅器》[1893][⿰胃阝公湯鼎]

【釋地】湖北省隨州市曾都區

今隨州市曾都區三里崗鎮。

吴鎮烽《銘圖索引》[1894][⿰胃阝公湯鼎]

0656

黄

【時代】西周時期　春秋時期

【出處】多器

唯五月，王在衣（殷），辰在丁卯，王啻（禘），用牡于大室，啻（禘）昭王，剌御，王易（賜）剌貝卅朋，天子萬年，剌對揚王休，用作黄公尊䵼彝，其孫孫子子永寶用。[剌鼎，《集成》2776]

1892　蔡運章等：《湖北隨縣劉家崖、尚店東周青銅器銘文補釋》，《考古》1982年第6期，第663頁。
1893　隨州市博物館：《湖北隨縣新發現古代青銅器》，《考古》1982年第2期，第138頁。
1894　吴鎮烽：《商周青銅器銘文暨圖像集成索引》，上海古籍出版社，2019年，第967頁。

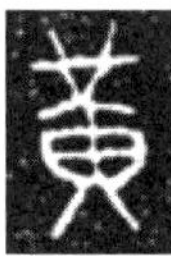
剌鼎

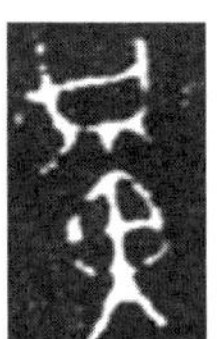
黄君孟鼎

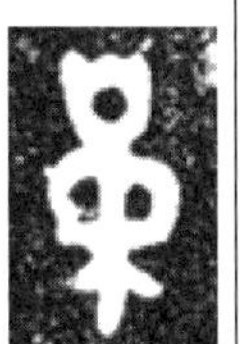
黄君簠蓋

黄季鼎

黄戟

鄍之公庫戈

【類别】國族名稱

此黄公不知是否國名。《漢書·地理志》汝南郡弋陽縣，應劭注説："故黄國，今黄城是。"《續漢書·郡國志》："有黄亭，故黄國，嬴姓。"又《左傳·昭公元年》説："金天氏有裔子曰昧，爲玄冥師，生允格、臺駘……帝用嘉之，封諸汾川，沈、姒、蓐、黄，實守其祀。"黄既金天氏之裔，當亦嬴姓，豈汾川之黄，爲晋所滅而遷于河南淮水流域邪？但少昊之裔似未必能在周王朝任顯職，待考？

唐蘭《西周青銅器銘文分代史徵》[1895]［剌鼎］

【釋地】河南省信陽市潢川縣

京山發現的二件銅鬲，口沿上鑄出"隹黄□□用吉金作鬲"的銘文。《左傳》莊公十九年："遂伐黄"。杜預注："黄，嬴姓國，今弋陽縣。"江永《春秋地理考實》卷一："按，《一統志》古黄國，在河南光州定城廢縣西十二里。"光州就是現在河南的潢川縣。《左傳》僖公十一年："黄人不歸楚貢。冬，楚人伐黄。"又《春秋》僖公十二年："夏，楚人滅黄。"鬲上的"黄"就是黄國，今河南潢川縣。

湖北省博物館《湖北京山發現曾國銅器》[1896]［黄朱杭鬲］

黄是嬴姓國，古書載在今河南潢川縣西 6 公里。春秋前期，黄國抵制楚國比較堅决。公元前 704 年，楚召集諸侯會于沈鹿，衹有黄、隨兩國不願參加。由于黄國較遠，楚國當時無力討伐，衹能派使臣去黄國責問。公元前 676 年，楚勢漸强，曾出兵伐黄，擊敗黄師。公元前 649 年，黄國又拒絶向楚進貢，第二年夏天，終于被楚人攻滅了。在漢淮間列國中，黄的覆亡是比較早的。

李學勤《論漢淮間的春秋青銅器》[1897]

黄爲周初嬴姓封國，在今河南東南部淮河上游的潢川縣一帶。春秋時期，領地甚小，南有今之大别山脉，東與蔣國（今河南淮濱縣境）爲界，西鄰息國（今息縣境内）、弦國（今息縣西南），北與蔡國（今新蔡縣）毗鄰。國都在今潢川縣西北隆古集，城址尚在。

裴明相《論黄與楚、虢文化的關係》[1898]

古國名。嬴姓。《左傳·桓公八年》："黄、隨不會。"《廣韻·唐部》黄字注謂爲"陸終之後，受封于黄，後爲楚所滅。"《左傳·僖公十二年》："夏，楚滅黄。"時在公元前六四八年。《太平寰宇記》卷一二七引《十三州志》云：黄，子爵。故城在今河南省潢川縣西，近年該地常

1895　唐蘭：《西周青銅器銘文分代史徵》，《唐蘭全集（七）》，上海古籍出版社，2015 年，第 325 頁。
1896　湖北省博物館：《湖北京山發現曾國銅器》，《文物》1972 年第 2 期，第 50 頁。
1897　李學勤：《論漢淮間的春秋青銅器》，原載《文物》1980 年第 1 期；後收入《新出青銅器研究（增訂版）》，人民美術出版社，2016 年，第 128—129 頁。
1898　裴明相：《論黄與楚、虢文化的關係》，《江漢考古》1986 年第 1 期，第 43 頁。

	出黃國銅器。 馬承源《商周青銅器銘文選》[1899]［黃君簋蓋］ 黃，古國名，少皞後，嬴姓。商及西周之黄在今山西汾水流域，春秋早期爲晋所滅。黄族一支南徙潢川立國，即春秋之黄。 陳秉新、李立芳《出土夷族史料輯考》[1900]［鬲叔興父盨］ **【釋地】河南省信陽市光山縣** 今河南光山縣。 吴鎮烽《銘圖索引》[1901]［黃季鼎］ **【釋地】山東省淄博市淄川區** 黃爲地名。先秦黃地有多處：（一）宋邑，《左傳》隱公元年："敗宋師于黃。"杜注：黃，宋邑。陳留外黃縣東有黃城，故城在河南民權縣東。（二）魏邑，《史記·趙世家》敬侯八年，"拔魏黃城"。正義引《括地志》，故黃城在魏州冠氏縣南10里。（三）齊邑，《春秋》桓公十七年，公會齊侯、紀侯盟于黃，杜注：黃，齊地。《春秋》宣公八年："公子遂如齊，至黃乃復"。江永《春秋地理考實》指出，"公子遂如齊至黃乃復，是黃爲魯至齊所田之地。《水經注》昌國縣有黃山黃阜近博興，則黃地其此歟"。按昌國縣在今山東淄博市淄川東北。此器爲戰國器，似爲齊國黃地所造。 于中航《先秦戈戟十七器》[1902]［黃戟］
0657 **黃城**  黃城戈	**【時代】春秋晚期·晋** **【出處】黃城戈**［《銘圖》16421］ **【類別】城邑名稱** **【釋地】山東省聊城市冠縣** 今山東冠縣南。 吴鎮烽《銘圖索引》[1903]［黃城戈］

1899 馬承源主編：《商周青銅器銘文選（四）》，文物出版社，1990年，第414頁。
1900 陳秉新、李立芳：《出土夷族史料輯考》，安徽大學出版社，2005年，第265頁。
1901 吴鎮烽：《商周青銅器銘文暨圖像集成索引》，上海古籍出版社，2019年，第978—979頁。
1902 于中航：《先秦戈戟十七器》，《考古》1994年第9期，第860頁。
1903 吴鎮烽：《商周青銅器銘文暨圖像集成索引》，上海古籍出版社，2019年，第979頁。

十二畫

0658

强丘

强丘令覫異戈

【時代】戰國晚期·魏

【出處】强丘令覫異戈

七年强丘命覫異、工帀（師）尹眔、冶沽。[强丘令覫異戈，《銘續》1236]

【類別】城邑名稱

魏國縣邑，今地不詳。

吴鎮烽《銘圖索引》[1904][强丘令覫異戈]

0659

琱

函皇父鼎

【時代】西周晚期

【出處】函皇父鼎

圅（函）皇父作琱妘尊兔鼎，子子孫孫其永寶用。[函皇父鼎，《集成》2548]

【類別】城邑名稱

金文中的琱用爲氏名，指周公的周氏；用爲地名，則指周公的采地周城。記有兩者的青銅器出于周原遺址，都是遺址即周公封邑周城的重要證據。

李學勤《青銅器與周原遺址》[1905][琱妘銅器]

即周。

吴鎮烽《銘圖索引》[1906][函皇父鼎]

0660

堯氏

【時代】西周早期

【出處】堯氏戈[《銘圖》16395]

1904　吴鎮烽：《商周青銅器銘文暨圖像集成索引》，上海古籍出版社，2019 年，第 1062 頁。

1905　李學勤：《青銅器與周原遺址》，原載《西北大學學報（哲學社會科學版）》1981 年第 2 期；後收入《新出青銅器研究（增訂版）》，人民美術出版社，2016 年，第 194 頁。

1906　吴鎮烽：《商周青銅器銘文暨圖像集成索引》，上海古籍出版社，2019 年，第 974 頁。

 堯氏戈	**【類别】城邑名稱** “堯氏”，古國族名。《通志·氏族略》説：“堯氏，帝堯之後，支孫以爲氏。望出河間、上黨。”《古今姓氏書辨證》也説：“堯氏，帝堯之後，以謚爲氏。”然先秦文獻無堯氏，故“帝堯之後”實不足信。疑墨書“堯氏”之堯，爲假借字。 堯、焦古音同在宵部，可以通假。《史記·周本紀》載：“武王追思先聖王，乃褒封神農之後于焦。”《集解》引《括地志》：“弘農陜縣有焦城，故焦國也。”《漢書·地理志》載陜縣有焦城，在今河南陜縣南。焦國若依《史記》爲姜姓。然《左傳》襄公二十九年載：“叔侯曰：‘虞、虢、焦、滑、霍、揚、韓、魏，皆姬姓也。’”如果我們將墨書“堯氏”讀如“焦氏”，又鉛戈在西周王室貴族墓地出土，則可證明“焦”爲姬姓的説法更有可能。 蔡運章《洛陽北窑西周墓墨書文字略論》[1907][堯氏戈]
0661 **馭**  克罍 0661.02 馭微	**【時代】西周早期** **【出處】克罍** 王曰：“大保，唯乃明乃心，享于乃辟。”余大對乃享，令克侯于匽（燕），旆、羌、馬、虘、雩、馭、微。克宻（次）匽（燕），入土眔厥嗣。用作寶尊彝。[克罍，《銘圖》13831] **【類别】國族名稱** 馭，金文與文獻中馭與御通用，陳夢家先生認爲御方是玁狁族的一支，其活動範圍當在太行山一帶。卜辭中有“□寅卜，賓貞，令多馬、羌、御方。”（《殷虚書契續編》5·25·9）看來馭與馬、羌也相距不遠。 任偉《西周燕國銅器與召公封燕問題》[1908][克罍] “馭”，通御和禦，蓋即殷武丁賓組和自組卜辭中的御方。陳夢家認爲：“御方是玁狁族之一支”，亦即《逸周書·世俘篇》“太公望命禦方來”的“禦方”，其地望當與羌方鄰近。 方述鑫《太保罍、盉銘文考釋》[1909][克罍] **【類别】宫室建築名稱** 燕國地名，祖廟所在地。 劉雨《北京琉璃河出土西周有銘銅器座談紀要》[1910][克罍]

1907　蔡運章：《洛陽北窑西周墓墨書文字略論》，《甲骨金文與古史新探》，中國社會科學出版社，1996年，第40頁。

1908　任偉：《西周燕國銅器與召公封燕問題》，《考古與文物》2008年第2期，第59—60頁。

1909　方述鑫：《太保罍、盉銘文考釋》，陳光彙編：《燕文化研究論文集》，中國社會科學出版社，1995年，第289頁。

1910　劉雨等：《北京琉璃河出土西周有銘銅器座談紀要》，《考古》1989年第10期，第959頁。

0662

馭方

不嬰簋

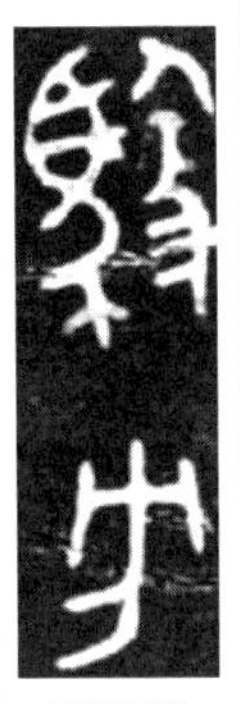

不嬰簋

【時代】西周晚期

【出處】不嬰簋[《集成》4328、4329]

【類别】國族名稱

駿字諸家皆釋爲馭，是也。孫仲容云："駿從馬夋，《説文・革部》：鞭，驅也，古文作夋。"王静安云："《説文解字》，馭古文御，此作駿者，從又持攴驅馬，亦御之意。"余按孫説是也。王氏不識夋字，解爲從又持攴，殊誤。蓋御者持鞭以驅馬，故從馬，從古文鞭，會意。馭方之義，説者紛紛。徐同柏讀爲馭旁，云："蓋遠界之謂。"按徐以旁字從冂，《説文》冂訓遠界，故有遠界之説，其爲牽附，不待論矣。孫仲容云："馭方蓋僕圉奴虜之稱，猶云夷方，蠻方，玁狁爲北狄，△之，（△字原缺）故云馭方。"吴闓生云："馭方猶鬼方虎方之例。"王静安云："馭方蓋古中國人呼西北外族之名，方者國也，其人善馭，故稱馭方。"歷引費昌爲湯御，孟戲中衍爲大戊御，造父爲周穆王御，以爲西北民族善御之證。按孫王之説，皆不免穿鑿。余按諸家大都求之于形，故説皆不安。愚疑馭者朔之假字，馭方即朔方也。朔方爲周室鄰接玁狁之地，《詩・小雅・出車》云："天子命我，城彼朔方，赫赫南仲，玁狁于襄。"是其證也。文云朔方玁狁，謂朔方附近之玁狁也。朔字今讀所角切，爲心母字，然其字本從屰聲，屰讀魚戟切，爲疑母字，與御字爲雙聲。古韻御在模部，屰在鐸部，模鐸二字爲平入，御與朔音至近，故可相通假也。

楊樹達《不嬰簋再跋》[1911][不嬰簋]

王國維説駿古御字，從又持攴毆馬亦御之意，御方是"古中國人呼西北外族之名方國也，其人善御，故稱御方"。王氏此説有一半是對的，即御方確是"古中國人呼西北外族之名"，但説御方僅指西北外族，則就欠妥。此處御方當屬下句，限定玁狁是御方之一支。御方之名，由來已久，王氏指出已見于殷墟卜辭，當同夷、狄、戎一樣，是一種泛稱。案御方之名見殷墟卜辭《續》五・二五・九："□寅卜，賓貞，令多馬羌、御方。"《前》五・十一・七："貞，遘于御方。"《庫》五九五："余勿呼御方。"陳夢家《殷虚卜辭綜述》二百八十三頁説："御方是玁狁族之一支。"與王氏的意見不同，我們則贊成王氏之説。至于郭沫若先生説不其御方就是鄂侯駿方，一字一名，無論從鄂侯駿方鼎的年代或從鄂侯活動的地域來看，此説都是不能成立的。

王輝《秦銅器銘文編年集釋》[1912][不嬰簋]

1911　楊樹達：《不嬰簋再跋》，《積微居金文説》，上海古籍出版社，2007年，第88頁。
1912　王輝：《秦銅器銘文編年集釋》，三秦出版社，1990年，第2—4頁。

0663 越

越王者旨于賜鐘

0663.02

⿰戉阝

【時代】春秋時期 戰國時期

【出處】多器

【類別】國族名稱

【釋地】浙江省紹興市

都會稽，今浙江紹興市。

吴鎮烽《銘圖索引》[1913][越王者旨于賜鐘]

0664 博望

上郡守閒戈

【時代】戰國晚期·秦

【出處】上郡守閒戈[《銘圖》17276]

【類別】城邑名稱

【釋地】河南省南陽市方城縣

今河南方城縣西南博望集。

吴鎮烽《銘圖索引》[1914][上郡守閒戈]

0665 﨓

﨓仲甗

﨓仲簋蓋

【時代】春秋早期

【出處】﨓仲甗 﨓仲簋蓋 﨓仲盤

﨓仲作甗，用征用行，子子孫孫永寶用。[﨓仲甗，《集成》933]

﨓仲作朕皇考桓仲䵼彝尊簋，用享用孝，祈匄眉壽，其萬年無疆，子子孫孫永寶用。[﨓仲簋蓋，《集成》4124]

﨓仲作盤。[﨓仲盤，《集成》10056]

【類別】城邑名稱

【釋地】河南省洛陽市孟津區

今河南孟津縣。

吴鎮烽《銘圖索引》[1915][﨓仲甗]

1913 吴鎮烽：《商周青銅器銘文暨圖像集成索引》，上海古籍出版社，2019 年，第 975—977 頁。
1914 吴鎮烽：《商周青銅器銘文暨圖像集成索引》，上海古籍出版社，2019 年，第 977 頁。
1915 吴鎮烽：《商周青銅器銘文暨圖像集成索引》，上海古籍出版社，2019 年，第 974 頁。

0666

喜

喜令韓謟戈

【時代】戰國晚期·韓

【出處】喜令韓謟戈

十六年，喜令韓謟，左庫工帀（師）司馬裕，冶何。[喜令韓謟戈，《集成》11351]

【類别】城邑名稱

戰國韓邑。

吴鎮烽《銘圖索引》[1916][喜令韓謟戈]

0667

彭

玐鼎

玐鼎

彭子射鼎

【時代】西周早期

【出處】玐鼎

己亥，揚視事于彭，車叔賞揚馬，用作父庚尊彝，天黽。[玐鼎，《集成》2612、2613]

【類别】國族名稱

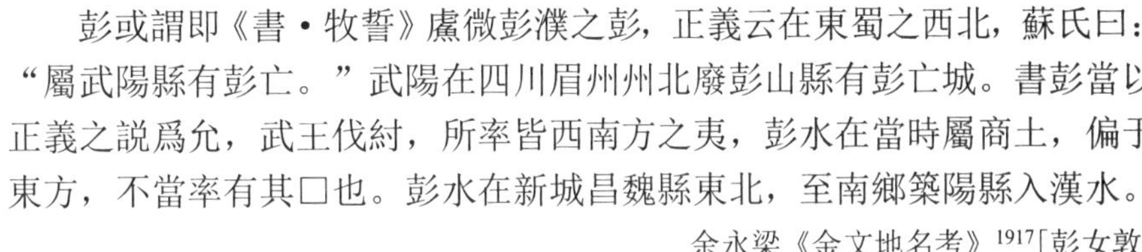

彭或謂即《書·牧誓》盧微彭濮之彭，正義云在東蜀之西北，蘇氏曰："屬武陽縣有彭亡。"武陽在四川眉州州北廢彭山縣有彭亡城。書彭當以正義之説爲允，武王伐紂，所率皆西南方之夷，彭水在當時屬商土，偏于東方，不當率有其□也。彭水在新城昌魏縣東北，至南鄉築陽縣入漢水。

余永梁《金文地名考》[1917][彭女敦]

彭，地名。《詩·清人》"清人在彭"，傳"彭，衛之河上"。

唐蘭《西周青銅器銘文分代史徵》[1918][玐鼎]

【釋地】四川省彭州市

古國名。古以彭爲國名的有"大彭"，以及參預武王伐商之"庸、蜀、羌、髳、微、盧、彭、濮"之"彭"。傳説"大彭"爲堯時彭祖之封國。據《世本》云陸生子六人，"三曰籛鏗，是爲彭祖，彭祖者彭城是也。"宋忠云：彭祖"在商爲守藏史，在周爲柱下史。"是彭氏之族人，在商周皆任官，但在周初無顯著史迹。此彭疑彭、濮之彭。彭人參與伐商有功，是爲西南夷之國，在今四川省彭縣境。

馬承源《商周青銅器銘文選》[1919][玐鼎]

1916 吴鎮烽：《商周青銅器銘文暨圖像集成索引》，上海古籍出版社，2019年，第974頁。

1917 余永梁：《金文地名考》，《國立中山大學語言歷史學研究所週刊》第5集第53、54期合刊，1928年，第16頁。

1918 唐蘭：《西周青銅器銘文分代史徵》，《唐蘭全集（七）》，上海古籍出版社，2015年，第134頁。

1919 馬承源主編：《商周青銅器銘文選（三）》，文物出版社，1988年，第93頁。

【釋地】河南省南陽市卧龍區

楚國封邑，今河南南陽市卧龍區。

吴鎮烽《銘圖索引》[1920]［彭子射鼎］

【釋地】甘肅省慶陽市慶城縣

今甘肅慶城縣境内。

吴鎮烽《銘圖索引》[1921]［玐鼎］

0668

彭弥

鄂君啓舟節

0668.02 彭射

0668.03 彭澤

0668.04 彭蠡

0668.05 彭𢏚

【時代】戰國中期

【出處】鄂君啓舟節［《集成》12112、12113］

【類别】城邑名稱

【釋地】安徽省安慶市望江縣

彭弥，郭先生釋"殆即彭蠡，今之鄱陽湖"。李平心先生云："弥，當爲從屰得聲之字。屰古音在魚部，從屰聲之斥，小篆作'㡿'，與同部之澤相通。《史記·河渠書》：'溉澤鹵之地'，澤鹵經傳作斥鹵，可證。《説文》：'斁，引給也'，自來治許書者皆不得其解。竊謂引給即引弓至滿，而從屰得聲之斥有滿足之義，從睪之繹亦有充斥之意，充斥與給足同訓。弥當爲斁之本字，故字從弓屰（亦）聲，斁即擇之異文，金文習見，借爲弥，故訓引給。斁、睪聲同義通，疑彭弥即彭澤。《漢書·地理志》豫章郡有彭澤。古大彭遷居江淮各地，彭蠡與彭澤均由族姓得名。"驥按：銘文通例凡"庚"下皆繫邑聚名，則此"彭弥"亦即彭澤所指也應該是一個邑聚而不是一個澤藪。當然這個邑聚是得名于澤藪的，應在以彭蠡爲名簡稱彭的澤藪之旁。以今之鄱陽湖爲古彭蠡澤，説本于《漢書·地理志》。志于豫章郡彭澤下云："《禹貢》彭蠡澤在西。"彭澤縣故城在今江西湖口縣東，這個澤指的當然是鄱陽湖。但班固以此爲《禹貢》的彭蠡澤是有問題的，澤旁的彭澤縣也不見得就是銘文中的"彭弥"。《禹貢》導水説漢水"東匯澤爲彭蠡"，漢水的上游既在江水之北，下游的"北江"也在江水的下游"中江"之北。《史記·封禪書》載元封五年武帝南巡，"自尋陽出樅陽，過彭蠡"，尋陽在今湖北黄梅縣境，樅陽即今安徽樅陽縣治，都在長江北岸。單就這兩條記載看來，漢武帝以前的彭蠡就該在長江北岸纔説得通。這條銘文更證實了這一點。鄂在長江南岸，"逾江"然後"庚彭弥"，可見彭弥這個邑和這個邑得名所自的澤應在江北而不在江南。依地望與地形推測，古彭蠡約相當于今湖北廣濟、黄梅、安徽宿松、望江、懷寧、安慶一帶濱江諸湖。其時湖面可能比今天的來得寬闊，且相互通連，與江水相吐納，舟行多取道于此。彭弥故址無考，疑即六朝時代之大雷戍，今安

1920 吴鎮烽：《商周青銅器銘文暨圖像集成索引》，上海古籍出版社，2019年，第974頁。

1921 吴鎮烽：《商周青銅器銘文暨圖像集成索引》，上海古籍出版社，2019年，第974頁。

	徽望江縣。 譚其驤《鄂君啓節銘文釋地》[1922][鄂君啓舟節] 彭射，即彭澤，亦即彭蠡，射聲與睪聲相通。節銘彭澤之前用“庚”字，當是邑聚而非澤名，譚其驤考證其地當在江北，疑即六朝時代的大雷戍，今安徽省望江縣。 湯餘惠《戰國銘文選》[1923][鄂君啓舟節] **【釋地】江西省九江市彭澤縣** 彭㴤應爲彭澤，李平心先生所説甚是，依上古音韻搆擬“㴤”爲 ngi̯ǎk，“澤”爲 di̯ǎk，同在魚部，而“蠡”爲 lieg 在佳部，與㴤聲、韻皆遠。但彭蠡澤仍應如《漢書・地理志》所説爲彭澤縣西之鄱陽湖，譚文否定彭蠡爲鄱陽湖，以爲係江北諸湖，所舉證據有二：其一是《禹貢》“漢水東匯爲彭蠡”，然此乃古代人地理知識錯誤，將江、漢誤混爲一，如《水經》謂“沔水與江合流，又東過彭蠡澤”，《水經注》也把江漢合流後以下之長江稱爲沔水；江、漢合流匯爲彭蠡，並不能否定非鄱陽，也不能肯定非在江北不可。其二是漢武帝自尋陽出樅陽過彭蠡。案鄱陽湖與江相連，故有湖口之名，漢彭澤縣即在其東，漢武帝沿江東下，仍可過彭蠡湖，不能説非走江北諸湖不可。 銘文“逾江，庚彭㴤（澤）”，此一段航路仍是沿江而下，所庚彭㴤既爲地名而非澤名，即使彭蠡在江北，仍不能爲航路走江北諸湖而非走江路之證，何况漢確有彭澤，實在江南，此縣之設必有本于前代，當即銘文航路所經。譚文疑彭㴤爲六朝時代之大雷戍，今安徽望江縣，實于文獻無徵。漢之彭澤縣，以後演變皆歷歷可考，今彭澤縣乃彭澤歷來遷移最東之地，古縣實在湖口之東，得名必與鄱陽湖有關；“鄱”“彭”音同，故知先秦之彭澤縣，亦必在湖附近，而不得遠至望江境内。 黄盛璋《關于鄂君啓節交通路綫的復原問題》[1924][鄂君啓舟節] “彭㴤”，愚以爲李平心先生所説即彭澤近之。彭澤是一個邑聚，戰國時可能已成爲瀘江一帶物産的集散地。鄂君啓是個大販運商，節文所“庚”之地，一是較大之邑聚，一是必經之交通要道關口。如果彭澤不是邑聚，鄂君的船隊就無必要在此停靠了。 劉和惠《鄂君啓節新探》[1925][鄂君啓舟節] 郭云：“彭㴤殆即彭蠡，今之鄱陽湖。”譚以彭逆爲今之望江。根據《節銘》用字之例，凡用“庚”字，其下地名均在陸地。如是通過鄱陽湖，

1922　譚其驤：《鄂君啓節銘文釋地》，原載《中華文史論叢》（第 2 輯），1962 年；後收入《譚其驤全集》（第一卷），人民出版社，2015 年，第 537 頁。

1923　湯餘惠：《戰國銘文選》，吉林大學出版社，1993 年，第 47 頁。

1924　黄盛璋：《關于鄂君啓節交通路綫的復原問題》，原載《中華文史論叢》（第 5 輯），1964 年；後收入《歷史地理論集》，人民出版社，1982 年，第 274 頁。

1925　劉和惠：《鄂君啓節新探》，原載《考古與文物》1982 年第 5 期；後收入劉慶柱、段志洪、馮時主編：《金文文獻集成》（第二十九册），綫裝書局，2005 年，第 331 頁。

當曰“逾彭弴”，今曰“庚彭弴”，知彭弴是地名而非湖名。按現在地形，望江距彭蠡直綫約70里，其西的彭澤，距彭蠡不過30里，而且密邇江邊，不若望江距江較遠。故我以爲彭弴當爲今之彭澤。

孫劍鳴《“鄂君啓節”續探》[1926][鄂君啓舟節]

這個字從“弓”從倒“矢”。由于楚文字中“矢”字有時倒寫，所以“弜”應隸定爲“弫”，釋爲“躲”，即“射”字。

節銘“彭射”是地名。從節銘所記府商先後所經城邑的地理位置看，“彭射”應該是夏水（漢水下游的别名）入長江口處到樅陽（今安徽省樅陽縣）之間長江邊上的一個城邑。李平心認爲就是《漢書·地理志》豫章郡屬縣“彭澤”，黄盛璋等從之。按“射”和“澤”都是古魚部字，聲母同屬定母，古音相近；所以古書裏從“睪”得聲的字常常跟“射”字互相假借。例如《詩·周南·葛覃》“服之無斁”，“斁”字《禮記·緇衣》引作“射”。又《魯頌·泮水》“徒御無繹”，陸德明《釋文》：“繹，本又作射，又作斁，作懌，皆音亦”。總之，從字形、字音和地理位置看，把“彭弫”考定爲彭澤是可信的。

朱德熙、李家浩《鄂君啓節考釋（八篇）》[1927][鄂君啓舟節]

【釋地】江西省九江市湖口縣

諸家釋彭澤當是。漢彭澤縣在今湖口縣東三十里。《漢志》“禹貢彭蠡澤在西”。舊以彭蠡爲鄱陽湖，自清崔述辨彭蠡以爲當爲今江北之宿松、望江縣通江諸湖。今人多從之，幾成定論。亦有探討漢以後演變爲今鄱陽湖之過程者。竊疑古通江北諸湖，贛水下游寬數十里，及今鄱陽湖皆名彭蠡。以其形似螺或蟲嚙木痕得名。後或因淤積而江北諸湖遂斷而不連，鄱陽湖日見突出而積水日多遂獨擅名。否則鄱陽湖舊無彭蠡之名，則何緣遠移江北湖名爲江南之彭蠡乎?古彭蠡南界似難確定，因爲水有漲落。

或以《漢志》及《水經》叙贛水支流皆不及彭蠡，而逕言入贛，贛又入江。以爲古無鄱陽湖。不知湘資沅澧諸水亦不及洞庭，逕言入沅、入湘、入江非無洞庭也。實二書體例如是。頗疑其意重在水本身之歸宿，水雖入湖而終由贛外出入江也。

姚漢源《戰國時長江中游的水運——鄂君啓節試釋》[1928][鄂君啓舟節]

【釋地】湖南省臨湘市

“弴”字從弓，屰聲。李平心先生讀澤（見譚其驤：《鄂君啓節銘文釋地》），可從。但不是江西的彭澤縣，也不是皖南的彭澤聚（《漢書·地理志》宛陵下注云：彭澤聚在西南）。舊稿引《水經注》：江水“又東逕彭城口，水東有彭城磯，故水受其名。”以爲彭弴當即彭城磯，在今湖南

1926 孫劍鳴：《“鄂君啓節”續探》，原載《安徽省考古學會會刊》1982年第6輯；後收入劉慶柱、段志洪、馮時主編：《金文文獻集成》（第二十九册），綫裝書局，2005年，第332頁。

1927 朱德熙、李家浩：《鄂君啓節考釋（八篇）》，北京大學中國中古史研究中心編：《紀念陳寅恪先生誕辰百年學術論文集》，北京大學出版社，1989年，第66頁。

1928 姚漢源：《戰國時長江中游的水運——鄂君啓節試釋》，周魁一主編：《水的歷史審視：姚漢源先生水利史論文集》，中國書籍出版社，2016年，第556頁。

臨湘縣東北。今按彭城磯、彭城口都由彭𢐗得名，其地當有城邑。《輿地紀勝》："臨湘縣有彭城山，西近江曰彭城磯。"磯今在江中。彭𢐗遺址或在山上，或已淪入江中，皆未可知。

羅長銘《鄂君啓節新探》[1929][鄂君啓舟節]

【釋地】安徽省銅陵市

即彭澤，夏水口到樅陽間江邊城邑。

吴鎮烽《銘圖索引》[1930][鄂君啓節]

【類別】自然地理名稱·河湖

【釋地】湖北省東部地區之彭蠡

或即"彭澤"，𢐗從屰得聲，古音在鐸部，與澤同部，當爲假字。《韓詩外傳》："左洞庭之波，右彭澤之水。"彭澤又稱彭蠡，《尚書·禹貢》：漢水"南入于江，東匯澤爲彭蠡"。《史記·封禪書》記漢武帝南巡："自尋陽出樅陽，過彭蠡。"即此。地在今長江北岸的鄂東、皖西一帶。

馬承源《商周青銅器銘文選》[1931][鄂君啓節]

【釋地】鄱陽湖

彭𢐗殆即彭蠡，今之鄱陽湖。

郭沫若《關于鄂君啓節的研究》[1932][鄂君啓舟節]

【類別】自然方位名稱

【釋地】彭族疆域

"彭"屬古越族的地域。"𢐗"字從"弓"從"屰"，即古"强"字，通"疆"。"彭𢐗"即彭的疆域，是個泛指地名。

張中一《〈鄂君啓金節〉路綫新探》[1933][鄂君啓舟節]

0669

䊷

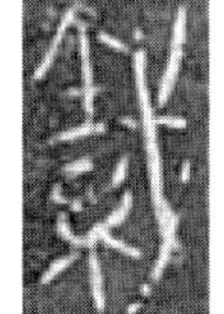

【時代】戰國中期

【出處】鄂君啓舟節[《集成》12112、12113]

【類別】城邑名稱

"䊷"疑是地名，于省吾先生指出，《古文四聲韻》卷五"織"字同此，此字應分析爲從糸戈聲。又《古文四聲韻》于"織"字下引《崔西裕

1929 羅長銘：《鄂君啓節新探》，原載《羅長銘集》，黄山書社，1994年；後收入安徽省博物館編：《安徽省博物館四十年論文選集》，黄山書社，1996年，第148頁。
1930 吴鎮烽：《商周青銅器銘文暨圖像集成索引》，上海古籍出版社，2019年，第974頁。
1931 馬承源主編：《商周青銅器銘文選（四）》，文物出版社，1990年，第434頁。
1932 郭沫若：《關于鄂君啓節的研究》，《文物參考資料》1958年第4期，第4頁。
1933 張中一：《〈鄂君啓金節〉路綫新探》，《求索》1989年第3期，第127頁。

 鄂君啓舟節	纂古》以“裁”字與“絨”“絃”等字同，這些字都是之部或職部字（職部是之部的入聲），與從己聲的字可以相互通假，如《廣雅·釋詁二》“記，識也”，《説文》新附字“記，誌也”，即其證。 李零《楚國銅器銘文編年匯釋》[1934][鄂君啓舟節]
0670 **散**  散伯簋  散盤  散伯車父鼎	**【時代】西周晚期** **【出處】散氏盤**[《集成》10176] **【類別】國族名稱** **【釋地】陝西省寶鷄市** 此盤銘中多國名、地名，前人有爲之説者。余以爲非知此器出土之地，則其中土地名無從臆説也。顧此器出世已踰百年，世絶無知其淵源者。即近出之散伯敦、夨王尊亦然。嗣讀克鼎銘，則其中地名頗與此盤相涉。如此盤云：“至于琟莫〓井邑田。”又云：“至于井邑。”克鼎則云：“錫女井家〓田于□。”又云：“錫女井〓〓人。”又云：“錫女井人奔于量。”知此盤出土之地，距克鼎出土之地必不遠。而克鼎出較後，器較鉅，世當有知之者。訪之十餘年，莫能答。庚申冬日，華陽王君文燾言：“頃聞之陝人言，克鼎出處在寶鷄縣南之渭水南岸。”此地既爲克之故虚，則散氏故虚必距此不遠。因知“散氏”者，即《水經·渭水注》“大散關”“大散嶺”之“散”；又銘中“濾水”，即《渭水注》中之“扞水”；“周道”即“周道谷”；“大沽”者，即《漾水注》之“故道”；“水岡”即衙嶺山間之高地也。其諸地之總名，銘中謂之〓。首目下文云：“用夨戮散氏邑乃即散用田〓。”末結上文云：“正〓夨舍散田。”是〓乃諸地之大名，其字向無確釋。案：吴縣潘氏所藏益公敦有〓字，其文曰“隹王九年九月甲寅，王命益公征〓寇。益公至告一月，〓寇至，見獻帛”云云。余謂〓字從目，〓字從頁，其意相同，當是一字。益公敦“〓寇”連言，亦土地或種族之名，與此盤之〓，當是一地。〓即古文眉字，篆文作〓，從〓，即〓之變化。〓亦眉之異文，與〓同意。古器“眉壽”字多作〓、〓等形，〓即古𠷎字之省，與眉聲陰陽對轉，〓字即以之爲聲。然則〓、〓亦同字。〓者，象形字；〓者，形聲字也。古眉、微二字又通用。《少牢餽食禮》“眉壽萬年”，古文眉爲微。《春秋左氏傳·莊廿八年》“築郿”，《公》《穀》二傳作“築微”。由是觀之，〓、〓當即周初之微人。《周書·牧誓》：“及庸、蜀、羌、髳、微、盧、彭、濮人。”《立政》：“夷、微、盧烝。”向不知微所在，殆即此盤之及益公敦之“〓寇”也。其種族一部早移居于渭水之北，故漢右扶風有郿縣。《詩·大雅》：“申伯信邁，王餞于郿。”

1934 李零：《楚國銅器銘文編年匯釋》，中國古文字研究會、中華書局編輯部等編：《古文字研究》（第十三輯），中華書局，1986年，第369—370頁。

	則宗周時已有此地，蓋因此族得名。然其本國，固在南山。 當作此盤時，已爲夨、散諸國所役屬矣。又據此盤所紀地理觀之，則夨在散東，井在夨、散二國間而少居其北。夨分井地與散，而克亦得井田，此時亦已無井國矣。此器地理本無可考，今由克鼎出土之地推考之如此。其餘諸小地，當益在數十里間。古今異名，寧從蓋闕矣。 王國維《散氏盤跋》[1935][散氏盤] 散盤中人名，與克鼎中人名互見，克鼎出寶鷄縣南之渭水南岸，知散國即《水經・渭水注》“大散關”，《沔水注》“大散嶺”之散矣。 余永梁《金文地名考》[1936][散氏盤] 地名，今寶鷄大散關蓋即其地。周有散宜生，當由食采于此地而得氏。 陳子怡《散氏盤石鼓文地理考證》[1937][散氏盤] 散邑，故地當在今陝西郿縣以至大散關一帶的地方。《説文》説：“邑、國也。”又説：“邦、國也。”卜辭，商稱大邑商；《尚書》，周稱大邑周；春秋時“魯生鼎”，許稱大邑許。故散邑得稱散國。《左傳》莊二八説：“凡邑有宗廟先君之主曰都，無曰邑。”這是東周的説法，凡邑都有宗廟先君之主，都字指氏族本部所在之地，都在邑内，都之外即爲邑。西周時代顯示爲三極形態，就是邦之下爲邑，邑之下爲里。邑爲氏族所占據的地區，其發展頗有大小的不同，大的形同一國，小的僅如一村，大抵聚族而居的地方都可稱邑，西周銅器記載了這種情況。散氏所居爲散邑，其發展情況已同一國，古籍乃不見記載，僅在《尚書・君奭》中有散宜生一個人名。今據西周銅器，在散伯簋稱“散伯作夨姬寶簋”，得知散氏稱伯，又爲姬姓，是周室的一個支派，至西周晚期其發展則形同一國，至與夨國相當。 楊紹萱《宗周鐘、散氏盤與毛公鼎所記載的西周歷史》[1938][散氏盤] 王云：夨、散二國名。散國即《水經・渭水注》大散關、《沔水注》大散嶺之散。又據器中所紀地理，夨在散東，則夨國當即自漢以來之盩厔縣。盩厔二字均與夨音相近。 于省吾《雙劍誃吉金文選》[1939][散氏盤] “㪔”通作“散”。散是國族名，因以爲氏，伯是爵位，車父是字。

1935 王國維：《散氏盤跋》，王國維著、黄愛梅點校：《王國維手定觀堂集林》卷第十五《史林七》，浙江教育出版社，2014 年，第 367—368 頁。

1936 余永梁：《金文地名考》，《國立中山大學語言歷史學研究所週刊》第 5 集第 53、54 期合刊，1928 年，第 3 頁。

1937 陳子怡：《散氏盤石鼓文地理考證》，《禹貢》第七卷第 6、7 合期，1937 年，第 142 頁。

1938 楊紹萱：《宗周鐘、散氏盤與毛公鼎所記載的西周歷史》，《北京師範大學學報》1961 年第 4 期，第 28—29 頁。

1939 于省吾：《雙劍誃吉金文選》，中華書局，1998 年，第 212 頁。

散是周王朝統轄下的小國，地在今陝西寶鷄縣西南，即《水經・渭水注》中所説的大散關之散。

史言《扶風莊白大隊出土的一批西周銅器》[1940][散氏車父壺]

渭水北岸，汧水以東，包括今千陽縣東北，鳳翔西北部，寶鷄縣汧渭之會以東則應爲古散國範圍。境内傍臨汧水、渭水，雍水上游穿境而過。域内北部爲淺山丘陵，南部爲原區，西與夨國隔汧水相望，北與奠井接壤。據褚德彝所記，傳世散伯簋諸器清末就出土于寶鷄縣，與所考證古散國方位完全相合。

盧連成《西周夨國史迹考略及相關問題》[1941][散氏盤]

散氏盤涉及的地名，既不能在齊魯燕趙，也不能在四川、湖北或河南，而衹能鄰近隴縣、寶鷄一帶，散氏盤中的具體地名，衹有在這一帶去謀求解决，而不能遠離這一帶去解决。在這個問題上，王國維的説法是正確的，他説散就是大散關之散，地點在今寶鷄縣西南，而矢應該與之相鄰。

劉啓益《西周夨國銅器的新發現與有關的歷史地理問題》[1942][散氏盤]

1960年扶風縣召陳村西周窖藏出㪔伯車父諸器，1973年岐山縣賀家村3號周墓出有伯車父盨兩件，扶風召陳與岐山賀家相距四五里地，伯車父可能就是㪔伯車父。有人説㪔就是散。但㪔字作[illegible]、[illegible]諸形，散字散氏盤、五祀衛鼎作[illegible]，二者顯然不同。《説文》散字作散，《説文》另有㪔字，段玉裁認爲散以㪔爲聲，今散行而㪔廢，但這衹是根據小篆分析，没有金文的根據。在現有銅器銘文中，我們看不出散與㪔的絲毫聯係。我們衹能根據㪔伯車父器的出土地點，把㪔定在扶風、岐山交界處。

王輝《西周畿内地名小記》[1943][散伯車父鼎]

散，西周舊畿内小國，在陝西寶鷄地區。散盤載散、夨兩國劃界封樹之事，可知梁國的地望相鄰近。傳世尚有散伯卣即散伯匜，一九六〇年陝西省扶風縣召陳村出土散伯車父鼎、簋、壺諸器。

馬承源《商周青銅器銘文選》[1944][散伯簋]

散是西周舊畿内小國，在陝西寶鷄地區。著名的散盤銘文記載散、夨兩國劃界封樹之事，可知兩國的地望相鄰近。夨與周同姓，亦爲周舊畿内小國，出土的夨國青銅器多在寶鷄地區。

陳佩芬《李蔭軒所藏中國青銅器》[1945][散伯簋]

1940 史言：《扶風莊白大隊出土的一批西周銅器》，《文物》1972年第6期，第32頁。
1941 盧連成：《西周夨國史迹考略及相關問題》，《人文雜志叢刊・第二輯：西周史研究》，1984年，第246頁。
1942 劉啓益：《西周夨國銅器的新發現與有關的歷史地理問題》，《考古與文物》1982年第2期，第43頁。
1943 王輝：《西周畿内地名小記》，《一粟集：王輝學術文存》，藝文印書館，2002年，第148—149頁。
1944 馬承源主編：《商周青銅器銘文選（三）》，文物出版社，1988年，第253頁。
1945 陳佩芬：《李蔭軒所藏中國青銅器》，《陳佩芬青銅器論集》，中西書局，2016年，第313頁。

今陜西寶鷄陳倉區、鳳翔汧渭之會。

吴鎮烽《銘圖索引》[1946]［散伯車父鼎］

0671

朝歌

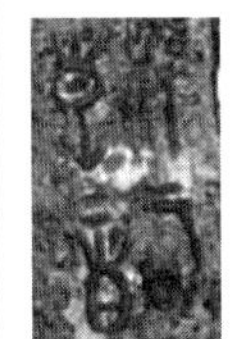
朝歌戈

朝歌下官鍾

朝歌□門豈戈

【時代】春秋晚期·晋　戰國時期·魏

【出處】朝歌戈［《銘圖》16402］

朝歌右庫戈［《集成》11182，《銘三》1390］

朝歌巳門戈［《銘三》1416］　**朝歌□門豈戈**［《銘三》1441］

朝歌下官鍾［《銘圖》12211］

【類别】城邑名稱

【釋地】河南省鶴壁市淇縣

朝歌，春秋衛邑，後屬晋，戰國屬魏，在今河南省淇縣。公元前241年朝歌被秦國占領。此戈文字屬魏不屬秦，顯然是秦人占領朝歌以前所作。

湯餘惠《戰國銘文選》[1947]［朝歌右庫戈］

朝訶，即朝歌，戰國時魏地，今河南省淇縣。

李學勤《〈中日歐美澳紐所見所拓所摹金文彙編〉選釋》[1948]［朝歌下官鍾］

春秋晋邑，今河南淇縣北。
戰國魏邑，今河南淇縣北。

吴鎮烽《銘圖索引》[1949]［朝歌戈］［朝歌下官鍾］

0672

葭明

葭明戈

【時代】戰國晚期·秦

【出處】葭明戈

廿四年，□穆容，丞半，庫入，工□；葭明。［葭明戈，《銘圖》17189］

【類别】城邑名稱

【釋地】四川省廣元市

1946 吴鎮烽：《商周青銅器銘文暨圖像集成索引》，上海古籍出版社，2019年，第977—978頁。
1947 湯餘惠：《戰國銘文選》，吉林大學出版社，1993年，第63頁。
1948 李學勤：《〈中日歐美澳紐所見所拓所摹金文彙編〉選釋》，原載《四川大學學報叢刊·第十輯：古文字研究論文集》；後收入《新出青銅器研究（增訂版）》，人民美術出版社，2016年，第255頁。
1949 吴鎮烽：《商周青銅器銘文暨圖像集成索引》，上海古籍出版社，2019年，第979頁。

	戈銘"明"字從"目"從"月"，其寫法常見于出土秦漢文字資料。秦曾置葭明縣，治所在今四川省廣元縣西南。 張光裕、吴振武《武陵新見古兵三十六器集録》[1950][葭明戈]
0673 **楮木**  散氏盤	**【時代】西周晚期** **【出處】散氏盤**[《集成》10176] **【類别】城邑名稱** **【釋地】陝西省西安市** 埜木即杜木也。《漢書》所云鄠杜之間者，即此；與杜城，秦杜等等皆别。以在鄠縣境，故漢人常以鄠杜爲稱。王季葬于楚山，此楚字實杜之繁文，漢人誤釋爲楚也，以形近故。其地實在岐山西北，即今杜山也。又以鄠縣西南有度地，故後人又曰王季陵在鄠縣西南三十里，因此杜而訛也。 陳子怡《散氏盤石鼓文地理考證》[1951][散氏盤] **【釋地】陝西省寶鷄市陳倉區** 在今寶鷄市陳倉區境内。 吴鎮烽《銘圖索引》[1952][散氏盤] **【他釋】** 楮，音 chǔ，木名，又名構樹，此以木名地。或"敝城楮木"連讀，意謂在敝城封樹以楮木。 王輝《商周金文》[1953][散氏盤]
0674 **棫**  散氏盤	**【時代】西周晚期** **【出處】散氏盤**[《集成》10176] **【類别】城邑名稱** **【釋地】陝西省寶鷄市鳳翔區** 棫盧連成説即長由盉"下淢居"之淢，亦即《漢書·地理志》雍縣棫陽宫的棫。筆者以爲大約在今鳳翔縣城南八旗屯村一帶雍水兩岸。淢地低

1950 張光裕、吴振武：《武陵新見古兵三十六器集録》，《雪齋學術論文二集》，藝文印書館，2004 年，第 90 頁。
1951 陳子怡：《散氏盤石鼓文地理考證》，《禹貢》第七卷第 6、7 合期，1937 年，第 144 頁。
1952 吴鎮烽：《商周青銅器銘文暨圖像集成索引》，上海古籍出版社，2019 年，第 979 頁。
1953 王輝：《商周金文》，文物出版社，2006 年，第 233 頁。

	下，故云降。 王輝《商周金文》[1954][散氏盤] 今陝西鳳翔縣南。 吴鎮烽《銘圖索引》[1955][散氏盤]
0675 **棹** 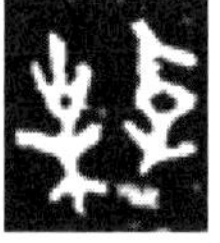 散氏盤	**【時代】西周晚期** **【出處】散氏盤**[《集成》10176] **【類別】城邑名稱** **【釋地】陝西省寶鷄市陳倉區** 今寶鷄市陳倉區境内。 吴鎮烽《銘圖索引》[1956][散氏盤]
0676 **敇** 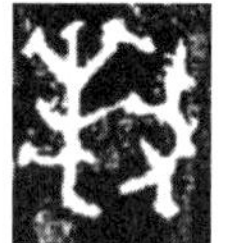 萊伯鼎	**【時代】西周早期** **【出處】萊伯鼎** 敇伯作旅鼎。[萊伯鼎，《集成》2044] **【類別】國族名稱** 敇，銘文作[字形]，左旁竪筆下部適與一泐紋（或是剔鏽時剔壞）相連，舊誤隸作敿。今按：此字與《英》五九三片敇字作[字形]者相近，器又出土于萊國故地，當從陳夢家説釋釐，讀爲萊國之萊（《金選·西周銅器斷代·遇甗》）。 陳秉新、李立芳《出土夷族史料輯考》[1957][萊伯鼎]
0677 **軝**  臣諫簋	**【時代】西周中期** **【出處】臣諫簋** 唯戎大出[于]軝，井（邢）侯搏戎，征令臣諫□□亞旅處于軝，同王□，[臣]諫曰：拜手稽首，臣諫□亡母弟，引庸有長子。□余弅皇辟侯令，肆舧作朕皇文考寶尊，唯用□康令于皇辟侯，匄□□。[臣谏簋，《集成》4237]

1954 王輝：《商周金文》，文物出版社，2006年，第233頁。
1955 吴鎮烽：《商周青銅器銘文暨圖像集成索引》，上海古籍出版社，2019年，第979頁。
1956 吴鎮烽：《商周青銅器銘文暨圖像集成索引》，上海古籍出版社，2019年，第979頁。
1957 陳秉新、李立芳：《出土夷族史料輯考》，安徽大學出版社，2005年，第282頁。

0677.02 軝	**【類别】國族名稱** “軝”雖從“氏”，也可以視爲從“氐”。 《漢書·地理志》元氏縣下云：“泜水（舊誤作沮水），首受中邱西山窮泉谷，東至堂陽，入黄河。”《説文》：“泜水在常山。”漢元氏縣在今縣西北。《清一統志》：“槐河源出贊皇縣西，東北流入順德府境，逕元氏縣南，又東流入高邑縣界，即古泜水，訛爲‘沮水’者也，此爲北泜水。”今天的槐河就是古代的泜水。 元氏縣西張村的位置，據簡報在今縣正南5公里，槐河自西而東，至村北折而南流，出青銅器的西周墓則在村西約0.5公里，正好在槐河即古泜水之濱。青銅器銘文表明墓主是軝侯之臣，這裏是軝國的一處墓地。這就很清楚地指示我們，“軝”應讀爲“泜”，軝國實由地處泜水流域而得名。 李學勤《元氏青銅器與西周的邢國》[1958] 銘文中的“軝”當與“氐”同，也就是泜水。《漢書·地理志》元氏縣下鄉：“泜水（舊誤作沮水），首受中丘西山窮泉谷，東至堂陽，入黄河。”漢元氏縣在今縣西北。《清一統志》曰：“槐河源出贊皇縣西，東北流入順德府境，經元氏縣南，又東流入商邑縣界。即古泜水訛爲沮水者也，此爲北泜水。”是則泜水即今槐河，元氏縣西張村發現的西周墓葬剛好在泜水之濱。井侯就是邢侯，“搏”的意思是擊鬥，與《㦰簋》“搏戎㝬夫”之“博”意相同。《臣諫簋》銘文明確記載戎人大出于今天元氏縣境的泜水，邢侯出兵博戎，可以有力地證明西周初年邢國初封地應在今河北邢臺市。 陳昌遠《古邢國始封地望考辨》[1959][臣谏簋] 根據文字溯源，“軝”本作“氐”，原是遠古時居于“泜石”流域的部族，青陽時爲黄帝後裔，昭明遷入後與商人融合，成湯建商後附商，武王翦商後受封立國。按周時諸侯常以戰車爲國力之標志，故有所謂“千乘之國”“百乘之國”，“氐”立國之後所以將“氐”加“車”寫作“軝”，無疑受了這種影響。 關于軝國受封以後的領地有多大，文獻中没有明確記載，不過根據有關軝國文物出土的地點以及軝國北與“戎”、南與“邢”的毗鄰關係，可知其大體在現在趙縣、寧晋、元氏、贊皇、高邑、柏鄉、臨城一帶。 楊文山《青銅器叔趯父卣與邢、軝關係》[1960][叔趯父卣]

1958　李學勤：《元氏青銅器與西周的邢國》，原載《考古》1979年第1期；後收入《新出青銅器研究（增訂版）》，人民美術出版社，2016年，第56頁。

1959　陳昌遠：《古邢國始封地望考辨》，《中國歷史地理論叢》1991年第3期，第240頁。

1960　楊文山：《青銅器叔趯父卣與邢、軝關係——兩周邢國歷史綜合研究之六》，《文物春秋》2007年第5期，第28頁。

【釋地】河北省石家莊市元氏縣

在今河北元氏縣境内。

吴鎮烽《銘圖索引》[1961]［臣諫簋］

0678

皕

鴻叔鼎

【時代】西周早期

【出處】鴻叔鼎

琟叔從王南征，唯歸，唯八月在皕应，誋作寶鬲鼎。［鴻叔鼎，《集成》2615］

【類别】城邑名稱

鴻叔鬲記“唯歸在皕应”，皕应即甲文征人方之百，據陳夢家《殷虚卜辭綜述》所排列征人方歷程：

才十月又一	癸卯	正人方	在𤇾
			金 584
	己酉	在百	珠 263
	辛亥	在百	珠 263
才十月又一	癸丑	正人方	在亳
			金 584

百在𤇾、亳之間。𤇾可能與後來滎陽有關，鴻溝水所逕流之處，亳爲商丘，亳下一程爲琟，即鴻溝渡口之鴻口，如此百可能亦沿古鴻溝水。上引鄂侯馭方鼎記“王南征伐角𨚔，唯還自征，在坯”，坯一般以爲即大伾，亦與滎陽、成皋相近，王南征並非征楚，可能是征南淮夷諸國，還在皕应，其方向當在成周東南，與楚無關。

黄盛璋《長安鎬京地區西周墓新出銅器群初探》[1962]［鴻叔鼎］

此地見于唯叔鼎（《集成》2615）銘，是目前唯一一件確載昭王十六年南征曾歸來的器。皕，銘文首見，應爲周王歸途中的另一處駐蹕之地，從昭王南征的路綫推測，此地或在漢水附近，具體地望不詳。

趙燕姣、吴偉華《金文所見昭王南征路綫考》[1963]［鴻叔鼎］

0679

雺

雺戈

【時代】春秋

【出處】雺戈［《銘圖》16275］

【類别】城邑名稱

1961　吴鎮烽：《商周青銅器銘文暨圖像集成索引》，上海古籍出版社，2019年，第963頁。

1962　黄盛璋：《長安鎬京地區西周墓新出銅器群初探》，《文物》1986年第1期，第40頁。

1963　趙燕姣、吴偉華：《金文所見昭王南征路綫考》，《中國歷史地理論叢》2018年第2期，第55頁。

0680

量

大克鼎

量侯尌簋

0680.02

㬥

【時代】西周早期

【出處】量侯尌簋

量侯豺柞寶尊簋，子子孫萬年永寶，斷勿喪。[量侯尌簋，《集成》3908]

【類别】國族名稱

【釋地】甘肅省東部地區

㬥即量之初文，國名。克鼎銘“易女井人奔于量”，此即量侯之國。克鼎銘中王所錫諸地均在甘肅東部至涇水流域一帶，則量國地望也應在這一帶。

馬承源《商周青銅器銘文選》[1964][量侯尌簋]

㬥侯尌即量侯尌，㬥是量的古寫，國名。大克鼎銘：“易女井人奔于量。”此即量侯之國。大克鼎銘文中王所錫諸地，均在甘肅東部至涇水流域一帶，則量國的地望也應在這一帶。

陳佩芬《李蔭軒所藏中國青銅器》[1965][量侯尌簋]

0681

間

間右庫戈

【時代】戰國早期

【出處】間右庫矛[《集成》10974]

【類别】城邑名稱

“間右庫”中的“間”當是地名。間，史籍無載，但文獻中記載有“澗水”。《水經·汾水注》曰：“澗水東出穀遠縣西山，西南經霍山南，又西經楊縣故城北，晋大夫僚安之邑也。”該澗水爲汾河支流，春秋晚期屬晋國。還有一處澗水在洛陽，據《水經注》記載，洛陽之澗水發源于新安縣南之白石山，最後匯入洛水。該澗水爲洛河支流，春秋晚期在周室轄地内。結合該戈的國屬，銘文中的“間”當是因汾水支流澗水而得名，“間”或爲“澗”之省。間右庫戈當爲晋國澗水流域之“間”地所鑄兵器。黄錫全先生曾披露一枚“澗”字聳肩尖足空首布，並認爲地名“澗”與晋國境内的澗水有關。若以上所論間右庫戈之國屬與地望不誤，則其與“澗”字聳肩尖足空首布當同爲晋國“澗”地所鑄之物。

張程昊《東周青銅兵器四考》[1966][間右庫矛]

1964　馬承源主編：《商周青銅器銘文選（三）》，文物出版社，1988年，第100頁。
1965　陳佩芬：《李蔭軒所藏中國青銅器》，《陳佩芬青銅器論集》，中西書局，2016年，第298頁。
1966　張程昊：《東周青銅兵器四考》，《文物春秋》2015年第4期，第13頁。

0682

閔

蘭令孫長善戈

蘭令陲隮戈

【時代】戰國晚期

【出處】蘭令孫長善戈等

【類别】城邑名稱

三年，閔（藺）命孫長善，□庫工帀（師）肖（趙）楬、冶□。[藺令孫長善戈，《銘圖》17221]

□九年，閔（藺）命□賜，□鑄戟。[藺令陲隮戈，《銘圖》17222]

【釋地】山西省吕梁市離石區

地名“閔”亦見于多種戰國貨幣，舊讀爲“藺”可信，其地在今山西省離石縣西，戰國時屬趙。

張光裕、吴振武《武陵新見古兵三十六器集録》[1967][□九年藺令戈]

即藺，今山西吕梁市離石區西。

吴鎮烽《銘圖索引》[1968][藺令張善戈]

0683

單

單子白盨

單子▲父戊尊

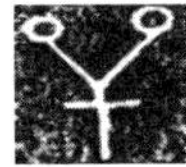

單子卣

【時代】西周中晚期

【出處】裘衛盉[《集成》9456] **單子白盨等**

單子白作叔姜旅盨，其子子孫孫萬年永寶用。[單子白盨，《集成》4424]

【類别】城邑名稱

單在東周爲周的畿内采地。《春秋·莊公元年》：“夏，單伯送王姬。”杜預《注》：“單伯，天子卿也。單，采地；伯，爵也。”孔穎達《疏》：“單者，天子畿内地名。”在西周時代，亦當爲畿内之地。恭王時衛器已有單伯之名。

馬承源《商周青銅器銘文選》[1969][單子白盨]

【釋地】陜西省寶鷄市

單氏家族最先封于何處，前人多不清楚。東周的單或説在孟津，應是後世遷徙。陳槃《不見于春秋大事表之春秋方國稿》衹説東周的單，對西周的單没幾句話，衹是引程發軔曰：“（單在）今陜西寶鷄縣東南，見散氏盤，後隨王室東遷，邑于今河南孟津縣東南。”但陳氏並不同意程説。今按程説雖屬推測，但眉縣楊家村正在寶鷄東南，方位是相合的。散氏盤地名有“單道”，應即單地之道；又有“履（眉）道”，應即眉地之道，

1967　張光裕、吴振武：《武陵新見古兵三十六器集録》，《雪齋學術論文二集》，藝文印書館，2004年，第89頁。

1968　吴鎮烽：《商周青銅器銘文暨圖像集成索引》，上海古籍出版社，2019年，第990頁。

1969　馬承源主編：《商周青銅器銘文選（三）》，文物出版社，1988年，第360頁。

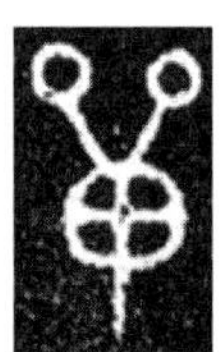

單子白盤

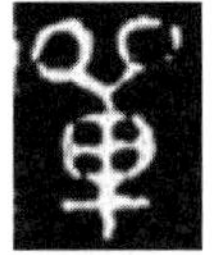

單叔鬲甲

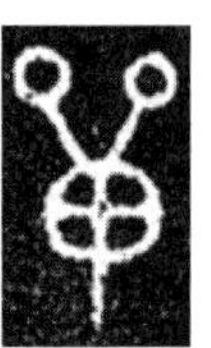

單子白盤

二者相距不遠，足見單在眉縣。這批青銅器集中出土于楊家村，應該説，單就在楊家村及其附近。

單之始封，《姓纂》云："周成王封少子于單邑，爲甸内侯，因氏焉。襄公、穆公、靖公，二十余代爲周卿士。"羅泌《路史》以爲成王封幼子臻于單，鄭樵《通志》、馬驌《繹史》皆信從。但從逨盤銘看，單公在周文王時已封于單，前人之説不可信。

王輝《逨盤銘文箋釋》[1970]［逨盤］

逑盤銘文所述其祖先對周王朝的功績可知，單逑家族是畿内周原地區的世家舊臣，居邑就在陝西寶鷄眉縣。逑奉命輔佐長父立國建軍，故長父所封之楊地，也就在此批窖藏的出土地不遠，正如彭裕商先生所推測的陝西多有名楊之地，如楊家村有可能就是楊國故地。

田率《四十二年逑鼎與周伐獫狁問題》[1971]［四十二年逑鼎］

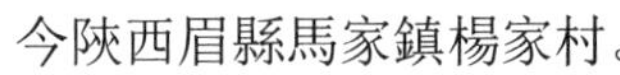

今陝西眉縣馬家鎮楊家村。

吴鎮烽《銘圖索引》[1972]［單叔鬲甲］

【釋地】河南省濟源市

"單光"的"單"，我認爲是地名。周朝有單氏，世爲卿士，見于西周金文與《春秋》經傳。《元和姓纂》云："周成王封少子臻于單邑，爲甸内侯，因氏焉。"由于是晚出的姓氏書，其説未必可據。但有一件西周早期的方鼎，現藏于澳大利亞國立維多利亞美術館，銘文是"叔作單公寶尊彝"，可見那時確已封單。"單光"，應即單地的光氏。

單是周東都畿内國，在今濟源東南，地理位置正好和北宋河清所轄黄河北岸接近。因此宋代這組青銅器的發現，指明了單國的地望。

李學勤《北宋河清出土的一組青銅器》[1973]［單光簋］

0684

單父

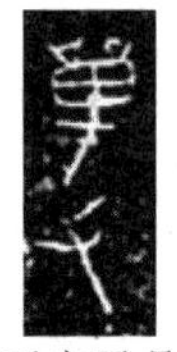

平安君鼎

【時代】戰國中晚期・魏

【出處】單父司寇鈹　平安君鼎［《集成》2764、2793］

廿三年，單父司寇𨻰，工帀（師）□，冶陽。［單父司寇鈹，《銘續》31347］

【類别】城邑名稱

【釋地】山東省菏澤市曹縣

1970　王輝：《逨盤銘文箋釋》，《高山鼓乘集：王輝學術文存二》，中華書局，2009 年，第 44 頁。

1971　田率：《四十二年逑鼎與周伐獫狁問題》，《中原文物》2010 年第 1 期，第 40 頁。

1972　吴鎮烽：《商周青銅器銘文暨圖像集成索引》，上海古籍出版社，2019 年，第 980 頁。

1973　李學勤：《北宋河清出土的一組青銅器》，原載《洛陽大學學報》1999 年第 1 期，後收入《重寫學術史》，河北教育出版社，2002 年，第 221 頁。

  單父司寇鈹	地名。春秋時爲魯邑，戰國時初屬衛，公元前二六〇年長平戰役後被魏占領，直至秦統一。遂置單父縣。其地在今山東曹縣境。 馬承源《商周青銅器銘文選》[1974][平安君鼎] 單父在今山東曹縣境，春秋時屬于魯國，孔子弟子宓子賤曾在該地作官。到戰國時，單父歸衛國所有。 李學勤《秦國文物的新認識》[1975][平安君鼎] **【釋地】山東省菏澤市單縣** 今山東單縣。 吴鎮烽《銘圖索引》[1976][單父司寇鈹]
0685 **買**  買王罘卣	**【時代】西周早期** **【出處】買王罘觚　買王罘卣**[《集成》5252] 買王罘尊彝。[買王罘觚，《集成》7275、7276] **【類別】國族名稱**
0686 **𦊰**  静方鼎	**【時代】西周早期** **【出處】静方鼎**[《銘圖》2461] **【類別】城邑名稱** **【釋地】湖北省隨州市** 𦊰是周昭王賜給静的采邑，據静方鼎銘知，静祭祀的父輩爲“父丁”，應爲商遺。静由于在昭王南征過程中先省有功，故被賜以“𦊰”地且授權管理曾、鄂師。儘管學界目前對曾鄂師的歸屬（究竟是隸屬于周王朝的王師還是曾、鄂二國之軍？）尚無定論，但從上下文義推敲，𦊰都不應遠離静駐軍的曾、鄂一帶，也應在湖北隨州附近。 趙燕姣、吴偉華《金文所見昭王南征路綫考》[1977][静方鼎]

1974　馬承源主編：《商周青銅器銘文選（四）》，文物出版社，1990年，第511頁。
1975　李學勤：《秦國文物的新認識》，原載《文物》1980年第9期；後收入《新出青銅器研究（增訂版）》，人民美術出版社，2016年，第236頁。
1976　吴鎮烽：《商周青銅器銘文暨圖像集成索引》，上海古籍出版社，2019年，第1064頁。
1977　趙燕姣、吴偉華：《金文所見昭王南征路綫考》，《中國歷史地理論叢》2018年第2期，第54頁。

0687

無

許季鼎

許男鼎

許姬鬲

喬君鉦鋮

0687.02 許

0687.03 鄦

0687.04 鄦

0687.05 鄦

0687.06 鄦

【時代】西周時期 春秋時期

【出處】多器

【類别】國族名稱

盤公簠的形狀和銘文、字體均與蔡侯墓出土的簠相像。此簠應爲春秋時代許國的器物。公元前二十一世紀爲周代分封的諸侯國，姜姓。初封在今河南省許昌市東。春秋時爲鄭、楚等國所逼，曾多次遷徙。戰國初期爲楚所滅。許器出土不多，該簠爲研究盤（許）國歷史提供了實物資料。

武漢市文物商店《武漢市收集的幾件重要的東周青銅器》[1978][許公買簠]

頃讀貴刊今年第二期《武漢市收集的幾件重要的東周青銅器》一文，對盤公簠釋文略有不同意見。原文釋“盤”爲“許”，進而考訂爲春秋時許國器，不確。盤即樊字異構，金文樊字一般作[illegible]，但也有省作楙的（如樊君夔盆），此簠作盤，比較少見。

古樊國有三處：宗周之樊，在今陝西境内；成周之樊，國于陽，地近洛陽；湖北之樊，在今襄陽附近。器出湖北，自當以襄陽之樊論之。《讀史方輿紀要》：“樊城，府城北，漢江上，與襄陽城隔江對峙，志以爲即周仲甫所封樊國也。”《輿地沿革表》卷十七“襄陽縣”條：“周時荆州之城，漢北則豫州城，中有樊、鄧、鄾、羅、穀、盧戎六國，後皆并于楚。樊國在城北漢江上，即今樊城地，爲仲山甫所封。其滅于楚，蓋在春秋之前。”樊滅于楚，在春秋之前，則此簠之樊公殆爲春秋時楚之封君。

曹錦炎《關于盤公簠釋文的一點意見》[1979][許公買簠]

【釋地】河南省許昌市

許，姜姓也。許州東三十里有故許城，今許昌縣。

余永梁《金文地名考》[1980][鄦子鐘]

許爲太岳之後，起源正早，舊都許在許昌東三十里許昌故城，《左傳》昭十二年記楚靈王説：“昔我皇祖伯父昆吾，舊許是宅。”後來爲許所都，周東遷後，鄭遷于新鄭，鄭、許相去正近，開始爲鄭所逼。

黄盛璋《當陽兩戈銘文考》[1981][許戈]

由上可以看出，周初許國的始封地應在今許昌市東的張潘鄉古城村，

1978 武漢市文物商店：《武漢市收集的幾件重要的東周青銅器》，《江漢考古》1983 年第 2 期，第 36 頁。
1979 曹錦炎：《關于盤公簠釋文的一點意見》，《江漢考古》1983 年第 4 期，第 57 頁。
1980 余永梁：《金文地名考》，《國立中山大學語言歷史學研究所週刊》第 5 集第 53、54 期合刊，1928 年，第 13 頁。
1981 黄盛璋：《當陽兩戈銘文考》，《江漢考古》1982 年第 1 期，第 44 頁。

	爲漢時的許縣。而今許昌市爲漢潁陰治所，不是古許國的始封地。 陳昌遠《許國始封地望及其遷徙的歷史地理問題》[1982] 鄦，即許國，《説文·邑部》："鄦，炎帝太嶽之胤，甫侯所封，在潁川，從邑無聲，讀若許。"又《春秋·隱公十一年》："秋七月，壬午，公及齊侯、鄭伯入許。"杜預《注》："許，潁川許昌縣。"孔穎達《疏》："《譜》云：許，姜姓，與齊同祖，堯四嶽伯夷之後也。周武王封其苗裔文叔于許，今潁川許昌是也。靈公徙葉、悼公遷夷，一名城父，又居析，一名白羽。許男斯處容城，自文叔至莊公十一世始見春秋……二十四世爲楚所滅也。漢世名許縣耳。魏武作相，改曰許昌。"初封之許，故城在今河南省許昌市東三十六里。 馬承源《商周青銅器銘文選》[1983][鄦男鼎] "鄦姜"之"鄦"，通作許，國族名，姜姓，在今河南許昌市東。 蔡運章《論洛陽北窑西周墓青銅器銘刻》[1984][中原父匜] 今河南許昌市東四十里的張潘古城。 吴鎮烽《銘圖索引》[1985][許姬鬲] **【釋地】河南省平頂山市葉縣** 今河南葉縣西南、西峽或魯山東南。 吴鎮烽《銘圖索引》[1986][許季鼎][喬君鉦鋮]
0688 無需  盂簋	**【時代】西周中期** **【出處】盂簋** 盂曰：朕文考眔毛公、遣仲征無需，毛公易（賜）朕文考臣自厥工，對揚朕考易（賜）休，用鑄兹彝，作厥子子孫孫其永寶。[盂簋，《集成》4162—4164] **【類别】國族名稱** 國名。 馬承源《商周青銅器銘文選》[1987][盂簋] **【釋地】山東省諸城市**

1982 陳昌遠：《許國始封地望及其遷徙的歷史地理問題》，《中國歷史地理論叢》1993年第4期，第44頁。
1983 馬承源主編：《商周青銅器銘文選（三）》，文物出版社，1988年，第329頁。
1984 蔡運章：《論洛陽北窑西周墓青銅器銘刻》，《甲骨金文與古史新探》，中國社會科學出版社，1996年，第13頁。
1985 吴鎮烽：《商周青銅器銘文暨圖像集成索引》，上海古籍出版社，2019年，第968頁。
1986 吴鎮烽：《商周青銅器銘文暨圖像集成索引》，上海古籍出版社，2019年，第968、980頁。
1987 馬承源主編：《商周青銅器銘文選（三）》，文物出版社，1988年，第191頁。

	無需，疑即無婁，需與婁，心來鄰紐，侯部疊韻。無婁，東夷國名，《路史·國名紀乙》少昊後紀姓國有“無婁”，注：“即牟婁也。本牟夷國，後屬杞，今密之諸城有婁鄉城。”在今山東諸城市西，按紀姓即己姓，《世本》云：“己姓，出自少皞。” 陳秉新、李立芳《出土夷族史料輯考》[1988][孟簋]
0689 **智**  智君子鑑	**【時代】春秋晚期** **【出處】智君子鑑**[《集成》10288、10289] **【類別】城邑名稱** 智，國名，春秋晉地在今山西永濟縣北。《通志·氏族略三》：“智氏，姬姓，即荀氏。荀首別食智邑，又爲智氏。至荀瑶爲趙、魏所滅，故智氏亦謂荀氏。望出河東、天水、陳留。” 崔恒昇《古文字地名考釋》[1989][智君子鑒] **【釋地】山西省永濟市** 今山西永濟縣北。 吴鎮烽《銘圖索引》[1990][智君子鑑]
0690 **犅**  散氏盤  犅刧尊	**【時代】西周早期** **【出處】犅伯卣　犅刧尊　犅仲鼎** 庚寅，犁（犅）伯𧩙作又丰寶彝，在二月，□。亞。[犅伯卣，《銘圖》13280] 王征禁，易（賜）犅刧貝朋，用作朕高祖缶（寶）尊彝。[犅刧尊，《集成》5977] 犅仲作寶。[犅仲鼎，《銘三》125] **【類別】自然地理名稱** 《廣雅·釋地》“岡，阪也”。《爾雅·釋山》“山脊，岡”，《説文》同。 陳夢家《西周銅器斷代》[1991][散氏盤] 犅這一地名見于殷墟卜辭。在商末黄組卜辭中，有幾版互相聯繫，記

1988　陳秉新、李立芳：《出土夷族史料輯考》，安徽大學出版社，2005年，第189頁。
1989　崔恒昇：《古文字地名考釋》，中國古文字研究會、安徽大學古文字研究室編：《古文字研究》（第二十三輯），中華書局，2002年，第222頁。
1990　吴鎮烽：《商周青銅器銘文暨圖像集成索引》，上海古籍出版社，2019年，第981頁。
1991　陳夢家：《西周銅器斷代》，中華書局，2004年，第346頁。

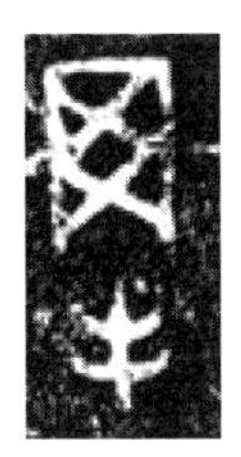

犅伯卣

載商王自洛、經步谷和復至犅，在犅有“敦禽美”之事。洛即洛水，禽美很可能是楚的先人。這樣推斷，犅當位于今陝西東南到鄰近的河南西部一帶，即洛水與楚人祖居地之間。

李學勤《犅伯卣考釋》[1992]［犅伯卣］

【釋地】陝西省寶鷄市陳倉區

在今陝西寶鷄市陳倉區境內。

吴鎮烽《銘圖索引》[1993]［散氏盤］

0690.02
剛

【釋地】山東省泰安市寧陽縣

犅在商代晚期是相當重要的一個地方，商王曾帥師駐蹕于犅，而且時間不短，但究竟是一次還是幾次，無從確考。

古書中，“犅”多通作“剛”。有學者認爲上舉卜辭之犅，與《史記·秦本紀》昭襄王“三十年，客卿竈攻齊，取剛、壽”之剛爲一地，在今山東寧陽縣東北，可能是正確的。卜辭之犅與犅伯之犅，似也應爲一地，犅伯應是商王的臣屬。

犅刦尊、卣同銘，謂“王征蓋（奄），易（賜）犅刦貝朋”。頗疑犅刦即犅伯後人，于殷周之際背商而附周。也有可能犅伯之國先爲周人所滅，犅刦爲周王所封于其地者或此被封者之族人，故亦以犅爲氏。奄在今山東曲阜一帶，寧陽與曲阜相鄰。

裘錫圭《犅伯卣的形制和銘文》[1994]

今山東寧陽縣東北。

吴鎮烽《銘圖索引》[1995]［犅刧尊］

0691

郲

郲右庫戈

【時代】戰國時期

【出處】郲右庫戈［《銘圖》16545］ **郲左庫戈**［《集成》10997］

【類別】城邑名稱

【釋地】山東省濟寧市兖州區

“[illegible]”，舊不識。按，應釋“郲”，即“乘氏”，見《漢書·地理志》濟陰郡“乘氏”，注“應劭曰，《春秋》敗宋師于乘丘，是也”。全祖望曰：“乘丘在泰山，魯地。乘氏别一邑。”按“氏”“丘”均爲地名後綴，故“乘”“乘氏”“乘丘”實爲一地。《括地志》：“乘丘，在瑕丘縣西

1992　李學勤：《犅伯卣考釋》，原載《保利藏金》（續），嶺南美術出版社，2001年；後收入《中國古代文明研究》，華東師範大學出版社，2009年，第140頁。

1993　吴鎮烽：《商周青銅器銘文暨圖像集成索引》，上海古籍出版社，2019年，第954頁。

1994　裘錫圭：《犅伯卣的形制和銘文》，《裘錫圭學術文集》（第三卷），第128—129頁。

1995　吴鎮烽：《商周青銅器銘文暨圖像集成索引》，上海古籍出版社，2019年，第954、981、1064頁。

北居之者以爲氏，望出平陽。”可資佐證。

何琳儀《戰國兵器銘文選釋》[1996][𨛬左庫戈]

𨛬左庫戈

【釋地】山東省東營市廣饒縣

𨛬或釋郟，誤。齊邑名有千乘。《齊乘》：“千乘城，郡國志高苑縣北二十五里古千乘縣，以齊景公有馬千駟，畋于青丘得名，縣北有青丘濼。”即今清水泊也，在今廣饒縣境。此𨛬當千乘之省，春秋戰國時期古文字中，凡地名均從邑作。

孫敬明《考古發現與戰國齊兵器研究》[1997][𨛬戈]

【釋地】山東省菏澤市巨野縣

一作乘，今山東巨野縣西南。

吴鎮烽《銘圖索引》[1998][𨛬右庫戈]

0692

稩成

稩成夫人鼎

【時代】戰國晚期·燕

【出處】稩成夫人鼎[《銘三》141]

【類别】城邑名稱

“稩成”，可讀爲“宛城”。銅鼎銘文“稩成夫人”，讀爲“宛城夫人”。《古璽彙編》0189號著録一方燕璽，文曰：“梋昜都旲（遽）皇（馹）”。璽文中“梋昜”爲地名。首字“梋”應“宛”。璽文地名“梋昜”讀爲“宛陽”。《中國歷史地名大辭典》説，宛陽，又名閲馬臺。在今河北臨漳縣西南漳河南岸故鄴縣城之西。十六國後趙括民馬大閲于此。《資治通鑑》卷第九十六晋紀十八：“趙王虎命司、冀、青、徐、幽、并、雍七州之民五丁取三，四丁取二，合鄴城舊兵，滿五十萬，具船萬艘，自河通海，運穀千一百萬斛于樂安城。徙遼西、北平、漁陽萬餘户于兖、豫、雍、洛四州之地。自幽州以東至白狼，大興屯田。悉括取民馬，有敢私匿者腰斬，凡得四萬餘匹。大閲于宛陽，欲以擊燕。”燕璽中的“宛陽”可能即是此地。“梋（宛）昜（陽）都旲（遽）皇（馹）”璽印，即掌管宛陽都驛傳之用印。

銅鼎銘文“稩（宛）成（城）”應與“梋（宛）昜（陽）”有關，“梋（宛）昜（陽）”可能位于“稩（宛）成（城）”之陽而得名。不過也有可能“稩（宛）成（城）”本是燕在遼東之城邑，與“梋（宛）昜（陽）”無關。總之，此宛城夫人鼎的發現，説明燕國徙居遼東後其屬地或有名宛城者。

孫合肥《遼陽博物館藏戰國銅鼎銘文補釋》[1999][稩成夫人鼎]

1996 何琳儀：《戰國兵器銘文選釋》，黄德寬主編：《安徽大學漢語言文字研究叢書·何琳儀卷》，安徽大學出版社，2013年，第210頁。

1997 孫敬明：《考古發現與戰國齊兵器研究》，《考古發現與齊史類徵》，齊魯書社，2006年，第158頁。

1998 吴鎮烽：《商周青銅器銘文暨圖像集成索引》，上海古籍出版社，2019年，第981頁。

1999 孫合肥：《遼陽博物館藏戰國銅鼎銘文補釋》，《江漢考古》2016年第3期，第119—120頁。

0693

筥

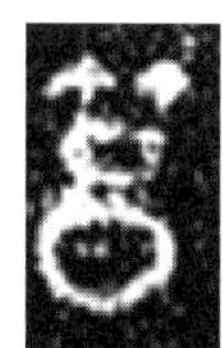

筥小子簋

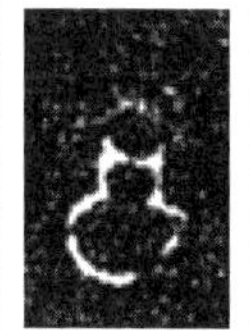

筥小子簋

【時代】西周早中期

【出處】筥小子簋

筥（莒）小子跗家弗受邀，用作厥文考尊簋，其萬年子子孫孫永寶用。[筥小子簋，《集成》4036、4037]

【類別】國族名稱

【釋地】山東省日照市莒縣

今濟寧莒縣。

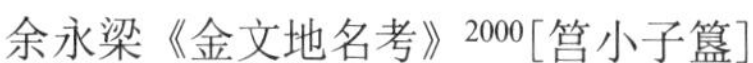

余永梁《金文地名考》[2000][筥小子簋]

筥，古國名，即周武王封兹輿期之莒，建都介根，在今山東膠縣西南，春秋初遷于莒，即今山東莒縣，戰國初年爲楚所滅。字亦作篖、鄘，皆從篖聲，與莒爲同聲假借字。

馬承源《商周青銅器銘文選》[2001][筥小子簋]

即莒，今山東莒縣。

吴鎮烽《銘圖索引》[2002][筥小子簋]

0694

筍

荀侯盤

多友鼎

【時代】西周中晚期

【出處】荀侯盤 多友鼎[《集成》2835] **筍伯大父盨**[《集成》4422]

筍侯作叔姬媵盤，其永寶用饗。[荀侯盤，《集成》10096]

【類別】國族名稱

金文國名之筍，《説文》作郇，《説文通訓定聲》“郇，周文王子所封國也，後爲晋地”。《左傳》僖公廿四年“……郇，文之昭也”。《左傳》僖公廿四年“師退，軍于郇”，杜注云“解縣西北有郇城”。《後漢書·郡國志》“解縣有瑕城”，劉昭注云“《左傳》曰咎犯與秦、晋大夫盟于郇，杜預曰縣西北有郇城。《博物記》曰有智邑”。郇、瑕相隣，故《左傳》成公六年曰“皆曰必居郇、瑕氏之地”。《左傳》桓公九年“……郇侯、賈伯伐曲沃”，《詩·曹風·下泉》曰“四國有王，郇伯勞之”。西周金文有筍侯、筍伯。

陳夢家《西周銅器斷代》[2003][荀侯盤]

2000 余永梁：《金文地名考》，《國立中山大學語言歷史學研究所週刊》第5集第53、54期合刊，1928年，第21頁。

2001 馬承源主編：《商周青銅器銘文選（三）》，文物出版社，1988年，第238頁。

2002 吴鎮烽：《商周青銅器銘文暨圖像集成索引》，上海古籍出版社，2019年，第981頁。

2003 陳夢家：《西周銅器斷代》，中華書局，2004年，第212頁。

笱伯大父盨

笱同荀，是國名。《左傳・桓公九年》："秋，虢仲、芮伯、梁伯、荀侯、賈伯伐曲沃。"韋昭注："荀、賈皆國名。"《說文》："郇，周文王子所封國，在晉地。"《水經注・汾水》："又西，逕荀城東，古荀國也。"

陳佩芬《李蔭軒所藏中國青銅器》[2004][笱伯大父盨]

郇爲周初姬姓封國之一，兩周金文作笱，傳世文獻則作郇、荀。郇之初封者爲周文王子，封地在今陝西旬邑附近。西周時期，郇與周都鎬京附近的姞姓國間有着長期的聯姻關係。在周末犬戎侵擾不斷的情况下，郇國隨之東遷至今山西新絳縣三泉鎮席村一帶。東遷後的郇先與晉小宗曲沃伯交好，後又與晉大宗晉侯親近，終爲并晉後的晉武公所滅而賜大夫原氏黯以爲采邑。

吕亞虎《郇國地望及其相關問題考辨》[2005]

【釋地】陝西省咸陽市旬邑縣

旬邑也是西周已有的地名。《漢書・郊祀志》載美陽（當指今周原地區）得鼎，張敞釋其銘有"王命尸臣官此旬邑"。多友鼎的笱就是這個王畿内的旬邑，當在京師範圍附近。

李學勤《論多友鼎的時代及意義》[2006][多友鼎]

笱即古栒邑，《漢書・郊祀志》美陽得鼎，張敞釋其銘有"王命尸官此栒邑。"其地亦近，即今旬邑縣。多友鼎述玁狁廣伐京師，俘笱人。笱地與京師接近，十分明瞭。

劉翔《多友鼎銘兩議》[2007][多友鼎]

多友鼎乃西周器，因此銘中之笱應即陝西豳地之栒邑。而主張笱在山西的同志可能是受了文獻上記載的春秋後由陝西遷國至山西的諸笱地名的影響。

劉雨《多友鼎銘的時代與地名考證》[2008][多友鼎]

克鐘銘云"王親令克遹涇東至于京𠂤"。克的封地，在涇渭之間，若京師在山西，則尚有黄河之隔，不應云："遹涇東至于京𠂤。"故本銘的京師當即《詩・大雅・公劉》的"京"和"京師"。所以，笱應即陝西的郇邑。

馬承源《商周青銅器銘文選》[2009][多友鼎]

2004　陳佩芬：《李蔭軒所藏中國青銅器》，《陳佩芬青銅器論集》，中西書局，2016年，第323頁。
2005　吕亞虎：《郇國地望及其相關問題考辨》，《中國歷史地理論叢》2017年第4期，第32頁。
2006　李學勤：《論多友鼎的時代及意義》，原載《人文雜志》1981年第6期；後收入《新出青銅器研究（增訂版）》，人民美術出版社，2016年，第111頁。
2007　劉翔：《多友鼎銘兩議》，《人文雜志》1983年第1期，第83頁。
2008　劉雨：《多友鼎銘的時代與地名考證》，《考古》1983年第2期，第157頁。
2009　馬承源主編：《商周青銅器銘文選（三）》，文物出版社，1988年，第284頁。

	筍李學勤説即陝西旬邑縣。《漢書·郊祀志》載漢時美陽得鼎，張敞釋其銘有“王命尸（夷）臣，官此栒邑”。可見旬邑爲西周已有地名。 王輝《商周金文》[2010][多友鼎] **【釋地】山西省運城市** 筍，經典作郇，郇亦作荀……今臨晋縣東北。 余永梁《金文地名考》[2011][筍伯簋] 《水經注·汾水條》：“汾水又西與古水合……東注于汾，今無水，又西南逕魏正平郡北，又西逕荀城東，注古荀也，汲郡古文，晋武公滅荀，以賜大臣原氏也。”《辭海·荀》：“周國名，春秋時滅于晋。《左傳·桓九年》荀侯、賈伯伐曲沃。”按今山西新絳縣西有荀城，即古荀國地。 田醒農、雒忠如《多友鼎的發現及其銘文試釋》[2012][多友鼎] 讀爲郇，文王子封國。《左傳·僖公廿四年》云郇“文之昭也”，《説文·邑部》：“周文王子所封國，在晋地。”今山西省猗氏縣西北，子孫以國爲氏。 馬承源《商周青銅器銘文選》[2013][筍侯盤] 筍，從竹，旬聲，即古筍字，本銘讀爲郇。《説文》：“郇，周武王子所封國，在晋地。”鈕樹玉校録：“‘武’當是‘文’。”朱駿聲《説文通訓定聲》：“郇，在今山西蒲州府猗氏縣西北。” 陳秉新、李立芳《出土夷族史料輯考》[2014][筍伯大父作嬴改盨] “筍”同荀、郇。《水經注·汾水注》：“古水出臨汾西，又西南逕荀城，在絳州西十五里。”《左傳》桓公九年云：“秋，虢仲（三門峽）芮伯（韓城）、梁伯（韓城）、荀侯（今新絳縣）、賈伯（襄汾）伐曲沃（聞喜）。”由此知五國相距不遠。 《漢書·地理志》注引《汲郡古文》：“晋武公元年（公元前678年）滅荀以賜大夫原黯，是爲荀叔。”《水經·涑水注》：“涑水逕猗氏故城北，又西逕郇城，郇伯國也。”《左傳》僖公二十四年記述了秦軍送重耳回晋國，晋兵拒之，經斡旋，晋“師退，軍于郇”，“狐偃及秦晋之大夫盟于郇”。春秋中期此郇爲晋地，在今臨猗縣西境。 李建生、王金平《周伐獫狁與“長父侯于楊”相關問題》[2015][多友鼎]

2010 王輝：《商周金文》，文物出版社，2006年，第224頁。

2011 余永梁：《金文地名考》，《國立中山大學語言歷史學研究所週刊》第5集第53、54期合刊，1928年，第10頁。

2012 田醒農、雒忠如：《多友鼎的發現及其銘文試釋》，《人文雜志》1981年第4期，第117頁。

2013 馬承源主編：《商周青銅器銘文選（三）》，文物出版社，1988年，第248頁。

2014 陳秉新、李立芳：《出土夷族史料輯考》，安徽大學出版社，2005年，第387頁。

2015 李建生、王金平：《周伐獫狁與“長父侯于楊”相關問題》，《中原文物》2012年第1期，第27頁。

即荀，今山西臨猗縣西南。

吴鎮烽《銘圖索引》[2016][荀伯大父作嬴改盨]

0695

傒

叔單鼎

緀君單盤

緀君單匜

【時代】春秋早期

【出處】緀君單盤（匜）

緀君單自作盤，其萬年無疆，子子孫永寶用享。[緀君單盤，《集成》10132]

【類别】國族名稱

【釋地】河南省信陽市

傒，李學勤釋傒，謂“叔單自稱爲‘黄孫子’，可知是黄國的公族，傒君係其稱號。”並謂傒仲射子削之傒仲“也是傒氏”。傒君的封邑大約即在羅山、信陽之間。

陳秉新、李立芳《出土夷族史料輯考》[2017][傒君叔單鼎]

叔單自稱爲“黄孫子”，可知是黄國的公族，奚君係其稱號。這次發表的信陽楊河出土的青銅器，裏面一件削有“惟傒仲𡿮子用”銘文。傒仲名𡿮子，也是傒氏，所以這件削當爲黄人之物。羅山、信陽相鄰，黄國傒君的封邑大約即在兩地之間。

李學勤《論漢淮間的春秋青銅器》[2018][叔單鼎][緀君單盤（匜）]

0696

倞

亮矛

【時代】戰國時期

【出處】亮矛[《集成》11424]

【類别】城邑名稱

【釋地】河北省邢臺市柏鄉縣

此字筆劃清晰，其上從“高”，其下從“人”。易爲左右結構，自定隸定“倞”。

《篇海》：“倞，北方地名。”根據“北方”這一綫索，“倞”應讀“鄗”。《左傳·哀公四年》：“國夏伐晋，取邢、任、欒、鄗、逆時、陰人、盂、壺口。”《史記·趙世家》：“武靈王三年，城鄗。”在今河北柏鄉北二十二里。

2016 吴鎮烽：《商周青銅器銘文暨圖像集成索引》，上海古籍出版社，2019年，第981頁。

2017 陳秉新、李立芳：《出土夷族史料輯考》，安徽大學出版社，2005年，第334頁。

2018 李學勤：《論漢淮間的春秋青銅器》，原載《文物》1980年第1期；後收入《新出青銅器研究（增訂版）》，人民美術出版社，2016年，第129頁。

<table>
<tr><td></td><td>"倚"，春秋屬晉，戰國屬趙。銘文頗工秀，應是春秋之際手筆。
說明兩點：其一，《左傳・哀公四年》之"鄗"與《左傳・宣公十二年》"晉師在敖、鄗之間"、《公羊傳・桓公十五年》"公會齊侯于鄗"均無關。其二，《璽彙》1693[illegible]與雖與矛銘甚近（僅少"口"旁），然並非一字，應釋"亮"。
何琳儀《古兵地名雜識》2019[亮矛]</td></tr>
<tr><td>0697
鄎
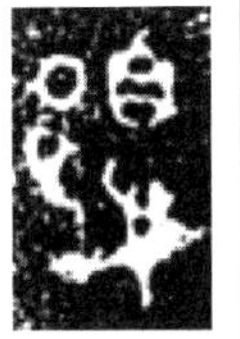
鄎子行盆</td><td>【時代】春秋早期
【出處】鄎子行盆
鄎（息）子行自作飤盆，永寶用之。[鄎子行盆，《集成》10330]
【類別】國族名稱
【釋地】河南省信陽市息縣
鄎，或作息，春秋國名。《左傳・隱公十一年》："息侯伐鄭，鄭伯與戰于竟，息師大敗而還。"杜預《注》："息國，汝南新息縣。"陸德明《經典釋文》："息，一本作鄎，音息。"孔穎達《疏》："《世本》息國姬姓，此息侯伐鄭責其不親親，知與鄭國同姬姓也。莊十四年《傳》楚文王滅息。其初則不知誰之子何時封也。《地理志》汝南郡有新息縣，故息國也。"故城在今河南省息縣。
馬承源《商周青銅器銘文選》2020[鄎子行盆]

即息。
吴鎮烽《銘圖索引》2021[鄎子行盆]</td></tr>
<tr><td>0698
復
</td><td>【時代】西周晚期
【出處】復公子簋
復公子白舍曰：敃親，作我姑鄧孟媿媵簋，永壽用之。[復公子簋，《集成》4011—4013]
【類別】國族名稱
復當是西周國名，地望不詳。
馬承源《商周青銅器銘文選》2022[復公子簋]</td></tr>
</table>

2019 何琳儀：《古兵地名雜識》，黄德寬主編：《安徽大學漢語言文字研究叢書・何琳儀卷》，安徽大學出版社，2013年，第231—232頁。
2020 馬承源主編：《商周青銅器銘文選（四）》，文物出版社，1990年，第413頁。
2021 吴鎮烽：《商周青銅器銘文暨圖像集成索引》，上海古籍出版社，2019年，第981頁。
2022 馬承源主編：《商周青銅器銘文選（三）》，文物出版社，1988年，第360頁。

復公子簋

【釋地】河南省南陽市桐柏縣

譚其驤先生主編的《中國歷史地圖集》定古之大復山和復陽縣于今桐柏縣城與平氏鎮之間，是正確的。這裏處于方城山丘陵地與桐柏山脉的過渡地帶，爲淮水所源，其間低平的山口和河谷盆地是南陽盆地東去淮河流域的理想通道，特别是這裏西去古鄧國不遠（二百里左右），戰國時爲楚方城内屬地，銅器銘文所載與鄧國聯姻通婚的古復國、包山楚簡所載的楚復縣即在于此，其國名、縣名當因位于大復山附近而得名，漢置復陽縣實沿楚復縣而來。

徐少華《古復國復縣考》[2023]

今河南桐柏縣西北固廟村一帶。

吴鎮烽《銘圖索引》[2024][復公子伯舍簋]

【釋地】湖北省仙桃市

復公子簋：“復公子白舍。”復尊：“匽（按即燕）侯賞復冂衣、臣妾、貝。”復鼎：“侯賞復貝三朋。”侯即匽（燕）侯。復本周地。在今湖北仙桃市西南舊沔陽城。《集韻·屋韻》：“復，州名。”《正字通·彳部》：“復，州名，古竟陵縣（按秦置，在今湖北潛江市西北），今沔陽州（按今湖北仙桃市西南沔城）。”

崔恒昇《古文字地名考釋》[2025][復公子簋]

0699

番

番君召簠

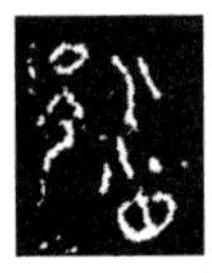

鄱子成周鐘

【時代】春秋時期

【出處】番君召簠[《集成》4582—4587]**等**

【類别】國族名稱

番的青銅器在過去著録裏有不少，多稱“番君”，如《遺文》6，32番君召簠，其字體較上述各器略晚，《積古齋鐘鼎彝器款識》4，13 有同人之鼎。《周金文存》卷 2 有兩件番君酬（?）伯鬲。此外還有一些，爲免煩瑣，不能備舉。著録中也有稱“番仲”的，如《遺文》10，39 番仲榮匜。《文物》1980 年第 1 期簡訊中所發表的當陽金家山出土的一件戈，器主爲“番中”，春秋時“中”“仲”兩字業已混用，所以就是番仲。

河南省的同志提出，這些青銅器銘文中的番便是漢孫叔敖碑講到的潘。《隸釋》卷三所録碑文，講的是和《史記·滑稽列傳》相仿的優孟的故事，優孟勸楚莊王懷念孫叔敖的功績，“王心感動覺悟，問孟，孟具列對，即求其子而加封焉。子辭父有命，如楚不忘亡臣社稷……，而欲有賞，必于

2023 徐少華：《古復國復縣考》，《中國歷史地理論叢》1996 年第 1 期，第 117—118 頁。

2024 吴鎮烽：《商周青銅器銘文暨圖像集成索引》，上海古籍出版社，2019 年，第 981 頁。

2025 崔恒昇：《古文字地名考釋》，中國古文字研究會、安徽大學古文字研究室編：《古文字研究》（第二十三輯），中華書局，2002 年，第 218 頁。

潘國，下濕磽埆，人所不貪，遂封潘鄉。潘，即固始也。”不過，古書一般記載孫叔敖之子所封地名寢丘，西漢時名寢縣，東漢更名固始。這裏，古代並没有什麼潘國。孫叔敖碑所述究竟有何根據？是需要討論的問題。

我們認爲，孫叔敖碑所説的“潘”，疑應讀爲“瀋”，也就是“沈”。《左傳》宣十二年：“沈尹將中軍”，劉文淇《舊注疏證》云：

“杜注：沈或作寢，寢縣也。洪亮吉云：《郡國志》汝南郡固始，侯國，故寢也。惠棟云：杜預以孫叔敖封于寢丘，故謂之寢尹。《吕覽·當染篇》：荆莊王染于孫叔敖、沈尹蒸，注云孫、沈其二大夫，則此沈尹也。”

沈尹氏或省爲沈氏，是楚國的重要貴族。《左傳》宣十二年的沈尹，與孫叔敖同爲楚莊王師。《吕氏春秋·尊師篇》説他名巫，同書中其他篇又説他名蒸、莖、筮，《新序·雜言篇》説名竺，是同一字的訛變。據説他“名聞天下”，莊王想任用他爲令尹，他推讓于孫叔敖。《左傳》襄廿四年有沈尹壽，昭十九年有沈尹戌，戌的兒子是沈諸梁，即著名的葉公子高。諸梁之子沈尹射，射之子沈尹赤、沈尹朱，也都見于傳文。此外《吕氏春秋·去宥篇》還有楚威王學書于沈尹華的故事。可見沈尹氏世代爲楚重臣，其中葉公在楚國對北方的經營方面尤其起過重要的作用。需要説明的是，《潛夫論》以沈尹戌爲莊王曾孫，《吕氏春秋》高誘注又以戌爲莊王之孫，都是没有根據的。《墨子·所染篇》已載有“楚莊染于孫叔、沈尹”，足見沈尹氏不出于莊王。至于《新唐書》所説沈氏爲姬姓沈國之後，清代學者早已駁正。

固始原名寢，或作沈，因此孫叔敖碑稱其地爲瀋，字省而似潘。《説文》瀋字從審聲，但審並不從番聲。清代學者有潘、瀋係一字分化之説，如《説文引經證例》云“古潘、瀋同音”，這在古音通轉上是有困難的。金文中的番，還是釋爲文獻中楚國的潘氏爲好。

李學勤《論漢淮間的春秋青銅器》[2026]［番昶伯者君鼎］

番人何時受封立國，西周番國位于何處，文獻失載。從上述幾件與番有關的有銘銅器分析，番國在厲王時期頗有地位，其立國當更早，或與其己姓族人蘇忿生于周初任王室司寇並被封于蘇有一定關聯。至于西周番國的地望，就其與王室往來密切並任要職推測，應在中原地區，或亦與蘇國相去不遠，在今黄河以北地區。

幾組時代相近、級别頗高的番器相繼出土于信陽附近，説明此時的番國應在這一地帶。若西周時期的番國在中原，春秋早期又位于淮河上游地區，其間必有較大變故。

徐少華《河南南陽李八廟一號墓的年代與番子鼎之屬性》[2027]

【釋地】河南省信陽市固始縣

番在固始之潘鄉，楚以封孫叔敖，蓋爲楚滅後所近年固始出土有鄱子成周編鐘與鎛，成周之名，多爲補刻，而原名被挖，但有兩件爲原來保存。

2026 李學勤：《論漢淮間的春秋青銅器》，原載《文物》1980年第1期；後收入《新出青銅器研究（增訂版）》，人民美術出版社，2016年，第134頁。

2027 徐少華：《河南南陽李八廟一號墓的年代與番子鼎之屬性》，《考古》2019年第9期，第88—89頁。

	數年前曾親目驗。銘文有“城□與楚”，可見依附于楚，爲楚滅後，仍爲楚之貴姓，近年江陵天星觀楚墓出土遣册有“邸陽君剩貞”，此潘剩即番國後裔，仍仕于楚，封邸陽君，邸陽當即《水經·汝水注》汝水又東逕邸鄉城北，又東逕固始故城“北”之邸鄉，因在水北，故稱邸陽，漢以後廢爲鄉，故稱爲邸鄉而仍有城存。漢期思宰段君所立楚相孫叔敖碑，云孫叔散“即本是縣人，……遂封潘鄉，潘即固始也，上引《水經·汝水注》記固始“城北猶有叔敖碑”，故知番國原即在此，戰國稱爲邸陽，仍以封番國子孫。 黄盛璋《朴君述鼎國别、年代及其相關問題》[2028][番君銅器等] 番爲國族名。宋洪適《隸釋》著録漢延熹三年《楚相孫叔敖碑》云：“……而欲有賞，必于潘國，下濕墝埆，人所不貪，遂封潘鄉，即固始也。”古潘、番一字。番氏世系，文獻不詳。近年在河南固始附近的潢川縣一帶出土有番國銅器。證明這裏應是古代潘國的封地所在。 陳佩芬《李蔭軒所藏中國青銅器》[2029][番昶伯者君匜] 番國，是周代一個小諸侯國，後代或稱之爲“鄱”“潘”。番國春秋後期的歷史見諸《左傳》，稱其君爲番子。後世出土有大量番國青銅器，銅器銘文多自稱“番君”“番伯”“番子”等。從出土青銅器的分布來看，主要集中在豫南信陽市的平橋區、潢川縣、固始縣等。所以可以斷定，番國在春秋時期，主要活動在淮河上游南岸地區，于春秋後期向東遷移。在春秋時期，番國較早歸屬于楚國，番國的上層貴族在楚國爲官，爲潘姓，如潘崇、潘尫、潘黨等都是手握大權的内臣和將軍。在春秋後期，番國都于固始縣，處吴、楚之争的邊緣地帶，魯定公六年（公元前 504 年），吴人伐楚，獲潘子臣，取番地，番國歷史再没見于史傳。 金榮權《周代番國青銅器及其歷史地理論考》[2030] 一作潘，今河南固始縣。 吴鎮烽《銘圖索引》[2031][番君召簠等]
0700 **番昶**  番昶伯者君鼎	**【時代】春秋早期** **【出處】番昶伯者君鼎（盤）** 唯番昶伯者尹（君）作寶鼎，其萬年子孫永寶用，尹。[番昶伯者君鼎，《集成》2617、2618] **【類别】城邑名稱**

2028　黄盛璋：《朴君述鼎國别、年代及其相關問題》，《江漢考古》1987 年第 1 期，第 93 頁。
2029　陳佩芬：《李蔭軒所藏中國青銅器》，《陳佩芬青銅器論集》，中西書局，2016 年，第 333 頁。
2030　金榮權：《周代番國青銅器及其歷史地理論考》，《華夏考古》2014 年第 2 期，第 60 頁。
2031　吴鎮烽：《商周青銅器銘文暨圖像集成索引》，上海古籍出版社，2019 年，第 981—982、1004 頁。

番昶伯者君盤	**【釋地】河南省信陽市浉河區** 今河南信陽市浉河區。 吴鎮烽《銘圖索引》[2032][番昶伯者君鼎]
0701 **痏戎** 班簋 0701.02 痏戎 0701.03 痏戎	**【時代】西周中期** **【出處】班簋**[《集成》4341] **【類别】國族名稱** 痏戎當即奄人。 郭沫若《兩周金文辭大系圖録考釋》[2033][班簋] 㔸字從片匽聲，即匽之别體。匽戎便是徐夷，因爲徐王自稱匽王，周人乃稱之爲匽戎。徐匽王在穆王十七年寇京，穆王命毛班馳京克之。匽王東走，穆王又命毛族人東征，匽王北遁。此事載于《穆天子傳》，當有可徵。這裏稱之爲東國乃因徐主稱王。 高木森《西周青銅彝器彙考》[2034][班簋] 舊釋此字爲“厭”是可從的。但痏戎不見記載，確地何在，無以考查，僅能從相關的銅器銘文中尋找綫索。1961 年西安張家坡出土之孟簋銘云：“孟曰：朕文考眔毛公，遣仲征無需，毛公錫朕文考臣。”此毛公就是本銘的毛公，所征伐的對象唐蘭先生釋爲“無需”（《文物》1972 年 11 期 54 頁）是正確的，與本銘應爲同一戰役。無需與痏戎應在同一地區，相去或不過遠。《戰國策・魏策》：“蘇秦説魏王曰：‘（魏）東有淮、潁、沂、黄、煮棗、海（無？）鹽、無疏”；《史記・蘇秦傳》作“煮棗，無胥”。此無疏（無胥）在魏東，亦即在殷東，應即孟簋之無需。《史記索隱》説無胥“其地缺”。煮棗故城據《水經注》爲濟水所逕，在今山東菏澤西南。海鹽，楊守敬《戰國疆域圖》認爲是“毋鹽”之誤。無鹽故城在今山東東平縣東，爲濟水支流汶水所逕，相去不遠，如此無疏（胥）亦在濟水流域，今山東境内。《史記・高祖功臣諸侯年表》有厭次侯元頃，厭次必在漢以前。又《漢書・東方朔傳》：“平原厭次人。”厭次故城在今山東陽信縣東，除此以外就再也找不到和厭有關的地名。厭次似與周初之“痏戎”即厭國有關，其地已靠近渤海灣。小臣謎簋之“伐海眉”，所指

2032 吴鎮烽：《商周青銅器銘文暨圖像集成索引》，上海古籍出版社，2019 年，第 982 頁。
2033 郭沫若：《兩周金文辭大系圖録考釋（二）》，《郭沫若全集・考古編》（第八卷），科學出版社，2002 年，第 60 頁。
2034 高木森：《西周青銅彝器彙考》，中國文化大學出版部印行，1986 年；後收入劉慶柱、段志洪、馮時主編：《金文文獻集成》（第二十七册），綫裝書局，2005 年，第 120 頁。

	就是今山東沿渤海灣一帶，兩者的戰役也可能是有關的。 黄盛璋《班簋的年代、地理與歷史問題》[2035][班簋] 𤸫當是從疒肙聲，讀如猒，猒字也是從犬肙聲，《說文》作從甘肰聲是錯的。𤸫字疑與偃通，偃戎即徐戎，《費誓》說“淮夷徐戎並興”，可見徐是戎。傳説徐偃王當穆王時，當由徐戎又稱偃戎，所以稱偃王。徐又稱偃，如荆又稱楚，吴又稱邗之類。詳見《康宫問題》。 唐蘭《西周青銅器銘文分代史徵》[2036][班簋] 東國的一個邦族。或以爲𤸫是厭字的别體，厭古音與偃姓之偃同爲寒部，徐爲偃姓，徐戎在東國，伐厭戎即伐徐。 馬承源《商周青銅器銘文選》[2037][班簋] 㿫戎，李學勤云：“‘㿫’字見《玉篇》。戰國璽有此字，形與簋銘相同。‘㿫’讀爲滑或猾，《小爾雅·廣言》：‘滑，亂也。’故‘㿫戎’猶云亂戎。”《玉篇》“㿫，膝病”，本銘借爲猾。《書·舜典》：“蠻夷猾夏。”孔傳：“猾，亂也。”《玉篇》史載有穆王伐徐戎事，此猾當指徐及淮夷之叛周者。 陳秉新、李立芳《出土夷族史料輯考》[2038][班簋] 𤸫，或説是厭字異體。厭讀爲偃。徐爲偃姓。伐𤸫戎即伐徐戎。《尚書·費誓》：“淮夷、徐戎並興。”典籍屢見周穆王伐徐戎之事。 王輝《商周金文》[2039][班簋] 東夷的一支，在今魯南蘇北一帶。 吴鎮烽《銘圖索引》[2040][班簋]
0702 **童麗**	**【時代】春秋時期** **【出處】童麗君柏簠、鐘**[《銘圖》15186、15187] **童麗公柏戟**[《銘圖》17055] 唯正月初吉丁亥，童（鍾）麗（離）君柏擇其吉金，作其飤簠。[童麗君柏簠，《銘圖》5898]

2035　黄盛璋：《班簋的年代、地理與歷史問題》，《考古與文物》1981年第1期。
2036　唐蘭：《西周青銅器銘文分代史徵》，《唐蘭全集（七）》，上海古籍出版社，2015年，第370頁。
2037　馬承源主編：《商周青銅器銘文選（三）》，文物出版社，1988年，第109頁。
2038　陳秉新、李立芳：《出土夷族史料輯考》，安徽大學出版社，2005年，第185頁。
2039　王輝：《商周金文》，文物出版社，2006年，第103—104頁。
2040　吴鎮烽：《商周青銅器銘文暨圖像集成索引》，上海古籍出版社，2019年，第998頁。

童麗君柏簠

童麗君柏鐘

0702.02

鍾離

【類別】國族名稱

【釋地】安徽省滁州市鳳陽縣

記載鍾離的歷史文獻匱乏，最早見于《左傳》周簡王十年（前 576 年）十一月，魯成公會吴于鍾離。周景王七年（前 538 年）冬：“楚箴尹宜咎城鍾離以備吴”。周敬王二年 （前 518 年）鍾離被吴王僚所滅，屬吴。這些零星的文獻記載不能反映鍾離的真實歷史。鍾離是春秋時期淮河中游地區的一個重要方國，今蚌埠東鳳陽縣臨淮關鎮東約 5 里有鍾離國故城遺址，城垣至今保存較好。2007 年 5 月在該城址北卞莊一座墓葬中出土的 5 件青銅編鐘上發現“童麗”銘文。由此看來，鍾離國地處淮河中游，地理位置十分重要，曾先後爲吴楚的附庸，一直是吴楚争霸江淮的重點争奪對象，最後在大國兼并戰争中消亡。

安徽省文物考古研究所等《安徽蚌埠雙堆一號春秋墓發掘簡報》[2041]

鍾離國又稱鐘離國城、東古城、東魯城、霸王城等，在今鳳陽縣府城鎮東北12公里處。因該城爲春秋時鍾離國都城，故名鍾離國城。東古城是由于其在後來州縣治東的俗稱；東魯城乃是誤爲三國魯肅所築而得名；霸王城顯係誤傳，據説西楚霸王自垓下敗走烏江，從數百騎夜馳渡淮經此，率將士連夜築之。

安徽省文物考古研究所等《春秋鍾離君柏墓發掘報告》[2042]

今安徽鳳陽縣淮關鎮東 1.5 公里。

吴鎮烽《銘圖索引》[2043][童麗君柏簠]

0703

啻臨

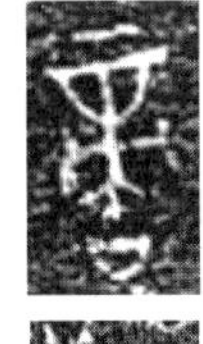

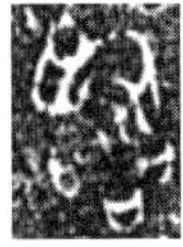

師衛鼎

【時代】西周早期

【出處】師衛鼎

豐公史（使）衛陟于厥啻（敵），臨射于覺㝨城，召公賚衛貝廿朋、臣廿，厥牛廿、禾卅車。師衛用作厥祖寶彝。[師衛鼎，《銘圖》2378]

【類别】城邑名稱

2041　安徽省文物考古研究所、蚌埠市博物館：《安徽蚌埠雙堆一號春秋墓發掘簡報》，《文物》2010 年第 3 期，第 17—18 頁。

2042　安徽省文物考古研究所、蚌埠市博物館：《春秋鍾離君柏墓發掘報告》，《考古學報》2013 年第 2 期，第 276 頁。

2043　吴鎮烽：《商周青銅器銘文暨圖像集成索引》，上海古籍出版社，2019 年，第 1033 頁。

0704

奠

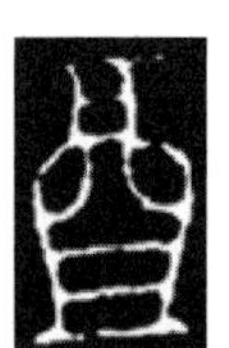

大簋

羚簋

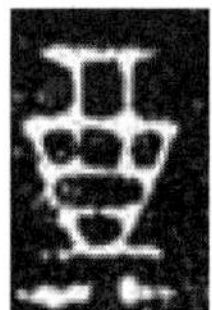

免尊

三年㾓壺

懋尊

【時代】西周中期

【出處】羚簋 大簋 免尊 三年㾓壺 懋尊 康簋[2044]

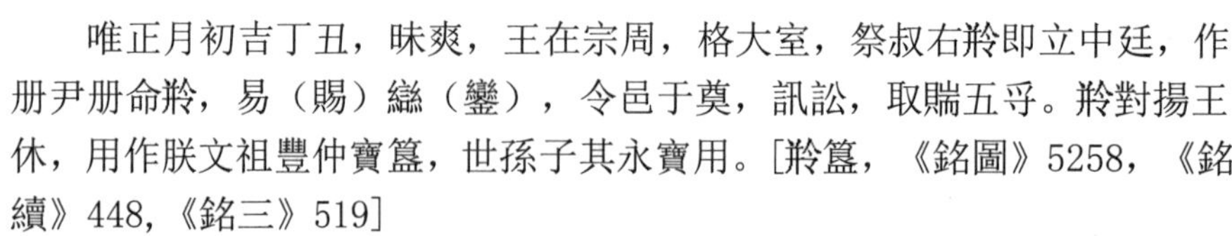

唯正月初吉丁丑，昧爽，王在宗周，格大室，祭叔右羚即立中廷，作册尹册命羚，易（賜）緣（鑾），令邑于奠，訊訟，取腨五寽。羚對揚王休，用作朕文祖豐仲寶簋，世孫子其永寶用。[羚簋，《銘圖》5258，《銘續》448,《銘三》519]

唯六月初吉丁子（巳），王在奠，蔑大曆。易（賜）芻（犓）𩣍（騂）犅，曰：用啻（禘）于乃考。大拜稽首，對揚王休，用作朕皇考大仲尊簋。[大簋，《集成》4165]

【類別】國族名稱 城邑名稱

鄭，即殷商時代的古鄭國，紂亡，武王封管叔于此，後來周公又封伯懋父于此，那原來的邦伯也被俘虜，故康王賜夨令有七伯之多。

譚戒甫《周初夨器銘文綜合研究》[2045][宜侯夨簋]

“令邑于奠”，“邑于奠”猶言出掌“奠”地之長，以“奠”爲其封邑。“奠”，地名，或通“鄭”，金文“鄭”字多不從“邑”作。

《説文》云：“鄭，京兆縣，周厲王子友所封，從邑、奠聲。宗周之滅鄭，徙潧洧之上，今新鄭是也。”

“奠”地昔日或當處西周王畿附近。“三年㾓壺”“大簋”皆有“王在奠”之載記，“奠”字亦見“曶簋”，另新見“旅伯簋”銘稱：“隹正月初吉辛未，王客奠宫，王易旅伯貝十朋。”“奠宫”乃時王掌近代居停之所，宜離王畿之地不遠，或即位處本銘之“奠邑”。

張光裕《讀新見西周羚簋銘文劄迻》[2046][羚簋]

金文中“奠（鄭）井（邢）”的得名，陳夢家認爲：“先有井氏而後食邑于‘奠（鄭）’而改稱‘奠（鄭）井’，也可省稱‘奠（鄭）’。”可見“奠（鄭）”實乃是一個地區。

龐小霞《西周井（邢）氏居邑與商周鄭地》[2047]

【釋地】陝西省寶鷄市鳳翔區

西周銅器銘文中“奠”地的方位。或説在漢京兆鄭縣境，即今華縣一帶；唐蘭先生以爲在扶風、寶鷄一帶；盧連成同志以爲在今鳳翔縣，奠即秦德公所居之大鄭宫。諸説之中以盧説較爲近是，爲之補充理由如下：

1. 奠井叔既爲畿内井之一支而居于奠地者，則奠必在畿内井地之附近。

2044　編者按：免尊，《集成》6006；三年㾓壺，《集成》9726、9727；懋尊、卣，《銘續》791、880；康簋，《銘三》504。

2045　譚戒甫：《周初夨器銘文綜合研究》，《武漢大學人文科學學報》1956年第1期，第202頁。

2046　張光裕：《讀新見西周羚簋銘文劄迻》，中國古文字研究會、浙江省文物考古研究所編：《古文字研究》（第二十五輯），中華書局，2004年，第175頁。

2047　龐小霞：《西周井（邢）氏居邑與商周鄭地》，《考古與文物》2014年第3期，第67頁。

 康簋	徐中舒先生說："畿內井邑舊不詳所在。《散氏盤》記載散之田界云'弃道以西至于㠱、莫、眉、井邑田，自桹木道左至于井邑'，則井又與散接壤。"這爲我們尋找井的位置指出了一條道路。散盤記夨方交割田地給散方，夨既在汧水以東的鳳翔一帶，而奠、井也必相距不遠。前人或以爲散在今大散關一帶，但西周早期至中晚期，大散關所在之渭河南岸屬于㢠國的勢力範圍，不容散插足其間。 2. 寶鷄茹家莊㢠伯墓 M2 出圓鼎、附耳鼎、方鼎、獨柱帶盤鼎、羊尊、甗等銅器都是㢠伯爲井姬作器，井姬應爲㢠伯之妻，看來㢠主要同井通婚，井、㢠必相距甚近。井既同散、㢠都接界，散在鳳翔西部及北部，則井必在鳳翔南部。 3. 奠井與減地關係密切，而減應在今鳳翔南部之八旗屯一帶。 王輝《西周畿内地名小記》[2048] 《西清古鑑》卷十五記有《周伯啓卣》……卣銘記"王在鄭居"，則此在鄭居之周王應即穆王。證明穆王確曾居鄭，《竹書》之所記應有所本。……《古鑑》之《周伯啓（䭽）卣》，亦應出土于寶鷄市郊，所記"王在鄭"之鄭地，亦應在今寶鷄縣（市）附近。 《免卣》載："隹六月初吉，王在鄭，丁亥，王格大室，井叔右免，王蔑免曆。"井叔是井國之國君，免爲井叔的下屬。此井國亦在鄭旁，據《散氏盤》銘文所記，井與散二國毗鄰，中以"濡水"爲界，水東爲井，水西爲散。此濡水《水經注》記爲"扜水"，扜、濡二字音近，應是同一水名在不同時代之傳訛，現此水又名清姜河，它發源于大散嶺，沿散谷經大散關北流入渭，井國就在此水東岸。從這裏的地形看，此井國南爲秦嶺、北臨渭水，其東部邊界當與西虢爲鄰。它與西虢一樣，同在鄭地之旁，也證明鄭地應即今之鳳翔縣地。《免簋》還記：周王"命免作𤔲土（徒）𤔲奠（鄭）還，𦊓吴，𦊓牧"。所命免的職責，也是管理鄭地之林木和吴嶽，以及附近畜牧之地等事。由此可知，周懿王時的鄭地仍在鳳翔縣。 在汧河西岸，今寶鷄縣賈村鎮上官村曾出土《夨王簋蓋》一件，蓋銘記"夨王作奠（鄭）姜隮簋"。此"鄭姜"是鄭地之姜姓女子嫁于夨王者。寶鷄縣賈村鎮隔汧河與鳳翔縣相望，此《夨王簋》也證明：鄭即今之鳳翔縣地。 李仲操《談西鄭地望》[2049] 從現存有關"王在鄭""鄭井"等銅器銘文來看，證實了西鄭的地望大略如唐蘭先生所説，"在今陝西扶風至鳳翔縣一帶"。但在範圍上可能還應包括今岐山、陳倉區等地的一部分。我們認爲，"鄭"是王都及其周圍地區的名稱，王都的中心區當在今鳳翔城南一帶，這裏有周穆王時常住的祇宮、鄭宮、春宮，《史記・秦本紀》載："德公元年，初居雍城大鄭宮。"《正義》引《括地志》云："岐州雍縣南七里故雍城，秦德公大鄭宮城也。"考古發掘也證實了秦大鄭宮位置就在今鳳翔縣古雍城遺址附近。

2048　王輝：《西周畿内地名小記》，《一粟集：王輝學術文存》，藝文印書館，2002 年，第 146—147 頁。
2049　李仲操：《談西鄭地望》，《文博》1998 年第 5 期，第 33—34 頁。

秦于其地建宫並取名大鄭者，或許正是因其地曾爲周王朝都邑之一——“西鄭”之所在的緣故。在王都外圍則分布着王的親信大臣的采邑和一些早期的封國，是以存世銅器銘文中有一些家族在其氏前加奠（鄭）者，正是這種史實的反映。

吕亞虎《周都“西鄭”地望考》[2050]

金文中多見到“王在奠（鄭）”，如大簋、免尊等器銘文。此鄭地在寶鷄鳳翔一帶，是一較大的地理區域，不僅周穆王可能在此地建有離宫别館，同時還居住着世家大族或新封的畿内封國，如井氏、虢國、姜姓鄭國或鄭族等。這個地區可能已發展成一種類似豐邑、岐邑的城市結構。

金文中還有奠（鄭）伯公子鼎、奠（鄭）伯太子寶登鼎，二器出土于河南登封告成鎮袁窑村。這裏的奠（鄭）是指西周末年東遷的鄭國，都城在今河南新鄭。墓葬年代爲春秋前期，地處古陽城，歸鄭國管轄。

龐小霞《西周井（邢）氏居邑與商周鄭地》[2051]

【釋地】陝西省渭南市華州區

今華陰西之華縣，與鎬京相近。宂敦有“王在鄭”之語，蓋宗周時謂華縣也。宣王二十二年初封于鄭。封三十三年，遷雒東。今河南新鄭縣，出土鄭器，多遷新鄭後器也。

余永梁《金文地名考》[2052]

西周的鄭仍應在漢京兆鄭縣，即今陝西華縣。天再旦一事，祇有根據華縣的位置和地貌去考察。

李學勤《論西周鄭的地望》[2053]

【釋地】陝西省興平市

鄭（西鄭）是周穆王建立的新都無疑。鄭的都城功能類似于鎬（京），是西周中後期周王貴族居住、漁獵、遊賞的重要場所，具有一定的政治、軍事意義。鄭（西鄭）即是棫林（槐里）、犬丘（軍丘），其故城遺址在今陝西興平東南。穆王常居的南鄭，當今陝西漢中。西周末的前 780 年，鄭（西鄭）被幽王作爲采邑賜予鄭伯多父（鄭桓公）；西周滅亡前一年（前 772 年），鄭（西鄭）人東遷于拾（即申、西申，今陝西華縣東北拾村一帶）地寄籍；隨着前 770 年周平王由申（拾、鄭）遷洛（成周），周平王六年（前 765 年）鄭人再東遷于今河南新鄭一帶。

周宏偉《西周都城諸問題試解》[2054]

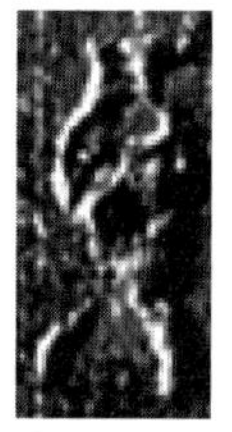
鄭右庫戈

【時代】戰國時期·韓

2050 吕亞虎：《周都“西鄭”地望考》，《中國歷史地理論叢》2007 年第 2 期，第 118 頁。
2051 龐小霞：《西周井（邢）氏居邑與商周鄭地》，《考古與文物》2014 年第 3 期，第 69 頁。
2052 余永梁：《金文地名考》，《國立中山大學語言歷史學研究所週刊》第 5 集第 53、54 期合刊，1928 年，第 3 頁。
2053 李學勤：《論西周鄭的地望》，《夏商周年代學劄記》，遼寧大學出版社，1999 年，第 47 頁。
2054 周宏偉：《西周都城諸問題試解》，《中國歷史地理論叢》2014 年第 1 期，第 91 頁。

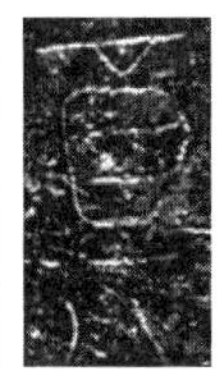

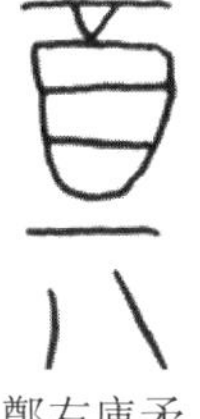

鄭右庫矛

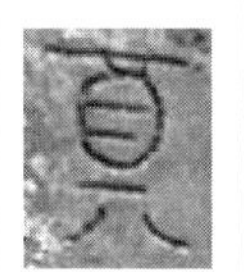

鄭右庫弩機

0704.02

鄭

【類別】城邑名稱

【出處】鄭右庫戈（矛、弩機）［《集成》10995、11485，《銘續》1364］

【釋地】河南省新鄭市

奠，同奠，古鄭字。鄭本西周姬姓古國，舊都棫林（在今陝西華縣東），鄭武公時東遷，都新鄭（今河南新鄭）。公元前375年韓滅鄭，仍以新鄭爲都城，並改國名爲鄭。鄭右庫，即韓都的右庫，另有左庫、武庫、生庫，均見于兵器銘文。

湯餘惠《戰國銘文選》[2055]［鄭右庫戟束］

“奠”即“鄭”，金文鄭登伯鬲、鄭虢仲簋等的“鄭”字均作“奠”，奠即奠。戰國古璽文字始從邑。長沙楚墓出土“鄭左庫”戈的“鄭”字即從“邑”。

古鄭邑在咸林，在今陝西省華縣境内，爲鄭桓公始封邑。鄭遷都今河南省新鄭縣後，新邑始稱“鄭”。公元前375年韓滅鄭，仍以鄭國的都城爲國都，其後韓國亦稱“鄭”。《戰國策》及《史記》等書多稱韓爲“鄭”。由于這批銅兵器出土在戰國時期韓國都城鄭城外廓城内，説明銘文中的“鄭”，應是指韓都新鄭。並且鄭與命相連稱，古命、令爲一字，令即縣令，戰國實行郡縣制，則銘文中的“鄭”爲鄭縣簡稱，即國都鄭城所在的郡縣。

郝本性《新鄭“鄭韓故城”發現一批戰國銅兵器》[2056]［鄭右庫戈等］

0705

奠丼

康鼎

槐簋

【時代】西周中期

【出處】康鼎 槐簋 鄭邢叔康盨［《集成》4400、4401］等

唯三月初吉甲戌，王在康宫，燮（榮）伯内右康，王命死（尸）嗣王家，命汝幽衡、鋚革，康拜稽首，敢對揚天子丕顯休，用作朕文考釐伯寶尊鼎，子子孫孫其萬年永寶用。奠丼。［康鼎，《集成》2786］

唯正月初吉丁亥，王在宗周，格于大室，卿事内右槐，命作典尹册命槐曰：“易（賜）汝幽衡、鋚勒，用死（尸）嗣王家。”槐拜稽首，敢對揚天子丕顯休，用作朕皇祖文考寶簋，用追孝百神，其子子孫孫永寶用。奠丼槐。［槐簋，《銘續》453、454］

【類別】國族名稱

金文有“奠丼”氏，前人因《説文》“郱”字下云“鄭地有郱亭”，遂讀之爲“鄭井”。按西周之井可能在漢京兆鄭縣境内，然而“奠井”之“奠”卻未必是鄭，因爲金文還有“奠虢”氏，如奠虢仲鼎、奠虢仲簋，鄭境没有虢地，東虢也與鄭無干。我以爲這裏的“奠”當讀爲“畿甸”的“甸”，“奠

2055 湯餘惠：《戰國銘文選》，吉林大學出版社，1993年，第56頁。

2056 郝本性：《新鄭“鄭韓故城”發現一批戰國銅兵器》，《文物》1972年第10期，第35—36頁。

井”即甸中之井，“奠虢”即甸中之虢。這個問題，容另文論述。

李學勤《論西周鄭的地望》[2057]

鄭邢叔康盨

衍簋

0705.02

鄭井

【釋地】陝西省寶鷄市

從文獻及金文看，井方爲姜姓，乃炎帝後裔。《説文》邑部：“邢，鄭地有邢亭，子牙之後也。”姜子牙爲商末周初人，而井方（文獻作邢）最早可見于武丁時期的甲骨文，井方不爲子牙之後甚明。因此，我們頗疑“子牙之後也”爲“子牙其後也”之誤。“鄭地”爲西土之鄭地，其名稱源與古本《竹書紀年》所言“穆王所居鄭宫、春宫”的“鄭宫”有關，大致範圍約當今鳳翔縣東北以及與岐山、麟遊交界一帶地區。西周井國所居之地因建有周穆王鄭宫，故又于井前加一“奠”字。金文中井國之器，有時“奠井”連稱，有時單稱“奠”，或單稱“井”。寶鷄出土的夨王簋蓋，銘文爲“夨王作奠姜尊彝”，是單稱“奠”之例，“奠姜”是奠井之女嫁于夨王爲婦者。由此銘亦可證知井確爲姜姓。其都邑位于鳳翔縣田家莊鄉西勸讀村西南。西周晚期周宣王封其少弟鄭桓公友始居之棫林，亦即此地。

尚志儒《西周金文中的井國》[2058]

0706

奠虢

鄭虢仲悆鼎

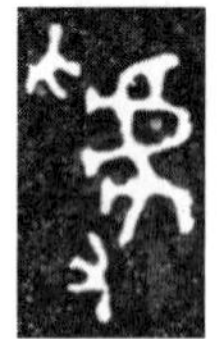

鄭虢仲簋

【時代】西周晚期

【出處】鄭虢仲悆鼎[《集成》2599]　**鄭虢仲簋等**

唯十又一月既生霸庚戌，奠虢仲作寶簋，子子孫孫彶永用。[鄭虢仲簋，《集成》4024—4026]

【類别】國族名稱

奠即鄭，國名。虢仲，是虢氏之一支，别支稱虢叔或虢季。虢仲冠以鄭字，明其居鄭爲官時所作。西周居鄭之大夫甚多，傳世尚有鄭登伯、鄭登叔、鄭義伯、鄭井叔等，大多在西周中、晚期。此居鄭之大夫爲王官，非鄭國的大夫。鄭之封在宣王時，西周時有西鄭、南鄭。《古本竹書紀年》：“穆王以下都西鄭。”又云：“穆王元年，築祗宫于南鄭。”又：“懿王元年，天再旦于鄭。”恭王時的𡨦鼎銘：“遣仲令𡨦耤嗣鄭田。”懿王時的免卣銘：“王才鄭。”但此都非終居之都，乃是陪都。西周金文中之鄭是畿内之地，當爲西鄭。南鄭在漢中。因王有較長時期居于西鄭，王臣隨從。據此，周室卿大夫亦有居鄭的。

陳佩芬《李蔭軒所藏中國青銅器》[2059][鄭虢仲悆鼎]

西虢在西周金文中又稱鄭虢，如鄭虢仲鼎銘……《三代》著録有鄭虢仲簋3件……此四器從銘文字體看，當屬西周晚期器。鄭之地名，卜辭中有“南鄭”（《合集》7884）、“北鄭”（《合集》32275）、“京鄭”（《合集》6），故“鄭”應爲殷商舊地。至于鄭虢之何所指？目前學界意見不一。

2057　李學勤：《論西周鄭的地望》，《夏商周年代學劄記》，遼寧大學出版社，1999年，第46頁。

2058　尚志儒：《西周金文中的井國》，《文博》1993年第3期，第64頁。

2059　陳佩芬：《李蔭軒所藏中國青銅器》，《陳佩芬青銅器論集》，中西書局，2016年，第320—321頁。

鄭虢仲簋

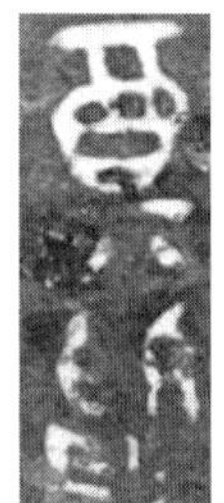

鄭虢叔安鼎

（1）鄭虢指東虢説。陳夢家先生説："東土的鄭或鄭虢，鄭虢仲即城虢仲，亦即成王時的虢城。地在河南新鄭、成皋一帶，即東周的鄭國……據《紀年》鄭桓公之稱鄭在東周初年，所居之鄭是鄭父之丘，即西周東虢所居，以其在鄭父之丘故曰鄭虢。"陳氏認爲鄭虢仲即城虢仲是正確的，但説鄭虢在新鄭卻未加以論證。陳槃先生認爲"東虢而稱'鄭虢'者，蓋虢之初祖始封虢，其地與今鄭縣接鄰。鄭地之一部分，殆旋復爲虢所并，或本益封，因並食其邑，故曰'鄭虢'矣。"

（2）鄭虢爲西虢説。蔡運章先生認爲："鄭虢仲、城虢諸器皆屬西周晚期，故鄭虢、城虢不能指'西周東虢所居'之地。此由鄭虢仲簋出土于陝西鳳翔，説明'鄭城'之地當在西土而不在河南。"此説可取。西土之鄭的由來，乃是周公平"三監"之亂後，遷鄭地之殷民于宗周之附近，故鄭之地名亦隨之西遷。白川静先生有言："此等移入陝西之殷民中，鄭人當居多數。陝西有鄭之地名，並非自桓公始，蓋在彼以前即有鄭人居留地而然也。"此言甚是。鄭桓公始封地之稱鄭是在周宣王二十二年，而據金文和文獻，在此以前陝西已有鄭之地名。如厲王時期器《寰盤》銘曰："惟王廿又八年五月……用作朕皇考鄭伯鄭姬寶盤。"古本《竹書紀年》載"穆王所居鄭宫、春宫。"《漢書·地理志·京兆尹》臣瓚注："周自穆王以下，都于西鄭。"此鄭宫、西鄭當距宗周不遠，與鄭桓公之鄭應無涉。西周晚期西虢可能占領了鄭地之邑，故又稱爲鄭虢。

任偉《西周封國考疑》[2060]

0706.02 鄭虢

【釋地】陝西省寶鷄市鳳翔區

奠（鄭）虢銅器的年代多屬西周中晚器，且幾乎均出土于鳳翔、岐山、扶風一帶。蔡運章等認爲"奠虢實西周初年文王之弟的封國——西虢，地在寶鷄鳳翔、扶風一帶，西虢侵占了鄭地，故又稱奠虢"。筆者認爲這種看法很有道理。可見西周時期，在鄭地（今寶鷄鳳翔一帶）的並非井（邢）氏一族，文王之弟的封國鄭虢也在此。

金文中多見到"王在奠(鄭)"，如大簋、免尊等器銘文。此鄭地在寶鷄鳳翔一帶，是一較大的地理區域，不僅周穆王可能在此地建有離宫别館，同時還居住着世家大族或新封的畿内封國，如井氏、虢國、姜姓鄭國或鄭族等。這個地區可能已發展成一種類似豐邑、岐邑的城市結構。

金文中還有奠(鄭)伯公子鼎、奠(鄭)伯太子寶登鼎，二器出土于河南登封告成鎮袁窑村。這裏的奠(鄭)是指西周末年東遷的鄭國，都城在今河南新鄭。墓葬年代爲春秋前期，地處古陽城，歸鄭國管轄。

龐小霞《西周井（邢）氏居邑與商周鄭地》[2061]

0707

道

【時代】西周中期

【出處】𩛥鼎

唯十又一月，師雍父省道至于㝬，𩛥從，其父蔑𩛥曆，易（賜）金，

2060　任偉：《西周封國考疑》，社會科學文獻出版社，2004年，第230—232頁。

2061　龐小霞：《西周井（邢）氏居邑與商周鄭地》，《考古與文物》2014年第3期，第68頁。

對揚其父休，用作寶鼎。[㝬鼎，《集成》2721]

㝬鼎

0707.02

衜

【類別】城邑名稱

《左傳》僖公五年："楚鬬穀于菟滅弦，弦子奔黄。于是江、黄、道、柏方睦于齊，皆弦姻也。"杜預注："道國在汝南安陽縣南。"楊伯峻注："道，國名，其故城當在今河南省確山縣北，或云在息縣西南。"徐少華對于這種歧異的説法有辨正，指出春秋時道國在今河南省確山縣東北。

黄錦前《釋師雍父諸器的一組地名》[2062][㝬鼎]

0708

遂

遂攺諆鼎

史密簋

【時代】西周時期

【出處】遂攺諆鼎　史密簋[《銘圖》5327]

逐攺諆作廟叔寶尊彝。[遂攺諆鼎，《集成》2375]

【類別】城邑名稱

【釋地】山東省肥城市

遂者，國族之名。莊公十三年《春秋》云："齊人滅遂。"《杜注》云："遂國在濟北蛇丘縣東北。"是也。或説遂爲人名，攺與肇同，諆與其同，攺諆皆助詞，無義，説亦通。

楊樹達《遂攺諆鼎跋》[2063][遂攺諆鼎]

今山東肥城縣南。

吴鎮烽《銘圖索引》[2064][史密簋]

0709

曾

曾仲盤

【時代】西周時期　春秋時期　戰國時期

【出處】多器

【類別】國族名稱

彝器有曾伯霥簠銘有"克狄淮夷"之語，蓋鄫與淮夷接壤，故有征伐之事。襄六年滅于莒。杜曰："鄫國今瑯琊鄫縣。"今郯城嶧縣之間。昭三十三年傳有鄫城，杜注："滎陽密縣東北有鄫城，故鄫國"，則爲鄭地，與此異地也。

余永梁《金文地名考》[2065][曾伯霥簠]

2062　黄錦前：《釋師雍父諸器的一組地名》，中國文化遺産研究院編：《出土文獻研究》（第十七輯），中西書局，2018年，第59頁。

2063　楊樹達：《遂攺諆鼎跋》，《積微居金文説》，上海古籍出版社，2007年，第134頁。

2064　吴鎮烽：《商周青銅器銘文暨圖像集成索引》，上海古籍出版社，2019年，第982頁。

2065　余永梁：《金文地名考》，《國立中山大學語言歷史學研究所週刊》第5集第53、54期合刊，1928年，第21頁。

中甗

曾侯鼎

0709.02

甾

甾就是曾字所從，此處當爲地名。曾國很多，《國語・晋語》説“申人、繒人召西戎以伐周”，此繒國當與申國鄰近。申國在今河南省南陽市一帶，新野縣在其南，一直到湖北省境内的隨縣、京山兩地，最近都出土過曾國銅器。當昭王時的曾國不知定在何處，但總應在伐楚時經過的要道是可以無疑的。

唐蘭《西周青銅器銘文分代史徵》[2066][中甗]

夏時古國。文獻又稱繒、鄫。《史記・夏本紀》載禹爲姒姓，封國十二，繒氏其一。周昭王時中甗銘："王令中先省南國，貫行，埶居在曾。"説明曾國地近西周時代之南國。南國在長江漢水之間。《詩・小雅・四月》："滔滔江漢，南國之紀。"《國語・周語上》："宣王既喪南國之師，乃料民于太原。"韋昭《注》："南國，江漢之間也。"《史記・周本紀》"宣王既亡南國之師"，裴駰《集解》引唐固云："南國，南陽也。"是周至南國，曾爲必經之地。《荀子・堯問》"繒丘之封人見楚孫叔敖"，楊倞《注》："繒與曾同，繒丘，古國。封人，掌疆界。"繒丘即繒墟，當爲古曾國之都城所在，其地應與曾關相近。繒關一名見于《左傳・哀公四年》"楚人既克夷虎，乃謀北方……致蔡于負函，致方城之外于繒關"，杜預《注》："負函、繒關，皆楚地。"是春秋之末，此地古雖爲曾國，實已爲楚所有。又，楚王酓章鐘（惠王）記五十六年爲曾侯乙所作宗彝云"奠之于西陽"，知西陽爲曾宗廟所在地。西陽在河南光山西南，處淮水上游，漢置西陽縣。古代國都設宗廟，是此時曾之國都在西陽。今湖北棗陽、安陸、涓陽、京山、襄陽等地陸續發現曾子的青銅器，隨縣擂鼓墩一號墓發現曾侯乙青銅編鐘及禮器，以及曾侯戉、曾子遡等的兵器。此種情况有兩種解釋：一説曾人的勢力在春秋晚期至戰國早期，曾及于漢水流域，隨縣附近爲其王陵所在；一説曾器在漢水流域如此分散，表明爲曾亡後宗廟不保而禮器俘遷于各處。姒姓之另一支在山東，《春秋・僖公十四年》："季姬及鄫子遇于防。"杜預《注》："鄫國，今琅邪鄫縣。"《通志・氏族略・以國爲氏》："曾氏，亦作鄫……今沂州承縣東八十里故鄫城是也。夏少康封其少子曲烈于鄫，襄六年莒滅之。"一九八一年四月山東臨朐首先發現曾器，一鼎銘云："上曾大子般殷……"文獻記山東有曾一支，于是可以得到證實。另，曾器中有少數幾件媵器銘文稱所媵之女爲叔姬、孟姬，楚器中亦有曾姬無卹一名。于此有兩説，一説江漢間另有一姬姓之曾；一説曾無姬姓，稱姬乃東周時婦人之美名。

馬承源《商周青銅器銘文選》[2067][曾仲盤]

【釋地】河南省南陽市方城縣

"曾"有數地，銘云"省南國"，南國古在漢陽，故此曾必在漢陽之北，即南陽之北。古方城之外有地名繒關，當是曾的關隘。《左傳・哀公四年》："夏，楚人既克夷虎，乃謀北方。左司馬眅、申公壽餘、葉公諸梁致蔡于負函，致方城之外于繒關。"關當在今方城縣之北。前者存世之

2066　唐蘭：《西周青銅器銘文分代史徵》，《唐蘭全集（七）》，上海古籍出版社，2015年，第308頁。
2067　馬承源主編：《商周青銅器銘文選（三）》，文物出版社，1988年，第330頁。

器如曾伯霥簠，銘云：“克逖淮夷，印燮繁湯，金道錫行，具既卑方。”此爲曾伯征剔淮夷，西定繁陽，以打開金錫的通道。諸凡在漢水之陽所出的曾器，包括曾侯乙、曾侯輿等器，都當屬于方城以北之曾這一支系。周人省南國，由方城山而至漢陽爲必經的通道。

馬承源《商周青銅器銘文選》[2068]［中甗］

即鄫，在今河南方城縣附近。

吴鎮烽《銘圖索引》[2069]［中甗］

【釋地】河南省南陽市新野縣

春秋時三個曾，此曾當在今河南省新野縣一帶。《國語》説“申繒西戎方强”，申國和繒國，地應相近。

唐蘭《論周昭王時代的青銅器銘刻》[2070]［中甗］

【釋地】河南省新密市

此曾，經籍或作繒或鄫。《漢書・地理志》曰“繒，故國，禹後”，屬東海郡；《説文》曰“鄫，姒姓後，在東海”。《春秋》襄六“莒人滅鄫”，又哀七“公會吴于鄫”，杜注云“鄫，今琅邪鄫縣”。《左傳》僖十六“會于淮謀鄫，且東略也”，杜注云“鄫爲淮夷病故”。《周本紀正義》引“《括地志》云繒縣在沂州承縣，古侯國”。《大清一統志》：故城在今山東嶧縣東八十里，在郯城之西，淮水之北。

由員卣所記伐曾的地望，可推知東夷所在。但員卣之曾，拓本不清，郭沫若釋爲會，以爲即鄶國，今密縣東北。

陳夢家《西周銅器斷代》[2071]［員卣］

【釋地】河南省駐馬店市泌陽縣

甾爲曾字，則其地望便可得知。《左傳》哀公四年：“楚致方城之外于繒關。”殆即曾，地在今河南泌陽東北。

宗德生《楚熊繹所居丹陽應在枝江説》[2072]［中甗］

【釋地】湖北省隨州市曾都區

有關隨（曾）都故城的探討，綜合起來主要有以下五説：

第一説，認爲曾侯鎛銘文中西陽的地望或不出今隨縣安陸間，其隨國國都當在今隨州市西北約四十里溠水東岸的安居鎮，此地纔是《水經注》所載的隨國故都之所在。

第二説，根據曾侯鎛銘文則認爲，銘文中的西陽當爲曾國都城，其地望在今河南光山縣西二十里，春秋、戰國時期的西陽就在此處。

2068 馬承源主編：《商周青銅器銘文選（三）》，文物出版社，1988 年，第 76 頁。
2069 吴鎮烽：《商周青銅器銘文暨圖像集成索引》，上海古籍出版社，2019 年，第 984、1001 頁。
2070 唐蘭：《論周昭王時代的青銅器銘刻》，《唐蘭全集（四）》，上海古籍出版社，2015 年，第 1496 頁。
2071 陳夢家：《西周銅器斷代》，中華書局，2004 年，第 23 頁。
2072 宗德生：《楚熊繹所居丹陽應在枝江説》，《江漢考古》1980 年第 2 期，第 28 頁。

第三説，根據宋代在安陸發現的《楚曾侯鐘》和京山縣宋河區坪壩公社發現的曾國銅器，則認爲曾國的西陽有可能就在京山與安陸之間。

第四説，根據《括地志・隨州》記載，認爲《水經注》記載有誤。從隨州市周圍墓葬的分布及其隨國四鄰小國的地望看，其故都應在今隨州市區附近。

第五説，根據《讀史方輿紀要・州域形勢》《括地志・隨州》以及《春秋大事表・列國都邑表》記載，認爲隨縣舊有外城内城，内城在北，是州城，外城在南，是縣城；所以，隨國當時的都城就在現在的隨縣城關鎮的南半邊。

究竟哪種説法對呢？我們認爲，第一説運用了大量的實物資料，對于曾國的歷史、地望、族姓及其活動時間進行了認真的分析對比，提出“春秋時的隨國都城當在今隨州四北三四十里、安居店北之溠水東岸”的説法是可信的。曾都尹簠的發現，足以證實此説是可靠的。

左德田《曾都芻議》[2073]

西周康、昭兩世曾國的地望應在湖北隨州葉家山淅河一帶，都城可能在廟臺子遺址。曾侯的封設，與西周早期周王朝即開始經營南國的西部區域之戰略有關。

趙燕姣、吴偉華《金文所見昭王南征路綫考》[2074]［中甗］

今湖北隨州市曾都區。

吴鎮烽《銘圖索引》[2075]［曾侯鼎］

【釋地】山東省濰坊市臨朐縣

這次曾國銅器出在遠離湖北、河南的山東臨朐，曾字寫作曾。據李先登同志的研究，山東姒姓之曾的銅器銘文中的曾字下作扁圓狀，湖北之曾下作尖狀或三角形∀。看來“上曾太子般殷”鼎屬于典籍中記載的山東姒姓之曾。曾國銅器在山東有明確出土地點者，此鼎尚屬首見，這就爲山東確實有過一個曾國找到了物證。“上某”“下某”往往指地理方位而言，如上鄀、下鄀，上蔡、下蔡，上邦、下邦，上陽、下陽，上鄀、下鄀等。本銘“上曾”之“上”也應表示方位。典籍和出土文獻中没有發現“下曾”的稱謂，這還有賴于今後出土資料的證明。也可能衹有“上洛”“上侯”，但迄今爲止，無論在金文或典籍中均未見到“下洛”和“下侯”。我們推測，一種可能是臨朐一帶有一個“曾”，沂水、泗水之間也有一個“曾”，前者爲上曾，後者爲曾或下曾。另一種可能是“上曾”即山東之曾，衹是相對于河南東部之曾或南陽盆地之曾而言。我們傾向于後者。

孫敬明《山東臨朐新出銅器銘文考釋及有關問題》[2076]［般殷鼎］

2073　左德田：《曾都芻議》，《江漢考古》1990 年第 1 期，第 66—67 頁。

2074　趙燕姣、吴偉華：《金文所見昭王南征路綫考》，《中國歷史地理論叢》2018 年第 2 期，第 52—53 頁。

2075　吴鎮烽：《商周青銅器銘文暨圖像集成索引》，上海古籍出版社，2019 年，第 982 頁。

2076　孫敬明：《山東臨朐新出銅器銘文考釋及有關問題》，《考古發現與齊史類徵》，齊魯書社，2006 年，第 95 頁。

| 0710
烶谷

敔簋

0710.02
熖谷
0710.03
炡谷 | 【時代】西周晚期

【出處】敔簋［《集成》4323］

【類別】自然地理名稱·山林

烶谷則析下注鞠水所出之析谷也。
郭沫若《兩周金文辭大系圖録考釋》[2077]［敔簋］

烶谷並非漢志析縣鞠水所出之析谷，而應是上洛附近析水源出的谷名，故敔追至此，由伊水班師。
黄盛璋《駒父盨蓋銘文研究》[2078]［敔簋］

亦地名，不詳所在。一説即鞠水所出的析谷。
馬承源《商周青銅器銘文選》[2079]［敔簋］

熖字，吴（東發）、郭釋烶，吴闓生釋炘，于釋熖，徐釋熜。按金文斤字從無尸者，甲骨文作㇉不作尸，郭及二吴之誤是非常明顯的。金文《䣄簹鐘》屈字作[illegible]，所從之尸作[illegible]，《禁屈叔沱戈》[illegible]字所從之尸作[illegible]，或可作爲徐説佐證，[illegible]字所從之[illegible]，實更近于乃字，故仍依于釋隸定，以俟再考。熖谷記于上洛之下，其地當相去不遠。郭氏據漢志，以爲即宏農郡析縣下鞠水所出之析谷，其説新穎、現成，易于爲人們所接受。今考熖字决不從斤，則郭説不能成立。
陳連慶《〈敔簋〉銘文淺釋》[2080]［敔簋］

炡谷，地名，未詳。
陳秉新、李立芳《出土夷族史料輯考》[2081]［敔簋］

在陝豫交界的洛南、盧氏、伊川一帶。
吴鎮烽《銘圖索引》[2082]［敔簋］ |
| 0711
渻 | 【時代】西周早期

【出處】康侯簋

王來伐商邑，祉令康侯啚（鄙）于衛，渻嗣土吳眔啚（鄙），作厥考 |

2077　郭沫若：《兩周金文辭大系圖録考釋》（二），《郭沫若全集·考古編》（第八卷），科學出版社，2002年，第237頁。
2078　黄盛璋：《駒父盨蓋銘文研究》，《考古與文物》1983年第4期，第55頁。
2079　馬承源主編：《商周青銅器銘文選（三）》，文物出版社，1988年，第287頁。
2080　陳連慶：《〈敔簋〉銘文淺釋》，《中國古代史研究：陳連慶教授學術論文集》，吉林文史出版社，1991年，第1163—1164頁。
2081　陳秉新、李立芳：《出土夷族史料輯考》，安徽大學出版社，2005年，第212頁。
2082　吴鎮烽：《商周青銅器銘文暨圖像集成索引》，上海古籍出版社，2019年，第960頁。

 康侯簋 0711.02 渚 0711.03 沬	尊彝，眀。[康侯簋，《集成》4059] **【類别】城邑名稱** "渚"從水味聲，應釋作沫或沐。卜辭地支之"未"或作"木"，所以沐即沫：《説文》"沫，洒面也"，"沐，濯髮也"，義既相近，聲亦相同。地名之沬或作妹。 陳夢家《西周銅器斷代》[2083][康侯簋] **【釋地】河南省鶴壁市** 渚是地名。渚地必在衛地附近，其司徒始能助康侯繪衛之地圖。渚從水杳聲，杳爲木曰（王代切）之合讀，渚即妹或沬，亦作湈，皆從未聲：無沸切。故米友仁自跋《瀟湘奇觀書》幼妹爲幼湈。妹地即《尚書·酒誥》之妹邦，亦即《詩經·鄘風·桑中》篇之"沬之鄉"。其地在淇水上游南方，今名淇縣，商稱朝歌（沬邑）。自此北行十餘公里便是渚司徒簋出土之地——辛村。此地在武庚被滅之後，歸衛國，封給康侯封。 高木森《西周青銅彝器彙考》[2084][康侯簋] 渚字從水從杳聲，即沬字。甲骨文"今未"之未字，常作杳，《殷契萃編》一一〇八片"今杳"之杳作杳，可證。沬是殷紂所都，一作妹，《書·酒誥》"明大命于妹邦"，鄭玄注："紂之都所處也。"《詩·桑中》"沬之鄉矣"，毛萇傳"衛邑"。《水經·淇水注》引《晋書地道記》説：朝歌城"本沬邑也"。據趙一清《水經注釋》説，當在今河南省濬縣與淇縣交界處。 唐蘭《西周青銅器銘文分代史徵》[2085][康侯簋] 渚即古沬字。本銘借爲妹，古音沬與妹明紐雙聲，沬是屋部字，妹是物部字，韻尾同屬塞音，例可通假。《書·酒誥》："明大命于妹邦。"孔傳："妹，地名，紂所都朝歌以北是。"孔疏謂妹與沬爲一。 陳秉新、李立芳《出土夷族史料輯考》[2086][康侯簋] 渚，即沬字，唐蘭説甲骨文"今未"之未字常作杳，可證。沬爲紂都，一作妹。《尚書·酒誥》："明大命于妹邦。"鄭玄注："紂之都所處也。"《詩·桑中》："沬之鄉矣。"毛傳："衛邑。" 王輝《商周金文》[2087][康侯簋]

2083 陳夢家：《西周銅器斷代》，中華書局，2004年，第13頁。
2084 高木森：《西周青銅彝器彙考》，中國文化大學出版部印行，1986年；後收入劉慶柱、段志洪、馮時主編：《金文文獻集成》（第二十七册），綫裝書局，2005年，第110頁。
2085 唐蘭：《西周青銅器銘文分代史徵》，《唐蘭全集（七）》，上海古籍出版社，2015年，第30頁。
2086 陳秉新、李立芳：《出土夷族史料輯考》，安徽大學出版社，2005年，第126頁。
2087 王輝：《商周金文》，文物出版社，2006年，第40頁。

“湇”即古書記載中的妹或沬，也就是紂所居的朝歌，在今河南淇縣東北。這個地點雖曾爲商王所居，但不是康侯初封的都邑，可能是因爲戰爭破壞一時難于修復的緣故。

李學勤《由清華簡〈繫年〉釋讀沬司徒疑簋》[2088][康侯簋]

今河南濬縣與淇縣交界處。

吴鎮烽《銘圖索引》[2089][康侯簋]

【他釋】

“湇”字的正寫可作湈，依照商周文字結構之習，一字偏旁之上下或左右的正反移易，多無差別……湈字亦見于東周初秦襄公十年（公元前七六八年）所作之“石鼓詩”，在其第九篇“零雨詩”中曰：“流迄滂滂，盈湈濟濟”，此係詠述汧水（在陝西省西境）雨後水漲的情景，余曾考釋“湈”即“滿”字，其解至合該詩之意，而此簋銘“湈”字正是“湈”的本字，同是“滿”字。

“滿”字在康侯簋銘中，是以地名作姓氏（商周多以封地名稱爲姓氏），周法高氏認爲銘中的“湇司徒疑”即冉季載，可以信從，因爲《史記》中的“冉”（《左傳》作“聃”）與“滿”字音相近，應可通用。

張光遠《大英博物館新藏西周康侯簋考釋》[2090][康侯簋]

0712

湘

鄂君啓舟節

【時代】戰國中期

【出處】鄂君啓舟節［《集成》12112、12113］

【類別】自然地理名稱 · 河湖

【釋地】湘江

即今湘水。

馬承源《商周青銅器銘文選》[2091][鄂君啓舟節]

湘江。

吴鎮烽《銘圖索引》[2092][鄂君啓舟節]

2088 李學勤：《由清華簡〈繫年〉釋讀沬司徒疑簋》，原載《中國高校社會科學》2013 年第 3 期；後收入《夏商周文明研究》，商務印書館，2015 年，第 179 頁。

2089 吴鎮烽：《商周青銅器銘文暨圖像集成索引》，上海古籍出版社，2019 年，第 933 頁。

2090 張光遠：《大英博物館新藏西周康侯簋考釋——兼論衛都地點及周初兩次伐商的銅器實録》，原載《故宫季刊》1980 年第 3 期；後收入劉慶柱、段志洪、馮時主編：《金文文獻集成》（第二十八册），綫裝書局，2005 年，第 151 頁。

2091 馬承源主編：《商周青銅器銘文選（四）》，文物出版社，1990 年，第 434 頁。

2092 吴鎮烽：《商周青銅器銘文暨圖像集成索引》，上海古籍出版社，2019 年，第 989 頁。

0713 **湏** 沬厨鼎 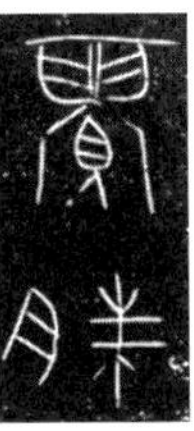 沬厨鼎	**【時代】戰國晚期** **【出處】湏朕鼎** 湏朕一斗半。[湏朕鼎，《集成》2103，《銘圖》2042] **【類别】城邑名稱** "湏（沬）"除與"眉""昧"音通相假以外，還與從"貴"得聲的字相通假。《禮記・檀弓上》"瓦不成味"，鄭玄注："味當作沬。沬，靧也。"《漢書・禮樂志》"沬流赭"，顔師古注引李奇曰："沬音靧面之靧"；引晋灼曰"沬，古靧字也"。雖然此"湏"具體對應的地望尚無確定的材料，但以聲音推求，其地可能就在新鄭附近的"大騩山"，又作"大隗山"。《國語・鄭語》載史伯爲桓公論興衰："若前華後河，右洛左濟，主芣而食溱、洧，修典刑以守之，是可以少固。"貴、鬼古音很相近，都是見紐，物微對轉，所從聲的字相通的很多，如饋與餽。又如《荀子・儒效》"衆人之媿"，楊倞注"媿或爲貴"；《説文》"蜿蛹也。從虫，鬼聲，讀若潰"等，其實從"鬼"聲之字還有徑直與"昧"相通假的，《莊子・齊物論》"大塊噫氣"，《釋文》："衆家或作'大槐'，班固同，《淮南子》作'大昧'。" 唐友波《新見湏朕鼎小識》[2093][湏朕鼎]
0714 **渪** 小臣缶方鼎	**【時代】商代晚期** **【出處】小臣缶方鼎** 王易（賜）小臣缶渪積五年，缶用作享大子乙家祀尊。𠁁，父乙。[小臣缶方鼎，《集成》2653] **【類别】城邑名稱** 地名。 馬承源《商周青銅器銘文選》[2094][小臣缶方鼎] 渪，《説文》："渪，水。出趙國襄國之西山，東北入湲。"銘文渪是地名，當讀爲嵎。《書・堯典》："分命義仲，宅嵎夷，曰陽谷。"孔傳："東表之地曰嵎夷。"《釋文》："嵎音隅。馬曰：'嵎，海嵎也；夷，萊夷也。'"《路史・國名紀丙》謂"嵎夷在遼西，即青之嵎夷。" 陳秉新、李立芳《出土夷族史料輯考》[2095][小臣缶方鼎] **【釋地】河北省邢臺市**

2093 唐友波：《新見湏朕鼎小識》，上海博物館編：《上海博物館集刊》（第九期），上海書畫出版社，2002年，第56—57頁。

2094 馬承源主編：《商周青銅器銘文選（三）》，文物出版社，1988年，第7頁。

2095 陳秉新、李立芳：《出土夷族史料輯考》，安徽大學出版社，2005年，第106頁。

關于㵿，《説文》云：“㵿水出趙國襄國之西山，東北入寖。”段玉裁注云：“今直隸順德府邢臺縣西南襄國故城。商祖乙遷于邢，周時邢國，皆在此。《前志》（《漢書·地理志》）襄國下曰：‘西山，渠水所出，東北至廣平國任縣入寖。’按‘渠水’當是‘㵿水’之訛。《一統志》曰：‘澧河源出邢臺縣東南，東流逕南和縣西南，又東北逕任縣東，至隆平縣入胡盧河，即百泉水也。’《方輿紀要》曰：‘百泉水，蓋即澧河之上源。’引志云：‘百泉水，一名㵿水，又名鴛鴦水，《隋志》以爲渚水也。’”這條河即今河北沙河縣南的沙河。

沙河近于邢臺。河北省商代遺址，“以邢臺市遺址最爲集中，僅市郊就發現了賈村、尹郭、曹演莊等十餘處。最大遺址邢臺西關外，面積達九十萬平方米，出土遺物相當豐富”。作爲地名的㵿或許是㵿水北岸的一個地區，或者是一處都邑，可能是今天邢臺一帶的商代遺址之一。

《中日歐美澳紐所見所拓所摹金文彙編》320卣，銘三行：“□肇家于㵿，用作□彝，亞□。”我們曾指出“家”訓爲居，器主新遷居于㵿地。推求文義，㵿也是指地區或都邑之名。

《史記·殷本紀》正義引《括地志》：“沙丘臺在邢州平鄉東北二十里。《竹書紀年》自盤庚徙殷至紂之滅，二百五（或云‘七’）十三（或作‘五’）年，更不徙都。紂時稍大其邑，南距朝歌，北據邯鄲及沙丘，皆爲離宮別館。”商末王都附屬的沙丘臺如此之北，㵿水一帶似應在王畿以內。

李學勤《小臣缶方鼎與箕子》[2096]［小臣缶方鼎］

【釋地】山東省濟南市長清區

小臣缶鼎銘所載之㵿地，亦見于日本蘆屋某氏所藏西周早期器昜（？）尹卣（《集成》5368），其銘文有曰：“昜（？）尹肇家于（？）㵿，用作父己彝。亞若。”李學勤先生將這兩篇銘文結合在一起，認爲金文“㵿”地即《説文》所記之“㵿水”，發源于“趙國襄國之西山”，也即今河北邢臺沙河市南的沙河。這是筆者所見關于㵿地地望最早的討論，很有開拓意義。而宋鎮豪先生則以爲似與東方“嵎夷”相關，有啓示作用。事實上，要考證小臣缶鼎銘文㵿地具體所在，更似應該將之與濟南長清所出青銅器相聯繫，並進一步結合甲骨資料與《春秋》經傳文字作相應的推斷。

卜辭中的禺或㵿地，就是見諸文獻記載的春秋時期的魯邑遇。從汶水下游中段沿岸到今濟南長清，也就區區數十公里，一兩天之内便可到達，商王將遇地五年的收成賞賜給居住于濟南長清一帶的小臣缶，其合理性似遠大于㵿在河北邢臺沙河之舊説。如此處理的好處還在于，甲骨、金文與文獻的各種綫索無絲毫扺牾，同時也能得到濟南長清出土大批㠱[illegible]族器的考古材料之佐驗。

陳絜《小臣缶鼎與晚商㠱族族居地》[2097]［小臣缶方鼎］

2096　李學勤：《小臣缶方鼎與箕子》，原載《殷都學刊》1985年第2期；後收入《李學勤學術文化隨筆》，中國青年出版社，1999年，第261—262頁。

2097　陳絜：《小臣缶鼎與晚商㠱族居地》，北京大學出土文獻研究所編：《青銅器與金文》（第二輯），上海古籍出版社，2019年，第76—80頁。

0715

漳

漳伯簋

【時代】西周晚期

【出處】漳伯簋

漳伯作意與尊簋，其子子孫孫永寶用。[漳伯簋，《集成》3821]

【類別】自然地理名稱

【釋地】陝西省寶鷄市扶風縣

今陝西扶風縣城南的漳河沿岸。

吴鎮烽《銘圖索引》[2098][漳伯簋]

0716

寒

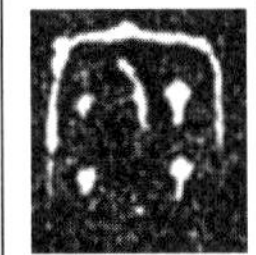

寒姒鼎

中鼎

【時代】西周時期

【出處】寒姒鼎　中鼎

叔史小子叚作寒姒好尊鼎，其萬年子子孫永寶用。[寒姒鼎，《集成》2598]

唯十又三月庚寅，王在寒次，王令大史貺褔土，王曰：中，玆褔人入史（事），易（賜）于武王作臣，今貺畀汝褔土，作乃采，中對王休令，䵼父乙尊。唯臣尚（常）中臣。七八六六六六，八七六六六六。[中鼎，《集成》2785]

【類別】城邑名稱

【釋地】山東省濰坊市

杜預曰："寒國在北海，平壽縣東寒亭。"《通典》青州北海縣即漢志平壽縣。今濰縣東二十三里是其地。

余永梁《金文地名考》[2099][寒姒鼎]

寒當是寒浞故地，在今山東濰縣境内。

郭沫若《兩周金文辭大系圖録考釋》[2100][中鼎]

【釋地】河北省邯鄲市

夏有寒浞，杜預説"寒國北海平壽縣東有寒亭"，故址在濰縣東三十里，解放後濰縣改爲濰坊市，今濰縣即遷于寒亭，去海已近，"有夏之臣靡，自有鬲收二國之燼，以滅浞而立少康"（《左傳》），寒應去鬲不遠，春秋晋地有寒氏；"衛侯伐邯鄲午于寒氏"（《左傳》定十年），蓋爲邯

2098　吴鎮烽：《商周青銅器銘文暨圖像集成索引》，上海古籍出版社，2019年，第990頁。

2099　余永梁：《金文地名考》，《國立中山大學語言歷史學研究所週刊》第5集第53、54期合刊，1928年，第21頁。

2100　郭沫若：《兩周金文辭大系圖録考釋（二）》，《郭沫若全集·考古編》（第八卷），科學出版社，2002年，第49頁。

	鄲午之私邑，所以又名五（午）氏，午處于此必在邯鄲附近，“寒”“邯”古音同屬元部牙音，邯鄲及其東南邯溝得名當和寒氏有關，銘文“王在寒次”與古寒國當皆爲寒氏。 黃盛璋《西周微家族窖藏銅器群初步研究》[2101] **【釋地】河南省濮陽市范縣** 寒，地名。《詩・邶風・凱風》：“爰有寒泉，在濬之下。”朱右曾《詩地理徵》云：“《通典》載寒泉在濮州濮陽縣東南濬城。右曾按：《宋書・索虜傳》‘渡河屯濮陽南寒泉’即此。” 陳秉新、李立芳《出土夷族史料輯考》[2102][中鼎] **【釋地】湖北省孝感市** 昭王南征途中曾駐蹕于此，且在此地賜給中采邑，地望不詳，可能距地不遠，也應在湖北孝感附近。 趙燕姣、吴偉華《金文所見昭王南征路綫考》[2103][中鼎] **【釋地】湖北省鄂州市** 今湖北鄂城市西樊山下。 吴鎮烽《銘圖索引》[2104][中鼎]
0717 寒山  大克鼎	**【時代】西周** **【出處】大克鼎**[《集成》2836] **【類別】自然地理名稱・山林** 疑即《水經注》寒水或以此得名。注云：“寒水東出寒川，西流入漢。” 余永梁《金文地名考》[2105][大克鼎]
0718 盜壽	**【時代】戰國晚期・趙** **【出處】盜壽令余慶戟**[《銘圖》17324] **【類別】城邑名稱** **【釋地】河北省石家莊市**

2101　黃盛璋：《西周微家族窖藏銅器群初步研究》，《歷史地理與考古論叢》，齊魯書社，1982年，第285頁。
2102　陳秉新、李立芳：《出土夷族史料輯考》，安徽大學出版社，2005年，第373頁。
2103　趙燕姣、吴偉華：《金文所見昭王南征路綫考》，《中國歷史地理論叢》2018年第2期，第52頁。
2104　吴鎮烽：《商周青銅器銘文暨圖像集成索引》，上海古籍出版社，2019年，第990頁。
2105　余永梁：《金文地名考》，《國立中山大學語言歷史學研究所週刊》第5集第53、54期合刊，1928年，第8頁。

窋壽令余慶戟

我們認爲，“窋壽”除了由“靈壽”更名及爲新見地名這兩種可能外，還有“寧葭、靈壽”二地合一這一可能。

“寧葭、靈壽”戰國早期皆屬中山，戰國晚期屬趙。二地相鄰，均在河北石家莊市西北。《史記·趙世家》：“（武靈王）二十年，王略中山地，至寧葭。”司馬貞《索隱》曰：“一作‘蔓葭’，縣名，在中山也。”又《史記·趙世家》：“（惠文王）三年，滅中山，遷其王于膚施，起靈壽，北地方從，代道大通。”據二地之地望，我們懷疑“窋（甯）壽”指“寧葭”與“靈壽”二地，其時有可能合爲一縣。

周波《戰國兵器銘文校讀》[2106][窋壽令余慶戟]

0719

裕敏

敔簋

【時代】西周晚期

【出處】敔簋[《集成》4323]

【類別】城邑名稱

淮夷入侵的地名。

馬承源《商周青銅器銘文選》[2107][敔簋]

裕敏，似是一個地名。

徐中舒讀淲爲冪，釋爲覆；訓裕爲寬大；讀敏爲侮，訓爲侵略，均破地名爲動詞，殆未可信。

陳連慶《〈敔簋〉銘文淺釋》[2108] [敔簋]

裕敏，地名，未詳。

陳秉新、李立芳《出土夷族史料輯考》[2109][敔簋]

在陝豫交界的洛南、盧氏、伊川一帶。

吴鎮烽《銘圖索引》[2110][敔簋]

0720

孱陵

【時代】戰國晚期

【出處】孱陵矛[《集成》11461、11462]

2106 周波：《戰國兵器銘文校讀》，中國古文字研究會、吉林大學中國古文字研究中心編：《古文字研究》（第三十二輯），中華書局，2018年，第302頁。

2107 馬承源主編：《商周青銅器銘文選（三）》，文物出版社，1988年，第287頁。

2108 陳連慶：《〈敔簋〉銘文淺釋》，《中國古代史研究：陳連慶教授學術論文集》，吉林文史出版社，1991年，第1163頁。

2109 陳秉新、李立芳：《出土夷族史料輯考》，安徽大學出版社，2005年，第212頁。

2110 吴鎮烽：《商周青銅器銘文暨圖像集成索引》，上海古籍出版社，2019年，第990頁。

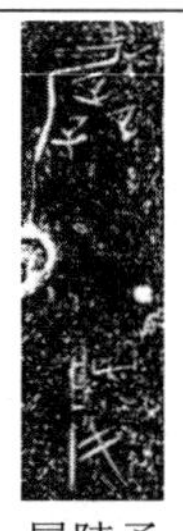 孱陵矛	**【類別】城邑名稱** **【釋地】湖北省荆州市公安縣** 今湖北公安縣西北。 吴鎮烽《銘圖索引》[2111][孱陵矛]
0721 登 鄧公簋  盂爵  鄧公簋蓋 中甗	**【時代】西周中期　春秋時期** **【出處】鄧公簋**［《銘圖》4648—4651］**等** **【類別】國族名稱** 文獻記載，鄧國有二。一爲夏代仲康的後裔，《姓觿·八·二十五徑·鄧》下引《姓源》：“夏仲康支庶封于鄧，後因氏。”《路史·國名紀丁·夏后氏後篇·鄧條》下：謂：“仲康子國，楚之北境，史云：‘阻之以鄧林’者，今之南陽。”二爲殷代封國，《姓解·一·邑三十一·鄧》：“殷武丁封叔父于河北，是曰鄧侯，遂以爲氏。”《路史·後紀九下》：“初，武丁封季父于河北曼，曰曼侯……優、鄧其出也。”《春秋左傳》桓公七年（前 705）：夏，“鄧侯吾離來朝”。楊伯峻注：“鄧，曼姓國。莊公十六年（前 678）楚文王滅之。故城在今河南省南陽地區鄧縣。古彝器今可知者有鄧公簋、鄧公敦、鄧伯姬簋、鄧公子簋等。鄧字皆不從邑。” 孫敬明《萊國出土異地商周金文通釋繹論》[2112][鄧共盉] **【釋地】河南省鄧州市** 鄧今鄧縣，古鄧尚在縣稍南。 余永梁《金文地名考》[2113][鄧公敦] 鄧國故地在今河南鄧縣。 郭沫若《兩周金文辭大系圖録考釋》[2114][鄧公簋] 鄧爲周代國名，曼姓，即今河南鄧縣。于周釐王四年（公元前 678 年）被楚國所滅。 平頂山市文管會《河南平頂山市發現西周銅簋》[2115][鄧公簋]

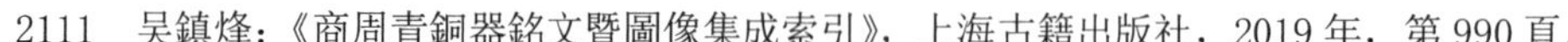

2111　吴鎮烽：《商周青銅器銘文暨圖像集成索引》，上海古籍出版社，2019 年，第 990 頁。

2112　孫敬明：《萊國出土異地商周金文通釋繹論》，山東大學文化遺産研究院編：《東方考古》（第 13 集），科學出版社，2016 年，第 40 頁。

2113　余永梁：《金文地名考》，《國立中山大學語言歷史學研究所週刊》第 5 集第 53、54 期合刊，1928 年，第 13 頁。

2114　郭沫若：《兩周金文辭大系圖録考釋（二）》，《郭沫若全集·考古編》（第八卷），科學出版社，2002 年，第 379 頁。

2115　平頂山市文管會：《河南平頂山市發現西周銅簋》，《考古》1981 年第 4 期，第 370 頁。

盂爵

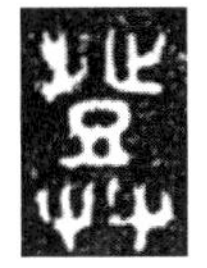

鄧公簋蓋

鄧公簋

0721.02

鄧

0721.03

弄

0721.04

弄

0721.05

䳄

0721.06

文獻之鄧，曼姓國，魯莊公十六年楚文王滅之，故城在今河南鄧縣。

馬承源《商周青銅器銘文選》[2116][盂爵]

鄧，今河南鄧縣一帶。

王輝《商周金文》[2117][中甗]

今河南鄧州市。

吴鎮烽《銘圖索引》[2118][中甗]

【釋地】陝西省境内

《春秋》桓公七“鄧侯吾離來朝”，《漢書·地理志》南陽郡鄧縣云“故國”。春秋之世與楚爲鄰，實與楚同姓，《楚世家》“鄧侯不許也”《集解》引“服虔曰鄧，曼姓”。西周晚期至鄧孟壺（《夢續》25）及鄧白氏鼎（《夢》1.12）兩器出于陝西：《陝西金石志》説壺出土盩厔，鼎則光緒中武功出土。傳世又有《復公子白舍簋》（《攈古》2.2.82）稱“我姑登孟媿”，則鄧爲鬼姓。是西周之鄧或在陝境。

陳夢家《西周銅器斷代》[2119][盂爵]

【釋地】湖北省襄陽市

春秋時鄧國的地理位置，郭沫若先生説在今河南鄧縣。去年《江漢論壇》登載石泉同志的文章，對古鄧國、鄧縣作了考證，指出古鄧國的都城所在，即今湖北襄樊市西北的鄧城遺址。

周永珍《兩周時期的應國、鄧國銅器及地理位置》[2120]

弄字像兩手捧豆，登進之形。《説文》有䒣、䳄兩字而無弄字，是錯的。此銘弄伯是人名。弄有時用作鄧國之鄧，在今河南省鄧縣，曼姓。

唐蘭《西周青銅器銘文分代史徵》[2121][盂爵]

弄即鄧，在今河南省鄧縣一帶。

唐蘭《西周青銅器銘文分代史徵》[2122][中甗]

即登，古之鄧國。盂爵銘“隹王初奉于成周，王令盂寧鄧伯”，又《左傳·昭公九年》：“及武王克商，蒲姑、商奄，吾東土也；巴、濮、楚、鄧，吾南土也。”由此可知鄧國在西周初年就已立國。《國語·鄭語》鄭

2116　馬承源主編：《商周青銅器銘文選（三）》，文物出版社，1988年，第44頁。
2117　王輝：《商周金文》，文物出版社，2006年，第93頁。
2118　吴鎮烽：《商周青銅器銘文暨圖像集成索引》，上海古籍出版社，2019年，第1023頁。
2119　陳夢家：《西周銅器斷代》，中華書局，2004年，第63頁。
2120　周永珍：《兩周時期的應國、鄧國銅器及地理位置》，《考古》1982年第1期，第51頁。
2121　唐蘭：《西周青銅器銘文分代史徵》，《唐蘭全集（七）》，上海古籍出版社，2015年，第145頁。
2122　唐蘭：《西周青銅器銘文分代史徵》，《唐蘭全集（七）》，上海古籍出版社，2015年，第308頁。

桓公問史伯"其何所可以逃死？"又云："南方不可乎？"韋昭《注》："南方，當成周之南，申、鄧之間。"申、鄧毗鄰，《史記·楚世家》張守節《正義》："《括地志》云：故申城在鄧州南陽縣北三十里，《晉太康地志》云周宣王舅所封。故鄧城在襄州安養縣北二十里，春秋之鄧國。"其地在今襄樊市之樊城。鄧爲曼姓，公元前六七八年被楚所滅。

馬承源《商周青銅器銘文選》[2123][鄧公簋]

湖北襄樊北。

李學勤《静方鼎與周昭王曆日》[2124][中甗]

中先行南省的另一地，唐蘭先生認爲："在今河南省方城縣一帶。"石泉先生通過翔實地考證，認爲"古鄧國當在今襄樊市西北十餘里的古鄧城遺址"。儘管我們目前尚未找到西周早期鄧國的都城與墓葬，但是無論是從文獻抑或是考古材料，特别是近年來隨着王坡春秋鄧國墓的發現，所有的材料似乎都指向湖北襄陽。此地處漢水中游，與駐守棗隨走廊出入口的曾、鄂國可互爲掎角之勢。

趙燕姣、吴偉華《金文所見昭王南征路綫考》[2125][中甗]

今湖北襄陽市襄州區西北。

吴鎮烽《銘圖索引》[2126][鄧公鼎]

【釋地】河南省鄧州市

豋，古登字，本銘借爲鄧，古國名，曼姓，在今河南鄧縣。

陳秉新、李立芳《出土夷族史料輯考》[2127][鄧公簋蓋]

0722

㲋

庚壺

【時代】春秋晚期 戰國晚期·韓

【出處】庚壺[《集成》9733] **㲋鍪**[《銘圖》19259]

㲋令鯱胡戈[《集成》11382] **㲋令解胡戈**[《銘續》1264]

【類别】城邑名稱

此字結構已明，猶難識讀，應是一小國名，庚往伐之，後俘其士。

張光遠《春秋晚期齊莊公時庚壺考》[2128][庚壺]

2123 馬承源主編：《商周青銅器銘文選（三）》，文物出版社，1988年，第241頁。
2124 李學勤：《静方鼎與周昭王曆日》，原載《光明日報》1997年12月23日；後收入《夏商周年代學劄記》，遼寧大學出版社，1999年，第24頁。
2125 趙燕姣、吴偉華：《金文所見昭王南征路綫考》，《中國歷史地理論叢》2018年第2期，第53頁。
2126 吴鎮烽：《商周青銅器銘文暨圖像集成索引》，上海古籍出版社，2019年，第950、1013頁。
2127 陳秉新、李立芳：《出土夷族史料輯考》，安徽大學出版社，2005年，第387頁。
2128 張光遠：《春秋晚期齊莊公時庚壺考》，原載《故宫季刊》1982年第3期；後收入劉慶柱、段志洪、馮時主編：《金文文獻集成》（第二十九册），綫裝書局，2005年，第475頁。

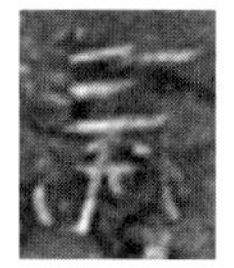 堯鍪  堯令𢿥胡戈	靈丘、堯，疑皆地名。 陳秉新、李立芳《出土夷族史料輯考》[2129]［庚壺］ **【釋地】山西省霍州市** 堯即《史記·周本紀》“厲正出奔于堯”的堯，《集解》引“韋昭曰：堯晋地，漢爲縣，屬河東，今曰永安”，但三家分晋後，堯地何屬，文獻無記。《史記·魏世家》：“魏悼子徙居霍”，《括地志》云：“霍，晋州霍邑縣，本漢堯縣也”，後改堯曰永安，如此堯可以屬魏。橋形方足布與小方足布幣都有[illegible]即堯，過去有的定爲趙，有的以爲趙魏兩屬，主要是因周繆王以趙城封趙之先祖造父。據《括地志》：“趙城今晋州趙城縣是，本漢堯縣地，後改曰永安，即造父之邑。”漢堯縣即今之霍縣，其地正處于三國交界地帶，北爲趙，南爲韓，西爲魏，堯究竟屬趙屬魏，根據文獻，尚難作最後確定，在這裏，兵器銘刻格式給我們解决了問題。看來霍屬魏，趙城屬趙（漢之趙城縣來自趙之趙城），但它們衹是漢堯縣地（即在堯縣轄境内），就城邑而論，堯應屬韓，因戈銘格式、監造制度和韓國同，所以戈與幣都是韓國所造。 黄盛璋《試論三晋兵器的國别和年代及其相關問題》[2130]［堯令𢿥胡戈］ 春秋晋邑，今山西霍州市。 吴鎮烽《銘圖索引》[2131]［庚壺］ 戰國先後屬魏、韓，今山西霍州市。 吴鎮烽《銘圖索引》[2132]［堯鍪］ **【釋地】山西省運城市夏縣** 對堯之地望、國别及此鍪之製作時代，張文[2133]已有推測。堯戰國屬魏，在今山西霍縣東北，其何時歸秦，史無明文。《史記·秦本紀》：（昭王）“二十一年，錯攻魏，魏獻安邑。”張文推測堯之屬秦當在此前後，因爲堯距安邑甚近，可能近是。 王輝《秦銅器銘文編年集釋》[2134]［堯鍪］ **【類别】國族名稱** 李家浩先生釋“[illegible]”爲“堯”，可從。又云“‘堯’大概是莒國附近的一個城邑或小國。”則可商。我們認爲“堯”應讀爲“狄”，《説文》：“狄，赤狄，本犬種。狄之爲言淫辟也。從犬，亦省聲。”“堯”爲定紐

2129　陳秉新、李立芳：《出土夷族史料輯考》，安徽大學出版社，2005年，第240頁。

2130　黄盛璋：《試論三晋兵器的國别和年代及其相關問題》，《歷史地理與考古論叢》，齊魯書社，1982年，第97—98頁。

2131　吴鎮烽：《商周青銅器銘文暨圖像集成索引》，上海古籍出版社，2019年，第990頁。

2132　吴鎮烽：《商周青銅器銘文暨圖像集成索引》，上海古籍出版社，2019年，第990頁。

2133　編者按：指張國維《山西運城發現秦堯鍪量》。

2134　王輝：《秦銅器銘文編年集釋》，三秦出版社，1990年，第162頁。

	脂部字，“狄”爲定紐錫部字，聲紐相同而韻部稍隔。《説文》“毚”以“矢”爲聲符，但是現代學者一般認爲“毚”以“豖”爲聲符，“豖”爲書紐支部字，與“狄”聲韻俱近。 “毚”字還出現在銘文所記述的第三次戰争中，也就是庚伐陸寅的戰争之中，辭例爲“毚師”，指狄人的軍隊。張光遠先生曰：“‘陸寅’，當是一小國名，河南嵩山北，有陸渾之戎，至周景王二十年爲晉國所滅，疑‘陸寅’即陸渾。”從銘文中“陸寅”稱王來看，“陸寅”當不臣服于周，故張説可從。所以，“毚”應該就是指陸渾之戎。 張振謙《庚壺再考》[2135]［庚壺］
0723 幾 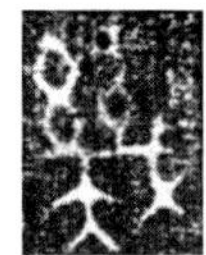 幾父壺	**【時代】西周中期** **【出處】幾父壺** 唯五月初吉庚午，凡仲睿西宫，易（賜）幾父幵絭六、僕四家、金十鈞，幾父拜稽首，對揚朕皇君休，用作朕剌（烈）考尊壺，幾父用追孝，其萬年孫孫子子永寶用。［幾父壺，《集成》9721、9722］ **【類别】城邑名稱** **【釋地】河北省邯鄲市大名縣** 幾在今河北大名縣東南。《戰國策・趙策三》謂“秦敗于閼與，反；攻魏幾。廉頗救幾，大敗秦師”，即此。按幾爲邑名，原屬西周，至戰國時，或屬齊，或屬魏。 崔恒昇《甲金文地名考釋》[2136]［幾父壺］
0724 㲃  作册吴盤 作册吴盉	**【時代】西周中期** **【出處】作册吴盤**［《銘圖》14525］　**作册吴盉** 唯卅年四月既生霸壬午，王在㲃，執駒于㲃南林，衣（卒）執駒。王呼巂偈召作册吴，立唐門。王曰：“易（賜）駒。”吴拜稽首，受駒以出。吴敢對揚天子丕顯休，用作叔姬般（盤）盉。［作册吴盉，《銘圖》14797］ **【類别】城邑名稱**

2135　張振謙：《庚壺再考》，中國文字學會《中國文字學報》編輯部編：《中國文字學報》（第十輯），商務印書館，2019年，第51頁。

2136　崔恒昇：《甲金文地名考釋》，安徽大學古文字研究室編：《古文字研究》（第二十二輯），中華書局，2000年，第153—154頁。

0725

⿰𠂤夅

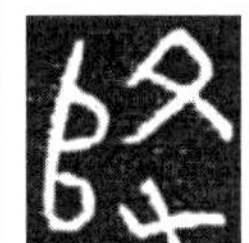

⿰𠂤夅叔鋪

⿰𠂤夅公蘇戈

【時代】西周晚期 春秋晚期

【出處】⿰𠂤夅伯盨　⿰𠂤夅叔鋪　⿰𠂤夅公蘇戈

⿰𠂤夅伯作仲姞尊。[⿰𠂤夅伯盨，《集成》4346]
⿰𠂤夅叔作德人旅甫（鋪）。[⿰𠂤夅叔鋪，《集成》4669]
⿰𠂤夅公鯇造戈三百。[⿰𠂤夅公蘇戈，《集成》11209]

【類別】國族名稱

0726

⿱⿰口毛糸子囱車鼎

【時代】春秋早期

【出處】⿱⿰口毛糸子囱車鼎

唯⿱⿰口毛糸子囱車作行鼎，子孫永寶，萬年無疆。[⿱⿰口毛糸子囱車鼎，《集成》2603、2604]

【類別】國族名稱

0727

趈

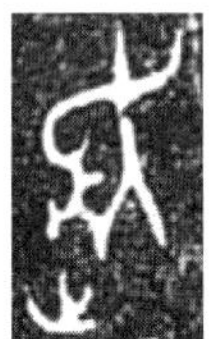

遣尊

【時代】西周早期

【出處】遣尊

唯十又三月辛卯，王在庈（斥），易（賜）遣采曰趈，易（賜）貝五朋，遣對王休，用作姑寶彝。[遣尊，《集成》5992]

【類別】城邑名稱

[illegible]當係所錫采地之名，字不識。

郭沫若《兩周金文辭大系圖録考釋》[2137][遣尊]

昭王賜給遣的采邑，考慮到遣器銘“隹（惟）十又三月辛卯，王在厈”僅比中方鼎銘“隹（惟）十又三月庚寅，王在寒𠂤”晚一天，且趈、福同爲昭王前後兩天賜給南征將領中、遣的采邑，兩地應相距不遠，也應在湖北孝感附近。

趙燕姣、吴偉華《金文所見昭王南征路綫考》[2138][遣尊]

遣的采邑，今地不詳。

吴鎮烽《銘圖索引》[2139][遣尊]

2137　郭沫若：《兩周金文辭大系圖録考釋（二）》，《郭沫若全集·考古編》（第八卷），科學出版社，2002年，第48頁。
2138　趙燕姣、吴偉華：《金文所見昭王南征路綫考》，《中國歷史地理論叢》2018年第2期，第55頁。
2139　吴鎮烽：《商周青銅器銘文暨圖像集成索引》，上海古籍出版社，2019年，第975頁。

0728 𨻰 四十二年逨鼎	**【時代】西周晚期** **【出處】四十二年逨鼎**［《銘圖》2501、2502］ **【類別】城邑名稱**
0729 𨙸 𨙸仲蹔缶	**【時代】春秋早期** **【出處】𨙸仲蹔缶** □□丁亥，𨙸仲蹔作其宗器尊甒，眉壽萬年無疆，子子孫孫永□□□。［𨙸仲蹔缶，《銘圖》14087］ **【類別】城邑名稱** 陝西關中境内。 吴鎮烽《銘圖索引》[2140]［𨙸仲蹔缶］
0730 𥂴 𥂴伯鼎	**【時代】春秋早期** **【出處】𥂴伯鼎** 唯正月初吉丁亥，𥂴伯自作飤𩰫沱，子子孫孫永寶用之。［𥂴伯鼎，《銘續》184］ **【類別】國族名稱**
0731 膚 鄂君啓舟節 0731.02 膚	**【時代】戰國中期** **【出處】鄂君啓舟節**［《集成》12112、12113］ **【類別】城邑名稱** **【釋地】湖北省潛江市** 膚、芑昜，均地名，以下文推之，殆在漢水南岸。膚以聲求之，疑指潛江，芑昜或即襄陽。 郭沫若《關于鄂君啓節的研究》[2141]［鄂君啓舟節］

2140 吴鎮烽：《商周青銅器銘文暨圖像集成索引》，上海古籍出版社，2019年，第979頁。
2141 郭沫若：《關于鄂君啓節的研究》，《文物參考資料》1958年第4期，第4頁。

<table>
<tr>
<td>0731.03
鄢
0731.04
鄖
0731.05
肩
0731.06
屑
0731.07
肙
0731.08
肙
0731.09
鄸
0731.10
[illegible]
0731.11
穀
0731.12
陰</td>
<td>
當即鄖。古鄖地有二：一爲春秋鄖子國，據《水經・涓水注》《史記・楚世家》正義引《括地志》，即南北朝、唐代的安陸縣治。一爲楚鄖公邑，據《漢書・地理志》江夏郡竟陵、《水經・沔水注》，即秦漢竟陵縣治。（按靈王初封鬬辛爲鄖公時，其封地仍當在鄖國故治，約在吴師入郢昭王復國後始遷此。）前者即今湖北安陸縣治，位于涓水之濱。後者在今湖北潛江縣境内，位于漢水西南岸。此“肩”既係溯漢而至，自當指後者。郭先生釋：“肩，以聲求之，疑指潛江”，與此合。

譚其驤《鄂君啓節銘文釋地》[2142][鄂君啓舟節]

屑即鄢，應改從黄盛璋説。

譚其驤《再論鄂君啓節地理答黄盛璋同志》[2143]

【釋地】湖北省宜城市

“屑”就是“鄢”，當無可疑。楚之鄢城即今宜城縣南十五里鄭集之楚王（皇）城，當漢江之西岸，故城仍在，有人考此地爲郢，實非是，説詳另稿。

黄盛璋《關于鄂君啓節交通路綫的復原問題》[2144][鄂君啓舟節]

字未識，或釋爲鄢。《水經注・沔水中》：宜城“故鄢郢之舊都，秦以爲縣。”楊守敬《疏》云：“曰鄢郢者，蓋徙都于鄢仍命曰郢也……秦曰鄢，漢改屬南郡”，又云“在今宜城縣南十里”。

馬承源《商周青銅器銘文選》[2145][鄂君啓節]

“屑”“芑陽”，黄文認爲即鄢和棘陽，得之。鄢是楚之别都，爲當時漢水上最大之邑聚，係市。

劉和惠《鄂君啓節新探》[2146][鄂君啓舟節]

“屑”，厭聲，通鄢。鄢是楚之别都，當漢水中游，爲當時漢水流域最大之邑聚。其遺址已發現，在今湖北宜城縣東南 7.5 公里。

劉和惠《楚文化的東漸》[2147][鄂君啓舟節]

我以爲，以聲求之，恐是“鄢”。《史記・楚世家》：“于是王（靈
</td>
</tr>
</table>

2142　譚其驤：《鄂君啓節銘文釋地》，原載《中華文史論叢》（第 2 輯），1962 年；後收入《譚其驤全集》（第一卷），人民出版社，2015 年，第 536 頁。

2143　譚其驤：《再論鄂君啓節地理答黄盛璋同志》，原載《中華文史論叢》（第 5 輯），1964 年；後收入《譚其驤全集》（第一卷），人民出版社，2015 年，第 551 頁。

2144　黄盛璋：《關于鄂君啓節交通路綫的復原問題》，原載《中華文史論叢》（第 5 輯），1964 年；後收入《歷史地理論集》，人民出版社，1982 年，第 270—271 頁。

2145　馬承源主編：《商周青銅器銘文選（四）》，文物出版社，1990 年，第 434 頁。

2146　劉和惠：《鄂君啓節新探》，原載《考古與文物》1982 年第 5 期；後收入劉慶柱、段志洪、馮時主編：《金文文獻集成》（第二十九册），綫裝書局，2005 年，第 331 頁。

2147　劉和惠：《楚文化的東漸》，湖北教育出版社，1995 年，第 141—142 頁。

王）乘舟將入鄢。”《集解》：“服虔曰：‘鄢楚都也。’杜預曰：‘襄陽宜城縣。’”自其重要性而言，膚，恐是今之湖北宜城，而非今之潛江。

孫劍鳴《“鄂君啓節”續探》[2148][鄂君啓舟節]

𠩺字從厂從甘從肉，應即厭字之左邊膚，爲厭字之聲符。膚即鄢。楚地之鄢所謂鄢郢，漢之宜城縣，今宜城南十五里有故址。……膚或鄢爲楚之别都，西可通西山戎蠻，自應有關卡。節中各關卡非要地即近邊城邑。

姚漢源《戰國時長江中游的水運——鄂君啓節試釋》[2149][鄂君啓舟節]

【釋地】湖南省益陽市

“膚”字上部從“厂”，即屋蓋。屋蓋之下作“𦘫”，實爲“益”字也。其地當在今益陽附近，益陽之名大約來源于此。

張中一《〈鄂君啓金節〉路綫新探》[2150][鄂君啓舟節]

【釋地】湖北省武漢市黄陂區

舊稿云：“‘膚’，古厭字，下省犬。《水經注》：‘江水左得湖口，水通大湖，又東合灄口。’《讀史方輿紀要》：‘灄口城在（黄陂）縣南四十里。厭、灄疊韻，疑爲灄口。’”

羅長銘《鄂君啓節新探》[2151][鄂君啓舟節]

【釋地】湖北省老河口市

舟節“膚”（厭）可讀“陰”。

檢《水經·沔水注》：“沔水東南陰縣故城西，故下陰也。《春秋·昭公十九年》楚工尹赤遷陰于下陰。是也。”（《春秋》應作《左傳》）江永曰：“《彙纂》今湖廣襄陽府光化縣西漢水東岸有古陰縣城，即下陰邑也。”其地在今湖北老河口市西北漢水東岸。

舟節“膚”讀“陰”，是西路漢水之濱的城邑，其地望又恰好在今湖北襄樊和今陝西旬陽之間。

何琳儀《鄂君啓舟節釋地三則》[2152][鄂君啓舟節]

據上録舟節銘文，“膚”當是位于淯水入漢處與郇陽之間的漢水邊上的一個地名。在這兩地之間，有一個地名叫作“鄺”，見《漢書·地理志》，屬南陽郡，侯國，張家山二四七號漢墓竹簡《二年律令》的《秩律》449

2148　孫劍鳴：《“鄂君啓節”續探》，原載《安徽省考古學會會刊》1982年第6輯；後收入劉慶柱、段志洪、馮時主編：《金文文獻集成》（第二十九册），綫裝書局，2005年，第332頁。

2149　姚漢源：《戰國時長江中游的水運——鄂君啓節試釋》，周魁一主編：《水的歷史審視：姚漢源先生水利史論文集》，中國書籍出版社，2016年，第553—554頁。

2150　張中一：《〈鄂君啓金節〉路綫新探》，《求索》1989年第3期，第127頁。

2151　羅長銘：《鄂君啓節新探》，原載《羅長銘集》，黄山書社，1994年；後收入安徽省博物館編：《安徽省博物館四十年論文選集》，黄山書社，1996年，第147頁。

2152　何琳儀：《鄂君啓舟節釋地三則》，安徽大學古文字研究室編：《古文字研究》（第二十二輯），中華書局，2000年，第142頁。

號作"贊"，治所在今湖北省老河口市西北。前面説過，"⿸厂⿱千月"從"⿱千月"聲，而"⿱千月"是"舌"字的異體。"舌""贊"二字上古音相近。從韻部來説，"舌"屬月部，"贊"屬元部，元、月二部是嚴格的陽入對轉。許慎《説文》根據小篆"舌"的字形，將其結構分析爲"從干、口，干亦聲"。從先秦文字"舌"的字形來看，許説顯然是不信的。不過也有可能因"舌""干"二字古音相近，小篆時代的人將"舌"字所從"口"上部分的筆畫改作形近的"干"，使它聲符化，所以漢代的小學家將"舌"分析爲"從干、口，干亦聲"。"干"屬元部。從聲母來説，雖然"贊"屬精母，"舌"屬船母，但是與"舌"有關的字卻屬心母。例如：《釋名·釋形體》"舌"的聲訓字"泄"屬心母，《説文》所收從"舌"聲的"絬""銛"二字也屬心母。精、心二母都是齒頭音。頗疑節銘"⿸厂⿱千月"應該讀爲"酇"。

李家浩《關于鄂君啓節銘文的幾個問題》[2153]［鄂君啓舟節］

【釋地】湖北省襄陽市與陝西省旬陽市之間的漢水流域

故鄂君啓節"⿸厂⿱千月"字，當從舌得聲。關于其地望，根據交通路綫，應在今湖北襄陽與陝西旬陽之間的漢水流域。

石小力《利用楚簡考釋東周金文地名二篇》[2154]［鄂君啓舟節］

【釋地】湖北省襄陽市穀城縣

⿸厂者，地名，字不識。或隸定爲⿸厂⿱千月，讀爲⿰⿸厂⿱千月阝；又有人隸定爲肩，謂即鄖，均不可信。從銘文看，其地當距淯、漢二水交匯處不遠。此字疑從者聲，以聲類及地望求之，疑即漢水南岸的"穀"，春秋爲穀國，後滅于楚，其地在今湖北穀城縣西北。

湯餘惠《戰國銘文選》[2155]［鄂君啓舟節］

即穀、穀城，湖北穀城縣西。

吴鎮烽《銘圖索引》[2156]［鄂君啓舟節］

0732

𨻰原

【時代】西周晚期

【出處】大克鼎［《集成》2836］

【類別】城邑名稱

【釋地】河南省咸陽市旬邑縣

2153 李家浩：《關于鄂君啓節銘文的幾個問題》，《文史》2018年第4輯，第11頁。
2154 石小力：《利用楚簡考釋東周金文地名二篇》，中國古文字研究會、清華大學出土文獻研究與保護中心等編：《古文字研究》（第三十一輯），中華書局，2016年，第220頁。
2155 湯餘惠：《戰國銘文選》，吉林大學出版社，1993年，第47頁。
2156 吴鎮烽：《商周青銅器銘文暨圖像集成索引》，上海古籍出版社，2019年，第979、1015頁。

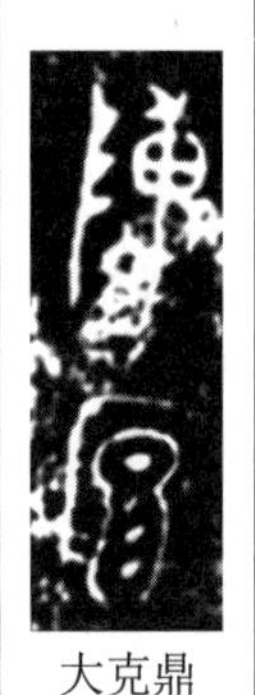 大克鼎	銘中諸地名無可考，僅陾原一地，王國維疑《大雅・公劉》之溥原，近是。 郭沫若《兩周金文辭大系圖録考釋》[2157]［大克鼎］ 即《詩・大雅・公劉》："瞻彼溥原"之溥原，地望應近郇邑，是公劉遷豳的前一地區。 馬承源《商周青銅器銘文選》[2158]［大克鼎］ **【釋地】寧夏回族自治區固原市** 陾原即溥原……今固原縣。 余永梁《金文地名考》[2159]［大克鼎］
0733 御  御侯戈	**【時代】春秋早期** **【出處】御侯戈** 御侯之造戈五百。［御侯戈，《集成》11202］ **【類别】國族名稱**
0734 涺  敔簋 0734.02 涺	**【時代】西周晚期** **【出處】敔簋**［《集成》4323］ **【類别】自然地理名稱・河湖** "内伐"以下九字皆地名，昴、參本星辰名，故皆從晶。 陳夢家《西周銅器斷代》[2160]［敔簋］ 淮夷入侵的地名。 馬承源《商周青銅器銘文選》[2161]［敔簋］ 在陝豫交界的洛南、盧氏、伊川一帶。 吴鎮烽《銘圖索引》[2162]［敔簋］ **【釋地】洐水**

2157 郭沫若：《兩周金文辭大系圖録考釋（二）》，《郭沫若全集・考古編》（第八卷），科學出版社，2002年，第262頁。
2158 馬承源主編：《商周青銅器銘文選（三）》，文物出版社，1988年，第217頁。
2159 余永梁：《金文地名考》，《國立中山大學語言歷史學研究所週刊》第5集第53、54期合刊，1928年，第9頁。
2160 陳夢家：《西周銅器斷代》，中華書局，2004年，第230頁。
2161 馬承源主編：《商周青銅器銘文選（三）》，文物出版社，1988年，第287頁。
2162 吴鎮烽：《商周青銅器銘文暨圖像集成索引》，上海古籍出版社，2019年，第990頁。

湏字從水從亘。毛公鼎虎亘熏裏。郭云：亘鼏古殆一字，其説殊爲有見。《説文》：鼏覆也，從鼎冖，冖亦聲，（此據段本）段玉裁謂：鼏見禮經，所以覆鼎，用茅爲之。今本作鼏，正字也，禮古文作密假借字也。又云："古者覆巾謂之幎，鼎蓋謂之鼏，而禮經時亦通用。"據段此説，知亘乃從皀冖聲之字。亘字從亘聲，以聲類求之，殆即漢沔之丏字。《説文》沔，沔水出武都沮縣東狼谷，東南入江。從水丏聲。沔字與湏字，古同屬明母，沔在真部，亘在耕部，韻近可通，淮夷西來，漢沔一帶首當其衝。銘文所述地名，始于湏而終于陰陽洛，就是這種緣故。

陳連慶《〈敔簋〉銘文淺釋》[2163]［敔簋］

【釋地】潁水

以禹鼎銘文所載南淮夷等入侵潁水上游之"歷"來看，敔簋銘"湏"爲潁水的可能性似乎也不能排除。更爲重要的是，潁水在成周的東南方向，與淮夷由東南向西北的内侵路綫較合。總之，敔簋銘文的"湏"有可能爲潁水。

周博《禹鼎、敔簋與淮夷入侵路綫問題》[2164]［敔簋］

【類别】城邑名稱

【釋地】山西省運城市平陸縣

湏，從水，昗聲。昗從㿝（簋的初文）冖聲，郭沫若謂昗、鼏古殆一字。陳連慶認爲，湏"殆即漢沔之沔字。《説文》'沔，沔水出武都沮縣東狼谷，東南入江。從水，丏聲。'沔字與湏字，古同屬明母，沔在真部，湏在耕部，韻近可通。淮夷西來，漢沔一帶首當其衝。"今按，湏從昗（鼏）得聲，當是古㵹字，《玉篇》："㵹，淺水。"又見《廣韻》《集韻》。㵹與昗（鼏）同屬明母、錫韻，㵹從幕聲亦當是冪聲之誤。銘文湏疑當讀爲鄍，湏與鄍明紐雙聲，錫耕對轉，音近可通。《左傳·僖公二年》："冀爲不道，入自顛軨，伐鄍三門。"杜預注："鄍，虞邑也。"江永《春秋地理考實》引《彙纂》云："今平陸縣東北二十五里有故鄍城。"平陸縣即今山西省平陸縣。

陳秉新、李立芳《出土夷族史料輯考》[2165]［敔簋］

【釋地】河南省滎陽市

"伐湏"，"湏"字從"昗"聲，而"昗"從"冖"聲，在銘文中常讀爲"冪"。"冖"聲、"必"聲古音相近得通，所以"湏"在此應讀爲"邲"，即《春秋》經傳的邲，在滎陽東北。《水經·濟水注》："濟水

2163　陳連慶：《〈敔簋〉銘文淺釋》，《中國古代史研究：陳連慶教授學術論文集》，吉林文史出版社，1991年，第1162頁。

2164　周博：《禹鼎、敔簋與淮夷入侵路綫問題》，《歷史地理》（第三十四輯），上海人民出版社，2017年，第42頁。

2165　陳秉新、李立芳：《出土夷族史料輯考》，安徽大學出版社，2005年，第212頁。

	于此又兼邲目，《春秋》宣公十二年晋楚之戰，楚軍于邲，即是水也。”故字從“水”旁。 李學勤《晋侯銅人考證》[2166][敔簋]
0735 **蜺** 蜺仲鐘	**【時代】西周中期** **【出處】蜺仲鐘** 蜺仲作朕文考釐公大林寶鐘。[蜺仲鐘，《集成》36] **【類別】國族名稱**

2166 李學勤：《晋侯銅人考證》，原載中國文物學會主編：《商承祚教授百年誕辰紀念文集》，文物出版社，2003年；後收入《新出青銅器研究（增訂版）》，人民美術出版社，2016年，第307頁。

十三畫

0736

長城

厲羌鐘

0736.02

䟫城

【時代】戰國早期·韓

【出處】厲羌鐘

唯廿又再祀，厲羌作介，厥辟韓宗獻帥，征秦迮齊，入䟫（長）城，先會于平陰，武侄恃力，襲敓楚京，賞于韓宗，令于晋公，昭于天子，用明則之于銘，武文咸剌，永枼（世）毋忘。[厲羌鐘，《集成》157—161]

【類别】人文地理名稱

【釋地】山東地區齊國長城

《水經注·濟水注》引京相璠《春秋土地名》謂，“平陰城南有長城，東至于海，西至濟”。是京説與地下埋藏遺器印證密合。然即以《左傳》考知，如云，“塹防門而守之，廣里”；如云“城上有烏，齊師其遁”；如云，“焚雍門”，“門于雍門”；如云“門于己門”；如云“門于東門”；又如云，“魯衛請攻險”，杜注，“險固守城者”；是平陰之有長城，即《左傳》亦已瞭然可見也。沈欽韓《左傳地名補注》曰：“齊長城，舊屬平陰，今入縣境。自防門起東逕五道嶺；又東逕長清縣南之長城鋪，循泰山之陰；又東逕歷城縣南之長城嶺；又東逕萊蕪縣北之長城嶺；又東逕博山縣南之峨嶺，鳳凰嶺；度岳陽山，又東逕臨朐縣南大峴山；又東逕安丘縣南之太平山；又東逕莒縣北之高粟山而南，絶浯水，循卧牛城，度高革嶺；又南逕諸城縣南之長城嶺，度雷石山；又東逕膠州南之大珠山，訖于海。”

吴其昌《厲羌鐘補考》[2167][厲羌鐘]

䟫墭即長城，古璽有“䟫孫”及“䟫孫退”即複姓之長孫，徐諧尹鉦有“征墭”即征城。長城者劉節云“即齊之方城，《管子·輕重丁》曰‘長城之陽魯也，長城之陰齊也’。《泰山記》曰‘泰山西北有長城，緣河經泰山千餘里至瑯琊’。《水經》東汶水注‘泰山即東小泰山也’，上有長城，西接岱山，東連瑯玡巨海，千有餘里。”案《水經》汶水注引《紀年》云“晋烈公十二年，王命韓景子、趙烈子及翟員伐齊，入長城”。事

2167 吴其昌：《厲羌鐘補考》，《國立北平圖書館館刊》1931年第5卷第6號；後收入劉慶柱、段志洪、馮時主編：《金文文獻集成》（第二十九册），綫裝書局，2005年，第402—403頁。

與此相類，蓋三晋伐齊必入長城，始能達其腹心之地也。

郭沫若《兩周金文辭大系圖録考釋》[2168][屭羌鐘]

長城即齊之方城。《管子·輕重丁》曰："長城之陽，魯也；長城之陰，齊也。"《泰山記》曰："泰山西北有長城，緣河經泰山千餘里至瑯琊。"《水經·東汶水》注曰："泰山即東小泰山也。上有長城，西接岱山，東連瑯琊巨海，千有餘里。"

劉節《屭氏編鐘考》[2169][屭羌鐘]

劉子植云：《管子·輕重丁》曰長城之陽，魯也；長城之陰，齊也。《水經·東汶水》注曰：泰山即東小泰山也，上有長城，西接岱山，東連瑯琊巨海，千有餘里。

于省吾《雙劍誃吉金文選》[2170][屭羌鐘]

䟫字又見李氏藏古玉刀柲云："明則䟫，䟫則退。"六國時器也。又古璽氏姓多有䟫孫，余謂即長孫也。䟫坔，商君以爲即長城，劉君以爲即齊之長城，引《水經·東汶水注》："泰山即東小泰山也。上有長城，西接岱山，東連瑯琊巨海，千有餘里。"二說均確不可易。

唐蘭《屭羌鐘考釋》[2171][屭羌鐘]

齊國有長城。京相璠《春秋土地名》謂云（《水經·清水注》引）："平陰故城西南十里有長城。"又《括地志》云："長城西北起濟州平陰縣。"此與銘文會于平陰之語，正相符合。

徐中舒《屭氏編鐘考釋》[2172][屭羌鐘]

即長城。䟫古文長。古璽有䟫孫，即複姓之長孫。《管子·輕重丁》："長城之陽魯也，長城之陰齊也。"《括地志》云長城："西起渾州平陰縣，沿河歷泰山北岡，至密州琅邪臺入海。"《水經注·東汶水》："泰山即東小泰山也，上有長城，西接岱山，東連瑯琊巨海，千有餘里。"又引《紀年》云："晋烈公十二年，王命韓景子、趙烈子及翟員伐齊，入長城。"蓋三晋伐齊必入長城。

馬承源《商周青銅器銘文選》[2173][屭羌鐘]

䟫，同長；長城，指齊國的長城。齊長城西起平陰，東至瑯邪，齊、

2168 郭沫若：《兩周金文辭大系圖録考釋（二）》，《郭沫若全集·考古編》（第八卷），科學出版社，2002年，第500頁。
2169 劉節：《屭氏編鐘考》，《古史考存》，人民出版社，1958年，第90頁。
2170 于省吾：《雙劍誃吉金文選》，中華書局，1998年，第103頁。
2171 唐蘭：《屭羌鐘考釋》，《唐蘭全集（一）》，上海古籍出版社，2015年，第268頁。
2172 徐中舒：《屭氏編鐘考釋》，《徐中舒歷史論文選輯》，中華書局，1998年，第214—215頁。
2173 馬承源主編：《商周青銅器銘文選（四）》，文物出版社，1990年，第590頁。

	魯兩國由此分界。 湯餘惠《戰國銘文選》[2174][驫羌鐘] 《水經·濟水注》："京相璠曰：'平陰，齊地也，在濟北盧縣故城南十里。'平陰城南有長城，東至海，西至濟，河道所由曰防門，去平陰三里，齊侯塹防門即此也。其水引濟故瀆尚存。今防門北有光里，齊人言廣音與光同，即《春秋》所謂守之廣里者也。"張維華曰："就大勢言之，平陰故城之南爲廣里，廣里之南爲防門，防門之西則爲濟水。齊城起于濟水之岸，東經防門，紆曲沿河而東行。"驫羌所經長城爲齊長城的西段，是齊長城中最早修建的部分，是一段土築的長城，50 年代尚有遺迹留存，據踏勘者描述，"在廣里東北里許，竟找到我們理想的土築長城。高約五六尺不等，寬約二十餘尺，版築層次顯然可見，本地人呼爲'嶺頭'。由此蜿蜒二三里許，隨山向東，城已改爲石築。"從驫羌鐘銘看，至少在戰國初期，這段土城已經稱作長城，而且已作軍事用途。這似乎啓示我們：不能像某些先生那樣，把《戰國策》中齊"長城鉅防"（《秦策一》和《燕策一》）分開理解，把"鉅防"當作西段土長城的專有名稱；也不能把西段齊長城的初建目的狹隘地理解爲防禦魯國的入侵或防止齊鹽走私，而是爲了抵禦來自大西南方向的威脅，包括魯也包括晉。 趙平安《〈驫羌鐘〉銘及其長城考》[2175][驫羌鐘] "𨑨（長）城"是齊長城，會師地點"平隂（陰）"，據劉節説，在今山東泰安府之平陰縣，在齊長城之西端。清華簡《繫年》多次提到齊長城給晉人入侵造成的麻煩，所以盟辭中有"毋修長城"的話。 董珊《清華簡〈繫年〉與驫羌鐘對讀》[2176][驫羌鐘] **【釋地】河南省南陽市方城縣** 指楚長城，在今河南方城縣境内。 吴鎮烽《銘圖索引》[2177][驫羌鐘]
0737 莽姜	**【時代】西周晚期** **【出處】吴虎鼎** 唯十又八年十又三月既生霸丙戌，王在周康宮徲（夷）宮，導入右吴

2174 湯餘惠：《戰國銘文選》，吉林大學出版社，1993 年，第 11 頁。
2175 趙平安：《〈驫羌鐘〉銘及其長城考》，《金文釋讀與文明探索》，上海古籍出版社，2011 年，第 63—64 頁。
2176 董珊：《清華簡〈繫年〉與驫羌鐘對讀》，清華大學出土文獻與中國古代文明研究中心、清華大學出土文獻研究與保護中心編：《出土文獻與中國古代文明：李學勤先生八十壽誕紀念論文集》，中西書局，2016 年，第 108 頁。
2177 吴鎮烽：《商周青銅器銘文暨圖像集成索引》，上海古籍出版社，2019 年，第 925 頁。

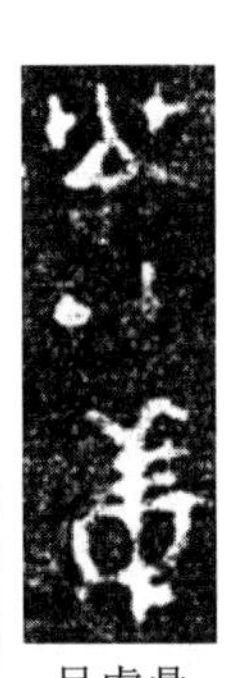 吴虎鼎	虎，王令善夫豐生、嗣工雍毅，醽厲王令：付吴茲舊疆，付吴虎：厥北疆涵人眔疆，厥東疆官人眔疆，厥南疆畢人眔疆，厥西疆莽姜眔疆。厥具履封：豐生、雍毅、伯導、内嗣土寺奉。吴虎拜稽首，天子休，賓善夫豐生璋、馬匹，賓嗣工雍毅璋、馬匹，賓内嗣土寺奉璧。爰書尹友守史由，廼賓史奉韋兩。虎拜手稽首，敢對揚天子丕顯魯休，用作朕皇祖考庚孟尊鼎，其子子孫孫永寶。[吴虎鼎，《銘圖》2446] **【類别】國族名稱** 莽京地望，筆者同意近鎬説，所謂莽姜，當爲西周晚期姜氏在京畿之地。 周曉陸、穆曉軍《吴虎鼎銘座談紀要》[2178][吴虎鼎] 吴虎封地西疆爲“莽姜”，乃莽京姜姓居地。莽京見于 20 餘件銅器銘文。先前的學者如吴大澂、陳夢家等認爲莽即鎬，近時李學勤先生又有新的論説。也有人認爲莽即《詩・小雅・六月》“侵鎬及方”之“方”，在鎬京之旁。王玉哲先生和我都主張莽從方得聲，殆即秦時之阿房地，莽在豐鎬之旁，但與之連成一片，中間並無界限。武功出土楚簋有“莽鄙”，扶風劉家出土王盉有“莽京”，近時李仲操、盧連成等又説莽在周原地區。吴虎鼎銘莽與畢接近，衹能推定在今長安縣鎬京鄉與西安阿房宫鄉之間，已可排除周原説。鼎銘不稱“莽京”而稱“莽姜”，可能此時莽已不是周王祭祀之地，宫室、宗廟多已廢棄，故爲姜姓周人所居。之所以廢棄，大概同厲王奔彘有關。莽京見于西周早期的王盉及臣辰盉，但最多的還是昭、穆時期金文，吴虎鼎則是至今最晚的記載。 王輝《談吴虎鼎的時代和幾個地名》[2179][吴虎鼎]
0738 埜  禽簋 0738.02 蓋 0738.03 奄	**【時代】西周早期** **【出處】禽簋** 王伐埜侯，周公謀，禽祝，禽有攸祝，王易（賜）金百寽，禽用作寶彝。[禽簋，《集成》4041] **【類别】國族名稱** 埜即楚之異文，從林去聲。舊多釋無，説爲鄦（許），不知古無字並不從林也。 郭沫若《兩周金文辭大系圖録考釋》[2180][禽簋]

2178 本刊（《考古與文物》）編輯部：《吴虎鼎銘座談紀要》，《考古與文物》1998 年第 3 期，第 75 頁。
2179 王輝：《談吴虎鼎的時代和幾個地名》，《一粟集：王輝學術文存》，藝文印書館，2002 年，第 88 頁。
2180 郭沫若：《兩周金文辭大系圖録考釋（二）》，《郭沫若全集・考古編》（第八卷），科學出版社，2002 年，第 40 頁。

蓋即《墨子·耕柱篇》《韓非子·説林》上所述周公征伐之商蓋，《左傳》昭九作商奄，昭元作奄。奄、蓋皆訓覆而古音並同，所以《吴世家》吴公子蓋餘《左傳》昭廿七作掩餘。蓋侯即《孟子》所謂的奄君。《説文》“郁周公所誅，郁國在魯”，《續漢書·郡國志》“魯國古奄國”，《周本紀正義》引“《括地志》云兖州曲阜奄里即奄國之地也”，《集解》引“鄭玄曰奄國在淮夷之北”。據《竹書紀年》，南庚遷于奄，盤庚自奄遷于殷，則奄舊爲商都，所以《左傳》定四説“因商奄之民，命以伯禽而封于少皞之虚”。《左傳》昭元“周有徐、奄”，杜注云“二國皆嬴姓”，《正義》云“《世本》文也”。

陳夢家《西周銅器斷代》[2181]［禽簋］

奄在今山東，原爲殷人之地，周初因與淮夷勾結謀反，周公攝政第三年興兵伐之。

高木森《西周青銅彝器彙考》[2182]［禽簋］

𧉧從去得聲，讀爲蓋，《説文》作蓋，即奄國。奄、蓋古音近。《韓非子·説林》的商蓋即商奄。

馬承源《商周青銅器銘文選》[2183]［禽簋］

【釋地】山東省曲阜市

𧉧即蓋字。甲骨文從艸之字多變爲從林，如：莫可作𣡽之類，其例甚多。去字下從ᗜ，或從凵，乃器形，與皿同義，所以去與盍通，隸書盍字即從去作盇。蓋，國名，古書多作奄。蓋、奄聲近通用。《墨子·耕柱篇》《韓非子·説林》均作商蓋，《左傳》昭公九年和定公四年則作商奄。那麼，“王伐蓋侯”則是《書序》所説成王踐奄之事。奄在今山東曲阜。

唐蘭《西周青銅器銘文分代史徵》[2184]［禽簋］

𧉧從林與從艸同，從初文盇聲，是古蓋字無疑。蓋與奄古音屬見影鄰紐、盇談對轉，音近可通。奄國故址今山東曲阜市東。

陳秉新、李立芳《出土夷族史料輯考》[2185]［禽簋］

即蓋、奄，今山東曲阜市東。

吴鎮烽《銘圖索引》[2186]［禽簋］

2181 陳夢家：《西周銅器斷代》，中華書局，2004年，第28頁。
2182 高木森：《西周青銅彝器彙考》，中國文化大學出版部印行，1986年；後收入劉慶柱、段志洪、馮時主編：《金文文獻集成》（第二十七册），綫裝書局，2005年，第111頁。
2183 馬承源主編：《商周青銅器銘文選（三）》，文物出版社，1988年，第18頁。
2184 唐蘭：《西周青銅器銘文分代史徵》，《唐蘭全集（七）》，上海古籍出版社，2015年，第45頁。
2185 陳秉新、李立芳：《出土夷族史料輯考》，安徽大學出版社，2005年，第127—128頁。
2186 吴鎮烽：《商周青銅器銘文暨圖像集成索引》，上海古籍出版社，2019年，第925、990、992頁。

0739 **戠**  卯簋蓋	**【時代】西周中期** **【出處】卯簋蓋**［《集成》4327］ **【類別】人文地理名稱·田地** 卯的田地所在地名。 吴鎮烽《銘圖索引》[2187]［卯簋蓋］
0740 **鄦郢**  鄦郢率鐸	**【時代】戰國時期** **【出處】鄦郢率鐸**［《集成》419］ **【類別】城邑名稱** **【釋地】湖北省宜城市** 今湖北宜城市東南鄀城。 吴鎮烽《銘圖索引》[2188]［鄦郢率鐸］
0741 **𣪕**  召卣	**【時代】西周早期** **【出處】召卣** 唯十又二月初吉丁卯，召公啓進事，旋走事皇辟君，休王自𣪕事賞畢土方五十里，召弗敢忘王休異，用作歆宫旅彝。［召卣，《集成》10360］ **【類別】城邑名稱** **【釋地】河南省洛陽市** 𣪕，地名，疑在河南。《左傳》定八“單子伐穀城”，杜注云“穀城在河南縣西”，地臨穀水，故址在今洛陽西北。又湖北穀城縣亦古穀國，《春秋》桓七“穀伯綏來朝”，杜注云“穀國在南鄉筑陽縣北”。 陳夢家《西周銅器斷代》[2189]［召卣］ 地名。可能爲穀城故地。《左傳·定公八年》“單子伐穀城”，杜預《注》“穀城在河南縣西”，即今洛陽市王城之西。 馬承源《商周青銅器銘文選》[2190]［召卣］

2187 吴鎮烽：《商周青銅器銘文暨圖像集成索引》，上海古籍出版社，2019年，第990頁。
2188 吴鎮烽：《商周青銅器銘文暨圖像集成索引》，上海古籍出版社，2019年，第990頁。
2189 陳夢家：《西周銅器斷代》，中華書局，2004年，第52頁。
2190 馬承源主編：《商周青銅器銘文選（三）》，文物出版社，1988年，第72頁。

0742

蒦圚

蒦圚窑里人豆

【時代】戰國晚期

【出處】蒦圚窑里人豆［《集成》4668］

【類別】城邑名稱

齊國地名，今地不詳。

吴鎮烽《銘圖索引》[2191]［蒦圚窑里人豆］

0743

蒿間

曾姬無卹壺

【時代】戰國中期

【出處】曾姬無卹壺

唯王廿又六年，聖𦔻之夫人曾姬無卹，吾宅兹漾陵、蒿間之無匹，用作宗彝尊壺，後嗣用之，職在王室。［曾姬無卹壺，《集成》9710、9711］

【類別】自然地理名稱、人文地理名稱

蒿間即蒿里，指死者所居之世界或地方，即一般俗稱之陰間。蒿里爲漢代通語，顔師古謂死人里，一説在泰山下，指墓地，而漢樂府有《蒿里曲》，乃挽歌，墓生蓬蒿，故蒿里指死人之居，此稱爲蒿間，是指死者世界。

黄盛璋《新發現的“羕陵”金版及其相關的羕器、曾器銘文中諸問題的考索》[2192]［曾姬無卹壺］

“蒿間”應該理解爲“蓬蒿之間”。在本銘中，指“無匹”所處的境遇。“蒿間之無匹”，在結構上，與賈誼《過秦論》稱陳勝爲“甕牖繩樞之子”相同；在意義上有相似之處：生存境遇很差。

李義海《曾姬無卹壺銘文補釋》[2193]［曾姬無卹壺］

蒿間，李家浩先生將“蒿間”讀作“郊閈”，義即郊里，楚人謂“里”爲“閈”，“郊里”即郊所居也。黄盛璋認爲蒿間即蒿里，指死者所居之世界或地方，即一般俗稱之陰間。

蒿間，又見于包山103、115號貸金簡中作“鄗𨚔”，可見蒿間當爲地名無疑，此外牛濟普在《楚系官璽例舉》中收有一方官璽作“鄗閲”：

2191　吴鎮烽：《商周青銅器銘文暨圖像集成索引》，上海古籍出版社，2019年，第991頁。

2192　黄盛璋：《新發現的“羕陵”金版及其相關的羕器、曾器銘文中諸問題的考索》，《出土文獻研究》（續集），文物出版社，1989年，第114頁。

2193　李義海：《曾姬無卹壺銘文補釋》，《考古與文物》2009年第2期，第68頁。

	蒿閲、鄗郟、鄗閲當爲一地，即蒿間，李學勤謂蒿、鄗義同，讀爲郊閒。馬楠將其讀爲郊縣，係城邑及其所轄鄉遂稍縣之泛稱，並謂“郊縣之無匹”猶云都邑諸地無有與我相匹敵者。楚文字中蒿、鄗讀爲郊，當無疑義，但楚地名中有“郊”地，吴良寶認爲當爲古絞國。由此可知“蒿間”與“郊縣”當非一地，蒿間見于包山簡、璽印之中，則其當爲楚當時的地名，且從銘文來看應與漾陵相距不遠，有待研究以及出土材料的進一步證明。 劉波《曾姬無卹壺銘文再探》[2194]［曾姬無卹壺］ 若想弄清“蒿間”二字的意義，需要從“間”字的本義説起。“間”字最初從門，從月，意爲門縫，後引申爲“在……中間”。《論語·先進》：“千乘之國，攝乎大國之間”。“蒿間”的字面意義爲“在蒿草之間”，但已經虛化爲指代長滿蒿草的空間。曾姬方壺銘文中的“蒿間”用來指代墓區。這是一種修辭，不直説墓地，而是用墓地生長的蒿草進行借代。其修辭作用與上文的“無卹”、下文的“無匹”相近，屬于同一風格。 張立東《曾姬方壺銘文考釋》[2195]［曾姬無卹壺］
0744 **蒙**  蒙戈	**【時代】戰國晚期** **【出處】蒙戈**［《銘圖》16300、16301］ **【類别】城邑名稱** **【釋地】山東蒙山** “蒙”爲地名，應與蒙山有關，《詩經·魯頌·閟宫》：“泰山巖巖，魯邦所詹。奄有龜蒙，遂荒大東。”孔疏：“《論語》説顓臾云‘昔者先王以爲東蒙主，’謂顓臾主蒙山也，魯之境内有此二山，故知龜、蒙是龜山、蒙山也。龜蒙今在魯地……其不全屬魯地也。”沂水、蒙山在今山東省臨沂市境内，其所在地域，即我們現在常説的沂蒙山區。戰國時期，沂蒙山區的大部分地區，包括沂水縣，曾被越國長期占領。考慮到蒙戈的出土地點和銘文的字體特點，我們認爲其爲越國兵器，並且其鑄造地在蒙山附近。 張振謙《齊國鳥蟲書考》[2196]［蒙戈］

2194　劉波：《曾姬無卹壺銘文再探》，《考古與文物》2015 年第 4 期，第 105—106 頁。
2195　張立東：《曾姬方壺銘文考釋》，《中原文物》2017 年第 6 期，第 108—109 頁。
2196　張振謙：《齊國鳥蟲書考》，張光裕、黄德寬主編：《古文字學論稿》，安徽大學出版社，2008 年，第 274 頁。

0745

楚

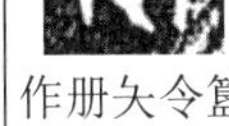
作冊夨令簋

楚旗鼎

楚叔之孫

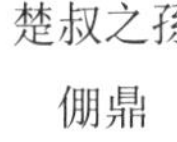
倗鼎

楚王酓忎鼎

【時代】西周時期 春秋時期 戰國時期

【出處】多器

【類别】國族名稱

楚即淮夷，淮徐初本在淮水下游，爲周人所迫始溯江而上至于鄂贛。

郭沫若《兩周金文辭大系圖録考釋》[2197][令簋]

【釋地】湖北省鍾祥市

都鄀，今湖北鍾祥縣西北。

吴鎮烽《銘圖索引》[2198][楚旗鼎]

【釋地】湖北省荆州市江陵縣

都郢，今湖北江陵縣北紀南城。

吴鎮烽《銘圖索引》[2199][楚叔之孫倗鼎]

【釋地】湖北省宜昌市秭歸縣

都丹陽，今湖北秭歸縣東南。

吴鎮烽《銘圖索引》[2200][京師畯尊]

【釋地】河南省周口市淮陽區

都陳，今河南淮陽縣。

吴鎮烽《銘圖索引》[2201][楚子戠咎鼎]

【釋地】安徽省淮南市壽縣

都壽春，今安徽壽縣城東南。

吴鎮烽《銘圖索引》[2202][楚王酓忎鼎]

0746

楚京

【時代】戰國早期・韓

【出處】𩱦羌鐘[《集成》157—161]

【類别】城邑名稱

“楚京”，或以爲即楚邱，《爾雅・釋地》：“邱之高大者曰京。”

2197 郭沫若：《兩周金文辭大系圖録考釋（二）》，《郭沫若全集・考古編》（第八卷），科學出版社，2002年，第24頁。
2198 吴鎮烽：《商周青銅器銘文暨圖像集成索引》，上海古籍出版社，2019年，第992—995頁。
2199 吴鎮烽：《商周青銅器銘文暨圖像集成索引》，上海古籍出版社，2019年，第992—995頁。
2200 吴鎮烽：《商周青銅器銘文暨圖像集成索引》，上海古籍出版社，2019年，第992—995頁。
2201 吴鎮烽：《商周青銅器銘文暨圖像集成索引》，上海古籍出版社，2019年，第992—995頁。
2202 吴鎮烽：《商周青銅器銘文暨圖像集成索引》，上海古籍出版社，2019年，第992—995頁。

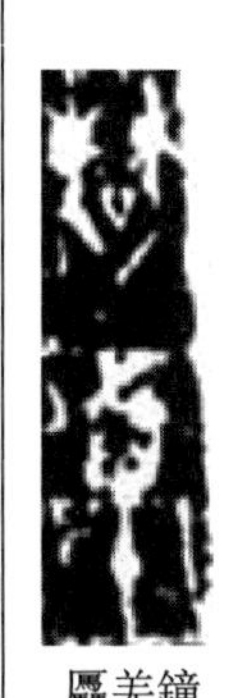
𨾳羌鐘

《水經·濟水注》："濟水北經楚丘城西。"是知楚京在濟水之旁，既爲大丘，又是城鎮。……新近發布的清華簡《楚居》云："季連聞其有聘，從，及之盤，爰生絽伯、遠仲。毓嫨羊，先凥（處）于京宗。穴酓復徙于京宗，爰得妣㲃，逆流哉水，厥狀聶耳，乃妻之，生侸叔、麗季。"京宗爲地名。銘文中的楚京或許應理解爲楚國的京宗。其地望待考。

趙平安《〈𨾳羌鐘〉銘及其長城考》[2203][𨾳羌鐘]

"楚京"，應從劉節引繆鉞説，即文獻中的楚丘（邱），《爾雅·釋地》："邱之高大者曰京。"《漢書·地理志》"山陽郡"下有"成武，有楚丘亭。齊桓公所城，遷衛文公于此。子成公徙濮陽。"楚丘在秦臺西，這是在往秦臺去的路上，襲擊奪取了楚京，所以銘文"征秦迮齊，襲奪楚京"之"征"訓爲"往"。"迮齊"之"齊"，應當指齊城而言。齊城即臨淄，《水經·淄水注》"城對天齊淵，故城有齊城之稱"。

董珊《清華簡〈繫年〉與𨾳羌鐘對讀》[2204][𨾳羌鐘]

【釋地】山東省菏澤市曹縣

溧陽繆鉞曰："楚京，即楚邱。《爾雅·釋地》：邱之高大者曰京。邱，京，亦雙聲字。"春秋隱公七年曰："王使凡伯來聘。還，戎伐之于楚邱以歸"，《後漢·郡國志》，武成下引此爲證，武成在今山東曹縣，其地距平陰甚近。節案：晋戎是役，征秦迫齊，武侄猶欲恃力奪楚，而未果。楚邱之説，聊存異義耳。

劉節《𨾳氏編鐘考》[2205][𨾳羌鐘]

"楚京"劉引溧陽繆鉞云"即楚邱，《爾雅·釋地》邱之高大者曰京，邱京亦雙聲字"。今案繆説已得其半，蓋楚京乃二地名，即楚丘與京山也，邿山省稱爲寺，故楚丘亦省稱爲楚，京山亦省稱爲京。《衛風·定之方中篇》"升彼虛矣，以望楚矣，望楚與堂，景山與京"，楚丘正略稱爲楚。今山東曹縣東南四十里有楚丘城，即其地。《水經·濟水注》云"濟水北逕楚丘城西"，又云"黄溝枝流北，經景山東"，與《詩》合；足證景山確是楚丘旁邑之山名，《毛傳》訓"景山"爲大山，未得其實也。古音京景相同，《史記·高祖功臣侯年表》"京侯周成"，《集解》引徐廣曰"京一作景"，本鐘銘之京即《詩》之景矣。"寴敚楚京"者，言𨾳率偏師克寺之後，復長驅南下，奪取楚丘與景山也。

郭沫若《金文叢考》[2206][𨾳羌鐘]

京，高丘。《爾雅·釋丘》："絶高爲之京，非人爲之丘。"京、丘

2203 趙平安：《〈𨾳羌鐘〉銘及其長城考》，《金文釋讀與文明探索》，上海古籍出版社，2011年，第62—63頁。
2204 董珊：《清華簡〈繫年〉與𨾳羌鐘對讀》，清華大學出土文獻與中國古代文明研究中心、清華大學出土文獻研究與保護中心編：《出土文獻與中國古代文明：李學勤先生八十壽誕紀念論文集》，中西書局，2016年，第108頁。
2205 劉節：《𨾳氏編鐘考》，《古史考存》，人民出版社，1958年，第92頁。
2206 郭沫若：《金文叢考》，《郭沫若全集·考古編》（第五卷），科學出版社，2002年，第746—747頁。

	義近，楚京疑即楚丘，在今山東曹縣東南五十里。 湯餘惠《戰國銘文選》[2207][厵羌鐘] **【釋地】山東地區地名** 《左傳》又云："齊侯駕，將走郵棠，太子與郭榮扣馬，曰：'師速而疾，略也。將退矣，君何懼焉。'"晋軍既欲速退，故"甲辰，東侵及濰，南及沂"。楚京蓋此區域中之小地名，今不可詳考。 唐蘭《厵羌鐘考釋》[2208][厵羌鐘] **【釋地】湖北省鍾祥市** 指楚都郗，今湖北鍾祥縣西北。 吴鎮烽《銘圖索引》[2209][厵羌鐘]
0747 **楚荆** 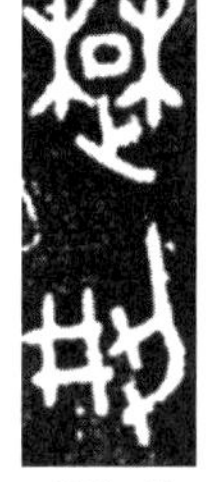 䟺馭簋  子犯鐘	**【時代】西周時期 春秋時期** **【出處】䟺馭簋 子犯鐘** 䟺馭從王南征，伐楚刱（荆），有得，用作父戊寶尊彝，吴。[䟺馭簋，《集成》3976] 唯王五月初吉丁未，子犯佑晋公左右，來復其邦。諸楚刱（荆）不聖令于王所，子犯及晋公率西之六𠂤（師），搏伐楚刱（荆），孔休，大攻楚刱（荆）喪厥𠂤（師），滅厥孤。子犯佑晋公左右，爕諸侯得朝王，克奠王立；王易（賜）子犯輅車、四牡、衣裳、帶、市、冠。諸侯羞元金于子犯之所，用爲龢鐘九堵，孔淑且碩，乃龢且鳴，用匽用寧，用享用孝，用祈眉壽，萬年無疆，子子孫孫永寶永樂。[子犯鐘，《銘圖》15200] **【類别】國族名稱** 《初學記》七引《竹書紀年》："昭王十六年，伐楚荆，涉漢，遇大兕。"楚荆連稱的名詞，與此銘合。《詩·殷武》"奮伐荆楚"作荆楚。 唐蘭《論周昭王時代的青銅器銘刻》[2210][䟺馭簋] 指楚國。 吴鎮烽《銘圖索引》[2211][子犯鐘] **【釋地】河南省南部地區** 今湖北及河南南部一帶方國部族。 吴鎮烽《銘圖索引》[2212][䟺馭簋]

2207 湯餘惠：《戰國銘文選》，吉林大學出版社，1993 年，第 11 頁。
2208 唐蘭：《厵羌鐘考釋》，《唐蘭全集（一）》，上海古籍出版社，2015 年，第 269 頁。
2209 吴鎮烽：《商周青銅器銘文暨圖像集成索引》，上海古籍出版社，2019 年，第 995 頁。
2210 唐蘭：《論周昭王時代的青銅器銘刻》，《唐蘭全集（四）》，上海古籍出版社，2015 年，第 1484 頁。
2211 吴鎮烽：《商周青銅器銘文暨圖像集成索引》，上海古籍出版社，2019 年，第 995 頁。
2212 吴鎮烽：《商周青銅器銘文暨圖像集成索引》，上海古籍出版社，2019 年，第 995 頁。

0748 **楚禁** 小臣夌鼎 0748.02 楚麓	**【時代】西周早期** **【出處】小臣夌鼎** 正月，王在成周，王𨒪于楚禁，令小臣夌先省楚应，王至于𨒪应，無譴，小臣夌易（賜）貝、易（賜）馬丙（兩），夌拜稽首，對揚王休，用作季妘寶尊彝。[小臣夌鼎，《集成》2775] **【類別】城邑名稱** **【釋地】山東省菏澤市成武縣** 當即楚邱。《漢書·地理志》，山陽郡成武縣"有楚邱亭，齊桓公所城，遷衛文公于此"。按春秋有兩楚邱：一在曹宋之間，就是成武的楚邱；一爲衛國邑，在漢代東郡濮陽縣西，白馬縣東。齊桓公所城的是衛國的楚邱，班固誤認爲是曹宋間的楚邱是錯誤的。山陽成武的楚邱，在今山東省曹縣東南成武縣境，由洛陽而東，約三百多公里，所以昭王要來這裏得先派人來相他的应（即行宫）。這大概是伐東夷時事。由楚邱向東南就是淮夷徐戎等的地方。 唐蘭《論周昭王時代的青銅器銘刻》[2213][小臣夌鼎] 在今山東成武縣。 吴鎮烽《銘圖索引》[2214][小臣夌鼎]
0749 **楷** 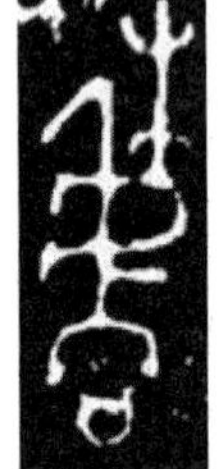 楷仲鼎  獻簋	**【時代】西周中期** **【出處】䔲簋　楷仲鼎**[《銘圖》1450、1451]　**獻簋等** 唯十月初吉壬申，馭戎大出于楷，䔲搏戎，執訊獲馘。楷侯釐䔲馬四匹、臣一家、貝五朋。䔲揚侯休，用作楖（楷、黎）仲好寶。[䔲簋，《銘圖》5179] 唯九月既望庚寅，楷伯于遘王休，亡尤，朕辟天子，楷伯令厥臣獻金車，對朕辟休，作朕文考光父乙，十世不忘，獻身在畢公家，受天子休。[獻簋，《集成》4205] **【類別】國族名稱** **【釋地】陝西省延安市** 此器爲楷臣名獻者所製，據《夢郼草堂吉金圖》，其出土地是保安，也就是今陝北的志丹縣境。由此可以推知楷的位置在今志丹、延安一帶，

2213　唐蘭：《論周昭王時代的青銅器銘刻》，《唐蘭全集（四）》，上海古籍出版社，2015年，第1447—1448頁。
2214　吴鎮烽：《商周青銅器銘文暨圖像集成索引》，上海古籍出版社，2019年，第995頁。

䜌簋

0749.02

耆

0749.03

楮

0749.04

櫨

這與䜌簋所記“北方戎人大出”正相吻合。

李學勤《䜌簋銘文考釋》[2215][䜌簋]

【釋地】山西省長治市黎城縣

即耆、黎，今山西黎城縣。

吴鎮烽《銘圖索引》[2216][楷仲鼎]

【釋地】陝西省西安市鄠邑區

楮是封地，疑是《説文》櫨字，音近于鄠。

陳夢家《西周銅器斷代》[2217][獻簋]

0750

楊

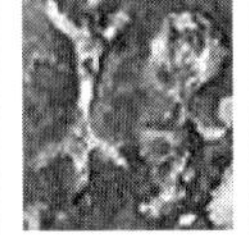

楊伯簋

楊伯壺

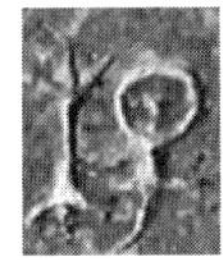

楊伯簋

楊姞壺

【時代】西周中晚期

【出處】楊伯簋[《銘圖》4302] **楊姞壺 四十二年逑鼎**[《銘圖》2501、2502]

楊姞乍（作）羞醴壺，永寶用。[楊姞壺，《銘圖》12239、12240]

【類别】國族名稱

【釋地】山西省臨汾市洪洞縣

今洪洞縣南二里有古楊城。

余永梁《金文地名考》[2218][楊伯簋]

文獻中的楊國的地望據《漢書・地理志》等記載是在漢之楊縣唐以後之洪洞。在洪洞縣境坊堆—永凝堡一帶發現了大規模的西周遺址，經調查和發掘，證明是從西周早期至春秋，曾出土過西周早期的帶字卜骨和隨葬有青銅器、玉器等禮器的貴族墓葬，顯然是一處都邑規模的遺址，但遺憾的是不與文獻記載的姬姓楊國始封的時間相合，過去我們將兩者“合二爲一”，以爲坊堆—永凝堡遺址可能就是文獻中所説的姬姓楊國，看來是缺乏深入分析的。楊姞壺出土以後，回過頭來再聯繫文獻記載和坊堆—永凝堡遺址的情況統一考慮，使我產生了這樣的設想：既然文獻説周宣王之子或後裔始封于楊，那麼，該事件本身即表明當地的政權發生了變更，而且姬姓楊國封此之前此地就叫楊。姬姓楊國封此之前的這個楊當然是另一個楊國，從坊堆—永凝堡遺址來看，很可能就是這一個楊國的遺存。儘管兩個國家都叫楊，但兩者一前一後，一早一晚，國姓也有區别，實際情況很

2215 李學勤：《䜌簋銘文考釋》，原載《故宫博物院院刊》2001年第1期；後收入《中國古代文明研究》，華東師範大學出版社，2009年，第88頁。

2216 吴鎮烽：《商周青銅器銘文暨圖像集成索引》，上海古籍出版社，2019年，第948、992頁。

2217 陳夢家：《西周銅器斷代》，中華書局，2004年，第54頁。

2218 余永梁：《金文地名考》，《國立中山大學語言歷史學研究所週刊》第5集第53、54期合刊，1928年，第11頁。

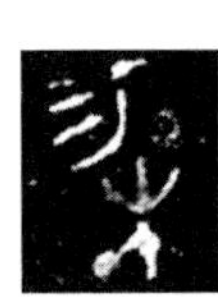 四十二年 逨鼎	可能是從西周早期開始的楊國至兩周之際被滅，宣王之子或後裔復封此地，但仍襲用了楊國的國號。徵諸史籍，類似情況並不鮮見。 李伯謙《也談楊姞壺銘文的釋讀》[2219][楊姞壺] 將坊堆村永凝堡遺址説成是古楊國城址之看法欠妥。因爲在 1960 年山西省考古研究所張頷同志曾在坊堆村永凝堡以南十餘公里，發現一座古城，古城平面呈長方形，方向 7°，東西長 1300 米，南北寬 580 米。大部分城址在地面上猶存，古城位于洪洞縣東南 9 公里，霍山南面的范村、安樂村、張村和敬村之間，澗水經古城北，西南流入汾水。此次調查的城，它在古代相當何城？他們推測如下： “今洪洞縣在魏時爲楊縣，見《魏書・地形志》晉州永安郡下，隋義寧二年（即唐武德元年）縣治移至洪洞，始名洪洞縣。晉屬平陽郡。故《左傳》襄公二十九年叔侯曰：虞、虢、焦、滑、霍、楊、韓、魏皆姬姓也。杜預注云：‘八國皆晉所滅……楊屬平陽郡。’楊爲晉所滅後，分其地于羊舌肸，《晉地道記》曰：‘楊，故楊侯國，晉滅之以賜大夫羊舌肸。’羊舌之地，後又被分。《左傳》昭公二十八年曰：晉韓宣子卒，魏獻子爲政……分羊舌氏之田以爲三縣……樂霄爲銅鞮大夫，趙朝爲平陽大夫，僚安爲楊氏大夫。’此三縣相當于今沁縣、臨汾和洪洞一帶。《水經・汾水注》曰：‘汾水經楊城西不于東矣。’今洪洞縣正在汾水之東，與之相符合。漢代楊城或即在此。”漢代楊城應是在東周、西周古楊國的基礎上建立的。因此我們認爲古楊國的地望應在洪洞縣東南 15 公里范村處是比較可信的。 陳昌遠、王琳《從“楊姞壺”談古楊國問題》[2220][楊姞壺] 作爲地名的“楊”曾見于多友鼎。多友鼎記載多友從京師出發追擊獫狁，先後經過筍（荀）、穫（霍）、龔（絳）、世、楊冢。除“世”地無考，其餘荀、霍、絳、楊都在山西中南部。四十二年逨鼎所見伐獫狁（或戎）地點“井阿”“歷岩”“弓谷”和多友鼎的“楊冢”都有描寫山區地貌的地名後綴。“楊冢”應在楊的附近。楊的故地，李伯謙先生據考古發現推測是在今山西省洪洞縣坊堆—永凝堡一帶。其他地名應該在楊的周圍來尋求。 董珊《略論西周單氏家族窖藏青銅器銘文》[2221][四十二年逨鼎] 鼎銘長父所封的楊，在今山西洪洞東南，已有北京大學董珊博士指出，並有很好的討論。按西周楊國本係姞姓，晉侯墓地 M63 出楊姞壺，楊姞是晉穆侯的一位夫人（M62 爲另一夫人齊姜），可知姞姓之楊宣王時尚存一段時間。鼎銘記四十二年封長父于楊，是姬姓之楊始建，姞姓之楊已滅。這與《國語・鄭語》説幽王八年時成周“西有虞、虢、晉、隗、霍、楊、

2219　李伯謙：《也談楊姞壺銘文的釋讀》，《文物》1998 年第 2 期，第 33—34 頁。
2220　陳昌遠、王琳：《從“楊姞壺”談古楊國問題》，《河南大學學報（社會科學版）》2001 年第 1 期，第 15 頁。
2221　董珊：《略論西周單氏家族窖藏青銅器銘文》，《中國歷史文物》2003 年第 4 期，第 48—49 頁。

<table>
<tr><td></td><td>魏、芮”，韋解云皆姬姓，是符合的。
文獻中關于姬姓之楊有種種異説，較早的如《世本》云爲唐叔之後，“至晋出公遜于齊，生伯僑”，歸周而封爲楊侯。《漢書·揚雄傳》也説出自伯僑，但云不知爲周何王的別子。《新唐書·宰相世系表》則説“周宣王子尚父封爲楊侯”，《廣韻》陽十云“本自周宣王子尚父，幽王邑諸楊，號曰楊侯”，《元和姓纂》又云“周宣王曾孫封楊”，現在看，後説確保留了史實的影子。
李學勤《眉縣楊家村新出青銅器研究》[2222][四十二年逨鼎]

此字爲楊應無疑問。楊即周時楊國。《新唐書·宰相世系表》十一下：“楊氏，出自姬姓，周宣王子尚父，封爲楊侯。”《廣韻》十楊：“本自周宣王子尚父，幽王邑諸楊，號曰楊侯，後并于晋。”楊春秋時爲晋卿羊舌氏邑，在今山西洪洞縣。
王輝《四十二年逑鼎銘文箋釋》[2223][四十二年逨鼎]

新出的四十二年逨鼎銘文中有：“余肇建長父侯于楊”一句，與《新唐書·宰相世系表一下》“楊氏出于姬姓，周宣王子尚父封爲楊侯”相互印證。洪洞永凝堡楊國墓地又出土了“尚父”簋，“長父侯于楊”之楊國在晋南洪洞縣確信無疑。
山西洪洞縣漢代稱之楊縣，東周屬楊邑，晋滅楊國後，晋國公族大夫叔向食邑在楊，以楊爲氏，其子又曰：“楊食我。”洪洞，西周屬姬姓楊國。“楊”作爲國名、邑名、縣名傳承清晰。眉縣楊家村既没有楊國古代文化遺存，又没有古文獻的佐證。長父（尚父）封楊，此楊國不在陝西，與眉縣楊家村也没關係。
李建生、王金平《周伐獫狁與“長父侯于楊”相關問題》[2224][四十二年逨鼎]

西周諸侯國，今山西洪洞縣東南范村。
吴鎮烽《銘圖索引》[2225][楊伯簋]</td></tr>
<tr><td>0751
楊家</td><td>**【時代】西周晚期**

【出處】多友鼎［《集成》2835］

【類別】城邑名稱</td></tr>
</table>

2222 李學勤：《眉縣楊家村新出青銅器研究》，原載《文物》2003 年第 6 期；後收入《新出青銅器研究（增訂版）》，人民美術出版社，2016 年，第 312 頁。
2223 王輝：《四十二年逑鼎銘文箋釋》，《高山鼓乘集：王輝學術文存二》，中華書局，2009 年，第 61 頁。
2224 李建生、王金平：《周伐獫狁與“長父侯于楊”相關問題》，《中原文物》2012 年第 1 期，第 31 頁。
2225 吴鎮烽：《商周青銅器銘文暨圖像集成索引》，上海古籍出版社，2019 年，第 1068 頁。

多友鼎

【釋地】山西省臨汾市洪洞縣

“楊冢”。今山西襄汾北洪洞縣附近之地名。多友將入侵之敵趕到這個地方給以殲滅性打擊。

田醒農、雒忠如《多友鼎的發現及其銘文試釋》[2226][多友鼎]

楊冢，地名。《爾雅·釋地》：“秦有楊陓。”郭璞注：“今在扶風汧縣西。”應即古汧源之蒲谷鄉附近，即今陝西隴縣西、甘肅華亭南的地方。其方位恰在共地西部，與多友追擊的方向相合。又按周軍急追和追擊時間短促的情況分析，楊冢的方位似應就在楊陓。

李仲操《也釋多友鼎銘文》[2227][多友鼎]

楊國在今山西洪洞東南。《左傳》襄二十九年：“虞、虢、焦、滑、霍、楊、韓、魏，皆姬姓也，晋是以大，若非侵小，將何所取？”所説楊係姬姓，爲晋所滅。這個楊國的女兒照例要稱楊姬，不能叫做楊姞。事實上，姬姓楊國受封甚晚，陳槃先生《春秋大事表列國爵姓及存滅表撰異》曾有論述，引《世本》云楊爲唐叔虞之後，至晋武公時生伯僑，歸周天子，封于楊。《元和姓纂》另有兩説，一云周宣王曾孫封楊，一説係周景王之後。《新唐書·世系表》和《廣韻》則稱周宣王子尚父，幽王時封于楊。《國語·鄭語》説幽王八年時成周“西有虞、虢、晋、隗、霍、楊、魏、芮”，韋昭注云“八國姬姓也”。韋説如果不錯，《新唐書》等之説或許得實。不管是那種説法，姬姓楊國都不早于西周之末。晋穆侯的在位年是周宣王十七年（公元前 811 年）至四十三年（前 785 年），姬姓的楊還不存在。當時楊國是姞姓，與晋通婚，可補史籍之缺。

李學勤《晋侯邦父與楊姞》[2228]

“楊冢”，《詩·小雅·十月》有“山冢崒崩”。“冢”，可理解爲山頂。從考古發掘資料看，西周時期墓葬是不起冢的。“楊冢” 當爲地名，在楊國附近山區，離洪洞永凝堡—坊堆不會太遠。

李建生、王金平《周伐玁狁與“長父侯于楊”相關問題》[2229][多友鼎]

楊冢，筍地附近地名。

劉雨《多友鼎銘的時代與地名考證》[2230][多友鼎]

2226 田醒農、雒忠如：《多友鼎的發現及其銘文試釋》，《人文雜志》1981 年第 4 期，第 117 頁。
2227 李仲操：《也釋多友鼎銘文》，《人文雜志》1982 年第 6 期，第 97 頁。
2228 李學勤：《晋侯邦父與楊姞》，《綴古集》，上海古籍出版社，1998 年，第 107—108 頁。
2229 李建生、王金平：《周伐玁狁與“長父侯于楊”相關問題》，《中原文物》2012 年第 1 期，第 27 頁。
2230 劉雨：《多友鼎銘的時代與地名考證》，《考古》1983 年第 2 期，第 153 頁。

0752

榆次

榆次令焦榚戈

【時代】戰國晚期·趙

【出處】榆次令焦榚戈

廿年，榆次命焦榚，下庫工帀（師）旬明，冶人九。[榆次令焦榚戈，《銘續》1254]

【類別】城邑名稱

【釋地】山西省晉中市榆次區

先屬魏後歸趙，今山西榆次市。

吴鎮烽《銘圖索引》[2231][榆次令焦榚戈]

0753

嗇

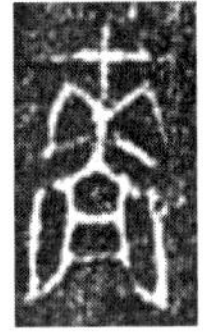

儹匜

【時代】西周中期

【出處】儹匜等

器銘：唯三月既死霸（魄）甲申，王在莽上宫，伯揚父迺成劾曰："牧牛！覰乃苛勘。汝敢以乃師訟。汝上侹先誓。今汝亦既又孚誓，専嗇睦儹，送亦兹五夫，亦既孚乃誓，汝亦既從辭從誓。式苛，我宜鞭汝千，幭剭汝。今我赦汝，義鞭汝千，黜剭汝。今大赦。蓋銘：汝，鞭汝五百，罰汝三百寽。伯揚父迺或使牧牛誓曰自今余敢擾乃小大事。乃師或以汝告，則致，乃鞭千，幭剭。牧牛則誓。乃以告事䚄、事曶于會。牧牛辭誓成，罰金。儹用作旅盉。[儹匜，《集成》10285]

【類別】城邑名稱

地名。

馬承源《商周青銅器銘文選》[2232][儹匜]

魏地。

李學勤《〈中日歐美澳紐所見所拓所摹金文彙編〉選釋》[2233][嗇（嗇）下官鍾][2234]

0754

𨛫

【時代】西周晚期

【出處】多友鼎[《集成》2835]

2231 吴鎮烽：《商周青銅器銘文暨圖像集成索引》，上海古籍出版社，2019年，第1068頁。

2232 馬承源主編：《商周青銅器銘文選（三）》，文物出版社，1988年，第186頁。

2233 李學勤：《〈中日歐美澳紐所見所拓所摹金文彙編〉選釋》，原載《四川大學學報叢刊·第十輯：古文字研究論文集》；後收入《新出青銅器研究（增訂版）》，人民美術出版社，2016年，第255頁。

2234 即《銘圖》12093：魏下官壺。

多友鼎

0754.02

郝

0754.03

穫

【類别】自然地理名稱·河湖

漆也見于《詩》，如《緜》篇云："緜緜瓜瓞，民之初生，自土沮漆，古公亶父，陶復陶穴，未有家室。"箋云："公劉失職，遷于豳，居沮漆之地。"《史記·周本紀》：古公亶父與私屬"去豳，度漆沮，逾梁山，止于岐下。豳人舉國扶老携幼，盡復歸古公于岐下"。漆水的位置前人雖有異説，其與豳相近卻是没有疑問的。

李學勤《論多友鼎的時代及意義》[2235][多友鼎]

郲即《詩經·大雅·緜》篇的漆水。讀《緜》及《史記·周本紀》，古公亶父去豳往岐，漆水是其必涉之川，故毛傳指爲岐周之水而鄭箋以爲靠近豳地。王引之《經義述聞》（卷六）説："漆水，在右扶風漆縣西，北入涇，今屬邠州。（自注：《地理志》曰：'右扶風漆，漆水在縣西。'《元和郡縣志》曰：'漆水在新平縣西九里有白土川，東北流注于涇水。或是漢之漆水也。但古今異名耳。'案漢之漆縣，爲唐之新平，即今之邠州也。此漆水在邠州，與他書言漆沮者不同。故顔師古注《漢書·匈奴傳》'岐梁涇漆'曰：'此漆水在新平。'）"據王氏此説，古漆水在今彬縣西未遠。這與多友鼎稱玁狁伐筍（今旬邑縣東），多友西追，搏于漆（今彬縣稍西），追擊的路綫和地望均相合。

劉翔《多友鼎銘兩議》[2236][多友鼎]

郝，字不識，筍附近地名。

劉雨《多友鼎銘的時代與地名考訂》[2237][多友鼎]

地名，字未詳。一説即郲，就是漆水之漆，西周時漆水近豳，在涇水之南，入渭。

馬承源《商周青銅器銘文選》[2238][多友鼎]

穫（霍），此字原形右從"邑"旁，左半聲旁是由從"禾"、從"弋"會意的古文字"穫"字形體省略而來，因此可讀爲"霍"。"霍"乃晋國拒戎狄之北部天然屏障。

《史記·管蔡世家》："武王同母弟十人，其六曰霍叔處。"《索隱》地理志河東彘縣（今霍縣附近），霍太山在東北，是霍叔之所封地。傳世銅器有霍壺、霍作己公鼎。《國語·晋語一》："（獻公）十六年，公作二軍。公將上軍，太子申生將下軍，以伐霍。太子遂行，克霍而還。"《史

2235 李學勤：《論多友鼎的時代及意義》，原載《人文雜志》1981年第6期；後收入《新出青銅器研究（增訂版）》，人民美術出版社，2016年，第111頁。

2236 劉翔：《多友鼎銘兩議》，《人文雜志》1983年第1期，第84頁。

2237 劉雨：《多友鼎銘的時代與地名考訂》，《考古》1983年第2期，第152頁。

2238 馬承源主編：《商周青銅器銘文選（三）》，文物出版社，1988年，第284頁。

記·趙世家》："趙夙爲將伐霍，霍公求奔齊，《地名考略·霍》："至霍哀公，爲晋所滅，哀公奔齊，晋以其地賜大夫先且居。"

李建生、王金平《周伐獫狁與"長父侯于楊"相關問題》[2239]［多友鼎］

【釋地】陝西省咸陽市淳化縣

[illegible]字，田醒農、雒忠儒釋邾，李學勤釋𨜒。均非。此字左旁作[illegible]，按《从鼎》年字作[illegible]，《仲簋》年字作[illegible]，《王人甗》年字作[illegible]，均與此字左旁相同。故應釋邾。邾，周地名。《説文》謂邾："左馮翊谷口鄉。"谷口的方位傳世文獻記載較多。《説文》嵏字下謂："九嵏山在馮翊谷口。"《史記·范雎傳》有"北有甘泉谷口"，〔注〕謂"九嵏山西謂之谷口，即古寒門也。在雍州禮泉縣東北四十里。"《漢書·地理志》谷口縣下注有"九嵏山在西。"《漢書·溝洫志》謂"白渠首起谷口。"〔注〕："師古曰：'谷口即今之雲陽縣治谷是也。"依據上述記載，知谷口當指涇水出山口以下、九嵏山旁的川谷地帶。銘文之邾地當在這裏。邾地距鎬京約百餘華里，爲兩天行程。因玁狁入侵急迫，多友奉命進擊，兼程行軍，一天一夜就趕到邾地，于甲申之晨就同戎軍交鋒。再從玁狁方面看，頭一天在筍俘掠以後，第二天一早就在邾地與周軍作戰，把俘掠來的人和物全被周軍奪了回去。時間如此短促，也可證筍與邾的距離必不會遠。《漢書·地理志》載："右扶風旬邑有豳鄉，公劉所邑。"可知周之豳爲漢之旬邑，而周之筍地，由鼎銘推斷其距邾地很近，也許在漢旬邑之東南，即今之淳化附近。

邾即焦穫。《詩·六月》："玁狁匪茹，整居焦穫。"《爾雅·釋地》謂"周有焦穫。"郭璞注以爲在池陽、瓠中。池陽即今涇陽縣以北的地區。瓠中，又名瓠口，即漢之谷口，在涇水之東，池陽之北。邾亦在谷口，應即焦穫，是玁狁多次入寇的出入地。共、世、楊冢三地更在筍、豳之西，處于涇水上游，當是玁狁活動的主要地區之一。

李仲操《也釋多友鼎銘文》[2240]［多友鼎］

0755

賈

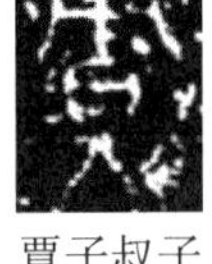

賈子叔子屖盤

【時代】西周晚期

【出處】賈子伯昃父鬲等

賈子伯昃父作尊鬲。［賈子伯昃父鬲，《銘圖》2807、2808］

【類別】城邑名稱

【釋地】山西省臨汾市襄汾縣

關于賈國地望所在，文獻大致有以下兩種説法：一説認爲賈國地望在今陝西蒲城縣一帶。清顧棟高《春秋大事表·四九·賈》云："（賈）都，在今陝西同州府蒲城縣西南十八里有賈城。"陳槃《春秋大事表列國爵姓

2239 李建生、王金平：《周伐獫狁與"長父侯于楊"相關問題》，《中原文物》2012年第1期，第27頁。
2240 李仲操：《也釋多友鼎銘文》，《人文雜志》1982年第6期，第96、98頁。

賈子己父匜

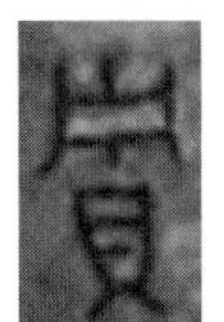

賈子伯歆父壺

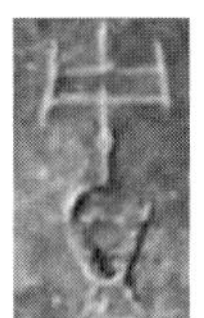

賈子伯歆父盤

及存滅表撰異》：“《通志·同上篇》：同州有賈城，即其地。案同州賈城，即今陝西蒲城縣，與山西臨汾相去四百二十里，未詳孰是，或賈亦嘗遷地歟？”《通志·氏族略二》：“賈氏，伯爵，康王封唐叔虞少子公明于此。同州有賈城，即其地。或言河東臨汾有賈鄉是也。爲晋所滅，子孫以國爲氏。又晋既并賈，遂以爲邑。故晋之公族狐偃之子射姑食邑于賈，謂之賈季，其後則以邑爲氏。”《路史·卷二十八》：“賈，伯爵，華之蒲城縣西南十八有故城賈大夫冢，伐曲沃者。又臨汾有賈鄉。”另説認爲賈國地望在今山西襄汾縣西南。楊伯峻《春秋左傳注》：“賈，姬姓國。《元和姓纂》三十五、《馬韻》謂周康王封唐叔虞少子公明于此。當在今山西省襄汾縣東。顧棟高《大事表》本《通志》，以今陝西省蒲城縣西南之賈城當之，恐不確。賈亦爲晋所滅，賜狐射姑爲邑。”《中國歷史地名大辭典》：“賈國，西周封置，在今山西襄汾縣西南。後滅于晋。唐元和十二年李光顔等討伐吴元濟，與淮西兵戰于此。”譚其驤《中國歷史地圖集》之《西周時期中心區域圖》《宗周、成周附近》皆標注賈在山西襄汾縣西南，處新絳縣與洪洞縣之間。今聞這批銅器出土于山西，故賈國地望當以山西襄汾爲是，陝西蒲城爲非。如此，争論上千年來的賈國地望問題，至此也就塵埃落定了。

王宏、權敏《賈國青銅器及其重要價值探研》[2241]

今山西襄汾縣西南。

吴鎮烽《銘圖索引》[2242][賈子伯昃父鬲]

0756

賈氏

庫嗇夫鼎

【時代】戰國晚期·趙

【出處】庫嗇夫鼎

十一年，庫嗇夫肖（趙）不舉、賈氏大令所爲，空（容）二斗。[庫嗇夫鼎，《集成》2608]

【類別】城邑名稱

【釋地】河北省邯鄲市

地名“賈氏”應讀作“五氏”。賈在上古爲見紐魚部字，五爲疑紐魚部字，韻母相同，聲紐同爲牙音，例可通假。《春秋穀梁傳》：“齊侯、衛侯次于五氏。”五氏，亦稱寒氏，歷代學者均認爲其在今河北邯鄲市西，是晋大夫邯鄲趙午之私邑，《讀史方輿紀要》卷一五直隸廣平府邯鄲縣部分列有“五氏城”條，實際上五氏城遺址早已不存，但在邯鄲之西似無疑問，位于今邯鄲市西三公里處的武安縣城西南有午汲古城，相傳即五氏城，詳見《武安縣志》和《武安縣地名志》。

秦曉華《三晋彝器銘文劄記兩則》[2243][庫嗇夫鼎]

2241　王宏、權敏：《賈國青銅器及其重要價值探研》，《中原文物》2015年第1期，第68—69頁。
2242　吴鎮烽：《商周青銅器銘文暨圖像集成索引》，上海古籍出版社，2019年，第995頁。
2243　秦曉華：《三晋彝器銘文劄記兩則》，《江漢考古》2010年第2期，第120頁。

0757

虞

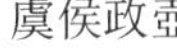
虞侯政壺

宜侯夨簋

虞司寇伯吹壺

0757.02 虞

【時代】西周早中期

【出處】虞侯政壺等

唯王二月初吉壬戌，虞侯政作寶壺，其萬年子子孫孫永寶用。[虞侯政壺，《集成》9696]

【類别】城邑名稱

從虍從夨，《説文》所無，爲國名。夨原受封在虞地爲侯，“宜侯”是爲改封。舊辭虞，與字形不合。

馬承源《商周青銅器銘文選》[2244][宜侯夨簋]

【釋地】山西省運城市平陸縣

今山西平陸縣東北有虞山或作吴山，即虞地也。

余永梁《金文地名考》[2245][虞司寇壺]

虞侯夨與父虞公皆爲北虞君主，即春秋虞國祖先，國都在大陽之北五十里，大陽後改河北與平陸。解放後，平陸縣移聖人澗，北三十五里張店東南有古城，與《括地志》所記大陽（今大陽渡附近）北五十里，及《水經注》所記大陽北巔軨坂東北之虞城，方道里皆合。

黄盛璋《銅器銘文宜、虞、夨的地望及其與吴國的關係》[2246]

周武王所封的姬姓侯國，《史記·吴太伯世家》：“乃封周章弟虞仲于周之北故夏墟，是爲虞仲。”司馬貞《索隱》：“夏都安邑，虞仲都大楊之虞城，在安邑南，故曰夏墟。”故地在今山西省平陸縣北。

馬承源《商周青銅器銘文選》[2247][筍侯匜]

【釋地】河南省商丘市虞城縣

今河南虞城縣北。

吴鎮烽《銘圖索引》[2248][虞侯政壺]

0758

業邔

【時代】戰國早期

【出處】業邔令陽戈

非釪業邔令陽，廿四。[業邔令陽戈，《集成》11270]

2244 馬承源主編：《商周青銅器銘文選（三）》，文物出版社，1988年，第34頁。
2245 余永梁：《金文地名考》，《國立中山大學語言歷史學研究所週刊》第5集第53、54期合刊，1928年，第9頁。
2246 黄盛璋：《銅器銘文宜、虞、夨的地望及其與吴國的關係》，《考古學報》1983年第3期，第304頁。
2247 馬承源主編：《商周青銅器銘文選（三）》，文物出版社，1988年，第347頁。
2248 吴鎮烽：《商周青銅器銘文暨圖像集成索引》，上海古籍出版社，2019年，第996頁。

業邗令陽戈	【類別】城邑名稱
0759 **黽**  師同鼎 0759.02 挖	【時代】西周中期 【出處】師同鼎 𢍰畀其井，師同從，折首執訊，俘車馬五乘，大車廿，羊百㪚，用造王羞于黽，孚戎金胄卅、戎鼎廿、鋪五十、劍廿，用鑄玆尊鼎，子子孫孫，其永寶用。[師同鼎，《集成》2779] 【類別】城邑名稱 挖地，史無記載，過去出土的銅器銘文中也未見過，本銘中爲首見。 傅昇岐《周原發現師同鼎》[2249][師同鼎] 【釋地】河南省鄭州市 "獻"通作羲，爲國族名；"侯"爲爵稱，"𩑛"是其私名。"大黽"。唐蘭先生説："是氏族名，商周青銅器中常見。有些商代器中作黽，最早的見于鄭州出土的商代早期的銅罍上，此當是以地爲地氏"。其實，"黽"是蟾諸之類的動物。《説文・黽部》："蛙，黽也。"《爾雅・釋魚》："黽，蟾諸在水者黽。"郝懿行疏："黽似青蛙大腹背有黑紋一道，其鳴蛤蛤者是也。"由此可見，羲氏當是以青蛙一類動物爲圖騰的國族，其早期的居住地當在今河南鄭州一帶。 蔡運章《羲、和兩國史迹考略》[2250] 【釋地】河南省信陽市平橋區 黽，亦作"黽塞""黽隘""冥阸""鄳阸隘""澠阸隘"等。在今河南信陽縣平靖關。《戰國策・楚策四》："不知夫穰侯方受命于秦王填黽塞之内，而投已乎黽塞之外"之"黽塞"，本此。 崔恒昇《甲金文地名考釋》[2251] 今河南信陽市平橋區平靖關。 吴鎮烽《銘圖索引》[2252][師同鼎]

2249　傅昇岐：《周原發現師同鼎》，《文物》1982年第12期，第46頁。
2250　蔡運章：《羲、和兩國史迹考略》，《甲骨金文與古史研究》，中州古籍出版社，1993年，第43—44頁。
2251　崔恒昇：《甲金文地名考釋》，安徽大學古文字研究室編：《古文字研究》（第二十二輯），中華書局，2000年，第154頁。
2252　吴鎮烽：《商周青銅器銘文暨圖像集成索引》，上海古籍出版社，2019年，第996頁。

0760 **鄭**  邢南伯簋	**【時代】西周中期** **【出處】邢南伯簋** 唯八月初吉壬午，井南伯作鄭季姚好尊簋，其萬年子子孫孫永寶，日用享孝。[邢南伯簋，《集成》4113] **【類别】國族名稱** 西周國族名。《説文・邑部》："鄭，南陽穰鄉。"一説，鄭爲郪，婁、要字形相近。 馬承源《商周青銅器銘文選》[2253][邢南伯簋]
0761 **鄏**  尹叔鼎	**【時代】西周中期** **【出處】尹叔鼎** 尹叔作鄏姞媵鼎。[尹叔鼎，《集成》2282] **【類别】城邑名稱** **【釋地】河南省洛陽市汝陽縣** 今河南汝陽縣東南。 吴鎮烽《銘圖索引》[2254][尹叔鼎]
0762 **畞林** 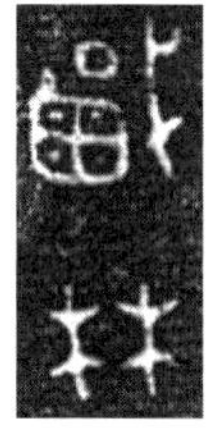 㦰簋 0762.02 棫林	**【時代】西周中期** **【出處】㦰簋** 唯六月初吉乙酉，在堂𠂤（師），戎伐馭，㦰率有嗣、師氏奔追襲戎于畞林，搏戎㝬。朕文母競敏啓行，休宕厥心，永襲厥身，卑克厥啻（敵），獲馘百，執訊二夫，俘戎兵：盾、矛、戈、弓、備（箙）、矢、裨、冑，凡百有卅有五叡，俘戎俘人百有十有四人。衣（卒）搏，無尤于㦰身，乃子㦰拜稽首，對揚文母福剌，用作文母日庚寶尊簋，卑乃子㦰萬年，用夙夜尊享孝于厥文母，其子子孫孫永寶。[㦰簋，《集成》4322] **【類别】城邑名稱** 畞林，地名。或説即棫林。《左傳・襄公十四年》記晋國伐秦，"濟涇而次，……至于棫林"。其地在涇水之西，淮夷似不可能到達宗周深遠的腹地，或是另一地名。 馬承源《商周青銅器銘文選》[2255][㦰簋]

2253　馬承源主編：《商周青銅器銘文選（三）》，文物出版社，1988年，第252頁。
2254　吴鎮烽：《商周青銅器銘文暨圖像集成索引》，上海古籍出版社，2019年，第997、999頁。
2255　馬承源主編：《商周青銅器銘文選（三）》，文物出版社，1988年，第115頁。

【釋地】陝西省寶鷄市

棫字原作𪊨，下從田，即周字。𪊨林即棫林，大概由于在周原一帶，所以從周。《左傳》襄公十四年記晉國伐秦，“濟涇而次……至于棫林”。是棫林在涇水之西。《漢書·地理志》右扶風雍縣有棫陽宫，昭王起。清《一統志》説：“棫陽宫在今扶風縣東北。”或説在寶鷄附近。棫陽宫的名稱，應與棫林有關。那末，棫林舊地當在今扶風、寶鷄一帶。當時秦國都在雍，在今鳳翔縣南，寶鷄縣北，晉兵本想攻雍，而逗留在棫林，可證。《史記·鄭世家》索隱引《世本》“桓公居棫林，徙拾”。《漢書·地理志》京兆有鄭縣，注：周宣王弟鄭桓公邑。”臣瓚注：“周自穆王以下，都于西鄭，不得以封鄭桓公也。”顔師古注則説：“穆王以下，無都西鄭之事，瓚説非也。”按臣瓚曾見《竹書紀年》，所説王都西鄭，本不誤。但以京兆的鄭縣（今陝西省華縣）爲穆王所都都則是錯了。《竹書紀年》説：“穆王所居鄭宫、春宫。”銅器中如免觶、大簋等都説，“王在奠（鄭）”，都證明穆王曾居鄭，但這個鄭並不是後來的京兆鄭縣。《史記·秦本紀》：“德公元年，初居雍城大鄭宫”，正義引《括地志》“岐州雍縣南七里故雍城，秦德公大鄭宫城也”。這個大鄭宫應是穆王鄭宫的舊址。雍縣故城在今鳳翔縣南，那末，西鄭本在鳳翔到扶風一帶。鄭桓公始封之鄭，是在涇西的棫林。後來纔遷到京兆鄭縣，可能就是《世本》所説的“徙拾”。東周後又遷到新鄭，到秦武公“縣杜鄭”時則是以鄭桓公所遷之地爲鄭縣，不是始居的棫林了。後人不知道西鄭原在涇河之西，又不知道京兆鄭縣不是鄭桓公始封之地，而誤以鄭縣（今華縣）當作棫林，就和《左傳》所説棫林的地理不合了。

唐蘭《用青銅器銘文來研究西周歷史》[2256][㦰簋]

【釋地】河南省平頂山市葉縣

《左傳·襄公十六年》記晉以諸侯之師伐許，“夏六月，次于棫林。庚寅，伐許，次于函氏”。杜注：“棫林，函氏，皆許地。”當時許都于葉（《左傳·成公十五年》“許遷于葉”），在今河南葉縣。《春秋大事表·列國都邑表》認爲棫林在葉縣東北，大致可信（近年出版的《中國歷史地圖集》第一册25—26把棫林畫在今葉縣之東）。淮戎入侵所至的棫林，應該就是這個棫林。

裘錫圭《説㦰簋的兩個地名——“棫林”和“胡”》[2257]

𩡧林，裘錫圭認爲即《左傳·襄公十六年》“夏六月，次于棫林，庚寅，伐徐，次于函氏”之棫林，杜注：“棫林、函氏，皆許地。”“當時許都于葉，在今河南葉縣。《春秋大事表·列國都邑表》認爲棫林在葉縣東北，大致可信（近年出版的《中國歷史地圖集》第一册二五—二六把棫

2256 唐蘭：《用青銅器銘文來研究西周歷史——綜論寶鷄市近年發現的一批青銅器的重要歷史價值》，《文物》1976年第6期，第39頁。

2257 裘錫圭：《説㦰簋的兩個地名——“棫林”和“胡”》，《裘錫圭學術文集》（第三卷），復旦大學出版社，2015年，第36頁。

<table>
<tr>
<td></td>
<td>
林畫在今葉縣之東）。淮戎入侵所至的棫林，應該就是這個棫林。”
陳秉新、李立芳《出土夷族史料輯考》[2258][⿰阝或簋]

⿰阝或林或說即棫林，其地所在諸説不一。唐蘭以爲棫林“在周原一帶，所以從周。”《左傳・襄公十四年》記晋國伐秦“濟涇而次，……至于棫林。”“《漢書・地理志》右扶風雍縣有棫陽宫，昭王起……西鄭本在鳳翔到扶風一帶，鄭桓公始封之鄭，是在涇西的棫林，後來纔遷到京兆鄭縣。”《銘文選》也主張棫林在涇西，但又説“淮夷似不可能到達宗周深遠的腹地，或是另一地名”，態度遊移。裘錫圭《論⿰阝或簋的兩個地名——棫林和胡》則説棫林在河南葉縣東北。《左傳・襄公十六年》記晋以諸侯之師伐許，“夏六月，次于棫林。庚寅，伐許，次于函氏。”杜預注：“棫林，函氏皆許地。”就當時的形勢來看，裘説可信。
王輝《商周金文》[2259][⿰阝或簋]

今河南葉縣東北。
吴鎮烽《銘圖索引》[2260][⿰阝或簋]

【釋地】河南東南地區
⿰田或林即史上所載的棫林，其地在河南東南方，汝水上游的泜水北岸，即今平頂山市東南方數里處，其地在胡的西方約三十五公里。那麼淮夷在穆王時代向北方擴展已經威脅到周土的東疆是很明顯的。當時受威脅最嚴重的是東虢（鄭州西側）、新鄭和胡等地。
高木森《西周青銅彝器彙考》[2261][录簋銘]
</td>
</tr>
<tr>
<td>0763
遣

遣叔鼎
0763.02
⿺走貴</td>
<td>
【時代】西周中期

【出處】遣叔鼎 遣叔吉父盨
⿺走貴（遣）叔作旅鼎用。[遣叔鼎，《集成》2212]

【類別】國族名稱
</td>
</tr>
<tr>
<td>0764
蜀</td>
<td>
【時代】西周中期

【出處】班簋[《集成》4341]
</td>
</tr>
</table>

2258 陳秉新、李立芳：《出土夷族史料輯考》，安徽大學出版社，2005年，第178—179頁。
2259 王輝：《商周金文》，文物出版社，2006年，第111—112頁。
2260 吴鎮烽：《商周青銅器銘文暨圖像集成索引》，上海古籍出版社，2019年，第979頁。
2261 高木森：《西周青銅彝器彙考》，中國文化大學出版部印行，1986年；後收入劉慶柱、段志洪、馮時主編：《金文文獻集成》（第二十七册），綫裝書局，2005年，第122頁。

班簋

【類别】國族名稱

蜀不知何在，《竹書紀年》“夷王二年蜀人吕人來獻瓊玉賓于河用介珪”，或即此蜀。

陳夢家《西周銅器斷代》[2262][班簋]

非巴蜀之蜀，可能是魯國之蜀。《春秋·成公二年》：“十有一月，公會楚公子嬰齊于蜀。丙申，公及楚人……曹人、邾人、薛人、鄫人盟于蜀。”此地名也見于《國語·楚語》：“靈王爲章華之臺……願得諸侯與始升焉，諸侯皆距無有至者。而後使大宰啓疆請于魯侯，懼之以蜀之役，而僅得以來。”韋昭《注》：“蜀，魯地。”

馬承源《商周青銅器銘文選》[2263][班簋]

蜀，學者或以爲在山東，即《春秋·成公二年》“公會楚公子嬰齊于蜀”及《國語·楚語》“（楚靈王）使大宰啓疆請于魯侯，懼之以蜀之役”的魯地蜀；或以爲在今河南西部，即《竹書紀年》“夷王二年，蜀人吕人來獻瓊玉”之蜀。

王輝《商周金文》[2264][班簋]

【釋地】四川省成都市

蜀，商、周時方國名。《尚書·牧誓》“及庸、蜀、羌、髳、微、盧、彭、濮人”，孔傳：“八國皆蠻夷戎狄屬文王者。”《史記·周本紀》正義引《括地志》云：“益州及巴、利等州，皆古蜀國。”其地望在今四川成都平原一帶。

陳秉新、李立芳《出土夷族史料輯考》[2265][班簋]

【釋地】山東省青州市

蜀當在東夷或南夷，非西蜀。《漢書·地理志》齊郡廣縣説：“爲山，濁水所出，東北至廣饒入鉅定。”在今山東省益都、壽光一帶。

唐蘭《西周青銅器銘文分代史徵》[2266][班簋]

【釋地】山東省地區

西南之蜀過遠，此蜀應在東方黄河流域。周原新出周初甲骨文有“伐蜀”（68號）。《竹書紀年》：“夷王二年蜀人、吕人來獻瓊玉，賓于河，用方珪”（《太平御覽》84，引），是西周中葉蜀國猶在，此蜀應即春秋魯地之蜀。《左傳》宣二年：“楚于是有蜀之役。”杜注：“在成二年冬，蜀魯地，泰山博縣西北有蜀亭。”成二年傳對這次戰役與會盟有如下的記載：“冬，楚師侵衛，遂侵我師于蜀。……十一月公及楚子嬰齊、蔡侯、

2262 陳夢家：《西周銅器斷代》，中華書局，2004年，第26頁。
2263 馬承源主編：《商周青銅器銘文選（三）》，文物出版社，1988年，第109頁。
2264 王輝：《商周金文》，文物出版社，2006年，第103頁。
2265 陳秉新、李立芳：《出土夷族史料輯考》，安徽大學出版社，2005年，第184頁。
2266 唐蘭：《西周青銅器銘文分代史徵》，《唐蘭全集（七）》，上海古籍出版社，2015年，第369頁。

許男、秦右大夫説、宋華元、陳公孫甯、衛孫良夫、鄭公子去疾及齊之大夫盟于蜀。”

昭七年楚薳啓彊使魯還提“蜀之盟”與“蜀之役”。蜀國近魯，後來爲魯所吞滅。春秋時蜀爲魯地是無疑問的，《路史·國名記》：“蜀，一作鄖。預云：泰山西北有蜀亭，今兖之奉符，故濟陽，有蜀山。”（《續漢書·地理志》潁川長葛“有蜀城，有蜀津”，注引《史記》曰：“魏惠王元年韓趙合軍伐魏蜀之渾。”按：今本《史記·魏世家》作“濁澤”，《趙世家》作“涿澤”，《年表》又作“涿澤”。作“濁”字是。“蜀城”“蜀津”當皆是“濁”，暫置不論。）

黄盛璋《班簋的年代、地理與歷史問題》[2267][班簋]

這裏的“繁”“蜀”“巢”三地，在“東域”尋找更爲合宜，且三地應該是團簇在一個相對較小的範圍之内。其中蜀地即《春秋》成公二年“公會楚公子嬰齊于蜀”與《國語·楚語》“蜀之役”之“蜀”，春秋時期屬魯，位于今山東泰安、萊蕪、新泰間的汶水沿岸。

陳絜《兩周金文中的繁地與西周早期的東土經略》[2268][班簋]

蜀西工戈

【釋地】河南省禹州市

今河南禹州市東北。

吴鎮烽《銘圖索引》[2269][班簋]

蜀西工戈

【時代】戰國晚期

【出處】蜀西工戈[《銘圖》16575—16577]

蜀西工戈

【類别】城邑名稱

【釋地】四川省成都市

秦郡，治成都，今四川成都市。

吴鎮烽《銘圖索引》[2270][蜀西工戈]

0765

歒

【時代】西周晚期

【出處】歒比盨[《集成》4466]

歒比盨

【類别】城邑名稱

邑名，今地不詳。

吴鎮烽《銘圖索引》[2271][歒比盨]

2267 黄盛璋：《班簋的年代、地理與歷史問題》，《考古與文物》1981年第1期，第80頁。
2268 陳絜：《兩周金文中的繁地與西周早期的東土經略》，《中原文物》2020年第1期，第75頁。
2269 吴鎮烽：《商周青銅器銘文暨圖像集成索引》，上海古籍出版社，2019年，第996頁。
2270 吴鎮烽：《商周青銅器銘文暨圖像集成索引》，上海古籍出版社，2019年，第996頁。
2271 吴鎮烽：《商周青銅器銘文暨圖像集成索引》，上海古籍出版社，2019年，第997頁。

0766 **與** 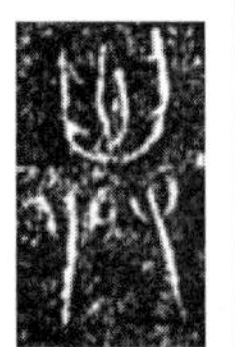 司馬成公權	**【時代】戰國時期·趙** **【出處】司馬成公權** 五年，司馬成公䣙䋣事，命代會㝁與下庫工帀（師）孟閘三人，以禾石，石尚（當）變平石。[司馬成公權，《集成》10385] **【類別】城邑名稱** 地名。 馬承源《商周青銅器銘文選》[2272][司馬成公權]
0767 **㒵**  㒵叔盨  㒵叔匜	**【時代】西周晚期** **【出處】㒵叔盨 㒵叔匜** 㒵叔作仲姬旅盨，㒵叔其萬年，永及仲姬寶用。[㒵叔盨，《集成》4425] 㒵叔作旅匜。[㒵叔匜，《集成》10181] **【類別】國族名稱** **【釋地】山東省鄒城市** 西周國族名。地望未詳。《詩·魯頌·閟宫》“保有㒵繹”，毛亨《傳》：“㒵，山也。繹，山也。”㒵山在今山東省鄒縣。 馬承源《商周青銅器銘文選》[2273][㒵叔盨]
0768 **微**  史牆盤 叀鼎	**【時代】西周時期** **【出處】史牆盤**[《集成》10175] **克罍 散氏盤**[《集成》10176]**等** 王曰：“大保，唯乃明乃心，享于乃辟。”余大對乃享，令克侯于匽（燕），旃、羌、馬、虘、雩、馭、微。克宧（次）匽（燕），入土眔厥嗣。用作寶尊彝。[克罍，《銘圖》13831] **【類別】國族名稱** “周公舍寓”，讓微家族處于周的土地，當在周都附近，周當指岐周，同時牆的父親既已官作册，又要經營農業，離周都過遠，就無法兼顧，其地當即在豐鎬與岐山之間的郿，此郿最早見于《詩·大雅·崧高》“往送王舅……王餞于郿”，此詩舊皆以爲周平王送申伯，可見西周已有此地。

2272 馬承源主編：《商周青銅器銘文選（四）》，文物出版社，1990年，第595頁。
2273 馬承源主編：《商周青銅器銘文選（三）》，文物出版社，1988年，第255頁。

微繳鼎

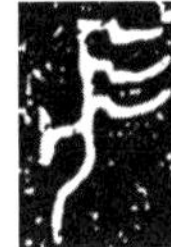

克罍

0768.02
散
0768.03
光
0768.04
散

而“郿”“微”古音全同，作爲地名，本無定字，郿即微，至于此郿（微）所以得名，則自來未獲很好解决，有的誤認爲和微子有關，如《路史·國名紀》：“微，子爵，本扶風郿陽，今岐之郿縣有郿鄉，紂徙畿内則在聊城”（十道志）；王國維則又以爲參加武王伐紂之微就在這裏。微子所封既在殷畿内，後來周封微子于宋，都商丘，都不能和此郿有關；牧野會師伐紂之八國皆“西南夷”，而此郿（微）則在岐周境内，所謂“卧榻之旁”，如何能容此微國？微家族窖藏銅器群出土，纔使郿（微）的問題獲得解决，一則和“舍寓于周”地位正合，二則窖藏地點和郿同處渭北，南北相值，相去僅幾十里，唐蘭先生以爲窖藏處大概是他（剌祖）的故居，按周原附近，已發現窖藏甚多，又爲周故都所在，其土地不可捨賜給他族，如微家族所賜采地在郿（微），則窖藏之地完全合理，三則微家族既官作册，又經營農業，采地衹能在此。“俾處甬”，甬如爲地名，當即此地之初名，後來由于長期屬于家族占有經營，既以微爲氏，久而久之，地隨主名，也就稱爲微，猶如周所處之地，皆名爲周，如此郿（微）的來源與變遷，完全獲得合理的解答。

黄盛璋《西周微家族窖藏銅器群初步研究》[2274][史牆盤]

關于盤銘的微，主要有三説：西微説，即以爲微是從武王伐紂的微（唐蘭、李仲操）；東微説，以爲即微子啓的微子國（徐中舒）；微伯説，認爲微史的先祖即卜辭仲的微伯，叔㔻父簋有“微姚”，證明微爲姚姓，傳説姚姓爲舜之後，微即殷東方異姓之屬國（黄盛璋）。

陳秉新、李立芳《出土夷族史料輯考》[2275][史牆盤]

微，有學者爲此“微”即《尚書·牧誓》中，助周人克商之微。殷瑋璋、劉士莪、尹盛平等先生認爲此“微”乃商末子姓之微”。我們認爲是有道理的。這樣看來，燕國受封時其受民的成分是較爲複雜的，既有北方羌、狁等少數民族，也有殷商子姓遺民。

任偉《西周燕國銅器與召公封燕問題》[2276][克罍]

【釋地】陝西省寶鷄市眉縣

散氏盤：“用夨，散邑，乃即散，用田眉。”又曰：“正眉夨舍散田。”盤紀夨侵散爲散所服，而割眉地與散也。眉爲周初國，蓋于宗周時已亡矣。眉微古通，亦即書牧誓“微盧彭濮”，立正“夷微盧蒸”之微也。據散氏盤考眉地望，在夨散之間，跨據南山，當即周初微之本國，今盩厔縣西郿縣，亦微地也。《詩·大雅》：“申伯信邁，王餞于郿。”即漢右扶風郿縣。是宗周時渭北已有此名，當又是周初南山微之一部後遷于渭北者也。

余永梁《金文地名考》[2277][散氏盤]

2274 黄盛璋：《西周微家族窖藏銅器群初步研究》，《歷史地理與考古論叢》，齊魯書社，1982年，第297頁。
2275 陳秉新、李立芳：《出土夷族史料輯考》，安徽大學出版社，2005年，第159頁。
2276 任偉：《西周燕國銅器與召公封燕問題》，《考古與文物》2008年第2期，第59—60頁。
2277 余永梁：《金文地名考》，《國立中山大學語言歷史學研究所週刊》第5集第53、54期合刊，1928年，第4頁。

微，微國，王國維謂微眉通用，周初之微當在漢郿縣西南。按即今陝西眉縣境。

方述鑫《太保罍、盉銘文考釋》[2278][太保罍]

微，地名。微地或説爲商代微子啓的封地，在今山西潞城縣東北；或説指商周時西南夷之國，約在今四川巴縣。微氏家族入周後居于畿內。周原甲骨 H11: 4“其微、楚□厥燎”。裘衛盉銘有“嗣土（徒）微邑”。《路史·國名紀》：“微，子爵……今岐山郿縣。”

王輝《商周金文》[2279][史牆盤]

微氏當是微子啓之後，武王克商，微氏先祖前來歸服，武王讓周公把他安置在周。岐山鳳雛村所出周原甲骨文亦有微，周甲 H11:4：“其微、楚□氒𡨦。”董家村出土之衛盉銘文有“𤔲土微邑。”《路史·國名紀》“微，子爵，本扶風郃陽，今岐山郿縣。”王國維也説：“故郿爲微。”以爲微之一部在郿縣（《觀堂集林·散氏盤跋》），但微與夨關係密切，又參與夨、散土地交易，其地當在周原。

王輝《西周畿内地名小記》[2280][史牆盤]

今陝西眉縣東渭河北岸。

吴鎮烽《銘圖索引》[2281][叀鼎]

微伯封邑，今陝西眉縣渭河北。

吴鎮烽《銘圖索引》[2282][微䜌鼎]

【釋地】甘肅省平凉市靈臺縣

盧和光當是兩個方國名。盧大概就是甲骨卜辭的𢿌方，也就是《詩經》的徂國。《大雅·皇矣》“密人不恭，敢距大邦，侵阮、徂、共”，鄭箋：“阮也，徂也，共也，三國犯周而文王伐之，密須之人乃敢距其義兵，違正道，是不直也。”“光”是“微”字聲符，“微”古讀明母，與“密”字陰、入相轉。“盧光”應該就是徂、密二國。舊説密國在今甘肅靈臺縣西，徂國當相距不遠。

裘錫圭《史牆盤銘解釋》[2283][史牆盤]

【釋地】山東省濟寧市梁山縣

2278 方述鑫：《太保罍、盉銘文考釋》，陳光彙編：《燕文化研究論文集》，中國社會科學出版社，1995 年，第 289 頁。
2279 王輝：《商周金文》，文物出版社，2006 年，第 152 頁。
2280 王輝：《西周畿内地名小記》，《一粟集：王輝學術文存》，藝文印書館，2002 年，第 151 頁。
2281 吴鎮烽：《商周青銅器銘文暨圖像集成索引》，上海古籍出版社，2019 年，第 997 頁。
2282 吴鎮烽：《商周青銅器銘文暨圖像集成索引》，上海古籍出版社，2019 年，第 997 頁。
2283 裘錫圭：《史牆盤銘解釋》，《裘錫圭學術文集》（第三卷），復旦大學出版社，2015 年，第 10 頁。

	史牆之祖地，今山東梁山縣西北。 吴鎮烽《銘圖索引》[2284][史牆盤] **【釋地】北京市房山區** 羌、貍、馭、微是所封燕國南北邊界上的四個地名。 燕國邊境在南面有貍地，在北面有微地，這與太保二器銘文“事羌、貍于馭、微”所反映的情況完全吻合。這决不會是偶然的巧合，而是歷史的真實寫照。《齊太公世家》説：“乃使召康公命太公曰：‘冬至海，西至河，南至穆陵，北至無棣。’”《集解》引服虔曰：“是皆太公始受封土地疆境所至也。”這正是諸侯國“封其四疆”的實例。齊國是如此，燕國也當如此。 張亞初《太保罍、盉銘文的再探討》[2285][太保罍] 即微，國名，牆的高祖爲微國君長。微地或説爲微子國，即微子啓的封地。或説爲四川西南夷的微國，此微曾參預武王伐紂。微又通眉，從邑作郿，今陝西省眉縣東北爲古郿國。今案此微爲微子國的可能性甚小，殷紂時微子佯狂避禍，何得靈處？也談不上内心静幽。此當爲參預滅紂的西南夷微，因有功績而其子孫官于周。眉縣東北的古郿國，即微氏子孫的封國。夨人盤的微父即其後裔。 馬承源《商周青銅器銘文選》[2286][史牆盤]
0769 **𢔶**  元年師旋簋  元年師旋簋	**【時代】西周晚期** **【出處】元年師旋簋** 唯王元年四月既生霸，王在淢应，甲寅，王格廟，即立，𢔶公入右師旋，即立中廷。[元年師旋簋，4279—4282] **【類别】國族名稱** 𨻰可讀爲夷，逨盤的“𢔶王”即周夷王。周末春秋時夷有數地，其中一處爲周采地，後屬晋。《左傳·莊公十六年》：“晋武公伐夷，執夷詭諸。”此夷雖不知是今何地但大體在豫北，似無疑問。 王輝《四十二年逨鼎銘文箋釋》[2287] 𢔶，國族名。 馬承源《商周青銅器銘文選》[2288][元年師旋簋]

2284 吴鎮烽：《商周青銅器銘文暨圖像集成索引》，上海古籍出版社，2019 年，第 997 頁。
2285 張亞初：《太保罍、盉銘文的再探討》，《考古》1993 年第 1 期，第 66—67 頁。
2286 馬承源主編：《商周青銅器銘文選（三）》，文物出版社，1988 年，第 156 頁。
2287 王輝：《四十二年逨鼎銘文箋釋》，《高山鼓乘集：王輝學術文存二》，中華書局，2009 年，第 64 頁。
2288 馬承源主編：《商周青銅器銘文選（三）》，文物出版社，1988 年，第 199 頁。

0770

餘

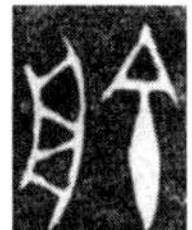

餘伯尊

餘伯卣

餘伯甗

【時代】西周早期

【出處】餘伯尊（卣、甗）等

餘伯作寶尊彝。[餘伯尊，《集成》5849]

【類别】城邑名稱

【釋地】山東省壽光市

即俞，今山東壽光縣西南。

吴鎮烽《銘圖索引》[2289][餘伯尊]

0771

會

史密簋

員卣

0771.02

鄶

0771.03

檜

【時代】西周時期

【出處】員卣　史密簋[《銘圖》5327]

員從史旟伐會，員先内邑，員俘金，用作旅彝。[員卣，《集成》5387]

【類别】國族名稱

會，即《路史・國名紀乙・少昊後偃姓國》之會，地望不詳。

陳秉新、李立芳《出土夷族史料輯考》[2290][史密簋]

【釋地】河南省鄭州市

會，鄶省，《國風》作檜，《鄭語》“妘姓，鄔鄶路偪陽”。注云“陸終第四子曰求言，爲妘姓，封于鄶，今新鄭也。鄔路偪陽其後别封也”。平王東遷，爲鄭所滅。《左傳》僖三十三年“鄭葬公子瑕于鄶城之下”，杜注云“古鄶國，在滎陽密縣東北”。在今河南密縣東北五十里，與新鄭接壤。

郭沫若《兩周金文辭大系圖録考釋》[2291][員卣]

會就是檜國，也作鄶。《史記・楚世家》説：“吴回爲祝融。吴回生陸終，陸終生子六人，四曰會人。”集解引《世本》：“會人者鄭是也。”《漢書・地理志下》説：“子男之國，虢會爲大。”《詩》有《檜風》；《國語・鄭語》“妘姓：鄔、鄶、路、偪陽”。《周語》“鄶由叔妘”，是説由叔妘而亡國。《説文》：“鄶，祝融之後，妘姓所封，潧洧之間，

2289　吴鎮烽：《商周青銅器銘文暨圖像集成索引》，上海古籍出版社，2019年，第943、997頁。
2290　陳秉新、李立芳：《出土夷族史料輯考》，安徽大學出版社，2005年，第196頁。
2291　郭沫若：《兩周金文辭大系圖録考釋（二）》，《郭沫若全集・考古編》（第八卷），科學出版社，2002年，第74頁。

鄭滅之。”鄭玄《詩譜》說：“檜者古高辛氏火正祝融之虛。”《經典釋文》引王肅《毛詩注》：“周武王封祝融之後于濟洛河潁之間爲檜子。”按：鄶國在今河南省新鄭、密縣一帶，本是帝嚳時代祝融氏的古國，他們的後裔還在那裏，周初就他們的原來國家而加封的。

唐蘭《西周青銅器銘文分代史徵》[2292]［員卣］

會，即鄶，在今河南密縣，公元前七六九年滅于鄭。《史記·楚世家》載：陸終生子六人，“四曰會人”。司馬貞《索隱》引《系本》云：“四曰求言，是爲鄶人。鄶人者，鄭是。”張守節《正義》引《括地志》云：“故鄶城在鄭州新鄭縣東北二十二里。《毛詩》譜云：‘昔高辛之土，祝融之墟，歷唐指周，重黎之後妘姓處其地，是爲鄶國，爲鄭武公所滅也。’”

馬承源《商周青銅器銘文選》[2293]［員卣］

古代文獻中，檜又作鄶，其爲先秦時期河南中部的一妘姓古國。文獻對西周時期檜國地望，未有明確記載，但對春秋時檜國地望記録頗詳。《史記集解》引徐廣語：“鄶在密縣。”《左傳·襄公三十三年》載：“文夫人斂而葬之鄶城之下。”杜預注：“鄶城，故鄶國，在滎陽密縣東北。”顧祖禹《讀史方輿紀要》說鄶城在密縣東北五十里。此外，《國語·鄭語》及《史記·鄭世家》均載西周末年鄭桓公聽從史伯建議，東徙其民于雒東，寄孥于虢、鄶之間。後來，鄭滅掉虢、鄶，並以其十邑爲基礎建立了鄭國。根據以上記載可知，西周時鄶國應在今河南中部新密市一帶。

周書燦《由員卣銘文論及西周王朝對南土經營的年代》[2294]［員卣］

會即鄶，《説文解字注·六篇下·邑部》：“鄶，祝融之後，妘姓，所封溍洧之間，鄭滅之。”鄭玄《詩譜》曰：“檜者，古高辛氏火正祝融之墟”，《經典釋文》引王肅《毛詩注》：“周武王封祝融之後于濟洛河潁之間爲檜子。”《史記·楚世家》正義引《括地志》曰：“故鄶城在鄭州新鄭縣東北二十二里。”員卣銘載員隨從史旟伐鄶，楚、鄶同爲傳説中的祝融之後，在政治、軍事等方面或屬同一同盟。昭王南征前伐檜，其目的似旨翦除楚之同盟，努力掃除南征道路上的障礙，以鞏固其軍事後方。

趙燕姣、吴偉華《金文所見昭王南征路綫考》[2295]［員卣］

即鄶、檜，今河南新鄭市西北。

吴鎮烽《銘圖索引》[2296]［員卣］

2292 唐蘭：《西周青銅器銘文分代史徵》，《唐蘭全集（七）》，上海古籍出版社，2015年，第234頁。
2293 馬承源主編：《商周青銅器銘文選（三）》，文物出版社，1988年，第78頁。
2294 周書燦：《由員卣銘文論及西周王朝對南土經營的年代》，《考古與文物》1999年第3期，第55—56頁。
2295 趙燕姣、吴偉華：《金文所見昭王南征路綫考》，《中國歷史地理論叢》2018年第2期，第52頁。
2296 吴鎮烽：《商周青銅器銘文暨圖像集成索引》，上海古籍出版社，2019年，第997頁。

0772

貊

寷鼎

【時代】西周早期

【出處】寷鼎

唯王伐東夷，祭公令寷眔史旟曰：以師氒（氏）眔有嗣、後或（國）戜伐貊，寷孚貝，寷用作饔公寶尊鼎。[寷鼎，《集成》2740、2741]

【類別】國族名稱

0773

新邑

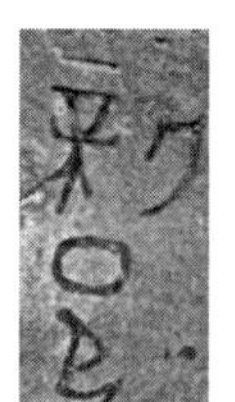

柬鼎

臣卿鼎

臣卿鼎

【時代】西周早期

【出處】柬鼎　臣卿鼎　鳴士卿尊等

癸卯，王來奠新邑，［二］旬又四日丁卯，□自新邑于柬，王□貝十朋，用作寶彝。[柬鼎，《集成》2682]

公違省自東，在新邑，臣卿易（賜）金，用作父乙寶彝。[臣卿鼎，《集成》2595]

丁子（巳），王在新邑，初享，王易（賜）鳴士卿貝朋，用作父戊尊彝，[illegible]。[鳴士卿尊，《集成》5985]

【類別】城邑名稱

【釋地】河南省洛陽市

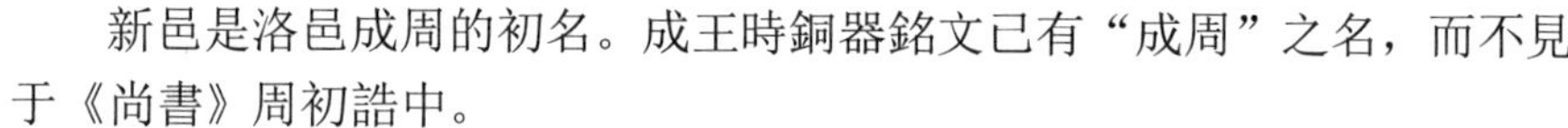

新邑是洛邑成周的初名。成王時銅器銘文已有“成周”之名，而不見于《尚書》周初誥中。

陳夢家《西周銅器斷代》[2297][柬鼎]

新邑皆謂洛邑，所謂成周是也。

楊樹達《臣鄉鼎跋》[2298][臣卿鼎]

此新邑即“洛”。《尚書·多士》：“惟三月，周公初于新邑洛。”《尚書·康誥》：“周公初基作新大邑于東國洛。”皆其明證。

陳邦懷《金文叢考三則》[2299][柬鼎]

周初，洛邑新成時，稱之爲新邑。或以爲洛地原有舊邑（指武王時），故用新邑以示區别。恐是誤解了《史記·周本紀》“成王在豐，使召公復營洛邑如武王之意”中的“復營”。當時，凡新建、新遷之都邑，都稱之爲新邑，並非專指洛邑。……東即東國，指殷之故地在新邑之東。此新邑在未稱成周之前，稱爲洛邑、東國洛。東國洛之“東”，乃對西土而言，

2297　陳夢家：《西周銅器斷代》，中華書局，2004年，第64頁。
2298　楊樹達：《臣鄉鼎跋》，《積微居金文説》，上海古籍出版社，2007年，第124頁。
2299　陳邦懷：《金文叢考三則》，《文物》1964年第2期，第48頁。

嗚士卿尊

叔觶

新邑戈

與殷稱東國者有别。近出《臣衛尊》……爲西周早期之器。此銘中的新京，有可能與新邑有關。……依據西周金文，洛邑最早稱爲新邑，其後稱爲成周，康、昭時期的銅器銘文中有稱爲王城的。據周公所卜，在瀍水東惟洛食；在瀍水西、澗水東亦惟洛食的記載，兩城是東西分立，而且不是從春秋纔開始的。這些，都需要今後根據考古資料逐步深入認識。

陳公柔《西周金文中的新邑、成周、王城》[2300][柬鼎]

即洛邑，也就是成周。周初武王成王營造的洛邑，文獻中亦稱新邑，《尚書・召誥》："周公朝至于洛，則達觀于新邑營。越三日丁巳，用牲于郊，牛二。越翼日戊午，乃社于新邑。"又《尚書・多士》："惟三月，周公初于新邑洛，用告商王士。"金文稱新邑的又見臣卿鼎銘。周室爲了鎮撫殷人和夷人，控制廣大東部地區，選擇成周這一戰略要地，在武王營建的基礎上，成王大大地擴充了洛邑的營建範圍，成爲周的東都。成周之建成，是周初的大事，故周人稱成周爲新邑、新大邑、新邑洛或大邑等。

馬承源《商周青銅器銘文選》[2301][嗚士卿尊]

武王提出營建洛邑到成王使召公相宅、周公督建，以至最後定都洛邑，其間有一段時間，這一時期内的西周銅器都將洛邑稱作"新邑"。

從時間上劃定，王在新邑組銅器一定要早于王在成周組銅器，新邑是周成王正式定鼎于洛邑以前的名稱。《尚書》中的《召誥》《洛誥》《多士》均是時代較早的文誥，它們也將這一時期的洛邑稱作"新邑""新大邑"。而不稱"成周"。區分這一點，對于西周早期銅器斷代，具有重要意義。

近半個世紀以來，洛陽地區的考古資料表明，洛邑成周的方位基本可以確定在瀍水東西兩岸及洛水交匯的三角地帶，南及洛河，北依邙山，這裏正是"天室"所在的地方。其中心地區可能在瀍水西岸、澗水東岸，故址與東周時期的王城相鄰。

盧連成《西周金文所見葊京及相關都邑討論》[2302]

"新邑"指在今洛陽的成周。

李學勤《論應國墓地出土的匍盉》[2303]

1. 新邑不是成周，而是後來的王城。

2. 成周的營建較早，約在武王克商後的兩年間；王城的營建較晚，在成王五年。周初的所謂"作洛"，實際上是營建王城，不是成周，但成王也于是年始遷居成周以治天下。這兩件政治上相互關聯的大事是同時進行

2300 陳公柔：《西周金文中的新邑、成周、王城》，《慶祝蘇秉琦考古五十五年論文集》編輯組編：《慶祝蘇秉琦考古五十五年論文集》，文物出版社，1989年，第388、397頁。

2301 馬承源主編：《商周青銅器銘文選（三）》，文物出版社，1988年，第88頁。

2302 盧連成：《西周金文所見葊京及相關都邑討論》，《中國歷史地理論叢》1995年第3期，第117頁。

2303 李學勤：《論應國墓地出土的匍盉》，原載《平頂山師專學報》1999年第1期；後收入《重寫學術史》，河北教育出版社，2002年，第243頁。

	的，所以周初文獻和金文材料對此有較多的反映，也因此而引起了一些誤會。 3. 周初王城的居住者主要是與商王室有血緣關係的"王士"，周王不住在王城。周王與周之百官都住在武王時營建的"周居"，即成周。周王居王城是平王東遷以後的事。 4. 城市規模，王城大，成周小。但在政治地位上，王城不能和成周相比。 5. 周初殷民的遷徙，前後共有兩次。第一次在成王二年，從殷都地區遷到晚殷時已有的洛邑。第二次在成王五年"營洛"之時，從洛邑再遷往"新邑"。 6.《尚書》中的洛，所指有三種情況：（1）晚殷時之洛邑；（2）新邑及新邑地區；（3）洛水。 彭裕商《新邑考》[2304] 即成周，今河南洛陽市白馬寺之東。 吴鎮烽《銘圖索引》[2305][柬鼎]
0774 新城  敬緯新城戈  新城大令韓定戈  新城令馬□矛	**【時代】戰國晚期** **【出處】新城大令韓定戈 新城令馬□矛 敬緯新城戈**[《銘圖》16928] 八年，新城大命（令）韓定，工帀（師）宋費、冶褚。[新城大令韓定戈，《集成》11345] 四年，新城令馬□，司寇亲（辛）□。右庫工帀（師）訙。[新城令馬□矛，《銘圖》17676] **【類别】城邑名稱** **【釋地】河南省許昌市襄城縣** 第三、四兩字爲新城，地名。其地有幾處，一是春秋秦邑，在陝西澄城縣東北；二是春秋晋邑，即曲沃，在山西聞喜縣東北；三是戰國楚地，一作襄城，在今河南襄城縣；四是戰國韓地，在今河南伊川縣西南；五是春秋宋邑，在今河南商丘縣南；六是戰國趙邑，在今山西朔縣西南。根據此戈的出土地點，戈銘的位置特點，我們推測此戈的"新城"應是曾屬于楚地的新城。 戈銘之"新城"，似指許州之"襄城"。不過，如依《戰國策》，韓之新城似乎也一度屬楚。《楚策一》："城渾出周，三人偶行。南遊于楚，至于新城。城渾説其令曰：'……宜陽之大也。楚以弱新城圍（原作圍，或改爲圖）之。……故楚王何不以新城爲主郡也?邊邑甚利之！'新城公

2304 彭裕商：《新邑考》，《歷史研究》2000 年第 5 期，第 62 頁。
2305 吴鎮烽：《商周青銅器銘文暨圖像集成索引》，上海古籍出版社，2019 年，第 997 頁。

	大說……楚王果以新城爲主郡。”這個新城似是原屬韓之新城。考慮到戈銘“敬”字似乎具有“三晋”風格，也不排除戈中“新城”屬于伊川西南之“新城”的可能。此地新城一度屬楚，故戈銘吸收了三晋文字的某些特點。 黃錫全、馮務建《湖北鄂州新出一件有銘銅戈》[2306][敬緈新城戈] 戰國楚地，今河南襄城縣。 吴鎮烽《銘圖索引》[2307][敬緈新城戈] **【釋地】河南省洛陽市伊川縣** 戰國韓地，今河南伊川縣西南。 吴鎮烽《銘圖索引》[2308][新城大令韓定戈]
0775 **新鄓**  新鄓虎符	**【時代】戰國晚期·秦** **【出處】新鄓虎符** 甲兵之符，右在王，左在新鄓。凡興士被（披）甲，用兵五十人以上，[必]會王符，乃敢行之。燔燧事，雖毋會符，行殹。[新鄓虎符，《集成》12108] **【類别】城邑名稱** 新鄓本魏地。《魏策》蘇秦説魏王：大王之國，“南有許鄢、昆陽、邵陵、舞陽、新鄓”，至安釐王時尚爲魏有。（魏）《史記·魏世家》：安釐王“十一年，秦拔我鄓丘”。應劭以爲即“新鄓”。然鄓丘，《秦本紀》作“邢丘”，《六國表》作“廩丘”。《秦本紀》言：是年，“攻魏，取邢丘、懷”。邢丘與懷，二地相接，自當以邢丘爲長。其後，公子無忌説魏王云：“秦葉陽、昆陽與舞陽鄰。”是彼時葉陽、昆陽屬秦，舞陽屬魏。新郪在舞陽之東，其中間又隔以楚之陳邑。時楚正都陳，秦不能越魏、楚地而東取新鄓明矣。至昭王五十四年，楚徙鉅陽；始皇五年，又徙壽春。新鄓入秦，當在此前後。然則此符當爲秦并天下前二三十年間物也。 王國維《秦新鄓虎符跋》[2309][新鄓虎符] 新鄓在《漢書·地理志》屬汝南郡，汝南郡是漢高祖新置的，本屬于秦代的潁川南陽二郡，新鄓大概就是由潁川分過去的。 唐蘭《新鄓虎符作于秦王政十七年滅韓後》[2310][新鄓虎符]

2306 黃錫全、馮務建：《湖北鄂州新出一件有銘銅戈》，《文物》2004 年第 10 期，第 85—86 頁。
2307 吴鎮烽：《商周青銅器銘文暨圖像集成索引》，上海古籍出版社，2019 年，第 998 頁。
2308 吴鎮烽：《商周青銅器銘文暨圖像集成索引》，上海古籍出版社，2019 年，第 943 頁。
2309 王國維：《秦新鄓虎符跋》，王國維著、黃愛梅點校：《王國維手定觀堂集林》卷第十五《史林七》，浙江教育出版社，2014 年，第 371—372 頁。
2310 唐蘭：《新鄓虎符作于秦王政十七年滅韓後》，《唐蘭全集（二）》，上海古籍出版社，2015 年，第 774 頁。

	【釋地】安徽省阜陽市太和縣 秦縣名，本魏地，在舞陽之東，《史記・蘇秦列傳》蘇秦"説魏襄王曰：大王之地，南有……新郪……"至昭王十四年楚徙鉅陽，始皇五年又徙壽春，新郪入秦當在此前後，此器鑄造亦當同時。新郪在今太和縣東北。 馬承源《商周青銅器銘文選》[2311][新郪虎符] 新郪，本魏地，在舞陽之東（今安徽省太和縣北七十里），見于《史記・蘇秦列傳》《戰國策・魏策》等書。公元前 241 年楚徙都壽春，秦取新郪當在此前後。 湯餘惠《戰國銘文選》[2312][新郪虎符] 新郪本魏地，《戰國策・魏策》蘇秦説魏襄〔惠〕王曰："大王之國，南有許、鄢、昆陽、邵陵、舞陽、新郪。"故城在今安徽太和縣東。秦與新郪之間，隔有楚後期之都城陳，以及韓之潁川地。韓王安九年，"秦虜王安，盡入其地，爲潁川郡"。秦之攻占新郪當在此後。符稱王，不稱皇帝，故必作于統一前。 王輝《秦銅器銘文編年集釋》[2313][新郪虎符] 今安徽太和縣西北。 吴鎮烽《銘圖索引》[2314][新郪虎符]
0776 新陽  新陽戈	【時代】春秋晚期 【出處】新陽戈［《銘續》1080］ 【類别】城邑名稱 【釋地】安徽省界首市 今安徽界首市北。 吴鎮烽《銘圖索引》[2315][新陽戈]
0777 新喬	【時代】西周早期 【出處】臣衛尊

2311 馬承源主編：《商周青銅器銘文選（四）》，文物出版社，1990 年，第 613 頁。
2312 湯餘惠：《戰國銘文選》，吉林大學出版社，1993 年，第 52 頁。
2313 王輝：《秦銅器銘文編年集釋》，三秦出版社，1990 年，第 102 頁。
2314 吴鎮烽：《商周青銅器銘文暨圖像集成索引》，上海古籍出版社，2019 年，第 998 頁。
2315 吴鎮烽：《商周青銅器銘文暨圖像集成索引》，上海古籍出版社，2019 年，第 1069 頁。

臣衛尊

唯四月乙卯，公易（賜）臣衛宋𣄰貝四朋，在新喬，用作父辛寶尊彝。[臣衛尊，《集成》5987]

【類別】城邑名稱

0778

雍

雍伯鼎

雍伯原鼎

雍伯鼎

鄉左庫戈

【時代】西周時期

【出處】雍伯鼎[《銘三》284]**等**

王令雍伯啚于乜爲宮，雍伯作寶尊彝。[雍伯鼎，《集成》2531]

雍伯原作寶鼎，子子孫孫其萬年永寶用享，射侖。[雍伯原鼎，《集成》2559]

【類別】國族名稱

【釋地】河南省焦作市

澭就是《説文》從隹邕聲的雝（雍）字，邕字《説文》籀文作𨙨，此水形與川通用。⊙形似日，本衹作○，讀如宮，也讀如雍。殷虚卜辭雍己作[illegible]，即口己合文。○也作吕，宮字從此。西周銅器銘文中早期的雍字衹作澭。後始作灉。澭或灉是從○聲或吕聲，小篆變從邑是錯了。據《左傳· 僖公二十四年》雍國也是文王子所封，《續漢書·郡國志》：河内郡"山陽邑有雍城"，劉昭注："杜預曰：古雍國。在縣西。"今河南省修武縣西北。

唐蘭《西周青銅器銘文分代史徵》[2316][雍伯鼎]

西周邦國。據《左傳·僖公二十四年》云雍乃"文之昭也"，雍在今河南省沁陽縣東北。

馬承源《商周青銅器銘文選》[2317]

西周國名，姬姓。《左傳·僖公二十四年》："……郜、雍、曹、滕……文之昭也。"杜預《注》："雍國，在河内山陽縣西。"即今河南沁陽縣東北，接修武縣界。

馬承源《商周青銅器銘文選》[2318][雍伯原鼎]

今河南焦作市西南。

吴鎮烽《銘圖索引》[2319][雍伯鼎]

2316 唐蘭：《西周青銅器銘文分代史徵》，《唐蘭全集（七）》，上海古籍出版社，2015年，第187—188頁。
2317 馬承源主編：《商周青銅器銘文選（三）》，文物出版社，1988年，第264頁。
2318 馬承源主編：《商周青銅器銘文選（三）》，文物出版社，1988年，第327頁。
2319 吴鎮烽：《商周青銅器銘文暨圖像集成索引》，上海古籍出版社，2019年，第998、1023頁。

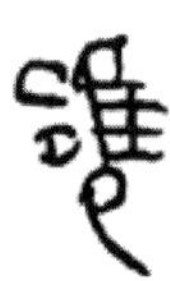

相邦冉戈

雍工敃壺

0778.02 雝

0778.03 雝

0778.04 㨾

【時代】春秋時期 戰國晚期・秦

【出處】鄉左庫戈［《集成》11264］

相邦冉戈［《集成》11342］ **雍工敃壺**［《集成》9605］

【類別】城邑名稱

【釋地】河南省焦作市

即雍。雍爲古國，《左傳》僖二十四年：“郜雍曹滕，文之昭也。”杜注：“雍國在山陽縣西。”《續漢書・郡國志》河内郡山陽邑有雍城，其下亦引杜注。雍城即雍國之都城，漢以後已廢，但故城仍在，《水經注》記長明溝水逕雍城南，寒泉水逕雍城西，京相璠曰：今河南山陽縣西有故城，所指皆爲雍城故城。《史記・秦始皇本紀》：“五年將軍蒙驁攻魏定、酸棗、燕虛、長平、雍丘、山陽，皆拔。”乾隆《一統志》：“山陽故城在修武縣西北三十里。”雍城更在其西，山陽屬魏，雍亦當屬魏。

黄盛璋《試論三晋兵器的國别和年代及其相關問題》[2320]［鄉左庫戈］

【釋地】陝西省寶鷄市鳳翔區

雝，同雍，兵器鑄地，春秋時期曾是秦都城所在地，在今陝西省鳳翔縣南。此戈由雍邑工師主造並在該地使用。

湯餘惠《戰國銘文選》[2321]［相邦冉戈］

秦故都，今陝西鳳翔縣南。

吴鎮烽《銘圖索引》[2322]［雍工敃壺］

0779

雍氏

雍氏戈

【時代】戰國晚期・韓

【出處】雍氏戈［《銘圖》16484］

【類別】城邑名稱

【釋地】河南省禹州市

雝，從隹，吕聲，是雝的初文，今通作雍。雍氏即史書上的雍梁，本是春秋時鄭邑。《左傳・襄公十八年》：“楚爲子馮公子格率鋭師侵雍梁。”杜《注》：“河南陽翟縣東北有雍氏城。”故城址在今河南省禹州市東北

2320 黄盛璋：《試論三晋兵器的國别和年代及其相關問題》，《歷史地理與考古論叢》，齊魯書社，1982 年，第 131 頁。

2321 湯餘惠：《戰國銘文選》，吉林大學出版社，1993 年，第 70 頁。

2322 吴鎮烽：《商周青銅器銘文暨圖像集成索引》，上海古籍出版社，2019 年，第 998 頁。

	古城村。 韓自强《過眼雲烟——記新見五件晋系銘文兵器》[2323][雍氏戈] "雍氏""宜陽""鹿"等地名都位于韓國疆域之内。《史記·韓世家》襄王十二年，"楚圍雍氏"。此事亦見《周本紀》，張守節《正義》引《括地志》云："故雍城在洛州陽翟縣東北二十五里。"其地在今河南許昌市禹州東北。 李家浩《七年令韓隊雍氏戟銘文補釋》[2324][七年令韓隊雍氏戟] 戰國韓邑，今河南禹州市東北。 吴鎮烽《銘圖索引》[2325][雍氏戈]
0780 **雍丘** 雍丘令脩戈	**【時代】戰國中晚期·魏** **【出處】雍丘令脩戈 雍丘令炕戈** 五年雍丘命脩，工帀（師）章，冶束。[雍丘令脩戈，《銘圖》17143] 廿八年，雍丘命炕，工帀（師）産，冶番黑。[雍丘令炕戈，《銘三》1508] **【類别】城邑名稱** 桐丘北距鄢陵，南距曲洧，西南去許昌三都城都近，春秋並皆爲鄭地，韓滅鄭後，鄭地皆屬韓。 黄盛璋《新出五年桐丘戈及其相關古城問題》[2326][雍丘令脩戈] **【釋地】河南省周口市扶溝縣** 今河南扶溝縣西二十里桐丘亭。 吴鎮烽《銘圖索引》[2327][雍丘令脩戈] **【釋地】河南省開封市杞縣** 黄盛璋先生據《報告》中臨摹的銘文，釋爲"五年桐丘命脩工師（工師二字係合文）章冶□"，以爲是戰國晚期三晋之韓國遺物。惜乎《報告》未有拓片或清晰照片，給黄先生等的辨識工作帶來困難。 近日由張慧忠、龍浩然先生處得到移動文物普查古丈縣文物局資料中此戈的照片，重作釋文如下：五年雍丘令脩工師章冶束。

2323 韓自强：《過眼雲烟——記新見五件晋系銘文兵器》，中國古文字研究會、吉林大學古文字研究室編：《古文字研究》（第二十七輯），中華書局，2008年，第325頁。

2324 李家浩：《七年令韓隊雍氏戟銘文補釋》，華東師範大學中國文字研究與應用中心主辦：《中國文字研究》（第二十八輯），上海書店出版社，2018年，第12頁。

2325 吴鎮烽：《商周青銅器銘文暨圖像集成索引》，上海古籍出版社，2019年，第998頁。

2326 黄盛璋：《新出五年桐丘戈及其相關古城問題》，《考古》1987年第12期，第1107—1110頁。

2327 吴鎮烽：《商周青銅器銘文暨圖像集成索引》，上海古籍出版社，2019年，第949頁。

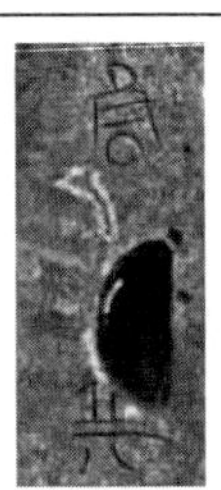

雍丘令烷戈

雍丘：《漢書·地理志》記載陳留郡轄縣雍丘下注有“故杞國也，周武王封禹後東樓公。先春秋時徙魯東北，二十一世簡公爲楚所滅”。《中國古今地名大辭典》“雍丘：古邑名，本杞國，春秋爲宋雍丘邑。即今河南杞縣。《春秋》哀公九年（前 486 年）“宋皇瑗帥師取鄭師于雍丘”即此。戰國屬魏，秦置雍丘縣（按：魏已有雍丘令倄，也就當有雍丘縣，不待秦朝）。

張春龍《古丈白鶴灣雍丘令戈小識》[2328]［雍丘令倄戈］

戈銘中的地名雍丘在今河南省杞縣，本爲杞國都城。……雍丘何時由韓入魏，史籍未有明確記載。廿八年雍丘令戈作于魏惠王二十八年（公元前 342 年），可見魏國占據雍丘當不晚于此年。

關于此戈國别和年代的判定，地名的釋讀無疑最爲關鍵。黄盛璋先生最早將戈銘改釋爲“五年桐丘命（令）倄、工師章（龍）、冶金（？）”，指出桐丘原爲鄭地，後入于韓，此戈當爲戰國晚期韓國兵器。黄文的釋讀意見影響很大，學者多採信此説。吴良寶先生贊同黄文的釋讀，但認爲此戈應屬魏國，其理由主要有二：第一，許、鄢陵等地在戰國中晚期大部分時間内屬魏，尤其在公元前 301 年之後，連桐丘以南的召陵、上蔡等地也都歸屬魏國，所以桐丘衹能是魏國領土；第二，該戈的闌部有缺口，而具有同樣形制特徵的三晋兵器目前衹見于魏國兵器中。

目前所見，衹有何琳儀先生將戈銘中的地名釋爲雍丘，他將此戈國别也定爲魏國。

傅修才《魏國雍丘令戈考》[2329]［雍丘令倄戈］

戈銘中的“雍丘”亦見于清華簡《繫年》第二十一章。簡文“雍”字從缶作“罋”。整理者注：罋丘，即雍丘。本鄭地，此時已屬韓，在今河南杞縣。《韓世家》：“景侯元年，伐鄭，取雍丘。”《鄭世家》：“繻公十五年，韓景侯伐鄭，取雍丘。鄭城京。”

通過對兩件紀年戈銘中“雍丘”的討論，結合清華簡《繫年》及典籍記載，可以對“雍丘”的國屬作一簡單梳理：《春秋·哀公九年》“宋皇瑗帥師取鄭師于雍丘”，即公元前 486 年雍丘屬鄭。據《史記·六國年表》周威烈王元十八年，即公元前 408 年，雍丘被韓吞并。目前，根據荆州李家堰墓地 M11 出土“廿八年雍丘令戈”的紀年，雍丘屬魏的時間至遲不晚于惠王二十八年，即公元前 342 年。

蔣魯敬《新見戰國戈銘與楚簡地名補釋》[2330]［雍丘令倄戈］

2328 張春龍：《古丈白鶴灣雍丘令戈小識》，湖南省文物考古研究所辦：湖南考古網，http://www.hnkgs.com/show_news.aspx?id=1147，2016 年 1 月 21 日。

2329 傅修才：《魏國雍丘令戈考》，《中原文物》2016 年第 5 期，第 51—52 頁。

2330 蔣魯敬：《新見戰國戈銘與楚簡地名補釋》，華東師範大學中國文字研究與應用中心主辦：《中國文字研究》（第二十四輯），上海書店出版社，2016 年，第 58—60 頁。

0781 義 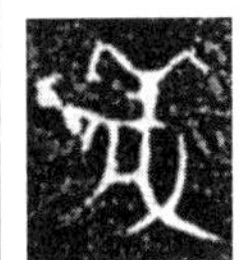 義仲鼎	【時代】西周早期 【出處】義仲鼎 義仲作厥父周季尊彝。[義仲鼎，《集成》2338] 【類別】國族名稱
0782 義□ 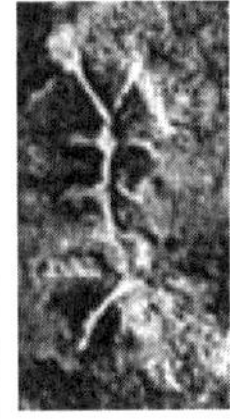 壽夢之子劍	【時代】春秋晚期 【類別】城邑名稱 【出處】壽夢之子劍 攻（句）敔（吴）王姑讎雃，壽夢之子，叡䣄郐之義□，初命伐麻，有獲。荆伐郐（徐），余親逆，攻之。敗三軍，獲[車]馬，攴七邦君。[壽夢之子劍，《銘圖》18077] 【釋地】 義□，地名。“義□”之義即《説文》之“䣊”。《説文》：“䣊，臨淮徐地，從邑，義聲。《春秋傳》曰：‘徐䣊楚’。”段玉裁注：“今安徽泗州州北五十里有故徐城廢縣。䣊者，徐縣地名也。”按《説文》所引見《左傳》昭公六年，今本作“徐䣊楚”，傳世及出土的徐國青銅器銘文均作“義楚”，見徐王義楚鍴、義楚盤及義楚之子劍，可知“䣊”爲“義”的地名（或人名）專用字。據《説文》，義地在臨淮，爲徐邑。“義”後一字已鏽蝕，疑爲邑名的後綴字，也有可能爲另一徐邑名。 曹錦炎《吴王壽夢之子劍銘文考釋》[2331][壽夢之子劍]
0783 義夷  南宫柳鼎	【時代】西周晚期 【出處】南宫柳鼎 唯五月初吉甲寅，王在康廟，武公有（右）南宫柳即立中廷，北卿（向）。王呼作册尹册令柳：嗣六自（師）牧場大友，嗣羲夷場佃事，易（賜）汝赤市、幽衡、攸勒。柳拜稽首，對揚天子休，用作朕剌（烈）考尊鼎，其萬年子子孫孫永寶用。[南宫柳鼎，《集成》2805] 【類別】城邑名稱 地名。 馬承源《商周青銅器銘文選》[2332][南宫柳鼎]

2331 曹錦炎：《吴王壽夢之子劍銘文考釋》，《吴越歷史與考古論叢》，文物出版社，2007年，第23頁。
2332 馬承源主編：《商周青銅器銘文選（三）》，文物出版社，1988年，第290頁。

0784

義陽

晋國下庫戟

【時代】 戰國中期 · 魏

【出處】 晋國下庫戟［《銘圖》17301］

【類別】 城邑名稱

0785

慎魚

慎魚戈

【時代】 戰國中期

【出處】 慎魚戈［《銘圖》16617］

【類別】 國族名稱

0786

塞

塞公孫𤖼父匜

塞公屈顙戈

鄴之王戟

【時代】 春秋早中期 · 楚

【出處】 塞公孫𤖼父匜　塞公屈顙戈

唯正月衣（初）士（吉）庚午，塞公孫𤖼父自作盥匜，其眉壽無疆，子子孫孫永寶用之。［塞公孫𤖼父匜，《集成》10276］

塞公屈顙。［塞公屈顙戈，《銘圖》16696］

【類別】 國族名稱

𡨄字即塞字、𡫼字所從得聲，此字在古籍中多寫爲塞或𡫼。古代並没有一個塞國或𡫼國，因此在本銘文中當以音近讀爲息。息與塞、𡫼音近義通。《釋名·釋言語》云“息，塞也。言物滋息塞滿也”。此其相通之證一。息與𡨄、塞、𡫼同爲職部字，又同爲心母字，所略有不同之處在于息開口一等，𡨄、塞、𡫼爲開口四等，前者没有介音丫，後者有介音丫而已。因此兩者讀音最近，可以通假。此其相通之證二。《廣雅·釋詁一》：“息，安也。”《詩·小明》：“無恒安息。”以安、息並言，息即是安。《左傳·昭公八年》：“臣必致死以息楚。”注：“息，寧静也。”寧静即安之義。《禮記·檀弓》：“細人之愛人也以姑息。”注：“息猶安也。”《吕氏春秋·適威》：“舜布衣而有天下，桀天子也而不得息。”注：“息，安也。”《方言·六》：“塞，安也。”《廣雅·釋詁一》：“塞，安也。”息與塞、𡫼並訓爲安，則不僅音近，而且義通。此其證三。有此三證，知虁公孫脂父之吴乃是息，也就是春秋時期被楚文王滅掉的息國。息國之息，

	《左傳》作息，《説文·邑部》作鄎，云："鄎，姬姓之國，在淮北。從邑息聲。今汝南新息。" 于豪亮《論息國和樊國的銅器》[2333]［塞公孫𢍰父匜］ "塞"字從"邑"，表爲地名或國名，1969年湖北枝江百里洲出土"塞公孫𢍰父匜"和"考叔𢍰父瑚"，考叔爲名，𢍰父爲字，而稱"塞公孫"，則塞爲國名，公孫表爲該國之公族，塞國不見記載，後必爲楚所滅，從而爲楚之屬地，戈銘稱"塞之王"不稱塞王，表明並不是某國之王，塞不是國名，而是一地名，有可能來自塞國，國滅之後，成爲楚之屬邑，但也有可能不是專名，而是通名，即邊塞之"塞"，即楚于邊地上某一要塞之地，利用當地少數民族領袖或部落酋長，封以爲王，爲楚防守邊塞，應在楚之南方邊境上。 黄盛璋《古越閣藏商周青銅兵器》[2334]［鄹之王戟］ "塞公"之塞究在何處，不可確知。結合枝江百里州銅器群的發現，我們試作如下推測： 原在夷（鄢）水流域的古羅國，楚滅其國後曾將其人民遷至枝江一事在春秋早期晚段，與百里洲所出銅器時代吻合。或許枝江就是"塞公"所封之地，本爲古羅國人遷居之地，楚王將其地分封給屈氏，延續至兩周之際的"塞公屈顙"，甚至更晚。……塞或可讀爲夷。羅本在湖北省宜城縣西約20里一帶，位于夷水流域，見《水經·沔水注》"夷水"條，夷水東南流出宜城西山後"羅川城"。古人遷徙，往往連地名一起搬遷。今與枝江相連的"宜都"過去稱爲"夷城"，本巴族廩君所都，西漢置爲夷道縣；湖北西部長江支流清江及其上源小河有夷水；湖北宜昌市東南戰國楚地有夷陵。這些地點東與枝江百里洲均相距不遠。或許塞與夷有關。即封于夷地的"公"，本名"塞"，後改爲夷。其中以宜都之"夷城"的可能性較大。也許春秋時期的"夷城"雖爲巴都，一度屬楚。或者與楚對峙，一地分屬，各自名之。 以上這些祇是推測。也許"塞"爲目前不知的另一地點。 黄錫全《記新見塞公屈顙戈》[2335]［塞公屈顙戈］
0787 **辟**	**【時代】春秋中期·齊** **【出處】𩋚鎛** 唯王五月初吉丁亥，齊辟鮑叔之孫，躋仲之子𩋚（紷），作子仲姜寶鎛，用祈侯氏永命萬年𩋚（令）保其身，用享用考（孝）于皇祖聖叔、皇

2333　于豪亮：《論息國和樊國的銅器》，《江漢考古》1980年第2期，第7頁。
2334　黄盛璋：《古越閣藏商周青銅兵器》，古越閣藏：《商周青銅兵器》，古越閣，1993年，第36—37頁。
2335　黄錫全：《記新見塞公屈顙戈》，《古文字與古貨幣文集》，文物出版社，2009年，第331頁。

䵒鎛

妣聖姜，于皇祖有成惠叔、皇妣有成惠姜、皇考躋仲、皇母，用祈壽老毋死，保吾兄弟，用求考命、彌生，肅肅義政，保吾子姓，鮑叔有成勞于齊邦，侯氏易（賜）之邑二百又九十又九邑，與鄩之民人都鄙，侯氏從告之曰：枼（世）萬至于辝孫子，勿或俞改，鮑子䵒（絵）曰：余彌心畏認，余四事是以，余爲大攻厄、大事、大遂、大宰，事辝可事，子子孫孫，永保用享。[䵒鎛，《集成》271]

【類別】城邑名稱

【釋地】山東省日照市莒縣

辟乃地名，肇叔所食邑也。《史記·王子侯諸表》有辟國，《漢表》作壁，屬東海。《水經》沭水注云“葛陂水西南流，逕辟城南，世謂之辟陽城。漢武帝元朔二年，封城陽共王子劉壯爲侯國”。地在今山東莒縣東南。

郭沫若《兩周金文辭大系圖録考釋》[2336][䵒鎛]

0788

鄝

鄝叔義行戈

鄝子痃戈

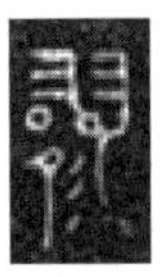

鄝子痃戈

鄝叔義行戈

【時代】春秋中期

【出處】鄝子痃戈[《銘圖》16748]　鄝叔義行戈[《銘續》1146]等

【類別】國族名稱

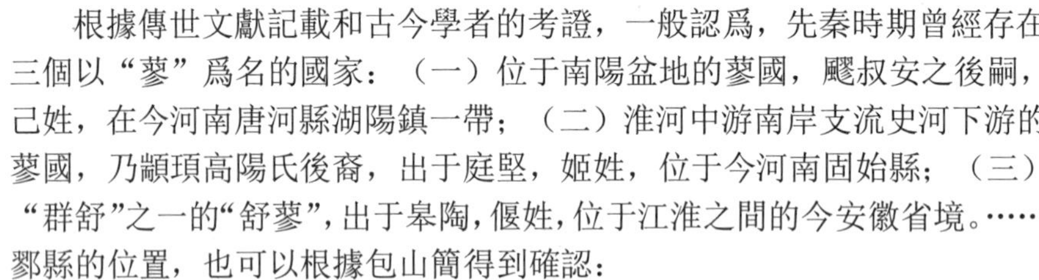

根據傳世文獻記載和古今學者的考證，一般認爲，先秦時期曾經存在三個以“蓼”爲名的國家：（一）位于南陽盆地的蓼國，飂叔安之後嗣，己姓，在今河南唐河縣湖陽鎮一帶；（二）淮河中游南岸支流史河下游的蓼國，乃顓頊高陽氏後裔，出于庭堅，姬姓，位于今河南固始縣；（三）“群舒”之一的“舒蓼”，出于臯陶，偃姓，位于江淮之間的今安徽省境。……鄝縣的位置，也可以根據包山簡得到確認：

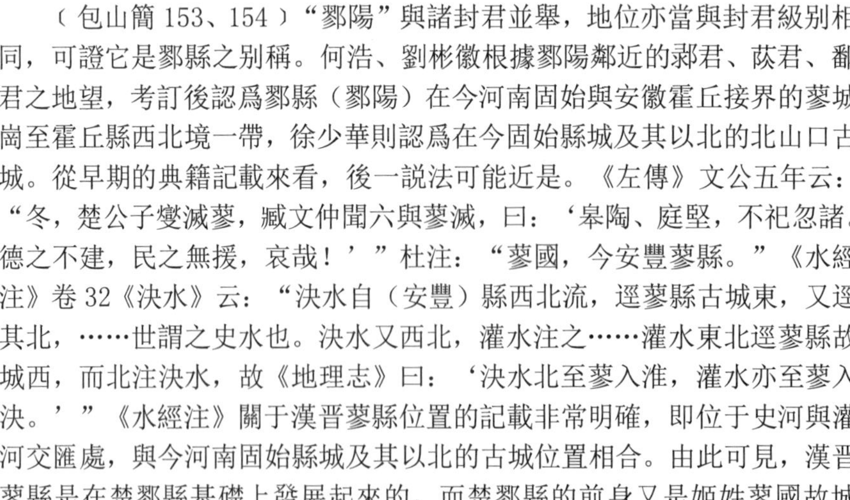

（包山簡 153、154）“鄝陽”與諸封君並舉，地位亦當與封君級别相同，可證它是鄝縣之别稱。何浩、劉彬徽根據鄝陽鄰近的鄎君、莰君、鄱君之地望，考訂後認爲鄝縣（鄝陽）在今河南固始與安徽霍丘接界的蓼城崗至霍丘縣西北境一帶，徐少華則認爲在今固始縣城及其以北的北山口古城。從早期的典籍記載來看，後一説法可能近是。《左傳》文公五年云：“冬，楚公子燮滅蓼，臧文仲聞六與蓼滅，曰：‘臯陶、庭堅，不祀忽諸。德之不建，民之無援，哀哉！’”杜注：“蓼國，今安豐蓼縣。”《水經注》卷 32《決水》云：“決水自（安豐）縣西北流，逕蓼縣古城東，又逕其北，……世謂之史水也。決水又西北，灌水注之……灌水東北逕蓼縣故城西，而北注決水，故《地理志》曰：‘決水北至蓼入淮，灌水亦至蓼入決。’”《水經注》關于漢晉蓼縣位置的記載非常明確，即位于史河與灌河交匯處，與今河南固始縣城及其以北的古城位置相合。由此可見，漢晉蓼縣是在楚鄝縣基礎上發展起來的，而楚鄝縣的前身又是姬姓蓼國故城

2336　郭沫若：《兩周金文辭大系圖録考釋（二）》，《郭沫若全集·考古編》（第八卷），科學出版社，2002 年，第 445—446 頁。

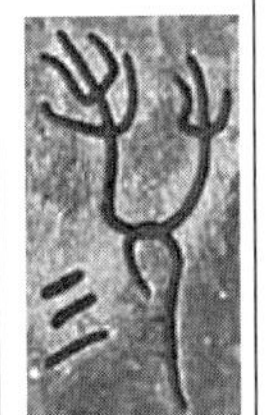 翏子厚盤 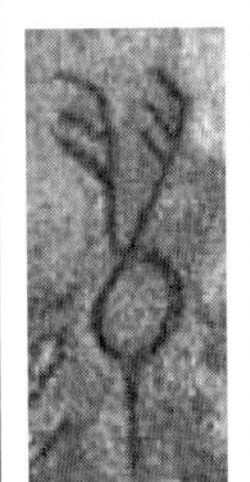 翏子厚鐘 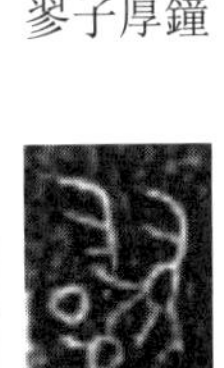 鄝公戈	邑，其地理沿革比較清楚。楚鄝縣的地名用字與姬姓蓼國的國名用字相同，是政區沿革變化在文字上的如實反映。 田成方《鄝子妝戈的年代、國別及相關問題》[2337][鄝子妝戈] 鄝國也是在春秋時被楚國所滅的一個小國，根據文獻記載及後人考證，古鄝國的地望當在今河南省唐河縣南，鄰近湖北省棗陽縣的湖陽鎮一帶。“鄝”字典籍或作“蓼”，《路史·國名紀丙》：“飂，己姓，廖也，今唐之湖陽。”高士奇《春秋地名考略》卷 13 謂：“飂則叔安之初封，繼處其地者則爲蓼。”《左傳·桓公十一年》：“楚屈瑕將盟貳、軫。鄖人軍于蒲騷，將與隨、絞、州、蓼伐楚師。”杜預注：“蓼國，今義陽棘陽縣東南湖陽城。”《經典釋文》注：“蓼，音了，本或作鄝，同。”陸德明的説法已經得到上引河南淅川出土的鄝子妝戈銘文的證實。又，《左傳·宣公八年》“楚人滅舒蓼”，《穀梁傳》作“楚人滅舒鄝”，“蓼”字作“鄝”亦可爲證。參照春秋戰國時古文字習慣于國名、地名或姓氏用字構形加“邑”旁來看，鄝國的國名正確寫法當以作“鄝”爲是，寫作“飂”“蓼”“瘳”或“廖”皆爲同音通假字。 曹錦炎《黄子鼎與瘳子鼎》[2338][瘳子鼎] **【釋地】河南省信陽市固始縣** 即蓼，姬姓小國，滅于楚，即河南固始東蓼成崗一帶。 吴鎮烽《銘圖索引》[2339][鄝叔義行戈][鄝子疾戈]
0789 **盜**  洖叔鼎  洖叔壺  盜叔戈	**【時代】春秋中期** **【出處】洖叔鼎 洖叔壺**[《集成》9625、9626] **盜叔戈**[《集成》11067]**等** 洖叔之行鼎，永用之。[洖叔鼎，《集成》2355] **【類別】國族名稱** **【釋地】湖北省隨州市** 隨縣劉家崖一座古墓中出土的盜叔諸器，説明盜叔當是此墓的墓主人。“盜叔”之“盜”，當是封邑名，“叔”爲伯仲叔季之叔。 盜，簡報隸定爲盜，其所從之洖，《集韻》：“汷，亦作洖”，《説文》無洖字，此字當以隸定作盜爲宜。盜字字書所無，我們認爲當是汷字的異體。在古文字中，常在字下增寫皿旁，如金文沱字，䢅伯鼎作𥁰；醴字曾伯陭壺作醴，鄦字𥂕姬鬲作𥂕，皆可爲證。《説文·水部》：“汷，汷水也。從水，夂聲。夂，古文終。”段玉裁注：“《廣韻》《集韻》皆

2337 田成方：《鄝子妝戈的年代、國別及相關問題》，《考古與文物》2011 年第 5 期，第 97—98 頁。
2338 曹錦炎：《黄子鼎與瘳子鼎——兼談黄國與鄝國的地望問題》，羅運環主編：《楚簡楚文化與先秦歷史文化國際學術研討會論文集》，湖北教育出版社，2013 年，第 682 頁。
2339 吴鎮烽：《商周青銅器銘文暨圖像集成索引》，上海古籍出版社，2019 年，第 1069、1070 頁。

0789.02 盜	曰在襄陽”。可見，“盜”爲水名，在今湖北襄陽一帶。盜叔當是曾國的貴族，因其分封于汝水流域，故稱爲盜叔。隨縣劉家崖村地近襄陽，盜叔墓在此地出土，說明盜叔的封邑當在這一帶。 蔡運章等《湖北隨縣劉家崖、尚店東周青銅器銘文補釋》[2340] [泈叔鼎、泈叔壺]
0790 衞邑  戴伯匜	**【時代】春秋早期** **【出處】戴伯匜** 唯衞邑戈（戴）伯自作寶匜，子子孫孫永寶用之。[戴伯匜，《集成》10246] **【類別】城邑名稱**
0791 葬  晋侯蘇鐘	**【時代】西周晚期** **【出處】晋侯蘇鐘**[《銘圖》15298—15313] **【類別】城邑名稱** **【釋地】河南省濮陽市范縣** 地名，地望未詳。從串從廾，串當爲《説文》蕑字所從柬的簡省，則葬也可能就是蕑字。厲王伐夙夷的大軍，在此分行出擊。但銘文没有記載葬地有任何戰鬥，説明葬地尚在夙夷的境外。 馬承源《晋侯穌編鐘》[2341][晋侯穌鐘] 我懷疑鐘銘此地名當讀爲“范”，即《孟子·盡心上》“孟子自范之齊”之“范”。漢代于此置范縣，故址在今山東范縣東南。其位置在鄆城西北面，在宿夷所居的東平的西面。周王在此地“分行”，北路伐宿夷，南路伐鄆城，是很合理的。 裘錫圭等《晋侯蘇鐘筆談》[2342][晋侯蘇鐘] 鐘銘“寓”字，其筆畫應隸定爲“苟”，爲從马得聲之字，應讀爲演，爲地名，且與“鄆城”臨近，則它就即“兖”的本字，當即今之兖州。 李仲操《談晋侯蘇鐘所記地望及其年代》[2343][晋侯蘇鐘]

2340 蔡運章等：《湖北隨縣劉家崖、尚店東周青銅器銘文補釋》，《考古》1982年第6期，第664頁。
2341 馬承源：《晋侯穌編鐘》，上海博物館編：《上海博物館集刊》（第七期），上海書畫出版社，1996年，第14頁。
2342 裘錫圭等：《晋侯蘇鐘筆談》，《文物》1997年第3期，第66頁。
2343 李仲操：《談晋侯蘇鐘所記地望及其年代》，《考古與文物》2000年第5期，第28頁。

⿴茻東，即“東”之異文。《説文》：“東，木垂華實也。從木、马，马亦聲。”“⿴茻東”與“東”原篆均從二“马”，二“马”亦見《説文》，應屬繁文。小篆從“木”旁，鐘銘在“東”基礎上迭加“茻”（從二“艹”，即“莽”之初文）。形符“木”與“茻”義本相近，故⿴茻東應是“東”之繁化。

⿴茻東在鐘銘中是周王從宗周出發，經成周，然後與晋侯蘇“分行”的起點，十分重要。其具體地望的限定，無疑會直接影響對這次軍事路綫來龍去脉的理解。

馬文指出：“厲王伐夙夷的大軍，在此分行出擊。但銘文没有記載⿴茻東地有任何戰鬥，説明⿴茻東地尚在夙夷的境外。”李文謂⿴茻東“即菡字，古音在談部。以古音求之，應即《春秋·桓公十一年》的‘闞’。在今山東汶上西”。裘文引師訇鼎“范圍”爲證，謂鐘銘“地名當讀爲范”。今據裘説補充如下：

按照《説文》諧聲系統“東”與“范”均屬“马”聲首，故“東”可讀“范”。檢《左傳·文公十年》“楚范巫矞似”注：“矞似，范邑之巫。”《孟子·盡心》上“孟子自范之齊”注：“范，齊邑，王庶子所封食也。”《漢書·地理志》東郡“范”。《一統志》“故城今范縣東南二十里”，在今山東梁山西北。裘文以爲“周王在此地分行，北路伐宿夷，南路伐鄆城，是很合理的”。

何琳儀《晋侯蘇鐘釋地》[2344][晋侯蘇鐘]

即范，今山東范縣東南。

吴鎮烽《銘圖索引》[2345][晋侯蘇鐘]

【釋地】山東省濟寧市汶上縣

⿱艹⿱马廾從“马”聲，即菡字，古音在談部。以音近求之，應即《春秋》桓公十一年的闞，在今山東汶上西。

李學勤《晋侯蘇編鐘的時、地、人》[2346][晋侯蘇鐘]

⿱艹⿱弓廾，李學勤謂“從弓聲，即菡字，古音在談部，以音近求之，應即《春秋》桓公十一年的闞，在今山東汶上西。”桓公十一年《經》杜預注：“闞，魯地。在東平須昌縣東南。”地在今山東汶上縣西南。黄盛璋釋芑，謂“即春秋晋國之范與孟子所宿之范，後爲秦漢之范縣，故城在今范縣之東。”

陳秉新、李立芳《出土夷族史料輯考》[2347][晋侯蘇鐘]

2344 何琳儀：《晋侯蘇鐘釋地》，黄德寬主編：《安徽大學漢語言文字研究叢書·何琳儀卷》，安徽大學出版社，2013年，第22—23頁。
2345 吴鎮烽：《商周青銅器銘文暨圖像集成索引》，上海古籍出版社，2019年，第924、992頁。
2346 李學勤：《晋侯蘇編鐘的時、地、人》，《綴古集》，上海古籍出版社，1998年，第104頁。
2347 陳秉新、李立芳：《出土夷族史料輯考》，安徽大學出版社，2005年，第227頁。

0792

敝

【時代】西周早期

【出處】敝太師齊簋

敝大師齊作寶彝。[敝太師齊簋，《銘續》356]

敝太師齊簋

【類別】國族名稱

0793

隥

趙盂

【時代】西周晚期

【出處】趙盂

唯正月初吉，君在𣲚既宫，命逋事于述（遂）土，隥諆各卲司寮女寮：奚、微、華，天君事趙事沬，敢對揚，用作文祖己公尊盂，其寶用。[趙盂，《集成》10321]

【類別】城邑名稱

【釋地】陝西省地區

“隥諆”似爲二地名。“諆”爲地名見令鼎“王大耤農于諆田”，“王歸自諆田”，其地距溓宫不遠，爲王行籍田之地。“遂土”，《尚書·費誓》“魯人三郊三遂”，《史記》作“隧”，《集解》：“王肅曰：邑外曰郊，郊曰隧。”《周禮·遂人》鄭注：“六遂之地，自遠郊以達畿中，有公邑，家邑，小都，大都焉。鄭司農云：遂謂王國百里外。”“遂土隥諆”，當即周王畿中兩個都邑之名。

陝西省博物館《陝西長安灃西出土的逋盂》[2348][趙盂]

0794

𨛫

𨛫戈

【時代】戰國中期

【出處】𨛫戈[《集成》10829]

【類別】城邑名稱

【釋地】山東省濰坊市

“執”，據《説文》“從丮，從㚔，㚔亦聲”。戈銘“𨛫”亦從“𨛫”，自可讀“執”。其地見于《漢書·地理志》“北海郡”下“瓡，侯國。莽曰道德”，師古曰：“瓡即執字。”汪士鐸曰：“瓡，濰縣東。”又曰：“在今縣東。今有故城名驛埠，在縣城（按指濰城）東五十里于家莊北，

2348 陝西省博物館：《陝西長安灃西出土的逋盂》，《考古》1977年第1期，第71頁。

	或即其地歟？”戈銘出土臨沂當另有原因，待考。 何琳儀《戰國兵器銘文選釋》[2349][郘戈] “郱”銘僅一字，（《文物》4/79）原報導者闕而未釋。黃盛璋先生釋之爲“郱”，認爲即文獻中之“郱”。地在今鄒縣境（《試論三晋兵器的國別和年代及其相關問題》，《考古學報》1974年1期）。何琳儀先生釋“郣”，亦即瓡，或執（《戰國兵器銘文選釋》，中國古文字研究會第七届年會論文）。《地理志》北海郡，郣，師古曰，瓡即執字。又北海郡條，瓡，侯國。莽曰道德。師古曰：“瓡即執字。”汪士鐸云：“在今縣東。今有故城名驛埠。在縣城（指今濰坊市治）東五十里于家莊北，或即其地歟？”濰縣文物幹部曾到此進行過調查。 孫敬明《考古發現與戰國齊兵器研究》[2350][郣戈]
0795 㲽  㦰簋	**【時代】西周中期** **【出處】㦰簋**［《集成》4322］ **【類別】城邑名稱** **【釋地】河南省平頂山市葉縣** 據銘文，“堂”“㲽”“棫林”及“胡”這幾個地點應相近。裘錫圭指出“棫林”應即《左傳》襄公十六年“夏，六月，次于棫林”之“棫林”（杜預注：“棫林……許地。”），在今河南葉縣東北。可從。……“堂”除見于㦰簋外，還見于㦰鼎“唯九月既望乙丑，在堂師”。銘文云師雍父奉王命先戍于由，當戰局進展到一定程度時，再向前推進到堂地駐守。㦰簋云“在堂師，戎伐㲽，㦰率有司、師氏奔追襲戎于棫林，搏戎胡”，可見堂應在由和棫林及胡之間，且與由相近。 㲽應在堂和棫林之間。下文將要談到，由即商周時期的“疇”、春秋時期的“犨”（又名“睬”或“輮”），在今河南葉縣之西。推測堂或即春秋時函氏，在今河南葉縣北部。上揭《左傳》襄公十六年“夏，六月，次于棫林。庚寅，伐許，次于函氏”，杜預注：“棫林，函氏，皆許地。”㲽應在其東與棫林之間，即今河南葉縣東部一帶。 黃錦前《釋師雍父諸器的一組地名》[2351][㦰簋]

2349 何琳儀：《戰國兵器銘文選釋》，黃德寬主編：《安徽大學漢語言文字研究叢書·何琳儀卷》，安徽大學出版社，2013年，第209頁。
2350 孫敬明：《考古發現與戰國齊兵器研究》，《考古發現與齊史類徵》，齊魯書社，2006年，第157頁。
2351 黃錦前：《釋師雍父諸器的一組地名》，中國文化遺産研究院編：《出土文獻研究》（第十七輯），中西書局，2018年，第60頁。

在今河南葉縣、郾城一帶。

吴鎮烽《銘圖索引》[2352][䵼簋]

0796

莽

戒鬲

楚簋

高卣

卯簋蓋

【時代】西周時期

【出處】高卣 卯簋蓋[《集成》4327]**等**

亞，唯十又二月，王初饔旁，唯還在周，辰在庚申，王酓西宫，烝，咸理，尹易（賜）臣唯小僰，揚尹休，高對作父丙寶尊彝，尹其亘萬年受厥永魯，亡境在服，曩長疑其子子孫孫寶用。[高卣，《集成》5431]

【類别】城邑名稱

旁，其他銅器銘均作莽或莽京，可見此器時代較早。旁即“侵鎬及方”之方，鎬稱鎬京，或作葬，方亦可稱莽京。周朝有兩個鎬，原來的鎬，應在北方，所以觳司徒鎛説“北征葬”到了文王營豐邑，武王新建的鎬京，則就是後來的宗周，莽京應即宗周的一部分。

唐蘭《西周青銅器銘文分代史徵》[2353][高卣]

“莽毗”爲作器者姓名。“莽”爲國族名，戒鼎銘：“戒作莽宫明奠彝”之莽宫明，亦當屬于此族。西周金文習見“王在莽京”語，唐蘭先生説：“莽字從幷、㫄聲，㫄當從今，今即金字。那麽，㫄即鈁字。”鈁通作方。《詩·小雅·六月》：“城鎬及方”，鄭箋“鎬、方皆北方地名”。其實，“鎬”即《詩·大雅·文王有聲》“考卜維王，宅是鎬京”之“鎬京”，是西周王朝的西京（在今陝西西安市西南）。“方”應是離鎬京不遠的地名，商周時期的方族就居住在這裏（詳後）。因這裏建有周王的離宫别館，是周王經常居住和朝見諸侯的地方，故名之爲“莽京”。

蔡運章《論洛陽北窑西周墓青銅器銘刻》[2354][莽毗觶]

“莽”，即《詩·六月》：“玁狁匪茹，整居焦穫，侵鎬及方，至于涇陽”之方。郭老謂莽京即豐京，完全正確。“啚”字從“口”從“亩”（亩），隸定爲啚（鄙）。古代都、鄙相對，莽圖，當指莽京的四鄙。《周禮·地官》：“五家爲鄰，五鄰爲里，四里爲酇，五酇爲鄙，五鄙爲縣，五縣爲遂，皆有地域，溝樹之。”可能爲後起之制。

盧連成、羅英傑《陝西武功縣出土楚簋諸器》[2355][楚簋]

“莽”當即文王“自岐下而徙都豐”之豐邑，豐邑在豐水之西。《詩·小

2352 吴鎮烽：《商周青銅器銘文暨圖像集成索引》，上海古籍出版社，2019年，第999頁。

2353 唐蘭：《西周青銅器銘文分代史徵》，《唐蘭全集（七）》，上海古籍出版社，2015年，第147頁。

2354 蔡運章：《論洛陽北窑西周墓青銅器銘刻》，《甲骨金文與古史新探》，中國社會科學出版社，1996年，第9頁。

2355 盧連成、羅英傑：《陝西武功縣出土楚簋諸器》，《考古》1981年第2期，第131頁。

雅·六月》稱："玁狁匪茹，整居焦穫。侵鎬及方，至于涇陽。"徐中舒先生《先秦史論稿》指出："方即豐，金文習見葊京，從方從草，豐是新築的城，從草表示四週有長林豐草，是新起的軍事堡壘。"

方述鑫《召伯虎簋銘文新釋》[2356][六年琱生簋]

即葊京、旁京，在今西安市豐鎬附近。

吴鎮烽《銘圖索引》[2357][戒鬲]

即旁京，在今西安市豐鎬遺址附近。

吴鎮烽《銘圖索引》[2358][卯簋蓋]

0797

葊京

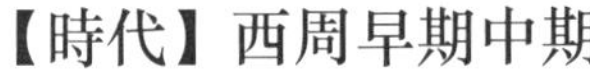

【時代】西周早期中期

【出處】井鼎 麥尊[《集成》6015] **臣辰盉**[《集成》9454]**等器**

唯七月，王在葊京，辛卯，王漁于𪸘池，呼井從漁，攸易漁（魚），對揚王休，用作寶尊鼎。[井鼎，《集成》2720]

王盂

井鼎

【類別】城邑名稱

王静安先生謂葊即詩"往城于方"之方，秦漢之蒲反是矣。《漢書·地理志》："河東郡蒲反雷首山在南，故曰蒲，秦更名。"是秦以前僅曰蒲，莊二十八年《左傳》蒲即蒲城其證也葊。雖字書所無，然可知其爲從方聲之字，旁蒲雙聲兼對轉字，是葊蒲一地。古旁方通用，則小雅之方，當即葊矣。葊在宗周爲大城，故稱京，爲遷戎地，……余考《殷契前編》"癸亥王在旁，貞旬亡㞢，王田曰吉"。旁亦即方；《逸周書·王會解》"方人以孔鳥"之方人亦即葊人，詩之方，甲骨文之旁也。蒲今蒲州，在永濟縣東。

余永梁《金文地名考》[2359]

葊京即豐京，與此宗周相距僅一日，其地復有辟雝在焉，其爲文王之舊都無疑。《史記·周本紀》集解引徐廣云"豐京在京兆鄠縣東，有靈臺，鎬在上林昆明北，有鎬池，去豐二十五里，皆在長安南數十里。"豐鎬相去甚近，故可崇朝而至。近時唐蘭又謂葊京是豳，本銘即其反證，蓋豳距宗周亦甚遠也。

郭沫若《兩周金文辭大系圖録考釋》[2360][麥尊]

2356 方述鑫：《召伯虎簋銘文新釋》，《考古與文物》1997年第1期，第67頁。
2357 吴鎮烽：《商周青銅器銘文暨圖像集成索引》，上海古籍出版社，2019年，第991頁。
2358 吴鎮烽：《商周青銅器銘文暨圖像集成索引》，上海古籍出版社，2019年，第959頁。
2359 余永梁：《金文地名考》，《國立中山大學語言歷史學研究所週刊》第5集第53、54期合刊，1928年，第10—11頁。
2360 郭沫若：《兩周金文辭大系圖録考釋（二）》，《郭沫若全集·考古編》（第八卷），科學出版社，2002年，第98—99頁。

歸俎進鼎

歸俎進鼎

寓鼎

伯姜鼎

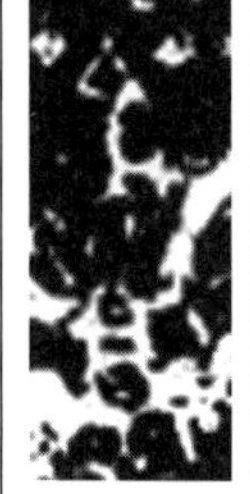
伯唐父鼎

𦵧京，彝銘習見。王國維有《周𦵧京考》謂"𦵧當是從茻旁聲之字。𦵧京蓋即《詩·小雅》'往城于方'及'侵鎬及方'之方"。王因《詩》言"薄伐玁狁，至于太原"，窮極太原之地望，以爲當在漢河東郡。又因彝銘中言𦵧京者每言"大池"，王疑即蒲坂之張陽池，遂謂"𦵧京非蒲坂莫屬"。謂"《漢書·地理志》'河東郡蒲反，故曰蒲，秦更名'，𦵧蒲聲相近，又𦵧在陽部，蒲在魚部，爲陰陽對轉之字，又古方旁同字，則《小雅》之方當即彝器之𦵧京，秦漢之蒲坂矣。……周都豐鎬而𦵧亦稱京，與唐都長安而建蒲州爲中都者先後一揆"。今案𦵧確是蒡之古文，《召伯虎簋》第二器乃韻語，"王在𦵧"與"余告慶"爲韻，是𦵧音固在陽部也。𦵧京是否即《小雅》之方雖未敢必，然其非河東蒲坂，則有本器可以據證。本器言"王大龠于宗周，出饔𦵧京"，𦵧京必與宗周相近可知。又《西清古鑑》有《麥尊》……井侯方見于宗周，而翌日已與客𦵧京之王浮舟辟雝。宗周、鎬京也，鎬京與蒲坂相去數百里，斷不能崇朝而至，故王氏之説了不足信。今知𦵧京與鎬京相隔甚近，鎬京附近之地有可稱京者則非豐京莫屬。《史記·周本紀》集解引徐廣曰"豐在京兆鄠縣東，有靈臺；鎬在上林昆明北有鎬池，去豐二十五里；皆在長安南數十里"。豐鎬相去僅二十五里，故可瞬刻而至，故𦵧京必即豐京。古音輕重唇無差別，豐蒡同紐，而東陽二部每相通韻，故豐𦵧可通作也。準此，余疑《小雅·六月》之方鎬連言，或即豐鎬，所謂太原乃平凉之太原。彝銘中之"大池"乃豐京辟雝之池也。

郭沫若《金文叢考》[2361][臣辰盉]

金文之葊京，或作葊，或作旁，既即《小雅》之方，方與鎬本一地，則葊京之地即𨛫也。葊京之地，于金文所繫至重，幾與宗周相等。如麥尊云："雩若元𥎦見于宗周，亡逋。迨王饔葊京。"尹卣云："王初饔旁，唯還，在周。"臣辰盉云："隹王大龠于宗周，𢓊饔葊京年。"皆以宗周與葊京並列，則葊京爲周之陪都可知，舍𨛫地固無以當之矣。

唐蘭《葊京新考》[2362]

莽京近人稱豐京，是也。《史記·封禪書》云："灃滈有昭明天子辟池。"《索隱》云："辟池即周天子辟雍之地，故周文王都酆，武王都滈，既立靈臺，則亦有辟雍耳。張衡亦以辟池爲雍。"按豐與酆，滈與鎬，並同。鎬京有辟雍，《詩·文王有聲篇》言鎬京辟雍，可證；豐京有辟雍，《麥尊》言王在莽京彭祀，雩若翌日，在辟雝，可證。《史記》之辟池即辟雍，亦即此銘之大池，銘文與傳記互相契合如此，此于前舉三證之外又加得一證矣。

楊樹達《静簋跋》[2363][静簋]

2361　郭沫若：《金文叢考》，《郭沫若全集·考古編》（第五卷），科學出版社，2002年，第674—677頁。
2362　唐蘭：《葊京新考》，《唐蘭全集（一）》，上海古籍出版社，2015年，第359頁。
2363　楊樹達：《静簋跋》，《積微居金文説》，上海古籍出版社，2007年，第296頁。

耆簋

金文稱荞而古籍稱鎬（或作蒿），即荞京是西周本來的稱號，而蒿京或鎬京是後起的稱呼。荞爲本來字樣，此字的音義，應理解爲蓬，蓬蒿的蓬，也讀作蓬音；而鎬字是後起，故古籍中常作鎬京。蓬蒿是草本植物，故荞鎬應作蓬蒿解釋，兩字的關係如此，皆從蓬蒿取義，象徵西周人開闢草萊以爲京都，故稱荞京，荞京可讀作蓬京。……蒿京或鎬京是後起的稱呼，鎬爲蒿的假字。蒿京出于周室東遷後詩人追憶的名詞，大意謂宗周被犬戎族攻陷，首都變成一片蓬蒿叢生之地，因而稱爲嵩京。

陳雲鸞《西周荞京新考——讀西周金文札記》[2364]

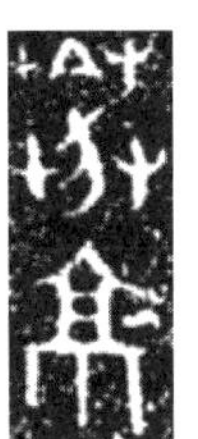
臣辰盉

荞京是周文王所建的國都，即《詩經》的“豐邑”。……《史記》誤以豐、鎬爲一地，《周本紀》贊說：“學者稱周伐紂居洛邑，綜其實不然，武王使召公卜居，居九鼎焉，而周復都豐鎬。”豐地在今陝西鄠縣東方，鎬地在今陝西長安縣南方。通考西周彝器，稱宗周或周的，皆指鎬京，《詩·小雅·正月》毛傳也說：“宗周鎬京也。”宗周與荞京或豐邑，本爲二地。

王讚源《周金文釋例》[2365][小臣静簋]

麥尊

長花 M15 出土 2 件，其銘文中“荞”字，即豐。……《史記·周本紀》集解引徐廣云：“豐京在京兆鄠縣東，鎬在上林昆明北，去豐二十五里，皆在長安南數十里，故可崇朝而至。”按今斗門鎮在西安市西南約 20 公里處，與上引基本相同。

陝西省文物管理委員會《西周鎬京附近部分墓葬發掘簡報》[2366][歸䋎進鼎]

老簋

銘中説到穆王在荞京，有人認爲荞京即豐京，惟持異論者又説是鎬京。考荞之音與“范”相近，或即范之假借。臣贊引《古本竹書紀年》曰：“穆王築祇宫于南鄭，曰范宫。”范京或即是范宫之所在地。

高木森《西周青銅彝器彙考》[2367][遹簋]

鮮簋

地名，金文常見，在豐鎬以北，不知是今何地。

張政烺《伯唐父鼎、孟員鼎、甗銘文釋文》[2368][伯唐父鼎]

《詩》稱“玁狁匪茹，整居焦穫，侵鎬及方，至于涇陽。”焦在今河南陝縣，穫在今山西陽城縣西（詳另文）。進一步欲知被侵的鎬、方地望，必須首先考涇陽所在。由來注疏家多以爲涇陽即漢時安定郡之涇陽縣。然

2364 陳雲鸞：《西周荞京新考——讀西周金文札記》，《中華文史論叢》1980 年第 1 輯。
2365 王讚源：《周金文釋例》，文史哲出版社，1980 年；後收入劉慶柱、段志洪、馮時主編：《金文文獻集成》（第二十七册），綫裝書局，2005 年，第 71—72 頁。
2366 陝西省文物管理委員會：《西周鎬京附近部分墓葬發掘簡報》，《文物》1986 年第 1 期，第 29 頁。
2367 高木森：《西周青銅彝器彙考》，中國文化大學出版部印行，1986 年；後收入劉慶柱、段志洪、馮時主編：《金文文獻集成》（第二十七册），綫裝書局，2005 年，第 122 頁。
2368 張政烺：《伯唐父鼎、孟員鼎、甗銘文釋文》，《考古》1989 年第 6 期，第 551 頁。

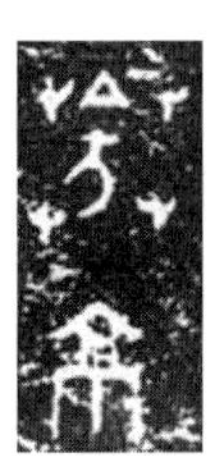
通簋

静簋

臣辰尊

史懋壺蓋

小臣静卣

而西周之涇陽，揆諸當時情勢，恐不能如是之遠，因漢之涇陽與玁狁之出没路綫，絶不相合也。王國維則謂周之涇陽當在涇水下游之北，即今之涇陽縣。其説較舊説爲合理。現在我們根據已知之焦、穫、涇陽，度玁狁内侵途徑。則鎬、方二地，應于河南陝縣（即《詩》之焦）西至涇陽，沿渭水一帶流域以求之（玁狁老根據地太原在今山西臨汾一帶，非晋北之太原）。

……西周鎬京原來本在渭水北岸涇水之委。後來形勢的需要，纔逐漸發展而擴大到渭南。《詩》稱玁狁"侵鎬及方"之"鎬"，就是指濱渭之鎬京。

葊京的具體位址，當不出今豐水以東，滈水與皂河之間的渭河南岸。

最初，渭北的鎬京發展擴大，而到達渭水南岸的"方"（或葊），因而出現了金文中的"葊京"，成爲擴大的鎬京之一部。擴大的鎬京包有渭水南北兩岸，即所謂"宗周"。

王玉哲《西周葊京地望的再探討》[2369]

考古發掘資料和調查資料表明，周原遺址的範圍東界美陽河，西界時溝河，北依岐山，南到齊村、窑白、下康一綫，東西寬約 6 公里。南北縱長約 7 公里，總面積達 40 平方公里以上。現存的周原遺址，實際包括"周"都和旁于"周"都附近的"葊京"。劉家村遺址位于周原遺址的西側，緊傍時溝河，是時溝河上游三條支流交匯的地方。這裏臨河，原區高亢坦平，正是築建宫室臺榭理想的地點。劉家村以北約 3 公里的鳳雛村和劉家村東北約 3 公里遠的召陳—務子村都發現綿延成片的西周大型建築居址群落。鳳雛村西周建築基址内出土了上萬片王室的甲骨，一些學者以爲，這裏是岐周——"周"的王室宗廟所在地。召陳至務子村一綫，發現了近百座屋頂施瓦的西周大型建築群落，學者以爲，這裏是"周"都内的王室宫殿區。距劉家村東約 4 公里遠的齊村，出土西周厲王㝬簋，這一地點的重要性也應引起足够的重視。

葊京的擴建和增置，是隨着"周"的發展同時進行的。至西周中、晚期，"葊京"和"周"已基本連爲一體。葊京雖然已被包括在周原遺址以内，但作爲都邑，仍然有其附屬的四鄙。如同豐京和鎬京一樣，豐、鎬雖已連成一體，但豐邑仍然有歸其統屬的周邊地區，師旋簋銘文稱豐邑周圍的地區爲"豐還（縣）"。

葊京所在地劉家村位于時溝河畔。時溝河河牀寬約百米，兩岸布滿了新石器時代至西周時期的遺址。這條河流當很古老，是"周"都和"葊京"賴以依存的主要水道。在時溝河諸支流交匯處築壩、開渠引水以爲辟池，是比較簡便、易得之舉。考古調查的資料表明，劉家村以南發現有大片窪地，這些窪地、池沼底部都留存有較厚的淤泥。毫無疑問，這些池沼均是由時溝河河水灌注而成，它們形成的年代當很久遠。現在，還没有明確的證據可以確認這些池沼就是葊京内的辟池。另外，在劉家村附近多次出土

2369　王玉哲：《西周葊京地望的再探討》，《歷史研究》1994 年第 1 期，第 46、48、52、57 頁。

 静卣  臣辰卣  臣辰盉	西周銅器和其他遺物，並發現大面積的連綿成片的西周建築群落遺址，這些建築屋面全部施瓦，規模宏大，富麗堂皇。它們很可能都屬于葊京内的宫寢建築。這些重要的發現，也從另一個側面證實了這處地點在周原遺址内的重要地位。 盧連成《西周金文所見葊京及相關都邑討論》[2370] 一、葊京不是豐京；二、葊京不是鎬京；三、葊京也不是其他西周都城；四、葊京是鎬京附近的方。 我們認爲，葊就是文獻中“侵鎬及方”的方，其地在距鎬京幾十里的範圍内，我們期待着考古工作者對葊京的發現。 劉雨《金文葊京考》[2371] 地名，金文常見。在豐鎬以北，不知是今何地。 張政烺《伯唐父鼎、孟員鼎甗銘文釋文》[2372][伯唐父鼎] 葊京，即豐京（郭沫若説），而宗周爲鎬京。 孫常叙《麥尊銘文句讀試解》[2373][麥尊] 葊京，地名，或説是鎬京，或説是豐京，或説在周原。拙文《金文“葊京”即秦之“阿房”説》云葊即高卣“王初裸旁”的旁，在豐鎬之旁，大約就是秦時的阿房。王玉哲《西周京地望的再探討》也有相似説法。 王輝《商周金文》[2374][作册麥方尊] 我們推測，葊京乃宗周（鎬京）旁之京，最先指豐，其後豐向北擴展，甚至向東擴展到鎬之北，仍沿舊名稱葊或旁；周末或春秋時人稱方（猶蒿後人稱鎬）；戰國及秦附會房宿，稱房或阿房，其實都是一地。 王輝《金文“葊京”即秦之“阿房”説》[2375] “葊京”即旁京，因其地理位置而得名，義爲臨近都城的地方，也就是都城豐鎬的旁邊，相當于今天都城遠郊的某一個相對獨立的地方。……葊京是都城旁邊的一個地方，它距豐鎬都比較近。最初葊京是豐京的一部分，周都從豐遷到鎬後，則又成爲鎬京的一部分，豐、鎬二京共一葊京。 葊京建有辟雍，辟雍有池有水，是周王舉行大禮和射禮的重要場所，

2370　盧連成：《西周金文所見葊京及相關都邑討論》，《中國歷史地理論叢》1995 年第 3 期，第 124—125、126—127 頁。
2371　劉雨：《金文葊京考》，《金文論集》，紫禁城出版社，2008 年，第 347—355 頁。
2372　張政烺：《伯唐父鼎、孟員鼎、甗銘文釋文》，《甲骨金文與商周史研究》，中華書局，2012 年，第 234 頁。
2373　孫常叙：《麥尊銘文句讀試解》，《孫常叙古文字學論集》，上海古籍出版社，2016 年，第 149 頁。
2374　王輝：《商周金文》，文物出版社，2006 年，第 76 頁。
2375　王輝：《金文“葊京”即秦之“阿房”説》，《一粟集：王輝學術文存》，藝文印書館，2002 年，第 189 頁。

	這説明天亡簋的“大禮”也是在辟雍大池中舉行的。“王凡三方”確是王汎舟于辟雍大池的三方，而不是王視察“西、南、北三方”或“四方山川”；“天室”也應在辟雍，而不是指嵩山。同時也説明西周時期確實已有明堂辟雍這類建築。豐京、鎬京、葊京共一辟雍，而不是三地各有辟雍。 袁俊傑《再論麥方尊與賓射禮》[2376][麥方尊] 鎬（京）即葊（京），最有力的證據是“辟雍”的存在。璧雍、密永、辟池皆爲辟雍的異寫，爲辟（密、畢）地之大水池的意思。辟雍的大學含義是因辟雍乾涸而在春秋之後產生的誤識。靈沼、靈臺、靈囿三者與辟雍有密切關係。程（邑）、永、崇（國）、畢程、畢郢、畢烝爲一地異寫，是位于辟雍湖濱的城邑。鎬（蒿、鄗、葊、旁、減）是商末新建于辟雍湖濱的城邑，擁有良好的漁獵、遊賞條件，很受周王、貴族喜愛，承擔了西周早期周王貴族居住、宴飲、娛樂、教育和部分政治、祭祀等方面功能。蒿、鎬、鄗、葊、旁、滈、減等字存在的書寫和讀音差異，是不同時代不同地域方音演變的結果。 周宏偉《西周都城諸問題試解》[2377] 即旁京，在今西安市豐鎬遺址附近。 吴鎮烽《銘圖索引》[2378][伯唐父鼎等]
0798 徺 徺復睘小器	**【時代】戰國時期** **【出處】徺復睘小器** 徺復睘（縣）。[徺復睘小器，《集成》10424] **【類别】城邑名稱**

2376 袁俊傑：《再論麥方尊與賓射禮》，《中原文物》2013 年第 4 期，第 62、67 頁。
2377 周宏偉：《西周都城諸問題試解》，《中國歷史地理論叢》2014 年第 1 期，第 90—91 頁。
2378 吴鎮烽：《商周青銅器銘文暨圖像集成索引》，上海古籍出版社，2019 年，第 991—992 頁。

十四畫

0799

趙

蔺相如戈

【時代】戰國晚期·趙

【出處】藺相如戈[《銘圖》17192]**等**

【類別】國族名稱

【釋地】河北省邯鄲市

今河北邯鄲市西南。

吴鎮烽《銘圖索引》[2379][藺相如戈]

0800

嘉陵

【時代】春秋早期·秦

【出處】秦子鐘

秦子作鑄，肇有嘉陵。

【類別】城邑名稱

美秀博物館的秦子鐘，銘文據説是："秦子作鑄，肇右（有）嘉陵。"嘉陵當即漢代嘉陵道，在今甘肅徽縣及陝西略陽一帶，在禮縣的東南。秦子"肇有嘉陵"，應該是指以嘉陵爲其封邑而言，與國君口吻不同。

李學勤《〈珍秦齋藏金·秦銅器篇〉前言》[2380][秦子鐘][2381]

0801

截雍

【時代】戰國晚期

【出處】截雍令韓匡戟刺

四年，截雍令韓匡，司寇判它，左庫工帀（師）刑秦，冶禓造戟刺。[截雍令韓匡戟刺，《集成》11564]

2379 吴鎮烽：《商周青銅器銘文暨圖像集成索引》，上海古籍出版社，2019年，第999頁。

2380 李學勤：《〈珍秦齋藏金·秦銅器篇〉前言》，原載蕭春源：《珍秦齋藏金·秦銅器篇》，澳門基金會，2006年；後收入《文物中的古文明》，商務印書館，2008年，第343頁。

2381 編者按：此器未見著録。

截雍令韓匡戟刺

【類別】 城邑名稱

0802

壽春

壽春鼎

【時代】 戰國晚期

【出處】 壽春鼎

壽春府鼎，書賸鎗，者□。[壽春鼎，《集成》2397]

【類別】 城邑名稱

【釋地】 安徽省淮南市壽縣

今安徽壽縣城東南。

吴鎮烽《銘圖索引》[2382][壽春鼎]

0803

蔡

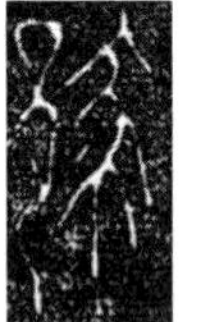

王孫雹簠

蔡侯鼎

蔡姞簋

【時代】 西周時期　春秋時期

【出處】 多器

【類別】 國族名稱

蔡是周天子分封的諸侯國之一，大約在公元前十一世紀左右建國。開國君主叔度因隨同武庚反叛，被周公放逐，後改封其子蔡仲（名胡）建都上蔡（今河南上蔡西南）。春秋時，常爲楚所侵迫，多次遷移。平侯遷新蔡（今屬河南），昭侯遷州來（今安徽鳳臺），稱下蔡。公元前447年爲楚惠王所滅。

高應勤、夏淥《王孫雹簠及其銘文》[2383][王孫雹簠]

【釋地】 河南省駐馬店市上蔡縣

從蔡侯鼎的銘文結合《史記·周本紀》和《管蔡世家》看，這個蔡侯是周初經營南國時所封的。其封地當今河南上蔡縣。武王伐紂，奴隸起義，商代滅亡，但商在東方還有實力，爲了鎮壓武庚，武王乃使管叔、蔡叔、霍叔居于邶、庸、衛三地爲三監以監殷。所以説這個蔡侯應是周初所封的蔡侯，以金文康侯鼎、康侯爵、康侯斧即《尚書·康誥》的康叔例之，這

2382　吴鎮烽：《商周青銅器銘文暨圖像集成索引》，上海古籍出版社，2019年，第1002頁。

2383　高應勤、夏淥：《王孫雹簠及其銘文》，《文物》1986年第4期，第11頁。

蔡侯申鼎

個蔡侯很可能就是蔡叔。

史樹青《西周蔡侯鼎銘釋文》[2384]［蔡侯鼎］

武王弟叔度封國，後因隨武庚叛亂被逐，改封其子蔡仲，都上蔡，即今河南上蔡縣西。

馬承源《商周青銅器銘文選》[2385]［蔡姞簋］

今河南上蔡縣西南。

吴鎮烽《銘圖索引》[2386]［蔡侯鼎］

【釋地】河南省鶴壁市淇縣

蔡國的始封者爲周武王弟叔度。……蔡叔度所居之蔡在周畿内，上蔡乃蔡叔度的兒子蔡仲所居。

《漢書·地理志》云："河内，本殷之舊都，周既滅殷，分其畿内爲三國，……衛，蔡叔尹之。"可見蔡叔所居在衛地。《續漢書·郡國志》載河内郡"山陽邑""有蔡城"，劉昭注云"蔡叔邑此"。東漢山陽縣在今河(北)〔南〕修武縣，其地正在殷都朝歌（今河南淇縣）附近，蔡叔始居之地當即在此。

晏子《蔡國始封地地望辨正》[2387]

【釋地】河南省衛輝市

蔡叔始封地應在鄘城，霍叔始封地在邶城。我在《三監人物及其地望考辨》一文中有詳細討論，不在此贅述。……鄘地望在何處？應在新鄉市汲縣（衛輝市）倪灣鄉即古鄘國地。《清一統志》說："在汲縣東北，周初所封之國，鄭氏《詩譜》自紂而南謂之鄘。《通典》鄘城在新鄉西南三十二里，古鄘國也。《寰宇記》在汲縣東北十三里。"應以汲縣東北 7 公里爲確，即今衛輝市倪灣鄉，因爲在村内發現明萬曆三十五年（公元 1607 年）修關帝廟碑一座，記有"大明國河南衛輝府汲縣北固社人氏居民人等現在鄘城村居住"等字樣（現存衛輝市文化館），可知今倪灣鄉應爲汲縣東北之鄘城所在地，當爲蔡叔度的始封地。《續漢書·郡國志》記載河内郡"山陽邑"有蔡城，劉昭注云"蔡叔邑此"。東漢山陽縣在今河南北修武縣地，離新鄉衛輝市不遠，正在殷都朝歌（今淇南之西南）之西，蔡叔度始封地應在今衛輝市鄘城無疑。

陳昌遠《有關古蔡國的幾個歷史地理問題》[2388]

【釋地】安徽省淮南市鳳臺縣

《史記·管蔡世家》："封叔度于蔡。"《集解》引《世本》曰居上

2384 史樹青：《西周蔡侯鼎銘釋文》，《考古》1966 年第 2 期，第 106 頁。
2385 馬承源主編：《商周青銅器銘文選（三）》，文物出版社，1988 年，第 239 頁。
2386 吴鎮烽：《商周青銅器銘文暨圖像集成索引》，上海古籍出版社，2019 年，第 999 頁。
2387 晏子：《蔡國始封地地望辨正》，《中國歷史地理論叢》1991 年第 3 期，第 42 頁。
2388 陳昌遠：《有關古蔡國的幾個歷史地理問題》，《中國歷史地理論叢》1998 年第 3 期，第 231—232 頁。

<table>
<tr>
<td></td>
<td>
蔡，至蔡仲徙新蔡，昭侯徙州來下蔡是也。周定王二十二年滅于楚。上蔡今上蔡縣。下蔡今安徽淮泗道鳳臺縣。
余永梁《金文地名考》[2389]［蔡侯鼎］
目前銅器上面已發現的銘文，在鐘、鼎、簠、戈上都刻有“蔡侯”二字。戰國初年，鳳臺到壽縣一帶名“州來”，即下蔡故地。蔡侯的遺物發現于壽縣是很可能的。
壽縣古墓清理小組《安徽壽縣戰國墓出土的銅器群記略》[2390]
都州來，今安徽鳳臺縣。
吴鎮烽《銘圖索引》[2391]［蔡侯申鼎］
</td>
</tr>
<tr>
<td>0804
㮊

栒矛</td>
<td>
【時代】戰國時期·秦
【出處】栒矛［《集成》11430］
【類別】城邑名稱
【釋地】陝西省咸陽市旬邑縣
“㮊”字在上揭兩件秦矛銘文中應該讀爲“栒邑”之“栒”。《史記·樊酈滕灌列傳》：“漢王賜商爵信成君，以將軍爲隴西都尉。別將定北地、上郡。破雍將軍焉氏，周類軍栒邑，蘇駔軍于泥陽。”《索隱》曰：“栒邑在豳州。《地理志》屬右扶風。栒音荀。”《漢語大字典》“栒”字下謂：“古邑名。《集韻·諄韻》：‘栒，邑名，在扶風。’按：《漢書·地理志》作‘栒邑’。故址在今陝西省旬邑縣。”據譚其驤先生主編的《中國歷史地圖集》，秦的“㮊邑”在今日陝西省旬邑（原栒邑）縣的東北約十幾公里處。
劉釗《兵器銘文考釋（四則）》[2392]［栒矛］
即栒，戰國秦邑，今陝西旬邑縣東北。
吴鎮烽《銘圖索引》[2393]［栒矛］
</td>
</tr>
<tr>
<td>0805
㮊邑</td>
<td>
【時代】戰國晚期
【出處】私府鼎［《銘圖》2100］　栒邑鼎［《銘圖》2243］
</td>
</tr>
</table>

2389　余永梁：《金文地名考》，《國立中山大學語言歷史學研究所週刊》第5集第53、54期合刊，1928年，第14頁。

2390　壽縣古墓清理小組：《安徽壽縣戰國墓出土的銅器群記略》，《文物參考資料》1955年第8期，第39頁。

2391　吴鎮烽：《商周青銅器銘文暨圖像集成索引》，上海古籍出版社，2019年，第999頁。

2392　劉釗：《兵器銘文考釋（四則）》，復旦大學出土文獻與古文字研究中心編：《出土文獻與古文字研究》（第二輯），復旦大學出版社，2008年，第103頁。

2393　吴鎮烽：《商周青銅器銘文暨圖像集成索引》，上海古籍出版社，2019年，第950、1002頁。

私府鼎

【類別】城邑名稱

【釋地】陝西省咸陽市旬邑縣

枸邑，秦邑，今陝西旬邑縣東北。

吴鎮烽《銘圖索引》[2394][私府鼎]

0806

疐

子鼒爵

四十二年逨鼎

【時代】商代晚期 西周時期

【出處】子鼒爵 四十二年逨鼎［《銘圖》2501、2502］

子鼒才疐，作文父乙彝。［子鼒爵，《集成》9088］

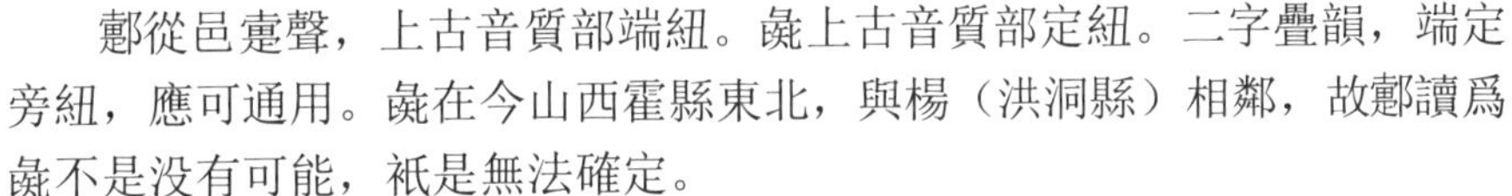

【類別】城邑名稱

鄻、屖皆地名，不詳所在，但其大體方位應在晋南、豫北。

鄻從邑疐聲，上古音質部端紐。堯上古音質部定紐。二字疊韻，端定旁紐，應可通用。堯在今山西霍縣東北，與楊（洪洞縣）相鄰，故鄻讀爲堯不是没有可能，衹是無法確定。

王輝《四十二年逨鼎銘文箋釋》[2395][四十二年逨鼎]

0807

輔

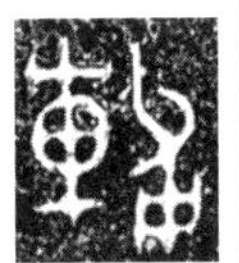
輔伯𤼴父鼎

輔伯戈

【時代】西周晚期

【出處】輔伯𤼴父鼎 輔伯戈［《銘圖》16716］

輔伯𤼴父作豐孟妘媵鼎，子孫孫永寶用。［輔伯𤼴父鼎，《集成》2546］

【類別】城邑名稱

《貞松堂集古遺文》三·七著録一件輔伯𤼴父鼎，銘曰："輔伯𤼴父作豐孟娟媵鼎"，是輔伯𤼴父爲嫁往豐國的大女兒孟娟作的一件媵器。鼎銘之"輔"學者以爲即文獻中的輔陽。輔陽，古代國名，典籍書字不盡相同，如《國語·鄭語》："鄔、鄶、路、偪陽"作"偪陽"；《左傳》襄公十年："偪陽入啓門"與同年之《春秋經》"五月甲午，遂滅偪陽"亦作"偪陽"。然《穀梁傳》襄公十年記同一件事時卻作"傅陽"，而《漢書人表考》則云："故偪陽國，莽曰輔陽。"

尚志儒《西周金文中的豐國》[2396][輔伯𤼴父鼎]

【釋地】山東省棗莊市嶧城區

"輔""小輔"均指福陽。輔伯痒父鼎："輔伯痒父作豐孟娟媵鼎。"

2394 吴鎮烽：《商周青銅器銘文暨圖像集成索引》，上海古籍出版社，2019年，第950、1002頁。

2395 王輝：《四十二年逨鼎銘文箋釋》，《高山鼓乘集：王輝學術文存二》，中華書局，2009年，第64頁。

2396 尚志儒：《西周金文中的豐國》，《文博》1991年第4期，第29—30頁。

	《國語·鄭語》："妘姓，鄔、鄶、路、偪陽。"韋昭注："陸終第四子求言，爲妘姓，封于鄶。鄶，今新鄭也。鄔、路、偪陽，其後別封也。"《左傳·襄公十年》載："偪陽，妘姓也。"孔穎達疏："偪陽，妘姓，祝融之孫陸終第四子求言之後，虞夏以來，世祀不絶。"這説明"輔"和"偪陽"皆爲妘姓之國。《春秋·襄公十年》載：晋侯率諸侯"會吴于相，夏五月甲午，遂滅偪陽。"杜預注："偪陽，妘姓國，今彭城傅陽是也。"偪陽，《穀梁傳》作"傅陽"；《漢書·地理志·楚國》有"傅陽縣"，班固自注："故偪陽國，莽曰輔陽。"《後漢書·郡國志·彭城國》有"傅陽，有柤水。"這説明"偪陽"或作"傅陽"或作"輔陽"，皆因偪、傅、輔音近可通之故。《水經·沭水注》：沭水"又東南歷柤口城中，柤水出于楚之祖地。《春秋》襄公十年，經書公與晋及諸侯會吴子祖。京相璠曰：宋地，今彭城福陽縣，西北有祖水溝，去偪陽八十里，東南流經偪陽縣故城東北。《地理志》曰：故偪陽國也。……漢以爲縣，漢武帝元朔三年，封齊孝王子劉就爲侯國，王莽更之輔陽也。《郡國志》曰：偪陽有祖水。祖水而南，亂于沂而注于沭，謂之祖口，城得其名。"這説明祖水即柤水，本名輔水，因輔、柤古音相近（皆在魚部），可以通假，春秋之後書作祖水。又因輔國故城位于輔水之北，春秋戰國之後稱爲輔陽（水北爲陽），而輔、傅皆讀甫得聲，與福爲雙聲字（上古同讀重唇音、邦母字），故後世或書作福陽，或書作傅，皆因輔（即柤）水而得名，地在今山東棗莊市嶧城南五十里。 蔡運章《輔師嫠簋諸器及偪陽國史再探》[2397][輔師嫠簋] **【釋地】陝西省渭南市大荔縣** 宣十五年《左傳》："秦桓公伐晋，及雒，魏顆敗秦師于輔氏。"杜注輔氏及雒皆晋地。成十三年《左傳》："吕相絶秦，焚我箕部，我是以有輔氏之聚。"今陝西朝邑縣西北十三里有輔氏城。 余永梁《金文地名考》[2398][輔伯鼎] 春秋晋地。在今陝西大荔縣東。亦稱輔氏。《左傳·宣公十五年》："秋七月，秦桓公伐晋，次于輔氏。"又《成公十三年》："我（按指晋）是以有輔氏之聚。" 崔恒昇《古文字地名考釋》[2399][輔伯𤴓父鼎] 西周封邑，今陝西大荔縣東。 吴鎮烽《銘圖索引》[2400][輔伯𤴓父鼎]

2397 蔡運章：《輔師嫠簋諸器及偪陽國史再探》，《甲骨金文與古史研究》，中州古籍出版社，1993年，第77—78頁。

2398 余永梁：《金文地名考》，《國立中山大學語言歷史學研究所週刊》第5集第53、54期合刊，1928年，第6頁。

2399 崔恒昇：《古文字地名考釋》，中國古文字研究會、安徽大學古文字研究室編：《古文字研究》（第二十三輯），中華書局，2002年，第218頁。

2400 吴鎮烽：《商周青銅器銘文暨圖像集成索引》，上海古籍出版社，2019年，第1002頁。

0808

監

叔碩父鼎

【時代】西周晚期

【出處】叔碩父鼎

新宮叔碩父、監姬作寶鼎，其萬年子子孫孫永寶用。[叔碩父鼎，《集成》2596]

【類別】城邑名稱

【釋地】陝西省西安市周至縣

今陝西周至縣境内。

吴鎮烽《銘圖索引》[2401][叔碩父鼎]

0809

⿱林夾

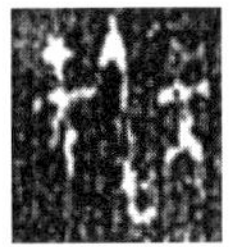

史密簋

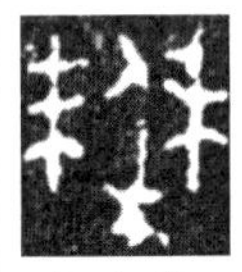

師寰簋

【時代】西周晚期

【出處】史密簋[《銘圖》5327] **師寰簋**[《集成》4314]

【類別】國族名稱

【釋地】山東省淄博市

⿱林夾讀爲棘。春秋時山東地區有兩個棘，一爲魯邑，見《春秋經·成公三年》；一爲齊邑，見《左傳·昭公十年》，在今淄博市東。二地均因⿱林夾國得名，一爲初居，一爲後遷，本銘殆指齊地之棘。李學勤則説⿱林夾讀爲逼，即妘姓逼陽，在今棗莊舊嶧縣南，似乎過于偏西。

王輝《商周金文》[2402][史密簋]

【釋地】山東省德州市

歮，郭沫若釋⿱林夾，但字從秝，不從棘，《銘選》隸⿱林大而未釋。查《集成》四三一四作□，象人歷禾中而突出其止（趾），當隸定爲歮，歮見甲骨文，從止，秝，秝亦聲，舊釋爲歷之初文，確不可移。《説文》訓歷爲“過”（經過），本銘爲國名。當讀爲鬲。《路史·國名紀乙·少昊後偃姓國》“鬲”下注云：“《郡國縣道記》：‘古鬲國，偃姓，皐陶後。漢爲縣，齊天保七并入安德，今隸德州，西北有故鬲城。’”

陳秉新、李立芳《出土夷族史料輯考》[2403][師寰簋]

【釋地】山東省肥城市

⿱林夾即棘，《禮記·王制》“西方曰⿱林夾，東方曰寄”，鄭玄注：“⿱林夾當爲棘。”《經典釋文》：“棘又作⿱林夾。”是⿱林夾與棘通。春秋時期在今山東

2401 吴鎮烽：《商周青銅器銘文暨圖像集成索引》，上海古籍出版社，2019年，第1003頁。
2402 王輝：《商周金文》，文物出版社，2006年，第202頁。
2403 陳秉新、李立芳：《出土夷族史料輯考》，安徽大學出版社，2005年，第215頁。

	省境内有兩個棘邑，一爲魯邑，見于《春秋》成公三年“叔孫僑如帥師圍棘”，鄭玄注：“棘，汶陽田之邑，在濟北蛇丘縣。”故址在今山東省肥城縣東南；一爲齊邑，見于《左傳》昭公十年“桓子召子山，私具幄幕器用從者之衣屨，而反棘焉”。鄭玄注：“棘，子山故邑，齊國西安縣東有戟里亭。”東漢西安縣在今山東省淄博市東。兩棘邑均因棘國得名，一爲初居，一爲後遷，如若晋初都絳，遷新田而仍謂之絳；太公封齊初都營丘，五世孫獻公近于臨淄，臨淄亦稱營丘。至于魯棘早于齊棘，抑或齊棘早于魯棘，目前尚不得確知。 吴鎮烽《史密簋銘文考釋》[2404][史密簋] 在今山東肥城境内。 吴鎮烽《銘圖索引》[2405][史密簋]
0810 **酸棗**  酸棗戈	**【時代】戰國時期** **【出處】酸棗戈**[《集成》10922] **【類別】城邑名稱** **【釋地】河南省新鄉市延津縣** 今河南延津縣西南。 吴鎮烽《銘圖索引》[2406][酸棗戈]
0811 **厲**  中觶  魯大司徒匜	**【時代】西周早期 春秋中期** **【出處】中觶 魯大司徒匜** 王大省公族于庚（唐），振旅，王易（賜）中馬，自厲侯四騁，南宫貺，王曰：用先，中執王休，用作父乙寶尊彝。[中觶，《集成》6514] 魯大嗣徒子仲白[作]其庶女厲孟姬賸匜，其眉壽萬年無疆，子子孫孫，永保用之。[魯大司徒匜，《集成》10316] **【類別】國族名稱** 西周、春秋時期共有兩個厲（賴）國，一在隨棗走廊内今湖北隨州東北百餘里的殷店一帶，爲古厲山氏之後所建；一在淮河以北的今河南鹿邑縣東十里之古厲鄉，爲《逸周書·世俘解》所載商代厲國的延續，春秋中期後南遷于今息縣東北的包信鎮一帶。兩厲國在傳世文獻和銘文資料中均有明確的記載，其源流不一，地望各異，祇是後來均爲楚人所滅，人爲楚

2404 吴鎮烽：《史密簋銘文考釋》，《考古與文物》1989年第3期，第58頁。
2405 吴鎮烽：《商周青銅器銘文暨圖像集成索引》，上海古籍出版社，2019年，第1002頁。
2406 吴鎮烽：《商周青銅器銘文暨圖像集成索引》，上海古籍出版社，2019年，第1003頁。

民，地屬楚境。從西晋杜預注《左傳》以來，不少文獻記載將二者混爲一談，近世有些學者在研究銘文材料時亦常張冠李戴，不加分辨，以致形成種種誤説，這是我們今天研究先秦歷史地理時所應明鑒的。

徐少華《古厲國歷史地理考異》[2407]

【釋地】湖北省隨州市

𥗼即厲之緐文，從石與從厂同意，從邁省聲與萬聲同。在此乃孟姬所適之國名。《春秋》僖十五年"齊師曹師伐厲"，杜注"義陽縣有厲鄉"。《漢志》南陽郡隨下云"故國，厲鄉，故厲國也"。今湖北隨縣北四十里有厲山店。

郭沫若《兩周金文辭大系圖録考釋》[2408][魯大司徒匜]

銘中的厲侯亦見宋出土安州六器的《中尊》，厲字與玉戈銘相同（戈文增攴）。《春秋》僖十五"齊師曹師伐厲"，杜注云"厲、楚與國，義陽隨縣北有厲鄉"，《漢書・地理志》南陽郡"隨、厲鄉，故厲國也"，今湖北隨縣北四十里有厲山。

陳夢家《西周銅器斷代》[2409][中觶]

"厲侯"又見北宋時孝感所出中觶（昭王時器）。我們曾論證，厲即今湖北隨州以北的厲國。據《逸周書・世俘》，武王伐紂歸途，命百韋伐厲得勝，那是商朝的厲國。至此成王"令厲侯辟"，"辟"訓爲"君"，是封屬于周朝的厲侯。厲國直到春秋時，纔爲楚國吞滅，其始封實見于此。

李學勤《太保玉戈》[2410][太保玉戈]

湖北隨州北。

李學勤《静方鼎與周昭王曆日》[2411][中觶]

今湖北隨州市北。

吴鎮烽《銘圖索引》[2412][中觶]

【釋地】河南省周口市鹿邑縣

即厲之繁體，爲孟姬所嫁之國族名。厲通賴，先秦以爲國名或地名者有四：《左傳・哀公六年》"使胡姬以安孺子如賴"，此齊地賴在今山東

2407　徐少華：《古厲國歷史地理考異》，《歷史地理》（第十九輯），上海人民出版社，2003年，第132頁。

2408　郭沫若：《兩周金文辭大系圖録考釋（二）》，《郭沫若全集・考古編》（第八卷），科學出版社，2002年，第417頁。

2409　陳夢家：《西周銅器斷代》，中華書局，2004年，第47頁。

2410　李學勤：《太保玉戈》，原載楚文化研究會編：《楚文化研究論集》（第二集），湖北人民出版社，1991年；後收入《李學勤學術文化隨筆》，中國青年出版社，1999年，第398頁。

2411　李學勤：《静方鼎與周昭王曆日》，原載《光明日報》1997年12月23日；後收入《夏商周年代學劄記》，遼寧大學出版社，1999年，第24頁。

2412　吴鎮烽：《商周青銅器銘文暨圖像集成索引》，上海古籍出版社，2019年，第1003頁。

章丘縣西北；又《史記·齊太公世家》："晋趙鞅伐齊，至賴而去。"此賴乃齊邑，在今山東聊城縣西；又《春秋·僖公十五年》"齊師、曹師伐厲"，杜預《注》"義陽隨縣北有厲鄉"；《漢書·地理志》南陽郡隨縣："厲鄉，故厲國也。"顔師古《注》"厲讀曰賴"，故址在今湖北隨縣北。齊曹之師伐厲，是爲了移救楚人伐徐，但徐在安徽泗縣西北，而齊曹距隨縣也較遠，王夫之《春秋稗史》以爲此厲應是老子所生之苦縣厲鄉。《史記·老子韓非列傳》："老子者，楚苦縣厲鄉曲仁里人也。"張守節《正義》："厲音賴。《晋太康地記》云：苦縣城東有瀨鄉祠，老子所生地也。"其地在今河南鹿邑縣東，地理位置似較隨縣之厲妥。若此，則孟姬所適之厲國也可能指此。

馬承源《商周青銅器銘文選》[2413][魯大司徒匜]

0812

嘗

【時代】西周早期

【出處】效卣 效尊[《集成》6009]

唯四初吉甲午，王藿（觀）于嘗，公東宮内饗于王。王易（賜）公貝五十朋，公易（賜）厥世子效王休貝廿朋。效對公休，用作寶尊彝。烏呼，效不敢不萬年夙夜奔走揚公休，亦其子子孫孫永寶。[效卣，《集成》5433]

【類别】城邑名稱

效卣

【釋地】山東省滕州市

《詩·魯頌·閟宮》："居常與許。"毛傳："常、許，魯南鄙、西鄙。"嘗、常同音通假。在今山東滕縣東南。

崔恒昇《甲金文地名考釋》[2414][效卣]

效尊

今山東滕州市東南。

吴鎮烽《銘圖索引》[2415][效尊]

0813

閭丘

【時代】春秋晚期

【出處】閭丘虞鵑戈[《集成》11073]

【類别】城邑名稱

2413 馬承源主編：《商周青銅器銘文選（四）》，文物出版社，1990年，第519頁。
2414 崔恒昇：《甲金文地名考釋》，安徽大學古文字研究室編：《古文字研究》（第二十二輯），中華書局，2000年，第155頁。
2415 吴鎮烽：《商周青銅器銘文暨圖像集成索引》，上海古籍出版社，2019年，第1003頁。

 閭丘虞鵑戈	**【釋地】山東省鄒城市** 今山東鄒縣東北。 吴鎮烽《銘圖索引》[2416][閭丘虞鵑戈]
0814 **縣城** 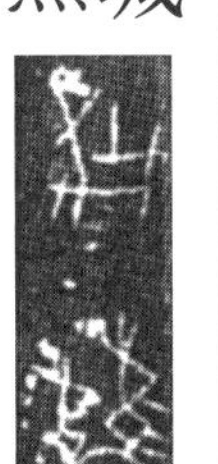 平都矛	**【時代】戰國晚期·秦** **【出處】平都矛**[《集成》11542] **【類别】城邑名稱** **【釋地】山西省吕梁市柳林縣** 今山西柳林縣西五公里穆村。 吴鎮烽《銘圖索引》[2417][平都矛]
0815 **鄲**  鄲孝子鼎	**【時代】戰國中期** **【出處】鄲孝子鼎** 王四月，鄲（單）孝子以庚寅之日，命鑄飤鼎鬲。[鄲孝子鼎，《集成》2574] **【類别】城邑名稱** **【釋地】河南省濟源市** 今河南濟源市東南。 吴鎮烽《銘圖索引》[2418][鄲孝子鼎]
0816 **緐**  𣪕甗	**【時代】西周早期** **【出處】多器** 唯十又一月王令南宫伐豺方之年，唯正月既死霸庚申，王在宗周，王朝[令]𣪕事于緐，易（賜）貝五朋，𣪕敢揚對王[休]，用作寶尊彝，子子孫孫其永[寶用]。[𣪕甗，《銘圖》3363] **【類别】城邑名稱**

2416　吴鎮烽:《商周青銅器銘文暨圖像集成索引》，上海古籍出版社，2019年，第1013頁。
2417　吴鎮烽:《商周青銅器銘文暨圖像集成索引》，上海古籍出版社，2019年，第1031頁。
2418　吴鎮烽:《商周青銅器銘文暨圖像集成索引》，上海古籍出版社，2019年，第1003頁。

敔壺

班簋

師虎簋

成緐戈

【釋地】河南省駐馬店市新蔡縣

曾伯簠曰“克狄淮夷，印燮鳖湯”，鳖湯即繁陽，水北曰陽，故字亦從水。古地名繁陽者有三：一、《史記·趙世家》“廉頗將，攻繁陽，取之”，《正義》云“《括地志》云繁陽在相州内黄縣東北二十七里”；二、《魏志》文帝爲壇于繁陽，受漢帝之禪，以漢潁陰地之繁陽亭爲繁昌縣，今河南臨潁西北三十里有繁城鎮；三、《左傳》襄四“楚師爲陳叛故，猶在繁陽”，杜注云“繁陽、楚地，在汝南潁陽縣南”，今新蔡縣北；又《左傳》定六楚“子期以陵師敗于繁陽”，亦此地。《春秋》襄元“次于鄫”，杜注云“鄫，鄭地，在陳留襄邑縣東南”，故《洧水注》曰“鄫人者鄭人也”。金文曾伯、曾侯、曾姬等器都是鄭地之曾，監臨淮水北的繁陽、淮夷。據《路史·國名紀丁》繁乃商氏後。

陳夢家《西周銅器斷代》[2419][班簋]

緐陽。曾伯霥簠銘：“克狄淮夷，印燮繁湯。”當爲同地。《左傳·襄公四年》：“楚師爲陳叛故，猶在繁陽。”繁陽即繁湯。杜預《注》：“繁陽，楚地，在汝南鮦陽縣南。”其地在今河南新蔡縣北，爲當時運輸銅錫的要道。

馬承源《商周青銅器銘文選》[2420][班簋]

繁，即曾伯霥匿“印（抑）燮繁湯”之繁湯，亦即繁陽。《左傳·襄公四年》：“楚師爲陳叛故，猶在繁陽。”杜預注：“繁陽，楚地，在汝南鮦陽縣南。”當今河南新蔡縣北。

陳秉新、李立芳《出土夷族史料輯考》[2421][班簋]

繁、蜀、巢皆地名，其故址今難確考，大約皆在江淮之間。曾伯霥簠：“克狄淮夷，印（抑）燮緐湯。”晉姜鼎：“征緐湯□。”《左傳·襄公四年》：“楚師爲陳叛故，猶在繁陽。”杜預注：“繁陽，楚地，在汝南鮦陽縣南。”或説繁即繁陽，其地在今河南新蔡縣北。

王輝《商周金文》[2422][班簋]

作器者敔所出使的繁，可能就是《左傳》中屢見的“繁陽”，其地在今河南新蔡縣北，正近于荆楚。

孫慶偉《從新出敔甗看昭王南征與晉侯燮父》[2423][敔甗]

即繁，河南新蔡縣北。

吴鎮烽《銘圖索引》[2424][班簋]

2419 陳夢家：《西周銅器斷代》，中華書局，2004年，第26頁。
2420 馬承源主編：《商周青銅器銘文選（三）》，文物出版社，1988年，第109頁。
2421 陳秉新、李立芳：《出土夷族史料輯考》，安徽大學出版社，2005年，第184頁。
2422 王輝：《商周金文》，文物出版社，2006年，第103頁。
2423 孫慶偉：《從新出敔甗看昭王南征與晉侯燮父》，《文物》2007年第1期，第66頁。
2424 吴鎮烽：《商周青銅器銘文暨圖像集成索引》，上海古籍出版社，2019年，第1003頁。

【釋地】中原地區

《左傳》定四年記周初封衛康叔“以殷民七族”，其中有繁氏。《路史·國名記》列繁氏爲商後，就是據此。繁之故土顯然在殷本土，後來屬衛地。《史記·高祖功臣諸侯年表》有繁侯彊瞻，《索隱》：“地理志：魏郡有繁陽。恐别有繁縣，志闕。”《路史》于繁下也説：“澶（州）之清豐，有繁淵、繁陽故城，漢强占（即彊瞻）爲繁侯者”，在這塊地方上有繁水、繁陽、繁淵、繁泉等，皆取名于繁，所以繁的故土最初就在這一塊，至少漢初還存在這個繁，戰國晚期屬趙。彊瞻爲趙騎將，所以高祖封彊瞻于此。

黄盛璋《班簋的年代、地理與歷史問題》[2425][班簋]

【釋地】山西省運城市芮城縣

今山西芮城縣北。

吴鎮烽《銘圖索引》[2426][班簋]

【釋地】南方地區

緐亦國名，晋姜鼎“征緐湯驛”、曾伯霥簠“克狄淮夷，印燮鐅湯”，大率在南國。

郭沫若《兩周金文辭大系圖録考釋》[2427][班簋]

緐當是南淮夷地名，曾伯霥簠説“克狄淮夷，抑燮緐湯”，晋姜鼎也説“征緐湯□”，其地待考。

唐蘭《西周青銅器銘文分代史徵》[2428][班簋]

繁的地理位置可由漢代的繁縣推斷。《漢書·地理志》蜀郡繁縣，據清王先謙《漢書補注》，在今四川彭縣西北，原新繁縣北20里。繁縣命名，《後漢書·臧宫傳》注云來自繁江，所以有古遠的依據，繁江當即湔水。

這樣，我們便不難明白，周朝出軍討伐巴人，爲什麼要遣使到繁。這是因爲繁居蜀國之北，或許是蜀的北部，故而征巴有必要安撫繁以及蜀。班簋之所以連稱繁、蜀，也容易理解了。《華陽國志》講巴、蜀同囿，彼此關係密切，伐巴自然有必要派使臣安蜀。至于那時繁、蜀是否兩個諸侯國，尚有待更多發現證明，我個人仍覺得繁衹是蜀國的一部分。

大家瞭解，被稱作繁的這一帶多有商周遺存，過去報導的如新繁水觀音、彭縣竹瓦街，都已膾炙人口。其間規模最大、歷史最久，有可能是繁的都邑的，無疑便是廣漢三星堆城址了。這當然屬于猜想，留待讀者考慮

2425 黄盛璋：《班簋的年代、地理與歷史問題》，《考古與文物》1981年第1期，第75頁。
2426 吴鎮烽：《商周青銅器銘文暨圖像集成索引》，上海古籍出版社，2019年，第1032頁。
2427 郭沫若：《兩周金文辭大系圖録考釋（二）》，《郭沫若全集·考古編》（第八卷），科學出版社，2002年，第60頁。
2428 唐蘭：《西周青銅器銘文分代史徵》，《唐蘭全集（七）》，上海古籍出版社，2015年，第369頁。

批評。

李學勤《論繁蜀巢與西周早期的南方經營》[2429][班簋]

作爲方國的繁，見于穆王時的班簋，其銘云："王命毛伯更（賡）虢成公服，屏王位，作四方極，秉繁、蜀、巢命。""秉"訓爲"執"，"秉命"猶言"執命"，意思是管理其事務，可見繁、蜀、巢都是服屬周朝的邊遠方國。以前學者大都把繁説成在今河南新蔡北的繁陽，可是該地《左傳》定公六年作"繁揚"，青銅器銘文作"繁湯""繁湯""繁汤"等，從來没有單作"繁"的。

這裏請允許我作一猜測。《漢書·地理志》蜀郡有繁縣，王先謙《漢書補注》據《清一統志》云在今四川新繁北二十里。《後漢書·臧宫傳》注："繁，縣名，屬蜀郡。繁，江名，因以爲縣名。"所説繁江當即湔水。繁既是水名，可能有古老的淵源。大家都瞭解，由彭縣、新繁到廣漢這一帶，多有商、西周遺存發現，包括著名的三星堆遺址。西周前期的時候這一帶名繁，與在今成都的蜀並稱，是很有可能的。

李學勤《論啟甗銘及周昭王南征》[2430][啟甗]

竊以爲，儘管目前在繁陽地區尚未發現兩周時期産銅的遺迹，但繁陽與銅關係密切卻是不爭的事實。郭沫若、屈萬里兩位先生均認爲，繁陽是當時銅、錫等南方物品運輸到中原的交通要道，是"金道錫行"的關鍵。西周初期昭王親征的一個重要原因就是意圖恢復商代以盤龍城爲據點控制長江中游地區的政治地理格局，重建自己的"金道錫行"，繁陽無疑有着得天獨厚的地理優勢。從汝水順水而下，到達與淮水交匯處，從淮水逆流而上，能到達今湖北隨州地區。另外，附近水道發達，發源于大别山和銅柏山的幾條小河，或者北連淮河，或者南達長江，這些河流和沿河道路能極大地便利長江和淮河間的南北交流，而繁湯（繁陽）就位于淮河支流的汝河沿岸，其地理位置正是南北交通的重要孔道。周王南征時命出使此地，既可確保交通要道的暢通，又可對周邊異邦起到威懾作用。

趙燕姣、吴偉華《金文所見昭王南征路綫考》[2431][啟甗]

【釋地】東方地區

竊以爲兩周之際的繁氏其族居地在今山東省境内的可能性較大，且應該于鄒城周邊尋找。换言之，兩周之際，東土自有一繁地。而就金文資料看，甚至在戰國時期還依舊存在一個東土繁地。例如，山東淄博市淄川區羅村鎮南韓村戰國墓葬曾出土一件成緐戈，在戈的内部，鑄有銘文二字，曰"成緐（繁）"，説明當時齊境内自有一繁地，且具有一定的軍事戰略

2429 李學勤：《論繁蜀巢與西周早期的南方經營》，原載肖先進主編：《三星堆與南方絲綢之路青銅文化研討會論文集》，文物出版社，2007年；後收入《通向文明之路》，商務印書館，2010年，第124頁。

2430 李學勤：《論啟甗銘及周昭王南征》，原載朱鳳瀚、趙伯雄編：《仰止集——王玉哲先生紀念文集》，天津人民出版社，2007年；後收入《新出青銅器研究（增訂版）》，人民美術出版社，2016年，第352頁。

2431 趙燕姣、吴偉華：《金文所見昭王南征路綫考》，《中國歷史地理論叢》2018年第2期，第54—55頁。

價值，故須委派專人加以戍守。戰國時期的齊國雖説强盛，但屬“南土”範圍的汝水流域，肯定不是齊國的有效控制區域，若説當地的繁陽就是晚周以降的見諸金文的繁地，着實難以令人信從。

陳絜《兩周金文中的繁地與西周早期的東土經略》[2432]［戍緐戈］

0817

緐昜

繁陽鐓

鄂君啓車節

0817.02 緐陽

0817.03 緐陽

【時代】春秋時期

【類别】城邑名稱

【出處】繁陽鐓

緐陽。［繁陽鐓，《銘三》1637］

【時代】戰國中期

【出處】鄂君啓車節

大司馬卲鄸敗晋帀於襄陵之歲，顕层之月，乙亥之日，王凥於莪郢之遊宮，大攻尹脽台王命，命集尹悤𦃞，裁尹逆，裁翰阢，爲鄂君啓之廣賸𨥖金節，車五十堯，歲罷返，母載金、革、黽、箭，女馬、女牛、女浧，屯十台堂一車，女檐徒，屯廿檐台堂一車，台毀於五十堯之中，自鄂坸，𥨸昜丘，𥨸邡城，𥨸𩵦禾，𥨸酉焚，𥨸緐昜，𥨸高丘，𥨸下蔡，𥨸居鄛，𥨸郢，見其金節劁母政，母舍桴飤，不見其金節劁政。［鄂君啓車節，《集成》12110、12111］

【釋地】河南省駐馬店市新蔡縣

繁陽，該地北近于陳，爲楚東西交通所經之要道，係一較大邑聚，可能也在此設關。

劉和惠《鄂君啓節新探》[2433]［鄂君啓車節］

繁陽，在河南新蔡縣北，《左傳》襄公四年“楚師爲陳敗故，猶在繁陽”，又定公六年“吴敗楚舟師，楚子期又以陵師攻于繁陽”。

郭沫若《關于鄂君啓節的研究》[2434]［鄂君啓車節］

郭釋緐陽即《左傳》襄公四年、定公六年的繁陽，得之。故址在今河南新蔡縣北，自畐焚東行至此。

譚其驤《鄂君啓節銘文釋地》[2435]［鄂君啓車節］

2432 陳絜:《兩周金文中的繁地與西周早期的東土經略》,《中原文物》2020年第1期，第73—74頁。

2433 劉和惠:《鄂君啓節新探》，原載《考古與文物》1982年第5期；後收入劉慶柱、段志洪、馮時主編:《金文文獻集成》(第二十九册)，綫裝書局，2005年，第331頁。

2434 郭沫若:《關于鄂君啓節的研究》,《文物參考資料》1958年第4期，第5頁。

2435 譚其驤:《鄂君啓節銘文釋地》，原載《中華文史論叢》(第2輯)，1962年；後收入《譚其驤全集》(第一卷)，人民出版社，2015年，第541頁。

0817.04 繁陽 0817.05 陵陽	緐即繁字。《左傳・襄公四年》："四年春，楚師爲陳叛故，猶在繁陽。"地約在今河南新蔡縣北。曾伯霥簠銘之繁陽，亦即此地。 馬承源《商周青銅器銘文選》[2436][鄂君啓車節] 繁陽，楚國北方重鎮，在今河南新蔡縣北。 湯餘惠《戰國銘文選》[2437][鄂君啓車節] 古繁陽當不出今河南新蔡縣與安徽鮦城鎮之間的新蔡縣北境一帶。 徐少華《〈包山楚簡〉地名數則考釋》[2438][鄂君啓車節] 兩周金文所見繁與繁陽，是截然不同的兩個地名，不可混淆。其中繁地自西周早期至戰國甚至秦漢時期一直存在，爲東土地名，大致坐落在汶、泗之間；而繁陽之地則與南淮夷相牽涉，應該在河南新蔡一帶，爲汝水流域地名。 陳絜《兩周金文中的繁地與西周早期的東土經略》[2439] **【釋地】安徽省阜陽市臨泉縣** 繁作"𦃃"，上從"交"，與襄陵的"陵"字同。我初稿釋陵，又釋繁，引《左傳》定六年"子期又以陵師敗于繁陽"爲證，以爲繁陽即陵陽，藉以比附屈原《哀郢》的陵陽。此字諸家皆釋繁。今按《哀郢》的陵陽，當從舊説在皖南。這裏釋繁爲是。郭院長云："繁陽在今新蔡縣北。"按襄四年杜注："繁陽，楚地，在汝南鮦陽縣南。"舊説，鮦陽故城在新蔡縣北七十里，當在今安徽臨泉縣境（參看《安徽通志・古迹》）。 羅長銘《鄂君啓節新探》[2440][鄂君啓車節] **【他釋】** 𦃃字從交，與首句襄陵的陵字同，知是陵字，有人釋緐陽。陵陽見楚辭哀郢。 殷滌非、羅長銘《壽縣出土的"鄂君啓金節"》[2441][鄂君啓舟節]
0818 **緐湯**	**【時代】春秋早期** **【出處】晉姜鼎**［《集成》2826］**戎生編鐘** 唯十又一月乙亥，戎生曰：休辝皇祖憲公，桓桓趩趩，啓厥明心，廣巠其猷，越爯穆天子𩁹霝，用建于兹外土，僪𤔲緣（蠻）戎，用榦不廷方。

2436 馬承源主編：《商周青銅器銘文選（四）》，文物出版社，1990年，第435頁。
2437 湯餘惠：《戰國銘文選》，吉林大學出版社，1993年，第49頁。
2438 徐少華：《〈包山楚簡〉地名數則考釋》，《武漢大學學報（哲學社會科學版）》，1997年第4期，第105頁。
2439 陳絜：《兩周金文中的繁地與西周早期的東土經略》，《中原文物》2020年第1期，第75頁。
2440 羅長銘：《鄂君啓節新探》，原載《羅長銘集》，1994年，黄山書社；後收入安徽省博物館編：《安徽省博物館四十年論文選集》，黄山書社，1996年，第152頁。
2441 殷滌非、羅長銘：《壽縣出土的"鄂君啓金節"》，《文物参考資料》1958年第4期，第9頁。

晉姜鼎

至于辝皇考昭伯，趚趚穆穆，懿歖不僭，召匹晉侯，用龏王令。今余弗叚灋其覭光，對揚其大福，劼遣鹵積，卑譖征緐（繁）湯，取厥吉金，用作寶協鐘。厥音雍雍，鎗鎗銿銿，段段肅肅，既龢且淑。余用卲追孝于皇祖皇考，用祈綽眉壽。戎生其萬年無疆，黄耇又耋，畯保其子孫永寶用。[戎生編鐘，《銘圖》15239—15246]

【類別】城邑名稱

即繁陽，産金錫之地。

馬承源《商周青銅器銘文選》[2442][晉姜鼎]

戎生編鐘

即繁陽，晉姜鼎銘作“繁湯”。先秦繁陽有兩地，一在楚，一在魏。《左傳·襄公四年》：“楚師爲陳叛故，猶在繁陽”，杜預《注》：“繁陽，楚地，在汝南鮦陽縣南。”其地多銅，晉姜鼎銘有“征緐湯”“取乎吉金”句，洛陽東周墓出土有青銅劍一柄，銘云“緐湯之金”。魏地繁陽，遠在北方，與此無關。

馬承源《商周青銅器銘文選》[2443][曾伯霥簠蓋]

曾伯霥簠蓋

緐陽，文獻作繁陽。春秋時同名者有二地，一在河南新蔡縣北，見《左傳》襄公六年及定公六年；一在河南内黄東北，見《史記·趙世家》。屈氏定繁陽原于澶淵附近，顯然採取後説，但也無法肯定繁陽一定不在新蔡。“周之東遷，晉鄭焉依。”晉國既能出兵勤王，這樣戰役也應由晉國擔當主力。交鋒的地方爲什麽一定要局限在澶淵一帶呢？此次戰争的結果，不限于收繳了一批“吉金”（指青銅武器），更重要的是打通了輸入銅、錫的道路，即所謂“金衜錫行。”金指的是銅。銅和錫恰好是冶煉青銅的原料。所以這次戰争，不僅具有“尊王攘夷”的政治意義，而且具有實際的經濟意義。這是繁陽之役的一大特點。

陳連慶《〈晉姜鼎〉銘新釋》[2444][晉姜鼎]

“緐”是“繁”的古體，《説文》有“緐”無“繁”。繁湯是古代以産銅著名之地。

過去，有些學者據晉姜鼎和曾伯簠，認爲晉、曾兩國曾聯合起來征繁湯。其實在西周、春秋時代，很多國家對“繁湯之金”都有覬覦之心，前後爲掠奪其金而發動的戰争，次數一定很多。戎生的征繁湯跟晉姜的征繁湯不是同一次戰争。曾伯的征繁湯跟晉姜的征繁湯恐怕也不是同一次戰争。

裘錫圭《戎生編鐘銘文考釋》[2445][戎生編鐘]

2442 馬承源主編：《商周青銅器銘文選（四）》，文物出版社，1990年，第586頁。

2443 馬承源主編：《商周青銅器銘文選（四）》，文物出版社，1990年，第450頁。

2444 陳連慶：《〈晉姜鼎〉銘新釋》，《中國古代史研究：陳連慶教授學術論文集》，吉林文史出版社，1991年，第1186頁。

2445 裘錫圭：《戎生編鐘銘文考釋》，《裘錫圭學術文集》（第三卷），復旦大學出版社，2015年，第114頁。

【釋地】河南省駐馬店市新蔡縣

鬻湯，《奇觚》以爲是兩個地名。劉節則認爲是一個地名；並且以爲它就是定公六年《左傳》杜注“楚地，在汝南鮦陽縣南”的繁陽。這説法是比較近理的。因爲從地形上看，此地是介乎楚、陳、淮夷之間。杜注説是楚地，可知它後來是屬于楚的。此地在現今河南新蔡縣東北約七十里的地方，在淮水以北。就地勢説，它當是齊、魯、鄫、杞、滕、邾、宋、陳等國往淮南的孔道，也就是輸入南金的重地。這次伐淮夷，似乎是把這要道打通了，所以説“印燮鬻湯”。

屈萬里《曾伯霥簠考釋》[2446][曾伯霥簠]

緐，《説文》：“緐，馬髦飾也。”今作繁。湯，讀爲陽。先秦繁陽有二，一在楚，一在魏。《左傳・襄公四年》：“楚師爲陳叛故，猶在繁陽。”杜預注：“繁陽，楚地，在汝南鮦陽縣南。”銘文之繁陽，當即汝南縣南之繁陽。

陳秉新、李立芳《出土夷族史料輯考》[2447][晋姜鼎]

春秋戰國楚地，今河南新蔡縣北。

吴鎮烽《銘圖索引》[2448][戎生鐘]

【時代】戰國晚期

【出處】繁陽之金劍［《集成》11582］

【類別】城邑名稱

【釋地】河南省駐馬店市新蔡縣

繁湯、地名。郭璞注《山海經》“昆吾之丘”：“此山出名金也，《尸子》曰：‘昆吾之金。’”“昆吾之金”和劍銘句型句意完全一致，可證繁湯爲地名。繁湯見于金文者如曾伯霥簠銘：“克狄淮夷，印燮鬻湯，金道錫行”；如晋姜鼎銘：“征緐湯□，取氒吉金，用乍寶尊鼎。”此二器銘中繁湯和劍銘繁湯當同屬一地。“湯”和“陽”，古音同。繁湯即繁陽，東周時屬楚地。《左傳・襄公四年》：“春，楚師衛陳叛故猶在繁陽。”杜預注：“繁陽、楚地，在汝南鮦陽縣。”即今河南省新蔡縣北三十里淮水支流汝河北岸。

洛陽博物館《河南洛陽出土“繁陽之金”劍》[2449][繁陽之金劍]

劍銘的頭兩個字，依其結構當隸定作“緐湯”，《報告》釋爲“繁陽”。

繁陽之金劍

0818.02

繁湯

2446 屈萬里：《曾伯霥簠考釋》，《“中央研究院”歷史語言研究所集刊》第33本，1962年，第33頁。
2447 陳秉新、李立芳：《出土夷族史料輯考》，安徽大學出版社，2005年，第233頁。
2448 吴鎮烽：《商周青銅器銘文暨圖像集成索引》，上海古籍出版社，2019年，第1033頁。
2449 洛陽博物館：《河南洛陽出土“繁陽之金”劍》，《考古》1980年第6期，第492頁。

0818.03 緐湯
0818.04 繁陽

按“緐”即“繁”的本字。《説文》里有緐無繁，云：“緐，馬髦飾也。從糸從每。”段注：“引申爲繁多。又俗改其字作繁，俗形行而本形廢；引申之義行而本義廢矣。”典籍多作繁。“⿱湯木”應是從木湯聲，字書所無。所從之湯唯“昜”聲，昜亦以“昜”爲聲。“昜”古陽字。春秋器晉姜鼎和曾伯霥簠中也曾出現地名的“緐湯”和“⿱敏言湯”，其“湯”字學者們亦釋讀爲“陽”。因而釋“緐⿱湯木”爲“繁陽”是没有問題的。

先秦時期地名繁陽者，就史籍所見有兩處：一見于《左傳》，襄公四年云：“春，楚師爲陳叛故，猶在繁陽。”杜預注：“楚地，在汝南鮦陽縣南。”《後漢書·郡國志》汝南郡鮦陽縣下，王先謙集解云：“《一統志》：（鮦陽）故城今新蔡縣東北七十里。”楊伯峻《春秋左傳注》：“繁陽，今河南新蔡縣北。”《報告》作者更指出，其地“在今河南新蔡縣北三十里淮水支流汝河北岸”。各家所説雖然角度不同，而指徵的地理方位大體是一致的。春秋時的淮河中上游和江淮之間都是淮夷聚居地，繁陽本爲淮夷所轄，後來纔被楚國侵并，曾伯霥簠言：“克狄淮夷，印燮⿱敏言湯”是其證。

一爲《史記·趙世家》所載，云：“廉頗將，攻繁陽取之。”《集解》引《括地志》説：“繁陽故城在相州内黄縣東北二十七里。”《漢書·地理志》魏郡繁陽縣下王先謙補注：“（繁陽）戰國魏地，趙拔之，……《一統志》：故城今内黄縣東北。所言皆同。”從而知道此繁陽戰國時原屬魏，後爲趙所奪取。

上述二繁陽，一南一北，南者屬楚，北者屬魏（趙）。劍銘中的繁陽當指何處？就銘文本身考察，其中的“金”字與文獻和金文中的“貢金”（《禹貢》）、“獻金”（屖敖簋蓋）、“孚金”（過伯簋）等“金”字的用法同，蓋指銅料或青銅製品。因知劍銘的繁陽與銅有關。前引曾伯霥簠記載，爲了打通南銅北運（入貢或貿易）的“金道”，對淮夷發動戰爭，攻伐繁陽。其最終目的也是爲了得到銅料，與“繁陽之金”相比照，可知劍銘中的繁陽應即簠銘中的繁陽。

王子超《“繁陽之金”補釋》[2450]［繁陽之金劍］

0819 僕

鄧監簋

【時代】西周早期

【出處】鄧監簋

僕監作尊簋。［鄧監簋，《銘三》415］

【類别】國族名稱

“僕”在簋銘中可讀作“濮”，即濮國之“濮”。

濮是一個古老的國族，最早見于《書·牧誓》，爲商周時少數民族之一，曾參加周武王伐紂會盟。《書·牧誓》：“及庸、蜀、羌、髳、微、盧、彭、濮人。”僞孔傳：“庸、濮在江漢之南。”周匡王二年（前611

2450 王子超：《“繁陽之金”補釋》，中國古文字研究會、中山大學古文字研究所編：《古文字研究》（第二十四輯），中華書局，2002年，第263—264頁。

	年），與麇人伐楚。《左傳》文公十六年："麇人率百濮聚于選，將伐楚。"周景王二十二年（前523年），楚爲舟師以伐濮。《左傳》昭公十九年："楚子爲舟師以伐濮。"以後，滇西南亦有濮人記載。其演變有三説：一説戰國以後演變爲百越，發展爲漢藏語系壯侗語族各族；一説百濮與百越是兩個不同的族體，元代以後稱蒲人，以後發展爲南亞語系孟高棉語族各族；一説前期的百濮與百越有密切關係，後期的百濮指孟高棉語族各族。 關于濮的地望，學界有不同看法，或以爲其分布在江漢之南或楚國西南。近年有學者據文獻和出土資料，認爲西周初年的濮族大致位于楚、豫之間的江漢平原地區，大致可從。 黄錦前《葉家山M107所出濮監簋及相關問題》[2451]［鄧監簋］
0820 **鄬**  鄬子受鎛  鄬子受鐘  鄬子受鼎 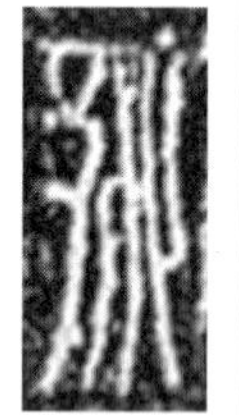 鄬夫人嬭鼎 0820.02 𨛭	**【時代】春秋中期·楚　戰國早期** **【出處】鄬子受鼎　鄬夫人嬭鼎等** 鄬子受之鬲升。［鄬子受鼎，《銘圖》1662、1663］ 唯正月初吉，歲在涒灘，孟甲在奎之際，鄬夫人嬭擇其吉金，作鑄沐鼎，以和御湯，長購其吉，羕壽無疆，鄬大尹、嬴作之，後民勿忘。［鄬夫人嬭鼎，《銘圖》2425］ **【類别】城邑名稱** **【釋地】河南省南陽市淅川縣** "𨛭"，邑名，即淅川下寺、徐家嶺一帶，其地廣出𨛭器。字或作"鄬"，文獻則作"蔿""薳"，學者已有詳考。"𨛭"字從"邑"，本爲國邑，後以邑爲氏。簡報釋"𨛭"，誤甚。《通志·氏族略》："薳章食邑于薳，故以命氏。"是其證。《左傳·僖公二十七年》："子玉復治兵于蔿。"杜預《集解》："蔿，楚邑。"地即銘文所見之𨛭、鄬，當在淅川一帶。 馮時《𨛭夫人嬭鼎銘文及相關問題》[2452]［鄬夫人嬭鼎］ 即鄬，今河南淅川縣倉房鎮。 吴鎮烽《銘圖索引》[2453]［鄬子受鎛］ 楚有蔿地但不知所在。《左傳·僖公二十七年》載："子玉復治兵于蔿。"杜預僅注云："蔿，楚邑。"今在淅川下寺及和尚嶺都發現鄬氏之族的墓葬。可證蔿地即在淅川下寺一帶了。 趙世綱《鄬子受鐘與鄂國史迹》[2454]［鄬子受鐘］

2451　黄錦前：《葉家山M107所出濮監簋及相關問題》，《四川文物》2017年第2期，第71—72頁。
2452　馮時：《𨛭夫人嬭鼎銘文及相關問題》，《中原文物》2009年第6期，第64頁。
2453　吴鎮烽：《商周青銅器銘文暨圖像集成索引》，上海古籍出版社，2019年，第912頁。
2454　趙世綱：《鄬子受鐘與鄂國史迹》，《江漢考古》1995年第1期，第48頁。

	河南淅川縣倉房鎮。 吴鎮烽《銘圖索引》[2455]［鄬子受鼎］
0821 **歊** 歊公子伐劍	【時代】**春秋晚期** 【出處】**歊公子伐劍**［《銘續》1304］ 【類別】**城邑名稱**
0822 **廣平** 王太后鼎	【時代】**戰國晚期·燕** 【出處】**王太后鼎** 蓋銘：王大后，白馬廣平［侯］昌夫。 口沿銘：白馬廣平侯昌夫，大子左私室，一觳。［王太后鼎，《銘圖》2043］ 【類別】**城邑名稱** 【釋地】**河北省邯鄲市鷄澤縣** “廣平”，古地名，戰國屬趙。漢代置有廣平國，設廣平侯。《漢書·地理志》有“廣平國”，《漢書·王子侯表下》有“廣平節侯德”，《漢書·高惠高后文功臣表》有“廣平敬侯薛歐”，治所在今河北省鷄澤縣境。 劉餘力、蔡運章《王太后左私室鼎銘考略》[2456]［王太后鼎］ 今河北鷄澤縣西南。 吴鎮烽《銘圖索引》[2457]［王太后鼎］
0823 **廣衍** 廣衍戈	【時代】**戰國晚期·秦** 【出處】**廣衍戈（矛）**［《銘圖》16618、17617］ **上郡守壽戈**［《集成》11404］ 【類別】**城邑名稱** 【釋地】**内蒙古自治區準格爾旗瓦爾吐溝** 古城東墓葬出土一陶壺，腹也竪刻“廣衍”二字。《漢書·地理志》西河郡屬縣三十六，中有廣衍，但沿革失考，自求不詳所在。《中國歷史

2455 吴鎮烽：《商周青銅器銘文暨圖像集成索引》，上海古籍出版社，2019年，第1004頁。
2456 劉餘力、蔡運章：《王太后左私室鼎銘考略》，《文物》2006年第11期，第66頁。
2457 吴鎮烽：《商周青銅器銘文暨圖像集成索引》，上海古籍出版社，2019年，第1005頁。

地圖集》亦歸"朔方刺史無考縣名"中，銅兵器可以流動用于他地，但陶器價廉且易碎，一般皆爲本地燒造、使用，此刻"廣衍"之陶器又出于古城東墓葬中，背定爲本地居民之墓主家用器，爲本地燒造。緊接古城東牆斷崖上已發現有坩鍋、銅渣、鐵渣、多種泥、石範和半兩錢，則此地有漢冶煉鑄造作坊，燒造陶器更不成問題。出土器物有秦葉紋、魯紋瓦當、秦銅鍪（雙耳銅釜）、陶器和有銘文的秦戈、矛，最早係秦縣城，按其城位置秦應屬上郡，西漢後改屬河西郡，《續漢志》因。出土有西漢半兩、五銖與新莽"大泉五十"，時代正合，古城位于勿爾圖河注入牸牛川南岸臺上，大部已被牸牛川冲毁，僅存不完整之東牆390米，北牆87米，可據以補繪兩漢廣衍縣城與冶煉作坊確址。

黄盛璋《新出秦兵器銘刻新探》[2458][上郡守壽戈]

廣衍據《漢書·地理志》乃西河郡屬縣。西河郡據王先謙《漢書補注》引全祖望的説法，原爲魏郡，"然魏之西河，自焦、虢、桃林之塞西抵關洛，其界最廣。秦以其西界并入内史，而西界并入上郡"。漢武帝元朔四年分置西河郡時，"特秦上郡所屬地耳"。此銘廣衍屬上郡，顯然在秦并入之後這段時間。據崔璿説，今勿爾圖溝注入牸牛川口南岸有一古城，殘存東牆與北牆，城内出有半兩、五銖、大泉五十等貨幣，方格網紋、葉紋、雲紋瓦當，還有"長樂未央""千秋萬歲"紋瓦當。古城附近有同時代的墓葬多座，其中一墓所出壺上腹刻"廣衍"兩字（《文物》一九七七年五期三十六頁圖二十六），據崔同志考證，此古城即廣衍故城。

王輝《秦銅器銘文編年集釋》[2459][十二年上郡守壽戈]

今内蒙古準格爾旗瓦爾吐溝。

吴鎮烽《銘圖索引》[2460][廣衍戈]

0824

廙

嫠卣

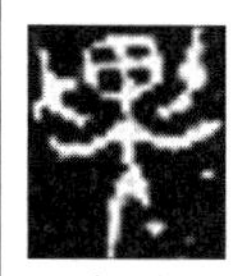

盨鼎

【時代】西周早期

【出處】嫠卣　盨鼎[《集成》2838]

辛亥，王在廙，降令曰：歸祼于我多高。処山易（賜）嫠（釐），用作毓（后）祖丁尊，丙。[嫠卣，《集成》5396]

【類别】城邑名稱

異，地名，所在不詳。后祖丁卣："辛亥，王才（在）廙降令曰……"《説文》："廙，行屋也。"異與廙有無關係，暫不能知。

王輝《商周金文》[2461][盨鼎]

2458 黄盛璋：《新出秦兵器銘刻新探》，《文博》1988年第6期，第38頁。
2459 王輝：《秦銅器銘文編年集釋》，三秦出版社，1990年，第52頁。
2460 吴鎮烽：《商周青銅器銘文暨圖像集成索引》，上海古籍出版社，2019年，第1005頁。
2461 王輝：《商周金文》，文物出版社，2006年，第172頁。

0825

齊

五年師旋簋

齊侯鼎

【時代】西周時期 春秋時期 戰國時期

【出處】多器

【類別】國族名稱

地名，此齊不是吕尚所封的齊國，地望未詳。

馬承源《商周青銅器銘文選》[2462]［五年師旋簋］

【釋地】山東省淄博市臨淄區

今山東淄博市臨淄區北。

吴鎮烽《銘圖索引》[2463]［齊侯鼎］

0826

齊𠂤

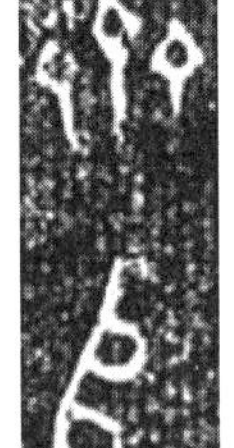
史密簋

妊小簋

【時代】西周中晚期

【出處】引簋 妊小簋 史密簋［《銘圖》5327］

伯𦐞父事䊷櫝尹人于齊𠂤（師），妊小從䊷，有顋貝，用作妊小寶簋，其子子孫孫永寶用，攴。［妊小簋，《集成》4123］

唯正月壬申，王格于𢑚大室。王若曰："引，余既命汝更乃祖䊷嗣齊𠂤（師），余唯䜌命汝。易（賜）汝彤弓一、彤矢百、馬四匹，敬乃御，毋敗績。"引拜稽手，對揚王休，同隨追，俘莒兵，用作幽公寶簋，子子孫孫寶用。［引簋，《銘圖》5299、5300］

【類別】城邑名稱

【釋地】山東省淄博市臨淄區

齊𠂤即齊師，該銘中有兩個齊師，前一個是地名，即齊國都城營丘，故址在今山東省淄博市東的臨淄鎮北；後一個是師旅，即齊國的軍隊或駐屯于齊都的軍隊。凡金文地名之稱某𠂤者，𠂤上的一字爲原來的都邑名，𠂤即師旅，由于師旅常駐，故都邑名與𠂤字組成一個復合地名，如西六𠂤常駐西都鎬京，便有京𠂤之名，殷八𠂤常駐東都成周，便有成𠂤之名，他如牧𠂤、炎𠂤、柯𠂤、盩𠂤、古𠂤等，也事同一律。

吴鎮烽《史密簋銘文考釋》[2464]［史密簋］

【他釋】

嗣齊𠂤。𠂤，舊隸爲𠂤（古堆字），讀作師。𠂤（𠂤）、𠂤（官）、𠂤（師）三字混淆由來已久，其實是形、音、義有别的三個字。我們已有專文予以辨正。𠂤是官字初文，字形像兩間並列的圓形房舍。後又贅加表示房舍的

2462 馬承源主編：《商周青銅器銘文選（三）》，文物出版社，1988年，第186頁。
2463 吴鎮烽：《商周青銅器銘文暨圖像集成索引》，上海古籍出版社，2019年，第1005—1007頁。
2464 吴鎮烽：《史密簋銘文考釋》，《考古與文物》1989年第3期，第57頁。

意符宀而成官。大量經籍記載和碑刻材料證明官字本義指房舍不指官吏。經籍再加意符而成館、館。古代有客館制度，即在都城内或主要交通幹道每隔 10 里、30 里、50 里之處設有客館，備有糧草以供賓客和過往行旅的食宿。館還是屯駐戍卒的地方。戍卒由民間徵調，定期輪換。金文“西六𠂤”“成周𠂤”就是周人設在各地的客館。禹鼎銘文中用于征伐的“西六𠂤”“殷八𠂤”都是屯駐在各地的戍卒。齊館是齊地的客館。嗣，通司，司齊官，即管理齊館内的事務，並統率館内戍卒。嗣館在金文中又作嗣還。

王恩田《申簋考釋》[2465]

引簋

0826.02

齊師

齊𠂤即齊師，齊國的軍隊，李學勤説是“齊國的三軍，乃鄉里所出”。族土即族徒，族衆，李學勤説：“當時軍制，君主貴族多有由自己宗族組成的隊伍……《左傳》《國語》有‘楚之良在其中軍五族而已’，‘欒、范以其族夾公行’等，即指這種隊伍。”遂，吴鎮烽説爲地名。《春秋經·莊公十三年》：“夏六月，齊人滅遂。”李學勤説遂人見于《周禮》，鄭玄注云：“遂人主六遂，若司徒之于六鄉也。六遂之地，自遠郊以達于畿中，有公邑、家邑、大都、小都焉。”李氏云：“這是周王朝的制度。諸侯國于此也相類似，如《尚書·費誓》云：‘魯人三郊三遂。’楊筠如《尚書覈詁》説：‘《周禮·小司徒》天子六軍，出于六鄉，六遂副焉；大國三軍，出于三鄉，三遂副焉……則郊即鄉，遂在鄉之外也。’魯國有鄉遂之制，齊國自然也可以有。《費誓》所記，恰好是征伐淮夷徐戎，與本器相近。這裏的‘遂人’，就是齊國三軍之制，乃遂所出士卒。”

王輝《商周金文》[2466]［史密簋］

0827

齊城

齊城左戈

【時代】戰國晚期

【出處】齊城左戈［《銘圖》16970］ **齊城右戟**［《銘圖》16972］

【類别】城邑名稱

【釋地】山東省淄博市臨淄區

齊城，銀雀山漢簡《孫臏兵法·禽龐涓》中多次提到此地，與高唐一樣，爲當時齊國的重要地名，一般認爲是齊都臨淄，《水經·淄水注》：“城對天齊淵，故城有齊城之稱。”有關“齊城”的兵器銘文還有：

齊城右造刀；齊城右造車戟冶腡（《殷周金文集成》11815）

齊城戈：齊城左冶所漢（洧）造。

齊城左戟：齊城左冶腡□□造車鉞。

正如施謝捷先生所講：“‘齊城造’戈鳥蟲篆與已知的宋、蔡、吴、越、楚諸國形式均不同……可能是目前所知首件帶鳥蟲篆的齊器。”雖然他又謹慎地認爲：“不過從楚戈銘借‘郜’爲‘造’地情況看，此戈爲楚

2465 王恩田：《申簋考釋——兼説高青陳莊齊國公室墓地的年代與墓主》，山東省文物考古研究所編：《海岱考古》（第四輯），科學出版社，2011 年，第 391 頁。

2466 王輝：《商周金文》，文物出版社，2006 年，第 201 頁。

	占領齊城以後所製的可能性似乎也不能排除。”但是如果我們綜合考慮“齊城”兩字的形體特點、所涉及地名“齊城”、文獻中並未有楚國占領齊城的記載，及上述施謝捷先生所説的其鳥蟲書特點與南方諸國不同等諸多因素，應該可以肯定此戈爲齊器。 張振謙《齊國鳥蟲書考》[2467]［齊□造戈］ 今山東淄博市臨淄區北。 吳鎮烽《銘圖索引》[2468]［齊城左戈］
0828 **滎陽** 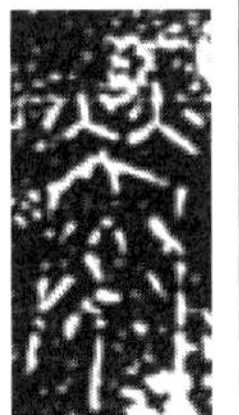  滎陽上官皿	**【時代】戰國晚期** **【出處】滎陽上官皿**［《銘圖》14085］ **【類別】城邑名稱** **【釋地】河南省滎陽市** 皿當作于魏安釐王二十七年（公元前250年）。中文大學文物館皿的縈陽即滎陽，在今河南滎陽東北，戰國時屬韓。 李學勤《滎陽上官皿與安邑下官鍾》[2469]［滎陽上官皿］ 戰國韓邑，今河南滎陽縣東北。 吳鎮烽《銘圖索引》[2470]［滎陽上官皿］
0829 **漢** 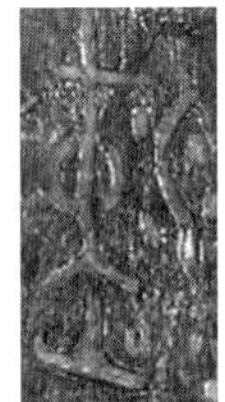 京師畯尊	**【時代】西周早期** **【出處】京師畯尊　太保玉戈　㝬鐘**［《集成》260］ 王涉漢伐楚，王有筊功，京𠂤（師）畯克斤，王䇂（釐）貝，用作日庚寶尊彝，𠔉。［京師畯尊，《銘圖》11784］ 六月丙寅，王在豐，令大保省南或（國），帥漢，出殷南，令濮侯辟用黿（酬），走百人。［太保玉戈，《銘圖》19764］ **【類別】自然地理名稱·河湖** “莫”當是“漢”之初字，“莫疆土”即漢水流域的疆土的意思。 方繼成《關于宗周鐘》[2471]［㝬鐘］

2467　張振謙：《齊國鳥蟲書考》，張光裕、黄德寬主編：《古文字學論稿》，安徽大學出版社，2008年，第273頁。

2468　吳鎮烽：《商周青銅器銘文暨圖像集成索引》，上海古籍出版社，2019年，第1005—1007頁。

2469　李學勤：《滎陽上官皿與安邑下官鍾》，原載《文物》2003年第10期；後收入《新出青銅器研究（增訂版）》，人民美術出版社，2016年，第326頁。

2470　吳鎮烽：《商周青銅器銘文暨圖像集成索引》，上海古籍出版社，2019年，第1008頁。

2471　方繼成：《關于宗周鐘》，《人文雜志》1957年第2期；後收入劉慶柱、段志洪、馮時主編：《金文文獻集成》（第二十八册），綫裝書局，2005年，第488頁。

<table>
<tr>
<td>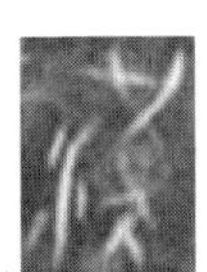
太保玉戈

㝬鐘</td>
<td>“漢”即漢水。“率漢”就是沿着漢水南下。漢水谷地是西周王朝由西京豐、鎬通向南國的重要通道。古本《竹書紀年》：“昭王十六年，伐荆楚，涉漢，遇大兕”，“十九年，天大曀，雉兔皆震，喪六師于漢”。説明當年周昭王南征時也是沿着漢水谷地往返的。
蔡運章《論太保玉戈銘文及相關問題》[2472][太保玉戈]

漢水。
李學勤《静方鼎與周昭王曆日》[2473][中甗]

“王涉漢伐楚”，“漢”指漢水，也稱漢江，爲長江支流，發源于今陝西省寧强縣，流經湖北省，在武漢市入長江。《書・禹貢》：“嶓冢導漾，東流爲漢。”僞孔傳：“泉始出山爲漾水，東南流爲沔水，至漢中東流爲漢水。”“涉漢”，即渡過漢水。
黄錦前《京師畯尊讀釋》[2474][京師畯尊]

即漢水。
吴鎮烽《銘圖索引》[2475][中甗]</td>
</tr>
<tr>
<td>0830
漢中
漢中守運戈</td>
<td>【時代】戰國晚期・秦

【出處】漢中守運戈 漢中左工戈
六年，漢中守運造，左工師齊，丞配，工牲。公。[漢中守運戈，《集成》11367]
漢中左工。[漢中左工戈，《銘三》1527]

【類别】城邑名稱

【釋地】陝西省漢中市
即漢中，今陝西漢中市漢臺區。
吴鎮烽《銘圖索引》[2476][漢中守運戈]</td>
</tr>
<tr>
<td>0831
漢中州</td>
<td>【時代】西周早期

【出處】中甗[《集成》949]</td>
</tr>
</table>

2472 蔡運章：《論太保玉戈銘文及相關問題》，《甲骨金文與古史新探》，中國社會科學出版社，1996 年，第 121 頁。

2473 李學勤：《静方鼎與周昭王曆日》，原載《光明日報》1997 年 12 月 23 日；後收入《夏商周年代學劄記》，遼寧大學出版社，1999 年，第 24 頁。

2474 黄錦前：《京師畯尊讀釋》，《文物春秋》2017 年第 1 期，第 20 頁。

2475 吴鎮烽：《商周青銅器銘文暨圖像集成索引》，上海古籍出版社，2019 年，第 1011 頁。

2476 吴鎮烽：《商周青銅器銘文暨圖像集成索引》，上海古籍出版社，2019 年，第 962、1011 頁。

漢㫃州 中甗	**【類別】自然地理名稱** 㫃字作㫃，象旌旗之形。此字甲骨文作㫃，亦作㫃。郭老釋此銘此字爲中（陳夢家、唐蘭釋同），不確。銘文中即有中字，不從此作。案㫃，《説文》：“讀若偃”，此假爲鄢。《左傳》襄公十三年《釋文》：“鄢音偃。”《後漢書·董卓傳》“僞立隁以捕魚”，隁即堰字，此古書中匽焉聲通之證（鄢偃古同影紐、元韻）。考漢水支流古有鄢水，《左傳》桓十三年，“楚屈瑕伐羅，及鄢，亂次以濟”，即此，今稱爲蠻河。州，《説文》云：“水中可居者曰州。”則整句話言白賈父及其人戍守于漢鄢水之地。 宗德生《楚熊繹所居丹陽應在枝江説》[2477][中甗] 這是漢水中的洲。《水經·沔水注》武當縣“西北四十里，漢水中有洲名沧浪洲，庾仲雍《漢水記》謂之千齡洲，非也。是世俗語訛，音與字變矣。”又説：“襄陽城東有東白沙，白沙北有三洲”。又説：“沔水中有魚梁洲。”可見漢水中有洲。 唐蘭《西周青銅器銘文分代史徵》[2478][中甗] 漢中州通常釋爲漢水中的沙洲，《爾雅·釋水》：“水中可居者曰洲。”《水經注·沔水》武當縣“縣西北四十里，漢水中有洲，名滄浪洲，庾仲雍《漢水記》謂之千齡洲。非也，是世俗語訛，音與字變矣。”又云：“襄陽城東有東白沙，白沙北有三洲，……沔水中有魚梁洲，龐德公所居”，可見漢水中有洲。中甗銘提及的段、旄，即漢水的兩個具體洲名。惟張亞初先生讀作“漢、中、州”，認爲安州六器的作器者“中”即“漢、中、州”之中，是以人名爲國名，則“中”地當在安州六器的出土地點孝感一帶。在尚無更多材料的情況下，可備一説。 趙燕姣、吴偉華《金文所見昭王南征路綫考》[2479][中甗]
0832 **漆** [illegible] 上郡守錯戈	**【時代】戰國晚期·秦** **【出處】上郡守錯戈**［《銘圖》17284］ **【類別】城邑名稱** **【釋地】秦漆垣縣簡稱** “漆”，秦上郡屬縣漆垣之省。非發掘品四年吕不韋戈有“高工”，“高”係高奴之省，與此同例。 李學勤《論河北近年出土的戰國有銘青銅器》[2480][上郡守錯戈]

2477　宗德生：《楚熊繹所居丹陽應在枝江説》，《江漢考古》1980年第2期，第29頁。
2478　唐蘭：《西周青銅器銘文分代史徵》，《唐蘭全集（七）》，上海古籍出版社，2015年，第308頁。
2479　趙燕姣、吴偉華：《金文所見昭王南征路綫考》，《中國歷史地理論叢》2018年第2期，第53—54頁。
2480　李學勤：《論河北近年出土的戰國有銘青銅器》，原載四川大學歷史系古文字研究室編：《古文字研究》（第七輯），中華書局，1982年；後收入《新出青銅器研究（增訂版）》，人民美術出版社，2016年，第190頁。

漆垣縣的簡稱。

吴鎮烽《銘圖索引》[2481]［上郡守錯戈］

0833

漆垣

漆垣弩機

上郡守閒戈

【時代】戰國晚期·秦

【出處】上郡守閒戈　漆垣戈［《銘圖》16401、16450］

漆垣弩機［《銘圖》18556］

七年上郡守閒造，桼（漆）垣工師嬰、工鬼薪帶。［上郡守閒戈，《銘圖》17277］

【類別】城邑名稱

桼垣當即見于《漢書·地理志》的上郡屬縣漆垣。漢代的上郡之地在戰國時代本來分屬魏、趙，後來逐漸爲秦所占。

裘錫圭《戰國貨幣考（十二篇）》[2482]

【釋地】陝西省銅川市印臺區

今陝西銅川市印臺區西北。

吴鎮烽《銘圖索引》[2483]［漆垣戈］［上郡守閒戈］

0834

滮池

井鼎

0834.02

𤁵池

【時代】西周中期

【出處】井鼎

唯七月，王在葊京，辛卯，王漁于滮池，呼井從漁，攸易漁（魚），對揚王休，用作寶尊鼎。［井鼎，《集成》2720］

【類別】自然地理名稱·河湖

□是一個從“孚”得聲的字，可以通假爲“滮”。……滮池，根據文獻記載和最近的考古發掘，在鎬池以北，今天豐鎬村一帶。我們看看銘文説這個池子在葊京旁邊，葊京我們考釋爲豐京，豐京在今天馬王鎮一帶，距離豐鎬村一帶非常近，這也就佐證我們把葊京考釋爲豐京是對的。這裏要指出的是金文裏面葊京附近的大池應該指的是昆明池，滮池、鎬池、昆明池這些池子距離很近，都有河渠溝通，其中以昆明池最大，所以叫大池。

鎬池見于文獻，最早的當爲《史記·秦始皇本紀》：使者從關東夜過華陰平舒道，有人持璧遮使者曰：爲吾遺滈池君。因言曰：今年祖龍死。裴駰集解：服虔曰：水神也。張晏曰：武王居鎬，鎬池君則武王也。

付强《釋井鼎銘文中的“滮池”》[2484]［井鼎］

2481　吴鎮烽：《商周青銅器銘文暨圖像集成索引》，上海古籍出版社，2019年，第962、1011頁。
2482　裘錫圭：《戰國貨幣考（十二篇）》，《裘錫圭學術文集》（第三卷），復旦大學出版社，2015年，第205頁。
2483　吴鎮烽：《商周青銅器銘文暨圖像集成索引》，上海古籍出版社，2019年，第963、1012頁。
2484　付强：《釋井鼎銘文中的“滮池”》，《文博》2019年第1期，第71頁。

0835

滰川

啓卣

0835.02

滰川

【時代】西周早期

【出處】啓卣

王出獸南山，搜跚山谷，至于上侯滰（滰）川上，啓從征，堇不擾，作祖丁寶旅尊彝，用匄魯福，用夙夜事，戉箙。[啓卣，《集成》5410]

【類別】自然地理名稱 · 河湖

《説文》“川，貫穿通流水也”，滰川或爲上侯境内的河流，在今河南省西南部偃師縣境。

趙燕姣、吴偉華《金文所見昭王南征路綫考》[2485][啓卣]

今河南偃師市緱氏鎮附近的河流。

吴鎮烽《銘圖索引》[2486][啓卣]

【釋地】均水

卣銘“至于上侯、滰川上”，是記駐蹕山谷之後，到了上侯，上侯的位置在滰川岸邊。卣銘“滰”字，應據林澐先生所説，從竞，川聲，從“川”聲讀爲“順”。

“滰（順）川”可能是指均水。均水在清華簡《楚居》作“汌水”，李學勤先生説（括號内爲原注釋）：

這條有關鍵意義的汌水，其實就是均水，見《水經注》，《漢書·地理志》作鈞水，“上中游即今河南西南部的淅川，下游即匯合淅川以下的丹江，流入漢水。”（《中國歷史大辭典·歷史地理卷》，第 382 頁，上海辭書出版社，1996 年。）按《漢志》南陽郡博山舊名順陽，應劭云：“在順水之陽也。”《水經·均水注》：“均水南徑順陽縣西，漢哀帝更爲博山縣，明帝復曰順陽。應劭曰縣在順水之陽，今于是縣則無聞于順水矣。”（《楊守敬集》第五册《水經注圖》，南七四三，湖北人民出版社、湖北教育出版社，1988 年。）這個順陽在均水東北，順水顯即均水，“順”與“汌”都是從“川”聲的字（《説文》小徐本），且與“均”“鈞”等字通假，古書曾見其例（高亨：《古字通假會典》，第 79 頁，齊魯書社，1989 年）。

古代連接關中與江漢地區的交通要道是藍田武關道（簡稱藍武道，又稱武關道、商山路），均水的上中游是淅川，正是經藍武道入江漢地區的必經之水。

董珊《啓尊、啓卣新考》[2487][啓卣]

【釋地】京水

滰原篆作[illegible]。毛公旅鼎[illegible]字正以此爲聲符。川、水形義均近：甲骨文[illegible]（《乙》四六六八）或作[illegible]（《乙》四五），金文[illegible]（矢方彝）或作[illegible]

2485 趙燕姣、吴偉華：《金文所見昭王南征路綫考》，《中國歷史地理論叢》2018 年第 2 期，第 56 頁。
2486 吴鎮烽：《商周青銅器銘文暨圖像集成索引》，上海古籍出版社，2019 年，第 1012 頁。
2487 董珊：《啓尊、啓卣新考》，《文博》2012 年第 5 期，第 52 頁。

（陳侯因脊錞），是其證。然則《概述》隸𦡱爲滰亦可。《說文》：“滰，浚乾漬米也，從水竟聲。”本銘“滰川”應是古京水。竟、京均古見紐陽部字，聲韻可通。《詩·大雅·抑》“無競維人”、《桑柔》“秉心無競”，張參《五經文字》人部“競”均作“倞”。《釋名·釋天》“景，竟也”、《釋首飾》“鏡，景也”。馬王堆帛書《戰國縱橫家書》“而竞逐之”，其“竞”書作“凉”。朱駿聲謂：“勍，經傳多以競爲之。”凡此均滰可讀京之佐聲。

《讀史方輿紀要》河南滎陽縣條下云：“京水，源出嵩渚山，經鄭州西南十五里，東北入鄭水……《水經注》黃水發源京縣之黃堆東南流，俗名祝龍泉，謂之京水也。”又河南滎陽縣京城條下云：“漢二年，與楚戰滎陽京索間。蒯通曰，楚人起彭城，轉鬬至滎陽，威震天下，然兵困于京索間迫西山而不敢進，謂此也。”

何琳儀、黃錫全《啓卣啓尊銘文考釋》[2488]［啓卣］

0836

漾陵

曾姬無卹壺

羕陵公戈

羕陵工尹戈

【時代】戰國中期

【出處】曾姬無卹壺等

唯王廿又六年，聖桓之夫人曾姬無卹，吾宅兹漾陵、蒿間之無匹，用作宗彝尊壺，後嗣用之，職在王室。［曾姬無卹壺，《集成》9710、9711］

【類別】自然地理名稱·山林

按《書·禹貢》云：“嶓冢導漾，東流爲漢。”《說文·十一篇上·水部》云：“漾水出隴西豲道，東至武都爲漢。從水，羕聲。”陲假爲垂。《說文·十三篇下·土部》云：“垂，遠邊也。”遠邊之義引申爲邊。《史記·司馬相如傳》云：“千金之子，坐不垂堂。”《索隱》引樂彥云：“垂，邊也。”《文選》王仲宣《詠史詩》云：“兄弟哭路垂。”路垂謂路邊，故李善注云：“垂，邊也。”銘云漾垂，爲漾水之旁也。《叔夷鐘》云：“隹王五月，辰才戊寅，師于淄涶。”淄亦水名，彼文涶亦假爲垂，此云漾陲，猶彼銘云淄涶也。

楊樹達《曾姬無卹壺跋》[2489]［曾姬無卹壺］

漾爲水名。漾陵以水得名。此漾水流經未詳，西漢水上游有漾水，在四川，當非此漾水。又古地名有洋川，即漢之定遠，在陝西。漾水流經之地當有國，湖北江陵出土有漾伯簠，此漾伯應是漾水流經之國邑。諸侯望祭山川在國境之内，故漾在戰國爲楚地。

馬承源《商周青銅器銘文選》[2490]［曾姬無卹壺］

2488　何琳儀、黃錫全：《啓卣啓尊銘文考釋》，山西省文物局、中國古文字研究會等編：《古文字研究》（第九輯），中華書局，1984年，第380頁。

2489　楊樹達：《曾姬無卹壺跋》，《積微居金文說》，上海古籍出版社，2007年，第337頁。

2490　馬承源主編：《商周青銅器銘文選（四）》，文物出版社，1990年，第454頁。

0836.02 漾陲	**【類别】人文地理名稱 · 陵墓名號** “鄴陵”即“羕陵”，爲曾姬葬地，有可能得名于陵墓。其地與楚“方城之外”繒關相近。繒關應爲姬姓曾國舊關，地入于楚，仍作爲楚北方門户。曾姬葬之鄴陵，既與羕國無關，楚陵也不應在此。其地近繒關，可能是羕國亡後，曾國尚未南徙，地未入楚，而和曾國有關，羕陵很可能爲曾國貴族之“兆域”，即公族墓葬地區，故曾姬歸葬于此。 黄盛璋《新發現的“羕陵”金版及其相關的羕器、曾器銘文中諸問題的考索》[2491] [曾姬無卹壺] “漾陲”，是曾姬陵墓的名號。劉宗漢先生曾告訴筆者，《禮記 · 檀弓》下云：“工尹商陽與陳棄疾追吴師。”鄭注：“陳，或作陵，楚人聲。”陳、陲聲近，故楚人亦讀“陲”爲“陵”。《文選 · 登樓賦》李注引《韓詩章句》云：“漾，長也。”《説文》云：“長，久遠也。”後代帝王陵墓多有號“長陵”者。 “蒿間”，饒宗頤先生認爲即“蒿里”，又作“高里”或“秏里”，《説文》云：“薨，死人里也。”吴榮曾先生指出：蒿里是從山名“高里”演化來的，《漢書 · 武帝紀》：“太初元年十二月禪高里。”顔注引伏儼曰：“山名，在泰山下。”泰山、蒿里的神秘意義應起源于戰國，與當時齊國流行神仙思想有關。古人有“泰山治鬼”的説法，《曾姬壺》銘文中出現“蒿間”，顯然是來自齊國的影響，由此還可看出齊楚兩國間文化交流的密切關係。 連劭名《〈曾姬壺〉銘文所見楚地觀念中的地下世界》[2492][曾姬壺] 根據我們的考釋，既然漾陵爲楚王室墓區所在，當與楚宣王時都城臨近，一般説來帝王諸侯的陵寢都在都邑近郊。據《史記 · 楚世家》載，楚文王始都郢（江陵紀南城）。楚平王十年因恐吴而修築郢都城牆。楚昭王十年“吴人入郢”，並“以班處宫”（説明宫室完好無損）。次年秦師救楚，敗吴，昭王復“入于郢”。楚昭王十二年吴人復伐楚，昭王去郢，北徙都于鄀。徙都之後，何時遷回，史籍失載。但楚昭王二十一年吴越交惡，“吴由此怨越而不西伐楚”。估計此後不久，昭王當又由鄀徙都返郢，故有楚頃襄王二十一年“秦將白起拔郢，燒先王夷陵”之事。由此而言，宣王時，都城仍然在郢。從吴人入郢“辱平王墓”“白起拔郢，燒先王夷陵”看，楚王墓葬區皆在都城郢之近郊，因此，我們有理由認爲曾姬無卹選中的漾陵墓地也在郢附近。 黄德寬《曾姬無卹壺銘文新釋》[2493][曾姬無卹壺]

2491　黄盛璋：《新發現的“羕陵”金版及其相關的羕器、曾器銘文中諸問題的考索》，《出土文獻研究》（續集），文物出版社，1989年，第118—119頁。

2492　連劭名：《〈曾姬壺〉銘文所見楚地觀念中的地下世界》，《南方文物》1996年第1期，第113頁。

2493　黄德寬：《曾姬無卹壺銘文新釋》，中國古文字研究會、安徽大學古文字研究室編：《古文字研究》（第二十三輯），中華書局，2002年，第105頁。

楊樹達隸定“陵”字爲“陲”，認爲通“垂”，並據《説文》等釋爲“邊”。由此並引《禹貢》“嶓冢道漾，東流爲漢”和《説文》“漾水出隴西豲道，東至武都爲漢”，推測“漾陲”即“漾水之旁”。李學勤順着這個思路，指出漾爲漢源，分言則漢也可稱漾，漾陵總是靠近漢水的地方。他推測漾陵與蒿間“本爲曾國之地，故曾姬關注其地鰥寡，所作宗彝用以祭祀曾的先人。‘後嗣’也是指曾的後裔。此時曾已爲楚的附庸，所以説：‘職在王室’”。任偉、范常喜等從之，認爲在漾水之旁。黄盛璋不同意這個説法，認爲漾水即漢水上游，並非楚地。“漾即《水經注》汝水支流之養水，漾陵當在養水之上”。李家浩傾向這個説法，另據兵器和錢幣上的“羕陵”推測，“也許‘漾陵’本應作‘羕陵’，其得名根本與漾水無關”。劉彬徽將《包山楚簡》的“漾陵君”與之對讀，並聯繫到羕陵公戈，認爲漾陵可爲縣名，其地可能在河南沈丘縣東境。黄德寬以聖桓夫人的地位出發，按照王室墓葬均在都城附近的規律，認定漾陵應該就在當時的楚都紀南城附近，並舉包山楚簡之漾陵與郢並稱爲證。連劭名斷定漾陵是曾姬陵墓的名號，漾訓長。

如果漾陵真是陵墓之號，則不太可能是聖桓夫人的，而更可能是楚桓王的。通讀全銘，曾姬之墓衹是漾陵一帶的墓葬之一，應是漾陵的陪葬墓之一。春秋戰國時期，各國開始興建高大的墳丘。“君王的墳墓稱‘陵’，是從戰國中期開始的，首先出現于趙、楚、秦等國”，至西漢時期各代皇帝的陵墓都有名號。本銘中的“漾陵”很可能是現知最早的陵墓稱號之一。

張立東《曾姬方壺銘文考釋》[2494]［曾姬無卹壺］

【類別】地理方位名稱

“漾陲”，其義爲邊遠（之地）。在句中作爲定語，它的意思是居于遠方。

李義海《曾姬無卹壺銘文補釋》[2495]［曾姬無卹壺］

【類別】城邑名稱

【釋地】安徽省界首市

漾陵，包山簡中或作漾陵（包 12、13、127）；或作羕陵（包 75、86、107、128、178），其中包 127 中的“漾陵”與包 128 中的“羕陵”辭例相同，故漾陵與羕陵當爲一地，《説文》謂羕、漾、瀁通用。何浩、劉彬徽認爲包山簡中的“羕陵”在今安徽亳縣、阜陽之間。徐少華認爲羕陵、養當爲地，養，《讀史方輿紀要》卷四河南二陳州沈丘縣“養城條”認爲當時養在沈丘縣東或東北，清沈丘縣在今河南沈丘縣東南之沈丘集。吴良寶同意此説，認爲漾陵（羕陵）當在今河南沈丘縣、安徽界首市一帶是可信的。從此壺出土地爲安徽壽縣朱家集來看，漾陵一地可能在河南與安徽交界一帶，此説還有待出土材料的進一步證明。

劉波《曾姬無卹壺銘文再探》[2496]［曾姬無卹壺］

2494 張立東：《曾姬方壺銘文考釋》，《中原文物》2017 年第 6 期，第 108 頁。
2495 李義海：《曾姬無卹壺銘文補釋》，《考古與文物》2009 年第 2 期，第 68—69 頁。
2496 劉波：《曾姬無卹壺銘文再探》，《考古與文物》2015 年第 4 期，第 105 頁。

【釋地】河南省許昌市襄城縣

漾陵之“漾”，古文作“瀁”，字本從“水”，當指古之養水，故學者以爲“漾陵”可讀爲“養陵”。《水經・汝水注》：“汝水又右，迤爲湖。……湖水下入汝，古養水也，水出魯陽縣北將孤山北長岡下。……又東逕沙川，世謂之沙水，歷山符壘北，又東逕沙亭南，故養陰里也，司馬彪《郡國志》曰：襄城有養陰里。京相璠曰：在襄城郟縣西南。”《續漢書・郡國志二》潁川郡條：“襄有養陰里。”雖與酈書所引稍異，但仍不出襄城郟縣之範圍。王先謙《後漢書集解》：“惠棟曰：京相璠云在襄城郟縣西南，養，水名也，馬與龍曰：漢郟縣地近養陰里，養陰里即在襄縣城。”是“襄”即襄縣城，實西漢之郟縣。而汝水上游之沙水即古養水，字本作“漾”或“瀁”，其附近之沙亭實古之養陰里，其于郟縣西南，頗近襄城，此與該地發現“羕陵”金幣恰可互爲印證，則養陰里應即古漾陵之地。

馮時《曾姬壺銘文柬釋》[2497][曾姬無卹壺]

【釋地】河南省平頂山市寶豐縣

羕陵，即養陵，楚地名，見于包山楚簡及楚器曾姬無卹壺。養陵，即《左傳・昭公三十年》“使監馬尹大心逆吴公子，使居養。”之“養”，在今河南省寶豐縣西北。此戈爲楚封君養陵公所造。

湯餘惠《戰國銘文選》[2498][養陵公戈]

【釋地】河南省周口市沈丘縣

鄴從邑、羕聲，邑旁是後加的，表爲地名，原衹作“羕”，銅器羕史尊，並不加邑旁，此早期寫法羕史當爲鄴伯先世，羕又爲水名，加水旁就是“漾”，“漾”又可寫作“瀁”，《史記・夏本紀》“嶓冢導瀁，東流爲漢”，今本《禹貢》作漾，漾水就是漢水上游，據《水經注》漾水至武都沮水爲漢水，並非楚地，曾姬無邺壺“安兹漾陲”，我們考證楚文字“陵”，字皆與“陲”字，“漾陲”，應爲漾陵，與曾國相近，應在今河南境内，曾侯墓葬銅器曾出土于新野，此漾當即《水經注》汝水支流之養水，漾陵當在養水之上，《水經・汝水注》記養水所經有養陰里，早期必爲縣，後廢爲里，《左傳》昭三十年記吴“三公子奔楚，楚子大封而定其徙……，使居養”，熊會貞在《水經注疏》汝水注説：“今沈邱東有養城，當是吴公子所居”，滕文以爲鄴就在這裏，這是正確的，但他根據隨縣發現曾侯墓，以爲曾即隨，因而排除漾陲（陵）于此養水之外，是不對的。

黄盛璋《鄴器與鄴國地望及與楚之關係考辨》[2499]

2497　馮時：《曾姬壺銘文柬釋》，羅運環主編：《楚簡楚文化與先秦歷史文化國際學術研討會論文集》，湖北教育出版社，2013年，第5頁。

2498　湯餘惠：《戰國銘文選》，吉林大學出版社，1993年，第72頁。

2499　黄盛璋：《鄴器與鄴國地望及與楚之關係考辨》，《江漢考古》1988年第1期，第50頁。

【釋地】河南省南陽市桐柏縣

楚縣，或釋湶陵，今河南桐柏縣月河鎮古臺寺。

吴鎮烽《銘圖索引》[2500][羕陵公戈]［曾姬無卹壺］

0837

㝬

廏鼎

录簋

㝬叔簠

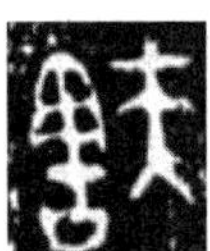

遇甗

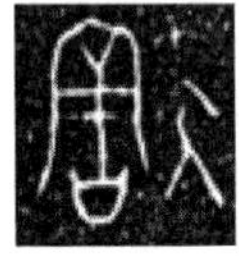

㝬侯之孫敶鼎

【時代】西周中期

【出處】𢾊鼎 录簋 遇甗［《集成》948］**等**

唯十又一月，師雍父省道至于㝬，𢾊從，其父蔑𢾊曆，易（賜）金，對揚其父休，用作寶鼎。［𢾊鼎，《集成》2721］

伯雝父來自㝬，蔑录曆，易（賜）赤金，對揚伯休，用作文祖辛公寶𩰳簋，其子子孫孫永寶。［录簋，《集成》4122］

【類別】國族名稱

㝬國之名屢見，當即荆舒之舒，亦即徐楚之徐。南國中徐楚爲大邦，自殷亡以來累世與周爲敵，周人忌其名則稱之爲荆舒。

郭沫若《兩周金文辭大系圖録考釋》[2501]［𢾊鼎］

關于《左傳》胡國的地望，主要有兩説。比較常見的是汝陰説。《漢書・地理志》汝南郡屬縣有女陰，下注"故胡國"。《續漢書・郡國志》"女陰"作"汝陰"，亦有"本胡國"之語，劉昭注引杜預曰："縣西北有胡城。"汝陰即今安徽阜陽縣。柯、唐二先生都認爲西周的㝬國就在這裏，李學勤同志也這樣主張。

另一説是郾城説。《史記・楚世家》記楚昭王二十年"滅胡"，《正義》引《括地志》云："故胡城在豫州郾城縣界。"《老莊申韓列傳》"昔者鄭武公欲伐胡"句《正義》同。郾城之名今仍而未改。

此外，還有一種調和的説法。《路史・國名紀丁》胡國條認爲胡有歸姓、姬姓之别，歸姓胡國在汝陰，姬姓胡國在郾城。

從春秋初年的形勢來看，鄭武公所伐的胡應該在郾城而不在阜陽，卻是完全可以肯定的。西周金文中所見的㝬國，其所在地自然也以定在郾城爲宜。郾城在葉縣之東，二地相距一百餘里。棫林故地也在葉縣之東，跟郾城相距更近。所以，我們對棫林和胡二地的考定，跟𢦚簋所説的䢅戎于棫林搏戎于胡的情况完全相合。

裘錫圭《説𢦚簋的兩個地名——"棫林"和"胡"》[2502]［𢦚簋］

2500　吴鎮烽：《商周青銅器銘文暨圖像集成索引》，上海古籍出版社，2019年，第970、1012頁。

2501　郭沫若：《兩周金文辭大系圖録考釋（二）》，《郭沫若全集・考古編》（第八卷），科學出版社，2002年，第136—137頁。

2502　裘錫圭：《説𢦚簋的兩個地名——"棫林"和"胡"》，《裘錫圭學術文集》（第三卷），復旦大學出版社，2015年，第36—38頁。

𤔲應姬鼎	**【釋地】河南省駐馬店市** 此某侯之"䚸"應是"甫"字，《季宮父簠》的簠字從之。甫或甫侯乃是周初南國的屏障：《説文》曰"郙，汝南上蔡亭"，"鄦，炎帝太岳之後，甫侯所封在潁川，讀若許"，《詩・王風・揚之水》"戍甫""戍申""戍許"，傳云"甫，諸姜也"；《詩・崧高》"維申及甫，維周之翰"，傳云"甫，甫侯也"，《尚書・吕刑》之篇，《禮記》《孝經》《尚書大傳》《史記・周本紀》引作《甫刑》，吕即甫。甫（吕）、申、許都是姜姓，見《周語》中、下和《陰溝水注》引《世本》。申、吕的地望，《鄭語》引史伯之言曰"當成周者南有荆、蠻、申、吕、應、鄧、陳、蔡、隨、唐"，則在成周（洛陽）的南方。《齊世家》集解引"徐廣曰吕在南陽宛縣西"，而據《漢書・地理志》宛故申伯國。《續漢書・郡國志》新蔡有大吕亭，則與《説文》甫在上蔡之説相近，較爲可信，地在汝淮之間。甫與淮夷之地相近，所以與白雍父有關的庚、辛兩銘提到淮夷、南夷之内侵。但金文之䚸也可能是胡，金文簠亦從古聲；《左傳》定公十五年楚滅胡，《漢書・地理志》汝南郡"汝陰，故胡國"，"陽安，應劭曰道國也，今道亭是"，《續漢書・郡國志》曰"汝陰本胡國"，今安徽阜陽縣西北二里有胡城。今定爲甫侯之甫。甫在汝南，與道相近，故省道而至于甫。 此甫侯，至春秋時尚見存，傳世有䚸侯之孫陳之鼎（《貞圖》1.17，《三代》3.11.2），乃是春秋晚期的鼎，和代表新鄭晚期的大鼎（《新鄭》28）形制、花紋都相近。甫侯之孫所作鼎，自名爲"于"，與鄀、蔡、宋諸國春秋時代之附耳有蓋大鼎而自名"于"者相同（《學報》1956：2：107），應是方言。鄀、蔡都是成周以南的國度，則甫在上蔡、新蔡之間，應較可信。 陳夢家《西周銅器斷代》[2503]［𣪕鼎］ "䚸"即"甫"字，䚸侯即甫侯，亦即《詩・揚之水》"戍申、戍甫"之甫，地在上蔡，《説文》："郙，汝南上蔡亭"可證。甫爲周初封建諸侯，屏藩周室在成周外圍，即淮夷所伐的内國。 黄盛璋《駒父盨蓋銘文研究》[2504]［录䡦卣］ **【釋地】安徽省阜陽市** 金文中之䚸國，與淮夷有關。录䡦卣云："王令䡦曰：'䱷淮尸敢伐内國，女其㠯成周師氏戍于𨸏𠂤。'"录簋云："白𩀱父來自䚸。"𣪕鼎云："師𩀱父徜道至于䚸。"遹甗云："師𩀱父戍，才古𠂤，遹從。師𩀱父肩史遹事于䚸侯，侯蔑遹曆，易遹金。"稛卣云："稛從師淮父戍于古𠂤。"臤觶云"臤從師𩀱父戍于古𠂤之年"。此諸銘均同時之作，師𩀱父因淮夷來伐而戍古𠂤，徜道至䚸，則䚸侯之國，必濱于淮夷，而猶臣服于周者。今謂䚸即胡，胡國始見于襄二十八年《左傳》，至定十五年爲楚所

2503　陳夢家：《西周銅器斷代》，中華書局，2004年，第117頁。
2504　黄盛璋：《駒父盨蓋銘文研究》，《考古與文物》1983年第4期，第54頁。

滅，見于春秋，歸姓之國也。《漢地理志》：汝南郡汝陰，本胡子國，其地在今安徽阜陽縣，處潁水之西，淮水之北，正與淮夷相近。然則䜴即春秋之胡，無疑。

唐蘭《周王䜴鐘考》[2505][遹甗等]

即胡，國名。䜴，胡同音字。厲王名胡，其所鑄簋金文作䜴。胡在今安徽省阜陽縣附近。录刻卣的𨸏自與䜴當爲軍事上的犄角，兩城相距不應過遠。

馬承源《商周青銅器銘文選》[2506][录簋]

䜴，通胡，即胡國。胡有二，一爲姬姓之胡，在河南漯河市東；一爲歸姓之胡，在安徽阜陽縣。此器䜴叔夫人稱吴姬，當與西周中期䜴叔䜴姬簋同爲安徽之胡，詳見簋銘注。

馬承源《商周青銅器銘文選》[2507][䜴叔鉶]

對胡國的地望，大體有四種不同的説法。1.唐蘭先生認爲“（戎䜴）應是住在焦獲澤的犬戎”，這是説胡國應在今陝西涇陽縣北。2.《岐山鳳雛村兩次發現周初甲骨文》認爲“䜴之地望由1973年藍田縣出土䜴叔鼎推測似在藍田”。這是説胡國應在今陝西藍田縣一帶。3.《史記·楚世家》正義引《括地志》云：“故胡城在豫州郾城縣界。《郾城縣志》卷一也有同樣的説法。在郾城縣西北二十二公里，與舞陽縣交界有個古城堡，當地群衆叫胡城集，相傳這裏就是胡國的故城。4.《後漢書·郡國志·汝南郡》説：“汝陰，本胡國。”《春秋·昭公四年》杜預注：“胡，國。汝陰縣西北有胡城。”《史記·越王勾踐世家》集解引徐廣曰：“胡國，今之汝陰。”《讀史方輿紀要》卷二十一説：“胡城，在（潁）州西北二里，春秋時胡國城也。”《春秋大事表》卷五説：“今江南潁州府西北二里有胡城。”這些記載，都説胡國故城在今安徽省阜陽市西北二里。

我們認爲，以上四説，當以“安徽阜陽説”爲是。對此，我們還可補證如下：首先，從录刻諸器的銘文來看：胡國確屬淮夷，地在“堂谿”（今河南西平縣西北）和“苦”（今河南鹿邑縣東）地的東南方，與安徽阜陽的地望相合。其次，從文獻資料來看，《左傳·定公十五年》載：“吴之入楚也，胡子盡俘楚邑之近胡者。”《周禮·考工記》鄭氏注：“妢胡，胡子之國，在楚旁。……妢胡，地名也。”《史記·陳杞世家》説：陳惠公十五年（前519年）“吴王僚使公子光伐陳，取胡、沈而去”。這説明胡國與楚爲鄰，在吴（都于今江蘇蘇州市一帶）、陳（都于今河南淮陽縣）之間，其地望也與安徽阜陽相合。第三，從胡國的銅器來看：《三代吉金文存》卷三·十一·三八著録的䜴侯之孫鼎銘云：“䜴侯之孫陳之雩鼎。”其中的“雩鼎”二字合書作“𩂣”形。“雩”，通作于。這種鼎名及其書

2505 唐蘭：《周王䜴鐘考》，《唐蘭全集（二）》，上海古籍出版社，2015年，第478頁。
2506 馬承源主編：《商周青銅器銘文選（三）》，文物出版社，1988年，第114頁。
2507 馬承源主編：《商周青銅器銘文選（四）》，文物出版社，1990年，第404頁。

寫特徵，在春秋時南方諸國的銅器銘文中屢見不鮮。……由上所述，我們認爲，胡國的地望應在今安徽阜陽市一帶，當無大錯。

蔡運章《胡國史迹初探》[2508]

在今阜陽市西北。

陳秉新、李立芳《出土夷族史料輯考》[2509]［遹甗］

㝬，即胡國之胡的本字。金文中之㝬國，與淮夷有關。录簋（《集成》4122）、录刻卣（《集成》5419；5420）、師雝父鼎（《集成》2721）、遹甗（《集成》948）銘文皆有所記載，唐蘭先生指出："㝬侯之國，必濱于淮夷，而猶臣服于周者。今謂㝬即胡，胡國始見于《左傳·襄公二十八年》，至定公十五年爲楚所滅，見于《春秋》，歸姓之國也。《漢書·地理志》：'汝南郡汝陰，本胡子國，其地在今安徽阜陽縣，處潁水之西，淮水之北。'正與淮夷相近。"或以爲胡地當在今河南的郾城，《史記·楚世家》記楚昭王二十年"滅胡"，《正義》引《括地志》云："故胡城在豫州郾城縣界。"《老莊申韓列傳》"昔者鄭武公欲伐胡"句《正義》同。裘錫圭先生指出："郾城和阜陽很可能是歸姓之胡先後所居之地。"

曹錦炎《胡唐姬鼎銘文小考》[2510]［胡唐姬鼎］

【釋地】河南省漯河市郾城區

㝬的地望在周土的東疆。㝬即胡，其地在汝水上游，又稱郾城。

高木森《西周青銅彝器彙考》[2511]［录刻卣］

"㝬"即"胡"字。胡爲西周古國，春秋初年猶在，《史記·韓非列傳》："昔者鄭武公欲伐胡。"《正義》引《括地志》云："胡城在豫州郾城縣界。"《中國歷史地圖集》第一册西周圖置胡于郾城即據此。

黄盛璋《淮夷新考》[2512]

㝬讀爲胡，㝬鐘是周厲王胡自稱其名。季宮父簠簠字作㪯，從㝬。㪯即《左傳·哀公十一年》"胡簋之事"的胡。唐蘭説戎胡爲戎之一支。裘錫圭則説此胡在河南郾城縣。《史記·楚世家》記楚昭王二十年"滅胡"，正義引《括地志》云："故胡城在豫州郾城縣界。"郾城在葉縣之東，棫林亦在葉縣之東。二者相距甚近。

王輝《商周金文》[2513]［刻簋］

2508 蔡運章：《胡國史迹初探——兼論胡與楚國的關係》，《甲骨金文與古史研究》，中州古籍出版社，1993年，第88—90頁。

2509 陳秉新、李立芳：《出土夷族史料輯考》，安徽大學出版社，2005年，第170頁。

2510 曹錦炎：《胡唐姬鼎銘文小考》，中國文字學會《中國文字學報》編輯部編：《中國文字學報》（第七輯），商務印書館，2016年，第65頁。

2511 高木森：《西周青銅彝器彙考》，中國文化大學出版部印行，1986年；後收入劉慶柱、段志洪、馮時主編：《金文文獻集成》（第二十七册），綫裝書局，2005年，第121頁。

2512 黄盛璋：《淮夷新考》，《文物研究》（第5輯），1989年，第28頁。

2513 王輝：《商周金文》，文物出版社，2006年，第112頁。

諸銘之胡皆指胡國之胡。胡爲媿（歸）姓，在今河南漯河東。

或據有關文獻記載認爲兩周時期胡有歸姓、姬姓之别，歸姓胡國在汝陰，今安徽阜陽一帶，姬姓胡國在郾城，今河南漯河東。但正如裘錫圭所言，“關于姬姓之胡的史料，實際上是不充分的”，“郾城和阜陽很可能是歸姓之胡先後所居之地，並非一爲姬姓之國，一爲歸姓之國”。近年公布的西周早期成王時器胡應姬鼎（“胡應姬”）及伯夌方鼎（“唯公省，徂南國，至于漢。厥至于胡”）等進一步佐證了西周早期的歸姓胡國確應在今漯河東一帶，而非遠在阜陽，舊説認爲歸姓胡國在汝陰、姬姓胡國在郾城實誤。

過去唐蘭認爲“淮戎”與東南的淮夷無關，應係西北地區的犬戎，“搏戎胡”之“胡”也跟見于遹甗等器的歸姓胡國無關，胡即戎，係“匈奴”兩字的合音，爲戎狄之胡，戎和胡合稱戎胡。對照上述諸銘來看，可知胡指媿（歸）姓胡國無疑，所謂“搏戎胡”即“搏戎于胡”之省，李學勤、裘錫圭等對唐説有辨正。唐説致誤的主要原因，除裘説唐氏將棫林的地望定在今陝西涇水以西的扶風、寶鷄一帶外，還有一個重要的因素，可能是受古書中常把西部的少數民族稱作“戎”的影響有關。

黄錦前《釋師雍父諸器的一組地名》[2514][遹甗]

即胡，媿姓，今河南郾城縣西南。

吴鎮烽《銘圖索引》[2515][䣄侯之孫𨚵鼎]

【釋地】安徽省六安市舒城縣

所謂䣄者，即春秋之群舒，亦淮夷之一也。今舒城縣。

余永梁《金文地名考》[2516][遹甗]

【釋地】安徽省合肥市廬江縣

即舒，安徽廬江縣西南。

吴鎮烽《銘圖索引》[2517][䣄應姬鼎]

0838

寬

史密簋

【時代】西周晚期

【出處】史密簋[《銘圖》5327]

【類别】國族名稱

“鄙寬亞”是周邊鄙寬地的武官，也是當地的諸侯。看來，寬衹能是氏族或國族名。寬地不見于記載，不過我疑當讀作爰或袁。《春秋經·成

2514 黄錦前：《釋師雍父諸器的一組地名》，中國文化遺産研究院編：《出土文獻研究》（第十七輯），中西書局，2018年，第59—60頁。

2515 吴鎮烽：《商周青銅器銘文暨圖像集成索引》，上海古籍出版社，2019年，第938、1012頁。

2516 余永梁：《金文地名考》，《國立中山大學語言歷史學研究所週刊》第5集第53、54期合刊，1928年，第24頁。

2517 吴鎮烽：《商周青銅器銘文暨圖像集成索引》，上海古籍出版社，2019年，第1071頁。

0838.02

寡

公二年》："秋七月，齊侯使國佐如師。己酉，及國佐盟于袁婁。"杜預注："袁婁，去齊五十里。"看來，袁婁在齊都附近。袁婁《左傳》記作爰婁。春秋地名後的婁字，大概没有實義，如《公羊傳・隱公元年》："公及邾婁儀父盟于昧。"《釋文》："邾人語聲曰婁，故曰邾婁。"邾婁就是邾，則袁婁、爰婁也可以省稱作袁、爰。爰、袁俱上古元部匣紐字，古音相同。寬上古音元部溪紐，寬與爰、袁疊韻，匣溪旁紐，古音接近。古文字從袁之字多與寬字相通。中山王嚳方壺："慈孝寰惠。"張政烺先生云："寰，讀爲寬。"又阜陽漢簡《詩經》065簡"寰旖綽旖"，今本毛詩《衛風・淇澳》三章作"寬兮綽兮"。

王輝《史密簋釋文考地》[2518][史密簋]

【類别】城邑名稱

此句的鄙應解爲邊界上的城邑。寡則爲邊鄙邑名，鄙寡就是邊鄙寡邑。……亞、官名，守衛邊鄙的武官。殷墟卜辭……亞可以"保王"，可以"立事"于侯伯，陳夢家先生認爲亞是武官，地位較高，其説可信。西周時期仍設有亞，《尚書・牧誓》記載周武王伐商，在牧野誓師"亞旅、師氏"並提，臣諫簋銘亦載"唯戎人大出于軧，井侯搏戎，延令臣諫以□□亞旅處于軧"，其武人身份不言而喻。此銘的鄙寡亞就是守衛邊鄙寡邑的武官。

吴鎮烽《史密簋銘文考釋》[2519][史密簋]

0839

寧

寧遹簋

【時代】西周早期

【出處】寧遹簋

寧遹作甲姒尊簋。[寧遹簋，《集成》3632]

【類别】城邑名稱

【釋地】河南省新鄉市獲嘉縣

《合集》202："翌庚寧其雨。"商爲寧邑，周改稱修武。《水經・清水注》："《韓詩外傳》言武王代紂，勒兵于寧，更名寧曰修武。"故治在今河南獲嘉縣。

寧之地望同前"翌庚寧其雨"（《合集》202）之"寧"。

崔恒昇《甲金文地名考釋》[2520][寧遹簋]

【時代】戰國晚期・魏

2518 王輝：《史密簋釋文考地》，《一粟集：王輝學術文存》，藝文印書館，2002年，第79頁。

2519 吴鎮烽：《史密簋銘文考釋》，《考古與文物》1989年第3期，第57頁。

2520 崔恒昇：《甲金文地名考釋》，中國古文字研究會、安徽大學古文字研究室編：《古文字研究》（第二十二輯），中華書局，2000年，第150、155頁。

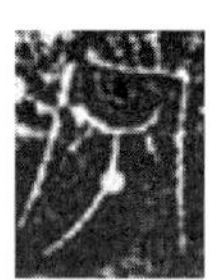

寧皿

寧右庫劍

【出處】**寧皿**[《集成》9997]　**寧右庫劍**[《集成》11633]

【類別】**城邑名稱**

【釋地】**河南省焦作市修武縣**

寧是地名，在今河南修武，戰國時屬魏。

李學勤《滎陽上官皿與安邑下官鍾》[2521][寧皿]

【釋地】**河南省新鄉市獲嘉縣**

戰國魏邑，今河南獲嘉縣。

吴鎮烽《銘圖索引》[2522][寧右庫劍]

0840

寧壽

寧壽令余

慶戟

【時代】**戰國晚期·趙**

【出處】**寧壽令余慶戟**

十六年，寧壽令余慶，上庫工帀（師）㝵僕，工固執劑。[寧壽令余慶戟，《銘圖》17324]

【類別】**城邑名稱**

0841

鄩

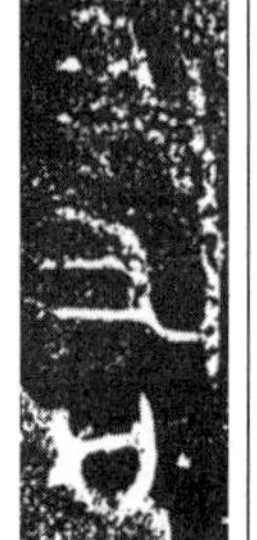

尋伯匜

【時代】**春秋早期**

【出處】**尋伯匜**[《集成》10221]　**尋仲盤**　**[辶+基]邟編鐘**[《銘圖》15520、15521]

鰺鎛[《集成》271]

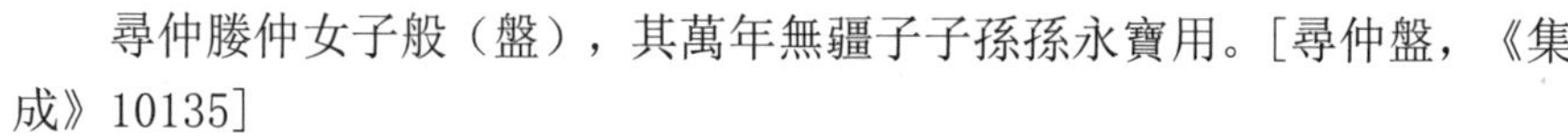

尋仲媵仲女子般（盤），其萬年無疆子子孫孫永寶用。[尋仲盤，《集成》10135]

【類別】**國族名稱**

即鄩，采邑地名。字從邑㝷，《説文·寸部》：“度人之兩臂爲尋，八尺也。”此字像兩臂伸張，面其旁之丨爲尺度會意。《通志·氏族略·以邑爲氏》：“尋氏，亦作鄩，曹姓，古斟鄩之後，或言與夏同姓。今濰州東五十里，尚有鄩亭。京相璠云，斟鄩去鄩亭七里，周有鄩肸。”

馬承源《商周青銅器銘文選》[2523][鰺鎛]

2521　李學勤：《滎陽上官皿與安邑下官鍾》，原載《文物》2003年第10期；後收入《新出青銅器研究（增訂版）》，人民美術出版社，2016年，第326頁。

2522　吴鎮烽：《商周青銅器銘文暨圖像集成索引》，上海古籍出版社，2019年，第1012頁。

2523　馬承源主編：《商周青銅器銘文選（四）》，文物出版社，1990年，第535頁。

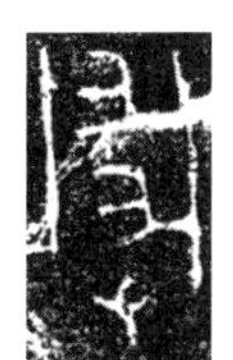
尋仲盤

遷邟編鐘

遷邟鎛

遷邟鎛

遷邟編鐘

黝鎛

鄩本夏之後。《通志·氏族略》："鄩，姓也，古斟鄩之後。"斟鄩，古國名，字本作尋，以爲國邑，故作鄩，祝融後斟姓居之，故曰斟鄩。斟姓無後，夏人以封同姓，故《世本》謂斟尋氏，姒姓。

鄩之地理方位，史籍中計有三説。一説在山東北海平壽縣東南（《漢書·地理志》北海郡）；二説在河南（《史記·夏本紀》正義、《左傳》昭公二十二年杜注）；三説在東周時衛地（《史記·夏本紀》正義）。另外，《夏本紀》正義引臣瓚云："斟鄩在河南，蓋後遷北海也。"總之，古之斟鄩的地望一直是個懸案。其實，古代國家或部落的遷徙，不僅遷其民人財産，往往連地名也一起"搬遷"。猶如酈道元所謂"寓其居而生其稱，宅其業而表其邑，縱遺文，沿褫亭"。斟鄩也許就是先在河南，後遷山東。

孫敬明《山東臨朐新出銅器銘文考釋及有關問題》[2524][鄩仲盤]

【釋地】山東省濟南市章丘區

山東臨朐出土的尋仲盤、匜和上海博物館收藏的尋伯匜，時代不晚于春秋早期。"尋"和"譚"在上古音中韻部同屬侵部，根據出土文獻和傳世文獻中的例證，"尋""譚"可以通假。銘文中的"尋"指的是文獻中記載的周代譚國，譚國春秋早期偏晚時被齊桓公伐滅，據齊器鮑子鎛銘文記載，（譚）地曾賜給鮑叔作爲采邑。尋（譚）公遂戈、簟（譚）公戈分别是春秋中、晚期器，尋公、簟公是譚邑大夫之稱謂。譚的地望大致在今章丘縣龍山鎮一帶。

馬立志《論周代的尋氏銅器及相關問題》[2525][尋仲盤]

【釋地】山東省濰坊市臨朐縣

"尋"字之釋，唐蘭先生在《天壤閣甲骨文存》中考證甚詳，已成定論。齊侯鎛的古地名"鄩"，即姒姓尋國，已由山東臨朐近年新出土的尋國銅器所證實。

曹錦炎《北山銅器新考》[2526][遷邟編鐘]

【釋地】河南省鞏義市

鄩在今河南鞏縣西南。《左傳·昭公二十三年》："二師圍郊。癸卯，郊、鄩潰。"晋杜預注："河南鞏縣西南有地名鄩中。郊、鄩二邑，皆子朝所得。"

崔恒昇《甲金文地名考釋》[2527][黝鎛]

本銘"𢫬"爲古地名，即齊侯鎛的𨚔。𨚔，舊釋邶、邱、郤均非；唐蘭釋鄩，甚碻。鄩，典籍亦作寻，姒姓國，在今山東濰縣西南。

2524 孫敬明：《山東臨朐新出銅器銘文考釋及有關問題》，《考古發現與齊史類徵》，齊魯書社，2006年，第95頁。

2525 馬立志：《論周代的尋氏銅器及相關問題》，《中國國家博物館館刊》2019年第7期，第36頁。

2526 曹錦炎：《北山銅器新考》，《吴越歷史與考古論叢》，文物出版社，2007年，第156—157頁。

2527 崔恒昇：《甲金文地名考釋》，安徽大學古文字研究室編：《古文字研究》（第二十二輯），中華書局，2000年，第152頁。

	鄩本夏之後。《通志·氏族略》："鄩，姓也，古斟鄩之後。"斟鄩，古國名，字本作寻，以爲國邑，故作鄩，祝融後斟姓居之，故曰斟鄩。斟姓無後，夏人以封同姓，故《世本》謂斟尋氏，姒姓。 鄩之地理方位，史籍中記有三説，一説在山東北海平壽縣東南（《漢書·地理志》北海郡）；二説在河南（《史記·夏本紀》正義；《左傳》昭公二十二年杜注）；三説在東周時衛地（《史記·夏本紀》正義）。另外，《夏本紀》正義引臣瓚云："斟鄩在河南，蓋後遷北海也。"總之，古之斟寻的地望一直是個懸案。其實，古代國家或部落的遷徙，不僅遷其民人財產，往往連地名也一起"搬遷"，猶如酈道元所謂"寓其居而生其稱，宅其業而表其邑，縱遺文，沿褫亭"。斟鄩也許就是先在河南，後遷山東。 孫敬明、何琳儀等《山東臨朐新出銅器銘文考釋及有關問題》[2528][尋仲盤] 鄩，今河南鞏義市西南。 吴鎮烽《銘圖索引》[2529][尋伯匜]
0842 **𩵦**  𩵦伯鼎 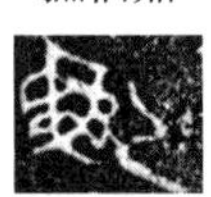 𩵦伯甗 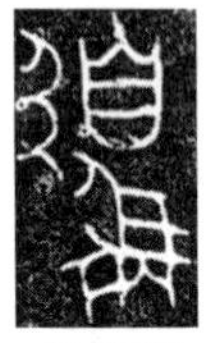 𩵦伯簋 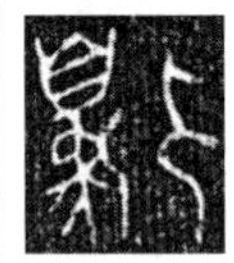 𩵦伯尊	**【時代】西周中期** **【出處】𩵦伯鼎**[《集成》2676、2677]**等** **【類别】國族名稱** **【釋地】陝西省寶鷄市** 𩵦，國名，史籍失載。地望大體應在今寶鷄市區、鳳縣一帶，是西周畿内重要方國之一。 寶鷄市博物館《寶鷄竹園溝西周墓地發掘簡報》[2530] 𩵦字從魚得聲。𩵦國是西周畿内重要方國之一，史籍失載。但在考古工作中，類似茹家莊、竹園溝墓地的𩵦國遺存在寶鷄渭水南岸的石咀頭、峪泉、塔梢、益門、晁峪、濛峪溝等地均有發現。清姜、益門一帶有較厚的西周時期文化堆積。𩵦國中心區域應在渭水以南，清姜河兩岸臺地。在它興盛階段，勢力北界可達到渭水北岸，擴及千河以西、千山以南，即今寶鷄賈村塬、陵塬一帶，與夨國界鄰。南界可越過秦嶺，至嘉陵江上游谷地，即今陝西鳳縣、甘肅兩當一帶。西周時期，𩵦國是一個相當活躍的方國，與周圍地區方國部族有着較爲密切的往來。 盧連成、胡智生《寶鷄茹家莊、竹園溝墓地有關問題的探討》[2531]

2528 孫敬明、何琳儀、黄錫全：《山東臨朐新出銅器銘文考釋及有關問題》，《文物》1983年第12期，第14—16頁。
2529 吴鎮烽：《商周青銅器銘文暨圖像集成索引》，上海古籍出版社，2019年，第990、1013頁。
2530 寶鷄市博物館：《寶鷄竹園溝西周墓地發掘簡報》，《文物》1983年第2期，第11頁。
2531 盧連成、胡智生：《寶鷄茹家莊、竹園溝墓地有關問題的探討》，《文物》1983年第2期，第15頁。

彔季卣

在今陝西寶鷄市渭濱區、金臺區。

吴鎮烽《銘圖索引》[2532]［彔伯鼎］

0843

敶

陳侯鼎

陳侯簋

陳侯簠

【時代】春秋時期

【出處】陳侯鼎（簋）等

唯正月初吉丁亥，敶（陳）侯作鑄嬀四母媵鼎，其永壽用之。［陳侯鼎，《集成》2650］

【類别】國族名稱

【釋地】河南省周口市淮陽區

金文中嬀姓之陳作敶，而代齊之田氏之陳作陳。敶爲周侯國，武王滅商後所封，建都宛丘，即今河南淮陽。公元前四七八年爲楚所滅。[2533]

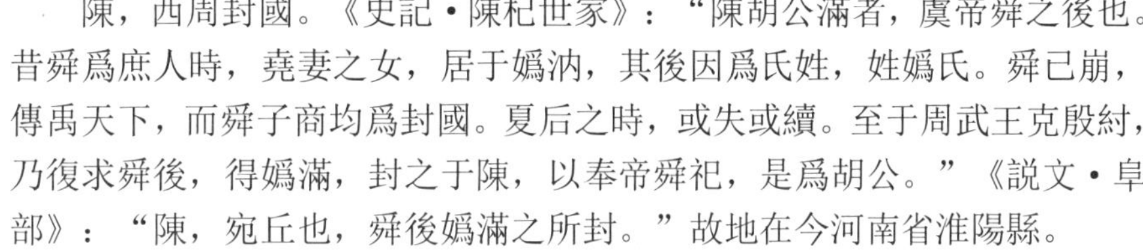

陳，西周封國。《史記·陳杞世家》："陳胡公滿者，虞帝舜之後也。昔舜爲庶人時，堯妻之女，居于嬀汭，其後因爲氏姓，姓嬀氏。舜已崩，傳禹天下，而舜子商均爲封國。夏后之時，或失或續。至于周武王克殷紂，乃復求舜後，得嬀滿，封之于陳，以奉帝舜祀，是爲胡公。"《説文·𨸏部》："陳，宛丘也，舜後嬀滿之所封。"故地在今河南省淮陽縣。

馬承源《商周青銅器銘文選》[2534]［陳侯簋］

即陳，都宛丘，今河南淮陽縣。

吴鎮烽《銘圖索引》[2535]［陳侯鼎］

0844

隨

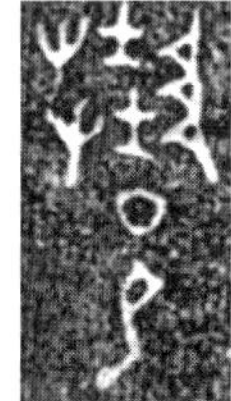

楚王鼎

【時代】春秋中期

【出處】楚王鼎

唯王正月初吉丁亥，楚王媵𨽸（隨）仲羋加飤緐，其眉壽無碁（期），子孫永寶用之。［楚王鼎，《銘圖》2318］

【類别】國族名稱

"陸"字在銘文中既然用作國名，則當讀爲"隨"。……明確"陸"字可讀爲"隨"，那麼陸仲嬭鼎銘文中作爲國名"陸"，可以認定爲就是指文獻記載中的隨國。鼎的準確名稱，亦可以稱之謂"隨仲嬭加鼎"。……

2532 吴鎮烽：《商周青銅器銘文暨圖像集成索引》，上海古籍出版社，2019年，第1013頁。
2533 馬承源主編：《商周青銅器銘文選（三）》，文物出版社，1988年，第241頁。
2534 馬承源主編：《商周青銅器銘文選（三）》，文物出版社，1988年，第328頁。
2535 吴鎮烽：《商周青銅器銘文暨圖像集成索引》，上海古籍出版社，2019年，第1014頁。

0844.02 隓	隨仲嬭加鼎雖然從嚴格意義來説這不能算是隨國所作的青銅器，但隨國國名在出土文物上卻是首次出現，彌足珍貴。更爲重要的是，隨仲嬭加鼎的發現，説明“曾”即是“曾”，“隨”即是“隨”，兩者不可混同，“曾隨一國二名”之説也就不攻自破。 曹錦炎《“曾”“隨”二國的證據——論新發現的隨仲嬭加鼎》[2536][楚王鼎] 今湖北隨州市。 吴鎮烽《銘圖索引》[2537][楚王鼎]
0845 盠  盠尊	【時代】西周中期 【出處】盠尊 器銘：唯王十又二月，辰在甲申，王初執駒𢊁（斥），王呼師豦召盠，王親詣盠，駒昜（賜）兩，拜稽首，曰：王弗望厥舊宗小子，𣪘皇盠身…… 蓋銘：王拘駒于𢊁（斥），易盠駒勇雷騅子。[盠尊，《集成》6011] 【類别】國族名稱 【釋地】河北省保定市蠡縣 蓋族名或所封地名，非個人私名，此字不見于《説文》而見于《廣韻》，通蠡。東漢封國有蠡吾，桓帝本封蠡吾侯，其地北齊并入博野，今河北有蠡縣，殆即其故地。銘文曰“舊宗小子”，或姬姓遠祖之子孫，初封在蠡者歟？ 吴世昌《對“盠器銘考釋”一文的幾點意見》[2538][盠尊]
0846 䐗 䐗伯簋	【時代】西周早期 【出處】䐗伯簋 䐗伯作寶彝。[䐗伯簋，《集成》10546] 【類别】國族名稱
0847 蒿	【時代】春秋晚期 【出處】蒿君鉦鋮 蒿君淲虘與朕以贏，作無者俞寶鑃鍟（鐸），其萬年用享用考（孝），

2536　曹錦炎：《“曾”“隨”二國的證據——論新發現的隨仲嬭加鼎》，《江漢考古》2011 年第 4 期，第 68 頁。
2537　吴鎮烽：《商周青銅器銘文暨圖像集成索引》，上海古籍出版社，2019 年，第 973、1071 頁。
2538　吴世昌：《對“盠器銘考釋”一文的幾點意見》，《考古通訊》1958 年第 1 期，第 91 頁。

 蒿君鉦鍼	用祈眉壽，子子孫孫永寶用之。[蒿君鉦鍼，《集成》423] **【類別】城邑名稱** 蒿君鉦出土于安徽宿縣南蘆古城子，銘文云：“蒿君淲虘，與朕以熊，作無者俞寶□□。”“無”即“許”，郭老認爲無者俞當即作器者自稱（《文物》1964、9、67），且銘例罕見，且作者必爲許國之人，許曾爲楚附庸，楚于魯昭九年“遷許于夷，實城父”，故城在今安徽亳縣東南十七里，與亳縣之蘆古城在鄰近，鉦銅器又自名爲“征城”，今所發現皆爲南方之器，蒿君阮許人通好，必在南方，或即在蘆古城子一帶，其地後皆爲楚滅，屬楚境内。 黄盛璋《朴君述鼎國别、年代及其相關問題》[2539][蒿君鉦鍼]
0848 ⿱⺈⿱日女 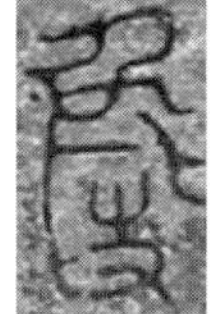 ⿱⺈⿱日女伯鼎 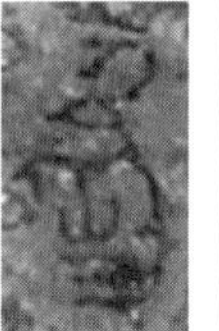 ⿱⺈⿱日女伯鼎	**【時代】春秋早期** **【出處】⿱⺈⿱日女伯鼎等** 唯正八月既生霸丙申，⿱⺈⿱日女伯作楚叔妊、樂姬媵盂鼎，其眉壽無疆，子子孫孫永保用之。[⿱⺈⿱日女伯鼎，《銘圖》2356、2357] **【類别】國族名稱** **【釋地】河南東南部地區** 樂之地望，當在河南東南部的淮河流域附近或山東南部一帶。“樂姬”既然隨媵“⿱⺈⿱日女伯”之女“楚叔妊”，那麽⿱⺈⿱日女國族之所在，當與樂相距不遠。 黄錦前《⿱⺈⿱日女伯鼎考釋》[2540][⿱⺈⿱日女伯鼎] **【釋地】河南省平頂山市魯山縣** 今河南魯山縣境内。 吴鎮烽《銘圖索引》[2541][⿱⺈⿱日女伯鼎]
0849 䌛  䌛右戈	**【時代】戰國晚期** **【出處】䌛右戈**[《集成》11007] **【類别】城邑名稱**

2539 黄盛璋：《朴君述鼎國别、年代及其相關問題》，《江漢考古》1987年第1期，第94頁。
2540 黄錦前：《⿱⺈⿱日女伯鼎考釋》，山東大學文化遺産研究院編：《東方考古》（第14集），科學出版社，2017年，第101頁。
2541 吴鎮烽：《商周青銅器銘文暨圖像集成索引》，上海古籍出版社，2019年，第1005頁。

0850

鄬

鄬甘辜鼎

【時代】春秋早期

【出處】鄬甘辜鼎

鄬甘辜肇作尊鼎，其萬年眉壽，子子孫孫永寶用享。[鄬甘辜鼎，《銘圖》2193]

【類别】城邑名稱

【釋地】河南省安陽市滑縣

銅鼎銘文中的“鄬”字，與“過”同聲符，聲近義通，又同爲國名，内中必有聯繫。羿夷西遷，沿泰沂山北側，西徙至德州東南，又西南至豫東北滑縣一帶，滑縣得名，亦應與過氏有關。銅鼎所在地點正處遷徙綫内。如把鄬甘氏作爲過氏西徙途中的遺裔，當不至大謬。

常興照、寧蔭堂《山東章丘出土青銅器述要兼談相關問題》[2542][鄬甘辜鼎]

0851

䨷

不嬰簋

0851.02

略

0851.03

䨷

【時代】西周晚期

【出處】不嬰簋[《集成》4328、4329]

【類别】城邑名稱

䨷，翁祖庚釋爲洛、高陸，王國維釋爲高陵，均可信。蓋太原至戎西侵，虢公乃自後追之，戎失老巢者西竄至洛，復踰洛而南下至于高陵，不嬰以偏師殲滅之也。

郭沫若《兩周金文辭大系圖録考釋》[2543][不嬰簋]

《説文》所無，地名。一説即北洛水之洛，然而洛水在宗周之東，西陲無此水名。

馬承源《商周青銅器銘文選》[2544][不嬰簋]

䨷字不識。翁祖庚、王國維以爲即虢季子白盤“搏伐厥狁，于洛之陽”之洛，但虢盤洛字作[illegible]，與此字形不同，所以釋洛並無確證。此時伯氏已回宗周獻禽，復命不其追擊玁狁于䨷，則䨷與西可能在宗周的不同方位。

王輝《秦銅器銘文編年集釋》[2545][不嬰簋]

2542 常興照、寧蔭堂：《山東章丘出土青銅器述要兼談相關問題》，《文物》1989年第6期，第71頁。
2543 郭沫若：《兩周金文辭大系圖録考釋（二）》，《郭沫若全集·考古編》（第八卷），科學出版社，2002年，第230頁。
2544 馬承源主編：《商周青銅器銘文選（三）》，文物出版社，1988年，第310頁。
2545 王輝：《秦銅器銘文編年集釋》，三秦出版社，1990年，第4頁。

䍃，地名，不詳所在。或説即《漢書·地理志》天水郡略陽道之略。

王輝《商周金文》[2546][不嬰簋]

在今陝西關中北部或甘肅隴東南部。

吴鎮烽《銘圖索引》[2547][不嬰簋]

【釋地】甘肅省天水市

無論何種推測符合或接近實際，金文䍃字均可讀爲畧。……“䍃”疑在今甘肅境内。不其簋銘曰：“玁允廣伐西俞，王令我羞追于西，余來歸獻禽，余命女禦追䍃。”據此簋所見，玁允此次侵犯，似由周邦畿西路來犯，故“西俞”當在西周邦畿之西，故疑“䍃”字當讀爲“略陽郡”之“略”。“略陽郡”爲晋泰始中所置郡名，轄境相當今甘肅省静宁、莊浪、張家川、清水等縣地及天水、秦安、通渭部分地區，治所在臨渭（今天水東北）。今天水東北之莊浪縣城又名“水洛城”，畧、洛古音相同，故金文“䍃”可讀爲“略陽郡”之“略”，“水洛城”之“洛”。“䍃”字或即“略陽郡”之“略”本字。

陳漢平《金文編訂補》[2548][不嬰簋]

秦莊公追戎于“略”者，正是今甘肅省秦安縣東北與張家川縣西交壤的略陽川水流域。漢初于此地置略陽道，屬隴西郡。漢武帝元鼎三年（公元前114年）分隴西郡置天水郡，略陽道因在渭水以北，故又屬天水郡。

徐日輝《秦器不其簋銘文中有關地域的考辨》[2549][不嬰簋]

0852

槲

敿比盨

【時代】西周晚期

【出處】敿比盨［《集成》4466］

【類别】城邑名稱

0853

静

静叔鼎

【時代】西周晚期

【出處】静叔鼎

静叔作鬵嬶旅鼎，其萬年眉壽永寶用。［静叔鼎，《集成》2537］

【類别】國族名稱

2546 王輝：《商周金文》，文物出版社，2006年，第247—248頁。
2547 吴鎮烽：《商周青銅器銘文暨圖像集成索引》，上海古籍出版社，2019年，第1003頁。
2548 陳漢平：《金文編訂補》，中國社會科學出版社，1993年，第560—561頁。
2549 徐日輝：《秦器不其簋銘文中有關地域的考辨》，《歷史地理》（第十八輯），上海人民出版社，2002年，第154—155頁。

十五畫

0854

葳郢

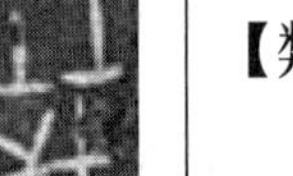

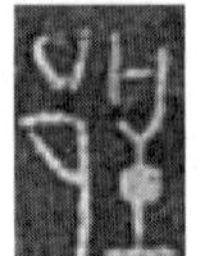

鄂君啓車節

郾客銅量

【時代】戰國中期

【出處】鄂君啓舟節[《集成》12112、12113]

【類別】城邑名稱

地名。戰國後期楚都凡鄢、紀、陳、壽春皆稱郢，今銘文云茂郢有楚王之離宮，是楚王所處，皆可稱郢。

馬承源《商周青銅器銘文選》[2550][鄂君啓節]

【釋地】湖北省荆州市江陵縣

茷，從戈得聲，當是栽字，栽是版築的意思。《左傳》有楚囊瓦城郢的記載，楚地名郢者不一處，長銘認爲栽郢可能就是江陵的郢。滌非以爲這字可釋莪。

殷滌非、羅長銘《壽縣出土的"鄂君啓金節"》[2551][鄂君啓舟節]

我初稿釋"**茷**"爲栽，栽義爲版築，謂"**茷**郢"爲新建的郢。今按如果**𢦏**確爲歲的訛變，則字當釋葳。"葳郢"疑即江陵郢城。黄盛璋同志云："頗疑古郢城爲楚之初都，因過于狹小，後又于其西北更築紀南城，戰國時代之郢自爲後者。"此説合于事理。葳義爲蕪。郢城此時已廢爲苑囿遊觀之所，故曰"葳郢"。銘文云："王居於葳郢之遊宮。"葳郢有遊宮猶江陵有渚宮。郭院長釋茂，謂"茂郢"即楚都，茂是頌美之辭，並記于此，以待續考。

羅長銘《鄂君啓節新探》[2552][鄂君啓舟節]

茂郢當即楚都，茂殆是頌美之辭。郢即今之湖北江陵縣。

郭沫若《關于鄂君啓節的研究》[2553][鄂君啓舟節]

"**𢦔**郢"屢見于湖北江陵出土楚簡，應指戰國時期楚都紀南城，即紀郢（以在紀山之南而得名）。𢦔字從艸𢦔聲……應即語氣詞"哉"。"𢦔"

2550　馬承源主編：《商周青銅器銘文選（四）》，文物出版社，1990年，第433頁。
2551　殷滌非、羅長銘：《壽縣出土的"鄂君啓金節"》，《文物參考資料》1958年第4期，第9頁。
2552　羅長銘：《鄂君啓節新探》，原載《羅長銘集》，1994年，黄山書社；後收入安徽省博物館編：《安徽省博物館四十年論文選集》，黄山書社，1996年，第144—145頁。
2553　郭沫若：《關于鄂君啓節的研究》，《文物參考資料》1958年第4期，第4頁。

0854.02 茙郢 0854.03 葴郢 0854.04 茂郢 0854.05 𢦏郢 0854.06 茷郢 0854.07 莪郢 0854.08 栽郢 0854.09 [illegible]郢 0854.10 菽郢 0854.11 郊郢 0854.12 鉫郢	字下從“𠂆”可能不是人字，而是糸旁的省體，與下文“裁”字通。古代從𢦏得聲的字多屬精母之部，與“紀”讀音非常接近（後者屬見母之部）。 李零《楚國銅器銘文編年匯釋》[2554][鄂君啓舟節] [illegible]通菑音，即近紀音，[illegible]郢應即紀郢。……紀郢當作茷郢，舊説今江陵縣北十餘里古紀南城遺址即楚故都。 姚漢源《戰國時長江中游的水運》[2555][鄂君啓舟節] 所謂“莪郢”就是在郢都附近舉行柴祭的處所，在這兒建有楚王的遊宮。……楚凡都城皆稱郢，所以郢都的郊邑也被稱爲“郊郢”。上文分析的“莪郢”就是在郢都之郊舉“莪”儀也就是柴祭的地方，所以“莪郢”就是“郊郢”。……“莪郢”在郢都之郊，古時舉行郊天的儀式在南郊，那麽，“莪郢”也必然在郢都以南。 古時近郊離都城五十里。古時以三百步爲里，近代以三百六十步爲里，今一里爲 500 米，古時一里大約爲 417 米。那麽，古時五十里約相當今天的四十里。也就是説，“莪郢”應當位于古郢都以南五十里（合今四十里）的地方。 《江漢考古》一九八六年第一期載有《江陵陰湘城的調查與探索》一文，該文據吴人引漳水灌郢的記載，認爲衹有紀南城西北約四十里的陰湘城纔有可能被漳水所灌，從而推論古郢都就是陰湘城。 這條結論具有相當的參考價值。紀南城遺址在陰湘城東南約四十里處，正好是陰湘城南郊所在。 劉信芳《釋“莪郢”》[2556][鄂君啓舟節] 栽郢之“栽”有“茂”“栽”兩釋，字形皆近似，因而皆未能定奪，今按其字從草，𢦏聲，隸定爲栽字無疑……栽郢之“栽”，究取何義？殷滌非、羅長銘先生以栽爲版築之意，中山大學古文字研究室又以《爾雅》載有始義，釋“栽郢”爲“始郢”：“初郢”“首郢”之意，均未得其解。按郢爲楚國都之專稱，而國都所在之地名，常冠于郢字之前，以爲區別，如鄢稱鄢郢，陳稱陳郢，“栽郢”亦必同例，栽即栽郢所在原來之地名，而栽郢又爲楚王所居之地，即紀南城。而紀南之得名，因在紀山之南，其地原名，至少必包含有“紀”字，“栽”與“紀”古音皆在之部，故栽郢即紀郢，楚之初都原在丹陽，紀南城之郢出于後遷，記載有武王、文王兩説，皆在春秋初期，但據今考古勘查、發掘所見，衹能到春秋晚期，楚都

2554 李零：《楚國銅器銘文編年匯釋》，中國古文字研究會、中華書局編輯部等編：《古文字研究》（第十三輯），中華書局，1986 年，第 369 頁。

2555 姚漢源：《戰國時長江中游的水運——鄂君啓節試釋》，周魁一主編：《水的歷史審視：姚漢源先生水利史論文集》，中國書籍出版社，2016 年，第 552 頁。

2556 劉信芳：《釋“莪郢”》，《江漢考古》1987 年第 1 期，第 80—83 頁。

遷此以前，其地並不稱郢，必有原名，紀南城之名最早見于魏晋六朝記載，不知是否原名抑爲後人所名。而望山一號墓楚簡曾見有栽陵君之名：13簡，“☐𨘢〔禱〕栽陵君肥豻酒食”，栽陵君即一號墓主昭固之先君，栽陵即紀陵，則亦當在紀南城附近。

黄盛璋《再論鄂君啓節交通路綫復原與地理問題》[2557]［鄂君啓舟節］

就“蔵”字形的形體演變的實際情况分析，前列諸式應當釋爲“蔵”。“蔵郢”之蔵乃地名專字。與“陳郢”“鄢郢”同義。……

前引諸家之説，不論對“蔵”字如何釋讀，但多數學者認爲“蔵郢”指的應是今之江陵城北紀南城遺址，這一點當是符合實際情况的。戚與郊可通無疑，郊、紀古音更近。郊屬見母宵部，紀屬見母之部，不僅雙聲，之、宵也可旁轉。……因此，“郊郢”也可能是“紀郢”，古本作“蔵郢”。紀南城遺址可能就是在“郊郢”的基礎上不斷擴建而成，以至成爲楚之國都。從紀南城的規模及其四周星羅棋布的楚墓群來看，這一帶曾是楚國政治、經濟活動的中心。湖北境内還没有發現第二處具備如此規模的城址，它與齊之臨淄、燕之下都相比並無遜色，根據考古發掘情况，我們説它是戰國時期楚國較大的一座都城當無問題。鄂君舟節終點之“郢”，指的也應是紀南城，即“蔵（紀）郢”。

黄錫全《“蔵郢”辨析》[2558]［鄂君啓舟節］

蔵，通哉；哉郢，指楚文王始都之郢城（今湖北江陵紀南城）。

湯餘惠《戰國銘文選》[2559]［鄂君啓舟節］

“菽郢”之名亦見于鄂君啓節與一九七八年江陵天星觀一號楚墓出土竹簡。“郢”上一字天星觀多作“蔵”，所從之“尗”與漢印“叔”字左旁極爲相似，故暫時隸定爲“菽”。本墓五號、七號簡有“𢦚郢”，八號簡有“𢧢郢”，皆應是“菽郢”的異文。“菽郢”疑即江陵之郢。

朱德熙、裘錫圭、李家浩《望山楚簡》[2560]［鄂君啓舟節］

楚都，今湖北荆州市江陵縣紀南城。

吴鎮烽《銘圖索引》[2561]［鄂君啓舟節］

【釋地】湖北省鍾祥市

“蔵郢”以音求之，當讀“郊郢”。

2557　黄盛璋：《再論鄂君啓節交通路綫復原與地理問題》，《安徽史學》1988年第2期，第19頁。
2558　黄錫全：《“蔵郢”辨析》，原載楚文化研究會編：《楚文化研究論集》（第二集），湖北人民出版社，1991年；後收入《古文字與古貨幣文集》，文物出版社，2009年，第336、337頁。
2559　湯餘惠：《戰國銘文選》，吉林大學出版社，1993年，第46頁。
2560　湖北省文物考古研究所、北京大學中文系：《望山楚簡》，中華書局，1995年，第86頁。
2561　吴鎮烽：《商周青銅器銘文暨圖像集成索引》，上海古籍出版社，2019年，第962頁。

《左傳》桓公十一年“鄖人軍于蒲騷，將與隨、絞、州、蓼伐楚師。莫敖患之。鬬廉曰，鄖人軍其郊必不誡，且日虞四邑之至也。君次于郊郢以禦四邑，我以鋭師宵加于鄖。”杜注：“郊郢，楚地。”顧棟高云：“今安陸府治鍾祥縣郢州故城是其地也，前代置郢州，蓋以楚郊郢故。……”

鄂君啓節“蔵郢”和“郢”同文互見，可證“蔵郢”是有別于江陵“郢”的另一地名，如以《左傳》“郊郢”當之，頗爲吻合。

鄂君啓節銘“蔵郢之遊宫”，是楚懷王凥蹕之處，楚王經常在“蔵郢”接見商鞅等外國使臣（天星觀簡），長沙所出銅量又記楚王于“蔵郢”接見“邦客”。凡此説明，在戰國時代，“郊郢”確爲楚國十分重要的城邑。

何琳儀《長沙銅量銘文補釋》[2562][鄂君啓舟節]

對于茷郢之“茷”字的考釋與地望的認定，目前看法很不一致。有的釋作“茂”，義爲讚語；有的釋作“哉”，義爲首、始，有的釋作“蔵”，即戚，戚通郊，郊、紀通，指紀郢。與郢字連續，因而有茂郢、始郢、紀郢等多種解釋。裘錫圭、李家浩釋此字爲“菽”。我們同意此説。按，菽與椒可通假，椒又可通湫。楚有以“湫”爲名之地。《左傳》莊公十九年載：楚文王“敗黄師于踖陵，還，及湫”。表明湫地距楚郢較近，爲返郢途中的一處地名。杜注：“南郡鄀縣東南有湫城。”可知湫城“是在今鍾祥縣北偏西的漢水東岸”，位于郊郢之北。郊、湫雖然音近，相距也不甚遠，但兩地在春秋早期的武、文之時就已並存，而且包山簡文中既有“郊”字，又另有“茷”字，顯然這是兩個不同字、不同的地名。據此分析，湫郢，當是楚于戰國時期在湫城一帶另設的一處別都。僅在其南不遠處的原郊郢之廢，或與此有關。

劉彬徽、何浩《論包山楚簡中的幾處楚郢地名》[2563][鄂君啓舟節]

【釋地】湖北省宜城市

“莪”字從艸從戈，從叔省聲（亦可認爲“𢦏”爲“叔”之異構），讀爲“湫”，……春秋之“湫”，即戰國之“莪郢”矣。今湖北宜城縣東南7.5 公里處有“楚皇城”遺址，該遺址應即戰國時“郢”舊址。

劉信芳《包山楚簡解詁》[2564][鄂君啓舟節]

“蔵郢”之“蔵”，原字作□，該字屢見于《包山楚簡》。據李守奎先生統計，共計 19 處，釋爲“蔵郢”，清紐覺部。劉信芳隸爲“莪”，讀“湫”，《春秋・文公九年》“楚子使椒來聘”，《穀梁傳》作“萩”，《經典釋文》或作“菽”。“莪”，“尗”聲，與“湫”幽覺陰入對轉。“湫郢”已見《清華一・楚居》：“至文王自疆浧（郢）徙居湫郢，湫郢徙居樊郢。”劉信芳認爲“湫郢”在湖北宜城縣東南 7.5 公里處“楚皇城”遺址。

張樹國《鄂君啓節與屈原研究相關問題》[2565]

2562 何琳儀：《長沙銅量銘文補釋》，《江漢考古》1988 年第 4 期，第 98 頁。

2563 劉彬徽、何浩：《論包山楚簡中的幾處楚郢地名》，湖北省荆沙鐵路考古隊編：《包山楚墓》（上册），文物出版社，1991 年，第 567 頁。

2564 劉信芳：《包山楚簡解詁》，藝文印書館，2003 年，第 18 頁。

2565 張樹國：《鄂君啓節與屈原研究相關問題》，《文學遺産》2018 年第 1 期，第 6—7 頁。

0855

犛鄭

大良造鞅殳鐓

【時代】戰國晚期

【出處】大良造鞅殳鐓

十九年，大良造庶長鞅之造殳，犛鄭。［大良造鞅殳鐓，《銘圖》18550］

【類别】城邑名稱

“犛鄭”依一般刻銘通例，應是殳鐏的製造地。犛文獻作斄，二字通用。《莊子·逍遥遊》：“今夫斄牛，其大若垂天之雲。”宋吴淑《事類賦》獸部三引“斄”作“犛”。《漢書·地理志》右扶風有“斄”縣，班固自注：“周后稷所封。”顔師古曰：“讀與邰同，音晗。”斄即周之邰地。《詩·大雅·生民》：“即有邰家室。”秦爲斄縣，《史記·曹相國世家》：“（曹參）從還定三秦，初攻下辯、故道、雍、斄。”《正義》引《括地志》云：“故斄城一名武功縣，西南二十二里古邰國也。”武功舊縣址在今武功鎮（今縣城1961年遷至隴海鐵路綫上的普集鎮），其南二十里即今楊陵鎮附近，秦犛縣治應在此。秦漢斄縣轄今楊凌區（原屬武功縣，今屬咸陽市）、武功鎮，亦轄扶風縣之絳帳鎮及郿縣北部地區。這一地區近年出土陶器上多有戳印文字“犛亭”，見于陳直先生《關中秦漢陶録·陶器類》；有明確出土地點者爲扶風縣姜原村，該村還出有漢“犛林共鼎”，或以爲漢斄縣城在此。

鄭亦秦縣，《漢書·地理志》京兆尹有“鄭”縣，王先謙《漢書補注》云：“秦武公時縣鄭，見《秦記》。魏武侯攻秦至此，見《魏世家》。商鞅發邑兵擊鄭，見《商君傳》。”故址在今陝西華縣城北。

秦都雍城亦有地名鄭。《史記·秦本紀》云：“德公元年，初居雍城大鄭宫。”又免卣：“隹六月初吉，王在奠。”亦有學者認爲此“奠”即古本《竹書紀年》“懿王元年，天再旦于鄭”之“鄭”，地在雍。

不過殳銘“犛鄭”從字體看，是一手所刻。所以不大可能是兩個縣名；再説一件殳鐏，也没有必要在兩個縣製造，苟如此，則此“鄭”就不大可能是東鄭（華縣），也不可能是西鄭（雍地之鄭）。我推測，殳銘“鄭”極可能是犛縣所屬的一個鄉或里名。《史記·秦本紀》：“（孝公）十二年，作爲咸陽，築冀闕，秦徙都之。并諸小鄉聚，集爲大縣，縣一令，三十一縣。”（“三”字諸本皆作“四”，日人瀧川資言《史記會注考證》從日本高山寺舊藏東洋文庫藏天養［1144、1145年］鈔本《秦本紀》改作“三”）又《史記·商君列傳》：“集小都鄉邑聚爲縣，置令丞，凡三十一縣。”前人或以爲斄爲秦孝公所置三十一縣之一。如唐李吉甫《元和郡縣圖志》卷二《關内道二》京兆武功縣條下云：“古有邰國，堯封后稷之地。周平王東遷，以賜秦襄公。孝公作四十一縣，斄、美陽、武功，各其一也。”若李吉甫所説不誤，斄乃秦孝公十二年商鞅集小都鄉聚之縣，則下綴一個原先的鄉里名，是可能的。同墓出土秦陶文有“咸䣄里辰”“咸鄘里隣”“咸平汏賁”“咸郿小有”，後二例之“咸平汏”爲“咸陽平汏里”之省，“咸郿”爲“咸郿里”之省，皆陶器製造縣與里連用之例。斄縣鄉里有無名鄭者，今已無從考見。距武功鎮一華里有地名鄭家坡，其地近年發掘大型先周遺址，爲考古界所熟知。“犛鄭”之“鄭”與鄭家坡之“鄭”有無關係，亦不可知。所以殳銘“鄭”字的解釋，衹能暫付闕如，有待日後考定。

王輝《十九年大良造鞅殳鐏考》[2566]［大良造鞅殳鐏］

0856

樊

樊君鬲

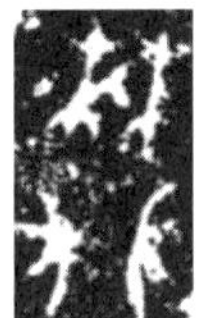

樊夫人龍嬴鬲

樊君𢉖簠

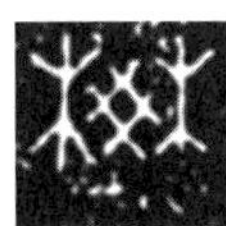

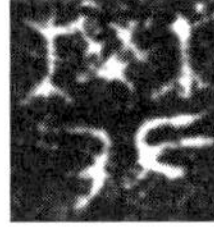

樊君夔盆

【時代】春秋時期 戰國時期

【出處】樊君鬲等器

樊君作叔嬴芈媵器寶鬲。［樊君鬲，《集成》606］

【類别】國族名稱

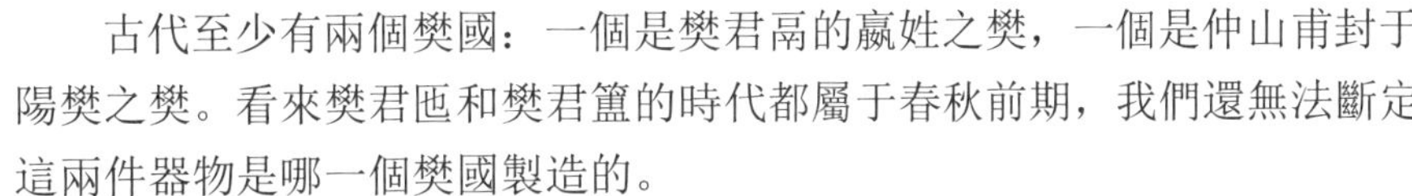

古代至少有兩個樊國：一個是樊君鬲的嬴姓之樊，一個是仲山甫封于陽樊之樊。看來樊君匜和樊君簠的時代都屬于春秋前期，我們還無法斷定這兩件器物是哪一個樊國製造的。

至于嬴姓之樊，因爲不見于史籍記載，器物又衹有一件見于著録，出土地點不明，其地望還是一個謎。這個問題通過以後的考古發掘工作大概會解决。在考古發掘解决這個問題以前，我們不妨作一些揣測。

《路史·國名紀丁·商氏後篇》云：“今襄之鄧城有樊城鎮，漢之樊縣，有古樊城，樊侯國也。”是否嬴姓的樊國就在這裏呢？這是第一種可能。

《左傳·襄公四年》：“楚師爲陳叛故，猶在繁陽。”杜注：“繁陽，楚地，在汝南鮦陽縣南。”又《定公六年》：“吴敗楚舟師，楚子期又以陵師敗于繁陽。”繁陽之繁有可能是班簋“秉、繁、蜀、巢”之繁，因而也有可能是曾伯霥簠“克狄淮夷，印燮繁湯”之繁。班簋記載伐東國，曾伯霥記載伐淮夷，繁陽距曾國甚近，也距東國即淮夷不太遠，附近的江、黄是嬴姓，淮夷也是嬴姓，嬴姓連在一起，沆瀣一氣，不是没有可能的。也許嬴姓之樊就是這個繁吧？樊與繁古相通假，《左傳·成公二年》：“請曲縣繁纓以朝。”釋文：“繁纓亦作樊纓。”《周禮·巾車》：“玉路錫樊纓。”鄭注：“樊讀爲鞶帶之鞶，謂今馬大帶也。”段玉裁《周禮漢讀考》云：“《家語·正論篇》王注釋緐，《國語·齊語》韋注釋樊，《文選·西京賦》薛綜注釋鞶，並同鄭義。”凡此皆樊與繁通假之證。因此嬴姓之樊可能就在繁陽。其地在今河南省新蔡縣北。這是第二種可能。

當然，這些都是没有什麽根據的推測，歷史的真象，將最後由從事考古工作的同志加以解决，我們還是拭目以待吧。

于豪亮《論息國和樊國的銅器》[2567]

2566 王輝：《十九年大良造鞅殳鐏考》，《一粟集：王輝學術文存》，藝文印書館，2002年，第286—288頁。
2567 于豪亮：《論息國和樊國的銅器》，《江漢考古》1980年第2期，第11頁。

樊夫人龍嬴壺

樊夫人龍嬴盤

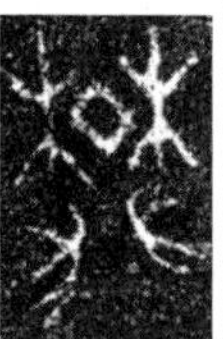
樊夫人龍嬴匜

樊君夔匜

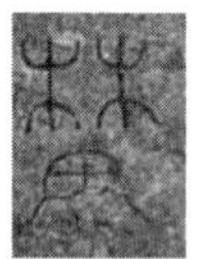
樊孫伯渚鼎

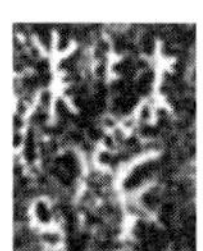
樊伯千鼎

"古樊國，仲山甫所封也"，至于銅器樊君之國，當爲襄陽之古樊城，其城魏晋以前不詳其始，最早見《水經·沔水注》："樊城周四里，……，城西南有曹仁記水碑，杜元凱重刊其後，書伐吴之事也。"《元和郡縣志》："襄州臨漢縣，南至州二里，即古樊城，西魏于此立安養縣屬鄧城郡，……天寶元年改爲臨漢縣，縣城南臨漢水。"《太平寰宇記》鄧城縣下"漢鄧縣地即古樊城"，《齊書》云："建武中大將軍曹虎鎮此，後孝文帝率兵數萬圍樊城，經月不下，即此城也。荆州圖副，郭仲産，虞摯等記俱云樊本仲山甫之國"上引《水經注》也以爲樊城，樊"仲山甫所封也"，《後漢書·樊宏傳》"其先周仲山甫，封于樊，因而氏焉"，李賢注："樊今鄧州安養縣"又引《水經注》樊氏陂，謂"在鄧州新野縣南"，皆附會仲山甫之樊，其實此古樊城，乃芈姓之樊，仲山甫不可能遠封于此，樊既近鄧，楚向北發展，滅鄧，也必滅樊，至遲春秋後期其地已經屬楚。樊君夔盤出土于信陽平橋春秋墓，在樊城之東，此外《武漢市收集的幾件重要的東周青銅器》有樊公瑚，器出于湖北，當即樊城之樊國，至于樊君道匜，爲長沙徵集，傳出于長沙楊家山，皆爲楚地，從字體看，亦與楚近。

黄盛璋《朴君述鼎國别、年代及其相關問題》[2568][樊君銅器等]

【釋地】河南省信陽市

據史籍記載，有宗周之樊，成周之陽樊，湖北之樊。宗周之樊應在今陝西境内，與此二墓無關。成周之陽樊，地近洛陽。顧棟高《春秋大事表》卷五："樊，侯國，仲山甫始封，國于陽，今河南懷慶濟源縣西南五十里有陽城。莊二九年見。僖二十五年王以其地賜晋。《晋語》倉葛曰：陽有樊仲之官守，知尚未絶封，蓋遷于河南。昭二十二年傳有樊頃子。"《春秋經傳集解》："隱公十一年……王取鄔、劉、蔿、邘之田于鄭，而與鄭人蘇忿生之田：温、原、絺、樊(《集解》一名樊陽，野王縣西南有陽城)……"認爲樊在今沁陽一帶。《左傳》莊公"三十年春，王命虢公討樊皮。夏四月丙辰，虢公滅樊，執樊皮仲，歸于京師"。事在公元前664年，周惠王十三年，虢公所入之樊，當爲今沁附近之樊。洪亮吉《春秋左傳詁》稱："郡國志：河内郡修武有陽樊。服虔云：樊仲山之所居，故名陽樊。按：鄧縣地亦有樊城。樂史引郭仲産、摯虞等記云：樊，本仲山甫之國，即今襄陽縣樊城也，與南虢相去亦近。"……樊君夔夫婦墓在今信陽市，地近湖北襄陽之樊，出土銅器雖與西周中晚期中原地區所出土的器形紋飾相似，但陶器卻具地方特點，與洛陽附近西周晚期至春秋早期的陶器不一樣。因此，我們認爲樊君夔不屬豫北沁陽附近的樊君，而屬襄陽之樊。樊滅于楚，在春秋之前。楚國的勢力到達信陽一帶，已是春秋早期的事。所以，樊君夔夫婦的墓葬年代也應爲春秋早期至中期。

河南省博物館等《河南信陽市平橋春秋墓發掘簡報》[2569][樊夫人龍嬴鼎]

2568　黄盛璋：《朴君述鼎國别、年代及其相關問題》，《江漢考古》1987年第1期，第93頁。
2569　河南省博物館、信陽地區文管會、信陽市文化局：《河南信陽市平橋春秋墓發掘簡報》，《文物》1981年第1期，第12頁。

我們認爲，古樊國既不在襄陽之樊城，亦不在新蔡之繁陽，而應在信陽附近。古文獻記載中，信陽一帶正有一座樊城存在。

結合上述有關考古資料來看，此"樊城"應即春秋樊國故城，其一，城以"樊"爲名，當有一定淵源；既稱"城"，且魏軍能憑以抗擊梁軍，説明舊址仍存。其二，檢索早期文獻，漢晋以來直至齊梁，義陽城附近既未設過樊縣，也未置過樊郡，不存在樊縣、樊郡故城的可能，除樊國故城外，别無它解。其三，樊君夫婦墓在信陽平橋鎮西發現，與古樊城相去不遠，絶非偶然巧合，是爲兩者互相聯繫，互爲依存的最好説明。

徐少華《樊國銅器及其歷史地理新探》[2570]

樊，古國名。徐少華認爲"此鬲爲樊君嫁女所作的媵器，其女字叔嬴名孎，依據古代銅媵器銘文稱字的慣例，'叔'爲行第，'嬴'應是族姓，屬東夷集團少皞氏之後裔"。又謂《魏書·世宗紀》"元英破衍將王僧炳于樊城"之樊城應即春秋樊國故城，《讀史方輿紀要》認爲此樊城在清代信陽州南，"即今信陽市南不遠，與樊君夫婦墓在信陽一帶的發現正相印證"。按：舊説樊爲姬姓，虞仲支孫仲山甫所封。此樊乃仲山甫封前之樊，嬴姓，與春秋時樊君夒盆之樊不同姓。

陳秉新、李立芳《出土夷族史料輯考》[2571][樊君鬲]

【釋地】湖北省襄陽市

樊，《通志·氏族略》："樊氏，姬姓。周太王之子虞仲支孫仲山甫爲宣王卿士，食邑于樊，因邑命氏。"洪亮吉《春秋左傳詁》："《郡國志》：河内郡修武有陽樊。服虔云：樊，仲山之所居，故名陽樊。按：鄧縣地亦有古樊城。樂史引郭仲產、摯虞等記云：樊本仲山甫之國，即今襄陽縣樊城也，與南虢相去亦近。"簡報據樊君夒夫婦墓在今信陽市轄區，地近湖北襄陽，"認爲樊君夒不屬豫北沁陽附近的樊君，而屬襄陽之樊"。

陳秉新、李立芳《出土夷族史料輯考》[2572][樊夫人龍嬴鬲]

【釋地】河南省濟源市

漢屬河内郡，在野王縣西，今濟源縣西南十五里。

余永梁《金文地名考》[2573][樊君鬲]

今（山東）〔河南〕濟源市西南。

吴鎮烽《銘圖索引》[2574][樊夫人龍嬴鼎]

2570 徐少華：《樊國銅器及其歷史地理新探》，《考古》1995年第4期，第357—358頁。
2571 陳秉新、李立芳：《出土夷族史料輯考》，安徽大學出版社，2005年，第275頁。
2572 陳秉新、李立芳：《出土夷族史料輯考》，安徽大學出版社，2005年，第397頁。
2573 余永梁：《金文地名考》，《國立中山大學語言歷史學研究所週刊》第5集第53、54期合刊，1928年，第14頁。
2574 吴鎮烽：《商周青銅器銘文暨圖像集成索引》，上海古籍出版社，2019年，第1015頁。

0857

歐

上郡守壽戈

【時代】戰國晚期·秦

【出處】上郡守壽戈［《集成》11404］

【類别】城邑名稱

秦上郡地名，今地不詳。

吴鎮烽《銘圖索引》[2575]［上郡守壽戈］

0858

鄴

鄴下庫令戈

【時代】戰國中期·魏

【出處】鄴下庫戈［《銘圖》16860］

【類别】城邑名稱

【釋地】河北省邯鄲市臨漳縣

《説文》云："魏都縣，從邑業聲。"段注："漢魏郡治鄴縣，今河南彰德府漳縣，西二十里有故鄴城。""鄴"在魏國歷史上，其地理位置至爲重要。

彭澤元《魏"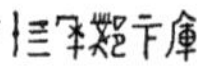"戈考釋》[2576]［鄴下庫戈］

鄴下庫戈："十四年鄴下庫。"鄴在今河北臨漳縣西南鄴鎮。春秋齊桓公始築城，戰國魏都，秦置鄴縣。

崔恒昇《甲金文地名考釋》[2577]［鄴下庫戈］

戰國魏邑，今河北臨漳縣西南鄴鎮。

吴鎮烽《銘圖索引》[2578]［鄴下庫戈］

0859

睸道

散氏盤

【時代】西周晚期

【出處】散氏盤［《集成》10176］

【類别】人文地理名稱·道路

路名，在今陝西寶鷄市陳倉區境内。

吴鎮烽《銘圖索引》[2579]［散氏盤］

2575　吴鎮烽：《商周青銅器銘文暨圖像集成索引》，上海古籍出版社，2019年，第1015頁。
2576　彭澤元：《魏"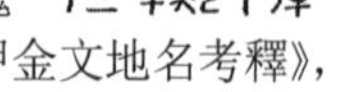"戈考釋》，《江漢考古》1989年第3期，第65頁。
2577　崔恒昇：《甲金文地名考釋》，安徽大學古文字研究室編：《古文字研究》（第二十二輯），中華書局，2000年，第151頁。
2578　吴鎮烽：《商周青銅器銘文暨圖像集成索引》，上海古籍出版社，2019年，第996、1015頁。
2579　吴鎮烽：《商周青銅器銘文暨圖像集成索引》，上海古籍出版社，2019年，第1015頁。

0860 閿 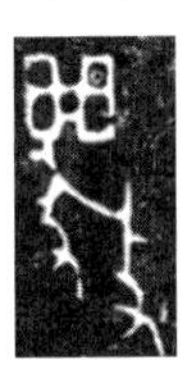 閿伯鼎  閿伯簋	【時代】西周中期 【出處】閿伯鼎（簋）［《集成》2041、2042］ 【類別】城邑名稱 【釋地】陝西省寶鷄市扶風縣 今陝西扶風縣上宋鄉。 吴鎮烽《銘圖索引》[2580]［閿伯鼎］
0861 樂 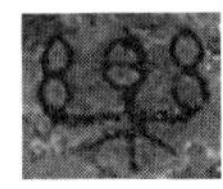 𪙧伯鼎 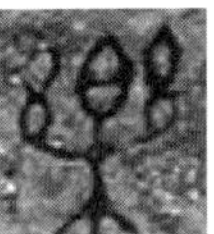 𪙧伯鼎  相邦冉戈	【時代】春秋早期 【出處】𪙧伯鼎 唯正八月既生霸丙申，𪙧伯作楚叔妊、樂姬媵盂鼎，其眉壽無疆，子子孫孫永保用之。［𪙧伯鼎，《銘圖》2356、2357］ 【類別】城邑名稱 樂之地望，當在河南東南部的淮河流域附近或山東南部一帶。 黄錦前《𪙧伯鼎考釋》[2581]［𪙧伯鼎］ 【時代】戰國晚期 · 秦 【出處】相邦冉戈［《銘圖》17243］ 【類別】城邑名稱 【釋地】陝西省西安市閻良區 櫟陽的簡稱。 吴鎮烽《銘圖索引》[2582]［相邦冉戈］
0862 衛	【時代】西周時期 【出處】多器

2580 吴鎮烽：《商周青銅器銘文暨圖像集成索引》，上海古籍出版社，2019 年，第 1041 頁。
2581 黄錦前：《𪙧伯鼎考釋》，山東大學文化遺産研究院編：《東方考古》（第 14 集），科學出版社，2017 年，第 101 頁。
2582 吴鎮烽：《商周青銅器銘文暨圖像集成索引》，上海古籍出版社，2019 年，第 1039 頁。

康侯簋

衛姒鬲

衛伯須鼎

賢簋

【類别】國族名稱

衛原屬于商代晚期王都所轄之地，它的範圍大約在今河南省境内黄河以北的洹河、淇河及衛河三流域，包括了安陽、湯陰、濬縣、淇縣及汲縣等地方。安陽縣之小屯村本是晚商王都所在地，但經武王伐紂王，及成王平武庚之亂的兩次兵火之後，應該已成廢墟，當然衛都不會再設在小屯村了。現因濬縣西境的辛村，曾有陵墓出土一批康侯的銅器，可知康侯新建的衛都應在辛村附近，若據殷墟（小屯村）的考古發掘所示，商王的陵墓葬于河水之北，宫殿築于河水之南，則很可能衛都就在辛村“康侯墓”之南的河水南岸。

張光遠《大英博物館新藏西周康侯簋考釋》[2583][康侯簋]

衛在商末時應是接近商都的國名。據《世俘解》甲子克殷以後，一直到“甲申，百弇以虎賁誓命伐衛，告以馘俘”，已經過二十天。可能衛在開始時表示降服，而在周師遠征時，卻乘虚叛變，所以百弇不得不用虎賁來鎮壓了。虎賁在當時是警衛，是不得已纔動用的，所以特别提出誓命。《作雒》説：“臨衛政殷。”即以衛爲據點來攻殷。

唐蘭《西周青銅器銘文分代史徵》[2584][康侯簋]

衛姬姓，都于沬（今河南淇縣）。康侯即康叔。《史記·衛康叔世家》：“衛康叔名封，周武王同母少弟也……周公旦以成王命興師伐殷，殺武庚禄父、管叔，放蔡叔，以武庚殷餘民封康叔爲衛君。居河、淇間故商墟。”司馬貞《索隱》云：“康，畿内國名。宋忠曰：‘康叔從康徙封衛，衛即殷墟定昌之地。’”賢簋：“公叔初見于衛。”西周中期。衛文君夫人叔姜鬲：“衛文君夫人叔姜作其行鬲。”春秋早期都曹（今河南滑縣東）。按“衛文君夫人叔姜”，應爲“衛夫人文君叔姜”。衛文公二年遷都楚丘（今河南滑[縣]東北），後又遷帝丘（今河南濮陽縣西南），魏安釐王二十三年爲魏所滅，後在秦支持下復國，遷都至野王（今河南沁陽市），秦二世元年爲秦所滅。

崔恒昇《古文字地名考釋》[2585][康侯簋]

《史記·衛世家》：“周公旦以成王命興師伐殷，殺殷武庚禄父、管叔，放蔡叔。以武庚殷餘民封康叔爲衛君，居河淇間故商墟。”《漢書·地理志》：“朝歌，紂所都，周武王弟康叔所封，更名衛。”據銘，則封康叔前已有衛名。

陳秉新、李立芳《出土夷族史料輯考》[2586][沬司土疑簋]

2583　張光遠：《大英博物館新藏西周康侯簋考釋——兼論衛都地點及周初兩次伐商的銅器實録》，原載《故宫季刊》1980年第14卷第3期；後收入劉慶柱、段志洪、馮時主編：《金文文獻集成》（第二十八册），綫裝書局，2005年，第150頁。

2584　唐蘭：《西周青銅器銘文分代史徵》，《唐蘭全集（七）》，上海古籍出版社，2015年，第30頁。

2585　崔恒昇：《古文字地名考釋》，中國古文字研究會、安徽大學古文字研究室編：《古文字研究》（第二十三輯），中華書局，2002年，第223頁。

2586　陳秉新、李立芳：《出土夷族史料輯考》，安徽大學出版社，2005年，第126頁。

	【釋地】河南省鶴壁市淇縣 衛始封于殷虛，即朝歌；今衛輝北淇縣。東徙于曹，今滑縣東。再徙于楚丘，三遷于帝丘，皆在滑縣與濮陽之間也。 余永梁《金文地名考》[2587][康侯封鼎] 衛所都之地，諸書皆以爲是朝歌……以上各書，都以爲殷末紂時都于朝歌，武王伐紂和成王封康叔之衛都是朝歌。武庚所封，亦應在此。朝歌、殷虛、商虛、沬、衛、舊衛並是一地，而妹者即《酒誥》“明大命于妹邦”和《易》“帝乙歸妹”之妹。朝歌故址在今淇縣東北，而今淇縣城西南距汲縣（舊衛輝府治）約爲 25 公里。 陳夢家《西周銅器斷代》[2588][康侯簋] 都沬，今河南濬縣與淇縣交界處。 吴鎮烽《銘圖索引》[2589][衛姒鬲] **【釋地】河南省安陽市滑縣** 都曹，今河南滑縣東。 吴鎮烽《銘圖索引》[2590][衛伯須鼎]
0863 **虢**  虢季子白盤  虢姜鼎	**【時代】西周時期　春秋時期** **【出處】多器** **【類别】國族名稱** 虢有三，曰東虢，今鄭州滎陽縣。曰南虢，都上陽，今陝州。僖四年《左傳》：“晋侯圍上陽滅之。”是也。曰西虢，今陝西虢縣，《漢書·地理志》所謂西虢在雍者也。出土之虢器，皆西虢器，虢季白盤出岐山郿縣間禮邨，與克鼎盂、鼎出土地近。克、盂鼎銘中人名互見，知其地望，最爲相近。虢在周時，亦謂之城虢，傳世虢遣生敦馘虢中敦皆出鳳翔左右，是其證也。 余永梁《金文地名考》[2591] 我們認爲，西周初年，周文王之弟虢仲、虢叔均受分封，建邦立國，虢仲封東虢，在今河南滎陽縣西汜水鎮。虢叔封西虢，在今陝西寶鷄市東。

2587　余永梁：《金文地名考》，《國立中山大學語言歷史學研究所週刊》第 5 集第 53、54 期合刊，1928 年，第 11—12 頁。

2588　陳夢家：《西周銅器斷代》，中華書局，2004 年，第 12 頁。

2589　吴鎮烽：《商周青銅器銘文暨圖像集成索引》，上海古籍出版社，2019 年，第 1016 頁。

2590　吴鎮烽：《商周青銅器銘文暨圖像集成索引》，上海古籍出版社，2019 年，第 1016 頁。

2591　余永梁：《金文地名考》，《國立中山大學語言歷史學研究所週刊》第 5 集第 53、54 期合刊，1928 年，第 1—2 頁。

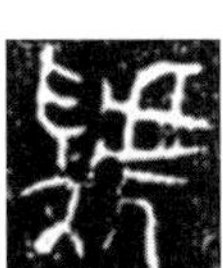 虢季鼎  虢叔盂	後來隨着西虢的東遷，世人對虢國的史迹日趨模糊，遂在漢代以來的史籍中出現了五個虢國，致使史學家煞費苦心，無所適從。問題主要在于東漢大儒馬融“虢仲封下陽，虢叔封上陽”的注文，給後世學者造成了極大的混亂。然據《左傳》《國語》《史記》諸史所載，周初虢仲、虢叔各封一國，當無疑問。降及春秋，鄭滅一虢，晋滅一虢，諸史載之甚詳。南、北二虢本係一國，係西周晚期宣王初年由西虢東遷而來。西虢東遷後遺留的小虢，春秋初年爲秦所滅。這樣，諸虢的脉絡源流，大體已梳理清晰。因此，于豪亮先生説：“虢仲、虢叔都是文王之弟，虢仲封于東虢，虢叔封于西虢。北虢在平陸，在黄河北岸；南虢在三門峽，在黄河南岸。北虢和南虢隔河相望，其實衹是一個虢國，這是虢叔的後代隨平王東遷後建立的國家。”大體上是正確的。 蔡運章《虢國的分封與五個虢國的歷史糾葛》[2592] 虢爲周文王弟所封國。虢仲封西虢，在今陝西寶鷄。虢叔封東虢，在今河南滎陽。一説，虢仲封東虢，虢叔封西虢。另有北虢，在今河南陝縣。此北虢一説爲西虢之一部，一説爲東虢之所分。虢季是虢之氏稱，而不是行輩，有虢季氏子段鬲銘可證。因爲虢仲、虢叔是王季之穆，所以虢氏亦可稱虢季氏，省稱虢季。虢季子白盤出土于寶鷄虢川司，而虢季子段鬲出土于上村嶺虢國墓地，乃北虢，是北虢和西虢皆可稱虢季。一説，虢季是北虢，寶鷄所出土的虢季子白盤是北虢轉贈于西虢者。 馬承源《商周青銅器銘文選》[2593][虢季子白盤] 虢季子白，或説即虢宣公子白，傳世有虢宣公子白鼎（《録遺》90）。虢爲周文王弟封國，在今陝西寶鷄縣。 王輝《商周金文》[2594][虢季子白盤] 今陝西寶鷄市陳倉區虢鎮北。 吴鎮烽《銘圖索引》[2595][虢姜鼎] 今河南三門峽市區西段陝州風景區。 吴鎮烽《銘圖索引》[2596][虢季鼎]
0864 褁	**【時代】戰國中期** **【出處】鄂君啓舟節**［《集成》12112、12113］ **【類别】自然地理名稱·河湖**

2592　蔡運章：《虢國的分封與五個虢國的歷史糾葛》，《甲骨金文與古史新探》，中國社會科學出版社，1996年，第89—90頁。
2593　馬承源主編：《商周青銅器銘文選（三）》，文物出版社，1988年，第309頁。
2594　王輝：《商周金文》，文物出版社，2006年，第250頁。
2595　吴鎮烽：《商周青銅器銘文暨圖像集成索引》，上海古籍出版社，2019年，第1017—1020頁。
2596　吴鎮烽：《商周青銅器銘文暨圖像集成索引》，上海古籍出版社，2019年，第1017—1020頁。

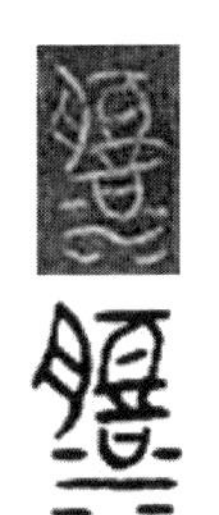

鄂君啓舟節

0864.02 滌

0864.03 櫜

0864.04 澗

0864.05 灖

0864.06 油

0864.07 臐

0864.08 繇

各家對于此字之形、音，雖各有其見解，但此水當在澧水以北，長江以南，則並無不同的意見。至其真正正確的名稱，具體的地理位置，尚有待于繼續研究。

孫劍鳴《“鄂君啓節”續探》[2597]［鄂君啓舟節］

【釋地】油水

櫜上從脜音柔，長銘以爲是油脂的油，此指油水，今湖北公安縣有油河。

殷滌非、羅長銘《壽縣出土的“鄂君啓金節”》[2598]［鄂君啓舟節］

澗，羅先生寫作槳或櫜，釋曰：“從脜，音柔，是油脂的油；此指油水，今湖北公安縣有油河。”郭先生寫作澗，釋曰：“脂聲，脂蓋即臃之異文”；“灖水當是《水經》所謂涌水”。商先生寫作澗，認爲是從水膽聲的澮字，即《水經・澧水注》中的澮水。三說中殆以羅説爲長。

此句銘文用一個“入”字下賅四水名，郭先生指出：四水應有一定的次序，即由南而北；又應在同一區域，情況略同，皆與江、湘、洞庭相通。這是完全正確的。但涌水衹符合于前一條件，不符合于後一條件。古涌水是大江北岸的一條支派；首受江水于江陵東南古華容縣（故治在今監利縣西北，不是今之華容）南，見《水經・江水篇》，東南流經監利縣境還注大江，見《寰宇記》；它與江南資、沅、澧諸水中隔大江，就説不上屬于同一區域，既在江北，當然也説不上與洞庭、湘水相通。郭先生推定此水在江南，“必即洞庭湖北面所謂洞庭湖西道——華容河、焦圻水、藕池河、虎渡河等諸水之一”，與《水經》等記載不合。

銘文四水並舉，故此水應爲資、沅、澧三水以外另一條江南地區較大的水道。據《水經・澧水注》，澮水上承澧水于作唐縣（故治在今安鄉縣北）北，東流至安南縣（故治在今華容縣西）南注于澧，它衹是澧水下游的一條支派，估計首尾不過百餘里，看來也很難够資格和資、沅、澧三水並舉。

油水《漢書・地理志》南郡高成下作繇水，《水經・江水篇、油水篇》作油水；其水源出漢孱陵縣（故治在今公安縣西南）西界白石山，東過縣北，至漢華容縣界公安城（今公安縣西北古油口）西北入江，全長五百里。公安境内油水水東有景口、淪口，南通澧水及諸陂湖。由此可見，此水：一、位于澧北；二、同資、沅、澧一樣，也是一條自西向東注入長江而與洞庭湖相通的水道；三、在郢南澧北諸水中，比較的最爲源遠流長，差足與資、沅、澧並舉。所以我認爲羅説銘文資下一字字作槳，指油水，應該是對的。惟謂“今湖北公安縣有油河”則非。油河一名實際已不復存在，其上游在湖南石門縣境内今名穿山河，澧縣境内今名邊山河，湖北松滋縣境内今名界溪河；至于公安縣境内的油河故道，則久已湮塞，衹剩下了一個以古油口爲名的集市（即明以前的公安縣治），倒

2597　孫劍鳴：《“鄂君啓節”續探》，原載《安徽省考古學會會刊》1982 年第 6 輯；後收入劉慶柱、段志洪、馮時主編：《金文文獻集成》（第二十九册），綫裝書局，2005 年，第 332 頁。

2598　殷滌非、羅長銘：《壽縣出土的“鄂君啓金節”》，《文物参考資料》1958 年第 4 期，第 10 頁。

確是古油水的入江之處。

譚其驤《鄂君啓節銘文釋地》[2599][鄂君啓舟節]

如從與資沅澧水並列來看，澹水似應在油水的方位；就字的形體結構而言，則極似國差𦉜的𦉜字所從之[illegible]而予以略變，爲從水，膽聲的“澹”字，羅等將此字誤摹爲[illegible]，遂以《説文》訓“面和也，讀若柔”的“脜”字當之。字誤則義不足據，所釋就大成問題了。因此，我認爲這條水有兩個可能性：一、戰國時並無油水之名，後世的油水即澹水故道；二、戰國時既無油水，則《水經》的澹水從澧水北岸别出，下游仍入于澧（明弘治中已湮塞），爲後世的事。提出以待識者考訂。

商承祚《鄂君啓節考》[2600][鄂君啓舟節]

繇水，見《漢書·地理志》，又作油水，見《水經·江水篇、油水篇》。據考，其上游在今湖南石門縣境内今名穿山河，澧縣境内今名邊山河，湖北松滋縣境内今名界溪河，公安縣境内的一段久已湮塞，今公安縣北的古油口，是古油水的入江處。以上湘、資、沅、澧、油五條水系及水濱邑聚是船隊西南方的經商路綫。

湯餘惠《戰國銘文選》[2601][鄂君啓舟節]

“[illegible]”古油字。《説文》無由字，而有從由的油，解爲水名。此字下從水，上作“𦝫”。《説文》百（首）部脜訓面和也，讀若柔，即此字之省。字當從肉，百聲，爲古文油脂的油，油乃後起字。《水經》：“油水出武陵孱陵縣西界，……又東北入于江。”注云：“逕公安縣西，又北流注于大江。”《漢書·地理志》作繇水。《讀史方輿紀要》作油河。今公安縣東北，清代設有油河口巡檢司，後廢。

羅長銘《鄂君啓節新探》[2602][鄂君啓舟節]

[illegible]是一個從“繇”聲的字。油水之“油”，《漢書·地理志》南郡屬縣“高成”下自注作“繇”。“繇”“繇”古通。因爲是水名，所以節文從“水”。油水在今湖北公安縣西北。

朱德熙、李家浩《鄂君啓節考釋（八篇）》[2603][鄂君啓舟節]

即油水，今湖北公安縣西北。

吴鎮烽《銘圖索引》[2604][鄂君啓舟節]

2599　譚其驤：《鄂君啓節銘文釋地》，原載《中華文史論叢》（第2輯），1962年；後收入《譚其驤全集》（第一卷），人民出版社，2015年，第539—540頁。

2600　商承祚：《鄂君啓節考》，原載《文物精華》（第2集），1963年；後收入商志禫主編：《商承祚文集》，中山大學出版社，2004年，第321頁。

2601　湯餘惠：《戰國銘文選》，吉林大學出版社，1993年，第48頁。

2602　羅長銘：《鄂君啓節新探》，原載《羅長銘集》，1994年，黄山書社；後收入安徽省博物館編：《安徽省博物館四十年論文選集》，黄山書社，1996年，第149頁。

2603　朱德熙、李家浩：《鄂君啓節考釋（八篇）》，北京大學中國中古史研究中心編：《紀念陳寅恪先生誕辰百年學術論文集》，北京大學出版社，1989年，第67頁。

2604　吴鎮烽：《商周青銅器銘文暨圖像集成索引》，上海古籍出版社，2019年，第1043頁。

	【釋地】涌水 灉水當是《水經》所謂涌水："江水又東南當華容縣南涌水出焉。"案此必即洞庭湖北面所謂洞庭湖西道——華容河、焦圻水、藕池河、虎渡河等諸水之一。諸水本由洞庭湖流入長江，但江水漲時則江水倒灌入湖。其所以名爲涌水，言自長江流出者，即以此故。戴東原未深加思考，逕改《水經》"出"字爲"入"，可謂妄作聰明。字從水，膳聲，膳蓋即臃之異文。 郭沫若《關于鄂君啓節的研究》[2605][鄂君啓舟節]
0865 **䳟**  䳟公劍  闡丘戈  䳟戈	**【時代】春秋晚期**  **【出處】䳟公劍**[《集成》11651]　**䳟戈**[《集成》10818] **闡丘戈**[《集成》11073] **【類別】國族名稱** 《䳟公劍》的"䳟"字是"雁""鷹"的或體字。在字形結構上，是一個會意字而不是形聲字。雖然先秦文字前期"鳥""隹"之别還不大分明，"䳟"字也可以隸作"脽"字，但是必須把它和從月隹聲的形聲字區别開。爲此，還是把它寫作"䳟"字是比較好一些的。 假如這個"䳟""雁"或體之説可信，那末，《䳟公劍》《䳟戈》《闡丘戈》的"䳟"字當是《左傳》僖公二十四年："邘、晋、應、韓，武之穆也"的"應"。"䳟"和"應"是一個國名的不同寫法。 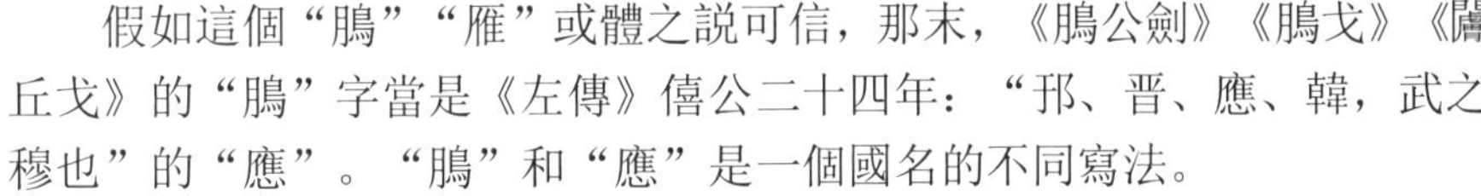 孫常叙《䳟公劍銘復原和"脽""䳟"字説》[2606][䳟公劍]
0866 **滕**  滕侯鼎  滕虎簋	**【時代】西周時期　春秋時期　戰國時期** **【出處】多器** **【類別】國族名稱** **【釋地】山東省滕州市** 周初封國。《春秋·隱公七年》"滕侯卒"，杜預《注》"滕國在沛國公丘縣東南"。孔穎達《疏》："《譜》云：滕，姬姓，文王子錯叔繡之後，武王封之，居滕，今沛郡公丘縣是也。自叔繡至宣公十七世乃見春秋，隱公以下，春秋後六世而齊滅之。《世本》云：齊景公亡滕。案：齊景公之卒在滕隱之前，《世本》言隱公之後仍有六世爲君，而云齊景亡滕。爲謬何甚。服虔昭四年《注》亦云齊景公亡滕，是不考校而謬言之。《地理

2605　郭沫若：《關于鄂君啓節的研究》，《文物參考資料》1958年第4期，第4頁。

2606　孫常叙：《䳟公劍銘復原和"脽""䳟"字説》，《考古》1962年第5期，第269頁。

滕侯蘇盨

滕侯耆戈

志》云：“沛郡公丘縣，故滕國也，周文王子錯繡所封，三十一世爲齊所滅。”《戰國策·宋策》謂宋康王滅滕。今山東省滕縣西南十四里有古滕城，即滕國，漢置公丘縣而晉廢。金文滕國之滕均從舟從火作媵，《魏三體石經·左傳》殘石則作滕。

馬承源《商周青銅器銘文選》[2607]

今山東滕州市西南。

吴鎮烽《銘圖索引》[2608]［滕侯簋］

0867

魯

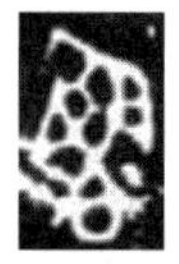

魯侯熙鬲

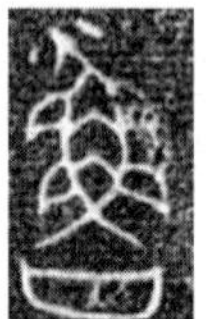

魯侯鼎

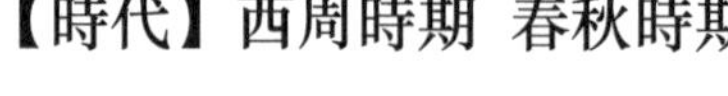

【時代】西周時期 春秋時期

【出處】多器

【類别】國族名稱

【釋地】山東省曲阜市

魯，小國也。今曲阜縣。

余永梁《金文地名考》[2609]［魯侯匜］

今山東曲阜市。

吴鎮烽《銘圖索引》[2610]［魯侯鼎］

0868

魯陽

魯陽公戟

【時代】戰國時期

【出處】魯陽公戟［《銘續》1134］ **魯陽戈**［《銘圖》16480］

【類别】城邑名稱

【釋地】河南省平頂山市魯山縣

戰國楚地，今河南魯山縣。

吴鎮烽《銘圖索引》[2611]［魯陽戈］

2607 馬承源主編：《商周青銅器銘文選（三）》，文物出版社，1988年，第102頁。
2608 吴鎮烽：《商周青銅器銘文暨圖像集成索引》，上海古籍出版社，2019年，第1020頁。
2609 余永梁：《金文地名考》，《國立中山大學語言歷史學研究所週刊》第5集第53、54期合刊，1928年，第18頁。
2610 吴鎮烽：《商周青銅器銘文暨圖像集成索引》，上海古籍出版社，2019年，第1021—1023頁。
2611 吴鎮烽：《商周青銅器銘文暨圖像集成索引》，上海古籍出版社，2019年，第1023頁。

0869 **諸** 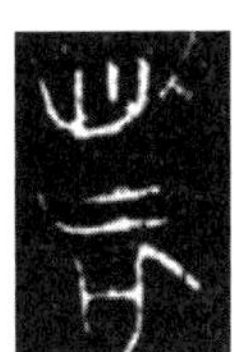 徐沈尹鉦	**【時代】春秋早期** **【出處】徐沈尹鉦** 正月初吉，日在庚，郐（徐）沈尹者故𩰫，自作征城，次孖爵祝，儆至劍兵，世萬子孫，眉壽無疆，皿彼吉人享，士余是尚。[徐沈尹鉦，《集成》425] **【類別】城邑名稱** 莊二十九年傳：“城諸及防。”杜注：“今城陽諸縣。”今諸城縣南三十里。 余永梁《金文地名考》[2612][者女觥] “者”，羅振玉釋，于省吾讀“諸”，均確不可易。“諸”乃東夷集團習見的古姓氏，可能與古地名“諸”有關。“熙”爲容庚所釋，近是。“諸故熙”爲“沈尹”之姓名。 何琳儀《徐沈尹鉦新釋》[2613][徐沈尹鉦]
0870 **諆** 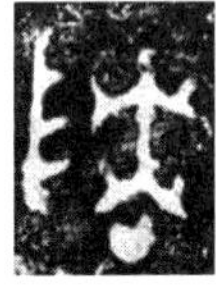 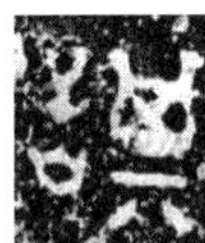 趞盂	**【時代】西周晚期** **【出處】趞盂**[《集成》10321] **【類別】城邑名稱** “陯諆”似爲二地名。“諆”爲地名見令鼎“王大耤農于諆田”，“王歸自諆田”，其地距溓宫不遠，爲王行籍田之地。“遂土”，《尚書·費誓》“魯人三郊三遂”，《史記》作“隧”，《集解》：“王肅曰：邑外曰郊，郊曰隧。”《周禮·遂人》鄭注：“六遂之地，自遠郊以達畿中，有公邑，家邑，小都，大都焉。鄭司農云：遂謂王國百里外。”“遂土陯諆”，當即周王畿中兩個都邑之名。 陝西省博物館《陝西長安灃西出土的趞盂》[2614][趞盂] 令鼎……諆田即諆地之田，諆爲地名，與本銘之諆應爲一地，但記載不見，從“王歸自諆田，王駿溓仲仆。令眔奮先馬走。王曰：‘令眔奮乃克至，余其舍汝臣十家’。王至于溓宫，般令”記事看來。從諆還至鎬京。車行一日可到，人行要努力一些。故王有此命。如此諆應在豐、鎬郊外，

2612 余永梁：《金文地名考》，《國立中山大學語言歷史學研究所週刊》第5集第53、54期合刊，1928年，第22頁。

2613 何琳儀：《徐沈尹鉦新釋》，黄德寬主編：《安徽大學漢語言文字研究叢書·何琳儀卷》，安徽大學出版社，2013年，第94頁。

2614 陝西省博物館：《陝西長安灃西出土的趞盂》，《考古》1977年第1期，第71頁。

	與本銘之“遂土”正合，“嚮諆各郘”，是先到諆後到郘，如此諆必在豐鎬至郘間，而于豐鎬爲近。如此，鄭玄説，遂爲“王國（國指國都）百里之外”，可能是有所根據的。 黄盛璋《趞盂新考》[2615]［趞盂］
0871 諆田  令鼎	**【時代】西周早期** **【出處】令鼎** 王大耤農于諆田，餳，王射，有嗣眔師氏、小子佮射，王歸自諆田，王馭祭仲僕，令眔奮先馬走，王曰：令眔奮，乃克至，余其舍汝臣十家，王至于祭宮敃，令拜稽首，曰：小子迺學，令對揚王休。［令鼎，《集成》2803］ **【類別】人文地理名稱 · 田地** 諆田地名。如《詩》的甫田、桑田、新田，《春秋》的邾田、鄆田，《左傳》的許田、杞田、閻田、制田、戚田、鄇田、鄐田、州田、莒田之類，是諆地之田。 唐蘭《西周青銅器銘文分代史徵》[2616]［令鼎］
0872 潏水 宗邑瓦書	**【時代】戰國** **【出處】宗邑瓦書**［《銘圖》19920］ **【類別】自然地理名稱 · 河湖** 在今西安市長安區境内。 吴鎮烽《銘圖索引》[2617]［宗邑瓦書］
0873 寮 寮伯訇甗	**【時代】西周時期** **【出處】趞盂　寮伯訇甗等** 明，寮伯訇作旅。［寮伯訇甗，《集成》899］ 潦伯作鬻彝。［潦伯甗，《集成》872］ 唯正月初吉，君在濋既宮，命逋事于述（遂）土，嚮諆各郘司寮女寮：奚、微、華，天君事趞事沬，敢對揚，用作文祖己公尊盂，其寶用。［趞盂，《集成》10321］

2615　黄盛璋：《趞盂新考》，《人文雜志》1982 年第 5 期，第 100 頁。
2616　唐蘭：《西周青銅器銘文分代史徵》，《唐蘭全集（七）》，上海古籍出版社，2015 年，第 246 頁。
2617　吴鎮烽：《商周青銅器銘文暨圖像集成索引》，上海古籍出版社，2019 年，第 1021 頁。

 趞盂 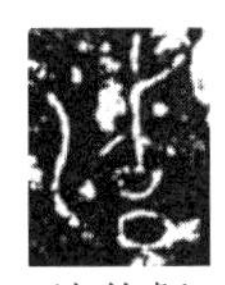 潦伯甗	**【類别】國族名稱**
0874 **褔**   中鼎	**【時代】西周早期** **【出處】中鼎** 唯十又三月庚寅，王在寒𠂤（次），王令大史貺褔土，王曰：中，兹褔人入史（事），易（賜）于武王作臣，今貺畀汝褔土，作乃采，中對王休令，𩰫父乙尊。唯臣尚（常）中臣。七八六六六六，八七六六六六。[中鼎，《集成》2785] **【類别】國族名稱** 褔，《玉篇》："褔，衺裏也。"本銘用爲國名，金文又作鬲，偃姓。 陳秉新、李立芳《出土夷族史料輯考》[2618][中鼎] **【釋地】山東省德州市** 褱當是有鬲氏之鬲，故城在今安德縣北。 郭沫若《兩周金文辭大系圖録考釋》[2619][中鼎] 褔爲有鬲，鬲津爲《禹貢》九河之一，説明鬲爲古黄河所經，地當交通衝要，漢爲鬲縣，後廢爲亭，在今德州市東南，此説傳統相承，又有沿革可據，地望確定無疑。 黄盛璋《西周微家族窖藏銅器群初步研究》[2620][中鼎] **【釋地】湖北省孝感市** 昭王賜給中的采邑，從衣從鬲得聲，銘文首見。尹盛平先生認爲，此處"褔"即井叔達盨蓋銘中的"滆"，在汧水下游，昭王給予中的采地應在這一帶。然褔既爲昭王南征途中所賜的采邑，揆情度理不應遠至西北地方。李學勤先生認爲這一采地估計就是出土"安州六器"的孝感一帶，考慮到"安州六器"均爲"中"所作用于銘功報先的祭器，古人有"祭器不逾境"（《禮記·曲禮下》）的習俗，故中器出土地即受賜者的居地，地應在今湖北孝感附近府河或其支流的岸邊高地。昭王南征不返後，中可能

2618　陳秉新、李立芳：《出土夷族史料輯考》，安徽大學出版社，2005 年，第 373 頁。
2619　郭沫若：《兩周金文辭大系圖録考釋（二）》，《郭沫若全集·考古編》（第八卷），科學出版社，2002 年，第 50 頁。
2620　黄盛璋：《西周微家族窖藏銅器群初步研究》，《歷史地理與考古論叢》，齊魯書社，1982 年，第 285 頁。

	繼續駐守安陸一帶，這也是北宋年間在此出土"安州六器"的原因。 趙燕姣、吴偉華《金文所見昭王南征路綫考》[2621][中鼎] 即鬲，今湖北孝感市一帶。 吴鎮烽《銘圖索引》[2622][中鼎]
0875 **履** 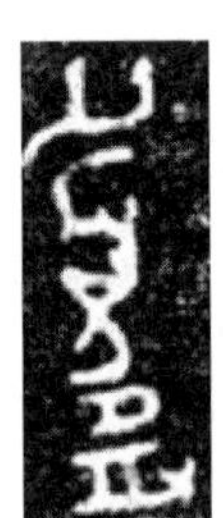 士山盤  散氏盤	**【時代】西周中晚期** **【出處】士山盤**［《銘圖》14536］**散氏盤**［《集成》10176］ **【類别】國族名稱** **【釋地】湖北省襄陽市南漳縣** 履，來母脂部。盧，來母魚部。二字雙聲。湖北南漳東北有一古國名"盧"，不知是否與此有關。此國曾參加周武王伐紂。《左傳》文公十六年："楚伐庸，自盧以往。" 黄錫全《士山盤銘文别議》[2623][士山盤] "履服" 可能跟後世履氏有關，《路史後紀・疏仡紀・小昊》："秦鍼奔晋，封裴中曰裴君，六世陵，遷解爲解君，有裴氏、解氏、壘氏、履氏。"黄氏認爲古國名應該是對的。 陳英傑《士山盤銘文再考》[2624][士山盤] **【釋地】陝西省寶鷄市** 履讀爲郿（今縣名又改作眉），五祀衛鼎履從舟，眉聲，故可讀作郿。《詩・大雅・崧高》："申伯信邁，王餞于郿。"故城在今岐山縣東南。 王輝《商周金文》[2625][散氏盤] **【他釋】** 關于"履服"，專家認爲履或與《左傳》僖公四年"賜我先君履"相似，指巡視所管區域，或可理解爲給附庸小國勘定地界。愚以爲後説爲優。"履服"應當與其前的"大藉服"及其後的"六孳服"都有關係，指勘定都、刑（荆）、方三國所種藉田的位置、地界與數量，與《五祀衛鼎》"帥（率）履裘衛厲田四田"類似。《國語・魯語》載："仲尼曰：先王制土，藉田以力而砥其遠邇"。士山考查都、刑（荆）、方三國的"大藉服"，猶"砥其遠邇"之意焉。 晁福林《從士山盤看周代"服"制》[2626][士山盤]

2621　趙燕姣、吴偉華：《金文所見昭王南征路綫考》，《中國歷史地理論叢》2018年第2期，第52頁。
2622　吴鎮烽：《商周青銅器銘文暨圖像集成索引》，上海古籍出版社，2019年，第950、1021頁。
2623　黄錫全：《士山盤銘文别議》，《中國歷史文物》2003年第2期，第64頁。
2624　陳英傑：《士山盤銘文再考》，《中國歷史文物》2004年第6期，第14頁。
2625　王輝：《商周金文》，文物出版社，2006年，第233頁。
2626　晁福林：《從士山盤看周代"服"制》，《中國歷史文物》2004年第6期，第8頁。

筆者認爲，“履服”或即是徵收與出行或祭祀有關的“屨”。古書中“履”與“屨”可互訓，……本銘文中士山人中侯、出都、刑方，路途遥遠，向當地徵收“履”（即扉屨）作爲物資補充，亦屬情有可原。

黄愛梅《士山盤銘補義》[2627]［士山盤］

0876

韐

焂戒鼎

【時代】西周晚期

【出處】焂戒鼎

韐伯慶易焂戒簟弼、巤膺、虎裘、豹裘。用政于六𠂤（師）。用椅于比，用獄次。［焂戒鼎，《銘圖》2279］

【類别】國族名稱

韐在鼎銘中爲地名，亦作族氏之名，地望未詳。

陳佩芬《釋焂戒鼎》[2628]［焂戒鼎］

0877

遹

翏生盨

鄂侯馭方鼎

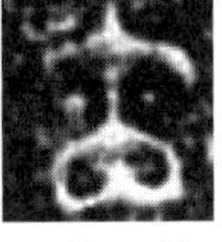

伯戋父簋

0877.02 僪

0877.03 遹

【時代】西周晚期

【出處】翏生盨［《集成》4459—4461］ **鄂侯馭方鼎**［《集成》2810］

伯戋父簋［《銘圖》5276、5277］

【類别】國族名稱

《鄂侯御方鼎》曰“王南征角、僪”，即此角津、桐遹。《左傳》定二“桐叛楚”，杜注云“桐小國，盧江舒縣西南有桐鄉”。哀十五“楚子西、子期伐吴及桐汭”，杜注云“宣城廣德縣西南有桐水，出白石山西北，入丹陽湖”。《潛夫論》作同，偃姓。

陳夢家《西周銅器斷代》[2629]［翏生盨］

《説文》無僪字，趫下云“狂走也”，《廣雅·釋詁》四“僪，狂也”。僪是趫字，因與遹相通用。古虚字遹、越、雩、粤通用，故此遹可能是《楚世家》所記周夷王時熊渠所伐“庸、楊粤”之粤，《索隱》云“有本作楊雩，音吁，地名也。今音越。譙周作楊越”。《文選·恨賦》引《竹書紀年》曰“穆王三十七年”（《廣韻》元部黿下作十七年，《太平御覽》七三作七年）伐越，大起九師，東至于九江，叱黿鼉以爲梁”，今本《紀年》作“遂伐越至于紆”六字，或有所本。伐越至于紆即至于鄂，猶熊渠伐庸、楊粤至于鄂，雖屬二王之事，其途徑或相同。

陳夢家《西周銅器斷代》[2630]［鄂侯御方鼎］

2627 黄愛梅：《士山盤銘補義》，《中國歷史文物》2006 年第 6 期，第 54—55 頁。
2628 陳佩芬：《釋焂戒鼎》，《陳佩芬青銅器論集》，中西書局，2016 年，第 341 頁。
2629 陳夢家：《西周銅器斷代》，中華書局，2004 年，第 216 頁。
2630 陳夢家：《西周銅器斷代》，中華書局，2004 年，第 217—218 頁。

即遹字的繁寫，《説文·系部》繘字籀文作𦅻可證。遹地不詳，與桐相近的地名有聿婁，在淮水上游。遹聿古音通。桐、遹兩地當在淮夷西側。鄂侯馭方鼎銘“王南征，伐角、鄱”，即本銘的角、津和桐、遹。

馬承源《商周青銅器銘文選》[2631][翏生盨]

遹，《銘選》謂“與桐相近的地名有聿婁，在淮水上游，聿遹古音通”。

陳秉新、李立芳《出土夷族史料輯考》[2632][翏生盨]

遹，可以假爲“雩”，若以地望求之，宜是雩婁，在淮水上游。

陳佩芬《伯𢦏父簋與厲王伐淮夷》[2633][伯𢦏父簋]

即桐遹，南淮夷地名，在淮河流域。

吴鎮烽《銘圖索引》[2634][鄂侯馭方鼎]

【釋地】河南省信陽市商城縣

遹，在現存有關淮夷的材料中不見這個地名，因此考慮到可能是音假。經典中的語首助詞如遹聿曰粵等字，其聲相近，互可通假。《禮記·禮器》引《詩》“聿追來孝”，《毛詩》作“遹追來孝”。《詩·大雅·抑》“曰喪國師”《韓詩》作“聿喪國師”。《穆天子傳》“聿將六師”注：“猶曰也。”《爾雅·釋詁》“粵，曰也”。越字《漢書·揚雄傳》《河東賦》“越不可載已”顔注：“曰也”，越粵相通。所以這些都是同音或聲近的假字。粵爲雩的别構，是小篆訛寫。從音假來看，遹可以假爲雩，若以地望求之，銘文中的遹宜是雩婁。雩婁是淮水上游的戰略要地，《左傳》襄二十六年“楚子秦人侵吴，及雩婁，聞吴有備而還”。又昭五年“楚子懼吴，使沈尹射待命于巢，薳啓疆待命于雩婁”。其事也見于《史記·吴太伯世家》餘祭十一年“楚伐吴，至雩婁”。其地望據《太平寰宇記》在霍丘縣西南八十里，一説在商城縣東北，兩者是一致的。雩婁在淮水上游南岸，没有問題屬于南淮夷的範圍之内，它與桐相距不遠，也靠近大别山。角津屬于東部，桐遹屬于西部，據銘文遹當雩婁是適宜的。

馬承源《關于翏生盨和者減鐘的幾點意見》[2635][翏生盨]

0878

豫

豫少鉤庫戈

【時代】春秋時期

【出處】豫少鉤庫戈［《集成》11068］

【類别】城邑名稱

2631 馬承源主編：《商周青銅器銘文選（三）》，文物出版社，1988年，第290頁。
2632 陳秉新、李立芳：《出土夷族史料輯考》，安徽大學出版社，2005年，第203頁。
2633 陳佩芬：《伯𢦏父簋與厲王伐淮夷》，《陳佩芬青銅器論集》，中西書局，2016年，第498頁。
2634 吴鎮烽：《商周青銅器銘文暨圖像集成索引》，上海古籍出版社，2019年，第1023頁。
2635 馬承源：《關于翏生盨和者減鐘的幾點意見》，《考古》1979年第1期，第60—61頁。

0879

豫州

豫州左庫戈

【時代】春秋晚期·齊

【出處】豫州左庫戈[《集成》11074]

【類别】城邑名稱

首字釋“郩”，誤。此字左邊從“象”，右邊所從是“予”並非“邑”，應釋爲“豫”。“豫”字在古文字中多次出現，古璽文或作（《古璽文編》附録511頁），淳于公戈之“豫”字作（《集成》17.11124），陳豫車戈之“豫”作（《集成》17.11037），並從“予”、從“象”。此戈銘中“豫”字所從“予”“象”位置與上引諸“豫”字不同，這並不奇怪，因爲古文字中偏旁的位置常變動不居。此字釋爲“豫”，應該没有問題。豫州爲古九州之一，《尚書·禹貢》：“荆河唯豫州。”孔傳：“西南至荆山，北距河水。”《爾雅·釋地》：“河南曰豫州。”此戈銘爲“豫州上（？）庫造”，國别應屬三晋。

徐在國《兵器銘文考釋（七則）》[2636][豫州戈]

【釋地】山東省滕州市

《集成》11074著録一件戰國銅戈，原書命名爲“郩州戈”。所謂的“郩”字，原作，徐在國改釋作“豫”。指出豫州爲古九州之一，此處的“豫州”即《尚書·禹貢》的“豫州”，並引《爾雅·釋地》的“河南曰豫州”爲證。最後指出此件銅器當屬三晋兵器。

按：把字釋作“豫”，可從。但是把此戈定爲三晋兵器則是不妥當的。孫剛認爲此戈爲齊系兵器，並已收録在孫先生所著《齊文字編》中。

我們認爲孫剛的意見正確可從。無論從銘文字體、鑄造風格，還是從銘文格式來看，此件兵器當屬齊系兵器無疑。但“豫州”非指河南。從目前所見的齊系兵器來看，所有兵器銘文中以地名命名的兵器，其銘文中的地名均是具體的城邑，從未見據九州之一來命名的。可見，徐在國把戈銘的“豫州”理解爲九州之一的河南是有問題的。

我們認爲，戈銘的“豫州”當讀作“舒州”。上古音“豫”是余母魚部字，“舒”是書母魚部字，兩字聲母均是舌音，韻部則疊韻，通假之例典籍習見。因此，把“豫”讀作“舒”當無問題。

戈銘的“豫（舒）州”當即典籍的“舒州”。《春秋·哀公十四年》：“夏四月，齊陳恒執其君，置于舒州。”同年，“齊人弑其君壬于舒州”。可證。“舒州”又作“徐州”，“其地在今山東滕州市東南，春秋、戰國屬齊”。

豫（舒）州戈爲齊系兵器，而先秦時期的“舒州”又爲齊地，兩者恰

2636　徐在國：《兵器銘文考釋（七則）》，黄德寬主編：《安徽大學漢語言文字研究叢書·徐在國卷》，安徽大學出版社，2013年，第15頁。

可相互印證。

湯志彪《先秦兵器銘文考釋四則》[2637][郲州戈[2638]]

0880

褑

宰甫卣

【時代】商代晚期

【出處】宰甫卣

王來獸自豆录（麓），在揷師（次），王饗酒，王光宰甫貝五朋，用作寶䵼。[宰甫卣，《集成》5395]

【類別】城邑名稱

□，丁佛言釋左偏旁爲永，右偏旁爲□，“定爲古亂字”。不確。柯昌濟隸定做褑，字不識，當爲地名。

菏澤市文化館等《殷代長銘銅器宰甫卣的再發現》[2639][宰甫卣]

0881

嬴

嬴季簋

嬴季尊

【時代】西周早期

【出處】嬴季簋等

嬴季作寶尊彝。[嬴季簋，《集成》3558]

【類別】國族名稱

【釋地】山東省濟南市萊蕪區

嬴，古國名。《路史・國名紀乙・少昊後嬴姓國》：“嬴，羨也。翳能繁物而封。”《春秋・桓公三年》：“公會齊侯于嬴。”杜預注：“嬴，齊邑，今泰山嬴縣。”地在今山東萊蕪市西北。蓋其時嬴已爲齊所滅，淪爲齊邑。

陳秉新、李立芳《出土夷族史料輯考》[2640][嬴季簋]

0882

𧾷褚速道

【時代】西周晚期

【出處】散氏盤[《集成》10176]

【類別】人文地理名稱・道路

2637 湯志彪：《先秦兵器銘文考釋四則》，中國古文字研究會、中山大學古文字研究所編：《古文字研究》（第三十輯），中華書局，2014年，第259—260頁。
2638 編者按：即徐在國文所稱豫州戈，《集成》11074。
2639 菏澤市文化館、菏澤地區文展館、山東省博物館：《殷代長銘銅器宰甫卣的再發現》，《文物》1986年第4期，第9頁。
2640 陳秉新、李立芳：《出土夷族史料輯考》，安徽大學出版社，2005年，第276頁。

 散氏盤	舊所不釋。《説文》"谹，谷中響也"。銘中或係地名。 陳夢家《西周銅器斷代》[2641]［散氏盤］ 道路名，今山西寶鷄市陳倉區境内。 吴鎮烽《銘圖索引》[2642]［散氏盤］
0883 綸 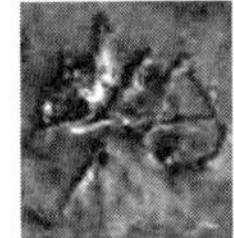 綸伯卣	**【時代】西周早期** **【出處】綸伯卣** 綸伯作寶尊彝。［綸伯卣，《集成》5221］ **【類别】國族名稱**
0884 䊵  䊵伯簋	**【時代】西周晚期** **【出處】䊵伯簋** 䊵伯作尊簋，其萬年無疆，子子孫孫永寶用。［䊵伯簋，《銘圖》4818］ **【類别】國族名稱**
0885 嫚 司馬南叔匜	**【時代】西周晚期** **【出處】司馬南叔匜** 𤔲馬南叔作嫚姬媵匜，子子孫孫永寶用享。［司馬南叔匜，《集成》10241］ **【類别】城邑名稱** **【釋地】山東省泰安市寧陽縣** "嫚"，字書未見。其所從"𦉶"旁則見于甲骨文（屯南 4281），又見于"鰻"（合集 28430）所從偏旁。諸家均以爲"漁"字之異文。虢姜簋、頌器等屢見"康鰻"，諸家釋讀亦頗多紛歧，《金文編》1206 頁列入附録。 按，"曼"從"𦉶"，從"网"，會雙手舉網之意。由于聲化的趨勢，此字似應讀若"网"，疑即字書之"掆"。"鰻"所從"曼"或省作"𦉶"（吴生鐘），或省作"叟"（辛鼎），凡此可證"曼"從雙手與從單手本可不拘。"掆"亦從單手。"岡"則從"网"聲。故"曼"可能是"掆"

2641 陳夢家：《西周銅器斷代》，中華書局，2004 年，第 346 頁。
2642 吴鎮烽：《商周青銅器銘文暨圖像集成索引》，上海古籍出版社，2019 年，第 1016 頁。

之初文。《集韻》：“掆，舉也。或作抗、扛。”這與“䍃”象雙手舉網義本相因。

金文“康幔”可讀“康掆”。“嫚”（掆）可讀“强”，“剛”與“强”同源可通，是其佐證。“康强”爲典籍恒語，《書·洪範》：“身其康强。”

銘文“姬”之前往往冠以地名，如“吴姬”“魯姬”“晋姬”“蔡姬”等。故本銘之“嫚”以音求之，似可讀“剛”。《戰國策·魏策》四“攻齊得剛”，即《漢書·地理志》泰山郡“剛縣”。在今山東省寧陽縣東北堽城附近，春秋屬郕國。

何琳儀《莒縣出土東周銅器銘文彙釋》[2643]［司馬南叔匜］

0886

䣓

䣓仲奠父簋

【時代】西周晚期

【出處】䣓仲奠父簋

䣓仲奠父作尊簋，其萬年子子孫孫永寶用。［䣓仲奠父簋，《集成》3895］

【類别】國族名稱

0887

䍡

䍡子諆臣戈

【時代】春秋中期

【出處】䍡子諆臣戈

䍡子諆臣之銃戈。［䍡子諆臣戈，《集成》11253］

【類别】城邑名稱

䍡，作器者氏名，字書未見，當是罣字，因作爲地名用字而從邑。罣或䍡在此當假爲繹（嶧）。小邾子後有繹氏；楚公族有繹氏。邾之繹氏是“以附邑爲氏”，是因繹（嶧）邑，嶧（繹）山而名，楚公族的繹氏，當是受封于周成王的楚開國之君熊繹之後，子孫以王父字爲氏。

黄錫全《湖北出土兩件銅戈跋》[2644]［䍡子諆臣戈］

0888

𨸏夋

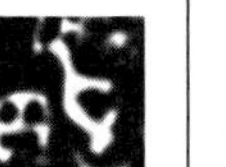

大克鼎

【時代】西周晚期

【出處】大克鼎［《集成》2836］

【類别】城邑名稱

2643　何琳儀：《莒縣出土東周銅器銘文彙釋》，黄德寬主編：《安徽大學漢語言文字研究叢書·何琳儀卷》，安徽大學出版社，2013年，第49—50頁。

2644　黄錫全：《湖北出土兩件銅戈跋》，《江漢考古》1993年第4期，第66頁。

0889 𤔲  𨱬比盨	【時代】西周晚期 【出處】𨱬比盨［《集成》4466］ 【類别】城邑名稱
0890 𢎥 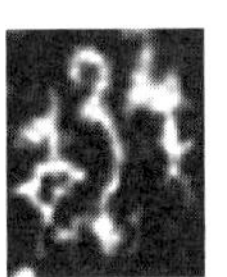 傒仲射子削	【時代】春秋早期 【出處】傒仲射子削 唯傒仲𢎥子用。［傒仲射子削，《集成》11816］ 【類别】國族名稱 【釋地】山東省曲阜市 “𢎥”即“䠶（射）”字之繁構，《説文》云：“謝，辭去也，從言，䠶聲。”所以“𢎥子”似可讀爲“謝子”，“子”爲尊稱或美稱，謝子者，即謝氏或謝國之首領。 謝國族應該是東土舊族，其族居地似在今山東曲阜與鄒縣之間。 陳絜《射子削、射南簠與謝氏族姓及地望》[2645]［傒仲射子削］

2645 陳絜：《射子削、射南簠與謝氏族姓及地望》，中國古文字研究會、清華大學出土文獻研究與保護中心等編：《古文字研究》（第三十一輯），中華書局，2016年，第127、128頁。

十六畫

0891

潶

潶伯卣

【時代】西周早期

【出處】潶伯卣［《集成》5226、5227］

【類别】國族名稱

【釋地】甘肅省平凉市靈臺縣

此字從水黑聲，當釋潶。《玉篇·水部》："潶，呼得切，水名。"《廣韻·德韻》："潶，水名，在雍州。"現在横貫靈臺縣境的達溪河，據《重修靈臺縣志》載："達溪河即縣川之西河也，自陝西隴縣王馬山發源而來，繞縣城前而東至邠縣梁山入涇，邠志謂梁山黑水者即此。"白草坡正臨近于達溪河，潶伯既葬在這裏，則白草坡一帶很可能是他的采邑所在。周王把他封在這裏，看來是爲了加强對密人的監視和鎮壓。

甘肅省博物館文物組《靈臺白草坡西周墓》[2646]

從來注釋《禹貢》雍州黑水的，衆説紛紜，都不清楚其位置。這次潶伯諸器的發現，解决了這一歷史懸案，而且確證黑水必在靈臺或涇水流域，黑水的稱呼早在周初就已存在。

潶陵二地，史書無載，但可據古黑水位置推知大概方位。今天涇水有三條支流猶名黑水：一是鎮原縣蒲河上游；二是靈臺北境的盎溝河，又名黑河；三即達溪河。《重修靈臺縣志》説它"東至邠縣梁山入涇，邠志所謂梁山黑水即此"。《太平御覽》引《漢官解詁》："凉邠黑水"，胡廣注："居邠國。"看來，古黑水即達溪河，潶伯的封地潶在密須以東的達溪河中下游是毋庸置疑的，這與 M1 的地望也相符合。至于陵，目前雖無法確指其地，但必在鑾方以南，與潶地相去不遠。

甘肅省博物館文物隊《甘肅靈臺白草坡西周墓》[2647]

2646　甘肅省博物館文物組：《靈臺白草坡西周墓》，《文物》1972 年第 12 期，第 3—4 頁。
2647　甘肅省博物館文物隊：《甘肅靈臺白草坡西周墓》，《考古學報》1977 年第 2 期，第 123、129 頁。

從水從炅，《説文》所無，地名或國名。釋濦未確。金文黑像人身上有污穢物，是會意字。此所從炅字像田疇焚火狀。《一切經音義》卷廿三："燎，放火也，火田爲燎也。"卷廿四引《説文》云："燎，燒田也。"田像田疇之形，甲骨文田字中作十字欄形，也有作多欄形的。然囿作[illegible]，欄爲二方，中植木，見《殷虚書契前編》四・一二・三、四・十二・四。此字亦欄爲二方，中點，狀像燎後的灰燼。甲骨文中尞作燒木狀，簡文作[illegible]金文作[illegible]。燒田亦稱爲燎。此淏字當爲從水尞聲字。

馬承源《商周青銅器銘文選》[2648][淏伯卣]

0892

薛

薛侯盤

薛侯戚鼎

薛侯壺

【時代】西周時期　春秋時期

【出處】多器

【類別】國族名稱

【釋地】山東省滕州市

薛國，奚仲封于薛，侯爵，任姓。……今滕縣南四十里有薛城。

余永梁《金文地名考》[2649]

古薛城遺址在滕縣城南二十公里，位于官橋公社西南、張汪公社東北，城周十四公里，城内共有九個自然村，津浦鐵路在古城東部穿過。薛國春秋時參與盟會，戰國時，爲齊所滅。

萬書瀛、楊孝義《山東滕縣出土杞薛銅器》[2650]

金文作肏，從月亐聲。妊姓古國。《左傳・定公元年》："薛宰曰'薛之皇祖奚仲，居薛，以爲夏車正，奚仲遷于邳，仲虺居薛，以爲湯左相'。"奚仲爲薛之始祖，至仲虺爲商湯左相，周初分封爲諸侯，齊湣王三年（公元前二九八年）封田文于薛，即薛亡之年。故址在今山東滕縣南四十里。

馬承源《商周青銅器銘文選》[2651][薛侯盤]

今山東滕州市西南。

吴鎮烽《銘圖索引》[2652][薛侯戚鼎]

2648　馬承源主編：《商周青銅器銘文選（三）》，文物出版社，1988 年，第 101 頁。
2649　余永梁：《金文地名考》，《國立中山大學語言歷史學研究所週刊》第 5 集第 53、54 期合刊，1928 年，第 20 頁。
2650　萬書瀛、楊孝義：《山東滕縣出土杞薛銅器》，《文物》1978 年第 4 期，第 95—96 頁。
2651　馬承源主編：《商周青銅器銘文選（四）》，文物出版社，1990 年，第 522 頁。
2652　吴鎮烽：《商周青銅器銘文暨圖像集成索引》，上海古籍出版社，2019 年，第 1023 頁。

0893

噩

噩侯鼎

鄂季奞父簋

鄂侯馭方鼎

中甗

鄂叔簋

鄂君啓車節

【時代】西周時期 春秋時期

【出處】噩侯鼎[《銘圖》1565] **噩仲鼎**[《銘圖》1596]**等（西周早期）**

禹鼎[《集成》2833] **噩侯馭方鼎**[《集成》2810]**（西周晚期）**

鄂史茝簋[《銘圖》4880]**（春秋）**

【類别】國族名稱

噩同鄂，古地名鄂者有三，一即今湖北鄂城，一在今山西鄉寧縣，縣南里許有鄂侯故壘，即《左傳》隱六年所見之鄂侯也。又其一在今河南沁陽縣西北，《史記·殷本紀》“以西伯昌、九侯、鄂侯爲三公”，《正義》引徐廣曰“鄂一作邘，音于，野王縣有邘城”。《左傳》僖廿四年“邘、晋、應、韓，武之穆也”，杜注亦云“河内野王縣西北有邘城”。余意邘乃鄂之鄰接，本銘之噩侯當即殷末鄂侯之後裔矣。此噩乃姞姓之國，與周室通婚姻，别有噩侯簋云“噩侯乍王姞媵簋，王姞其萬年子子孫孫永寶用”可證。

郭沫若《兩周金文辭大系圖録考釋》[2653][噩侯鼎]

文獻及金文所載鄂侯有四。一、《殷本紀》記紂時“以西伯昌、九侯、鄂侯爲三公”，《集解》引徐廣云“鄂一作邘，音于，野王縣有邘城”，故城今沁陽縣西北。《左傳》僖廿四年“邘、晋、應、韓，武之穆也”，杜注亦云“河北野王縣西北有邘城”。野王的邘城應是武王之後的封邑，但它和殷代之鄂相近。《廣韻》十虞韻于字下“邘氏，周武王第二子邘叔，子孫以國爲氏”。二、《史記·晋世家》曰“晋人復立孝侯子郄爲君，是爲鄂侯。鄂侯二年魯隱公初立，鄂侯六年卒”。《索隱》曰“《系本》作郄，而他本亦有作都”。《左傳》隱五曰“曲沃莊伯以鄭人邢人伐翼。……翼侯奔隨。……秋，王命虢公伐曲沃而立哀侯于翼”。隱六曰“翼九宗、五宗、頃父之子嘉父逆晋侯于隨。納諸鄂，晋人謂之鄂侯”，杜注“鄂，晋别邑”。桓二曰“惠之四十五年，曲沃莊伯伐翼，弑孝侯，翼人立其弟鄂侯，鄂侯生哀侯”。所述與《史記》不同。三、西周初期金文鄂侯卣、鄂叔簋及鄂季簋三器則屬于西周初期。四、西周中期金文鄂侯御方鼎及禹鼎（本書154、190）之鄂侯乃孝王前後時人。

地名鄂者亦有四：一、沁陽之鄂。殷帝乙、帝辛卜辭中所記沁陽田獵區中有鄂，與雍（今沁陽東北）、召（今邵源鎮）、向（今濟源縣南）、盂（今沁陽西北）相鄰（詳《殷虚卜辭綜述》260頁）。二、夏縣之鄂。《晋世家》曰“唐在河、汾之東，方百里，故曰唐叔虞”，《集解》引“《世本》曰居鄂。宋忠曰鄂地今在大夏”，《正義》引“《括地志》云故鄂城

2653 郭沫若：《兩周金文辭大系圖録考釋（二）》，《郭沫若全集·考古編》（第八卷），科學出版社，2002年，第232—233頁。

0893.02 酆

0893.03 鄂

0893.04 奠噩

在慈州昌寧縣東二里。按與絳州夏縣相近，禹都安邑，故城在縣東北十五里，故云在大夏也”。三、鄧縣之鄂。《楚世家》曰“當周夷王之時，王室微，諸侯或不朝，相伐，熊渠甚得江、漢間民和，乃興兵伐庸、楊、粵，至于鄂”，《正義》引“劉伯莊云地名，在楚之西，後徙楚，今東鄂州是也。《括地志》云鄧州向城縣南二十里西鄂故城是楚西鄂”。四、武昌之鄂。《楚世家》又曰熊渠“乃立其……中子紅爲鄂王”，《集解》引“《九州記》曰鄂今武昌”。《正義》引“《括地志》武昌縣鄂王舊都，今鄂王神即熊渠子之神也”。此四地名與四鄂侯及鄂王之關係，可推測如下：

殷代鄂侯　應在河南沁陽之鄂

晋之鄂侯　應在山西夏縣之鄂

周夷王時楚之鄂王　應在湖北武昌之鄂

西周初期金文之鄂侯　夏縣之鄂或武昌之鄂

西周中期金文之鄂侯　武昌之鄂

前述三項大約無問題，而後兩項尚有待商榷。

上海博物館所藏“鄂叔”“鄂侯弟”“鄂季”三器，都是西周初期器，可能屬于成王。後二器據説出于湖北，則有可能屬于武昌之鄂，那麼楚地之有“鄂侯”，遠在西周之初。但此二器形制和人名稱謂與周相近，似非楚人之器，所以很可能都是山西之鄂，即唐叔，因叔虞居鄂，故有鄂侯之稱。

陳夢家《西周銅器斷代》[2654][鄂季簋]

鄂，《正義》引劉伯莊云：“地名，在楚之西，後徙楚，今東鄂州是也。”《括地志》云：“鄧州向城縣南二十里西鄂故城是楚西鄂。”唐代鄧州即今河南鄧縣，其地在南陽之南。《正義》又引《括地志》：“武昌縣，鄂王舊都。今鄂王神即熊渠子之神也。”而《集解》引《九州記》也説：“鄂，今武昌。”以上可知熊渠所伐的鄂，爲西鄂，而熊渠封其中子紅爲鄂王的鄂爲東鄂，東鄂在今湖北的鄂城，是楚熊渠所遷之鄂。不過，上述説法均就楚之鄂地而進行的討論。本文討論的噩國都城之所在，雖可從楚之鄂地的考證中提供綫索，但更重要的途徑應是以現有的遺物爲綫索進行考古調查，從實地的考察與發掘工作中進行論證解決。筆者以爲噩的地望從江漢平原一帶着手探索可能更爲合理。

曹淑琴《噩器初探》[2655]

【釋地】河南省沁陽市

噩姞姓，非武王子封邗之後也。坏在成皋東北，與噩極近，故王還在坏，馭方得宥王也。野王縣，今沁陽縣。此噩亦即甲骨卜辭之噩，然文王伐邗之邗，及武王子豐邗絶非噩也。以地望不合也。

余永梁《金文地名考》[2656][噩侯馭方鼎]

2654　陳夢家：《西周銅器斷代》，中華書局，2004年，第71頁。

2655　曹淑琴：《噩器初探》，《江漢考古》1993年第2期，第63—64頁。

此爲西周早期之鄂。原爲商代國名，在今河南省沁陽縣。

馬承源《商周青銅器銘文選》[2657]［鄂叔簋］

"納鄂侯"在當時應該是一件大事。李學勤先生曾撰《論周初的鄂國》，認爲《史記・殷本紀》中的商代鄂侯，在西周仍有可能延續，並歸納以往學者對鄂國地望的三種看法：

（1）王國維、郭沫若的河内野王説，即河南北部沁陽縣境。

（2）徐中舒的南陽西鄂説。

（3）陳夢家的江夏武昌之東鄂説。

李學勤先生支持陳夢家的東鄂説，並發展爲"隨縣説"。他指出，1975年考古在隨州發現䚄季尊，静方鼎和安州六器的中甗銘文都提到"鄂師"，這些證據都表明"鄂"是在南國。2007 年 10 月，在隨州市安居羊子山 4 號西周早期墓葬發現大量鄂侯銅器，更是對隨縣説的有力支持。所以李學勤先生説，"現在看，鄂的範圍是較大的"，大概北界應和曾國接壤，南界到達湖北鄂城。西周早期南方存在一個姞姓諸鄂侯，這是没有問題的。

不過，重新檢視鄂在沁陽或南陽的舊説，可能情況會更複雜一些。

《史記・殷本紀》之"鄂侯"，《正義》引徐廣曰："鄂一作邘，音于，野王縣有邘城。"即今沁陽西北。周初封國邘在此地，即《左傳》僖公二十四年所稱"邘、晋、應、韓，武之穆也"。馬承源先生主編的《商周青銅器銘文選》認爲，周武王封邘，導致鄂南遷至南陽。現在看到疑尊、卣銘所説仲義父"于納鄂侯于盩城"，有可能正是協助鄂侯遷徙的事情。

董珊《疑尊、疑卣考釋》[2658]［疑尊］

【釋地】河南省南陽市

諸噩器説明，此噩國乃西周初之封國，姞姓，其地域應在今河南南陽地區至湖北北部漢水流域一帶，並曾與周王室通婚。

李先登《禹鼎集釋》[2659]［禹鼎］

郭沫若釋噩，當是。噩通鄂。《漢書・地理志》有兩個鄂，江夏郡的鄂縣和南陽郡的西鄂。西鄂在今河南省南陽縣南，在漢水之北，而鄂在湖北省武昌市一帶，在江南。疑此當是西鄂。

唐蘭《西周青銅器銘文分代史徵》[2660]［中甗］

國名，即鄂，就是西鄂。古西鄂有二説。一説在南陽之北，《説文》釋鄂字云："南陽西鄂亭。"是西鄂在南陽。《漢書・地理志》載南陽郡

2656 余永梁：《金文地名考》，《國立中山大學語言歷史學研究所週刊》第 5 集第 53、54 期合刊，1928 年，第 12—13 頁。
2657 馬承源主編：《商周青銅器銘文選（三）》，文物出版社，1988 年，第 102 頁。
2658 董珊：《疑尊、疑卣考釋》，《中國國家博物館館刊》2012 年第 9 期，第 77—78 頁。
2659 李先登：《禹鼎集釋》，《中國歷史文物》總第六期，1984 年，第 116—117 頁。
2660 唐蘭：《西周青銅器銘文分代史徵》，《唐蘭全集（七）》，上海古籍出版社，2015 年，第 308 頁。

	縣三十六，中有西鄂。《讀史方輿紀要·河南南陽府·南陽縣》："西鄂城，府北五十里，古楚邑也。漢置西鄂縣，屬南陽郡。應劭曰：江夏有鄂。故此加西，後漢因之，宋廢。後魏復置，後周廢。"一說在河南鄧州，《史記·楚世家》："熊渠甚得江漢間民和，乃興兵伐庸、楊粵，至于鄂。"《正義》："劉伯莊云：'地名，在楚之西，後徙楚，今東鄂州是也。'《括地志》云：'鄧州向城縣南二十里西鄂故城是楚西鄂。'"按鄂原爲商之舊國，鄂侯爲紂之三公而被脯，商鄂侯之國原在野王，鄂亦作邘。後武王子封于此，則鄂南遷，至于南陽，爲此地之一强邦。後鄂爲周所伐，禹鼎銘所謂"壽幼勿遺"，其餘族在南遷于鄧之向南城，同爲西鄂。鄂據有南國之腹地，西扼淮水，南控江漢，戰略地位極爲有利，乃成爲諸夷的領袖。禹鼎銘載鄂侯駿方率南淮夷、東夷廣伐南國東國，其地位之重可知。 馬承源《商周青銅器銘文選》[2661][鄂侯馭方鼎] 西周鄂國應即西漢之西鄂縣，約今河南南陽市北四十餘里、白河（古淯水）西岸一帶，位于南陽盆地北部、成周以南，鄂侯率淮夷反周，引起周天子如此驚震而傾兵滅鄂，亦説明鄂之位置十分重要，若在東鄂，對周室的威脅則要小得多，周師伐鄂，直搗其都並俘獲鄂侯馭方也非易事。 鄂國原在黄河以北，何時、何故南遷于南陽盆地，史乘無徵，從商鄂故地周圍于周初即分封了姬姓的邘、雍和己姓蘇國的情況分析，可能在周成王初年或更早，鄂部族即離開了其沁陽故地而南遷。 徐少華《鄂國銅器及其歷史地理綜考》[2662] 我們認爲，噩即西鄂説更較爲切合實際情況。其一，北宋時期出土于湖北安陸的"安州六器"，銘文記述了周昭王南征，派中先行，所至之國有噩、曾、唐、厲、夔、虎方等，又提及漢水，其中曾、唐、厲這幾個國家現在已知其在漢水以東不出南陽盆地到隨棗走廊一帶，那麼，噩國自然也應與上述諸國相去不遠了。其二，湖北隨州安居所出噩季尊，説明噩國活動範圍曾經達到這一帶，爲考證噩國地望所在提供了重要綫索。噩國在西周時期堪稱大國，其勢力所及由南陽盆地而抵隨棗走廊是完全可能的。相反，如果噩地在今鄂州，距隨州則有山川天塹之阻，其間更有相隔太遠之嫌。其三，就噩國青銅器反映的文化特徵而言，前述噩器具有與宗周銅器文化特點較大的一致性。南陽盆地到隨棗走廊一帶，自商以降，文化特點即表現與中原同期文化類同的特徵，這一地區出土的商代青銅器，至西周晚期的申國之器或兩周之際的曾國銅器，都與中原文化系統無明顯區別。因此噩國銅器與其所應屬的文化區系，也證明了西鄂之説的合理性。其四，噩國姞姓，據《國語·晉語四》："凡黄帝之子二十五宗，其得姓者十四人，爲十二姓，姬、酉……姞、儇、依是也。"黄帝部落及其支系的活動區域多不出黄河中、下游或中原地區商周時期的另外兩個姞姓國密須、南燕也是如此。若噩國在西鄂基本屬于中原地區，則較遠在江南的東鄂的位

2661 馬承源主編：《商周青銅器銘文選（三）》，文物出版社，1988 年，第 281 頁。
2662 徐少華：《鄂國銅器及其歷史地理綜考》，《考古與文物》1994 年第 2 期，第 91 頁。

置更切合實際。其五，從政治形勢與地理位置分析，周王朝利用噩國控制淮夷諸國，以鞏固其南部疆域，一方面固然是依靠疆噩國較强的軍事實力，另一方面也客觀要求噩國所處的地理位置合乎于藩屏南疆的條件。南陽盆地至隨棗走廊一帶正是古代南北交通的要衝，噩國扼守其間，東可以控制溯淮而上的淮夷各國，南可以抵禦日益强大的楚國北上，正是因爲這一重要的地理位置，周室纔極其看重與噩國的關係，在噩國臣服于西周王朝政權時，周室一邊是聯姻以示好，一邊是對噩侯褒賞並加，極力籠絡噩國。而一旦噩國率淮夷反叛，周王又立刻發出“伐噩侯馭方，勿遺壽幼”的嚴令，旨在徹底摧毀噩國，以期重新控制這一地區。反觀東鄂的位置，周王一無可能征淮夷而歸經江南之地，二不可能在噩反叛之後輕易地多次用兵于噩。

張昌平《噩國與噩國銅器》[2663]

噩典籍作鄂。《史記·殷本紀》稱紂以鄂侯爲三公之一。西周時鄂在楚西。《史記·楚世家》：“熊渠甚得江漢間民和，乃興兵伐庸、楊、粵，至于鄂。”《正義》：“鄂……地名，在楚之西。後徙楚，今在鄂州是也。《括地志》云：‘鄧州向城縣南二十里西鄂故城。’是楚西鄂。”噩爲姞姓。噩侯簋：“噩侯作王姞媵簋。”噩侯取方鼎載王與噩侯飲宴，賞賚優渥，可見在楚國興起之前，噩爲南方大國，頗受周王室重視。馭方爲噩侯之名。厲王時淮夷入寇，見于虢仲盨：“虢仲以王南征，伐南淮夷。”又《後漢書·東夷傳》：“厲王無道，淮夷入寇，王命虢仲征之，不克。”

王輝《商周金文》[2664][禹鼎]

即鄂，今河南南陽市宛城區新店鄉。

吴鎮烽《銘圖索引》[2665][中甗]

【釋地】湖北省隨州市隨縣

鄂國地望可能在湖北漢水下游與隨國相近的某一地點，也可能就是文獻記載的東鄂之地（今湖北鄂城縣）。

劉彬徽《湖北出土兩周金文國別年代考述》[2666][鄂侯弟曆季尊]

湖北鄂城。

李學勤《静方鼎與周昭王曆日》[2667][中甗]

西周的鄂國在哪裏，歷來有湖北鄂城及河南南陽南兩説，現在證明其

2663 張昌平：《噩國與噩國銅器》，《華夏考古》1995 年第 1 期，第 87—88 頁。
2664 王輝：《商周金文》，文物出版社，2006 年，第 218 頁。
2665 吴鎮烽：《商周青銅器銘文暨圖像集成索引》，上海古籍出版社，2019 年，第 1028—1029 頁。
2666 劉彬徽：《湖北出土兩周金文國別年代考述》，中國古文字研究會、中華書局編輯部等編：《古文字研究》（第十三輯），中華書局，1986 年，第 240 頁。
2667 李學勤：《静方鼎與周昭王曆日》，原載《光明日報》1997 年 12 月 23 日；後收入《夏商周年代學劄記》，遼寧大學出版社，1999 年，第 24 頁。

中心應在漢東隨州一帶，是我們想不到的。研究青銅器的學者都知道，西周晚期厲王時鄂侯馭方反叛朝廷，引導南淮夷、東夷進犯，結果被王師攻滅，事見禹鼎，從那以後就不再有鄂國。值得注意的是，隨州與其周圍記有曾國名號的青銅器，沒有發現早于西周晚期的。隨縣均川熊家老灣、安居桃花坡、義地崗等地點所出，都是西周晚期，而且形制、紋飾都近似周王朝器物。我覺得，這可能暗示我們，這裏的曾國（即隨國）是在鄂國已被攻滅之後纔建立的，銘文中稱“曾”是沿用都邑原有的地名。

李學勤《由新見青銅器看西周早期的鄂、曾、楚》[2668]

即鄂，今湖北隨州市隨縣安居鎮。

吴鎮烽《銘圖索引》[2669][鄂侯鼎]

【釋地】申國

即申國之都城宛。

噩侯即申侯，伐噩侯，即《竹書紀年》：幽王十年王師伐申之役。

張筱衡《召禹鼎考釋》[2670][禹鼎]

【時代】戰國中期

【出處】鄂君啓舟節［《集成》12112、12113］

【類别】國族名稱

【釋地】湖北省鄂州市

鄂即今之武昌。

郭沫若《關于鄂君啓節的研究》[2671][鄂君啓舟節]

鄂是現今湖北的鄂城縣，不是今之武昌。古鄂城漢置鄂縣，至孫權改曰武昌，一九一三年改名壽昌，次年又改鄂城。今之武昌係元代武昌路、明清武昌府的附郭縣江夏，一九一二年廢府，次年改縣名爲武昌。《史記·楚世家》熊渠立其“中子紅爲鄂王”，集解引《九州記》：“鄂，今武昌。”《九州記》的武昌，就是現今的鄂城。

譚其驤《鄂君啓節銘文釋地》[2672][鄂君啓舟節]

“鄂”即今湖北省的鄂城縣。《史記·楚世家》叙“熊渠”封其“中子紅爲鄂王”，集解引“九州記曰，鄂今武昌”。鄂城舊屬武昌府，去今

2668 李學勤：《由新見青銅器看西周早期的鄂、曾、楚》，原載《文物》2010年第1期；後收入《當代名家學術思想文庫·李學勤卷》，萬卷出版公司，2010年，第205—206頁。

2669 吴鎮烽：《商周青銅器銘文暨圖像集成索引》，上海古籍出版社，2019年，第1028—1029頁。

2670 張筱衡：《召禹鼎考釋》，《人文雜志》1958年第1期，第67頁。

2671 郭沫若：《關于鄂君啓節的研究》，《文物參考資料》1958年第4期，第4頁。

2672 譚其驤：《鄂君啓節銘文釋地》，原載《中華文史論叢》（第2輯），1962年；後收入《譚其驤全集》（第一卷），人民出版社，2015年，第535頁。

武昌縣東南約百餘里。

于省吾《“鄂君啓節”考釋》[2673]［鄂君啓舟節］

據近年鄂城一帶考古考查，在鄂城舊城關東南一里許，尚存三國時吴都之東南角與南垣一段，當地稱爲吴王城，殘垣内含有漢代繩紋灰陶瓦片，可斷此城即孫權、孫皓等所築，此城西面當與鄂城舊城相接或小部分重合。南宋《壽昌乘》（《永樂大典》）亦謂三國吴都之“吴王城”在郡東。至于“舊吴王城”在西郊西山腳下。有東周墓葬出土戰國至漢唐銅鏡，與宋代記載之古城在西山下者相合。又大冶金牛鎮西十五里有鄂王城遺址，出土有石器與陶鬲，舊傳熊渠封其子于北，其城雖古，但在鄂城南一百多里外距江太遠，非戰國之鄂，鄂城東之吴王城爲三國吴都，《壽昌乘》謂古鄂城亦在此，今據考古遺物證其非是，戰國之鄂當即西郊西山下之舊吴王城，至于今鄂城縣舊城乃明代所築。與古鄂城雖有沿革上關係，但並非一事。

黄盛璋《鄂君啓節地理問題若干補正》[2674]［鄂君啓舟節］

鄂君封邑，今湖北鄂城市。

吴鎮烽《銘圖索引》[2675]［鄂君啓車節］

【釋地】河南省南陽市

鄂，指西鄂（今河南南陽），淯水流經此地，非今湖北省的鄂城縣。

湯餘惠《戰國銘文選》[2676]［鄂君啓舟節］

《鄂君啓節》的舟節（水運）和車節（陸路）所記起點均爲“鄂”，此爲鄂君啓的封地所在。關于“鄂”之地望，目前主要有“東鄂”和“西鄂”二説。……我們以爲“西鄂”説更符合節銘交通地理，是正確的。

舟節銘文云：“自鄂市，逾油（淯），上漢。”銘文中的“上”指逆流而上，“逾”指順流而下，相對爲文。新出《上博楚簡六·莊王既成》：“載之傳車以上乎?毁四舿以逾?”《新蔡楚簡》甲三·5：“賽禱于荆王以逾，順至文王以逾。”均能證實楚文字“逾”確有“下”義。銘文記載的水運路綫爲：自鄂地出發，順油水而下，然後再逆漢水而上。油水即淯水，見于《水經注》，亦即今白河，流經河南南陽市、新野縣，在今湖北襄陽入漢水。將舟節銘文之“鄂”定在今河南南陽市，與銘文地理路綫完全相合，没有障礙。再看車節銘文：“自鄂市，就陽丘，就方城。”陽丘地望雖不易確定，但方城地望在今河南方城縣，自來無異説。將車節銘文的“鄂”理解爲西鄂也甚爲合理。

晏昌貴、郭濤《〈鄂君啓節〉銘文地理研究二題》[2677]［鄂君啓舟節］

2673　于省吾：《“鄂君啓節”考釋》，《考古》1963年第8期，第444頁。

2674　黄盛璋：《鄂君啓節地理問題若干補正》，《歷史地理論集》，人民出版社，1982年，第286—287頁。編者按：鄂君啓節銘中起點之鄂地討論，又見黄盛璋《再論鄂君啓節交通路綫復原與地理問題》，《安徽史學》1988年第2期，第16—19頁。

2675　吴鎮烽：《商周青銅器銘文暨圖像集成索引》，上海古籍出版社，2019年，第968頁。

2676　湯餘惠：《戰國銘文選》，吉林大學出版社，1993年，第46頁。

2677　晏昌貴、郭濤：《〈鄂君啓節〉銘文地理研究二題》，《華北水利水電學院學報》2012年第5期，第1—2頁。

按照我們對《鄂君啓節》的理解，鄂城説亦有未妥，西鄂説卻似有可能。

西鄂所在的南陽是南北交通的要衝。《史記·貨殖列傳》説："南陽西通武關、鄖關，東南受漢、江、淮。"《漢書·地理志》説："宛，西通武關，東受江淮，一都之會也。"張衡《南都賦》也説："湯谷湧其後，淯水盪其胸，推淮引湍，三方是通。"史念海先生指出南陽的宛是戰國時代的經濟都會之一。本文所考正與這些記述相印證。

陳偉《〈鄂君啓節〉之"鄂"地探討》[2678][鄂君啓舟節]

0894

歷内

禹鼎

禹鼎

【時代】西周晚期

【出處】禹鼎[《集成》2833、2834]

【類別】城邑名稱

"歷内"，宋人摹作"歷寒"，不確。此當作歷汭。據《水經注》，歷水在歷城之東，又歷城之西有匡山，此銘之匡疑是匡山。

陳夢家《西周銅器斷代》[2679][禹鼎]

地名。不詳其所在。但亦當爲周之要地。

馬承源《商周青銅器銘文選》[2680][禹鼎]

歷内，黄盛璋讀内爲汭，謂"'歷内'當表歷水之汭，西鄂在白河流域，舊稱淯水，下游亦稱溧河，歷水或即溧，上游有北酈，或即'歷内'，歷、溧、酈古音同或近。"

陳秉新、李立芳《出土夷族史料輯考》[2681][禹鼎]

歷内，地名，不詳所在。内字舊釋寒，不確。

王輝《商周金文》[2682][禹鼎]

【釋地】自然地理名稱·河湖

内，宋代誤摹作[illegible]，因釋作寒，目驗新出禹鼎，原器確爲"内"字，歷内即歷汭，歷應爲析水。沿析水谷道可以由伊洛水入侵成周，也可以由丹水出著名之武關道入侵宗周豐鎬，敔簋記南淮夷入侵至上洛焎谷，大約也是通過析水谷道。

黄盛璋《駒父盨蓋銘文研究》[2683][敔簋]

2678 陳偉：《〈鄂君啓節〉之"鄂"地探討》，《江漢考古》1986年第2期，第88、90頁。
2679 陳夢家：《西周銅器斷代》，中華書局，2004年，第271頁。
2680 馬承源主編：《商周青銅器銘文選（三）》，文物出版社，1988年，第282頁。
2681 陳秉新、李立芳：《出土夷族史料輯考》，安徽大學出版社，2005年，第209頁。
2682 王輝：《商周金文》，文物出版社，2006年，第218頁。
2683 黄盛璋：《駒父盨蓋銘文研究》，《考古與文物》1983年第4期，第55頁。

“歷内”舊皆釋“歷寒”，宋人摹本，“宀”下從“人”，上下各有“廾”，岐山所出禹鼎明顯作“内”，上下二“廾”君不見，可能是鏽花形成致誤。歷寒不見記載，《中國歷史地圖集》第一册西周圖，置歷于禹城更無可據。“歷内”當表歷水之汭，西鄂在白河流城，舊稱淯水，下游亦稱溧河，歷水或即溧水，上游有北酈，或即“歷内”，歷、溧、酈古音同或近。

黄盛璋《淮夷新考》[2684][禹鼎]

【釋地】河南省禹州市

禹鼎銘文的“歷”即春秋鄭國之櫟，在今河南禹州，處于潁水上游，具有重要的交通、軍事地位。

周博《禹鼎、敔簋與淮夷入侵路綫問題》[2685][禹鼎]

今河南禹州市。

吴鎮烽《銘圖索引》[2686][禹鼎]

0895

歷巗

四十二年逑鼎

【時代】西周晚期

【出處】四十二年逑鼎［《銘圖》2501、2502］

【類别】自然地理名稱·山林

烏嶺山南有歷山，在今垣曲、絳縣、翼城、沁水、陽城五縣之間；另一個歷山見《史記·五帝本紀》正義引《括地志》，是雷首山的别名之一，據《括地志》解釋，是隨地定名。後一處歷山在今山西省西南部，距楊國較遠。鼎銘的“歷岩”可能是前者。

董珊《略論西周單氏家族窖藏青銅器銘文》[2687][四十二年逑鼎]

歷巗（巗），地名。歷，山名，疑即數歷山。《爾雅》云：“歷，數也。”數歷山，《水經注》卷十七云：“渭水又東南，出石門，度小隴山，逕南由縣南，東與楚水合，世所謂長蛇水也。水出汧縣之數歷山，南流逕長蛇戍東，魏和平三年築，徙諸流民以遏隴寇。”又《山海經·西山經》卷二：“又西一百七十里，日數歷之山，……楚水出焉，而南流注于渭。”

數歷山在今寶鷄市隴縣西南，從《水經注》的記載來看此處自古就是軍事要衝，直到北魏時期還是重要的邊防戍地。巗，從巗得聲。巗，溪谷深貌。《集韻·敢韻》：“巗，溪谷皃。”《字彙·谷部》：“巗，谷深皃。”斁，《尚書·洪範》：“彝倫攸斁。’孔傳：“斁，敗也。”又《詩·大

2684 黄盛璋：《淮夷新考》，《文物研究》（第5辑），1989年，第31頁。
2685 周博：《禹鼎、敔簋與淮夷入侵路綫問題》，《歷史地理》（第三十四輯），上海人民出版社，2017年，第38頁。
2686 吴鎮烽：《商周青銅器銘文暨圖像集成索引》，上海古籍出版社，2019年，第1029頁。
2687 董珊：《略論西周單氏家族窖藏青銅器銘文》，《中國歷史文物》2003年第4期，第48—49頁。

	雅·雲漢》："耗斁下土，寧丁我躬。"鄭箋："斁，敗也。"此句之意是逨率軍從後面襲擊玁狁以牽制其進攻，並大敗玁狁于數歷山的深谷中。 田率《四十二年逨鼎與周伐玁狁問題》[2688][四十二年逨鼎] "歷岩""弓谷"與描寫山區地勢、地貌有關係。應該在今洪洞（楊國）周圍的山區來尋找，于楊國也不會太遠。 李建生、王金平《周伐玁狁與"長父侯于楊"相關問題》[2689][四十二年逨鼎]
0896 **霍**  叔男父匜	**【時代】西周晚期** **【出處】叔男父匜** 叔男父作爲霍姬媵旅匜。其子子孫孫其萬年永寶用，井。[叔男父匜，《集成》10270] **【類別】城邑名稱** **【釋地】山西省霍州市** 今山西霍州市西南。 吴鎮烽《銘圖索引》[2690][叔男父匜]
0897 **冀**  作册夨令簋 	**【時代】西周早中期** **【出處】作册夨令簋　趩簋** 唯王于伐楚伯在炎，唯九月既死霸丁丑，作册夨令尊宜于王姜，姜賞令貝十朋、臣十家、鬲百人，公尹伯丁父貺于戍，戍冀嗣乞。[作册夨令簋，《集成》4300] 唯四月，王執䰠（魏）駒，至于冀內（汭），光趩宫，休，無尤。[趩簋，《銘續》438、439] **【類別】城邑名稱** **【釋地】山西省河津市** 冀在春秋時爲國名，《左傳·僖公二年》"冀爲不道"，注："平陽皮氏縣東北有冀亭。"在今山西省河津縣一帶。按：《漢書·地理志》左馮翊夏陽，注"《禹貢》梁山在西北"，又説"莽曰冀亭"。王莽好復古，改夏陽爲冀亭，當有依據。《禹貢》："冀州：既載壺口，治梁及岐。"梁就是梁山，在今陝西韓城縣一帶，與山西省的韓城縣（復年按：河津縣）

2688　田率：《四十二年逨鼎與周伐玁狁問題》，《中原文物》2010年第1期，第41—42頁。
2689　李建生、王金平：《周伐玁狁與"長父侯于楊"相關問題》，《中原文物》2012年第1期，第28頁。
2690　吴鎮烽：《商周青銅器銘文暨圖像集成索引》，上海古籍出版社，2019年，第1029頁。

隔河相對，那末，冀亭應跨河兩岸，其地在龍門以南，爲重要渡口，所以在此設戍。

唐蘭《西周青銅器銘文分代史徵》[2691][作册夨令簋]

趩簋

“冀”爲古國名，見于大家所熟知的“唇亡齒寒”的成語故事中，《左傳·僖公二年》載晋荀息請以屈産之乘與垂棘之璧假道于虞以伐虢，荀息對虞公曰：“冀爲不道，入自顛軨，伐鄍三門。”杜預注：“冀，國名，平陽皮氏縣東北有冀亭。”顧棟高《春秋大事表》云：“冀本國名，地并于虞。虞亡歸晋，惠公與郤芮爲食邑，謂之冀芮。”楊伯峻先生指出：“冀，國名。……今山西省河津縣東北有冀亭遺址，當是其國都。”冀國在今山西省河津市東北，與魏國皆在今晋南一帶，兩地相距不遠，所以周王于魏國參加執駒禮之隙，就近順便到冀國，正合情理。

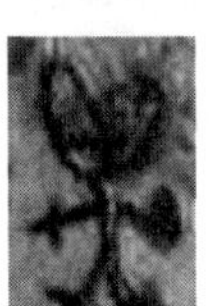
趩簋

曹錦炎《趩簋銘文考釋》[2692][趩簋]

【釋地】山西省運城市稷山縣

西周方國，今山西稷山縣東北。

吴鎮烽《銘圖索引》[2693][趩簋]

詔吏宕戈

【時代】戰國晚期·秦

【出處】詔吏宕戈［《銘圖》17136］　**冀矛**［《銘三》1537］

【類别】城邑名稱

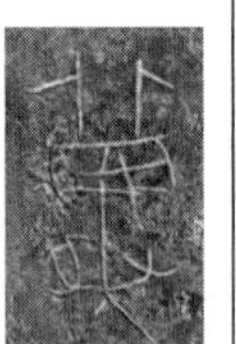
冀矛

【釋地】甘肅省天水市甘谷縣

戰國秦縣，今甘肅甘谷縣東。

吴鎮烽《銘圖索引》[2694][詔吏宕戈]

0898

頻

石邑戈

【時代】戰國晚期·秦

【出處】石邑戈［《銘續》1138］

【類别】城邑名稱

頻陽的簡稱。

吴鎮烽《銘圖索引》[2695][石邑戈]

2691　唐蘭：《西周青銅器銘文分代史徵》，《唐蘭全集（七）》，上海古籍出版社，2015年，第298頁。
2692　曹錦炎：《趩簋銘文考釋》，清華大學出土文獻研究與保護中心編、李學勤主編：《出土文獻》（第八輯），中西書局，2016年，第46頁。
2693　吴鎮烽：《商周青銅器銘文暨圖像集成索引》，上海古籍出版社，2019年，第1072頁。
2694　吴鎮烽：《商周青銅器銘文暨圖像集成索引》，上海古籍出版社，2019年，第1029頁。
2695　吴鎮烽：《商周青銅器銘文暨圖像集成索引》，上海古籍出版社，2019年，第1072頁。

0899

頻陽

石邑戈

【時代】戰國晚期·秦

【出處】石邑戈［《銘續》1138］

【類別】城邑名稱

【釋地】陝西省銅川市

《漢書·地理志》左馮翊下謂：“頻陽，秦厲公置。”應劭曰：“在頻水之陽。”《漢書·張良列傳》：“還下鄜、頻陽。”顏師古注：“頻陽在櫟陽東北。”《史記·秦本紀》載厲公“二十一年，初縣頻陽。”《正義》引《括地志》云：“頻陽故城在雍州同官縣界，古頻陽城也。”《水經注·沮水》：“沮循鄭渠，東逕當道城南。城在頻陽縣故城南，頻陽宮也，秦厲公置。城北有頻山，山有漢武帝殿，以石架之。縣在山南，故曰頻陽也。”譚其驤先生主編的《中國歷史地圖集》，古頻陽縣城位于今陝西省銅川市東南約二十幾公里處。

劉釗《兵器銘文考釋（四則）》[2696]［石邑戈］

【釋地】陝西省渭南市富平縣

秦縣，今陝西富平縣美原鎮古城村。

吴鎮烽《銘圖索引》[2697]［石邑戈］

0900

遽

遽仲觶

【時代】西周早期

【出處】遽仲觶

遽仲作父丁寶，亞癶。［遽仲觶，《集成》6495］

【類別】國族名稱

0901

盧

【時代】西周晚期

【出處】史密簋［《銘圖》5327］

【類別】國族名稱

盧、虎是南夷的兩個成員。

張懋鎔《安康出土的史密簋及其意義》[2698]［史密簋］

2696 劉釗：《兵器銘文考釋（四則）》，復旦大學出土文獻與古文字研究中心編：《出土文獻與古文字研究》（第二輯），復旦大學出版社，2008年，第104頁。

2697 吴鎮烽：《商周青銅器銘文暨圖像集成索引》，上海古籍出版社，2019年，第1072頁。

2698 張懋鎔：《安康出土的史密簋及其意義》，《文物》1989年第7期，第66頁。

史密簋

盧屢見于古文獻。《尚書・牧誓》稱從武王伐紂八國，盧爲其一。盧《史記・周本紀》引作纑。字亦作廬。《左傳・桓公十三年》："屈瑕伐羅，……及鄢亂次以濟，遂無次，且不設備。及羅，羅與盧戎兩軍之，大敗之。"《釋文》作廬。又《左傳・文公十六年》："自廬以往，振廩同食。"《漢書・地理志》南郡有中廬縣，《後漢書・郡國志》南郡有中廬侯國。劉昭注引《襄陽耆舊傳》曰："古廬戎也。"《水經》："（沔水）又東過中廬縣東。"酈道元注："縣，即春秋廬戎之國也。"

王輝《史密簋釋文考地》[2699]［史密簋］

【釋地】湖北省襄陽市

孫詒讓云"鄺國當即《書・牧誓》之盧，亦見《左傳》桓十三年，文十六年。《釋文》本或作廬。《史記・周本紀》作纑"。案《左》文十六年《傳》"楚伐庸，自廬以往"，庸在秦爲上庸縣，故地在今湖北竹山縣東南，則廬地必與之相近而在其東可知。又文十四年《傳》"廬戢黎及叔麇誘遂殺鬬克及公子燮"，杜注云"廬今襄陽中廬縣"。《漢志》中廬屬南郡，顔師古云"在襄陽縣南，今猶有次廬村，以隋室諱忠，故改中爲次"。《水經》"沔水又東過中廬縣東"注"縣即春秋盧戎之國也"。故盧國故地當在今湖北襄陽附近。

郭沫若《兩周金文辭大系圖録考釋》[2700]［鄺侯簋］

【釋地】安徽省合肥市廬江縣

盧爲方國名，李學勤説即古廬子國，在今安徽廬江西南。《漢書・地理志》廬江郡顔師古注引應劭曰："故廬子國。"

王輝《商周金文》[2701]［史密簋］

盧既不能是《尚書・牧誓》所載西南夷的盧，也不會是春秋時在今湖北南漳東北的盧戎，而應爲位于淮南的廬。《漢書・地理志》廬江郡注引應劭云："故廬子國。"《通典》廬江郡廬州説："古廬子國也，春秋舒國之地。"據此，盧地在今安徽廬江西南。

李學勤《史密簋銘所記西周重要史實》[2702]［史密簋］

【釋地】山東省青島市

"膚"之爲莒，確不可移。因此，諸家釋之爲"膚"，正確。但以爲地在江漢流域宜城附近；或以"膚"與"虎"同爲人名；或釋之爲"盧"，以爲地在今安徽盧江西南，均難中的。

西周莒都在今山東膠縣三里河，故址尚存。春秋戰國之都在今山東莒縣，規模甚大，出土衆多重要文物。再上推至商代，卜辭中有地名作"膚"者，蔡運章先生釋之爲莒，得之；又疐鼎銘中周師所伐對象爲"膚"，舊

2699 王輝：《史密簋釋文考地》，《一粟集：王輝學術文存》，藝文印書館，2002年，第80頁。
2700 郭沫若：《兩周金文辭大系圖録考釋（二）》，《郭沫若全集・考古編》（第八卷），科學出版社，2002年，第371—372頁。
2701 王輝：《商周金文》，文物出版社，2006年，第200—201頁。
2702 李學勤：《史密簋銘所記西周重要史實》，原載《中國社會科學院研究生院學報》1991年第2期；後收入《走出疑古時代》，長春出版社，2007年，第105頁。

	或釋“睢”，我以爲當釋“莒”。拙文《莒史綴考》曾結合山東費縣所出有銘商代銅器，推證商代莒位于費縣一帶。 孫敬明《史密簋銘箋釋》[2703][史密簋] **【他釋】** 膚虎，人名，是這次率衆侵伐周王朝東部的南淮夷首領。 吴鎮烽《史密簋銘文考釋》[2704][史密簋]
0902 **盧氏** 盧氏戈	**【時代】戰國晚期** **【出處】盧氏戈**[《銘圖》16482] **【類别】城邑名稱** **【釋地】河南省三門峽市盧氏縣** 戰國韓邑，今河南盧氏縣。 吴鎮烽《銘圖索引》[2705][盧氏戈]
0903 **盧方** 盧方玉戈	**【時代】商代晚期** **【出處】盧方玉戈**[《銘圖》19761] **【類别】國族名稱** **【釋地】湖北省襄陽市南漳縣** 關于盧方地望，《史記》集解引孔安國説在巴蜀；正義引《括地志》云在西南；曹定雲同志在《殷代的“盧方”》一文中主張盧方位于甘肅靈臺白草坡一帶，白草坡墓地主人潶伯即盧方首領。大體上是西南説與西北説兩種意見。而清人顧棟高、劉文淇的觀點可謂第三種意見——南方説。顧氏認爲盧在今湖北南漳縣東北五十里的中盧鎮，劉文淇持同樣觀點。 我們認爲顧、劉二位的看法更接近史實。 張懋鎔《盧方、虎方考》[2706][史密簋] **【釋地】甘肅省平凉市** 今甘肅平凉市西苛藍山下。 吴鎮烽《銘圖索引》[2707][盧方玉戈]

2703 孫敬明:《史密簋銘箋釋》,《考古發現與齊史類徵》，齊魯書社，2006年，第105頁。
2704 吴鎮烽:《史密簋銘文考釋》,《考古與文物》1989年第3期，第56頁。
2705 吴鎮烽:《商周青銅器銘文暨圖像集成索引》，上海古籍出版社，2019年，第1029頁。
2706 張懋鎔:《盧方、虎方考》,《古文字與青銅器論集》，科學出版社，2002年，第173頁。
2707 吴鎮烽:《商周青銅器銘文暨圖像集成索引》，上海古籍出版社，2019年，第1029頁。

0904

縣

縣改簋

【時代】西周中期

【出處】縣改簋

唯十又三月既望，辰在壬午，伯屖父休于縣改，曰：叡，乃任縣伯室，易（賜）汝婦，爵娸之戈、周（琱）玉、黃⿰㠯卜，縣改奉揚伯屖父休，曰：休伯睪盄卹縣伯室，易（賜）君我唯易（賜）儔，我不能不眔縣伯萬年保，肆敢施于彝，曰：其自今日孫孫子子毋敢望（忘）伯休。[縣改簋，《集成》4269]

【類別】城邑名稱

縣，西周國邑名。

馬承源《商周青銅器銘文選》[2708][縣改簋]

0905

閼輿

閼輿戈

【時代】戰國晚期·韓

【出處】閼輿戈[《集成》10929]

【類別】城邑名稱

【釋地】山西省長治市沁縣

閼輿，戰國時地名。文獻作“閼與”。《史記·趙世家》[正義]引《括地志》：“閼與，聚落，今名烏蘇城，在潞州銅鞮縣西北二十里。又儀州和順縣城，亦云韓閼與邑。二所未詳。”《水經注》：“梁榆城，即閼與故城。”《後漢書·郡國志》：“涅有閼與聚。”今山西晉東南地區沁縣烏蘇村附近有戰國古城和墓葬區，相傳爲閼與城所在地。

閼與初爲韓國城邑，後爲趙地。《史記》載趙惠文王二十九年（前270年）“秦、韓相攻，而圍閼與。趙使趙奢將，擊秦，大破秦軍閼與下。”秦昭王三十八年 “中更胡陽攻趙閼與，不能取。”説明此時閼與屬趙地。前236年并入秦地。

陶正剛《山西臨縣窑頭古城出土銅戈銘文考釋》[2709][閼輿戈]

【釋地】山西省晉中市和順縣

今山西和順縣。

吴鎮烽《銘圖索引》[2710][閼輿戈]

2708 馬承源主編:《商周青銅器銘文選（三）》，文物出版社，1988年，第124頁。
2709 陶正剛:《山西臨縣窑頭古城出土銅戈銘文考釋》,《文物》1994年第4期，第85頁。
2710 吴鎮烽:《商周青銅器銘文暨圖像集成索引》，上海古籍出版社，2019年，第1031頁。

0906 **器滭** 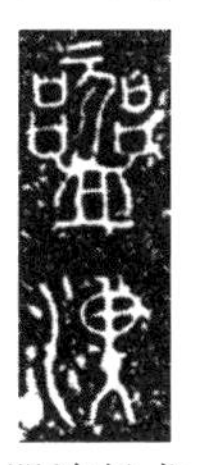 器滭侯戈	**【時代】** 春秋早期 **【出處】** 器滭侯戈［《集成》11065］ **【類別】** 城邑名稱
0907 **𨞥狐**    𨞥狐戈	**【時代】** 戰國時期 **【出處】** 𨞥狐戈［《銘圖》16457］ **【類別】** 城邑名稱 戈銘"鄲"字所從之"罵"即"䍐"（䍐）字所從之"罵"，由"單"字所變（參《金文編》950—60"䍐""獸"及頁825"戰"字條）。"鄲𨚗"乃地名，故字從"邑"作。《史記・周本紀》："秦取九鼎寶器，而遷西周公于𨞥狐。"戈銘"鄲𨚗"應即"𨞥狐"，地在今河南省臨汝縣西北四十里，戰國時屬韓。 張光裕、吴振武《武陵新見古兵三十六器集録》[2711]［𨞥狐戈］
0908 **穆**  斐方鼎	**【時代】** 商代晚期 **【出處】** 斐方鼎 丁亥，𠨘賞又正聯嬰貝，在穆朋二百，聯揚𠨘賞，用作母己尊熂。［斐方鼎，《集成》2702］ **【類別】** 城邑名稱 穆是地名，此指貝所在地。 唐蘭《西周青銅器銘文分代史徵》[2712]［斐方鼎］
0909 **篣** 	**【時代】** 戰國早期 **【出處】** 篣府宅戈［《銘圖》16656］ **【類別】** 城邑名稱

2711 張光裕、吴振武：《武陵新見古兵三十六器集録》，《雪齋學術論文二集》，藝文印書館，2004年，第81頁。

2712 唐蘭：《西周青銅器銘文分代史徵》，《唐蘭全集（七）》，上海古籍出版社，2015年，第125頁。

篣府宅戈

篣，地名，在此當讀如防。旁本從“方”聲，如上舉梁十九年亡智鼎“朔旁”即“朔方”（《集成》5·2746）。典籍方、旁互作習見……見于典籍的“防”有下列幾處：

1. 春秋魯地，在今山東費縣東北。《春秋》隱公九年：“公會齊侯于防。”即此。

2. 春秋莒地，後屬魯，在今山東諸城縣西北。《春秋》昭公五年：“莒牟夷以莒婁及防、兹來奔。”即此。

3. 春秋魯地，在今山東曲阜縣東。《左傳》僖公十四年：“遇于防而使來朝。”即此。

4. 又作邡邑。春秋魯地，在今山東金鄉縣西南。《春秋》隱公九年：“公會齊侯于防。”即此。

5. 春秋屬陳，在今河南淮陽縣北。《詩·陳風》：“防有鵲巢。”即此。

此“防”究竟是上列的哪一防，不可確知。不過，此戈屬魯估計問題不大，而以上列 1、2 地的可能性最大。

楚器銘文中有大府、郢大府、造府、行府、郑行府、壽春府、鄂君啓之府、司馬之府、王后七府等府名。“防府”當類似于“鄂君啓之府”“壽春府”，爲防地之府庫。

《禮記·曲禮下》：“在官言官。在府言府。在庫言庫。在朝言朝。”注：“府，謂寶藏貨賄之處也。”《周禮·天官》：“大府掌九貢、九賦、九功之貳，以受其貨賄之人，頒其貨于受藏之府，頒其賄于受用之府。凡官府都鄙之吏，及執事者受財用焉。”《淮南子·道應訓》：“白公勝得荆國，不能以府庫分人。……葉公人，乃發大府之貨以予衆，出高庫之兵以賦民，因而攻之，十有九日而擒白公。”看來，府主要是儲藏財物。鄂君啓節：“爲鄂君啓之府就鑄金節。”是封君之府還可經商。因此，“防府”即防地之府，爲地方府庫，集藏財物。

黄錫全《介紹一件新見銅戈》[2713][篣府宅戈]

0910

學卯

羅兒匜

【時代】春秋晚期

【出處】羅兒匜

羅兒［曰］余吴王之姓（甥），學卯公□臺之子，擇厥吉金，自作盥匜。［羅兒匜，《銘圖》14985］

【類別】國族名稱

匜銘“公”字僅存其上半部，如果諸家所釋不誤，則“公”上之“學卯”應是地名，疑讀“厹猶”（摹本誤將“公”字兩側泐痕摹出）。

首先，“九”與“臼”音近可通。《戰國策·韓策三》：“魏王爲九里之盟。”《韓非子·説林上》“九”作“臼”。是其佐證。而“臼”與“臼”形音均近，故匜銘“學”可讀“厹”。

其次，“卯”與“酉”聲系可通。《説文》：“酉，古文作卯。”《周禮·天官·大宗伯》：“以槱燎祀司中、司命、風師、雨師。”《風俗通·典

2713 黄錫全：《介紹一件新見銅戈》，《古文字與古貨幣文集》，文物出版社，2009 年，第 223—224 頁。

祀》引“槱”作“柳”。鄂君啓車節“槱焚”即“柳棼”。均其佐證。“猶”從“酋”得聲，故匜銘“厹”可讀“猶”。

檢《漢書·地理志》“臨淮郡”下有“厹猶，莽曰秉儀”。晋代稱“宿預”，在今江蘇宿遷東南。春秋時期，厹猶地望似在徐國與鍾吾國之間，具體國屬不易確定。參《左傳·昭公二十七年》“吴公子掩餘奔徐，公子燭庸奔鍾吾”。注：“鍾吾，小國。”既然地上文獻“不足”，衹能借助地下文獻以“徵之”。

匜銘“羅兒”之“兒”，是春秋金文中習見的人名後綴，如“庚兒”（庚兒鼎）、“沇兒”（沇兒鐘）、“仆兒”（仆兒鐘）、“乘兒”（仆兒鐘）等。值得注意的是，庚兒鼎、沇兒鐘、仆兒鐘均爲明確無疑的徐器，因此，羅兒匜可能也是徐器。諸家或説“羅”是國名，似乎不妥。

匜銘既爲徐器，厹猶地望的國屬也就不言而喻。《左傳》“徐”“婁林”“蒲隧”以及匜銘“厹猶”，均在古泗水流域的下游，這與春秋晚期徐國疆域的範疇亦頗吻合。

匜銘“吴王之姓”，曹文隸定“姓”爲“甠”，偶誤。但其引《左傳·莊公六年》杜注“姊妹之子曰甥”爲證，進而讀匜銘“姓”爲“甥”，甚確。如果上文推測匜銘屬徐之説不誤，吴與徐應有聯姻關係。换言之，銘“學卯公”之子“羅兒”應是“吴王之甥”。檢《左傳·昭公四年》：“徐子，吴出也。”恰好説明徐子之母是吴王之女。

綜上所述，匜銘“學卯”可與《地理志》“厹猶”對應，應屬徐境。匜銘“吴王之甥”可與《左傳》“徐子吴出”對應，涉及徐史。交相驗證，若合符契，故羅兒匜應是徐國之器。

何琳儀《程橋三號墓盤匜銘文新考》[2714][羅兒匜]

學卯，何琳義讀爲厹猶，引《漢書·地理志》“臨淮郡”下有“厹猶，莽曰秉義。”以爲“《左傳》‘徐’‘婁林’‘蒲隧’以及匜銘‘厹猶’均在古泗水流域的下游，這與春秋晚期徐國的範疇亦頗吻合。”

陳秉新、李立芳《出土夷族史料輯考》[2715][羅兒匜]

0911

⿰鼻阝

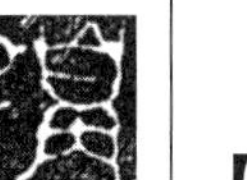

⿰鼻阝子⿱艹貝夷鼎

【時代】春秋晚期

【出處】⿰鼻阝子⿱艹貝夷鼎

⿰鼻阝子⿱艹貝夷爲其行器，其永壽用之。[⿰鼻阝子⿱艹貝夷鼎，《集成》2498]

【類别】國族名稱

⿰鼻阝在今湖南道縣北。《集韻·至韻》：“庳，有庳，國名，象所封。或作庳，通作鼻。”按《漢書·鄒陽傳》作“有庳”；《後漢書·光武十

2714　何琳儀：《程橋三號墓盤匜銘文新考》，黄德寬主編：《安徽大學漢語言文字研究叢書·何琳儀卷》，安徽大學出版社，2013年，第90—91頁。

2715　陳秉新、李立芳：《出土夷族史料輯考》，安徽大學出版社，2005年，第317頁。

王傳·東平憲王蒼》作“有鼻”。李賢注：“有鼻，國名。”“鼻”，原作“鄓”，以示國邑名。

崔恒昇《甲金文地名考釋》[2716][鄓子蒷夷鼎]

0912

錫

【時代】戰國晚期·秦

【出處】張儀戈［《銘圖》17263］

【類別】城邑名稱

【釋地】陝西省安康市白河縣

戟内背面“錫”字，是置用地名。《漢書·地理志》漢中郡有錫縣，在今陝西白河縣東，緊鄰湖北。按秦惠文王後元十三年（前312年），秦庶長章（魏章）擊楚于丹陽，虜楚將屈丐，斬首八萬，又攻楚漢中，取地六百里，置漢中郡。錫一帶地區，當爲該次戰役所得。因此，戟上這個置用地名一定是後刻的。至于戟之流傳南越，自然如報告所説，爲秦平嶺南的結果。

李學勤《秦孝公、惠文王時期銘文》[2717][張儀戈]

戰國秦邑，今陝西白河縣東。

吴鎮烽《銘圖索引》[2718][張儀戈]

0913

雕陰

雕陰戈

【時代】戰國晚期·秦

【出處】雕陰戈［《銘圖》16477］

【類別】城邑名稱

【釋地】陝西省延安市甘泉縣

戰國魏邑，今山西甘泉縣南。

吴鎮烽《銘圖索引》[2719][雕陰戈]

0914

穎陽

【時代】戰國晚期·韓

【出處】冢子韓政戟刺［《銘續》1289］

【類別】城邑名稱

2716　崔恒昇：《甲金文地名考釋》，安徽大學古文字研究室編：《古文字研究》（第二十二輯），中華書局，2000年，第152頁。

2717　李學勤：《秦孝公、惠文王時期銘文》，《綴古集》，上海古籍出版社，1998年，第140頁。

2718　吴鎮烽：《商周青銅器銘文暨圖像集成索引》，上海古籍出版社，2019年，第1033頁。

2719　吴鎮烽：《商周青銅器銘文暨圖像集成索引》，上海古籍出版社，2019年，第1030頁。

<table>
<tr><td>冢子韓政
戟刺</td><td>【釋地】河南省登封市

先屬韓，後歸秦，今河南登封縣潁陽鎮。

吴鎮烽《銘圖索引》[2720][冢子韓政戟剌]</td></tr>
<tr><td>0915
褢
褢庫戈</td><td>【時代】戰國時期

【出處】褢庫戈

□年，褢庫□工帀（師）乙□、[冶]□明，廿。[褢庫戈，《集成》11300]

【類別】城邑名稱</td></tr>
<tr><td>0916
廩丘
庚壺
廩丘戈
0916.02
完丘</td><td>【時代】春秋晚期 戰國晚期

【出處】庚壺[《集成》9733] 廩丘戈[《銘圖》16968]

【類別】城邑名稱

【釋地】山東省菏澤市

廩丘春秋、戰國原皆爲齊地，《左傳》襄二十六年“齊大夫烏餘以廩丘奔晋”，又哀二十年“公會齊人于廩丘”，《史記·六國表》齊宣王五十一年“田會以廩丘反”又《趙世家》敬侯三年救魏于廩丘，大敗齊人”。此“廩丘”二字屬秦文字，齊、三晋、楚、秦、燕皆有其特殊寫法，我在《再論鄂君啓節地理與交通路綫》已列廩字斷代分國表，其後吴振武君更有專文，間有誤釋，大多可信，據我和吴振武分别所作“廩”字分國斷代研究，此戈銘“廩”字屬秦，廩丘故城據《范縣志》在縣東南七十里義東保。西漢廩丘屬東郡，而東郡爲秦始皇五年置，均見《漢書·地理志》，而廩丘秦始置無考，此戈可補記載之缺。

黄盛璋《新出秦兵器銘刻新探》[2721][廩丘戈]

今山東鄄城縣西北。

吴鎮烽《銘圖索引》[2722][庚壺]</td></tr>
</table>

2720 吴鎮烽:《商周青銅器銘文暨圖像集成索引》，上海古籍出版社，2019年，第1072頁。
2721 黄盛璋:《新出秦兵器銘刻新探》，《文博》1988年第6期，第43頁。
2722 吴鎮烽:《商周青銅器銘文暨圖像集成索引》，上海古籍出版社，2019年，第1030頁。

	“完丘”可讀爲“宛朐”。秦置宛朐縣，亦作冤句、冤朐，漢因之。故城在今山東菏澤市牡丹區西南。清顧祖禹《讀史方輿紀要》卷三十三：“冤句城州西南四十里。漢縣，屬濟陰郡。冤，一作宛；句，音朐。景帝封楚元王子埶宛朐侯，是也。後漢仍屬濟陰郡。隋屬曹州。唐因之。乾符初，黃巢倡亂于此。”“宛朐”作爲地名，屢見于史書。《史記・封禪書》：“黃帝得寶鼎宛朐，問于鬼臾區。”《史記・絳侯周勃世家》：“攻都關、定陶，襲取宛朐，得單父令。”《史記・韓信盧綰列傳》：“陳豨者，宛朐人也，不知始所以得從。”《漢書・傅靳蒯成列傳》：“信武侯靳歙，以中涓從，起宛朐，攻濟陽，破李由軍。” 張振謙《庚壺再考》[2723][庚壺]
0917 **麇**  麇侯鎛	**【時代】西周晚期 戰國早期** **【出處】侯氏盤 麇侯鎛** 侯氏作麇姬盤。[侯氏盤，《銘續》929] 麇侯自作龢鐘用。[麇侯鎛，《集成》17] **【類別】城邑名稱** **【釋地】陝西省安康市白河縣** 今陝西白河縣。 吴鎮烽《銘圖索引》[2724][麇侯鎛]
0918 **麇土**  亳鼎	**【時代】西周早期** **【出處】亳鼎** 公侯易（賜）亳杞土、麇土、𨙶禾、䵼禾，亳敢對公仲休，用作尊鼎。[亳鼎，《集成》2654] **【類別】城邑名稱**
0919 **龍**	**【時代】商代晚期** **【出處】子龍鼎**[《銘圖》465] **【類別】國族名稱**

2723　張振謙：《庚壺再考》，中國文字學會《中國文字學報》編輯部編：《中國文字學報》（第十輯），商務印書館，2019年，第50—51頁。
2724　吴鎮烽：《商周青銅器銘文暨圖像集成索引》，上海古籍出版社，2019年，第1030頁。

子龍鼎

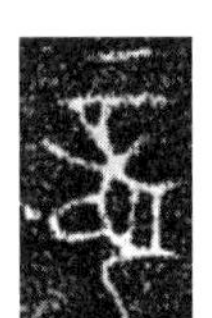
樊夫人龍嬴匜

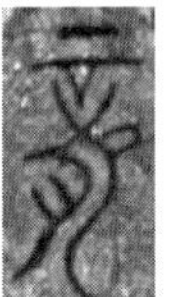
龍子囡鼎

龏公戈

【時代】春秋中晚期 戰國早期

【出處】樊夫人龍嬴匜 龍子囡鼎［《銘續》110］ **龏公戈**［《集成》10977］

樊夫人龍嬴自作行匜。［樊夫人龍嬴匜，《集成》10209］

【類别】國族名稱

龏，字書不見，當是龍國之龍的專字。據樊夫人龍嬴鬲銘文，知龍爲嬴姓國。

陳秉新、李立芳《出土夷族史料輯考》[2725]［龏公戈］

樊夫人龍嬴，即樊君夔的夫人嬴姓的龍國女子。《廣韻·鐘韻》："龍，姓，舜納言龍之後。"《書·舜典》："帝曰：'龍，朕堲讒説殄行，震驚朕師，命汝作納言，夙夜出納朕命，惟允。'"舜爲東夷之人，龍也當是東夷族。何光岳謂"龍人當以龍圖騰而得名"，"龍族最早當居于今山東泰安縣東的龍鄉。《左傳·成公二年》：'齊侯伐我北鄙，圍龍。'注：'龍，魯邑，在泰山博縣西南。'"今以銘文證之，龍確實是史籍失載的東夷嬴姓國。

陳秉新、李立芳《出土夷族史料輯考》[2726]［樊夫人龍嬴鬲］

【釋地】河南省南陽市淅川縣

兵器有龍伯戈，淅川縣東南一百二十里有龍城。

余永梁《金文地名考》[2727]［龍伯戈］

【釋地】河南省輝縣市

值得注意的是輝縣古地名"共"，"共"在古文字常與"龏"通假，"子龏"器物出在輝縣，恐怕不是偶然的。一種解釋是"龏"這個地方的得名即緣于子龏其人封于該地，族氏世守在那裏。如果是這樣，子龏的生活時期一定很早，因爲武丁卜辭（如《甲骨文合集》7352 等）已有地名龏了，同時，現見有器形的"子龏"青銅器，上面的銘文都衹能是族氏。

説"龏"與地名共有關，便可以把"龏子"理解爲共地的君長，與微子、箕子同例，他也就是"子龏"族氏的族長。

李學勤《論子龍大鼎及有關問題》[2728]［子龍鼎］

【釋地】安徽省宿州市蕭縣

"龏"讀"龍"不成問題，不過楚境内似無單稱"龍"的地名，《左傳·成公二年》："二年春，齊侯伐我北鄙，圍龍。"注："龍，魯邑，

2725 陳秉新、李立芳：《出土夷族史料輯考》，安徽大學出版社，2005 年，第 363 頁。

2726 陳秉新、李立芳：《出土夷族史料輯考》，安徽大學出版社，2005 年，第 397 頁。

2727 余永梁：《金文地名考》，《國立中山大學語言歷史學研究所週刊》第 5 集第 53、54 期合刊，1928 年，第 17 頁。

2728 李學勤：《論子龍大鼎及有關問題》，原載《中國歷史文物》2006 年第 5 期；後收入《文物中的古文明》，商務印書館，2008 年，第 297 頁。

	在泰山博興縣西南。”魯雖滅于楚，但已在戰國晚期，與龍公戈器形的年代不合。該戈援短而寬，欄側三穿，内上有楔形穿，呈春戰之際特點，故“鄘”斷非山東之“龍”。 楚文字中有兩條“龍城”的材料： 龍城鉨鈢　璽彙 0278 龍城莫囂　包山 174 檢《水經・獲水注》，“獲水又東壓龍城，不知誰所創業也”。在今天安徽蕭縣東，春秋戰國屬楚境。鄘公戈之“鄘”應即“龍城”。 何琳儀《古兵地名雜識》[2729][鄘公戈]
0920 **龍陽**  龍陽孺子燈	**【時代】戰國晚期** **【出處】龍陽孺子燈**[《銘圖》19285] **【類别】城邑名稱** **【釋地】湖南省常德市** 筆者推測“龍陽君”是楚國女子，原籍在龍陽。龍陽在今湖南常德北，戰國時期屬楚。顧祖禹云： 龍陽縣。府東南八十里，南至長沙府益陽縣百里，東北至岳州府華容縣二百四十里。本漢武陵郡索縣地，後漢爲漢壽縣地。三國吴析龍陽縣，屬武陵郡。 龍陽，可能在戰國時期早已有之，三國時期吴國仍其舊名而已。另外，河南汝州也有龍陽，具體地望不詳。二地戰國時期均屬楚境，但設置較晚。楚國的疆土廣袤，很多地名在較早文獻中失載，往往幸賴出土文獻得以保存。例如：長沙出土矛銘“宜章”，在今湖南桂陽，乃隋末所置。壽縣出土鄂君啓車節銘“象禾（河）”，在今河南泌陽，出處更晚。諸如此類的地名，在戰國文字中屢見不鮮。 何琳儀《龍陽燈銘文補釋》[2730][龍陽孺子燈]
0921 **漊**	**【時代】西周晚期** **【出處】晋侯蘇鐘**[《銘圖》15298—15313] **【類别】城邑名稱**

2729　何琳儀：《古兵地名雜識》，黄德寬主編：《安徽大學漢語言文字研究叢書・何琳儀卷》，安徽大學出版社，2013年，第234頁。

2730　何琳儀：《龍陽燈銘文補釋》，黄德寬主編：《安徽大學漢語言文字研究叢書・何琳儀卷》，安徽大學出版社，2013年，第182頁。

晋侯蘇鐘

【釋地】山東省菏澤市鄄城縣

第二鐘“左洀”後一字，從㞷從水從蒦，我們以爲當即“濩”字異體。《説文》：“濩，雨流霤下貌。從水，蒦聲。”段玉裁注：“貌，宋本無。非。霤，屋水流下地。今俗語呼簷水溜下曰滴濩，乃古語也。”根據銘文所記方位，此地濩即顧。濩從蒦聲，古屬影母鐸部。顧從雇聲，古屬見母魚部。二字聲母喉牙通轉，韻部陰入對轉，古音十分相近。中山王鼎的“蒦其汋于人也寧汋于淵”之蒦即假爲“與”。“與”屬喻母魚部。顧在夏代爲國名，商至戰國爲邑名。《詩·商頌·長發》：“韋顧既伐，昆吾夏桀。”鄭箋：“顧、昆吾皆己姓也。”《漢書·古今人表》“韋、顧”作“韋、鼓”。師古曰：鼓“即顧國”。是顧又可作鼓。顧在春秋時已入齊，見《左傳·哀公二十一年》：“公及齊侯、邾子盟于顧。”杜注：“齊地。”其地在山東鄄城縣東北。舊治范縣東南五十里有顧城。“洀”字，猶如馬先生所云，意爲傾覆或消滅。“左洀濩北洀□”，意即左面消滅濩地之敵，北面消滅□地之敵。□地，疑當指范城西南一帶的庇，或作毗。庇本商都之一，春秋屬魯，在今山東鄆城縣北。

黄錫全《晋侯蘇編鐘幾處地名試探》[2731][晋侯蘇鐘]

【類别】自然地理名稱·河湖

按，[濩尚合文]之上從“尚”省形。“尚”可省其“口”旁，參見“堂”（兆域圖）、“掌”（璽彙 1824）、“敞”（璽彙 3380）、“賞”（璽彙 3494）等。[濩尚合文]上從“尚”，下從“濩”，應是“濩尚”合文。

“濩”可讀“瓠”。《莊子·逍遥遊》“則瓠落無所容”，《太平御覽》七六二引“瓠”作“濩獲”。是其確證。《説文》“樗”或作“穫”，亦可資佐證。至于“尚”可讀爲“上”，更是典籍中司空見慣的現象。然則鐘銘“濩尚”應讀“瓠上”。其與“汶上”“潁上”“淮上”應屬同類，顯然與瓠河有關。瓠河又名瓠子河，詳下文所引《水經·瓠子河注》。瓠子河始見于《史記·孝武本紀》元封二年：……。瓠子河又見《史記·河渠書》《漢書·武帝紀》《漢書·溝洫志》等典籍，其所載内容互有繁簡，兹不具載。

最後補充一點，鐘銘“濩尚”爲上下結構合文。一般説來，這類合文的讀序應自上而下，然而也確有自下而上者。例如：

須句（三代 6.4.5）

亡冬（文物 1975.2.84）

饒有興味的是，這兩個倒讀之例也均爲地名。鐘銘合文[濩尚合文]不讀“尚濩”而讀“濩尚”，看來並非孤證。

何琳儀《晋侯蘇鐘釋地》[2732][晋侯蘇鐘]

2731　黄錫全：《晋侯蘇編鐘幾處地名試探》，《古文字與古貨幣文集》，文物出版社，2009 年，第 146—147 頁。

2732　何琳儀：《晋侯蘇鐘釋地》，黄德寬主編：《安徽大學漢語言文字研究叢書·何琳儀卷》，安徽大學出版社，2013 年，第 24 頁。

【類別】自然地理名稱・山林

此字與蒙字形近，從地理形勢看此地有蒙山，應即蒙山之蒙。

李仲操《談晋侯蘇鐘所記地望及其年代》[2733]［晋侯蘇鐘］

0922

濃

鄂君啓舟節

【時代】戰國中期

【出處】鄂君啓舟節［《集成》12112、12113］

【類別】自然地理名稱・河湖

【釋地】澧水

《漢書・地理志》武陵郡充縣，顔師古《注》：“歷山，澧水所出。”《楚辭・九歌》“遺余珮兮醴浦”，王逸《注》：“醴，一作澧。”

馬承源《商周青銅器銘文選》[2734]［鄂君啓舟節］

澧字亦作醴。段玉裁以爲入汝之水字作澧，入洞庭之水字作醴，今證知非是。《水經》：“澧水出武陵充縣西歷山……至長沙下雋縣西北，東入于江。”注云：“澧水流注洞庭湖，俗謂之曰澧江口。”經以資、沅、澧三水入江，注皆以爲入洞庭。

羅長銘《鄂君啓節新探》[2735]［鄂君啓舟節］

澧水。

吴鎮烽《銘圖索引》[2736]［鄂君啓舟節］

0923

濂

⿰氵⿺辶兼姬爵

【時代】西周

【出處】⿰氵⿺辶兼姬爵

⿰氵⿺辶兼姬作父庚尊簋，用作乃後御，孫子其萬年永寶。［⿰氵⿺辶兼姬爵，《集成》3978］

【類別】國族名稱

2733 李仲操：《談晋侯蘇鐘所記地望及其年代》，《考古與文物》2000年第3期，第28頁。

2734 馬承源主編：《商周青銅器銘文選（四）》，文物出版社，1990年，第434頁。

2735 羅長銘：《鄂君啓節新探》，原載《羅長銘集》，黄山書社，1994年；後收入安徽省博物館編：《安徽省博物館四十年論文選集》，黄山書社，1996年，第149頁。

2736 吴鎮烽：《商周青銅器銘文暨圖像集成索引》，上海古籍出版社，2019年，第1030頁。

0924 **濱** 鄂君啓舟節 0924.02 資 0924.03 檠 0924.04 槼 0924.05 濱	**【時代】戰國中期** **【出處】鄂君啓舟節**[《集成》12112、12113] **【類別】自然地理名稱・河湖** **【釋地】資水** 《漢書・地理志》零陵郡都梁縣，顏師古《注》："侯國路山資水所出，東北至益陽入沅，過郡二，行千八百里。"《水經注・資水》云："出零陵都梁縣路山。" 馬承源《商周青銅器銘文選》[2737][鄂君啓舟節] "檠"（左上角原誤寫從阝）從次得聲，水名，即資水，字亦作濱。《水經注》："資水出零陵都梁縣路山，……與沅水合于湖中，東北入于江。"注云："湖即洞庭湖也，所入之處，謂之益陽江口。"又《水經》："沅水出牂柯且蘭縣，……東至長沙下雋縣西北入于江。"注云："沅水下注洞庭湖，湖方會于江。" 羅長銘《鄂君啓節新探》[2738][鄂君啓舟節] 資水，在今湖南省境内。 吴鎮烽《銘圖索引》[2739][鄂君啓舟節]
0925 **憲** 憲仲簋	**【時代】西周中期** **【出處】憲仲簋** 憲仲作寶尊彝。[憲仲簋，《銘圖》4303] **【類別】國族名稱**
0926 **㪤** 詢簋	**【時代】西周中期** **【出處】詢簋**[《集成》4321] **【類別】國族名稱**

2737 馬承源主編：《商周青銅器銘文選（四）》，文物出版社，1990年，第434頁。

2738 羅長銘：《鄂君啓節新探》，原載《羅長銘集》，黄山書社，1994年；後收入安徽省博物館編：《安徽省博物館四十年論文選集》，黄山書社，1996年，上海古籍出版社，2019年，第149頁。

2739 吴鎮烽：《商周青銅器銘文暨圖像集成索引》，文物出版社，1990年，第998頁。

【釋地】河南省商丘市睢縣

⿷匚⿰鳥于，從匚，⿰鳥于聲，疑盂字異體，此讀爲于。《後漢書·東夷列傳》：“夷有九種，曰畎夷，于夷，黄夷，白夷，赤夷，玄夷，風夷，陽夷。”李賢注：“《竹書記年》曰：‘（夏）后相即位二年，征黄夷；七年，于夷來賓。’”楊樹達《甲文説》：“于即卜辭之盂方。”郭沫若云：“所謂盂方者，可知乃殷東方之國也……宋地亦有名盂者，《春秋·僖二十三年》‘宋公、楚子、陳侯、蔡侯、鄭伯、曹伯會于盂。’杜注‘宋地，襄邑西北有盂亭。’地在今河南睢縣。”此⿷匚⿰鳥于蓋即《竹書記年》之于夷，亦即卜辭之盂方。

陳秉新、李立芳《出土夷族史料輯考》[2740]［詢簋］

【釋地】江蘇省宿遷市

即于夷，以一種大烏鳥爲圖騰的部族。……⿷匚⿰鳥于人即烏鳥氏的一支，後稱爲于夷。于夷屬“九夷”之一，“夷有九種，曰畎夷、于夷、方夷、黄夷、白夷、赤夷、玄夷、風夷、陽夷”（《後漢書·東夷列傳》）。九夷統稱東夷。史書記載：早在夏商時東夷即與中原有聯繫，後來周公遂定東夷，康王時徐夷僭號，曾率九夷進攻宗周，到穆王時封徐偃王統領東夷各部（見《後漢書·東夷列傳》）。大約在昭、穆强盛的時候，于夷等已經臣服于周了。所以這次穆王將于夷之兵交給訇來統領了。

《漢書·地理志》泗水國有于縣，《漢書地理志通釋》和《漢志釋地略》都説于縣在今江蘇宿遷縣。本銘的于夷，當在此處。

李福泉《訇簋銘文的綜合研究》[2741]［詢簋］

0927

⿰麥刂

叔夷鎛

【時代】春秋晚期·齊

【出處】叔夷鎛［《集成》285］

【類別】城邑名稱

古萊國子邑。

馬承源《商周青銅器銘文選》[2742]［叔夷鎛］

0928

⿹气⿹勹灬城

【時代】西周晚期

【出處】晋侯蘇鐘［《銘圖》15298—15313］

【類別】城邑名稱

2740　陳秉新、李立芳：《出土夷族史料輯考》，安徽大學出版社，2005年，第368—369頁。
2741　李福泉：《訇簋銘文的綜合研究》，《湖南師院學報（哲學社會科學版）》1979年第2期，第64頁。
2742　馬承源主編：《商周青銅器銘文選（四）》，文物出版社，1990年，第541頁。

晉侯蘇鐘

【釋地】山東省菏澤市鄆城縣

鄆城，厲王伐夙夷時主要消滅的城邑。勳，從彐從熏，《説文》所無，按金文從勹與從彐有所不同，勹爲人形，如匍、匊；彐即旬之本字，隸定爲勹，從日爲旬，從：爲勻。以夙夷的地望看，當是鄆字。勳從熏得聲，熏、鄆古韻同爲文部，熏爲曉紐，鄆爲匣紐，是同部旁紐，可以通假。地望在今鄆城之東，合于銘文中所載進軍的方向。

馬承源《晉侯穌編鐘》[2743]［晉侯蘇鐘］

勳城即鄆城，春秋時魯有東西二鄆，此爲西鄆，在今山東鄆城東十六里。鄆亦有太昊之後風姓之説，見《集韻》等書，與宿爲同姓國。

李學勤《晉侯蘇編鐘的時、地、人》[2744]［晉侯蘇鐘］

勳，古熏字繁體，從勹（古旬字）爲疊加聲符。銘文用爲地名，當讀爲鄆。李學勤指出，“春秋時魯有東西二鄆，此爲西鄆，在今山東鄆城東十六里。鄆亦有太昊之後風姓之説，見《韻彙》等書，與宿爲同姓國”。

陳秉新、李立芳《出土夷族史料輯考》[2745]［晉侯蘇鐘］

在今山東鄆城東。

何琳儀《晉侯蘇鐘釋地》[2746]［晉侯蘇鐘］

即鄆城，今山東鄆城縣東。

吴鎮烽《銘圖索引》[2747]［晉侯蘇鐘］

【釋地】山東省日照市五蓮縣

勳字，馬承源釋“鄆”可從。勳城當即鄆城，是當時夙夷居住之城。王、侯分行後，晉侯先至鄆城，攻城而未下。隨後周王亦抵鄆城，命晉侯自西北隅攻城，晉侯率領從人先陷城而入，並有“折首”“執訊”。這是晉侯蘇的又一戰功。鄆城地望，《春秋》成公四年謂：“冬城鄆。”《正義》：“釋例土地名，魯有二鄆，文公十二年城諸及鄆，杜云此東鄆，莒魯所争者，城陽姑幕縣南有員亭，或曰鄆即員也。成公十六年傳，晉人執季文子，公待于鄆。杜云此西鄆，昭公所出居者，東郡廩丘縣東有鄆城。然則此爲公欲叛晉，故城鄆以爲備，當西鄆也。”按杜預的注釋，西鄆在廩丘縣東，即今山東范縣東南 70 里處，應即今東平南之鄆城。此東平南之鄆城在兖州、蒙山之西，與鐘銘所記鄆城地望不合。東鄆爲莒魯所争之鄆，在姑幕縣南，姑幕縣在今山東諸城縣西南 50 里，應即今之管帥鎮附近。這裏正當兖、蒙之東，與鐘銘“在洀（津）虁（蒙）北，洀（津）□伐夙夷”

2743 馬承源：《晉侯穌編鐘》，上海博物館編：《上海博物館集刊》（第七期），上海書畫出版社，1996 年，第 14 頁。

2744 李學勤：《晉侯蘇編鐘的時、地、人》，《綴古集》，上海古籍出版社，1998 年，第 103 頁。

2745 陳秉新、李立芳：《出土夷族史料輯考》，安徽大學出版社，2005 年，第 227 頁。

2746 何琳儀：《晉侯蘇鐘釋地》，黄德寬主編：《安徽大學漢語言文字研究叢書・何琳儀卷》，安徽大學出版社，2013 年，第 26 頁。

2747 吴鎮烽：《商周青銅器銘文暨圖像集成索引》，上海古籍出版社，2019 年，第 971、1030 頁。

	的記述正合。知鐘銘所記之"匔（鄆）城"實指東鄆。按此則《春秋》魯文公十二年所城之鄆，當是在西周時夙夷所居匔（鄆）城處重建的。 李仲操《談晉侯蘇鐘所記地望及其年代》[2748][晉侯蘇鐘]
0929 𨚕  𨚕伯卣	**【時代】西周早期** **【出處】𨚕伯卣** 𨚕伯作旜（旅）彝。[𨚕伯卣，《銘續》864] **【類別】國族名稱**
0930 濭  散氏盤 0930.02 瀗	**【時代】西周晚期** **【出處】散氏盤**[《集成》10176] **【類別】自然地理名稱·河湖** 濭，水名，今名不詳。按濭即瀗字省體，憲與干聲字通，《禮記·樂記》："《武》坐致右憲左。"鄭玄注："憲讀爲軒，聲之誤也。"《孔子家語·辯樂》憲作軒。由此而論，濭也可能即汧（汧，今作千）水。王國維讀作扞，然扞水在渭南，與此地望不合。 王輝《商周金文》[2749][散氏盤] **【釋地】扞水** 瀗爲水名，王靜安先生以聲類求之，疑即《水經注》之扞水也。 余永梁《金文地名考》[2750][散氏盤] **【釋地】豐水** 依文字上從水從邑皆屬後起之例，如豐酆灃，高鎬鄗滈是，則此字原形當爲𡩜也。再分出丰字，則爲合。洛口磨崖有文爲合，吾意合即合，乃谷之初文，象一地方在谷口也。丰合穿插，乃丰谷之合體，如裏裡之例。如是，則湁即豐水也。此問題今暫寄存于此。 陳子怡《散氏盤石鼓文地理考證》[2751][散氏盤] **【釋地】汧水（千河）** "濭"即"瀗"，水名。瀗水有可能就是流經夨國境内的汧水。汧、瀗古音皆在元部，可以通假。故涉瀗即渡過汧水。盤銘所述當時地貌北高

2748 李仲操：《談晉侯蘇鐘所記地望及其年代》，《考古與文物》2000年第5期，第29頁。
2749 王輝：《商周金文》，文物出版社，2006年，第232頁。
2750 余永梁：《金文地名考》，《國立中山大學語言歷史學研究所週刊》第5集第53、54期合刊，1928年，第6頁。
2751 陳子怡：《散氏盤石鼓文地理考證》，《禹貢》第七卷第6、7合期，1937年，第143頁。

<table>
<tr><td></td><td>
南低，瀗水的流向是自北向南，這種地貌正與汧水入渭處相合。

盧連成《西周夨國史迹考略及相關問題》[2752][散氏盤]

濍爲水名，又爲踏履的起點，必距夨甚近。夨既在千陽、隴縣一帶，此處水名音近者，唯有汧水，盧連成、尹盛平疑濍即汧，是。按濍即瀗字之省，憲（宪）與干聲字通。《禮記・樂記》："《武》坐致右憲左。"鄭玄注："憲讀爲軒，聲之誤也。"《孔子家語・辯樂》引憲作軒。汧本作汧，從水开聲，干與幵聲字通。《尚書・益稷》"隨山刊木"，《史記・夏本紀》引作"行山栞木"。刊、栞爲異體字，上古音汧元部溪紐，憲元部曉紐，干元部見紐，三字疊韻旁紐讀音接近。王國維《散氏盤考釋》云："濍，水名，讀當與憲同。以聲類求之，蓋即《水經注・渭水》之扞水也。《注》云：'渭水又與扞水合，水出周道谷北，徑武都故道縣之故城西，又東北歷大散關而入渭水也。'"王先生説濍讀爲干聲之扞，音理上没有問題。但扞水在渭南，與盤銘所見地名方位多不合。王先生説夨在散東，"當即自漢以來之盩厔"，散即今大散關，現在看來，都是不對的。汧今作千，是流經隴縣、千陽的渭河支流，正在夨國界内。

王輝《散氏盤新解》[2753][散氏盤]

河流名，即今陝西寶鷄境内的千河。

吴鎮烽《銘圖索引》[2754][散氏盤]
</td></tr>
<tr><td>0931
散

散史鼎</td><td>
【時代】西周早期

【出處】散史鼎

散史作考尊鼎。[散史鼎，《集成》2166]

【類别】國族名稱
</td></tr>
<tr><td>0932
斮
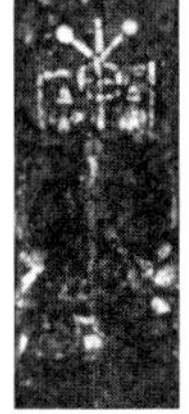
斮侯戈</td><td>
【時代】商代晚期

【出處】斮侯戈[《集成》10770]

【類别】國族名稱
</td></tr>
</table>

2752 盧連成：《西周夨國史迹考略及相關問題》，《人文雜志叢刊・第二輯：西周史研究》，1984年，第241頁。
2753 王輝：《散氏盤新解》，《高山鼓乘集：王輝學術文存二》，中華書局，2009年，第11—12頁。
2754 吴鎮烽：《商周青銅器銘文暨圖像集成索引》，上海古籍出版社，2019年，第1041頁。

0933

𪊨

叔夷鎛

0933.02

𪊨

【時代】春秋晚期·齊

【出處】叔夷鎛［《集成》285］

【類別】城邑名稱

古萊國子邑。

馬承源《商周青銅器銘文選》[2755]［叔夷鎛］

【釋地】山東省菏澤市巨野縣

即密，今山東昌邑縣東南密城。

吴鎮烽《銘圖索引》[2756]［叔夷鎛］

0934

䢼

鄂君啓舟節

0934.02

䢼

0934.03

䢼

0934.04

䢼

0934.05

䢼

【時代】戰國中期

【出處】鄂君啓舟節［《集成》12112、12113］

【類別】城邑名稱

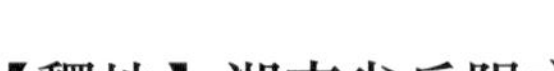

【釋地】湖南省岳陽市

䢼殆今之城陵磯。

郭沫若《關于鄂君啓節的研究》[2757]［鄂君啓舟節］

《水經·澧水注》中有澧陽縣，在今湖南石門縣西北澧水北岸，地望不合。此“䢼”當在湘水之濱，疑即《水經·湘水注》中的錫口戍，在今湘陰縣南湘水西岸濠河口與喬口之間。

譚其驤《鄂君啓節銘文釋地》[2758]［鄂君啓舟節］

䢼，邑聚名，不能確考，其地在湘水之濱。譚其驤、商承祚疑即《水經·湘水注》中的錫口戍，地在今湖南省湘陰縣南。

湯餘惠《戰國銘文選》[2759]［鄂君啓舟節］

【釋地】湖南省長沙市

按《節銘》“入湘、庚䢼、庚𨛬陽”，可見䢼與𨛬陽皆在湘水沿岸。而城陵磯與岳陽則均在洞庭湖北，尚未“入湘”，便庚兩地，顯然不合。

2755 馬承源主編：《商周青銅器銘文選（四）》，文物出版社，1990年，第541頁。

2756 吴鎮烽：《商周青銅器銘文暨圖像集成索引》，上海古籍出版社，2019年，第1030頁。

2757 郭沫若：《關于鄂君啓節的研究》，《文物參考資料》1958年第4期，第4頁。

2758 譚其驤：《鄂君啓節銘文釋地》，原載《中華文史論叢》（第2輯），1962年；後收入《譚其驤全集》（第一卷），人民出版社，2015年，第539頁。

2759 湯餘惠：《戰國銘文選》，吉林大學出版社，1993年，第48頁。

	我疑鰈是長沙（春秋時期名"青陽"）。 孫劍鳴《"鄂君啓節"續探》[2760][鄂君啓舟節] 鰈有二地，下隽，下鰈也，義即下湘旁，湘水下游之湘旁也，後于縣境置臨湘縣義同。長沙應爲上鰈之轉，義即上湘旁，湘水上游之湘旁，漢于今長沙市置臨湘縣義同。上鰈之名不美，所以改長沙者，《晋書·天文志》"長沙一星在軫中主壽命。明則主壽長，子孫昌"。殆長沙取義于長葉，長世，一指長壽，一指長（上聲）子孫（葉）故。上之與長音稍轉。 鰈疑即《左傳》昭五年，楚靈王將伐吴"越大夫常壽過帥師會楚子于瑣"之瑣。音可通如上述（參拙著未刊稿《左傳楚地釋》）。此瑣或應爲後之下隽。楚子自郢東下，越人于岳陽附近會之。 長沙之名，見《國策》楚四"長沙之難，楚太子横爲質于齊"唯舊説長沙爲垂沙之字誤，或是。《史記·越世家》"復讎、龐、長沙，楚之粟也"。是戰國世長沙已爲楚名邑，則懷王世之鰈殆指長沙。節中言于鰈設關卡以爲大邑故。泝湘上至郷（《漢志》作洮）陽（今全縣北三十五里）設關，楚西南境邊界故。下文資、沅、澧、油更無關卡，以盡在楚境，可遂意通行，亦無名城爲限也（《史記·越世家》氏沙支名已見楚威王時，當係因上鰈之名而記諸文字者以後名之爲長沙）。 姚漢源《戰國時長江中游的水運》[2761][鄂君啓舟節] 我們認爲譚先生把"錫口戍，説成是在濠河口與喬口之間，是明顯有誤的。據光緒年間編的《湘陰圖志》卷五輿圖，附臨泚局的圖上，繪有錫江口，一名掃帚口，錫水流入錫浦，即在古錫口戍之旁邊。《讀史方輿紀要》卷八十湘陰縣："錫江砦在縣西北，湘江西岸，宋置砦于此，江畔有歧，平起如岡，州島之民，聚而居之，以漁爲業，亦曰錫浦。"光緒年間的《湖南全省輿圖》湘陰縣圖，圖上繪有掃竹口塘，當地方言，竹與帚音同，即掃帚口，在錫福圍之東，横嶺湖之南，東臨湘江西支的西岸，位于湘陰縣湘臨公社湘臨大隊的對河，南距濠河四十里，又距望城縣的喬口七十里。如依譚先生之説，"鰈"在錫口戍的話，也不應在濠河與喬口之間。 "鰈"在舟節中，作爲地名，一定有其始名的主要意義，既是湘水之江邊的地名，而且根據上述之意，這個地方應是當時鑄造金屬貨币而聞名，由此興起成爲楚國的重要城邑。衹有這樣，它纔可能具備商業城市的雛形。這個地方我們認爲就是今湘江下游，距現長沙衹有幾十里的望城縣的銅官鎮。銅官鎮西濱湘江，交通方便，對岸十五里是喬口，而且據記載，它是楚國在江南鑄造銅器之地。……正由于銅官在古代産銅，是楚在江南鑄銅器之地，因而它必然是戰國時期楚國在湘江流域的一個重要城邑，故鄂君

2760 孫劍鳴：《"鄂君啓節"續探》，原載《安徽省考古學會會刊》1982年第6輯；後收入劉慶柱、段志洪、馮時主編：《金文文獻集成》（第二十九册），綫裝書局，2005年，第332頁。

2761 姚漢源：《戰國時長江中游的水運——鄂君啓節試釋》，周魁一主編：《水的歷史審視：姚漢源先生水利史論文集》，中國書籍出版社，2016年，第562—563頁。

在進行商業貿易時，也是必停留之地，故“䐑”與銅官有關，很可能就是指該地。

熊傳新、何光岳《〈鄂君啓節〉舟節中江湘地名新考》[2762][鄂君啓舟節]

今湖南長沙市望城區銅官鎮市港。

即䐑，今湖南臨湘與長沙湘江一帶。

吴鎮烽《銘圖索引》[2763][鄂君啓舟節]

【釋地】湘江沿岸城邑

可能在南湘水流域，其地望未詳。

馬承源《商周青銅器銘文選》[2764][鄂君啓節]

舟節“䐑”疑讀“誓”。

檢《水經·湘水注》：“又右逕臨湘縣故城西……湘水左合誓口，又北得石椁口，並湘浦也。”其中“誓”在今湖南長沙西北六十五里湘江東岸（疑即“誓港市”）。古代此地乃舟船由長江進入湘江將近長沙的重要港口，故設關卡以徵過往船隻之税。

舟節“䐑”讀“誓”，是西南路湘江之濱的城邑。

何琳儀《鄂君啓舟節釋地三則》[2765][鄂君啓節]

0935

劂

劂伯簋

【時代】西周中期

【出處】劂伯簋

劂伯作寶簋。[劂伯簋，《銘圖》4184]

【類別】國族名稱

0936

罶盧

【時代】西周晚期

【出處】兮甲盤

唯五年三月既死霸庚寅，王初格伐玁狁于罶盧，兮甲從王，折首執訊，休亡敃，王易（賜）兮甲馬四匹、駒車，王令甲政司成周四方積，至于南淮夷，淮夷舊我帛晦人，毋敢不出其帛、其積、其進人，其賈，毋敢不即次即市，敢不用令，則即刑撲伐，其唯我諸侯、百姓，厥賈，毋不即市，

2762 熊傳新、何光岳：《〈鄂君啓節〉舟節中江湘地名新考》，《湖南師院學報（哲學社會科學版）》1982 年第 3 期，第 87—89 頁。

2763 吴鎮烽：《商周青銅器銘文暨圖像集成索引》，上海古籍出版社，2019 年，第 1003、1029 頁。

2764 馬承源主編：《商周青銅器銘文選（四）》，文物出版社，1990 年，第 434 頁。

2765 何琳儀：《鄂君啓舟節釋地三則》，安徽大學古文字研究室編：《古文字研究》（第二十二輯），中華書局，2000 年，第 144 頁。

兮甲盤

毋敢或入緣（蠻）宄賈，則亦刑。兮伯吉父作盤，其眉壽萬年無疆，子子孫孫永寶用。［兮甲盤，《集成》10174］

【類别】城邑名稱

【釋地】陝西省渭南市白水縣、澄城縣一帶

䍐𠤳亦在洛水東北。䍐字雖不可識，然必爲從网、𠳋聲之字。“𠤳”則古文魚字，《周禮·天官》“𩵦人”，《釋文》：“𩵦，本或作魰。”（𠤳）〔𩵦〕、魰同字，知𠤳、魚亦一字矣。古魚、吾同音，故往往假𠤳、𩵦爲吾。齊子仲姜鎛云“保𠤳兄弟，保𠤳子姓”，即“保吾兄弟，保吾子姓”也。沇兒鐘云“𩵦以宴以喜”，即“吾以宴以喜”也。敦煌本隸古定《商書》“魚家旄孫于荒”，日本古寫本《周書》“魚有民有命”，皆假魚爲吾。《史記·河渠書》：“功無已時兮吾山平。”“吾山”亦即“魚山”也。古魚、吾同音，衙從吾聲，亦讀如吾。“䍐𠤳”與春秋之“彭衙”爲對音，䍐、彭聲相近，𠤳、衙則同母兼同部字也。《史記·秦本紀》：“武公元年，伐彭戲氏。”《正義》曰：“戎號也。蓋同州彭衙故城是也。”“戲”蓋“𠤳”之訛字矣。彭衙一地，于漢爲左馮翊衙縣，正在洛水東北，方、鎬、太原亦當于此間求之。

王國維《鬼方昆夷玁狁考》[2766]［兮甲盤］

𠤳王先生謂即春秋時值彭衙，亦即《史記·秦本紀》之彭戲也。䍐彭雙聲，𠤳古吾字；𠤳衙則同母兼同部字也。漢屬左馮翊，今梁山之西，白水之北。

余永梁《金文地名考》[2767]［兮甲盤］

䍐𠤳，王國維釋爲彭衙，在漢爲左馮翊衙縣，故城在今陝西白水縣東北。

郭沫若《兩周金文辭大系圖録考釋》[2768]［兮甲盤］

《爾雅·釋地》：“周有焦穫。”孫炎注：“周，岐周也。《詩·六月》云：‘玁狁匪茹，整居焦穫’是也，時人謂之瓠中也。”郭璞注：“今扶風池陽縣瓠中是也。”《元和郡縣志》卷二“京兆涇陽縣”下：“焦穫藪亦名瓠口。”所指都是一地，其處爲鄭渠引涇水之口，涇口後來不斷向西移動，但都在這一塊，故地位約略可知，諸家所述玁狁整居之焦穫位置是完至可信的，金文可以爲證。《兮甲盤》：“隹王三月既死霸，庚寅王

2766　王國維：《鬼方昆夷玁狁考》，王國維著、黄愛梅點校：《王國維手定觀堂集林》卷第十三《史林五》，浙江教育出版社，2014年，第315頁。

2767　余永梁：《金文地名考》，《國立中山大學語言歷史學研究所週刊》第5集第53、54期合刊，1928年，第7頁。

2768　郭沫若：《兩周金文辭大系圖録考釋（二）》，《郭沫若全集·考古編》（第八卷），科學出版社，2002年，第305頁。

初各（略）伐玁狁于𠷎𢑑，兮甲從王。”兮甲即《六月》詩中之吉甫，王即宣王，與《六月》詩實同時事。𠷎𢑑，王國維考證即彭衙，可信。《虢季子白盤》：“薄伐玁狁，于洛之陽。”此洛爲北洛水，彭衙即在北洛水流域，其地在今陝西白水縣東北，涇陽之東，與焦穫實相近，總之當時玁狁勢力可以伸達渭水北岸、涇水與洛水的中下游是無疑問的。

黄盛璋《周都豐鎬與金文中的葊京》[2769]

地名。一説𠷎因通彭，𢑑因通衙。彭衙，春秋時秦地，漢爲左馮翊，在今陝西白水縣東北。

馬承源《商周青銅器銘文選》[2770][兮甲盤]

𠷎𢑑，地名，所在不詳，王國維疑即春秋時之彭衙，今陝西澄城縣。王氏云：“彭衙一地，在漢爲左馮翊衙縣，正在洛水東北。玁狁寇周，恒自洛向涇，周人禦之，亦在此間。虢季子白盤云：“博伐厰允，于洛之陽。’此盤云：‘王初各伐厰𥫩于𠷎𢑑。’其用兵之地，正相合矣。”

王輝《商周金文》[2771][兮甲盤]

【釋地】山西省晋中市榆次區

𠷎𢑑，地名，疑即徐吾、余吾或余無的對音。《竹書紀年》文丁“四年周人伐余無之戎”；《左傳》成公元年“遂伐茅戎，三月癸未敗績于徐吾氏”，《正義》云“敗于徐吾之地也”；《史記·匈奴傳》有余吾水，《漢書·地理志》上党郡有余吾縣。太原郡“榆次，涂水鄉晋大夫知徐吾邑”，今榆次縣西。

陳夢家《西周銅器斷代》[2772][兮甲盤]

2769　黄盛璋：《周都豐鎬與金文中的葊京》，《歷史研究》1956年第10期，第79頁。
2770　馬承源主編：《商周青銅器銘文選（三）》，文物出版社，1988年，第306頁。
2771　王輝：《商周金文》，文物出版社，2006年，第243頁。
2772　陳夢家：《西周銅器斷代》，中華書局，2004年，第324頁。

十七畫

0937

盩

旅鼎

0937.02 盩自

0937.03 盩師

【時代】西周早期

【出處】旅鼎

唯公大保來伐反夷年，在十又一月庚申，公在盩自（師），公易（賜）旅貝十朋。旅用作父丁尊彝。來。[旅鼎，《集成》2728]

【類別】城邑名稱

召公奭伐東夷的師旅駐地。

馬承源《商周青銅器銘文選》[2773][旅鼎]

【釋地】陝西省西安市周至縣

當在漢代的右扶風盩厔縣，周初器有盩司土尊和卣。今陝西省周至縣東終南鎮是漢代的盩厔地。

唐蘭《西周青銅器銘文分代史徵》[2774][旅鼎]

盩，地名。漢代右扶風有盩厔縣，故城在今陝西周至縣終南鎮。古盩地當在此一帶。

陳秉新、李立芳《出土夷族史料輯考》[2775][旅鼎]

今陝西周至終南鎮。

吴鎮烽《銘圖索引》[2776][旅鼎]

0938

盩城

【時代】西周早期

【出處】疑卣[《銘續》882] **疑尊**

唯仲義父于入（納）鄂侯于盩城，祉兄臣于宋伯。公姒呼疑逆仲氏于侃。丁卯，疑至告。姒賞貝，揚皇君休，用作父乙寶尊彝。[疑尊，《銘續》792]

2773 馬承源主編：《商周青銅器銘文選（三）》，文物出版社，1988 年，第 52 頁。

2774 唐蘭：《西周青銅器銘文分代史徵》，《唐蘭全集（七）》，上海古籍出版社，2015 年，第 228 頁。

2775 陳秉新、李立芳：《出土夷族史料輯考》，安徽大學出版社，2005 年，第 139 頁。

2776 吴鎮烽：《商周青銅器銘文暨圖像集成索引》，上海古籍出版社，2019 年，第 1031 頁。

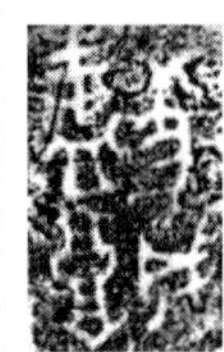
疑卣

疑尊

【類別】城邑名稱

地名“盩”見盩司土幽尊、卣（《集成》05917、05344）：“盩司土幽作祖辛旅彝”；又清末山東黄縣萊陰出土旅鼎（原稱“太保鼎”，《集成》02728）銘：“唯公大保來伐反夷年，在十又一月庚申，公在盩自（次），公錫旅貝十朋。旅用作父[丁]尊彝。木。”這些“盩”或係同一地點。

要確定疑尊、卣銘的“鄂侯”之所在，關鍵是“盩城”的位置。旅鼎銘“公太保來伐反夷”時所經的“盩”，舊説爲陝西之盩至，與疑尊、卣銘似不能相合。綜觀鄂地的各種説法，南陽之鄂的北部有犨城，“盩”與“犨”字音相近，是不是銘文中的盩城，可以考慮。

董珊《疑尊、疑卣考釋》[2777][疑尊]

【釋地】河南鄭州附近

仲爯父受命出行，先卜鄂侯于盩建都城一事，盩地何在，難于確指，但考慮到 2007 年湖北隨州羊子山發現的西周早期墓出有鄂侯青銅器，鄂都的方位應距之不遠。

公姒命疑迎接仲爯父的地點侃，是有可能推定的。“侃”字與“衍”字相通，衍地見《戰國策・魏策》《史記・魏世家》等文獻，程恩澤《國策地名考》卷十一考定在今河南鄭州北三十里。宋國在今河南商丘，設想仲爯父從湖北隨州一帶北上，疑到鄭州附近迎接，一起東行至商丘，應該説是合理的安排。

李學勤《疑尊、卣别解》[2778][疑尊]

【釋地】陝西省西安市周至縣

今陝西周至縣終南鎮。

吴鎮烽《銘圖索引》[2779][疑尊]

0939

雚

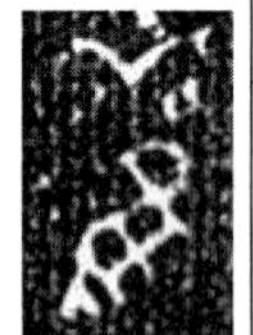
史密簋

【時代】西周晚期

【出處】史密簋[《銘圖》5327]

【類别】國族名稱

【釋地】山東省壽光市

雚當即《路史・國名紀乙》少昊後嬴姓國之“東灌”，少昊以鳥爲圖騰，東灌之灌本當作雚。《路史》注：“以有斟灌，故此爲東。”又《路史・國名紀丙・己姓國》謂“斟，己姓。”“灌，斟姓，傳謂斟灌，今青

2777　董珊：《疑尊、疑卣考釋》，《中國國家博物館館刊》2012 年第 9 期，第 75、78 頁。
2778　李學勤：《疑尊、卣别解》，原載香港浸會大學《饒宗頤國學院院刊》（創刊號），2014 年 4 月；後收入《夏商周文明研究》，商務印書館，2015 年，第 176 頁。
2779　吴鎮烽：《商周青銅器銘文暨圖像集成索引》，上海古籍出版社，2019 年，第 1073 頁。

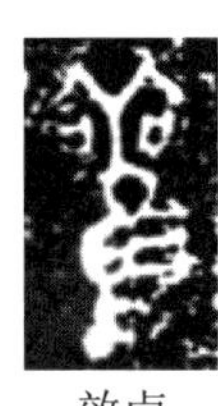

效卣

之壽光東南有斟灌城，灌亭。”地在今山東壽光縣東南。東灌當距此不遠。《世本》以己姓爲少昊之後，此銘之雚也可能就是壽光之灌。

陳秉新、李立芳《出土夷族史料輯考》[2780][史密簋]

【釋地】山東省聊城市莘縣

雚即觀，《通志·氏族略》載：“觀，姒姓，侯爵。《左傳》云夏有觀扈，皆同姓之國，至商失國，子孫以國爲氏，今澶州有觀城是其地也。”觀城在今山東省莘縣南部，地處魯豫交界，今名觀城鎮。

吴鎮烽《史密簋銘文考釋》[2781][史密簋]

灌，或釋解作“觀”，地在今山東莘縣南部，正確。或釋意爲“喧亂”，不可信。

孫敬明《史密簋銘箋釋》[2782][史密簋]

【釋地】陝西省渭南市華州區

雚，國名，應即商器“伐甬鼎”（《小校》3.2）銘中“王命宜子迨西方䢺（《廣雅》：‘拒也’）雚”之“雚”。宜子國在今河南宜陽，“西方”指“周”，在今陝西岐山縣，則宜、周二國合夥抗拒的“雚”國當在今陝西華縣西，《山海經·西山經》所載“灌水”上（《水經·渭水注》），殷末周初很可能臣服于周，遷封到今河南濮陽東北，漢“灌縣”（《水經·巨洋水注》引薛瓚《漢書集注》）一帶，與杞、舟等國南北聯成一綫，以屏障周之東都洛邑。

王雷生《由史密簋銘看姜姓萊、㠱族東遷》[2783][史密簋]

【他釋】

方濬益謂“雚當釋爲觀，嘗爲地名”。郭沫若同此讀法。

雚應讀作灌。《國語·周語》上“王乃淳濯饗醴。及期，鬱人薦鬯，犧人薦醴，王祼鬯，饗醴乃行”。此先灌後饗之禮，與此器同。

陳夢家《西周銅器斷代》[2784][效卣]

本銘雚字也用爲陣名。西周晚期，淮夷、杞夷、舟夷正處于江淮一帶，他們首先發明鸛陣這一陣名，是很自然的。如此説成立，則一來可證陸佃所言有據，早在西周時即有此陣名，二來可測知南夷的軍事實力。

張懋鎔《安康出土的史密簋及其意義》[2785][史密簋]

雚拙文讀爲讙，《説文》：“譁也。”《荀子·强國》：“百姓讙敖。”《漢書·陳平傳》：“諸將盡讙。”顔師古注：“讙，囂而議也。”折讀

2780 陳秉新、李立芳：《出土夷族史料輯考》，安徽大學出版社，2005年，第196頁。
2781 吴鎮烽：《史密簋銘文考釋》，《考古與文物》1989年第3期，第57頁。
2782 孫敬明：《史密簋銘箋釋》，《考古發現與齊史類徵》，齊魯書社，2006年，第105頁。
2783 王雷生：《由史密簋銘看姜姓萊、㠱族東遷》，《考古與文物》1997年第6期，第78頁。
2784 陳夢家：《西周銅器斷代》，中華書局，2004年，第121頁。
2785 張懋鎔：《安康出土的史密簋及其意義》，《文物》1989年第7期，第67頁。

爲悊，《説文》：“敬也。”

王輝《商周金文》[2786]［史密簋］

我們認爲“雚”在這裏當讀爲“觀”，是西周春秋時的一種軍事行爲“觀兵”。“觀兵”的實質是向對手炫耀武力，以達到震懾對方的目的。……“不折”就是“不質”，即“不本分”之意，這正與“雚”相契合。“雚”與“不折”並舉，從不同角度來反映諸夷人此舉的實質。“雚，不折”的背後，便是他們大舉入侵周朝東土。銘文追述戰爭之因言簡意賅，這是西周戰爭銘文的一大特色，大概也是後世討逆檄文的濫觴。

寇占民《金文釋詞二則》[2787]［史密簋］

0940

韓

【時代】西周早中期

【出處】昔鷄簋

王姒呼昔鷄遣莽姞于韓，韓侯賓用貝、馬，敢揚王休，用作尊彝。［昔鷄簋，《銘三》483、484］

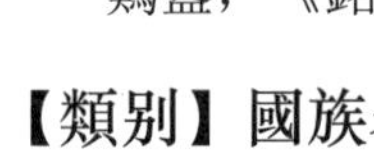

【類别】國族名稱

□，發掘報告、整理者皆釋爲韓，其説甚是。韓爲武之穆，初封在北土，其地近燕，韓都在今河北固安縣，周幽王時爲獫夷所迫，遷徙至今山西芮城縣，舊地爲燕所并。昔鷄簋屬西周早中期之交，其時韓尚在北土。此爲西周韓國首見于彝銘。

黄益飛《略論昔鷄簋銘文》[2788]［昔鷄簋］

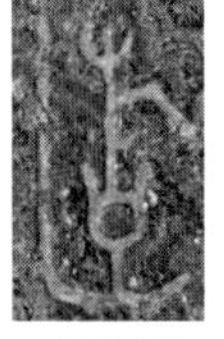

昔鷄簋

昔鷄簋

【釋地】山西省河津市

典籍記載和金文資料均可證明，西周時期確有韓國，其爲姬姓侯國。約在春秋初年，韓國被晋吞并，韓君亦淪爲晋臣。關于西周時期韓國的地望，歷來即存在有多種不同説法，但本文經過辨析，認爲西周韓國在今山西河津與萬榮之間的説法最爲可信，因此期待今後能爲考古發現得以證實。

楊亞長《淺説金文新見之韓侯》[2789]［昔鷄簋］

【釋地】陝西省韓城市

西周時期韓國先封于陝西韓城一帶，後遷徙到河北地區，與燕爲鄰，這是出于西周晚期北國地區邊域形勢的需要。

武剛《周原出土昔鷄銅簋與西周韓國封建問題新證》[2790]［昔鷄簋］

2786 王輝：《商周金文》，文物出版社，2006年，第200—201頁。
2787 寇占民：《金文釋詞二則》，《中原文物》2008年第6期，第105頁。
2788 黄益飛：《略論昔鷄簋銘文》，《中國國家博物館館刊》2018年第3期，第56頁。
2789 楊亞長：《淺説金文新見之韓侯》，《文博》2018年第3期，第66頁。
2790 武剛：《周原出土昔鷄銅簋與西周韓國封建問題新證》，《歷史地理》（第三十八輯），復旦大學出版社，2019年，第39頁。

 厵羌鐘 0940.02 **執**	**【時代】戰國早期·韓** **【出處】厵羌鐘**[《集成》157—161]**等** **【類別】國族名稱** **【釋地】河南省禹州市** 都陽翟，今河南禹州市。 吴鎮烽《銘圖索引》[2791][厵羌鐘] **【釋地】河南省新鄭市** 即韓、韓國，都鄭，今河南新鄭市。 吴鎮烽《銘圖索引》[2792][韓將庶虎節]
0941 **臨**  商鞅方升	**【時代】戰國中期** **【出處】商鞅方升**[《集成》10372] **【類別】城邑名稱** 地名。爲商鞅方升第二次所置之地。 馬承源《商周青銅器銘文選》[2793][商鞅方升] **【釋地】陝西省渭南市大荔縣** 臨，地名，臨晋的省稱，在今陝西省大荔縣東。 湯餘惠《戰國銘文選》[2794][商鞅方升] **【釋地】山西省運城市臨猗縣** 秦國臨晋縣的簡稱。 吴鎮烽《銘圖索引》[2795][商鞅方升]
0942 **臨汾**	**【時代】戰國晚期·秦** **【出處】臨汾守曋戈** 廿二年，臨汾守曋，庫係、工歍造。[臨汾守曋戈，《集成》11331]

2791 吴鎮烽：《商周青銅器銘文暨圖像集成索引》，上海古籍出版社，2019 年，第 1031 頁。
2792 吴鎮烽：《商周青銅器銘文暨圖像集成索引》，上海古籍出版社，2019 年，第 950 頁。
2793 馬承源主編：《商周青銅器銘文選（四）》，文物出版社，1990 年，第 612 頁。
2794 湯餘惠：《戰國銘文選》，吉林大學出版社，1993 年，第 26 頁。
2795 吴鎮烽：《商周青銅器銘文暨圖像集成索引》，上海古籍出版社，2019 年，第 1032 頁。

臨汾守曋戈

【類别】城邑名稱

臨汾《漢書·地理志》爲河東郡屬縣。《考古》一九七八年一期江西省博物館、遂川縣文化館《記江西遂川出土的幾件秦代銅兵器》一文云，秦代河東郡治所有可能在臨汾。但《史記·秦本紀》云昭襄王二十一年，錯攻魏河内，魏獻安邑，《水經·涑水注》云河東郡治安邑，則河東郡治不在臨汾。且秦器刻銘通例，凡言某守，某皆爲郡名，如“上守”“蜀守”是。照此推測，則臨汾也可能爲郡名，而爲《史記》《漢書》所漏載，正像陳郡見于《陳涉世家》，而爲《漢書·地理志》所漏載一樣。

王輝《秦銅器銘文編年集釋》[2796][臨汾守曋戈]

【釋地】山西省運城市新絳縣

今山西新絳縣東北晋城村。

吴鎮烽《銘圖索引》[2797][臨汾守曋戈]

0943

鄝

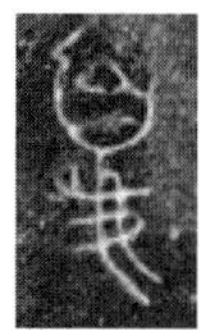

鄝膚簋

【時代】春秋中期

【出處】鄝膚簋

唯正月丙辰，鄝膚擇其吉金，爲騂兒鑄媵簋，子子孫孫，永保用之。[鄝膚簋，《銘續》500]

【類别】國族名稱

【釋地】湖北省襄樊市

春秋小國，都城在今湖北襄樊市附近。

吴鎮烽《銘圖索引》[2798][鄝膚簋]

0944

戲

戲伯鼎

【時代】西周

【出處】戲伯鼎[《集成》2043]等

戲伯作餴鬲，其萬年子子孫永寶用。[戲伯鬲，《集成》666、667]

【類别】城邑名稱

【釋地】河南省登封市

國族名。《路史》稱古之戲國有二：一爲炎帝之後姜姓國，其地在陝西臨潼縣東戲水一帶，古有戲亭，又名幽王城。即周幽王身死之所；另一

2796 王輝：《秦銅器銘文編年集釋》，三秦出版社，1990年，第104頁。
2797 吴鎮烽：《商周青銅器銘文暨圖像集成索引》，上海古籍出版社，2019年，第1032頁。
2798 吴鎮烽：《商周青銅器銘文暨圖像集成索引》，上海古籍出版社，2019年，第1073頁。

<table>
<tr><td>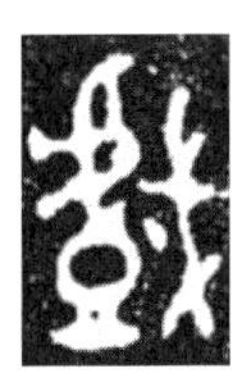
戲伯鬲

戲伯鬲</td><td>爲商世侯伯，即武王克商時命吕佗所伐之戲方，爲鄭地之戲。《左傳・成公十七年》：“公會尹武公、單襄公及諸侯伐鄭，自戲童至于曲洧。”戲童即襄公九年“同盟于戲”之戲，其地在今河南登封縣嵩山北。戲伯即戲國之君長，此未詳何國。
馬承源《商周青銅器銘文選》[2799][戲伯鬲]

【釋地】陝西省西安市臨潼區

豆閉敦：“王各師戲太室。”則戲當距鎬京不遠。《國語・魯語》：“幽滅于戲。”韋注：“戲，戲山在西周也。”《晋語》：“獻公卜伐驪戎。”韋注：“驪戎，西戎之别再驪山者。”驪山在新豐南十里，《郡縣志》謂古戲亭在焉。則驪山戲山是一地。《後漢書・郡國志》：“新豐有驪山，東有龍門亭及戲亭，周幽王死處。”是也。驪山，杜預曰：“古驪戎國”。《周本紀》：“求驪戎之文馬”，即指此。驪與黎通，《禹貢》：“其土青黎”。《史記》黎作驪，其證也。疑西伯戡黎之黎即驪國，亦即戲國。亦即《逸周書・世俘解》至越戲方之戲。《史記・周本紀》：“明年伐密須，明年伐耆國，明年伐邘，明年伐崇侯虎而作豐邑”。密在涇州密縣，《詩》：“既伐于崇，作邑于豐。”則崇去豐必不遠，《通典》謂崇國在京兆府鄠縣，或近實。文王伐諸國，蓋就其近者伐之，由西東漸，黎不當如舊云遠在上黨，故伐戲而祖伊始恐，以告于紂也。
余永梁《金文地名考》[2800][戲伯鬲]

今西安臨潼區東北戲水西岸。
吴鎮烽《銘圖索引》[2801][戲伯鼎]</td></tr>
<tr><td>0945
闇

闇尹瞓鼎</td><td>【時代】春秋晚期

【出處】闇尹瞓鼎

闇尹瞓之厨鼎。[闇尹瞓鼎，《銘圖》1660]

【類别】城邑名稱</td></tr>
<tr><td>0946
鍾</td><td>【時代】戰國早期・宋

【出處】鍾戈[《銘圖》16284、16285，《銘三》1322]

【類别】城邑名稱</td></tr>
</table>

2799 馬承源主編：《商周青銅器銘文選（三）》，文物出版社，1988 年，第 240 頁。

2800 余永梁：《金文地名考》，《國立中山大學語言歷史學研究所週刊》第 5 集第 53、54 期合刊，1928 年，第 3 頁。

2801 吴鎮烽：《商周青銅器銘文暨圖像集成索引》，上海古籍出版社，2019 年，第 1032 頁。

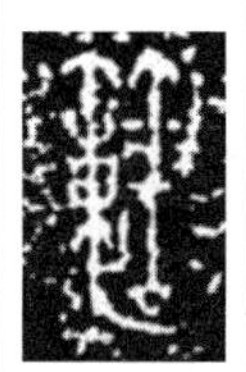 鍾戈	**【釋地】山東省菏澤市定陶區** 戰國早中期的兵器銘文字數較少，多數都是器主人名、鑄造地名等內容。從常例推測，戈銘的“鍾”極有可能是鑄造地名。《左傳》哀公七年（前 488 年），曹伯“乃背晋而奸宋。宋人伐之，晋人不救，築五邑于其郊，曰黍丘、揖丘、大城、鍾、邘”。杜預注：“梁國下邑縣西南有黍丘亭。”沈欽韓認爲：“曹是小國，既云築邑于郊，必不得遠至梁國之下邑（今歸德府夏邑縣）。”據《欽定春秋傳説彙纂》，“鍾”在今山東省定陶縣界，當可信。 “鍾”地一帶應該在宋國滅曹（前 487 年）之後歸宋所有，直至前 286 年齊滅宋、前 285 年秦奪取陶，期間未見改屬它國的記載。雖然魏國的安釐王曾奪取陶（《韓非子·有度》“取地河東，攻盡陶、衛之地”），但已是戰國晚期，與該戈的時代不相符。據此如果戈銘的“鍾”確是《左傳》哀公七年的“鍾”地，其國别當以屬宋爲宜。 吴良寶《珍秦齋藏郾戈、鍾戈考》[2802][鍾戈] **【釋地】山東省禹城市** 今山東禹城縣東南。 吴鎮烽《銘圖索引》[2803][鍾戈]
0947 **爵祝**  徐沈尹鉦	**【時代】春秋早期** **【出處】徐沈尹鉦** 正月初吉，日在庚，郐（徐）沈尹者故𩰫，自作征城，次乎爵祝，儆至劍兵，世萬子孫，眉壽無疆，皿彼吉人享，士余是尚。[徐沈尹鉦，《集成》425] **【類别】城邑名稱** 按通常慣例，“次于”之賓語多爲地名。若以聲求其地望。“爵祝”似可讀“取慮”。首先，“爵”，精紐宵部。“取”，清紐侯部。精、清均屬齒音，宵、侯鄰韻旁轉。《周禮·考工記·鐘氏》：“五人爲緅。”注：“緅，今《禮》俗文作爵。”此“爵”可讀“取”之確證。其次，“慮”從“虍”聲，“虍”屬曉紐魚部。“祝”從“兄”聲，“兄”屬曉紐陽部。“虍”與“兄”屬魚、陽陰陽對轉。章炳麟謂“盧”對轉爲“匡”，而“皇”與“兄”聲系相通。“匡”“皇”均屬“王”聲系，故而“虍”與“兄”聲系相通也就不難理解了。 “取慮”，地名。《史記·陳涉世家》：“取慮入鄭布。”索隱：“取，又音子臾反。”（又音與“爵”音甚近）即《漢書·地理志》臨淮郡“取

2802 吴良寶：《珍秦齋藏郾戈、鍾戈考》，清華大學出土文獻研究與保護中心編、李學勤主編：《出土文獻》（第四輯），中西書局，2013 年，第 141 頁。

2803 吴鎮烽：《商周青銅器銘文暨圖像集成索引》，上海古籍出版社，2019 年，第 1033 頁。

慮”。《讀史方輿紀要》江南府虹縣“取慮城，縣北一百二十里。漢縣，屬沛郡”。在今安徽靈璧西北與江蘇睢寧交界之處。又據《通志·氏族略》“徐偃王子食邑取慮，因氏焉”，可知其地應屬古徐國範圍。

何琳儀《徐沈尹鉦新釋》[2804][徐沈尹鉦]

0948

襄平

襄平鼎

襄平令奴𨜶劍

【時代】 戰國晚期

【出處】 襄平鼎[《銘圖》2042]　襄平令奴𨜶劍[《銘圖》17853]

【類別】 城邑名稱

【釋地】 河北省邢臺市平鄉縣

戰國地名“襄平”確知的衹有燕國，燕方足布有書作“纕坪”的，《史記·匈奴列傳》：“燕亦築長城，自造陽至襄平。”《漢書·地理志》隸遼東郡，在今遼寧遼陽。衹是三晉之地亦有“襄平”，據《古璽彙編》0125所著之璽可知，從其文字風格特別是“襄”字來看，屬三晉之璽應無大疑問。除此之外，有一種認爲是趙國尖足布的，幣文兩字左右讀互見，《中國歷代貨幣大系》均釋爲“商平”；黄錫全《〈中國歷代貨幣大系·先秦貨幣〉釋文校訂》則均釋讀作“平襄（鄉）”，考其地在“河北平鄉西南”。

唐友波《新見湏朕鼎小識》[2805][襄平鼎]

【釋地】 河南省地區

戰國魏邑，約在今河南東部。

吴鎮烽《銘圖索引》[2806][襄平鼎]

【釋地】 遼寧省遼陽市

戰國燕邑，今遼寧遼陽市老城區。

吴鎮烽《銘圖索引》[2807][襄平令奴𨜶劍]

0949

襄安

襄安君壺

【時代】 戰國時期

【出處】 襄安君壺　襄安文公鼎[《銘三》204]　襄安甗[《銘三》358]

襄安君其瓶，式轂，予，樂。[襄安君壺，《集成》9606]

【類別】 城邑名稱

2804　何琳儀：《徐沈尹鉦新釋》，黄德寬主編：《安徽大學漢語言文字研究叢書·何琳儀卷》，安徽大學出版社，2013年，第96頁。

2805　唐友波：《新見湏朕鼎小識》，上海博物館編：《上海博物館集刊》（第九期），上海書畫出版社，2002年，第55頁。

2806　吴鎮烽：《商周青銅器銘文暨圖像集成索引》，上海古籍出版社，2019年，第1033頁。

2807　吴鎮烽：《商周青銅器銘文暨圖像集成索引》，上海古籍出版社，2019年，第1033頁。

襄安甗

襄安是燕地。見于馬王堆帛書《戰國縱橫家書》蘇秦自齊獻書于燕王章："趙疑燕而不攻齊，王使襄安君東，以便事"，"襄安君之不歸哭也，王昔之"。又見《戰國策·趙策》："臣又願足下有地，效于襄安君以資臣也。""歸哭"謂回國奔喪，襄安君必爲昭王之親屬，質于齊而爲齊所扣留，不能歸國奔喪，馬王堆漢墓帛書整理小組認爲"可能是燕國昭王之弟"，是可信的。燕地見于記載不多，襄安地望文獻雖無可考，但肯定屬于燕地。此器之襄安君與上述帛書、《戰國策》當爲一人。

黄盛璋《戰國燕國銅器銘刻新考》[2808][襄安君壺]

0950

襄城

襄城鼎

襄城楚境尹戟

襄城令韓沽戈

【時代】戰國時期

【出處】襄城公景脽戟 襄城令韓沽戈 廿三年司寇矛等

向壽之歲，襄城公景脽所造。[襄城公景脽戟，《銘圖》17140]

六年襄城令韓沽，司寇麻維、右庫工帀（師）甘（邯）丹（鄲）飤、冶疋造長戟刃。[襄城令韓沽戈，《銘圖》17360]

廿三年，襄城令𦥑忥，司寇麻維，右庫工帀（師）甘（邯）丹（鄲）鈓，冶向造，貞持。[廿三年司寇矛，《集成》11565]

【類别】城邑名稱

【釋地】河南省許昌市襄城縣

襄城，《漢書·地理志》潁川郡下有襄城縣，轄境約當今河南省襄陽、郟縣、舞陽一帶。春秋早中期爲楚所有，到戰國中期楚肅王時（約公元前380—370年），襄城爲魏屬地。楚懷王二十八年（公元前301年），齊、魏、韓攻楚方城（大致位于襄城稍南），楚"方城外之蔽"襄城一帶汝、沙流域盡爲韓、魏所有。《史記·魏世家》記，魏昭王元年（即楚頃襄王四年，公元前295年）"秦拔我（魏）襄城"，按説此時襄城當爲魏、秦易手之邑，可是劉向《説苑·善説》載，也是在楚頃襄王年間，楚封"襄成君"領邑襄城。據考古調查，這一代楚遺址、遺物甚多，此地諸國當時應呈反復拉鋸、疆境不斷變易之勢。

周曉陸、紀達凱《江蘇連雲港市出土襄城楚境尹戈讀考》[2809][襄城楚境尹戟]

戈銘"𨑓城"即"襄城"。"襄城"亦見于戰國布幣，惟寫法稍異，其地在今河南省襄城縣，戰國時屬韓。

張光裕、吴振武《武陵新見古兵三十六器集録》[2810][襄城令韓沽戈]

2808 黄盛璋：《戰國燕國銅器銘刻新考》，陳光彙編：《燕文化研究論文集》，中國社會科學出版社，1995年，第196頁。

2809 周曉陸、紀達凱：《江蘇連雲港市出土襄城楚境尹戈讀考》，《考古》1995年第1期，第77頁。

2810 張光裕、吴振武：《武陵新見古兵三十六器集録》，《雪齋學術論文二集》，藝文印書館，2004年，第89頁。

廿三年司寇矛	"襄城"即今河南襄城縣。 董珊《向壽戈考》[2811]［向壽戈］ 我們認爲環權刻銘"襄成"應該就是見于文獻的"襄城"。據《漢書·地理志》，潁川郡有"襄城"縣，治今河南許昌市襄城縣。 王偉《戰國襄成環權銘文校釋》[2812]［襄成環權］ 即襄城，今河南襄城縣。 吴鎮烽《銘圖索引》[2813]［襄城鼎］ 今河南襄城縣。 吴鎮烽《銘圖索引》[2814]［襄城公景脽戟］ **【釋地】江蘇省連雲港市** 襄城君始封之時，襄城（今河南襄城縣）已非楚地，何浩提出楚可能在某地重新僑置之，因舊名。或許存在這種可能性。 在楚滅越之後的戰國後期，游水流域應長期爲楚所有，而"襄城公戈"的出土地又恰巧在連雲港市，説明楚國在這一代可能曾設有襄城邑。關于襄城邑和襄城公戈的來源，有兩種可能。一是楚失襄城後，遷其舊民，安置于游水一帶，"襄城公戈"由襄城舊民帶至此地。後在此設立新的襄城邑，並以之封襄城君，故有《説苑》之語。二是楚失襄城後，遷其舊民至游水一帶，重立襄城縣，"襄城公戈"爲其縣公用戈，而襄城君之封大概也在同一時期，存在縣邑、封邑同名共地的現象，考諸史書地志，今連雲港一帶未見有與襄城相關的地名，也許因爲襄城君之封至楚亡僅有 50 餘年，時間過短，故襄城之名並未在游水流域流傳下來，楚亡，僑置之襄城之名隨之湮滅。 鄭威《襄城公戈新考》[2815]［襄城公戈］
0951 **襄陵**	**【時代】戰國中期** **【出處】鄂君啓車節**［《集成》12110、12111］ **【類別】城邑名稱** 《鄂君啓節》襄陵之陵爰陵之陵均作𨺅，此字又見于長沙子彈庫戰國帛書及新出土之義陵三器。 對于此字有三種説法：一、直接讀爲陵字，不加解釋。二、謂本爲襄陲，但《史記》誤書爲襄陵。三、釋爲陸字，南楚音舒讀爲陵。

2811 董珊：《向壽戈考》，《考古》2006 年第 3 期，第 67 頁。
2812 王偉：《戰國襄成環權銘文校釋》，清華大學出土文獻研究與保護中心編、李學勤主編：《出土文獻》（第十四輯），中西書局，2019 年，第 206 頁。
2813 吴鎮烽：《商周青銅器銘文暨圖像集成索引》，上海古籍出版社，2019 年，第 1033 頁。
2814 吴鎮烽：《商周青銅器銘文暨圖像集成索引》，上海古籍出版社，2019 年，第 1033 頁。
2815 鄭威：《襄城公戈新考》，《考古》2013 年第 3 期，第 89 頁。

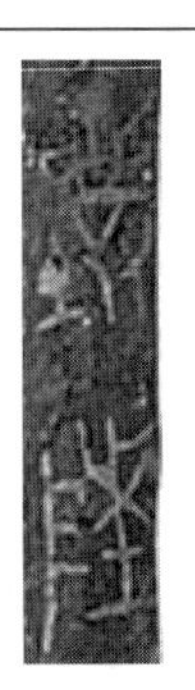

鄂君啓車節

0951.02
襄陲

按：此字就字形而論，决非陵字，于省吾先生已做過精確的論述。金文陵字作[illegible]，加土旁作[illegible]，與此字形决不相類，故釋陸亦不正確。細析此字字形，應係陲字無疑；然就文義論，確又應讀爲陵字。《鄂君啓節》中之襄陲、爰陲自當爲襄陵、爰陵；義陵三器中的義陲自當是義陵；帛書用此字處，其辭“山陲”决是山陵。《上海博物館藏印選》著録一方戰國古璽，文曰“江陲行邑大夫鉩”，垂字作[illegible]，與此字形同而無阜旁。按其義實是江陵，故知此字省阜旁後仍爲陵義。

劉宗漢《金文札記三則》[2816][鄂君啓節]

按鄂君啓節“大司馬邵（昭）陽敗晋師於襄陵之歲”，確用爲“陵”，《史記·楚世家》：楚懷王六年“楚使柱國昭陽將兵而攻魏，破之于襄陵。”人物，地點，史實皆合，邵陽即昭陽，魏亦稱爲晋，襄陵確爲魏地。又見《水經·淮水注》引《竹書紀年》：“宋景敾、衛公孫倉會齊師圍我襄陵”，于先生謂襄陵原名襄陲， 因《史記》誤作襄陵，不僅記載跟着錯，連地名襄陵也跟着改，這不近情理。襄陵一直沿用至秦，“秦始皇以承匡卑濕，故徙縣于襄陵，謂之襄邑”（《漢書》顔師古注），地名實用于當地人民口中，不可能因《史記》錯爲襄陵，長期流行于人民中的地名也爲之改變，何况襄陵之名遠在《史記》前。《史記》記魏地襄陵不限于《楚世家》，《魏世家》梁惠王十九年諸侯圍我襄陵，即上引《竹書紀年》之記事，而年代、史實與《紀年》皆略有差異，知所據並非《紀年》，而《紀年》亦稱爲襄陵，不得謂爲荀勗等人所改。地下出土之鄂君啓節與《竹書紀年》皆證《史記》之襄陵不誤，襄陵原名不是襄陲。

黄盛璋《楚銘刻中“陵、陲”的考辨及其相關問題》[2817][鄂君啓節]

【釋地】河南省商丘市睢縣

襄陵應作襄陲。襄陲也見車節。陲作“[illegible]”，各家誤釋作陵。陲字“曾姬無邺壺”作“[illegible]”，晚周繒書作“[illegible]”，可以互證。古文字中的陵字作“[illegible]”或“[illegible]”，與陲迥别。《水經注·淮水》引《竹書紀年》：“梁惠成王十七年，宋景敾、衛公孫倉會師圍我襄陵。”《史記·楚世家》：“（懷王）六年，楚使柱國昭陽將兵而攻魏，破之于襄陵。”《漢書·地理志》陳留郡有襄邑，顔師古曰：“圈稱云襄邑宋地，本承匡襄陵鄉也，宋襄公所葬，故曰襄陵。秦始皇以承匡卑濕，故徙縣于襄陵，謂之襄邑。”按《水經注·淮水》亦稱“宋襄公之所葬，故號襄陵矣。”酈注爲顔説所本。又《水經注·渭水》：“秦名天子冢曰山，漢曰陵。”按春秋戰國時王公的墳墓還没有通稱爲陵，則謂襄陵得名于宋襄公之所葬並不可據。今以節文證之，則襄陵本應作襄陲，陵與陲形近易訛。自《史記》誤“陲”爲“陵”，晋人寫定《紀年》遂因之，各家釋此節者也因之，不止本應作襄陲。

于省吾《“鄂君啓節”考釋》[2818][鄂君啓節]

2816 劉宗漢：《金文札記三則》，山西省文物局、中國古文字研究會等編：《古文字研究》（第十輯），中華書局，1983年，第127頁。
2817 黄盛璋：《楚銘刻中“陵、陲”的考辨及其相關問題》，《安徽史學》1984年第1期，第42—43頁。
2818 于省吾：《“鄂君啓節”考釋》，《考古》1963年第8期，第442頁。

戰國楚邑，今河南睢縣。

吴鎮烽《銘圖索引》[2819][鄂君啓節]

0952

襄陰

襄陰鼎

【時代】戰國晚期·趙

【出處】襄陰鼎[《銘圖》1491]

【類别】城邑名稱

【釋地】内蒙古自治區呼和浩特市

𨙶即襄陰。戰國趙地，在今内蒙古自治區呼和浩特市境内。《漢書·地理志》：“定襄郡……襄陰縣。”

崔恒昇《古文字地名考釋》[2820][襄陰鼎]

戰國趙邑，今内蒙古呼和浩特市。

吴鎮烽《銘圖索引》[2821][襄陰鼎]

0953

襄犨

晋國下庫戟

【時代】戰國中期·魏

【出處】晋國下庫戟[《銘圖》17301]

【類别】城邑名稱

内背刻“襄犨”，應讀爲《左傳》僖公二十八年、襄公十年所見之衛國地名“襄牛”。此即《漢書·地理志》陳留郡之“襄邑”，莽曰“襄平”，應劭曰：“《春秋傳》曰‘師于襄牛’是也。”顔師古曰：“圈稱云：襄邑宋地，本承匡襄陵鄉也。宋襄公所葬，故曰襄陵。秦始皇以承匡卑濕，故徙縣于襄陵，謂之襄邑，縣西三十里有承匡城。然則應説以爲襄牛，誤也。”《水經注疏·淮水》“又東逕襄邑縣故城南”楊守敬引用應、圈、顔三説之後判斷“據應説則所見《漢志》必爲襄牛。”今珍秦齋戈秦刻“襄犨”，可證應劭説確有根據，楊守敬判斷亦不誤。

董珊《讀珍秦齋藏秦銅器劄記》[2822][晋國下庫戟]

董珊先生《讀珍秦齋藏秦銅器劄記》説“襄犨”應讀爲《左傳》僖公二十八年和襄公十年所見衛地“襄牛”。

今按，據銘文及摹本所示，“犨”字上部兩“隹”符之間還有“言”

2819　吴鎮烽：《商周青銅器銘文暨圖像集成索引》，上海古籍出版社，2019年，第1033頁。

2820　崔恒昇：《古文字地名考釋》，中國古文字研究會、安徽大學古文字研究室編：《古文字研究》（第二十三輯），中華書局，2002年，第221頁。

2821　吴鎮烽：《商周青銅器銘文暨圖像集成索引》，上海古籍出版社，2019年，第1033頁。

2822　董珊：《讀珍秦齋藏秦銅器劄記》，《珍秦齋藏金·秦銅器篇》，澳門基金會，2006年，第223頁。

	字，故原釋文的“犨”應改釋作“犫”；“犫”字亦正可與漢封泥“犫丞之印”相印證；又張家山漢簡《秩律》簡 457 號有“魯陽、朗陵、犨（犫）、酸棗（棗）”，整理者注“屬南陽郡”；此“犨（犫）”亦應是漢代沿置的秦縣。 又，董珊先生將“襄犫”讀爲“襄牛”，有文獻依據當然可自成一説；但仔細觀察該戈内銘“襄”“犫”二字的刻畫情況和文字布局，可見“襄”字字形較大，筆畫略分散，刻痕亦較深；而“犫”字形稍小，結體稍顯緊湊，刻痕也稍淺細。據此我們認爲，“襄”“犫”二字亦有可能並非同時所刻，即“襄”“犫”二字很可能是先後刻記的兩個不同的地名。 據《漢書·地理志》記載，江夏郡屬縣有“襄”，治所無考；而新出漢封泥有“襄國丞印”，或與《漢書·地理志》江夏郡之“襄”縣有關。“襄國丞印”封泥似可説明“襄”與“襄成”應爲兩地，亦可説明“襄”曾爲侯國，可見《漢書·地理志》所記江夏郡屬縣“襄”雖今地無考但淵源有自。 又《漢書·地理志》南陽郡屬縣有“犫”，治今河南魯山縣東南。此外，秦漢犫縣也有出土資料的證據，如上舉許雄志鑒印山房藏河南平輿縣出土的漢封泥有“犫丞之印”和《秦漢南北朝官印徵存》639 號“犫縣徒丞印”。 王偉《秦兵器銘文地名考釋（二則）》[2823][晉國下庫戟戈] **【釋地】河南省濮陽市** 今河南濮陽縣境。 吴鎮烽《銘圖索引》[2824][晉國下庫戟]
0954 **應**  應公觶  應監鼎	**【時代】西周時期** **【出處】多器** **【類别】國族名稱** 《綴遺》4.21 曰：“《左傳》僖公二十四年傳曰邘、晉、應、韓，武之穆也。杜注應國在襄陽城父縣西。按今之應城，是其地也。《水經·滍水注》應城故應鄉也。應侯之國。《博古圖》有《應侯敦》，釋應爲雍……其説殊誤。……鷹、應一字。”方氏所論，都是正確的。 陳夢家《西周銅器斷代》[2825][應公觶] **【釋地】河南省平頂山市寶豐縣** 雁即應國之應，乃周武王之子孫所封地。……據杜預注“應國在今父

2823 王偉：《秦兵器銘文地名考釋（二則）》，清華大學出土文獻研究與保護中心編、李學勤主編：《出土文獻》（第十二輯），中西書局，2018 年，第 188—189 頁。

2824 吴鎮烽：《商周青銅器銘文暨圖像集成索引》，上海古籍出版社，2019 年，第 1033 頁。

2825 陳夢家：《西周銅器斷代》，中華書局，2004 年，第 78 頁。

城縣西南。”故城在今河南寶豐縣西南（在河南中部）。

郭沫若《釋應監甗》[2826][應監甗]

應公鼎

此是國名，古書均作應。《漢書·地理志》在潁川郡父城縣下説："應鄉，故國。周武（當作成）王弟所封。”在今河南省寶豐縣西南，壽山縣東。

唐蘭《西周青銅器銘文分代史徵》[2827][應公鼎]

應事鼎

【釋地】河南省平頂山市新華區

應侯壺

關于應國之所在，上引《漢書》已説在潁川郡父城縣之應鄉，《括地志》也説“故應城，因應山爲名，在汝州魯山縣東三十里，與《漢書》合。又《水經注》卷三十一《滍水》東逕應城南。”酈道元：“故應鄉也，應侯之國。”據《水經注》我們得知應城在滍水之北，亦即滍陽。今滍陽鎮出土了鄧公嫁女到應國的銅器，這就從考古學上證實古之應國就在這裏，同時又可證明《漢書·地理志》《水經注》《括地志》等古籍關于應國的記載，是可靠的。

周永珍《兩周時期的應國、鄧國銅器及地理位置》[2828]

關于應之地望問題，據《國語·鄭語》載史伯答鄭桓公時云：“當成周者，南有荆蠻、申、吕、應、鄧、陳、蔡、隨、唐。”表明應在成周（洛邑）之南，是同申、吕相距不遠的國家。又《漢書·地理志》潁川郡父城縣：“應鄉，故國，周武王弟（子）所封。”可知應在漢代潁川郡境。《水經注·滍水》：“牛蘭水，又東南逕魯山南。闞駰曰：魯陽縣，今其地魯山是也，滍水南注入滍。滍水東逕應城南，故應鄉也，應侯之國。”滍水即今之沙河，應城當在沙河之北。漢代的父城縣即春秋時楚國的城父邑，西周時期屬應之地域範圍。古代的父城，在今寶豐縣東三十八里的翟集村南崗地上，當地俗呼其遺址爲古（父）城。《括地志》魯山縣條：“故應城，因應山爲名。”《太平寰宇記》卷八，汝州魯山縣：“應國在襄城父城縣西南。”這裏所謂的襄城父城縣，當即指寶豐之父城縣。從考古發現來看，應事諸器出土于平頂山市原滍陽鎮西門外，銅器銘文中曾提到“作旅”問題，旅是祭器，根據古代“祭器不逾境”的慣例，這批銅器出土地點在應國境内。從地理位置上來看，滍陽鎮地當古父城西南，處在山水環抱之中，西依舒山，北有北山，趔山，東面是鳳凰山，南臨沙河——古之滍水，應水自西北蜿蜒而來流經西門外，向南注入沙河。古應國的都城——應城正位于滍陽鎮城内南部偏西的高地上。而整個應國的地域範圍，大體上就在今河南襄城、陝縣、寶豐、魯山、葉縣和平頂山市一帶，正是成周之南，漢代屬潁川郡。

馬世之《應國銅器及相關問題》[2829]

2826 郭沫若：《釋應監甗》，《考古學報》1960 年第 1 期，第 7 頁。
2827 唐蘭：《西周青銅器銘文分代史徵》，《唐蘭全集（七）》，上海古籍出版社，2015 年，第 90 頁。
2828 周永珍：《兩周時期的應國、鄧國銅器及地理位置》，《考古》1982 年第 1 期，第 49 頁。
2829 馬世之：《應國銅器及相關問題》，《中原文物》1986 年第 1 期，第 60 頁。

今河南平頂山市新華區滍陽鎮。

吴鎮烽《銘圖索引》[2830]［應監鼎］

【釋地】河南省平頂山市魯山縣

今汝州魯山縣東三十里。《後漢書・郡國志》潁川郡下有應鄉。

余永梁《金文地名考》[2831]［應公鼎］

【釋地】河南省平頂山市葉縣

西周應侯國，始封地宜在關中，後乃東徙魯山之應鄉；范雎封地亦當左馮翊臨晋之應亭，而不得在河南魯山之應鄉，蓋范雎受封時應鄉尚爲楚國所有，其後不久乃屬秦。《史記・魏世家》："秦葉陽、昆陽與武陽鄰。"《正義》引《括地志》云："昆陽故城在葉縣北三十里。"故葉縣在今河南葉縣南二十里，今葉縣即左昆陽治所。元代始徙葉縣于昆陽。

李瑾《楚器〈郘命尹爐〉"應君"封地及其他問題彙考》[2832]

0955

鄘

司工單鬲

【時代】春秋早期

【出處】司工單鬲

鄘大覶工覶工單鑄其齍鬲，子子孫永保用之。［司工單鬲，《集成》678］

【類别】城邑名稱

0956

邀

魯侯簋

【時代】西周早期

【出處】魯侯簋

唯王令明公遣三族伐東或（國），才（在）邀，魯侯有繇功，用作旅彝。［魯侯簋，《集成》4029］

【類别】城邑名稱

《史記・魯世家》"伯禽即位之後，有管、蔡等反也，淮夷、徐戎亦並興反，于是伯禽率師伐之于肸，作《肸誓》"。《集解》引徐廣云"一作鮮，一作獮"，又引《尚書》作粊，孔安國云"魯東郊之地名"。今本《尚書》作費，乃衛包所改也。本銘才字下一文，上半右旁作當是犬字，召伯虎簋有獄字作，所從犬字形左右均與此同。左旁當是尒字，古璽文尒字或作，與此形近，此當略有剔損處。即《説文》獮字重文之字，字形稍訛，許以爲"從豕示"，乃沿訛形以爲説。下半所從是邑字。即

2830 吴鎮烽：《商周青銅器銘文暨圖像集成索引》，上海古籍出版社，2019年，第1033-1035頁。

2831 余永梁：《金文地名考》，《國立中山大學語言歷史學研究所週刊》第5集第53、54期合刊，1928年，第12頁。

2832 李瑾：《楚器〈郘命尹爐〉應君"封地及其他問題彙考》，《江漢考古》1989年第3期，第71—72頁。

	肹、柒等之本字也。徐廣以爲一作獮者爲近實，肹、柒鮮均叚借字。 郭沫若《兩周金文辭大系圖録考釋》[2833]［魯侯簋］ “”從“”從“欠”從“止”……應釋作“逝”。所從之“”即“噬”字初文。 謝明文《釋魯侯簋“逝”字兼談東周文字中“噬”字的來源》[2834]［魯侯簋］
0957 ⿰⿸虍馬攴 ⿰⿸虍馬攴仲鼎	**【時代】西周晚期** **【出處】⿰⿸虍馬攴仲鼎** ⿰⿸虍馬攴仲□作鼎，子子孫孫永寶用。［⿰⿸虍馬攴仲鼎，《集成》2429］ **【類別】國族名稱**
0958 亶  檀姜鼎  檀伯簋	**【時代】西周早中期** **【出處】檀伯簋 亶姜鼎** 亶伯作寶尊彝。［檀伯簋，《集成》3526］ 亶姜作旅鼎。［檀姜鼎，《集成》2028］ **【類別】國族名稱**

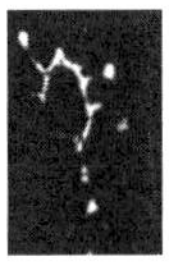

2833 郭沫若：《兩周金文辭大系圖録考釋（二）》，《郭沫若全集·考古編》（第八卷），科學出版社，2002年，第38—39頁。

2834 謝明文：《釋魯侯簋“逝”字兼談東周文字中“噬”字的來源》，北京大學出土文獻研究所編：《青銅器與金文》（第一輯），上海古籍出版社，2017年，第222—227頁。

十八畫

0959

蒡

德方鼎

霸伯盂

司土斧

【時代】西周時期

【出處】德方鼎　霸伯盂　司土斧

唯三月王在成周，祉武福自蒡，咸，王易（賜）德貝廿朋，用作寶尊彝。[德方鼎，《集成》2661]

唯三月，王使伯考蔑尚曆，歸茅苞、旁鬯、臧，尚拜稽首。既稽首，祉賓，贊，賓用虎皮，毀，用璋，奉。翌日，命賓曰："拜稽首天子蔑，其亡曆，敢敏。"用璋。遣賓，贊，用魚皮兩側毀，用璋先馬。遼毀，用玉。賓出，以俎或祉，伯或遼毀，用玉先車。賓出，伯遺賓于蒡，或舍賓馬。霸伯拜稽首，對揚王休，用作寶盂，孫孫子子其萬年永寶。[霸伯盂，《銘圖》6229]

叡嗣土北征蒡斧。[司土斧，《集成》11785]

【類別】城邑名稱

去年夏天在上海博物館得見循方鼎，有"自蒿"之文，蒿作蒡。據我的猜測，芳與蒿當是一個字。所見金文作芳的多而作蒿的少，故對于郭老釋豐，段同志釋方，我尚未能同意。小臣宅簋"同公在丰"，丰字與此不同。方即朔方，不是王所常在之地。

容庚《弭叔簋及訇簋考釋的商榷》[2835][德方鼎]

0959.02

蒡

上海歷史博物館藏有西周《德方鼎》，郭沫若訂爲成王時器。此鼎銘文有"自蒡"的記載，容庚認爲："蒡（即莽——引者按）與蒡，當是一個字"（見《文物》一九六〇年八、九期）。按蒡與莽不是一字。蒡取高音，讀如鎬音；莽取方音，讀如蓬音。《德方鼎》載"自蒡"的蒡，可能是地名，也許泛指蓬蒿漫生之地，也許專指蒡地。而蒡地何在，都未能考定。蒡字在西周金文中罕見，難以考訂蒡地即鎬京；或把蒡地猜測在莽京的附近。而在不同時代的東周金文中，倒有鎬（見《大子鎬》）、蒿（見《曾姬無卹壺》）的記録，然前者爲温器，後者爲蓬蒿的蒿，都與"鎬京""莽京"或"蒿宫"的概念毫無聯繫。故《德方鼎》所載"蒡"字的地望，似應暫作存疑，以待將來發現更多類似蒡字的西周金文記録，再作出準確的考訂。

陳雲鸞《西周莽京新考——讀西周金文劄記》[2836][德方鼎]

2835　容庚：《弭叔簋及訇簋考釋的商榷》，《文物》1960年第8、9期合刊，第78頁。
2836　陳雲鸞：《西周莽京新考——讀西周金文劄記》，《中華文史論叢》1980年第1輯。

葊即鎬京。《詩序·六月》：“宣王北伐也。”詩中講到玁狁“侵鎬及方，至于涇陽”又説“來歸自鎬，我行永久”，可見鎬和方遠在涇水之北。《出車》説“王命南仲，往城于方”，又説“天子命我，城彼朔方。赫赫南仲，玁狁于襄”。可見鎬和方是在北方。那末，這個鎬是周的故都，本在北方。古代遷都以後，往往沿用舊名，所以西安的宗周也有鎬京，後人就不知道北方的鎬京了。

唐蘭《西周青銅器銘文分代史徵》[2837][司土斧]

通作鎬，西周都城名，在今陝西省西安市西南。

馬承源《商周青銅器銘文選》[2838][德方鼎]

首先我們判定葊是地名。類似德方鼎“福自葊”的文辭形式在西周金文中常見，如“王歸自成周”（應侯鐘）；“明公歸自王”（令方彝），“王”即“王城”；“復稟武王禮，福自天”（𣄰尊），“天”即“天室”。成周、王城、天室均表明地點，而銘中“葊”與成周”對舉，故排斥了葊作爲宫室建築名稱的可能性。在此葊非地名莫解。銘文告訴我們，周室在“葊”這個地方對武王舉行春祭。試想，祭祀武王這一大事焉能在一個無名的荒凉之地進行？從西周金文中可以看到，凡周室祭祀先王，不外在宗周、成周。享祀與征伐歷來是周王朝的兩件頭等大事，更何况此銘直言祭祀武王，這在西周金文中頗爲罕見，突出了“葊”的不尋常的地位。再説銘中“葊”與“成周”對舉，一方面指明了葊的地望，葊必在豐（荠）京附近，葊如離成周近，則成王自當親臨葊地祭祀，何必委托他人？另一方面也説明了“葊”的重要性，如同金文中常見“宗周”與“成周”之對舉。《詩·大雅·文王有聲》：“考卜維王，宅是鎬京，維龜正之，武王成之，武王烝哉。”《毛傳》云：“武王作邑于鎬京。”而此銘言成王在鎬京祭祀武王，亦頗相契合。

前引吴大澂云：“大澂竊疑古鎬字，字必非從金從高之字。”字“必非從金”，這是卓見；但必非“從高”，則難以苟同。在先秦典籍中，關于鎬京這一地名，有三種寫法：《詩·大雅·文王有聲》“宅是鎬京”，作鎬；《荀子·王霸篇》“武王以鄗”，則作鄗；《荀子·議兵篇》“武王以滈”，又作滈。究竟哪一個是古鎬字呢？鎬，作爲從金之字，當屬晚起，西周金文中尚未有以金作爲偏旁的；至于滈，有人説是因水（滈池）得名，如是，則豐京也是因水（灃水）得名，爲何不加水旁作灃京，而徑直作豐京呢？可見缺乏説服力。而鎬京寫作“鄗”則常見，有趣的是，先秦重要典籍如《世本》《逸周書》不但將鎬寫作鄗，同時也將豐（丰）加邑寫作酆，這恰恰道破了一個秘密，加邑不過是顯示其爲城邑而已。如同鄭不從邑而作奠，邢不從邑而作井一樣，去掉邑旁纔能還它的原來面目。另外，鎬、滈、鄗三種寫法，均不見于西周金文。因此，它們都不是古鎬字。衹有蒿（葊）字，不但在金文中出現，而且其地位之顯赫，正説明它是鎬京的本字。如果輕視這一點，非要從金文中看到文獻上出現的滈、鄗、

2837　唐蘭：《西周青銅器銘文分代史徵》，《唐蘭全集（七）》，上海古籍出版社，2015年，第260頁。
2838　馬承源主編：《商周青銅器銘文選（三）》，文物出版社，1988年，第26頁。

鎬纔斷定爲鎬京，未免固執不通。但有一點卻是令人深思的：滈、鄗、鎬、蒿（葊）都從“高”（或高聲），這並非偶然現象或微不足道，它正説明“從高”（或高聲）是鎬京本字的重要特性，先秦典籍中出現的鎬京的幾種寫法均與“高”有關，是有所本的。

張懋鎔《鎬京新考》[2839][德方鼎]

鎬京，此鎬在今陝西關中西北部。

吴鎮烽《銘圖索引》[2840][司土斧]

0960

釐

叔夷鎛

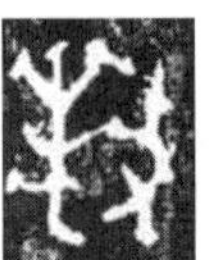

萊伯鼎

師寰簋蓋

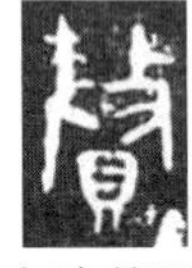

師寰簋器

【時代】西周晚期 春秋晚期

【出處】史密簋[《銘圖》5327] **叔夷鎛**[《集成》285] **庚壺**[《集成》9733]

【類别】國族名稱

釐都，孫詒讓曰：“釐疑即萊，故萊國。《左》襄六年傳‘齊侯滅萊’，又哀五年《傳》‘齊置群公子于萊’是也，字亦作郲，襄十四年傳：‘齊人以郲寄衛侯’，萊郲並從來聲，來釐古音同，經傳多通用，叔弓蓋謂釐大夫，故以其屬縣爲采邑。”

孫海波《齊弓鎛考釋》[2841][叔夷鎛]

孫詒讓云“釐疑即萊，故萊國。《左》襄六年《傳》“齊侯滅萊”，又哀五年《傳》“齊置群公子于萊”是也。字亦作郲，襄十四年《傳》“齊人以郲寄衛侯”，萊郲並從來聲，來釐古音同，經傳多通用。”今案此説至確。

郭沫若《兩周金文辭大系圖録考釋》[2842][叔夷鎛]

【釋地】山東省龍口市

此釐白應是萊伯。《晏子春秋》三齊景公“伐斄”，孫星衍音義云“斄即萊也”。《春秋》宣七“齊侯伐萊”，杜注云“萊國今東萊黄縣”。《春秋》襄六“齊侯滅萊”。《左傳》定十齊魯夾谷之會，“若使萊人以兵刧魯侯”，孔子稱萊人爲“裔夷”，杜注云“萊人齊所滅萊夷”。此萊夷當是殷後子姓之國，《殷本紀》贊和《左傳》隱元《正義》引《世本》，來爲子姓，《春秋大事表》卷五亦以萊爲子姓。

萊伯之鼎出土于黄縣萊陰，乃萊國之地。

陳夢家《西周銅器斷代》[2843][萊伯鼎]

2839 張懋鎔：《鎬京新考》，《古文字與青銅器論集》，科學出版社，2002年，第163—164頁。

2840 吴鎮烽：《商周青銅器銘文暨圖像集成索引》，上海古籍出版社，2019年，第1037頁。

2841 孫海波：《齊弓鎛考釋》，《師大月刊》第1卷第22期，文學院專號1935年；後收入劉慶柱、段志洪、馮時主編：《金文文獻集成》（第二十九册），綫裝書局，2005年，第463頁。

2842 郭沫若：《兩周金文辭大系圖録考釋（二）》，《郭沫若全集·考古編》（第八卷），科學出版社，2002年，第435頁。

2843 陳夢家：《西周銅器斷代》，中華書局，2004年，第119頁。

𧾤戈

此爲考證庚壺銘的一個關鍵字，經X光照出，方窺全豹，其字結構含有“來”與“里”，都可作音符；它與“叔夷鐘”之“𧾤”，寫法略同，應是同一字，皆通作“萊”字。又《説文》以𧾤作萊，二字古同音，故𧾤可通萊，爲萊國之萊當無疑，其地在齊國東鄙，山東半島北濱，黄縣東南之萊子城。

張光遠《春秋晚期齊莊公時庚壺考》[2844][庚壺]

【釋地】山東省榮成市

𧾤，本從來得聲，本銘讀作萊。故萊國在今山東榮成市北。

陳秉新、李立芳《出土夷族史料輯考》[2845][史密簋]

【釋地】山東省平度市

𧾤伯即萊伯，萊是周王朝的封國，《通志・氏族略》載：“萊，子爵，其俗夷，亦謂之萊夷，今登州黄縣東南二十五里有黄城，是萊子國，襄公六年齊滅之。”今山東黄縣東南歸城（一作灰城）曾出土𧾤伯鼎，李學勤先生認爲即萊國故城，《中國歷史地圖集》和《中國歷史地名辭典》都認爲萊在今山東省平度縣西部的膠萊河下游，這裏地處齊都營丘的東面。

吴鎮烽《史密簋銘文考釋》[2846][史密簋]

即萊，今山東平度市西。

吴鎮烽《銘圖索引》[2847][史密簋]

𧾤讀爲萊。《戰國策・魏策四》：“齊伐𧾤莒。”吴師道《戰國策校注補正》：“《齊策》：‘昔者萊莒好謀……’此𧾤字即萊。《左傳》：‘公會鄭伯于郲。’杜注：‘𧾤城。’劉向引‘來牟’作‘𧾤牟’。古字通。”《通志・氏族略三》：“萊，子爵，其俗夷，亦謂之萊夷。今登州黄縣東南二十五里有黄城，是萊子國。襄公六年齊滅之。”今山東黄縣東南灰城曾出土𧾤伯鼎，李學勤以爲即萊國故城。《中國歷史地圖集》認爲萊在今平度縣西南的膠萊河下游。

王輝《商周金文》[2848][史密簋]

0961

𧾤都

【時代】春秋

【出處】叔夷鎛[《集成》285]　**叔夷鐘**[《集成》272]

【類別】城邑名稱

2844 張光遠：《春秋晚期齊莊公時庚壺考》，《故宫季刊》1982年第3期；後收入劉慶柱、段志洪、馮時主編：《金文文獻集成》（第二十九册），綫裝書局，2005年，第474頁。
2845 陳秉新、李立芳：《出土夷族史料輯考》，安徽大學出版社，2005年，第39、197頁。
2846 吴鎮烽：《史密簋銘文考釋》，《考古與文物》1989年第3期，第58頁。
2847 吴鎮烽：《商周青銅器銘文暨圖像集成索引》，上海古籍出版社，2019年，第1037頁。
2848 王輝：《商周金文》，文物出版社，2006年，第202頁。

叔夷鎛

【釋地】山東省龍口市

即齊之大都釐。釐即萊國，萊從來聲，萊釐古音相同，經典多通用。萊國故址在今山東黄縣東南。

馬承源《商周青銅器銘文選》[2849][叔夷鎛]

【釋地】山東省平度市

一作釐，今山東平度市西。

吴鎮烽《銘圖索引》[2850][叔夷鐘]

0962

豐

小臣宅簋

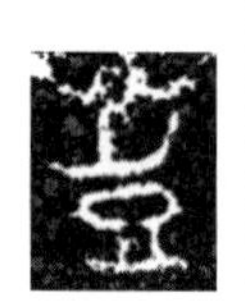
申簋蓋

豐伯車父簋

塱方鼎

【時代】西周時期

【出處】小臣宅簋[《集成》4201]等

【類别】城邑名稱

豐京位于灃水中游西岸，東界緊傍灃水，西界靈沼河，北極渭河故道，即今鄠鄠嶺崗地北緣，客省莊至張海坡一帶，南到石榴村至魯坡頭，面積約8—10平方公里，是一處南北狹長，四面環水，相對密閉的地區。在這一地區内，西周建築遺迹和各類族葬墓地綿延不斷，十分密集。豐京和鎬京一河之隔，從整個布局觀察，鎬京可以算是豐京的延伸和擴大，但在周人心目中，豐京和鎬京卻是儼然有别的兩處都邑。豐京在西周銅器銘文中均直稱“豐”，而鎬京在西周成王之後，銅器銘文則專稱“宗周”了。

盧連成《西周金文所見葊京及相關都邑討論》[2851]

周豐京的位置在唐長安縣的西北四十里，傳説中的周靈臺遺址完全是錯誤的。周豐京應在的範圍當在昆明池西北，豐河的西邊，靠近泥河、滄浪河下游沿岸，倘自開瑞莊向西畫一東西直綫至滄浪河，周豐京的位置，南不出此綫，北不到渭河灘，南北不超過四五公里之地。將來勘查豐京，即應以此爲範圍，沿泥河（滄浪河）的下游求之。

金文的葊京，根據：一、有辟雍大池，二、去宗周（鎬京）很近，三、地位重要，王常出居于此，但其地並非首都，四、有濕宫（地勢較低下），五、王常于此舉行漁獵、射箭各種娱樂等五個特點，依據文獻與地形情况我們肯定它就是豐京，不可能是鎬京或其他諸地。我們並論證豐實在可以稱京，漢及漢以後文獻中有稱豐爲豐邑，是承《詩》“作邑于豐”之舊文而來，並不能代表邑已作成，國都遷來以後情形。

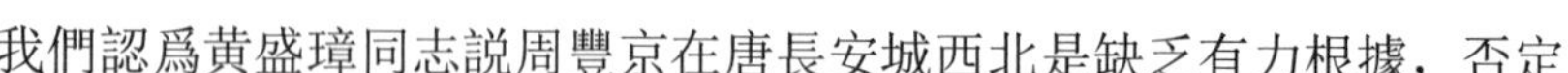

黄盛璋《周都豐鎬與金文中的葊京》[2852]

我們認爲黄盛璋同志説周豐京在唐長安城西北是缺乏有力根據，否定

2849　馬承源主編：《商周青銅器銘文選（四）》，文物出版社，1990年，第541頁。
2850　吴鎮烽：《商周青銅器銘文暨圖像集成索引》，上海古籍出版社，2019年，第962頁。
2851　盧連成：《西周金文所見葊京及相關都邑討論》，《中國歷史地理論叢》1995年第3期，第111頁。
2852　黄盛璋：《周都豐鎬與金文中的葊京》，《歷史研究》1956年第10期，第78頁。

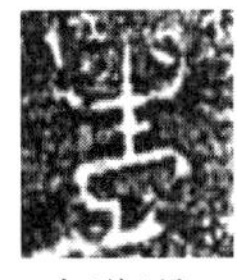
師衛鼎

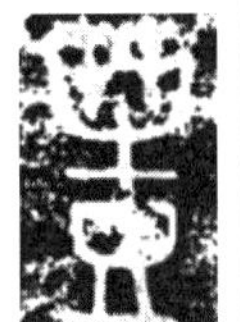
咸簋

㾓鼎

西南説的理由也是難于成立的。豐京在唐長安城西南是自漢迄唐的定説，應該是比較可靠的，我們仍然堅持這一説法。

據此，我們認爲豐京不可能在豐河下游，即唐長安城西北，應當在長安西南，即客省莊以南秦渡鎮以北地域，雖然它的確切位置尚待于今後發掘來確定。

王世民《周都豐鎬位置商榷》[2853]

豐字或從邑，《説文》以爲“周文王所都，在京兆杜陵西南”。《吕氏春秋·論威篇》“齊桓公西至酆郭”注“在長安西南”。《左傳》昭四“康有酆宫之朝”，是康王時豐邑朝臣工，而成王銅器兩記大臣在豐命事，則豐邑于周初爲臣工所居之地。《乍册魖卣》（本書 29）記公大史在宗周見服于王，一月又半王遣其歸于豐邑。稍晚之器（《嘯堂》2.98）則記王在豐命事。傳寶鷄出土的《玉刀銘》則記王在豐命大保，但此器待考，詳《大保簋》（本書 23）。

《周本紀贊》曰“而周復都豐、鎬”，《詩·文王有聲》“考卜維王，宅是鎬京，維龜正之，武王成之，武王烝哉！”毛傳云“武王作邑于鎬京”，鄭箋云“豐邑在豐水之西，鎬京在豐水之東”。

陳夢家《西周銅器斷代》[2854]

豐王斧等爲西周晚期器。《史記·秦本紀》載：“秦仲立三年，……西戎反王室，滅犬丘大駱之族。周宣王即位，乃以秦仲爲大夫，誅西戎。西戎殺秦仲。……莊公四十四年，卒，太子襄公代立。襄公元年，以女弟繆嬴爲豐王妻。襄公二年，戎圍犬丘，世父擊之，爲戎人所虜。歲餘，復歸世父。七年春，……西戎犬戎與申侯伐周，殺幽王酈山下。……平王封襄公爲諸侯，賜之岐以西之地。曰：‘戎無道，侵奪我岐、豐之地，秦能攻逐戎，即有其地。’……（文公）十六年，文公以兵伐戎戎敗走。于是文公遂收周餘民有之，地至岐，岐以東獻至周。”《路史·國名紀》云：“秦襄公以弟穆嬴爲豐王妻。地蓋豐水之西，一作酆。”清人周廣業《史記會注考證》指出：“豐王疑是戎王之號，蓐居岐豐，因稱豐王，與亳王一例。”其説甚是。

蔡運章、陳長安《豐國銅器及相關問題》[2855][豐王斧]

豐是豐邑，因豐谷、豐水而得名，在今陝西省鄠縣東，是文王舊都，周公歸老于此。武王遷鎬京，豐在豐水西，鎬在豐水東。

唐蘭《西周青銅器銘文分代史徵》[2856][小臣宅簋]

2853 王世民：《周都豐鎬位置商榷》，《歷史研究》1958 年第 2 期，第 67—68 頁。
2854 陳夢家：《西周銅器斷代》，中華書局，2004 年，第 372 頁。
2855 蔡運章、陳長安：《豐國銅器及相關問題》，《考古與文物》1983 年第 6 期，第 70 頁。
2856 唐蘭：《西周青銅器銘文分代史徵》，《唐蘭全集（七）》，上海古籍出版社，2015 年，第 335 頁。

豐是周文王舊都，就近可能有豐伯的采地。

馬承源《商周青銅器銘文選》[2857]［申簋蓋］

【釋地】陝西省西安市鄠邑區

豐在鄠縣杜陵西南，文王所作邑也。

孫海波《周金地名小記》[2858]［小臣宅簋］

“豐”即豐京，古稱文王都豐，武王都鎬。地在今陝西户縣東。

郭沫若《長安縣張家坡銅器群銘文匯釋》[2859]［師旋簋（甲）］

豐是豐邑，因豐谷、豐水而得名，是文王舊都，武王纔遷鎬。豐邑在今陝西鄠（户）縣，東有古酆城。《詩經・文王有聲》鄭玄箋説：“豐邑在豐水之西，鎬京在豐水之東。”《續漢書・郡國志》杜陵下劉昭注引《三輔決録》注説：“鎬在豐水東，豐在鎬水西，相去二十五里。”豐鎬雖相近但是兩地，在漢代鎬京屬京兆長安，而豐屬右扶風鄠縣。唐代《元和郡縣志》鎬京在長安縣西北十八里，而酆宫在鄠縣東三十五里。都劃在不同區域裏的。至于金文常見的宗周是鎬京，鄭玄《詩譜・王風》説：“武王作邑于鎬京，謂之宗周，是爲西都。”是因爲宗廟所在，所以稱爲宗周。金文又常見葊京，實和鎬京在一起。西周時在宗周之北本有鎬和方，《詩經》所説“侵鎬及方”，上面司土[illegible]所説北征葊，都指北方的鎬，武王新建鎬京是沿用舊名的，同時也把方的地名搬過來，所以金文講到葊京就有辟雍，有大池，那就是《文王有聲》所説的“鎬京辟雍”。宗周和葊京的關係，與成周和王城的關係是一樣的，因爲稱爲宗周就不再説鎬京，也等于稱成周就不再説洛邑。因此，豐邑和葊京是兩回事。

唐蘭《論周昭王時代的青銅器銘刻》[2860]［小臣宅簋］

豐京。在今陝西省鄠縣東，地近鎬京。《史記・周本紀》載文王伐大戎、伐密須、伐耆、伐邘、伐崇侯虎後“而作豐邑，自岐下而徙都豐”。裴駰《集解》引徐廣云：“豐在京兆鄠縣東，有靈臺。”

馬承源《商周青銅器銘文選》[2861]［小臣宅簋］

姬姓豐氏地望一般認爲在文王所都之豐邑。前引《左傳》僖公二十四年材料杜注謂：“酆國在始平鄠縣東。”《左傳》昭公四年“康有酆宫之朝”杜注云：“酆宫在始平鄠縣東。”《史記・周本紀》正義引《括地志》説豐（酆）宫“周文王宫也，在雍州鄠縣東三十五里”。鄠縣即今陝西户縣，其東三十五里的西安市長安區馬王鎮灃水中游以西地區，考古發現已

2857　馬承源主編：《商周青銅器銘文選（三）》，文物出版社，1988年，第161頁。

2858　孫海波：《周金地名小記》，收入劉慶柱、段志洪、馮時主編：《金文文獻集成》（第四十册），綫裝書局，2005年，第398頁。

2859　郭沫若：《金文叢考補録・長安縣張家坡銅器群銘文匯釋》，《郭沫若全集・考古編》（第六卷），科學出版社，2002年，第290頁。

2860　唐蘭：《論周昭王時代的青銅器銘刻》，《唐蘭全集（四）》，上海古籍出版社，2015年，第1462頁。

2861　馬承源主編：《商周青銅器銘文選（三）》，文物出版社，1988年，第53頁。

經確認爲西周豐京遺址。另有學者認爲豐國與豐京不在一地，如唐蘭懷疑豐爲舊都，不得别封，楊寬也有類似的看法，認爲姬姓之豐在陝西省山陽縣。其實，商周時期王畿作爲政治中心同時也是貴族家族聚居之地，張家坡就發現了西周中晚期的井叔家族墓，古代學者對于姬姓豐氏地望的認識似不能輕易否定，隨着考古工作的展開及新材料的公布，姬姓豐氏確切地望或將得到確認。

鄢國盛《師衛器豐公、鄫師小考》[2862][師衛鼎（簋）]

西周封邑，今陝西户縣東。

吴鎮烽《銘圖索引》[2863][師衛鼎]

【釋地】陝西省西安市長安區

豐爲文王所都，《詩・大雅・文王有聲》："文王受命，有此武功。既伐于崇，作邑于豐。"鄭玄箋："作邑者，徙都于豐以應天命。"典籍或作酆。《説文》："酆，周文王所都，在京兆杜陵西南。"今在長安縣灃水西岸馬王鎮及其周園地區。

王輝《商周金文》[2864][裘衛盉]

豐京，今陝西西安市長安區馬王鎮。

吴鎮烽《銘圖索引》[2865][小臣宅簋]

【釋地】河南省洛陽市

在今河南洛陽市境内。

吴鎮烽《銘圖索引》[2866][豐伯車父簋]

【釋地】山東省青州市

豐國故址在今山東益都縣境。

馬承源《商周青銅器銘文選》[2867][塱方鼎]

豐白，即豐伯，商朝封國，被周公滅，其地西周、春秋屬齊國。據《左傳》哀公十四年載，齊簡公時陳恒和子我争權，"子我歸，屬徒攻闈與大門，皆不勝，乃出。陳氏追之，失道于弇中，適豐丘"。杜預注："豐丘，陳氏邑。""豐丘"就是豐伯之國的遺墟，其地在今山東益都縣西北。

何清谷《西周塱方鼎銘箋釋》[2868][塱方鼎]

豐，東夷國名，又作逢。滅豐事，《史記》失載。《左傳・昭公二十

2862 鄢國盛：《師衛器豐公、鄫師小考》，《南方文物》2019年第3期，第163—164頁。
2863 吴鎮烽：《商周青銅器銘文暨圖像集成索引》，上海古籍出版社，2019年，第1035—1037頁。
2864 王輝：《商周金文》，文物出版社，2006年，第135—136頁。
2865 吴鎮烽：《商周青銅器銘文暨圖像集成索引》，上海古籍出版社，2019年，第1035—1037頁。
2866 吴鎮烽：《商周青銅器銘文暨圖像集成索引》，上海古籍出版社，2019年，第1035—1037頁。
2867 馬承源主編：《商周青銅器銘文選（三）》，文物出版社，1988年，第17頁。
2868 何清谷：《西周塱方鼎銘箋釋》，《文博》1998年第2期，第46頁。

年》載晏嬰對齊景公語："昔爽鳩氏始居此地，季荝因之，有逢伯陵因之，蒲姑氏因之，而後太公因之。"杜注："逢伯陵，殷諸侯，姜姓。"逢即豐，並滂準雙聲，東部疊韻，依例可通。按姜乃戎姓，逢屬東夷，杜以爲姜姓恐非。參看本書第九章夆叔盤考釋。《史記·齊太公世家》武王"封師尚父于齊營丘。"豐故國在營丘，《括地志》云："營丘在青州臨淄北百步外城中。"

陳秉新、李立芳《出土夷族史料輯考》[2869][塱方鼎]

東夷國，今山東青州市西北。

吴鎮烽《銘圖索引》[2870][塱鼎]

【釋地】山東省曲阜市

此簋若出在濟寧，則古豐國在今曲阜之西南方。《金石索》卷一所録《鬥匜爵》《癸父爵》《魚觚》謂"得之任城"即濟寧，都是殷周間器。

陳夢家《西周銅器斷代》[2871][塱方鼎]

豐，國名；伯，爵名。《左傳》僖公二十四年説："管、蔡、郕、霍、魯、衛、毛、聃、郜、雍、曹、滕、畢、原、酆、郇，文之昭也。"是文王之子有被封于酆國的，舊謂即文王所作豐邑，按豐爲舊都，如何能别封。據此銘知當是原屬東夷之國，爲周公所滅後，纔用來封同姓的。《竹書紀年》："成王十九年，黜豐侯。"（見《困學紀聞》）聶崇義《三禮圖》引舊圖制度説："射罰爵之豐作人形。豐國名，坐酒亡國，戴杅以爲戒。"崔駰《酒箴》："豐侯沈酒，荷罌負缶。自戮于世，圖形戒後。"李尤豐侯銘："豐侯荒謬，醉亂迷逸，乃象其形，爲禮戒式。"《抱朴子·酒誡》："豐侯得罪以載尊啣杯。"可知豐侯被封不久即廢黜。其國當在漢代沛郡之豐縣，今江蘇省北部的豐縣，在曲阜之南。

唐蘭《西周青銅器銘文分代史徵》[2872][塱鼎]

【釋地】山東省淄博市

銘中的"豐伯"，各家説解不一。吴其昌認爲豐伯與白懋父、毛父班、南宫兄等同爲"周公東征時的"一方之統帥也，按照吴説此"豐伯"當爲姬姓豐國之君。陳夢家認爲"豐伯"與東夷、蒲姑並列，是周公東征時"殘滅"的東方小國。譚戒甫認爲"因逢，豐二字同屬鍾部，旁紐，聲韻全同"，故"豐伯"當即《左傳·昭公二十年》和《國語·周語》所載的"逢伯陵之後"。以上三説，當以譚説爲佳。

據《左傳》和《國語》記載，逢伯乃殷周時期的姜姓諸侯，世居齊地，在今山東臨淄一帶。殷代末期，逢國故地被蒲姑氏侵占。在西周初年，逢伯、蒲姑二族的君統尚存，還能聯合武庚發動叛亂，因而都遭到

2869 陳秉新、李立芳：《出土夷族史料輯考》，安徽大學出版社，2005年，第131—132頁。
2870 吴鎮烽：《商周青銅器銘文暨圖像集成索引》，上海古籍出版社，2019年，第1035—1037頁。
2871 陳夢家：《西周銅器斷代》，中華書局，2004年，第18頁。
2872 唐蘭：《西周青銅器銘文分代史徵》，《唐蘭全集（七）》，上海古籍出版社，2015年，第49頁。

周公的誅伐。

蔡運章、陳長安《豐國銅器及相關問題》[2873][塱方鼎]

豐伯，即豐國之君。對此豐國的姓氏與地理位置，學者意見不盡相同。吴其昌認爲豐伯與白懋父、毛父班、南宫兄等大臣同爲“周公東征時的”一方之統帥。按照他的意見，此“豐伯”應是姬姓豐國之君。陳夢家先生説豐伯與東夷、專古並列，是東征時被周公“咸𢦏”的三國之中的一個小國，並説“古豐國在今曲阜之西南方”。譚戒甫先生以爲“豐”應是文獻中“逢伯陂”之逢，他説：“逄、豐二字同屬鐘部，徬紐，聲韻全同。”故“豐伯”當即《左傳》昭公二十年和《國語·周語（下）》所載的“逄伯陵之後”。比較以上三説，當以譚先生所言爲佳。

《左傳》昭公二十年記齊景公與衆臣飲于遄臺，景公曰：“古而不死，其樂若何？”晏子對曰：“昔爽鳩氏居此地，季萴因之，有逄伯陵因之，薄姑氏因之，而後大公因之。”杜注曰：“逄伯陵，殷諸侯，姜姓。”《國語·周語（下）》伶州鳩曰：“我姬氏出自天黿，及析木者，有建星及牽牛焉，則我皇妣大姜之侄，伯陵之後，逄公之所憑神也。”韋昭注曰：“天黿即玄枵，齊之分野也。”

1979年春及1982年冬，山東省的文物考古工作者在濟南劉臺子西周墓地先後發掘了三座昭穆之際西周墓（編號M2—M4），出土銅器銘文多爲“夆”字，如“夆”鼎（M2）、“夆”盉（M2）、“夆寶障鼎”鼎（M2）、“夆彝”簋（M2、M3）等。學者以爲此“夆”即前引《左傳》《周語》逄伯陵、逄公之後裔，銅器出土地爲逄氏家族之墓地。所論甚是。據此知塱鼎的豐國姜姓，殷周之際曾活動于今山東淄博、濟陽爲一帶。

尚志儒《西周金文中的豐國》[2874][塱方鼎]

“豐”當爲用單字稱呼的名，爲自稱，而非地名或氏。“豐”常爲出生時所取，即使豐作爲周太公後裔而被封于東夷豐伯舊地“豐”，也並非有了豐邑纔有“豐”名或豐氏。既然“豐”爲名不是氏或邑名，我們推測高青陳莊西周城址可能並非是周公東征之後，在所殘東夷豐國建立起來的一個姜姓豐邑。

張俊成《高青陳莊“齊公”諸器銘文及相關問題》[2875]

關于豐國都所在，亦是諸説並存。陳夢家先生依據豐伯車父簋的出土地域，遂推斷地在今曲阜的西南方。今有陳莊的考古發現，又依據蒲古在博興一帶的觀點，而商代的豐伯之國有可能在今陳莊一帶。而齊國新封的費啓之國，有可能是就原有的國都而册封的。

孫敬明《陳莊考古發現比較摭談》[2876]

2873　蔡運章、陳長安：《豐國銅器及相關問題》，《考古與文物》1983年第6期，第70頁。

2874　尚志儒：《西周金文中的豐國》，《文博》1991年第4期，第28—29頁。

2875　張俊成：《高青陳莊“齊公”諸器銘文及相關問題》，清華大學出土文獻研究與保護中心編、李學勤主編：《出土文獻》（第十一輯），中西書局，2017年，第28頁。

2876　孫敬明：《陳莊考古發現比較摭談》，山東省文物考古研究所編：《海岱考古》（第四輯），科學出版社，2011年，第402頁。

	【釋地】山東省濟寧市 此簋係西周晚期器。據《濟寧州金石志》載，它出自濟寧，鄰近逄國故地，故此“白”亦當讀作逄伯，可見周公東征時，逄國並未被“絶滅”，直到西周晚期，它的君統依然存在，其地望當在今山東濟寧一帶，即“曲阜之西南方”。 蔡運章、陳長安《豐國銅器及相關問題》[2877]［豐伯車父簋］ **【他釋】** 豐蓋是豐沛之豐，或説爲豐京，然豐京之豐金文作葊，且必繫以京字，與此有異。 郭沫若《兩周金文辭大系圖録考釋》[2878]［小臣宅簋］
0963 **豐井** 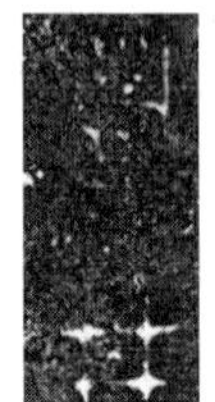 屖甗  豐邢叔簋	**【時代】西周晚期** **【出處】豐邢叔簋**［《集成》3923］　**屖甗**［《集成》919］ **【類别】國族名稱** 西周時期，今關中西部鳳翔、汧陽地區有一個姜姓方國——奠井國。此國是商代井方的後裔，傳世有銘銅器約二十多件。西周穆王以後，這個方國的銅器多在國名“井”前加一“奠”字，如奠井叔康、奠井叔蔓父等。考其原因，是井國擁有穆王舊都鄭宫之地的緣故。以此推測“井”前所以加一“豐”字，應與“井”前加“奠”一樣，是井國占有豐地的結果。西周銅器有一件奠虢仲簋，銘中的奠虢仲即厲王時的執政大臣虢仲，此人還見于虢仲鬲，虢仲盨，何簋、王臣簋等器銘。西周時期的虢國在今寶鷄縣東部和鳳翔縣東南部，北與奠井爲鄰，虢前所加之“奠”字，表明奠地又爲虢國占有。我們知道，在侯國林立的時代，各國之間争田奪地、時有衝突是很自然的事，如矢人盤（又稱散氏盤）銘文記的矢人與散氏之間發生的一起土地糾葛就是很典型的一例。一般説來，當時衝突的規模都很小，土地的相互占有也僅僅發生在相鄰的土地上，隨着國力的消長而互有損益。因此，被井叔占有的“豐”地一定與井國毗鄰。這種情況同奠地與井、虢二國都是近鄰，因而曾先後被井、虢占領一樣，是當時比較普遍的事。 ……以上分析表明，西周中後期今關中西部確有一處“豐”地，雖然現在還不能確指這一豐地的確切地點及大體範圍，但根據豐地與奠井爲鄰，又距周原不遠，推測其地應在鳳翔東部，岐山、扶風南部一帶地區之内。此豐所以名“豐”，似與文王子的豐國有關，它很有可能就是姬姓豐國的最初封地。雖然豐國受封後不久國被廢除，但“豐”名仍存，族氏也仍居

2877　蔡運章、陳長安：《豐國銅器及相關問題》，《考古與文物》1983年第6期，第70頁。

2878　郭沫若：《兩周金文辭大系圖録考釋（二）》，《郭沫若全集・考古編》（第八卷），科學出版社，2002年，第68頁。

舊地。所以今天發現的銅器中，既有地名的“豐井”，又有氏名的“豐姬”，從而向人們揭示了這一被湮没近三千年的秘密。當然，以上所言還僅僅是一種推測。姬姓豐國封地的論定，還賴于更多的資料被發現。

尚志儒《西周金文中的豐國》[2879]

豐井叔的“豐”也指地名，地點在豐鎬遺址一帶。由于井叔一系最早居于灃西，彼時尚未有居于鄭地的井叔，所以灃西的張家坡遺址所出井叔銅器衹稱井叔。豐井叔墓地在張家坡，其居邑也應該在這附近一帶，具體地點有待將來的進一步考古發掘得以坐實。

龐小霞《西周井（邢）氏居邑與商周鄭地》[2880]

【釋地】陝西省西安市鄠邑區

今陝西户縣東。

吴鎮烽《銘圖索引》[2881][戸甗]

0964

邊柳

散氏盤

【時代】西周晚期

【出處】散氏盤[《集成》10176]

【類别】城邑名稱

柳邊無考。然就涉淦涉鄠之文觀之，當在豐峪之東旁。因由此過河向西，即入鄠縣境故。

陳子怡《散氏盤石鼓文地理考證》[2882][散氏盤]

按文曰邊柳，曰楮木，説者大都認爲地名。而《格伯簋》云：“格伯安及甸殷，乎紉還谷杜木，還谷旅桑，杜木旅桑”，説者亦以爲地名。今按諸詞果皆爲地名，不應通以木爲號，而如敽髜楮木，雩谷杜木，還谷旅桑，又不應四字之中，上二皆地，下二皆木也。今熟思之，此蓋所謂封樹也。《周禮·地官·封人》云：“掌設王之社壝，爲畿封而樹之，凡封國，設其社稷之壝，封其四疆，造都邑之封域者亦如之。”爲畿封而樹之，《鄭注》云：“畿上有封，若今時界矣。”《孔疏》云：“云畿上有封若今時界者，漢時界上有封樹，故舉以言之。”按《封人》所指及鄭孔所釋，雖不必指田之界畔爲言，然百年喬木，往往矗立于阡陌之間，爲遠近所屬目，古人劃定田疆，于凡有木之所藉以爲標識，固事理之所宜也。此知邊柳者，柳不一，故約之曰邊。敽城楮木，雩谷杜木，還谷旅桑者，楮木杜木桑木亦隨地而有，故以敽城雩谷還谷諸地名限之也。

2879　尚志儒：《西周金文中的豐國》，《文博》1991年第4期，第31—32頁。
2880　龐小霞：《西周井（邢）氏居邑與商周鄭地》，《考古與文物》2014年第3期，第67頁。
2881　吴鎮烽：《商周青銅器銘文暨圖像集成索引》，上海古籍出版社，2019年，第1037頁。
2882　陳子怡：《散氏盤石鼓文地理考證》，《禹貢》第七卷第6、7合期，1937年，第143頁。

然則棖木道左，直以木名名其道，不復以地名限之者，當何説乎？曰：《周禮·地官·司徒》云：“辨其邦國都鄙之數，制其畿疆而溝封之，設其社稷之壝而樹之田主，各以其野之所宜木，遂以名其社與其野。”以野之所宜木名其社，《莊子》之櫟社，漢高祖所禱之枌榆社，是也。以野之所宜木名其野，此銘之棖木道是也。

《左傳》莊公四年云：“王遂行，卒于樠木之下。”杜注云：“樠木，木名。”余往讀而疑之：夫記人之死，云卒于某樹之下，抑何廣泛無準的也？今以金文校之，知傳文之樠木亦是以木名其野，與盤銘之棖木同，實兼有木名與地名之義。以其爲木名，故可云卒于其下；以其爲野名，表確定之地方，故以記王之卒也。

余五日前跋《格伯簋》，以杜木旅桑爲地名而不知其故。昨日讀此器銘，以兩文合勘，疑其當爲封樹。今晨起，走筆書此，以俟達者詳焉。

楊樹達《散氏盤跋》[2883][散氏盤]

【釋地】陝西省寶鷄市陳倉區

在今陝西寶鷄市陳倉區境内。

吴鎮烽《銘圖索引》[2884][散氏盤]

0965

歸

乖伯簋

【時代】西周中期

【出處】乖伯簋

唯九年九月甲寅，王命益公征眉敖，益公至告，二月眉敖至視，獻貴，己未，王命仲致歸乖伯狐裘。王若曰：乖伯，朕丕顯祖文、武，膺受大命，乃祖克奉（弼）先王，異（翼）自它邦，有共于大命，我亦弗深享邦，易（賜）汝䟫裘，乖伯拜手稽首，天子休弗望（忘）小裔邦，歸𦣞敢對揚天子丕杯魯休，用作朕皇考武乖幾王尊簋，用好（孝）宗廟，享夙夕，好朋友雩百諸婚媾，用祈純禄、永命，魯壽子孫，歸𦣞其萬年，日用享于宗室。[乖伯簋，《集成》4331]

【類别】國族名稱

【釋地】湖北省宜昌市秭歸縣

歸乖伯當連讀，即歸國之乖伯也，下兩言歸夆即自標其國族與名，而乖伯則其號。古有歸子國，其故地即今湖北秭歸縣。《水經·江水注》于“又東過秭歸縣之南”下云“縣故歸鄉，《地理志》曰‘歸子國’也。《樂緯》曰‘昔歸典叶聲律’，宋忠曰‘歸即夔，歸鄉蓋夔鄉矣。古楚之嫡嗣有熊摯者，以廢疾不立而居于夔，爲楚附庸，後王命爲夔子。《春秋》僖公二十六年，楚以其不祀滅之者也。’”本銘王稱乖伯之祖來自他邦輔翼文武，乖伯又自稱其國爲“小裔邦”，均與此説相符。則眉敖當即微國之

2883 楊樹達：《散氏盤跋》，《積微居金文説》，上海古籍出版社，2007年，第54—55頁。
2884 吴鎮烽：《商周青銅器銘文暨圖像集成索引》，上海古籍出版社，2019年，第1037頁。

	君，其國故地在今四川巴縣，正與秭歸接壤。 郭沫若《兩周金文辭大系圖録考釋》[2885][䢼伯簋]
0966 **鰑**  鰑姬簋 0966.02 唐	**【時代】西周晚期** **【出處】鰑姬簋** 鰑（唐）姬作𪇑嫼媵簋，𪇑嫼其萬年子子孫孫永寶用。[鰑姬簋，《集成》3945] **【類别】國族名稱** “鰑”讀爲“唐”，但不是在今山西翼城的祁姓唐國，而是在今湖北隨州西北的姬姓唐國。 李學勤《叔多父盤與〈洪範〉》[2886][鰑姬簋]
0967 **顔林**  九年衛鼎	**【時代】西周中期** **【出處】九年衛鼎** 唯九年正月既死霸庚辰，王在周駒宫，格廟，眉敖者膚卓吏見于王。王大黹。矩取省車：較𠦪䩞、虎冟、𧽊𩎃、畫轉、鞭、席、鞣、帛轡乘、金麃鋞。舍矩姜帛三兩。廼舍裘衛林晉（孤）里。䖒厥唯顔林，我舍顔陳大馬兩，舍顔姒𧆞吝，舍顔有𤔲壽商貈裘、盠冟。……[九年衛鼎，《集成》2831] **【類别】自然地理名稱・山林** 顔林大概是位于矩和㴉兩家封地交界的地方，所以矩和㴉派壽商和啻兩人“顜（慮，計議）付裘衛林狐狸”。他們“成夆（封）”，即確立顔林的邊界，共設四封，並有顔家下屬協助。 李學勤《試論董家村青銅器群》[2887][九年衛鼎]
0968 **𨙶**  𨙶叔山父簋	**【時代】西周晚期** **【出處】𨙶叔山父簋** 𨙶叔山父作疊姬尊簋，其永寶用。[𨙶叔山父簋，《集成》3797—3801] **【類别】國族名稱**

2885　郭沫若：《兩周金文辭大系圖録考釋（二）》，《郭沫若全集・考古編》（第八卷），科學出版社，2002年，第312頁。

2886　李學勤：《叔多父盤與〈洪範〉》，原載《華學》（第5輯），中山大學出版社，2001年；後收入《當代名家學術思想文庫・李學勤卷》，萬卷出版公司，2010年，第343頁。

2887　李學勤：《試論董家村青銅器群》，原載《文物》1976年第6期；後收入《新出青銅器研究（增訂版）》，人民美術出版社，2016年，第87頁。

0969

瀘江

鄂君啓舟節

0969.02

瀘江

0969.03

澮江

【時代】戰國中期

【出處】鄂君啓舟節［《集成》12112、12113］

【類別】自然地理名稱・河湖

此字寫法雖有兩種，但其右旁下俱從“亼”古文“會”字下從“甘”或“甘”，如春秋趫亥鼎文及戰國驫羌鐘的“會”字，未見下從“月”者，所以此字應從商説釋爲“瀘”。但“瀘江”究竟是哪一條水?郭説“贛江”，固是疑似之詞，如果“瀘”字不誤，則説是青弋江也就失所依據。從今天的地圖上看起來，從樅陽到蕪湖這一段長江流域兩岸，通江的河流很多，其中是否有一條水古名“瀘江”? 這一段沿江各地是否有一處古名“爰陵”?在没有確證之前，是不能任意假設的。

《節銘》中對于江、顋、卲、湘、資、沅、澧……等都不加“江”“河”“水”等字樣，獨于此水稱“瀘江”，也是值得注意的。

孫劍鳴《“鄂君啓節”續探》[2888]［鄂君啓舟節］

在《禹貢》荆、揚之間，江流所經，重要的匯爲彭蠡和過九江，這與舟節所記“逾江，庚彭蠡，庚松陽”，是一致的。過了九江，在樅陽以東，就是東陵和陵陽，開始向東北迤邐流逝而“會于匯”，正好與舟節的“入澮江”相合。所謂“澮江”，應是由“會于匯”的“東溢分流”而逐步形成由江上通往陵陽内地比較定型的一條水路。

陳懷荃《東陵考釋》[2889]［鄂君啓舟節］

舊稿云：“‘澮’右旁作‘會’，下從月，即膾字。《水經注》：‘江水右會湘水，所謂江水會者也。’又湘水‘東北入于大江，有清濁之别，謂之江會。’蓋湘水既入洞庭，復出巴陵，自巴陵以下，湘水與江水合流稱澮江。”商承祚同志據後得的節文釋此字爲“瀘”，謂字右旁上從虍頭。按先後發現的兩件舟節，此字微有歧異，疑有一誤。然不管是“澮”是“瀘”，所指必係由松陽至爰陵的一段水道。

羅長銘《鄂君啓節新探》[2890]［鄂君啓舟節］

澮應即贛，或湖漢水。《漢書・地理志》稱贛水爲湖漢水。……湖漢即贛音之稍轉（或反之）。……澮音可通贛音。

應指出者，澮江爲專名詞，節中其餘諸水均爲單名。江專指今之長江。

2888 孫劍鳴：《“鄂君啓節”續探》，原載《安徽省考古學會會刊》1982年第6輯；後收入劉慶柱、段志洪、馮時主編：《金文文獻集成》（第二十九册），綫裝書局，2005年，第332頁。

2889 陳懷荃：《東陵考釋》，楚文化研究會編：《楚文化研究論集》（第一集），荆楚書社，1987年，第279頁。

2890 羅長銘：《鄂君啓節新探》，原載《羅長銘集》，黄山書社，1994年；後收入安徽省博物館編：《安徽省博物館四十年論文選集》，黄山書社，1996年，第148頁。

澮江殆即古文獻中之九江。……澮之于九亦音轉耳。

姚漢源《戰國時長江中游的水運》[2891]［鄂君啓舟節］

【釋地】贛江

澮江殆即今之贛江。

郭沫若《關于鄂君啓節的研究》[2892]［鄂君啓舟節］

【釋地】白兔河

瀘江當即廬江。古代長江流域水道以廬爲名的有見于《楚辭·招魂》的廬江，有見于《漢書·地理志》長沙郡安城下的廬水，有見于《山海經·海内東經》、《漢書·地理志》廬江郡下、《水經·廬江水篇》的廬江，但這幾條水都不是銘文所指的“瀘江”。因前二者一即今湖北宜城、襄陽界上的潼水，一即今江西安福、吉安境内的瀘水，都遠在“彭疕”“松陽”的上游，與銘文過松陽然後入瀘江不合。後者當今何水雖一時尚難下定論（一説是源出江西廬山北流注入長江某小水，一説即今源出江西婺源廬嶺山西流注入鄱陽湖的鄱江，一説即今源出安徽黟縣、祁門西南流合鄱江注入鄱陽湖的昌江，一説即今源出安徽黄山北流至蕪湖注入長江的青弋江），但無論如何，總之是在長江南岸，而銘文中的“瀘江”，卻顯然應在北岸。那麼這條“瀘江”究應何所指？我以爲指的是漢代廬江郡得名所自的那條廬江，即今安徽廬江、桐城、樅陽三縣境内的白兔河（此河中下游近已壅塞成爲白兔湖）。

譚其驤《鄂君啓節銘文釋地》[2893]［鄂君啓舟節］

瀘江，“[illegible]”字，殷摹本及商初摹本誤爲“[illegible]”，以致誤釋“澮”，事出有因，所以青弋江和瀘江之説就不必再討論了。至于在江北還是在江南，我認爲，節文“内入瀘江”在“庚松陽”之後；“松陽”諸家一致意見爲今之安徽樅陽，可見，此水不在江南。該字商氏釋“瀘”，確切不易。瀘江，當即廬江。譚其驤先生認爲，即今安徽廬江、桐城、樅陽三縣境内的白兔河。此説至當。節文用“内”字，根據節文體例，應是一條内河小水，這也符合白兔河的情況。“松陽”是入江和進河必經之地，所以在此設關。

劉和惠《鄂君啓節新探》[2894]［鄂君啓舟節］

即瀘江，今安徽廬江境内的白兔河。

吴鎮烽《銘圖索引》[2895]［鄂君啓節］

2891　姚漢源：《戰國時長江中游的水運——鄂君啓節試釋》，周魁一主編：《水的歷史審視：姚漢源先生水利史論文集》，中國書籍出版社，2016年，第556、557、558頁。

2892　郭沫若：《關于鄂君啓節的研究》，《文物參考資料》1958年第4期，第4頁。

2893　譚其驤：《鄂君啓節銘文釋地》，原載《中華文史論叢》（第2輯），1962年；後收入《譚其驤全集》（第一卷），人民出版社，2015年，第537—538頁。

2894　劉和惠：《鄂君啓節新探》，原載《考古與文物》1982年第5期；後收入劉慶柱、段志洪、馮時主編：《金文文獻集成》（第二十九册），綫裝書局，2005年，第331頁。

2895　吴鎮烽：《商周青銅器銘文暨圖像集成索引》，上海古籍出版社，2019年，第1037、1041頁。

【釋地】青弋江

澮字拙撰前文從商釋誤作瀘。盛璋謂當從郭釋作澮，可信；惟謂以聲類求之，澮江乃指邗江，則非。澮與邗衹是聲近或聲同，通轉的可能不大，不能與邗江一作韓江聲韻皆同相提並論。鑄節時江東猶爲越地，廣陵尚未築城，航道是否能遠達邗江，也大有問題。今按，《漢書·地理志》丹陽郡陵陽："桑欽言淮水出東南，北入大江。"淮與澮不僅聲同，並且韻近，澮江當即桑欽所謂淮水，即今青弋江。楚滅越以前在大江南岸的疆域大致即東盡于此。

譚其驤《再論鄂君啓節地理答黄盛璋同志》[2896][鄂君啓節]

瀘，字作𣴎，從水膚聲，即廬之古寫。《莊子·讓王》"而自沉于廬水"，《經典釋文》：廬本作膚。《楚辭·招魂》"路貫廬江兮左長薄"，《漢書·地理志》："廬江，出陵陽東南，北入江。"即今安徽蕪湖附近入長江之青弋江。舊釋爲澮江，爲摹寫不清所致。

馬承源《商周青銅器銘文選》[2897][鄂君啓節]

瀘江，即瀘江。膚、盧聲同互作。從此水所經之地"爰陵"看，當即青弋江，爲長江南岸支流，在今安徽蕪湖附近流入長江。

湯餘惠《戰國銘文選》[2898][鄂君啓舟節]

【釋地】廬江水

"瀘"字舊釋爲"澮"，商承祚謂新發現的舟節，"瀘"字清楚，並非"澮"字。瀘借作"廬"，從"膚" 從"盧"古字通。瀘江當即《水經注》的廬江水，在今江西省北部。"庚爰陲"的"爰陲"，也當在今江西境内。

于省吾《"鄂君啓節"考釋》[2899][鄂君啓舟節]

【釋地】邗江

譚文依商承祚先生釋"澮"爲"瀘"，因訂爲與廬江郡名稱有關之古廬江，並以白兔河爲其古道之遺。郭文隸定爲"澮"，惟以澮江指今之贛江，則東西方位差遲，以地理及古聲類求之，澮江乃指邗江，即吴所開之邗溝，亦稱邗江，見《左傳》杜預注，《水經注》謂之韓江，即邗江音轉。沿江東下之航道不能僅至樅陽而止，廬江即使確定爲白兔河，亦屬首尾不過百多里的小河，舟節所載路綫皆屬重要航道與大地名，没有理由要改沿此河北上，而樅陽以東將近千里之長江航道反捨而不載；依水理而論，沿

2896 譚其驤：《再論鄂君啓節地理答黄盛璋同志》，原載《中華文史論叢》（第5輯），1964年；後收入《譚其驤全集》（第一卷），人民出版社，2015年，第552—553頁。
2897 馬承源主編：《商周青銅器銘文選（四）》，文物出版社，1990年，第434頁。
2898 湯餘惠：《戰國銘文選》，吉林大學出版社，1993年，第48頁。
2899 于省吾：《"鄂君啓節"考釋》，《考古》1963年第8期，第445頁。

	江東下之航道應達于今揚州附近，自揚州往東即可出海，唐時日僧圓仁即在揚州揚子縣所屬海口登陸，先秦揚州去海面當更較後代爲近，廣陵之潮即其一證。而此處又有吴所開通之邗江可達于淮，故航路到此不復東出，即沿邗江北上。 黄盛璋《關于鄂君啓節交通路綫的復原問題》[2900][鄂君啓舟節] 1960 年壽縣又發現一舟節，“瀘字”上從虎頭，確定爲瀘字非澮，瀘江即廬江，乃青弋江之古名，歷史地理上長期争論不明之廬江問題，自此它全獲得解决。 黄盛璋《鄂君啓節地理問題若干補正》[2901][鄂君啓舟節][2902] **【類别】城邑名稱** **【釋地】湖北省咸寧市嘉魚縣** 諸家都把“庚瀘、江”誤作爲“庚廬江”。其實，先秦時代的楚地名衹用一個單詞稱呼，“瀘江”在書面語中衹能簡稱“瀘”，或者簡稱“江”，没有連稱例證。“瀘”指水邊的廬舍，即水域的集鎮。“内瀘江”是指横過長江水域的“瀘”進入另一條江，這條江被後人稱之爲陸水。“瀘”即今日的“陸口鎮”，又名“蒲圻口”，在今湖北嘉魚西南陸水入長江處，距“松昜”不過五六十公里，“蒲圻口”原作“瀘溪口”，因“瀘”的筆法繁雜，讀音又通“陸”，後代人將“瀘”訛化成“陸”了，“陸”得名即緣于此。 張中一《〈鄂君啓金節〉路綫新探》[2903][鄂君啓舟節]
0970 㠱  葡亞罍角	**【時代】商代晚期 西周中期** **【出處】葡亞罍角 四祀𠨧其卣 善鼎** 丙申，王易（賜）箙亞罍奚貝，在㠱，用作父癸彝。[葡亞罍角，《集成》9102] 乙巳，王曰：尊文武帝乙宜，在召大廳，遘乙翌日，丙午，魯。丁未，鬻。己酉，王在梌，𠨧其易（賜）貝。在四月，唯王四祀，翌日。[四祀𠨧其卣，《集成》5413] 唯十又二月，辰在丁亥，王在宗周，王格大師宫，王曰：善，昔先王既令汝佐疋㠱侯，今余唯肇𤔲先王令，令汝佐疋㠱侯，監𤞷（豳）師戍，易（賜）汝乃祖旂，用事。善敢拜稽首，對揚皇天子丕杯休，用作宗室寶

2900 黄盛璋：《關于鄂君啓節交通路綫的復原問題》，原載《中華文史論叢》（第 5 輯），1964 年；後收入《歷史地理論集》，人民出版社，1982 年，第 274—275 頁。

2901 黄盛璋：《鄂君啓節地理問題若干補正》，《歷史地理論集》，人民出版社，1982 年，第 288 頁。

2902 編者按：鄂君啓節銘中瀘江與爰陵兩地的討論，又見黄盛璋《再論鄂君啓節交通路綫復原與地理問題》，《安徽史學》1988 年第 2 期，第 20—22 頁。

2903 張中一：《〈鄂君啓金節〉路綫新探》，《求索》1989 年第 3 期，第 127 頁。

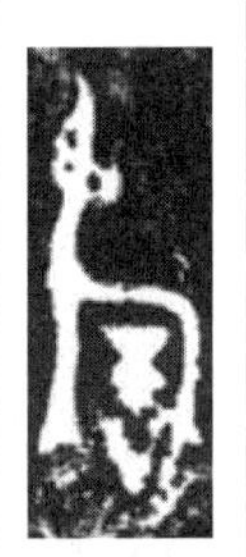 四祀𠨍其卣  善鼎 0970.02 䨻	尊，唯用綏福唬前文人，秉德共純，余其用各我宗子雩百姓，余用匄純魯雩萬年，其永寶用之。[善鼎，《集成》2820] **【類別】城邑名稱** 國名，《小屯·乙編》三四〇四“𩁹入卅”，又見于同書三八六五。 馬承源《商周青銅器銘文選》[2904][善鼎] 《丙申父癸爵》復有䨻字，乃地名，余謂此即𩁹之緐文，蓋從泉䨻聲也。𩁹亦古國族名，前引之二圖形文字即此證。此外則《師酉簋》有“𩁹夷”，《善鼎》有“𩁹侯”，均是𩁹字。𩁹國于典籍中無可徵，然以聲紐求之，疑即百濮之濮。《尚書·牧誓》彭濮人，某氏《傳》“濮在江漢之間”。《左傳》文十六年“麇人率百濮聚于選，將伐楚”。《杜注》“百濮夷也”。《疏》引《釋例》“建寧郡南有濮夷，無君長總統，各以邑落自聚，故稱百濮”。此濮人殆受楚民族之逼迫而移于蜀，張衡《蜀都賦》“于東則左縣巴中，百濮所充”，注云“今巴中七姓有濮”，其證也。 郭沫若《金文叢考》[2905][邢季𣪘鼎] 𩁹音薄，與亳相通。因知𩁹夷即亳夷。《史記·秦本紀》可證亳乃西戎之國：“寧公二年，公徙居平陽，遣兵伐蕩社。三年，與亳戰。亳王奔戎，遂滅蕩社。”集解：“西戎之君號曰亳王。”《讀史方輿紀要》指出：“亳在陝西北境。” 李福泉《訇簋銘文的綜合研究》[2906][詢簋] 《路史·國名紀乙》少昊後李姓國有蒲，注云：“《晋志》云‘隰之蒲子。’今陰川縣北四十五里故蒲城。”𩁹夷或即此。 陳秉新、李立芳《出土夷族史料輯考》[2907][詢簋] **【釋地】山東地區** 將丙午日的䨻與丁未日的𩁹理解爲地名或許更爲穩妥。而這兩個地點，大概就是商王從召到榆行進過程中所經由的中間地帶。 䨻字用作地名，甲骨金文中有不少具體的例子。而且，幾乎可以斷定，䨻地必在東土。例如西周中期師酉組器銘文（《集成》4288—4291）中有“西門夷、䨻夷、秦夷、京夷、弁狐夷”等一連串的夷族記録，個中便有䨻夷。衆所周知，西周中期以前，“夷”通常是指東土異族，其中“秦夷”或來自汶水上游一帶的秦地，“京夷”殆自平陰肥城之間的京地遷徙而至。何景成先生讀“弁狐”爲“蕃吾”，以爲其地在今河北平山或磁山境。可

2904 馬承源主編：《商周青銅器銘文選（三）》，文物出版社，1988年，第233頁。
2905 郭沫若：《金文叢考》，《郭沫若全集·考古編》（第五卷），科學出版社，2002年，第784—785頁。
2906 李福泉：《訇簋銘文的綜合研究》，《湖南師院學報（哲學社會科學版）》，1979年第2期。
2907 陳秉新、李立芳：《出土夷族史料輯考》，安徽大學出版社，2005年，第368頁。

備爲一説。不過筆者以爲蕃吾之地差不多已屬商周“北土”範圍，目前没有資料可以證明北土之族可以稱爲“夷”。所以，“弁狐”依然得從東土找其綫索。趙平安先生以爲金文“（弁）”字即卜辭之“（舊釋爲‘𢀛’）”，結合王步卜辭《合集》41768（即《英藏》2562）與《東京》940（即《合補》11141）可知，“方”（《合集》32896）的活動區域是在晚商時期的東土，而古音弁、卞均爲並紐元部字，所以主張卜辭中的“”地即山東泗水之卞邑。竊以爲這是一個非常重要的考證成果，當可據信。而《合集》20069 又見“瓜侯”之辭，瓜亦當在洙泗之間。所以師酉諸器銘文所涉及的“弁狐夷”，或與《春秋》經傳中的“魯卞”有關。雖説目前尚無“西門夷”具體來歷的有效綫索，但我們依然可以據秦夷、京夷與弁狐夷源自東土之情形做大膽推測，即銘文中的“𩰫夷”殆亦指來自東土𩰫地的東方部族。可以補充的是，《合集》13925“𢀛侯”“雇伯”同版並見，“𢀛”即“𩰫”字之初文，而雇又是征人方之經由地，所以“𩰫”地必在東土。……

𩰫字的讀音，儘管已有讀“勃”、讀“寫”之説，但目前尚無一致的意見。私意以爲，該字所從之“五”或“吾”，可能起到注音的作用，孫詒讓從吾得聲之説當可據信。而所從之“酉”，則屬于聲符的疊加。上古吾在魚部、酉在幽部，可以旁轉。若然，則𩰫地完全有可能與文獻所載之春秋時期的郚邑産生聯繫。

按《春秋經》所記東土郚地似有二。其一見于莊公元年，曰：“齊師遷紀郱、鄑、郚。”其中的郱，洪亮吉以爲即《論語·憲問》管仲“奪伯氏駢邑三百”之駢，並引應劭“臨朐有伯氏駢邑”之説爲證。其説當可據信。故與郱聯稱的郚邑，想必亦在駢地附近，坐落于青州境内的可能性較大。其二則見于文公七年，其辭曰：“三月甲戌，取須句，遂城郚。”春秋時期的須句，大致是在汶水以北、平陰以南一帶，故魯國所修築的郚城恐怕屬汶水流域地名，臨近須句。鍾柏生先生以爲卜辭“上𩰫”即“遂城郚”之郚。《春秋經》等文獻所記載的山東境内的兩個郚邑，與商周時期𩰫的與上𩰫是否具有因承關係，或許便是日後需要重點關注的問題之一。但無論如何，𩰫與上𩰫似乎均在泰山以南或東南方向。

陳絜《〈四祀𠨘其卣〉與晚商東土交通》[2908][四祀𠨘其卣]

0971

陾

太保玉戈

【時代】西周早期

【出處】太保玉戈

六月丙寅，王在豐，令大保省南或（國），帥漢，出殷南，令陾侯辟用鼄（酬），走百人。[太保玉戈，《銘圖》19764]

2908 陳絜：《〈四祀𠨘其卣〉與晚商東土交通》，北京大學出土文獻研究所編：《青銅器與金文》（第一輯），上海古籍出版社，2017 年，第 81—85 頁。

	【類别】城邑名稱 "𨼳"字因以往發表的照片模糊不清，諸家多誤釋爲"厲"。徐錫臺、李自智先生依據武氏拓本的放大照片，將此字釋爲"𨼳"，讀作濮，是可信的。濮是江漢流域的方國部族。《尚書·牧誓》載：武王伐紂時有"庸、蜀、羌、髳、微、盧、彭、濮人"助陣。僞孔傳謂"庸、濮在江漢之南"。《左傳》文公十六年："庸人帥群蠻以叛楚，麇人率百濮聚于選，將伐楚"，孔《疏》引杜氏《釋例》云："濮夷無君長總統，各以邑落自聚，故稱'百濮'也"。楊伯峻謂"蓋濮人部族非一，散處甚廣，此之百濮，當在今湖北省石首縣附近。"故"濮侯"當指濮族的君長，所謂"百濮"當指濮人諸族，因其散處甚廣，故稱"百濮"，並非"無君長總統"。 蔡運章《論太保玉戈銘文及相關問題》[2909][太保玉戈]

2909 蔡運章：《論太保玉戈銘文及相關問題》，《甲骨金文與古史新探》，中國社會科學出版社，1996年，第122頁。

十九畫

0972

壞德

相邦冉戈

0972.02

懷德

【時代】戰國晚期

【出處】相邦冉戈［《集成》11342］

【類別】城邑名稱

【釋地】陝西省渭南市富平縣

秦傳世兵器二十一年相邦冉戈有地名“壞德”，新出土秦封泥、傳世漢印有“壞德丞印”，《漢書·地理志》有“裦德”縣。“壞”“裦”均應讀爲壞。懷德，懷念其德。傳説禹、黄帝鑄鼎于荆山下，後人懷念其德，地因此得名。懷德在今何地，前人有兩説：一説在今陝西大荔縣與華陰縣之間的洛水、渭河交匯處，即原朝邑縣境；一説在富平縣西南十里。本文據西周金文、《尚書·禹貢》、《後漢書·郡國志》、《水經注·沮水》詳加分析，判定後説可信。

王輝《秦西漢懷德縣小考》[2910]［相邦冉戈］

【釋地】陝西省渭南市大荔縣

今陝西大荔縣東南。

吴鎮烽《銘圖索引》[2911]［相邦冉戈］

0973

蘇

蘇衛改鼎

【時代】西周晚期

【出處】蘇衛改鼎等

鮴（蘇）衛改作旅鼎，其永用。［蘇衛改鼎，《集成》2381—2384］

【類別】國族名稱

【釋地】河南省焦作市温縣

鮴即穌，典籍通作蘇，《小雅·何人斯序》有蘇公，《毛傳》云“蘇，畿内國名”。《左傳》成十一年“蘇忿生以温爲司寇”，是蘇國在温，其

2910 王輝：《秦西漢懷德縣小考》，《考古與文物》2020年第2期，第110頁。

2911 吴鎮烽：《商周青銅器銘文暨圖像集成索引》，上海古籍出版社，2019年，第1039頁。

蘇公子癸父甲簋

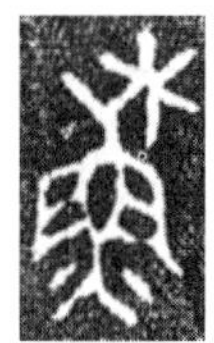

蘇洦妊盤

地即今河南温縣，與洛陽相隔不遠。

郭沫若《兩周金文辭大系圖録考釋》[2912]

穌即穌，亦即蘇。蘇爲己姓，《鄭語》“己姓：昆吾、蘇、顧、温、董”，己即妃之省。《晋語》“殷辛伐有蘇，有蘇氏以妲己女焉” 。妲己亦著姓也。《鄭語》以蘇、温爲二國，《左傳》則以蘇、温爲一。《春秋》僖十年書“狄滅温，温子奔衛”，《傳》云“十年春，狄滅温，蘇子無信也。蘇子叛王即狄，又不能于狄，狄人伐之，王不救，故滅。蘇子奔衛”。又成十一年《傳》云“昔周克商，使諸侯撫封，蘇忿生以温爲司寇，與檀伯達封于河。蘇氏即狄，又不能于狄而奔衛，襄王勞文公而賜之温”。顧棟高《春秋大事表・爵姓存滅表》温下注云“春秋初蘇氏已絶封。隱十一年王與鄭人蘇忿生之田十二，温居一焉。不知何時地復歸王，蘇氏續封而仍居温。僖十年爲狄所滅，二十五年王以其地賜晋。至文十年女栗之盟復見蘇子，杜注蓋王復之。或云自是遷于河南。”余意温蓋蘇之支庶，蘇公入仕王室蓋别有所封，其故邑爲子孫所保有而亦有蘇名，猶邾之大小邾，鄀之上下鄀也。故温雖滅而蘇猶存。至隱十一年所與蘇田之温，蓋又温之子邑而已。温在今河南温縣，蘇大率即在其附近。史頌簋“王在宗周，令史頌德穌灋友里君百生帥䁒盩于成周”，知蘇離洛陽必不遠也。

郭沫若《兩周金文辭大系圖録考釋》[2913]［穌公簋］

初在河南濟源西北，後遷温縣西南。

吴鎮烽《銘圖索引》[2914]［蘇衛改鼎］

【釋地】河南省焦作市温縣

即蘇、妃姓，古國名。《國語・晋語一》：“殷辛伐有蘇，有蘇氏以妲己女焉。妲己有寵，于是乎與膠鬲比而亡殷。”韋昭《注》：“有蘇，己姓之國，妲己其女也。”周武王時蘇忿生爲周司寇而又封國于温。《尚書・立政》：“周公若曰：太史，司寇蘇公，式敬爾由獄，以長我王國。”孔安國《傳》：“忿生爲武王司寇，封蘇國。”孔穎達《疏》：“成十一年《左傳》云：昔周克商，使諸侯撫封蘇忿生以温爲司寇。是忿生爲武王司寇，封蘇國也。蘇氏國名，所都之地其邑名温，故傳言以温也。”又《左傳・僖公十年》：“春，狄滅温，蘇子無信也。蘇子叛王即狄，又不能于狄，狄人伐之，王不救，故滅。蘇子奔衛。”孔穎達《疏》：“國名爲蘇，所都之邑名爲温，故温、蘇遞見于經，是得兩稱故也。”温爲蘇國封邑名，其地在今河南省温縣南三十里之地。

馬承源《商周青銅器銘文選》[2915]［蘇公子癸父甲簋］

2912　郭沫若：《兩周金文辭大系圖録考釋（二）》，《郭沫若全集・考古編》（第八卷），科學出版社，2002年，第161頁。

2913　郭沫若：《兩周金文辭大系圖録考釋（二）》，《郭沫若全集・考古編》（第八卷），科學出版社，2002年，第508—509頁。

2914　吴鎮烽：《商周青銅器銘文暨圖像集成索引》，上海古籍出版社，2019年，第1038—1039頁。

2915　馬承源主編：《商周青銅器銘文選（三）》，文物出版社，1988年，第351頁。

	蘇爲己姓國名，地望在今河南温縣西南，春秋時滅于狄。 陳佩芬《李蔭軒所藏中國青銅器》[2916][史頌鼎] 穌即蘇，己姓古國名。《國語·晋語一》："殷辛伐有蘇，有蘇氏以妲己女焉。妲己有寵，于是乎與膠鬲比而亡殷。"《尚書·立政》："周公若曰：'太史、司寇蘇公，式敬爾由獄，以長我王國，兹式有慎，以列用中罰。'"孔安國傳："忿生爲武王司寇，封蘇國。"又《左傳·僖公十年》："春，狄滅温，蘇子無信也。蘇子叛王即狄，又不能于狄，狄人伐之，王不救，故滅。蘇子奔衛。"孔穎達疏："國名爲蘇，所都之邑名爲温，故温、蘇遞見于經，是得兩稱故也。"温爲蘇國封邑名，其地在今河南省温縣南十里地。 陳佩芬《李蔭軒所藏中國青銅器》[2917][蘇甫人盤]
0974 櫑  櫑仲簋	**【時代】西周中期** **【出處】櫑仲簋** 櫑仲作寶尊彝。[櫑仲簋，《集成》3549] **【類别】國族名稱**
0975 櫟陽   相邦樛斿戈  櫟陽虎符	**【時代】戰國中晚期·秦　秦** **【出處】相邦樛斿戈　高武戈　丞相斯戈　櫟陽矛　櫟陽虎符**[2918] 四年，相邦樛斿之造，櫟陽工上造間，吾（衙）。[相邦樛斿戈，《集成》11361] **【類别】城邑名稱** **【釋地】陝西省西安市臨潼區、閻良區一帶** 櫟陽，地名，在今陝西臨潼北。 湯餘惠《戰國銘文選》[2919][相邦樛斿戈] 今西安市閻良區武屯鎮南。 吴鎮烽《銘圖索引》[2920][高武戈]

2916　陳佩芬：《李蔭軒所藏中國青銅器》，《陳佩芬青銅器論集》，中西書局，2016年，第322頁。
2917　陳佩芬：《李蔭軒所藏中國青銅器》，《陳佩芬青銅器論集》，中西書局，2016年，第326—327頁。
2918　編者按：高武戈，《銘圖》16620；丞相斯戈，《銘圖》17236；櫟陽矛，《集成》11502；櫟陽虎符，《銘圖》19175。
2919　湯餘惠：《戰國銘文選》，吉林大學出版社，1993年，第68頁。
2920　吴鎮烽：《商周青銅器銘文暨圖像集成索引》，上海古籍出版社，2019年，第1039頁。

0976

關邑

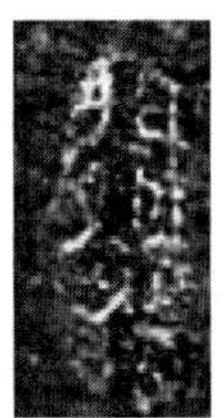

元年閏矛

【時代】戰國晚期

【出處】元年閏矛［《銘圖》17668、17669］

【類別】城邑名稱

0977

羅

羅子龍鼎

【時代】春秋晚期

【出處】羅子龍鼎

羅子龍之飤繁。［羅子龍鼎，《銘續》111］

【類別】國族名稱

【釋地】湖北省宜城市

春秋羅國，今湖北宜城縣西南。

吴鎮烽《銘圖索引》[2921]［羅子龍鼎］

鄦客銅量

【時代】戰國晚期·楚

【出處】鄦客銅量

0977.02 䍜

鄦客臧嘉問王於蕆郢之歲，享月己酉之日，羅莫嚻臧帀（師）、連嚻屈上，以命工尹穆丙、工差競之、集尹陲（陳）夏、少集尹龏賜、少工差李癸鑄廿金半，以賹者筲。［鄦客銅量，《集成》10373］

【類別】城邑名稱

字不識，從邑，當屬地名。

周世榮《楚邦客銅量銘文試釋》[2922]［鄦客銅量］

“䍜”從“邑”，周文已指出“當屬地名”。“䍜”即文獻之“羅”。《左傳·桓公十二年》：“楚師分涉于彭，羅人欲伐之。”注：“羅，熊姓國。在宜城縣西山中，後徙南郡枝江縣。”《漢書·地理志》“長沙國”下“羅”注“應劭曰，楚文王徙羅子自枝江居此。師古曰，盛弘之《荊州記》云，縣北帶汨水，水原出豫章艾縣界西注湘，滄汨西北縣三十里，名爲屈潭，屈原自沉處”。由文獻可知，羅本在湖北宜城，始遷湖北枝江，再遷湖南。羅城舊址在今天湖南湘陰河市鄉，是一座東周遺址。銅量發現

2921 吴鎮烽：《商周青銅器銘文暨圖像集成索引》，上海古籍出版社，2019年，第1074頁。
2922 周世榮：《楚邦客銅量銘文試釋》，《江漢考古》1987年第2期，第88頁。

于距羅城不遠的長沙，看來並非偶然。

何琳儀《長沙銅量銘文補釋》[2923]［郾客銅量］

0978

鼄

邾君鐘

邾討鼎

杞伯每刃鼎

邾義白鼎

【時代】春秋早期

【出處】邾討鼎等

鼄（邾）訧爲其鼎，子子孫孫永寶用。［邾討鼎，《集成》2426］

【類别】國族名稱

【釋地】山東省鄒城市

從黽朱聲，金文邾皆作鼄。邾，顓頊後裔，周武王所封，春秋初爲魯附庸，《左傳·隱公元年》："三月，公即邾儀父盟于蔑。"杜預《注》："邾，今魯國鄒縣是也。"亦即邾婁，《公羊傳·隱公元年》"公及邾婁儀父盟于眛"，《經典釋文》："邾人語聲後曰婁，故曰邾婁。"邾亦即鄒，一聲之轉。

馬承源《商周青銅器銘文選》[2924]［邾君鐘］

"鼄"即蛛之别體，通作邾，爲作器者私名。商周時的人名和國族之號往往無别，"邾"亦可視爲國族名。《左傳》隱公元年："公及邾儀父盟于蔑。"杜預注："邾，今魯國鄒縣也。"邾本顓頊之後，曹姓，武王時始受封，春秋時滅于楚，在今山東鄒縣東南。故此鼎當爲邾國之君鑄作的禮器。

蔡運章《論洛陽北窑西周墓青銅器銘刻》[2925]

【釋地】山東省曲阜市

即邾，邾國，今山東曲阜市東南。

吴鎮烽《銘圖索引》[2926]［邾討鼎］

【釋地】山東省棗莊市

小邾國，又稱郳，今山東棗莊市。

吴鎮烽《銘圖索引》[2927]［邾秦妊鬲］

2923 何琳儀：《長沙銅量銘文補釋》，黄德寬主編：《安徽大學漢語言文字研究叢書·何琳儀卷》，安徽大學出版社，2013年，第160頁。

2924 馬承源主編：《商周青銅器銘文選（四）》，文物出版社，1990年，第524頁。

2925 蔡運章：《論洛陽北窑西周墓青銅器銘刻》，《甲骨金文與古史新探》，中國社會科學出版社，1996年，第3頁。

2926 吴鎮烽：《商周青銅器銘文暨圖像集成索引》，上海古籍出版社，2019年，第1039—1041頁。

2927 吴鎮烽：《商周青銅器銘文暨圖像集成索引》，上海古籍出版社，2019年，第1039—1041頁。

0979 䣄  晉公盆	**【時代】春秋中期** **【出處】晉公盆** 唯王正月初吉丁亥，晉公曰："我皇祖䣄公[膺]受大命，左右武王，殺畏百緣（蠻），廣闢四方，至于不廷，莫不□□，[王]命䣄（唐）公，建宅京自（師），□□□□邦，我剌（烈）考憲[公]，□□□□，疆□□□，□□□□，虩虩在上，□□□□□，台業□□，□□晉邦。"公曰："余隹今小子，敢帥井先王，秉德秩秩，固燮萬邦，哀哀莫不日頓覺，余咸畜胤（俊）士，作龙左右，保乂王國，制暴胡迮，以嚴虩若否。作元女孟[姬]□□媵簋四簋，□□□□，虔恭盟祀，以畣皇卿，協順百黹。隹今小子，整乂爾家，宗婦楚邦，烏昭萬年，晉邦唯翰，永康寶。"[晉公盆，《集成》10342] **【類別】國族名稱** **【釋地】山西省臨汾市翼城縣** 唐，今山西翼城縣西唐城。 吴鎮烽《銘圖索引》[2928][晉公盆]
0980 瀘 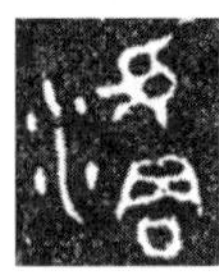 尌比盨	**【時代】西周晚期** **【出處】尌比盨**[《集成》4466] **【類別】城邑名稱** 邑名，今地不詳。 吴鎮烽《銘圖索引》[2929][尌比盨]
0981 緣  欒伯盤	**【時代】西周中期 戰國時期** **【出處】欒伯盤 欒左庫戈**[《集成》10959]**欒令郭唐鈹等** 唯八月既生霸庚申，辛□□胃□鼎□卢緣（欒）伯方□邑，卬乇山，錫三國，□内吴，□□□亟斿西□，鼎立，□邑百，□攸金，自作浣般（盤），其萬年霝壽、黄耇，子子孫孫，寶用于夆邑。[欒伯盤，《集成》10167] 三年，欒令梈唐，下庫工帀（師）孫屯，冶沽執劑。[欒令郭唐鈹，《集成》11661] **【類別】城邑名稱**

2928　吴鎮烽：《商周青銅器銘文暨圖像集成索引》，上海古籍出版社，2019年，第1046頁。
2929　吴鎮烽：《商周青銅器銘文暨圖像集成索引》，上海古籍出版社，2019年，第1041頁。

 樂令郭唐鈹 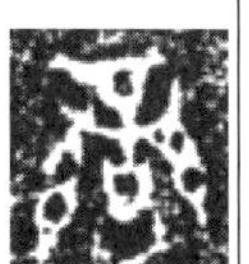 樂左庫戈 0981.02 隰	**【釋地】河北省石家莊市** 隰加"阜"旁，以示地名。亦有不加"阜"旁，如《緣左庫戈》："緣左庫。"均在今河南欒城縣及趙縣北境，皆爲古欒邑地。《左傳·哀公四年》："國夏伐晋，取邢、任、欒、鄗、逆時、陰人、盂、壺口"之"欒"即隰地。 崔恒昇《甲金文地名考釋》[2930][樂令郭唐鈹] 從文獻記載來看，地名"欒"在春秋時期已經出現，爲晋國的一個城邑。《左傳·哀公四年》："齊國夏伐晋，取欒。"杜預注："欒城在平棘縣西北。"故城在今欒城東北。因此，將兩件樂左庫戈定爲春秋時期晋國兵器是比較合適的。 秦曉華《東周晋系兵器劄記三則》[2931][樂左庫戈] 即欒，戰國趙邑，今河北趙縣西。 吴鎮烽《銘圖索引》[2932][樂令郭唐鈹]
0982 **緣方** 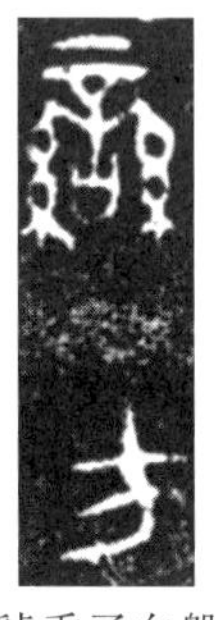 虢季子白盤  秦公鐘	**【時代】西周晚期 春秋早期** **【出處】虢季子白盤 秦公鐘**[《集成》262] 唯十又二年正月初吉丁亥，虢季子白作寶盤，丕顯子白，壯武于戎功，經維四方，搏伐玁狁，于洛之陽，折首五百，執訊五十，是以先行，桓桓子白，獻馘于王，王孔加子白義，王格周廟宣廚（榭），爰饗，王曰：白父，孔覭有光，王易（賜）乘馬，是用佐王，易（賜）用弓，彤矢其央，易（賜）用鉞，用征緣（蠻）方，子子孫孫，萬年無疆。[虢季子白盤，《集成》10173] **【類别】國族名稱** 即蠻方。蠻在史籍中特稱少數民族南方的種族，但也有作爲泛稱的，如《史記·匈奴列傳》中稱"北蠻"，梁伯戈銘則稱"鬼方蠻"。 馬承源《商周青銅器銘文選》[2933][虢季子白盤] "蠻方"指西戎，舊説以爲蠻爲南方少數民族，近人則以爲蠻、夷、戎、狄均指華夏族以外的少數民族，並無方位的分別。秦在春秋早期，立

2930 崔恒昇：《甲金文地名考釋》，安徽大學古文字研究室編：《古文字研究》（第二十二輯），中華書局，2000年，第154頁。
2931 秦曉華：《東周晋系兵器劄記三則》，《中國國家博物館館刊》2011年第5期，第8頁。
2932 吴鎮烽：《商周青銅器銘文暨圖像集成索引》，上海古籍出版社，2019年，第1041、1043頁。
2933 馬承源主編：《商周青銅器銘文選（三）》，文物出版社，1988年，第309頁。

0982.02 蠻方	國未久，周圍有很多戎人部落，是秦發展壯大的主要障礙，也是秦的主要敵人，慎重地處理與西戎的關係，是秦能否存在于發展的關鍵。 王輝《秦銅器銘文編年集釋》[2934][秦公及王姬編鐘]
0983 ⿰阝⿱酉爭  農卣	**【時代】西周中期** **【出處】農卣** 唯正月甲午，王在⿰阝⿱酉爭应，王徵令伯𢼸曰：毋卑農弋，事厥友妻農，廼稟厥帑、厥小子、小大事毋有田，農三拜稽首，敢對揚王休從（寵）。[農卣，《集成》5424] **【類别】城邑名稱**
0984 ⿱罒象  小臣謎簋 0984.02 ⿱严象	**【時代】西周早期** **【出處】小臣謎簋**[《集成》4328、4329] **【類别】城邑名稱** **【釋地】河南省商丘市睢縣** ⿱罒象，讀爲襄，地名，即春秋宋之襄邑，在今河南睢縣。 陳秉新、李立芳《出土夷族史料輯考》[2935][小臣謎簋] **【釋地】河南省安陽市内黄縣** ⿱严象字疑從严象聲，《書序》“河亶甲居相”，《括地志》説“故殷城在相州内黄縣東南十三里，即河亶甲所築都之，故名殷城也。”（見《史記·殷本紀》正義）象相音近。漢代内黄縣在今河南省内黄縣境，離牧野不遠，在原殷王國境内。 唐蘭《西周青銅器銘文分代史徵》[2936][小臣謎簋] 疑即相，今河南内黄縣東南。 吴鎮烽《銘圖索引》[2937][小臣謎簋]

2934　王輝：《秦銅器銘文編年集釋》，三秦出版社，1990年，第14—15頁。
2935　陳秉新、李立芳：《出土夷族史料輯考》，安徽大學出版社，2005年，第149頁。
2936　唐蘭：《西周青銅器銘文分代史徵》，《唐蘭全集（七）》，上海古籍出版社，2015年，第254頁。
2937　吴鎮烽：《商周青銅器銘文暨圖像集成索引》，上海古籍出版社，2019年，第1039頁。

二十畫

0985

繇林

尹姞鬲

【時代】西周中期

【出處】尹姞鬲

穆公作尹姞宗室于繇林，唯六月既生霸乙卯，休天君弗望（忘）穆公聖粦明䚫事先王，格于尹姞宗室繇林，君蔑尹姞曆，易（賜）玉五品，馬四匹，拜稽首，對揚天君休，用作寶齋。[尹姞鬲，《集成》754、755]

【類別】城邑名稱

【釋地】河南省靈寶市

繇林疑即桃林。《周本紀》“牧牛于桃林之虛”，《集解》“孔安國曰桃林在華山東”，《正義》“《括地志》云桃林在陝州桃林縣西”。《説文》“誂，相呼誘”，誂即䌛。“䌛，跳也”，故繇、桃音同字通。

陳夢家《西周銅器斷代》[2938][尹姞鬲]

0986

酆邱

宗邑瓦書

【時代】戰國晚期·秦

【出處】宗邑瓦書[《銘圖》19920]

【類別】城邑名稱

【釋地】陝西省西安市長安區

在今西安市長安區境内。

吴鎮烽《銘圖索引》[2939][宗邑瓦書]

0987

獻

【時代】西周早期

【出處】獻侯鼎

唯成王大𠦪（禱）在宗周，賞獻侯顯貝，用作丁侯尊彝，天黽。[獻侯

2938 陳夢家：《西周銅器斷代》，中華書局，2004 年，第 136 頁。
2939 吴鎮烽：《商周青銅器銘文暨圖像集成索引》，上海古籍出版社，2019 年，第 1041 頁。

 獻侯鼎	鼎，《集成》2626、2627] **【類别】國族名稱** 獻爲國名。 唐蘭《西周青銅器銘文分代史徵》[2940][獻侯鼎]
0988 **鐘**  鐘伯侵鼎	**【時代】春秋時期** **【出處】鐘伯侵鼎** 唯正月初吉己亥，大帀（師）鐘伯侵自作石（碽）沱（盜），其子子孫永寶用之。[鐘伯侵鼎，《集成》2668] **【類别】國族名稱** 考其地望，當在定陶縣界。 余永梁《金文地名考》[2941][鐘伯侵鼎]
0989 **邍** 散氏盤 0989.02 䙴	**【時代】西周晚期** **【出處】散氏盤**[《集成》10176] **【類别】自然地理名稱** 《説文》"邍，高平之野人所登"，經傳假原爲之，金文作邍。此從田從遷。應是"高平曰原"的本字，從彖（緣）得聲。《説文》"彖，豕也"豲，逸也"疑是一字，邍從辵，本此。 陳夢家《西周銅器斷代》[2942][散氏盤] 䙴即𡨧，今通作原。石鼓文有《作邍》篇。《田車》："避以陸（躋）于邍。"又《鑾車》："邍溼（隰）陰陽。"盤銘之𡨧應即鼓文之邍。《説文》："邍，高平之野。"《古今韻會舉要·元韻》引作"高平曰原，人所登"。此原從方位看，應即鳳翔南部之原，後秦人在此修鄜疇及吴陽上、下時，因稱三時原。 王輝《散氏盤新解》[2943][散氏盤]

2940 唐蘭：《西周青銅器銘文分代史徵》，《唐蘭全集（七）》，上海古籍出版社，2015年，第86頁。
2941 余永梁：《金文地名考》，《國立中山大學語言歷史學研究所週刊》第5集第53、54期合刊，1928年，第21—22頁。
2942 陳夢家：《西周銅器斷代》，中華書局，2004年，第346頁。
2943 王輝：《散氏盤新解》，《高山鼓乘集：王輝學術文存二》，中華書局，2009年，第13頁。

0990

邍谷

倗生簋

【時代】西周

【出處】倗生簋［《集成》4264］

【類別】人文地理名稱·田地

格伯田地的小地名。

吴鎮烽《銘圖索引》[2944]［倗生簋］

0991

競

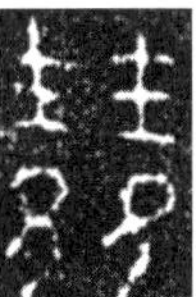

⿰鬲斗比盨

【時代】西周晚期

【出處】⿰鬲斗**比盨**［《集成》4466］

【類別】城邑名稱

0992

⿱宀夐

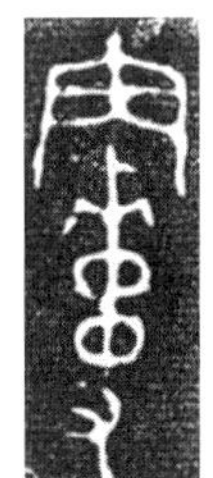

⿱宀夐侯簠

【時代】春秋早期

【出處】⿱宀夐侯簠

⿱宀夐侯作叔姬寺男媵簠，子子孫孫永寶用享。［⿱宀夐侯簠，《集成》4561］

【類別】國族名稱

0993

㸓

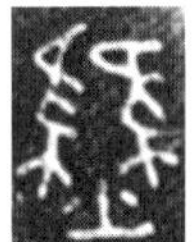

㸓王鬲

【時代】西周中期

【出處】善鼎　静簋　㸓王鬲［《銘圖》2776、2777］㸓**公盨**

唯十又二月，辰在丁亥，王在宗周，王格大師宫，王曰：善，昔先王既令汝佐疋纍侯，今余唯肇醽先王令，令汝佐疋纍侯，監㸓（豳）師戍，易（賜）汝乃祖旂，用事。善敢拜稽首，對揚皇天子丕杯休，用作宗室寶尊，唯用綏福唬前文人，秉德共純，余其用各我宗子雩百姓，余用匄純魯雩萬年，其永寶用之。［善鼎，《集成》2820］

唯王六月初吉，王在葊京，丁卯，王令静嗣射學宫，小子眔服、眔小

2944　吴鎮烽：《商周青銅器銘文暨圖像集成索引》，上海古籍出版社，2019 年，第 950 頁。

𤔲王鬲

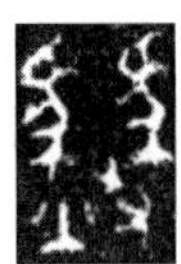
静簋

善鼎

𤔲公盨

0993.02
遂

臣、眔夷僕學射，雩八月初吉庚寅，王以吴㚇、吕犅佮𤔲（豳）、𦭞𠂤（師），邦君射于大池，静學無尤，王易（賜）静鞞剢，静敢拜稽首，對揚天子丕顯休，用作文母外姑尊簋，子子孫孫其萬年用。[静簋，《集成》4273]

天令禹敷土，墮山濬川，廼差彖埶征，降民監德；廼自作配嚮民，成父母，生我王、作臣。厥顯唯德，民好明德，任在天下。用厥邵好，益美懿德，康亡不楙。考友訏明，巠齊好祀，無欺心。好德婚媾，亦唯協，天釐用考，神，復用猶禄，永孚于寧。𤔲（豳）公曰：民唯克用兹德，亡誨。[𤔲公盨，《銘圖》5677]

【類别】城邑名稱

西周駐軍之地，亦見于趞簋銘“命汝作𤔲師家司馬”。

馬承源《商周青銅器銘文選》[2945][善鼎]

盨銘的“𤔲”也應讀爲“遂”，國名。當時，據文獻記載，可能有兩個遂國。一個是姬姓的，見《通志·氏族略》《路史·後紀十》。《三代吉金文存》14.9.2 盉銘：“𤔲王作姬㚸盉”，或許是姬姓的遂，從其稱王看，應係邊裔夷狄一類，與盨無關。盨的遂公，屬于另一個遂，就是見于《春秋》經傳的遂國。

遂國在今山東寧陽西北，傳説是虞舜之後。《左傳》昭公三年有：“箕伯、直柄、虞遂、伯戲。”杜預注：“四人皆舜後。”虞遂據稱是遂國的祖先。《左傳》昭公八年：“自幕至于瞽瞍無違命，舜重之以明德，寘德于遂，遂世守之，及胡公不淫，故周賜之姓，使祀虞帝。”杜注：“遂，舜後。蓋殷之興，存舜之後而封遂。”這段話可參看《史記·陳杞世家》正義所引譙周所説：“以虞封舜子（按宋州城縣）。商均（按即舜子）封爲虞公，其子虞思事少康爲相，號幕。下至遂公淮，事成湯爲司徒，湯滅夏，封爲遂公，號曰虞遂。”綜合起來，知道遂在商代已有，周武王以元女太姬下嫁，封于陳的胡公滿，就出自遂國。不管上述材料夾雜多少傳説成分，這應該是基本史實。遂國之君稱公，正與銘相合。

遂爲舜後，自爲姚姓。胡公封陳，賜姓爲嬀，遂是否也改爲嬀姓，史無可考，《春秋大事表》逕言嬀姓，並無證據。

這個遂國，據《春秋》經，于魯莊公十三年（公元前681年）爲齊國所滅。

這裏還應提到，假如釋“𤔲”爲“豩”，讀作“豳”，豳在今陝西旬邑西南，是周王直屬之地，在西周時未聞有什麼豳公。鄭玄《詩譜·豳譜》的豳公，指周先祖公劉、大王，他們當時是否有此稱號也没有確證。

李學勤《論𤔲公盨及其重要意義》[2946][𤔲公盨]

䝨，地名，或説即豳，卿大夫之采地食邑。

王輝《商周金文》[2947][趞鼎]

2945 馬承源主編：《商周青銅器銘文選（三）》，文物出版社，1988年，第233頁。

2946 李學勤：《論𤔲公盨及其重要意義》，原載《𤔲公盨》，綫裝書局，2002年；後收入《新出青銅器研究（增訂版）》，人民美術出版社，2016年，第300—301頁。

2947 王輝：《商周金文》，文物出版社，2006年，第120頁。

“燹”字在金文中多次出現。《説文》引《虞書》“燹類于上帝”，《史記·五帝本紀》、《封禪書》和《漢書·王莽傳》等均引作“遂”。“遂”爲國名，據文獻記載，西周中期有兩個遂國。其一是《通志·氏族略》和《路史·後紀十》等記載的遂國，屬姬姓。但據金文資料，其國君卻稱“王”。《三代吉金文存》14.9.2盉銘曰：“遂王作姬𡚸盉。”張政烺先生認爲，此遂國當屬于邊裔夷狄類。另一遂國在今山東寧陽西北，傳説是虞舜之後。《左傳》昭公三年載“箕伯、直柄、虞遂、伯戲”，杜預注曰：“四人皆舜後。”虞遂據稱是遂國的祖先。《左傳》昭公八年又曰：“自幕至于瞽瞍，無違命，舜重之以明德，寘德于遂，遂世守之，及胡公不淫，故周賜之姓，使祀虞帝。”杜預注曰：“遂，舜後，蓋殷之興，存舜之後而封遂。”《史記·五帝本紀》正義引譙周曰：“以虞封舜子，今宋州虞城縣。”傳説商均（按即舜子）封爲虞公，其子虞思事少康爲相，號幕。下至遂公淮，事成湯爲司徒，湯滅夏，封爲遂公，號虞遂。專家普遍認爲，此盨當屬西周中期後段遂國國君之物。上述雖有傳説的成分，但不管怎麼説，遂國之君稱遂公，與今天所見到的燹公盨的情形是基本吻合的。

邱紅琴《燹公盨與〈禹貢〉成書的時代》[2948]［燹公盨］

【釋地】陝西省咸陽市旬邑縣

𤑳從攴燹聲，金文或祇作燹，楊樹達釋爲燹，疑即豳字。古代從火字與山形相亂。等于岳即羔字。而燹本音芬，與豳爲疊韻。《漢書·地理志》右扶風栒邑縣“有豳鄉，《詩》豳國，公劉所都”。當在今陝西省栒邑縣一帶。

唐蘭《西周青銅器銘文分代史徵》[2949]［静簋］

即豳，今陝西旬邑縣西南。

吴鎮烽《銘圖索引》[2950]［燹王鬲］［善鼎］［静簋］

【他釋】

燹𦬁𠂤，人名，趞鼎銘“命汝作燹𠂤家司馬”。

馬承源《商周青銅器銘文選》[2951]［静簋］

0994 𣄰

【時代】西周早期

【出處】利簋

武王征商，唯甲子朝，歲貞，克昏夙有商。辛未，王在𩰫（管）𠂤（師），

2948　邱紅琴：《燹公盨與〈禹貢〉成書的時代》，《中原文物》2009年第3期，第64—65頁。
2949　唐蘭：《西周青銅器銘文分代史徵》，《唐蘭全集（七）》，上海古籍出版社，2015年，第378頁。
2950　吴鎮烽：《商周青銅器銘文暨圖像集成索引》，上海古籍出版社，2019年，第1032、1042、1045頁。
2951　馬承源主編：《商周青銅器銘文選（三）》，文物出版社，1988年，第111頁。

 利簋	昜（賜）又史利金，用作旜公寶尊彝。[利簋，《集成》4131] **【類别】國族名稱** 末句“公”上之字其在左方及右上方頗似今正楷的“懷”字，乃謚號；若爲地名，則在今河南武陟縣南六公里許。 鍾鳳年、黄盛璋等《關于利簋銘文考釋的討論》[2952][利簋] 以往學界多關注于利簋銘文所載武王克商的重大史事，“旜公”一詞所藴含的史料價值則未被充分挖掘。衆所周知，金文“某公”這一稱名形式中的“某”，無外乎謚號和族氏名兩種情况。一般認爲，嚴格意義上的謚法在商周之際尚未出現，故“旜公”名號中的“旜”字當係利所在家族的族氏名號。按“旜”字從“亶”得聲，兩者與“檀”在古音上應該相同或極近，故彼此間毫無疑問可以相通。因此，筆者以爲，甲骨卜辭中“亶”族和金文中的“旜”氏，應該也即《左傳》所載武王克商後受封的檀氏。出身于檀氏的貴族利，之所以會積極參與周人伐商的同盟，或與其所在族氏一度同商人爲敵不無關係。這樣看來，周初檀伯達就封的河南濟源一帶，則很可能屬于晚商“亶”族的活動區域。倘若上述推論不誤的話，同時期與“亶土”相毗鄰的“秅”，其地望亦當于今豫西地區求之。 趙慶淼《西周金文“秅”地識小》[2953][利簋]

2952 鍾鳳年、黄盛璋等:《關于利簋銘文考釋的討論》，《文物》1978年第6期，第77頁。
2953 趙慶淼:《西周金文“秅”地識小》，《中原文物》2014年第5期，第42頁。

二十一畫

0995

霸

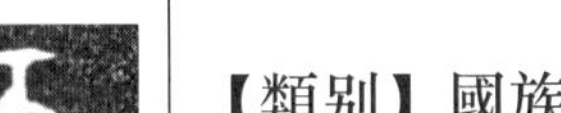

霸姞鼎

霸伯罍

霸伯豆

【時代】西周時期

【出處】多器

【類別】國族名稱

西周銅器銘文中作族氏稱謂的“霸”與“格”所指實一，之前所謂的“霸國”或“霸族”與以往見于銅器銘文的“格國”或“格族”所指亦同，即爲文獻所載的春秋時期的潞國之前身，係殷商時期西落鬼戎的支系，其地望西周及春秋早期在今山西省翼城縣一帶，春秋早期以後約在今晋東南的以潞城爲中心的黎城、長治一帶。

黄錦前、張新俊《説西周金文中的“霸”與‘格”》[2954]

【釋地】山西省臨汾市翼城縣

今山西翼城縣隆化鎮。

吴鎮烽《銘圖索引》[2955][霸伯簋]

0996

露

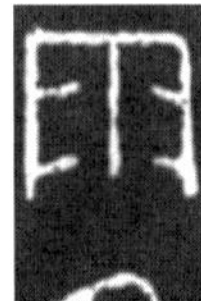

露錢權

【時代】戰國晚期

【出處】露錢權［《集成》11900］

【類别】城邑名稱

【釋地】山西省長治市黎城縣

今山西黎城縣。

吴鎮烽《銘圖索引》[2956][露錢權]

2954 黄錦前、張新俊：《説西周金文中的“霸”與“格”——兼論兩周時期霸國的地望》，《考古與文物》2015年第5期，第107、110頁。

2955 吴鎮烽：《商周青銅器銘文暨圖像集成索引》，上海古籍出版社，2019年，第1042頁。

2956 吴鎮烽：《商周青銅器銘文暨圖像集成索引》，上海古籍出版社，2019年，第1042頁。

0997

嚚

嚚伯盤

嚚伯歌夷匜

伯刺戈

【時代】西周晚期 春秋早期

【出處】嚚伯盤 嚚伯歌夷匜 伯刺戈[《集成》11400]

唯正月初吉庚午，嚚伯塍嬴尹母沬盤，其萬年子子孫永用之。[嚚伯盤，《集成》10149]

嚚伯歌夷自作旅匜，其萬年無疆，子子孫孫永寶用享。[嚚伯歌夷匜，《銘圖》14979]

【類别】國族名稱

嚚，古國名。《史記・殷本紀》："帝中丁遷于隞。"索隱："隞亦作'嚚'，並音敖字。"正義："《括地志》云：'滎陽故城在鄭州滎澤縣西南十七里，殷時敖地也。'"《路史・國名紀丁》以爲商氏後國。今以銘文證之，嚚亦東夷集團嬴姓國。

陳秉新、李立芳《出土夷族史料輯考》[2957][嚚伯盤]

嚚伯器之稱"嚚"，當源于商代仲丁所都之嚚，亦即隞。嚚伯匜的出土，説明作爲地名的嚚，從商代中期至少延續到兩周之際，甚至更晚。

確山縣文物管理所《河南確山出土西周晚期銅器》[2958][嚚伯匜]

【釋地】河南省滎陽市

嚚伯匜的"嚚"，當是《古本竹書紀年》所記仲丁"遷于嚚"的嚚，亦即《殷本紀》所載"帝中丁遷于隞"的隞。隞地地望的指實，歷來有三説：一、仲丁自亳徙嚚，在河北也；或曰，在今河南敖倉（《尚書・仲丁序・正義》）；二、嚚在陳留浚儀縣（《尚書・咸有一德・正義》）；三、仲丁之入沂蒙山區，蓋所以征伐藍夷（丁山《商周史料考證》29頁）。不少人對以上三説作了可貴的探索，基本上認爲第一説"在今河南"最爲堅實可信。然而，自1952年鄭州市區發現和發掘一處商代城址後，于是又有了鄭州商城隞都説。非難者則提出鄭州商城爲"湯居亳"説。

以上論述了管（或奠）、敖並非一地而二名，那麼，隞都到底在哪裏？我們認爲還是前面第一説的在"今河南敖倉"一帶最可信。

夏麥陵《嚚伯匜斷代與隞之地望》[2959][嚚伯匜]

銘文中的"𡟰伯"應讀作"敖伯"，敖指古敖國，其地在今河南滎陽附近的敖山。《詩・小雅・車攻》"建旐設旄，搏狩于敖"，《毛傳》"敖，地名"，《鄭箋》"敖，鄭地，今近滎陽"。

劉釗《談新發現的敖伯匜》[2960][嚚伯歌夷匜]

2957 陳秉新、李立芳：《出土夷族史料輯考》，安徽大學出版社，2005年，第285頁。
2958 確山縣文物管理所：《河南確山出土西周晚期銅器》，《考古》1993年第1期，第85頁。
2959 夏麥陵：《嚚伯匜斷代與隞之地望》，《考古》1993年第1期，第76—78頁。
2960 劉釗：《談新發現的敖伯匜》，《中原文物》1993年第1期，第36頁。

清孫星衍《尚書今古文注疏·書序》云："仲丁遷于囂。"注："《史》遷囂作隞。"疏："《詩·車攻》箋云：敖，鄭地，今近滎陽。"清朱駿聲《説文通訓定聲·小部》："《書·仲丁·序》：仲丁遷于囂。傳：地名。按即《左·宣十二年》敖鄗之敖。"敖，山名，在今河南滎陽縣北。

崔恒昇《甲金文地名考釋》[2961][囂伯盤]

今河南滎陽縣西北。

吳鎮烽《銘圖索引》[2962][囂伯盤]

【釋地】河南省駐馬店市確山縣

從銅器的出土地點來看，確山縣正是古道國的故地。道國是周滅商後，周王爲了就近監視控制殷民，在淮河、汝河之間，靠近蔡國之地建立起來的一個姬姓小國，其地約方百里。由青銅器出土地向東南約 1.5 公里，便是由商周至北齊時期的古城遺址，即道國初建的都城安昌城。古城周長約 2.5 公里，現存古城夯土牆基高出土面約 1 米，昔日古城牆上的防禦設施——瞭望樓、烽火臺等殘迹。依然可尋。從古城址所採集到的陶片、石器以及銅矛、銅戈、銅鏃等遺物考察，其中多爲春秋時期的遺存，亦有少量商和西周時期的遺物。

李芳芝《河南確山發現春秋道國青銅器》[2963][囂伯歂夷匜]

0998

遯丘

庚壺

0998.02 鯀丘

0998.03 遁丘

【時代】春秋晚期

【出處】庚壺[《集成》9733]

【類别】城邑名稱

遁丘爲地名，地望不詳。梁，地名。《管子·輕重戊》記有"魯、梁"二國，尹知章注："魯、梁二國在泰山之南。"李家浩疑"梁"即《管子》魯梁之梁，"是伐嶤時所經過的一個地方"。

陳秉新、李立芳《出土夷族史料輯考》[2964][庚壺]

【釋地】山東省臨沂市

銘文中"遯"前一個字作[illegible]，李家浩先生認爲"其義當是翦伐的意思"。此説可從，則壺銘中翦"遯丘"之"遯丘"爲地名。傳世文獻中似不見以"遯丘"爲地名的記載，"遯"字需破讀。庚壺銘文中先提到"入莒"，後説"伐嶤（？）""翦遯丘"之事，所以李家浩先生疑"嶤"是莒國附

2961 崔恒昇：《甲金文地名考釋》，安徽大學古文字研究室編：《古文字研究》（第二十二輯），中華書局，2000 年，第 155 頁。
2962 吳鎮烽：《商周青銅器銘文暨圖像集成索引》，上海古籍出版社，2019 年，第 1042 頁。
2963 李芳芝：《河南確山發現春秋道國青銅器》，《中原文物》1992 年第 2 期，第 115 頁。
2964 陳秉新、李立芳：《出土夷族史料輯考》，安徽大學出版社，2005 年，第 240 頁。

	近的城邑或小國。此説可能性很大，則"邎丘"亦應在莒國附近。莒南面不遠處有"祝丘"，《春秋經》桓公五年："城祝丘。"楊伯峻先生謂"祝丘故城當在今山東省臨沂縣稍東約三十五里"。春秋時期爲魯邑。古"繇"與"猶"關係密切，兩者可以相通，而"猶""鬻"典籍中互爲異文，如《爾雅·釋獸》："猶如麂。"《釋文》："猶，舍人本作鬻。"是"繇""鬻"讀音相近《玉篇·鬻部》："鬻，又音祝。"《龍龕手鏡·鬲部》也謂"鬻"有"祝"的讀音。所以"邎"也可讀爲"祝"，大概庚率軍入莒後，又繼續南侵，攻打到祝丘一地。 李春桃《庚壺銘文拾遺》[2965][庚壺] **【釋地】山東省蓬萊市** 今山東蓬萊縣南。 吴鎮烽《銘圖索引》[2966][庚壺]
0999 夔  中鼎  中鼎	**【時代】西周中期** **【出處】中鼎** 唯王令南宫伐反虎方之年，王令中先省南或（國）貫行，執王应，在夔隮真山，中乎歸生鳳于王，執于寶彝。[中鼎，《集成》2751、2752] **【類別】城邑名稱** **【釋地】湖北省宜昌市秭歸縣** 夔字據郭老釋，字亦見大盂鼎（邊旁）。案《漢書·地理志》："（南郡）秭歸。歸鄉，故歸國。"《水經·江水注》："《樂緯》曰：'昔歸典協聲律。宋衷曰：'歸即夔。'歸鄉蓋夔鄉矣。"地在今湖北秭歸。 宗德生《楚熊繹所居丹陽應在枝江説》[2967][中鼎] 今湖北秭歸。 李學勤《静方鼎與周昭王曆日》[2968][中鼎] 今湖北秭歸縣。 吴鎮烽《銘圖索引》[2969][中鼎]

2965　李春桃：《庚壺銘文拾遺》，華東師範大學中國文字研究與應用中心編：《中國文字研究》（第十九輯），上海書店出版社，2014年，第46頁。

2966　吴鎮烽：《商周青銅器銘文暨圖像集成索引》，上海古籍出版社，2019年，第1037頁。

2967　宗德生：《楚熊繹所居丹陽應在枝江説》，《江漢考古》1980年第2期，第29頁。

2968　李學勤：《静方鼎與周昭王曆日》，原載《光明日報》1997年12月23日；後收入《夏商周年代學劄記》，遼寧大學出版社，1999年，第23頁。

2969　吴鎮烽：《商周青銅器銘文暨圖像集成索引》，上海古籍出版社，2019年，第1043頁。

1000

夒京

小臣艅尊

【時代】商代晚期

【出處】小臣艅尊

丁子（巳），王省夒京，王易（賜）小臣艅夒貝，唯王來征人（夷）方，唯王十祀又五，肜日。[小臣艅尊，《集成》5990]

【類別】城邑名稱

地名，未詳。

馬承源《商周青銅器銘文選》[2970][小臣艅尊]

【釋地】山東省淄博市臨淄區

夒京，疑即葵丘，《左傳·莊公八年》："齊侯使連稱、管至父戍葵丘。"杜注："葵丘，齊地，臨淄縣西有地名葵丘。"地在今淄博市東北臨淄鎮西。

陳秉新、李立芳《出土夷族史料輯考》[2971][小臣艅尊]

【釋地】山東省東部地區

今山東省近海一帶。

吴鎮烽《銘圖索引》[2972][小臣艅尊]

1001

夒隣真山

【時代】西周中期

【出處】中鼎[《集成》2751、2752]

【類別】自然地理名稱·山林

弟字舊釋射，疑是弟字，象弋射之形。隣字從兩𨸏，《説文》"𨺅，坼也"，或從阜作隣。此與啓卣啓尊，均述南征時途經山名，可證昭王南征路綫，是由武關去河南西南部的。

唐蘭《論周昭王時代的青銅器銘刻》[2973][中方鼎二]

山名，近南國。以征南國的路綫而言，當在今伏牛山一帶，中甗銘作"執应在曾"，此曾即古繒關，在河南方城縣，即伏牛山東麓。

馬承源《商周青銅器銘文選》[2974][中方鼎]

"夒隣真山"的夒，過去或釋夒，或釋射，分歧的原因主要是因翻刻本有誤所致。

2970 馬承源主編：《商周青銅器銘文選（三）》，文物出版社，1988年，第2頁。
2971 陳秉新、李立芳：《出土夷族史料輯考》，安徽大學出版社，2005年，第95頁。
2972 吴鎮烽：《商周青銅器銘文暨圖像集成索引》，上海古籍出版社，2019年，第1043頁。
2973 唐蘭：《論周昭王時代的青銅器銘刻》，《唐蘭全集（四）》，上海古籍出版社，2015年，第1495頁。
2974 馬承源主編：《商周青銅器銘文選（三）》，文物出版社，1988年，第76頁。

中鼎

丁山、郭沫若等將其釋爲夓應是正確的。金文有字作□（絲尊），過去或釋爲夔，似與上舉之形有別。丁山先生曾以爲“夓陦”可能即安徽之夏肥水。

夓古與憂通。《書·臯陶謨》“擾而毅”之擾，《玉篇》牛部引作犪。《禮記·樂記》“獶雜子女”。《釋文》獶作獿。盂鼎“無敢醧”之醧，乃擾之異文。啓卣“堇不夓”，應讀“謹不擾”。因此，鼎銘夓即憂，亦即鄾。鄾爲古地名，我們認爲就在今之湖北襄樊市西北。《左傳》桓公九年：“楚子使道朔將巴客以聘于鄧，鄧南鄙鄾人攻而奪之幣。……夏，楚使鬬廉帥師及巴師圍鄾。”據石泉先生考證，今襄樊市西北之鄧城即古鄧國遺址，鄾乃其南部邊邑。因此，“陦真山”就是鄾境内的一座山，其大致範圍，就在漢水北岸與鄧城遺址之間。

黄錫全《“安州六器”及其有關問題》[2975][中鼎]

昭王曾在此駐蹕，首字或釋“夓”，或釋“夔”，唐蘭先生疑是弟字，象戈射之形。結合新公布的《殷墟花園莊東地甲骨》可知，此字應該就是“射”（《花東》2、7、467），是以往習見“射”的繁體。徐少華先生認爲射、謝古本一字，後加“言”旁區分爲二，但音義皆可通。“射”爲周之南國的謝，在今南陽市一帶。射陦真山，應是南陽附近一座山，昭王南征途中曾在此設立行宫。

趙燕姣、吴偉華《金文所見昭王南征路綫考》[2976][中方鼎二]

1002

瀼丘

大將李牧弩機

【時代】戰國晚期·趙

【出處】大將李牧弩機[《銘圖》18585]

【類別】城邑名稱

【釋地】陝西省興平市

“瀼丘”即廢丘，原名犬丘，西周晚期犬戎曾居于此。《國語》云：“秦仲之子莊公，伐西戎复其地，爲西陲大夫者也。以此地久廢于戎，故曰廢邱。”《史記·高祖本紀》：二年“引水灌廢丘，廢丘降，章邯自殺，更名廢丘爲槐里”。廢丘縣于漢高帝二年（前205年）六月改設槐里縣，地望在今興平市南佐村與阜寨村之間。據調查，面積約有200萬平方米，其地散布有西周、戰國和秦漢時期的陶片、板瓦、筒瓦等遺物。”

吴鎮烽、師小群《三年大將吏弩機考》[2977][大將李牧弩機]

2975 黄錫全：《“安州六器”及其有關問題》，《古文字與古貨幣文集》，文物出版社，2009年，第96—98頁。
2976 趙燕姣、吴偉華：《金文所見昭王南征路綫考》，《中國歷史地理論叢》2018年第2期，第52頁。
2977 吴鎮烽、師小群：《三年大將吏弩機考》，《文物》2006年第4期，第79—80頁。

	即廢丘，今陝西興平市東南南佐村。 吴鎮烽《銘圖索引》[2978][大將李牧弩機] **【他釋】** 我認爲弩機望背面和懸刀上所刻“瀌丘”二字應釋解成人名纔較爲妥當。弩機所刻瀌丘當爲人名，即姓法名丘，其人很可能是齊人法章後裔，其生活時代大體應在戰國晚期以後。 王琳《有關〈三年大將吏弩機考〉的瀌丘問題》[2979][大將吏弩機] “王文”認爲“瀌丘”應“解釋成人名纔較爲妥當”，並推測其“姓法名丘，其人很可能是齊人法章後裔，其生活時代大體應在戰國晚期以後”。而我們認爲這種可能性是很小的，遠不如將“瀌丘”解釋成地名，即“廢丘”穩妥。 陳佳寧《也談“三年大將吏弩機”的瀌丘問題》[2980][大將吏弩機] 在上古時期“瀌”字可以通假爲“廢”字，這不僅有音韻上的依據，同時有大量的出土文獻資料可以證明。三年大將吏弩機上的“瀌丘”是秦人所加刻的地名。它就是戰國晚期秦國設立的廢丘縣，經歷秦代到漢高帝二年（前 205 年）六月改名槐里縣，故址在今陝西興平縣東南 5 公里的南佐村與阜寨村之間。王琳先生把弩機上的“瀌丘”解釋爲姓法名丘的人名，説是齊襄王法章的後裔是錯誤的，是不符合歷史事實的。 吴鎮烽《“瀌丘”即“廢丘”辯證》[2981][大將吏弩機]
1003 繁  繁君季黥鑑	**【時代】** 春秋中期 **【出處】** 繁君季黥鑑 唯王正月初吉丁亥，邛伯敃之孫繁君季總自作濫盂，用祀用饗，其眉壽無疆，子子孫孫永寶是尚。[繁君季黥鑑，《銘續》535] **【類别】** 城邑名稱 春秋楚邑。 吴鎮烽《銘圖索引》[2982][繁君季黥鑑]

2978 吴鎮烽：《商周青銅器銘文暨圖像集成索引》，上海古籍出版社，2019 年，第 1043 頁。
2979 王琳：《有關〈三年大將吏弩機考〉的瀌丘問題》，《中原文物》2007 年第 5 期，第 91 頁。
2980 陳佳寧：《也談“三年大將吏弩機”的瀌丘問題》，《中原文物》2008 年第 3 期，第 107 頁。
2981 吴鎮烽：《“瀌丘”即“廢丘”辯證》，《考古與文物》2009 年第 6 期，第 84—85 頁。
2982 吴鎮烽：《商周青銅器銘文暨圖像集成索引》，上海古籍出版社，2019 年，第 1074 頁。

1004

鄨

鄨君戈

【時代】戰國早期

【出處】鄨君戈

鄨君鳳寶有。[鄨君戈，《集成》11026]

【類别】城邑名稱

【釋地】江西省九江市修水縣

"鄨"，從"邑"，地名，疑讀"艾"。"埶"（魚肺切）與"艾"（魚肺切）均屬疑紐月部字，可以通用，其證有三：

1."埶""艾"均訓"治"。《廣雅·釋詁》："埶，治也。"《詩·小雅·小旻》傳："艾，治也。"

2."埶""乂"均訓"才"。《禮記·禮運》："義者，藝之分仁之節也。"注："藝，猶才也。"《廣韻》："藝，才能也。""乂，才也。"

3."艾"假借爲"槷"。《説文》："槷，至也。"《廣雅·釋詁》一："艾，至也。"

凡此説明"埶"和"艾"音義全同，應是一組同源字。故戈銘"鄨"亦可讀"艾"。《左傳·哀公二十年》"吴公子慶忌出居于艾"，注："吴邑，豫章有艾縣。"其地在今江西省修水縣"西百里地名龍崗坪"，位于湘、鄂、贛交通要衝，地理位置十分重要。

何琳儀《戰國兵器銘文選釋》[2983][鄨君戈]

2983 何琳儀：《戰國兵器銘文選釋》，黄德寬主編：《安徽大學漢語言文字研究叢書·何琳儀卷》，安徽大學出版社，2013年，第224頁。

二十二畫

1005

斁𤰇城

師衛簋

【時代】西周早期

【出處】師衛鼎

豐公使衛陟于厥啻（敵），臨射于斁𤰇城，召公賚衛貝廿朋、臣廿，厥牛廿、禾卅車。師衛用作厥祖寶彝。[師衛鼎，《銘圖》2378]

【類別】城邑名稱

“臨射于斁”即在斁地居高射敵之意，相似語法尚見伯唐父鼎銘“用射……于辟池”（《新收》698）。“辟池”爲辟雍之池的簡稱，則斁作地名當名詞解。

韋心瀅《師衛器組相關問題探析》[2984][師衛鼎]

1006

鑄

鑄司寇厷鼎

鑄公簠蓋

【時代】春秋早期

【出處】鑄公簠蓋等

鑄公作孟妊車母媵簠，其萬年眉壽，子子孫孫永寶用。[鑄公簠蓋，《集成》4574]

【類別】國族名稱

鑄，妊姓之國也。《樂記》：“武王克殷，封黄帝之後于祝。”鄭注云：“祝，或爲鑄。”《吕氏春秋・慎大覽》亦云：“封黄帝之後于鑄。”古鑄、祝同字。《晋語》：“黄帝之子二十五宗，其得姓者四人，爲十二姓。”任居其一。鑄爲任姓，其爲黄帝後之祝，信矣。古祝音又與州同。《春秋左氏》及《公羊傳》之“州吁”，《穀梁傳》作“祝吁”。《説文解字》：“喌，從吅，從州聲，讀若祝。”是鑄公即祝公，亦即州公矣。《春秋・桓五年》：“州公如曹。”《左氏傳》作“淳于公”。蓋州故都淳于，後淳于人于杞，州乃西遷。《左氏傳・襄二十三年》：“臧宣叔取于鑄。”杜注：“鑄國，今濟北蛇邱縣。”《續漢書・郡國志》：濟北國蛇邱縣“有鑄鄉城”。蓋其後遷之地。此器出于齊東，或猶是都淳于時所

2984　韋心瀅：《師衛器組相關問題探析》，北京大學出土文獻研究所編：《青銅器與金文》（第一輯），上海古籍出版社，2017年，第409頁。

鑄子叔黑臣簠

鑄歟？

王國維《鑄公簠跋》[2985][鑄公簠]

【釋地】山東省臨沂市

鑄國在古蓋屢有遷移，《春秋》桓五年“城祝丘”，殆本鑄之故地爲魯所略者。地在山東臨沂縣東南，同年“冬，州公如曹”，《左傳》作“淳于公如曹，度其國危，遂不复”。王國維謂州公亦即鑄公，云“古祝音又與州同，《春秋》《左氏》及《公羊傳》之州吁，《穀梁傳》作祝吁，《説文》𠲡從吅從州聲，讀若祝”。蓋鑄受魯人逼迫，北遷于淳于，淳于在今山東安丘縣境。然鑄公簠出于齊東縣，此鑄子臣諸器出土于桓臺縣，二縣接壤，同在安丘之西北，蓋淳于爲杞所略，而鑄又遷避也。最後則遷于長清肥城境地。《春秋》襄十九年“諸侯盟于祝柯”，《左傳》作督揚，杜注“督揚即祝柯”，《公羊》作祝阿，漢爲縣，屬平原郡，地在今長清縣東北。又《左傳》襄二十三年“臧宣叔取于鑄”，杜注“鑄國，今濟北蛇丘縣”。《後漢・郡國志》濟北國蛇丘縣有鑄鄉城。今山東肥城縣南尚有鑄鄉也。蓋鑄終受齊人之壓迫而滅國于此。此出土于桓臺、齊南之器，當在淳于入于杞以後，大率在魯之閔、僖時代也。

郭沫若《兩周金文辭大系圖録考釋》[2986][鑄子簠]

國名。《左傳・襄公二十三年》“臧宣叔娶于鑄”，杜預《注》：“鑄國，濟北蛇丘縣所治。”《吕氏春秋・慎大覽》：“武王勝殷，入殷，未下轝，命封黄帝之後于鑄。”鑄公之女曰孟妊，説明鑄是妊姓，妊即任，任爲黄帝之後，黄帝子得姓者十四人，爲十二姓。任是其一。鑄同祝，鑄祝同音。《禮記・樂記》云：“武王克殷，反商，未及下車，而封黄帝之後于薊，封帝堯之後于祝。”是祝即鑄，其苗裔所出當以《慎大覽》所説爲是。《通志・氏族略・以國爲氏》云：“祝氏，巳姓，黄帝之後，周武王封黄帝之裔于祝。”説祝爲巳姓是不對的，其爲黄帝之後與《慎大覽》所説一致。

馬承源《商周青銅器銘文選》[2987][鑄公簠蓋]

鑄，古國名。《左傳・襄公二十三年》：“臧宣叔娶于鑄。”杜預注：“鑄國，濟北蛇丘縣所治。”江永《春秋地理考實》：“鑄，《彙纂》：‘今濟南府肥城縣有鑄鄉，即漢蛇丘縣治也。’”《吕氏春秋・慎大》：“武王勝殷，入殷，未下輿，命封黄帝之後于鑄。”《史記・周本紀》作封“黄帝之後于祝”。《禮記・樂記》作“封帝堯之後于祝”，鄭玄注：“祝或爲鑄。”《世本》云：“黄帝二十五子，得姓者十二人。任姓：謝、章、薛、舒、吕、祝、終、泉、畢、過。”祝與鑄照紐雙聲，覺幽對轉，

2985　王國維：《鑄公簠跋》，王國維著、黄愛梅點校：《王國維手定觀堂集林》卷第十五《史林七》，浙江教育出版社，2014 年，第 368—369 頁。

2986　郭沫若：《兩周金文辭大系圖録考釋（二）》，《郭沫若全集・考古編》（第八卷），科學出版社，2002 年，第 426—428 頁。

2987　馬承源主編：《商周青銅器銘文選（四）》，文物出版社，1990 年，第 530 頁。

<table>
<tr><td></td><td>音近可通。
陳秉新、李立芳《出土夷族史料輯考》[2988][鑄叔作嬴鼎]

【釋地】山東省泰安市

襄二十三年《左傳》："臧宣公娶于鑄。"杜曰："鑄國濟北蛇邱縣。"濟南肥城有鑄鄉是其地。肥城今濟南泰安縣西。
余永梁《金文地名考》[2989][鑄公簠]

目前考古出土的鑄國相關銅器，皆出于泰山以南，也印證了《左傳》與《水經注》等文獻的記載。西周晚期的鑄大司□盤，出于山東省臨沂市平邑縣蔡莊村。銘文爲"鼄（鑄）姬作孟妊姑兹羞鬲"的春秋青銅鬲，出土于山東泰安市道朗鄉大馬莊村龍門口遺址。該遺址持續時間較長，到處可見大汶口文化晚期至戰國的碎陶片，出土了一些商周陶器與青銅器。龍門口遺址東距泰安 18 公里，西距肥城 15 公里，與文獻記載的鑄城接近。故鑄國地望在泰山南麓的汶水下游，應當無誤。
李晶《鑄國史事辨疑》[2990]

即祝，今山東肥城縣東南。
吴鎮烽《銘圖索引》[2991][鑄叔鼎]</td></tr>
<tr><td>1007
灘

鄂君啓舟節</td><td>【時代】戰國中期

【出處】鄂君啓舟節[《集成》12112、12113]

【類别】自然地理名稱·河湖

【釋地】漢水

灘指漢水。
郭沫若《關于鄂君啓節的研究》[2992][鄂君啓舟節]

漢、灘疊韻，故《史記·曆書》：君灘，"一作芮漢"。《集韻》二十五寒漢下云："太歲在中曰汭漢。"兩字互用，由來已久。
商承祚《鄂君啓節考》[2993][鄂君啓舟節]</td></tr>
</table>

2988 陳秉新、李立芳：《出土夷族史料輯考》，安徽大學出版社，2005 年，第 390 頁。
2989 余永梁：《金文地名考》，《國立中山大學語言歷史學研究所週刊》第 5 集第 53、54 期合刊，1928 年，第 20 頁。
2990 李晶：《鑄國史事辨疑》，王暉主編：《西周金文與西周史研究暨第十屆中國先秦史學會年會論文集》，三秦出版社，2017 年，第 90 頁。
2991 吴鎮烽：《商周青銅器銘文暨圖像集成索引》，上海古籍出版社，2019 年，第 1043 頁。
2992 郭沫若：《關于鄂君啓節的研究》，《文物參考資料》1958 年第 4 期，第 4 頁。
2993 商承祚：《鄂君啓節考》，原載《文物精華》（第 2 集），1963 年；後收入商志譚主編：《商承祚文集》，中山大學出版社，2004 年，第 319 頁。

1007.02

漢

【他釋】泛指水灘

先秦時代的“灘”不具有“漢”的含義，衹有水灘、湖灘、沙灘含義。洞庭湖古時的灘域很多，“让灘”即南向逆水行灘，没有北向下漢之意。

張中一《〈鄂君啓金節〉路綫新探》[2994][鄂君啓舟節]

1008

鬻

四祀𨟭其卣

【時代】商代晚期

【出處】四祀𨟭其卣

乙巳，王曰：尊文武帝乙，宜在召大廳，遘乙，翌日，丙午，魯。丁未，鬻。己酉，王在梌，𨟭其易（賜）貝。在四月，唯王四祀，翌日。[四祀𨟭其卣，《集成》5413]

【類别】城邑名稱

按鬻字原篆從火、鬲、匕、肉而會意，並以“者”爲聲符。從文獻記載看，在當時“汶陽之田”一帶存在一個諸地。“諸”字亦以“者”爲諧聲偏旁，故鬻、諸古音相同，當可假借。而從地望上推測，金文鬻地與春秋時期魯國境内的諸邑，似乎也是可以聯繫在一起的。

魯國諸邑之地望，需要結合《春秋》經傳内容作具體分析。《春秋經》提及魯諸邑的重要記載有二：其一爲莊公二十九年冬“城諸及防”；其二爲文公十二年“季孫行父帥師城諸及鄆”，可見諸邑當與防、鄆臨近。……防、鄆均位于泰山以南、汶水以北之區域，與之關係密切的諸地，恐怕也不能出此範圍。由此言之，將春秋時期魯國的諸邑與四祀𨟭其卣銘中的鬻地相聯繫，竊以爲是比較合理可行的。

倘若以上分析尚可成立，則四祀𨟭其卣銘文所記載的四個地點均屬泰山周邊地名，當時商王行進的路綫，大致就是沿着泰山的東南麓與南麓，由東北而西南行。

陳絜《〈四祀𨟭其卣〉與晚商東土交通》[2995][四祀𨟭其卣]

1009

𡨦

𩾏㠯卣

【時代】商代晚期

【出處】𩾏㠯卣

丁巳，王易𩾏㠯貝，在𡨦，用作兄癸彝，在九月，唯王九祀，𦞦日，丙。[𩾏㠯卣，《集成》5397]

【類别】城邑名稱

2994　張中一：《〈鄂君啓金節〉路綫新探》，《求索》1989年第3期，第126頁。

2995　陳絜：《〈四祀𨟭其卣〉與晚商東土交通》，北京大學出土文獻研究所編：《青銅器與金文》（第一輯），上海古籍出版社，2017年，第85—86頁。

<table>
<tr>
<td>1010
簷丘
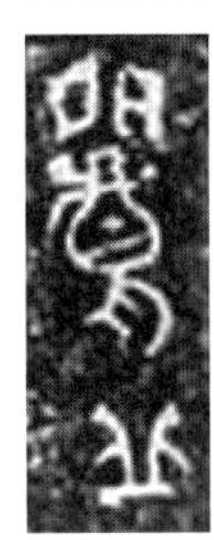
筥丘虡鵑戈</td>
<td>
【時代】戰國時期

【出處】簷丘子戈［《銘圖》16782］

【類別】城邑名稱

【釋地】山東省日照市莒縣

今山東莒縣。
吴鎮烽《銘圖索引》[2996]［簷丘子戈］
</td>
</tr>
</table>

2996　吴鎮烽：《商周青銅器銘文暨圖像集成索引》，上海古籍出版社，2019年，第938頁。

二十三畫

1011

䜌

應侯視工簋

【時代】西周

【出處】應侯視工簋

唯正月初吉丁亥，王在䜌饗醴。雁（應）侯視工侑，易（賜）玉五瑴，馬四匹，矢三千。敢對揚天子休釐，用作皇考武侯尊簋，用易（賜）眉壽永令，子子孫孫永寶。[應侯視工簋，《銘圖》5231、5232，《銘三》0512、0513]

【類別】城邑名稱

1012

龔

多友鼎

【時代】西周晚期

【出處】多友鼎[《集成》2835]

【類別】城邑名稱

龔，筍地附近地名。

劉雨《多友鼎銘的時代與地名考證》[2997][多友鼎]

【釋地】隴西地區

共見《詩・皇矣》："密人不恭，敢距大邦，侵阮徂共。"密在甘肅靈臺縣西，近年靈臺發現的西周前期墓地可爲旁證。朱右曾《詩地理徵》："《地理志》安定郡有爰得縣，爰重言之爲阮，故城在今涇州東南，于密須爲東北也。""涇州今有共池，即共也。……共池在今涇州北五里。"多友自筍、漆至共，正是向西追擊。至于世和楊冢，更在共地以西，書缺有間，現已無法確考。

上面所述，與歷代箋注玁狁入侵地理完全一致。如《詩地理徵》指出涇陽在今甘肅平涼西南，太原則在寧夏固原。可以推想，世和楊冢也就在這一帶。

李學勤《論多友鼎的時代及意義》[2998][多友鼎]

2997　劉雨：《多友鼎銘的時代與地名考證》，《考古》1983年第2期，第153頁。

2998　李學勤：《論多友鼎的時代及意義》，原載《人文雜志》1981年第6期；後收入《新出青銅器研究（增訂版）》，人民美術出版社，2016年，第111頁。

【釋地】甘肅省平凉市涇川縣

共，是地名。《詩・皇矣》有“侵阮徂共”的記述，〔注〕謂：“阮，國名，在今涇州。共，阮國之地名，今涇州之共池是也。”按共在今甘肅省之涇川。

李仲操《也釋多友鼎銘文》[2999][多友鼎]

龔即共，《詩經・大雅・皇矣》“侵阮徂共”，朱右曾云：“涇州今有共池，即共也。”古共地在今甘肅涇川縣境。

多友鼎銘六個地名中除世、楊冢兩地不可考，餘諸地均在宗周之西北隅，這與上面將厲、宣時期玁狁活動區域劃在今陝、甘、寧交接處的認識是一致的。

劉翔《多友鼎銘兩議》[3000][多友鼎]

龔、共古字通。地名，亦古國名。《詩・大雅・皇矣》：“密人不恭，敢距大邦，侵阮徂共。”共地在今甘肅涇川。

馬承源《商周青銅器銘文選》[3001][多友鼎]

龔應即典籍之共。《詩・大雅・皇矣》：“密人不恭，敢距大邦，侵阮徂共。”地在今甘肅涇川縣北五里。

王輝《商周金文》[3002][多友鼎]

龔令思戈

【時代】春秋晚期　楚戰國晚期・魏

【出處】郏戈［《銘圖》16410，《銘續》1078］　**龔王之卯戈**［《銘圖》17058］

五年，龔令思，左庫工帀（師）長（張）史廔，冶歀近。［龔令思戈，《集成》11348、11349］

郏戈

【類别】城邑名稱

第一字“龔”何琳儀先生認爲是“龍”字，並舉江陵雨臺山楚墓出土的“鄳公戈”和包山竹簡174號“鄳城莫器（敖）”爲例，“龍”應是地名。《水經・獲水注》：“獲水又東歷龍城，不知誰所創築也。”龍在今蕭縣東，春秋戰國屬楚境，此載的“鄳”也應該是這個地方。何先生還認爲“王之卯”是鑄器的人名。

龔王之卯戈

爲了慎重，按何先生的意見，重新審視了此戟第一字，此字龍左不從邑，也不從兄，而是從𠬞，上不封口，象兩手上捧之形。我認爲兩手雖在龍字左邊，不在龍下，還是以釋龔字爲妥。龔讀恭，《元和姓纂》：“共工後有共、龔二氏”。龔亦通恭和共。春秋時代，衹有楚王審死後謚號爲

2999　李仲操：《也釋多友鼎銘文》，《人文雜志》1982年第6期，第96—97頁。
3000　劉翔：《多友鼎銘兩議》，《人文雜志》1983年第1期，第84頁。
3001　馬承源主編：《商周青銅器銘文選（三）》，文物出版社，1988年，第284頁。
3002　王輝：《商周金文》，文物出版社，2006年，第224頁。

恭，楚共王在位 31 年（前 590～前 560 年），一生中最出名的事迹是《左傳・魯成公十六年》記載的楚、晋鄢陵之戰，楚王審親臨戰場被晋國的吕錡射中一目。楚軍大敗。十四年後，審終因目疾去世。《國語・楚語上》記載：恭王有疾，召大夫曰："不穀不德，失先君之業，覆楚國之師，不穀之罪也，若得保其首領以歿，唯是春秋所以從先君者，請爲'靈'若'厲'。大夫許諾。王卒及葬，子囊議謚，曰：'夫事君者先其善不從其過，赫赫楚國，而君臨之，撫征南海，訓及諸夏，其寵大矣，有是寵也，而知其過，可不謂'恭乎'，若先君善，則請爲'恭'。"大夫從之。

韓朝、劉海洋《新見楚國銘文兵器》[3003][龔王之卯戈]

【釋地】河南省輝縣市

春秋晋邑，今河南輝縣市。

吴鎮烽《銘圖索引》[3004][𨛫戈]

戰國魏邑，今河南輝縣市。

吴鎮烽《銘圖索引》[3005][龔令思戈]

1013

鄘

鄘侯少子簋

庚壺

鄘戈

【時代】春秋晚期

【出處】鄘侯少子簋[《集成》4152]**等**

【類别】國族名稱

此器孫詒讓説鄘爲《書・牧誓》微盧彭濮人之盧，地當在今湖北襄陽附近，王静安、徐仲舒説爲山東之莒，郭沫若從之。余以此銘孝字作，與齊魯薛鑄諸國器銘字諸從老之字形同，知是莒器，此足爲王徐之説添一佐證，往于一九五二跋《齊大宰歸父盤》已言之矣。

楊樹達《鄘侯少子簋跋》[3006][鄘侯少子簋]

此字從竹從邑，膚聲，彝銘通作"筥"字，亦即"莒"字，爲齊之南境鄰國。

張光遠《春秋晚期齊莊公時庚壺考》[3007][庚壺]

鄘即莒國之莒的專字，典籍作莒。

陳秉新、李立芳《出土夷族史料輯考》[3008][鄘侯少子簋]

莒也是泗上諸侯之一，是在春秋初年遷到今山東莒縣的一個己姓諸侯

3003 韓朝、劉海洋：《新見楚國銘文兵器》，《南方文物》2004 年第 4 期，第 43—44 頁。
3004 吴鎮烽：《商周青銅器銘文暨圖像集成索引》，上海古籍出版社，2019 年，第 907 頁。
3005 吴鎮烽：《商周青銅器銘文暨圖像集成索引》，上海古籍出版社，2019 年，第 907 頁。
3006 楊樹達：《鄘侯少子簋跋》，《積微居金文説》，上海古籍出版社，2007 年，第 406 頁。
3007 張光遠：《春秋晚期齊莊公時庚壺考》，《故宫季刊》1982 年第 3 期；後收入劉慶柱、段志洪、馮時主編：《金文文獻集成》（第二十九册），綫裝書局，2005 年，第 475 頁。
3008 陳秉新、李立芳：《出土夷族史料輯考》，安徽大學出版社，2005 年，第 254 頁。

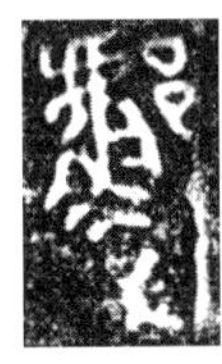

鄘戈

能原鎛

1013.02

鄘

小國，戰國時爲楚所滅。越國强盛時，莒投靠越國，有恃無恐，以至後來“恃越而亡”。

曹錦炎《再論“能原”鎛》[3009]［能原鎛］

【釋地】山東省日照市莒縣

莒 ，古國名，《左傳·隱公二年》：“莒人入向。”孔穎達疏：“《譜》云：《尸子》卷下：‘莒，嬴姓，少昊之後。’周武王封兹與于莒，初都計，後徙莒，今城陽莒縣是也。《世本》：‘自紀公以下爲己姓。’”《左傳·昭公十七年》：“郯子來朝，公與之宴，昭子問焉，曰：‘少皞氏鳥名官，何故也。’”杜預注：“少皞金天氏，黄帝之子，己姓之祖。”正義引《世本》：“己姓，出自少皞。”《路史·國名紀乙》亦謂莒爲少昊後紀姓，己紀音近字通。莒始都之計即計今，孫敬明謂在今山東膠縣（今膠州市）西南三里河，故址尚存。春秋初徙都之莒，在今山東莒縣。《史記·楚世家》：“（楚）簡王元年，北伐滅莒。”時爲公元前四三一年。

陳秉新、李立芳《出土夷族史料輯考》[3010]［史密簋］

兩周之際莒由介根徙都于莒，即今莒縣治所。《齊乘》：“莒城，莒州治，外郭周四十餘里，内城周二十里，子城周十二里。”此城戰國時期歸齊所有，且爲齊之重要都邑。此城内發現冶銅手工業作坊。附近還出土三晋和燕國的有銘兵器等。

孫敬明《考古發現與戰國齊兵器研究》[3011]［莒戈］

今山東莒縣。

吴鎮烽《銘圖索引》[3012]［鄘侯少子簋］［庚壺］

1014

鼪

䣄比盨

【時代】西周晚期

【出處】䣄比盨［《集成》4466］

【類別】城邑名稱

1015

灩

【時代】戰國中期

【出處】鄂君啓舟節［《集成》12112、12113］

【類別】自然地理名稱·河湖

3009 曹錦炎：《再論“能原”鎛》，《吴越歷史與考古論叢》，文物出版社，2007年，第118頁。

3010 陳秉新、李立芳：《出土夷族史料輯考》，安徽大學出版社，2005年，第195—196頁。

3011 孫敬明：《考古發現與戰國齊兵器研究》，《考古發現與齊史類徵》，齊魯書社，2006年，第158頁。

3012 吴鎮烽：《商周青銅器銘文暨圖像集成索引》，上海古籍出版社，2019年，第938、1044頁。

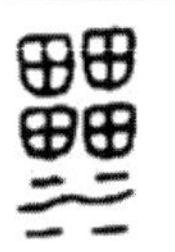

鄂君啓舟節

【釋地】洞庭湖

濡，以地望推之，當是洞庭湖的古名。

郭沫若《關于鄂君啓節的研究》[3013][鄂君啓舟節]

【釋地】湘水支流耒水

當即湘水支流耒水。

譚其驤《鄂君啓節銘文釋地》[3014][鄂君啓舟節]

1015.02 濡

1015.03 耒

1015.04 䨻

1015.05 洣

“灅”當即“耒水”，“灅” 從“畾”聲，與“耒”爲雙聲疊韻。《論語·述而》“誄曰”的“誄”字《説文》引作“讄”（古文字從畾與從䨻無别），是從“耒” 從“畾”字通之證。耒水係湘水的枝流。《水經注·耒水》：“耒水出桂陽郡郴縣南山，又北過其縣之西，又北過便縣之西，又西北過耒陽縣之東，又北過酃縣東，北入于湘。”可見此節言入灅水，已深入湖南的南部。

于省吾《“鄂君啓節”考釋》[3015][鄂君啓舟節]

“濡”即今之“耒水”，北入湘江。

孫劍鳴《“鄂君啓節”續探》[3016][鄂君啓舟節]

水名，史書所無。疑即湘水支流耒水，䨻、耒係雙聲疊韻；《論語·述而》“誄曰”之誄，《説文》引作“讄”，可證兩字通。《漢書·地理志》桂陽郡郴縣，顔師古《注》：“耒山，耒水所出，西至湘南入湖。”《水經注·耒水》：“耒水出桂陽郴縣南山……又北過其縣之西……又西北過耒陽縣之東……又北過酃縣東，北入于湘。”

馬承源《商周青銅器銘文選》[3017][鄂君啓舟節]

灅，從水，䨻聲。䨻即古雷字，金文作□（師旂鼎），隸省作畾。畾、耒聲通。《説文》讄字下引《論語》云“讄曰：禱爾于上下神衹”。今本《論語·述而》篇寫作誄。灅，即耒水的本字。耒水在今湖南境内，湘江支流。

湯餘惠《戰國銘文選》[3018][鄂君啓舟節]

䨻後世作耒。

耒水《漢書地理志》桂陽郡郴縣下“耒山耒水所出，西至湘南入湖”。

3013 郭沫若：《關于鄂君啓節的研究》，《文物參考資料》1958年第4期，第4頁。
3014 譚其驤：《鄂君啓節銘文釋地》，原載《中華文史論叢》（第2輯），1962年；後收入《譚其驤全集》（第一卷），人民出版社，2015年，第539頁。
3015 于省吾：《“鄂君啓節”考釋》，《考古》1963年第8期，第444頁。
3016 孫劍鳴：《“鄂君啓節”續探》，原載《安徽省考古學會會刊》1982年第6輯；後收入劉慶柱、段志洪、馮時主編：《金文文獻集成》（第二十九册），綫裝書局，2005年，第332頁。
3017 馬承源主編：《商周青銅器銘文選（四）》，文物出版社，1990年，第434頁。
3018 湯餘惠：《戰國銘文選》，吉林大學出版社，1993年，第48頁。

湖爲湘字之訛，王念孫説。《水經》“耒水出桂陽郴縣南山，又北過其縣之西。又北過便縣之西。又西北過耒陽縣之東。又北過酃縣東，北入于湘”。《漢志》源流不甚明了。《水經》則叙次甚清楚。郴縣即今郴縣，便今永興縣，耒陽今仍名耒陽，酃縣在今衡陽市東十二里。此説以郴水爲耒水正源，説較古。

酈注以發源于汝城者爲耒水，後世從之，即今耒水道，其流較長，自應以爲正流。古代可能發現較晚，以先發現者爲正也。鄂君節即同《水經》説。

姚漢源《戰國時長江中游的水運》[3019][鄂君啓舟節]

耒水，今湖北公安縣西北。

吴鎮烽《銘圖索引》[3020][鄂君啓舟節]

【釋地】洣水

澮在舟節中作𤅾，上述學者均考證爲“澮”，我們無異議。但在考證“澮”時，是湘江的哪條支流，所到達的地點上，譚其驤先生認爲“澮”，是指耒水，我們不同意此説。……我們認爲“澮水”應是指今之洣水，洣水發源于桂東縣風流山，至衡東縣雷溪市向西流入湘江，全埸三百二十公里，由于洣水古名雷溪，亦即澮溪，所以在澮水入湘江之處叫雷溪口，口邊有一個集鎮便叫雷溪市。

熊傳新、何光岳《〈鄂君啓節〉舟節中江湘地名新考》[3021][鄂君啓舟節]

【釋地】汨羅江

舊稿云：“我初以爲來水，然考來水至衡陽入湘，地望不合。《水經注》：‘汨水又西逕羅縣北，……水亦謂之羅水。……又西爲屈潭，即汨羅淵也，屈原懷沙自沉于此。……又西逕汨羅戍南，西流注于湘。’澮、羅一聲之轉。注又云：‘湘水又北，枝分北出，逕汨羅戍西，又北逕磊石山東，又北逕磊石戍西。’磊石亦作壘石。疑汨羅本名濡水。壘石山、壘石戍皆因水立名。”

羅長銘《鄂君啓節新探》[3022][鄂君啓舟節]

3019 姚漢源：《戰國時長江中游的水運——鄂君啓節試釋》，周魁一主編：《水的歷史審視：姚漢源先生水利史論文集》，中國書籍出版社，2016 年，第 563 頁。

3020 吴鎮烽：《商周青銅器銘文暨圖像集成索引》，上海古籍出版社，2019 年，第 905、1030 頁。

3021 熊傳新、何光岳：《〈鄂君啓節〉舟節中江湘地名新考》，《湖南師院學報（哲學社會科學版）》1982 年第 3 期，第 89 頁。

3022 羅長銘：《鄂君啓節新探》，原載《羅長銘集》，黄山書社，1994 年；後收入安徽省博物館編：《安徽省博物館四十年論文選集》，黄山書社，1996 年，第 149 頁。

二十四畫及以上

<table>
<tr>
<td>1016
靈父

僉父瓶</td>
<td>

【時代】春秋早期

【出處】僉父瓶

霝父君僉父，作其金瓶，眉壽無疆，子子孫孫永寶用之。[僉父瓶，《銘圖》14036]

【類別】城邑名稱

【釋地】山東省棗莊市

約在今山東棗莊市境内。

吴鎮烽《銘圖索引》[3023][僉父瓶]

</td>
</tr>
<tr>
<td>1017
⿱宀𨶜
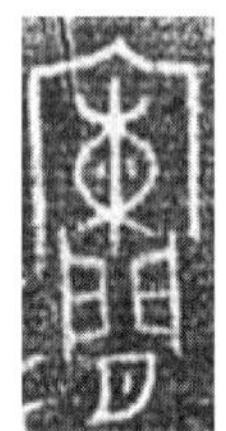
⿺辶卿尊

⿰忄号⿰女冬兄𠂢尊</td>
<td>

【時代】商代晚期 西周早中期

【出處】宰椃角 利簋等

庚申，王在⿱宀𨶜（管），王格，宰椃从，易（賜）貝五朋，用作父丁尊彝，在六月，唯王廿祀，翌又五，庚册。[宰椃角，《集成》9105]

武王征商，唯甲子朝，歲貞，克昏夙有商。辛未，王在𨶜（管）𠂤（師），易（賜）又史利金，用作𣃔公寶尊彝。[利簋，《集成》3580]

【類別】城邑名稱

地名。⿱宀𨶜，從宀，𨶜聲。𨶜，從閒，柬聲，當即闌字，《説文》“闌，門遮也”，《廣雅・釋言》“闌，閑也”。是杜門的一種設備。《宰椃角》（《殷文存》卷下二三頁）：“庚申，王才⿱宀𨶜。王格，宰椃从，易貝五朋，用作父丁尊彝。才六月，隹王廿祀，羽又五。”這是商代末期的銅器，“王廿祀”當是帝乙或帝辛二十年。⿱宀𨶜與𨶜𠂤自是一地，離商都城不遠，在今何處未詳。

張政烺《〈利簋〉釋文》[3024][利簋]

</td>
</tr>
</table>

3023 吴鎮烽：《商周青銅器銘文暨圖像集成索引》，上海古籍出版社，2019年，第1045頁。

3024 張政烺：《〈利簋〉釋文》,原載《考古》1978年第1期；後收入《甲骨金文與商周史研究》，中華書局，2012年，第220頁。

利簋

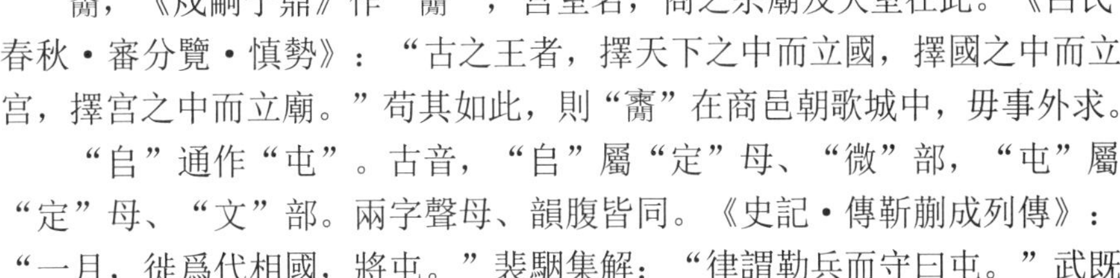

𡪞，《戍嗣子鼎》作“𡪞”，宫室名，商之宗廟及大室在此。《吕氏春秋·審分覽·慎勢》：“古之王者，擇天下之中而立國，擇國之中而立宫，擇宫之中而立廟。”苟其如此，則“𡪞”在商邑朝歌城中，毋事外求。

“自”通作“屯”。古音，“自”屬“定”母、“微”部，“屯”屬“定”母、“文”部。兩字聲母、韻腹皆同。《史記·傳靳蒯成列傳》：“一月，徙爲代相國，將屯。”裴駰集解：“律謂勒兵而守曰屯。”武既拔商邑，屯兵于“𡪞”，故曰：“王才𡪞自，……”

田宜超《虛白齋金文考釋》[3025][利簋]

管監引鼎

“𡪞”，地名，在銘文下面又寫作“𡩜”，即是“闌”字。這是因爲“闌”從“柬”聲，又和“閒”同音，所以能够通用變化。在商周青銅器銘文中，這個字還有增從義符“宀”的，大約是由于“闌”本指建築物的闌干。……闌還見于一系列商末銘文……同時也見于《集成》4131記武王伐紂的利簋……由“闌師”之稱可知“闌”確爲地名，而非建築物之類。

戍嗣子鼎

皾方鼎說：“王賓文武帝乙肜日，自闌傹。”事後又説“王返入闌”，可知這次祭祀不在闌地。據後崗鼎銘，闌有大室，而肜日祀典並未在那裏舉行，不難推想，帝辛是前往其父宗廟親行典禮。這便表明，闌這個地方距帝乙宗廟（即周原卜甲的“文武帝乙宗”）不遠，纔能于當日之内往返。

闌的相對位置，還能與利簋的記事參照。簋銘云，周武王于甲子日克商，第八日辛未在闌。《逸周書·世俘》載有辛未前後幾天的事迹，直到克商第二十一日甲申，還有“百（伯）拿以虎賁誓命伐衛，告以馘俘”，虎賁是武王親軍，受命伐衛，同日告捷，足證武王一直没有離開商都一帶。不少學者讀“闌”爲管，認爲即今鄭州，我也曾從其説，現在考慮，恐未必是。

皾方鼎

多件銘文記商王在闌，皾方鼎又説闌有“傹”，與古本《竹書紀年》所説“紂時稍大其邑，南距朝歌，北據邯鄲及沙丘，皆爲離宫别館”似可印證。最近我在論述另一件帝辛時青銅器作册般銅黿時，曾推測帝辛已不常居洹上殷墟，讀者不妨參看。

李學勤《試論新出現的皾方鼎和榮仲方鼎》[3026][皾方鼎]

亞古簋

“𡪞”亦稱“𡪞自”，是商末商王經常來活動的重要聚落，在商金文中出現過多次。在周初的利簋銘文中，也可見武王在甲子克商後第七天，即來到此地，應距離朝歌不遠。此地在商末，設有“偁”，即王的别館，又有“大室”，可以從事宗教與其他禮制與宴饗類活動。其具體地理位置，于省吾先生從“𡪞”讀音考慮認爲即“管”，在今鄭州，但近年來已有學者持異議，其確切地望似尚待再考。

朱鳳瀚《新見商金文考釋（二篇）》[3027][迴尊]

3025　田宜超：《虛白齋金文考釋》，原載《中華文史論叢》1980年第4輯，上海古籍出版社；後收入劉慶柱、段志洪、馮時主編：《金文文獻集成》（第二十七册），綫裝書局，2005年，第435—436頁。

3026　李學勤：《試論新出現的皾方鼎和榮仲方鼎》，原載《文物》2005年第9期；後收入《新出青銅器研究（增訂版）》，人民美術出版社，2016年，第336—337頁。

3027　朱鳳瀚：《新見商金文考釋（二篇）》，復旦大學出土文獻與古文字研究中心編：《出土文獻與古文字研究》（第六輯），上海古籍出版社，2015年，第126頁。

宰椃角

1017.02 䦨

1017.03 䦨

1017.04 䦨

1017.05 䦨

1017.06 䦨

1017.07 闌

1017.08 䦨

1017.09 䦨

競卣爲西周穆王時器，卣銘記“南夷”（當指南淮夷）叛反，白屖父率成周八師即東成守。銘文中提到兩個地名：“伓”，即大伓山，在河南成皋（今滎陽汜水西北），《尚書·禹貢》言：“東過洛汭，至于大伾。”《水經注·河水》云：“河水又東逕成皋大伓山下，……成皋縣之古城在大伓山上。”《漢書·地理志》云：“成皋，故虎牢。”伓位于成周洛邑以東，因而銘文言“即東”。伓之虎牢是一處險要的軍事要塞，後世曾發生過多次著名戰役。銘文中另外一個地名“官（管）”，臨近成皋之伓，無疑衹能是鄭州管城。

湯威《商周管邑探析》[3028][競卣等]

【釋地】河南省鶴壁市淇縣

地名。䦨字䦨卣銘作“䦨”，宰椃角銘同。闌監弘鼎銘作“闌”，變化雖多，而皆以柬爲聲符。或説與管字聲同屬見紐，韻同屬元部，聲韻並合，應爲管字初文。《逸周書·大匡解》和《文政解》中在武王克殷以後均言“王在管”武王封叔鮮于此監殷，故號爲管叔，地即今之鄭州附近。但武王克紂自甲子起算，在牧野至少應留三日，自牧野至鄭州，古代交通三、四日内必不能到達，故䦨、管聲韻可通，其地則絶非鄭州。據戍嗣鼎銘，䦨地有宗廟大室，是商王的的活動之地。因此，䦨地是不應離商都太遠的別都，若依聲韻求之，當是淇水之淇。淇、柬聲紐旁轉。淇即朝歌故地，爲帝辛的别都。

馬承源《商周青銅器銘文選》[3029][利簋]

【釋地】河南省鶴壁市山城區

“管叔邑”所在的“中牟”是戰國時代的趙都中牟，而不是黄河以南的韓國中牟；而趙都中牟的地望自唐代張守節定于“相州湯陰縣西五十八里”的“牟山”之後，歷來普遍受到肯定，又獲得近年考古調查爲旁證，這就爲管叔邑之所在提供依據，即今河南省鶴壁市的山城區。這一位置的確立，完全符合金文中由管到安陽、沬都衹要一日的距離。

雷晉豪《金文中的“䦨”地及其軍事地理新探》[3030]

【釋地】河南省安陽市

我以爲“䦨”即“洹”，即安陽殷墟，其地爲洹水所經，當即依水名地，其地爲殷都所在，都城雖遷，但宗廟尚存，又距朝歌不太遠，所以帝辛等還常來此。武王克商第八天就來到這裏，説明其地位僅次于紂都朝歌，如此非安陽殷墟莫屬。

鍾鳳年、黄盛璋等《關于利簋銘文考釋的討論》[3031][利簋]

3028 湯威：《商周管邑探析》，《歷史地理》（第三十四輯），上海人民出版社，2017年，第25—26頁。

3029 馬承源主編：《商周青銅器銘文選（三）》，文物出版社，1988年，第14頁。

3030 雷晉豪：《金文中的“䦨”地及其軍事地理新探》，《歷史地理》（第二十六輯），上海人民出版社，2012年，第240頁。

3031 鍾鳳年、黄盛璋等：《關于利簋銘文考釋的討論》，《文物》1978年第6期，第83頁。

膚有殷之宗廟、大室，王常居此進行賞錫，必爲殷之舊都，並距當時之殷都較近。作爲地名，憑音取稱，本無定字，與柬聲同屬元部之地名而又有殷宗廟的，其一即管，即今鄭州商城，但早在安陽殷墟之前，宗廟早廢，時代不合，同時武王克商僅衹八天，衹能離開紂都，到次于首都殷的另一要地處理殷國内政要事，而不可能離開殷地西返。另一即洹，即安陽殷墟，遷都朝歌後，不能再稱殷，其地爲洹水所經，當即依水取名，後來即稱爲洹上殷墟，我以爲“膚”即“洹”，其地長期爲殷都所在，都城雖遷，但宗廟宫室尚存，又距朝歌不太遠，所以帝辛等還常來此，武王克商第八天也來到這裏，説明其地位僅次于紂都朝歌，如此非安陽殷墟莫屬。

《韓非子·初見秦》：“昔者紂爲天子，將率天下百萬，左飲于淇溪，右飲于洹溪，淇水竭而洹水不流，以與周武王爲敢難，武王將素甲三千，成一日而破紂之國，禽其身，據其地。”淇水即朝歌所在，而洹水爲安陽殷墟，《戰國策·魏策》記吴起對武侯曰：“殷紂之國，左孟門，右漳、滏，前帶山，後背河。”漳、滏兩河經安陽殷墟北，孟門山當指朝歌西北面一帶山，凡此都説明在戰國人心目中，朝歌爲紂都，但洹上故殷都也没有廢，這一點也可以看出：膚就是洹。

黄盛璋《利簋的作者身份、地理與歷史問題》[3032][利簋]

膚自，地名，“膚”即“闌”字，在殷代銅器銘文中常見，《古亞簋》作“闌”，《宰椃角》作“膚”，一九五八年安陽後崗發現的宰鼎作“闌”，均一字的異形。這些都是殷代晚期的銅器，據《宰鼎》闌地有太室，可見應是殷都附近的宫殿所在地。

唐蘭《西周青銅器銘文分代史徵》[3033][利簋]

【釋地】河南省鄭州市

管之稱管自，猶“成周”金文也稱“成自”。管爲管叔所封地，《括地志》謂在“鄭州管縣”。《周書·大匡》和《文政》，在武王克殷以後，均言“王在管”，可以參證。

于省吾《利簋銘文考釋》[3034][利簋]

闌，地名，又見周初器利簋，作膚，《金文編》以爲闌字之繁。于省吾説：“從柬從間從官之字同屬見紐，又係疊韻，所以膚可讀爲管。”管在今河南鄭州西北。《逸周書·大匡解》：“惟十有三祀，王在管。管叔自作殷之監，東隅之侯咸受賜于王。”又《文政解》：“惟十有三祀，王在管，管、蔡開宗循。”

王輝《商周金文》[3035][戍嗣子鼎]

3032 黄盛璋：《利簋的作者身份、地理與歷史問題》，《歷史地理與考古論叢》，齊魯書社，1982年，第262—263頁。
3033 唐蘭：《西周青銅器銘文分代史徵》，《唐蘭全集（七）》，上海古籍出版社，2015年，第15頁。
3034 于省吾：《利簋銘文考釋》，《文物》1977年第8期，第12頁。
3035 王輝：《商周金文》，文物出版社，2006年，第24—25頁。

在先秦文字中未見“管”字，有學者曾認爲金文中柬、闌等爲“管”之初文（如于省吾先生），或認爲商代稱爲“官”（如鄭傑祥、田昌五先生）。這兩種意見爲探尋商周時期“管”地綫索開拓了視野。目前，第一種意見，在鄭州一帶尚未發現文字綫索；第二種意見，迄今在鄭州一帶也無商代甲骨文“官”字出土材料佐證。值得注意的是，在鄭州市中醫院、西北郊區堂李出土有“官” 字東周陶文，因鄭州市出土 100 多例東周時期“亳”字陶文可證此時此地名“亳”，故中醫院出土陶文“官”如果指地名，當不在此。而鄭州市西北郊區出土東周時期陶文“官”卻值得重視。因有學者舉出戰國金文官字有省“宀”作“目”的現象，故筆者推測窪劉西周初期貴族墓中出土一件青銅簋上所存“G”，有可能是“官”早期省“宀”寫法。如這一推測成立，則可與相鄰堂李遺址出土的“官”字陶文形成聯證。

朱駿聲《説文通訓定聲》有“官，禮記王制疏，官者管也（古韻）”。《廣韻·鎋韻》記“舌，塞口，《説文》作昏，話、括之類從此”。《説文解字》 段注有：“凡昏聲字隸變皆爲舌。如括、刮之類。古活切。”據此判斷，共存于鄭州窪劉西周初期貴族墓中“G”與“陌”，兩者可能存有某種語音聯繫。

據鄭州西北郊區出土周代“官”字綫索，參照文獻記載判斷周代這裏應屬管地，聯繫存有較爲豐富的西周文化遺存（包括西周初年的貴族墓葬）。因此，如果西周封管確在鄭州，其地望將被限定在鄭州市西北郊區窪劉一帶。

李維明《試論鄭州𨸏、亳、管之地望》[3036]

即管，今河南鄭州市。

吴鎮烽《銘圖索引》[3037][利簋][管監引鼎]

【釋地】河南省洛陽市偃師區

利簋銘中的“𡪫師”應即偃師。偃師本名爲殷，甲骨文作官，金文作𡪫、𩁹、𨶹、柬，古史或作鄗，皆因音近可通所致。因武王克商回師途中在此停留，故稱𡪫師，或書作偃師。後世偃師行，而其餘諸名遂廢。

蔡運章《〈𡪫師〉新解》[3038][利簋]

1018 [illegible]

【時代】西周晚期 春秋早期

【出處】申公彭宇簠等

唯正十又一月，[illegible]公彭宇，自作鬳簠，宇其眉壽，萬年無疆，子子孫孫，永寶用之。[申公彭宇簠，《集成》4610、4611]

3036 李維明：《試論鄭州𨸏、亳、管之地望》，《中國歷史文物》2007 年第 4 期，第 12 頁。
3037 吴鎮烽：《商周青銅器銘文暨圖像集成索引》，上海古籍出版社，2019 年，第 1003、1045 頁。
3038 蔡運章：《〈𡪫師〉新解》，《中原文物》1988 年第 4 期，第 58 頁。

彭子射兒鼎

伊簋

申公彭宇簠

【類别】國族名稱

關于申國的歷史及遷徙，文獻有些記載，但有疑問，至今學術界仍有不同的意見，尤其是信陽一帶是否有一個申國存在。本銘再次出現“申文王”稱謂的新材料，爲解開某些問題投遞了一綫希望的曙光。

根據有關文獻及前賢研究，知西周初年已有申，姜姓，爲伯夷之後，其封是因周太王娶有邰氏之女（爲太姜）的姻親關係。西周晚年，周宣王爲加强對南方的控制，把他的舅舅申伯改封于謝，在今南陽市境，伯爵，出土銅器銘文證實其稱爲“南申伯”，以與其西北故地“西申（殷商遺留之申）”相區别。這個南申，于楚文王時被楚占領設爲縣。1975 年，在南陽市西關煤廠一座春秋時期的墓葬中，出土有申公彭宇的銅器，證明史籍記載不誤。

遷至南陽前的申在什麽地方，至今還是一個疑問。……遷至南陽以前的申國，可能在古汜水範圍的鞏縣東、滎陽西一帶。有學者傾向這樣一種看法。……史籍中還有一個“信陽之申”没有搞清楚。這個信陽之申與封至南陽的南申究竟是什麽關係，也存在不同的意見……。申國稱王有可能始于春秋晚期中段前後，以前皆爲伯爵，有前舉南陽出土的南申伯太宰仲稱父厥詞簋，及洛陽出土春秋晚期前段的“申伯諺多之行”壺爲證。本銘的“申文王”，有可能就是稱王後的第一代王。此器出在河南與安徽交界一帶，地理方位與信陽之申也大體相合。根據銘文字體，州奉簠銘略早于叔姜簠。

如此，信陽之申有可能如有的學者所主張的，是楚占據南申後將其貴族及臣民遷居信陽的結果。臣服于楚的申也稱“申伯”，楚平王復其國前已稱王。遷至南陽之前的申當在鞏縣、滎陽一帶。申文王之孫州奉簠銘文及申王之孫叔姜墓葬的發現，爲進一步研究相關問題無疑提供了非常重要的新證據。

黄錫全《申文王之孫州奉簠銘文及相關問題》[3039][申文王之孫州奉簠]

【釋地】河南省南陽市

銘文中的“𬙊”字，過去我們誤認作“緟”字，今依唐、裘等先生的考證，應釋作“申”字。在南陽市西郊出土了申公彭宇簠。又在該市的東北部發現了中爯父簋，我認爲這不是巧遇，更不是偶然，這有力地説明南陽就是古申國的所在地。

崔慶明《南陽市北郊出土一批申國青銅器》[3040]

古申國，姜姓。《國語・周語中》載：“齊、許，申、吕由太姜。”韋昭解“四國皆姜姓”。其族人源于西方戎族中較盛的一支，屬于西戎中華化較早的一部分。西周早中期，立國于今陜西北境，稱“申侯”，西周晚期周宣王時，爲挽回“南土”日益失去控制的局勢，改封元舅申伯于南

3039　黄錫全：《申文王之孫州奉簠銘文及相關問題》，《古文字與古貨幣文集》，文物出版社，2009 年，第 380—382 頁。

3040　崔慶明：《南陽市北郊出土一批申國青銅器》，《中原文物》1984 年第 4 期，第 16 頁。

陽盆地，建立“南申”，定都于謝，即今河南南陽市内的老城區一帶。上述1981年于南陽北郊出土的西周晚期“南申伯太宰”銅器，是爲古申國南封于此的例證。

徐少華《從叔姜簠析古申國歷史與文化的有關問題》[3041]

申爲姜姓之國，傳伯夷之後，故城在今河南省南陽市。

王輝《商周金文》[3042][五祀衛鼎]

長期以來學界多認爲衹有一個南陽盆地的申國。仲爯父諸器的問世，使得我們明白西周春秋時不止有一個申國。以私意度之，殷末周初即已立國的申國是其本支，本居周之西土（今陝北一帶）。至周宣王時，爲彌補鄂侯反叛所引起的南方戰略部署的空白，故徙封母舅申伯一支于南陽。因其地位于王畿以南，故以“南申”冠之，以别于留居西土的“西申”。至于信陽一帶衆多以申命名的地名，或與申亡後申人後裔徙居有關。

趙燕姣、謝偉峰《仲爯父簋銘與申國遷徙》[3043][仲爯父簋]

即南申，今河南南陽卧龍區。

吴鎮烽《銘圖索引》[3044][彭子射兒鼎]

【釋地】河南省滎陽市

今河南南鞏縣東、滎陽縣西汜水境。

吴鎮烽《銘圖索引》[3045][伊簋]

【釋地】甘肅省平凉市

最近徐少華先生撰文就西申相關的史地問題做了全面、深入探討，他主張西申在今甘肅與寧夏交界的平凉至鎮原以北的古申首之山與申水一帶，與當時申人、秦人關係密切、往來較多的歷史背景相符；若將西申定于今陝北地區，則與其人相距較遠、交往不便。

我們所討論的伯碩父鼎出土于今甘肅慶陽合水縣，該地正與徐先生所論西申國地理位置相近。伯碩父與西申通婚，並參與治理戎患，這完全符合西周王朝的一貫主張和利益，即與申人聯姻結盟，共保西土。我們據此推測，伯碩父當受周王之命前去西申，參與治理戎亂（主導者很可能就是西申之侯），以穩固西部局勢，死後即葬于西申之地。這些均可作爲徐説較有力的旁證。如果上述推論符合實際，則時任周王爲宣王的可能性較大。

袁金平、孟臻《新出伯碩父鼎銘考釋》[3046][伯碩父鼎]

3041 徐少華：《從叔姜簠析古申國歷史與文化的有關問題》，《文物》2005年第3期，第67頁。
3042 王輝：《商周金文》，文物出版社，2006年，第143頁。
3043 趙燕姣、謝偉峰：《仲爯父簋銘與申國遷徙》，《中國歷史地理論叢》2012年第3期，第46頁。
3044 吴鎮烽：《商周青銅器銘文暨圖像集成索引》，上海古籍出版社，2019年，第902頁。
3045 吴鎮烽：《商周青銅器銘文暨圖像集成索引》，上海古籍出版社，2019年，第902頁。
3046 袁金平、孟臻：《新出伯碩父鼎銘考釋》，清華大學出土文獻研究與保護中心編、李學勤主編：《出土文獻》（第十輯），中西書局，2017年，第52頁。

1019

⿱⿲彳攵亍⿰會攵

師衛鼎

【時代】西周早期

【出處】師衛鼎

豐公捷反夷，在⿱⿲彳攵亍⿰會攵自（師），賚師衛，易（賜）貝六朋，用厥父寶彝。［師衛鼎，《銘圖》2185］

【類別】城邑名稱

1020

⿸厂驫

⿸厂驫羌鐘

【時代】戰國早期

【出處】⿸厂驫羌鐘［《集成》157—161］

【類別】城邑名稱

⿸厂驫之爲氏，觀小鐘自銘爲“⿸厂驫氏之鐘”，即其證。⿸厂驫之即驫，二氏所舉驫嬰二器亦其佳證。然謂驫必嬰（姒）姓，則證尚未充，蓋姒姓之女適于驫者，亦可稱驫姒，如芈姓之女適于江者稱江芈，姞姓之女適虢適蔡者稱虢姞蔡姞也。又驫姒彝，羅云“近出洛陽”，則驫若⿸厂驫氏邑里必離此不遠。劉復引《水經·沁水注》“南歷陭氏關，又南與驫驫水合，水出東北巨駿山”，疑即驫氏所邑之國。吴更坐實之，謂“⿸厂驫地南及洛陽附近……北及《水經注·沁水注》之驫水，地域頗廣”。案此亦未免求之過遠，蓋古人多以王父字爲氏，氏不必因地而得，偶因一字之同，未可遽作斷案也。

郭沫若《金文叢考》[3047]［⿸厂驫羌鐘］

⿸厂驫字《説文》所無，當爲從广驫聲。《説文》：“驫，衆馬也。”⿸厂驫爲氏名，以同出之⿸厂驫氏鐘證之可知。⿸厂驫一作驫，羅氏《集古遺文》有驫嫂鼎彝各一，並云：“驫嫂乍寶尊彝。”驫亦氏名也。羅云：“彝出洛陽某村。”鼎所出當同。容君庚告余：“此鐘出鞏縣。”鞏、洛壤地亦相接也。劉考云：“《水經·沁水注》：‘南歷陭氏關，又南，與驫驫水合，水出東北巨駿山。’或即驫氏所邑之國。”其言甚是。特此器之⿸厂驫，但氏而非國名耳。水之名驫，或以産馬之故，故其山名巨駿；至氏以地名，則周人通例也。⿸厂驫羌人名，⿸厂驫氏羌名。銘曰：“⿸厂驫羌乍犾氒辟軐宗敲。”知⿸厂驫羌者人稱，非國邑之稱也。

唐蘭《⿸厂驫羌鐘考釋》[3048]［⿸厂驫羌鐘］

【釋地】山西省運城市臨猗縣

今山西臨猗縣南。

吴鎮烽《銘圖索引》[3049]［⿸厂驫羌鐘］

3047 郭沫若：《金文叢考》，《郭沫若全集·考古編》（第五卷），科學出版社，2002年，第732—733頁。
3048 唐蘭：《⿸厂驫羌鐘考釋》，《唐蘭全集（一）》，上海古籍出版社，2015年，第267頁。
3049 吴鎮烽：《商周青銅器銘文暨圖像集成索引》，上海古籍出版社，2019年，第1046頁。

參考文獻

叢書、論著、論文集、工具書

安徽省博物館編：《安徽省博物館四十年論文選集》，黄山書社，1996 年。
北京大學中國中古史研究中心編：《紀念陳寅恪先生誕辰百年學術論文集》，北京大學出版社，1989 年。
本書編委會編：《慶祝何炳棣先生九十華誕論文集》，三秦出版社，2008 年。
本書編寫組：《慶祝蘇秉琦考古五十五年論文集》，文物出版社，1989 年。
蔡運章：《甲骨金文與古史研究》，中州古籍出版社，1993 年。
蔡運章：《甲骨金文與古史新探》，中國社會科學出版社，1996 年。
曹錦炎：《鳥蟲書通考》，上海書畫出版社，1999 年。
曹錦炎：《吴越歷史與考古論叢》，文物出版社，2007 年。
岑仲勉：《西周社會制度問題》，新知識出版社，1956 年。
陳秉新、李立芳：《出土夷族史料輯考》，安徽大學出版社，2005 年。
陳光彙編：《燕文化研究論文集》，中國社會科學出版社，1995 年。
陳漢平：《金文編訂補》，中國社會科學出版社，1993 年。
陳連慶：《中國古代史研究：陳連慶教授學術論文集》，吉林文史出版社，1991 年。
陳夢家：《美帝國主義劫掠的我國殷周銅器集録》，科學出版社，1962 年。
陳夢家：《西周銅器斷代》，中華書局，2004 年。
陳佩芬、陳識吾編：《馬承源文博論集》，上海古籍出版社，2007 年。
陳佩芬：《陳佩芬青銅器論集》，中西書局，2016 年。
陳偉武主編：《古文字論壇第一輯：曾憲通教授八十慶壽專號》，中山大學出版社，2015 年。
高木森：《西周青銅彝器彙考》，中國文化大學出版部印行，1986 年。
古越閣藏：《商周青銅兵器》，古越閣，1993 年。
郭沫若：《金文叢考》，《郭沫若全集・考古編》（第五卷），科學出版社，2002 年。
郭沫若：《金文叢考補録》，《郭沫若全集・考古編》（第六卷），科學出版社，2002 年。
郭沫若：《兩周金文辭大系圖録考釋（二）》，《郭沫若全集・考古編》（第八卷），科學出版社，2002 年。

國家文物局古文獻研究室編：《出土文獻研究續集》，文物出版社，1989 年。
何浩：《楚滅國研究》，武漢出版社，1989 年。
何琳儀：《安徽大學漢語言文字研究叢書・何琳儀卷》，安徽大學出版社，2013 年。
湖北省荆沙鐵路考古隊編：《包山楚墓》，文物出版社，1991 年。
湖北省文物考古研究所、北京大學中文系：《望山楚簡》，中華書局，1995 年。
黄盛璋：《歷史地理論集》，人民出版社，1982 年。
黄盛璋：《歷史地理與考古論叢》，齊魯書社，1982 年。
黄天樹：《黄天樹甲骨金文論集》，學苑出版社，2014 年。
黄錫全：《古文字與古貨幣文集》，文物出版社，2009 年。
李學勤：《當代學術名家思想文庫・李學勤卷》，萬卷出版公司，2010 年。
李學勤：《李學勤集——追溯・考據・古文明》，黑龍江教育出版社，1989 年。
李學勤：《李學勤學術文化隨筆》，中國青年出版社，1999 年。
李學勤：《通向文明之路》，商務印書館，2010 年。
李學勤：《文物中的古文明》，商務印書館，2008 年。
李學勤：《夏商周年代學劄記》，遼寧大學出版社，1999 年。
李學勤：《夏商周文明研究》，商務印書館，2015 年。
李學勤：《新出青銅器研究（增訂版）》，人民美術出版社，2016 年。
李學勤：《中國古代文明研究》，華東師範大學出版社，2009 年。
李學勤：《重寫學術史》，河北教育出版社，2002 年。
李學勤：《綴古集》，上海古籍出版社，1998 年。
李學勤：《走出疑古時代》，長春出版社，2007 年。
林澐：《林澐文集・古史卷》，上海古籍出版社，2019 年。
劉和惠：《楚文化的東漸》，湖北教育出版社，1995 年。
劉節：《古史考存》，人民出版社，1958 年。
劉慶柱、段志洪、馮時主編：《金文文獻集成》，綫裝書局，2005 年。
劉信芳：《包山楚簡解詁》，藝文印書館，2003 年。
劉雨：《金文論集》，紫禁城出版社，2008 年。
羅長銘：《羅長銘集》，黄山書社，1994 年。
羅運環主編：《楚簡楚文化與先秦歷史文化國際學術研討會論文集》，湖北教育出版社，2013 年。
馬承源主編：《商周青銅器銘文選（三）》，文物出版社，1988 年。
馬承源主編：《商周青銅器銘文選（四）》，文物出版社，1990 年。
彭裕商：《述古集》，巴蜀書社，2016 年。
清華大學出土文獻與中國古代文明研究中心、清華大學出土文獻研究與保護中心編：《出土文獻與中國古代文明：李學勤先生八十壽誕紀念論文集》，中西書局，2016 年。
裘錫圭：《裘錫圭學術文集》，復旦大學出版社，2012 年。
任偉：《西周封國考疑》，社會科學文獻出版社，2004 年。

陝西師範大學、寶鷄青銅器博物館編：《黄盛璋先生八秩華誕紀念文集》，中國教育文化出版社，2005年。
商志䕫主編：《商承祚文集》，中山大學出版社，2004年。
上海博物館編：《晋侯墓地出土青銅器國際學術研討會論文集》，上海書畫出版社，2002年。
四川聯合大學歷史系主編：《徐中舒先生百年誕辰紀念文集》，巴蜀書社，1998年。
孫常叙：《孫常叙古文字學論集》，上海古籍出版社，2016年。
孫敬明：《考古發現與齊史類徵》，齊魯書社，2006年。
譚其驤：《譚其驤全集》，人民出版社，2015年。
湯餘惠：《戰國銘文選》，吉林大學出版社，1993年。
唐蘭：《唐蘭全集（一）·論文集上編一》，上海古籍出版社，2015年。
唐蘭：《唐蘭全集（二）·論文集上編二》，上海古籍出版社，2015年。
唐蘭：《唐蘭全集（四）·論文集下編》，上海古籍出版社，2015年。
唐蘭：《唐蘭全集（七）·西周青銅器銘文分代史徵》，上海古籍出版社，2015年。
王恩田：《商周銅器與金文輯考》，文物出版社，2017年。
王國維著、黄愛梅點校：《王國維手定觀堂集林》，浙江教育出版社，2014年。
王暉主編：《西周金文與西周史研究暨第十届中國先秦史學會年會論文集》，三秦出版社，2017年。
王輝：《高山鼓乘集：王輝學術文存二》，中華書局，2009年。
王輝：《秦銅器銘文編年集釋》，三秦出版社，1990年。
王輝：《商周金文》，文物出版社，2006年。
王輝：《一粟集：王輝學術文存》，藝文印書館，2002年。
王慎行：《古文字與殷周文明》，陝西人民教育出版社，1992年。
王讚源：《周金文釋例》，文史哲出版社，1980年。
文物出版社編輯部編：《文物與考古論集》，文物出版社，1986年。
吴鎮烽：《商周青銅器銘文暨圖像集成》，上海古籍出版社，2012年。
吴鎮烽：《商周青銅器銘文暨圖像集成續編》，上海古籍出版社，2016年。
吴鎮烽：《商周青銅器銘文暨圖像集成索引》，上海古籍出版社，2019年。
吴鎮烽：《商周青銅器銘文暨圖像集成三編》，上海古籍出版社，2020年。
武玉環、楊軍編：《邂亨集——吕紹綱教授古稀紀念文集》，吉林大學出版社，2003年。
蕭春源：《珍秦齋藏金·秦銅器篇》，澳門基金會，2006年。
肖先進主編：《三星堆與南方絲綢之路青銅文化研討會論文集》，文物出版社，2007年。
徐在國：《安徽大學漢語言文字研究叢書·徐在國卷》，安徽大學出版社，2013年。
徐中舒：《徐中舒歷史論文選輯》，中華書局，1998年。
楊樹達：《積微居金文説》，上海古籍出版社，2007年。
于省吾：《雙劍誃吉金文選》，中華書局，1998年。
張光裕、黄德寬主編：《古文字學論稿》，安徽大學出版社，2008年。
張光裕、吴振武：《雪齋學術論文二集》，藝文印書館，2004年。

張懋鎔：《古文字與青銅器論集》，科學出版社，2002 年。
張懋鎔：《古文字與青銅器論集（第二輯）》，科學出版社，2006 年。
張政烺：《甲骨金文與商周史研究》，中華書局，2012 年。
趙平安：《金文釋讀與文明探索》，上海古籍出版社，2011 年。
趙平安：《新出簡帛與古文字古文獻研究續集》，商務印書館，2018 年。
中國社會科學院語言研究所編：《歷史語言學研究》，商務印書館，2014 年。
中國社會科學院考古研究所編：《殷周金文集成（修訂增補本）》，中華書局，2007 年。
中國文物學會主編：《商承祚教授百年誕辰紀念文集》，文物出版社，2003 年。
中山大學古文字研究所編：《康樂集：曾憲通教授七十壽慶論文集》，中山大學出版社，2006 年。
周魁一主編：《水的歷史審視：姚漢源先生水利史論文集》，中國書籍出版社，2016 年。
朱鳳瀚、趙伯雄編：《仰止集——王玉哲先生紀念文集》，天津人民出版社，2007 年。
朱鳳瀚主編：《新出金文與西周歷史》，上海古籍出版社，2011 年。

論　文

本刊（《考古與文物》）編輯部：《吴虎鼎銘座談紀要》，《考古與文物》1998 年第 3 期。
安徽省文物考古研究所、蚌埠市博物館：《安徽蚌埠雙堆一號春秋墓發掘簡報》，《文物》2010 年第 3 期。
安徽省文物考古研究所、蚌埠市博物館：《春秋鍾離君柏墓發掘報告》，《考古學報》2013 年第 2 期。
白海燕、白軍鵬：《論長子沫臣簠的國别》，《中國國家博物館館刊》2014 年第 3 期。
白軍鵬：《〈周伐獫狁與“長父侯于楊”相關問題〉一處引文失誤》，《中原文物》2012 年第 5 期。
寶鷄市博物館：《寶鷄竹園溝西周墓地發掘簡報》，《文物》1983 年第 2 期。
蔡運章、陳長安：《豐國銅器及相關問題》，《考古與文物》1983 年第 6 期。
蔡運章、楊海欽：《十一年皋落戈及其相關問題》，《考古》1991 年第 5 期。
蔡運章：《〈䨻師〉新解》，《中原文物》1988 年第 4 期。
蔡運章：《鄗王𦵔劍及偪陽國史初探》，《甲骨金文與古史研究》，中州古籍出版社，1993 年。
蔡運章：《輔師嫠簋諸器及偪陽國史再探》，《甲骨金文與古史研究》，中州古籍出版社，1993 年。
蔡運章：《虢國的分封與五個虢國的歷史糾葛》，《甲骨金文與古史新探》，中國社會科學出版社，1996 年。
蔡運章：《胡國史迹初探——兼論胡與楚國的關係》，《甲骨金文與古史研究》，中州古籍出版社，1993 年。
蔡運章：《康伯壺蓋跋》，《文物》1995 年第 11 期。
蔡運章：《論洛陽北窑西周墓青銅器銘刻》，《甲骨金文與古史新探》，中國社會科學出版社，1996 年。

蔡運章：《論太保玉戈銘文及相關問題》，《甲骨金文與古史新探》，中國社會科學出版社，1996 年。
蔡運章：《論新發現的一件宜陽銅戈》，《文物》2000 年第 10 期。
蔡運章：《洛陽北窑西周墓墨書文字略論》，《甲骨金文與古史新探》，中國社會科學出版社，1996 年。
蔡運章：《三年垣上官鼎銘考略》，《文物》2005 年第 8 期。
蔡運章：《羲、和兩國史迹考略》，《甲骨金文與古史研究》，中州古籍出版社，1993 年。
蔡運章等：《湖北隨縣劉家崖、尚店東周青銅器銘文補釋》，《考古》1982 年第 6 期。
曹定雲：《西周夨國考》，中國文物研究所編：《出土文獻研究》（第 5 集），科學出版社，1999 年。
曹漢剛：《多友鼎相關問題考證》，《中國國家博物館館刊》2014 年第 3 期。
曹錦炎：《“曾”“隨”二國的證據——論新發現的隨仲嬭加鼎》，《江漢考古》2011 年第 4 期。
曹錦炎：《北山銅器新考》，《吴越歷史與考古論叢》，文物出版社，2007 年。
曹錦炎：《毳尊卣銘文考釋》，中國古文字研究會、河南大學甲骨學與漢字文明研究所編：《古文字研究》第三十三輯，中華書局，2020 年。
曹錦炎：《東陲鼎蓋考釋——兼釋“[illegible]”字》，中國古文字研究會、中華書局編輯部等編：《古文字研究》（第十四輯），中華書局，1986 年。
曹錦炎：《關于盤公簠釋文的一點意見》，《江漢考古》1983 年第 4 期。
曹錦炎：《關于“宜侯夨簋”銘文的幾點看法》，《吴越歷史與考古論叢》，文物出版社，2007 年。
曹錦炎：《胡唐姬鼎銘文小考》，中國文字學會《中國文字學報》編輯部編：《中國文字學報》第七輯，商務印書館，2016 年。
曹錦炎：《黄子鼎與瘳子鼎——兼談黄國與鄝國的地望問題》，羅運環主編：《楚簡楚文化與先秦歷史文化國際學術研討會論文集》，湖北教育出版社，2013 年。
曹錦炎：《遷邟編鐘銘文釋議》，《文物》1989 年第 4 期。
曹錦炎：《平陰鼎蓋考釋》，《考古》1985 年第 7 期。
曹錦炎：《趞簋銘文考釋》，清華大學出土文獻研究與保護中心編、李學勤主編：《出土文獻》（第八輯），中西書局，2016 年。
曹錦炎：《紹興坡塘出土徐器銘文及其相關問題》，《文物》1984 年第 1 期。
曹錦炎：《吴王壽夢之子劍銘文考釋》，《吴越歷史與考古論叢》，文物出版社，2007 年。
曹錦炎：《吴越青銅器銘文述編》，中國古文字研究會、中華書局編輯部編：《古文字研究》（第十七輯），中華書局，1989 年。
曹錦炎：《再論“能原”鎛》，《吴越歷史與考古論叢》，文物出版社，2007 年。
曹淑琴：《噩器初探》，《江漢考古》1993 年第 2 期。
岑仲勉：《〈圛侯夨簋〉銘試釋》，《西周社會制度問題附録》，新知識出版社，1956 年。
岑仲勉：《天亡簋全釋》，《中山大學學報（社會科學）》1960 年第 1 期。
常興照、寧蔭堂：《山東章丘出土青銅器述要兼談相關問題》，《文物》1989 年第 6 期。
晁福林：《從士山盤看周代“服”制》，《中國歷史文物》2004 年第 6 期。
陳邦福：《夨簋考釋》，《文物參考資料》1955 年第 5 期。

陳邦懷：《金文叢考三則》，《文物》1964 年第 2 期。
陳邦懷：《永盂考略》，《文物》1972 年第 11 期。
陳秉新：《舒城鼓座銘文初探》，《江漢考古》1984 年第 2 期。
陳昌遠、王琳：《“匍鴨銅盉”應爲“匍雁銅盉”新釋》，《河南大學學報（社會科學版）》1999 年第 4 期。
陳昌遠、王琳：《從“楊姞壺”談古楊國問題》，《河南大學學報（社會科學版）》2001 年第 1 期。
陳昌遠：《古邢國始封地望考辨》，《中國歷史地理論叢》1991 年第 3 期。
陳昌遠：《許國始封地望及其遷徙的歷史地理問題》，《中國歷史地理論叢》1993 年第 4 期。
陳昌遠：《有關古蔡國的幾個歷史地理問題》，《中國歷史地理論叢》1998 年第 3 期。
陳公柔：《記幾父壺、柞鐘及其同出的銅器》，《考古》1962 年第 2 期。
陳公柔：《西周金文中的新邑、成周與王城》，編寫組：《慶祝蘇秉琦考古五十五年論文集》，文物出版社，1989 年。
陳懷荃：《東陵考釋》，楚文化研究會編：《楚文化研究論集》（第一集），荆楚書社，1987 年。
陳佳寧：《也談“三年大將吏弩機”的瀍丘問題》，《中原文物》2008 年第 3 期。
陳絜、劉洋：《宜侯夨簋與宜地地望》，《中原文物》2018 年第 3 期。
陳絜：《兩周金文中的繁地與西周早期的東土經略》，《中原文物》2020 年第 1 期。
陳絜：《郳國墓地所出畢仲簠與殷墟卜辭中的畢族》，《文史》2020 年第 2 輯。
陳絜：《商周取氏器與東土郰國叢地》，中國古文字研究會、河南大學甲骨學與漢字文明研究所編：《古文字研究》（第三十三輯），中華書局，2020 年。
陳絜：《射子削、射南簠與謝氏族姓及地望》，中國古文字研究會、清華大學出土文獻研究與保護中心等編：《古文字研究》（第三十一輯），中華書局，2016 年。
陳絜：《戍甬鼎銘中的地理問題及其意義》，《中國國家博物館館刊》2019 年第 9 期。
陳絜：《小臣缶鼎與晚商奭族族居地》，北京大學出土文獻研究所編：《青銅器與金文》（第二輯），上海古籍出版社，2019 年。
陳絜：《周代農村基層聚落初探——以西周金文資料爲中心的考察》，朱鳳瀚主編：《新出金文與西周歷史》，上海古籍出版社，2011 年。
陳絜：《〈四祀邲其卣〉與晚商東土交通》，北京大學出土文獻研究所編：《青銅器與金文》（第一輯），上海古籍出版社，2017 年。
陳絜：《作册旂組器中的地理問題與昭王邊域經營策略》，《南方文物》2019 年第 3 期。
陳連慶：《〈敔簋〉銘文淺釋》，《中國古代史研究：陳連慶教授學術論文集》，吉林文史出版社，1991 年。
陳佩芬：《伯𢦏父簋與厲王伐淮夷》，《陳佩芬青銅器論集》，中西書局，2016 年。
陳佩芬：《繁卣、趞鼎及梁其鐘銘文詮釋》，《陳佩芬青銅器論集》，中西書局，2016 年。
陳佩芬：《李蔭軒所藏中國青銅器》，《陳佩芬青銅器論集》，中西書局，2016 年。
陳佩芬：《上海博物館藏寶録・青銅器概説》，《陳佩芬青銅器論集》，中西書局，2016 年。
陳佩芬：《上海博物館新收集的西周青銅器》，《文物》1981 年第 9 期。

陳佩芬：《釋㸚戒鼎》，《陳佩芬青銅器論集》，中西書局，2016年。

陳佩芬：《新獲兩周青銅器》，《陳佩芬青銅器論集》，中西書局，2016年。

陳平、楊震：《内蒙[古]伊盟新出十五年上郡守壽戈銘考》，《考古》1990年第6期。

陳平：《秦子戈、矛考》，《考古與文物》1986年第2期。

陳平：《燕國"燕"名之由來與"燕亳""匽亳邦"再議》，中國古文字研究會、吉林大學古文字研究室編：《古文字研究》（第二十七輯），中華書局，2008年。

陳雙新：《晋侯蘇鐘銘文新釋》，華東師範大學中國文字研究與應用中心主辦：《中國文字研究》（第二輯），廣西教育出版社，2001年。

陳萬千：《蕬兒罍和鄀國地望問題》，《考古與文物》1988年第3期。

陳偉：《〈鄂君啓節〉之"鄂"地探討》，《江漢考古》1986年第2期。

陳偉：《曾侯腆編鐘"汭土"試説》，《江漢考古》2015年第1期。

陳蔚松：《鄂君啓舟節與屈原〈哀郢〉研究》，《華中師院學報（哲學社會科學版）》1982年S1期。

陳英傑：《士山盤銘文再考》，《中國歷史文物》2004年第6期。

陳雲鸞：《西周葊京新考——讀西周金文札記》，《中華文史論叢》1980年第1輯。

陳直：《考古論叢》，《西北大學學報（哲學社會科學版）》1957年第1期。

陳子怡：《散氏盤石鼓文地理考證》，《禹貢》第七卷第6、7合期，1937年。

程鍾書：《西吕地望小議》，《中國歷史地理論叢》2017年第3期。

崔恒昇：《甲金文地名考釋》，安徽大學古文字研究室編：《古文字研究》（第二十二輯），中華書局，2000年。

崔慶明：《南陽市北郊出土一批申國青銅器》，《中原文物》1984年第4期。

鄧佩玲：《新見頌父鋪與西周杜國古史探論》，中國古文字研究會、中華書局編輯部編：《古文字研究》（第二十八輯），中華書局，2010年。

丁山：《𣪕夷考》，《國立中央研究院歷史語言研究所集刊》第2本第4分，1932年。

董楚平：《徐器湯鼎銘文考釋中的一些問題》，《杭州大學學報（哲學社會科學版）》1987年第17卷第1期。

董珊、陳劍：《郾王職壺銘文研究》，北京大學中國古文獻研究中心編：《北京大學中國古文獻研究中心集刊》（第三輯），北京大學出版社，2002年。

董珊：《讀珍秦齋藏秦銅器札記》，蕭春源：《珍秦齋藏金・秦銅器篇》，澳門基金會，2006年。

董珊：《略論西周單氏家族窖藏青銅器銘文》，《中國歷史文物》2003年第4期。

董珊：《啓尊、啓卣新考》，《文博》2012年第5期。

董珊：《清華簡〈繫年〉與𪀺羌鐘對讀》，清華大學出土文獻與中國古代文明研究中心、清華大學出土文獻研究與保護中心編：《出土文獻與中國古代文明：李學勤先生八十壽誕紀念論文集》，中西書局，2016年。

董珊：《釋西周金文的"沈子"和〈逸周書・皇門〉的"沈人"》，清華大學出土文獻研究與保護中心編、李學勤主編：《出土文獻》（第二輯），中西書局，2011年。

董珊：《向壽戈考》，《考古》2006年第3期。

董珊：《疑尊、疑卣考釋》，《中國國家博物館館刊》2012 年第 9 期。
董珊：《越王差徐戈考》，《故宫博物院院刊》2008 年第 4 期。
董越：《廿二年邦戈考》，《中原文物》2014 年第 5 期。
杜勇：《令簋、禽簋中的“伐楚”問題》，《中國歷史文物》2002 年第 2 期。
段紹嘉：《介紹陝西省博物館的幾件青銅器》，《文物》1963 年第 3 期。
凡國棟：《曾侯與編鐘銘文柬釋》，《江漢考古》2014 年第 4 期。
樊俊利：《十四年下邑令瘍鈹銘文補釋及其他相關問題探討》，華東師範大學中國文字研究與應用中心編：《中國文字研究》（第二十一輯），上海書店出版社，2015 年。
方繼成：《關于宗周鐘》，《人文雜志》1957 年第 2 期。
方述鑫：《太保罍、盉銘文考釋》，陳光彙編：《燕文化研究論文集》，中國社會科學出版社，1995 年。
方述鑫：《召伯虎簋銘文新釋》，《考古與文物》1997 年第 1 期。
馮時：《曾姬壺銘文柬釋》，羅運環主編：《楚簡楚文化與先秦歷史文化國際學術研討會論文集》，湖北教育出版社，2013 年。
馮時：《㑀夫人嬺鼎銘文及相關問題》，《中原文物》2009 年第 6 期。
馮時：《工盧大叡鍦銘文考釋》，安徽大學古文字研究室編：《古文字研究》（第二十二輯），中華書局，2000 年。
付強：《釋井鼎銘文中的“滮池”》，《文博》2019 年第 1 期。
付強：《養姬匜銘文考釋》，清華大學出土文獻研究與保護中心編、李學勤主編：《出土文獻》（第十三輯），中西書局，2018 年。
傅昇岐：《周原發現師同鼎》，《文物》1982 年第 12 期。
傅修才：《狐駘丘君盤新考》，《中國國家博物館館刊》2017 年第 5 期。
傅修才：《魏國雍丘令戈考》，《中原文物》2016 年第 5 期。
甘肅省博物館文物隊：《甘肅靈臺白草坡西周墓》，《考古學報》1977 年第 2 期。
甘肅省博物館文物組：《靈臺白草坡西周墓》，《文物》1972 年第 12 期。
高本漢：《驫羌鐘之年代》，劉叔揚譯，劉慶柱、段志洪、馮時主編：《金文文獻集成》（第二十九册），綫裝書局，2005 年。
高鴻縉：《虢季子白盤考釋》，《大陸雜志》第 2 卷第 2 期，1951 年。
高婧聰：《首陽齋藏𩰫器與西周宗法社會的貴族教育》，《考古與文物》2012 年第 2 期。
高鵬飛：《戍甬鼎銘文考釋》，《文物春秋》2019 年第 1 期。
高應勤、夏渌：《郐大子伯辰鼎及其銘文》，《江漢考古》1984 年第 1 期。
高應勤、夏渌：《王孫雹簠及其銘文》，《文物》1986 年第 4 期。
郭長江、凡國棟、陳虎、李曉楊：《曾公𤟹編鐘銘文初步釋讀》，《江漢考古》2020 年第 1 期。
郭沫若：《關于鄂君啓節的研究》，《文物參考資料》1958 年第 4 期。
郭沫若：《釋應監甗》，《考古學報》1960 年第 1 期。
郭沫若《班簋的再發現》，《文物》1972 年第 9 期。

韓朝、劉海洋：《新見楚國銘文兵器》，《南方文物》2004 年第 4 期。

韓自强：《過眼雲烟——記新見五件晋系銘文兵器》，中國古文字研究會、吉林大學古文字研究室編：《古文字研究》（第二十七輯），中華書局，2008 年。

韓自强：《新見六件齊、楚銘文兵器》，《中國歷史文物》2007 年第 5 期。

郝本性：《新鄭“鄭韓故城”發現一批戰國銅兵器》，《文物》1972 年第 10 期。

何浩：《鄴陵君與春申君》，《江漢考古》1985 年第 2 期。

何浩：《羕器、養國與楚國養縣》，《江漢考古》1989 年第 2 期。

何景成：《論師酉盤銘文中的“弁狐”族》，《中國歷史文物》2010 年第 5 期。

何琳儀、黄錫全：《啓卣啓尊銘文考釋》，山西省文物局、中國古文字研究會等編：《古文字研究》（第九輯），中華書局，1984 年。

何琳儀、焦智勤：《八年陽城令戈考》，中國古文字研究會、華南師範大學文學院編：《古文字研究》（第二十六輯），中華書局，2006 年。

何琳儀：《長沙銅量銘文補釋》，《江漢考古》1988 年第 4 期。

何琳儀：《楚鄴陵君三器考辨》，《江漢考古》1984 年第 1 期。

何琳儀：《程橋三號墓盤匜銘文新考》，黄德寬主編：《安徽大學漢語言文字研究叢書・何琳儀卷》，安徽大學出版社，2013 年。

何琳儀：《淳于公戈跋》，黄德寬主編：《安徽大學漢語言文字研究叢書・何琳儀卷》，安徽大學出版社，2013 年。

何琳儀：《鄂君啓舟節釋地三則》，安徽大學古文字研究室編：《古文字研究》（第二十二輯），中華書局，2000 年。

何琳儀：《古兵地名雜識》，黄德寬主編：《安徽大學漢語言文字研究叢書・何琳儀卷》，安徽大學出版社，2013 年。

何琳儀：《晋侯蘇鐘釋地》，黄德寬主編：《安徽大學漢語言文字研究叢書・何琳儀卷》，安徽大學出版社，2013 年。

何琳儀：《莒縣出土東周銅器銘文彙釋》，黄德寬主編：《安徽大學漢語言文字研究叢書・何琳儀卷》，安徽大學出版社，2013 年。

何琳儀：《鄴陽壺考——兼釋上海簡“鄴”字》，黄德寬主編：《安徽大學漢語言文字研究叢書・何琳儀卷》，安徽大學出版社，2013 年。

何琳儀：《龍陽燈銘文補釋》，黄德寬主編：《安徽大學漢語言文字研究叢書・何琳儀卷》，安徽大學出版社，2013 年。

何琳儀：《新蔡竹簡地名偶識——兼釋次竝戈》，《中國歷史文物》2003 年第 6 期。

何琳儀：《徐沈尹鉦新釋》，黄德寬主編：《安徽大學漢語言文字研究叢書・何琳儀卷》，安徽大學出版社，2013 年。

何琳儀：《魚顛匕補釋——兼説昆夷》，黄德寬主編：《安徽大學漢語言文字研究叢書・何琳儀卷》，安徽大學出版社，2013 年。

何琳儀：《戰國兵器銘文選釋》，《考古與文物》1999 年第 5 期。

何清谷：《西周墭方鼎銘箋釋》，《文博》1998 年第 2 期。

何振鵬：《何尊銘文中的“中國”》，《文博》2011 年第 6 期。

河南省博物館、信陽地區文管會、信陽市文化局：《河南信陽市平橋春秋墓發掘簡報》，《文物》1981 年第 1 期。

河南信陽地區文管會、光山縣文管會：《春秋早期黄君孟夫婦墓發掘報告》，《考古》1984 年第 4 期。

菏澤市文化館、菏澤地區文展館、山東省博物館：《殷代長銘銅器宰甫卣的再發現》，《文物》1986 年第 4 期。

洪家義：《關于〈天亡簋〉所記史事的性質》，《東南文化》1987 年第 2 期。

侯乃峰：《新見魯叔四器與魯國早期手工業》，《考古與文物》2016 年第 1 期。

胡寶華、羅孝：《記一件新見銘文銅戈》，《中國國家博物館館刊》2012 年第 9 期。

胡剛：《有“鄀”銅器與鄀國歷史新論》，《文物》2013 年第 4 期。

湖北省博物館：《湖北京山發現曾國銅器》，《文物》1972 年第 2 期。

黄盛璋：《周都豐鎬與金文中的莾京》，《歷史研究》1956 年第 10 期，第 79 頁。

黄愛梅：《士山盤銘補義》，《中國歷史文物》2006 年第 6 期。

黄德寬：《曾姬無卹壺銘文新釋》，中國古文字研究會、安徽大學古文字研究室編：《古文字研究》（第二十三輯），中華書局，2002 年。

黄傑：《疑尊、疑卣及“栗成左”戈銘文補釋》，《中國國家博物館館刊》2014 年第 5 期。

黄錦前、張新俊：《説西周金文中的“霸”與‘格”——兼論兩周時期霸國的地望》，《考古與文物》2015 年第 5 期。

黄錦前：《曾侯與編鐘銘文讀釋》，《中國國家博物館館刊》2017 年第 3 期。

黄錦前：《從近刊鄀器申論鄀國地望及楚滅鄀的年代》，《中國歷史地理論叢》2017 年第 3 期。

黄錦前：《京師畯尊讀釋》，《文物春秋》2017 年第 1 期。

黄錦前：《釋師雍父諸器的一組地名》，中國文化遺産研究院編：《出土文獻研究》（第十七輯），中西書局，2018 年。

黄錦前：《新見毛卣及其價值》，《文博》2021 年第 2 期。

黄錦前：《葉家山 M107 所出濮監簋及相關問題》，《四川文物》2017 年第 2 期。

黄錦前：《應國墓地 M257 出土考史簋讀釋》，清華大學出土文獻研究與保護中心編、李學勤主編：《出土文獻》（第十一輯），中西書局，2017 年。

黄錦前：《㝵伯鼎考釋》，山東大學文化遺産研究院編：《東方考古》（第 14 集），科學出版社，2017 年。

黄盛璋：《跋集安新出陽安君劍》，《考古》1983 年第 5 期。

黄盛璋：《班簋的年代、地理與歷史問題》，《考古與文物》1981 年第 1 期。

黄盛璋：《保卣銘的年代、地理與歷史問題》，《歷史地理與考古論叢》，齊魯書社，1982 年。

黄盛璋：《保卣銘的時代與史實》，《考古學報》1957 年第 3 期。

黄盛璋：《趞盂新考》，《人文雜志》1982 年第 5 期。

黄盛璋：《長安鎬京地區西周墓新出銅器群初探》，《文物》1986 年第 1 期。
黄盛璋：《楚銘刻中“陵、陲”的考辨及其相關問題》，《安徽史學》1984 年第 1 期。
黄盛璋：《當陽兩戈銘文考》，《江漢考古》1982 年第 1 期。
黄盛璋：《鄂君啓節地理問題若干補正》，《歷史地理論集》，人民出版社，1982 年。
黄盛璋：《扶風强家村新出西周銅器群與相關史實之研究》，《人文雜志叢刊・第二輯：西周史研究》，1984 年。
黄盛璋：《古越閣藏商周青銅兵器》，古越閣藏：《商周青銅兵器》，古越閣，1993 年。
黄盛璋：《關于鄂君啓節交通路綫的復原問題》，《中華文史論叢》（第 5 輯），1964 年。
黄盛璋：《關于柞伯鼎關鍵問題質疑解難》，《中原文物》2011 年第 5 期。
黄盛璋：《郭院長關于新出銅器三器的考釋及其意義——紀念郭沫若院長》，《社會科學戰綫》1980 年第 3 期。
黄盛璋：《淮夷新考》，《文物研究》（第 5 輯），黄山書社，1989 年。
黄盛璋：《晋侯蘇鐘重大價值與難拔丁子指迷與解難》，《文博》1998 年第 4 期。
黄盛璋：《駒父盨蓋銘文研究》，《考古與文物》1983 年第 4 期。
黄盛璋：《利簋的作者身份、地理與歷史問題》，《歷史地理與考古論叢》，齊魯書社，1982 年。
黄盛璋：《旅大市所出啓封戈銘的國别、地理及其相關問題》，《考古》1981 年第 4 期。
黄盛璋：《朴君述鼎國别、年代及其相關問題》，《江漢考古》1987 年第 1 期。
黄盛璋：《郜國銅器——銅器分國大系考釋之一》，《文博》1986 年第 2 期。
黄盛璋：《山東諸小國銅器研究——〈兩周金文辭大系續編〉分國考釋之一章》，《華夏考古》1989 年第 1 期。
黄盛璋：《試論三晋兵器的國别和年代及其相關問題》，《歷史地理與考古論叢》，齊魯書社，1982 年。
黄盛璋：《銅器銘文宜、虞、夨的地望及其與吴國的關係》，《考古學報》1983 年第 3 期。
黄盛璋：《西周微家族窖藏銅器群初步研究》，《歷史地理與考古論叢》，齊魯書社，1982 年。
黄盛璋：《新出秦兵器銘刻新探》，《文博》1988 年第 6 期。
黄盛璋：《新出五年桐丘戈及其相關古城問題》，《考古》1987 年第 12 期。
黄盛璋：《新出信安君鼎、平安君鼎的國别年代與有關制度問題》，《考古與文物》1982 年第 2 期。
黄盛璋：《新發現的“羕陵”金版及其相關的羕器、曾器銘文中諸問題的考索》，國家文物局古文獻研究室編：《出土文獻研究續集》，文物出版社，1989 年。
黄盛璋：《盱眙新出銅器、金器及相關問題考辨》，《文物》1984 年第 10 期。
黄盛璋：《再論鄂君啓節交通路綫復原與地理問題》，《安徽史學》1988 年第 2 期。
黄盛璋：《戰國燕國銅器銘刻新考》，陳光彙編：《燕文化研究論文集》，中國社會科學出版社，1995 年。
黄盛璋：《鄴器與鄴國地望及與楚之關係考辨》，《江漢考古》1988 年第 1 期。
黄天樹：《柞伯鼎銘文補釋》，《黄天樹甲骨金文論集》，學苑出版社，2014 年。
黄錫全、馮務建：《湖北鄂州新出一件有銘銅戈》，《文物》2004 年第 10 期。

黄錫全、李祖才：《鄭臧公之孫鼎銘文考釋》，《考古》1991 年第 9 期。
黄錫全、劉森淼：《“救秦戎”鐘銘文新解》，《江漢考古》1992 年第 1 期。
黄錫全：《“安州六器”及其有關問題》，《古文字與古貨幣文集》，文物出版社，2009 年。
黄錫全：《“葴郢”辨析》，《楚文化研究論集》（第二集），湖北人民出版社，1991 年；《古文字與古貨幣文集》，文物出版社，2009 年。
黄錫全：《湖北出土兩件銅戈跋》，《江漢考古》1993 年第 4 期。
黄錫全：《黄陂魯臺山遺址爲“長子”國都蠡測》，《江漢考古》1992 年第 4 期。
黄錫全：《記新見塞公屈顙戈》，《古文字與古貨幣文集》，文物出版社，2009 年。
黄錫全：《申文王之孫州桒簠銘文及相關問題》，《古文字與古貨幣文集》，文物出版社，2009 年。
黄錫全：《介紹新見“上范厨”勺》，中國古文字研究會、華南師範大學文學院編：《古文字研究》（第二十六輯），中華書局，2006 年。
黄錫全：《介紹一件晋陽令銅戈》，《古文字與古貨幣文集》，文物出版社，2009 年。
黄錫全：《介紹一件西周“欲侯用戈”》，清華大學出土文獻研究與保護中心編、李學勤主編：《出土文獻》（第三輯），中西書局，2012 年。
黄錫全：《介紹一件新見平阿造戈》，《古文字與古貨幣文集》，文物出版社，2009 年。
黄錫全：《介紹一件新見銅戈》，《古文字與古貨幣文集》，文物出版社，2009 年。
黄錫全：《晋侯蘇編鐘幾處地名試探》，《古文字與古貨幣文集》，文物出版社，2009 年。
黄錫全：《荆州九店東周墓所出兵器銘文校正》，華東師範大學中國文字研究與應用中心主辦：《中國文字研究》（第二十五輯），上海書店出版社，2017 年。
黄錫全：《士山盤銘文別議》，《中國歷史文物》2003 年第 2 期。
黄錫全：《西周“文盨”補釋》，張光裕、黄德寬主編：《古文字學論稿》，安徽大學出版社，2008 年。
黄錫全：《新見宜陽銅戈考論》，《考古與文物》2002 年第 2 期。
黄益飛：《㐁史簋及相關問題》，清華大學出土文獻研究與保護中心編、李學勤主編：《出土文獻》（第九輯），中西書局，2016 年。
黄益飛：《略論昔鷄簋銘文》，《中國國家博物館館刊》2018 年第 3 期。
黄益飛：《匍盉銘文研究》，《考古》2013 年第 2 期。
蔣大沂：《保卣銘考釋》，《中華文史論叢》（第 5 輯），中華書局，1964 年。
蔣魯敬：《新見戰國戈銘與楚簡地名補釋》，華東師範大學中國文字研究與應用中心主辦：《中國文字研究》（第二十四輯），上海書店出版社，2016 年。
蔣文孝、劉占成：《秦宜陽鼎銘文釋録與考辨》，《中國歷史文物》2008 年第 3 期。
蔣玉斌、周忠兵：《據清華簡釋讀西周金文一例——說“沈子”“沈孫”》，清華大學出土文獻研究與保護中心編、李學勤主編：《出土文獻》（第二輯），中西書局，2011 年。
金榮權：《周代番國青銅器及其歷史地理論考》，《華夏考古》2014 年第 2 期。
孔華、杜勇：《𦣞國地望考辨》，王暉主編：《西周金文與西周史研究暨第十屆中國先秦史學會年會論文集》，三秦出版社，2017 年。

寇占民：《金文釋詞二則》，《中原文物》2008 年第 6 期。
雷晋豪：《金文中的“[illegible]”地及其軍事地理新探》，《歷史地理》（第二十六輯），上海人民出版社，2012 年。
雷晋豪：《探索西周時代的外交活動于遠距交通：以“匍盉”爲例》，清華大學出土文獻與中國古代文明研究中心、清華大學出土文獻研究與保護中心編：《出土文獻與中國古代文明：李學勤先生八十壽誕紀念論文集》，中西書局，2016 年。
雷英：《小議養器與養國》，《中原文物》2007 年第 1 期。
李伯謙：《也談楊姞壺銘文的釋讀》，《文物》1998 年第 2 期。
李朝遠：《合陽鼎拾遺》，中國古文字研究會、華南師範大學文學院編：《古文字研究》（第二十六輯），中華書局，2006 年。
李朝遠：《汝陰令戈小考》，李圃主編：《中國文字研究》（第一輯），廣西教育出版社，1999 年。
李春桃：《庚壺銘文拾遺》，華東師範大學中國文字研究與應用中心編：《中國文字研究》（第十九輯），上海書店出版社，2014 年。
李春艷：《周昭王南征所經“斤”地地望考》，《社會科學論壇》2016 年第 11 期。
李芳芝：《河南確山發現春秋道國青銅器》，《中原文物》1992 年第 2 期。
李福泉：《訇簋銘文的綜合研究》，《湖南師院學報（哲學社會科學版）》1979 年第 2 期。
李家浩：《楚王酓璋戈與楚滅越的年代》，中華書局編輯部編：《文史》（第二十四輯），中華書局，1985 年。
李家浩：《鄂君啓節銘文中的“兔禾”》，中國古文字研究會、吉林大學中國古文字研究中心編：《古文字研究》（第三十二輯），中華書局，2018 年。
李家浩：《鄂君啓節銘文中的高丘》，安徽大學古文字研究室編：《古文字研究》（第二十二輯），中華書局，2000 年。
李家浩：《二年梁令矛小考》，陳偉武主編：《古文字論壇第一輯：曾憲通教授八十慶壽專號》，中山大學出版社，2015 年。
李家浩：《關于鄂君啓節銘文的幾個問題》，《文史》2018 年第 4 輯。
李家浩：《七年令韓隊雍氏戟銘文補釋》，華東師範大學中國文字研究與應用中心主辦：《中國文字研究》（第二十八輯），上海書店出版社，2018 年。
李家浩：《十一年皋落戈釋文銘文商榷》，《考古》1993 年第 8 期。
李建生、王金平：《周伐獫狁與“長父侯于楊”相關問題》，《中原文物》2012 年第 1 期。
李瑾：《楚器〈郤命尹爐〉“應君”封地及其他問題彙考》，《江漢考古》1989 年第 3 期。
李瑾：《關于〈競鐘〉年代的鑒定》，《江漢考古》1980 年第 2 期。
李錦山：《棗莊市揀選一件戰國銘文銅戈》，《文物》1987 年第 11 期。
李晶：《鑄國史事辨疑》，王暉主編：《西周金文與西周史研究暨第十屆中國先秦史學會年會論文集》，三秦出版社，2017 年。
李凱：《柞伯鼎與西周晚期周和東國淮夷的戰爭》，《四川文物》2007 年第 2 期。

李立芳:《安徽舒城秦家橋楚墓銅器銘文考》，安徽大學古文字研究室編:《古文字研究》（第二十二輯），中華書局，2000年。
李零:《楚國銅器銘文編年匯釋》，中國古文字研究會、中華書局編輯部等編:《古文字研究》（第十三輯），中華書局，1986年。
李魯滕:《也談“郳始鬲”》，山東省文物考古研究所編:《海岱考古》（第三輯），科學出版社，2010年。
李守奎:《清華簡〈繫年〉中的“𦅫”與西申》，中國社會科學院語言研究所編:《歷史語言學研究》，商務印書館，2014年。
李維明:《試論鄭州𠷎、亳、管之地望》，《中國歷史文物》2007年第4期。
李先登:《禹鼎集釋》，《中國歷史文物》總第六期，1984年。
李學勤、鄭紹宗:《論河北近年出土的戰國有銘青銅器》，四川大學歷史系古文字研究室編:《古文字研究》（第七輯），中華書局，1982年。
李學勤、祝敏申:《盱眙壺銘與齊破燕年代》，《文物春秋》，1989年z1期。
李學勤:《〈珍秦齋藏金·秦銅器篇〉前言》，蕭春源:《珍秦齋藏金·秦銅器篇》，澳門基金會，2006年。
李學勤:《〈中日歐美澳紐所見所拓所摹金文彙編〉選釋》，《四川大學學報叢刊·第十輯：古文字研究論文集》，《新出青銅器研究（增訂版）》，人民美術出版社，2016年。
李學勤:《北京東北旺出土叔繁簠研究》，《北京文博》2005年第3期。
李學勤:《北京揀選青銅器的幾件珍品》，《文物》1982年第9期。
李學勤:《北宋河清出土的一組青銅器》，《洛陽大學學報》1999年第1期。
李學勤:《曾侯腆（與）編鐘銘文前半釋讀》，《江漢考古》2014年第4期。
李學勤:《從柞伯鼎銘談〈世俘〉文例》，《江海學刊》2007年第5期。
李學勤:《斗子鼎與成王岐陽之盟》，《國家博物館館刊》2012年第1期。
李學勤:《𤛮伯卣考釋》，《保利藏金》（續），嶺南美術出版社，2001年。
李學勤:《湖南戰國兵器銘文選釋》，中國古文字研究會、中華書局編輯部編:《古文字研究》（第十二輯），中華書局，1985年。
李學勤:《季姬方尊研究》，《中國史研究》2003年第4期。
李學勤:《絳縣橫北村大墓與倗國》，《中國文物報》2005年12月30日。
李學勤:《晋侯邦父與楊姞》，《綴古集》，上海古籍出版社，1998年。
李學勤:《晋侯蘇編鐘的時、地、人》，《綴古集》，上海古籍出版社，1998年。
李學勤:《晋侯銅人考證》，中國文物學會主編:《商承祚教授百年誕辰紀念文集》，文物出版社，2003年。
李學勤:《静方鼎補釋》，《夏商周年代學劄記》，遼寧大學出版社，1999年。
李學勤:《静方鼎與周昭王曆日》，《光明日報》1997年12月23日。
李學勤:《考古發現與東周王都》，《歐華學報》1983年第1期。
李學勤:《論䜌公盨及其重要意義》，《䜌公盨》，綫裝書局，2002年。

李學勤：《論𣪘甗銘及周昭王南征》，朱鳳瀚、趙伯雄編：《仰止集——王玉哲先生紀念文集》，天津人民出版社，2007 年。
李學勤：《論多友鼎的時代及意義》，《人文雜志》1981 年第 6 期。
李學勤：《論繁蜀巢與西周早期的南方經營》，肖先進主編：《三星堆與南方絲綢之路青銅文化研討會論文集》，文物出版社，2007 年。
李學勤：《論漢淮間的春秋青銅器》，《文物》1980 年第 1 期。
李學勤：《論河北近年出土的戰國有銘青銅器》，《新出青銅器研究（增訂版）》，人民美術出版社，2016 年。
李學勤：《論覺公簋年代及有關問題》，本書編委會編：《慶祝何炳棣先生九十華誕論文集》；《新出青銅器研究（增訂版）》，人民美術出版社，2016 年。
李學勤：《論史牆盤及其意義》，《考古學報》1978 年第 2 期。
李學勤：《論士山盤——西周王朝干預諸侯政事之一例》，武玉環、楊軍編：《遯亨集——吕紹綱教授古稀紀念文集》，吉林大學出版社，2003 年。
李學勤：《論西周的南國湘侯》，《通向文明之路》，商務印書館，2010 年。
李學勤：《論西周厲王時器伯㦰父簋》，《文物中的古文明》，商務印書館，2008 年。
李學勤：《論西周鄭的地望》，《夏商周年代學劄記》，遼寧大學出版社，1999 年。
李學勤：《論一件中山國有銘銅戈》，《通向文明之路》，商務印書館，2010 年。
李學勤：《論應國墓地出土的匍盉》，《平頂山師專學報》1999 年第 1 期。
李學勤：《論子龍大鼎及有關問題》，《中國歷史文物》2006 年第 5 期。
李學勤：《眉縣楊家村新出青銅器研究》，《文物》2003 年第 6 期。
李學勤：《穆公簋蓋在青銅器分期上的意義》，《文博》1984 年第 2 期。
李學勤：《平山墓葬群與中山國的文化》，《文物》1979 年第 1 期。
李學勤：《僕麻卣論説》，西安市文物保護考古所編：《西安文物考古研究》，陝西人民出版社，2004 年。
李學勤：《秦國文物的新認識》，《文物》1980 年第 9 期。
李學勤：《秦孝公、惠文王時期銘文》，《綴古集》，上海古籍出版社，1998 年。
李學勤：《青銅器與周原遺址》，《西北大學學報（哲學社會科學版）》1981 年第 2 期。
李學勤：《試論董家村青銅器群》，《文物》1976 年第 6 期。
李學勤：《試論山東新出青銅器的意義》，《文物》1983 年第 12 期。
李學勤：《試論新出現的㝬方鼎和榮仲方鼎》，《文物》2005 年第 9 期。
李學勤：《叔多父盤與〈洪範〉》，《華學》（第 5 輯），中山大學出版社，2001 年。
李學勤：《叔虞方鼎試證》，上海博物館編：《晉侯墓地出土青銅器國際學術研討會論文集》，上海書畫出版社，2002 年。
李學勤：《它簋新釋——關于西周商業的又一例證》，文物出版社編輯部編：《文物與考古論集》，文物出版社，1986 年。
李學勤：《太保玉戈》，楚文化研究會編：《楚文化研究論集》（第二集），湖北人民出版社，1991 年。

李學勤：《桃源三元村鼎》，《綴古集》，上海古籍出版社，1998 年。
李學勤：《吴虎鼎考釋》，《考古與文物》1998 年第 3 期。
李學勤：《郤氏左戈小考》，《綴古集》，上海古籍出版社，1998 年。
李學勤：《害簋銘文考釋》，《故宫博物院院刊》2001 年第 1 期。
李學勤：《小臣缶方鼎》，《殷都學刊》1985 年第 1 期。
李學勤：《小盂鼎與西周制度》，《歷史研究》1987 年第 5 期。
李學勤：《小邾墓地及其青銅器研究》，《東岳論叢》2007 年第 2 期。
李學勤：《疑尊、卣别解》，香港浸會大學《饒宗頤國學院院刊》（創刊號），2014 年 4 月；《夏商周文明研究》，商務印書館，2015 年。
李學勤：《滎陽上官皿與安邑下官鍾》，《文物》2003 年第 10 期。
李學勤：《由清華簡〈繫年〉釋讀沬司徒疑簋》，《中國高校社會科學》2013 年第 3 期。
李學勤：《由新見青銅器看西周早期的鄂、曾、楚》，《文物》2010 年第 1 期。
李學勤：《元氏青銅器與西周的邢國》，《考古》1979 年第 1 期。
李學勤：《再釋鼉方尊》，中國古文字研究會、清華大學出土文獻研究與保護中心等編：《古文字研究》（第三十一輯），中華書局，2016 年。
李學勤：《棗莊徐樓村宋公鼎與費國》，《史學月刊》2012 年第 1 期。
李學勤：《柞伯簋銘考釋》，《文物》1998 年第 11 期。
李學勤：《戰國時代的秦國銅器》，《文物參考資料》1957 年第 8 期。
李義海：《曾姬無卹壺銘文補釋》，《考古與文物》2009 年第 2 期。
李裕民：《古字新考》，山西省文物局、中國古文字研究會等編：《古文字研究》（第十輯），中華書局，1983 年。
李元芝：《鄂君車節之方城、兔禾、汝墳考》，楚文化研究會編：《楚文化研究論集》（第十集），湖北美術出版社，2011 年 10 月。
李仲操：《談晋侯蘇鐘所記地望及其年代》，《考古與文物》2000 年第 3 期。
李仲操：《談西鄭地望》，《文博》1998 年第 5 期。
李仲操：《燕侯克罍盉銘文簡釋》，《考古與文物》1997 年第 1 期。
李仲操：《也釋多友鼎銘文》，《人文雜志》1982 年第 6 期。
連劭名：《〈曾姬壺〉銘文所見楚地觀念中的地下世界》，《南方文物》1996 年第 1 期。
林澐：《“燕亳”和“燕亳邦”小議》，《林澐文集・古史卷》，上海古籍出版社，2019 年。
劉翔：《“夷童”考》，《歷史地理》（第二輯），上海人民出版社，1982 年。
劉彬徽、何浩：《包山楚簡“封君”釋地》，湖北省荆沙鐵路考古隊編：《包山楚墓》（上册），文物出版社，1991 年。
劉彬徽、何浩：《論包山楚簡中的幾處楚郢地名》，湖北省荆沙鐵路考古隊編：《包山楚墓》（上册），文物出版社，1991 年。
劉彬徽：《湖北出土兩周金文國别年代考述》，中國古文字研究會、中華書局編輯部等編：《古文字研究》（第十三輯），中華書局，1986 年。

劉彬徽：《上鄀府簠及楚滅鄀問題簡論》，《中原文物》1988 年第 3 期。
劉波：《曾姬無卹壺銘文再探》，《考古與文物》2015 年第 4 期。
劉剛：《晋系兵器銘文考釋三則》，華東師範大學中國文字研究與應用中心主辦：《中國文字研究》（第二十五輯），上海書店出版社，2017 年。
劉浩：《新見秦兵四十四年上郡守綰戈考》，華東師範大學中國文字研究與應用中心主辦：《中國文字研究》（第二十五輯），上海書店出版社，2017 年。
劉和惠：《鄂君啓節新探》，《考古與文物》1982 年第 5 期。
劉洪濤：《蚰匕銘文新釋》，《考古與文物》2020 年第 2 期。
劉桓：《多友鼎“京𠂤”地望考辨》，《人文雜志》1984 年第 1 期。
劉桓：《關于匍盉“朿”字考釋》，《考古》2001 年第 6 期。
劉桓：《殷代戍鼎銘文考釋》，陝西師範大學、寶鷄青銅器博物館編：《黄盛璋先生八秩華誕紀念文集》，中國教育文化出版社，2005 年。
劉龍啓、李振奇：《河北臨城柏擺暢城發現戰國兵器》，《文物》1988 年第 3 期。
劉啓益：《西周夨國銅器的新發現與有關的歷史地理問題》，《考古與文物》1982 年第 2 期。
劉翔：《多友鼎銘兩議》，《人文雜志》1983 年第 1 期。
劉曉東：《天亡簋與武王東土度邑》，《考古與文物》1987 年第 1 期。
劉信芳：《釋“莪郢”》，《江漢考古》1987 年第 1 期。
劉餘力、蔡運章：《王太后左私室鼎銘考略》，《文物》2006 年第 11 期。
劉餘力：《首垣鼎銘文考略》，《中國國家博物館館刊》2011 年第 10 期。
劉雨：《多友鼎銘的時代與地名考證》，《考古》1983 年第 2 期。
劉雨：《金文葊京考》，《金文論集》，紫禁城出版社，2008 年。
劉雨：《近出殷周金文綜述》，《故宫博物院院刊》2002 年第 3 期。
劉雨等：《北京琉璃河出土西周有銘銅器座談紀要》，《考古》1989 年第 10 期。
劉昭瑞：《試説多友鼎銘文中的“追”》，中國古文字研究會、華南師範大學文學院編：《古文字研究》（第二十六輯），中華書局，2006 年。
劉釗：《兵器銘文考釋（四則）》，復旦大學出土文獻與古文字研究中心編：《出土文獻與古文字研究》（第二輯），復旦大學出版社，2008 年。
劉釗：《上皋落戈考釋》，《考古》2005 年第 6 期。
劉釗：《談史密簋銘文中的“眉”字》，《考古》1995 年第 5 期。
劉釗：《談新發現的敖伯匜》，《中原文物》1993 年第 1 期。
劉宗漢：《金文札記三則》，山西省文物局考古研究所、中國古文字研究會等編：《古文字研究》（第十輯），中華書局，1983 年。
盧連成、胡智生：《寶鷄茹家莊、竹園溝墓地有關問題的探討》，《文物》1983 年第 2 期。
盧連成、羅英傑：《陝西武功縣出土楚簋諸器》，《考古》1981 年第 2 期。
盧連成、尹盛平：《古夨國遺址、墓地調查記》，《文物》1982 年第 2 期。
盧連成：《西周金文所見葊京及相關都邑討論》，《中國歷史地理論叢》1995 年第 3 期。

盧連成：《西周夨國史迹考略及相關問題》，《人文雜志叢刊・第二輯：西周研究》，1984 年。
羅長銘：《鄂君啓節新探》，《羅長銘集》，黄山書社，1994 年；安徽省博物館編：《安徽省博物館四十年論文選集》，黄山書社，1996 年。
洛陽博物館：《河南洛陽出土“繁陽之金”劍》，《考古》1980 年第 6 期。
吕亞虎：《郇國地望及其相關問題考辨》，《中國歷史地理論叢》2017 年第 4 期。
吕亞虎：《周都“西鄭”地望考》，《中國歷史地理論叢》2007 年第 2 期。
馬保春：《山西絳縣横水西周倗國大墓的相關歷史地理問題》，《考古與文物》2007 年第 6 期。
馬超、鄒芙都：《仲阪父盆自名與古圭國研究》，華東師範大學中國文字研究與應用中心主辦：《中國文字研究》（第三十輯），社會科學文獻出版社，2019 年。
馬承源：《關于翏生盨和者減鐘的幾點意見》，《考古》1979 年第 1 期。
馬承源：《記上海博物館新收集的青銅器》，《文物》1964 年第 1 期。
馬承源：《晋侯穌編鐘》，上海博物館編：《上海博物館集刊》（第七期），上海書畫出版社，1996 年。
馬承源：《明保解》，陳佩芬、陳識吾編：《馬承源文博論集》，上海古籍出版社，2007 年。
馬承源：《新獲西周青銅器研究二則》，上海博物館集刊編輯委員會編：《上海博物館集刊》（第六期），上海古籍出版社，1992 年。
馬立志：《論周代的尋氏銅器及相關問題》，《中國國家博物館館刊》2019 年第 7 期。
馬世之：《應國銅器及相關問題》，《中原文物》1986 年第 1 期。
孟嬌、虞同：《戰國兵器銘文札記五則》，中國文化遺産研究院編：《出土文獻研究》（第十七輯），中西書局，2018 年。
孟蓬生：《越王差徐戈銘文補釋》，華東師範大學中國文字研究與應用中心主辦：《中國文字研究》（第十二輯），大象出版社，2009 年。
牛濟普：《“格氏”即“葛鄉城”考》，《中原文物》1984 年第 1 期。
牛濟普：《格國、倗國考》，《中原文物》2003 年第 4 期。
龐小霞：《西周井（邢）氏居邑與商周鄭地》，《考古與文物》2014 年第 3 期。
裴明相：《論黄與楚、虢文化的關係》，《江漢考古》1986 年第 1 期。
彭曦、許俊成：《穆公簋蓋銘文簡釋》，《考古與文物》1981 年第 4 期。
彭裕商：《新邑考》，《歷史研究》2000 年第 5 期。
彭裕商：《越王差徐戈銘文釋讀》，《考古》2012 年第 12 期；《述古集》，巴蜀書社，2016 年。
彭澤元：《魏“[illegible]”戈考釋》，《江漢考古》1989 年第 3 期。
平頂山市文管會：《河南平頂山市發現西周銅簋》，《考古》1981 年第 4 期。
平心：《〈保卣〉銘略釋》，《中華文史論叢》（第 4 輯），中華書局，1963 年。
平心遺稿：《〈保卣銘〉新釋》，《中華文史論叢》1979 年第 1 輯，上海古籍出版社。
强晨：《由西周“東國”看宜侯吴簋中宜地所在》，《中國國家博物館館刊》2018 年第 10 期。
秦曉華：《東周晋系兵器劄記三則》，《中國國家博物館館刊》2011 年第 5 期。
秦曉華：《三晋彝器銘文劄記兩則》，《江漢考古》2010 年第 2 期。
邱紅琴：《⿺辶豩公盨與〈禹貢〉成書的時代》，《中原文物》2009 年第 3 期。

裘錫圭：《〈古越閣藏商周兵器〉序》，古越閣藏：《商周青銅兵器》，古越閣，1993 年。
裘錫圭：《㺇伯卣的形制和銘文》，《裘錫圭學術文集》（第三卷），復旦大學出版社，2012 年。
裘錫圭：《戎生編鐘銘文考釋》，《裘錫圭學術文集》（第三卷），復旦大學出版社，2015 年。
裘錫圭：《史牆盤銘解釋》，《裘錫圭學術文集》（第三卷），復旦大學出版社，2015 年。
裘錫圭：《説𢦏簋的兩個地名——“棫林”和“胡”》，《裘錫圭學術文集》（第三卷），復旦大學出版社，2015 年。
裘錫圭：《戰國貨幣考（十二篇）》，《裘錫圭學術文集》（第三卷），復旦大學出版社，2015 年。
裘錫圭等：《晋侯蘇鐘筆談》，《文物》1997 年第 3 期。
屈萬里：《曾伯霥簠考釋》，《“中央研究院”歷史語言研究所集刊》第 33 本，1962 年。
確山縣文物管理所：《河南確山出土西周晚期銅器》，《考古》1993 年第 1 期。
任偉：《西周燕國銅器與召公封燕問題》，《考古與文物》2008 年第 2 期。
任相宏、張慶法：《吴王諸樊之子通劍及相關問題探討》，《中國歷史文物》2004 年第 5 期。
任相宏：《山東長清縣仙人臺周代墓地及相關問題初探》，《考古》1998 年第 9 期。
容庚：《弭叔簋及訇簋考釋的商榷》，《文物》1960 年第 8、9 期。
山東大學歷史文化學院考古系：《長清仙人臺五號墓發掘簡報》，《文物》1998 年第 9 期。
山東省文物考古研究所：《山東濟陽劉臺子西周六號墓清理報告》，《文物》1996 年第 12 期。
山東省烟臺地區文物管理委員會：《烟臺市上夼村出土㠱國銅器》，《考古》1983 年第 4 期。
山西省考古研究所、靈石縣文化局：《山西靈石旌介村商墓》，《文物》1986 年第 11 期。
山西省考古研究所、運城市文物工作站、絳縣文化局：《山西絳縣横水西周墓地》，《考古》2006 年第 7 期。
陝西省博物館：《陝西長安灃西出土的逋盂》，《考古》1977 年第 1 期。
陝西省文物管理委員會：《西周鎬京附近部分墓葬發掘簡報》，《文物》1986 年第 1 期。
商承祚：《鄂君啓節考》，《文物精華》（第 2 集），1963 年。
商承祚：《談鄂君啓節銘文中幾個文字和幾個地名等問題》，《中華文史論叢》（第 6 輯），中華書局，1965 年。
尚友萍：《“燕亳”與“燕亳邦”考辨》，《文物春秋》2014 年第 5 期。
尚志儒：《西周金文中的豐國》，《文博》1991 年第 4 期。
尚志儒：《西周金文中的井國》，《文博》1993 年第 3 期。
石繼承：《加拿大蘇氏藏秦戈銘文補釋》，《中國國家博物館館刊》2011 年第 5 期。
石小力：《利用楚簡考釋東周金文地名二篇》，中國古文字研究會、清華大學出土文獻研究與保護中心等編：《古文字研究》（第三十一輯），中華書局，2016 年。
史樹青：《西周蔡侯鼎銘釋文》，《考古》1966 年第 2 期。
史言：《扶風莊白大隊出土的一批西周銅器》，《文物》1972 年第 6 期。
壽縣古墓清理小組：《安徽壽縣戰國墓出土的銅器群記略》，《文物參考資料》1955 年第 8 期。
蘇影：《高城冶叔戈銘釋讀商榷》，華東師範大學中國文字研究與應用中心主辦：《中國文字研究》（第二十七輯），上海書店出版社，2018 年。

隨州市博物館：《湖北隨縣新發現古代青銅器》，《考古》1982 年第 2 期。
孫稚雛：《汈竝果戈考釋》，四川大學歷史系古文字研究室編：《古文字研究》（第七輯），中華書局，1982 年。
孫常叙：《曶鼎銘文通釋》，《孫常叙古文字學論集》，上海古籍出版社，2016 年。
孫常叙：《鵬公劍銘復原和“脽”“鵬”字説》，《考古》，1962 年第 5 期。
孫常叙：《麥尊銘文句讀試解》，《孫常叙古文字學論集》，上海古籍出版社，2016 年。
孫海波：《齊弓鎛考釋》，《師大月刊》第 1 卷第 22 期，文學院專號，1935 年。
孫海波：《周金地名小記》，劉慶柱、段志洪、馮時主編：《金文文獻集成》（第四十册），綫裝書局，2005 年。
孫合肥：《二十九年弩機銘文補釋》，《考古與文物》2017 年第 3 期。
孫合肥：《遼陽博物館藏戰國銅鼎銘文補釋》，《江漢考古》2016 年第 3 期。
孫劍鳴：《“鄂君啓節”續探》，《安徽省考古學會會刊》1982 年第 6 輯。
孫敬明、王桂香、韓金城：《山東濰坊新出銅戈銘文考釋及有關問題》，《江漢考古》1986 年第 3 期。
孫敬明：《保鼏簋銘約釋》，《考古發現與齊史類徵》，齊魯書社，2006 年。
孫敬明：《陳莊考古發現比較摭談》，山東省文物考古研究所編：《海岱考古》（第四輯），科學出版社，2011 年。
孫敬明：《讀西周金文隨筆——郯史舉隅》，《考古發現與齊史類徵徵》，齊魯書社，2006 年。
孫敬明：《考古發現與戰國齊兵器研究》，《考古發現與齊史類徵》，齊魯書社，2006 年。
孫敬明：《萊國出土異地商周金文通釋繹論》，山東大學文化遺産研究院編：《東方考古》（第 13 集），科學出版社，2016 年。
孫敬明：《邳其簋再現及相關問題》，《考古發現與齊史類徵》，齊魯書社，2006 年。
孫敬明：《齊兵戈戟與車戰——從考古新見戰國題銘和輪輿談起》，《考古發現與齊史類徵》，齊魯書社，2006 年。
孫敬明：《齊城左戈及相關問題》，《考古發現與齊史類徵》，齊魯書社，2006 年。
孫敬明：《齊境武庫戰略格局與孫子攻守之法——從考古所見戰國兵器銘文和銀雀山漢簡談起》，《考古發現與齊史類徵》，齊魯書社，2006 年。
孫敬明：《山東臨朐新出銅器銘文考釋及有關問題》，《考古發現與齊史類徵》，齊魯書社，2006 年。
孫敬明：《十年洱陽令戈考》，《文物》1990 年第 7 期。
孫敬明：《史密簋銘箋釋》，《考古發現與齊史類徵》，齊魯書社，2006 年。
孫敬明：《沂蒙先秦兵器銘文集釋繹論》，《考古發現與齊史類徵》，齊魯書社，2006 年。
孫慶偉：《從新出𢾊甗看昭王南征與晋侯燮父》，《文物》2007 年第 1 期。
孫作雲：《説“天亡簋”爲武王滅商以前銅器》，《文物参考資料》，1958 年第 1 期。
譚戒甫：《西周〈㠱鼎銘〉研究》，《考古》1963 年第 12 期。
譚戒甫：《周初夨器銘文綜合研究》，《武漢大學人文科學學報》1956 年第 1 期。

譚其驤：《鄂君啓節銘文釋地》，《中華文史論叢》（第 2 輯），中華書局，1962 年；《譚其驤全集》（第一卷），人民出版社，2015 年。
譚其驤：《再論鄂君啓節地理答黄盛璋同志》，《中華文史論叢》（第 5 輯），中華書局，1964 年；《譚其驤全集》（第一卷），人民出版社，2015 年。
湯威：《商周管邑探析》，《歷史地理》（第三十四輯），上海人民出版社，2017 年。
湯志彪：《先秦兵器銘文考釋四則》，中國古文字研究會、中山大學古文字研究所編：《古文字研究》（第三十輯），中華書局，2014 年。
唐蘭：《葊京新考》，《唐蘭全集（一）》，上海古籍出版社，2015 年。
唐蘭：《䰧尊銘文解釋》，《唐蘭全集（四）》，上海古籍出版社，2015 年。
唐蘭：《驫羌鐘考釋》，《唐蘭全集（一）》，上海古籍出版社，2015 年。
唐蘭：《論周昭王時代的青銅器銘刻》，《唐蘭全集（四）》，上海古籍出版社，2015 年。
唐蘭：《陝西省岐山縣董家村新出西周重要銅器銘辭的譯文和注釋》，《唐蘭全集（四）》，上海古籍出版社，2015 年。
唐蘭：《同簋地理考（西周地理考之一）》，《唐蘭全集（二）》，上海古籍出版社，2015 年。
唐蘭：《西周銅器斷代中的“康宫”問題》，《考古學報》1962 年第 1 期。
唐蘭：《新郪虎符作于秦王政十七年滅韓後》，《唐蘭全集（二）》，上海古籍出版社，2015 年。
唐蘭：《用青銅器銘文來研究西周歷史——綜論寶鷄市近年發現的一批青銅器的重要歷史價值》，《文物》1976 年第 6 期。
唐蘭：《周王㝬鐘考》，《唐蘭全集（二）》，上海古籍出版社，2015 年。
唐蘭：《作册令尊及作册令彝銘考釋》，《唐蘭全集（一）》，上海古籍出版社，2015 年。
唐友波：《新見湏朕鼎小識》，上海博物館編：《上海博物館集刊》（第九期），上海書畫出版社，2002 年。
陶正剛：《山西臨縣窑頭古城出土銅戈銘文考釋》，《文物》1994 年第 4 期。
陶正剛：《山西省近年出土銘文兵器的國别和編年》，吉林大學古文字研究室編：《古文字研究》（第二十一輯），中華書局，2001 年。
陶正剛：《山西屯留出土一件“平周”戈》，《文物》1987 年第 8 期。
田成方：《曾公畎鐘銘初讀》，《江漢考古》2020 年第 4 期。
田成方：《郢子妝戈的年代、國别及相關問題》，《考古與文物》2011 年第 5 期。
田鳳嶺、陳雍：《新發現的“十七年丞相啓狀”戈》，《文物》1986 年第 3 期。
田率：《四十二年逨鼎與周伐獫狁問題》，《中原文物》2010 年第 1 期。
田醒農、雒忠如：《多友鼎的發現及其銘文試釋》，《人文雜志》1981 年第 4 期。
田宜超：《虛白齋金文考釋》，《中華文史論叢》1980 年第 4 輯，上海古籍出版社。
涂白奎：《〈季姬方尊〉銘文釋讀補正》，《考古與文物》2006 年第 4 期。
萬書瀛、楊孝義：《山東滕縣出土杞薛銅器》，《文物》1978 年第 4 期。
王長豐：《“虎”族器整理與研究》，張光裕、黄德寬主編：《古文字學論稿》，安徽大學出版社，2008 年。

王恩田：《曾侯與編鐘與曾國始封——兼論葉家山西周曾國墓地復原》，《江漢考古》2016 年第 2 期。
王恩田：《概述山東出土的商周青銅器》，《商周銅器與金文輯考》，文物出版社，2017 年。
王恩田：《上曾太子鼎的國別及其相關問題》，《江漢考古》1995 年第 2 期。
王恩田：《郜氏戈的年代與國別》，《商周銅器與金文輯考》，文物出版社，2017 年。
王恩田：《棗莊嶧城宋公鼎與𥃉公鼎》，《商周銅器與金文輯考》，文物出版社，2017 年。
王峰、李魯滕：《近見𩁹器銘文略考》，《中國國家博物館館刊》2012 年第 1 期。
王峰：《三年𡘋令戈考》，《考古》2011 年第 11 期。
王冠英：《任鼎銘文考釋》，《中國歷史文物》2004 年第 2 期。
王國維：《北伯鼎跋》，王國維著、黄愛梅點校：《王國維手定觀堂集林》卷第十五《史林七》，浙江教育出版社，2014 年。
王國維：《鬼方昆夷玁狁考》，王國維著、黄愛梅點校：《王國維手定觀堂集林》卷第十三《史林五》，浙江教育出版社，2014 年。
王國維：《邵鐘跋》，王國維著、黄愛梅點校：《王國維手定觀堂集林》卷第十五《史林七》，浙江教育出版社，2014 年。
王國維：《秦新郪虎符跋》，王國維著、黄愛梅點校：《王國維手定觀堂集林》卷第十五《史林七》，浙江教育出版社，2014 年。
王國維：《散氏盤跋》，王國維著、黄愛梅點校：《王國維手定觀堂集林》卷第十五《史林七》，浙江教育出版社，2014 年。
王國維：《鑄公簠跋》，王國維著、黄愛梅點校：《王國維手定觀堂集林》卷第十五《史林七》，浙江教育出版社，2014 年。
王宏、權敏：《賈國青銅器及其重要價值探研》，《中原文物》2015 年第 1 期。
王暉、姜春萌：《周原出土昔鷄銅器與昔氏分封諸問題考證》，《寧夏社會科學》2021 年第 1 期。
王暉、謝偉峰：《韓城芮國考——從梁帶村發現談起》，《文博》2007 年第 3 期。
王暉：《從西周金文看西周宗廟"圖室"與早期軍事地圖及方國疆域圖》，《陝西師範大學學報（哲學社會科學版）》2012 年第 1 期。
王暉：《季姬尊銘與西周兵民基層組織初探》，《人文雜志》2014 年第 9 期。
王暉：《西周春秋吴都遷徙考》，《歷史研究》2000 年第 5 期。
王暉：《庠序：商周武學堂考辨——兼論周代小學大學所學内容之别》，《中國史研究》2015 年第 3 期。
王暉：《作册旂器銘與西周分封賜土禮儀考》，《中國歷史文物》2005 年第 1 期。
王輝、王沛：《二年平陶令戈跋》，《考古與文物》2007 年第 6 期。
王輝：《逨盤銘文箋釋》，《高山鼓乘集：王輝學術文存二》，中華書局，2009 年。
王輝：《"作大子丁障彝"卣跋》，《高山鼓乘集：王輝學術文存二》，中華書局，2009 年。
王輝：《跋朔縣揀選的四年邙相樂寍鈹》，《一粟集：王輝學術文存》，藝文印書館，2002 年。

王輝：《讀扶風縣五郡村窖藏銅器銘文小記》，《高山鼓乘集：王輝學術文存二》，中華書局，2009年。
王輝：《二年寺工壺、雍工敃壺銘文新釋》，《一粟集：王輝學術文存》，藝文印書館，2002年。
王輝：《關于秦子戈、矛的幾個問題》，《考古與文物》1986年第6期。
王輝：《金文“莽京”即秦之“阿房”説》，《一粟集：王輝學術文存》，藝文印書館，2002年。
王輝：《𢍰畀鼎通讀及其相關問題》，《一粟集：王輝學術文存》，藝文印書館，2002年。
王輝：《秦器銘文叢考》，《一粟集：王輝學術文存》，藝文印書館，2002年。
王輝：《秦西漢懷德縣小考》，《考古與文物》2020年第2期。
王輝：《散氏盤新解》，《高山鼓乘集：王輝學術文存二》，中華書局，2009年。
王輝：《十九年大良造鞅殳鐏考》，《一粟集：王輝學術文存》，藝文印書館，2002年。
王輝：《史密簋釋文考地》，《一粟集：王輝學術文存》，藝文印書館，2002年。
王輝：《四十二年逨鼎銘文箋釋》，《高山鼓乘集：王輝學術文存二》，中華書局，2009年。
王輝：《談吴虎鼎的時代和幾個地名》，《一粟集：王輝學術文存》，藝文印書館，2002年。
王輝：《西周畿内地名小記》，《一粟集：王輝學術文存》，藝文印書館，2002年。
王輝：《新見銅器銘文考跋二則》，《高山鼓乘集：王輝學術文存二》，中華書局，2009年。
王輝：《珍秦齋藏秦銅器銘文選釋》，《高山鼓乘集：王輝學術文存二》，中華書局，2009年。
王輝：《周秦器銘考釋》，《一粟集：王輝學術文存》，藝文印書館，2002年。
王進鋒：《春秋宗婦鼎銘文别解》，《中原文物》2013年第5期。
王雷生：《由史密簋銘看姜姓萊、曩族東遷》，《考古與文物》1997年第6期。
王麗娟：《泰安市博物館收藏的一件“淳于右造”銅戈》，《文物》2005年第9期。
王琳：《〈保卣〉銘諸釋評議》，《中原文物》2012年第5期。
王琳：《〈沈子也簋〉與沈國地望問題》，《華夏考古》2012年第3期。
王琳：《有關〈三年大將吏弩機考〉的瀍丘問題》，《中原文物》2007年第5期。
王龍正、姜濤、婁金山：《匍鴨銅盉與頫聘禮》，《文物》1998年第4期。
王龍正、姜濤、袁俊傑：《新發現的柞伯簋及其銘文考釋》，《文物》1998年第9期。
王龍正：《匍盉銘文補釋並再論覝聘禮》，《考古學報》2007年第4期。
王寧：《叔夷鐘鎛銘釋文補釋》，復旦大學出土文獻與古文字研究中心，http://www.fdgwz.org.cn/Web/Show/1921，2012年9月3日。
王琦、石敬東、李蘭昌：《東江小邾國墓葬出土青銅器銘文綜述》，山東省文物考古研究所編：《海岱考古》（第四輯），科學出版社，2011年。
王少清：《舒城九里墩戰國墓金文初探》，《文物研究》1988年第3期。
王慎行：《乙卯尊銘文通釋譯論》，《古文字與殷周文明》，陝西人民教育出版社，1992年。
王世民：《周都豐鎬位置商榷》，《歷史研究》1958年第2期。
王帥：《所史簋與唐聚新解》，清華大學出土文獻研究與保護中心編、李學勤主編：《出土文獻》（第十一輯），中西書局，2017年。

王偉：《秦兵器銘文地名考釋（二則）》，清華大學出土文獻研究與保護中心編、李學勤主編：《出土文獻》（第十二輯），中西書局，2018年。

王偉：《戰國襄成環權銘文校釋》，清華大學出土文獻研究與保護中心編、李學勤主編：《出土文獻》（第十四輯），中西書局，2019年。

王獻唐：《邳伯罍考》，《考古學報》1963年第2期。

王玉哲：《西周葊京地望的再探讨》，《歷史研究》1994年第1期。

王讚源：《周金文釋例》，文史哲出版社，1980年；劉慶柱、段志洪、馮時主編：《金文文獻集成》（第二十七册），綫裝書局，2005年。

王澤文：《試説西周金文中用作地名的“斤”》，《南方文物》2012年第2期。

王占奎：《成周、成自、王城雜談——兼論宗周之得名》，北京大學考古文博學院編：《考古學研究》，科學出版社，2003年。

王占奎等：《曲沃北趙晉侯墓地M114出土叔夨方鼎及相關問題研究筆談》，《文物》2002年第5期。

王正、雷劍鴿：《柯史簋與柯國、唐國》，《中原文物》2015年第5期。

王子超：《“繁陽之金”補釋》，中國古文字研究會、中山大學古文字研究所編：《古文字研究》（第二十四輯），中華書局，2002年。

韋心瀅：《上海博物館藏三年易人令戈考》，中國古文字研究會、吉林大學中國古文字研究中心編：《古文字研究》（第三十二輯），中華書局，2018年。

韋心瀅：《師衛器組相關問題探析》，北京大學出土文獻研究所編：《青銅器與金文》（第一輯），上海古籍出版社，2017年。

魏國：《山東新泰出土一件戰國“柴内右”銅戈》，《文物》1994年第3期。

吴良寶：《三年吴邡令戈考》，北京大學出土文獻研究所編：《青銅器與金文》（第二輯），上海古籍出版社，2019年。

吴良寶、張麗娜：《韓趙兵器刻銘釋讀三則》，華東師範大學中國文字研究與應用中心主辦：《中國文字研究》（第十八輯），上海書店出版社，2013年。

吴良寶：《兵器銘文劄記兩則》，中國文字學會《中國文字學報》編輯部編：《中國文字學報》（第八輯），商務印書館，2017年。

吴良寶：《二十二年郏啬夫戈考》，清華大學出土文獻研究與保護中心編、李學勤主編：《出土文獻》（第六輯），中西書局，2015年。

吴良寶：《九年承匡令鼎考》，中國古文字研究會、復旦大學出土文獻與古文字研究中心編：《古文字研究》（第二十九輯），中華書局，2012年。

吴良寶：《十七年坪陰鼎蓋新考》，《中國歷史文物》2007年第5期。

吴良寶：《戰國地名“膚施”“慮虒”及相關問題》，《文史》2017年第2輯。

吴良寶：《戰國金文考釋兩篇》，《中國歷史文物》2006年第2期。

吴良寶：《珍秦齋藏鄅戈、鍾戈考》，清華大學出土文獻研究與保護中心編、李學勤主編：《出土文獻》（第四輯），中西書局，2013年。

吴良寳：《戰國魏“合陽鼎”新考》，《考古》2009年第7期。

吴其昌：《屬羌鐘補考》，《國立北平圖書館館刊》1931年第5卷第6號；劉慶柱、段志洪、馮時主編：《金文文獻集成》（第二十九册），綫裝書局，2005年。

吴其昌：《夨簋考釋》，《燕京學報》1931年第9期；劉慶柱、段志洪、馮時主編：《金文文獻集成》（第二十八册），綫裝書局，2005年。

吴榮曾：《房子戈考述》，陝西師範大學、寶鷄青銅器博物館編：《黄盛璋先生八秩華誕紀念文集》，中國教育文化出版社，2005年。

吴世昌：《對“盠器銘考釋”一文的幾點意見》，《考古通訊》1958年第1期。

吴婉莉：《記新發現的幾件西周銅器》，《考古與文物》2010年第4期。

吴鎮烽、師小群：《三年大將吏弩機考》，《文物》2006年第4期。

吴鎮烽、朱艷玲：《斲簋考》，《考古與文物》2012年第3期。

吴鎮烽、朱艷玲：《二十九年弩機考》，《考古與文物》2013年第1期。

吴鎮烽：《“瀵丘”即“廢丘”辯證》，《考古與文物》2009年第6期。

吴鎮烽：《“魚鼎匕”新釋》，《考古與文物》2015年第2期。

吴鎮烽：《金文研究札記》，《人文雜志》1981年第2期。

吴鎮烽：《京師畯尊釋文補正》，復旦大學出土文獻與古文字研究中心，http://www.gwz.fudan.edu.cn/Web/Show/1908，2012年7月26日。

吴鎮烽：《競之定銅器群考》，《江漢考古》2008年第1期。

吴鎮烽：《十四年上郡守匽氏鋼刀考》，《文博》2020年第6期。

吴鎮烽：《史密簋銘文考釋》，《考古與文物》1989年第3期。

吴鎮烽：《先秦梁國考》，《文博》2008年第5期。

武剛：《周原出土昔鷄銅簋與西周韓國封建問題新證》，《歷史地理》（第三十八輯），復旦大學出版社，2019年。

武漢市文物商店：《武漢市收集的幾件重要的東周青銅器》，《江漢考古》1983年第2期。

夏麥陵：《公作敔簋及其二、三史事》，四川聯合大學歷史系主編：《徐中舒先生百年誕辰紀念文集》，巴蜀書社，1998年。

夏麥陵：《嚣伯匜斷代與隞之地望》，《考古》1993年第1期。

謝明文：《晉公盤銘文補釋》，復旦大學出土文獻與古文字研究中心編：《出土文獻與古文字研究》（第五輯），上海古籍出版社，2013年。

謝明文：《釋魯侯簋“逝”字兼談東周文字中“噬”字的來源》，北京大學出土文獻研究所編：《青銅器與金文》（第一輯），上海古籍出版社，2017年。

心健、家驥：《山東費縣發現東周銅器》，《考古》1982年第2期。

熊傳新、何光岳：《〈鄂君啓節〉舟節中江湘地名新考》，《湖南師院學報（哲學社會科學版）》1982年第3期。

徐日輝：《秦器不其簋銘文中有關地域的考辨》，《歷史地理》（第十八輯），上海人民出版社，2002年。

徐少華：《"曾侯諫作媿"器組簡説》，中國古文字研究會、清華大學出土文獻研究與保護中心等編：《古文字研究》（第三十一輯），中華書局，2016年。
徐少華：《〈包山楚簡〉地名數則考釋》，《武漢大學學報（哲學社會科學版）》，1997年第4期。
徐少華：《從叔姜簠析古申國歷史與文化的有關問題》，《文物》2005年第3期。
徐少華：《樊國銅器及其歷史地理新探》，《考古》1995年第4期。
徐少華：《鄘國歷史地理探疑——兼論包山、望山楚墓的年代和史實》，《華夏考古》1991年第3期。
徐少華：《古復國復縣考》，《中國歷史地理論叢》1996年第1期。
徐少華：《古厲國歷史地理考異》，《歷史地理》（第十九輯），上海人民出版社，2003年。
徐少華：《河南南陽李八廟一號墓的年代與番子鼎之屬性》，《考古》2019年第9期。
徐少華：《論隨州文峰塔一號墓的年代及其學術價值》，《江漢考古》2014年第4期。
徐少華：《鄀國銅器及其歷史地理研究》，《江漢考古》1987年第3期。
徐少華：《息國銅器及其歷史地理分析》，《江漢考古》1992年第2期。
徐少華：《羕國銅器及其歷史地理探析》，《考古學報》2008年第4期。
徐世權：《秦"四十四年上郡守綰戈"置用地名補釋——兼談秦兵器銘文中的地名省稱問題》，華東師範大學中國文字研究與應用中心主辦：《中國文字研究》（第二十八輯），上海書店出版社，2018年。
徐在國：《兵器銘文考釋》，安徽大學古文字研究室編：《古文字研究》（第二十二輯），中華書局，2000年。
徐中舒：《屬氏編鐘考釋》，《徐中舒歷史論文選輯》，中華書局，1998年。
鄢國盛：《師衛器豐公、鄶師小考》，《南方文物》2019年第3期。
嚴志斌：《季姬方尊補釋》，《中國歷史文物》2005年第6期。
晏昌貴、郭濤：《〈鄂君啓節〉銘文地理研究二題》，《華北水利水電學院學報》2012年第5期。
晏子：《蔡國始封地地望辨正》，《中國歷史地理論叢》1991年第3期。
楊博：《"安右矛"訂補》，《文物春秋》2014年第1期。
楊博：《東周有銘兵器考述三則》，《文物春秋》2011年第2期。
楊坤：《郭佗壺銘文及相關問題研究》，清華大學出土文獻研究與保護中心編、李學勤主編：《出土文獻》（第五輯），中西書局，2014年。
楊明珠：《山西芮城出土戰國銅戈》，《考古》1989年第1期。
楊紹萱：《宗周鐘、散氏盤與毛公鼎所記載的西周歷史》，《北京師範大學學報》1961年第4期。
楊樹達：《𠂤伯簋再跋》，《積微居金文説》，上海古籍出版社，2007年。
楊樹達：《不嬰簋再跋》，《積微居金文説》，上海古籍出版社，2007年。
楊樹達：《曾姬無卹壺跋》，《積微居金文説》，上海古籍出版社，2007年。
楊樹達：《臣鄉鼎跋》，《積微居金文説》，上海古籍出版社，2007年。
楊樹達：《鬲攸从鼎再跋》，《積微居金文説》，上海古籍出版社，2007年。
楊樹達：《靜簋跋》，《積微居金文説》，上海古籍出版社，2007年。

楊樹達：《競卣再跋》，《積微居金文説》，上海古籍出版社，2007 年。
楊樹達：《鄘侯少子簋跋》，《積微居金文説》，上海古籍出版社，2007 年。
楊樹達：《毛伯班簋跋》，《積微居金文説》，上海古籍出版社，2007 年。
楊樹達：《免簠跋》，《積微居金文説》，上海古籍出版社，2007 年。
楊樹達：《秦公簋再跋》，《積微居金文説》，上海古籍出版社，2007 年。
楊樹達：《散氏盤跋》，《積微居金文説》，上海古籍出版社，2007 年。
楊樹達：《師虎簋跋》，《積微居金文説》，上海古籍出版社，2007 年。
楊樹達：《叔夷鐘跋》，《積微居金文説》，上海古籍出版社，2007 年。
楊樹達：《遂攸諆鼎跋》，《積微居金文説》，上海古籍出版社，2007 年。
楊樹達：《小臣謎簋跋》，《積微居金文説》，上海古籍出版社，2007 年。
楊樹達：《敔簋跋》，《積微居金文説》，上海古籍出版社，2007 年。
楊樹達：《鼒鼎跋》，《積微居金文説》，上海古籍出版社，2007 年。
楊樹達：《仲駒父簋跋》，《積微居金文説》，上海古籍出版社，2007 年。
楊樹達：《宗周鐘跋》，《積微居金文説》，上海古籍出版社，2007 年。
楊文山：《青銅器“麥尊”與邢國始封——兩周邢國歷史綜合研究之一》，《文物春秋》2001 年第 3 期。
楊文山：《青銅器叔䞣父卣與邢、軧關係——兩周邢國歷史綜合研究之六》，《文物春秋》2007 年第 5 期。
楊向奎：《“宜侯夨簋”釋文商榷》，《文史哲》1987 年第 6 期。
楊亞長：《淺説金文新見之韓侯》，《文博》2018 年第 3 期。
姚漢源：《鄂君啓節釋文》，中國古文字研究會、山西省文物局等編：《古文字研究》（第十輯），中華書局，1983 年，第 201 頁。
姚漢源：《戰國時長江中游的水運——鄂君啓節試釋》，周魁一主編：《水的歷史審視：姚漢源先生水利史論文集》，中國書籍出版社，2016 年。
殷滌非、羅長銘：《壽縣出土的“鄂君啓金節”》，《文物参考資料》1958 年第 4 期。
殷滌非：《〈鄂君啓節〉兩個地名簡説》，《中華文史論叢》（第 6 輯），中華書局，1965 年。
殷滌非：《試論“大豐簋”的年代》，《文物》1960 年第 5 期。
殷瑋璋、曹淑琴：《周初太保器綜合研究》，《考古學報》1991 年第 1 期。
于豪亮：《論息國和樊國的銅器》，《江漢考古》1980 年第 2 期。
于豪亮：《牆盘銘文考釋》，四川大學歷史系古文字研究室編：《古文字研究》（第七輯），中華書局，1982 年。
于省吾：《“鄂君啓節”考釋》，《考古》1963 年第 8 期。
于省吾：《讀金文札記五則》，《考古》1966 年第 2 期。
于省吾：《關于“天亡簋”銘文的幾點論證》，《考古》1960 年第 8 期。
于省吾：《利簋銘文考釋》，《文物》1977 年第 8 期。
于中航：《先秦戈戟十七器》，《考古》1994 年第 9 期。

余永梁：《金文地名考》，《國立中山大學語言歷史學研究所週刊》第 5 集第 53、54 期合刊，1928 年。
袁金平、孟臻：《新出伯碩父鼎銘考釋》，清華大學出土文獻研究與保護中心編、李學勤主編：《出土文獻》（第十輯），中西書局，2017 年。
袁俊傑：《再論麥方尊與賓射禮》，《中原文物》2013 年第 4 期。
岳連建、王龍正：《金文“城虢”爲東虢考》，《文博》2003 年第 6 期。
鄖縣博物館：《湖北鄖縣肖家河出土春秋唐國銅器》，《江漢考古》2003 年第 1 期。
張昌平：《噩國與噩國銅器》，《華夏考古》1995 年第 1 期。
張程昊：《霸國墓地出土銅器零釋》，《中原文物》2019 年第 2 期。
張程昊：《東周青銅兵器四考》，《文物春秋》2015 年第 4 期。
張春龍：《古丈白鶴灣雍丘令戈小識》，湖南省文物考古研究所辦：湖南考古網，http://www.hnkgs.com/show_news.aspx?id=1147，2016 年 1 月 21 日。
張光裕、吴振武：《武陵新見古兵三十六器集録》，《雪齋學術論文二集》，藝文印書館，2004 年。
張光裕：《讀新見西周kind簋銘文劄迻》，中國古文字研究會、浙江省文物考古研究所編：《古文字研究》（第二十五輯），中華書局，2004 年。
張光裕：《新見老簋銘文及其年代》，中山大學古文字研究所編：《康樂集：曾憲通教授七十壽慶論文集》，中山大學出版社，2006 年。
張光遠：《春秋晚期齊莊公時庚壺考》，《故宫季刊》1982 年第 3 期。
張光遠：《大英博物館新藏西周康侯簋考釋——兼論衛都地點及周初兩次伐商的銅器實録》，《故宫季刊》1980 年第 3 期。
張光遠：《故宫新藏周成王時睘尊》，《故宫文物月刊》1988 年第 1 期。
張建宇：《廿七年工師戈補考》，中國文字學會《中國文字學報》編輯部編：《中國文字學報》（第八輯），商務印書館，2017 年。
張俊成：《高青陳莊“齊公”諸器銘文及相關問題》，清華大學出土文獻研究與保護中心編、李學勤主編：《出土文獻》（第十一輯），中西書局，2017 年。
張立東：《曾姬方壺銘文考釋》，《中原文物》2017 年第 6 期。
張亮：《匍盉銘文再考》，《中原文物》2013 年第 4 期。
張懋鎔：《“夷伯尸于西宫”解》，《古文字與青銅器論集（第二輯）》，科學出版社，2006 年。
張懋鎔：《安康出土的史密簋及其意義》，《文物》1989 年第 7 期。
張懋鎔：《卜淦口高戈考論》，《古文字與青銅器論集（第二輯）》，科學出版社，2006 年。
張懋鎔：《鎬京新考》，《古文字與青銅器論集》，科學出版社，2002 年。
張懋鎔：《盧方、虎方考》，《古文字與青銅器論集》，科學出版社，2002 年。
張世超：《史密簋“眉”字説》，《考古與文物》1995 年第 4 期。
張樹國：《鄂君啓節與屈原研究相關問題》，《文學遺産》2018 年第 1 期。
張筱衡：《“井伯盉”考釋》，《人文雜志》創刊號，1957 年。
張筱衡：《召禹鼎考釋》，《人文雜志》1958 年第 1 期。

張亞初：《論魯臺山西周墓的年代和族屬》，《江漢考古》1984 年第 2 期。
張亞初：《太保罍、盉銘文的再探討》，《考古》1993 年第 1 期。
張亞初：《周厲王所作祭器㝬簋考》，中山大學古文字研究室編：《古文字研究》（第五輯），中華書局，1981 年。
張振林：《師旂鼎銘文講疏》，陝西師範大學、寶鷄青銅器博物館編：《黄盛璋先生八秩華誕紀念文集》，中國教育文化出版社，2005 年。
張振謙：《庚壺再考》，中國文字學會《中國文字學報》編輯部編：《中國文字學報》（第十輯），商務印書館，2019 年。
張振謙：《齊國鳥蟲書考》，張光裕、黄德寬主編：《古文字學論稿》，安徽大學出版社，2008 年。
張政烺：《〈利簋〉釋文》，《考古》1978 年第 1 期。
張政烺：《伯唐父鼎、孟員鼎、甗銘文釋文》，《考古》1989 年第 6 期。
張政烺：《庚壺釋文》，《甲骨金文與商周史研究》，中華書局，2012 年。
張中一：《〈鄂君啓金節〉路綫新探》，《求索》1989 年第 3 期。
趙光賢：《"明保"與"保"考辨》，《中華文史論叢》1972 年第 1 輯，上海古籍出版社。
趙平安：《〈𠫑羌鐘〉銘及其長城考》，《金文釋讀與文明探索》，上海古籍出版社，2011 年。
趙平安：《山東秦國考》，《金文釋讀與文明探索》，上海古籍出版社，2011 年。
趙平安：《宋公䜌作𣲳叔子鼎與濫國》，《新出簡帛與古文字古文獻研究續集》，商務印書館，2018 年。
趙慶淼：《西周金文"秖"地識小》，《中原文物》2014 年第 5 期。
趙世綱：《鄬子受鐘與鄂國史迹》，《江漢考古》1995 年第 1 期。
趙燕姣、吴偉華：《金文所見昭王南征路綫考》，《中國歷史地理論叢》2018 年第 2 期。
趙燕姣、謝偉峰：《仲爯父簋銘與申國遷徙》，《中國歷史地理論叢》2012 年第 3 期。
鄭威：《襄城公戈新考》，《考古》2013 年第 3 期。
鍾鳳年、黄盛璋等：《關于利簋銘文考釋的討論》，《文物》1978 年第 6 期。
周波：《戰國兵器銘文校讀》，中國古文字研究會、吉林大學中國古文字研究中心編：《古文字研究》（第三十二輯），中華書局，2018 年。
周博：《禹鼎、敔簋與淮夷入侵路綫問題》，《歷史地理》（第三十四輯），上海人民出版社，2017 年。
周宏偉：《西周都城諸問題試解》，《中國歷史地理論叢》2014 年第 1 期。
周世榮：《楚邦客銅量銘文試釋》，《江漢考古》1987 年第 2 期。
周世榮：《湖南楚墓出土古文字叢考》，《湖南考古輯刊》（第 1 輯），1980 年；劉慶柱、段志洪、馮時主編：《金文文獻集成》（第二十七册），綫裝書局，2005 年。
周書燦：《由員卣銘文論及西周王朝對南土經營的年代》，《考古與文物》1999 年第 3 期。
周曉陸、紀達凱：《江蘇連雲港市出土襄城楚境尹戈讀考》，《考古》1995 年第 1 期。
周曉陸：《盱眙所出重金絡𦉜・陳璋圓壺讀考》，《考古》1988 年第 3 期。
周永珍：《兩周時期的應國、鄧國銅器及地理位置》，《考古》1982 年第 1 期。
朱愛茹：《邢令戈與兩周邢邑》，《中國歷史文物》2008 年第 5 期。

朱德熙、李家浩：《鄂君啓節考釋（八篇）》，北京大學中國中古史研究中心編：《紀念陳寅恪先生誕辰百年學術論文集》，北京大學出版社，1989年。

朱鳳瀚：《士山盤銘文初釋》，《中國歷史文物》2002年第1期。

朱鳳瀚：《新見商金文考釋（二篇）》，復旦大學出土文獻與古文字研究中心編：《出土文獻與古文字研究》（第六輯），上海古籍出版社，2015年。

朱鳳瀚：《由伯戈父簋銘再論周厲王征淮夷》，中國古文字研究會、吉林大學古文字研究室編：《古文字研究》（第二十七輯），中華書局，2008年。

朱鳳瀚：《柞伯鼎與周公南征》，《文物》2006年第5期。

朱鳳瀚：《作册般黿探析》，《中國歷史文物》2005年第1期。

朱鳳瀚：《覭公簋與唐伯侯于晋》，《考古》2007年第3期。

朱繼平：《金文所見商周逢國相關史實研究》，《考古》2012年第1期。

朱繼平：《宿國地望及相關問題探析》，《中國歷史地理論叢》2012年第3期。

宗德生：《楚熊繹所居丹陽應在枝江説》，《江漢考古》1980年第2期。

宗德生：《試論西周金文中的"周"》，《南開學報（哲學社會科學版）》1985年第2期。

鄒寶庫：《釋遼陽出土的一件秦戈銘文》，《考古》1992年第8期。

鄒芙都、查飛能：《西周中晚期册命金文所見"五邑"新探》，《雲南民族大學學報（哲學社會科學版）》2019年第1期。

左德田：《曾都芻議》，《江漢考古》1990年第1期。

後　記

本書即將付梓，在全書的最後，應該向讀者做些解釋和交代。

這本書的初稿内容爲我的博士論文的附録。在撰寫博士論文時，爲了引用方便，將文中涉及的西周金文地名按照東西南北四個方位進行了粗略的整理，並依照寫作需要做了一些集釋工作。在處理金文地理、地名資料的問題時，我感覺到没有一部金文地名的專門工具書頗有不便，于是萌生了將這一附表擴充完整的想法。在書稿的體例選擇上，啓發來自日本學者松丸道雄、高嶋謙一編撰的《甲骨文字字釋綜覽》，這部著作以表格的形式呈現學術觀點，分類清晰，一目瞭然。于是本書没有採用傳統的“集釋”形式，而是採用表格的方式，對地名的時代、出處、類别略作整理，對涉及的學術觀點用今天的行政區劃粗作分類，對收録地名的拓片或摹本也進行摘選，供字形對比考釋使用，以求儘量完整、全面、清晰地展現地名研究的學術動態。同時爲了檢索方便，所引用資料的出處均作頁下注釋，便于查找原文。

在整理的過程中，需要在原有附表的基礎上進行擴充，首先是收録資料的時代要拓展到整個商周時期，其次是要盡可能全面收集考證信息。這項工作煩瑣枯燥，且要求整理者要極具耐心與認真，這本是我所不願意做的，但終究還是研究的不便戰勝了思慮上的徘徊，促使我完成了這部書。

作爲商周金文地名的“綜覽”與“彙釋”，本書選録地名的原則之一是齊備，因此收入地名的標準可以適當從寬，對于地名的隸定、考釋等也儘量録全，毋使遺漏。有些觀點對其餘諸説進行分析或反駁，在篇幅允許的情况下，我們也儘量收全。考證歧説及證據較爲全面的説法，盡可能全録，以保證詞條下觀點的齊備；商榷的觀點盡可能摘取雙方觀點及論據，以求讀者閱讀時可進行分辨。當然也有一些地名目前還没有考釋成果，這一類地名我們也簡單收録，留待大賢。

本書在修改過程中對内容仍有所斟酌和限制。首先，略去了不能確指的地理名詞，如天亡簋“王凡三方”的“三方”、小盂鼎“盂……入三門”的“三門”等，這類詞彙可以指代地理方位，但卻難以作爲地名使用。第二，略去了宫室名稱，如金文中常見的“大室”，其他如“不廷”之類的通用名稱删去；“大廷”作爲解釋宫室名稱的詞條删去，但是作爲族氏的解釋還是保留了；保留了大池、大湖之類的詞條，因爲歷史地名大辭典中也保留了不少稱作“大水井”“大水泊”之類的地名。第三，略去了商代血緣族氏名稱，早期地名中存在着族、地名難以區分的現象，理應收録以示資料完整，因而周代的族氏名稱作爲地名的一部分收入本書；而商代血緣族氏多見于金文族徽，其族群情况、地理分布都難以判斷，應當專文討論，不宜收入本書。第四，泛指的族群稱呼不予收録，按理説，族名應與地名是分開的。但是商周時期早期的族名卻與地名又有着密不可分的特性，某一族群在特定時間段内（如西周前期）是居住在某些特定地理位置的，其所居常常是一邑或數邑，這樣的族名、族稱兼具時間、地理空間上的特性，可以作爲地理位置的代稱，因此本書也一併收録。而有些過于寬泛的族名泛稱，如東夷、南夷等，時間上雖然可以界定，但是在地域上卻又分布過于廣泛，難以指代特定的地理方位，因此本書不予收録。

在最後，理應向本書編撰和出版過程中付出辛勞的人致謝。

首先應該感謝的是我的博士導師王暉教授。在我赴古都西安求學伊始，在我學習和寫作的過程中就離不開老師的培育和指導；在本書尚處于萌芽階段時，我也曾向老師諮詢過意見，得到老師詳盡地指導與建議。幾載蹉跎，老師在這部書稿完成的過程中進行了不厭其煩地審定與修改；在定稿後，再次審讀了全部書稿，更欣然允諾爲本書題寫書名。一點一滴，言之不盡。

感謝晁福林教授和曹瑋教授。兩位老師既是我仰慕的前輩學者，同時也是耳提面命的授業老師。曹老師的青銅器概論課程，我在碩士、博士期間聽過兩遍，至今仍感受益；晁老師作爲我在博士後期間的合作導師，對我的學業、生活都給予無微不至的關懷，令人感念。

感謝我的師弟、摯友，同時也是本書的責任編輯賈西周，正是他在本書還是初稿時就給予的建議和鼓勵，讓這本書有出版的機會。也正是同他就本書的體例和内容反復商討與修改，纔讓這本書最後定型。

感謝我在北師大做博士後期間的諸位友人，予彼此提供了輕鬆的學術氛圍；其中馮先思對本書的細節和體例提出了諸多建議；儘管有些良策限于時間和出版要求暫時無法完成，但仍可留待將來。

最後需要感謝的是我的妻子，本書的編纂過程需要録入大量資料，這離不開她的辛勤佐助。也要感謝我的女兒，是她的活潑可愛讓我的工作充滿樂趣，讓生活更美好。

仍需説明，由于學力、精力和編纂體例所限，本書難以面面俱到，可能會存在錯漏之處，部分資料在疫情期間也難以索找而不及收録，敬請讀者批評指正。

武　剛

2023 年 4 月